2024

浙江财政年鉴

Finance Yearbook of Zhejiang

（总第24卷）

浙 江 省 财 政 厅 主 办
浙江财政年鉴编辑委员会编

中華書局

图书在版编目(CIP)数据

浙江财政年鉴. 2024 / 浙江财政年鉴编辑委员会编.
北京 ：中华书局，2025.1 -- ISBN 978-7-101-16992-8
Ⅰ. F812.755-54
中国国家版本馆CIP数据核字第2025QP4004号

责任编辑：高　原
林雅琪

浙江财政年鉴2024

浙江财政年鉴编辑委员会编
*
中 华 书 局 出 版
（北京市丰台区太平桥西里38号　100073）
http://www.zhbc.com.cn
E-mail:zhbc@zhbc.com.cn
浙江新华数码印务有限公司印刷

889×1194　1/16　24.375印张　86插页　908千字
2025年1月第1版　　2025年1月第1次印刷
印数:1-1000 册　　定价：260.00元

ISBN 978-7-101-16992-8

浙江财政年鉴编辑委员会

浙江财政年鉴编辑部

《浙江财政年鉴》2024卷联络员

编辑说明

《浙江财政年鉴》是浙江省财政厅主办的省级财政专业年鉴，以文为主，辅以图表，图文并茂，全面系统真实反映浙江省财政工作各方面的基本情况，是资料性与史实性相结合的工具书，为财政工作者及专家、学者提供可靠信息资料。

《浙江财政年鉴》每年出版一卷，2024卷（总第24卷）以详实的资料和图表，记载了2023年浙江省财政改革与发展情况，综合反映2023年全省各级财政部门在省委、省政府的正确领导下，坚持以马克思列宁主义、毛泽东思想、邓小平理论、“三个代表”重要思想、科学发展观、习近平新时代中国特色社会主义思想为指导，坚持辩证唯物主义和历史唯物主义的立场、观点和方法，全面贯彻落实党的二十大及党的二十届二中全会精神，深入学习贯彻习近平总书记考察浙江重要讲话精神、省第十五次党代会及省委十五届二次、三次、四次全会精神，扎实推进财政改革发展的生动实践。2023年，全省财政工作紧扣浙江“勇当先行者、谱写新篇章”新定位新使命，聚集“八八战略”实施20周年、“千万工程”实施20周年、杭州亚运会和亚残运会举办等重要节点，坚持科学生财、创新聚财、精明理财、高效用财、勤廉管财“五财并举”，围绕三个“一号工程”、“十项重大工程”、“8+4”经济政策体系、高质量发展建设共同富裕示范区、新时代“千万工程”等省委、省政府中心工作，高质量组织财政收入、优化财政支出结构、推进财税体制改革，为浙江在奋进中国式现代化新征程上“勇当先行者、谱写新篇章”贡献财政力量。

为进一步推动财政年鉴工作高质量发展，持续做优财政精品年鉴特色品牌，本卷年鉴参照《浙江省专业年鉴编纂规范（试行）》，对原有框架结构和篇目设置作较大调整，重新编排整合类目，使分类更科学、层次更清晰、领属更得当、编辑更有序。全卷分七篇和附录共八部分，约计90万字，依次为：特载、专文、大事记、全省财政工作、市县（市、区）财政工作、财政统计资料、财政文选以及附录。本卷年鉴的有关编辑情况作如下说明：

一、为突出反映浙江财政领域的大事要事，设立“特载”篇目，记录年度内具有重大和特色意义的文献资料；设立“专文”篇目，记录具有时代特征、财政特色和年度特点的财政引领性文件；将“财政大事记”篇目改为“大事记”，调至“专文”后。相应调减“财经文献”篇目。

二、为重点呈现浙江财政领域的研究思考、经验做法，在“财政文选”类目中增加“专题经验”“调研报告”分目，“附录”中相应内容调减。

三、为进一步合理化归类，使正文与附录各有侧重，将“机构人员”“法规选编”调至“附录”。

四、本卷财政统计资料中涉及全省财政收支的增长率均为同口径增长率。

五、本卷中涉及国民经济和社会发展统计数据内容均摘自各地统计公报，数据解释权归统计部门所有。

六、本卷年鉴将继续采用手机客户端阅读方式实现线上阅读，读者可通过扫描书后二维码检索全文数据库及相关资料。

本卷年鉴在年鉴编辑委员会的领导下，由浙江省财政厅各处室、单位和各设区市及其所辖县（市、区）财政局提供文稿、图片及数据资料，经编审修改补充后成书。期间得到国家税务总局浙江省税务局、浙江省人民政府地方志办公室的大力支持。在此谨向给予《浙江财政年鉴》编纂工作关心、支持和帮助的各级财政部门及所有单位和相关人员表示感谢。为进一步提高《浙江财政年鉴》的编纂水平，欢迎读者对本卷年鉴的不足之处给予批评指正。

浙江省财政收支规模

单位：亿元

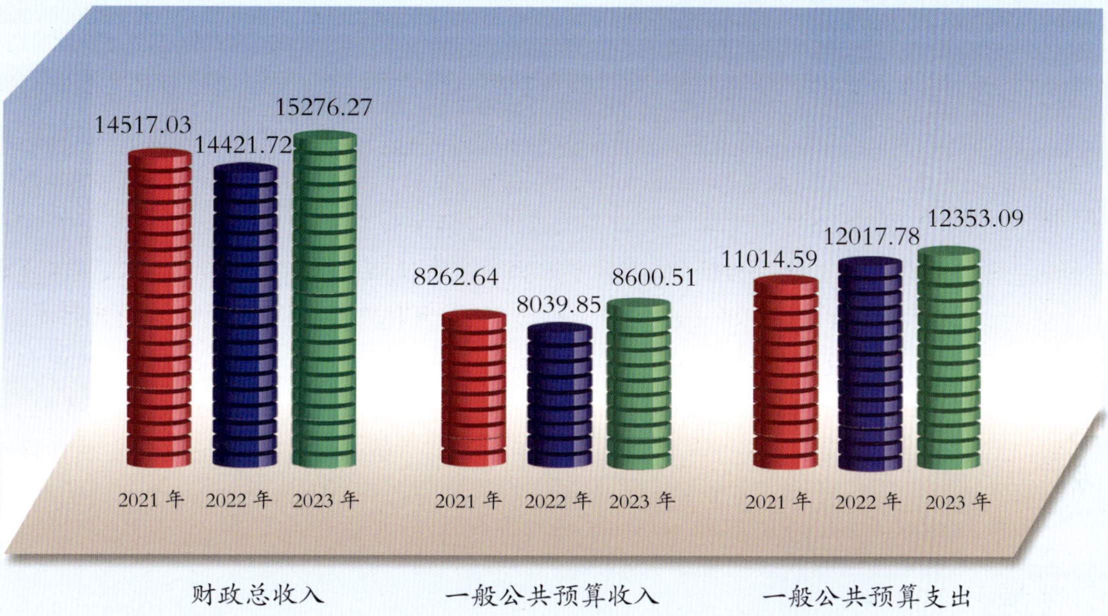

浙江省财政收支增长速度

单位：%

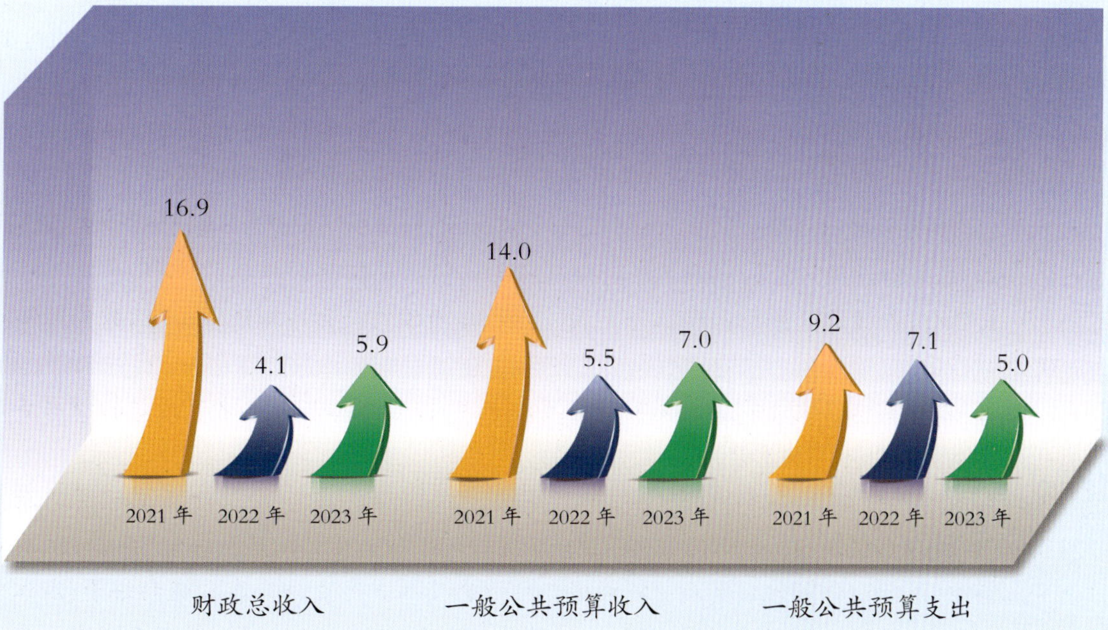

2023年浙江省一般公共预算收入组成

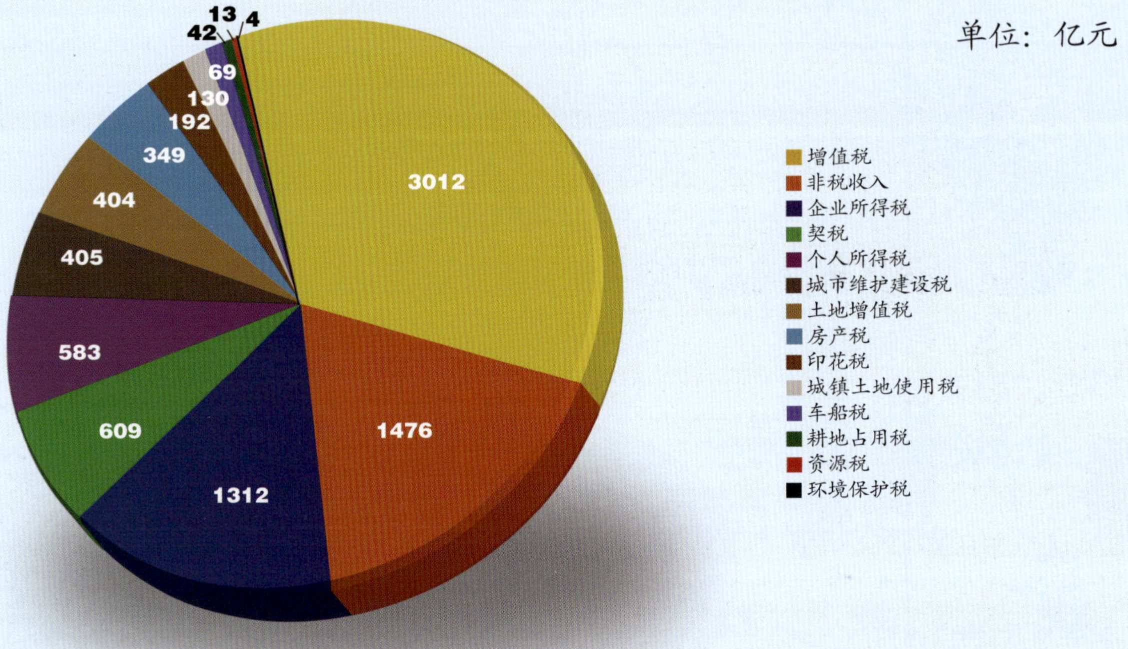

2023年浙江省一般公共预算支出组成

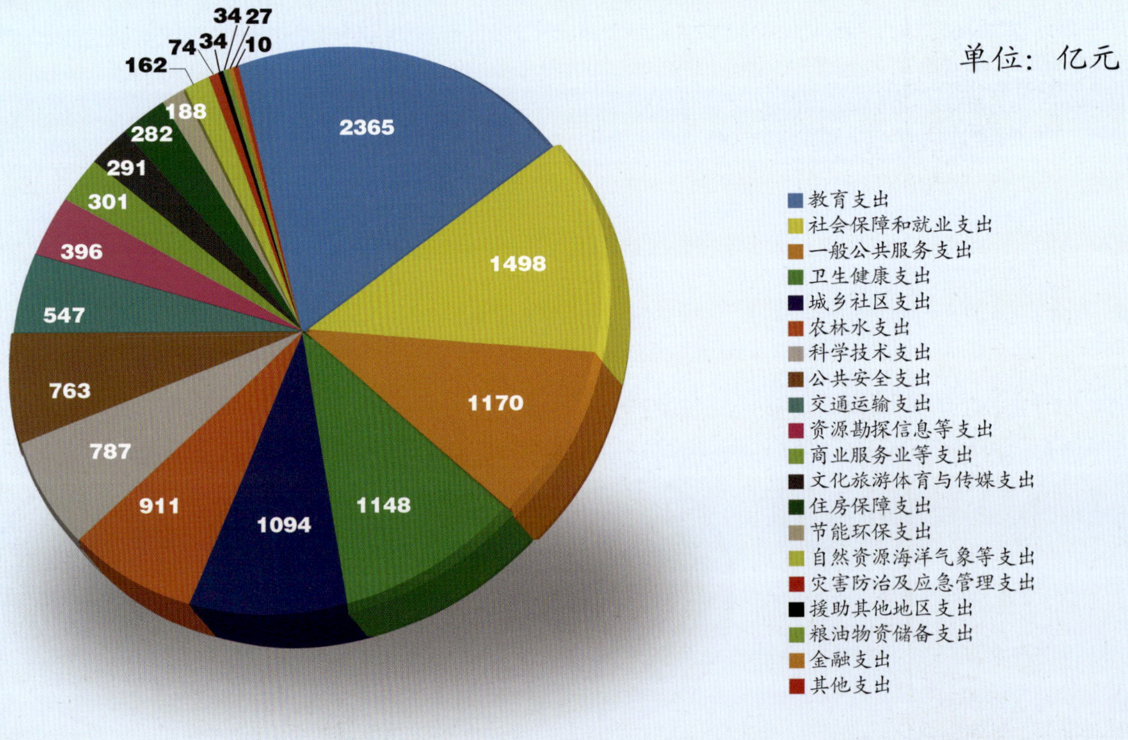

重要会议

2024 年 1 月 9—10 日，全省财政工作会议在杭州召开。省委书记易炼红、省长王浩作出重要批示，充分肯定 2023 年全省财政工作，并就做好 2024 年财政工作提出明确要求。省财政厅党组书记、厅长尹学群作工作报告。

省领导关心财政工作

2023 年 1 月 31 日，省委书记易炼红走访省财政厅，看望慰问干部，调研了解工作，听取工作汇报，并就进一步做好财政工作提出坚持科学生财、创新聚财、精明理财、高效用财、勤廉管财，强调全省财政系统要做政治“明白人”、做发展“促进派”、做增收“聚宝盆”、做精明“大管家”、做勤廉“模范生”。

2023 年 5 月 18 日，省委常委、组织部长王成就学习贯彻习近平新时代中国特色社会主义思想主题教育开展情况赴省财政厅调研，并参观浙江财政展示厅。

2023 年 3 月 16 日，省委常委、常务副省长徐文光来省财政厅走访调研，看望慰问财政干部，参观浙江财政展示厅，听取财政助力三个“一号工程”、财政体制、产业基金、组织收入等情况汇报，并就在强力推进创新深化改革攻坚开放提升和三个“一号工程”中展现财政担当作为提出要求。

工作思路调研

2023年10—11月，为深入学习贯彻习近平总书记考察浙江重要讲话精神，持续开展“大走访大调研大服务大解题”活动，浙江省财政厅组织由厅领导带队的调研组，分赴全省有关市、县（市、区），围绕强化首位战略首位保障、加快推进共富改革、深化财政体制机制改革、助推高水平文化强省建设等主题，以及财政经济运行、重大政策落地、政策谋划和储备等情况，开展循迹溯源、实地走访、座谈交流，广泛听取意见建议，了解基层“第一手”资料，研究谋划2024年工作思路。

1 省财政厅党组书记、厅长尹学群（左三）在金华开展工作思路调研
2 省财政厅党组副书记、副厅长、一级巡视员王广兵（右四）在宁波开展工作思路调研
3 省财政厅副厅长、一级巡视员陈焕昌（右一）在嘉兴开展工作思路调研
4 省财政厅党组成员、副厅长，省委两新工委委员沈磊（右二）在杭州开展工作思路调研

工作思路调研

1 省财政厅党组成员、副厅长倪学军（右二）在绍兴开展工作思路调研
2 省财政厅党组成员，省金融控股有限公司党委书记、董事长杨强民在丽水开展工作思路调研
3 省财政厅党组成员、总会计师赵雅玲（左一）在衢州开展工作思路调研
4 省财政厅党组成员、派驻纪检监察组组长尹小平在温州开展工作思路调研
5 省财政厅党组成员、副厅长张远东（右二）在台州开展工作思路调研
6 省财政厅一级巡视员邢自霞（右三）在湖州开展工作思路调研

推进共同富裕

2023 年，浙江省财政系统在省财政厅统一部署下，同频同向发力，深入实施共同富裕示范区建设“奋进年”行动，持续推进财政促进共同富裕的制度和机制创新，打造了一批可借鉴、可复制、可推广的标志性成果，充分彰显财政在共同富裕示范区建设中走在前列的示范引领作用。

1 杭州市钱塘区“共富农房”e管家服务点
2 杭州市余杭区“骑手保”减负奔富
3 临海市财技共富学院开班
4 青田县小河坑文创园“众筹联建”共奔富
5 庆元县“江根－明康汇”产销共同体高山蔬菜基地
6 岱山县跨地区同步课堂教学

支持“千万工程”

2023年是浙江省委启动实施“千万工程”20周年。浙江省深入学习贯彻习近平总书记关于“千万工程”重要批示精神，推进新时代“千万工程”走深走实，打造乡村振兴浙江样板。全年省级财政安排资金271.96亿元，支持实施县城承载能力提升和深化“千万工程”，着力强化重要农产品稳产保供和基础设施提档升级，推动农业科技创新和绿色发展，开展历史文化（传统）村落保护利用以及和美乡村、数字乡村建设，不断提升美丽乡村建设水平，促进强村富民。

1 “千万工程”源起地——杭州市萧山区梅林村
2 全国乡村治理示范村——淳安县枫树岭镇下姜村
3 “两山”理论诞生地——安吉县天荒坪镇余村
4 国家级田园综合体试点——安吉县递铺镇鲁家村
5 全国农村综合性改革试点——嘉善县西塘镇红菱村
6 全国民主法治示范村、浙江省乡村振兴综合改革试点——东阳市南马镇花园村

助力文化事业

2023 年，浙江省财政积极贯彻落实习近平总书记考察浙江重要讲话精神，支持构建文化遗产“大保护”格局。省级财政安排 2.05 亿元，支持优秀传统文化传承发展重点工程和重点项目的实施，加大对中华版本资源和文物资源的挖掘、征集、研究和保护。

1 安吉古城遗址博物馆
2 东阳“林栖三十六院”非遗传承之圣门潭博物馆艺术村
3 温州朔门古港遗址考古队提取标本
4 学生在浦江县上山考古遗址公园开展研学活动
5 世界文化遗产京杭大运河杭州段拱宸桥

1

2

3

4

5

保障杭州亚运会、亚残运会

2023年，第十九届亚洲运动会、第四届亚洲残疾人运动会在杭州顺利举行。为保障亚运场馆建设、改造，累计安排地方政府债券资金16.84亿元，支持奥体中心主体育场和网球中心、温州奥体中心体育场一期工程、德清县体育中心亚运场馆改造等项目建设11个，并在赛后引导亚运场馆陆续向全民健身和群众体育开放，发挥亚运资产最大效用。

1 绍兴市柯桥区羊山攀岩中心新建工程
2 杭州奥体中心主体育场项目
3 温州龙湾奥体中心周边配套工程
4 保障亚运会召开的温州市域铁路S2线一期工程
5 亚运会金华分赛区体育场馆改造提升工程

1

2

3

4

5

财悦读·财政文化

2023 年 4 月 28 日，浙江省财政厅在台州举行学习贯彻习近平新时代中国特色社会主义思想主题教育“财悦读·学思想”系列活动启动仪式。活动分为循迹溯源、学思践悟、砥砺奋进三个篇章，通过微党课、短视频、主题荐读、情景剧、诗朗诵等形式，展现财政干部追寻习近平总书记足迹的生动实践。

1 “财悦读·学思想”活动启动仪式
2 情景剧《垦荒纪事》
3 诗朗诵《信念永恒》
4 主题荐读《问渠那得清如许》
5 主题荐读《学思践悟促履职》
6 “财悦读·学思想”活动现场
7 “财悦读·学思想”活动合影

1

2

3

4

5

6

7

财政系统运动会

2023 年 6 月 27–28 日，第十届浙江省财政系统运动会在湖州市举办，来自全省财政系统 12 支代表队的 400 多名运动员，参加了广播体操、游泳、乒乓球、三人制篮球和“8”字跳绳等 5 个大项 11 个小项的角逐。系统运动会丰富了财政系统干部职工文体活动，进一步提升了干部队伍的凝聚力、向心力、执行力。

1 运动会开幕
2 运动会授旗
3 篮球比赛
4 乒乓球比赛
5 跳绳比赛
6 广播体操比赛

目　录

特　载

专　文

大事记

●省级财政大事记

●各市财政大事记

全省财政工作

●全省财税工作

●财政分项工作

●直属单位概况

●学会协会活动

市县(市、区)财政工作

●杭州市财政工作

●宁波市财政工作

●湖州市财政工作

●嘉兴市财政工作

●绍兴市财政工作

●金华市财政工作

●舟山市财政工作

●台州市财政工作

财政统计资料

财政文选

●厅领导谈财政

●市县领导议财政

●专题经验

●调研报告

附　录

●机构人员

●法规选编

●媒体报道

TABLE OF CONTENTS

特载

zhejiang caizheng nianjian

浙江省政府工作报告

——2024年1月23日在浙江省第十四届人民代表大会第二次会议上

浙江省人民政府省长　王　浩

各位代表：

现在，我代表省人民政府向大会报告工作，请予审议，并请省政协委员和其他列席人员提出意见。

一、2023年工作回顾

2023年大事要事喜事多，是"八八战略"实施20周年、杭州亚运会和亚残运会举办之年，特别是习近平总书记再次亲临浙江考察并发表重要讲话，赋予浙江"中国式现代化的先行者"新定位和"奋力谱写中国式现代化浙江新篇章"新使命，具有重大里程碑意义。我们坚持以习近平新时代中国特色社会主义思想为指导，深入贯彻习近平总书记重要讲话、重要指示批示精神，在省委的坚强领导下，在省人大、省政协的监督支持下，胸怀"两个大局"、牢记"国之大者"，忠实践行"八八战略"、奋力打造"重要窗口"，圆满完成杭州亚运会、亚残运会筹办任务，圆满实现经济社会发展主要预期目标。

我们全面贯彻习近平总书记"简约、安全、精彩"的重要指示，举全省之力筹办杭州亚运会、亚残运会，杭州市以最高标准履行主办职责，宁波、温州、湖州、绍兴、金华等5个城市以主办姿态扛起协办责任，其他城市全力做好服务保障工作，向世界奉献了一场"中国特色、亚洲风采、精彩纷呈"的体育文化盛会。

——精心雕琢打磨开闭幕式、火炬传递等重大活动，彰显了"诗画江南、活力浙江"的独特韵味。坚持精益求精、追求卓越，将传统文化、东方美学与现代科技、数字技术完美融合，演绎了四场美轮美奂、惊艳世界的开闭幕式，塑造了"薪火相传"的火炬接力图景，打造了精彩瞬间，留下了永恒经典。

——深入践行绿色、智能、节俭、文明的办赛理念，打造了"绿色亚运"、"智能亚运"靓丽金名片。坚持科技引领、绿色优先、节俭办赛，充分发挥浙江省数字经济先发优势，首创"数字火炬手"、"数字人"点火等场景应用，打造了首届碳中和亚运会和首个大型"无废"赛事。

——强化"办好一个会、提升一座城"，改善了城市环境面貌和人民群众生活品质。坚持以赛兴城、办赛惠民，全省域开展城市品质、城市治理、城市文明三大提升行动，城乡面貌焕然一新，市民素质不断提升，社会治安秩序良好，实现了成功办赛与城市发展"双丰收"。

——用心用情用力保障各项赛事圆满顺畅举行，展现了高效服务、专业办赛的一流水准。坚持"严、精、细、实"工作标准，扎实做好安全保障、竞赛组织、宾客接待、亚运村管理、交通抵离、餐饮医疗、气象电力等全链条全环节服务，实现了"零事故"、"零纰漏"、"零延误"，得到了各国运动员和宾客的一致好评。

——全面用好亚运这一舞台，讲好中国故事、传递中国声音，展示了中国力量。坚持胸怀全局、服务大局，以亚运之窗向世界展示了"八八战略"指引下浙江发生的精彩蝶变，展示了新时代推进中国式现代化的万千气象，展示了习近平新时代中国特色社会主义思想的实践伟力。

——广泛汇聚各方力量，激发了团结协作、昂扬奋进的精气神。坚持全省一盘棋、拧成一股绳，广大干部群众倾情投入，3.76万名志愿者无私奉献，亚运宣传出新出彩，浙江体育健儿夺得了51枚亚运金牌和53枚亚残运金牌，均居全国首位，进一步激发了全省人民顽强拼搏、锐意进取的奋斗干劲。

回顾8年筹办历程，无数人为之默默奉献，许多事让人感动至深。在此，我代表省人民政府，向所有为杭州亚运会、亚残运会付出心血、智慧和汗水的参与者，致以崇高的敬意！

面对错综复杂的外部环境，面对多重挑战叠加的严峻考验，我们坚持把高质量发展作为首要任务，坚持稳中求进工作总基调，完整、准确、全面贯彻新发展理念，积极融入和服务构建新发展格局，坚持问题导向、底线思维，主动应变、精准施策、务实进取，强力推进创新深化改革攻坚开放提升，以三个"一号工程"为总牵引，启动实施"十项重大工程"，有力推动经济稳进向好、社会安定有序，充分展示了经济大省勇挑大梁的使命担当。

一是经济运行持续回升向好，全面完成全年主要目标任务。全省生产总值增长6%；规上工业增加值增长6%，固定资产投资增长6.1%，社会消费品零售总额增长6.8%，出口增长3.9%，实际使用外资增长4.8%，其中制造业使用外资增长85.8%；一般公共预算收入增长7%；城镇和农村居民人均可支配收入分别增长5.2%、7.3%；居民消费价格上涨0.3%，城镇调查失业率为4.6%，均好于预期目标。

二是"8+4"经济政策体系精准高效，有力发挥了引导保障作用。坚持集中财力办大事，通过大力度整合优化提升，构建"8+4"经济政策体系，安排省级财政资金1006.8亿元，支持经济持续回升向好。为市场经营主体减负3300亿元以上，各项贷款余额增长14.2%，其中制造业中长期贷款余额增长31%。积极争取和用好国家政策，新增地方政府专项债券占全国份额7%；推动351个项目纳入国家用地保障范围，保障重大项目用能指标3793万吨标准煤。

三是"千项万亿"重大项目扎实推进，有力支撑了扩大有效投资。坚持以项目看发展论英雄，启动实施扩大有效投资"千项万亿"工程，1244个重大项目完成投资12976亿元。嘉兴鱼腥脑航道、白鹤滩输浙特高压直流工程、金甬铁路、晶科能源等一批重大项目建成投用投产，国家大宗商品储运基地、甬舟铁路、六横公路大桥、浙石化高端新材料、杭州富芯集成电路等一批重大项目加快推进，省公共卫生临床中心、镇海绿色石化基地二期、中芯绍兴三期等一批重大项目开工建设。

四是产业结构加快优化升级，有力促进了现代化产业体系建设。以实施数字经济创新提质“一号发展工程”为牵引，启动实施“415X”先进制造业集群培育工程，数字经济核心产业制造业、高新技术产业、战略性新兴产业增加值分别增长8.3%、7%、6.3%，规上工业企业数字化改造覆盖率达75%以上。启动实施服务业高质量发展“百千万”工程，服务业增加值增长6.7%。加强企业梯队建设，新增上市公司65家、专精特新“小巨人”企业384家。海康威视获浙江省首个制造业领域中国质量奖。

五是教育科技人才工作高效贯通协同，有力推动了创新型省份建设。启动实施“315”科技创新体系建设工程，出台推进高水平大学建设、加快普通高校高质量发展、实施普通高校基础设施提质工程等3个文件，高教强省建设全面加速，嘉兴学院、浙江科技学院成功更名为大学，全社会研发投入强度预计达3.15%，首家国家实验室挂牌运行，新增全国重点实验室9家，新增自主培养两院院士3名，遴选顶尖人才36名，新引进培育国家级领军人才535名、国家级青年人才523名，区域创新能力居全国第4位。

六是改革开放持续深化，有力提振了市场信心、激发了发展活力。以实施营商环境优化提升“一号改革工程”、“地瓜经济”提能升级“一号开放工程”为牵引，全面推广政务服务增值化改革，着力巩固改革开放先行先发优势。制定促进民营经济高质量发展32条政策，市场经营主体达1034万户、增长9.6%。统筹打好外经贸“稳拓调”组合拳，出口规模跃居全国第2位、占全国份额达15%。制造业招引外资实现重大突破，荣盛石化、零跑汽车等项目获得国际行业巨头战略性投资。积极参与共建“一带一路”，率先实施自贸试验区提升行动，成功举办世界互联网大会乌镇峰会、全球数字贸易博览会、中国—中东欧国家博览会等重大活动。启动实施世界一流强港和交通强省建设工程，宁波舟山港货物和集装箱吞吐量超13.2亿吨、3530万标箱，增长4.9%和5.9%，宁波舟山国际航运中心发展指数排名提升到全球第9位，“义新欧”中欧班列开行2380列、增长4.9%。全面落实长三角一体化、长江经济带发展国家战略，加快建设长三角科创共同体等合作载体，基本建成长三角期现一体化油气交易市场。

七是共同富裕示范区建设迈出坚实步伐，有力增进了民生福祉。启动实施县城承载能力提升和深化“千村示范、万村整治”、土地综合整治工程，加快绘就“千村引领、万村振兴、全域共富、城乡和美”新画卷，建成和美乡村示范村292个，建设高标准农田85.3万亩。支持山区海岛县高质量发展，山区26县生产总值增速高于全省平均1个百分点。启动实施公共服务“七优享”工程，高质量完成教育助学、医疗卫生、养老帮困、就业创业等十方面56项31569个民生实事项目。启动实施绿色低碳发展和能源保供稳价工程，新增电力装机1198万千瓦，预计单位生产总值能耗下降3.3%以上，国控断面Ⅲ类以上水质比例达97.5%，设区城市PM2.5平均浓度25.9微克/立方米，“蓝色循环”海洋塑料废弃物治理模式获联合国地球卫士奖。

八是文化强省建设取得新进展，有力提升了文化软实力和影响力。成功举办首届“良渚论坛”，“中国历代绘画大系”收录藏品突破1.2万件(套)，之江文化中心建成开放。加强文化遗产保护和传承，温州朔门古港遗址入选全国“十大考古”新发现。启动实施文旅深度融合工程，积极培育数字影视、网络直播等文化新业态，文化及相关产业增加值增长7%，旅游收入增长16%。

九是社会大局保持和谐稳定，有力巩固了安全发展基础。疫情防控平稳转段。以超常规力度推进安全生产隐患大排查大整治，率先开展基层应急消防治理体系建设，生产安全事故起数和死亡人数分别下降11.3%、10.2%。坚持和发展新时代“枫桥经验”，深化干部下基层开展信访工作，诉求类信访量下降3.7%。强化社会治安整体防控，五类恶性案件发案数下降14.7%，交通事故死亡人数下降9.4%。

过去一年，国防动员、人防海防、双拥共建、退役军人事务、对口支援合作等工作取得新成效，民族宗教、审计统计、外事侨务、港澳台、史志档案、哲学社会科学、新闻出版、气象地震等工作迈出新步伐，工会、妇女儿童、青少年、老龄、红十字会、慈善、残疾人等事业实现新进步。

过去一年，我们坚决扛起全面从严治党政治责任，牢牢把握“学思想、强党性、重实践、建新功”总要求，高标准高质量开展主题教育，扎实开展“循迹溯源学思想促践行”，深化“大走访大调研大服务大解题”，努力在以学铸魂、以学增智、以学正风、以学促干方面取得实实在在的成效。积极推进依法行政，依法接受人大监督，自觉接受政协民主监督，认真办理人大代表建议和政协委员提案。深化廉洁政府建设，大力整治形式主义、官僚主义，持续提高行政效能和政府公信力。

过去一年经济社会发展取得的成绩，是以习近平同志为核心的党中央坚强领导的结果，是习近平新时代中国特色社会主义思想科学指引的结果，是省委带领全省人民开拓进取、奋力拼搏的结果。在此，我代表省人民政府向全省人民，向人大代表、政协委员、各民主党派、各人民团体和各界人士，向中央驻浙单位、驻浙人民解放军、武警部队、公安干警、消防救援队伍，向关心支持浙江发展的港澳同胞、台湾同胞、广大侨胞和海内外朋友们，表示衷心的感谢！

对标新定位新使命，破解高质量发展“成长的烦恼”，还面临一些挑战和问题，主要表现在：国际环境的复杂性、严峻性和不确定性上升，对浙江省稳定外贸外资基本盘、保障产业链供应链安全等带来一系列重大考验；关键核心技术攻关能力不够强，部分领域面临“卡脖子”风险；战略性新兴产业和高新技术产业占比不够高，部分行业和中小微企业生产经营困难，推进新型工业化、培育先进制造业集群还需持续发力；有效需求不足，民间投资活力不够强，消费热点和爆款缺乏；民生领域还有不少薄弱环节，公共服务均衡性可及性有待提升；经济金融、房地产、安全生产等领域风险隐患不容忽视。同时，一些政府工作人员的专业能力、服务意识、担当精神、工作作风还不适应新形势新任务新挑战。我们将直面这些问题，采取有效措施切实予以解决。

二、2024年目标任务和重点工作

2024年工作的总体要求是：坚持以习近平新时代中国特色社会主义思想为指导，全面贯彻落实党的二十大精神及中央经济工作会议精神，深入贯彻习近平总书记重要讲话、重要指示批示精神，把坚持高质量发展作为新时代的硬道理，坚持稳中求进、以进促稳、先立后破，完整、准确、全面贯彻新发展理念，紧扣"勇当先行者、谱写新篇章"新定位新使命，持续推动"八八战略"走深走实，扎实推进共同富裕示范区建设，强力推进创新深化改革攻坚开放提升，以三个"一号工程"为总牵引，深入实施"十项重大工程"，推动经济实现质的有效提升和量的合理增长，为全国大局勇挑大梁、多作贡献。

建议主要预期目标为：生产总值增长5.5%左右，规上工业增加值增长6%左右，固定资产投资增长6%左右，社会消费品零售总额增长5.5%左右，研发投入强度达到3.2%，一般公共预算收入、城乡居民收入与经济增长同步；居民消费价格涨幅3%左右；城镇调查失业率控制在5%以内。

重点抓好10方面工作：

（一）聚焦聚力提升政策引导保障成效。准确把握政策取向，加强政策工具创新和协调配合，进一步提高政策实施的精准度、实效性。

迭代升级"8+4"经济政策体系。优化8个政策包和4张要素保障清单，安排省级财政资金1023.6亿元，支持经济高质量发展。精准落实惠企政策，为市场经营主体减负2500亿元以上。坚持政府过紧日子，严肃财经纪律，严控一般性支出，大幅压减论坛、展会、节庆等活动，把更多财力用在帮企业、促发展、惠民生上。

积极争取和用好国家政策。统筹做好项目甄选、申报等工作，积极争取并高效用好地方政府专项债券，充分发挥其对重大项目建设的拉动作用；争取100个以上项目纳入国家用地保障范围，力争更多项目纳入国家能耗单列清单。

发挥"4+1"专项基金撬动作用。坚持市场化专业化运作，完成专项基金组建和运行机制建设，出台尽职免责细则，完善绩效评价和激励约束机制，健全投资风险防控体系，年度计划投资200亿元，撬动社会资本1000亿元，并扩大省科创母基金规模。坚持"投早、投小、投科技"，在战略性新兴产业领域催生一批拥有核心技术和市场竞争力的高成长企业。

推动金融更好服务实体经济。坚持把金融服务实体经济作为根本宗旨，切实提升服务理念、能力和质效，力争制造业中长期贷款、普惠小微贷款增速高于各项贷款平均增速，促进社会综合融资成本稳中有降。加快现代金融机构和市场体系建设，有序推进各类金融改革试点，提升金融机构核心竞争力，推动金融高质量发展，高水平建设金融强省。完善金融风险监测、识别、预警、处置体制机制，牢牢守住不发生系统性金融风险的底线。

（二）聚焦聚力扩大有效益的投资、激发有潜能的消费。深入实施扩大有效投资"千项万亿"工程，优化投资结构、提高投资效益。挖掘消费潜力，促进消费提质扩容、平稳增长。

持之以恒推进重大项目建设。围绕科技创新、先进制造业、重大基础设施等重点领域，安排"千项万亿"重大项目1000个以上，完成年度投资1万亿元以上。提高项目建设效率，确保中鸿新材料、甘电入浙、金七门核电等新建项目10月底前全部开工，瑞浦兰钧新能源、金塘新材料等项目早建成、早投产、早达效。统筹推进招大引强和增资扩产，进一步扩大产业投资、优化产业结构。

推动民间投资较快增长。实施政府和社会资本合作新机制，及时打通审批、供地、融资等堵点卡点，鼓励和支持社会资本扩大产业投资、参与基础设施投资，让社会资本真正"有得投、放心投、投得好"。

多措并举扩大消费。大力发展数字消费、绿色消费、健康消费等新型消费，积极培育智能家居、文娱旅游、体育赛事、国货"潮品"、银发经济等新的消费增长点。稳定和扩大传统消费，提振新能源汽车、电子产品等大宗消费，推动消费品以旧换新。营造放心消费环境，擦亮"浙里来消费"品牌，举办好系列促消费活动。

（三）聚焦聚力建设现代化产业体系。以深入实施数字经济创新提质"一号发展工程"为牵引，大力实施"415X"先进制造业集群培育和服务业高质量发展"百千万"工程，扎实推进新型工业化，加快打造数字经济高质量发展强省、现代服务业强省，建设全球先进制造业基地。

大力发展数字经济。深化国家数字经济创新发展试验区建设，做优做强集成电路、人工智能、高端软件等产业集群，积极推进工业"智改数转"，数字经济核心产业增加值增长9%左右，规上工业企业数字化改造覆盖率达85%。完善数据基础设施体系和制度体系，加快培育数据要素市场，促进数据安全高效流通利用。优化平台经济发展环境，支持平台企业在引领发展、创造就业、国际竞争中大显身手。

促进制造业集群式、高端化发展。优化全省产业布局，加强省级特色产业集群"核心区+协同区"建设，着力打造"万亩千亿"新产业平台和专业化特色小镇。大力发展新质生产力，"一链一策"推动新兴产业提质扩量，前瞻布局一批未来产业，支持杭州、宁波争创未来产业先导区，战略性新兴产业增加值增长10%以上。统筹推进世界一流企业、领航企业、"链主"企业培育，促进上市公司高质量发展，新增"雄鹰"企业30家、上市公司50家、国家单项冠军企业（产品）20家、专精特新"小巨人"企业300家以上。

加快传统产业转型升级。深化"腾笼换鸟、凤凰涅槃"，支持传统产业应用先进适用技术，实施重点技改项目5000项以上，推动装备制造、纺织服装、五金制品等优势产业迈向中高端，支持丝绸、茶叶、黄酒、青瓷、木雕、中药材等历史经典产业塑造新辉煌。促进建筑业高质量发展。

大力发展生产性服务业。紧密对接制造业高质量发展需要，培育壮大研发设计、检验检测、科技服务、法律会计、节能环保等生产性服务业，新增服务业领军企业200家以上、服务型制造示范企业(平台)60家。

(四)聚焦聚力科技创新塑造发展新优势。深入实施"315"科技创新体系建设工程,一体推进教育科技人才强省建设,为高质量发展提供基础性、战略性支撑。

加强高能级科创平台建设。推进高能级科创平台体制机制改革,加快形成战略科技力量。支持杭州城西科创大走廊打造创新策源地,牵引带动省内各类科创走廊提高创新强度和质效。探索推行"大兵团"作战模式,实施"双尖双领+X"重大科技项目400项以上。落实研发经费加计扣除、"三首"产品推广应用等政策,引导企业发挥创新主体作用,新增科技领军企业10家、科技小巨人企业100家、高新技术企业5000家、科技型中小企业1.2万家,新建省级创新联合体10家以上。

促进高等教育内涵式发展、整体性跃升。大力实施"双一流196工程",支持浙江大学建设世界一流大学,支持西湖大学建设高水平新型大学,支持省属高校建设高水平大学,加快构建一流学科建设体系。实施高校基础设施提质工程,进一步改善高校办学条件。支持宁波东方理工大学(暂名)筹建工作。加快建设现代职业教育体系,推进职普融通、产教融合、科教融汇,支持一批学校和专业跻身国家新一轮高职"双高计划"。

加大人才招引培育力度。创新人才评价机制,新遴选顶尖人才40名以上、省引才计划专家500名以上、省培养计划专家600名以上,力争新入选国家级人才计划500名以上,培养卓越工程师500名以上,新增省领军型创新创业团队25个以上,新增技能人才40万名以上。

推进教育科技人才一体化。构建政策制定、预算编制、项目实施、资金使用、绩效评价、数据共享等协同机制,促进科创平台、高等院校、产业园区、高新技术企业紧密对接,进一步提高科技成果创造能力和转化效率。

(五)聚焦聚力高水平对外开放。以深入实施"地瓜经济"提能升级"一号开放工程"为牵引,大力推进世界一流强港和交通强省建设,进一步提升开放能级和水平。

提升制度型开放水平。支持自贸试验区、综合保税区等开放平台对标国际高标准经贸规则,聚焦投资、贸易、金融、科技、数据等重点领域,稳步推进规则、规制、管理、标准等制度型开放,加快形成贸易投资合作的新机制新模式。

千方百计稳外贸优外资。继续打好"稳拓调"组合拳,深入推进"千团万企拓市场增订单"行动,培育发展海外仓、数字贸易等外贸新业态新模式,确保出口占全国份额基本稳定。以超常规力度招引"大好高"和专精特新外资项目,力争实际使用外资200亿美元以上,其中制造业外资占比超过29%。

加快建设世界一流强港和交通强省。编制沿海港口布局规划、集装箱码头发展专项规划,大力发展多式联运,推进现代化内河航运示范省建设,力争宁波舟山港集装箱吞吐量增长4%以上。全面落实启运港退税等政策,积极发展航运金融、航运交易、海事法律等高端港航服务业,增强港口国际竞争力。加快建设宁波舟山港重大集疏运工程、长三角航空货运枢纽、长三角中欧班列集结中心、宁波枢纽、通苏嘉甬铁路等项目,着力构建现代化交通物流体系。

主动服务国家战略。高标准推进长三角一体化,加快建设长三角生态绿色一体化发展示范区嘉善片区和虹桥国际开放枢纽南向拓展带,推动数字长三角、"轨道上的长三角"等建设取得新进展。全方位参与共建"一带一路",优化境外经贸合作布局,扩大中间品贸易,进一步增强产业链供应链韧性和安全性。高质量办好世界互联网大会乌镇峰会、全球数字贸易博览会等重要展会。纵深推进义甬舟、金丽温开放大通道建设。

高水平建设海洋强省。围绕打造大宗商品资源配置枢纽、世界级绿色石化基地、国家海洋清洁能源基地、国家海洋科技创新基地,实施临港化工延链、清洁能源聚变、船舶海工振兴等海洋经济高质量发展八大行动,发挥甬舟海洋经济核心区引领功能,加快建设环杭州湾、温台沿海等现代产业带,推动海洋经济成为高质量发展新增长极。

G60科创走廊

(六)聚焦聚力深化改革、优化营商环境。深入实施营商环境优化提升"一号改革工程",加强法治化服务保障,营造稳定、公平、透明、可预期的发展环境,打造营商环境最优省。

深入推进政务服务增值化改革。深化数字政府建设,依申请政务服务事项"一网通办"率85%以上。规范提升行政审批中介服务,企业投资项目领域审批中介事项清单压缩至50项以内。推动全过程公正高效集成监管,双随机抽查事项覆盖率达100%。推进融资金融服务线上化、科技化,努力实现"一次不跑、又快又好"。

推动民营经济32条政策精准落地。围绕促进"两个健康",全面落实"3个70%"、"3张项目清单"、"7个不准"以及政府无拖欠款、浙江无欠薪等举措,建立定期检查评估、动态调整优化机制。推动政商交往正面、负面和倡导清单落地落细，积极构建亲清统一的新型政商关系，建立涉企问题高效闭环解决机制，及时回应和解决民营企业的呼声和诉求，让民营企业安心经营、放心投资、专心创业。高质量举办第七届世界浙商大会。

深化重点领域改革。建立健全以科技创新推动产业创新的体制机制，促进创新链产业链深度融合。深化强港改革，进一步完善港口管理体制、投融资机制、“四港”联动发展机制。探索建立大宗商品储备管理体系和贸易投资制度，积极争取新一轮义乌国际贸易综合改革试点。深化知识产权全链条集成改革，加快建设知识产权强省。实施国资国企改革攻坚深化提升行动，增强核心功能、提高核心竞争力。

（七）聚焦聚力缩小“三大差距”。围绕共同富裕示范区建设，深入实施县城承载能力提升和深化“千村示范、万村整治”、土地综合整治、公共服务“七优享”工程，持续推进“扩中提低”，更好解决发展不平衡不充分问题。

推进以县城为重要载体的城镇化建设。唱好杭甬“双城记”，提升四大都市区和中心城市能级。实施县城承载能力提升重大项目500个左右，支持县城做大特色产业、做强支柱产业，进一步增强连接城市、辐射乡村的功能。

加快绘就“千村引领、万村振兴、全域共富、城乡和美”新画卷。优化农村人居环境，和美乡村覆盖率达40%以上。壮大乡村特色产业，培育创意农业，建成年产值超10亿元的“土特产”全产业链100条。深化“科技强农、机械强农”，协同推进永久基本农田和高标准农田建设，完成土地综合整治项目100个，建设高标准农田78万亩以上，稳定粮食播种面积和产量。深化强村富民乡村集成改革、生产供销信用“三位一体”改革、集体林权制度改革，加强党建引领“共富工坊”建设，城乡居民收入倍差持续下降。

推进城乡融合、区域协调发展。畅通城乡要素流动，统筹城乡产业、基础设施、公共服务等布局，深化农业转移人口市民化集成改革，健全常住地提供基本公共服务制度，让城乡居民共享现代文明生活。“一县一策”、“一业一策”支持山区海岛县高质量发展，支持浙西南革命老区建设发展，拓宽“两山”转化通道，加快实现生态产业化、产业生态化。完善山海协作工作体系，滚动推进产业合作项目300个，派遣科技特派员2000人次以上。

持续推进公共服务“七优享”。坚持城乡一体、均衡可及，更好促进公共服务优质共享。推进“幼有善育”，健全生育支持政策体系、普惠托育服务体系，开展儿童友好城市建设。推进“学有优教”，扩大公办幼儿园资源供给，提升义务教育学校办学标准，深化“县中崛起”工程，整合优化山区海岛县教育资源，让更多孩子享受优质教育。推进“劳有所得”，提高职业技能培训质效，做好重点群体稳定就业工作。推进“病有良医”，高标准建设省市县乡村卫生服务体系，推动中医药传承创新发展，扎实推进卫生健康现代化，基本医疗保险政策范围内住院报销（含大病保险）比例职工达85%、城乡居民达69%。推进“老有康养”，加强社区嵌入式服务设施和多功能融合场景建设，推进居家和社区适老化改造，推行养老服务“爱心卡”制度，康养联合体镇街覆盖率达70%。推进“住有宜居”，积极探索房地产发展新模式，更好支持刚性和改善性住房需求，稳步推进保障性住房建设、“平急两用”公共基础设施建设和城中村改造“三大工程”。推进“弱有众扶”，健全社会救助和慈善体系，促进残疾人事业发展，全省年人均低保标准达到13200元以上。支持舟山等地开展全域公共服务一体化试点。

（八）聚焦聚力推进中华民族现代文明建设省域探索。坚持守正创新、推陈出新，精心办好“良渚论坛”，深入实施文旅深度融合工程，积极发展中华文明的现代形态，加快建设高水平文化强省。

加强文化遗产保护传承。全面贯彻“保护第一、加强管理、挖掘价值、有效利用、让文物活起来”的工作要求，促进文物和文化遗产整体保护、活态传承，更好地赓续历史文脉、坚定文化自信。

繁荣发展文化体育事业。深入实施文化基因激活工程，加强“中国历代绘画大系”成果宣传展示，推进新时代文艺精品攀峰行动，支持浙派工艺美术创新发展。丰富“15分钟品质文化生活圈”建设内涵，提高农村文化礼堂利用效率。办好第六届世界佛教论坛。做好后亚运文章，促进竞技体育和群众体育全面发展，加快建设现代化体育强省。

促进文旅产业高质量发展。持续推动四条诗路文化带、之江文化产业带、良渚文化大走廊和横店影视文化产业集聚区建设，支持发展大视听产业，积极培育文旅新业态新场景，打造千万级核心大景区30个，文旅产业增加值增长6%左右。

提升社会文明程度。实施全域文明建设行动、公民道德建设工程和人文素养提升计划，深化“书香浙江”建设，加强社会信用体系建设，进一步擦亮“浙江有礼”省域文明品牌。

（九）聚焦聚力提升绿色发展水平。坚定不移践行绿水青山就是金山银山理念，深入实施绿色低碳发展和能源保供稳价工程，深化美丽浙江建设，让绿色成为浙江最动人的色彩。

扎实做好能源保供稳价工作。统筹推进电源、电网、储能、天然气管网等现代能源基础设施建设，新开工电源项目装机2600万千瓦，其中绿电装机占比85%；新投产电源项目装机1200万千瓦。加强能源供需运行调度，做到有能可用、应保尽保。深化电力、天然气体制改革，完善绿电交易机制。

持续提高生态环境质量。强化减污降碳协同增效，统筹推进治水、治气、治土、治废、治塑，确保设区城市PM2.5平均浓度不高于25微克/立方米，县级以上饮用水水源水质达标率保持在100%。加强噪声污染治理，推进“宁静小区”建设。

加强生态保护和修复。完善生态环境分区管控方案，积极参与长江经济带共抓大保护，实施重要生态系统保护和修复重大工程，加强水土流失治理，创新生态保护补偿机制和生态产品价值实现机制。

促进发展方式绿色转型。推动能耗“双控”逐步转向碳排放“双控”，构建废弃物循环利用体系，支持省级以上园区开展新一轮循环化改造，建设一批低（零）碳园区、工厂、农场。

（十）聚焦聚力建设更高水平平安浙江法治浙江。高水平统筹发展和安全，有效防范化解各种风险，以新安全格局保障新发展格局，以高水平法治服务高质量发展。

全面加强安全生产。严格落实“三管三必须”要求，常态化排查整治各领域各行业风险隐患，全力遏重大、降较大、提本质。推进基层应急消防治理体系建设，做到群防群治、标本兼治。

切实提升防灾减灾水平。深入实施防汛防台能力提升三年行动，加快完善防洪工程体系，抓好地质灾害、海洋灾害、森林火灾防治工作，增强应急救援、全灾种保障和风险监测预警能力。

加强和创新社会治理。坚持和发展新时代“枫桥经验”，巩固拓展“后陈经验”，弘扬“四下基层”优良作风，推进矛盾纠纷预防化解和信访工作法治化，迭代提升“141”基层治理体系，加强食品药品安全治理，完善社会治安防控体系，确保城乡安宁、群众安乐、社会和谐。创新落实国防教育、国防动员机制。

深化法治政府建设。推进重点领域、新兴领域政府立法，深化县乡行政合法性审查改革、“大综合一体化”行政执法改革，规范行政决策程序、行政执法行为，提升政府工作人员法治素养，把厉行法治的要求落到实处。

各位代表，民之所盼、政之所向。2023年，我们继续以群众普遍有感有得为衡量标准，坚持尽力而为、量力而行，高质量办好十方面民生实事，推动共同富裕示范区建设成果更多更公平地惠及全省人民。

1.医疗卫生。为全省60岁以上老年人免费接种流感疫苗。为全省重点人群免费开展结直肠癌筛查，2024年重点筛查60岁以上人群。在公共场所新增配置自动体外除颤仪1万台、对应培训5万人以上。实行全省医保参保人员一地签约、全省共享基层门诊签约报销比例。省内异地结算定点医院开通率达100%。

2.教育助学。持有居住证的义务教育段随迁子女就读公办学校比例达90%以上。开工建设高校基础设施改造提升项目208个。实施中小学校“示范食堂”建设行动，2024年完成1000家以上。

3.养老帮困。全面推行长期护理保险制度，2024年新增参保人数2000万人以上。

4.关爱儿童。为全省所有适龄女生免费接种二价HPV疫苗，2024年重点为13-14岁女生接种。加强孤独症儿童医疗康复救治，孤独症门诊治疗享受住院医疗保障水平。

5.就业创业。新增残疾人就业1万人以上。为离校2年内未就业高校毕业生开发见习岗位5万个以上。培养持证数字高技能人才3万人以上。

6.城乡宜居。新开工改造城镇老旧小区450个、4200栋。2024—2025年对全省所有未达标单村水站进行改造，其中2024年完成2000座以上。新（改）造农村生活污水处理设施2000个以上。完成幸福河湖农村水系整治2000公里以上。新（改）建城市地下管网2200公里以上，其中燃气管网1100公里、供水管网300公里、生活污水管网400公里、雨水管网400公里。

7.交通出行。新（改）建农村公路1000公里以上。新增铁路和轨道交通运营里程284公里。实施水路客（货）运设施改造提升项目110个。新建新能源汽车公共充电桩2万个以上，其中农村1万个以上。

8.文化体育。向公众开放亚运公共体育场馆。改造提升历史文化街区10个，修缮不可移动文物200处。

9.暖心服务。实施户外劳动者暖心服务行动，2024年改造提升服务站点1000家以上。实行群众“身后事”基本服务免费。

10.除险保安。完成病险山塘整治450座。完成灌溉泵站机埠、堰坝水闸更新改造1500座。实现全省乡镇（街道）应急消防管理站全覆盖。开展阳光食品作坊建设行动，建成在全省有示范性的食品作坊2000家以上。建立“浙里快处”网上平台，实现快处快赔量占非伤人交通事故总量60%以上。

各位代表！实现2024年各项目标任务，关键是要坚持高站位、实干事、见真功相统一，以忠诚干净担当的实际行动，提高政府履职水平，打造人民满意政府。必须牢记嘱托、感恩奋进，不断提高政治判断力、政治领悟力、政治执行力，全面准确贯彻落实习近平总书记重要讲话、重要指示批示精神和党中央决策，坚决做到“总书记有号令、党中央有部署，浙江见行动见实效”。必须一以贯之、久久为功，准确把握持续推动“八八战略”走深走实的目标路径、载体抓手，一张蓝图绘到底，一年接着一年干，推动“八八战略”焕发出更加强大的真理力量、取得更加丰硕的实践成果。必须以行践言、实干争先，不折不扣抓落实、雷厉风行抓落实、求真务实抓落实、敢作善为抓落实，切实做到言必信、行必果，真正把实事办实、好事办好、难事办妥。必须勤政为民、造福一方，厚植为民情怀，倾注真情实意，始终把屁股端端地坐在老百姓这一面，用心用情用力解决人民群众“急难愁盼”问题，让共同富裕更加真实可感。必须优化政风、提升效能，纵深推进全面从严治党，力戒形式主义、官僚主义，规范落实容错纠错机制，持续精简文件、简报、报表、APP，切实减轻基层负担，集中精力抓改革、谋创新、促发展。

各位代表！实干成就梦想，奋斗铸就辉煌。让我们更加紧密地团结在以习近平同志为核心的党中央周围，在省委的坚强领导下，干在实处、走在前列、勇立潮头，勇当中国式现代化的先行者，奋力谱写中国式现代化浙江新篇章，为强国建设、民族复兴伟业作出新的更大贡献！

主动担当　勇挑大梁 为勇当先行者谱写新篇章贡献更多财政力量

——2024年1月9日在全省财政工作会议上的讲话

浙江省财政厅党组书记、厅长　尹学群

同志们：

2023年，全省各级财政部门坚持以习近平新时代中国特色社会主义思想为指导，深入学习贯彻习近平总书记考察浙江重要讲话精神，坚决落实中央和省委、省政府各项决策部署，深入实施“八八战略”，坚持“五财并举”，克难攻坚、奋力前行，在以“两个先行”打造“重要窗口”中交出了财政高分报表。

一是强力推进三个“一号工程”。率先谋划三个“十大行动”，80项政策措施取得实质性进展，7项成果入选省委典型案例。聚焦“一号发展工程”，建立数字经济创新提质“3+2”财政支持政策体系，牵头谋划实施普通高校基础设施提质工作，构建科技创新“2+1”财政支持政策体系，发布《数据资产确认工作指南》地方标准；聚焦“一号改革工程”，全面推进财政服务增值化改革，财政电子票据“关键事”改革、电子凭证会计数据标准试点、政府采购六大增值场景取得实效；聚焦“一号开放工程”，争取到宁波舟山港及金华、义乌启运港退税政策，构建“一号开放工程”高质量发展财政支持政策体系和招引外资“1+1”财政政策体系，签订长三角财政电子票据共享应用合作协议和长三角政府采购一体化五年行动计划。

二是全力巩固经济回升向好态势。全力落实“8+4”经济政策体系，构建“8+1”支持清单，有力支撑“十项重大工程”建设。积极争取新增专项债券，出台专项债券管理办法，规范专项债券“借、用、管、还”全流程管理，实现项目“应储尽储”、债券“快发快用”、风险“早防早化”。创新设立“4+1”专项基金，完成签约落地8支、规模380亿元。重塑“4+2”先进制造业集群财政支持政策体系，出台制造业高质量发展结对促共富示范创建财政专项激励政策，助推先进制造业高质量发展。加大政府采购、产业基金等对中小微企业支持力度，有力促进民营经济发展。

三是奋力推动共同富裕先行。组织开展共同富裕改革深化年行动，进一步推进省部改革协同和省委共富改革。深化家庭型财税政策体系，出台百万家庭奔富三年行动计划，围绕四条改革路径实施26项改革举措，有力助推“扩中提低”。推进舟山公共服务一体化改革，探索山区海岛县集约提供公共服务的新路。建立“大三农”政策资金定期调度机制，健全政策性农业信贷担保服务体系，深化一事一议财政奖补支持打造共富乡村指导意见，有力推进乡村振兴。

四是持续加大民生保障力度。完善就业创业政策体系，支持零工市场建设、技能人才培训等工作。完善社会保险制度，积极争取单位费率和缴费基数优惠政策，研究制定失业保险、工伤保险省级统筹实施意见及配套政策。优化医疗卫生支持体系，研究制定“乙类乙管”后新冠患者救治经费保障和一线医务人员临时性工作补助有关政策，持续推进“医学高峰”建设。全力做好亚运会（亚残运会）资金保障工作，推进之江文化中心建设和运行管理方案优化，支持“宋韵文化传世工程”建设，助推文化体育事业发展。深化新安江流域生态补偿等典型经验，持续助推生态建设。

五是不断提升财政管理水平。规范收入组织管理，推动收入运行在合理区间。落实党政机关过紧日子各项要求，实施过紧日子清单化管理，出台省级机关过紧日子评价办法，科学评价节约使用财政资金情况。加强预算绩效管理，出台政府投资项目预算绩效管理办法，首次实现整体绩效评价省级部门全覆盖。规范有偿转让国有资产工作，指导各地依法依规开展资产盘活工作。制定项目预算审核管理暂行办法，重塑预算审核工作。

六是持续深化财政体制机制改革。构建新一轮集中财力办大事财政政策体系，有力保障大事要事。健全支出标准体系，牵头起草预算支出标准制定办法。实施新一轮省对市县财政体制，建立健全更加精准的基本财力保障机制和财政激励政策体系。深化零基预算管理改革，完善“目标、指标、审核、评价”管理体系。持续深化“财政大脑”、收支运行智管、“浙里基财智控”等数字化改革。

七是进一步加强财会监督。组织开展财会监督年行动，出台进一步加强财会监督工作实施方案，着力打造财会监督“五责”监督体系。协同省纪委省监委构建重点监督协同联动等五方面机制，推动财会监督与纪检监察监督贯通协调。扎实开展财会监督专项行动和“小切口”专项监督，着力提升财会监督权威性和威慑力。深入推进会计监督工作，开发建设注会评估行业智慧监管应用系统，实现行业监管智慧化常态化。

八是有效防范化解财政风险。通过开展穿透式核查、建立问责闭环管理制度等一系列举措，扎实化解债务风险。建立健全“三保”预算编制事前审核机制，密切关注市县“三保”预算执行情况，建立均衡性转移支付稳定增长机制，有效防控“三保”风险。合理制定年度企业养老保险收支计划和省级统筹责任分担计划，落实企业养老保险财政支出责任，建立四色风险预警机制，积极防范社保基金风险。

九是扎实开展学习贯彻习近平新时代中国特色社会主义思想主题教育。制定“1+4+2”主题教育方案，开展“重梳、重温、重走”活动，循迹溯源学思想促践行，引导财政干部坚定走好“四个最”第一方阵。坚持难题就是课题，扎实开展“厅领导十大专题调研”活动，推动调查研究破难攻坚。深化清廉财政建设，深入打造“清风财韵”廉洁文化品牌，创新构建清廉财政

“三不腐”能力指数评价体系，被评为“全省清廉单元建设十大创新案例”。

回顾这些年的工作，财政部门对做好新时代财政工作有了更深的认识和体会，即必须坚持和加强党对财政工作的全面领导，必须把高质量发展作为新时代硬道理和财政首要任务，必须坚持以人民为中心的发展思想，必须强化底线思维极限思维，必须以改革提升财政治理效能，必须树牢“三个没有、三个就是”的理念，以财政的主动担当、积极作为为经济社会稳定和发展作出新的贡献。

进入新阶段，全省各级财政部门要认真学习、深刻领会中央和省委对经济形势的科学判断，紧扣“勇当先行者、谱写新篇章”新定位新使命，持续推动“八八战略”走深走实，坚持“五财并举”，主动担当、勇挑大梁，以财政的“稳”“进”“立”为奋进“两个先行”贡献更多力量。重点抓好八方面工作：

遂昌县茶叶产业助农增收致富

*一是凝心聚力，以敢闯敢拼的干劲强力推进三个“一号工程”。*聚焦突破性创新，加快推进高校基础设施提质工程，持续加大财政科技投入，不断提升科技人才投入绩效，强力推进“一号发展工程”。聚焦攻坚性改革，纵深推进财政电子票据、政府采购、产业基金、“百团千师助万企”等财政服务增值化改革，深化现代预算制度等财政体制机制改革，并加强财政数字化改革与增值化改革相衔接，强力推进“一号改革工程”。聚焦提升性开放，持续打好“稳拓调”组合拳，支持世界一流强港和交通强省建设，服务企业高水平双向投资，强力推进“一号开放工程”。

*二是担当尽责，以积极的财政政策助力经济大省勇挑大梁。*加快形成全省域“8+4”财政政策体系板，按照“有效政策加力提效、低效政策全面缩减、无效政策果断压减”原则，加强政策评估，努力提升政策精准性和满意度。用足用好专项债券，加快发行和使用进度，并加强投后管理，尽快形成实物工作量和投资拉动力。优化“4+1”专项基金运行机制，完善尽职免责、激励约束、绩效评价、风险防控等制度，最大限度发挥专项基金撬动作用。持续优化“4+2”先进制造业财政支持政策体系，积极争取国家专精特新重点“小巨人”企业高质量发展奖补资金和中小企业数字化转型试点城市，助推现代化产业体系建设。

*三是加强探索，以走在前列的财政担当助推共同富裕先行示范。*开展共富“示范推广年”行动，加快复制推广一批共富改革标志性成果。聚焦共性难题、重大命题和时代新题，迭代省部合作机制，继续开展联合调研，深化促富型财税政策理论研究。打造“浙家共富”财政促富品牌，持续开展百万家庭奔富三年行动，争取尽快取得新突破。在舟山以及景宁、淳安、龙游开展全域公共服务一体化改革试点，完善以事以人为核心的公共服务领域转移支付制度。打造“财政+金融”改革矩阵，为家庭奔富注入源头活水。深化“千万工程”建设，更大力度支持乡村振兴。

*四是统筹兼顾，以人民为中心不断增进民生福祉。*完善就业创业体系，研究完善浙江省促进高质量充分就业的实施意见，精准帮扶重点就业群体。健全社会保障体系，推进企业职工基本养老保险全国统筹，平稳实施失业保险和工伤保险省级统筹，确保收支均衡。推进医疗卫生事业发展，提高基本公共卫生服务财政补助标准和城乡居民基本医保省级补助标准，完善积极生育支持政策措施，推动降低生育负担。支持加强文化建设，总结之江文化中心运行模式，建立与绩效挂钩的文化单位财政拨款制度，探索亚运场馆赛后利用支持政策。密切跟踪国家耕地占补平衡政策调整动态，系统推进重点生态保护修复工程，推进绿色发展。

*五是改革创新，以加强财政管理为抓手提升财政治理效能。*深入研究涵养新财源的方式，以创新举措培育新增长点、新增长极。加强与税务部门统筹协同，完善收入滚动测算机制，推动全年收入平稳运行，努力为全国大局多作贡献。坚持党政机关习惯过紧日子，落实省级机关过紧日子评价办法，建立省级部门过紧日子定期评估机制，研究完善项目支出标准，加强地方可用财力评估，规范民生支出政策管理。将事前绩效评估与预算评审一体推进，切实提高资金使用绩效。研究出台全面加强省属金融企业国资监管意见，健全国有文化企业出资人监管制度体系，提升金融、文化国有企业监管效能。加强会计和国有资产管理，进一步强化内控建设。

*六是严肃纪律，以动真碰硬的决心着力加强财会监督。*开展“财会监督加强年”行动，强化“审核+资金拨付+监督”闭环管理，发挥好财会监督在党和国家监督体系中的基础性、支撑性作用。构建“大审核”体系，建立重点项目事前、事中、事后全过程审核机制。构建“大监督”格局，助推党委政府落实“五责”体系，建立具有浙江特色的财会监督新模式。加大对重点领域监督力度，实现精准发力、查深查透。强化队伍和机构建设，推动“小切口”引领“大转变”，持续迭代行业智慧监管应用系统，进一步提升财会监督质效。

七是着力防控，以底线思维极限思维有效防范化解财政

风险。密切关注国家政策动向，加强督导和考核，督促市县严格落实化债任务，稳步化解地方债务风险。完善地方“三保”清单，优化“三保”预算编制事前审核机制，落实“定期关注+重点报告”的“三保”预算执行动态跟踪制度，用好“三保”智控应用，确保“三保”不出问题。健全多渠道保障机制，做大社保风险准备金“蓄水池”，提高社保基金数字化监管水平，及时防范化解基金运行风险。建立健全暂付款监测机制，严控暂付款规模。

八是争先创优，以刀刃向内的勇气锻造勤廉并重的财政铁军。深入实施红色根脉强基工程，扎实推进“基层党建争先攀高行动”，加强党员“进出育管爱”全链条管理，全面提升机关党建水平。树正用人导向，突出实干实绩，以严管厚爱激励和促进干部干事创业。发挥好“财政双周讲堂”“财悦读”等载体，加强财政重大问题前瞻性研究，进一步提升干部能力。

同志们，做好今年财政工作使命光荣、任务艰巨。让我们更加紧密地团结在以习近平同志为核心的党中央周围，在省委、省政府的坚强领导下，以高度的使命感、责任感，奋力拼搏、开拓进取，高质量完成各项工作，为浙江省勇当先行者、谱写新篇章做出更大贡献！

专文

zhejiang caizheng nianjian

关于2023年全省和省级预算执行情况及2024年全省和省级预算草案的报告

（2024年1月23日在浙江省第十四届人民代表大会第二次会议上）

浙江省财政厅

一、2023年预算执行情况

2023年，全省各级财政部门坚持以习近平新时代中国特色社会主义思想为指导，全面贯彻党的二十大精神和习近平总书记考察浙江重要讲话精神，认真落实省第十五次党代会、省委十五届历次全会决策部署和省十四届人大一次会议决议，严格执行《中华人民共和国预算法》《中华人民共和国预算法实施条例》《浙江省预算审查监督条例》，以扎实开展学习贯彻习近平新时代中国特色社会主义思想主题教育为先导，深入实施“八八战略”，强力推进创新深化改革攻坚开放提升，坚持科学生财、创新聚财、精明理财、高效用财、勤廉管财，紧扣统筹推进三个“一号工程”，大力实施“十项重大工程”，精准高效落实“8+4”经济政策体系，加力提效实施积极的财政政策，全力支持保障办好杭州亚运会、亚残运会，全省和省级财政预算执行情况良好，为全省经济社会高质量发展作出了积极贡献。

（一）2023年预算收支执行情况

1.一般公共预算执行情况

（1）全省

2023年全省一般公共预算收入8600.02亿元，增长7.0%，为调整后预算的101.9%。其中，税收收入7124.06亿元，增长7.6%，为调整后预算的101.0%，占一般公共预算收入的82.8%，收入质量位居全国前列。加上地方政府一般债务收入1164.95亿元、转移性收入6236.04亿元，收入合计16001.01亿元。全省一般公共预算支出12353.09亿元，剔除新增地方政府一般债务安排的支出等因素，可比增长5.0%，完成调整后预算的103.1%；加上地方政府一般债务还本支出961.53亿元、转移性支出2686.39亿元，支出合计16001.01亿元。收支相抵，全省一般公共预算收支平衡。

（2）省级

2023年省级一般公共预算收入349.64亿元，剔除上年缓缴税款一次性入库等因素，可比增长4.7%，为调整后预算的102.2%；加上地方政府一般债务收入998.28亿元、转移性收入4183.18亿元，收入合计5531.10亿元。省级一般公共预算支出771.49亿元，剔除新增地方政府一般债务安排的支出因素，可比增长1.4%，完成调整后预算的95.6%；加上地方政府一般债务还本支出62.84亿元、转移性支出4696.77亿元，支出合计5531.10亿元。收支相抵，省级一般公共预算收支平衡。

2.政府性基金预算执行情况

（1）全省

2023年全省政府性基金预算收入8363.13亿元，下降16.9%，为调整后预算的94.3%；加上地方政府专项债务收入3383.25亿元、转移性收入2069.08亿元，收入合计13815.46亿元。全省政府性基金预算支出9633.52亿元，下降15.2%，完成调整后预算的93.1%；加上地方政府专项债务还本支出945.39亿元、转移性支出3236.55亿元，支出合计13815.46亿元。收支相抵，全省政府性基金预算收支平衡。

（2）省级

2023年省级政府性基金预算收入61.84亿元，增长14.8%，为调整后预算的117.6%；加上地方政府专项债务收入2940.31亿元、转移性收入68.37亿元，收入合计3070.52亿元。省级政府性基金预算支出104.37亿元，下降32.5%，完成调整后预算的96.1%；加上转移性支出2966.15亿元，支出合计3070.52亿元。收支相抵，省级政府性基金预算收支平衡。

3.国有资本经营预算执行情况

（1）全省

2023年全省国有资本经营预算收入194.96亿元，增长1.6%，为预算的129.4%；加上转移性收入18.73亿元，收入合计213.69亿元。全省国有资本经营预算支出85.97亿元，下降9.9%，完成预算的84.3%；加上转移性支出127.72亿元，支出合计213.69亿元。收支相抵，全省国有资本经营预算收支平衡。

（2）省级

2023年省级国有资本经营预算收入53.61亿元，增长3.0%，为预算的106.6%；加上转移性收入8.39亿元，收入合计62.00亿元。省级国有资本经营预算支出30.62亿元，增长7.0%，完成预算的94.1%；加上转移性支出31.38亿元，支出合计62.00亿元。收支相抵，省级国有资本经营预算收支平衡。

4.社会保险基金预算预计执行情况

（1）全省

2023年全省社会保险基金预算收入6883.89亿元，增长5.4%，为预算的99.1%。全省社会保险基金预算支出6786.99亿元，增长9.7%，完成预算的102.6%；加上转移性支出132.73亿元，支出合计6919.72亿元。收支相抵，全省社会保险基金预算本年收支赤字35.83亿元，赤字主要是企业职工基本养老保险待遇享受人数增加以及基本养老金水平提高，将通过滚存结余弥补。

（2）省级

2023年省级社会保险基金预算收入3401.13亿元，增长6.7%，为预算的95.1%；加上转移性收入9.11亿元，收入合计3410.24亿元。省级社会保险基金预算支出3661.60亿元，增长8.7%，完成预算的100.5%；加上转移性支出141.87亿元，支出合计3803.47亿元。收支相抵，省级社会保险基金预算本年收支赤字393.23亿元，赤字主要是企业职工基本养老保险待遇享受人数增加以及基本养老金水平提高，将通过滚存结余弥补。

5.经批准举借债务的规模、结构、使用、偿还情况

(1)举借规模

①全省

2023年全省地方政府债务限额为23340.75亿元。在批准的限额内,发行地方政府债券4548.20亿元,其中:新增债券2940.00亿元,再融资债券1608.20亿元。再融资债券均用于偿还债务。

②省级

2023年省级债务限额为1501.42亿元。

(2)结构

①全省

截至2023年末,全省地方政府债务余额为22885.95亿元,其中:一般债务7683.58亿元,占33.6%;专项债务15202.37亿元,占66.4%。

②省级

截至2023年末,省级地方政府债务余额为1097.70亿元,其中:一般债务307.51亿元,占28.0%;专项债务790.19亿元,占72.0%。

(3)使用

①全省

2023年全省新增地方政府债券2940.00亿元,其中:用于交通运输516.39亿元,占17.5%;产业园区等市政建设753.99亿元,占25.6%;棚户区改造等保障性住房建设146.50亿元,占5.0%;农林水利建设187.18亿元,占6.4%;科教文卫社会事业489.95亿元,占16.7%;生态建设和环境保护120.31亿元,占4.1%;用于存量政府投资项目收尾725.68亿元,占24.7%。

②省级

2023年省级新增地方政府债券89.46亿元,其中:用于交通运输72.90亿元,占81.5%;科教文卫社会事业16.56亿元,占18.5%。

(4)偿还

①全省

2023年全省财政共安排还本支出1906.92亿元,其中:一般债务还本支出961.53亿元,专项债务还本支出945.39亿元。

②省级

2023年省级还本支出62.84亿元,均为一般债务还本支出。

2023年地方政府债券资金均依法用于公益性项目建设,偿债资金来源落实,按时足额还本付息,没有出现偿付风险。政府债务风险指标控制在合理区间,低于警戒线,处于绿色安全区间,债务风险可控。

(二)2023年重点财政收支政策执行情况

1.全力保障"8+4"经济政策体系精准高效落实

围绕"8+4"经济政策体系,建立财政要素支持体系,集成政策131项,全省安排资金6004亿元,其中省级财政安排1006.8亿元,以有效的财政政策供给力和超常规的工作努力,推动政策直达快享、应享尽享,助力全省经济高质量发展。落实税费支持政策,按照"第一时间+顶格优惠"原则落实好先进制造业企业增值税加计抵减、研发费用加计扣除等70多项税收优惠政策,继续实施增值税留抵退税,为市场主体减税、免税、退税1931.43亿元。延续实施阶段性降低失业保险费率至1%政策,减负109.07亿元。落实残保金新一轮分档减征政策、国家电影事业发展专项资金阶段性免征政策、"一停一减五降"延续性降费政策等,减费554.40亿元。新增地方政府专项债务2654亿元,占全国份额7.0%,支持"9+2"领域重大公益性项目建设。

2.大力支持推进"千项万亿"重大项目建设

落实160.60亿元,重点支持省级政府投资项目162个,带动当年投资629.60亿元。落实24.82亿元,支持省交通投资集团服务交通基础设施建设,落实省以上资金160亿元,加快建设高水平交通强省,支持全省综合交通完成投资3700亿元以上。落实90.90亿元,保障海塘安澜、浙江水网等重大水利专项行动实施和重大水利项目建设,继续对"26+3"县中的沿海县(市、区)及海岛地区问题海塘项目按现行标准提高10个百分点给予支持。支持重大文体设施建设,落实13.02亿元保障之江文化中心、省全民健身中心工程等建设。

3.有力支撑现代化产业体系建设

保障数字经济创新提质"一号发展工程"、先进制造业集群培育工程实施,构建数字经济创新提质"3+2"、先进制造业集群"4+2"财政支持政策体系,相关做法分别入选全省数字经济创新提质"一号发展工程"优秀案例和"十项重大工程"年度典型经验。首创制造业高质量发展结对促共富示范创建财政专项激励政策,下达18亿元,支持工业大县与山区县合力探索"产业促共富"新模式。发挥省产业基金创新引领作用和杠杆效应,聚焦"415X"先进制造业集群和"专精特新"中小企业创新设立"4+1"专项基金,已签约6支专项基金共210亿元。提取土地出让收入的0.5%以上,保障新一轮制造业"腾笼换鸟、凤凰涅槃"攻坚行动。落实省工业与信息化专项资金20.80亿元,支持产业链协同创新、生产制造方式高端化智能化绿色化转型、首台套提升工程、工业互联网平台创建等。

4.全力支持教育科技人才工作高效贯通协同

(1)支持教育强省建设。实施高校基础设施提质工程,建立健全高校基础设施建设运营长效机制,推动高教强省建设全面加速。落实省以上补助资金55.25亿元,深化义务教育"钱随人走"转移支付改革,完善义务教育经费保障机制。落实6.65亿元,支持义务教育薄弱环节改善与能力提升、跨区域教共体建设以及教育信息化工作。落实3.65亿元,支持学前教育普惠优质发展,不断提高普惠性幼儿园在园幼儿占比和幼儿园保教质量。落实4.83亿元,推进山区海岛县普通高中特色化多样化发展及"县中崛起"计划、助力各教育阶段民办教育事业发展。落实13.46亿元,支持职业教育融合发展、国家和省"双高"建设、完善生均拨款机制、改善办学条件以及职业院校教师素质提升。落实15.09亿元,支持"双一流"高校和西湖大学建设。落实28.22亿元,保障全学段全日制学生资助工作。

(2)支持科技强省、人才强省建设。围绕三大科创高地建设,坚持首位战略首位保障,全省落实787.48亿元支持科技创

新，比上年增长15.7%。保障“315”科技创新体系建设工程，其中，落实52亿元，支持省实验室、杭州城西科创大走廊、国家重大科技基础设施等重大科创平台建设，加快培育打造国家战略科技力量。省市县联动支持打造高能级创新平台，推进基础研究和应用基础研究，加快推进关键核心技术攻关。聚焦云计算与未来网络、智能计算与人工智能等15个战略领域，落实24.91亿元，支持开展原创性、引领性技术攻关。落实13.18亿元，支持“鲲鹏行动”计划、省海外引才计划等重点人才项目，引进全球顶尖人才、领军人才、青年人才。落实1.50亿元，支持博士后工作站建设。

5.强力推进改革开放持续深化

（1）推进营商环境优化提升“一号改革工程”

落实4294万元，引导更多金融资源服务扩中家庭。落实省担保集团费用补贴8291万元，引导加大对小微企业和“三农”主体的支持力度，省担保集团再担保业务规模达到1461.89亿元，增长38.9%，平均担保费率保持在1%以下。落实2000万元，实施省企业破产援助奖补机制。推动政务服务增值化改革，“创新引领数字赋能打造最优省域政府采购营商环境”等三个案例入选全省营商环境优化提升“最佳实践案例”，全省授予中小企业政府采购合同金额达到1558.72亿元。完善政策环境，全面清理财政涉及营商环境行政规范性文件。推进财政电子票据“关键事”改革，迭代升级“浙里办票”应用，创新打造“电子票仓”，为企业提供票据下载、查验服务近1.5亿次。

之江实验室

专栏1　全面落实中小企业预留份额优惠政策

充分发挥政府采购的政策功能，全力支持中小企业参与政府采购活动，促进中小企业健康发展，以政策赋能助力民营经济新飞跃。一是政府采购支持中小企业政策列入浙江省民营经济32条。明确规定采购限额标准以上，200万元以下的货物和服务采购项目、400万元以下的工程采购项目，适宜由中小微企业提供的，采购单位应当专门面向中小微企业采购。超过限额的，适宜由中小微企业提供的，预留该部分采购项目预算总额的40%以上专门面向中小微企业采购。二是出台《关于政府采购工程落实支持中小企业发展政策的通知》。对标政策执行中的堵点、难点和痛点，率先出台政府采购建设工程领域专门面向中小企业预留份额40%政策，对预留份额实施方式、政府采购预算及需求管理等提出明确要求。三是建立采购纠纷“集中裁决”机制。为中小企业提供法律增值服务，重点处置采购文件具有倾向性等投诉事项，2023年累计受理政府采购投诉案件155件，维护企业合法权益。全年全省中小企业获得政采合同金额达到1558.72亿元，占总规模的86%。

（2）深化财政体制机制改革

完善省对市县财政体制，建立健全更加精准的基本财力保障机制和财政激励政策体系。全省一体推进构建2023—2027年新一轮集中财力办大事财政政策体系，强化重大决策部署财力保障。坚持党政机关过紧日子，出台《浙江省省级机关过紧日子评价办法（试行）》，健全省级机关过紧日子评价体系，全省非刚性、非重点项目支出预算压减6.2%。探索构建家庭型财税政策体系，印发《百万家庭奔富三年行动计划（2023—2025年）》，实施家庭精准画像工程，“财金助力扩中家庭改革”“家庭型医疗保障政策改革”纳入浙江省高质量发展建设共同富裕示范区第三批试点。推动舟山公共服务一体化改革，积极探索山区海岛县集约提供公共服务新思路。启动全省“财会监督年”活动，提请省委办公厅、省政府办公厅印发《浙江省进一步加强财会监督工作的实施方案》，健全财会监督体系，推动人大监督、审计监督等发现问题整改落实。优化风险防范机制，防控地方政府债务风险，持续做大社保储备资金“蓄水池”，加强地方财政运行监测，精准识别保障财力薄弱县（市），牢牢守住不发生“三保”风险底线。完善地方政府债务管理制度，出台专项债券管理办法，加强专项债券管理。

（3）支持实施“地瓜经济”提能升级“一号开放工程”

开展千团万企拓市场行动，落实2.10亿元，加大国际性展会支持力度，鼓励企业拓市场增订单。出台新一轮国际新开航线补助政策，将激励范围扩大到温州、义乌两个口岸机场。出台超常规外资招引政策，加快引进先进制造业项目、重大服务业项目、跨国公司或世界500强企业总部项目。下达3.60亿元，持续对出口信保、汇率避险相关费用予以补助，降低中小企业外贸风险管理成本。下达5.74亿元，对“义新欧”中欧班列及省级海外仓予以激励补助，加快推进“一带一路”沿线国家和地区产业链供应链布局。支持举办世界互联网大会乌镇峰会、全球数字贸易博览会等重大活动。落实2.48亿元，支持跨境电商综试区、自贸区建设及改革创新。落实2亿元，支持优化新能源汽车应用环境和产业发展生态。落实5800万元，实施城市消费提质扩容行动，推动智慧商圈建设。下达2.13亿元，支持县域商业体系建设，保障第二批19个试点县商业流通基础设施、“三点一线”物流体系等建设。下达4800万元，实施电商式“共富工坊”专项激励，促进农村就业创业和农民增收。

专栏2 成功争取并组织实施启运港退税政策试点

启运港退税是我国出口退税政策的重大创新，符合条件的货物自启运港运出，即视同出口，可提前申请退税。浙江省以三个“一号工程”为总牵引，成功争取启运港退税政策试点。2023年4月，财政部等三部委批准以宁波舟山港作为离境港，包括温州、台州、嘉兴在内的25地港口为启运港，实施启运港退税政策试点。2023年9月，金华、义乌铁路场站获批陆路启运港退税政策试点。启运港政策的实施，一是助力企业降本增效。退税周期平均缩短15天以上，大大降低企业时间和财务成本。二是叠加享受“双港”政策。宁波舟山港政策叠加金华义乌陆路启运港政策，浙江省成为全国唯一兼具水路、陆路启运港的省份。外贸企业可根据自身情况灵活选择水路或陆路离境方式，浙江省超千亿元出口货物可享受启运港退税政策。三是提升浙江省开放能级。金华、义乌靠前成为内陆“一线”对外口岸，吸引周边省份货物到浙江省中转或离境出口，进一步提升“义甬舟”大通道、“义新欧”班列和宁波舟山港“一流强港”的辐射服务能力。四是优化国际营商环境。建立报关后即受即审即退机制，以制度性开放为企业提供增值式服务，为全省数万余家外贸出口企业提供与国际接轨“无时差”的一流营商环境。

（4）推进区域协同发展

实施支持长三角一体化推进行动，下达9000万元，带动嘉善片区等重点区域完成重大项目年度投资超87亿元。加快推进长三角区域政府采购一体化，长三角生态绿色一体化发展示范区已探索开展7个项目跨省远程异地评标。下达20亿元，支持海洋产业发展和海洋（湾区）重大基础设施建设，推动全省域高质量发展海洋强省。健全山海协作财政政策，下达12.48亿元，促进山海协作“产业飞地”和特色生态产业平台高质量建设、有序发展。实施新一轮区域协调财政专项激励政策，2023—2025年每年安排资金21亿元，支持推进农村一二三产融合发展，加快形成“一县一业”发展格局。全省筹措64.05亿元，支持援疆、援藏、援青、浙川东西部协作等工作。

专栏3 财政电子票据改革助力营商环境优化提升

在长三角区域实现票据互联互通，推进票据服务增值化改革，实现了票据载体从纸质化向数字化跃升、票据改革从省域先行向区域共享跃升、票据服务从便民式向增值式跃升，持续推进营商环境再优化再提升。一是抓“改革”，完成财政票据电子化。改革票据载体，变“纸质票”为“电子票”，浙江省财政电子票据已实现地区、行业、票据种类全覆盖。改革服务模式，变“零散化”为“集成化”，打造全国首个票据管理服务平台，已累计为企业提供下载、查验服务1.5亿次。改革数据标准，变“人工跑”为“数据跑”，为企业提供统一标准的各类电子凭证，提升企业管理效能。二是谋“共享”，牵头长三角区域电子票据互联共享。建立数据共享机制，签订三省一市框架合作协议，在长三角区域实现票据互联互通，实现“一域探索，区域共享”。实现财政电子票据报销改革“跨省通办”，跨省商保理赔场景于2023年10月上线。建立票据监管结果互认机制，三省一市同步共享财政电子票据报销入账信息，有效避免虚假报销和重复报销风险。三是强“增值”，放大数据价值拓展便民场景。创新便民场景应用，协同医保、卫健等部门打造“用血直免”“残疾人医疗补助”等社会化应用场景，变“人找政策”为“政策识人”。“用血直免”累计服务4.75万人次，直免金额达4346.82万元。建设“浙里捐赠”数字平台，打造“浙里报账”应用，打通预算、报销、支付等经济业务全链条，用户数超210万人，服务单位数超2万家。

6.持续推动共同富裕示范区建设

（1）支持城乡一体发展

深入实施“千万工程”，下达5.69亿元，支持推进历史文化（传统）村落保护利用、未来乡村以及美丽乡村示范带建设。落实造地改田资金23.80亿元，统筹支持土地综合整治、耕地保护补偿、农村宅基地复垦耕地，推进土地集约节约利用。下达12.66亿元，集中支持60万亩高标准农田（含粮食生产功能区）建设和改造提升，以及实施山区海岛县乡村振兴重大项目。落实12.19亿元，支持实施粮油规模种植补贴、订单良种奖励等政策，促进粮食生产稳定发展。落实11.86亿元，支持种质资源保护利用和良种繁育基地建设、现代化农事服务中心建设和乡村特色优势产业高质量发展等。下达8.91亿元，支持山区26县等重点地区巩固拓展脱贫攻坚成果同乡村振兴有效衔接。落实6亿元，支持全省政策性农业保险提标、扩面、增品。下达4.37亿元，支持深化农村综合改革试点。下达10.56亿元，支持城镇生活垃圾分类和污水处理基础设施、海绵管廊、美丽宜居村庄等建设。落实2.28亿元，支持农村生活污水治理“强基增效双提标”行动和美丽城镇建设。优化政策性农业信贷担保服务体系建设，撬动150亿元信贷资金注入乡村振兴领域，缓解3.3万户新型农业经营主体融资难、融资贵、融资烦问题。下达20.42亿元，用于村干部基本报酬补助、村级组织运转和社区工作经费。下达7.02亿元，开展一事一议财政奖补，支持建设村级公益设施3654个。

（2）支持实施公共服务“七优享”工程

全省一般公共预算支出用于民生的比例达75.5%，有力保障高质量完成十方面民生实事项目，增进民生福祉。

支持高质量充分就业。完善高质量就业创业财政政策体系，落实3.51亿元，支持高校毕业生、退役军人、城镇就业困难人员等重点群体积极就业，并加大对山区海岛县帮扶力度。积极争取宁波市入选2023年度中央财政支持公共就业服务能力提升示范项目，获中央补助资金1亿元。深入推进省域技能型社会建设，落实4.47亿元，支持打造“浙派工匠”金名片，开展技工教育提质增量行动。

保障做好“一老一小”工作。聚焦“浙有善育”，支持实施普惠托育基本公共服务试点工作。积极争取杭州市入选2023年度中央财政支持普惠托育发展示范项目，获中央补助资金1亿元。落实6.78亿元，支持生育关怀及相关生育家庭补助等。将新生儿疾病筛查项目省级标准提高到每人328元，推动提升儿童健康水平。聚焦“浙里康养”，持续支持实施重点人群流感疫苗免费接种和结直肠癌免费筛查。提高城乡居民基本养老保险省定基础养老金标准到每人每月200元，落实省以上补助资金65.93亿元，保障城乡居民养老待遇按时足额发放。落实10.59亿元，支持基本养老服务体系建设，优化养老服务资源配置。

推进卫生健康体系建设。推进“医学高峰”建设，落实10.74亿元，支持委省共建国家区域医学（医疗）中心和中科院医学所建设。积极争取湖州市、宁波市分别入选2023年度中央财政支持公立医院改革与高质量发展示范项目和中医药传承创新发展示范项目，共获得中央补助7亿元。深化医疗卫生“山海”提升工程，落实2.92亿元，支持省、市三甲医院对口支持32个山区海岛县提升县域医疗卫生服务能力。落实20.70亿元，提高基本公共卫生服务省级补助标准到年人均102元。助推国家中医药综合改革示范区建设，落实1.16亿元，支持县级中医院强院建设和中医药传承创新发展。

完善社会保障体系。落实26.39亿元，提高城乡居民基本医疗保险财政补助省级标准到每人每年660元。落实医疗救助资金6.72亿元，确保特困、低保和低保边缘家庭人员应保尽保，并对其政策范围内医疗费用按规定给予补助。落实4.52亿元，支持残疾人服务提升和残疾人事业发展。落实2000万元慈善事业引导资金，支持慈善事业发展。落实省以上补助资金20.25亿元，保障困难群众生活救助。落实12.54亿元，保障困境儿童和残疾人等特殊群体的生活补助。落实15.52亿元，提高部分优抚对象等人员的抚恤和生活水平，约30万人受益。落实5亿元，统筹支持租赁住房保障、城镇棚户区改造、老旧小区改造等。探索建立城乡一体化的住房保障体系，推进集体经济组织成员建缴住房公积金制度试点工作。下达农业转移人口市民化奖励资金20.47亿元，引导市县积极承担义务教育、医疗卫生等方面的公共成本。

（3）推进绿色低碳发展

下达绿色发展财政奖补资金131亿元，深入实施与生态产品质量和价值相挂钩的财政奖补机制，优化财政奖罚机制，探索建立“双碳”财政奖惩政策和海洋生态补偿机制，推动健全跨流（区）域生态补偿机制，加快推动绿色转化。落实1.10亿元，支持海上风电、新型电力系统示范项目建设，加快可再生能源项目建设。下达6.97亿元，深入打好治水治气治土治废攻坚战。落实1.70亿元，支持开展省级山水林田湖草生态保护修复。下达6.59亿元，支持林业推进共同富裕试点县和综合体建设等。落实新安江水环境生态保护补偿资金2亿元，跨省交界街口断面水质稳定达到Ⅱ类标准，新安江流域生态补偿做法得到财政部、生态环境部肯定。实施省内流域横向生态保护补偿机制，基本实现八大水系主要流域全覆盖。支持钱江源—百山祖国家公园创建。

7. 全面支持文化强省建设

全力支持办好杭州亚运会、亚残运会，保障21个省属亚运场馆建设。制定亚运会、亚残运会赛时运行保障机制、省属场馆建设投入分担机制、赛时运行补助机制和延期办赛场馆的运行维护保障政策。成功争取亚运会、亚残运会捐赠全额扣除、赞助服务和物资免征增值税等12项税收优惠政策，两批147家赞助企业享受免征增值税政策。推进亚运场馆赛后利用，落实赛后出让资产免税等支持政策，引导亚运场馆陆续向全民健身和群众体育开放，发挥亚运资产最大效用。支持举办“八八战略”实施20周年大型主题展览、首届“良渚论坛”等，打造浙江文化金名片。落实5.29亿元，支持体育事业、体育产业发展。落实2亿元，择优支持20个文化产业发展引领县（市、区）建设，推动重大文化产业项目落地。落实4.48亿元，支持完善公共文化服务体系建设，优化博物馆财政补助政策。出台《浙江省博物馆纪念馆免费开放补助资金管理办法》，鼓励民办博物馆免费开放。落实2.34亿元，支持文化遗产保护、宋韵文化传承等。落实文化艺术发展基金1亿元，遴选优秀作品，支持文艺精品创优攀峰。落实3.35亿元，保障农村文化礼堂、社区文化家园等基层宣传文化阵地提升效能。落实5亿元，保障诗路文化带建设，推进文旅深度融合发展。落实9300万元，支持旅游业高质量发展。

杭州第十九届亚洲运动会比赛场地——象山县半边山沙滩排球中心

8.有力保障巩固安全发展基础

落实3亿元，支持食品、药品、化妆品和医疗器械监督抽检等工作，继续实施仿制药质量和疗效一致性评价省级奖补政策。下达1.10亿元，建设平急结合的生活必需品保供体系。落实8000万元，保障综合性应急救援平台建设。落实1.50亿元，保障省级综合性应急物资库建设。下达5500万元，支持安全生产、避灾安置场所建设及服务保障能力提升等工作。落实4000万元，支持消防救援队伍业务装备提升、设施改造等。

与此同时，我们认真办理省人大代表建议。在省十四届人大一次会议及闭会期间，人大代表共提出与财政相关的建议313件，根据会议决议精神，省财政厅严格落实办理责任，认真开展调查研究，主动、及时与代表沟通，按时办理完毕，满意率达100%。主办件中，所提问题及建议已经解决或列入计划逐步解决的达100%。如在办理金67号建议《关于完善绿色发展财政奖补机制的建议》和衢32号建议《关于优化绿色发展奖补政策的建议》时，深入基层调查研究，推动迭代绿色发展财政奖补机制，充分考虑提高出境水水质财政奖补标准、合理设置水质达标奖励、水质同比变化奖惩、水质类别提升补偿等建议，并将环境空气质量指数（AQI）作为重要因素指标，应用于主要污染物排放财政收费返还制度，更好地助力山区26县加快实现绿色高质量发展。

这一年来取得的成绩，是习近平新时代中国特色社会主义思想科学指引的结果，是党中央、国务院和省委、省政府坚强领导的结果，是省人大、省政协及代表委员监督指导的结果，是全省人民共同努力的结果。

同时，我们也清醒地看到，当前财政经济运行面临一些困难和挑战，一是经济税源尚未恢复正常增长。虽然2023年税收收入增幅达7.6%，但主要是上年留抵退税较多、收入基数低。二是市场主体经营压力依然较大。房地产业、制造业等行业企业所得税下降较多。三是土地出让收入处于下行区间。浙江省土地出让收入规模大，土地出让收入下行影响基层财政可持续运行，财政收支平衡压力大。四是财经纪律刚性约束有待进一步加强。违规使用财政资金、会计信息失真等违反财经纪律的现象时有发生，亟需强化监督和治理规范。对此，我们高度重视，认真研究，采取切实有效措施加以解决。

二、2024年预算草案

（一）2024年财政收支形势

我国经济具有巨大的发展韧性和潜力，基本面保持长期向好，2024年经济运行将持续回升向好，为财政收入增长奠定坚实基础。从财政收入看，随着杭州亚运会成功举办，三个“一号工程”扎实推进，“十项重大工程”深入实施，“8+4”经济政策体系落细落实，各项稳增长政策效应加快显现，为财政收入增长奠定了基础。但同时，外部环境面临较大的复杂性、严峻性和不确定性，部分行业产能过剩、社会预期偏弱、风险隐患仍然存在，财政减收压力增加。从财政支出看，科技攻关、乡村振兴等重点支出刚性增长，养老、教育、医疗卫生等基本民生支出需要加强保障，基层“三保”需要兜牢兜实，财政支出需求较大。总的看，财政收支形势依然严峻。各地各部门要更好统筹发展和安全，坚持尽力而为、量力而行，提升财政政策效能和资金效益，全力保障党中央、国务院和省委、省政府重大决策部署落实。

（二）2024年财政预算编制的指导思想

2024年是中华人民共和国成立75周年，是实施“十四五”规划关键一年，也是浙江“勇当先行者、谱写新篇章”再出发之年。按照中央和省委对经济工作的总体部署以及财政改革总体要求，根据2024年度全省经济社会发展目标、国家宏观调控总体要求和跨年度预算平衡的需要，参考上年度执行情况，结合对2024年财政收支形势的分析和预测，全省2024年财政预算编制的指导思想是：坚持以习近平新时代中国特色社会主义思想为指导，全面贯彻落实党的二十大精神，深入贯彻习近平总书记重要讲话、重要指示批示精神，把坚持高质量发展作为新时代的硬道理，坚持稳中求进、以进促稳、先立后破，完整、准确、全面贯彻新发展理念，紧扣“勇当先行者、谱写新篇章”新定位新使命，持续推动“八八战略”走深走实，强力推进创新深化改革攻坚开放提升，聚焦保障统筹推进三个“一号工程”，深入实施“十项重大工程”，迭代升级“8+4”经济政策财政要素支持体系，推动积极的财政政策适度加力、提质增效，谋划新一轮财税体制改革，坚持党政机关习惯过紧日子，大力优化财政支出结构，兜牢基层“三保”底线，加强地方政府债务管理，严肃财经纪律，巩固和增强经济回升向好态势，为浙江的“稳”“进”“立”和经济大省勇挑大梁贡献财政力量。

（三）2024年重点财政收支政策

1.迭代升级“8+4”经济政策财政要素支持体系

围绕“8+4”经济政策体系，按照“有效政策加力提效、低效政策全面缩减、无效政策果断压减”原则，优化调整“8+4”财政要素支持体系，省级安排1023.6亿元，确保财政政策精准高效持续助力经济稳进向好。把握地方政府专项债券投向领域扩大的政策窗口期，扎实开展项目储备工作，积极争取并高效用好地方政府专项债券，充分发挥其对重大项目建设的拉动作用。积极争取中央增发国债资金支持，建立常态化监管机制，加强资金分配、下达、拨付、使用全流程监控，确保资金使用规范。支持推进金融强省建设，优化提升财政金融政策，促进金融更好服务实体经济，加快构建广覆盖、精准绩效的普惠金融生态。

2.支持扩大有效益的投资、激发有潜能的消费

发挥政府投资和政策激励带动效应，支持继续实施扩大有效投资“千项万亿”工程。安排91.20亿元，保障海塘安澜、浙江水网等重大水利专项行动实施和重大水利项目建设，持续推进全域幸福河湖建设及单村水站改造提升。安排1.06亿元，用于支持消费集聚区及品质生活圈建设，促进消费提质扩容。安排2亿元，支持新能源汽车推广应用和充电基础设施建设。安排1.90亿元，重点支持19个县（市、区）高质量推进县域商业体系建设。

3. 支持现代化产业体系建设

深入实施数字经济创新提质"一号发展工程"，迭代"3+2"财政支持政策体系。安排21.20亿元，支持省级特色产业集群核心区协同区培育、产业链协同创新、生产制造方式高端化智能化绿色化转型等。聚焦新型工业化和先进制造业集群高质量发展，迭代先进制造业"4+2"财政支持政策体系。提取土地出让收入的0.5%以上，优先保障"415X"先进制造业培育工程。安排18亿元，支持工业大县与山区县"1+1"结对实施"产业促共富"，推进产业链区域合作与高质量协同发展。优化省中小企业发展专项资金分配机制，重点支持"专精特新"中小企业对标提升和优质中小企业梯度培育。

4. 支持科技创新塑造发展新优势

坚持首位战略首位保障，深入实施"315"科技创新体系建设工程，省级安排141.49亿元支持科技创新，比上年增长22.3%，重点支持重大科创平台提升能级，开展原创性引领性技术攻关等。安排40.99亿元，支持高水平大学和普通高等学校高水平学科建设、浙江大学建设世界一流大学、西湖大学高水平研究型大学建设等，打造高质量发展的高等教育体系。安排67.49亿元，支持国家实验室、省实验室、杭州城西科创大走廊、国家重大科技基础设施等重大科创平台建设。建立"绩效导向"的科技经费管理模式。聚焦云计算与未来网络、智能计算与人工智能等15个战略领域，安排28.01亿元，支持引导企业等创新主体开展原创性引领性技术攻关，抢占技术制高点，产出一批硬核科技成果。安排5亿元，实施普通高校基础设施提质工程，"一校一策"支持新建学生宿舍、教育科研用房和新建高教园区。安排15.35亿元，支持"鲲鹏行动"计划、省海外引才计划等重点人才项目。安排1.40亿元，支持博士后工作站建设。

5. 保障实施高水平对外开放

深入实施"地瓜经济"提能升级"一号开放工程"。持续打好"稳、拓、调"组合拳，深入推进"千团万企拓市场增订单"行动，安排13.35亿元，持续对出口信保保费及"义新欧"班列运费予以补助，支持海外仓、跨境电商发展，加快推进"一带一路"沿线国家和地区产业链供应链布局。安排6.93亿元，落实超常规招引外资激励政策，加大标志性外贸项目招引力度，鼓励设立外资研发中心，提高对外资的吸引力。安排82.68亿元，支持一流强港和交通强省建设。安排省交通投资集团资本金10亿元，进一步扩大全省综合交通投资。安排13.98亿元，支持"八八计划"以外新增铁路项目建设。安排省推动长三角一体化发展资金2亿元，支持重点区域（平台）和最佳实践所在市县发展。安排海洋（湾区）经济发展政策资金20亿元，推动全省海洋经济高质量发展。

6. 支持深化改革、优化营商环境

深入实施营商环境优化提升"一号改革工程"。持续优化升级政府采购营商环境，拓展政务服务增值化改革应用场景，加快推进政府采购集中裁决改革。开展政府采购领域违法违规行为专项整治，进一步规范市场秩序。保障民营经济32条政策精准落地，发挥"4+1"专项基金支持作用，力争专项基金群实现全省投资200亿元、撬动社会总投资1000亿元。推动新一轮国资国企改革攻坚，支持加快国有经济布局调整，强化国有企业在现代化产业体系建设、构建新发展格局中的科技创新、产业控制和安全支撑作用。优化省属金融、文化企业法人治理，完善"外大于内"董事会运行机制。持续降低企业综合融资成本，力争将政府性融资担保平均担保费率降到1%以下。加快长三角区域电子票据应用步伐，拓展跨省医保零星报销、企业捐赠抵税"无感智享"等增值服务场景，方便企业群众异地办事。

7. 支持缩小"三大差距"

（1）支持城镇化建设。安排24.47亿元，深化农业转移人口市民化集成改革，加快推进农业转移人口市民化进程。安排10.16亿元，支持城镇生活垃圾分类和污水处理基础设施、海绵管廊、美丽宜居村庄、城市排水防涝等建设。安排5亿元，支持城乡风貌整治提升建设。

（2）纵深推进"千万工程"。安排11.32亿元，开展浙系畜禽集聚区、水产健康养殖和生态养殖示范区建设，支持深化农业"双强"行动。安排16.56亿元，保障实施粮油规模种植补贴和动态补贴、产粮大县综合奖励等政策，全方位夯实粮食安全根基。安排区域协调财政专项激励资金21亿元，支持推进农村一二三产融合发展。安排7.85亿元，推进历史文化（传统）村落保护利用、美丽乡村示范带培育和未来乡村建设。安排5.83亿元，支持农村综合改革试点。安排8.91亿元，支持衔接推进乡村振兴政策。安排农业农村现代化先行资金10亿元以上，集中支持70万亩高标准农田（含粮食生产功能区）建设和改造提升。安排80.53亿元，统筹支持耕地垦造、农村宅基地复垦、土地综合整治精品工程等，完善省级耕地保护财政政策体系。安排3亿元，支持农村生活污水治理"强基增效双提标"行动。安排5.80亿元，开展一事一议财政奖补，持续推进村级公益事业建设。安排1.09亿元，支持实施新一轮发展新型农村集体经济三年行动计划。

（3）支持公共服务"七优享"。继续将财政支出的三分之二以上用于民生，强化民生保障力度。

推进"老有康养"和"幼有善育"。安排城乡居民基本养老保险省级补助资金40.09亿元，保障城乡老年居民基础养老金按时足额发放。安排0.34亿元，推动落实"浙有善育"激励政策，引导各地全力实施人口生育政策取得实效。进一步完善积极生育支持政策措施，推动降低生育负担。推进普惠托育纳入基本公共服务，完善普惠托育政策保障机制。

推进"学有优教"。安排2.10亿元，支持学前教育建立成本分担机制和普惠幼儿园发展。加快推进义务教育均衡发展，深化义务教育"钱随人走"转移支付改革，安排28.55亿元，保障义务教育"两免一补"经费、随迁子女就近入读、义务教育教共体、数字教育等。安排1.20亿元，支持山区海岛县"县中崛起"计划。安排3.85亿元，支持民族教育事业、民办教育事业发展。安排5.52亿元，支持职业教育高质量发展，落实基于专业大类的职业教育差异化生均拨款制度。

推进“劳有所得”。持续稳定和扩大就业，推进高质量就业创业体系建设，安排就业补助资金3.69亿元，支持高校毕业生、退役军人、城镇就业困难人员等重点群体稳步就业。深入推进“技能浙江”建设，安排4.47亿元，支持高技能人才培养培育，深入开展技工教育提质增量行动。

推进“病有良医”。安排2.92亿元，深化医疗卫生“山海”提升工程，支持嵊泗、景宁组团式帮扶，进一步优化医疗资源配置。安排“医学高峰”项目等资金4.50亿元，支持国家医学中心建设等项目，加强省高层次人才特殊计划医疗卫生领军人才和青年人才培养。安排6.73亿元，持续强化基本公共卫生服务保障，提高基本公共卫生服务财政补助标准至年人均107元。安排1.30亿元，实施山区海岛县中医院中医药特色专科“百科帮扶”项目。安排0.80亿元，支持丽水市、湖州市推进公立医院改革与高质量发展示范项目。推进疾控体系建设，保障省级公共卫生临床中心建设项目顺利推进。安排省级城乡居民基本医疗保险补助资金27.79亿元，提高2024年城乡居民基本医疗保险财政补助省级标准到每人每年690元。

推进“弱有众扶”和“住有宜居”。安排24.07亿元，支持加强困难群众基本生活保障。安排13.42亿元，保障困境儿童和残疾人等特殊群体。安排慈善事业引导资金2000万元，支持慈善事业高质量发展。安排5.17亿元，支持残疾人服务提升和残疾人事业发展。安排省级医疗救助资金7.06亿元，支持对特困供养人员、低保家庭人员等特殊困难人员的医疗救助保障。落实5亿元，支持城镇保障性安居工程、老旧小区改造等建设。

8.支持推进中华民族现代文明建设省域探索

聚焦文化强省建设，完善财政支持政策体系。安排2.05亿元，支持文化遗产保护、宋韵文化传承等，推进实施中华文明浙江标识保护传承工程。推进全省国有博物馆绩效与财政拨款挂钩改革，激发创新创造活力。安排12.52亿元，支持之江文化中心、全民健身中心建设等。安排5.47亿元，支持体育事业、体育产业发展。安排4.48亿元，支持完善公共文化服务体系建设，支持实施公共文化服务增效计划。支持新时代文艺精品攀峰行动，完善与院团绩效挂钩的财政奖补机制，安排8900万元，支持省属院团和省级文化单位出精品、出人才，安排文化艺术发展基金1.10亿元，扶持优秀作品创作。安排文化产业发展专项资金2亿元，坚持重大文化产业项目带动，支持打造文化创新高地。安排9300万元，支持文旅融合进一步深化，突出奖优奖强。

9.保障提升绿色发展水平

迭代升级绿色发展财政奖补机制，探索建立与碳排放总量、单位能耗等指标挂钩的“双碳”财政奖惩政策，安排150亿元，激励各地加强生态保护和环境治理，更好推动绿色转化。安排1.60亿元，支持海上风电、新型电力系统示范项目建设，推动可再生能源项目发展。安排9.57亿元，支持开展污染防治攻坚战、生态保护修复和“811”生态文明先行示范区建设工作。安排7.19亿元，支持森林资源提质增效、林业产业提效增值。安排1亿元，支持省级海洋生态保护修复。安排1.70亿元，支持开展省级山水林田湖草生态保护修复。安排3亿元，支持新安江—千岛湖生态环境共同保护合作区建设。支持钱江源—百山祖国家公园创建。

10.保障高水平平安浙江法治浙江建设

安排1.75亿元，保障全省综合性应急救援平台建设、安全生产事故防范、避灾安置场所建设、消防救援队伍业务装备提升、设施改造等。安排1.10亿元，保障省级综合性应急物资库建设。安排巨灾保险试点以奖代补资金4000万元，支持温州市、台州市和丽水市拓展保障范围，发挥保险在风险管理、灾后重建方面的作用。安排21.78亿元，持续加大村干部基本报酬、村级组织运转经费、社区工作经费等投入力度，增强基层党组织的政治功能和组织功能。安排1.15亿元，支持“百县争创、千乡晋位、万村过硬”工程示范村（社区）建设和省级党建联建示范建设。

11.持续推进财税体制改革

深化省以下财政体制改革，以“保基本、强激励、促均衡”为目标，建立健全县级财力保障长效机制，优化收入激励政策，实施山区海岛县高质量发展激励政策。建立健全缩小“三大差距”的体制机制，完善公共服务领域转移支付制度，支持舟山开展公共服务一体化改革试点。推进政府采购领域“一揽子”改革，打造“中小企业政采清单”，助力企业及时获取商机信息，落实政府采购中小企业预留份额政策。持续推动财政电子票据增值化改革，不断丰富“电子票仓”种类，助力企业成本再降低。持续推进乡镇财政管理现代化，强化“浙里基财智控”应用。

（四）2024年一般公共预算草案

1.全省

（1）收入预算

2024年全省一般公共预算收入预期9030.00亿元，增长5.0%；地方政府一般债务收入预期519.64亿元，加上转移性收入4192.87亿元，收入合计13742.51亿元。

2024年省级一般公共预算主要科目收入情况（单位：亿元）

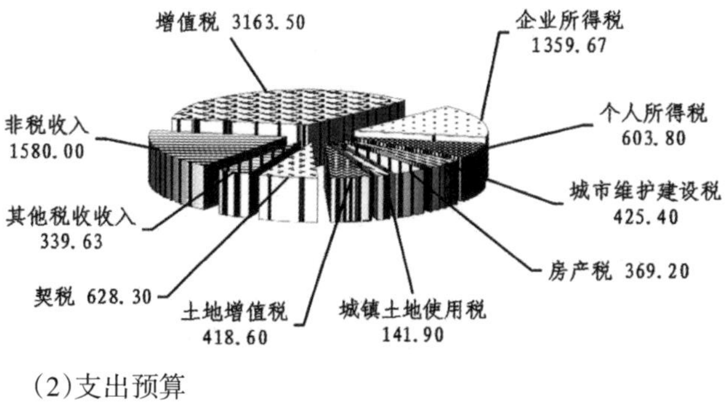

（2）支出预算

拟安排2024年全省一般公共预算支出12564.20亿元，剔除新增地方政府一般债务安排的支出、中央增发国债项目预算等因素，可比增长4.5%；预备费129.50亿元（为本级预算支出的1.0%），地方政府一般债务还本支出361.78亿元，加上转移性支出687.03亿元，支出合计13742.51亿元。

2024年省级一般公共预算重点支出情况(单位:亿元)

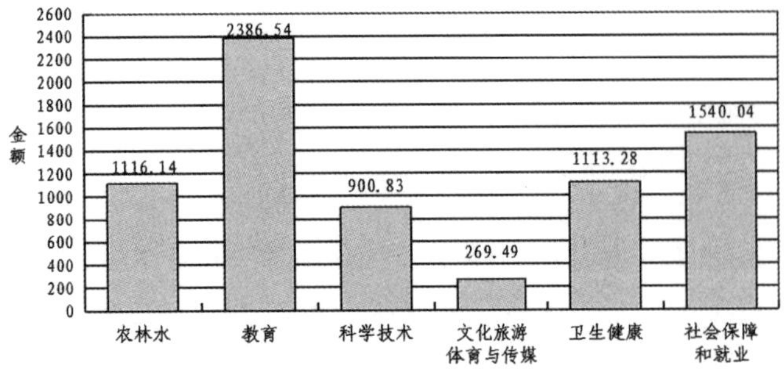

收支相抵,全省一般公共预算收支平衡。

2.省级

(1)收入预算

2024年省级一般公共预算收入预期353.50亿元,剔除上年调整规范省统筹补充耕地指标调剂收入管理方式等因素,可比增长3.0%;地方政府一般债务收入预期441.87亿元,加上转移性收入3232.54亿元,收入合计4027.91亿元。

2024年省级一般公共预算主要科目收入情况(单位:亿元)

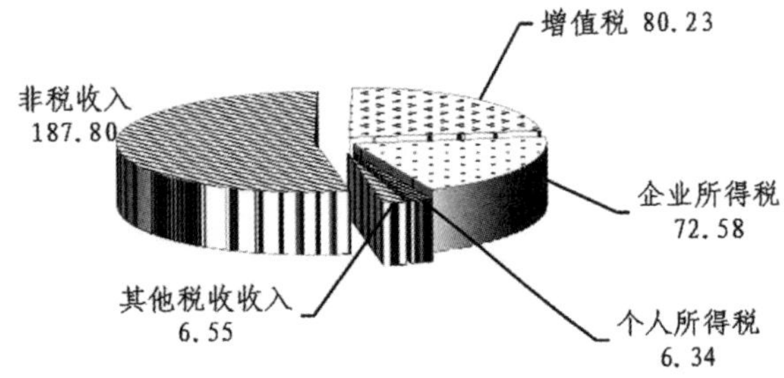

(2)支出预算

拟安排2024年省级一般公共预算支出818.49亿元,剔除高校重大建设工程等支出因素,可比增长3.8%;预备费10.00亿元(为本级预算支出的1.2%),地方政府一般债务还本支出19.60亿元,加上转移性支出3179.82亿元,支出合计4027.91亿元。

其中:一般性转移支付1905.29亿元,专项转移支付401.84亿元。

2024年省级一般公共预算重点支出情况(单位:亿元)

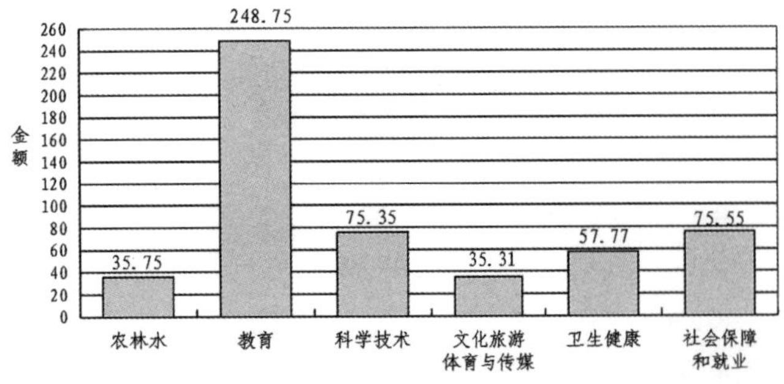

收支相抵,省级一般公共预算收支平衡。

省人代会前安排的省级支出情况:根据《中华人民共和国预算法》第五十四条规定,预算年度开始后,省级预算草案在省人代会批准前,安排使用的支出,主要是参照上一年同期的预算支出数额安排必须支付的本年度基本支出和项目支出。

(五)2024年政府性基金预算草案

1.全省

2024年全省政府性基金预算收入预期7463.65亿元,下降10.8%;加上地方政府专项债务收入2571.11亿元、转移性收入1638.18亿元,收入合计11672.94亿元。全省政府性基金预算支出8396.80亿元,剔除新增地方政府专项债务安排的支出因素,可比下降7.0%;加上地方政府专项债务还本支出881.23亿元、转移性支出2394.91亿元,支出合计11672.94亿元。收支相抵,全省政府性基金预算收支平衡。

2.省级

2024年省级政府性基金预算收入预期52.36亿元,下降15.3%;加上地方政府专项债务收入2243.08亿元、转移性收入66.40亿元,收入合计2361.84亿元。省级政府性基金预算支出86.15亿元,剔除新增地方政府专项债务安排的支出因素,可比增长2.9%;加上地方政府专项债务还本支出80.40亿元、转移性支出2195.29亿元,支出合计2361.84亿元。收支相抵,省级政府性基金预算收支平衡。

(六)2024年国有资本经营预算草案

1.全省

2024年全省国有资本经营预算收入预期152.86亿元,下降21.6%;加上转移性收入44.49亿元,收入合计197.35亿元。全省国有资本经营预算支出70.24亿元,下降18.3%;加上转移性支出127.11亿元,支出合计197.35亿元。收支相抵,全省国有资本经营预算收支平衡。

2.省级

2024年省级国有资本经营预算收入预期56.56亿元,增长5.5%;加上转移性收入3.48亿元,收入合计60.04亿元。省级国有资本经营预算支出25.29亿元,下降17.4%;加上转移性支出34.75亿元,支出合计60.04亿元。收支相抵,省级国有资本经营预算收支平衡。

(七)2024年社会保险基金预算草案

1.全省

2024年全省社会保险基金预算收入预期7497.89亿元,增长8.9%。全省社会保险基金预算支出7374.04亿元,增长8.6%;加上转移性支出217.56亿元,支出合计7591.60亿元。全省社会保险基金本年预期赤字93.71亿元,主要是企业职工基本养老保险抚养比较低,待遇享受人数增加以及基本养老金水平提高,将通过滚存结余弥补。

2.省级

2024年省级社会保险基金预算收入预期4079.24亿元,增长19.9%。省级社会保险基金预算支出4229.44亿元,增长15.5%;加上转移性支出217.56亿元,支出合计4447.00亿元。省级社会保险基金本年预期赤字367.76亿元,主要是企业职工基本养老保险抚养比较低,待遇享受人数增加以及基本养老金水平提高,将通过滚存结余弥补。

（八）2024年地方政府债务

2023年年底，财政部提前下达浙江省2024年部分新增地方政府债务限额2096亿元。浙江省2024年地方政府债务限额暂按2023年限额23340.75亿元，加上提前下达2024年部分新增限额，即25436.75亿元把握。

提前下达的新增债务2096亿元已编入2024年预算，用于交通运输、能源、农林水利、生态环保、社会事业、城乡冷链等物流基础设施、市政和产业园区基础设施、保障性安居工程、新型基础设施等领域项目建设。2024年全年新增地方政府债务限额待财政部下达后，再依法编制调整预算方案（草案）提交省人大常委会会议审议批准。

根据分年度地方政府债务到期情况，一般债务到期以一般公共预算收入偿还，专项债务到期以专项债券项目对应的政府性基金或专项收入偿还，分年落实偿债资金来源，确保按期还本付息，增强财政中长期可持续性。2024年，在一般公共预算支出中安排一般债务还本支出361.78亿元，在政府性基金预算支出中安排专项债务还本支出881.23亿元。

三、认真抓好2024年财政预算执行和管理改革工作

（一）服务中心，确保重大决策部署落地见效

加强政策统筹，用足用好财政政策空间，强化重大战略任务财力保障。增强预算收支完整性，加强部门和单位各项收支管理，提升财政资源统筹能力。依法依规组织财政收入，培育夯实优质税源，持续保持减税降费存量政策的实质性减负规模，推动财政收入质量更优。落实新一轮财税体制改革，进一步理顺省以下政府间财政关系，明确省以下财政事权和支出责任。完善省对市县转移支付制度，实施高质量发展激励政策，规范市县财政管理。

（二）强化绩效，提高资金资源资产使用效益

坚持预算和绩效管理一体化，建立健全重大政策和项目事前评估机制，加强重点绩效评价，体现奖优罚劣和激励相容导向。加强绩效目标管理，做好绩效目标实质性审核，促进预算单位树牢“花钱必问效”的理念。强化存量资金统筹，进一步盘活结转结余资金。落实国有资产报告制度，健全资产盘活长效机制，探索数据资产等新形态资产管理。推进财政政务服务增值化改革，打造一批财政标志性成果。

（三）厉行节约，坚持党政机关习惯过紧日子

树牢过紧日子理念，勤俭办一切事业。落实省级机关过紧日子评价办法，健全过紧日子定期评估机制，将评估结果与预算安排挂钩，推动降低行政成本。强化“零基预算”理念，完善支出标准体系，把严把紧预算关口，严控一般性支出、“三公”经费，严格论坛、展会、节庆支出预算管理，把更多财力用在帮企业、促发展、惠民生。加强财政运行监测预警，强化预算执行监控。加强民生支出政策管理，合理确定基本民生支出标准。

（四）防控风险，确保全省财政运行平稳可持续

严肃财经纪律，加快构建财会监督新模式，加强对人大监督、审计监督等发现问题整改落实。防范化解地方债务风险，积极稳妥处置和化解存量隐性债务，坚决遏制新增隐性债务，牢牢守住不发生系统性风险底线。确保县级“三保”预算编制审核全覆盖，实施“三保”托底提低政策，加强地方财政运行监测，提升“三保”动态监测和风险预警能力。健全多渠道保障机制，做大社保储备资金“蓄水池”，规范社保基金支出，健全社保基金预算绩效管理机制，及时防范化解基金运行风险。

2024年，我们将更加紧密地团结在以习近平同志为核心的党中央周围，在中共浙江省委的坚强领导下，严格按照省十四届人大二次会议的决议和要求，认真贯彻党中央、国务院和省委、省政府各项决策部署，紧扣“勇当先行者、谱写新篇章”新定位新使命，持续推动“八八战略”走深走实，在努力体现经济大省勇挑大梁的责任担当中作出财政贡献。

浙江省人民代表大会财政经济委员会关于2023年全省和省级预算执行情况及2024年全省和省级预算草案的审查结果报告

（2024年1月25日浙江省第十四届人民代表大会第二次会议主席团第三次会议通过）

浙江省第十四届人民代表大会第二次会议审查了省人民政府提出的《关于2023年全省和省级预算执行情况及2024年全省和省级预算草案的报告》、2024年全省和省级预算草案。省人大财政经济委员会在会前初步审查的基础上，根据代表审议意见，对预算报告和预算草案作了进一步审查。现将审查结果报告如下：

一、关于2023年全省和省级预算执行情况的总体评价

2023年，面对错综复杂的外部环境，面对多重挑战叠加的严峻考验，全省各级政府及其财政部门坚持以习近平新时代中国特色社会主义思想为指导，全面贯彻党的二十大精神和习近平总书记考察浙江重要讲话精神，坚决落实中央和省委决策部署和省十四届人大一次会议决议，深入实施“八八战略”，奋力打造“重要窗口”，聚力推进三个“一号工程”，大力实施“十项重大工程”，精准高效落实“8+4”经济政策体系，全力保障杭州亚运会、亚残运会成功举办，扎实推进高质量发展建设共同富裕示范区，积极发挥财政职能作用，持续优化收支结构，有效防控财政风险，有力支持和推动了全省经济稳进向好、社会安定有序。同时，在财政运行和预算管理中还存在一些困难和问题：财政平稳运行面临较大压力，财政资源统筹尚需加强，预算编制的精准性有待提高，财政资金使用绩效仍需提升，预算刚性约束不够有力，防范化解财政风险任务加重。对此，必须高度重视，采取有效措施切实予以解决。

二、关于批准2024年省级预算草案的建议

省人民政府提出的预算报告和预算草案，全面贯彻习近平新时代中国特色社会主义思想，认真落实党的二十大、中央和省委经济工作会议精神，坚持稳中求进、以进促稳、先立后破，严格执行预算法等法律法规，预算安排体现了统筹兼顾、突出重点、厉行节约、注重绩效的要求，总体可行。省人大财政经济委员会建议，省十四届人大二次会议同意《关于2023年全省和省级预算执行情况及2024年全省和省级预算草案的报告》，批准2024年省级预算草案。

三、关于做好2024年财政预算工作的建议

2024年是中华人民共和国成立75周年，是实施“十四五”规划关键一年，也是浙江“勇当先行者、谱写新篇章”的再出发之年，做好全年财政预算工作意义重大。省人大财政经济委员会建议：

（一）加大财政资源统筹力度，聚力推进经济高质量发展。推动积极的财政政策适度加力、提质增效，进一步优化财政支出结构，精准高效助力浙江省经济稳进向好。以三个“一号工程”为总牵引，深入实施“十项重大工程”，迭代升级“8+4”经济政策财政要素支持体系，强化重大战略任务财力保障。统筹财政资源，聚焦聚力扩大有效益的投资、激发有潜能的消费，重点支持关键核心技术攻关、新型基础设施建设、节能减排降碳等领域，更好发挥财政资金的引领带动作用。进一步优化完善助企纾困政策，着力稳预期强信心，激发各类市场主体活力。

（二）强化预算刚性约束，切实提高财政资金使用效益。坚持党政机关过紧日子，厉行节约，从严控制一般性支出。坚持预算和绩效管理一体化，进一步健全以绩效为核心的财政资金管理机制，强化全过程预算绩效管理。加强对重大支出政策、重点领域资金、重大政府投资项目的绩效评价，提高绩效评价质量，强化评价结果运用。进一步盘活存量资源资产，加强对结转结余资金监管。切实抓好人大监督、审计监督、财会监督等发现问题整改落实，严肃财经法纪。

（三）推进财政体制改革，着力提升财政管理质效。完善省以下财政体制，进一步厘清财政事权和支出责任。健全财政转移支付体系，提高转移支付的调节力度和精准度，加大对财力薄弱地区的支持力度。深化零基预算改革，严把预算编制关口。常态化实施财政资金直达机制，充分发挥惠企利民作用。完善国有资本经营预算管理制度，推进国有经济布局优化和结构调整。深入推进财政数字化改革，推动财政管理更加精准高效。

（四）坚持防风险惠民生，确保财政运行平稳可持续。正确处理好发展与安全的关系，推进高质量发展和高水平安全良性互动。密切关注宏观经济形势和房地产等部分行业变化对财政收支的影响，加强监测预警、分析研判和有效应对，确保财政稳健运行。健全县级基本财力保障机制，筑牢兜实基层“三保”底线。压紧压实地方政府债务管理主体责任，坚决遏制各类新增隐性债务，牢牢守住不发生系统性风险底线。健全多渠道保障机制，做大社保储备资金“蓄水池”，防范化解社保基金运行风险。切实做好就业、教育、文化、医疗、育幼、养老等重点民生保障，推动共同富裕示范区建设成果更多更公平惠及全省人民。

浙江省人民政府关于完善财政体制的通知

（浙政发〔2023〕39号）

各市、县（市、区）人民政府，省政府直属各单位：

为贯彻落实《国务院办公厅关于进一步推进省以下财政体制改革工作的指导意见》（国办发〔2022〕20号）要求，进一步理顺省以下政府间财政关系，结合我省实际，现就完善财政体制事项通知如下：

一、总体要求

以习近平新时代中国特色社会主义思想为指导，全面贯彻落实党的二十大和省委十五届历次全会精神，持续推动“八八战略”走深走实，强力推进创新深化、改革攻坚、开放提升，按照深化财税体制改革和建立现代财政制度的总体要求，以“保基本、强激励、促均衡”为目标，进一步优化激励约束机制，提升资源配置能力和效率，全面提升区域统筹协调发展和基本公共服务均等化水平，为在奋力推进中国式现代化新征程上勇当先行者、谱写新篇章提供坚实保障。

坚持全面省管县财政管理体制，坚持稳中求进、全面规范、激励相容的原则。增强财政体制改革的系统性、整体性、协同性，积极稳妥、有序推进。进一步理顺各级财政事权和支出责任及政府间收入划分关系，完善转移支付制度，着力形成更加规范的省以下财政体制。健全财政激励机制，充分调动各级政府积极性，增强财政体制的适应性和有效性。

二、清晰界定省以下财政事权和支出责任

（一）合理划分省与市县财政事权。按照党中央、国务院决策部署，结合本地区实际加快推进省以下各级财政事权划分改革，根据基本公共服务受益范围、信息管理复杂程度等事权属性，清晰界定省与市县财政事权。适度强化教育、科技研发、企业职工基本养老保险、城乡居民基本医疗保险、粮食安全、跨市县重大基础设施规划建设等方面的省级财政事权。将直接面向基层、由基层政府提供更为便捷有效的社会治安、市政交通、城乡建设、农村公路、公共设施管理等基本公共服务确定为市县级财政事权。

（二）明晰界定省与市县财政支出责任。省与市县按照财政事权划分承担相应支出责任。省级财政事权由省级财政承担支出责任，市县级财政事权由市县财政承担支出责任。明确划分共同财政事权的省市县各级支出责任，坚持减轻基层负担、体现

区域差别的原则，根据经济发展水平、财力状况、支出成本等，结合转移支付分类分档系数，差别化确定不同区域的市县级财政支出责任。推动建立共同财政事权保障标准，按比例分担支出责任，逐步推进同一市县不同领域的财政支出责任分担比例统一。上级财政事权确需委托下级履行的，要足额安排资金，不得以考核评比、下达任务、要求配套资金等任何形式，变相增加下级支出责任或向下级转嫁支出责任。

（三）健全财政事权和支出责任划分动态调整机制。根据事务管理及执行方式、机构职能调整等客观实际，围绕省委、省政府重点工作，动态调整省以下各级财政事权和支出责任划分。健全共同财政事权和支出责任划分动态调整机制，结合各地经济发展、财力变化、保障标准调整等情况，适时调整省以下各级财政支出责任分担比例。

三、理顺省与市县财政收入关系

（一）规范收入划分。考虑税基流动性、区域分布、年度变化情况，保持现行省与市、县（市）收入划分范围总体稳定，金融、电力供应、铁路、高速公路等领域税费收入仍主要作为省级收入。2023年起，适当调整金融业增值税收入分享办法，省与市、县（市）统一按“六四”比例分享，即60%部分为省级收入、40%部分为市县级收入，分别入库。

（二）保持省级调控能力。综合考虑省级支出责任、收入规模、区域间均衡度、“三保”（保基本民生、保工资、保运转）压力等因素，市、县（市）一般公共预算收入省与市、县（市）按“二八”比例分成，即省级得20%、市县级得80%。

（三）稳步推进收入划分调整。探索建立省以下区域间均衡度评估机制。根据财政事权和支出责任划分动态调整情况，结合省以下区域间经济社会发展、财政收入分布和规模、财政收支均衡度等变化，适时调整省以下政府间收入划分。省级因规范财政体制集中的收入增量，原则上主要用于对下级特别是县级的一般性转移支付。

四、完善省对市县转移支付制度

（一）健全转移支付体系。厘清一般性转移支付、共同财政事权转移支付、专项转移支付功能定位，发挥其在均衡财力配置、履行政府职责、引导干事创业等方面的作用，加大对财力薄弱地区的支持力度。优化转移支付结构，及时调整完善各类转移支付资金分配办法，强化各类转移支付资金绩效管理和监督，将绩效评价结果作为完善转移支付管理的重要依据。建立一般性转移支付合理增长机制，足额安排共同财政事权转移支付，合理控制专项转移支付新增项目和资金规模，推动财力下沉，增强基层财政统筹能力。

（二）规范转移支付资金分配。贯彻政府过紧日子的要求，坚持勤俭节约，优化各类转移支付资金分配管理，主要采用因素法或项目法分配各类转移支付资金。采用因素法分配资金，应合理选择因素，采取公式化方式测算，体现明确的政策导向和支持重点。采用项目法分配资金，应遵循公平、公正、公开的原则，按照规范程序分配。转移支付资金分配应与下级政府提供基本公共服务的成本相衔接，同时充分考虑下级政府努力程度，强化绩效管理，适度体现激励约束。

（三）加强转移支付动态管理。严格各类转移支付设立条件和决策程序，健全转移支付定期评估和退出机制。根据经济社会发展水平、经济动员能力、财力状况、财政支出压力等动态调整各市、县（市）转移支付类别档次，进一步提高转移支付的调节力度和精准度。具体完善方案由省财政厅另行制定。

五、优化高质量发展激励政策

（一）建立“三保”托底提低补助政策。坚持县级为主、市级帮扶、省级兜底的原则，建立健全县级财力保障长效机制，在县（市）切实履行“三保”主体责任的前提下，对“三保”保障存在缺口的县（市），省财政当年给予一次性托底补助；对“三保”保障能力较弱的县（市），省财政当年给予一次性提低补助。设区市应参照省级做法，对保基本能力较弱的市辖区，建立托底和提低补助政策。

（二）完善产业结构优化激励转移支付政策。为引导市、县（市）支持高新技术产业加快发展，经国家认定的高新技术企业的企业所得税地方部分增收上交省当年增量部分，通过转移支付方式安排给各市、县（市）。

（三）优化区域统筹发展激励政策。

1.设区市区域统筹发展转移支付政策。根据设区市所辖县（市）地方财政税收收入当年增收额的一定比例，省财政通过转移支付方式给予设区市奖补，其中杭州市、温州市、湖州市、嘉兴市、绍兴市、金华市、台州市等7个设区市的比例为10%，衢州市、舟山市、丽水市等3个设区市的比例为15%。奖补资金必须用于所辖县（市）统筹发展。

2.市域统筹协调发展财政激励政策。适度强化市级的财政管理职责，对杭州市等10个设区市在确保市本级及其所辖县（市、区）当年财政收支平衡的前提下，实行市域统筹协调发展财政激励政策，省财政激励资金分别与设区市推动市域统筹发展和保障区级均衡发展情况挂钩。市域统筹发展激励，根据设区市以自有财力对所辖县（市）的基本公共服务专项补助占全省总额的比重分配激励资金，激励资金以各设区市自有财力对所辖县（市）补助为上限。区级均衡发展激励，根据区级财力保障能力改善和财力均衡度变化情况分配激励资金，权重分别为50%、50%。为进一步提升市级统筹协调能力，资金分配权限下放至设区市，由各设区市提出激励资金分配方案报省财政厅审核同意后下达。激励资金必须用于支持所辖县（市、区）经济社会的均衡发展。

（四）建立山区海岛县高质量发展财政激励政策。激励政策与山区海岛县经济社会发展重要指标紧密挂钩，根据其财政收入、人均财政收入、居民收入目标实现度和增速情况，省财政按一定标准给予激励资金；根据其财政收入质量、城乡居民收入差距变化情况，省财政按一定标准给予奖励或予以扣罚。

（五）建立山区海岛县人口集聚财政激励政策。根据山区海岛县县城及中心镇人口集聚提升程度和人口布局优化程度等因素测算分配激励资金，引导人口集聚，优化人口布局，夯实产业发展基础，提升基本公共服务的质量和水平。

（六）完善农业转移人口市民化财政奖励政策。建立农业转移人口市民化奖励资金稳定增长机制，加大对山区海岛县常住人口基本公共服务的支持力度，提升山区海岛县公共服务均等化水平。

（七）完善收入激励转移支付政策。在确保实现当年财政收支平衡、民生改善、守住“三保”底线等政府职责任务的前提下，实行收入激励转移支付政策。根据转移支付分类分档体系，省激励转移支付依据市、县（市）地方财政税收收入增长率、增收额等因素分配。

六、进一步规范市县财政管理

（一）规范市县财政体制管理。各地要理顺政府间收入关系，合理划分收入，规范收入分享方式，同一税费收入在设区市与所辖区、县（市、区）与乡镇（街道）之间的归属和分享比例应逐步统一。除按规定上缴财政的国有资本经营收益外，逐步减少直至取消按企业隶属关系划分政府间收入的做法。各级政府财政体制调整，涉及收入和支出项目的划分以及上解等具体办法，应依法报同级人民代表大会常务委员会备案。财政体制调整应由同级政府正式发文实施。设区市财政部门制定市区财政体制改革方案，在报同级政府前要征求省财政厅意见。

（二）强化基层财政保障。全面落实基层“三保”责任，健全事前审核、事中监控、事后处置的县级“三保”工作机制，坚持“三保”在预算编制和财政支出中的优先顺序，加强“三保”支出库款保障和运行监控，做好“三保”风险防范和应急处置。健全财政资金直达机制，加强资金管理和监控。根据基层增值税留抵退税情况，适时完善分担机制，缓解退税压力。建立健全与乡镇履行职能相适应的财政保障体制，结合县域内各乡镇发展实际，分类制定县乡财政体制，加强财力薄弱乡镇支出保障，强化县级财政对乡镇财政监督，提升乡镇财政管理效率和水平。

（三）规范各类开发区财政管理体制。未单独设立财政管理机构的开发区（含园区，下同）等预决算按照部门预决算管理，纳入同级政府或设立该开发区的市、县（市、区）政府部门预决算并单独列示。单独设立财政管理机构的开发区，参照实行独立财政管理体制，预决算纳入同级政府或设立该开发区的市、县（市、区）政府预决算并单独列示。加强开发区政府性债务管理。设立开发区的市、县（市、区）政府应落实对开发区的管理主体责任，统筹保障其涉及“三保”相关支出。

（四）加强地方政府债务管理。省以下各级党委和政府按属地原则和管理权限各负其责，压实市县主体责任，通过增收节支、变现资产等方式化解债务风险，切实减轻市县偿债负担。坚决查处违法违规举债行为，严禁新增隐性债务。健全地方政府债务限额管理机制，一般债务限额与一般公共预算收入相匹配，专项债务限额与政府性基金预算收入及项目收益等相匹配。完善专项债券管理，规范专项债券使用，促进融资规模与项目收益相平衡，完善专项债券资金投向领域禁止类项目清单和违规使用专项债券处理处罚机制。

（五）严肃财经纪律。依法依规征税收费，严格落实退税减税降费政策，严禁虚收空转、收“过头税费”、乱收费。不得违规对税费收入指标进行考核排名。逐步清理不当干预市场和与税费收入相挂钩的补贴或返还政策。除国家另有规定外，要逐步取消对各类区域的财政收入全留或增量返还政策，确需支持的通过规范的转移支付安排。

各级政府、各有关部门要统一思想认识，周密部署，坚持稳字当头、稳中求进，结合实际，有序推进改革，切实发挥好财政体制在促进经济社会发展中的重要作用。

此次体制调整不涉及宁波市及其所辖县（市、区）。

浙江省人民政府
2023年12月23日

大事记

zhejiang caizheng nianjian

省级财政大事记

一月

1月9日　全省财政工作会议在杭州召开。省委书记易炼红、省长王浩作出重要批示。省财政厅党组书记、厅长尹学群作工作报告。

1月10日　省财政厅党组书记、厅长尹学群带队赴省金融控股公司开展“大走访大调研大服务大解题”活动。

是日　全省扩大有效投资“千项万亿”项目建设部署会议上，省财政厅党组书记、厅长尹学群以《千方百计统筹财政资源　全力以赴保障重大项目》为题作交流发言。

1月12日　省十四届人大一次会议审议通过省政府提出的2023年省级政府预算，同意省财政厅受省政府委托所作的《关于2022年全省和省级预算执行情况及2023年全省和省级预算草案的报告》，赞成率100%，连续两年满票通过。

1月16日　省财政厅党组召开扩大会议，传达学习省两会精神，研究部署贯彻落实举措。省财政厅党组书记、厅长尹学群主持会议并讲话。

1月17日　浙江省列入财政部、教育部、人力社保部公布的基于专业大类的职业教育差异化生均拨款制度试点，为全国首批6个试点省份之一。

是日　中共浙江省委全面深化改革委员会公布2022年度全面深化改革考评情况，省财政厅被评为2022年度全面深化改革考评优秀单位。

1月19日　省财政厅“家庭型共富财税集成改革”入选2022年度浙江省改革突破奖银奖。

1月28日　省财政厅党组召开扩大会议，传达学习全省深入实施“八八战略”、强力推进创新深化改革攻坚开放提升大会精神，研究部署贯彻落实举措。省财政厅党组书记、厅长尹学群主持会议并讲话。

1月31日　省委书记易炼红走访省财政厅，看望慰问干部，提出“科学生财、创新聚财、精明理财、高效用财、勤廉管财”的理念和“五做十五要”的具体要求。

二月

2月1日　省财政厅党组召开扩大会议暨理论学习中心组学习会，传达学习省委书记易炼红走访省财政厅时的讲话精神，研究部署贯彻落实举措。省财政厅党组书记、厅长尹学群主持会议并讲话。

2月8日　省财政厅召开党组会议及2022年四季度党风廉政例会，传达学习中纪委全会、省纪委全会、全国财政党风廉政建设工作会议主要精神，研究贯彻落实举措。

2月9日　省财政厅党组召开2022年度民主生活会。会议由省财政厅党组书记、厅长尹学群主持。省纪委省监委第二监督检查室主任（副厅长级）邵锋到会指导。

2月10日　省财政厅召开全省财政系统学习贯彻易炼红书记调研讲话精神强力推进三个“一号工程”动员部署会。省财政厅党组书记、厅长尹学群传达省委书记易炼红走访调研省财政厅讲话精神，并作动员讲话。

是日　省人大常委会副主任、党组副书记高兴夫带队赴省财政厅走访调研。省财政厅党组书记、厅长尹学群作工作汇报。

2月28日　省政府办公厅通报2022年度省政府绩效考评情况，省财政厅被评为省政府绩效考评优秀单位。

是日　根据浙组干通〔2023〕98号文件，批准尹红平同志退休，所任职级自然免去。

三月

3月1日　省财政厅印发《“财会监督年”活动实施方案》。

3月2日　省财政厅报送的《浙苏共推财政票据无纸化》案例入选浙江省推进长三角一体化发展第二批“最佳实践案例”。

3月6日　全国人大常委会副委员长、民建中央主席郝明金来到浙江代表团，参加审议政府工作报告。全国人大代表、省财政厅党组书记、厅长尹学群参加并围绕《收入分配改革与缩小三大差距》作发言。

3月13日　财政部、海关总署、税务总局联合发文批准浙江省自2023年4月起，宁波舟山港作为离境港，嘉兴港、台州港、温州港等作为启运港，实施启运港退税试点政策。获省委书记易炼红、省长王浩等领导批示肯定。

是日　省财政厅印发《全省财政系统“高质量发展建设共同富裕示范区深化年”行动方案》。

是日　省财政厅被评为2022年度信访工作考核优秀单位。

3月14日　省委书记易炼红主持召开十五届省委财经委员会议第一次会议。省财政厅党组书记、厅长尹学群参会并作关于构建新一轮集中财力办大事财政政策体系建议的汇报。

3月15日　省财政厅召开全体干部会议，传达学习贯彻全国“两会”精神。全国人大代表、省财政厅党组书记、厅长尹学群传达全国“两会”精神，并提出贯彻落实要求。

3月16日　省委常委、常务副省长徐文光赴省财政厅走访调研，并召开座谈会听取财政工作情况汇报。省财政厅党组书记、厅长尹学群作工作汇报。

3月18日　省政府办公厅印发《关于支持重大科创平台和新型高校建设的实施意见》。

3月19日　根据浙组干通〔2023〕164号文件，邢自霞同志任浙江省财政厅一级巡视员。

3月20日　根据浙组干任〔2023〕8号文件，张远东同志任浙江省财政厅党组成员，免去邢自霞同志的浙江省财政厅党组成员职务。

是日　省财政厅牵头起草《2023年省部协同研究机制工作要点》，明确2023年度省部协同机制主要目标、重点任务，梳理形成省部联合调研主题9个。

3月22日　省财政厅党组书记、厅长尹学群赴省担保集团开展“大走访大调研大服务大解题”活动。

3月23日　省财政厅印发《关于全省构建新一轮集中财力办大事财政政策体系的指导意见》。

3月24日　全省财政系统全面从严治党工作视频会议召开。省财政厅党组书记、厅长尹学群，省财政厅党组成员、省纪委省监委驻省财政厅纪检监察组组长徐首红讲话。

3月27日　省委、省政府公布2022年度平安市、县(市、区)和省级部门平安建设优秀单位，省财政厅被评为2022年度省级部门平安建设优秀单位。

3月28日　浙江省财政厅牵头在湖州市召开长三角财政电子票据共享推进会，沪苏浙皖共同研讨解决改革难点堵点问题。

3月29日　财政部办公厅印发《〈支持浙江省探索创新打造财政推动共同富裕省域范例的实施方案〉2023年项目工作清单》。

3月31日　根据浙政干〔2023〕12号文件，张远东任浙江省财政厅副厅长(试用期一年)，免去邢自霞浙江省财政厅副厅长职务。

四月

4月7日　省财政厅召开党组(扩大)会议，深入学习习近平总书记在学习贯彻习近平新时代中国特色社会主义思想主题教育工作会议、中央政治局会议和中央政治局第四次集体学习时的重要讲话精神，传达省委常委会会议要求，研究部署贯彻落实意见。省财政厅党组书记、厅长尹学群主持会议并讲话。

4月11日　省财政厅召开学习贯彻习近平新时代中国特色社会主义思想主题教育动员部署会。省财政厅党组书记、厅长尹学群主持会议并作动员讲话。省委主题教育第十三巡回指导组全体成员出席会议，巡回指导组组长徐鸣华讲话。

4月13日　国家发展改革委召开浙江高质量发展建设共同富裕示范区现场会，在全省14项共同富裕创新模式中，省财政厅“钱随人走”转移支付模式获唯一推介展示。

4月14日　根据浙财党〔2023〕23号文件，成立浙江省财政厅学习贯彻习近平新时代中国特色社会主义思想主题教育领导小组。

4月17日　全省营商环境优化提升“一号改革工程”大会召开。省委书记易炼红讲话，省长王浩主持。会上，省财政厅党组书记、厅长尹学群以《深入实施财政“十大行动”全力打造财税营商环境最优省》为题作交流发言。

是日　财政部召开全国财政国库工作会议，省财政厅以《凝心聚力　奋楫笃行　浙江省政府债券发行管理有质有效》为题作经验介绍。

是日　省财政厅党组印发《关于深入开展学习贯彻习近平新时代中国特色社会主义思想主题教育工作方案》。

是日　省财政厅印发《关于全面实施“三不腐”能力指数 纵深推进清廉财政建设的实施意见》。

4月21日　省财政厅联合14个厅局印发《百万家庭奔富三年行动计划（2023—2025年）》。

4月23日　省财政厅党组书记、厅长尹学群在国务院副总理丁薛祥主持召开的专项债券管理座谈会上作关于浙江省专项债券情况的汇报。

4月24日　财政部党组成员、副部长许宏才赴杭州参加第四届联合国世界数据论坛开幕式并走访调研浙江省财政厅，省财政厅党组书记、厅长尹学群汇报财政重点工作和收支运行情况。

4月25日　全省清廉浙江建设现场推进会在杭州召开。省财政厅以《擦亮清廉财政底色 争当勤廉模范生》为题作交流发言。

4月25—27日　财政部党组成员、副部长夏先德率队赴浙江开展国有资产管理情况调研，省财政厅党组书记、厅长尹学群作工作汇报。

4月28日　“家庭型医疗保障政策试点”“精准财金协同施策，助力扩中家庭奔富试点”纳入浙江省高质量发展建设共同富裕示范区第三批试点名单。

是日　省财政厅学习贯彻习近平新时代中国特色社会主义思想主题教育“财悦读·学思想”系列活动启动仪式在台州举行。

五月

5月4日　省财政厅党组书记、厅长尹学群围绕专项债券管理，带队赴瑞安开展蹲点调研。

5月5日　浙江省被评为2022年全国财政管理工作先进典型，连续7年获国务院办公厅督查激励。

5月8日　省财政厅邀请原省委常委、省委秘书长，浙江大学党委书记张曦，以《牢记习近平总书记嘱托，努力完成“光荣历史任务”》为题，为全厅党员干部作专题讲座。省财政厅党组书记、厅长尹学群主持讲座并讲话。

是日　省财政厅召开主题教育理论学习再动员再部署会议。省财政厅党组书记、厅长尹学群主持会议并讲话。省委主题教育第十三巡回指导组副组长、二级巡视员傅国炎参加。

5月9日　财政部办公厅下发《关于同意浙江省财政厅开展深化会计监督试点工作的复函》，浙江省作为全国唯一试点省份开展深化会计监督改革创新先行先试工作。

5月10日　省财政厅党组书记、厅长尹学群围绕专项债券项目管理情况，带队赴绍兴开展主题教育专题调研。省委主题教育第十三巡回指导组组长徐鸣华参加调研。

5月11日　省财政厅党组理论学习中心组召开（扩大）学习会，深入学习贯彻习近平总书记关于财政工作的重要论述。省财政厅党组书记、厅长尹学群主持学习会并作中心发言。省委主题教育第十三巡回指导组副组长、二级巡视员傅国炎到会指导。

5月15日　省委办公厅、省政府办公厅通报2022年度实施乡村振兴战略实绩考核结果，省财政厅被评为优秀单位。

5月18日　浙江省“415X”先进制造业专项基金群启动暨签约大会在省人民大会堂举行。省委常委、常务副省长徐文光出席并讲话，副省长卢山、张雁云共同宣布专项基金群启动，省财政厅党组书记、厅长尹学群介绍专项基金群组建方案。

是日　省委常委、组织部部长王成赴省财政厅走访调研并召开座谈会。

5月19日　省财政厅召开党组扩大会议，传达学习省委常委、组织部长王成在省财政厅调研时的讲话精神，研究贯彻落实举措。省财政厅党组书记、厅长尹学群主持会议并讲话。

5月20—21日　省财政厅组织开展学习贯彻习近平新时代中国特色社会主义思想主题教育集中自学活动。省财政厅党组书记、厅长尹学群和班子成员带头示范学习。

5月22日　省财政厅党组、杭州市财政局党组理论学习中心组采取现场教学、交流研讨等形式，联动专题学习习近平总书记关于“千万工程”和“浦江经验”重要批示精神。省财政厅党组书记、厅长尹学群主持会议并作交流发言。

5月25日　财政部召开地方财会监督专项行动推进视频会议。省财政厅以《深谋细谋 善作善成 全力推动财会监督专项行动多出实绩实效》为题作交流发言。

5月26日　省委召开省主题教育第一批单位座谈会暨省委主题教育领导小组第二次会议。省委书记易炼红主持会议并讲话。省财政厅党组书记、厅长尹学群以《循迹溯源学思想促践行 当好“五财并举”红色管家》为题作交流发言。

是日　省委全面依法治省委员会印发通报表扬2022年度法治浙江(法治政府)建设先进单位,省财政厅获考核先进单位。

是日　根据省委统一部署,乡村振兴领域专项巡视组进驻省财政厅,召开动员部署会暨见面汇报会。省级专项巡审联合组组长邱志明同志作动员部署。省财政厅党组书记、厅长尹学群作表态发言。

5月29日—6月1日　中纪委监委驻财政部纪检监察组组长杨国中来浙江省开展惠农补贴资金使用管理专题调研。

5月31日　省政府办公厅通报表扬2022年度全省政务公开工作成绩突出集体和个人,省财政厅被评为2022年度全省政务公开工作成绩突出集体。

是日　省委办公厅、省政府办公厅印发《浙江省进一步加强财会监督工作的实施方案》。

六月

6月1日　浙江省财政厅联合上海市财政局、江苏省财政厅、安徽省财政厅等部门发布《长三角"一网通办"财政电子票据共享实施方案》。

6月1—2日　省财政厅党组书记、厅长尹学群带队赴湖州开展"十项重大工程"督导服务。

6月6日　长三角一体化发展高层论坛在安徽合肥举行。省财政厅党组书记、厅长尹学群与上海市、江苏省、安徽省财政厅(局)主要负责人共同签署推进长三角财政电子票据共享应用发展框架合作协议,为长三角12项重大合作项目中唯一由浙江省牵头事项。

6月9日　财政部财会监督东部片区督导调研座谈会在杭召开,10个省市参加座谈。省财政厅党组书记、厅长尹学群致辞。省财政厅以《"四强化四推进"推动浙江财会监督工作高质量发展》为题作交流发言。

6月12—13日　全国财政经济建设工作会议召开,省财政厅以《示范引领　试点先行　浙江中小企业数字化转型抢先一步走深一层》作典型经验交流发言。

6月14日　省财政厅召开党组扩大会议,传达学习习近平总书记对省委关于浙江深入实施"八八战略"20周年情况报告的重要批示精神,研究部署贯彻落实意见。省财政厅党组书记、厅长尹学群主持会议并讲话。

6月25日　省财政厅党组理论学习中心组召开学习(扩大)会,深入学习贯彻习近平总书记关于主题教育的系列重要讲话和指示批示精神,交流调查研究成果。省财政厅党组书记、厅长尹学群主持并作交流发言。省委主题教育第十三巡回指导组副组长、二级巡视员傅国炎到会指导。

是日　省财政厅《创新引领　数字赋能　打造最优省域政府采购营商环境》案例入选营商环境优化提升第一批"最佳实践案例"。

6月27—28日　上海市财政局、江苏省财政厅、浙江省财政厅、安徽省财政厅在杭州召开2023年长三角区域政府采购协同发展座谈会,推动政府采购长三角一体化工作。

6月27—28日　第十届浙江省财政系统运动会在湖州举办。

6月30日　"浙里办票+浙里报账"入选省数字化改革领导小组办公室2023年度"全省急用先行重大应用清单"。

6月底　长三角区域财政电子票据实现互联互通,成为首个全国跨区域票据共享案例。

七月

7月2日　根据浙组干通〔2023〕350号文件,赵雅玲同志正式任职浙江省财政厅总会计师。

是日　根据浙组干通〔2023〕362号文件,徐首红同志任中共浙江省纪律检查委员会、浙江省监察委员会派驻浙江省财政厅纪检监察组一级巡视员。

是日　根据浙组干通〔2023〕365号文件,侯余兴同志任浙江省财政厅一级巡视员。

是日　根据浙委干〔2023〕161号文件,尹小平同志任中共浙江省纪律检查委员会、浙江省监察委员会派驻浙江省财政厅纪检监察组组长,免去徐首红同志的中共浙江省纪律检查委员会、浙江省监察委员会派驻浙江省财政厅纪检监察组组长职务。

是日　根据浙组干任〔2023〕18号文件,尹小平同志任浙江省财政厅党组成员,免去徐首红同志的浙江省财政厅党组成员职务。

是日 根据浙组干通〔2023〕372号文件，徐首红同志确定为一级高级监察官，尹小平同志确定为二级高级监察官。

7月7日 省财政厅《为"一流强港"装上财税加速器——省财政厅积极推动宁波舟山港启运港退税政策落地》案例被省委组织部评为第二批实施三个"一号工程"典型案例。

7月11日 省财政厅党组书记、厅长尹学群为全厅干部职工上主题教育专题党课。省委主题教育第十三巡回指导组副组长、二级巡视员傅国炎和指导组成员到会指导。

7月17日 浙江省被列入财政部"五好两宜"和美乡村试点试验省份。

是日 省财政厅被省委、省政府评为2022年度美丽浙江建设(生态文明示范创建行动计划)工作考核优秀单位。

7月21日 省财政厅印发《浙江省省级机关过紧日子评价办法(试行)》。

7月23日 财政部党组成员、副部长王东伟带队来浙专题调研共同富裕示范区建设，并赴杭州萧山区、西湖区、高新技术开发区(滨江)等地实地调研。

7月24—25日 财政部和浙江省在杭州召开"财政促进共同富裕理论研究与实践探索"座谈会。财政部党组成员、副部长王东伟，省委常委、常务副省长徐文光出席会议并讲话。全国政协经济委员会副主任尹艳林应邀作主旨发言。省财政厅党组书记、厅长尹学群作汇报。

7月27日 省财政厅举行第二次主题教育调研成果交流会。省财政厅党组书记、厅长尹学群主持会议并讲话。省委主题教育第十三巡回指导组副组长、二级巡视员傅国炎和部分指导组成员到会指导。

是日 财政部召开预算执行监督专项行动调度会，省财政厅以《预算管理一体化应用——预算执行监督专项行动工作汇报》为题作典型发言。

八月

8月1日 高质量发展建设共同富裕示范区暨山区海岛县高质量发展推进会在杭州举行。省财政厅党组书记、厅长尹学群以《创新构建绿色发展财政奖补机制 助推"绿""富"共进双赢》为题作交流发言。

是日 省财政厅党组书记、厅长尹学群在全省组织工作会议上，以《抓实机关党建 当好红色管家 在奋进"两个先行"中彰显财政担当》为题作交流发言。

8月8—10日 全省财政系统局长培训班在杭州举行。省财政厅党组书记、厅长尹学群作主题报告。

8月9日 财政部办公厅公布2021年度、2022年度地方财政管理绩效考核结果，省财政厅连续两年获地方财政管理绩效考核先进单位称号。

8月10—11日 省财政厅党组书记、厅长尹学群赴舟山开展公共服务一体化调研。

8月23日 省财政厅召开学习贯彻习近平新时代中国特色社会主义思想主题教育专题民主生活会。省财政厅党组书记、厅长尹学群主持会议。省委主题教育第十三巡回指导组副组长傅国炎和指导组成员到会指导。

8月28日 省财政厅《深化电子凭证标准改革》案例入选营商环境优化提升第二批"最佳实践案例"。

九月

9月1日 省财政厅党组对省级财政国库支付中心、省财政项目预算审核中心、省财税政策研究室3家厅属单位开展巡察。

9月7日 省财政厅召开学习贯彻习近平新时代中国特色社会主义思想主题教育总结会。省财政厅党组书记、厅长、厅党组主题教育领导小组组长尹学群作总结讲话。省委主题教育第十三巡回指导组组长徐鸣华到会指导并讲话，巡回指导组全体成员出席会议。

9月7日 财政部召开全国预算执行监督专项行动视频座谈会，省财政厅以《坚持"三实四聚焦"，全力打造浙江特色预算执行监督体系》为题作典型发言。

9月11日 浙江省新征程财税研究院注册成立。

9月12日 省财政厅党组书记、厅长尹学群带队参观"大道之行——'八八战略'实施20周年"大型主题展览。

9月14日 省财政厅党组书记、厅长尹学群在省委全面深化改革委员会第七次会议上以《深化财政电子票据改革助力营商环境优化提升》为题作典型发言。

是日 浙江省财政干部教育和后勤中心干部张志华作为杭州第十九届亚洲运动会第40棒火炬手，在台州站参与火炬传递。

9月15日 省财政厅《强化财政担当深入实施首位战略首位保障——全省财政系统全力助推创新型省份建设》案例被省委组织部评为第四批实施三个“一号工程”典型案例。

是日 省财政厅召开厅党组（扩大）会议，专题研究部署杭州第十九届亚洲运动会、第四届亚洲残疾人运动会财政服务保障工作，提出“三个零”目标。

9月17—20日 财政部在浙江召开项目支出标准研讨会。省财政厅以《浙江省创建“三统二分”的预算支出标准体系》为题作典型发言，并就项目预算审核指标体系建设作交流汇报。

9月20日 财政部、海关总署、税务总局下发《关于增加陆路启运港退税试点的通知》，批准浙江省实施陆路启运港退税政策试点。

9月26日 省财政厅召开厅党组（扩大）会议，专题传达学习习近平总书记在浙江考察时的重要讲话精神，研究部署贯彻落实意见。省财政厅党组书记、厅长尹学群主持会议并讲话。

十月

10月7日 省财政厅党组理论学习中心组召开学习（扩大）会，深入学习贯彻习近平总书记考察浙江重要讲话精神。省财政厅党组书记、厅长尹学群主持学习会并作交流发言。

10月12日 中国共产党浙江省财政厅直属机关第六次代表大会召开，选举产生新一届直属机关党委、直属机关纪委。省委直属机关工委副书记俞忠勤到会指导并讲话，省财政厅党组书记、厅长尹学群出席会议并讲话。

10月18日 长三角财政电子票据一体化首个商保理赔领域跨省共享应用场景正式落地。

10月19日 长三角“三省一市”财政厅（局）长联席会议在嘉善县召开，省财政厅党组书记、厅长尹学群主持会议。会上举行长三角区域财政电子票据共享启动仪式，签订《长三角区域政府采购一体化五年行动计划（2023—2027年）》，并审议9个长三角一体化发展财政工作议题。

10月24日 省财政厅乡村振兴领导小组召开会议，传达学习全国学习运用“千万工程”经验现场推进会精神和省委农村工作领导小组会议精神。省财政厅党组书记、厅长尹学群主持会议并讲话。

是日 省政府办公厅印发《浙江省地方政府专项债券管理办法（试行）》。

10月25日 省财政厅《构建数字经济创新提质“3+2”财政支持政策体系》案例入选省数字经济“一号发展工程”专班优秀案例。

10月26日 省政府召开会议专题研究舟山市公共服务一体化工作，省长王浩主持。省财政厅党组书记、厅长尹学群作汇报。

十一月

11月3日 省财政厅召开厅党组（扩大）会议，专题传达学习省委十五届四次全体会议精神，研究部署贯彻落实意见。省财政厅党组书记、厅长尹学群主持会议并讲话。

11月6日 共青团浙江省财政厅第八次团员大会胜利召开。

11月6—7日 省财政厅党组书记、厅长尹学群带队赴金华市、义乌市、兰溪市等地宣讲习近平总书记考察浙江重要讲话精神和省委十五届四次全会精神。

11月18日 浙江省成立省高校基础设施提质工作领导小组，省长王浩任组长，领导小组办公室设在省财政厅，厅党组书记、厅长尹学群兼任办公室主任。

11月22日 省财政厅《陆路启运港退税政策试点落地 助力打造国际化一流营商环境》案例入选营商环境优化提升第三批“最佳实践案例”。

11月24日 省十四届人大常委会第六次会议审议通过《2022年度全省国有资产管理情况综合报告》。

11月28日 新开发银行董事会批准为湖州银行提供折合5000万美元的人民币贷款，用于支持可持续基础设施项目，成为新开发银行批准的中国首笔非主权贷款。

11月29日 全国人大常委会预算工委召开“强化对预算编制的宏观指导和审查监督”专题座谈会，省财政厅党组书记、厅长尹学群参加并作交流发言。

11月　省财政厅《以示范区先行试点为突破口　实现长三角区域财政电子票据互联互通》《制度+技术双轮驱动，优化政采营商环境》入选长三角生态绿色一体化发展示范区制度创新典型案例。

十二月

12月4日　省政府印发《关于实施普通高校基础设施提质工程的意见》。

是日　省财政厅党组召开三季度党风廉政建设专题例会，传达中共中央政治局审议《关于二十届中央第一轮巡视情况的综合报告》的会议精神，研究贯彻落实意见，听取驻厅纪检监察组监督执纪有关情况。

12月6日　省长王浩主持召开省高校基础设施提质工作座谈推进会，省财政厅党组书记、厅长尹学群作专题发言，对《关于实施普通高校基础设施提质工程的意见》进行政策解读。

12月8日　第四届"基层清廉建设（浙江）十大创新案例"发布活动在杭州举行。省财政厅《积极构建"三不腐"能力指数评价体系　纵深推进清廉财政建设》案例获浙江省清廉单元建设十大创新案例（省直共2家），并作为省直单位代表在大会作交流发言。

12月9日　省财政厅党组理论学习中心组召开学习（扩大）会，深入学习贯彻习近平总书记"坚持和加强党的全面领导、加强和改进党的建设"重要要求，围绕"维护意识形态安全"主题开展学习研讨。

12月12日　省财政厅《打好"稳、拓、调"财政政策组合拳　助力外贸外资高质量发展》案例入围省"地瓜经济"提能升级"一号开放工程"第二批"最佳实践案例"。

12月14日　省财政厅党组召开扩大会议，传达学习中央经济工作会议、省委常委会扩大会议精神，研究部署贯彻落实举措。省财政厅党组书记、厅长尹学群主持会议并讲话。

12月15日　省财政厅召开务虚会，深入学习贯彻习近平总书记考察浙江重要讲话精神和中央经济工作会议精神，分析研判当前和今后一个时期财政经济形势，系统谋划明年财政工作思路。省财政厅党组书记、厅长尹学群主持会议并讲话。

是日　省财政厅《构建"4+2"先进制造业集群财政支持政策体系》入围省"十项重大工程"总专班办公室"十项重大工程"典型经验做法。

12月20日　省财政厅《区块链赋能电子票据　浙江省建设"浙里办票""浙里报账"服务》入选2023年全国数字政府五十佳优秀创新案例。

12月21日　省财政厅党组书记、厅长尹学群在全国财政工作会议上以《坚持促发展和防风险并举　加强专项债券全流程管理》为题作典型发言。

12月26日　省人民政府印发《关于完善财政体制的通知》。

是日　省财政厅党组召开扩大会议，传达学习省委经济工作会议、全国财政工作会议精神，研究部署贯彻落实举措。省财政厅党组书记、厅长尹学群主持会议并讲话。

是日　根据浙委干〔2023〕338号文件，尹学群同志任浙江省政协党组成员。

12月27日　省财政厅举行2023年新任副处级以上领导干部集体宪法宣誓仪式。省财政厅党组书记、厅长尹学群现场监誓。

12月29日　省财政厅印发《关于完善绿色发展财政奖补机制的通知》。

12月31日　省委、省政府通报表彰浙江省农村工作指导员先进单位和优秀农村工作指导员，省财政厅获评省农村工作指导员先进单位。

（浙江省财政厅供稿　吴茅宁执笔）

各市财政大事记

杭州市

1月3日　杭州市财政局党组书记、局长谢建华带队赴市农业农村局开展调研服务。

1月4日　第四届“新华信用杯”全国信用案例暨信用应用场景优秀微视频评选结果公布，杭州市财政局获全国信用优秀案例和最佳动画奖。

1月6日　杭州市财政局召开党组理论学习中心组（扩大）专题学习会，学习宣传贯彻党的二十大精神。杭州市委第五巡视指导组到会指导。

1月19日　杭州市委办公厅、市政府办公厅印发《关于进一步加强防范地方政府债务风险的实施意见》。

2月3日　根据市委干〔2023〕16号文件，汪生祥、许杭任杭州市财政局二级巡视员。

是日　根据杭组干通〔2023〕6号文件，卢昕任中共杭州市财政局党组成员；免去汪生祥的中共杭州市财政局党组成员职务。

2月9日　杭州市财政局召开2023年新晋升职级公务员集体谈话会。

2月13日　浙江省财政厅公布2022年度全省财政管理绩效考评结果，杭州市财政局获评优秀单位。

2月15日　浙江省财政厅通报2021年度全省预决算公开专项检查情况，杭州市位列各设区市（不含宁波）预决算公开度排行榜第一名。

2月16日　根据杭政干〔2023〕4号文件，卢昕任杭州市财政局总会计师（试用期一年）。

2月17日　浙江省财政厅、杭州市财政局、杭州上城区财政局联合开展“赓续精神血脉 汲取奋进力量”党建活动。

2月20日　杭州市财政局《以理念变革为引领 推出‘3+3+3’创新举措——杭州市加快构建创新驱动型政府采购治理体系》获中国政府采购奖“年度创新奖”，连续第11次获该奖项。

2月22日　杭州市第十四届人民代表大会第三次会议审议并全票通过《关于杭州市及市本级2022年预算执行情况和2023年预算草案的报告》。

2月22—23日　杭州市财政局走进《民情热线》栏目直播间，为听众宣讲政策、答疑解惑。

2月28日　杭州市财政局会同市金融监管局联合印发《关于财政金融强保障优联动助推经济高质量发展的通知》。

3月2日　杭州市政府办公厅印发《关于对打击治理电信网络、跨境赌博、知识产权等违法犯罪专项行动成绩突出集体和个人给予行政奖励的决定》，杭州市财政局综合处（国有土地财务监管处）获集体嘉奖。

3月9日　浙江省委常委、杭州市委书记刘捷，杭州市委常委、常务副市长柯吉欣来杭州市财政局走访调研。

3月17日　杭州市财政系统“财会监督年”工作部署会召开。

3月20日　杭州市财政局举办学习贯彻党的二十大精神全员轮训暨党员春训培训班。

3月23日　杭州市政府常务会议审议通过杭州市财政局关于加快推进西部区县（市）公共服务优质提升工程的情况汇报，2023—2025年市财政统筹建立西部区、县（市）公共服务补短专项资金。

3月24日　杭州市委改革办公布2022年度杭州市改革创新最佳实践案例评选结果，杭州市财政局《深化集中财力办大事预算绩效管理改革》获最佳实践案例优秀奖。

3月28日　杭州市财政局召开全市财政系统全面从严治党工作暨“双建争先 服务两仗”推进会。杭州市财政局党组书记、局长谢建华讲话。

3月29日　杭州市委财经委员会研究财会监督工作。杭州市财政局党组书记、局长谢建华参加。

4月10日　杭州市直机关工委通报市直机关2022年度“党建双强双优”选树结果，杭州市财政局机关八支部获评“最强党支部”。

4月11日 杭州市委办公厅、市政府办公厅公布2022年度全市平安创建工作考核结果，杭州市财政局获优秀等次。

4月14日 杭州市财政局召开学习贯彻习近平新时代中国特色社会主义思想主题教育动员部署会。杭州市财政局党组书记、局长谢建华作动员讲话。

是日 财政部政府债务研究和评估中心副主任刘磊带队来杭专题调研地方政府融资平台转型。

4月18日 杭州市财政局召开主题教育工作专题部署培训会。

4月26—27日 财政部党组成员、副部长夏先德带队来杭调研，实地考察城市大脑、浙江大数据交易中心等。

4月28日 杭州市财政局党组召开学习贯彻习近平新时代中国特色社会主义思想主题教育理论学习中心组（扩大）会。杭州市委第五巡视指导组到会指导。

5月5日 杭州市财政局举办全市财政系统学习贯彻习近平新时代中国特色社会主义思想主题教育知识竞赛暨“薪火相传 强国有我”五四主题团日活动。

5月6日 浙江省委主题教育第十三巡回指导组副组长傅国炎，浙江省财政厅党组副书记、副厅长、一级巡视员王广兵带队来杭州市财政局专题调研指导主题教育推进情况。

是日 杭州市政府办公厅公布2022年度扩大有效投资推进重点项目建设突出贡献集体和个人，杭州市财政局获“优质服务单位”称号。

5月9日 浙江省财政厅副厅长、一级巡视员陈焕昌带队来杭州市财政局开展财会监督工作专题调研。

5月11日 根据市委干〔2023〕72号文件，免去王军中共杭州市财政局党组副书记职务。

是日 根据市委干〔2023〕77号文件，确定陈刚职级为副局长级。

5月22日 浙江省财政厅、杭州市财政局、杭州萧山区财政局联合开展“沿着总书记的足迹看杭州”循迹溯源现场教学活动。浙江省财政厅党组书记、厅长尹学群，杭州市委常委、萧山区委书记王敏，杭州市财政局党组书记、局长谢建华及省市区三级财政党组班子成员参加。

5月23日 杭州市财政局党组书记、局长谢建华带队赴杭州市税务局、市之江路输水管廊及道路提升工程项目现场开展专题调研。

5月24日 浙江省政府召开“315”科技创新体系建设工程推进会，省长王浩表扬杭州财政科技投入“两个15%”做法，要求在全省推广。

5月25日 杭州市财政局联合中国财税博物馆组织开展双普基地法治学习暨税制改革专题讲座。

5月26日 杭州市财政局召开党组理论学习中心组学习（扩大）会。杭州市财政局党组书记、局长谢建华主持会议并讲话。

5月29日 杭州市委副书记、市长姚高员来杭州市财政局走访调研。杭州市财政局党组书记、局长谢建华就推动财政政策加力提效、打好经济翻身仗、亚运攻坚仗等工作进行汇报。

5月30日 根据杭政干〔2023〕13号文件，免去王军杭州市财政局副局长职务。

6月1日 杭州市财政局入选浙江省财政厅财政政策全生命周期跟踪机制试点单位。

6月9日 杭州市财政局牵头打造的财政专项资金涉企“全网查”平台试运行。

6月15—16日 杭州市举办2023年“学习强国”知识竞赛（头雁赛区），杭州市财政局“初心使命”代表队进入前八强。

6月16日 杭州市财政局召开杭州市财政系统“财会监督年”工作推进会。

是日 中共杭州市财政局党组印发《关于常态化开展政治家访强化对“一把手”和领导班子监督的实施方案》。

6月19日 杭州市财政局行政政法处获浙江省妇联系统“省三八红旗集体”荣誉称号。

6月25日 杭州市财政局《创新引领 数字赋能 打造最优省域政府采购营商环境》获全省营商环境优化提升第一批“最佳实践案例”。

6月26日 浙江省政府办公厅印发《关于对2022年落实有关重大政策措施真抓实干成效明显地方予以督查激励的通报》，杭州市财政管理工作连续第3年获督查激励。

6月27日　财政部综合司副司长佘俊臣一行来杭开展"提高居民收入 促进共同富裕"专题调研。

6月28日　杭州市财政局在第十届全省财政系统运动会中获团体总分第二名,并获优秀组织奖。

6月30日　杭州市财政局印发《关于编制2024年市级部门预算的通知》,启动2024年市级部门预算编制工作。

7月4日　杭州市财政局与财政部浙江监管局、杭州市余杭区财政局联合开展主题教育党建联建活动。财政部浙江监管局党组书记、局长辜东方,杭州市财政局党组书记、局长谢建华参加。

7月17日　杭州市财政局召开党组理论学习中心组(扩大)会议暨调研成果交流会。杭州市财政局党组书记、局长谢建华主持并讲话。杭州市委第五巡回指导组到会指导。

是日　财政部公布2022年中央城镇保障性安居工程财政资金绩效评价复评结果,杭州市本级租赁住房保障、城镇棚户区改造绩效评价全省第一,获"优"等次。

7月20日　浙江省委常委、杭州市委书记刘捷,杭州市委副书记、市长姚高员召开全市地方债务管理专题会议。杭州市财政局党组书记、局长谢建华参加。

7月23—24日　财政部党组成员、副部长王东伟来杭州萧山区、西湖区、高新技术开发区(滨江)调研高质量发展建设共同富裕示范区情况。

7月31日　杭州市财政局召开党组理论学习中心组(扩大)会议暨主题教育典型案例检视剖析会。杭州市财政局党组书记、局长谢建华主持并讲话。杭州市委第五巡回指导组到会指导。

是日　中共杭州市财政局机关党委印发《关于推行清廉财政建设网格化管理实施方案》。

8月8日　杭州市财政局召开2024年市级部门预算编制部署培训会,逾400家预算部门(单位)财务负责人以及局业务处室人员参训。

8月16日　浙江省委常委、杭州市委书记刘捷对《关于市本级财政专项资金绩效情况的汇报》作出批示肯定。

8月21日　杭州市十四届人大常委会第十三次会议审议并全票通过《关于杭州市及市本级2022年决算草案和2023年上半年预算执行情况的报告》。

8月23日　杭州市财政局召开学习贯彻习近平新时代中国特色社会主义思想主题教育专题民生生活会,局党组书记、局长谢建华主持并讲话。杭州市委第五巡回指导组到会指导。

8月24日　杭州市委副书记、市长姚高员,市委常委、常务副市长陈瑾,副市长胥伟华对《杭州市持续做强财政引擎牵引推动科技创新体系建设》作出批示肯定。

是日　杭州市财政局举行2023年新提任副处级领导干部及新入职人员宪法宣誓仪式。

9月1日　杭州市财政局党组书记、局长谢建华带队赴杭州市第一人民医院开展卫生事业发展专题调研。

是日　杭州市级行政事业单位全面上线使用"浙里报账"系统。

9月7日　根据市委干〔2023〕118号文件,阮华兴、龚萍退休,所任职级自然免去。

10月7日　杭州市财政局召开党组理论学习中心组(扩大)专题学习会,传达学习习近平总书记在浙江考察时的重要讲话精神,部署财政部门贯彻落实举措。杭州市财政局党组书记、局长谢建华主持会议并讲话。

10月12日　财政部党组成员、副部长朱忠明对杭州市财政局专题信息《杭州财政加强"巡财联动"推动财会监督提质增效》作出批示肯定。

10月16日　杭州市财政局225名干部参加岗位练兵线上集中测试。

10月19日　杭州市财政局获浙江省财政厅2022年度行政事业性国有资产报告成绩突出单位表彰。

11月6日　根据市委干〔2023〕128号文件,陈震山任中共杭州市财政局党组书记,免去其中共杭州市金融投资集团有限公司委员会书记、委员职务;免去谢建华的中共杭州市财政局党组书记职务。

是日　根据市委干〔2023〕129号文件,提名陈震山任杭州市财政局局长;提议免去谢建华的杭州市财政局局长职务。

11月6—7日　杭州市十四届人大常委会第十四次会议审议杭州市财政局《关于2022年市本级出台的产业政策落地和绩效情

况的报告》。

11月14日　杭州市共富办公布全市争当浙江高质量发展建设共同富裕示范区城市范例最佳实践(第二批)名单,杭州市财政局《攻坚三年投入百亿,超常规举措推进西部区县市公共服务补短工程》获评公共服务先行示范。

是日　杭州市"科技创新"企业高端会计人才在厦门国家会计学院举行毕业典礼。

11月16日　杭州市财政局会同杭州市委巡察办联合印发《关于全市深化巡察监督、财会监督协作配合的指导意见(试行)》。

11月20日　杭州市财政局政府采购"承诺+信用管理"市场准入机制获"信用杭州""一部门一场景""特色场景"案例。

11月29日　浙江省人大财经委副主任委员鲍洪俊率督导组来杭州市财政局开展防范化解政府隐性债务风险专项督导。

12月1日　杭州市财政局企业处获2023年度全省清廉建设成绩突出单位。

12月6日　根据市委干〔2023〕135号文件,万强退休,所任职级自然免去。

12月7日　杭州市财政局《充分释放亚运红利　共享共用体育场馆》入选全省行政事业性国有资产盘活优秀实践案例。

12月8日　杭州市财政局举行全市清廉财政建设优秀实践案例现场展评活动。杭州市财政局党组书记陈震山参加活动并讲话。

12月9日　根据市委干〔2023〕151号文件,谢宁任中共杭州市纪委市监委派驻市财政局纪检监察组组长;龚巍任中共杭州市财政局党组副书记;免去李六文的中共杭州市纪委市监委派驻市财政局纪检监察组组长职务。

是日　根据杭组干通〔2023〕87号文件,谢宁任中共杭州市财政局党组成员;免去李六文的中共杭州市财政局党组成员职务。

是日　根据市委干〔2023〕157号文件,李六文任中共杭州市纪委市监委派驻市财政局纪检监察组二级巡视员。

12月12日　杭州市委宣传部、市直机关工委公布2023年杭州市"书香机关""书香个人"网络评选结果,杭州市财政局获书香机关,吴迪、陈荟惠获书香个人。

12月13日　杭州市财政局举办全市财政系统财会监督能手大比拼和报告大比选活动。

12月14日　江苏省财政厅来杭州市财政局交流学习财政数字化改革情况。

是日　杭州市财政局股权跨境转让及利润跨境汇出协同监管被确定为浙江省财政厅深化会计监督改革创新试点。

12月20日　杭州市财政局《积极推进增值化改革　持续提升政府采购营商环境》获2023年浙江省改革突破奖银奖。

12月21日　杭州市财政局教科文处获杭州市政府办公厅推进全域文化繁荣工作成绩突出集体嘉奖。

是日　杭州市财政局经济建设处获杭州市政府生态文明建设工作成绩突出集体嘉奖。

12月24日　杭州市入选中央财政支持普惠托育服务发展示范。

12月26日　浙江省委副书记、杭州市委书记刘捷,杭州市委副书记、市长姚高员召开全市地方债务管理专题会议。杭州市财政局党组书记陈震山参加。

12月27日　根据杭组干通〔2023〕89号文件,免去毛慧敏的中共杭州市财政局党组成员职务。

是日　根据市委干〔2023〕174号文件,卓安军任杭州市财政局二级巡视员。

12月28日　浙江省财政厅党组公布全省清廉财政建设成绩突出单位名单,杭州市财政局企业处获评。

12月29日　根据杭人大常干〔2023〕24号文件,任命陈震山为杭州市财政局局长;免去谢建华的杭州市财政局局长职务。

是日　杭州市文明办公布2023年度杭州市新时代文明实践志愿服务各类最美典型名单,杭州市财政局志愿服务队获最美志愿服务组织。

是日　杭州市财政局获中华全国供销合作总社颁发的"政府采购突出贡献奖"。

12月30日　杭州市财政局《以政府采购增值化改革助力小微企业扬帆政采大市场》入选2023年浙江省“小微你好”暖企助企惠企专项行动优秀服务案例。

（杭州市财政局供稿　刘　淮执笔）

宁波市

1月12日　宁波市财政局召开预算执行部署会。

1月16日　全市财政工作会议召开。

1月29日　在第十二轮市级民主评议机关活动中，宁波市财政局获经济服务与管理单位类第一名。

1月31日　全市全域国土空间综合整治试点工作动员部署会举行，浙江省委常委、宁波市委书记彭佳学出席会议并发表讲话，宁波市财政局局长姚蓓军作交流发言。

2月10日　宁波市财政局局党组召开2022年度民主生活会。

2月16日　财政部组织召开全国财会监督工作视频会议。宁波市财政局局长姚蓓军参会。

2月17日　宁波市财政局召开2022年度基层党组织书记抓基层党建述职评议会议。

3月6日　宁波市财政局召开2023年全面从严治党工作会议。

是日　宁波市财政局召开全市财政系统深化“规范管理、效能提升”行动推进会。

3月10日　宁波市财政局召开全市财会监督工作会议。

3月20日　财政部召开财会监督专项行动和预算执行监督专项行动视频布置会议。宁波市财政局局长姚蓓军参会。

4月4日　宁波市财政局召开市级单位资金管理扩面和财政支出数据统计分析部署会议。

4月12日　宁波市财政局联合财政部宁波监管局组织召开全市财会监督专项行动和预算执行监督专项行动动员部署会议。

4月24—25日　浙江省2023年度会计专业技术资格考试考务工作会议在宁波召开。

5月11日　宁波市财政召开2022年度市级财政预算执行和决算（草案）审计进点会。

5月14日　财政部会计财务评价中心副主任王洪涛带队赴宁波调研财会监督工作。

5月19日　财政部综合司来宁波市财政局调研财政电子票据管理改革工作。

5月24—25日　浙江省财政厅党组成员、总会计师、省行业联合党委书记赵雅玲带队来宁波开展注册会计师行业专题调研。

6月7—8日　浙江省财政厅党组成员、驻厅纪检监察组组长徐首红带队来宁波开展清廉财政建设专题调研。

6月14日　宁波市财政局召开地方财经纪律重点问题专项整治行动抽查进点会。

6月26日　宁波市财政局召开2024年市级部门预算编制工作布置暨培训会议。

7月3日　宁波市财政局连续第8年获评法治宁波建设优秀单位。

7月7日　宁波市高层次人才财务专员服务团工作启动会议召开。

7月11日　江西省财政厅党组成员、副厅长邓忠带领调研组来宁波市财政局调研国有金融资本管理工作。

7月20日　中国资产评估协会党委书记、秘书长张更华一行来宁波调研资产评估行业党建和行业发展情况。

7月26日　宁波市成功发行2023年第三批地方政府债券。

8月4日　宁波市财政局获评财政部2022年度地方财政管理绩效考核先进单位。

8月9日　宁波市财政局举办全市财政法治工作培训会暨宁波市财政法治联盟成立仪式。

8月14日　宁波市财政局召开全市组织收入工作会议。

8月31日　宁波市财政局召开全市实施境外旅客购物离境退

税政策新闻通气会。

9月7日　宁波市财政局召开学习贯彻习近平新时代中国特色社会主义思想主题教育总结大会。

9月26日　世界银行东亚太平洋地区可持续发展实践局局长安娜·韦伦斯坦一行来甬考察世界银行作为执行机构的全球环境基金赠款杭州湾湿地项目和正在实施的世行贷款中国塑料垃圾减量项目宁波子项目。

10月8日　宁波市本级财政专户支付业务电子化成功上线运行。

10月11日　宁波市财政局党组召开理论学习中心组(扩大)会议,专题传达学习习近平总书记考察浙江重要讲话精神。

10月24—25日　宁波市财政局举办全市财政金融业务培训班。

11月2日　宁波市财政局机关党建品牌"锋领财政·四明管家"获评宁波市第二届优秀机关党建品牌。

11月7日　宁波市财政局党组成员、总会计师叶颢威一行赴余姚市、慈溪市开展"财政服务月"专项行动。

11月16日　宁波市第五批地方政府债券在上海中央国债登记结算有限责任公司成功发行。

11月30日　杭州市财政局党组成员、副局长张海艳一行来宁波市财政局学习调研国有金融资本管理工作。

12月4日　宁波市财政局开展2023年"12·4"国家宪法日活动。

12月12日　宁波市财政局召开2023年度全市财政决算工作培训会。

12月21日　宁波市财政局开展"浙里报账"平台推广上线培训。

(宁波市财政局供稿　范　雯执笔)

温州市

1月6日　温州市财政局获评全省财政系统变革型财政组织创建优秀试点单位。

1月18日　温州市财政局《温州市打造惠企利民资金直达智控在线　加速政策直达快兑》获2022年全省优化营商环境十佳创新案例。

2月20日　温州市财政局召开全市财政工作会议。

2月22—24日　财政部综合司副司长唐在富来温开展"推动高质量发展的财政政策"专题调研。

3月13日　温州市财政系统全面从严治党工作视频会议召开。

3月21日　温州市委副书记、市长张振丰来温州市财政局调研财政工作。

3月27日　温州市人大常委会副主任梁超一行来温州市财政局开展专题调研。

4月14—15日　中国财政杂志社党委书记、社长江湧来温调研,实地考察温州在科技创新、产业变革等方面的成果案例。

4月17日　温州市财政局获全国基层财政新闻宣传优秀示范点。

4月27日　温州市财政局印发《温州市巨灾保险赔付资金管理办法(试行)》。

5月23—25日　浙江省财政厅党组成员、副厅长,省委两新工委委员沈磊来温开展政府涉企补助补贴分类兑付机制专题调研。

5月25日　浙江省财政厅党组成员,省金融控股有限公司党委书记、董事长杨强民来温就组建专精特新母基金开展调研。

5月25—26日　浙江省财政厅党组副书记、副厅长、一级巡视员王广兵来温,就集体经济组织成员建缴公积金改革及财政干部队伍建设开展专题调研。

6月9日　温州市财政局召开全体干部会议暨综合考核、三个"一号工程"推进会。

6月21日　温州市财政局印发《完善高校知识价值激励性政策的实施办法》。

7月4—5日　全省注册会计师行业和资产评估行业统战工作推进会在温举行。温州市注册会计师资产评估行业统战工作实践创新基地被授予全省首家"两师"行业统战工作基地。浙江省委统战部副部长王利月，省财政厅党组成员、总会计师、省行业联合党委书记赵雅玲出席会议。

8月7日　温州市获评2023年最受投资机构欢迎的地市政府LP（有限合伙人）全国第15名。

8月13日　温州市政府印发《关于全面深化市本级零基预算管理改革的实施意见》。

8月25日　上海国家会计学院党委副书记、院长卢文彬来温调研并交流合作办学事宜。

9月9日　温州市政府办公室印发《温州市市级政府投资项目全过程预算绩效管理办法》。

9月15日　温州市财政局召开学习贯彻习近平新时代中国特色社会主义思想主题教育动员部署会。

10月10日　温州市财政局印发《温州市重点产业发展基金管理办法》。

10月25—27日　浙江省财政厅党组成员、派驻纪检监察组组长尹小平来温调研财政收支运行、财经纪律监督等工作。

10月31日　温州市人民政府与上海国家会计学院签订战略合作框架协议，全省首个院地合作民营经济研修基地落户温州。

11月7日　中国财政学会地方财政研究专业委员会2023年年会暨学术研讨会在温州举行。中国财政学会副秘书长、地方财政研究专业委员会主任委员傅志华，中国财政学会常务副秘书长程北平等出席会议。

11月23日　温州市财政局被确定为财政部资产管理司数据资产管理工作试点单位。

12月11日　温州市财政局“三仓融合”共享共用机制获评全省行政事业性国有资产盘活优秀实践案例。

12月27日　根据温委干〔2023〕121号文件，中共温州市委任命贾黎春为温州市财政局党组副书记；根据温委干〔2023〕123号文件，中共温州市委提议贾黎春任温州市财政局局长，提议免去陈宣安温州市财政局局长职务。

12月28日　温州市财政局获评全省清廉财政建设成绩突出单位。

（温州市财政局供稿　裘谷若执笔）

湖州市

1月4日　湖州市财政局荣获湖州市2022年度实干争先“奔跑者”。

1月4日　湖州市财政局、湖州吴兴区财政局、安吉县财政局获评全省财政系统变革型财政组织创建优秀试点单位。

1月9日　湖州市财政局党组书记、局长杨中校在全省财政工作会议上围绕财政保障“共富班车”作交流发言。

1月28日　湖州市财政局在全市深化“在湖州看见美丽中国”实干争先主题实践大会上获评2022年度市级部门综合考核一等奖。

1月29日　湖州市委副书记、市长洪湖鹏调研湖州市财政局。

是日　浙江省委副书记、省长王浩调研湖州“财助营商”工作，并主持召开调研座谈会。

1月30日　湖州市财政局召开全市财政工作会议。

2月2日　湖州市召开关于进一步加快推动经济高质量发展的若干政策新闻发布会。湖州市财政局党组书记、局长杨中校作为新闻发言人之一参加发布会。

2月14日　浙江省财政厅党组书记、厅长尹学群在湖州财政专报《增实力　扩张力　提效力　湖州财政第一时间预算安排230.7亿元保障承接“8+4”政策加快落地》上作出肯定批示。

2月16日　湖州市财政局在中国政府采购峰会上获“绿色采购先锋奖”。

2月20日　财政部综合司来湖州开展政府购买服务支持经济高质量发展专题调研。

2月25日　湖州市财政局获全国巾帼建功先进集体。

3月13—15日　财政部浙江监管局党组成员、副局长、纪检组长彭刚一行在湖州调研整治财经秩序专项行动及预决算公开专项检查“回头看”并召开座谈会。

3月27日　湖州市在财政部会同住房和城乡建设部、工业和信息化部联合召开的政府采购支持绿色建材促进建筑品质提升政策工作推进会上，作首批试点城市经验交流汇报。

3月28—29日　长三角财政电子票据共享推进会在湖州召开。

3月30日　湖州市财政局召开2023年度全面从严治党暨党风廉政建设工作会议。

3月31日　湖州市委书记陈浩来湖州市财政局走访调研并召开工作汇报会。

4月14日　财政部社保司来湖州调研社保基金工作。

5月5日　湖州市委常委、常务副市长吴智勇调研湖州市财政局政策直达快享工作。

5月11日　湖州市实现市本级所有代理银行非税收入电子化缴库业务全覆盖。

5月19日　浙江省委副书记、省长王浩在浙江政务信息专报《湖州市探索惠企政策资金直达快享路径 助力高效落实“8+4”政策体系》上作“印发各市学习借鉴”批示。

6月13日　湖州市注册会计师协会第七次会员代表大会召开。

6月25日　湖州市入选国家居家和社区基本养老服务提升行动试点名单，获中央补助1712万元。

6月27—28日　全省财政系统运动会在湖州召开，湖州市财政局获得团体总分第一名。

7月8日　浙江省政府党组成员、秘书长徐大可来湖州调研“财助营商”惠企政策精准直达全链改革工作。

7月12日　浙江省财政厅党组书记、厅长尹学群在湖州财政信息《湖州市“财助营商”惠企政策精准直达全链改革入选全省首批营商环境优化提升“最佳实践案例”》上作肯定批示。

7月13日　浙江省财政厅党组副书记、副厅长、一级巡视员王广兵在湖州财政信息《关于2023年第十届浙江省财政系统运动会的总结报告》上作出批示。

7月26日　湖州市财政局召开全市财政系统半年度工作会议。

8月1日　浙江省财政厅公布2023年度第一批百万家庭奔富行动示范县、培育县创建名单，德清县成功入选第一批百万家庭奔富行动示范县，安吉县入选第一批百万家庭奔富行动培育县。

8月8日　浙江省政府研究室副主任任贤锋一行来湖州市财政局调研指导“财助营商”惠企政策精准直达全链改革工作。

9月18日　湖州市财政局召开学习贯彻习近平新时代中国特色社会主义思想主题教育动员部署会。

10月23日　财政部社保司司长宋其超一行在湖州调研公立医院改革和高质量发展。

11月22日　湖州市财政局召开2024年财政工作务虚会暨主题教育调研成果交流会，分析研判当前和今后一个时期财政工作形势。

12月15日　浙江省财政厅一级巡视员邢自霞，省人大常委会预算工委副主任、办公厅一级巡视员王柏能，省人大常委会预算工委副主任周兴武一行来长兴县开展主题党日活动，参观天能集团“重走总书记在浙江财经领域足迹”展馆，开展习近平新时代中国特色社会主义思想学习研讨。

12月27日　财政部政策研究室来湖州开展健全现代财税体制专题调研。

（湖州市财政局供稿　毕　真执笔）

嘉兴市

1月30日　嘉兴市财政局召开党组理论中心组会议，传达学习浙江省委书记易炼红赴嘉兴调研时的重要讲话精神。

2月12日　根据嘉组干〔2023〕4号文件，免去胡理文嘉兴市财政局党委委员职务。

2月17日　根据嘉政干〔2023〕6号文件，免去胡理文嘉兴市财政局副局长职务。

2月21日　浙江省财政厅党组成员、总会计师赵雅玲带队在嘉兴开展地方国有企业发展情况调研。

2月24日　嘉兴市级行政事业单位房产集中统一管理工作领导小组召开市级行政事业单位房产集中统一管理攻坚推进工作

会议，全面部署六方面攻坚推进工作。嘉兴市委常委、常务副市长朱苗、领导小组成员单位、市级有关部门及相关国资公司负责人参加。

2月27日 嘉兴市完成全市60个乡镇“浙里基财智控”应用上线工作。

3月1日 嘉兴市第九届人民代表大会第三次会议审议通过《关于嘉兴市2022年全市和市本级预算执行情况及2023年全市和市本级预算草案的报告》。

是日 根据嘉组干〔2023〕14号文件，任命俞强为嘉兴市财政局党委委员。

3月3日 嘉兴市财政局召开全市财政系统年度工作暨全面从严治党工作会议。会议表彰2021年度先进集体和先进个人，嘉兴市财政局党委书记、局长王申峰作工作报告，并与局领导班子成员签订《全面从严治党和党风廉政建设责任书》。

3月16日 嘉兴市委书记陈伟到嘉兴市财政局调研全市财政运行情况。

是日 嘉兴市财政局印发《“三个一号工程”专班工作方案》并成立工作专班，嘉兴市财政局党委书记、局长王申峰任专班领导小组组长。

3月21日 根据嘉政干〔2023〕10号文件，任命俞强为嘉兴市财政局副局长，免去其嘉兴市财政项目预算审核中心主任职务；免去黄益良的嘉兴市财政局副局长职务。

4月14日 嘉兴市财政局印发《开展“财会监督年”活动实施方案》。

4月19—20日 国家绿色发展基金股份有限公司监事会主席汪义达带队在嘉兴市、嘉善县及嘉兴港区调研绿色基金合作事项。

4月20—21日 浙江省财政厅党组成员、副厅长倪学军带队在嘉兴市、海宁市调研省以下法院检察院财物统管改革工作。

4月24日 财政部资产评估中心党委书记、主任周法兴带队在嘉兴市调研国有企业改革发展、行政事业性国有资产管理、融资平台治理等情况。

4月26—28日 中国注册会计师行业协会党委委员、全国注册会计师行业党委副书记佟庆国带队在嘉兴市调研党校建设情况，并参加全国注册会计师行业协会执业机构党组织书记培训班、全国注册会计师行业协会省级行业党务工作者培训班结业仪式。

5月16—17日 浙江省财政厅党组成员、总会计师赵雅玲带队在嘉兴市调研注册会计师行业党组织建设和党员管理情况。

5月18日 浙江省“415X”先进制造业专项基金群启动并举办签约仪式，嘉兴市承接总规模50亿元的新能源装备产业基金和总规模50亿元的科创母基金。

5月29—30日 中央纪委国家监委驻财政部纪检监察组组长、财政部党组成员杨国中带队在嘉兴市开展主题党日活动，并赴桐乡市、平湖市实地走访调研乡村治理等工作。

5月29日 嘉兴市财政局印发《“8+4”经济政策体系专班工作方案》并成立工作专班，局党委书记、局长王申峰任专班领导小组组长。

6月1日 国家绿色发展基金股份有限公司副总经理张安平带队在嘉兴调研绿色基金合作项目有关事宜。

6月25日 根据嘉组干〔2023〕22号文件，任命刘士义为嘉兴市财政局党委委员。

7月11日 根据嘉政干〔2023〕17号文件，任命刘士义为嘉兴市财政局副局长（挂职一年）。

7月18日 浙江省财政厅党组副书记、副厅长、一级巡视员王广兵带队在嘉兴调研数字图书馆财政分馆。

7月25日 嘉兴市财政局举办“清风嘉·财廉韵”清廉财政主题活动，为“红船领航 嘉禾财兴”党建阵地揭幕，并正式发布全市财政系统“禾财清政”廉洁文化品牌logo。

7月26—28日 全省财政资环工作会议在嘉兴举办。浙江省财政厅党组成员、副厅长倪学军主持会议，并开展九水连心水生态修复、南湖大桥镇胥山碧水绕村、嘉善开发区全域土地整治、嘉善东部水生态修复等项目工作调研。

7月26日 嘉兴科创人才集团正式揭牌成立。嘉兴市委常委、常务副市长朱苗，市委常委、组织部长颜海荣出席并讲话。

8月28日 根据嘉组干〔2023〕35号文件，任命傅强为嘉兴市财政局党委委员。

9月1日 嘉兴市财政局印发《关于进一步明确节会、展会、布展、峰会、庆典、论坛等宣传交流活动经费支出标准(试行)的通知》,严格控制各类活动费用开支,建立政府过"紧日子"长效机制。

9月6日 根据嘉编〔2023〕33号文件,中共嘉兴市委机构编制委员会批复同意经济建设处增挂"投资处"牌子。

9月7—8日 浙江省财政厅党组成员,省金融控股有限公司党委书记、董事长杨强民带队在嘉兴参加科创母基金签约仪式暨策略研讨会。

9月11日 根据嘉政干〔2023〕18号文件,免去姜东的嘉兴市财政局副局长职务。

9月14日 嘉兴市财政局召开学习贯彻习近平新时代中国特色社会主义思想主题教育动员部署会。嘉兴市财政局党委书记、局长王申峰作动员讲话。

9月19日 根据嘉政干〔2023〕19号文件,任命傅强为嘉兴市财政项目预算审核中心主任(试用期一年)。

9月26日 嘉兴市财政局印发《嘉兴市级行政事业单位通用办公设备家具配置标准》,规范市级行政事业单位资产配置,健全部门预算标准体系和资产配置标准体系。

10月16日 嘉兴市财政局召开学习贯彻习近平新时代中国特色社会主义思想主题教育第一次调研成果交流会暨"财会监督年"活动成果汇报会。嘉兴市财政局党委书记、局长王申峰主持会议并讲话。

10月17—18日 浙江省财政厅副厅长、一级巡视员陈焕昌带队在嘉兴市、桐乡市座谈并实地走访调研桐昆集团等企业。

10月17日 浙江省财政厅党组成员,省金融控股有限公司党委书记、董事长杨强民带队在嘉兴调研考察浙江华腾农业科技有限公司及海盐同位素产业园。

10月19日 财政部自然资源和生态环境司司长部进兴带队在桐乡市开展排污权有偿使用和交易调研。

是日 长三角"三省一市"财政厅(局)长联席会议在嘉善召开。浙江省、上海市、江苏省、安徽省财政厅(局)领导参会。

11月15日 根据嘉组干〔2023〕47号文件,任命冯丁希为嘉兴市财政局党委委员。

11月16日 根据嘉委干〔2023〕25号文件,免去厉瑛栋中共嘉兴市纪律检查委员会、嘉兴市监察委员会驻嘉兴市财政局纪检监察组组长职务。

是日 根据嘉委干〔2023〕26号文件,任命冯丁希为中共嘉兴市纪律检查委员会、嘉兴市监察委员会驻嘉兴市财政局纪检监察组组长。

11月23日 "学习二十大·奋进新征程"建功竞赛活动暨嘉兴市财政系统锻造青年岗位能手知识竞赛现场竞答在嘉兴市党群服务中心举办。

11月27日—12月1日 财政部2023年党务干部培训班(第二期)在嘉兴红船干部学院开班。财政部人事教育司司长、巡视办主任彭华参加。中央纪委国家监委驻财政部纪检监察组副组长李晓勇进行授课。浙江省财政厅党组书记、厅长尹学群,厅党组成员、总会计师赵雅玲参加现场教学。

12月15日 嘉兴市财政局印发《关于增加通用办公设备配置标准的通知》《关于调整嘉兴市级行政事业单位物业管理费定额支出标准的通知》《关于进一步完善市级机关会议费管理有关规定的通知》,完善新型信息化设备配置标准、调整物业管理费定额支出标准、加强和规范会议费管理。

12月16日 嘉兴市财政局、中共嘉兴市委组织部联合印发《嘉兴市市级机关培训费管理规定》,推进干部教育培训事业持续健康发展。

12月26日 嘉兴市财政局印发《办公用房装修改造费用标准》《嘉兴市普通高级中学项目建设费用支出标准》,加强和规范办公用房装修改造费用标准。

(嘉兴市财政局供稿　赵雨馨执笔)

绍兴市

2月3日 绍兴市财政局召开2022年度市属国有企业党组书记抓基层党建工作述职评议会。绍兴市财政局党委书记、局长金水法主持。

2月15日 在绍兴市财政局指导下,绍兴市注册会计师协会首届行业自律委员会成立并召开第一次全体会议。

2月16日 绍兴市财政局荣获2022年中国政府采购奖"绿色采

购先锋奖”。

2月22日　绍兴市财政局制定“优化营商环境 助力市场主体‘财政十条’”，以政策集成、资源统筹、改革驱动、数字赋能助力打造最优营商环境。

3月13日　绍兴市财政局印发《关于深入实施“八八战略”强力推进“三个一号工程”的行动方案》，对照“三个一号工程”任务清单，提出三个“十大行动”。

3月31日　绍兴市第九届人民代表大会第三次会议审议并全票通过《关于2022年全市和市级预算执行情况与2023年全市和市级预算草案的报告》。

4月8—13日　中共绍兴市委组织部会同绍兴市财政局联合举办“北京大学—绍兴市盘活存量资产扩大有效投资专题培训班”。

5月10日　浙江省财政厅党组书记、厅长尹学群围绕专项债券项目管理情况，带队来绍兴开展主题教育专题调研。

5月17日　浙江省发展规划研究院副院长殷志军带队来绍兴开展盘活存量资产专题调研。

5月29日　浙江省发展改革委公布全省盘活存量资产扩大有效投资区域试单名单，绍兴市列入试点。

6月12日　浙江省政府副秘书长陈重一行来杭州湾会计学苑开展亚运住宿点调研，确定杭州湾会计学苑为亚运会住宿点。

6月20日　根据绍市组干任〔2023〕20号文件，张磊任中共绍兴市财政局委员会委员。

6月27日　绍兴市财政局出台《绍兴市市级行政事业单位房产出租管理办法》，进一步规范市级行政事业单位房产出租行为。

6月30日　根据绍政干〔2023〕11号文件，张磊任绍兴市财政局总会计师（试用期一年）。

7月25日　绍兴市盘活存量资产扩大有效投资工作专班联合浙江省发展规划研究院、中国工商银行浙江省分行和工银瑞信（投资）等单位，举办浙江省盘活存量资产扩大有效投资试点走进上海证券交易所（绍兴专场）活动，为绍兴市相关工作提供专题指导。

8月25日　根据绍市干任〔2023〕31号文件，骆玉兴任中共绍兴市纪律检查委员会、绍兴市监察委员会派驻绍兴市财政局纪检监察组组长。

9月4日　绍兴市财政局与河北雄安新区财政支付中心签订战略合作框架协议，加快两地重点工作互学互鉴、人才交往、产业互促。

9月7日　绍兴市财政局党委书记、局长金水法在勤廉绍兴暨作风建设大会上作典型发言。

9月15日　绍兴市财政局召开学习贯彻习近平新时代中国特色社会主义思想主题教育动员部署会，研究部署主题教育各项工作。

9月27日　共青团绍兴市财政局第二次团员代表大会召开，选举产生新一届团委班子。

10月20日　绍兴市财政局工会召开第十届会员代表大会，选举产生新一届工会委员会、经费审查委员会。

10月23—25日　浙江省财政厅党组成员、副厅长倪学军带队来绍兴开展财政工作思路调研。

11月16日　绍兴市财政局举行“财情赓续 薪火相承”干部集体荣休仪式。

11月22日　绍兴市委书记温暖到绍兴市财政局走访调研并督导主题教育工作。

11月30日　中共绍兴市财政局党委召开主题教育调研成果交流会，推动主题教育走深走实。

12月14日　绍兴市财政金融系统举行清廉财政建设项目交流会。

12月29日　绍兴市召开财政政务服务增值化改革工作推进会、绿色建材框架协议暨供应链金融对接会，绍兴市财政局与首批37家供应商签约绿色建材框架协议。

（绍兴市财政局供稿　吕佳青执笔）

金华市

1月13日　金华市财政局召开年度述职会议，22个处室开展现场述职。

2月11日　金华市第八届人民代表大会第三次会议审议并通过《关于全市和市本级2022年财政预算执行情况及2023年财政预算(草案)的报告》。

2月24日　财政部浙江监管局党组成员、副局长、纪检组长彭刚一行来金华开展财政监督工作数字化实践调研。

3月6日　浙江省财政厅、浙江省公安厅、浙江省高级人民法院联合调研组来金华市开展救助基金调研。

3月30日　浙江省财政厅资产管理数字化改革试点启动仪式在金华举行。

3月15日　浙江省财政厅党组副书记、副厅长、一级巡视员王广兵一行赴金华开展高质量发展建设共同富裕示范区、三个“一号工程”推进以及变革型组织建设等调研。

4月11日　金华市财政局在武义召开全市财政系统教科文工作会议。

4月12日　金华市财政局召开全局干部大会,总结前一阶段财政工作,分析财政形势,研究部署下一阶段工作。

5月12日　金华市财政局组织召开全市财政系统资产管理业务培训会。

5月22日　浙江省财政厅在金华召开“全省土地收支智管云平台”项目评估会。

5月24日　金华市财政局召开全市财政系统“浙江省资产数字化改革试点暨共享云应用联调联试”推进会。

6月1日　浙江省财政厅在在金华召开全省财会监督工作座谈交流会。

6月6日　金华市财政局与浙江省农业农资担保有限公司签署《金华全市域扩中家庭共富专属产品推广及政银合作战略合作协议》。

6月9日　金华市财政局举行“财政智慧监管系统”上线仪式。

6月15日　浙江省财政厅一级巡视员邢自霞一行来金华开展党政机关厉行节约坚持过“紧日子”工作调研。

6月25—26日　浙江省财政厅党组成员、副厅长张远东带队来金华开展城区、县域和省属高中发展情况及财政保障机制工作调研。

6月29日　金华市财政局被浙江省妇女联合会表彰为浙江省三八红旗集体。

6月30日　金华市财政局召开2024年市直部门预算编制布置会。

7月13日　金华市财政局举行2023年上半年工作晾晒比拼活动。

7月17—21日　金华市财政局在浙江财经大学举办2023年金华市财会监督机制创新提升专题培训班。

8月11日　金华市财政局召开全市清廉财政建设推进会。

9月6日　财政部税政司副司长魏岩,浙江省财政厅党组副书记、副厅长、一级巡视员王广兵来金华考察陆路启运港退税试点申报工作。

9月8日　金华市市委副书记、市长邢志宏来金华市财政局开展财政工作调研。

9月11日　金华市财政局召开全市家庭型医疗保障政策试点推进会。

9月15日　金华市财政局召开学习贯彻习近平新时代中国特色社会主义思想主题教育动员部署会。

9月20日　金华市获批成为全国第二个陆路启运港退税试点城市。

9月27日　金华市财政局召开全市财会监督工作座谈会。

10月26日　金华市第八届人民代表大会常务委员会第十二次会议审议并通过《关于2023年金华市本级财政收支预算调整(草案)的报告》。

10月27日　浙江省财政厅在金华召开全省财政税政工作会议。

11月2—3日　浙江省财政厅在永康市举办全省乡镇财政管理业务暨“浙里基财智控”应用培训班。

11月6—7日　浙江省财政厅党组书记、厅长尹学群带队来金华市、义乌市和兰溪市宣讲习近平总书记考察浙江重要讲话精神和省委第十五届四次全会精神，并开展工作思路调研。

11月24日　金华市财政局被浙江省委办公厅表彰为全省清廉建设成绩突出单位。

11月23日　金华市财政局召开全市财政系统2023年基层财政管理经验交流会。

12月5日　金华市财政局召开主题教育调研成果交流会。

12月11日　金华市政府印发《新一轮市区财政体制实施方案(2023—2026年)》。

12月28日　金华市财政局被浙江省财政厅表彰为全省清廉财政建设成绩突出单位。

（金华市财政局供稿　曾东平执笔）

衢州市

1月4日　衢州市财政局党委书记、局长刘明鹤赴中财管道衍生产品有限公司开展"大走访大调研大服务大解题"活动。

1月16日　衢州市财政局组织召开财政工作务虚会。

1月18日　衢州市财政局党委书记、局长刘明鹤带队赴衢江区樟潭街道新屋里社区走访慰问"结对帮扶"对象。

2月25日　衢州市财政局政府投资评审中心获评"全国巾帼文明岗"。

2月28日　衢州市第八届人民代表大会第三次会议高票通过《关于2022年全市和市级预算执行情况及2023年全市和市级预算草案的报告》。

3月5日　衢州市财政局正式上线"浙里捐赠"数字平台。

3月7日　衢州市财政局组织召开全面从严治党工作会议暨干部职工大会。

3月20日　衢州市财政局印发《关于忠实践行"八八战略"强力推进"三个一号工程"的实施方案》。

是日　衢州市财政局组织编印《财务政策汇编》。

3月31日　衢州市财政局联合市人力社保局、市税务局印发《关于衢州市在校实习生和见习人员参加工伤保险有关问题的通知》。

是日　衢州市财政局印发《"财会监督年"活动实施方案》。

4月18日　衢州市财政局组织召开市委第三巡察组巡察市财政局党委(市国库支付中心、市评审中心)工作动员会。

5月9日　衢州市财政局党委书记、局长刘明鹤带队赴常山县财政局开展"大走访大调研大服务大解题"活动。

5月31日　衢州市财政局出台《衢州市市级行政事业单位房产出租管理办法》。

6月1日　衢州市财政局党委书记、局长刘明鹤带队赴衢江区开展"大走访大调研大服务大解题"活动。

6月8日　中共衢州市委人才工作领导小组印发《衢州市市级人才专项资金管理办法》。

6月30日　衢州市财政局离退休党支部获评全省首批离退休干部"三强六好"示范党支部。

是日　衢州市财政局获评2019—2021年度全省"无偿献血促进奖"。

7月12日　全省公务餐改革试点工作现场会在衢州常山召开，推动"公务餐"改革在全省范围铺开。

7月19日　衢州市财政局组织召开市委第三巡察组巡察市财政局党委(市国库支付中心、市评审中心)情况反馈会。

7月28日　衢州市第八届人民代表大会常务委员会第十二次会议审议通过《关于衢州全市和市级2022年财政决算草案以及2023年上半年财政预算执行情况的报告》。

8月15日　衢州市财政局会同市委宣传部、市文旅局出台《衢州市文化艺术发展专项资金管理办法(试行)》。

8月29日　衢州市财政局组织召开全市财政系统半年度工作会议暨清廉财政建设推进会。

9月15日　衢州市财政局组织召开学习贯彻习近平新时代中国特色社会主义思想主题教育动员部署会。

9月18日　衢州市财政局印发《关于深入开展学习贯彻习近平新时代中国特色社会主义思想主题教育实施方案》。

9月21日　衢州市财政局会同市农业农村局出台《衢州市"双柚"、油茶、茶叶"三大百亿产业"财政激励政策的通知》。

9月22日　衢州市财政局联合市农业农村局印发《衢州市"大三农"专项资金管理办法》。

9月25日　衢州市财政局组织召开2024年度市级预算编制布置会暨政策培训会。

10月18日　衢州市财政局印发《衢州市级预算支出标准体系建设实施方案》《衢州市级预算项目库管理暂行办法》。

10月25—26日　浙江省财政厅党组成员、总会计师赵雅玲带队到衢州市开展财政工作思路调研，实地走访浙江禾川科技股份有限公司等本地重点企业，召开调研座谈会。

10月31日　衢州市财政局组织召开习近平总书记考察浙江重要讲话精神宣讲会。衢州市财政局党委书记、局长刘明鹤作主题教育专题党课报告。

11月2日　全省财政金融工作会议在衢州召开。浙江省财政厅副厅长、一级巡视员陈焕昌讲话。全省设区市财政局及部分县(市、区)财政局金融处(科)室负责人参加会议。

11月15—17日　政策性农业信贷担保助力乡村振兴现场会暨全省农担体系培训会在衢州市衢江区召开。浙江省财政厅党组成员、副厅长沈磊讲话。全省各市、县(市、区)财政局、农业农村局、供销社和省农担办事处代表参会。

12月1日　衢州市财政局党委书记、局长刘明鹤赴龙游县模环乡人大代表联络站进行座谈交流和现场调研。

12月6日　衢州市政府办公室印发《衢州市政府产业基金暂行管理办法》。

12月7日　常山县财政局获评全省清廉建设成绩突出单位。

12月15日　衢州市财政局、龙游县财政局获评全市清廉建设成绩突出单位。

12月21日　衢州市财政局《衢州市政府采购数智监管助力营商环境优化提升实践案例》入选2023中国大数据应用样板案例，获评2023中国大数据最具价值解决方案。

12月22日　衢州市财政局组织召开财政工作务虚会。

12月25日　衢州市财政局党委书记、局长刘明鹤赴挂联村衢江区廿里镇白马新村、后溪镇泉井边村，开展"大走访大调研大服务大解题"活动。

(衢州市财政局供稿　胡汪琴执笔)

舟山市

1月5日　舟山市财政局《打造政府采购实现全流程数字化》案例入选2022年度舟山市营商环境十佳典型创新案例。

1月9日　舟山市市级财政国库支付中心获评全省清廉财政建设成效突出单位。

1月20日　舟山市财政局关税基层联系点工作获财政部关税司表扬肯定。

2月3日　舟山市第八届人民代表大会第三次会议审议通过《关于2022年全市和市本级预算执行情况的报告及2023年全市及市本级预算草案的报告》。

2月22日　舟山市财政局、市发展和改革委员会印发《舟山市海洋(湾区)经济发展资金使用管理细则》。

2月27日　中共舟山市财政局委员会印发《舟山市财政局关于全面落实"四重清单"强力推进"三个一号工程"的实施方案》。

3月13日　财政部、海关总署、税务总局印发《关于扩大启运港退税试点政策实施范围的通知》，明确宁波舟山港自4月1日起作为离境港实施启运港退税试点政策。

3月20日　舟山市实现所有乡镇(街道)上线"浙里基财智控"应用。

3月21日　舟山市委副书记、市长徐仁标主持召开全市财政审计工作会议，舟山市财政局党委书记、局长周军刚作交流发言。

3月24日　舟山市财政局启动"财会监督年"活动，印发《"财会监督年"活动实施方案》。

4月11日　舟山市财政局印发《舟山市预算执行监督专项行动

实施方案》。

5月19日 舟山市召开全市财政国资系统全面从严治党暨清廉“双单元”建设工作推进会。

5月24日 舟山市财政局、市民政局印发《舟山市用于社会福利事业彩票公益金使用管理办法》。

6月2日 舟山市财政局“财政支持‘一条鱼’全产业链建设”“财政助力自贸试验区江海联运中心能级提升”两项任务列入《全省财政系统“一号开放工程”地市第一批试点任务清单》。

6月6日 浙江省财政厅党组成员、驻厅纪检监察组组长徐首红带队来舟山市调研清廉财政建设情况。

6月14日 舟山市财政会计学会组织召开第八届会员代表大会第四次、第五次理事会。

6月27日 舟山市“8+4”省级转移支付资金拨付工作获浙江省财政厅通报肯定。

6月29日 舟山市非税收入电子化缴库业务实现全市范围全覆盖。

是日 舟山市财政局“小岛你好”海岛共富行动领导小组办公室印发《舟山市“小岛你好”海岛共富行动专项资金管理办法》。

6月30日 舟山市民政局、市财政局印发《舟山市养老服务补贴制度实施办法》。

7月7日 舟山市财政局《某公司采取不正当手段影响政府采购行政处罚案》入选舟山市行政执法典型案例(第二批)。

7月17—21日 浙江省财政厅党组副书记、副厅长、一级巡视员王广兵一行来舟山市开展公共服务一体化调研。

7月31日 舟山市财政局印发《行政事业单位财务规则汇编》。

8月1日 岱山县获评2023年浙江省第一批百万家庭奔富行动示范县创建单位,舟山市定海区获评2023年浙江省第一批百万家庭奔富行动培育县创建单位。

8月10—11日 浙江省财政厅党组书记、厅长尹学群一行来舟山市开展公共服务一体化调研。

8月28日 舟山市财政局印发《舟山市市级行政事业性国有资产公物仓管理暂行办法》。

8月29—31日 舟山市第八届人大常委会第十次会议审议通过《关于舟山市2022年财政总决算和市本级财政决算草案的报告》。

9月8日 舟山市财政局《舟山市推进共同富裕视域下财政支持偏远海岛基本公共服务“同舟共享”》案例入选全省财政系统变革型财政组织创建最佳实践案例。

9月13日 舟山市财政局印发《舟山市乡镇财政规范化管理三年(2023—2025年)行动工作方案》,全面启动乡镇财政规范化管理三年行动。

9月27日 舟山市财政局印发《舟山市政府采购正面清单(2023版)》《舟山市政府采购负面清单(2023版)》。

9月28日 舟山市民政局、市财政局印发《舟山市市级福利彩票公益金分配办法》。

10月17日 舟山市财政局、市“菜篮子”工作领导小组办公室印发《舟山市“菜篮子”专项资金管理办法》。

10月19日 舟山市财政局获评浙江省2022年度国有企业财务会计决算工作成绩突出单位。

舟山市小洋山深水港提升对外开放水平

10月23日　舟山市财政局等十四部门印发《舟山市贯彻落实百万家庭奔富三年行动计划(2023—2025年)的工作方案》。

10月27日　舟山市第八届人大常委会第十一次会议审议通过《关于2023年市本级地方政府债务限额和预算调整方案的报告》。

11月6日　舟山市民政局、市财政局印发《舟山市乡镇(街道)居家养老服务中心运营奖补办法(试行)》。

12月11日　舟山市财政局印发《舟山市本级行政事业单位通用办公设备家具配置管理办法》。

12月25日　舟山市成功开具规范化医疗电子票据,完成医疗收费电子票据全面改造工作。

12月28日　舟山市财政局获评2023年度全省清廉财政建设成绩突出单位。

（舟山市财政局供稿　章嘉舟执笔）

台州市

1月29日　台州市财政局召开"新春第一会"。台州市财政局党组书记、局长陈玲萍就新的一年工作开展动员部署。

2月6日　浙江省财政厅财政监督局检查组来台州开展农机购置补贴专项调研。

2月9日　台州市财政局召开全市财政系统工作会议。

2月13—17日　浙江省财政厅党组成员、副厅长,省两新工委委员沈磊带队来台州开展"大走访大调研大服务大解题"活动,就区域协调及支农促富政策开展调研。

3月3日　台州市财政局与台州黄岩区财政局走进黄岩区院桥镇,联合开展"财暖夕阳红"爱老敬老尊老志愿服务活动。

4月24日　根据市委干〔2023〕29号文件,许乐任台州市财政局党组成员。

4月28日　全省财政系统学习贯彻习近平新时代中国特色社会主义思想主题教育"财悦读·学思想"系列活动启动仪式在台州举行。

5月17日　根据台政干〔2023〕6号文件,许乐任台州市财政局总会计师。

6月9日　财政部监督评价局局长杨瑞金一行来台州开展财会监督工作调研。

7月5日　台州市财政局召开机关第七次妇女代表大会。

8月11日　台州市财政局召开全市财政系统半年度工作会议。

9月19—20日　省财政厅党组成员、总会计师、省行业联合党委书记赵雅玲带队来台州开展注册会计师行业专题调研。

9月22日　在《农民日报》和国家农担联盟公司联合举办的"最美农担人——财政金融支农故事"展示活动上,台州市财政局党组书记、局长陈玲萍作为全国五个"最美集体"代表之一,现场讲述基层财金协同故事案例。

10月17日　全省财政政研工作会议在台州召开。

10月19—20日　台州市财政局召开全市财政系统2023年度党务干部培训班。

10月26日　浙江省财政厅党组成员、副厅长张远东带队来台州开展2024年财政工作思路调研。

10月26—27日　全省政府采购业务培训班在台州举办。

10月30日　浙江省财政厅内控核查组来台州开展2023年度财政内控建设和执行情况专项核查。

11月2日　台州市财政局党组理论学习中心组开展"循迹看变化、溯源学思想、促行建新功"现场学习活动。

11月3日　台州市财政局召开全市财政系统三季度局长例会。

11月10日　台州市政协经济委主任刘新君一行到台州市财政局开展民主监督工作交流。

11月19日　财政部综合司副司长井明带队来台州,就推进共同富裕方面的实践探索和经验做法开展调研。

12月5日　台州市财政局召开学习贯彻习近平新时代中国特色社会主义思想主题教育调查研究成果交流会。

12月21日　台州市人大常委会副主任王荣千带队来台州市财

政局调研2023年全市和市本级预算执行情况及2024年全市和市本级预算(草案)编制情况。

(台州市财政局供稿　杜依霖执笔)

丽水市

1月5日　中共丽水市财政局党组印发《中共丽水市财政局党组落实全面从严治党主体责任情况报告》。

1月17日　丽水市人大常委会副主任戴邦和一行调研2023年财政预算编制工作并召开座谈会。

1月28日　丽水市财政局工会组织新年健步行活动,全局以及局属各单位近200名干部职工参与活动。

2月15日　丽水市财政局印发《关于进一步盘活行政事业性国有资产的通知》。

2月16日　丽水市"市县一体化"政府采购远程异地开评标系统获评2022中国政府采购奖——数字政府耕耘奖。

2月20日　丽水市财政局召开全体干部职工大会。

2月21日　丽水市财政局印发《丽水市政府向社会力量购买服务指导性目录(2023年度)》。

3月15日　丽水市财政局召开2022年度党支部书记述职评议会。

3月30日　根据丽委干〔2023〕28号文件,朱剑成任丽水市财政局党组副书记。

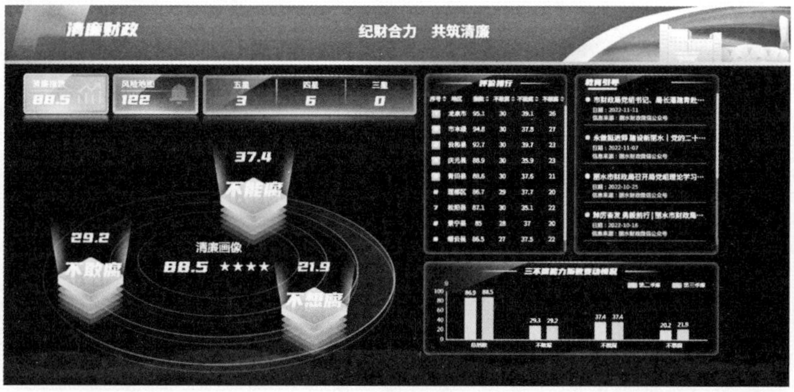

丽水市清廉财政数字化应用系统

4月12日　根据丽政干〔2023〕5号文件,朱剑成任丽水市财政局副局长。

5月4日　丽水市财政局召开"投身青年城市建设　勇担财政青春使命"青年座谈会暨主题团课。丽水市财政局党组书记、局长潘建青出席座谈会并上主题团课。

5月17日　丽水市财政局召开全市财政系统全面从严治党工作会议暨"三不腐"能力指数部署会议。丽水市财政局党组书记、局长潘建青作年度工作报告。

是日　丽水市财政局印发《全面实施"三不腐"能力指数纵深推进清廉财政建设的意见》。

5月25日　全省清廉财政"三不腐"能力指数评价体系现场推进会在丽水召开。

6月15日　丽水市委常委、常务副市长楼志坚一行到丽水市财政局调研财政工作。

7月7日　根据丽政干〔2023〕10号文件,免去阮美莲丽水市财政局副局长职务。

7月31日　丽水市财政局印发《丽水市直行政事业单位房产出租管理办法》。

8月21日　丽水市财政局举办局党组理论学习中心组(扩大)学习会暨廉政党课。丽水市财政局党组书记、局长潘建青传达市委五届四次全会精神并上专题廉政党课,丽水市委办保密处处长钟鸣作意识形态工作保密教育专题讲座。

9月4日　丽水市财政局举办"奋斗实干、担当争先"效能建设活动动员会暨"财政讲坛"。丽水市财政局党组书记、局长潘建青专题动员部署"奋斗实干、担当争先"效能建设活动并作廉政建设专题讲座。

9月13日　丽水市财政局召开学习贯彻习近平新时代中国特色社会主义思想主题教育动员部署会。

9月18日　《丽水市建设"市县一体化"政府采购远程　异地开评标系统　加快政府采购数字改革步伐》获评全省财政系统变革型财政组织创建优秀实践案例。

9月25—26日　全省财政法治建设工作暨行政执法案卷评查会在丽水召开。

10月16日 丽水市财政局举办局党组理论学习中心组(扩大)学习会暨"财政讲坛",讲授《习近平新时代中国特色社会主义思想概论》。

10月25—26日 全省财政促发展经建工作会议在丽水召开。

10月31日 丽水市财政局举办《丽水市财税志(1991—2018)》首发式。

11月1—3日 全省财政系统办公室文秘综合业务培训班在丽水举办。

12月13日 丽水市财政局印发《丽水市政府采购项目远程异地评审管理暂行办法》。

12月21日 根据丽委干〔2023〕252号文件,周瑞琛任丽水市财政局党组书记,免去潘建青丽水市财政局党组书记职务。

是日 根据丽组干〔2023〕103号文件,吴秋标任丽水市财政局党组成员。

12月28日 丽水市财政局获评全省清廉财政建设成绩突出单位。

(丽水市财政局供稿 应 佳执笔)

全省财政工作

zhejiang caizheng nianjian

全省财税工作

全省财政

【概况】 2023年,浙江省实现生产总值82553亿元,按可比价格计算,比上年增长6.0%。第一产业增加值2332亿元,第二产业增加值33953亿元,第三产业增加值46268亿元,分别增长4.2%、5.0%和6.7%。三次产业结构比为2.8∶41.1∶56.1。全年固定资产投资比上年增长6.1%;社会消费品零售总额32550亿元,比上年增长6.8%;货物进出口总额48998亿元,比上年增长4.6%。商品零售价格指数为105.9,居民消费价格指数为100.3。全省居民人均可支配收入63830元,比上年增长5.9%;城镇常住居民、农村常住居民人均可支配收入分别为74997元和40311元,比上年分别增长5.2%和7.3%;城乡居民收入倍差1.86,比上年缩小0.04。

2023年,全省一般公共预算收入8600.51亿元,为上年的107.0%。加上地方政府一般债务收入1164.95亿元、转移性收入6622.01亿元,收入合计16387.47亿元。全省一般公共预算支出12353.09亿元,剔除新增地方政府一般债务安排的支出等因素,为上年的105.0%;加上地方政府一般债务还本支出961.54亿元、转移性支出3072.84亿元,支出合计16387.47亿元。省级一般公共预算收入350.04亿元,剔除上年缓缴税款一次性入库等因素,为上年的104.8%;加上地方政府一般债务收入998.28亿元、转移性收入4239.95亿元,收入合计5588.27亿元。省级一般公共预算支出771.49亿元,剔除新增地方政府一般债务安排的支出等因素,为上年的101.4%。加上地方政府一般债务还本支出62.84亿元、转移性支出4753.94亿元,支出合计5588.27亿元。收支相抵,全省和省级一般公共预算收支平衡。

全省政府性基金预算收入8363.13亿元,为上年的83.1%。加上地方政府专项债务收入3383.25亿元、转移性收入2118.11亿元,收入合计13864.49亿元。全省政府性基金预算支出9633.52亿元,为上年的84.8%。加上地方政府专项债务还本支出945.39亿元、转移性支出3285.57亿元,支出合计13864.49亿元。省级政府性基金预算收入61.84亿元,为上年的114.8%,加上地方政府专项债务收入2940.31亿元、转移性收入68.37亿元,收入合计3070.52亿元。省级政府性基金预算支出104.37亿元,为上年的67.5%。加上转移性支出2966.15亿元,支出合计3070.52亿元。收支相抵,全省和省级政府性基金收支平衡。

全省国有资本经营预算收入194.96亿元,为上年的101.6%。加上转移性收入18.73亿元,收入合计213.69亿元。全省国有资本经营预算支出85.97亿元,为上年的90.1%。加上转移性支出127.72亿元,支出合计213.69亿元。省级国有资本经营预算收入53.61亿元,为上年的103.0%。加上转移性收入8.39亿元,收入合计62.00亿元。省级国有资本经营预算支出30.62亿元,为上年的107.0%。加上转移性支出31.38亿元,支出合计62.00亿元。收支相抵,全省和省级国有资本经营收支平衡。

全省社会保险基金收入6809.52亿元,为上年的104.3%。全省社会保险基金支出6760.32亿元,为上年的109.3%。加上转移性支出132.73亿元,支出合计6893.05亿元。收支相抵,本年收支赤字83.53亿元。省级社会保险基金收入3299.51亿元,为上年的103.5%。加上转移性收入139.03亿元,收入合计3438.54亿元。省级社会保险基金支出3649.32亿元,为上年的108.4%。加上转移性支出141.90亿元,支出合计3791.22亿元。收支相抵,本年收支赤字352.68亿元,赤字已动用滚存结余弥补。

【收支平衡管理】 收入组织。紧跟宏观形势,及时分析财政收入运行情况、面临的困难和问题,指导市县滚动开展收入测算,推动收入运行在合理区间。坚持财税联动调研,掌握经济运行、财政收支、实际税源等情况,增强形势分析的前瞻性和精准性。迭代升级收入运行智管系统,探索建立地方财政收入高质量发展评价体系。支出管理。落实党政机关过"紧日子"各项要求,实施过"紧日子"清单化管理,提出16条针对性举措。出台省级机关过"紧日子"评价办法,科学评价节约使用财政资金情况。健全预算支出标准体系,实现省级预算单位全覆盖。全省非刚性、非重点项目支出预算压减6.2%。非税收入征收管理。深化统一公共支付平台建设应用,实现微信支付和数字人民币支付。升级全省统一非税和票据一体化系统,统一全省非税收入管理标准和业务模式,推进电子凭证库管理和电子化缴库。持续推广应用电子非税收入一般缴款书。2023年,全省实现非税收入10210.02亿元,其中纳入一般公共预算管理的非税收入1475.96亿元。

【支持三个"一号工程"】 支持数字经济创新提质"一号发展工程"。围绕数字技术创新、数字产业提升、数字融合治理3大重点领域,通过政府产业基金和数据价值释放2大抓手,建立数字经济创新提质"3+2"财政支持政策体系,入选浙江省数字经济创新提质"一号发展工程"优秀案例。保障教育科技人才一体化推进,实施高校基础设施提质工程,落实资金5.00亿元用于高校基础设施安全保障类维修改造。落实省以上补助资金55.25亿元,深化义务教育"钱随人走"转移支付改革。落实资金6.65亿元支持义务教育薄弱环节改善与能力提升等工作。落实资金3.65亿元支持学前教育普惠优质发展,安排资金4.83亿元推进山区海岛县普通高中特色化多样化发展及"县中崛起"计划等。落实资金13.46亿元支持职业教育融合发展、国家和省"双高"建设、完善生均拨款机制等。安排资金15.09亿元支持"双一流"高校和西湖大学建设。落实资金28.22亿元保障全学段全日制学生资助工作。支持高能级科创平台建设和人才培育招引,全省落实787.48亿元支持科技创新，增长15.7%。落实资金52.00亿元支持省实验室、杭州城西科创大走廊等重大科创平台建设。落实资金24.91亿元支持智能计算与人工智能等15个战略领域开展原创性、引领性技术攻关。安排资金13.18亿元支持重点人才项目。支持营商环境优化提升“一号改革工程”。落实省担保集团费用补贴8291万元，引导加大对小微企业和“三农”主体支持力度，省担保集团再担保业务规模1461.89亿元，增长38.9%，平均担保费率保持在1.0%以下。推动财政政务服务增值化改革，“创新引领 数字赋能 打造最优省域政府采购营商环境”等3个案例入选全省营商环境优化提升“最佳实践案例”，全省授予中小企业政府采购合同金额1558.72亿元。加快推进长三角区域政府采购一体化，长三角生态绿色一体化发展示范区探索开展7个项目跨省远程异地评标。全面清理财政涉及营商环境行政规范性文件。推进财政电子票据“关键事”改革，迭代升级“浙里办票”应用，创新打造“电子票仓”，为企业提供票据下载、查验服务近1.5亿次。支持“地瓜经济”提能升级“一号开放工程”。构建“一号开放工程”高质量发展财政支持政策体系。成功争取并组织实施宁波舟山港及金华、义乌启运港退税政策，浙江省成为全国唯一兼具水路、陆路启运港的省份。开展千团万企拓市场行动，落实资金2.10亿元加大国际性展会支持力度。出台新一轮国际新开航线补助政策，扩大口岸机场激励范围。下达资金5.74亿元激励补助“义新欧”中欧班列及省级海外仓。支持举办世界互联网大会乌镇峰会等重大活动。落实资金2.48亿元支持跨境电商综试区、自贸区建设及改革创新。落实资金2.00亿元支持优化新能源汽车应用环境和产业生态。下达资金2.13亿元支持县域商业体系建设。推进长三角财政电子票据一体化改革，实现长三角区域财政电子票据互联互通。

【巩固经济回升向好态势】 落实“8+4”经济政策体系。围绕8个重点领域政策包和4张要素保障清单组成的“8+4”经济政策体系，建立财政要素支持体系，全省安排资金6003.88亿元，其中省级财政安排1006.8亿元，推动政策直达快享、应享尽享。“第一时间+顶格优惠”落实先进制造业企业增值税加计抵减等税收优惠政策逾70项，继续实施增值税留抵退税，减、免、退税1931.43亿元。延续实施阶段性降低失业保险费率至1.0%政策，减负119.40亿元。落实残保金新一轮分档减征、国家电影事业发展专项资金阶段性免征等政策，减费554.40亿元。新增地方政府专项债券2654.00亿元，占全国份额7.0%，支持“9+2”领域重大公益性项目建设。保障“千项万亿”重大项目建设。落实资金160.60亿元重点支持省级政府投资项目162个，带动当年投资629.60亿元。落实资金24.82亿元支持省交通投资集团服务交通基础设施建设，落实省以上资金160.00亿元建设高水平交通强省，支持全省完成综合交通投资逾3700.00亿元。落实资金90.94亿元保障海塘安澜等重大水利专项行动和重大水利项目。落实资金13.02亿元保障之江文化中心等重大文体设施建设。建立围绕产业链协同创新、先进制造转型升级、优质企业竞争力提升、集群服务体系构建等产业升级4大核心工作目标，强化科技创新和人才引育2大支撑的先进制造业集群“4+2”财政支持政策体系。聚焦“415X”先进制造业集群和“专精特新”中小企业，创新设立以新一代信息技术、高端装备、现代消费与健康、绿色石化与新材料四大产业集群专项基金和“专精特新”母基金（含科创母基金）构成的“4+1”专项基金，签约6支专项基金共210.00亿元。下达制造业高质量发展结对促共富示范创建财政专项激励政策资金18.00亿元。提取土地出让收入的0.5%以上，保障新一轮制造业“腾笼换鸟、凤凰涅槃”攻坚行动。落实省工业与信息化专项资金20.80亿元。

【推动共同富裕先行】 推进改革先行探索。深化省部改革协同，组织开展全省财政系统“共同富裕改革深化年”行动，打造共同富裕省域范例，完成改革30项；推进省部协同，财政部在浙举办座谈会；开展主题调研9个，总结“钱随人走”等浙江经验6个，由财政部上报中共中央办公厅、国务院办公厅。“‘钱随人走’转移支付模式”“创新构建绿色发展财政奖补机制”入选省委社建委共同富裕创新模式，“财金助力扩中家庭改革”“家庭型医疗保障政策改革”纳入浙江省高质量发展建设共同富裕示范区第三批试点。深化家庭型财税政策体系改革，2023年4月21日，浙江省财政厅联合十四部门出台《百万家庭奔富三年行动计划（2023—2025年）》，围绕增收、减负、共享、补偿4条改革路径实施26项改革举措；开展示范县创建工作，择优确定第一批示范县创建单位16个、培育县创建单位13个。系统谋划推进舟山公共服务一体化改革，探索山区海岛县集约提供公共服务新思路。促进城乡融合发展。深入实施“千万工程”，下达资金5.69亿元支持推进历史文化（传统）村落保护利用、未来乡村以及美丽乡村示范带建设。落实造地改田资金23.80亿元，统筹支持土地综合整治、耕地保护补偿、农村宅基地复垦耕地。下达资金12.66亿元支持高标准农田（含粮食生产功能区）建设及山区海岛县乡村振兴重大项目实施。落实资金12.19亿元实施粮油规模种植补贴等政策，促进粮食生产稳定发展。落实资金11.86亿元支持种质资源保护利用和良种繁育基地建设等。下达资金8.91亿元支持重点地区巩固拓展脱贫攻坚成果同乡村振兴有效衔接。落实资金6.00亿元支持全省政策性农业保险提标、扩面、增品。下达资金4.37亿元支持深化农村综合改革试点。优化政策性农业信贷担保服务体系建设，缓解3.3万户新型农业经营主体融资难题。下达资金7.02亿元开展“一事一议”财政奖补。强化农村集体经营性建设用地土地增值收益调节金征收使用管理。促进区域协调发展。实施支持长三角一体化推进行动，下达资金9000万元带动嘉善片区等重点区域完成重大项目年度投资逾87.00亿元。下达资金20.00亿元支持海洋产业发展和海洋（湾区）重大基础设施建设。健全山海协作财政政策，下达资金12.48亿元促进山海协作“产业飞地”和特色生态产业平台高质量建设。实施新一轮区域协调财政专项激励政策，2023—2025年每年安排资金21.00亿元支持推进农村一二三产融合发展。全省筹措资金64.05亿元支持援疆、援藏、援青、浙川东西部协作等工作。

【加大民生保障力度】 保障“劳有所得”。完善高质量就业创业财政政策体系，落实资金3.51亿元支持重点群体积极就业，加大对山区海岛县帮扶力度。争取宁波市入选2023年度中央财政支持公共就业服务能力提升示范项目，获中央补助资金1.00亿元。推进省域技能型社会建设，落实资金4.47亿元支持打造“浙派工匠”金名片。支持“幼有善育”“老有康养”。支持实施普惠托育基本公共服务试点工作，杭州市入选2023年度中央财政支持普惠托育发展示范项目，获中央补助资金1.00亿元。落实资金6.78亿元支持生育关怀及生育家庭补助等。新生儿疾病筛查项目省级标准提高至每人328元。城乡居民基本养老保险省定基础养老金标准提高至每人每月200元，落实省以上补助资金65.93亿元保障城乡居民养老待遇按时足额发放。落实资金10.59亿元支持基本养老服务体系建设。推进“病有良医”。落实资金10.74亿元支持国家卫生健康委和浙江省共建国家区域医学（医疗）中心等“医学高峰”项目。湖州市、宁波市分别入选2023年度中央财政支持公立医院改革与高质量发展示范项目、中医药传承创新发展示范项目，获中央补助7.00亿元。深化医疗卫生“山海”提升工程，落实资金2.92亿元支持省、市三甲医院对口支持32个山区海岛县。落实资金26.39亿元，提高城乡居民基本医疗保险省级补助标准至每人每年660元。落实资金20.70亿元，提高基本公共卫生服务省级补助标准至年人均102元。支持开展城乡居民免费健康体检、城乡妇女“两癌”筛查、出生缺陷三级预防等。落实资金1.16亿元支持县级中医院强院建设和中医药传承创新发展。助力“弱有众扶”“住有宜居”。落实医疗救助资金6.72亿元，确保特困、低保和低保边缘家庭人员应保尽保，并对其政策范围内医疗费用按规定给予补助。落实资金4.52亿元支持残疾人服务提升和事业发展。落实资金20.25亿元保障困难群众生活救助。落实资金12.54亿元保障特殊群体生活补助。落实资金15.52亿元提高部分优抚对象等人员抚恤和生活水平，约30万人受益。落实资金5.00亿元统筹支持租赁住房保障、城镇棚户区改造、老旧小区改造等。探索建立城乡一体化的住房保障体系，推进集体经济组织成员建缴住房公积金制度试点工作。下达农业转移人口市民化奖励资金20.47亿元。保障高水平文化强省建设。保障省属亚运场馆建设，推进场馆赛后利用。争取杭州第十九届亚洲运动会、第四届亚洲残疾人运动会捐赠全额扣除等12项税收优惠政策，两批147家赞助企业享受免征增值税政策。支持举办“八八战略”实施20周年大型主题展览、首届“良渚论坛”等。落实资金5.29亿元支持体育事业、产业发展。落实资金2.00亿元支持20个文化产业发展引领县（市、区）建设，推动重大文化产业项目落地。落实资金4.48亿元支持完善公共文化服务体系，优化博物馆财政补助政策。落实资金2.34亿元支持文化遗产保护、宋韵文化传承等。落实文化艺术发展基金1.00亿元，支持文艺精品创优攀峰。落实资金3.35亿元提升基层宣传文化阵地效能。落实资金5.00亿元保障诗路文化带建设。落实资金9300万元支持旅游业高质量发展。支持绿色发展水平提升。下达绿色发展财政奖补资金153.30亿元，完善绿色发展财政奖补机制，扩大生态补偿范围，优化奖罚机制和标准。实施绿色转化财政专项激励政策，2023—2025年每年安排18.00亿元，支持20个县（市、区）改善生态环境。落实资金1.10亿元支持海上风电、新型电力系统示范项目建设。下达资金6.97亿元打好治水治气治土治废攻坚战。落实资金1.70亿元支持省级山水林田湖草生态保护修复。下达资金6.59亿元支持林业推进共同富裕试点县和综合体建设等。落实新安江水环境生态保护补偿资金2.00亿元，跨省交界街口断面水质稳定达到Ⅱ类标准。省内流域横向生态保护补偿机制基本实现八大水系主要流域全覆盖。支持钱江源—百山祖国家公园创建。

【深化财政体制机制改革】 完善省对市县财政体制。建立健全更加精准的县级基本财力保障机制和财政激励约束政策体系。构建新一轮集中财力办大事财政政策体系。全省一体推进构建2023—2027年新一轮集中财力办大事财政政策体系，强化重大决策部署财力保障。深化零基预算管理改革。制定零基预算编审指引，完善全过程零基预算“目标、指标、审核、评价”管理体系。深化财政数字化改革。加快预算管理一体化系统推广应用，加强“财政大脑”数据支撑赋能，完善收支运行智管应用，实现“浙里基财智控”应用全省推广上线，构建起全省统一的乡财资金监管体系。“浙里办票+浙里报账”获评全国数字政府50佳优秀创新案例。

【开展财会监督年行动】 健全财会监督体制机制。2023年5月31日，提请浙江省委办公厅、省政府办公厅出台《浙江省进一步加强财会监督工作的实施方案》，推动人大监督、审计监督等指出问题整改落实。构建协同共治监督机制。协同浙江省纪委省监委构建重点监督协同联动等5方面机制，推动财会监督与纪检监察监督贯通协调。推动开展财会监督各项行动。实施财会监督专项行动和“小切口”专项监督，提升财会监督权威性和威慑力。推进会计监督工作。开发建设注会评估行业智慧监管应用系统，实现行业监管智慧化常态化。

【防范化解财政风险】 防范化解债务风险。优化风险防范机制，完善地方政府债务管理制度，通过穿透式核查、问责闭环管理制度等举措，扎实化解债务风险。守牢“三保”风险底线。健全“三保”预算编制事前审核机制，关注市县“三保”预算执行情况，加强地方财政运行监测，建立均衡性转移支付稳定增长机制，防控“三保”风险。防范社保基金风险。合理制定年度企业养老保险收支计划和省级统筹责任分担计划，落实企业养老保险财政支出责任，建立四色风险预警机制，持续做大社保储备资金“蓄水池”。

【打造财政干部铁军】 开展学习贯彻习近平新时代中国特色社会主义思想主题教育。研究制定主题教育方案，创新"循迹溯源学思想促践行"活动载体，开展"厅领导十大专题调研""百名处长查百难破百题建百功"活动，完成建章立制27项，省财政厅在全省第一批主题教育单位座谈会上作交流发言。加强机关党建工作。实施党支部建设提升工程，发挥"七项机制"作用，促进党建与财政业务深度融合，省财政厅机关党建工作在全省组织工作会议上作交流发言。强化干部队伍建设。制定加强省财政厅年轻干部队伍建设实施意见，选优配强处级干部，抓好后继有人根本大计；落实"三个区分开来"要求，制定财政领域容错细化清单，激励干部担当作为。深化清廉财政建设。持续打造"清风财韵"廉洁文化品牌，创新构建清廉财政"三不腐"能力指数评价体系，出台实施意见，按季推送"清廉账单"，评价体系获评全省清廉单元建设十大创新案例，省财政厅在全省清廉浙江建设现场推进会上作交流发言。

（省财政厅供稿　林雅琪执笔）

全省税务

【概况】 2023年，全省各级税务部门组织税费收入27365.29亿元，其中税收收入14048.94亿元，同比增长6.0%，在连续多年"领先全国、领跑东部"的高基数上，保持良好增长态势；地方级税收7024.58亿元，同比增长6.8%，占全省一般公共预算收入的82.8%。社保费收入5480.90亿元，较上年增长4.8%，非税收入7489.68亿元，同比下降16.9%，其他收入345.77亿元。在2023年全国纳税人满意度调查中，浙江省连续第9年获评纳税人满意度最优省。

【落实税费优惠政策】 落实延续优化完善的税费优惠政策，迭代升级精准宣传、精准落实、精准管理、精准统计"四精协同"策略，开展税费优惠政策"走流程"活动，率先推行退税账户实时核验、一键核验等功能，拓展应用，实现更高精度"政策找人"，政策首次推送成功率99.2%。2023年全省新增减税降费及退税缓费2316.6亿元。

【服务经济社会发展】 出台税收助力新时代民营经济高质量发展的意见，支持"民营经济32条"。落地制定税收强力助推省委三个"一号工程"实施意见，推出3大类18项、4方面15项涉税举措。落实省政府与国家税务总局签订的共同富裕合作协议和浙江税务行动方案，培育税收支持共富最佳实践项目，创新打造"1+8+X"*星链式共富指标体系。助力乡村全面振兴，省税务局获评山区26县结对帮扶工作成绩突出集体，蝉联"双向赛马"考核优秀团组长单位。打造1个跨境税收智慧税务大脑、4大国际税收智慧应用场景，3大税务服务大局品牌组成的"1+4+3"跨境税收整体智治新模式，关联交易申报审核创新举措在全国推广，连续10年举办税收服务"一带一路"——"走进"系列特色活动。推出离境退税"即买即退"服务，探索出口退税"免填报"和"单一窗口"非接触办税试点，2023年办理出口退（免）税3045.64亿元。成功争取水、陆启运港退税政策，浙江省成为全国唯一拥有水路和陆路启运港退税政策的省份，该做法入选浙江省营商环境优化提升"最佳实践案例"。发挥税收大数据优势，提升税收经济分析质效，擦亮"以税辅政"浙江品牌，政务信息考核成绩居中央在浙单位第一。推动施工扬尘环保税征管在浙江省落地，助力"美丽浙江"建设。

【税费征管】 落实中共中央办公厅、国务院办公厅《关于进一步深化税收征管改革的意见》，深化精准监管专项改革试点，发布"揭榜挂帅"榜单126项，在全国贯彻落实中期评估中荣获第2名。实施社保费"统模式"改革试点，开发社保费管控平台对账系统。推动出台《浙江省税费服务和征管保障办法》和市级配套文件，健全数据共享协调机制。推进税务司法协作，在企业破产涉税事项办理、民事执行与税费征缴合作、企业涉税事项合规管理、税费公益诉讼风险防范等方面形成制度性成果。

【纳税服务】 聚焦营商环境优化提升"一号改革工程"，打造手续最简、环节最少、成本最低、效率最高"四最"省域税收营商环境，做好12项国务院营商环境创新试点涉税举措的复制推广工作，其中8项为浙江首创。连续10年开展"便民办税春风行动"，集成落实税务总局5批109条服务措施和9条浙江特色措施。开展助力小微经营主体发展"春雨润苗""个体工商户服务月""中小企业服务季"等专项活动。深化"银税互动"，创新推出"绿税贷"，入选国家发展改革委等13部委组织的全国"信易+"应用典型案例，在全国推广。2023年助力诚信纳税小微企业获得信用贷款3242.14亿元，规模继续居全国前列。完善"总对总"联系企业的服务举措，提供大企业涉税服务绿色通道。优化汇总纳税企业税费服务，探索建立主管税务机关间沟通合作一体化管理机制。拓展"非接触式"办税缴费，全域推广征纳互动服务，建立运营中心112个，实现精准推送、智能交互、办问协同、全程互动。探索税费服务诉求管理提升工作机制，打造接诉即办、未诉先办、不诉自办"三位一体"新模式。深化"减证便民"行动，加快推进涉税事项"一件事一次办"。率先实现窗口税费全业务直联入库和跨境电子缴纳税费。加快试点数字人民币缴纳税费，规模突破500.00亿元。

【税收法治】 落实税务行政处罚"首违不罚"事项清单，推广非强制性执法方式，健全重大税务案件审理说明理由制度。探索"一级统筹、两级评估、三级核查"日常执法督察机制，创新开发税务监管中台，推进信息化内控监督体系建设。开展增值税普通发票代开综合治理试点和全面数字化的电子发票代开试点。率先在税务系统应用人工智能大模型技术，实现智能语音开票。推进企业所得税"跟票管""按户管"，探索构建税费种联动协同管理工作机制。制定自然人纳税人“五步工作法”指引，建设股权转让“一件事”办理平台，打造个人所得税“双高”人员管理“省域版本”。平稳解决旧房土地增值税征管、城市维护建设税税率调整、房土两税困难减免等历史遗留问题，土地增值税清算项目数量连续3年突破2000个，印花税“一键零申报”在全国推广。健全部门征管协作机制，推进资环税全流程一体化智能监管，开发资源和环境税部门共治一体化平台，升级非税收入管理智控平台，打造风险管理智能智治闭环。制定非税收入征管工作规范和操作指引，提升税费征管服务水平。深化出口退税服务监管新机制建设，加强出口退税“一体式”风险防控。加强个人跨境避税监管，个人受控外国公司（CFC）重点案件取得实质性突破。

【税务稽查】 深化“双随机、一公开”监管，拓展7部门常态化联合打击虚开骗税工作机制，升级省、市两级跨部门合成研判作战中心，牵头开展大数据多跨融合联合打击虚开骗税专项行动。2023年，全省稽查查补收入143.18亿元。

【数字化建设】 打好发票电子化改革（金税四期）攻坚战，推动全面数字化电子发票扩围至320万余户纳税人。加快税收征管数字化升级和智能化改造，扩展浙江税务大脑和特色应用集群。推进“成品油综合智治”平台二期建设，精准识别、联合打击违法违规生产经营。

【纪检监察】 深化税务系统纪检监察体制改革，完善一体化综合监督体系，迭代开放性制度框架，建立纪检机构协助党委推进全面从严治党10项工作机制。开展党的二十大届期省税务局党委2轮巡察，提级交叉巡察经验做法获中央巡视工作领导小组办公室推介。落实中央八项规定及其实施细则精神，制定实施办法，严查快处相关问题。推行“省局下案上审、市局提级办理、纪税协作配合”执纪审查新机制，出台深化以案促改以案促治工作办法，建立“一年一大会、一季一专题、一案一整改”警示教育机制，筑牢廉洁防线。

【政务管理】 构建防范化解税务领域重大风险的保障体系。统筹加强信访保密、涉税舆情、值班值守、防汛抗台等管理，信访总量大幅下降，获评全国税务系统网评表现突出集体。打好网络和数据安全保卫战，实现亚运期间网络安全零事故、系统运行零问题。完善大运维工作机制，至2023年年底连续66个征期保持平稳运行，优化调整社保费申报缴纳流程，征缴时效大幅缩短，数据中心可视化管理平台在全国推广。建强税收科研调研基地、翻译基地和《浙江税务》杂志三大阵地，扩大税收科研影响力。

【党建工作】 开展学习贯彻习近平新时代中国特色社会主义思想主题教育。开展“循足迹 学思想 促践行”系列活动。践行“四下基层”，大兴调查研究，推动成果转化445项；实施推动发展三项行动，以税务主责主业成效检验主题教育成果；推进检视整改和教育整顿，检视整改问题192个；推动建章立制235项。主题教育做法成效获中央第十七巡回指导组等肯定，获省部级领导批示肯定56次，税务总局主题教育简报推介59次，在全国税务系统和片区会议上作经验介绍7次，建成新时代“枫桥式”税务所（分局、办税服务厅）150家。*加强党建统领*。深化“纵合横通强党建”机制，落地“红色地标”党建联建等突破事项19个，优化党建统领整体智治平台功能。推进税务青年工作高质量发展三年行动计划，成立浙江税务团工委，巩固党建带团建格局。*加强清廉建设*。以“建设清廉机关争先、创建模范机关争先”为抓手建强县级税务局，2023年全省税务系统获得清廉机关、模范机关荣誉77项。推行书记领办党建帮扶计划，3名党支部书记获评浙江省担当作为好支书。3家单位获评全省清廉建设成绩突出集体。

【队伍建设】 推进税务总局素质提升工程，建设“领军领先、才俊出彩、标兵示范”人才队伍，青年才俊培养工作获评全国税务系统示范单位。联合开展“喜迎亚运 争当标兵”岗位大练兵、业务大比武活动，在税务总局比武中总成绩居全国第三。深化“党旗红 税务蓝”文化场景和“税·越”等文化品牌建设。擦亮“浙税先锋”志愿服务品牌，组织4000余名干部投身亚运志愿服务，推选4名干部担任亚运火炬手。推进先进典型三年创建规划，做好“四百佳标兵”等先进典型选树工作，2023年全省税务系统获省部级以上荣誉105项。

（省税务局供稿 刘春燕执笔）

注：

***“1+8+X”**：“1”是一组动态监测共同富裕进程的指标体系；“8”是奔向共同富裕八条跑道中，全面反映高质量发展情况的指标体系；“X”是反映每条跑道中具体发展情况的指标体系，可按分析要求无限扩展。

附表

2023年浙江省税费收入情况统计

单位:万元

项目	累计入库	上年同期	同比增长%
一、税务部门组织的税费合计	273652857	278005127	-1.6
(一)税务部门组织税收收入	140489384	132543815	6.0
1.国内增值税	58741237	44768600	31.2
2.国内消费税	10024368	10325828	-2.9
3.企业所得税	32430546	37572609	-13.7
4.个人所得税	14791378	15002560	-1.4
5.资源税	134201	141319	-5.0
6.城镇土地使用税	1304354	1304578	0.0
7.城市维护建设税	4232153	4334157	-2.4
8.印花税	1919006	1272817	50.8
9.土地增值税	4044182	5089891	-20.5
10.房产税	3485442	3223641	8.1
11.车船税	689235	678950	1.5
12.车辆购置税	2122048	2097036	1.2
13.烟叶税	197	105	87.6
14.耕地占用税	414480	619693	-33.1
15.契税	6091287	6052994	0.6
16.环境保护税	40188	31581	27.3
17.其他税收	25083	27456	-8.6
(二)社会保险费收入	54808956	52300666	4.8
1.企业职工基本养老保险费	29586752	28352887	4.4
2.城乡居民基本养老保险费	771480	663555	16.3
3.机关事业单位基本养老保险费	4786448	4491305	6.6
4.职工基本医疗保险费	15900519	15220224	4.5
5.城乡居民基本医疗保险费	1497832	1452459	3.1
6.失业保险费	1227709	1171685	4.8

（续表） 单位：万元

项目	累计入库	上年同期	同比增长%
7.工伤保险费	938116	829639	13.1
8.职业伤害保障费	0	0	
9.长期护理保险费	100100	118912	-15.8
(三)非税收入合计	74896833	90084479	-16.9
1.教育费附加	1971486	1968617	0.1
2.地方教育附加	1314897	1312453	0.2
3.残疾人就业保障金	1000877	714318	40.1
4.文化事业建设费	183300	114171	60.5
5.废弃电器电子产品处理基金	8053	7173	12.3
6.中央水库移民扶持基金	284752	270854	5.1
7.可再生能源发展基金	729579	691517	5.5
8.国家重大水利工程建设基金	194491	184823	5.2
9.水土保持补偿费	45766	31063	47.3
10.排污权出让收入	96131	167434	-42.6
11.防空地下室易地建设费	175269	186932	-6.2
12.国有土地使用权出让收入	66462078	83158364	-20.1
13.矿产资源专项收入	1300060	794244	63.7
14.海域使用金收入	408010	367350	11.1
15.森林植被恢复费	136523	0	
16.其他收入	585561	115166	408.4
(四)其他收入合计	3457684	3076167	12.4
1.补充保险费	820309	667185	23.0
2.职业年金	2401836	2236842	7.4
3.工会经费	218925	156595	39.8
4.其他	16614	15545	6.9
二、海关代征进口税收	17476164	17442492	0.2
三、出口退税	-30456359	-32653076	-6.7

注：根据税务总局口径调整，2023年起税务部门组织税费合计含工会经费，上年同期一并调整。

财政分项工作

财政预算管理

【概况】 2023年，浙江省财政预算工作坚持科学生财、创新聚财、精明理财、高效用财、勤廉管财，健全现代预算制度，加强财政资源统筹，增强重大战略任务财力保障，落实党政机关过“紧日子”要求，优化支出结构，兜牢基层“三保”底线，加快构建具有浙江特色的现代财税体制，助力统筹推进三个“一号工程”，实施“十项重大工程”，落实“8+4”经济政策体系。连续第7年获得国务院办公厅落实有关重大政策措施真抓实干成效明显地方表彰奖励。2023年财政预算报告赞成率100%。2023年，全省一般公共预算收入8600.51亿元，为上年的107.0%，其中，省级一般公共预算收入350.04亿元；全省一般公共预算支出12353.09亿元，完成调整后预算的103.1%，剔除新增地方政府一般债务安排的支出等因素，为上年的105.0%，其中，省级一般公共预算支出771.49亿元，完成调整后预算的95.6%，剔除新增地方政府一般债务安排的支出等因素，为上年的101.4%。

【一体推进全省构建集中财力办大事财政政策体系】 2023年3月23日，省财政厅出台《关于全省构建新一轮集中财力办大事财政政策体系的指导意见》，提出七方面工作举措，指导市县构建新一轮大事政策体系，保障统筹推进三个“一号工程”，实施“十项重大工程”，落实“8+4”经济政策体系，办好杭州亚运会、亚残运会等重大决策部署。《一体推进全省构建集中财力办大事财政政策体系》获评浙江省财政厅“百名处长查百难破百题建百功”十佳案例。

【落实党政机关过“紧日子”要求】 坚持党政机关过“紧日子”，2023年全省非刚性、非重点项目支出预算压减6.2%。健全省级机关过“紧日子”评价体系，7月21日，出台《浙江省省级机关过紧日子评价办法（试行）》，综合运用人、财、物等方面指标，科学评价省级机关节约使用财政资金情况，推动党政机关过“紧日子”落到实处。

【推进省以下财政体制改革】 以“保基本、强激励、促均衡”为目标，研究完善省对市县财政体制，提请省政府出台《关于完善财政体制的通知》，提出清晰界定省以下财政事权和支出责任、理顺省与市县财政收入关系等5方面21项改革举措。深化“钱随人走”转移支付制度改革，在湖州、景宁、海盐等地开展试点。完善绿色发展财政奖补机制，扩大生态补偿范围，优化奖罚机制和标准。

【深化省级部门预算改革】 完善全过程零基预算“目标、指标、审核、评价”管理体系，加大结转结余资金统筹力度，健全预算支出标准体系，推进全省支出标准库建设。规范省级财政资金竞争性分配管理，建立省级竞争性分配财政资金清单，制订省级管理规程，规范资金范围和分配程序，加强绩效管理和监督检查。2023年1月28日，省财政厅出台《关于进一步规范预决算公开工作的通知》，明确预决算公开的原则和主体，强化预决算公开责任机制，做到省级部门所属单位预决算公开全覆盖。

【推进预算数字化建设】 推进预算管理一体化建设，2023年10月9日，省财政厅出台《浙江省预算管理一体化规范实施细则（2.0版）》，拓展预算管理一体化业务范围，优化预算编制、执行等一体化系统功能。迭代优化收支运行智管应用，搭建预算管理、部门管理工作台，构建部门、市县、政策整体画像，健全转移支付管理全链条追踪，拓展应用用户，完善预警规则，规范预警处置流程，强化结果运用。

【兜住基层“三保”底线】 建立健全“三保”预算编制事前审核机制，全省90个县（市、区）纳入审核范围，实现100%覆盖。落实“定期关注+重点报告”的“三保”预算执行动态跟踪制度，密切关注市县“三保”预算执行情况，滚动评估运行风险。迭代升级“三保”智控平台，完善“三保”监测、预警、处置闭环管理机制。落实均衡性转移支付稳定增长机制，加大对财政困难地区倾斜力度，保障县级基本财力，均衡地区间财力分布。开展“三保”保障摸排核查工作，防范化解风险隐患。

【开展重点民生资金专项整治行动】 根据财政部统一部署，组织开展重点民生资金专项整治行动，以问题为导向，做好自查和复查工作。严格执行财经法律法规和管理规定，核查摸清资金实际使用情况，分析查找共性问题，突出问题整治，完善制度措施，提升民生资金使用水平，健全财政管理长效机制，维护财经纪律严肃性。

（省财政厅总预算局供稿　金　珂执笔）

地方政府债务管理

【概况】 2023年，浙江省地方政府债务管理工作坚持促发展和防风险并举，发挥地方政府债券扩大有效投资作用，服务保障全省三个“一号工程”和“十项重大工程”，稳妥有序防范化解地方债务风险，确保风险总体可控。

【争取地方政府债券额度】 2023年，浙江省争取地方政府债券额度4548.20亿元，其中：新增债券额度2940.00亿元（一般债券286.00亿元、专项债券2654.00亿元）；再融资债券额度1608.20

亿元(一般债券878.95亿元、专项债券729.25亿元)。

【强化专项债券项目储备】 坚持早谋划、早储备、早预审,聚焦国家确定的专项债券投向领域,谋划储备一批经济社会效益明显、群众期盼、早晚要干的政府投资项目。2023年,浙江省向财政部申报专项债券储备项目3363个,资金需求6225.04亿元,项目资金需求审核通过率93.8%。

【保障政府投资项目建设】 坚持"资金跟着项目走"原则,强化"千项万亿"工程保障,加快专项债券发行节奏,重点支持交通基础设施、市政和产业园区基础设施、农林水利、生态环保、社会事业、保障性安居工程等领域的1786个项目建设,扩大政府有效投资。

【加强债券资金管理】 定期统计债券资金使用支出进度,完善债券资金使用通报机制,督促各地加快债券资金使用,形成实物工作量,提高资金使用效益。按照"项目储备常态化、额度分配科学化、资金管理规范化、收益归集制度化"总体思路,提请省政府出台《浙江省地方政府专项债券管理办法(试行)》,构建专项债券"借、用、管、还"全流程闭环管理体系,实现专项债券"借得科学、用得规范、管得到位、还有保障"。

【防范化解地方债务风险】 贯彻落实国家防范化解地方债务风险决策部署,经三轮摸底,基本摸清全省地方债务规模、结构、风险,建立防范化解地方债务风险工作机制,出台"八个不准"措施;围绕政府债务、隐性债务等重点领域,编制"一债一策"化债计划,系统锁定化债资金、资源、资产等要素,切实化解债务风险。督促市县多渠道筹措财政性资金,组织开展两轮债务化解穿透式核查,抓实地方政府隐性债务化解。

【遏制新增地方政府隐性债务】 按照《浙江省政府投资项目管理办法》要求,强化源头管控,开展政府投资项目立项财政承受能力和债务风险评估,对2023年92个省政府性重大项目出具债务风险意见,从源头上遏制新增隐性债务。

【组织开展专项行动督导】 连续6年牵头开展防范化解地方政府隐性债务风险专项督导,对11个设区市进行全覆盖督导,指导市县稳妥有序化解存量隐性债务、遏制新增隐性债务。

(省财政厅地方政府债务管理办公室供稿　郑　瑞执笔)

财政税政

【支持"一号开放工程"】 推动宁波舟山港启运港退税政策落地。经努力向上争取,财政部等三部委发文批准,自2023年4月起,宁波舟山港作为离境港,嘉兴港、台州港、温州港等作为启运港,全面实施启运港退税试点政策,获省委、省政府主要领导等批示肯定。成功争取金华义乌陆路启运港退税政策试点。2023年9月财政部等三部委发文批准浙江省实施陆路启动港退税政策试点,成为全国唯一兼具水、陆启运港离境港省份,获省委、省政府主要领导批示肯定。推动跨境电商出口退运商品税收政策落地。向中央反馈跨境电商行业税收政策需求,2023年1月财政部等三部委发布政策,明确对跨境电商出口退换商品实行税收优惠政策。做好萧山机场进出境免税店扩建工作。会同省税务局等部门做好审核、报备、监管等工作,确保萧山机场进出境免税店按时完成搬迁扩建,出境免税店从1096平方米扩至3561.05平方米。落实境外旅客购物离境退税政策。在88家离境退税商店基础上增设93家,并把离境退税商店开到亚运村,部分商店增设"即买即退"服务。全年开单1045笔,开票金额4833万元,完成退税457万元。落实自贸区发展激励政策。全年全省统筹各级财政性资金571.53亿元,支持中国(浙江)自由贸易试验区建设发展。省级财政及时兑付中国(浙江)自由贸易试验区激励型转移支付资金1.00亿元,引导高质量发展。

【贯彻落实减税降费政策】 强化减税政策落地。会同省税务局下发关于小微企业和个体工商户10项税收政策的贯彻落实意见,顶格出台浙江省自主就业退役士兵和重点群体创业就业税收政策等。加大政策宣传,印发《2023年税费优惠政策汇编》。审核确定享受增值税加计抵减政策的先进制造业企业17189户,全年减免企业增值税122.49亿元。根据财政部"财会监督年"部署,重点检查2022年全省减税降费执行情况,以查促改。2023年,全省完成减、免、退税1931.43亿元。强化税收执行督导。开展税收政策执行情况督查,针对全省城市维护建设税税率执行不统一问题,会同省税务局督促整改,实现执行税率统一。强化税收征管协同。会同省税务局、省自然资源厅等部门制定印发《关于明确耕地占用税有关涉税事项的通知》等文件,建立税收征管信息共享机制,提升税收征管效率。

【加强科技创新税收支持】 落实支持企业创新税收优惠政策。会同省税务局落实企业研发费用100%加计扣除、高新技术企业所得税优惠、技术转让税收减免等政策,应扣尽扣、应享尽享,降低企业创新成本。做好高新技术企业认定管理工作。会同省科技厅、省税务局布置审核全省2023年度高新技术企业申报认定工作,2023年新认定高企8793家(含宁波1925家)。落实集成电路和软件行业发展税收支持政策。指导绍兴中芯等三家企业制定集成电路重大项目进口设备分期纳税方案,报财政部批准实施。会同省发改委等部门审核2023年享受税收优惠政策的集成电路企业、软件企业清单。做好科技创新进口税收优惠政策审定工作。会同省科技厅认定全省两批34家享受"十四五"期间科技创新进口税收优惠政策的科研机构名单,助力科技研发。

【支持共同富裕建设】 继续做好有利于共同富裕的家庭型个人所得税和慈善事业等税收政策研究，通过省部联合调研和独立调研，完成《促进共同富裕的税制体系研究》《以“一老一小”为突破口，完善家庭型个人所得税附加扣除体系》《促进第三次分配的税收激励政策研究》等调研课题，提出以家庭为单位探索完善个人所得税制度的构想，被国务院出台的《关于提高个人所得税有关专项附加扣除标准的通知》采纳，为全省相关家庭减税46.27亿元。会同省民政厅、省税务局做好公益性捐赠机构税前扣除资格审查工作，2023年新增认定发布153家具备2022—2024年度公益性捐赠税前扣除资格的社会组织名单，助力共同富裕。

【加强杭州亚运会、亚残运会政策支持】 会同杭州亚组委和相关部门，持续支持杭州第十九届亚洲运动会、第四届亚洲残疾人运动会政策落地实施。新争取到企业赞助亚运会免征增值税政策，梳理免税企业名单，报财政部审批。2022年1月和2023年7月，财政部两次发布公告，明确两批次共147家企业享受杭州亚运会免征增值税政策。

【做好资源综合利用退税核查】 强化资源综合利用企业增值税即征即退政策审核工作，2023年完成单月退税500万元以上企业退税资料审核112户次，助力支持绿色发展。

（省财政厅税政处供稿　张丽萍执笔）

财政国库管理

【概况】 2023年，浙江省财政国库管理工作推动积极的财政政策加力提效，浙江省库款管理工作连续第7年获国务院办公厅落实有关重大政策措施真抓实干成效明显地方督查激励；预算执行分析、财政总决算、部门决算3项工作连续第5年获财政部地方财政预算执行分析和决算工作通报表扬。“浙江省建设‘浙里办票’‘浙里报账’服务”获评2023年数字政府50佳优秀创新案例。地方债发行工作被发行场所授予卓越贡献发行人、创新杰出发行人、优秀发行人、合作共赢发行人等称号。

【强化收入组织和形势分析】 *加强收入组织。*按照党中央、国务院和省委、省政府决策部署，推动一般公共预算收入运行在合理区间，2023年，全省一般公共预算收入8600.51亿元，增长7.0%，税收收入占一般公共预算收入的82.8%，收入规模和税占比均位列全国第三。*强化形势分析。*密切关注宏观形势，及时分析财政收入运行情况、面临的困难和问题，提出对策建议。坚持财税联动调研，实地到市县、企业、基层了解经济运行、财政收支、实际税源等情况，增强形势分析的前瞻性和精准性。迭代升级收入运行智管系统，探索建立地方财政收入高质量发展评价体系。

【加强财政库款管理】 *强化库款运行监测预警。*修订2023年全省财政绩效考核库款管理指标，动态修订监测规则，按日监测全省库款运行情况，跟踪重点监测市县库款管理情况。*强化库款分析研判。*结合经济运行形势，按月对库款管理情况、运行特点及主要影响因素、后期走势等进行分析研判，提出需关注的问题和管控措施。*加强资金调度。*完善省对市县资金调度规程，动态调整留用（上解）比例，全年调度市县资金2142.00亿元，确保“三保”支出和库款运行平稳安全。*加强统筹协调。*加强库款管理、预算执行、债券发行兑付、国库现金管理运作之间的统筹协调，提高库款管理绩效。2023年全省月均库款保障水平0.68倍，保持在合理区间。

【发行兑付地方政府债券】 *把握债券发行利率。*全年发行浙江省政府债券3938.59亿元，平均利率2.9%，相较发行前五日国债收益率均值的平均利差为6.7BP，同比降低3.7个BP，低于全国平均7.8个BP，全年节约利息3.07亿元。*把握债券发行节奏。*新增专项债券2303.00亿元，于2023年9月发行完毕，延后发行再融资债券1101.15亿元，年内节约利息2.20亿元。*发挥金融共富作用。*发行柜台浙江债17.20亿元，规模同比增加14.7%，个人平均认购比例94.6%，为增加居民财产收入拓宽理财渠道。*完善制度建设。*2023年12月19日，省财政厅出台《关于加强浙江省政府债券公开发行承销团组建及管理工作的通知》规范性文件，规范选聘2024—2026年浙江债信用评级机构。*做好债券本息兑付。*按时足额拨付2023年还本付息资金2181.63亿元，维护省政府信誉。

【优化公款存放管理】 通过调整优化综合评分指标体系、公开招投标方式投放金融市场，引导银行支持中小企业、民营经济、共同富裕示范区建设等。迭代升级网上招标平台功能，健全公款存放评价体系，以考评促规范。2023年，争取财政部下达浙江省国库现金管理额度1900.00亿元。全省通过公款竞争性存放网上招标平台操作1388期，金额14477.17亿元，其中：财政资金288期，金额12272.54亿元；单位公款1100期，金额2204.63亿元。省级财政资金通过公款竞争性存放网上招标平台操作国库现金管理招标15期5700.00亿元，财政专户资金定期存款招标11期1536.29亿元，到期可实现利息收益90.00亿元。

【深化国库管理数字化改革】 *拓展“浙里报账”场景应用。*应用场景增至12个，单位1.7万家，当年累计报销金额2738.09亿元。*推进电子凭证会计数据标准试点。*参与财政部等国家9部委电子凭证会计数据标准深化试点，全年累计采集电子记账凭证490万张，全流程处理电子凭证606万张，是全国采集、全流程处理电子会计凭证数量最多的政务服务平台。*完善预算管理一体化执行模块建设。*成立改革攻坚专班，汇总论证全省需求，研讨解决措施，加快预算执行模块优化和升级，推动预算管理一体化系统建设。2023年，在财政部地方预算管理一体化建设年度考核中，浙江省位列第四名。深化预算指标核算管理改革。细化完善业务场景及触发机制，优化系统功能，保障市县预算指标核算管理顺畅运行。全面总结浙江省预算指标核算管理改革，8月2日，编发《浙江省预算指标核算管理工作指南》。

【加强国库集中支付管理】 加强国库集中支付运行管理。严格规范国库集中支付和公务卡业务，2023年全省国库集中支付资金量18590.59亿元，下降13.2%；全省公务卡刷卡支出21.95亿元，下降32.3%。加强国库集中支付代理银行管理。12月12日，与中国人民银行浙江省分行共同修订出台《浙江省财政预算管理一体化资金银行支付清算办法（试行）》。完成2022年度代理银行综合考评，支付2022年代理行垫付资金利息及手续费910万元。

【推进预算执行监督专项行动】 构建"共商共建共治"机制。省财政厅成立浙江省预算执行监督专项行动工作专班，共商资金使用正负面清单，省市县三级共建预警规则，与财政部浙江监管局线索互通，形成协同共治叠加效应。线上线下融合监督。解锁低代码应用集成新方法，开发"预算执行监控"模块。2023年，该模块对127个转移支付资金实施线上监控，预警疑点业务1.83万笔，核实确认违规1414笔，金额25.47亿元；实地查处违规问题41个，金额1.51亿元；全省全年通报典型案例16个，移交问题1个，通报批评单位4家，通报批评人数6人次。预算执行监督相关工作位列全国前三，考评"优秀"。

【编审决算和政府财务报告】 编审财政总决算。围绕业务重难点，在日常报表任务中提前设置审核公式并组织有关收支等事项核对。强化各业务环节衔接，优化编审流程，提升编审质效。浙江省2022年度财政总决算工作全国排名第一，获财政部通报表扬。编审部门决算。结合实际研究制定部门个性化审核公式和模板，提高审核效率。做好省本级并指导市县做好部门决算批复和公开，配合财政部浙江监管局做好2022年度预决算公开检查工作。编审政府财务报告。2023年，全省8423个部门完成政府部门财务报告编制工作，省本级、112个市、县（市、区）通过合并财政、部门、国有企业等主体的财务报表，完成2022年度各级和合并政府综合财务报告编审。加强数据分析利用。编印《2022年度财政统计资料》《2022年度部门决算数据资料汇编》，撰写《近三年浙江省财政总决算有关数据分析及需要关注的问题》《从部门决算看政府部门支出结构及优化方向》，发挥决算数据对管理和决策的参谋作用。

【筑牢国库运行基础】 夯实财政总会计核算基础。做好新旧总会计制度衔接，梳理业务流程和核算分录，形成全省统一业务规范；加强财政暂付性款项规范管理，至2023年年底，全省暂付款同比下降32.0%，整体消化较快，规模控制较好；推进频次多、数据量大的业务实现系统自动核算。规范财政专户管理。开展全省财政专户自查自纠，建立问题清单机制，督促抓好整改落实，保障财政专户资金安全。加强单位账户会计理论研究。《"数字赋能"构建清廉、高效国库单一账户体系的实践与思考》课题获全国预算与管理研究会主题征文三等奖，研究探索财政国库领域数字人民币应用的政策研究与实践。

（省财政厅预算执行局供稿　赵春霞执笔）

财政综合

【创新推进非税收缴工作】 2023年收缴各项政府非税收入10210.02亿元，在全国非税收入收缴工作会议上作典型经验发言。深化统一公共支付平台建设应用。平台实现微信支付和数字人民币支付。推进浙江省水资源费在线征缴运行体系，实现水资源费治理绩效跃升，获财政部调研组肯定。会同省残联等推进特殊教育等业务系统与统一公共支付平台融合，实现办事、缴费、取票一次性办理。升级全省统一非税和票据一体化系统。系统纳入预算管理一体化门户管理，统一全省非税收入管理标准和业务模式，推进电子凭证库管理和电子化缴库，实现非税收入收缴、退付、划解、缴库等全程电子化管理。推广应用电子非税收入一般缴款书。向社会统一提供符合电子凭证会计数据标准的电子缴款书。加强执收单位和代理银行监管。通过大数据分析监测，强化执收单位执收行为、市县财政非税收入结算户监管，防范风险。

【顶格执行清费减负政策】 继续实施停征地方水利建设基金，减半征收文化事业建设费，降低水资源费、人防异地建设费等"一停一减五降"等政策，全省全年为市场主体降费减负554.40亿元，完成年度计划的198.0%。第一时间转发落实国家电影发展专项资金阶段性免收政策，为全省市场主体减负超7000万元，激发电影行业发展活力。会同省残联、省税务局做好残疾人就业保障金减免政策到期后评估和绩效评价，向上争取政策延续，全年为全省市场主体减负81.80亿元以上。

【强化资源类收入管理】 加强土地出让收入征收管理。省级统筹农业农村资金8.96亿元，全省全年征收土地出让收入6469.99亿元。完善土地出让收支智管平台，升级大屏驾驶舱，优化平台收入分析及预警功能，分季度报送收入分析报告；指导和督促全省各级财政部门核查土地出让收支预警监测信息，防范化解潜在风险。加强耕地林地指标调剂收入管理。2023年3月14日，会同省自然资源厅、省发展改革委联合印发《关于调整省统筹和跨市补充耕地调剂有关政策的通知》，改进省统筹补充耕地指标管理办法，全年全省规范完善64.01亿元调剂收入管理。创新规范补充林地指标调剂收入管理，会同省林业局建立健全全国首个林地占补平衡指标交易试点机制，实现交易19.21亿元。海域使用金征收减免审核工作。2023年，全省审核减免海域使用金

1.83亿元。

【开展专项整治行动】 开展政府购买服务专项整治。2023年6月，按财政部要求，采取自查与复查相结合方式专项整治全省2021年以来政府购买服务项目实施情况，促进政府购买服务规范化管理。开展非税领域常规性监督检查。会同省建设厅开展2023年度全省住房公积金和物业维修资金专项行政监督检查。在票据管理平台开发"线上检查"模块，首次采取"线上排查+线下核实"模式，开展2022年度非税收入和财政票据管理情况专项检查。协同其他部门开展专项整治。协同省市场监管局等部门进驻高校、中小学、幼儿园，开展教育乱收费专项整治复查工作。参与道路交通安全和运输执法领域突出问题专项整治。

【推进共同富裕建设】 持续推进"浙里捐赠"应用。持续优化"一键捐赠"服务，"浙里捐赠"应用全年新上架优质项目148个。会同民政部门做好2023年省级"慈善一日捐"项目，全年捐款金额1606万元，其中通过"浙里捐赠"捐款1065万元。2023年6月29日出台《"浙里捐赠"应用慈善项目评价办法》。健全土地增值收益调节金管理。12月25日，出台《浙江省农村集体经营性建设用地土地增值收益调节金征收使用管理暂行办法》，建立兼顾国家、集体、农民的收益分配机制，助力乡村共同富裕。用好中央专项彩票公益金。全年争取中央专项彩票公益金2.44亿元，同比增长33.3%，支持18个革命老区县社会公益事业发展。11月3日，出台《中央专项彩票公益金支持浙江革命老区社会公益事业发展资金分配办法》，规范公益金管理，相关做法在全国彩票公益金管理培训班上作典型发言。稳妥推进集体经济组织成员缴纳住房公积金制度试点。2023年新增建缴社员5882人，享受财政补助配缴233人，配缴金额13万元。至2023年12月底，龙港市累计建缴社员6112人，支持社员住房消费641万元。

【深化财政票据改革】 票据跨省共享改革取得突破。牵头成立长三角财政票据跨省共享应用专班，2023年6月1日，联合沪苏皖财政厅(局)出台《长三角"一网通办"财政电子票据共享实施方案》，拟定《框架合作协议》，在第五届长三角主要领导人论坛上完成签约。省财政厅主要领导在省委深改委第七次会议上作《深化财政电子票据改革助力营商环境优化提升》典型发言，获省委书记肯定。6月，实现长三角区域财政票据互联共享，成为全国首个跨省共享实践落地案例。10月，首个跨省商保理赔社会化应用场景落地。长三角财政票据一体化工作列入省委"一号开放工程"首批试点项目，入选长三角示范区一体化制度创新典型案例，获评浙江省推进长三角一体化发展第三批最佳实践案例、浙江省财政厅"百名处长查百难破百题建百功"十佳案例，在全国财政票据培训班上作经验分享。推动财政电子票据增值化改革。拓展票据社会化应用场景，与省血液中心联合推广应用"用血直免"*场景。深化"浙里捐赠"应用建设，实现从捐赠、开票到抵税"一条链"贯通；完成慈善组织"一站认定"场景试点，为慈善组织提供订制式、集成式服务。《深化财政电子票据改革助力营商环境优化提升》被省委改革办《浙里改》第1期刊登并报中央改革办。省财政厅主要领导在省委深改委第七次会议上作典型发言，获省委书记肯定。"浙里办票+浙里报账"获评全国2023年度数字政府50佳优秀创新案例，是全省两个获奖案例之一。探索财政电子票据智慧监管体系。创新搭建"票费智管"平台，以台州市黄岩区教育收费为试点，将票据服务延伸至项目管理、在线收款、实时对账、统计分析，提供全链条个性化票费智管服务。探索建立票据动态监控指标体系，围绕领用证、项目、赋码、开具、核销、应用进行全生命周期监控，实现实时预警、智能监管。

【加强调研宣传工作】 开展课题研究。开展精准降费课题、生态环境领域非税收入制度等课题研究，获全省财政系统调研报告二等奖，《降费"浙"十年——精准降费减负调研报告》在《中国财政》发表。完成财政部关于经济形势分析、税费减免政策评估等调研14次。会同部税政司完成农村集体经营性建设用地入市增值收益分配机制改革试点省部联合调研，推动国家出台完善增值收益分配机制政策制度。加强工作宣传。长三角电子票据跨省共享、财政电子票据改革等获《人民日报》《浙江日报》报道，清费减负、彩票公益金助力革命老区共富、政府购买服务改革等获《中国财政》、财政部门户网站刊发。《以数字化为牵引，构建科学规范、高效便捷的非税收入收缴运行新体系》获全国预算与会计研究会"喜迎党的二十大 谱写财政新篇章"全国征文三等奖。

(省财政厅综合处供稿　周卫平执笔)

注：

*"用血直免"：无偿献血者及其受益人可依法享受临床用血费用减免，"用血直免"场景自动抓取医疗票据中"输血费"等字段，与无偿献血者库比对，识别符合用血减免政策的无偿献血者及其受益人，自动测算、减免，无需本人提出申请。

会计管理

【推进会计制度建设】 实施国家统一会计制度。推进市政基础设施政府会计核算，联合省住建厅等6部门制定浙江省市政基础设施会计核算工作方案，会同相关行业主管部门制定浙江省市政基础设施重置成本标准，2023年11月8日出台《浙江省市政基础设施政府会计核算实施细则》，指导完成存量市政基础设施入账工作；健全企业准则制度实施情况定期反馈机制，面向不同主体，开展企业会计准则制度实施情况调研，形成《浙江省企业会计准则实施情况报告》报送财政部；加强会计准则制度宣传培训，全省各级财政部门对《政府会计准则制度解释第6号》《政府会计准则第11号——文物资源》及应用指南、《企业数据资源会计处理暂行规定》、修订后的《农村集体经济组织会计制度》等开展培训，培训场次逾百次，人数近5万人次。举办省级行政事业单位财务人员综合素质提升培训班，培训省级部门财会人员逾200人；推进管理会计实践应用，在全省范围内开展管理会计案例征集和优秀案例遴选活动，9篇案例入选全国案例库。*提升行政事业单位内控水平。*组织完成全省19773家行政事业单位内控报告编报工作，内控报告上报率98.2%，各级单位内控建设质量较好，获财政部通报表扬；开展行政事业单位内控检查评价，省市县三级分级检查评价，全省全年各级财政部门内控检查评价抽查比例14.7%。做好乡镇内控指引建设扩面推广工作，2023年全省17个县区建成乡镇内控指引。

【提升行业监管治理水平】 *规范注册会计师行业秩序。*根据财政部部署，连续3年开展注册会计师（以下简称“注会”）行业专项整治，注销非专职执业注册会计师209人，注册会计师超胜任能力检查19人，行业惩戒注册会计师6人、会计师事务所3家。总结全国首例网络制售虚假审计报告案，形成《浙江财政积极开展全国注册会计师行业专项整治行动助力破获注会行业违法犯罪案件》并报财政部。做好会计师事务所撤销执业许可相关工作，落实听证、行政复议、信访复查等工作。*开展代理记账行业专项整治。*组织各级财政部门核查全省2630家涉嫌“无证经营”机构，重点检查其中616家机构，处理处罚60家。制定全省代理记账机构“双随机、一公开”抽查工作细则，指导市县财政部门与市场监管、税务等部门开展联合抽查，强化日常监管。*完善注册会计师行业发展政策。*出台规范部门预算单位选聘会计师事务所政策，遏制低价恶意竞争行为。开展注会行业转型升级前瞻性研究，推进注会行业转型升级。指导宁波市3家会计师事务所转制为特殊普通所。组织开展“大所牵小所”帮扶行动，提升转制所专业能力。宁波注会行业转型升级工作获省委常委批示肯定。

【夯实会计人才工作基础】 *实施会计队伍强基行动。*印发加强新时代注会行业人才工作实施方案，加强注会行业人才培养。完善会计高级职称评审工作机制，联合省人力社保厅印发会计专业技术高级职务任职资格评审管理实施办法，推进评审工作制度化、规范化。修订评审委员会专家库管理办法，完善专家遴选、调整和退出机制。制定浙江省会计专业技术高级职务任职资格评审指引，加强对评审工作指导。建立集中联审复核制度，提高评审公平性和公正性。加强会计青年人才培养，启动浙江省第一期会计青年英才培养工作。组织实施会计专业技术资格考试，确保会计初、中、高级资格考试平稳有序进行。继续推进会计人员“单位+人员”双维管理，夯实会计人员基础信息，2023年全省（不含宁波）新增会计人员逾2万人，会计人员信息变更近5万人次。健全会计人员激励机制，联合省委宣传部表彰全省“最美会计人”20名，组织开展全省100名“浙江省先进会计工作者”评选。*打造高层次会计人才高地。*争取将高端会计人才纳入省高层次人才遴选范围，每年遴选5人。将会计行业人才纳入服务业人才目录，提出4档会计人才认定标准方案。组织3期165人参加财政部高层次财会人才素质提升工程培训，完成省第三、四期会计高端人才年度集中培训，组织省以上会计领军（高端）人才后续教育。组织高端会计人才开展“三服务”活动，围绕会助民企、财惠科创、数字赋能等主题开展会计公益活动19次，服务单位833家，服务会计人员1202人。

【推进会计数字化转型】 *深化电子凭证会计数据标准试点。*继续作为全国唯一省份整体参与试点深化，新增10家省内法人银行纳入银行电子凭证开具端试点，将“浙里办票”“浙里报账”平台以及省内税友集团等4家平台企业纳入财政部试点名单；联合省税务局、省档案局、省国资委等专班成员单位确定全省深化试点方案，部署开展全省深化试点工作，2023年新增深化试点企业17993家。至2023年12月，试点单位累计完成增值税电子专用发票等试点电子凭证全流程处理数量超1500万份。指导13家新增辖区内开具端试点银行完成系统改造，具备开具标准电子回单、电子对账单能力。试点工作获财政部副部长朱忠明批示肯定，相关工作入选浙江省营商环境优化提升“最佳实践案例”。*探索注会评估行业智慧化、常态化监管。*开发建设注会评估行业智慧监管应用系统，形成行业监管数据中台，构建覆盖机构设立、内部管理、执业监督等5大领域24个监管规则模型，成功预警可疑问题813个、需关注风险点2575个。创新构建省市县三级贯通处置机制，全年核查有照无证会计师事务所22家、无证经营会计师事务所4家、未符合设立条件会计师事务所分所13家、总所不符合设立分所条件2家、未持续符合设立条件事务所34家、超胜任能力的会计师事务所14家，网售审计报告案1件。相关工作获财政部肯定，并在全国会计管理工作者培训班上作经验交流。

（省财政厅会计处供稿　王海军执笔）

行政政法财政财务管理

【支持“人才强省”战略实施】 聚焦三个“一号工程”、“十项重大工程”、“8+4”经济政策体系，围绕教育科技人才一体推进行动，加大“鲲鹏行动”计划、省海外引才计划等重点人才工程投入，2023年安排资金13.18亿元，引导具有国际影响力的顶尖人才、领军人才向重大科创平台、重点实验室、重点建设高校集聚。会同省委人才办制定出台省级人才计划遴选管理办法。联合省委人才办、省税务局出台海外人才个人所得税补贴政策实施细则，落实海外引进人才支持保障政策。

【支持“质量强省”“品牌强省”建设】 安排“浙江制造”品牌培育建设经费3800万元，支持实施“浙江制造”品牌培育、标准发布创新等，提升全省制造业制造能力、品牌优势和质量水平。安排质量技术基础专项资金3200万元，支持高精度温室气体计量检测技术研究、智能网联汽车关键感知传感器测试技术能力提升、燃气压力管道检验与完整性评价能力提升、车载储氢气瓶阀门及塑料内胆材料涉氢关键检测能力建设、智慧实验室建设等。实施省政府质量奖励制度，安排省政府质量奖资金2600万元，激励全省企业加强质量管理、追求卓越绩效。

【支持标准化战略发展】 贯彻落实《国家标准化发展纲要》，安排标准化战略经费4700万元，重点支持数字经济、十大行动等重大领域、重点产业标准体系建设，围绕移动支付、区块链、人工智能等数字经济重点领域，推进产业数字化、数字产业化等标准化建设。支持开展省部合作、标准化示范项目建设、标准技术委员会和标准文献馆藏建设、"浙江标准"体系建设。围绕山区26县高质量发展，支持开展农业农村地方标准制（修）订、标准化试点示范建设等。支持开展金砖国家重点产业的标准体系研究和标准联通共建"一带一路"行动，推动浙江标准走出去。

【支持知识产权强省行动】 推动全省知识产权创造、保护运用、管理和服务方面跨越式发展，安排知识产权保护和管理资金1.75亿元，重点用于知识产权奖，推动知识产权高质量创造、高强度保护、高水平运用、高效能监管、高标准服务，激励全社会创造创新。

【建立亚运会经费保障机制】 建立健全省、市、县三级亚运安保经费保障机制，分级分类落实经费保障责任，全力保障亚运维稳安保。配合制定《亚运贵宾接待指挥中心成员单位工作职责》《亚运贵宾接待指挥中心工作方案》等，推动完善亚运保障工作机制。参与研究《杭州亚运贵宾接待保障政策》，研究制定《亚运贵宾保障工作经费管理使用办法》，指导科学、合规、高效使用经费。会同省委组织部等部门研究亚运工作人员激励保障政策，指导杭州亚组委制定出台亚运赛事补贴发放办法。

【支持"平安浙江""法治浙江"建设】 全面梳理"八八战略"实施20周年以来全省支持平安建设财政资金投入情况及标志性成果；实施"财政支持政法工作现代化三年行动计划"，推动基层社会治理体系和治理能力现代化建设。支持政法机关开展诉源、警源、访源"三源"治理行动，助力打造更稳定更放心的社会环境。持续落实企业破产援助奖补机制，打造优质营商环境。

【助力"大综合一体化"行政执法改革】 协同省委编办等部门向中央争取综合行政执法制式服装和标识改革政策，并将政策待遇向基层执法人员倾斜，推动规范文明执法。协同省司法厅等部门制定《浙江省行政执法人员培训工作三年行动计划（2023—2025年）》《浙江省乡镇（街道）行政执法队建设指导规范》等政策文件，助力推进改革。

【完善省以下法院检察院经费保障机制】 根据中央《全面深化政法改革实施纲要（2023—2027年）》，结合浙江省财政体制与司法实际，会同省委政法委、省法院、省检察院出台《浙江省法院检察院经费保障及管理暂行办法》，明确省以下法院检察院经费保障责任，加强法检两院管理制度体系建设。

【支持提升政法工作现代化水平】 根据《财政支持政法工作现代化三年行动实施方案（2021—2023年）》，组织开展2023年政法工作现代化创新引导项目和公检法司条线工作现代化创建项目申报评审工作，重点支持"枫桥经验"基层社会治理、政法条线现代化创建、数字赋能社会治理等项目建设。三年行动计划累计支持创建项目660个，累计下达资金9.25亿元。

【推动公务开支标准制度创新】 2023年1月30日，会同省机关事务管理局出台《关于进一步加强党政机关办公用房租用管理的通知》，明确党政机关办公用房租用范围、标准、程序等。调整全省新一轮党政机关会议定点场所，确定775家宾馆、饭店和专业会议场所列入政府采购会议定点场所名单。探索"公务餐"改革，7月27日会同省纪委、省机关事务局出台《浙江省"公务餐"改革试点方案》，在全省18个市县开展改革，从源头上破解虚假公函吃喝、超标准接待、违规接待等问题，形成常山县"公务餐"刷码就餐等一批先进经验。11月27日，省财政厅出台《关于进一步完善省级机关会议费管理有关规定的通知》，提倡采用线上会议形式，规范线上会议经费使用管理。

【强化涉案财物管理】 加强涉案财物管理研究，总结涉案物品管理政策制度与现有经验，形成调研报告《浙江省涉案财物管理工作的实践与探索》，为健全涉案财物统一保管和处置工作机制提供参考。指导浙江省财务开发有限责任公司规范处理省纪委省监委移交的涉案财物，规范罚没财物处置审批，完成涉案财物处置工作4批次。协助省公安厅做好涉案财物管理数字化改革，开发完成刑事诉讼涉案财物处置平台1.0版，并在温州市试运行，实现公安部门涉案财物社会化处置。

（省财政厅行政政法处供稿　王林侠执笔）

科教财政财务管理

【概况】 2023年，浙江财政科教工作依法落实财政教育投入"只增不减"、积极落实财政科技投入增长机制，通过完善预算管理、强化绩效意识、提升管理水平，保障全省科技和教育事业发展。全年全省一般公共预算教育支出2365.17亿元，增长7.6%；全省财政科技支出787.48亿元，增长15.7%。

【落实首位战略首位保障机制】 保障财政科技投入。2023年全省财政科技支出数787.48亿元，比上年增长15.7%，2021—

2023年年均增长19.3%；引导市县、企业和社会加大研发投入，构建多元科技投入体系。《强化财政担当深入实施首位战略首位保障——全省财政系统全力助推创新型省份建设》入选省委组织部第四批实施三个“一号工程”典型案例。牵头谋划科技创新支持政策体系。推进教育科技人才一体强基行动，构建科技创新“2+1”财政支持政策体系，涵盖科技、教育、人才等方面20项政策，省级资金规模逾100.00亿元。支持重大科创平台“一事一议”。报请省人民政府办公厅出台关于支持重大科创平台和新型高校建设的实施意见，健全联席会议、评审委、管理部门、市县政府管理体制，构建需求评审、资金管理、绩效评价、审计监督全流程支持机制，促进重大科创平台和新型高校高质量发展。

【推动财政科研项目经费改革】 深化财政科研项目经费评价改革。联合省科技厅完善通用、量化、可比较的经费绩效评价指标体系和评价方法，调整创新成果产出、转化应用情况、经济社会贡献内容赋分规则，从321个“尖兵”“领雁”项目中，评选出优秀项目3个。强化评价改革结果应用，对评价绩效突出的给予滚动支持，定向委托。推进省属高校基本科研业务费改革试点。2023年9月1日，会同省教育厅、省社科联出台《关于推进省属高校基本科研业务费改革试点工作的通知》，在浙江工商大学、浙江财经大学开展基本科研业务费任务化改革试点，落实让经费为人的创造性活动服务的理念，持续激发科研人员创新活力。

【完善科技专项管理】 修订浙江省科技发展专项资金、浙江省中央引导地方科技发展专项资金、科学普及和学术智力专项扶持资金管理办法，会同省社科联推进哲学社会科学专项资金“负面清单+包干制”改革。优化支持浙江省开展基础公益研究、实施关键核心技术攻关、促进科技成果转化、支持创新平台建设、培养科技人才、优化科研环境条件等方面专项资金，规范科技专项资金分配、使用管理，提高财政资金使用绩效。

【牵头推动高校基础设施提质工程】 开展高等学校高质量发展调研，《关于在杭省属公办高校高质量发展调研情况的汇报》获省委、省政府领导批示肯定。建立浙江省高校基础设施提质工作领导小组，省长任领导小组组长，领导小组办公室设在省财政厅，省财政厅厅长兼任办公室主任。起草《关于实施普通高校基础设施提质工程的意见》，2023年12月4日由省政府出台，为基础设施提质工程提供指导性意见，助力加快高水平大学建设和高校高质量发展。梳理督促首批安全保障类维修项目开工建设，参与谋划高校“一校一策”规划及新高教园区选址工作。

【支持高等教育高水平发展】 配合省委组织部、省教育厅推进省委、省政府出台《关于推进高水平大学建设的意见》《关于加快普通高等学校高质量发展的若干意见》。2023年8月24日，联合省委组织部、省教育厅印发《浙江省普通高等教育学科建设专项资金管理办法》，支持省内普通本科高校开展与学科建设相关的人才引育、科学研究、国际交流、社会服务等活动，提升学科建设水平。建立正常经费生均拨款基准定额稳定增长机制，规定2024—2027年省属高校生均拨款基准定额每年提高500元，2027年将达到15000元/(生·年)，保障省属高校正常运转。

【完善省属高校高层次人才薪酬激励政策】 联合有关部门完善省属高校高层次人才薪酬激励政策，在不增加财政负担、经费来源有保障的前提下，自2023年度起省属本科高校享受高层次人才薪酬激励政策的人数，按照不超过本单位核准的专业技术正高级岗位数的20%确定；对列入高水平大学建设名单的高校，自列入名单当年度起，按照“一校一策”方式自主确定享受范围，人数原则上按照不超过本单位核准的专业技术正高级岗位数的28%确定。

【鼓励职业教育融合发展】 推进职业教育差异化生均拨款制度改革，入选全国基于专业大类的职业教育差异化生均拨款制度改革试点省。省财政厅会同省教育厅、省人力社保厅成立工作领导小组，核算分析全省203所公办职业院校生均成本，2023年11月28日联合出台《关于建立职业教育差异化生均拨款制度的指导意见》，建立全省统一的职业教育拨款制度体系，即以专业大类系数为主，办学水平、政策导向系数为辅的差异化生均拨款制度，并运用于2024年部门预算。该项改革获中央试点工作专项奖补6000万元，被省创新深化专班列入试点工作目录。

【支持义务教育优质均衡发展】 推进义务教育“钱随人走”改革，2023年拨付义务教育领域“钱随人走”转移支付资金55.25亿元。深化义务教育教共体建设，下达2023年度教共体建设专项资金1.82亿元，提升城乡义务教育优质均衡水平。支持教育信息化建设，全年下达教育信息化专项资金1.70亿元。

【优化家庭型学生资助政策试点方案】 按照构建家庭型财税政策体系攻坚行动方案要求，将学生资助对象扩大为中等收入及以下家庭，探索优化调整全省保育费资助标准、资助认定流程以及高等教育生源地助学贷款政策资助对象，在建德、海盐、青田3个县市先行试点。

【加强教育领域资金管理】 加强全省及市县两个“只增不减”教育投入分析监测，对增长较低甚至负增长地方，采取关注、提醒、约谈，促使加大财政投入。做好义务教育经费保障、学生资助补助、支持地方高校改革发展专项3项直达资金备案、分配、下达、监控等工作。梳理学生资助等直达资金使用的薄弱环节，完善现有政策，加强对市县指导，提升资金执行水平。

【开展省属事业单位社会化服务薪酬激励试点】 联合有关部门选择6家高校和科研院所开展社会化服务薪酬激励试点，在不增加财政投入、经费来源有保障的前提下，试点单位的社会化服务收入可按净收入的一定比例用于职工的绩效分配，不计入单位核定的绩效工资总量基数，解决省属高校绩效工资政策激励不足和科研院所横向科研项目界定难问题。

（省财政厅科教处供稿　沈凌伊执笔）

文化财政财务管理

【支持办好杭州亚运会、亚残运会】 制定杭州第十九届亚洲运动会、第四届亚洲残疾人运动会赛时运行保障机制、省属场馆建设投入分担机制、赛时运行补助机制和延期办赛场馆的运行维护保障政策。保障21个省属亚运场馆建设，落实省属亚运场馆改造经费和赛时运行补助经费。成功争取亚运会、亚残运会捐赠全额扣除、赞助服务和物资免征增值税等12项税收优惠政策，两批147家赞助企业享受免征增值税政策。推进亚运场馆赛后利用，落实赛后出让资产免税的支持政策。引导亚运场馆陆续向全民健身和群众体育开放，发挥亚运资产最大效用。

【丰富公共文化服务供给】 安排财政资金4.48亿元，支持“15分钟品质文化生活圈”等公共文化服务体系建设。修订浙江省博物馆纪念馆免费开放补助资金管理办法，明确公共博物馆、纪念馆免费开放补助范围和标准，鼓励民办博物馆免费开放。2023年10月24日，修订出台《浙江省基本公共文化服务体系建设补助资金管理办法》，优化资金分配规则，落实省级财政支出责任，促进城乡公共文化服务体系共建共享、均衡发展。

【支持文化产业发展】 落实资金2.00亿元，择优支持20个文化产业发展引领县（市、区）建设，强化省文化产业发展专项资金管理，拟定预警指标，提出跟踪监管建议，开展绩效评价，加快推进重大项目落地见效。支持文旅深度融合工程，梳理文旅领域财政支持政策，2023年7月5日修订出台《浙江省旅游发展专项资金管理办法》，调整重点因素，突出旅游资金奖优奖强。落实资金5.00亿元，保障诗路文化带建设。结合三年建设评价结果对十大海岛公园所在地区补助7500万元。实施旅游业“微改造，精提升”行动，落实旅游发展资金1.99亿元，支持培育世界级旅游景区和度假区，打造全域旅游示范区。落实各项涉及文旅企业的税收优惠政策，深化实施境外旅客购物离境退税政策。支持旅游联盟总部落户湘湖，开展国际旅游交流合作。

【支持宣传思想阵地建设】 支持“八八战略”实施20周年大型主题展览。支持理论铸魂工程，安排财政资金1501万元，支持习近平新时代中国特色社会主义思想研究。弘扬红船精神、浙江精神，培育社会主义核心价值观，提升公民文化素质。加强基层宣传文化活动和阵地建设，安排专项资金3.35亿元，支持农村文化礼堂提档升级、社区文化家园建设、新时代文明实践中心建设、乡村学校少年宫、“春泥计划”、复兴少年宫建设等。推动支持将“传播大脑”建成重大传播平台的技术底座和支撑，支持浙报集团打造潮新闻客户端、广电集团打造Z视界，引导完善重大新闻平台组织架构和生产。

【支持浙江文化地标建设】 投入资金19.28亿元，支持推进之江文化中心、新时代文化艺术创研基地、省考古与文物保护基地、省全民健身中心建设工程等重大工程建设。筹措落实经费2.63亿元，保障四馆陈列布展等建设运行经费，确保之江文化中心按期运营开放，打造文化新地标。推进之江文化中心运营模式创新，落实运营主体，明确保障政策和范围，打造公共文化空间运营样板。

【支持文艺精品攀峰】 投入文化艺术发展基金1.00亿元，遴选优秀文艺作品，安排财政资金800万元探索重大文艺创作项目“揭榜挂帅”机制，支持文艺精品“高峰”创作。2023年2月10日，省财政厅出台《浙江省舞台艺术繁荣发展资金管理办法》，建立国有文艺财政拨款绩效挂钩机制，推进省属院团“一团一策”改革，补助资金由院团统筹用于弥补演出成本、人才培养和艺术创作等方面。

【促进文物保护利用】 投入文化遗产保护资金4.46亿元，支持文物保护利用研究、非物质文化遗产保护，开展宋韵文化研究传承和南宋文化品牌塑造，助力实施“宋韵文化传世工程”。总结安吉古城遗址公园“政府+考古机构+社会力量”运营模式、东阳“林栖三十六院”非遗活化传承和旅游开发模式，创新文化遗产保护和非遗传承利用。支持举办首届“良渚论坛”。

【创新理论实践研究】 围绕高质量发展建设共同富裕示范区精神富有目标，会同财政部科教和文化司实施省部合作课题研究，从理论、实践上分析研究财政支持社会资本投入文化建设，提出意见建议。探索建立公共博物馆绩效与财政拨款挂钩机制，2023年11月29日出台《关于国有博物馆绩效与财政拨款挂钩的意见》，选择金华市开展试点工作，鼓励市县建立挂钩奖惩机制激励公共博物馆提升服务效能。

【加强国有文化资产监管】 会同省委宣传部研究省属文化企业高质量发展绩效指标，促进文化企业发展和国有资产保值增值。研究提出省属文化企业重大事项管理所涉及的重要子公司清单，明确国有企业监督管理要求。压实外部董事职责，评议兼职外部董事履职情况，充实外部董事人才库。做好省属文化企业财务月报和决算报告工作。首次开展向省人大报告国有文化资产管理情况的专项工作。

〔省财政厅文化处（文化企业国有资产监督管理办公室）供稿　童　盈执笔〕

国有资产及国企财政财务管理

【开展国有资产报告工作】 完善国有资产报告工作制度体系。配合省人大财经委开展联合调研，形成《浙江省十四届人大常委会关于国有资产管理情况监督工作的五年规划（2023—2027）》，制定《浙江省省级国有资产管理情况报告工作规程》。编制全省国有资产管理情况综合报告。夯实国有资产报告数据基础，推进行政事业单位国有资产年报、月报工作，2022年度纳入全省（不含宁波）报表编制范围的独立核算机构20933个，其中行政6001个，事业14924个，其他8个。2023年11月24日，浙江省十四届人大常委会第六次会议审议通过《2022年度全省国有资产管理情况综合报告》。完善国有企业财务信息管理。扩大企业会计决算报送范围，全年纳入企业15069户，比上年净增759户，完成年度国有企业财务会计决算报告和年度财务情况说明书（国有资产管理情况报告）。每月向财政部报送国有企业经济效益月度快报及重点指标变动说明，2023年月均报送14881户。做好573家星标企业（承担地方政府隐性债务的企业）经济运行监测，每半年向财政部报送星标企业运行监测分析报告。2022年国有企业月报和决算工作均获财政部通报表扬。

【加强行政事业单位国有资产监管】 健全制度体系。2023年1月30日，会同省机关事务局、省发展改革委印发《关于进一步强化党政机关办公用房“五统一”管理的通知》，持续推进办公用房资源规范合理配置和节约集约使用。12月29日，会同省交通运输厅印发《浙江省公路资产管理实施办法》，厘清公路资产管理职责，建立公路资产全过程管理制度。开展监督检查。实施省级行政事业单位内控检查，选取10家一级预算单位开展资产管理内控检查评价，提高监督权威性和约束力。推动市政基础设施资产入账。指导行业主管部门分类开展资产清查，根据资产类别补充完善个性化卡片设置。选取金华市、杭州市余杭区作为入账试点地区，总结经验复制推广。开展市政基础设施资产管理情况调研，调研报告获评2023年度全省财政系统调研课题二等奖。

【推进行政事业性国有资产盘活】 探索“小切口”盘活项目。出台《关于进一步盘活行政事业性国有资产的通知》等一揽子政策，组织培训，建立台账，指导各地各部门依法依规开展资产盘活工作。鼓励各地各部门围绕资产盘活重点难点问题，在小范围内先行先试、实践探索，全省上报核酸小屋转型再利用等“小切口”项目108个，评选优秀实践案例14个。落实公物仓管理。2023年10月8日，省财政厅出台《关于做好行政事业单位公物仓管理工作的通知》，推动各地落实“虚拟仓”或“虚拟仓+实体仓”模式，对行政事业单位长期低效运转、闲置、超标准配置等可调剂资产以及可共享共用资产，实行集中收储、调剂共享、依法处置。扩大公益仓试点。10月8日，省财政厅出台《关于扩大“浙里公益仓”试点范围的通知》，建立健全行政事业单位国有闲置资产捐赠机制，规范公益捐赠流程。推广使用“公益仓”应用，持续完善应用功能；推进线下“公益仓”建设，满足各类物资线下仓储和物流管理需求。闲置资产支持现代社区建设。会同省委组织部制定《开放共享机关企事业单位服务资源专项工作方案》，推动全省各级机关企事业单位开放共享停车场、运动场馆、会议室等文化、教育、体育、便民场地设施。至2023年年底，全省（不含宁波）行政事业单位向社区共享共用运动场地、停车位等土地面积578.17万平方米，无偿划拨、无偿使用、协议定向出租房屋133.89万平方米。该项工作列入现代社区建设“十件惠民好事”头件大事。推进“浙里大仪共享”平台应用。该平台实现科研仪器“购置评议—仪器入网—开放共享—运行监测—绩效评价”全周期管理“一网办”和“智能搜索—实时预约—费用支付（创新券抵扣）—结果反馈—服务评价”全流程服务“一指办”。至2023年年底，累计整合全省高校院所、企业等管理单位359家，30万元以上入网大仪逾1.7万余台，总价值逾170.00亿元；累计为1万余家企业提供服务逾30万次，节约企业大仪购置费用逾2.00亿元。

【持续深化国资国企改革】 推进国有经济布局和结构调整。发挥国有资本经营预算作用，重点支持省交通集团稳进提质、组建省种业集团、做大做强省能源集团等投融资主平台。督促归口企业及时足额上缴国有资本经营预算收益48.30亿元。会同省国资委制定新一轮国资国企改革攻坚深化提升行动实施方案（2023—2025年），配合做好国资运营浙江模式2.0方案制定工作。推进经营性资产集中统一监管。根据省深化国有企业改革工作领导小组审议决定，完成“15+6”家企业的处置方式调整，推动解决历史遗留问题。落实财政统一监管，下发《关于加快推进财政集中统一监管企业股权划转的函》，加快股权划转进度；完成浙江生态环境集团组建。推动地勘事企分离改革，合理配置事企资产。落实国有资本充实社保基金管理工作。落实划转股权后续管理和划转企业统计监测管理，建立充实社保基金国有资本综合发展指数，构建划转企业“5C”（企业成长能力、盈利能力、偿债能力、社会责任履行能力和社保权益运营能力）指标评价体系。建设社保股权管理系统，监测社保股权整体运行，及时提示财务风险，完成财务收益及风险研判。至2023年年底，全省划转企业数量151家，划转充实社保基金国有股权益逾2427.66亿元，累计收到划转国有资本充实社保基金收益34.49亿元，其中2023年收到11.58亿元。推进剥离国有企业办社会职能。做好央企退休人员社会化管理工作经费清算，通过安排省级财政资金2.46亿元，保障省部属企业退休人员社会化管理服务。下达中央国有企业退休人员社会化管理补助资金1850万元，向国务院国资委和财政部报送《2022年度在浙央企退休人员社会化管理补助资金预算执行绩效自评情况的报告》。保障全省2200余名国有企业职教幼教退休教师待遇经费。

【推进资产管理数字化】 根据财政部预算管理一体化业务规范和技术规范2.0要求，重构资产管理模块，构建资产新体系、新标准、新流程，将资产管理模块融入预算管理一体化系统，实现与预算管理、非税收入管理等模块互联互通，加强资产绩效管理，优化资产配置。选择部分省级单位、地区开展资产云试点，跟踪解决试点中发现的问题，逐步扩大试点范围。

【推动数据资产全过程管理】 数据资产管理工作列入财政部试点，发布《数据资产确认工作指南》地方标准，指导温州、金华、杭州电子科技大学等开展数据资产确认试点工作，优化数据资产溯源、保护、确权、评估、共享等技术标准。2023年10月，温州市实现数据资产确认登记第一单。推进《数据资产登记导则》立项，指导高校建设高水平、开放的数据治理实验平台，开展数据资产相关理论、制度、业务、安全和技术等评估验证机制验证工作，以数据治理实验平台为依托开发数据资产系列应用。

【强化部门预决算管理】 督促归口6所高职院校做好第一批高校基础设施维修改造项目实施，指导学校制定“一校一策”方案，谋划解决校舍不足问题，实施校园空间增容。做好省国资委、转变体制的集团公司本级离退休人员经费保障及其下属事业单位部门预算管理。加强2023年度预算执行动态监管，注重绩效管理，按月向各部门通报支出执行进度并对归口职业院校项目支出进度实行按月监控。严格按照“零基预算”理念和方法，做好归口单位部门2024年度预算编制。

【加强资产评估行业监督管理】 协同推进注册会计师及资产评估师行业统一监管应用平台建设，下发《关于全面推进注册会计师和资产评估行业智慧监管工作的意见》《关于进一步做好资产评估行业智慧监管工作的通知》，完善资产评估机构管理业务需求、工作流程。开展资产评估机构专项整治“回头看”工作，根据浙江省行政处罚裁量基准修订工作安排，调整资产评估类行政处罚裁量基准违法情节31项，明确情节轻微、情节较轻、情节较重、情节严重4种行政处罚裁量情形。

（省财政厅资产管理处供稿　李明哲执笔）

农业财政财务管理

【强化“三农”资金供给】 加大财政支农投入力度。2023年全省（不含宁波）一般公共预算农林水支出790.06亿元，增长9.3%。落实土地出让收入优先用于农业农村政策并稳步提高比例，超额完成全省6%以上的年度目标。安排农业农村省统筹资金8.96亿元，支持高标准农田建设和部分乡村振兴重大项目等。推进“大三农”政策变革重塑。2023年1月7日，省财政厅出台《关于全面实施财政支持“大三农”政策体系*变革重塑的通知》，推动各地优化财政支农政策和资金供给。2023年省级预算安排“大三农”资金逾230.00亿元，压减政策数量，提升重点领域资金投入占比，实现集中财力办大事。深化财金协同支农。2023年7月26日，省财政厅出台《关于健全完善财政金融协同支农长效机制的实施意见》，强化财政政策与担保、保险等金融工具密切协同。持续推进政策性农业信贷担保服务体系建设，至2023年年底，省农业融资担保有限公司注册资本金15.25亿元，在保余额150.00亿元、在保项目35066个。打造财政支农重点项目全过程数字化动态监管应用场景，推动“浙里担+农e富”系统与其他系统多跨协同、数据共享。

【支持深化“千万工程”】 推进新时代美丽乡村建设，下达省级补助资金5.69亿元，持续推进历史文化（传统）村落保护利用，开展共同富裕新时代美丽乡村示范带培育，支持未来乡村建设。学习贯彻习近平总书记关于“千万工程”的重要批示精神，总结20年来财政支持“千万工程”做法、成效和经验。

【支持农业“双强”行动】 安排支持农业“双强”（科技强农、机械强农）资金18.43亿元，同口径增长12.5%，重点支持丘陵山区宜机化改造、农机农艺融合示范试验基地和高标准农事服务中心建设，推进特色优势产业全程机械化，打造一批农业高质量发展标志性成果；继续支持现代农业园区、特色优势农业产业集群等平台建设，通过数字赋能、机制创新、三产融合等方式，推动乡村特色优势产业高质量发展。

【支持粮食生产发展】 常态化实施耕地地力保护补贴、粮油规模种植补贴（含动态补贴）、订单良种奖励、规模种粮主体贷款贴息等政策，支持高标准农田（绿色农田）建设和改造提升，2023年省财政安排省级粮食生产扶持和高标准农田建设相关资金26.63亿元，支持鼓励粮食生产经营主体走向联合，加快发展多种形式的适度规模经营，提高粮食生产综合效益。

【支持强村富民】 落实省以上财政衔接推进乡村振兴补助资金13.30亿元，支持山区26县等重点地区巩固拓展脱贫攻坚成果，发展乡村特色产业，促进低收入农户增收。研究出台新一轮区域协调财政专项激励政策，2023—2025年，每年安排省级激励资金21.00亿元，支持相关地区推进农村一、二、三产业融合发展，推动形成“一县一业”发展格局。完善“三农”领域“扩中”“提低”财政支持政策，谋划实施百村万户增收促富试点，择优确定海宁市等5个县（市、区）作为第一批试点，以小农户增收为重点，完善财政支持乡村发展项目与农户利益联结机制，2023年下达省补助资金5000万元。

【支持渔业高质量发展】 落实中央渔业发展补助政策，安排渔业发展补助资金40.17亿元，支持国家级沿海渔港经济区建设以及海上“千万工程”、渔民减船转产、远洋渔业全产业链发展、水产养殖绿色发展等，改善浙江省沿海渔港、渔船设施设备、水产养殖与水产品加工等建设现状。支持开展水产健康养殖和生态养殖示范区建设，拨付省级补助资金5870万元，通过渔业设施建设和机械应用、健康养殖模式推广、数字信息技术应用、产业融合发展等方式，加快产业转型升级，全面推进水产健康养殖和生态养殖。

【支持气象事业发展】 安排公共气象服务专项资金4206万元，支持气象灾害监测和预报预警设施建设，提升乡村振兴、生态文明等重大战略气象保障服务能力，推动完善山区26县和海岛县基本公共气象服务体系。

【支持扩大水利有效投资】 安排省水利建设与发展专项资金59.12亿元，支持海塘安澜工程和浙江水网等重大水利工程建设；安排省水利建设与发展专项资金31.97亿元，争取中央水利发展资金11.32亿元，中央水利救灾资金2批计0.52亿元，支持小型水库除险加固、中小流域综合治理、中型灌区配套改造等，补齐农村水利基础设施短板。借助“先项目后资金”“水利项目投资三年滚动安排”制度优势，指导地方梳理、挖掘、谋划可申报增发国债水利项目，争取国债资金支持。

【深化财政支农管理】 加强财政资金监管，会同省级有关部门修订印发《浙江省中央财政农业防灾减灾和水利救灾资金管理办法实施细则》《浙江省中央财政水利发展资金管理办法实施细则》《浙江省公共气象服务专项资金管理办法》等文件，提高资金使用规范性、安全性和有效性。配合做好省委乡村振兴巡审联动专项监督相关工作，加强巡视审计反馈意见整改落实，规范财政支农资金管理。

（省财政厅农业处供稿　杜茜婧执笔）

注：

*“大三农”政策体系：即“8+1”政策体系，包含稳产保供、绿色安全、基础设施、农业“双强”、乡村建设、乡村治理、农民共富、财金协同8个重点领域和综合性扶持政策1个大类。

基层财政管理

【深化“浙里基财智控”应用】 聚焦乡镇财政管理领域问题，按清廉财政建设要求，持续深化数智监督，全面推进“浙里基财智控”应用建设工作，兼并整合“乡镇公共财政服务平台”。应用完成一站监管、一码通管、一屏智报、一键直达4大核心应用场景和8个功能子模块开发建设工作，构建起“1+4+8”多跨协同应用场景体系，《中国财经报》等主流媒体作专题报道。至2023年12月底，全省1242个乡镇（街道）实现应用“全覆盖”，累计完成执行项目审批24万个，支付金额1049亿元，建成乡镇财政管理岗与同级业务管理岗横向协同、省市县乡四级财政纵向联动的资金监管网。

【夯实乡镇财政管理基础】 开展乡镇财政综合运行绩效评价。总结持续10年开展乡镇财政就地就近资金监管核查的经验，科学设置绩效评价指标体系，组织全省自评并实地抽评县财政局16个、乡镇32个，把评价结果作为衡量乡镇财政运行健康情况重要依据。开展全省乡镇财政管理业务培训。线上线下结合，将“浙里基财智控”应用作为培训主要内容，提升基层人员系统操作能力。

【“一事一议”支持打造共富村】 落实省以上财政奖补资金7.60亿元，支持2023年度38个试点单位建设共富乡村212个。组织开展2024年度共富乡村试点项目申报工作，择优选取一批试点单位列入2024年度省财政支持范围。在总结首批共富乡村试点经验基础上，从重点任务、试点要求、申报规范等方面提出新要求，研究出台深化共富乡村试点工作指导意见。总结提炼浙江省“多村联合抱团打造共富村”主要做法和成效，经财政部转报中共中央办公厅、国务院办公厅。

【深化农村综合改革试点工作】 推进国家和省级试点建设。争取国家级农村综合改革试点新项目，助力建德市入选财政部首批“五好两宜”和美乡村试点试验。推进现有试点落地实施，跟踪调度田园综合体建设试点和农村综合性改革试点试验工作，加强调研指导，按时向财政部报送年度评价报告。全年获得国家级试点项目中央奖补资金2.50亿元。下达省级财政资金3.20亿元，支持并指导16个列入省级农村综合改革集成建设项目的县（市、区）开展建设。加强项目调研和管理。完成财政部2020—2022年农村综合改革转移支付绩效评价现场调研任务，陪同调研组赴淳安、安吉等县开展调研。完成省部协同调研课题，总结提炼浙江省“深化农村综合改革促进乡村共同富裕”十大典型模式。落实项目联络员制度，全年赴县（市、区）上门服务38次。组织对2019年度10个省级田园综合体项目及2020年度15个省级农村综合改革集成建设项目开展绩效评价。

【支持村级事业发展】 支持基层党组织建设。全年下达村干部基本报酬等省级支持基层党组织建设补助资金20.42亿元，同比增长9.3%。安排“百县争创、千乡晋位、万村过硬”工程示范村（社区）奖补资金1.00亿元和省级党建联建示范典型奖补资金1500万元，激励各地示范争先。继续支持红色美丽村庄试点建设和新型农村集体经济发展，助力共同富裕示范区建设。保障村级公益事业建设。全年安排省以上“一事一议”财政奖补资金9.23亿元，建设村级公益事业项目3654个，指导各地做好项目备案，加快项目实施。完成村级公益事业“一事一议”财政奖补政策评价工作，梳理政策实施成果、总结创新经验做法、剖析存在问题不足，推动政策迭代升级。

【强化“一卡通”管理】 落实“财会监督年”要求，组织全省开展惠民惠农财政补贴资金“一卡通”专项整治，发现问题29个，涉及金额0.35亿元，全部整改到位。动态调整现行中央和省级出台的到人到户涉农补助和民生补贴财政资金政策清单，通过省财政厅门户网站向社会公布。根据《2023年长三角社会保障卡居民服务“一卡通”专班工作方案》要求，指导各地落实“当年新开设的到人到户惠民惠农财政补贴资金发放账户原则上采用社会保障卡银行账户，个人持社会保障卡经银行渠道领取”要求，规范补贴发放和管理。

（省财政厅基层财政管理处供稿　何海霞　戴荷琼执笔）

自然资源和生态环境财政财务管理

【实施绿色转化财政专项激励政策】　以“共富大美”为主题，以生态创造价值为主线，组织2023—2025年绿色转化财政专项激励政策竞争性申报。安排财政资金18.00亿元，支持17个非海岛县（市、区）和3个海岛县（区）探索绿水青山向金山银山转化途径。

【扩面流域横向生态补偿机制】　延续执行新安江流域水环境第三轮生态补偿协议，根据考核结果拨付安徽省2.00亿元。配合推动新安江—千岛湖生态环境共同保护合作区建设，创新开展人才和产业补偿。结合主题教育调研，推动建立13对跨市流域横向生态保护补偿机制，钱塘江、瓯江等8大水系实现补偿机制全流域贯通。

【加强重点生态保护修复】　下达中央污染防治资金10.68亿元，安排省级生态环境保护资金6.97亿元，用于治水、治气、治土、治废。做好钱塘江源头区域山水林田湖草沙一体化保护和修复工程试点总结工作，千岛湖流域水环境系统生态修复项目、钱江源国家公园体制试点区生物多样性保护创新与实践项目2个典型案例被财政部发文推广。安排省级资金1.70亿元，推动开展6个省级山水林田湖草工程。海盐县、苍南县、舟山市普陀区3地入围中央海洋生态保护修复工程，争取中央海洋生态保护修复资金9.00亿元。安排省级资金1.00亿元，支持三门等5个县（市、区）开展省级“蓝色海湾”整治行动，整治修复滨海湿地、海岸线等。

嵊泗县小洋山薄刀咀光伏电站项目

【推进“森林浙江”建设】　落实省级森林生态效益补偿资金14.01亿元，下达省级林业专项资金6.59亿元，开展财政支持林业推动共同富裕试点县和综合体建设，支持淳安县、龙游县、庆元县等地区推进森林资源提质增效、林业产业提效增值，打造全域化林业共富典范和区域化共富精品。出台互花米草防治补助政策，按照省级以上财政1500元/亩标准对除治任务予以补助，支持打好互花米草防治三年攻坚战。争取中央林业转移支付9.21亿元，支持科学开展大规模国土绿化、自然保护地建设能力提升、湿地保护修复等，支持钱江源—百山祖国家公园创建，加快构建以国家公园为主体的自然保护地体系。

【出台支持油茶生产保供补助政策】　支持油茶生产保供，明确统筹省级以上财政资金，对新增油茶规模化种植任务按1000元/亩标准予以补助。衢州市油茶产业发展示范项目成功入围中央财政示范奖补项目，争取中央财政油茶产业发展示范奖补资金4.00亿元。

【推动落实耕地占补平衡】　下达省级造地改田资金39.95亿元，统筹支持耕地垦造、农村宅基地复垦、耕地保护补偿、土地综合整治精品工程等，支持协同开展土地综合整治与高标准农田建设，推动实现全省耕地数量、质量、生态“三位一体”保护建设。梳理省级涉地财政政策，加大省级统筹力度，将省自然资源专项资金中的造地改田支出和省分成新增建设用地土地有偿使用返还资金，整合为省级造地改田资金，优化分配方式和支持方向，推动耕地保护量质并举。

【推进应急救援体系建设】　下达省级财政资金8000万元，继续支持打造综合性应急救援平台，提高防大汛、抗大灾、抢大险能力。落实省级财政资金1.29亿元，推进常态化备勤直升机与省航空护林直升机整合，完善应急救援航空体系。下达省级财政资金2700万元，支持国家消防救援局浙江机动支队筹建工作。争取中央安全生产预防和应急救援能力建设补助资金6195万元，支持化工园区重大安全风险防控以及2支国家专业队装备配备及应急演练能力建设。争取中央自然灾害救灾资金4000万元，支持淳安县等15个受灾地区开展应急抢险救援、受灾群众救助、应急排危处险和应急物资配备等。

【完善粮油物资储备体系】　做好地方粮油储备任务落实财政保障工作，优化储备粮品种、结构，提升省内口粮、饲料和油料加工应急保供能力。优化重要商品物资保障机制。完善省级猪肉、省级食糖财政保障机制，厘清省级猪肉储备形式和储备规模，动态调整省级食糖储备保障标准，凸显重要商品储备的稳价保供政策效应。持续深化粮食购销领域腐败问题专项整治工作。

（省财政厅自然资源和生态环境处供稿　王翱锋执笔）

金融财政财务管理

【发挥省产业基金引领作用】 推进“4+1”专项基金投资落地。以新一代信息技术、高端装备、现代消费与健康、绿色石化与新材料等四大产业集群专项基金和“专精特新”母基金（含科创母基金）构成的“4+1”专项基金，作为落实“415X”先进制造业集群培育和“315”科技创新体系建设工程的创新举措和重要抓手，至2023年年底，8支基金完成投资决策，总规模380.00亿元，其中省产业基金出资110.00亿元，撬动市县出资220.00亿元，社会资本50.00亿元，其中6支基金签约落地，总规模210.00亿元。创新建立产业基金评价体系。创新设计模块化、多层次评价框架，围绕“决策—过程—绩效”设计思路，于2023年7月10日出台《浙江省省产业基金绩效评价管理办法》，建立模块灵活、简洁高效的产业基金评价体系，提高财政资金使用绩效。

【推进共同富裕】 开展财金助力扩中家庭项目试点，成立项目领导小组并组建工作专班，推进项目工作体系和制度机制建设，出台《财金助力扩中家庭项目实施方案（试行）》《财金助力扩中家庭项目控制文件（试行）》《财金助力扩中家庭项目贴息奖补办法（试行）》等制度，构建由项目整体核心关键绩效指标和分产品核心关键绩效指标、产出监测绩效指标、业务监测绩效指标组成的“1+3”核心关键绩效指标体系，打造财金助力管理系统和数据指挥大屏。全年投放共富专项贷款35.59亿元，惠及15个试点地区2.4万户家庭，降低扩中家庭融资成本1.28亿元。

【落实财政贴息工作】 做好部分领域设备购置与更新改造贷款财政贴息工作，会同人民银行浙江省分行、省发展改革委加强贷款项目事后审核，提高贴息工作精准性、严谨性；指导金融机构做好贴息申报和拨付工作，缩减程序，提高政策执行效率。2022年，全省争取中央财政预拨贴息资金6.19亿元，约占全国总量的9.9%。

【提升普惠金融覆盖面】 实施促进企业融资奖励政策。对承销债务融资工具和使用央行支小再贷款发放民营和小微企业贷款的银行业金融机构实施奖励，省财政兑现奖励资金1.81亿元，引导金融机构发行债务融资工具5364.00亿元，其中民营企业发行债务融资工具603.00亿元；撬动支小再贷款发放2254.00亿元。推进政府性融资担保机构体系改革。实施省级担保费用补贴政策，加大对重点领域市场主体担保业务支持力度。政府性小微企业和“三农”融资担保余额2106.73亿元，担保放大倍数5.39倍，省担保集团有限公司再担保业务规模1461.89亿元，较年初增长38.98%，平均担保费率保持在0.69%。落实中央财政支持普惠金融发展示范区奖补政策。支持地区性普惠金融发展，改善区域性小微企业、“三农”融资环境，金华市、台州市、丽水市入选2023年中央财政支持普惠金融发展示范区名单，争取中央奖励资金6000万元。支持地方金融业高质量发展。全年对2个市、10个县（市、区）下达补助资金3000万元，推动地方金融改革创新，在金融服务平台建设、推动企业对接多层次资本市场、支持困难群体创业、助力消除集体经济薄弱村等方面提高服务实体经济能力。

【发挥农业保险作用】 推进农业保险扩面提标，全年省级财政投入保费补贴资金6.29亿元，争取中央财政补贴资金5.08亿元，全省政策性农业保险中央和省定险种保费规模13.69亿元，为农户提供风险保障525.30亿元。优化全省公益林保险条款，将保险责任从单一火灾扩大至包括主要自然灾害、病虫害。完善生猪养殖保险条款，在保险标的中增加幼龄种公猪，扩大保障范围。

【开展巨灾保险试点】 鼓励先行先试，省级财政安排以奖代补资金3280万元，推进温州市、台州市、丽水市构建与台风、强降雨、泥石流等不同灾因配套的巨灾保险机制，探索采用损失补偿和气象指数型两类模式开展保障服务，指导试点地区健全资金管理制度。2023年台风“梅花”“杜苏芮”过境，试点地区通过巨灾保险机制，统筹保险机构力量开展灾前风险防御、灾中配合救助和灾后损失补偿等工作，发挥“保险+服务”在防灾减灾中的作用。

【强化国有金融资本管理】 完善省属金融企业激励约束机制。制定省属金融企业经营业绩考核办法，“一企一策”优化指标体系，做好企业经营业绩考核与省委、省政府年度综合考核指标体系衔接。优化金融企业法人治理机制。指导省金融控股有限公司、省担保集团有限公司等金融企业修订公司章程，发挥外部董事专业咨询作用，开展外部董事首年度履职评价。支持省属金融企业改革发展。履行财政出资人职责，支持省金融控股有限公司做强做优做大、申请金融控股公司牌照，帮助规划申牌方案。引导省属金融企业服务实体经济。指导建立由省财政厅考核办法和6家省属金融企业服务实体经济工作方案组成的省属金融企业“1+6”工作机制，引导6家省属金融企业围绕三个“一号工程”，制定服务实体经济“一企一方案”。筑牢金融企业风险底线。通过第三方机构专项财务调查，针对金融企业战略发展、激励机制和内控制度问题，监督企业修订考核机制，指导完善内控制度和问责处理。完成省领导牵头重要课题。争取并高质量完成浙江省副省长重点调研课题《推进浙江省金融现代化，高水平支撑“两个先行”》的子课题，探究新时期国有金融资本管理体制构建思路。

【加强政府外债管理】 修订《浙江省国际金融组织非主权项目申报操作指南》，明确业务范围、业务模式，成功争取湖州银行可持续基础设施项目作为新开发银行全国首个非主权贷款项目，贷款规模5000万美元等值人民币。联合省工商联，邀请世行集团国际金融公司专家到省工商联青年企业家培训研讨班上开展讲座，借助浙江民营经济商会平台宣传国际金融组织非主权业务。开展蓝景科技等企业与世行集团国际金融公司“一对一”精准对接服务，提供国际金融资源便利。以信息系统全面使用为抓手，加强项目全生命周期管理，提升主权外债信息化管理水平。

（省财政厅金融处供稿　陈燕燕执笔）

社会保障财政财务管理

【概况】 2023年，浙江省社会保障财政财务管理工作聚焦改革攻坚，推进公共服务“七优享”，支持民生事业高质量发展。全省社会保障和就业支出、卫生健康支出分别为1497.70亿元和1148.002亿元，分别比上年增长6.9%、下降7.1%，两项支出占财政支出比重为21.4%。社会保险基金总收入6809.52亿元，总支出6893.05亿元，滚存结余5779.60亿元。

【保障公共服务“七优享”】 全年下达“七优享”省级财政资金307.89亿元。推进舟山公共服务一体化工作，开展课题调研并形成《加快推进舟山公共服务一体化调研报告》，获省领导肯定，并就完善转移支付管理等三方面研究提出13项财政支持举措。完成共同富裕省部协同机制联合调研课题工作，形成《健全城乡居民基本养老保险筹资和待遇调整机制》《优化最低生活保障标准制定机制的研究》报告，上报财政部。

【落实就业优先政策】 全年下达中央和省级就业补助资金18.37亿元，加快建设高质量就业创业体系。推动宁波市入选中央财政支持就业创业示范项目，获中央补助1.00亿元。全年下达省级高技能人才和社保专项资金4.47亿元，支持壮大技能人才队伍、提质增量技工教育和信息化建设等。继续实施阶段性降低失业保险费至1.0%的政策；支持零工市场建设，对新建零工市场给予每家10万元一次性省级补助；支持实施数字经济高技能人才倍增行动，健全数字技能人才培训、使用、评价、激励机制；建立职业技能提升行动专账资金省级统筹机制，支持地方开展重点紧缺行业技能人才培训。

【推进社保事业发展】 深入实施养老保险全国统筹。持续推进待遇项目清理规范工作，向国家报送清单外待遇项目清理规范方案。向国家争取单位费率和缴费基数优惠政策，缓解企业经营压力。有序做好资金调度归集，按规定及时上缴全国统筹调剂资金132.73亿元。落实地方财政支出责任，及时足额安排140.74亿元财政资金补助基金。持续推进养老保险制度改革。协同开展企业职工基本养老保险工作考核，对考核优秀市县减免省级统筹责任额2.55亿元。落实困难市县帮扶机制，对符合条件的困难市县减免省级统筹责任额2.91亿元。印发《关于调整城乡居民基本养老保险缴费档次和缴费补贴标准等有关事项的通知》《关于明确省属杭外机关事业单位属地参保基金收支责任有关事项的通知》。继续提高养老保险待遇水平。从2023年1月1日起调整基本养老金水平，惠及全省946万退休人员，人均基本养老金增长3.8%。落实城乡居民基本养老保险基础养老金正常调整机制，2023年7月1日起省定基础养老金从190元/月提高至200元/月，安排省级以上补助资金65.93亿元。推进基本医疗保险改革。城乡居民基本医疗保险财政补助省级标准提高到每人每年660元，落实省级补助资金26.39亿元。落实城乡医疗救助省级补助资金6.72亿元。推动家庭型医疗保障政策入选浙江省高质量发展建设共同富裕示范区第三批试点，印发浙江省家庭型医疗保障政策试点实施意见。2023年12月26日，出台《浙江省城乡医疗救助基金管理暂行办法》。推进失业保险和工伤保险省级统筹。协同制定《关于失业保险省级统筹的实施意见》《关于工伤保险省级统筹的实施意见》，以及两项保险基金的绩效考核和责任分担办法、预算管理办法、收支经办规程等配套政策。

【夯实社保基金运行管理】 继续开展社保风险准备金计提比例调整工作，缓解地方财政收支平衡压力。继续完善社保基金预算编制，推进预决算编制与审核标准化，提高基金绩效管理水平，在2022—2023年度全国社会保险基金预算绩效管理工作考核中，省财政厅蝉联一等奖。开展全省社会保险基金领域专项整治行动，强化资金使用管理。分别拨付工伤保险和失业保险省级调剂金1.08亿元和8.06亿元，增强地方基金可持续和抗风险能力。针对工伤保险基金收支不平衡问题，撰写《浙江省按建设项目参保工伤保险基金存在的风险分析及有关建议》，获省领导批示。

【推进卫生健康体系建设】 强化公共卫生服务保障。基本公共卫生服务人均财政补助标准提高到年人均102元，安排转移支付资金21.34亿元，支持各地开展基本公共卫生服务。推动落实城乡居民免费健康体检、重点人群免费接种流感疫苗、重点人群免费重点疾病筛查等。完善医疗服务体系建设。安排省级财政资金2.92亿元，支持省、市三甲医院对口支持32个山区海岛县提升县域医疗卫生服务能力。推动湖州市入选国家公立医院改革与高质量发展示范项目，获中央补助资金，为全国唯一连续两年获示范项目的省份。持续推进“医学高峰”建设。落实省级财政资金10.74亿元，支持国家卫生健康委和浙江省共建国家区域医学(医疗)中心和中科院医学所建设,提升尖端医疗技术水平。制定省高层次人才特殊支持计划医疗卫生领军人才、医疗卫生青年人才有关政策。加大中医药事业支持力度。推进国家中医药综合改革示范区建设,落实省级财政资金1.16亿元,支持县级中医院强院建设和中医药传承创新发展。争取政府专项债券2.31亿元,支持省级中医医疗机构重大项目建设。制定山区海岛县中医医院中医药特色专科“百科帮扶”项目绩效评价管理办法。推动宁波市入选中央财政支持中医药传承创新发展示范试点项目,三年将获中央补助2.00亿元。推动落实促进人口生育政策。支持实施普惠托育基本公共服务试点工作。推动杭州市入选2023年度中央财政支持普惠托育发展示范项目,两年将获中央补助1.00亿元。落实省级财政资金6.73亿元,支持生育关怀及相关生育家庭补助等。将新生儿疾病筛查项目省级标准提高到每人328元,推动提升儿童健康水平。加强新阶段疫情防控保障。下达疫情防控相关财力补助资金37.01亿元,支持新增重症救治病房(ICU)床位建设、提升医疗救治能力等。制定“乙类乙管”后新冠患者救治经费保障和一线医务人员临时性工作补助有关政策。及时下达疫情防控人员核增一次性绩效工资和临时性工作补助资金。

【提升救助优抚水平】 提高困难群众社会救助水平。下达困难群众救助资金27.94亿元,至2023年12月底,全省最低生活保障平均月标准1149元,比上年提高了65元,平均补差水平达到925元/(人·月),比上年同期增加133元/(人·月),增幅16.7%。下达孤儿及困境儿童生活费补助1.47亿元。2023年2月2日,与省民政厅联合出台《浙江省社会救助家庭供养费核算办法》,合理确定供养义务人法定责任,相应增加政府法定救助责任。支持残疾人事业发展。下达残疾人各类补助15.92亿元。推进实施第三期(2023—2024年)残疾人服务能力提升工程,通过竞争性分配重点支持20个县(市、区)残疾人服务能力提升。加强养老服务体系建设。下达省财政现代养老服务体系建设补助资金10.59亿元,重点支持养老服务机构设施建设、居家养老服务照料中心(服务中心)运营补贴、城乡社区居家养老服务照料中心智能终端配备等。协同出台《浙江省社区(村)居家养老服务照料中心智能服务终端配置方案(V1.0)》,推进省政府十方面民生实事项目开展。促进全省慈善事业高质量发展。下达慈善事业引导资金1800万元。11月27日,与省民政厅联合印发《浙江省慈善事业引导资金项目评定细则》,开展慈善事业高质量发展县(市、区)、最佳慈善组织、最佳参与项目评审。做好退役军人服务保障工作。下达经费18.63亿元,提高部分优抚对象生活、抚恤和医疗保障水平。做好部分退役士兵基本养老保险补缴财政补助资金结算工作,为全省47231名退役士兵补缴基本养老保险6.05亿元。争取中央财政支持优抚医院能力提升项目资金1800万元。协同出台《浙江省烈士亲属异地祭扫组织服务工作实施办法》《浙江省自主就业退役士兵教育培训政策补充意见》。

(省财政厅社会保障处供稿　钟昀陶执笔)

经济建设财政财务管理

【支持推进三个“一号工程”】 保障数字经济创新提质“一号发展工程”。安排省工业与信息化专项资金20.80亿元,其中14.94亿元用于重点支持数字产业化、产业数字化。围绕数字技术创新、数字产业提升、数字融合治理3大重点领域,通过政府产业基金和数据价值释放两大抓手,形成五方面74项政策清单,构建数字经济创新提质“3+2”财政支持政策体系,并获评2023年省数字经济创新提质“一号发展工程”优秀案例。构建财政支持“一号开放工程”政策体系。形成开放提升十大行动*30项具体举措任务清单,建立常态化调度工作机制,确定市县18项试点任务。争取宁波舟山港启运港退税政策和金华义乌陆路启运港退税政策落地,浙江省成为全国唯一拥有陆路和水路退税政策的省份;《打好“稳、拓、调”财政政策组合拳 助力外贸外资高质量发展》获评浙江省“地瓜经济”提能升级“一号开放工程”第二批最佳实践案例。保障营商环境优化提升“一号改革工程”。落实《浙江省促进民营经济高质量发展若干措施》,配套形成加大产业基金、政府采购对中小微企业支持力度2项牵头措施以及落实减税降费、强化金融保障等11项配合措施组成的“2+11”政策体系,分别制定工作方案、操作手册、县市落地模板。优化涉企补助补贴兑付机制,排摸各地政府涉企补助补贴在线兑付平台,指导湖州市制定深化财政惠企资金一键兑付直达快享机制改革方案,印发温州市惠企政策“直通车”改革案例供市

中国(余姚)国际塑料博览会暨第二十三届中国塑料博览会

县学习借鉴，健全政府涉企补助政策直达快享机制的专报获省委、省政府领导批示。其中“构建规范清晰的涉企补助补贴政策体系”“实现政策‘免申即享、直达快享、快享快办’”等建议被省委改革办纳入全省《推进政务服务增值化改革的实施意见》。

【落实“8+4”经济政策体系】 围绕扩大有效投资等8个重点领域政策包和财政金融保障清单等4张要素保障清单，谋划“一图一表一体系”（政策框架图、汇总表及政策体系）财政支持政策，全省“8+4”财政资金保障规模6003.88亿元。通过“协同破难”专班落实机制、“督考结合”闭环管理机制和“直达快享”资金拨付机制，至2023年12月底，全省财政保障资金实现应下尽下、应享尽享，获省领导肯定，入选省财政厅“百名处长查百难破百题建百功”十佳案例。其中，围绕扩大有效投资政策包，2023年度安排省级财政资金160.60亿元，支持省级政府投资项目建设162个，带动年度投资629.60亿元；会同交通部门争取中央资金并分配下达2023年中央交通运输类各项资金75.00亿元；争取中央车购税资金10.00亿元，联合宁波、金华两市统筹资金16.00亿元，支持宁波—金华综合货运枢纽补链强链建设。围绕“415X”先进制造业集群培育政策包，以推动产业升级为核心目标，以人才引育和科技创新为两大支撑，创新构建“4+2”先进制造业集群财政支持政策体系，全年预算安排资金176.93亿元，该政策体系入围2023年全省“十项重大工程”典型经验做法；聚焦省级特色产业集群建设，以“一集群一支持政策”的思路，创新推出核心区协同区财政专项激励政策，全年安排财政资金3.01亿元，助力提升特色产业整体竞争力；指导各地及时提足用好“腾笼换鸟”专项经费，持续保障新一轮制造业“腾笼换鸟、凤凰涅槃”攻坚行动实施。围绕世界一流强港和交通强省建设政策包，通过资本金注入、国有资本经营预算安排等方式支持省交通集团做大做强，利用交通投融资平台多渠道筹措建设资金；研究世界一流强港建设和浙江省存量铁路运营补亏成因及解决路径的财政支持举措。

【推进“两稳一促”】 *出台超常规外资招引政策。*2023年3月26日，省政府出台《更大力度吸引和利用外资若干措施》，在2023—2025年三年政策期限内，每年安排5.50亿元用于项目补助，发挥财政吸引及利用外资的引领作用。9月21日，会同省商务厅出台《更大力度吸引和利用外资工作若干措施奖补政策实施细则》，统一申报流程，简化申报材料，增强政策可操作性。*打好外贸“稳拓调”政策组合拳。*统筹中央及省级资金17.46亿元，在扶持外贸主体、推动开放平台提能升级、提升风险防控能力等方面提供政策支持，包括支持省级重点展会、省级海外仓、兑现出口信保补助、进口贴息、贸易摩擦律师费补助等。制定引导和培育浙江省航空口岸新开国际航线专项资金管理办法，将航线培育激励范围扩大至杭州、温州、义乌3个口岸机场，提升航空运输国际化水平。*落实促消费扩内需政策。*安排财政资金1.46亿元，支持高品质步行街、夜间经济、智慧商圈等消费集聚区建设，加快打造新型消费场景。实施电商式“共富工坊”专项激励，对100个重点工坊予以支持，拓展农村产品线上销售渠道。*畅通商贸流通体系建设。*争取中央资金2.13亿元，支持第二批19个试点区、县（市）及商贸龙头企业开展县域商业体系建设。争取浙江省纳入首批生活必需品保供体系建设试点，获得中央资金1.10亿元，支持杭州、金华、台州保供体系重点项目建设，加强重要民生商品保供稳价。

【支持中小企业“专精特新”发展】 争取国家中小企业发展专项资金2.19亿元，支持全省国家级专精特新“小巨人”企业高质量发展以及中小企业数字化转型。组织开展国家中小企业数字化转型试点城市遴选，择优推荐杭州市入围第一批试点城市。安排省中小企业发展专项资金5.00亿元，其中3.23亿元支持培育国家级专精特新“小巨人”、省级“专精特新”中小企业、省级隐形冠军企业等7类优质企业。创新推出园区精准服务财政专项激励试点，安排资金1.00亿元，支持23个园区探索构建“园区+服务团队+共性普惠服务+个性精准服务”新模式。

【推动区域协调发展】 *高质量推进长三角一体化。*全年下达省长三角一体化奖补资金0.90亿元，支持一体化重点区域、重大平台建设。2023年11月17日，修订出台《浙江省推进长三角一体化发展资金管理办法》。安排示范区先行启动区财政专项资金9.61亿元，支持示范区跨区域重大项目、先行启动区重点项目、示范区能力建设和执委会运行保障等。*支持山海协同联动发展。*全年下达山海协作资金12.48亿元，引导共建双方推进山海协作“产业飞地”和特色生态产业平台高质量建设。下达2023年海洋（湾区）资金20.00亿元，支持海洋产业发展和海洋（湾区）重大基础设施建设，资金支持方式从“补建设”向“补运营”转变。*落实“财联东西”专项行动。*全省全年筹集并拨付对口支援和东西部协作财政资金64.03亿元，其中对口支援资金28.79亿元，东西部协作帮扶四川资金34.50亿元，重庆涪陵、湖北恩施等地区0.74亿元。助力新疆、西藏、青海结对地区乡村基础设施和民生项目建设，支持兵团向南发展、兵地融合发展。赴对口援助地区进行调研，加强对前方指挥部、工作组经费管理指导。*推动产业结对促共富。*创新设立制造业高质量发展结对促共富示范创建财政专项激励政策，2023—2025年，每年安排18.00亿元择优支持18个工业大县与18个山区县合力探索“产业结对促共富”新模式。

【增进民生福祉】 *推动试点示范工作创先争优。*推荐建德市成功争取中央传统村落集中连片保护利用示范，两年试点期补助资金3750万元；推荐衢州市成功争取第三批中央系统化全域推进海绵城市建设示范，三年试点期补助资金9.00亿元。指导杭州市、金华市完成中央财政海绵城市建设示范补助资金年度绩效评价，评价等次在全国45个示范城市中名列前茅。*支持城乡*

基础设施建设。统筹省住房与城市建设专项资金10.56亿元，支持城镇生活垃圾和污水处理基础设施、海绵管廊、排水防涝设施、美丽宜居村庄等建设。安排资金1.28亿元推进农村生活污水治理“强基增效双提标”，安排资金1.00亿元支持美丽城镇建设。修订出台《浙江省住房与城市建设专项资金管理办法》《浙江省历史文化名城名镇名村保护专项资金管理办法》，提高资金绩效。推进城镇保障性安居工程建设和农村危房改造。争取中央财政资金26.56亿元，统筹省级资金5.00亿元支持租赁住房保障、城镇棚户区改造、城镇老旧小区改造；引导市县因地制宜发展共有产权住房，加快助力“浙里安居”品牌建设。配合财政部完成浙江省2022年中央财政城镇保障性安居工程补助资金重点绩效评价，综合评价总分在90分以上。安排资金4206万元，落实农村困难家庭危房改造即时救助政策。支持供销系统建设和商品应急储备。安排省供销社财政扶持资金4250万元支持全省供销系统综合改革和“三位一体”农合联建设；支持健全平战结合的常态化应急医疗物资保障体系；支持省级化肥、农药、棉花等重要商品应急储备，提高各类突发事件应对能力。

（省财政厅经济建设处供稿　徐　峰执笔）

注：

***开放提升十大行动：**实施超常规激励内外资招引行动、实施支持国际市场开拓行动、实施支持企业海外资源配置行动、实施支持省外投资拓展行动、实施支持长三角一体化推进行动、实施促进双循环物流能力提升行动、实施支持内外贸一体化建设行动、实施支持产业链保链稳链行动、实施支持贸易风险防范行动、实施省域财政开放政策平衡行动。

财政监督

【加强财会监督】　加强财会监督顶层设计。2023年5月31日，以省委办公厅、省政府办公厅名义出台《浙江省进一步加强财会监督工作的实施方案》，初步形成党全面领导、政府协调、省市联动、五大监督主体各司其职又互相配合、各类监督贯通协调的财会监督省域顶层设计。提升监督检查工作实效。开展全省财政系统“财会监督年”活动，实施六大任务26项举措。2023年，全省（不含宁波）县级以上财政部门监督检查36061户（涉及投诉举报58户）行政事业单位和企业，发现违法违规问题3004户，涉问题资金836.32亿元。至2023年年底，完成整改2958户，纠正财政违法违规资金498.48亿元，其中追缴收回（扣拨）资金6.16亿元；查补财政收入6665万元、罚没款150万元。牵头开展财政部地方财经纪律重点问题专项整治、全省农机购置补贴专项检查、粮食购销领域财政财务管理专项检查、涉企补贴补助资金专项检查、财政资金违规建设楼堂馆所专项整治工作“回头看”、2022年度全省预决算公开情况专项检查等工作。联合省注协、省评协对88家会计师事务所、49家资产评估机构开展执业质量检查，并对9家会计师事务所及19名注册会计师开展超出胜任能力专项检查。全省处罚会计师事务所11家、资产评估机构2家、注册会计师36名，没收违法所得33万元。省本级全年受理执业质量投诉举报61件，涉及会计师事务所35家、资产评估机构2家。浙江省财政厅连续4年获财政部“地方财会监督工作综合表现突出集体”荣誉。

【深化预算绩效管理改革】　健全预算绩效管理制度机制。出台《浙江省政府投资项目预算绩效管理办法》《浙江省省产业基金绩效评价管理办法》等多个重点领域绩效管理办法，强化绩效管理深度和广度。加强绩效目标管理。编印《绩效目标编制审核手册》，加强对预算部门指导，提升预算绩效目标指标编制质量；对47家省级部门（单位）56个重点项目开展绩效目标实质性审核，涉及财政资金41.56亿元，对项目申报、实施、绩效目标设定等方面提出问题及建议114条，优化财政资源配置。推进部门整体绩效预算改革。组织95家省级部门开展整体支出绩效自评，选取8家部门开展部门整体支出财政重点评价，首次实现省级部门整体评价全覆盖，并建立部门整体绩效评价结果与预算安排挂钩的奖惩机制，对5个财政评价结果为“优”的省级部门2024年部门预算日常公用定额予以上浮3.0%的奖励。开展财政重点绩效评价。聚焦高质量发展、“8+4”经济政策体系等中央和省委、省政府重大决策部署，组织实施26项财政重点绩效评价，涉及财政资金1511.22亿元，发现政策内容重复、实施效益不高等问题80项，针对性提出促进政策迭代优化、改进管理的建议37项。针对性开展“小切口”绩效评价，将省本级委托业务费绩效评价结果应用于预算安排，压减2024年一般公共预算委托业务经费2.65亿元，较上年减少6.6%。完善部门考评体系。根据省委、省政府综合考核改革要求，将财政绩效管理指标纳入省直部门单位综合考核，强化激励约束，压实部门预算绩效管理主体责任。

【推进财政内控内审工作】　加强财政内控建设。持续完善“1+10+X”*内控体系，修订财政内部控制基本制度，健全内控操作规程和管理机制。开展重点领域防控，围绕财政核心业务、重点工作任务及高风险事项，压实责任，防范业务风险和廉政风险。深化机关效能建设，开展“指尖上的形式主义”整治；紧盯财政专项资金分配和管理使用等廉政风险易发多发领域，修订资金管理办法和制度，确保财政资金安全高效使用。落实财政部内控委会议精神，实施内控建设、执行、监督能力提升行动，组织市县财政部门开展内控自查和专项核查。通过书面调研、宣传培训、开展试点以及内控考评等方式提升市县财政内控意识，推动全省财政内控建设走深走实。加大财政内审力度。坚持“离任必审”，2023年对5家厅属事业单位开展内部审计，发现并整改问题8个，推动下属事业单位内部规范管理。省财政厅财政监督局获省审计厅“全省单位内部经济体检先进集体”荣誉。

【规范综合审计联络服务】　完成审计署上海办财政收支审计和

省审计厅同级审有关工作，配合完成审计署社保基金、林业资金、畜牧和水产品稳产保供、税收和非税收入专项审计和省本级共同富裕涉农专项政策资金审计、"8+4"经济政策体系重点任务推进情况审计等工作。配合完成中央预算执行审计工作报告和2022年度浙江省审计工作报告整改和牵头整改工作，并根据省领导批示牵头全省同级审综合报告整改工作。规范审计公文分办，全年分办各类"财监审"文件48个，配合办理各类审计答复函14个。

【加快重塑预算审核体系】 完善审核系统制度文件。修订《省级部门项目预算审核业务管理规程》《浙江省财政项目预算审核中心财务管理办法》，保障预算审核高效规范运行。印发《浙江省财政项目预算评审专家管理办法》《浙江省财政项目审核业务委托管理办法》，发挥第三方"智库"作用，提升项目预算审核水平。在全省财政项目审核系统出台深入推进"清廉财审"建设实施方案，加强财政项目审核领域清廉建设。保障重点项目审核。2023年审核预算项目957批，送审340.66亿元，审核298.52亿元，核减42.14亿元。集中审核省属高校基础设施维修改造预算和省本级电子政务项目预算审核等省委、省政府重点关注项目，加强保障省公共卫生临床中心建设工程、钱塘江北岸海塘安澜工程、温州省属粮食储备库建设工程等重大政府投资项目审核。建设预算审核一体化系统。建设新审核应用并实质性嵌入预算管理一体化系统，配套建设相应标准库、案例库和监督监控预警功能模块，实现审核业务流程与总体预算编制业务融合贯通，强化预算审核结果刚性应用。推进标准建设工作。制定《滨海湿地、生态修复、碳汇能力建设工程标准及绩效评价(事前)指标体系》《电子政务项目预算审核标准指南》。

（省财政厅财政监督局供稿　赵杨帆执笔）

注：

***"1+10+X"**："1"即1项内控基本制度，"10"即预算编制风险控制、预算执行风险控制、财政专项资金风险控制等10项专项风险控制办法，"X"即X项内控业务操作规程及内控管理细则。

政府采购监督管理

【概况】 2023年，浙江省积极推进政府采购增值化改革，拓展政府采购政策功能，加快长三角政府采购一体化，持续优化政府采购营商环境，全省政府采购规模1812.80亿元，占全省一般公共预算支出的14.7%、地区生产总值的2.2%。

【推进政府采购增值化改革】 2023年11月9日，省财政厅出台《关于积极推进增值化改革 持续提升政府采购营商环境的通知》，对标世界银行营商环境评估要求，打造全流程政府采购改革一类事服务应用，试点建设网超商品规范化管理、远程异地开评标等数字化改革项目，推动政府采购服务普惠便利。打造中小企业政采清单，会同杭州市财政局制定《"中小企业政采清单"试点操作办法》，助力中小企业精准、集成获取需求，构建政企供需对接机制。政府采购增值服务工作获评全省优化提升营商环境第一批最佳实践案例，获评全省"小微你好"暖企助企惠企专项行动优秀服务案例。

【发挥政府采购政策功能】 协同制定《浙江省促进民营经济高质量发展若干措施》中政府采购有关政策，制定加大政府采购对中小微企业支持力度的工作方案、操作手册、落地模板。将杭州市作为试点示范地区促进政策落地落实落细。2023年11月17日，会同省发展改革委等6部门联合出台《关于政府采购工程落实支持中小企业发展政策的通知》。全省全年中小企业获得政府采购合同金额1558.72亿元，占政府采购规模的86.0%。深化政府采购支持绿色建材促进建筑品质提升试点，会同省建设厅、省经信厅指导推动杭州、宁波、湖州、绍兴、台州5个试点市开展绿色建材试点工作，研究完善绿色建筑和绿色建材需求标准，扩大绿色建筑和绿色建材运用。对节能、环保产品实施优先、强制采购，2023年采购节能节水、环保产品规模占同类产品采购规模的95.2%和91.6%。贯彻落实对首台(套)产品的政府首购制度，通过政采云制造(精品)馆对首台(套)产品进行展示销售。2023年政采云制造(精品)馆成交金额1.52亿元。组织、指导和督促全省各级预算单位采购脱贫地区农副产品，全省全年采购脱贫地区农副产品1.98亿元。

【优化营商环境】 开展招投标领域民营企业限制问题调研，听取省市相关行政监督部门、81家民营企业和2家国有企业意见建议，形成《关于招投标过程中对民营企业限制问题调查情况的汇报》，获得省长批示，常务副省长专题研究相关政策建议。对标世界银行营商环境评估指标，全省统一部署开展政府采购营商环境自查清理工作，以走访、座谈、调研等多种形式听取企业意见建议126家，形成自查整改报告上报国库司。印发具体案例和行为规范，梳理发布7类63项政府财政部采购禁止行为清单指引，推动政采领域公平竞争。

【推进长三角政府采购一体化】 2023年6月27—28日，牵头召开长三角政府采购一体化协同发展座谈会，建立健全一体化协调机制。会同上海、江苏和安徽制定《推进长三角政府采购一体化发展五年行动计划》，在10月19日的长三角"三省一市"财政厅(局)长联席会议上正式签署，明确2023—2027年长三角政府采购一体化发展总体目标和主要任务，合力打造区域政府采购一体化发展示范样板。

【加强政府采购监管】 推进以政府采购纠纷集中裁决为核心的行政裁决机制，将集中裁决试点扩大至省本级和杭州市全域，打造统一受理、统一流程、统一审查、统一判定、统一尺度的处理机制，降低同案不同判风险，维护市场主体合法权益，全年受理集中裁决投诉案件155件。推进集中采购目录内货物和服务框架协议采购，完成审计服务等11个服务类项目框架协议采购，逐步开展计算机等货物类项目框架协议采购。制定《资产评估服务政府采购需求标准》《物业管理服务政府采购需求标准》报送财政部，推动政府采购需求标准建设。实施政府采购评审专家能力提升工程，开设网络课程对全省评审专家开展继续教育工作，对不符合资格条件的专家进行清理，全年取消问题专家评审资格42名。严格公务用车审批管理，关口前移建立公务用车预算前置审批机制。2023年10月31日，会同省机关事务管理局出台《关于加快推进全省行政事业单位新能源汽车推广使用工作的通知》，引导各级、各单位带头配备新能源汽车。

【协助杭州亚运会、亚残运会采购】 派遣业务骨干赴杭州亚组委工作，协助亚组委在执行政府采购政策前提下高效完成杭州第十九届亚洲运动会、第四届亚洲残疾人运动会采购任务；建设“政采云杭州亚运主题馆”并做好运行维护工作；协助参与亚组委相关采购项目质疑处理；协助亚组委完成审计问题答复及整改工作。

（省财政厅政府采购监管处供稿　冯　华执笔）

财政政策法规

【加强党对法治工作领导】 深入学习贯彻习近平法治思想，将《习近平法治思想学习问答》《习近平法治思想学习读本》纳入学习计划，作为党组理论学习中心组学习、干部培训、党员学习的重要内容。厅主要负责人履行推进法治建设第一责任人职责，在省人大常委会对政府组成部门负责人依法履职情况评议中名列前茅。落实领导干部学法制度，全年开展法治专题学习4次，重点学习习近平法治思想、宪法、党内法规以及财税法律法规。省财政厅连续9年获省法治政府考核优秀。

【开展财政政策全生命周期跟踪机制试点】 以杭州市、温州市、青田县等5市、县（市、区）为试点，开展财政政策全生命周期跟踪机制试点建设。在试点地区构建财政政策营商环境评价体系，覆盖公平性、公开性、普惠性等六大维度18个二级指标，建立事前、事中、事后全生命周期跟踪机制，形成涉企资金全网查、产业政策一本通等改革案例。

【开展财政执法机制升级行动】 推进财政领域行政行为自动赋码，依托“大综合一体化”执法监管数字平台，为涉企财政行政行为自动赋码、无感赋码，电子签章使用率、平台出件率、线索处置率均100.0%。重塑财政行政处罚裁量基准，2023年12月20日出台《浙江省财政厅行政处罚裁量基准实施意见》，促进财政部门依法行政。开展“双随机、一公开”抽查，双随机抽查事项覆盖率、掌上执法率、信用规则应用率、跨部门监管率均达到规定要求。

【打造“浙江财政公职律师团”品牌】 2023年6月6日，出台《关于进一步深化落实全省财政公职律师纵向调配机制的通知》，建立公职律师定期值班制度，为基层解决财政法律问题逾150个。贯彻“使用是最好的培养”理念，通过公职律师纵向调配、涉企财政政策清理等工作实践提升公职律师能力水平，全省公职律师全年提供法律服务逾5000次。相关经验被《中国财经报》《中国财政》等媒体报道，并在全国财政法治工作培训班上作典型经验交流。

【加强行政规范性文件管理】 规范行政规范性文件格式，组织对省财政厅行政规范性文件合法性审查23件，按规定报省司法厅统一登记、备案。创新推行行政规范性文件“全面清理+专项清理”机制、政策制定者与执行者意见兼听机制，完成行政规范性文件清理329件，修订、废止或失效占比30.6%，在省委依法治省办专题会议上作经验交流。

【严控财政法律风险】 依法履行合法性审查职责，出台省财政厅合法性审查事项目录清单，全年出具法律意见建议554件，提供法律咨询逾500件次。规范财政重大决策程序，落实重大行政决策目录化管理和合法性审查机制，推动重大行政决策事项标准指引。依法办理行政复议应诉案件16件，持续保持行政诉讼零败诉纪录。

【开展公平竞争审查】 贯彻落实《公平竞争审查制度实施细则》，创新实施公平竞争集中审查机制，对政策文件全覆盖采取“业务处室自主审查+法规处复核审查”双审查模式，宣传推广公平竞争审查机制创新案例2个，编制公平竞争专题《学法手册》。组织开展全省破除地方保护和行政性垄断专项行动，组织全省财政系统对2016年以来制定的涉及市场主体的文件进行清理，自查存量文件2646件，审查增量文件281件，修改、废止妨碍公平竞争、减损企业权利的问题政策4件。

【开展财政法治宣传】 制定2023年度法治宣传教育责任清单，开展财政特色普法宣传教育。开展财政系统“八五”普法中期检查评估工作。围绕“12·4”国家宪法日开展宪法宣传周系列活动，举行2023年度新任副处级以上领导干部集体宪法宣誓仪式，省财政厅以宪法为主题的法律知识考试参考率和合格率均100.0%。坚持“服务大局普法”，聚焦“一号改革工程”、法治化营商环境建设、共同富裕示范区建设、大综合一体化改革等省委、省政府重大部署，通过试点机制、公职律师服务等进行针对性普法。运用公民法治素养观测点，做好系统内观测点指导工作。

（省财政厅政策法规处供稿　毛明辉执笔）

党建工作

【学深悟透习近平总书记考察浙江重要讲话精神】 第一时间制定学习宣传贯彻习近平总书记考察浙江重要讲话精神方案四方面13条重点举措，在全系统掀起学习宣传贯彻热潮；紧扣省委“4+1”工作方案制定财政实施方案，建立5张任务清单，集成18项重点任务85条具体举措，抓好贯彻落实。党组带领学。召开党组(扩大)会议，传达学习习近平总书记考察浙江重要讲话精神以及省委常委会、全省领导干部会议精神，研究部署财政贯彻落实意见。召开厅长碰头会，对照习近平总书记重要讲话精神中涉及财政的工作要求和重点任务，逐条逐项梳理研究。召开厅党组理论学习中心组学习(扩大)会，全面深入学习习近平总书记重要讲话精神。支部紧跟学。各支部结合“三会一课”、主题党日等活动，采取厅领导到所在支部带学、支部书记领学、党员干部个人自学等方式，确保习近平总书记重要讲话精神及时入脑入心、笃信笃行。发挥省市县乡四级财政机关党建“系统联动”机制作用，推动第二批主题教育单位深入学习贯彻重要讲话精神，实现全系统全覆盖。联动拓展学。依托“专题研学”“财政青年理论学习”等财政特色载体，紧扣财政中心工作，组织“财悦读·学思想”“与亚运共精彩·财政青年说”演讲比赛和“乡村振兴促共富·财政青年谈”等活动。循迹溯源学。组织党员干部参观“八八战略”实施20周年大型主题展览，赴金华李祖村、“枫桥经验”陈列馆、浙东运河文化园等地，开展现场重温、实地感悟。宣讲宣传学。在全省财政工作思路大调研中，厅领导紧扣4方面任务牵头开展联合调研，深入本系统本条线和基层一线开展面对面宣讲宣传，引导党员干部当好“对标看齐永追随”的红色管家。

【深入开展主题教育】 制定和实施学习贯彻习近平新时代中国特色社会主义思想主题教育“1+4+2”*工作方案，创新“循迹溯源学思想促践行”，抓早抓实抓特色，引导党员干部强化“五财并举”(科学生财、创新聚财、精明理财、高效用财、勤廉管财)理念，走好“四个最”(最讲党性、最讲政治、最讲忠诚、最讲担当)第一方阵。有关做法在上级相关会议上作交流发言3次，得到省委巡回指导组“理论学习有高度、调查研究有深度、整改整治有力度、推动发展有效度”的评价。坚持凝心铸魂。深化“循迹溯源学思想促践行”，重梳习近平总书记关于财政工作的重要论述、重温“总书记在浙江”系列教材、重走总书记在浙江的足迹，举办“学思想·红五月”“我来领学”等特色活动。深入开展“八八战略”财政评估和课题研究，提炼形成“八个必须坚持”规律性认识，并在省委发布的综合评估报告中充分体现财政内容。制定和实施坚定不移深入实施“八八战略”的财政工作方案，通过新闻发布会、系列重点报道、主题征文等活动，充分展示财政成果。坚持破解难题。通过“厅领导十大专题调研”“百名处长查百难破百题建百功”等活动，找准调研切口和整改整治突破口，厅领导开展蹲点调研39次，解决问题95个。完成厅级层面问题整改销号7个，各支部“十大亟需解决的问题”整改销号238个，建章立制27项，形成整改整治“十佳案例”。其中1个案例被省委《感恩奋进、实干争先案例集》刊发，2篇信息被主题教育简报刊登。主动认领整改“表现在下面、根子在上面”问题4个，紧密对接第二批主题教育市县财政部门和需求单位，确保整改实效。坚持抓早抓实。第一时间学习中央和省委开展主题教育部署要求，全省动员大会召开后迅速召开全厅动员部署会。发挥省市县乡四级财政机关党建“系统联动”机制作用，围绕三个“一号工程”、共同富裕、杭州第十九届亚洲运动会、第四届亚洲残疾人运动会等中心工作，激发党员干部聪明才智。制定分月计划表，将理论学习、调查研究、推动发展、检视整改、建章立制5个重点举措细化到每个月，每月末在厅长碰头会上作为“第一议题”，逐项盘点完成情况。

【深化红色根脉强基工程】 抓好党建工作规范。2023年8月18日，修订出台《中共浙江省财政厅党组工作规则》。厅“两委”、党支部完成换届工作，深化党支部建设提升工程，出台《浙江省财政厅党务公开工作实施意见》，修订《简明党务手册》，健全制度机制。2023年，省财政厅获评省2022年直机关党建工作综合考评优秀单位，机关党建工作在全省组织工作会议上作交流发言。推进党建与业务深融合。发挥专题研学小组、系统联动等机制作用，紧扣三个“一号工程”、共同富裕等工作任务，推进机关党建与财政业务深度融合，在全省机关党建课题研究工作会议上作交流发言，以支农服务为核心的“三跑三降”(跑农村，降门槛；跑银行，降成本；跑数据，降风险)实践品牌获第十轮全省机关党建工作“最佳创新成果”第一名。坚持党建带好群建。强化党外人士政治引领。举行学习贯彻习近平新时代中国特色社会主义思想主题教育“财悦读·学思想”系列活动启动仪式。指导深化青年干部“明德守法、完善自我”专项行动，用好“8090”财政青年宣讲员队伍，举办青年演讲比赛，选派优秀宣讲员参加工委“‘八八战略’在身边”青年联学联讲活动，引导群团组织听党话、跟党走。

【开展“大走访大调查大服务大解题”活动】 2023年1月，制定省财政厅“大走访大调研大服务大解题”活动方案，落实“8+4”经济政策体系贯彻落实情况等7方面重点工作。2023年，省财政厅开展“服务部门、服务项目、服务市县”活动975次，其中厅领导带队116次，解决问题987个。开展全省财政工作思路调研，厅党组组成11个调研组赴各地调研，谋划2024年财政工作思路和重点举措并汇编成册。

【深化机关效能建设】 持续精文减会，全年“三类文件”发文数80件，完成年度配额(82件)的97.6%，会议数19个，完成年度配额(20个)的95.0%，发文数、会议数较上年只减不增。开展“指尖上的形式主义"专项整治，成立工作专班、开展实地调研、制定工作方案，做好整合提升、数据贯通、体验优化，保留应用27个，优化提升10个，整合兼并17个，删减率62.9%。

【推进清廉财政单元建设】 开展"以案为鉴明纪法、勤廉并重树标杆"集中警示教育月活动。紧盯元旦春节等重要节点，通报违反中央八项规定精神典型案例。推进"清风财韵"廉洁文化建设，创新构建清廉财政"三不腐"能力指数评价体系，通过月自评、季推送、年晾晒工作机制，坚持问题导向动态评、实时改，评价体系获评全省清廉单元建设十大创新案例、双建争先最佳案例，获省纪委、财政部领导肯定，在全省清廉浙江建设现场推进会上作交流发言；组织评选全省清廉财政建设成绩突出单位，6个市、县（市、区）财政局获省委办公厅发文表扬。

（省财政厅直属机关党委供稿　朱知攀执笔）

注：

*"1+4+2"："1"，即主题教育工作方案；"4"，即理论学习方案、调查研究方案、问题整改方案、建章立制方案；"2"，即厅领导班子成立"五率先五示范"方案、"每日金句·我来领学"方案。

人事工作

【概况】 2023年，浙江省财政厅人事工作深入践行新时代党的组织路线，坚持好干部标准和"四个注重选拔、四个坚决不用"重大要求，对标"六个最"（最讲政治、最有格局、最善落实、最敢担当、最能奉献、最重形象）目标，推进干部工作提质增效，建设一支适应现代化建设的高素质专业化财政干部队伍，激励干部扎实做好生财、聚财、理财、用财、管财各项工作。

【持续优化队伍结构】 坚持党管干部原则，始终把政治标准放在首位，突出政治素质考察，注重在急难险重任务中考察干部实绩表现。强化"定期+动态"分析研判，深入开展干部队伍专题分析，准确掌握干部履职情况和一贯表现，提高选人用人精准度。发挥职务提拔和职级晋升双重激励作用，用好各年龄段、各类型干部，全年提拔正处级领导干部10名、副处级领导干部24名，晋升二级巡视员4名，晋升一级调研员及以下职级35名，晋升岗位等级16名，推动形成"把工作交给自己，把自己交给组织"的干事创业共识。加强干部源头储备，省财政厅机关面向"双一流"高校选调优秀毕业生4名，省财政厅直属参公单位公开招录、系统选调公务员8名，直属非参公事业单位公开招聘工作人员7名。

【赋能年轻干部成长】 强化干部队伍建设统筹谋划，紧盯选育管用"全链条"，2023年12月15日印发《浙江省财政厅关于进一步加强年轻干部队伍建设实施意见》，深入实施培根铸魂、薪火传承、青年菁英选育等4大类12项工程。深化落实"青蓝工程"，创新实施新进人员成长帮带双导师制，为19名新入职干部制定帮带培养方案，做到"一人一方案、一季一小结、一年一评议"。举办35岁以下年轻干部培训班、40岁以下青年骨干培训班，强化专业知识"补链"，提升政治理论和财政业务水平。定期举办"财政双周讲堂"青年专场，增进互学互促。组织"浙江财政8090宣讲团"，组建"浙江财政展示厅讲解团"，锻炼年轻干部综合能力。健全"干中学、学中干"能力提升机制，选派1名年轻干部参加省委巡视，1名干部参加主题教育督导，1名干部参加专项检查，继续选派1名年轻干部担任农村指导员，落实6名选调生赴基层锻炼。

【建强财政人才队伍】 深化系统专业人才库建设，完善评价机制和指标，全年组织开展3期专业人才库培训，为财政领域重点难点问题攻关储备高素质专业人才，推动财政事业和人才培养双促进。至2023年年底，全省财政系统人才库在库人员457名，入选财政部各类人才库39名。聚焦干部队伍能力素质提升，围绕贯彻"五财并举"理念、三个"一号工程"、乡村振兴促共富等主题，举办各类专业化能力专题培训班35个，培训干部4797人次，办好系统局长班、山区26县共同富裕专题培训班，举办"财政双周讲堂"20期，开展财政部经济财政专题干部履职通识网络课程学习系列讲座。推动干部多岗位锻炼，12月18日修订出台《浙江省财政厅干部岗位交流工作办法》，开展内部岗位交流25人次，选派1名处级领导干部援疆工作，1名处级领导干部到基层挂职。

【强化干部管理监督】 健全管思想、管工作、管作风、管纪律的从严管理体系，严格执行领导干部报告个人有关事项规定。执行"一把手"和领导班子监督实施细则和"五张责任清单"，落实规范领导干部廉洁从政"1+4"举措，开展干部亲属从业及从事经营性活动摸底排查，推动构建亲清政商关系。做实平时考核、做优年度考核，坚持绩由事考、人以绩论。落实"三个区分开来"要求，围绕财政核心业务，制定财政工作领域容错细化清单，并向市县财政部门发布，营造干事担当氛围。

【加强财政系统联动】 组织全省变革型财政组织创建优秀实践案例评选，评出湖州市财政局"财助营商"惠企政策精准直达全链改革等最佳实践案例10个、杭州市余杭区财政局数字赋能公物仓"五仓融合"等优秀实践案例15个。健全系统财政文化建设长效机制，举办第十届浙江省财政系统运动会，全省财政系统12支代表队400多名运动员参加。开展主题报道，展示文化建设成果，促进互学共鉴。

【做好老干部服务工作】 制定省财政厅离退党支部及党员主题教育计划，组织离退休干部赴杭州余杭小古城村等地学习，传承红色根脉。关注重点人群，摸底排查85岁以上、多病、独居退休干部情况，坚持有事必到、节日必到、有病必到“三必到”原则，全年走访老干部98人次。坚持需求导向，完善老干部活动场地和设施功能，细化“一人一策”精准服务措施，确保精准服务。

（省财政厅人事处供稿　连　旭执笔）

办公室工作

【全面加强政治机关建设】　牢固树立“三个首先、三个其次”*的理念，落实“第一议题”制度和闭环抓落实机制。深入学习贯彻习近平总书记考察浙江重要讲话精神，制定学习宣传贯彻实施方案，并对照省工作方案，制定财政落实方案。高质量开展主题教育，牵头开展“厅领导十大专题调研”和“百名处长查百难破百题建百功”活动，建立“十大亟需解决的问题”清单并实现整改销号。相关问题整改案例获评省财政厅十佳案例，并在财政部办公厅党总支主题教育集体学习研讨会上作交流发言。

【牵头推进三个“一号工程”】　学习贯彻省委“新春第一会”精神和省委书记易炼红来省财政厅调研讲话精神，牵头推进三个“一号工程”和“一号改革工程”财政工作。制定以三个“十大行动”推进三个“一号工程”的财政方案。围绕电子票据“关键事”和涉企事项“一类事”，集成“1+N”财政增值化改革清单，2023年10月30日出台《财政政务服务增值化改革实施方案》，提升财政政务服务水平，助力打造营商环境最优省。2023年，省财政厅三个“一号工程”有关工作获省委主要领导批示2次，入选省三个“一号工程”最佳实践案例5个，入选省委组织部优秀案例2个，政府采购增值化改革、电子凭证标准化改革分获省改革突破奖银奖、铜奖；组织评选全省财政系统三个“一号工程”最佳案例37个。

【提升公文办理质效】　落实《浙江省财政厅“公文指数”评分规则》等办文制度，持续提升办文质量和效率。执行文件总量和指标限额刚性管理，将文件精简工作纳入省财政厅机关考核内容，确保“三类文件”只减不增。持续健全政务督查督办工作机制，制定进一步提高省领导批示件办理质量和效率文件，通过工作要求清单化、答复格式模板化，提升办理质效。2023年，督查办理省委、省政府主要领导批示384件；督查办理厅领导批示313项；承办全国两会建议提案4件；承办省两会建议提案566件。

【加强财政宣传调研】　高标准开展“八八战略”20周年系列活动，实施“八八战略”综合评估，总结形成“八个必须”规律性认识，提出以“五财并举”助推“八八战略”走深走实工作举措。制定并实施“八八战略”20周年财政工作和财政成果展示，《新闻联播》《人民日报》《中国财经报》等主流媒体进行专题报道。报送专报信息，全年获国务院领导批示3条、国务院办公室采用7条、省领导批示53篇次。加大财政成果宣传力度，全年在中央及省部级媒体刊发各类新闻稿件80余篇，参加新闻发布会4次，推送微信241期近500条。

【优化完善考评机制】　做好省综合考核各项工作，对纳入省综合考核的重点指标，定期开展阶段性评估自查，及时查漏补缺，确保省委、省政府决策部署落地见效，省财政厅继连续20年获省政府绩效考评优秀单位后，再获2023年全省综合考核先进单位。根据省综合考核新要求，修订《浙江省财政厅综合考核实施办法》《2023年度浙江省财政管理绩效考评办法》，调整完善厅机关综合考核和全省财政管理（市县）绩效考评指标体系，发挥考核指挥棒作用。

【深化政务公开、保密、信访工作】　推进政务“五公开”，拓展公开内容。回应依申请公开，严把受理关、办理关、答复关，全年办理政府信息公开申请事项95件。严格落实国家保密制度，强化保密宣传和保密教育，持续提升干部职工守密能力，确保国家秘密和工作秘密绝对安全。做好人民信访工作，开展厅领导下访接访活动，推动信访事项高效办理，全年办理纸质信访件149件，处理网上来信（含咨询件）1912件，按期办理率100.0%、按期办结率100.0%；接待来访人员12批次15人。省财政厅连续7年获省政府直属有关单位信访考核优秀，并获评2023年度人民建议办理成绩突出单位。

【强化财务资产管理】　探索优化省财政厅部门预算编报方式，科学合理编制2024年部门预算。践行厉行节约和政府过“紧日子”要求，从严从紧安排“三公”经费预算，严控委托业务费等重点科目支出。加强厅属事业单位财务管理，强化对厅属事业单位支出审核及财务人员的培训。强化设备资产和财务管理，完成相关设备更新替代和部分资产划转和产权变更工作。

【提升服务保障能力】　牵头做好“三服务”（服务企业、服务群众、服务基层）工作，形成“月月有台账，服务出成效”的常态化服务机制。全年全厅开展“三服务”活动975次，其中厅领导带队116次，解决问题987个。持续推进工会工作，深化“家文化”理念，打造干部职工可信赖、可依靠的“职工之家”和“娘家人”，获评省财贸工会考核优秀单位和“模范职工之家”称号。

（省财政厅办公室供稿　何前超执笔）

注：

***“三个首先、三个其次”**：财政机关首先是政治机关，其次才是业务机关；首先是综合管理部门，其次才是具体操作部门；首先是参谋部，其次才是保障部。

直属单位概况

财税政策研究

【做好政策研究】 做好分析研判。围绕重大部署做好战略性研究，协助省财政厅办公室开展《“八八战略”指引下的财政探索与实践》综合性课题研究；聚焦三个“一号工程”，开展《赋能创新提质“一号发展工程”研发费用加计扣除政策还需再完善》课题研究。围绕省域重大改革做好前瞻性研究，配合省财政厅业务处室开展《完善浙江国有金融资本管理体制研究》《加快推进舟山公共服务一体化》等课题研究。做好财政可持续性研究，形成《土地财政：沿革与思考》《土地供给、产业结构与财政收入的内在逻辑——兼论财政协同参与土地管理》《浙江省土地储备专项债问题探析及建议》等研究报告。聚合政研力量。构建上下联动工作机制，通过建立、完善课题协作、基层研究基地、系统调研员、研究成果展示等机制，凝聚全省财政系统智慧。打通横向协作工作机制，设置政研专职联络员，建立工作协商、协同研究、成果转化等机制，实现政研与业务融合、理论与实务融合。组织开展全省财政科研骨干培训班，邀请财政部政研室相关负责人、专家授课，提升全省财政政研督干能力素养。推进成果转化。以打造变革型内参为目标，推进《财政动态参阅》栏目、形式、内容创新，增加外界看浙江等版块，追踪财政部和东部省市政策动态，加强重大改革、重大政策、重大战略前瞻性研究，全年刊印41期，获省财政厅主要领导批示24期。办好《浙江财税参阅》，当好参谋助手，全年刊印39期，获省财政厅主要领导批示20篇次。

【加强财政宣传】 做精《浙江财税与会计》宣传载体，做好重要会议精神宣传，开展学习贯彻习近平新时代中国特色社会主义主题教育系列宣传，参与策划“百名处长查百难破百题建百功”十佳案例评比，组织开展“‘八八战略’实施20周年”征文，策划“‘八八战略’指引下的财政改革与实践”系列宣传活动。聚焦改革热点，组织共同富裕、数字化改革、财政监督年等专题报道，策划财会监督、清廉财政等系列报道，围绕基层财政治理、产业基金、区域协调发展、绿色奖补等组织专题宣传，做到“一期一主题”。做强“党政领导谈财政”品牌，邀请地方党政领导就“千万工程”、财会监督、产业基金等财政特色工作发声，扩大财政影响力。塑造财政文化氛围，通过“党建”“清廉财政”“财税文化”等栏目，记载财政身边人身边事。做好舆情引导，针对财政政策及其他社会舆情，组织开展政策解读。

【记录财政历史】 完成年鉴编纂工作，编纂出版《浙江财政年鉴（2023卷）》。《浙江财政年鉴（2022卷）》被省方志办评为浙江省级优秀专业年鉴，获第九届全国地方志优秀成果（年鉴类）评比专业年鉴二等奖。浙江省财税政策研究室获全省地方志工作先进集体，在全省地方志工作会议上作为唯一一家省级单位作典型发言。参与《浙江省扶贫志》《浙江省高水平全面小康志》编纂工作，呈现财政工作做法、经验、成效。做好省财政厅展示厅工作，更新展板内容、数据，组建浙江财政展示厅讲解团，传承财政文化。

（省财税政策研究室供稿　颜伟杰执笔）

数字财政建设

【统筹全省财政数字化改革】 加强改革顶层设计。2023年10月，调整浙江省数字财政建设（财政数字化改革）领导小组及其办公室成员，实现实体化运作，明确会议推进、清单落实、闭环指导和项目评估4大工作机制。迭代改革建设方案。4月15日，省财政厅出台《2023年财政数字化改革建设方案》，明确全年数字化改革总体思路、建设原则、实现路径和不同时期建设任务。建立全省统筹机制。6月13日，省财政厅出台《关于建立全省信息化项目建设统筹机制的通知》，建立拟建、上线、停用项目的备案机制。12月14日，召开全省数字化改革成果和经验总结视频会议，总结交流全省财政数字化改革成果和经验，推进财政数字化改革走深走实。

【锻造三个万亿级平台】 锻造预算全流程管理万亿级平台。升级并全省推广应用总会计核算模块，整合财政部下发软件应用，对接全省11个涉企在线兑付平台，在财政部地方预算管理一体化建设情况通报月度和年度考核中稳居前列。2021年1月上线以来累计完成支付4895万笔，支付资金3.54万亿元。锻造政府采购全流程管理万亿级平台。打造政府采购“一类事”场景，实现远程异地开评标管理、线上履约验收等功能。2021—2023年，平台交易金额累计2.16万亿元。锻造非税收缴业务全流程管理万亿级平台。对接中国工商银行数字人民币，拓宽缴款渠道。推进执收单位端的邮储POS接入，完成平台浙政钉端和大屏间传输加密改造。2014年12月上线以来，累计完成缴费4.89亿笔，金额2.40万亿元。

【深化“财政大脑”建设】 完善底座要素。汇聚数据表428张、数据194.31亿条，覆盖国库支付、社保缴纳、非税征收等领域，收集各类样本193个。集成多样算法，构建数据处理模型51个，封装形成收支运行智管、专项债智管等智能模块，支撑“大脑+应用”框架。升级预警规则。将风险处置流程拓展至财政部门各归口业务处室和问题源头单位，实现风险处置实时联动、协同推进和高效闭环。至2023年年底，预警风险问题22698个，覆盖全省预算单位5832家，完成风险问题闭环处置21768个。打造标志性成果。迭代升级收支运行智管，重构集成债务智管应用。建设预算管理工作台和部门管理工作台，建成支出风险台账等18个应用场景，全链条跨层级追踪转移支付项目283个、资金规模2451.50亿元，保障重大决策部署项目18428个、资金规模1718.03亿元。

【打造“浙里+”创新应用】 深化“浙里办票”应用建设。电子票仓纳入票据44类，实现地域、票种、行业全覆盖，财政票据电子化率99.9%。2023年6月，牵头制定《长三角“一网通办”财政电子票据共享实施方案》，统一技术方案和标准，打造首个跨省财政电子票据共享实践案例。支撑医保跨省零星报销等社会化应用场景落地，全年开展财政电子票据跨省共享利用19万人次。深化“浙里捐赠”应用建设。整合慈善资源打造全省统一捐赠应用平台，建设一键捐赠、一秒开票、一指抵税、一站认定、一窗公开、一址查询、一榜表彰、一屏智报8大场景，全年全省接受捐赠2658万人次，捐赠金额103.69亿元。深化“浙里基财智控”应用建设。闭环监管乡镇全口径收支情况，构建“人防+技防”监管新格局，防范化解基层财政风险。至2023年年底，应用在全省1243个乡镇(街道)上线运行，监管覆盖支付资金1132.89亿元，累计产生风险提示信息16万条。

【构建智慧监管体系】 加强注会评估行业智慧监管。打造行业数据监管中台，2022年1月上线以来汇聚部建系统回流数据与省级公共数据3万条、社会审计报告54万份、资产评估报告7万份。构建覆盖执业监督等10大领域监管规则模型54个，实现智慧化、常态化监控预警，全年向相关监管部门多跨共享相关报告逾2000次，预警疑似问题665个，完成闭环整改问题512个。加强扩中家庭智慧管理。协同各部门各领域5.82亿条数据，建立“全面覆盖+精准画像”群体结构数据库并动态更新。探索家庭画像数据应用场景，对接省农商联合银行完成首个“财金合作”，2万户扩中家庭享受共富贷款，贷款额度35.59亿元。加强清廉财政智慧监管。协助驻厅纪检组和机关党委，共建清廉财政“三不腐”能力应用以及重点建设能力评价指标库等特色应用场景，将指数采集灵活拓展至各相关处(科)室岗位，提升指数报送效率和精准性。至2023年年底，应用覆盖全省91个财政部门，用户逾700人，发送清廉账单4批次。

【筑牢信息安全“防护墙”】 加强网络与数据安全制度建设。印发《中共浙江省财政厅党组网络安全工作责任制实施细则》《浙江财政数据分类分级标准规范》，启动全省财政信息系统数据分类分级工作。加强外包和供应链企业安全管控，建立财政信息系统组件清单式管理机制。强化网络安全防护水平。参加财政部网络安全实战攻防演习。制定杭州第十九届亚洲运动会、第四届亚洲残疾人运动会以及世界互联网大会期间的网络安全保障方案，做好7×24小时重保值守，会同相关部门研判、处置异常事件。加强省市县网络安全共防共建，组建调研小组前往杭州等10个地区财政局，解决网络数据安全问题，落实长效保障机制。

（省数字财政管理中心供稿　陆雅玲执笔）

国有金融资本运营评价

【编报地方金融企业财务报表】 组织全省地方金融企业2023年各季度财务快报编审，每季度向财政部报送数据和分析报告。完成2022年度地方金融企业财务决算报表数据编审和财务分析，按要求向财政部报送财务决算报告。至2022年年底，纳入浙江省(不含宁波)地方金融企业财务决算报告的企业1051户，资产总额12.35万亿元，较年初增长15.7%。

【编报国有金融企业资产报告】 组织开展全省金融企业国有资产管理专项报告工作，完成2022年度分析报告。至2022年年底，全省纳入专项报告统计范围的国有金融企业资产总额79255.92亿元，同比增长16.4%。配合完成《浙江省2022年度国有资产管理情况综合报告》，报送财政部。

【开展地方金融企业绩效评价】 按照财政部“统一政策、分级管理”要求，组织完成2022年度全省481家地方金融企业绩效评价并向财政部报送。评价结果总体良好，评级处于良好及以上水平的地方金融企业297家，占比61.8%。开展省属金融企业绩效评价，将评价结果运用于经营业绩考核和核定负责人薪酬等。

【推动国有金融资本产权登记】 按照“全面覆盖，应登尽登”原则审核省属金融企业登记材料，印发产权登记证(表)。组织全省国有金融机构开展年度产权登记监督检查，形成《浙江省国有金融资本运营评价中心关于2022年度地方金融企业国有金融资本产权登记监督检查结果的报告》。至2023年年底，全省完成国有金融资本产权占有登记企业224家。

【做好地方金融运行分析】 按季分析地方金融形势，整合中国人民银行、国家金融监管总局、省统计局等部门金融数据，完成季度地方金融运行报告。深入研究财政政策，完成《浙江省政策性融资担保体系改革实践路径的思考与建议》《深化政银企联动机制 提升民企债券融资能力》等报告。挖掘地方金融企业财务数据，完成《“八八战略”引领下浙江地方金融业发展现状及思考》报告。

（省国有金融资本运营评价中心供稿　葛银莹执笔）

道路交通事故社会救助基金管理

【概况】 2023年，浙江省全面打造具有浙江特色的“1+3+N”*道路交通事故社会救助基金管理工作体系，全省全年救助基金垫付、支出合计2.32亿元，其中：垫付机动车案件2989人次（“秒办”案件802人次），金额2.30亿元，同比增长16.8%；一次性困难救助案件69人次，金额204万元，同比下降2.7%。

【加强制度建设】 迭代升级政策体系，2023年6月7日，省财政厅出台《浙江省救助基金管理工作会商机制》，审定重大疑难问题。出台《浙江省救助基金财务管理实施办法》《浙江省财政厅关于上划未按规定投保交强险的罚款收入有关事项的通知》，规范资金筹集，强化财务管理。12月21日，协同省公安厅、省法院出台《浙江省道路交通事故社会救助基金困难救助实施暂行办法》，明确申请情形，细化救助标准，强化政策执行。

【拓宽业务体系】 探索持续迭代“浙里垫付”场景应用，上线审批进程实时查询、政务服务2.0、财务报表自动取数等功能，全年通过“浙里垫付”发起有效申请案件3166人次，完成垫付2989人次，平均每起案件垫付8万元。指导金华市、海宁市开展非机动车案件抢救费用垫付试点，全年垫付4人次，金额32万元。协同法院和各级保险公司，推进部门协同追偿，全年追偿救助基金2312笔次，追偿金额1.68亿元，同比上升24.4%。

【细化财务管理】 健全财务体系，省救助基金特设专户定期存款到期后，按规范流程开展新一轮招标工作。依据新中标的5家银行及招标文件公布的资金存放比例，存放一年期定期存款4.53亿元，实现资金保值增值。落实《道路交通事故社会救助基金管理办法》要求，筹集全省未按规定投保交强险的罚款收入3480万元。全年拨付各符合条件市、县（市、区）救助基金24万元。

【开展培训宣传】 组织开展救助基金政策专题研究和学习，全年举办培训班1期，培训80人次。《救助基金又有暖心之变》《关键时刻的救命钱，它可以垫付》《小切口大场景 困难救助助力共同富裕》等经验做法在《浙江新闻》《浙江日报》等主流媒体刊发。

（省社保基金和交通事故救助基金管理中心供稿 陆昉宇执笔）

注：

***“1+3+N”**：指持续深入贯彻《浙江省道路交通事故社会救助资金管理办法》这一总体要求，加快打造制度体系、业务体系、财务体系3大工作体系，落实N项业务“子场景”的具体要求。

会计事务服务

【概况】 2023年，浙江省会计事务服务中心围绕财政中心工作，组织实施全省会计专业技术资格考试、落实会计人员继续教育工作，为全省经济建设提供智力支持和人才保障。

【组织会计专业技术资格考试】 2023年会计专业技术资格考试完成全国统一考试报名系统对接，通过考试监管“数字化”，实现“技防”与“人防”相融合，筑牢考试安全防线，全省落实考点36个、考场539个。会计专业初级资格考试报名164262人，同比增加14.3%，实考108985人，同比增加19.2%，实考率66.3%，合格率28.0%；会计专业中级资格考试报名87176人，同比减少26.5%，实考52433人，同比减少5.0%，实考率60.1%，合格率22.4%；会计专业高级资格考试报名5332人，同比增长14.5%，实考3578人，同比增加19.1%，实考率67.1%，合格率71.0%。2023年浙江会计中级资格考试评卷数104331份，同比减少8.0%。其中，中级会计实务评卷数34956份，同比减少6.1%；经济法评卷数38483份，较上年增加51份；财务管理评卷数30892份，同比减少20.1%。

【开展会计人员继续教育】 至2023年12月31日，会计人员网络继续报名380922人，缴费368028人，完成培训253495人，其中高级会计师报名4376人，缴费4256人，完成培训2772人。举办高级会计人员继续教育面授培训班17期，培训高级会计师3107人。

（省会计事务服务中心供稿 章昊杰执笔）

干教后勤服务

【开展财政干部培训】 落实《浙江省财政厅2023年干部教育培训计划》，全年办班33个共35期，培训5200余人次。组织开展干部教育培训工作专项调研，形成干部教育培训工作调研报告，提出加强顶层设计、推进四库建设、开展课程评比、加强队伍建设4点建议，为全省财政干部教育工作建言献策。多跨协同重点推进财政干部教育师资库及场所库建设，针对调研发现培训场所资源分布不均、师资有效利用不充分等问题，整合区域资源，创建培训场所库；梳理系统内外培训师资，更新完善现有师资库。

【组织财政支农政策培训】 创新财政支农政策培训工作，2023年5月制定下发2023年度财政支农培训政策培训工作通知，指导各地开展支农培训工作。9月，组织召开支农政策工作座谈会，重点交流各地工作进展情况、创新做法和特色亮点，筹划2024年工作思路和计划要点。12月，在原支农政策培训“四个一”（一本教材、一份手册、一张光盘、一支队伍）特色基础上，创造性提出共建共享精品课件库及系列短视频的新目标新举措，开展全省财政系统培训课程（视频）评选活动，扩充财政培训精品课程库。《创新财政支农政策培训 打造增值化服务体系》经验交流稿在财政部《财政干部教育培训信息》刊登。

【提升后勤服务质量】 围绕“让领导更放心、干部更舒心、职工更安心”工作目标，聚焦后勤服务“关键小事”，办好“暖心实事”，继续推出“百县千碗”进食堂等“10个小期待”，将干部职工所需落到实处。联合省财政厅工会举办各类美食活动，创新服务，提升品质。改进后勤服务硬件设施，完成食堂改造项目及共富超市建设工作，开辟新场地、引进新团队，设置茶歇、咖啡及地方特色农产品展销区等功能区块，引入山区26县特色农副产品，定期举办展销会，新增微波炉加热等服务，提升干部职工体验感和幸福感。

（省财政干部教育和后勤中心供稿　吴　超执笔）

农业融资担保

【概况】 2023年，浙江省农业融资担保有限公司全年在保余额150.00亿元，放大倍数9.83倍，新增担保发生额135.38亿元，新增项目数3万个，较2022年分别增长27.3%、20.3%，撬动金融资本支持全面乡村振兴。

【助力农民增收致富】 研究试点助力"扩中提低"的实施方案，创新推出"浙里担·扩中家庭共富贷"系列担保产品，推进家庭财务报表建档，至2023年年底，支持扩中家庭6906户，在保余额21.05亿元。围绕支持全省乡村特色产业做大做强，创新"产业贷"模式，推出"浙里担·杨梅贷""浙里担·湖羊贷""浙里担·白茶贷"等14个"产业贷"产品，至2023年年底在保金额11.76亿元，帮助产业链上下游农户增收致富。围绕支持保障粮食安全，升级"粮农贷"产品，将支持范围扩大到粮食全产业链，全年"粮农贷"在保余额11.00亿元，"粮农贷"做法和成效在农业农村部计划财务司《计划财务工作简报》上刊登。

【健全财金协同支农机制】 推动顶层制度设计。2023年7月，推动省财政厅、省农业农村厅联合印发《关于健全完善财政金融协同支农长效机制的实施意见》，部署完善政策性农业信贷担保服务体系工作，强化各级财政部门牵头协调推动农担工作。推进政银担合作持续扩面。至2023年年底，全年新增8个地区纳入政银担合作，累计合作市县53个，在保余额51.58亿元，较2022年增长45.2%。启动直属分支机构建设，与平湖、嵊州、黄岩3个地区完成协议签署落地直属分支机构建设内容。开展全省农担体系规范建设。实施全省农担体系服务能力提升行动，推进体系机构标准化建设，建立地区管理人制度，开展体系机构分类评级、结果应用，上线应用政银担全流程业务系统，提升全省农担体系协同发展能力。建立农担体系跨省合作机制。举办农业信贷担保落实"地瓜经济"支持跨区域协作发展现场会，与广西农担公司、江苏农担公司签订跨省合作协议并落地合作业务，形成首个跨省协作落地案例，推动农业产业"走出去""引进来"。

【推进数字农担建设】 推进信息数据库建设。升级建设数据仓库和数据管理模块，对接获取产业数据，丰富数据维度。优化风控准入模型，开发建设额度测算模型，提升风控能力。拓宽系统直连范围。与兰溪"兰农在线"、仙居"亲农在线"、三门"共富鱼塘"平台实现对接；与国家农担公司完成再担保风险补偿模块直连，实现从再担保报送到补偿的全流程对接；与工商银行、建设银行、农业银行完成对接开发，提升业务线上化水平。迭代"浙里担+农e富"应用。完成政策管理功能升级及乡村振兴集成示范项目线上申报、进度管理、预警监测等功能开发，实现项目线上化管理。拓展政银担业务系统应用范围。推进"一地创新、全省共享"工作，在41家合作机构上线应用政银担全流程业务系统，实现合作业务线上办理和数据分析，赋能全省政银担业务发展。

【构建全过程风险管控机制】 加强全过程风险管理，对产品方案设计、协议签订阶段到项目核销全流程的10个重点环节进行梳理管控。推进单一项目自动化审批，优化反欺诈、小额评分等风控模型，迭代数字化风控能力。组织实施代偿追偿提升行动，建立自主追偿、律所追偿、驻点催收联动机制。至2023年年底，实现追偿728万元，较2022年增长90.6%；本年代偿率0.9%，累计代偿率1.0%，低于全国平均水平，获评国家农担公司2022年度风险管理评价A等级。

（省农业融资担保有限公司供稿　周　云执笔）

学会协会活动

浙江省财政学会

【深化理论探索】 把握“八八战略”实施20周年节点，开展系列理论研究，形成《“八八战略”指引下的财政探索与实践》《坚持一张蓝图绘到底 不断绘就“千万工程”财政新画卷》《“八八战略”指引下的财政科技投入产出绩效评价》等理论文章，为丰富“八八战略”理论内涵提供财政例证。

【服务改革决策】 研判热点问题。围绕保障性住房政策、PPP（政府与社会资本合作）项目新政、中央金融工作会议等重大政策、会议开展政策研究。围绕财政可持续发展、开展土地财政、地方税收改革、过“紧日子”等系列研究。通过市县蹲点调研、工作座谈会等，对全省经济形势及财政运行情况进行分析研判并提出政策建议。服务重大改革。围绕公共服务一体化等省域重大改革做好前瞻性研究，联合省财政厅有关处室形成《加快推进舟山公共服务一体化调研报告》《完善浙江国有金融资本管理体制研究》《国家耕地占补平衡政策调整对我省影响的分析与建议》等课题，为改革提供创新思路，获省领导肯定批示。

【推进智库建设】 组织全省财政系统围绕三个“一号工程”与当地财政工作重点开展课题研究，全年完成课题112个。组织高校有关专家做好奖项评比与成果转化工作，评出一等奖5篇、二等奖15篇、三等奖25篇。探索与高校合作，用好“家门口”的财经专家。

（浙江省财政学会供稿　黄　阳执笔）

浙江省会计学会

【概况】 2023年，浙江省会计学会围绕财会工作重点，组织开展财会理论业务研究、“大走访大调研大服务大解题”活动、传承珠心算文化，发挥学会“智库”作用，为经济社会发展和财会改革提供智力支持和人才保障。

【组织财会热点课题研究】 围绕财会工作重点，联合省注册会计师协会、省总会计师协会，采取“自行申报，学会立项”方式，将财会改革和发展重点、热点、难点问题落实到有关市县财政部门、财经院校、会计师事务所、企事业单位进行研究，全年完成课题成果96项，涉及财会监督、会计审计服务助力共同富裕建设、“双碳”背景下的会计创新、会计审计数字化改革、会计信息质量、会计准则制度等内容，推动会计学术研究和财会业务融合发展。组织专家对财会课题进行评审，其中一等奖7篇、二等奖13篇、三等奖22篇。

【办好《财会信息》】 发挥学会联系面广、人才集聚优势，把学会办成服务财政中心的智库。全年编印《财会信息》4期，刊登财会改革热点、难点、疑点问题以及各地改革经验做法，供相关部门参阅。

【提升财会服务水平】 按照突出峰值、建设基地、形成品牌、省市联动工作要求，开展“财惠科创，会助民企”系列财会服务活动，提供金融市场、税收筹划、财务管理、投融资管理等专业咨询服务。全年组织108位会计领军人才组成领军专家服务团，开展服务活动19场，惠及企业800多家，服务财务人员1202人次。组织开展公益讲座，以直播课等形式服务财会人员，全年开展直播课52次，服务专业财会人员逾10万人次。

【开展财会学术交流】 省会计领军人才委员会全年组织后续教育和学术交流活动3场，近500人通过专题演讲、论坛、讲座等进行业务交流。2023年8月，在衢州举办“秉持初心，奋楫前行，赋能经济发展”暨2023年度浙江省级以上会计领军（高端）人才后续教育培训。11月，举办省级以上行政事业类会计领军（高端）人才专题培训班。12月，举办“价值创造型财务如何助力企业高质量发展”学术交流会。

【传承珠心算文化】 组织开展浙江“心算王”大奖赛选拔赛，设杭州、温州、湖州、舟山、义乌、慈溪、诸暨7个赛区，大赛优胜者获“心算王”总决赛资格。2023年8月举办浙江“心算王”大奖赛总决赛，全省69名选手参加，4名选手获“心算王”称号。组织参加中国珠算心算协会主办的第31届海峡两岸珠心算通信赛，全省报名参赛1916人，获得优胜奖380人。

（浙江省会计学会供稿　余丽生执笔）

注册会计师、资产评估行业管理

【概况】 2023年，浙江省注册会计师协会、浙江省资产评估协会主动当好“两个先行”的参与者、实践者、推动者，助推注册会计师、资产评估行业健康发展，在推进三个“一号工程”和财会监督工作高质量发展中贡献“两师”（注册会计师、资产评估师）力量。至2023年年底，全省有执业注册会计师7021名，资产评估师2575名（不含宁波），会计师事务所484家，资产评估机构349家（不含宁波）。浙江省11家会计师事务所列入全国会计师事务所综合评价百强，列入数量全国排名第三位。

【深化自律监督】 全年举办执业质量检查案例剖析班2期、诚信宣誓暨专题教育培训班6期。成立浙江省资产评估协会申诉委员会，修订《浙江省资产评估行业自律惩戒办法》《浙江省资产评估协会惩戒委员会工作规程》。联合开展会计师事务所、资产评估机构执业质量检查，全年检查会计师事务所90家、资产评估机构49家，对涉及超出胜任能力执业的9家会计师事务所、19名注册会计师进行专项检查，对存在严重执业质量问题的10家会计师事务所、30名注册会计师、8家资产评估机构、13名资产评估师给予行业惩戒，对15家会计师事务所、12家资产评估机构实施监管约谈，向7家会计师事务所出具警示函。核查注册会计师7058名，注销挂名执业209人。受理投诉举报24起。与财政部浙江监管局联合开展年报审计督导工作，联合浙江证监局开展未备案机构从事证券业务违规行为检查，对首次承接上市公司资产评估业务的资产评估机构进行联合监管约谈。开展行业不正当低价竞争治理，推动预算单位以质量为导向选聘会计师事务所，降低报价占比因素。

【深化创新发展】 推进行业数字化建设，2023年3月30日出台《浙江省注册会计师 资产评估行业数字化改革方案》，发布《2023年度行业数字化改革重点任务清单》，形成“总负责人+负责人+组长+组员”责任分工机制，印发《浙江省注册会计师 资产评估行业数字化改革试点清单》，启动行业数字化改革“1+1+N”工程建设。强化专业技术支撑，成立新一届专业技术委员会，制定《银行函证基础程序专家提示》《政府购买服务项目绩效评价指标体系指引（试行）》等专家指导意见5项，拓宽行业服务范围。开展跨地区协作，与广东注协专业指导委员会签订合作备忘录，构建合作交流机制。

【加强服务保障】 提升行业执业风险防范能力，推进注册会计师行业集中投保，制定行业集中投保阶梯式询价方案，与4家保险公司签订全省行业集中投保差异化框架协议，引入专业性保险经纪服务。至2023年年底，全省215家事务所（其中集中投保事务所188家）投保职业责任保险，全省行业投保覆盖面61.1%，较实施集中投保前（8.9%）提升了52.2个百分点，全省行业集中投保平均保险费率1.6‰，较实施集中投保前（2.9‰）降低了45.7%。加强行业宣传，开展服务国家建设优秀案例评选活动，征集遴选审计案例10个、评估案例5个，在浙江经视等媒体上宣传。减轻执业机构负担，全年减免资产评估机构会费395万元。

【夯实人才建设】 优化考试组织管理工作，细化考试工作流程，完成“两师”资格考试工作。全省70677名考生报考注册会计师考试，报考158364科次，分别较上年减少8.7%和10.9%，实考81716科次，实考率51.6%；3824名考生报考资产评估师考试（不含宁波），报考9518科次，分别较上年增加5.4%和2.5%，实考4749科次，实考率49.9%。注重专业技术能力培养，全年开展注册会计师和资产评估师专题面授培训34期，培训4814人次。注重行业管理型人才培养，全省资产评估行业第一批后备管理人才培养30名学员顺利毕业，选拔确定注册会计师行业第二批后备管理人才培养70名，定向分配部分名额给山区26县事务所。制定出台《浙江省注册会计师协会培训服务单位考核办法》《浙江省注册会计师协会内部培训单位考核办法》《浙江省资产评估协会内部培训单位考核办法》，提升培训质量。注册会计师行业人员获评全省“最美浙江人·最美会计人”称号2名，获评中注协首批“注册会计师诚信执业30年”称号4名。

【服务中小企业】 开展“小微你好”暖企助企惠企专项行动，全省11个市注协、148家执业机构全年开展服务活动3970场，惠及60977家企业296300余人。开展“个体工商户服务月”活动，全省“两师”行业为2540家个体工商户提供政策宣传、融资服务、咨询、个转企等服务，助力融资330万元。启动“三会四师”公益服务活动，联合省律协、省税协组织百名专家，组建高水平专家公益服务队伍，为中小企业提供咨询和个性化服务。协会“发挥行业优势 开展助企服务”获评浙江省2023年“小微你好”暖企助企惠企专项行动优秀服务案例。

【坚持党建引领】 组建学习贯彻习近平新时代中国特色社会主义思想主题教育领导小组，调查研究厘清行业发展问题和举措，开展“政治检视、党性体检”。加强行业清廉建设，指导推动各级行业党组织实现纪检机构（人员）动态全覆盖。健全党建工作体系，形成行政机关、行业协会、执业机构“三位一体”工作机制，全省评定优秀市级行业党组织5家，五星党组织51家，以奖代补拨付党建经费179万元。加快形成“共建共治共享”行业党建工作新格局，指导杭州市西湖区发布注会评估行业党群服务中心团体标准，温州市、杭州市西湖区注会评估行业党群服务中心和金华市注册会计师行业党群服务中心获评省级示范区域两新组织

杭州市西湖区注会评估行业党群服务中心

党群服务中心。深化行业统战工作，联合省委统战部印发浙江省“两师”行业统战工作方案，召开全省注册会计师行业和资产评估行业统战工作推进会，温州市注册会计师资产评估行业联合党委被授予“浙江省级新的社会阶层人士统战工作实践创新基地”。

（浙江省注册会计师协会供稿　章吴杰执笔）

浙江省政府采购联合会

【编制需求标准】　完成《物业管理服务政府采购需求标准》编制，其中《物业管理服务政府采购需求标准（办公场所类）》被财政部国库司作为全国示范标准，向社会公开征求意见。

【调研宣传及业务培训】　举办第三届全国省级政府采购协会联席会议，发起“发挥政府采购协会作用 推动营商环境优化提升服务改革大局”杭州倡议。成立联合会第二届培训师资团，为采购人、代理机构、供应商提供政府采购政策培训和实操辅导，全年培训超1580人次。开展走进亚运场馆、超重力场大设施项目建设现场、政采云公司等活动，推广国产品牌、助力科技创新。创建官方微信公众号，传播财政动态和政府采购政策，全年推送信息27期95条，关注人数8287人。

【召开第二次会员大会】　2023年12月14日，浙江省政府采购联合会第二次会员大会在杭州召开，采购人、政府集中采购机构、社会中介（代理）机构、供应商等300余家会员单位代表及个人参会。会议审议通过联合会第一届《理事会工作报告》《理事会财务工作报告》，表决通过《浙江省政府采购联合会第二次会员大会选举办法（草案）》《浙江省政府采购联合会章程（修订案）》，选举产生第二届理事会。

（浙江省政府采购联合会供稿　洪　露执笔）

市县（市、区）财政工作

zhejiang caizheng nianjian

杭州市财政工作

杭州市

【概况】 2023年，杭州市实现地区生产总值20058.98亿元，按可比价格计算，较上年增长5.6%。其中：第一产业增加值347.10亿元，增长3.7%；第二产业增加值5666.88亿元，增长1.8%；第三产业增加值14045.00亿元，增长7.2%。三次产业增加值结构比为1.7∶28.3∶70.0。按常住人口计算，全市人均地区生产总值161129元。全市常住居民人均可支配收入73797元，增长5.0%；城镇居民人均可支配收入80587元，增长4.6%；农村居民人均可支配收入48180元，增长6.6%。城乡居民收入倍差1.67，较上年缩小0.04。全市财政总收入4916.53亿元，增长7.1%。全市一般公共预算收入2616.81亿元，增长6.8%，其中市区一般公共预算收入2497.19亿元，增长7.0%，市本级一般公共预算收入358.51亿元，同口径增长2.7%。全市一般公共预算支出2636.22亿元，增长3.7%，其中市区一般公共预算支出2386.60亿元，增长3.4%，市本级一般公共预算支出464.81亿元，增长5.0%。全年财政收支平衡。

【组织财政收入】 提升收入质量。把涵养优质税源放在首位，坚持全市一盘棋，确保财政组织收入工作有序平稳。2023年，全市一般公共预算收入占地区生产总值的13.0%；一般公共预算收入占财政总收入的53.2%；税收收入2348.13亿元，占一般公共预算收入的89.7%，保持全国副省级城市首位。加强非税征管。做好非税收入预测，完善土地出让收支管理机制，加强土地出让金拨付、非税收入缴库、清算及退付等工作，推进数字人民币非税收缴应用试点。规范财政票据管理和使用，深化财政电子票据改革。全年全市完成非税收入2585.44亿元，其中纳入一般公共预算管理的非税收入268.68亿元。

【保障杭州亚运会、亚残运会】 保障赛会筹办。完成赛会总预算编制，建立资金保障机制，加强对相关经费使用的指导监督，推进预算、政府采购、资产、资金拨付等各方面管理，助力杭州第十九届亚洲运动会、第四届亚洲残疾人运动会成功举办。选派干部29名支持杭州亚组委工作，抽调干部180余名服务保障杭州亚运会、亚残运会开幕、闭幕式。优化城市风貌。支持治气攻坚、碧水迎亚运等专项行动，加速污染治理、清洁化减排、国四柴油车和老旧柴油叉车淘汰，提升城市环境监测治理能力，支持国际湿地城市建设。支持全球旅游宣传推广活动，支持文化遗产保护与传承，推进宋韵文化传世工程，建设新时代历史文化名城。释放共享红利。抢抓“后亚运”窗口期，推进系列品牌赛会和龙头赛事，支持百姓健身房、社区多功能运动场、全民健身中心、体育公园等公共体育基础设施供给，推动亚运场馆、校园健身场地、嵌入式体育设施等向市民开放。

【保障三个“一号工程”】 保障“一号发展工程”。支持数字经济创新提质，投入财政资金44.64亿元，完善“415X”先进制造业集群和五大产业生态圈政策体系；加大科技领域支持力度，2023年全市科技支出242.91亿元，增长16.9%，杭州财政科技投入增长“两个15%”*做法获省政府主要领导表扬。保障“一号改革工程”。支持营商环境优化提升，支持中小企业参与政府采购，2023年全市中小企业政府采购合同金额240.40亿元；推进政府采购领域增值化改革，编制“中小企业政采机会清单”；建立省市区三级集中裁决中心，连续第11年获中国政府采购奖，获评全国优化政府采购营商环境先进单位。保障“一号开放工程”。支持“地瓜经济”提能升级，投入财政资金31.03亿元，支持促消费、稳出口、拓市场；发挥产业基金投资撬动作用，2023年统筹安排财政资金50.00亿元，支持市属政府产业基金和国有企业改革发展。

【支持经济发展】 落实“8+4”经济政策体系。出台“8+4”财政资金拨付情况晾晒机制等一揽子政策，成立综合协调、政策落实、监督绩效3个工作组，全市统筹资金480.00亿元推动政策落地。支持稳投资促增长。市财政投入资金139.78亿元，支持扩大有效投资“千项万亿”工程，支持构建现代化大都市综合交通网络。2023年全市争取新增政府债券资金347.83亿元，其中市本级54.64亿元，支持保障性安居工程、交通基础设施、市政产业园区基础设施等项目建设。加强政策同向发力。加强财政与金融、产业等政策协同，支持工业稳定发展、稳外贸拓市场、消费提

杭州亚运村

振升级、园区有机更新、招大引强、推进总部经济发展等。落实减税降费支持政策,支持稳企业、保就业,为经营主体纾困。

【增进民生福祉】 2023年,全市民生支出2065.30亿元,占一般公共预算支出的78.4%,杭州连续第17年获“中国最具幸福感城市”称号。支持“美好教育”建设。投入财政资金110.68亿元,发挥名校集团辐射带动作用,实施“三名工程”(“名校名院名所”工程),建设高水平大学和科研院所,助力高等教育发展。支持“健康杭州”建设。投入资金52.60亿元,支持三甲医院建设和基层卫生服务站提档升级,支持西部区、县(市)创建三甲医院,支持实施乡村基层医疗卫生服务提质增效工程、机构提档升级工程等。构建共富型大社保体系。投入资金76.87亿元,支持企业减负稳岗,帮助重点群体就业创业,提高城乡居民基本养老保险基础养老金标准至每人每月350元。支持降低家庭育儿成本,入选全国首批婴幼儿照护服务示范城市。推动城乡区域协同发展。设立专项资金推动城区优质公共服务资源向杭州西部延伸。投入资金21.01亿元,支持援疆、援藏、援青、浙川东西部协作、援恩施革命老区和山海协作工程,促进区域协调发展。

【深化财政改革】 深化机制改革。坚持行政事业单位过“紧日子”,厉行勤俭节约、反对铺张浪费。完善财政资金竞争性分配机制,推动政府产业基金规范管理和运作。建立土地储备项目预算管理制度,夯实土地出让收支管理基础。运用收支智管系统,提升财政治理水平。探索预算绩效改革。坚持成本与效益并重,在桥隧养护、展陈(博物)馆运维等领域,试点全成本预算绩效管理,将成本理念和方法融入预算编制、执行、监督全过程。开展财政专项资金、产业政策绩效调查,提高财政资源配置效率和使用效益。杭州市财政综合管理绩效连续3年获省政府督查激励,财政管理绩效考评连续2年获全省第一。推进资源管理改革。建立财政金融要素保障联动机制,优化集中财力办大事财政政策体系,保障重大政策、改革、项目实施。盘活存量资金和行政事业性国有资产,推进公物仓建设。支持国有企业做大做强做优,助力经济高质量发展。

【强化财会监督】 全面推行“专项+日常”大监督工作体系,推进巡财联动。2023年7月17日,联合杭州市委巡察办印发《关于深化巡察监督、财会监督协作配合的操作办法》,制定市财政局巡财联动监督检查工作规程,探索同部署、同检查、同研判、同报告、同整改“五同步”杭州模式,获市委市政府主要领导和财政部领导批示肯定。

【加强队伍建设】 推进学习贯彻习近平新时代中国特色社会主义思想主题教育。组织领读领学、集中夜学、专题辅导、“百名党员读原著”、知识竞赛等学习。省市区三级财政联动开展“沿着总书记的足迹看杭州”循迹溯源现场教学。创建“财企同心、聚力同行”党建品牌,下沉服务县(市、区)和重点企业,破解难题16个。大兴调查研究,全市财政系统申报调研课题50篇。优化干部结构。树立“四个坚持、八个不”选贤任能导向,落实“大力培养选拔优秀年轻干部,用好各年龄段干部”要求。注重能力提升。组织开展“学思想强党性、迎亚运建新功”练兵比武、财会监督“能力大比拼、报告大比选”等实践活动。选派干部参加对口支援2名、赴基层挂职锻炼5名,推动财政干部能力素质提升。

(杭州市财政局供稿 刘 淮执笔)

注:

***财政科技投入增长“两个15%”:** 确保“十四五”期间,杭州全市财政科技支出年均增长15%以上,市本级每年新增财力的15%以上用于科技方面投入。

上城区

【概况】 2023年,杭州市上城区实现地区生产总值2668.48亿元,按可比价格计算,较上年增长4.3%。其中:第二产业增加值621.95亿元,下降2.0%;第三产业增加值2046.53亿元,增长6.4%。三次产业结构比为0:26.1:73.9。按常住人口计算,人均生产总值193298元,增长2.9%。全区财政总收入460.82亿元,增长13.6%,其中一般公共预算收入244.94亿元,增长16.3%。全区一般公共预算支出155.32亿元,增长2.0%,其中区本级一般公共预算支出134.77亿元,增长4.2%。全年财政收支平衡。

【组织财政收入】 科学组织收入。建强财税联动、属地协作机制,形成收入组织合力,通过加强收入分析研判、向上争取免抵调额度、推进属地为企服务等多项举措保障收入平稳有序增长。优化收入结构。2023年,全区一般公共预算收入占地区生产总值的9.2%,占财政总收入的53.2%;一般公共预算收入中,税收收入231.87亿元,增长16.4%,占比94.7%。强化非税征管。加强非税收入目录清单管理,定期公开收费目录,督促执收单位依法依规征收。全年征收非税收入14.86亿元,其中纳入一般公共预算管理的非税收入13.07亿元。

【保障杭州亚运会、亚残运会】 规范资金管理,2023年3月22日印发《关于上城区涉亚专项预算审批管理办法》,8月23日印发《上城区亚运专项经费全流程管理实施细则》,完善亚运经费保障机制,实现亚运资金全流程闭环管理。投入财政资金保障迎亚运城市品质、城市治理、城市文明“三大提升”,保障亚运杭州市运保指挥部城市环境提升组牵头的“匠心提质绣杭城”专项行动,打造“美丽家园”“杭韵街巷”“畅行交通”“花满杭城”4条风景线,助力完成城市品质提升任务229项。

【支持经济发展】 支持总部经济。聚焦招大引强,出台加快总部经济发展等政策支持全域总部建设,引进中国东方电气集团有限公司光伏全球总部等总部项目46个,培育税收亿元楼宇64

个、10亿元楼宇10个，获评中国楼宇经济标准引领示范城区、中国楼宇经济(总部经济)标杆城区。支持未来产业。聚焦未来产业，2023年6月29日印发《关于加快元宇宙产业创新发展的若干措施》，自2023年起连续5年，每年安排5000万元为元宇宙企业提供政策支撑，培育区域内一批元宇宙产业头部企业，落地内地首个Web3 Hub(互联网3.0中心)项目。做优营商环境。围绕产业转型升级、消费回暖、科技创新、人才培育等重点工作，加大财政扶持力度，出台营商环境优化提升二十条等政策，推动“8+4”经济政策落地见效，兑现惠企政策资金21.40亿元，惠及企业逾3万户次。加大政府采购支持中小企业力度，全年授予中小企业合同14.88亿元。发挥产业基金作用。2023年9月22日，出台《上城区高质量发展产业基金管理办法》，建立产业基金“1+3”管理模式，下设招商基金、引导基金、创新基金3大模块分类运作，总规模50.00亿元，初期规模18.00亿元，通过基金引进落地项目15个，总投资7.37亿元。

【增进民生福祉】 全年民生保障和社会事业支出129.26亿元，增长1.5%，占一般公共预算支出的83.2%。支持教育事业发展。投入财政资金43.75亿元，推进学前教育优质普惠、义务教育优质均衡、职业教育贯通融合、终身教育普惠共享，通过全国义务教育优质均衡发展区、国家学前教育普及普惠区创建评估，教育现代化发展水平监测全市第一。支持卫生事业发展。投入财政资金11.92亿元，支持家庭医护服务模式改革，打造杭州市首家“医养护驿站”，改造提升社区卫生服务中心2家、服务站14个，全域提升基本公共卫生服务水平。支持社会保障事业发展。投入财政资金19.45亿元，加强基本民生保障，推动实施全民参保计划，全区养老保险参保率99.3%、医疗保险参保率99.9%。支持文化事业发展。投入财政资金2.08亿元，支持打造宋韵文化核心圈，举办宋韵文化研究传承会、宋韵文化节等活动，建设“15分钟品质文化生活圈”90个、杭州书房22家、邻里阅读空间22个，入选省“非遗助力共同富裕”试点区。支持打造宜居环境。投入财政资金18.59亿元，保障校舍提升改造、道路基础设施建设等重大项目推进。投入财政资金12.25亿元，支持生态文明建设示范区创建，“美丽杭州”环境整治考核全市主城区第一。投入财政资金7.20亿元，支持全域推进老旧小区提升改造，开工城镇老旧小区改造项目60个、完工80个，完成既有住宅加装电梯123台、治理存量危旧房14处，新增停车泊位3927个、新能源充电桩800个。

【深化财政改革】 推进预算绩效管理改革。建立“一部门一特色”的整体绩效指标体系，推动事前、事中、事后绩效管理嵌入政策决策、预算管理全过程。推动预算绩效管理关口前移，开展事前绩效评价项目17个，涉及预算资金16.60亿元，核减率22.6%。推进共同富裕试点。入选省“财金助力扩中家庭共富项目”试点城区，围绕助学、助医、安居、经营等场景投放“共富贷”系列产品，全年新增扩中家庭各项贷款余额5024万元、助力扩中家庭278户。推进数智财政改革。推进医疗电子票据规范升级试点工作，开出全省首张规范版本医疗电子票据。全面实现公款竞争性存放线上招标，依托政采云网上招标平台，实现线下无交易、网上全留痕。推进国有资产管理改革。全域推进公物仓建设，强化闲置资产循环利用，盘活车辆、办公设备家具等固定资产1007件，资产原值631万元。

【加强财政监管】 强化支出管理。出台党政机关过“紧日子”负面清单，明确14项35条负面事项，建立区级机关过“紧日子”量化指标综合评价体系，统筹压减一般性支出9230万元。推动政府投资建设项目控制价审核关口前移，强化项目前期精细化管理，实施招标清单控制价项目审核，核减率12.8%。强化债务管理。防范化解隐性债务风险，多渠道筹集化债资金，完成年度化债目标。全年新增地方政府债券额度24.59亿元，其中一般债券1.46亿元，专项债券23.13亿元。强化财政监督检查。落实地方财经纪律重点问题专项整治行动等检查，开展国有房产管理、城建资金管理、财政票据管理等专项检查。依托“互联网+监管”执法平台，开展重点检查62项，行政检查事项100.0%覆盖。强化行业监管。建立会计行业高端人才库，评审(备案)认定区级高端商务人才、服务业人才73人，推荐全省先进会计工作者3人，取得正、副高级会计师职务任职资格136人。

【加强队伍建设】 落实“第一议题”制度，组织党委理论中心组学习21次。推进财政系统学习贯彻习近平新时代中国特色社会主义思想主题教育，拍摄短视频《一把尺、二十年、三代财政人》，获第二届财政短视频大赛全国二等奖。加强党风廉政建设，开展“清风伴我行”读书沙龙、“青年论清廉”主题辩论赛等廉政教育活动17次，数智化国企监管平台建设案例入选全市清廉财政建设优秀实践案例。强化青年队伍培养，选派年轻干部参与亚运保障、经济提速等攻坚行动，提升队伍战斗力。

(杭州市上城区财政局供稿　黄怡雯执笔)

拱墅区

【概况】 2023年，杭州市拱墅区实现地区生产总值2091.5亿元，按可比价格计算，较上年增长5.1%。其中：第二产业增加值193.4亿元，增长1.0%；第三产业增加值1898.1亿元，增长5.5%；三次产业结构比为0∶9.2∶90.8。按常住人口计算，人均生产总值176870元，增长3.1%。全区实现财政总收入359.39亿元，增长5.7%，其中一般公共预算收入199.18亿元，增长8.1%。全区一般公共预算支出132.23亿元，下降1.5%。全年财政收支平衡，获评省、市财政管理绩效考评优秀单位。

【组织财政收入】 科学组织收入。强化财税联动月度分析研判机制，加强对重点行业、重点企业税源监测，抓实收入管理主动权，确保财政收入平稳有序入库。优化收入结构。2023年，全区一般公共预算收入占地区生产总值的9.5%，占财政总收入55.4%，其中税收收入187.61亿元，增长9.1%，占一般公共预算收入的94.2%。加强非税征管。完善收费目录清单动态更新机制，督促执收单位依法依规征收。支持数字化改革落地，完成非税收入电子化缴库、水资源费线上征缴、非税业务动态监控3项改革，提升非税收入管理水平。全年全区征收非税收入15.41亿元，其中纳入一般公共预算管理的非税收入11.56亿元。

【服务经济发展】 强化政策扶持。参与出台稳进提质"拱16条"、现代服务业最强区27条、新制造业9条、"双百"企业礼遇"十条"、优化营商环境"十条"、夜经济"十条"、总部经济"十条"等政策，全年兑现企业扶持资金10.78亿元，"亲清在线"兑付资金5.64亿元，惠及企业4200余家。优化营商环境。创新推进区域跨部门批量采购、跨省域"1+N"远程异地评审，建成政府采购共享评标室，政府采购云评审项目入选全省"微改革"项目库和"一类事"省级试点，财政系统三级联动行政裁决试点项目获评全省合法性审查与行政裁决"最佳实践"培育试点单位、杭州市有辨识度有影响力法治建设成果。拱墅区获评"全国政府采购百强区""全国优化政府采购营商环境先进单位"称号。支持创新发展。全年全区科学技术支出9.33亿元，支持企业创新能力提升和科技研发投入，加强制造企业技改、新能源、生物医药等重点领域扶持力度；支持大运河数智未来城高新技术产业园区建设，保障基层智治大脑、经济运行综合集成系统等数智政府项目建设。加强产业基金投资。优化基金管理办法，落实政府产业基金投资项目，至2023年年底，直接投资项目35个，投资金额21.76亿元；子基金投资项目37个，总规模179.69亿元，撬动社会资本158.49亿元。

【增强民生福祉】 2023年，全区民生支出113.52亿元，占一般公共预算支出的85.9%，连续第3年蝉联"中国最具幸福感城区"。支持教育事业发展。全年教育支出35.70亿元，支持优化教育人才队伍培养机制，助力构建普及普惠的学前教育公共服务体系；保障"五育"融合改革和"墅智托管"课后服务平台建设，助力教育领域数字化改革全景深化。支持卫生事业发展。全年卫生健康支出11.71亿元，支持提高卫生监督、疾病预防控制、妇幼保健能力；支持改善基础卫健体系，助力省级基层卫生健康综合试验区创建和国家慢性病综合防控示范区复评工作；支持构建婴幼儿照护服务体系，落实城乡居民医疗保险补助。支持社保事业发展。全年社会保障和就业支出18.72亿元，推动创建省级无障碍社区，促进残疾人稳定性就业，保障人才生活补贴、租房补贴、青荷礼包、拱赢未来等政策资金，支持开展居家基本照护服务提升、构建养老服务社区大照护体系，支持退役军人优抚安置和双拥共建及社会化企退人员补助政策体系建设。支持文旅事业发展。全年文化旅游体育与传媒支出3.07亿元，助力办好亚运盛会，支持运河体育公园"一场一馆"、杭州电竞中心、杭州体育馆等场馆建设，保障实施运河文化旅游节、"京杭对话"等运河文化繁荣行动，助力建设浙数文化等文化平台。支持改善城区品质。全年城乡社区支出19.26亿元。落实市政设施维护、老旧小区住宅加装电梯、公共停车场库等项目资金需求。投入财政资金0.87亿元，保障实施"匠心提质绣拱墅"5条风景线提升项目192个、"花满杭城"景观项目233个。创新多方共担机制，破解浙工新村项目资金平衡难题，探索东清大厦项目"党建引领、政府主导、业主主体、多方参与、协调共建"资金筹措机制，助力打造老旧高层楼宇安全隐患整改和产业转型样本。

【深化财政改革】 深化财政机制改革。优化迭代区街财政管理体制，理顺区与街道的财政分配体系，激发街道内生动力。坚持过"紧日子"，严控经费规模和增支事项，公用经费定额、公务接待预算压减5.0%。推进财政创新试点。非税代理银行业务动态监控、"浙里捐赠"一站式认定纳入省级试点，持续深化全省首个非税票据管理平台融合互通区县、全省首批数字人民币非税收缴应用区县两项试点。财政支持未来社区项目入选全省财政系统共富"小切口"改革清单。深化国资国企改革。优化国企架构，推动集团资源集中、资金财务统筹，实现子集团主业清晰、分工协作。出台区属国企经营管理办法、综合考核评价实施细则等区级国企监管制度10项，搭建"内控+管控+防控"机制，完善现代企业制度和运营监管体系，发挥区属国企在经济发展中的战略支撑作用。

【强化财政监管】 强化政府债务管理。防范化解地方政府债务风险，坚持合规举债、抓实有效化债，守牢不发生系统性债务风险底线。完善专项债券全周期管理，2023年新增政府专项债券35.15亿元、一般债券1.00亿元，支出率100.0%。提升财政监督绩效。开展财政监督年主题活动，加强重点领域财会监督检查，推进部门整体绩效评价及街道财政运行评价。高质量完成预决算公开监督检查。

【加强队伍建设】 强化理论武装。按照适度提前、不等不靠原则开展学习贯彻习近平新时代中国特色社会主义思想主题教育，严格落实"第一议题"制度，通过书记领学、班子研学、支部促学、个人自学等形式提升学习质量。深化红色领航。发挥基层党组织战斗堡垒和党员先锋模范作用，抽调11名党员干部常驻亚运场馆，其中8名党员获亚运保障工作省、市个人先进荣誉。推动国有企业党建整体建强。推进清廉建设。推进拱墅清廉财政品牌建设，以清廉政府采购"小切口"改革助推政务服务增值化改革，获评全省清廉财政建设成绩突出单位和杭州市清廉建设优秀实践案例。

（杭州市拱墅区财政局供稿　裘文彬执笔）

西湖区

【概况】 2023年，杭州市西湖区实现地区生产总值2087.38亿元，按可比价格计算，较上年增长5.1%。其中：第一产业增加值3.52亿元，增长8.1%；第二产业增加值144.60亿元，下降6.2%；第三产业增加值1939.26亿元，增长6.1%。三次产业结构比为0.2∶6.9∶92.9。按常住人口计算，人均生产总值17.86万元，增长3.6%。全区实现财政总收入449.63亿元，下降3.0%，其中一般公共预算收入233.78亿元，增长0.1%，剔除同期一次性因素后，同口径增幅18.7%。全区一般公共预算支出169.29亿元，增长13.0%。全区财政收支平衡。

【组织财政收入】 夯实税源根基。分析各行业，跟踪重点税源，把握组织收入节奏。2023年，全区前100家企业总计入库税款275.50亿元，下降7.0%。优化收入结构。全年全区一般公共预算收入占地区生产总值的11.2%，占财政总收入的52.0%。其中，税收收入216.57亿元，下降2.4%，占一般公共预算收入的92.6%。强化非税管理。全年全区完成非税收入17.45亿元，增长31.4%，其中纳入一般公共预算管理的非税收入17.21亿元，增长47.3%。

【保障杭州亚运会、亚残运会】 财政支持办好杭州第十九届亚洲运动会、第四届亚洲残疾人运动会，制定赛时运行保障机制，推进亚运场馆赛后利用。投入资金2.83亿元，保障西湖区亚运场馆及周边“最后一公里”体验区建设，完善道路基础设施，规范和提升亚运场馆周边围挡、道旗、景观小品等，打造具有西湖特色的亚运标志性成果。

【支持经济发展】 优化营商环境。参与制定出台“开门红28条”、营商环境“20条”、6轮促消费购车补贴、平台经济、楼宇经济等助企纾困政策，全年兑现惠企政策资金40.33亿元，增长39.0%。整合西湖区注会评估行业资源，首创“红领赋能”模式助力营商环境优化，做法获评全省财政系统变革型财政组织创建最佳实践案例。推动创新发展。支持核心领域技术攻关，保障重点实验室、航天五院等“国之重器”项目和人才一体化配置。全年科技支出21.43亿元，较2022年同口径增长5.37亿元，增长33.4%。落实资金15.82亿元，促进高质量充分就业，做好高层次人才生活补贴和大学生租房补贴资金保障工作。

【保障民生事业】 2023年，全区民生支出146.18亿元，增长14.4%，占一般公共预算支出的86.4%。支持教育事业发展。全年教育支出57.43亿元，重点保障教育系统正常运转经费，落实城乡义务教育补助、学生资助经费，稳步提升各阶段生均经费标准，向上争取西湖大学一般债券资金9.00亿元。支持卫生事业发展。全年医疗卫生支出9.41亿元，主要用于基本公共卫生服务补助、计划生育家庭特别帮扶、医养护一体化全科医生签约服务等。支持社保事业发展。全年社会保障和就业支出18.38亿元，保障困难群众、城乡低保、残疾人等重点人群。获批“两直”资金7.63亿元，全年拨付7.61亿元，执行进度99.8%，支持退役军人优抚、住房等保障工作。支持城市有机更新。持续建设“幸福荟”民生综合体，全年新建综合体12个，实现镇街全覆盖。投入资金32.57亿元，推进安置房、未来社区改造等重点民生项目建设。支持老旧小区综合提升改造工程119个，加装电梯80台，燃气管道提升改造47个，二次供水设施改造58个。投入资金5.15亿元，保障道路保洁、市政设施改善、垃圾分类等建设。推进乡村振兴。落实农林水经费3.87亿元，强化涉农资金统筹整合，撬动农村地区高质量发展和未来乡村建设。支持“平安西湖”建设。全年投入资金10.37亿元，支持雪亮工程、城市大脑警务操作等项目建设，打造共建共治共享社会治理格局。

【深化财政改革】 优化财力分享体制。完善镇街（平台）财政收支平衡预警机制，出台《关于西湖区优化南北片区财力分享的方案》，优化区域财力分享政策，支持南北两大平台发展建设。推进财政数字化改革。深化“浙里报账”“资产云管家”等全省试点改革应用建设，“浙里报账”全年报销单据4120万笔，报销金额76.94亿元；“资产云管家”在区城管局、教育局和三墩镇开展试点应用，通过“数据最多录一次”和“数据线上流转”系统，全年处理采购、登记、核算等数据2486条。与省财政厅、工商银行、建设银行联动，扩大数字人民币在文三数字生活街区消费应用场景的覆盖面。深化国资国企改革。围绕云创、科创、文创“三创”融合产业体系，实施跨集团“调、并、增、转”，形成国资国企新架

杭州市西湖区云栖小镇

构,引导区属国企以市场化运作完成功能性任务,完成西湖投资集团AAA主体信用评级评定。

【加强财政监管】 加强预算绩效管理。实施事前绩效评价预算项目44个,涉及资金6.90亿元,核减项目8个,核减资金2.33亿元,核减率33.8%。全区74家预算单位、2149个项目实现线上资金执行和绩效目标"双监控"。规范投资项目监管。全年审核各类政府投资项目估算、预算、结算报告1479份,审核资金234.13亿元,核减不合理费用23.17亿元,核减率9.9%;审核合同127份,审核资金9.87亿元。防范化解债务风险。全区已完成五年化债任务,2023年债务风险等级在绿色区间。

【加强队伍建设】 筑牢理想信念根基。早起步、高标准开展学习贯彻习近平新时代中国特色社会主义思想主题教育,落实"第一议题"制度,原原本本学原著、悟原理。通过"三会一课"等常态化开展党课分享和研讨,全年开展各类理论学习36次,讲党课17次,固定党日活动36次。深化清廉财政建设。升级"财·清风"清廉机关子品牌,打造杭州市清廉机关"红雁清风"培树点,创建党风明廉、清风兴廉、纪风督廉、警风倡廉"四风促廉"工作法,创新廉洁文化长廊、党员之家清廉版块。2023年,西湖区财政局获评全省清廉财政建设成效突出单位、杭州市清廉机关"红雁清风"培树点,入选清廉西湖建设优秀实践案例。提升志愿服务水平。组织党员参加"先锋领杭双报到"、文明劝导、助农共富等志愿服务,党员社区报到率100.0%,全年累计服务1500余人次、300余小时,持续擦亮市级最美志愿服务组织金字招牌。

(杭州市西湖区财政局供稿 张 妍执笔)

杭州高新技术产业开发区(滨江)

【概况】 2023年,杭州高新技术产业开发区(滨江)实现地区生产总值2467.92亿元,按可比价格计算,较上年增长8.0%。其中:第一产业增加值0.55亿元,增长8.8%;第二产业增加值923.95亿元,增长6.0%;第三产业增加值1543.42亿元,增长9.2%。三次产业结构比为0.02∶37.44∶62.54。按常住人口计算,人均生产总值460003元。全区实现财政总收入462.46亿元,增长6.7%,其中一般公共预算收入242.14亿元,增长12.8%。全区一般公共预算支出181.88亿元,增长8.4%。全年财政收支平衡。

【组织财政收入】 抓好收入组织。深化与税务等部门协同,强化重点税源监测,把握组织收入力度与节奏,提高收入质量。2023年,全区一般公共预算收入占地区生产总值的9.8%,占财政总收入的52.4%;税收收入229.07亿元,占一般公共预算收入的94.6%。争取上级资金。全年争取中央、省市级财政资金53.36亿元,同比增长24.6%。加强非税征管。跟踪出让地块挂牌进程,掌握资金结算进度,及时入库土地出让金收入。用好非税和票据管理一体化系统,全年非税收入153.15亿元,其中纳入一般公共预算管理的非税收入13.07亿元;土地出让金收入129.69亿元。

【保障杭州亚运会、亚残运会】 统筹保障资金。制定赛事资金保障方案,创新"部门预算+专项资金"机制,安排亚运专项经费。组建赛事预算审核团队,构建专项资金拨付机制,实施资金全生命周期监管,形成闭环管理。保障设施建设。投入奥体中心主体育场、网球中心、滨江区体育馆3个场馆改造资金1.24亿元,优化提升亚运场馆。投入道路基础设施建设资金,支持江南大道整治和亮化提升、人行天桥工程及亚运场馆周边道路建设。投入环境整治项目资金,推进14个片区微更新、沿江区域提升改造等工程。做好志愿服务。组织286人参与火炬传递保障,组织85人参与杭州第十九届亚洲运动会、第四届亚洲残疾人运动会开幕式、闭幕式安保志愿服务和比赛场馆引导咨询,党员到社区报到服务覆盖率100.0%。

【支持经济发展】 支持"一号发展工程"。实施数字经济创新提质"一号发展工程",优先兑付国家级高新技术企业认定奖励、瞪羚企业政策资助等政策,重点保障杭州市高层次人才奖励、应届毕业生补贴等人才培育政策。全年下达区级惠企产业资金62.33亿元,惠及企业11492户次。惠企政策兑付"免申即享""即申即享""分批快享",入选2023年度全省财政系统"一号发展工程"标志性成果培育名单。发挥国企作用,建成北航创新研究院、量子实验楼、人工智能算力中心、工业综合体等高能级创新产业载体,启动建设国际零磁科学谷项目。支持"一号改革工程"。实施营商环境优化提升"一号改革工程",落实中小企业预留、预付款、降低履约保证金、合同及时签订公开等各项政策,推进"无感检测"营商指数指标提升至标杆指标,全年中小企业政府采购合同金额占比97.7%。落实"8+4"经济政策体系。联合其他部门研究落实举措,全年拨付区级"8+4"政策资金122.47亿元,拨付率115.0%。

【增进民生福祉】 2023年,全区民生支出159.42亿元,占一般公共预算支出的87.7%。推动教育均衡发展。全年教育支出33.39亿元,增长7.8%。支持投用学校11所、完工3所、续建10所、新开工5所,新增学位11160个。支持教学设备采购、合作办学补助、民办教育补助、智慧教育建设、优秀教师培育。提升卫生服务水平。全年卫生健康支出8.61亿元,下降13.5%。支持浦沿街道、长河街道社区卫生服务中心建设,保障新投用社区卫生服务站9家。支持首轮居民营养监测,保障"慢病一体化门诊"建设,助力优化"家门口"健康管理服务。推动社保事业发展。全年社会保障和就业支出22.10亿元,增长14.1%。支持帮扶重点群体8872人次,助力失业人员实现再就业2996人次。提升"一老一小"服务水平,保障嵌入式养老微机构实现街道全覆盖，通过省级普惠托育基本公共服务试点验收。完善文体设施建设。全年文化旅游体育与传媒支出4.34亿元，增长19.0%。保障新建改建城市书房、智慧借阅点13个。支持建设嵌入式体育设施41片、健身苑点25处。助力举办第十九届中国国际动漫节、第十七届杭州文化创意产业博览会、"滨滨有礼·文明四季"等文化活动。

【深化财政改革】 推进街道财政体制改革。制定街道财政体制优化完善方案和企业财政收入级次划分管理办法，重新划分企业管理级次，核定收支基数，明确超收分成和专项奖补机制，激励街道、平台优化营商环境。深化绩效管理改革。完善绩效管理机制，优化代表委员参与机制，深化部门协同联动，首次开展联合审评，会同区科技局、区审计局共同推进产学研平台项目审计与绩效评价。推进预算绩效管理数字化应用，首次实现部门预算项目绩效管理全过程线上全覆盖。深化国有企业改革。优化国企架构业务，完成国有二级企业和参股公司股权归并和调整，鼓励区属国企拓展市场化经营业务。健全国企管理制度，推动出台文件制度9个，形成以《关于全面推进新时代高质量国有企业党建工作的实施意见》为引领，健全国企监督体系指导意见、推进清廉国企建设实施意见以及综合考核等N个业务性制度组成的"1+2+N"国企制度体系。

【防范财政风险】 防控地方债务风险。强化全口径债务监管，合理控制债务水平，2023年全区全口径债务风险等级为绿色。加强财政监督。组织"财会监督年"活动，开展财经纪律整治、会计信息质量、预决算公开信息、委托第三方服务资金使用等专项检查，规范财经秩序。修订完善公款竞争性存放管理办法，防止利益输送。强化政府采购监管。加强政府采购政策宣传，完善政策执行监督机制，制定2023年滨江区政府采购绩效考核标准，按季度检查、通报政府采购项目政策落实情况。

【加强队伍建设】 开展学习贯彻习近平新时代中国特色社会主义思想主题教育。全年组织、指导财政、国企、注会行业集中学习习近平新时代中国特色社会主义思想58次，678人次参加。局党委领衔调研主题教育课题1个，国企领导班子申领课题9个，制定问题清单，查找主体教育问题15条。建设清廉单元。实施以固本强基全领域、资金监管全链条、"数智"赋能全贯通、财政监督全覆盖、清廉文化全浸润为内核的廉政工程，获评全区清廉建设优秀实践案例，清廉指数位居全区第一。提升干部能力。实施青年领航工程，组织年轻干部参与产业、亚运会、亚残运会、改革等重点工作。区财政局团委获评2022年度高新区（滨江）五四红旗团委，局青年代表队获全市财政系统主题教育知识竞赛二等奖。

〔杭州高新技术产业开发区（滨江）财政局供稿　徐琼霞执笔〕

萧山区

【概况】 2023年，杭州市萧山区实现地区生产总值2230.69亿元，按可比价格计算，较上年增长5.8%。其中：第一产业增加值57.05亿元，增长1.5%；第二产业增加值823.95亿元，增长3.1%；第三产业增加值1349.69亿元，增长7.9%。三次产业结构比为2.6:36.9:60.5。按常住人口计算，人均生产总值104974元。全区财政总收入566.91亿元，增长10.1%，一般公共预算收入332.00亿元，增长4.3%。一般公共预算支出328.16亿元，下降4.4%。全年财政收支平衡。

【组织财政收入】 夯实财源建设。建立财源建设和税费共治机制，强化财政税务协同机制，抓好财政收入。2023年，全区一般公共预算收入占地区生产总值的14.9%，占财政总收入的58.6%；税收收入280.48亿元，占一般公共预算收入的84.5%。强化非税管理。实施非税收入电子缴库测试，实现非税收入数字人民币缴付。全年全区征收非税收入405.88亿元，其中纳入一般公共预算管理的非税收入51.52亿元。增强债券供给。全年争取新增债券额度63.98亿元，其中一般债券4.00亿元，专项债券59.98亿元，助力浙江大学医学院附属第二医院萧山院区、杭州萧山技师学院等项目建设。

【保障杭州亚运会、亚残运会】 落实资金保障。安排杭州第十九届亚洲运动会、第四届亚洲残疾人运动会保障相关资金，支持赛事、安保、环境提升等各环节，助推亚运场馆迎宾靓线工程、城区部分亚运通勤道路提升改造工程、九堡大桥南接线高架绿化美化、机场快速路沿线两侧景观带提升改造等项目建设。建立绿色机制。完善亚运应急工程绿色通道，优化亚运项目预算安排、政府采购、项目审核、资金拨付流程，提升亚运项目财政服务保障。强化志愿服务。建立党员服务先锋队，抽调74人参与指挥中心、开闭幕式、火炬传递、专班保障、定点酒店保障、制高点保障等专项任务。

【支持经济发展】 助力保障首位战略。聚焦科技创新和人才强区战略，全年科技支出23.35亿元，增长15.1%，兑现科技创新专项资金6.34亿元，兑现各类人才政策资金12.36亿元，支持浙江大学杭州国际科创中心、北京大学信息技术高等研究院、湘湖实验室等高能级科创平台发展。助力发展产业平台。出台支持临空经济示范区高质量发展财政政策，完成临空建设集团现金出资22.50亿元、股权出资20.00亿元，安排专项经费1.00亿元支持湘湖系统提升工程，建设"中国视谷"助推萧滨一体化发展。优化企业营商环境。贯彻落实省市三个"一号工程"、"十项重大工程"决策部署，兑现各级涉企扶持资金43.01亿元，助企纾困促稳回升。深化政府采购金融服务，全年中小企业获政采贷2.14亿元,面向中小企业政府采购金额26.80亿元,提高中小企业预付款比例40.0%,降低中小企业履约保证金至0.3%。

【增进民生福祉】 2023年,全区民生支出238.10亿元,占一般公共预算支出的72.6%。深化优质教育发展。全年教育支出68.90亿元,规范民办义务教育工作,推进全国义务教育优质均衡发展区和全国学前教育普及普惠区创建,促进义务教育、学前教育优质均衡。加快“健康萧山”建设。全年卫生健康支出22.93亿元,加强基本公共卫生服务和重大传染疾病防控,助力创建国家级慢病防控示范区、基层中医工作示范县。加大社会保障投入。全年社会保障和就业支出25.75亿元,拨付再就业资金1.40亿元,新增康养联合体5家,建设家庭养老床位573张,完成市级家庭养老照护床位试点。推进城乡建设。全年城乡社区支出39.43亿元,农林水支出12.79亿元,推动老旧社区片区改造14个,实施农村综合改革和村级公益事业“一事一议”财政奖补政策,助力打造共富乡村。

【深化财政改革】 推进改革创新试点。长三角财政电子票据一体化试点实现跨省零星医保报销应用场景落地,入选全省“地瓜经济”提能升级“一号开放工程”改革项目,获评省财政厅三个“一号工程”优秀案例。完成国家级美丽乡村重点县建设、政府采购支持绿色建材促进建筑品质提升部级改革试点验收,政府投资项目管理系统迭代升级入选全省财会监督能力提升重点试点项目。推进数智财政改革。深化预算管理一体化系统建设,推广运用“浙里基财智控”应用,推进“浙里报账”系统迭代升级,全年通过应用监管资金支付8105笔,金额48.80亿元。推动国资数字化监管平台升级至4.0版本,提高国资监管水平。推进国企改革。实施新一轮国企改革,搭建4家区属国企和3家平台下属国企为主体的“4+3”国企架构,加快国企市场化发展,新增杭州萧山产业发展集团有限公司、杭州萧山环境投资建设集团有限公司2家AAA级信用评级主体,新增杭州萧山国有资本运营集团有限公司1家AA+级信用评级主体。

【加强财政监管】 落实过“紧日子”思想。出台过“紧日子”二十条措施,建立节约型财政保障机制,全年压减非急需、非刚性、非重点项目支出11.43亿元。制定区政府投资项目建设管理费管理细则,规范项目建设支出标准。全年完成项目审核426件,涉及资金535.69亿元,核减不合理资金59.72亿元。加强财政资金监督。实施“财会监督年”活动,深化财巡财审协同联动机制,开展委托第三方服务等专项检查15个。动态调整预算执行预警规则,加强库款支出监测,实施暂付款专项清理,做好公款存放和闲置资金管理。防范财政运行风险。完善新一轮镇街(平台)财政体制,动态调整镇街收支基数,加大镇街转移支付力度,全年专项转移支付23.11亿元,保障基层财政平稳运转。优先保障“三保”支出,建立“三保”预算编制事前审核机制,源头防范财政运行风险。做好债务系统动态监测,开展债务自查自纠工作,防范化债不实风险。

【深化队伍建设】 坚持政治引领。开展学习贯彻习近平新时代中国特色社会主义思想主题教育,把党的政治建设摆在首位,落实“第一议题”制度,健全机关党建考核机制,组织开展省市区三级联动循迹溯源主题教育、注会评估行业党建赋能强村公司发展行动等党建活动。推进清廉财政。推进清廉单元建设,抓实干部廉政教育和队伍管理,加强廉政风险防控排查,深化“一科室一品牌”活动,“三色预警”案例入选杭州市清廉财政优秀案例,持续放大清廉财政品牌效应。加强干部培养。开展“财学沙龙”“师徒结对”等活动,提升干部能力素养,区财政局获评全区“双建争先”活动五星等次优秀单位,在杭州市财政局全面从严治党大会上作典型经验交流。区国库支付中心、局团委分别获评“萧山区三八红旗集体”“萧山区先进团(工)委”。

(杭州市萧山区财政局供稿　全妍琼执笔)

余杭区

【概况】 2023年,杭州市余杭区实现地区生产总值2936.43亿元,按可比价格计算,较上年增长8.5%。其中:第一产业增加值41.65亿元,增长3.7%;第二产业增加值327.97亿元,下降2.6%;第三产业增加值2566.81亿元,增长10.3%。三次产业结构比为1.4:11.2:87.4。全区财政总收入801.57亿元,增长19.4%,其中一般公共预算收入416.68亿元,增长18.1%,区本级一般公共预算收入405.93亿元,增长18.0%。全区一般公共预算支出351.38亿元,增长5.1%,区本级一般公共预算支出338.71亿元,增长5.1%。全年财政收支平衡。

【组织财政收入】 抓好财源建设。加强部门联动,支持重点税源企业发展和区外企业招引,促进财政收入高质量发展。落实镇街财政体制举措,缓解基层镇街财政压力,激发镇街发展税源经济积极性,全区12个镇街财政收入平均增幅20.3%。优化收入结构。2023年全区一般公共预算收入占地区生产总值的14.2%,占财政总收入的52.0%;其中税收收入398.77亿元,增长18.6%,占一般公共预算收入的95.7%。加强非税征管。规范行政事业性收费管理,全年实现非税收入366.67亿元,其中纳入一般公共预算收入管理的非税收入17.91亿元。向上争取资金。2023年获批新增政府债券额度36.00亿元。争取西险大塘达标加固工程重大水利建设专项、支持基层落实减税降费、制造业高质量发展专项等上级补助资金57.75亿元。

【保障杭州亚运会、亚残运会】 加强财政资金保障,支持举行杭州第十九届亚洲运动会火种采集仪式,提升改造104国道良渚遗址公园段等亚运氛围营造样板路段,完成女排、橄榄球2个项目、70场比赛赛事保障。支持开展“迎亚运、讲文明、创典范”主题志愿服务活动2000场,组织参与志愿服务35万人次以上。支持建设亚运食材专仓,余杭区亚运食材专仓占全市专仓总数的40.0%。

【服务经济发展】 发挥政策效能。配合出台"开门红36条""服务业12条"等政策,动态调整推动经济高质量可持续快发展的"黄金68条"政策,助力经济企稳回升。迭代升级"余省心"平台政策兑现、企业大脑两大数智核心板块,全年兑现惠企资金114.03亿元,惠及企业11万家次。优化营商环境。发放政采贷1.00亿元,授予中小微企业政府采购预留份额29.55亿元,占全部政府采购规模的99.1%。完成首个政府采购远程异地评标项目"余杭区人民法院数字化信息建设项目"。发挥政策性转贷资金应急、保障和普惠功能,办理转贷业务3792笔,转贷金额136.45亿元,节约企业融资成本4014万元。助力产业发展。发挥产业基金引领和撬动作用,重点投向高端装备制造、生物医药、新材料新能源等领域。至2023年年底,产业基金在管总规模594.46亿元,新增认缴规模20.96亿元,累计设立"子基金"59支,对外投资项目908个,其中区内项目396个,撬动社会资本6倍。

【推动共同富裕】 入选全省财政系统首批百万家庭奔富行动示范县(区)。为户籍地为余杭区或取得余杭暂住证的外卖骑手提供意外伤害补充保险,保险由财政全额补助,"骑手保"减负奔富模式被省财政厅列入百万家庭奔富三年行动计划成熟模式推广清单,2023年为36万人次骑手提供保障,财政补助资金36万元。助力乡村振兴,全年拨付资金51.28亿元,保障"1+3+10+N"财政支农政策体系*落实,打造瓶窑果蔬、仁和渔业、径山茶3条农业全产业链,支持未来乡村建设,全年实施美丽乡村扩面提升项目234个,创建省级未来乡村5家。

【保障改善民生】 2023年,全区民生支出254.10亿元,增长6.3%,占一般公共预算支出的72.3%。促进教育事业发展。拨付资金55.66亿元,支持北京航空航天大学中法航空学院等高水平院校发展,杭州第二中学余杭学校、理想实验教育集团等落户余杭,支持余杭区科技职业高级中学、径山中学、百丈镇中心小学等项目建设,全年新投用学校项目26个。优化卫生医疗服务。拨付资金30.76亿元,推进浙江大学医学院附属第一医院余杭院区二期(国家医学中心)、余杭区第五人民医院、余杭区公立卫生中心等项目建设,完善分级诊疗体系,提升医疗服务与保障能力。提高社会保障水平。拨付资金35.32亿元,支持建设余杭特色养老服务制度体系,保障城乡居民社会基本养老保险及被征地农民养老保险财政补助、新业态就业补贴等政策落实。

【加强财政改革】 推进财政体制改革。出台新一轮土地出让金分配体制,推动区本级、做地主体和镇街三方财力事权相匹配。探索资产智慧化管理。深化公共物资仓、智慧档案仓、应急物资仓、涉案物资暂存仓、浙里公益仓"五仓融合"数字化资产管理模式,在2023年8月23日全国国资管理与资本运营论坛上作经验交流。深化国有企业改革。制定出台薪酬考核、职业经理人等系列市场化配套文件,引导国有企业拓展市场化经营业务,提升经营能力和盈利能力。

【强化财政监管】 强化绩效管理。开展重大政府投资项目事前绩效评估,核减项目46个、资金19.48亿元,核减率6.8%;开展招标前预算评审202件,审减金额10.06亿元;开展结算评审208件,送审金额146.15亿元,审减金额9.47亿元。加强财会监督。开展财会监督专项行动36项,检查286户次,下达整改通知书29份,移送问题线索2条。纪财联动有关做法在全省财政系统作交流发言,财会监督数智应用平台建设在全省财政系统试点。优化支出监管。承接会计电子档案试点,实现公务支出报销全流程电子化。全年报销单量11.46万笔,金额194.97亿元。设置12大类监控规则320条,全年筛选疑似问题37513笔,涉及资金153.38亿元,确认违规1660笔,涉及资金18.31亿元。

【加强队伍建设】 开展学习贯彻习近平新时代中国特色社会主义思想主题教育。通过理论学习中心组、主题党日、联学联建等形式开展集中研讨、专题党课等58次。开展青年干部座谈会,为35名青年干部结对政治导师。组织党员干部67名,走访小古城村民主协商展示馆等循迹学习点,感悟习近平新时代中国特色社会主义思想实践伟力。提升业务能力。举办"财政学堂"12期,由业务科室科长,金融、债务领域专家讲解财政业务、解读最新政策。开展"财政能手"技能比武,选拔"财政能手"7名,学习积极分子16名。提升服务水平。成立亲清走访、民情走访、镇街走访、部门走访、项目推进、国资国企6支走访服务队,协助部门调整优化财政惠企政策35项,下沉服务结对村社1200人次,帮助解决国企市场化经营、对外投资等问题40个。

(杭州市余杭区财政局供稿　许茜茜执笔)

注:

***"1+3+10+N"财政支农政策体系:** 合并目标一致或类似的财政支农政策,建立大三农"1本账",涵盖农业、水利、林业3个方向,未来乡村建设、乡村人才振兴、农文旅融合发展等10个领域,N个管理办法的支农政策体系。

临平区

【概况】 2023年,杭州市临平区实现地区生产总值1067.27亿元,按可比价格计算,较上年增长6.0%。其中:第一产业增加值16.80亿元,增长4.0%;第二产业增加值557.27亿元,增长3.1%;第三产业增加值493.20亿元,增长9.2%。三次产业结构比为1.6:52.2:46.2。按常住人口计算,全区人均生产总值95505元。全区财政总收入253.79亿元,增长10.4%。其中一般公共预算收入144.68亿元,增长6.7%。全区一般公共预算支出200.17亿元,增长1.7%。全年财政收支平衡。

【组织财政收入】 优化收入结构。加强财政资源统筹,把握好组织收入规模和进度。摸清税源底数,培育优质税源,做好收入分析、预测和监控,挖掘增收潜力。2023年,全区一般公共预算收入占地区生产总值的13.6%,占财政总收入的57.0%;税收收入131.59亿元,占一般公共预算收入的91.0%。强化非税管理。加强非税收入收缴全过程管控,全年全区完成非税收入217.86亿元,其中纳入一般公共预算管理的非税收入13.09亿元。

【保障杭州亚运会、亚残运会】 保障"亚运攻坚仗",做好提前谋划和测算,优先足额保障亚运资金,用于支持亚运场馆建设、场馆周边环境提升、赛事运行、维稳安保等。加强对亚运相关经费预算执行、财务收支、政府采购、资产管理等指导监督,出台财务管理制度6个,开展资金联审会30余次,提升亚运保障资金使用绩效。构建立体监督网络,压缩场馆经费开支356万元。

【服务经济发展】 保障政策兑现。配合实施"拼经济、抓发展"等40条举措,加快"8+4"经济政策体系落地见效。加快产业政策兑现,全年兑付各类惠企资金27.37亿元。支持产业发展。安排一般公共预算收入可用财力20.0%以上,用于支持产业发展。培育第三产业新兴增长点,支持打造半导体产业园、"红丰创新带"产业社区。加强基金运作。吸引招商局资本、杭实资本等子基金落地,支持设立百诚基金、新消费基金等主导产业基金,助推链主企业上下游和主导产业发展。全年政府性产业基金投资项目6个。

【保障民生支出】 全年民生支出155.6亿元,占一般公共预算支出的77.7%。支持教育事业发展。安排资金43.68亿元,支持学校建设,新开工建设学校7所,竣工15所;打造"无忧上学路",护航儿童求学;引进华东师范大学等优质教育合作项目,提升教育质量。支持医疗卫生事业发展。安排资金18.61亿元,支持医疗基础设施建设,新(改)建急救站(点)3个、新(迁)建社区卫生服务站4家,保障区中西医结合医院新医疗综合楼、区急救中心新址全面投用;提升医疗救助水平,完成重症救治团队培训1066人。临平区入选国家"幸福呼吸"项目建设区、健康浙江行动省级样板。支持社会保障事业发展。安排资金18.63亿元。落实大学生毕业补贴、高层次人才创业补助服务;保障城乡居民基本养老保险补助、老年人生活补助、农村居民最低生活保障金等支出;构建"机构+智慧+居家"幸福养老模式,提升"一老一小"照护服务水平;打造残疾人全生命周期服务体系,落实助残惠残补助政策,建设残疾人"康复之家"7家。支持城市品质提升。安排资金3.29亿元,支持老旧小区改造22个,惠及住户4000余户。支持推进天网工程、货运车辆综合治理、改造乡村道等。

【深化财政改革】 推进资金管理改革。推进区对镇街转移支付资金管理体制改革,指导镇街梳理整合转移支付资金用于社区建设、文体工作等领域,全年下达镇街转移支付资金6.26亿元,实际支出6.19亿元。深化财政数字化改革。打通临平区企业服务平台和"浙里报账"系统、预算管理一体化系统的双向接口,实现产业政策"企业线上申报、单位后台内审、财政在线兑付",提高政策兑付效率。探索国资国企改革。完成公租房公司重组改革,提升保障性住房国有资产运营管理能力。

【加强财政监管】 加强财会监督。制定年度财政监督项目计划,开展购房租房补贴专户资金、财政票据使用等检查项目18个。实施政府购买服务专项整治行动,出台购买服务资金管理工作办法、向社会力量购买服务的实施意见等制度。强化债务管理。全年获批发行专项债券资金19.05亿元。强化国企债务监管,关注新增融资,监控债务情况。规范政府投资项目管理。加强政府投资项目资金来源审核。强化项目财政可承受能力评估,协调施行项目投资"资金要素"首审机制。

【加强队伍建设】 开展学习贯彻习近平新时代中国特色社会主义思想主题教育。召开理论中心组扩大学习会、支部党员大会等,压实责任,统一思想认识。依托临财大讲堂、支部学习等载体,集中学习党的二十大报告、党章等,深化理论素养。抓实调查研究,聚焦镇街财政体制、国企资产管理等财政国资重难点问题,形成调研课题4篇。推进清廉财政建设。组织财政系统年轻干部以座谈交流、签订履职承诺书等形式开展廉政教育,打造清廉建设标志成果,区财政局清廉评审政府投资项目获评清廉杭州建设优秀实践案例。提升干部专业能力。实施导师帮带制,开展技能比拼和业务竞赛。组织跟岗训练,选拔年轻干部在惠企服务、政府投资、财政金融等领域跟岗学习,提升干部综合素质。

(杭州市临平区财政局供稿　郑月儿执笔)

钱塘区

【概况】 2023年,杭州市钱塘区实现地区生产总值1270.39亿元,按可比价格计算,较上年增长4.2%。其中:第一产业增加值12.78亿元,增加4.6%;第二产业增加值824.37亿元,增加2.8%;第三产业增加值433.24亿元,增长6.9%。三次产业结构比为1.0∶64.9∶34.1。按常住人口计算,人均生产总值158898元。全区财政总收入247.63亿元,增长7.5%。一般公共预算收入127.08亿元,增长9.0%。全区一般公共预算支出140.73亿元,增长11.7%。全年财政收支平衡。

【组织财政收入】 优化收入结构。加强财税联动,提前谋划,做好税源预警分析,用足上级各类政策,把握收入节奏。2023年,全区一般公共预算收入占地区生产总值的10.0%，占财政总收入的51.3%；税收收入115.80亿元，增长8.8%，占一般公共预算收入的91.1%。争取上级资金。全年争取中央转移支付42.28亿元，较2022年增加21.94亿元，剔除新能源和减税降费等一次性补助后为28.71亿元，用于民生保障、产业发展等领域。全年争取地方政府债券额度12.50亿元，其中专项债券9.50亿元，增长93.9%。强化非税征管。全年非税收入12.85亿元，其中纳入一般公共预算管理的非税收入完成11.28亿元。

【保障杭州亚运会、亚残运会】 投入资金5.83亿元，保障亚运场馆运维、赛事运行、交通安全、宣传氛围、环境提升等各项工作。围绕亚运竞赛场馆、定点单位周边及重点商圈，梳理现金服务保障重点点位14个，安排银行联络员实行网格化管理；完成重点商户外币支付改造32家，实现亚运官方合作酒店24小时外币兑换功能；部署城市侧大型商场入驻商户实现数字人民币收款功能工作，数币综合覆盖率大幅提高。区财政局抽调13名党员干部，参与服务保障工作，2个支部被推荐为区"岗位建功先锋行动"亚运大考大赛先锋集体，1名同志获评市级"红色领航·奉献亚运"先进个人。

【支持经济发展】 扶持产业发展。聚焦扩大有效投资、科技创新、两大万亿产业集群培育等8大政策领域，加快"8+4"经济政策资金、中央直达资金拨付，落实各级产业扶持政策资金44.30亿元，省级"8+4"政策资金执行率92.5%。优化营商环境。降低政府采购项目履约保证金比例至0.5%，推进政府采购信用融资，落实政府采购合同预付款制度，合同签订时限仅11天。2023年，全区政府采购合同金额17.11亿元，其中中小企业合同金额14.89亿元，占比87.0%，连续第4年获评政府采购百强区（市、县）。服务企业上市，开展政策培训、上市主题沙龙等资本市场活动28场，协助企业开具上市相关合规证明28份，全区新增上市企业1家，过会企业1家。集成"融资对接、产业基金、政策性担保、生物医药板、上市培育"5大服务，由财政牵头在钱塘企业综合服务中心打造金融服务板块，构建"前台一站式受理、当场答复、限期办理"的内部协同服务机制，为企业提供多元化接力式金融服务。2023年组织开展融资路演、银企对接等活动67场，受理并办结企业诉求776项。壮大产业基金。落地生物医药与高端器械产业基金，规模50.00亿元，全年立项项目17个、投决项目6个，完成投资项目1个。区级产业基金总规模304.24亿元，全年投资区内项目19个（次），引进落地项目8个，投中准独角兽企业3家。

【推动共同富裕】 安排资金2.41亿元，推进"强村富民双十条"行动，加快低收入农户增收以及村级公益事业项目建设。推进农房出租市场化运作的"钱塘巢·共富农房租"项目，入选年度全省百万家庭奔富行动培育县创建名单，入围省委共同富裕第三批最佳案例。支持浙江省山区26县和对口帮扶地区农副产品采购工作，全年实现"钱塘共富馆"农副产品交易额375万元。

【增进民生福祉】 全年民生支出100.64亿元（不含新增债券安排支出），增长14.2%，占一般公共预算支出的71.5%。支持教育事业发展。安排资金31.08亿元，打造"钱塘优学"与"名师名校长名校"工程，落实"双减"政策，保障寒暑期托管服务，强化生均教育经费保障，落实教师工资待遇。支持医疗健康事业。安排资金6.84亿元，支持就医环境改善、城市医联体建设，投用社区卫生服务站6家，新增婴幼儿照护托位576个，超额完成家庭医生签约，加快建设"健康钱塘"。其中，投入资金1.98亿元，重点保障医疗救治、医疗物资等领域。支持社会保障事业发展。安排资金12.09亿元，保障困难群众、城乡低保、残疾人等重点人群。其中，安排资金4.16亿元，举办线上线下毕业生招聘会37场，新增城镇就业4万人，新成立全日制毕业五年内大学生创业企业906家。

【深化财政改革】 推进"浙里报账"改革。启用预警提醒，强化日常监督，落实每月晾晒机制，实现平台全场景全覆盖；推进电子会计档案模块扩面试点工作。至2023年年底，通过"浙里报账"平台报销业务64669笔，报销金额28.73亿元。深化国资国企改革。首次试编国有资本经营预算，2023年收缴国有资产经营收益1335万元。安排国有企业资本金2.54亿元，助力杭州钱塘航空产业发展有限公司、杭州市钱塘公共交通有限公司等项目顺利推进。

【加强财政监管】 深化财会监督。2023年4月27日，印发《"财会监督年"活动实施方案》，形成年度监督任务清单24项；形成财经纪律文件汇编，梳理财经纪律负面清单39条。与区纪委监委等部门开展专项监督，发现部分单位存在采购程序不到位、支付资金不规范等问题，督促立整立改，指导区教育局等部门健全采购内控制度5个，收回财政资金91万元。管理支出绩效。8月9日，印发《钱塘区项目支出绩效评价管理办法》，选取预算单位62个、预算项目80个，开展绩效抽评，对拆迁过渡费、往届应届大学生生活补助等4个项目开展重点绩效评价，发现问题39个，提出建议16条。强化债务监管。深化区级财政金融风险处置机制，压实债务主体责任，健全"权责利相结合、借用还相统一"的政府债务管理格局。

【加强队伍建设】 开展学习贯彻习近平新时代中国特色社会主义思想主题教育。邀请专家就"'八八战略'与绿色发展"专题授课，循迹溯源参观"八八战略"实施20周年大型主题展览。抓实检视整改，全面清零预算管理一体化、绩效评价等4项问题，出台有关制度文件6个。推进清廉建设。2023年3月15日，印发《关于纵深推进清廉财政建设的实施方案》，推进5大"清廉工程"，排查岗位风险点83个，精选廉政风险典型案例上墙13个。开展"家书助廉"等活动，设立制度建设、监督检查、宣传培训三重保障,“加强履职监管 护航清廉采购”入围杭州市清廉建设优秀实践案例。提升干部素质。全年组织财金夜学18次,开展干部风采展示活动、“青年干部说”演讲比赛等,1名同志获市级“担当作为好支书”称号,第二党支部获评“五星党支部”。2023年,钱塘区财政局获评杭州市财政管理绩效考评优秀单位和市扩大有效投资推进重点项目建设突出贡献集体。

(杭州市钱塘区财政局供稿 徐芷怡执笔)

富阳区

【概况】 2023年,杭州市富阳区实现地区生产总值960.87亿元,按可比价格计算,较上年增长4.8%。其中:第一产业增加值53.37亿元,增长4.2%;第二产业增加值405.29亿元,增长1.3%;第三产业增加值502.21亿元,增长7.7%。三次产业结构比为5.5∶42.2∶52.3。按户籍人口计算,人均生产总值137335元。全区财政总收入165.18亿元,增长7.8%,其中一般公共预算收入100.54亿元,增长9.6%。一般公共预算支出137.62亿元,增长1.4%。全年财政收支平衡。

【组织财政收入】 科学组织收入。强化经济调度,针对重点增收领域,实行收入进度“周研判、旬会商、月通报”,形成政府领导、部门主责、乡镇协同的收入管理推进机制。优化收入结构。2023年,全区一般公共预算收入占地区生产总值的10.5%,占财政总收入的60.9%;税收收入81.30亿元,增长7.5%,占一般公共预算收入的80.9%。强化非税征管。全年征收非税收入163.93亿元,其中纳入一般公共预算管理的非税收入19.24亿元,增长19.2%,占一般公共预算收入的19.1%。

【保障杭州亚运会、亚残运会】 强化资金保障。以“节俭办会”理念为核心,建立杭州第十九届亚洲运动会、第四届亚洲残疾人运动会赛事经费保障机制,统筹安排保障资金,明确资金审核拨付流程。推进资产调剂。依托行政事业单位公物仓,富阳亚运场馆调剂(租借)办公桌椅、电脑、空调等各类资产997项,节约资金140万元,相关做法获《人民日报》报道。投身服务一线。选派6名干部直接参与亚运场馆赛事服务工作,组织346人次开展清洁家园、文明劝导等社区平安护航服务,获杭州第十九届亚洲运动会、杭州第四届亚洲残疾人运动会市级集体嘉奖。

【支持经济发展】 加强产业扶持。落实省“8+4”经济政策体系,配合出台全区“抢先机拼经济、勇夺开门红”38条等激励政策,全年兑现产业政策资金21.19亿元,惠及市场主体5512户次。优化营商环境。聚焦政务服务增值化改革,依托“互联网+政府采购”增强信息透明度和公众参与度,实现政府采购“一件事”全生命周期网上办理,连续4年获评全国政府采购百强区(市、县)。优化人才政策。启用首批人才专项租赁住房,通过“人才码”服务74万人次,兑现人才资金2.75亿元。开展基金招商。聚焦光电激光、集成电路、生物医药等重点领域,全年完成产业基金投资35.46亿元,新增出资项目21个,撬动社会资本151.99亿元。

【增进民生福祉】 全年民生支出104.06亿元,占一般公共预算支出的75.6%,增长1.7%,完成省市区三级民生实事项目134个。支持教育事业发展。全年教育支出25.21亿元。建成灵桥小学、鸡笼山幼儿园等学校(幼儿园)12所,新增学位8655个,开工建设浙江中医药大学新校区。推进9所小学集团化办学,实现全区中小学紧密型教共体全覆盖。完善社会保障体系。全年社会保障和就业支出21.11亿元。新增就业3.77万人,失业人员再就业4695人,发放失业保险金1.64亿元。低保标准、特困人员基本生活标准分别提高至每人每月1259元、2098元。全区养老保险综合参保率99.4%,困难人员医疗费用综合保障率88.0%。提升医疗卫生服务。全年卫生健康支出15.25亿元,加快推进省人民医院富阳院区、省中医院新院区建设,投入使用区第三人民医院新院区、区妇幼保健院门急诊综合大楼、上官社区卫生中心。县域医共体检查检验结果互认共享的“医检互认”改革获全省改革突破奖银奖,“健康浙江”考核实现“五连优”。

【深化财政改革】 推进绩效管理改革。聚焦开源、节流、优管,建立财政资金提效工作联席会议机制,2023年3月31日,印发《杭州市富阳区绩效评估(评价)财政审核规程》,开展编外人员、公务接待、车辆购置及租赁、临时机构、会议庆典活动等重点领域专项清理,全年核减政府一般性项目支出38.12亿元,“三公”经费下降21.9%。深化国资国企改革。推进专业化重组整合,优化国企资本和业务布局。开展国企经营能力提升行动,完善经营业绩考核机制,提升经营意识、压实经营责任。推进国有资产数字化盘活,通过公开线上竞价交易提升资产处置绩效。

【强化财政监管】 加强财会监督。2023年12月4日,印发《进一步加强财会监督工作的实施方案》,明确财政、主管部门、单位、行业责任,建立以会计管理为基础,以内控建设为重点,以数字监管为手段,以联合监管为辅助的财会监督新模式。强化投资项目管理。构建标准化投资控制体系,建设以估算指标控制、概算合理性指标、无价材料管理为支撑的政府与国企投资项目标准化投资控制体系,全年核减资金23.39亿元。防范化解债务风险。建立债务风险预警机制,加强项目和资金监管,政府债务率保持在合理区间。

【加强队伍建设】 开展学习贯彻习近平新时代中国特色社会主义思想主题教育。形成“局党委负总责+机关党委牵头+党支部落实+青年党员跟进”的四级联动运行机制,贯通理论学习、调查研究、推动发展和检视整改,实现57个党组织、1166名党员全覆盖。推进“财智汇”主题活动。确定“财小智”“财小慧”富阳财政国资卡通形象代言人，开展专题学习会、财政夜学等各类培训25次，由年轻干部政策宣讲团组成的“政策代言人”宣讲37场次，走访调研形成调研文章34篇，解决绿化提升、河道治理等民生实事问题73个。*创新干部培养机制*。开展“财菁”学堂专题授课、财政“青年说”经验分享等活动，提升干部综合素养能力。将职务晋升和职级晋升整体谋划、结合使用、交替实施，干部职级晋升16名。

（杭州市富阳区财政局供稿　李康成执笔）

临安区

【概况】 2023年，杭州市临安区实现地区生产总值686.45亿元，按可比价格计算，较上年增长3.5%。其中：第一产业增加值47.18亿元，增长4.3%；第二产业增加值339.11亿元，下降0.7%；第三产业增加值300.16亿元，增长8.1%。三次产业结构比为6.9∶49.4∶43.7。按常住人口计算，人均生产总值105608元，增长2.7%。全年财政总收入141.25亿元，增长7.0%，其中一般公共预算收入87.60亿元，增长4.3%。一般公共预算支出105.68亿元，下降0.5%。全年财政收支平衡。

【组织财政收入】 *加强财税联动*。与税务部门定期会商，推进涉税信息共享和收入组织联动，挖掘存量财源增收潜力。加强经济形势分析和收入研判，确保组织收入稳步有序。*优化收入结构*。2023年，全区一般公共预算收入占地区生产总值的12.8%，占财政总收入的62.0%；税收收入78.13亿元，占一般公共预算收入的89.2%。*强化非税征管*。全年征收非税收入84.38亿元，其中纳入一般公共预算管理的非税收入9.46亿元。推广非税收入电子票据，全年财政电子票据覆盖率100.0%，医疗收费电子票据提升改造完成率100.0%。

【保障杭州亚运会、亚残运会】 投入财政资金，支持临安场馆竞赛管理、场馆设施与服务、团队综合运行等项目正常运转。保障临安运动员接待饭店场所改造、临时设施搭建、景观布置、翻译服务等资金需求。投入财政资金620万元加强城市管理安全保障能力。选派3名干部支持杭州第十九届亚洲运动会组委会工作，抽调局本级及下属国企干部职工50余名服务保障杭州第十九届亚洲运动会、第四届亚洲残疾人运动会开幕、闭幕式，组织全局130余名干部职工参与亚运维稳安保值班备勤。“红色领杭·奉献亚运”在职党员到社区报到90余人次，党员参与率100.0%。

【服务经济发展】 *优化政策服务*。落实“8+4”经济政策体系、杭州市“抢先机、拼经济”30条政策、临安区“抢先机、拼经济”8条政策措施，全年兑现各类惠企资金13.40亿元。杭州临安中小企业融资担保有限公司为中小企业开展担保业务201笔，担保金额3.25亿元，助力企业发展。组建4个专班，开展“千名干部助千企”活动，全年走访企业32次，完成“一企一档”销号16家。*助推“腾笼换鸟”*。筹措专项资金，全年拨付1.06亿元用于“腾笼换鸟”攻坚行动，盘活低效工业用地1960亩，腾出用能标准煤3.5万吨；全年新建楼宇50万平方米，盘活楼宇19万平方米。*发挥基金效能*。协同青山湖科技城、锦南新城两大产业平台，组建规模80.00亿元的政府产业基金。2023年，区政府产业引导基金投资项目4个，项目总额5800万元。

【推进共同富裕】 推广“共富贷”系列产品，浙江临安农村商业银行全年发放“富民贷”6.77亿元、“强村贷”1.40亿元。“浙里担”全年开展政银担业务226笔，担保总额9730万元。推进天目雷笋共富联合体项目建设，全年鲜笋产地仓交易额逾4.00亿元，农民增收5000万元。落实政策性农业保险政策，2023年临安区政策性农业保险保费收入5446万元，各级财政补助3916万元，保险密度1341.54元/人，深度1.18%。开设区级特色险种“生猪价格指数保险”，全年承保规模70680头。

【增进民生福祉】 全年民生支出84.75亿元，增长2.6%，占一般公共预算支出的80.2%。*支持教育事业发展*。全年教育支出20.10亿元，增长5.2%。落实合作办学经费2455万元，深化与杭州学军中学、杭州第十四中学、锦绣育才教育集团合作办学；推动学前教育体制改革，为临安区创建全国学前教育普及普惠区和义务教育优质均衡发展区做好资金保障。*支持卫生健康事业发展*。全年卫生健康支出7.15亿元。助力实施基层医疗卫生机构提档升级、基层医疗卫生服务能力提质增效、基层医疗卫生岗位聚英留才3大工程。推动公共卫生服务体系建设，完成区第一人民医院、区妇幼保健院整体搬迁，筹措资金支持三甲医院创建。*支持社会保障事业发展*。全年社会保障和就业支出20.01亿元。持续推进养老等民生实事项目，新增认知障碍照护专区床位117张、完成独居老人“安居守护”智能设备入户安装400户，完成困难残疾人家庭无障碍改造112户。完善“幼有善育”相关政策，发放孕产补助和育儿补助563万元，惠及1422人。*支持文化事业发展*。全年文化体育与传媒支出2.26亿元，增长9.4%。推进文化惠民工程，落实送戏下乡等社会文化活动经费2541万元，推动文旅融合健康发展。*支持乡村全面振兴*。落实土地整治经费2.55亿元，全年新建和提升改造高标准农田1.91万亩，集中连片整治永久基本农田1.18万亩。“天目山宝”跻身全国区域农业形象品牌影响力百强，临安区获评国家农产品质量安全示范区。深化新时代“千万工程”，落实资金1.19亿元，建成和美乡村56个、数字乡村14个、未来乡村6个。支持打造以杭徽高速浙西生态大走廊为轴的“一廊三圈十八景”全域旅游格局，开工建设天目未来谷，推进“陌上花开”“五凤朝阳”“深山渔村”等示范型村落景区项目建设。

【深化财政改革】 *推进财政管理体制改革*。完善新一轮镇街财政管理体制，通过划分收支、核定基数、收支挂钩、超收分成、适度统筹，提高镇街公共财政服务管理水平。推进财政数字化改革。公款竞争性存放公开招标平台实现全覆盖，全年招标单位11家，招标账户19个，招标资金26.48亿元。深化“浙里基财智控”应用，全年通过应用监管资金支付10978笔，金额56.72亿元。牵头建设种粮补贴AI应用，运用卫星遥感和AI技术，对安全区耕地进行连续监测，判断是否符合补贴政策要求，并提取耕地权属和补助信息，全年发放耕地地力保护补贴919万元，惠及农户7万余户。深化国资国企改革。出台《关于进一步深化区属国有企业人事劳动分配三项制度改革的指导意见》《临安区竞争类企业市场化用工及薪酬改革指导意见》，启动国有企业人事、劳动、分配3方面改革。出台《临安区国资办管理与责任清单》，科学界定国资监管权责事项边界，梳理8大类51项管理事项。

【加强财政监管】 落实习惯过“紧日子”要求。依托财政动态监控系统和“浙里报账”平台，对“三公”经费进行常态化监管，全年压减非刚性、非急需和“三公”经费等资金1.90亿元。上线公物仓平台，闲置资产入库1311件，领用696件，实现资源有效配置。提高政府投资绩效。优化造价审核咨询服务考核管理办法，完成项目协审中介政府采购框架协议征集采购，全年完成项目审价260个，核减金额11.46亿元，核减率5.7%。防范债务风险。对41个新立项项目开展债务风险评估。筹措各类财政资金，完成全年化债任务。强化财会监督。制定“财会监督年”工作方案，开展专项资金、财经纪律、绩效管理等督查项目38个。

【加强队伍建设】 以创建“财惠临安·寸金有情”模范机关品牌为抓手，建设学习型、创新型、服务型、清廉型机关。开展“扬清风正气，鸣廉洁警钟”等系列警示教育活动，参与人数200余人次。落实党委班子成员“一岗双责”，排查廉政风险点34个，制定防控措施69条。制定财政局（国资办）年轻干部培养实施方案，实施全方位培养模式。推行“上派下挂平学”年轻干部跨岗历练模式，37名年轻干部下沉街道、国企集团学习锻炼。

（杭州市临安区财政局供稿　钟家琪执笔）

桐庐县

【概况】 2023年，桐庐县实现地区生产总值469.23亿元，按可比价格计算，较上年增长6.5%。其中：第一产业增加值28.56亿元，增长4.3%；第二产业增加值214.69亿元，增长3.6%；第三产业增加值225.98亿元，增长9.6%。三次产业结构比为6.1∶45.8∶48.1。按户籍人口计算，人均生产总值112041元，增长6.8%。全县财政总收入78.89亿元，增长10.8%，其中一般公共预算收入45.03亿元，增长8.6%。一般公共预算支出72.80亿元，下降3.2%。全年财政收支平衡。

【组织财政收入】 加强税源管理。与税务部门联动合作，强化税收征管，完善税收保障措施，防止税收流失，做好与重点项目、纳税大户的衔接沟通和跟踪服务，保障税收资源。优化收入结构。全县一般公共预算收入占地区生产总值的9.6%，占财政总收入的57.1%。税收收入38.30亿元，占一般公共预算收入的85.1%。规范非税征管。推进非税收入电子化收缴改革，新增公共支付平台微信和数字人民币缴款渠道，网上收缴率100.0%。全年组织非税收入43.33亿元，下降6.4%，其中纳入一般公共预算管理的非税收入6.73亿元，增长12.3%，土地出让金收入28.26亿元。

【保障杭州亚运会、亚残运会】 优化资金管理模式，2023年4月27日印发《2022年第19届亚运会桐庐马术中心运行团队财务及资产管理制度（修订版）》、7月15日印发《关于下达2023年度亚运会桐庐赛区场馆侧项目支出预算的通知》等文件，规范使用亚运资金。投入财政资金保障马儃村运转、马术赛事安保、场馆维护等项目，深化亚运分村非遗大师剪纸、画家叶浅予作品集等桐庐文化展示，支持打造亚运户外观赛空间、亚运马术主题街区主题馆，建成城市绿地、城市主题公园等20余组（处），支持开展临金高速沿线环境整治、迎春街沿线改造等行动，改善亚运城市侧环境。

【支持经济发展】 支持产业提能升级。落实“8+4”经济政策体系，全年兑现涉企政策8.92亿元，支持优质项目招引和制造业、服务业、科技创新驱动、开放型经济等重点领域。加大转贷基金服务力度，全年办理转贷业务2417户次，转贷规模60.15亿元，增长9.8%。优化政采营商环境。聚焦营商环境优化提升“一号改革工程”，落实“民营经济32条”，政府采购营商环境无感监测指标大幅度提升。全年政府采购中小企业成交份额占比95.9%。建设“政采云”桐庐精品馆，拓展县内企业展示和产品销售渠道。争取政府债券。全年争取地方政府新增债券10.00亿元，用于偏远山区乡村振兴、经济开发区江南园区配套额度设施等项目建设10个。争取再融资债券1.70亿元。

【服务民生事业】 全年民生支出60.45亿元，占一般公共预算支出的83.0%。提升社会保障水平。全年社会保障和就业支出8.49亿元，提高城乡居民基本养老保险基础养老金、最低生活保障等社会保障项目补助标准。实施就业致富2.0工程和职业技能提升补贴，投入专项资金1613万元，用于技能培训、企业体检服务、大学生创业补助等，新增就业12825人次。抓好教育资源统筹。全年教育支出21.80亿元，持续推进义务教育“优质均衡”、普高教育“质量提升”工程，深化校长职级制和教师合同制改革，实施职业教育、特殊教育新一轮高质量发展行动。提升医疗服务水平。全年卫生健康支出8.65亿元，实施公共服务“七优享”工程，优化医疗卫生资源配置，新增床位185个；推动市、县合作共建杭州市第一人民医院桐庐医院。推动文体事业发展。

全年文化旅游体育与传媒支出1.78亿元，落实文化惠民行动，支持举办富春江诗歌节、大奇山音乐节、半程马拉松赛等活动。挖掘中医药文化、隐逸文化、诗词文化价值，加快建设桐君药祖博物馆，助力剪纸、越剧、故事、书法等特色文化品牌建设。优化城乡建设质量。全年农林水支出6.31亿元，支持高标准农田建设、扶持村集体经济发展、推进乡村产业发展及新时代美丽乡村建设，"田园乡梦 共富明珠"项目被列入省级"一事一议"财政奖补打造共富乡村试点。

【深化财政改革】 完善乡财县管体系。新增保障基层基本运行支出资金8900万元，通过加大乡镇招引项目财力分配力度、鼓励盘活低效闲置用地、引导偏远山区人口转移集聚等措施，支持乡镇财政减负增收。推进共富单元建设。争取专项债券额度1.20亿元，推进8个乡村经营共富单元建设，实施项目48个，带动社会资本投资9.29亿元。开展促进共同富裕"小切口"改革试点工作，探索乡村合作养老项目试点建设。数字赋能智慧财政。乡镇(街道)"浙里基财智控"应用实现全覆盖，提升基层资金、资产、资源数字化管理水平。完善国有资产线上公开处置模式，全年网络拍卖平台成交标的137个，成交额3760万元，平均溢价率147.9%。

【加强财政监管】 坚持过"紧日子"。推进项目执行情况、绩效评价结果与预算编制挂钩，全年压减一般性、非刚性、非急需、非重点项目支出3.27亿元，收回各类结转结余资金3.06亿元，"三公"经费支出2333万元，下降6.5%。推进涉水、涉土及规划、建设、调查"一类事"工作协同、资金整合。提升财会监督效能。2023年12月8日，印发《关于进一步规范预算管理全面加强财会监督的意见》，落实预算事前绩效评估机制，强化财经纪律。开展涉企补助、汽车消费券、会计代理记账业务等重点项目专项检查，加强日常监督，实现监管事项全覆盖。促进资产资源盘活。出台行政事业单位公物仓管理办法，盘活闲置资产纳入公物仓28类585件，提高资产周转使用效率。加快国有房产确权，完成房产确权办证工作593处。

【推进队伍建设】 开展学习贯彻习近平新时代中国特色社会主义思想主题教育。通过党委理论中心组专题学、循迹溯源学、集中研讨学、专题党课讲学和个人自学"五学联动"，深化学习领悟，全年召开党委理论学习中心组学习会12次。营造良好政治生态。明确2023年度全面从严治党工作责任任务清单48项，全年提请县政府召开财政审核审批专题会议11次、局党委会议16次，压实党风廉政责任。加强干部培养。优化干部队伍结构，选派多名干部参加巡视巡察等工作，提升干部实战能力。开展"财政青年说"主题宣讲比赛、"明德守法、完善自我"专题座谈会等活动，引导青年干部立足岗位拓展学习。

（桐庐县财政局供稿　王艾雯执笔）

淳安县

【概况】 2023年，淳安县实现地区生产总值280.49亿元，按可比价格计算，较上年增长5.0%。其中：第一产业增加值44.46亿元，增长4.3%；第二产业增加值75.93亿元，增长4.7%；第三产业增加值160.10亿元，增长5.4%。三次产业结构比为15.8∶27.1∶57.1。按常住人口计算，全县人均生产总值86840元，增长6.2%。全县财政总收入46.89亿元，增长7.4%。一般公共预算收入26.99亿元，增长12.9%，其中税收收入22.04亿元，增长12.5%。全县一般公共预算支出89.41亿元，增长10.8%。全年财政收支平衡。

【组织财政收入】 优化收入结构。强化财税联动，开展月度分析和重点税源企业调研，促进财政收入趋稳向好。全县一般公共预算收入占地区生产总值的9.6%，占财政总收入的57.6%，税收收入占一般公共预算收入的81.7%。规范非税监管。试点上线"浙里捐赠"一站认定模块，实现非税缴款、退库、缴上级分成全线上办理；拓宽缴款人缴费渠道，开通微信公众号缴款通道，提升非税收入管理水平。全年实现非税收入31.85亿元，其中纳入一般公共预算管理的非税收入4.95亿元，占一般公共预算收入的18.3%。

【保障杭州亚运会、亚残运会】 制定杭州第十九届亚洲运动会、第四届亚洲残疾人运动会淳安赛区运行保障资金全程闭环内控管理措施，争取省级专项资金，投入亚运运行保障资金用于亚运场馆建设、周边环境整治、人居环境提升、配套设施工程及物资等事项。完成亚运赛事后续处置盘活工作，无偿调拨设施运维、财务保险、竞赛等领域资产金额6939万元，出售设施运维领域资产金额4204万元。

【助力经济发展】 全年争取省级"8+4"政策资金10.89亿元，出台县级配套政策20项，下达县级"8+4"政策资金10.25亿元，保障经济开发区产业园区及基础设施建设工程等重点项目建设。全年拨付政府投资项目资金23.21亿元，保障政府投资力度，推动经济回暖向好。围绕落实"民营经济32条"，形成财政支持三次产业政策体系，全年兑现涉企补助3.27亿元，确保市场主体应享尽享。强化中小企业政府采购支持政策，提高中小企业预留份额比例，降低中小企业参与采购门槛。2023年政府采购授予中小企业合同金额5.68亿元，占采购规模的95.6%。

【保障民生支出】 全年民生支出65.38亿元，增长9.6%，占一般公共预算支出的73.1%。兜实社会保障。全年社会保障和就业支出13.61亿元。财政对企业养老、机关养老、城乡养老等基金补助总额10.70亿元。将低保、特困、基础养老金补助标准分别由2022年每人每月1216元、2027元、330元提升至2023年每人每月1259元、2098元、350元,增进民生福祉。*提升医疗服务*。全年医疗卫生支出8.88亿元,推进以7个县级医疗中心、18个重点学科建设为核心内容的医院三甲能力提升工程;支持长期护理保险省级试点工作,推动“两慢病”免费服药、老年人居家养老服务提升等项目,对城乡居民医保基金全年资金补助6.02亿元,全县群众享受杭州主城区同等医保报销待遇。*支持教育发展*。全年教育支出14.74亿元,支持实施教育补短、师生关心关爱政策,统筹教育资源资产配置,推进现代化学校、全国学前教育普及普惠县和义务教育优质均衡发展县创建。*推进生态保护*。全年争取中央水污染治理资金项目4400万元、中央专项彩票公益金1100万元,统筹资金11.52亿元推动农村污水零直排区、入湖口生态缓冲带等重大环保项目实施,保护生态环境。*支持文旅发展*。安排文化旅游体育和传媒支出1.43亿元,新建阅读空间3.0版——谦岛书院,推进全域旅游发展,打造“五个之城”旅游新品牌体系,保障实施体育惠民共享工程。

【深化财政改革】 *创新绩效综合管理*。建立绩效目标管理标准体系,梳理教育、民政12个领域绩效目标指标808条,指导部门预算项目设定绩效目标。做好重点项目绩效评价,全年组织实施评价项目48个,涉及资金45.88亿元,推动财政资金全周期全方位绩效闭环管理。*推动共同富裕改革*。探索财政补助产业新模式支持淳北中药材区域共富,把补助资金作为投入本金,支持建设中药材基地基础设施,探索公司、合作社、农户三方产销联结机制,2023年向农户收购中药材1700万元,带动农户增收。*深化国资国企改革*。2023年9月20日,印发《关于进一步加强淳安县行政事业单位资产管理的通知》,实施“实体仓”和“虚拟仓”相结合的公物仓管理,健全资产管理机制。

【强化财政监管】 坚持过“紧日子”,控制“三公”经费、培训费、会议费等,将“三公”经费纳入国库集中支付,实行全口径监控,全年压减“三公”经费619万元。深化政府投资项目绩效管理,完成预算审核821个,净核减资金1.50亿元。开展“财会监督年”活动,全年组织开展检查任务20项,涉及资金3.22亿元。坚持“防风险”和“促发展”并重,加强政府债券“借、用、管、还”全流程管理,在债务率控制在绿色安全区域的基础上,争取新增政府债券资金8.00亿元。加强政府采购供应商诚信管理,监测网上超市上架商品价格、商品属性及交易订单商品价格,全年监测供应商1548家,对违约供应商黄色预警21次,橙色预警6次,红色预警11次,暂停网上超市供应商资格3个月11家,暂停1个月6家。

【加强队伍建设】 开展学习贯彻习近平新时代中国特色社会主义思想主题教育,落实“第一议题”制度,全年集中学习习近平新时代中国特色社会主义思想12次,交流研讨7次;开展“百名干部破百难”调研,针对财政支持共同富裕、预算管理改革等完成调研课题报告77篇,推动干部在学思践悟中提升履职本领。深化“红色矩阵”争创行动,“为民理财红管家”党建品牌获评县级机关党建示范品牌,“蒲公英”党员先锋服务队参与社区共建等志愿服务22余次。深化“清风财韵”廉政文化品牌建设,依托“三不腐”能力指数评价考核平台,管住重点资金、重要项目。

(淳安县财政局供稿　裘宇涵执笔)

建德市

【概况】 2023年,建德市实现地区生产总值450.11亿元,按可比价格计算,较上年增长5.5%。其中:第一产业增加值39.58亿元,增长3.9%;第二产业增加值213.77亿元,增长2.9%;第三产业增加值196.76亿元,增长9.0%。三次产业结构比为8.8:47.5:43.7。按户籍人口计算,全市人均生产总值89307元,增长6.0%。城镇居民人均可支配收入64531元,增长4.0%;农村居民人均可支配收入38129元,增长6.3%。全市财政总收入79.22亿元,下降1.6%,其中一般公共预算收入47.59亿元,下降8.5%(剔除上年矿业权收益一次性因素后增长15.6%)。全市一般公共预算支出87.42亿元,增长11.3%。全年财政收支平衡。

【组织财政收入】 *加强收入管理*。健全组织收入监测机制,把握好收入规模和进度。全年一般公共预算收入占地区生产总值的10.6%,占财政总收入的64.1%,其中税收收入35.60亿元,占一般公共预算收入的74.8%。*强化非税管理*。重点关注土地出让金、土地指标款等非税征管,推进线上退付和非税收入电子化缴库改革。2023年,全市征收非税收入37.45亿元,下降57.3%,其中纳入一般公共预算管理的非税收入11.99亿元,下降35.8%。

【支持经济发展】 *统筹资金保障*。聚焦三个“一号工程”和“8+4”经济政策体系,落实各类减(退、缓)税降费10.05亿元,兑现财政补助资金6.07亿元,兑付进度100.0%,统筹资金保障省、市“8+4”政策兑现7.65亿元。*加强政策支持*。2023年4月20日,牵头制定印发《建德市政府产业基金管理办法》,组建军民融合基金,落地基金招商项目2个。首次制定出台总部经济政策、存量企业政策,重点对企业星级评定、创新发展、总部企业租购房等给予奖励;修订完善数字经济鼓励建立工业互联网平台和企业数字化改造,支持打造产业大脑和未来工厂等;优化通航产业政策,重点加大通航企业科技创新扶持、专业人才招引等支持。*加大惠企力度*。发挥转贷专项资金和政策性担保作用,全年办理企业转贷1.27亿元,为325户市场主体担保5.35亿元,节约企业成本765万元。

【推进共同富裕】 政策创新推动共富。入选全省首批百万家庭奔富行动示范县创建名单。创新推出涵盖创业、就业、助农等方面的“共富”系列信贷产品，推动银行发放专项贷款2.68亿元，降低“扩中”家庭融资成本128万元。上线生源地国家助学贷款系统，全年新增助学贷款307户，新增贷款金额349万元。试点改革保障共富。开展“大三农”政策整合，完成西乡茶叶共富园等5000万元以上重大农业投资项目库建设4个。入选全国首批、全省唯一“五好两宜”和美乡村试点试验项目，实现财政改革部省级试点、示范项目全覆盖；连续6年争取到省级“一事一议”财政奖补助推共富乡村建设项目。绿色发展支持共富。连续第三轮获省级绿色转化财政专项激励，争取补助资金3.00亿元。支持打造以杭金衢三地共富、十里寿昌江农旅产业等为重点的绿色专项类项目25个，推进大同农创客示范园区、标准地集成改革示范园区和戴农富农旅融合示范区建设。

【加强民生保障】 全年民生支出71.57亿元，占一般公共预算支出的81.9%。安排公共服务“七优享”工程资金9.54亿元，其中县级配套资金4.88亿元，直达资金执行率92.8%。支持教育事业发展。全年教育支出13.45亿元，支持学前教育、义务教育、素质教育均衡发展，保障新型教学空间建设、智慧校园等护校安园建设，保障“三岁以下幼托”“课后服务”等公共服务开展，共创义务教育普及普惠市。完善社会保障。全年社会保障和就业支出9.89亿元，按时足额发放低保、特困、困境儿童等各类救助金1.50亿元。优化基本养老服务供给，完成高龄津贴提标，惠及全市高龄老人2万余名。支持医疗卫生事业。全年卫生健康支出9.07亿元，推进医共体和公共卫生保障体系建设，优化医疗资源配置，新改、建新村卫生室16家，支持乡村医疗卫生体系健康发展。加快城乡建设。全年城乡社区支出7.25亿元，支持改造老旧小区8个，新增电梯加装71台，完成供水管网建设30公里，新改建农村公路45公里。

【深化财政改革】 开展集中财力办大事体系迭代行动。梳理现行财政政策，形成7大类318项财政政策体系清单。整合预算局与绩效科工作职能，推进以绩效为核心的集中财力办大事管理机制，促进绩效与预算深度融合。开展财政性资金应收账款清理专项行动。围绕财政国库及专户应收款、财政与国有公司资产资金往来等5方面，开展财政性资金应收账款清理专项行动，收回财政暂付款6599万元。深化财政数字化改革实战行动。深化预算管理一体化、“浙里基财智控”、“浙里报账”、“收支运行智管”、电子会计档案等应用建设。创新搭建政府采购支付预警系统，入选省级第二批营商环境“微改革”项目。建立数智监督共享平台，入围省财政厅财会监督能力提升重点试点项目。

【强化财政监管】 加强财会监督。开展“财会监督建设年”活动，采取“日常+专项”监督方式，开展内控建设、会计信息质量、非税管理、财政政策执行等专项检查，全年收回财政资金5789万元，催缴入库资金2613万元，盘活资金1322万元。深化绩效管理。健全全方位、全过程、全覆盖的预算绩效管理体系，前移预算绩效管理关口，开展事前绩效评估项目43个，事中绩效监控项目1539个，事后绩效评价项目1739个，实现绩效运行监控和绩效评价全覆盖。强化国资管理。完成2022年度全市国有资产管理情况向人大报告工作，2023年4月13日，联合印发《建德市行政事业单位公物仓管理办法（试行）》。开展全市行政事业单位资产（资源）清查核实工作。提升项目监管。重点攻坚政府及国有企业投资项目竣工财务决算工作，全年完成项目批复205个，开展重点项目全过程造价咨询服务试点，强化项目成本控制。防范债务风险。加强债务风险管控、严守债务底线。筹措化债资金完成年度化债任务。2023年，新增一般债券额度5.25亿元、专项债券额度2.73亿元。

【加强队伍建设】 开展学习贯彻习近平新时代中国特色社会主义思想主题教育。结合财政工作研究制定由全局工作方案、青年干部专项行动方案、3个机关支部方案组成的“1+1+3”主题教育工作方案，坚持主题教育与重点工作两手抓、两促进。加强清廉财政建设。构建党风廉政工作责任体系，全年专题部署党风廉政建设工作11次，细化任务清单68项。全年组织400余人次开展反腐倡廉典型案例学习、警示教育基地参观等活动；连续5年开展科室岗位廉政风险排查检查和“关键领域、重点岗位”专项检查。提升干部能力。开展“新安夜学”、业务技能比武等干部教育培训活动，全年组织950余人次参与。组织干部荣退、新人入职和师徒结对仪式，关心干部个人需求，增强干部干事创业动能。

（建德市财政局供稿　游　琪执笔）

宁波市财政工作

宁波市

【概况】 2023年,宁波市实现地区生产总值16452.8亿元,按不变价格计算,较上年增长5.5%。其中:第一产业增加值383.8亿元,增长4.7%;第二产业增加值7540.5亿元,增长5.7%;第三产业增加值8528.5亿元,增长5.3%。三次产业结构比为2.3:45.8:51.9。外贸进出口总额12779.3亿元,增长0.9%,其中出口8287.8亿元,增长0.7%;进口4491.5亿元,增长1.1%。居民人均可支配收入71731元,扣除价格因素实际增长4.5%。其中:城镇居民人均可支配收入80144元,实际增长4.1%;农村居民人均支配收入48350元,实际增长5.9%。全市财政总收入3384.06亿元,增长0.8%。一般公共预算收入1785.86亿元,增长6.3%,收入规模位居全国主要城市第十位。税收收入1464.65亿元,增长5.9%。一般公共预算支出2235.09亿元,增长2.2%。市本级实现财政总收入529.24亿元,下降11.3%;市本级一般公共预算收入163.18亿元,下降1.1%;市本级一般公共预算支出502.95亿元,增长1.7%。全年全市及市本级财政收支平衡。

【强化收支管理】 优化收入结构。加强经济税收形势分析研判,逐月细化组织收入工作方案,确保财政收入量增质稳。2023年,全市一般公共预算收入占地区生产总值的10.9%,占财政总收入的52.8%;税收收入占一般公共预算收入的82.0%。强化非税征管。全年实现非税收入1271.86亿元,其中纳入一般公共预算管理的非税收入321.20亿元。争取债务限额。2023年全市新增专项债务限额351.00亿元。其中,单列50.00亿元专项用于支持全域整治项目建设。

【服务高质量发展】 加大科技创新支持力度。2023年,全市科学技术支出182.16亿元,增长20.6%,支持"硬科技"创新、培育"新智造"能力、支持"全场景"创新。支持制造业高质量发展。制定新一轮推进新型工业化打造全球智造创新之都综合扶持政策和数字经济、集成电路、软件产业、生物医药等细分领域专项政策,下达制造业高质量发展专项资金19.00亿元。支持国际国内"双循环"。出台出口信用保险保费补助、参展补贴、支持跨境电子商务发展等扶持政策,全年兑现外经贸专项资金10.40亿元。优化营商环境。按照"该延续的延续,该优化的优化"要求执行减税降费政策,加强政策实施效应评估,全年为市场主体减税降费和退税缓费330.87亿元,提振市场主体信心。加快"8+4"政策资金支出进度,分类推动产业政策兑现资金、政府投资项目资金、上级转移支付资金等各项财政政策资金直达快享,2023年上半年全市产业政策兑现进度93.4%,确保惠企利民效益最大化。

【提升民生福祉】 全年民生支出1613.42亿元,增长5.0%。健全基本公共服务均等化保障政策框架,制定2023年市级基本公共服务财政保障标准,完善基本公共服务保障标准动态调整机制,推动全市民生政策基本均衡。支持教育事业发展。全年教育支出317.77亿元,增长6.4%。推动高等教育内涵发展,加快宁波东方理工大学(暂名)筹建工作;加快优质教育资源布局,强化全市各学段教育事业发展以及学生个人生活保障。支持卫生事业发展。全年卫生支出178.82亿元。支持推进"医学高峰",完善医疗设备补助政策,支持实施医疗卫生高端团队重大攻坚项目,推动中医药事业发展,成功申报中央财政支持中医药传承创新发展示范项目。支持社会保障事业发展。全年社会保障和就业支出253.21亿元。合理扩大养老服务供给,安排6.68亿元支持养老机构建设、运营和人才培养。持续完善社会救助政策,提高城乡居民最低生活标准至每人每月1255元。推进稳就业惠民生攻坚行动,落实援企稳岗政策,出台留工优工政策,支持企业稳岗扩岗促生产。梳理就业创业政策,整合优化职业技能培训补贴政策,提升就业资金使用的规范性和精准度。支持乡村全面振兴。全年农林水支出120.59亿元,增长10.7%,重点支持保障农业水利基础设施建设、农民普惠性补助、农业产业发展、美丽乡村建设等。

【深化财政改革】 推进共同富裕,开展"扩中提低"行动,制订"钱随人走"制度改革总体方案,加快构建系统化、集成化的"钱随人走""1+3+N"政策体系,率先在养老服务等4个领域开展试点。实施财政支持方式改革,制定市级财政产业政策整合提升工作实施办法,建立完善财政资金"拨改投"绩效评价机制,修订宁波市政府投资基金管理办法。修订市对区(县、市)均衡性转移支付办法,增强经济相对薄弱地区财力保障水平。推进预算管理制度改革,制定市级预算调剂管理暂行办法,加强一般性支出管理,建立一般性支出预算控制和预警考核机制。加强政府采购改革,在全市集中采购机构、政府采购代理机构推行"不见面开标",实现政府采购项目全过程数字化、智能化采购。

【加强财政监管】 加强财会监督。建立与税务、人民银行、金融监管等部门以及市与区(县、市)政府之间的财会监督协同机制。实施财会监督专项行动,聚焦13个领域,建立长效机制46项,实现监督、整改、管理良性循环。加强政府债务管理。保持地方政府债务监管高压态势,实施债务风险等级管理,强化债务风险动态评估和监测预警。加强镇乡债务管理力度,按照"底数清、结构清、风险清、责任清"原则,全面梳理镇乡债务情况,督促防范化解。加大对债务化解工作落实的督查考核,制定实施方案和评价细则,健全化债通报机制。加强国有资产管理。在将出租资产、经营性资产和低效、闲置资产纳入政府资产池管理基础上，推进存量资产、配建人才房和产权车位、各部门商业用房公开转让。建立资产盘活动态机制，推进资产共享共用，加大资产调剂力度，鼓励行政事业单位开展国有资产统一管理、市场化运营的盘活方式。加快推进公物仓建设，研究建立市级行政事业性国有资产公物仓制度。加强国有金融资本管理。落实新一轮国资国企改革，压实宁波金融开发投资控股集团有限公司受托履行市级国有金融资本出资人职责的主体责任，强化国有金融资本联合监测监管，加强与中央和地方金融管理部门的协同配合，构建国有金融资本重大风险识别预警机制。

【干部队伍建设】 开展学习贯彻习近平新时代中国特色社会主义思想主题教育。把理论学习作为首要任务，开展领导带头学、个人深入学、系统联动学、营造氛围学。制定主题教育大兴调查研究实施方案，开展"大走访大调研大服务大解题""联镇街入村社、走企业访群众"活动，发现并解决干部队伍建设、财政管理体制、财会监督等方面问题19个。在第十二轮民主评议机关活动中，市财政局获经济服务与管理单位类第一名。加强党风廉政建设。结合廉政风险防控和财政业务，紧盯重点领域、重点环节、重点人员，开展岗位廉政风险排查，观看警示教育片，及早化解风险隐患。加强干部管理。坚持争先创优进位的实干实绩导向，加快干部队伍结构性重塑和系统性建设。完善年轻干部"全过程建档、全要素归档、全周期管理"工作机制，完成121名年轻干部"成长档案"汇编及整理，相关做法入选市委组织部编印的《新时代宁波公务员工作典型案例集》。落实干部选拔任用"一报告两评议"制度，加强对干部选拔任用结果的监督。

（宁波市财政局供稿　范　雯执笔）

海曙区

【概况】 2023年，宁波市海曙区实现地区生产总值1646.91亿元，按可比价格计算，较上年增长5.8%。其中，第一产业增加值17.53亿元，增长4.5%；第二产业增加值422.07亿元，增长1.5%；第三产业增加值1207.30亿元，增长7.4%，对经济增长的贡献率分别为0.9%、7.1%和92.0%。三次产业结构比为1.1∶25.6∶73.3。按常住人口计算，人均生产总值155100元，增长5.2%。全年财政总收入218.51亿元，增长5.2%，其中一般公共预算收入129.45亿元，增长10.6%。一般公共预算支出139.11亿元，增长0.5%。全年财政收支平衡。

【强化收支管理】 2023年，全市一般公共预算收入占地区生产总值的7.9%、财政总收入的59.2%。实现税收收入117.20亿元，增长8.7%，占一般公共预算收入的90.5%，高于市平均8.5个百分点，居全市第一。全年完成非税收入17.35亿元，其中纳入一般公共预算管理的非税收入12.24亿元。树立党政机关过"紧日子"思想，建立厉行节约长效机制，压减非急需非刚性支出，严控"三公"经费和一般性支出，建立公务支出公款消费正负面清单，完成全年一般性支出压减10.0%的目标。加大对各类结余资金收回和结转资金消化力度，统筹用于"三保"、还本付息等重点领域支出。健全财政资金直达全流程管理体系，全年兑现中央和省、市直达资金5.59亿元，支持基层用于减税降费和重点民生领域。

【支持经济稳进提质】 按照"该延续的延续，该优化的优化"要求，落实组合式税费减免缓缴政策，2023年全区退减缓税35.44亿元，惠及经营主体逾14万户。推动经济高质量发展，承接省"8+4"政策体系，迭代升级产业补助政策，配合完成新一轮"1+N"产业政策体系构建，配套出台工业、商贸、科技、文化、金融等产业资金管理办法23项，按照"应兑尽兑、早兑快兑、落地落细、见实见效"原则，兑现惠企资金20.78亿元。落实市政府"双促双旺"促消费稳增长行动，投入资金9000万元，撬动消费31.52亿元。优化政府采购营商环境，推行向供应商的政府采购合同预付款平均比例提高至42.6%，降低履约保证金平均比例至23.2%，全年中小企业中标（成交）项目金额占政府采购合同总金额的93.5%。

【推进共同富裕】 实施"扩中提低"行动，由村（社区）、企业等党组织结对共建31个共富工坊，利用农村党群服务阵地、闲置房屋土地等，把劳动密集型的产业链、生产加工环节布局到农村，吸纳农村剩余劳动力、低收入农户"家门口"就业，带动人均年增收2万元。创新贫困村抱团取暖新形式，整合优化村集体可用资源，推动横街镇和8个经济薄弱村共同筹集注册资本500万元组建成立资产经营有限公司，对竞拍所得的工业地块进行标准化厂房改造，盘活低效用地22亩，通过企业入驻解决部分就业问题，8个村庄全年经营性收入增长至240万元。

【增进民生福祉】 全年民生支出99.09亿元，占一般公共预算支出的71.2%。支持教育事业发展。全年教育支出26.17亿元，支持海曙中学高品质发展，推进上海音乐学院宁波实验学校落地招生，开工建设青林闲庭地块新建学校，保障普惠性托育机构托位910个。支持医疗卫生事业发展。全年卫生健康支出10.38亿元，保障区公共卫生中心、区口腔医院迁建等重大医疗工程建设，支持探索区人民医院"双院区"运行新模式，推动长期护理保险制度落地。支持社会保障事业发展。全年社会保障和就业支出18.50亿元，制定"钱随人走"制度改革总体方案，关注"平均数以下"问题，健全低保、低困、残障人士等特殊群体保障体系。支持推进乡村振兴。加快推进农综改项目等"千万工程"建设、"七优享"工程建设，以"抱团发展"助推宜居宜业宜游的美丽乡村建设，全年投入资金8.80亿元。以全域山地植物园为牵引，布局未来植物科学产业和打造高科技植物产业集聚地，支持低碳经济发展。推进2023年财政部农村综合性改革试点实验申报工作。支持重点区块开发。全年争取专项债券21.50亿元，安排政府投资项目资金38.07亿元，支持G228海曙段、未来社区等重点工程建设；统筹推进千年罗城、月塘东、姚江南岸、丁家湾等重大区块开发。

【深化财政改革】 推进财政体制机制改革。构建新一轮集中财力办大事财政政策体系。推进财政资金股权投资改革，发挥项目资本金撬动作用。推动土地财政向双碳财政转变，建立绿色发展财政奖补机制。系统推进财政资金“拨改投”，将传统的财政拨款改为股权投资，通过将财政资金委托给专业投资管理机构，以股权投资方式支持企业的发展。推进基层财政运行管理改革。制定加强镇乡、街道政府投资项目管理文件，防范基层超财力安排项目。推进债务区统筹集中管理，制定“一镇一方案”，按照“底数清、结构清、风险清、责任清”原则，梳理镇乡债务基本情况，防范化解债务风险。推进财政数字化改革。推行预算管理一体化系统，将乡镇纳入“智慧财政”系统管理。完成非税收入电子化缴库试点上线，推进数字人民币非税收入收缴工作。加快财政电子票据改革，建立“以票管费、电子控收”的电子票据监管体系。

【加强队伍建设】 开展学习贯彻习近平新时代中国特色社会主义思想主题教育。升级“财绘曙色·政当先锋”机关党建品牌，一体推进主题教育走深走实，形成调研成果40个，转化为重大改革措施8项。建设清廉财政。细化、实化清廉能力指标，持续打造勤廉并重的新时代清廉建设高地，区财政局获评全省清廉财政建设成绩突出单位。加强干部培养。修订考核工作实施方案，制定加强青年干部队伍建设文件，以80后青年干部为重点对象，制定系统方案，依托帮带导师团、党员导师示范岗、青年理论学习小组平台等，开展“学、传、帮、带”。全局党员干部在“服务焕新零距离”等专项行动中创实绩，全年服务各类主体337次。

（宁波市海曙区财政局供稿　陈锡敏执笔）

江北区

【概况】 2023年，宁波市江北区实现地区生产总值910.17亿元，按可比价格计算，较上年增长4.6%。其中：第一产业增加值8.97亿元，下降1.7%；第二产业增加值298.41亿元，增长8.9%；第三产业增加值602.79亿元，增长2.7%。三次产业结构比为1.0∶32.8∶66.2。按照常住人口计算，人均生产总值179167元。全区财政总收入188.33亿元，同比增长6.1%。一般公共预算收入108.86亿元，同比增长6.8%。全区一般公共预算支出100.31亿元，增长6.1%。全年财政收支平衡。

【组织财政收入】 依托区地方财税收入协调领导小组，定期召开财税联席会议，加强相关部门协同联动。出台对各街镇、园区考核办法，设立专项奖励资金支持街镇、园区组织收入和财政队伍建设，调动街镇招引财源积极性，确保财政收入有效把控、精准入库。融入招商提质攻坚行动，牵头做好全区财源性企业引进工作，依托慈城古县城、前洋经济开发区等平台，加大招商引资力度，培育财政收入新增长点。创新工作方法，以重点制造业、服务业、房地产业等七张工作清单抓财政收入，作为典型经验在全宁波市推广。2023年，全区一般公共预算收入占财政总收入的57.8%、占地区生产总值的12.0%；税收收入92.53亿元，占一般公共预算收入的85.0%。全年实现非税收入19.84亿元，其中纳入一般公共预算管理的非税收入16.33亿元。

宁波市江北区前洋e商小镇

【促进经济稳进提质】 支持创新驱动。加大科技创新财政支持力度，全年科学技术支出6.16亿元，同比增长24.3%。支持中国航空学会先进制造技术应用推广（宁波）中心、宁波大学创新港等各类创新平台建设。优化营商环境。推动惠企政策资金直达快享，全年兑现惠企政策资金14.00亿元。优化调整产业政策体系，协同出台经济高质量发展55条政策，支持经济高质量发展。支持“两稳一促”（稳外贸、稳外资和促消费）。协同区发展改革局合理安排年度政府性项目规模，向上争取专项债券额度14.00亿元，发挥国有企业在重大区块开发、重点项目建设中的龙头作用，扩大有效投资。投入资金5000万元用于发放消费券，撬动社会消费逾14.00亿元。支持保障宁波市（江北区）“服惠保”服务贸易出口信用保险政策平台首发，助力全区外贸出口增幅排全市第一位，获评全省十佳外贸县（市、区）。

【增进民生福祉】 全年民生支出67.46亿元，占一般公共预算支出的67.3%。支持卫生健康事业发展。全年卫生健康支出6.57亿元，助力宁波市第九医院通过国家级卒中中心验收，老年认知与运动障碍医疗中心挂牌成立。支持教育事业发展。全年教育支出15.39亿元，增长17.9%，助力建成投用学校（幼儿园）4所，省教育现代化水平监测排名全市第一名，通过全国学前教育普及普惠区创建验收。支持社会保障事业发展。全年社会保障和就业支出11.87亿元，增长13.3%。健全灵活就业服务保障体系，全年城镇新增就业1.7万人，城镇登记失业率1.9%。优化“一老一小”服务，实现居家养老服务一体化运营，每日助餐人数逾1500人次，建成区级托育综合服务中心，每千人拥有婴幼儿照护服务机构托位数4.3个。支持文体事业发展。全年文化旅游体育与传媒支出1.18亿元，增长9.8%。助力建成“15分钟品质文化生活圈”49个、城市书房4个、文化驿站1个。助力承办2023宁波马拉松、全国羽毛球单项锦标赛、全国桥牌A类俱乐部联赛等高水平赛事40余场，保障杭州第十九届亚洲运动会、杭州第四届亚洲残疾人运动会江北赛区赛事开展。支持乡村振兴战略实施。全年农林水支出7.82亿元，增长11.4%，助力深化新时代“千万工程”，全年建成和美乡村13个、艺术赋能村3个，新增省级未来乡村2个，获评“四好农村路”省级示范区（县、市）。实施强村富民行动，所有行政村实现经营性收入逾40万元。

【深化财政改革】 推进财政体制改革。按照“总体稳、局部调，保存量、分增量”思路，调整现行区村乡镇（街道）财政体制，均衡区域间财力配置，理顺事权和支出责任，完善激励政策针对性和操作性。完成区以下教育、医疗卫生、产业政策等领域财政事权和支出责任划分，减轻街镇部分刚性支出压力。加强财政运行管理。构建财政收入质量、收支平衡健康度、暂付款消化压力、财政稳定性等指标，对基层财政多维度开展量化赋分、精准“画像”，分析街镇财政运行变化趋势、经验做法和存在问题，加强基层财政监测，形成工作报告为区委、区政府决策提供参考。清理盘活资金资产。梳理街镇历年往来款项，通过预算安排清理化解4个涉农街镇历史暂付款挂账2.19亿元，完成街镇、园区银行账户销户21个。推动安置房清理盘活，通过资产注入、不动产权证补办等方式盘活资产6.14亿元。实现街镇债务清零。依据“摸清底数、查清原因、厘清风险”原则，建立“一镇一策”“一债一策”化解计划，实现全区街镇债务全部清零。

【做强国资国企】 提升融资水平。提高国有企业主体信用评级，宁波市江北区国有资本投资控股有限公司获评江北区首家AAA级主体信用评级企业，指导区国有企业发行债券53.00亿元。探索安置房回购、城市更新开发、资产证券化等融资新模式。推动市场化改革。优化国有资本布局，部署企业整合重组，分类清理整合街镇国有企业。出台国有企业出资人管理办法、薪酬管理办法，建立市场化薪酬、职业经理人机制，激发企业活力。规范资产管理。解决安置房不动产权证办理、长期空置资产打包出让等历史遗留问题，通过建立信息化系统平台、联合开发等举措提升资产使用效率。

【加强队伍建设】 开展学习贯彻习近平新时代中国特色社会主义思想主题教育。开展“循迹溯源学思想促践行”活动，组织开展主题党日活动，引导干部坚定理想信念、增强政治意识。落实党风廉政建设。加大重点领域、关键岗位和重要环节风险防控，排摸全局重要廉政风险16条，构建安全规范的财政运行机制。制定重大请示报告事项报送、档案管理等内部管理制度。开展警示教育，学习廉洁从政法规条例、反面典型案例、参观警示展、观看警示教育片等，筑牢思想防线。优化干部培养。制定干部教育培训计划。加大青年干部培育，组建青年干部理论学习小组，开展“青蓝育才”培养，持续落实导师帮带机制。

（宁波市江北区财政局供稿　周雨赛执笔）

镇海区

【概况】 2023年，宁波市镇海区实现地区生产总值1420.04亿元，按可比价格计算，较上年增长6.7%。其中：第一产业增加值7.49亿元，增长4.9%；第二产业增加值973.19亿元，增长7.4%；第三产业增加值439.36亿元，增长5.2%。三次产业结构比为0.5∶68.5∶31。城镇居民人均可支配收入84527元、农村居民人均可支配收入50186元，分别增长4.3%和6.7%。全社会固定资产投资增长20.2%。全年完成财政总收入148.26亿元，增长14.7%，其中：一般公共预算收入90.91亿元，增长22.2%。一般公共预算支出115.10亿元，增长7.0%。全年财政收支平衡。

【稳住收支基本盘】 组织财政收入。全年一般公共预算收入占财政总收入的61.3%，占生产总值的6.4%。其中，税收收入75.64亿元，增长27.7%，占一般公共预算收入的83.2%。全年非税收入17.75亿元，其中，纳入一般公共预算管理的非税收入15.27亿元，增长0.5%。统筹资金资源。加快行政事业单位资产处置，全年入库土地储备中心拆迁补偿等收入5.76亿元。加大财力统筹，动用预算稳定调节基金27.14亿元，统筹土地出让净收益11.67亿元。坚持过“紧日子”。严控“三公”经费，压减一般性支出，全年压减工作性经费、活动经费等492万元。深化预算刚性约束，严控预算追加，采用加强指标内部调剂、统筹单位自有资金、延后到下年度安排等措施，全年压减预算指标1447万元。

【支持经济提质增效】 优化财政产业政策。启动财政产业政策整合提升工作，分析政策条件和操作细则，起草政策整合实施办法，拟定政策资金因素法分配机制，推动制造业、服务业、建筑业、“三农”、文旅5大产业领域政策整合。提升政策实施效能。拨付政策资金15.09亿元，其中区级资金7.40亿元，支持落实“8+4”经济高质量发展政策，制定集成电路产业发展专项政策和集成电路人才专项政策，助力镇海产业技术研究院等重大科创平台落地，全年给予获专利奖项、通过国家标准体系认证的企业补助资金471万元，鼓励企业自主研发、技术创新。保障“相约亚运”促消费活动。持续优化营商环境。坚持规范政府监管与服务并重，通过采购文件事前审核、重点指标动态监控等机制，加强采购全过程监管。落实预留采购份额、价格评审优惠、提升预付款比例等措施，支持中小企业发展。保障重点项目建设。统筹中央下达的增值税留抵退税和减税资金8.31亿元，保障区级重点项目支出。全年发行专项债项目19个，争取新增债券资金25.70亿元，重点支持绿色石化综合开发、招宝山全民健身中心等项目建设。按规定实施债券用途调整1.86亿元。

【保障民生支出】 全年民生支出92.78亿元，占一般公共预算支出的80.6%，增长7.0%。完善社会保障体系。全年安排社会保障和就业支出2.76亿元，其中城乡居民社会养老保险基金1.02亿元，就业支出8140万元，社区事业保障补助经费4329万元，城市最低生活保障1307万元，残疾人保障专项经费3657万元，筑牢社会保障安全网。保障医疗事业发展。全年安排卫生健康支出6.38亿元，主要用于公立医院综合改革和政策性补助1.47亿元、提升公共卫生服务和基层卫生保障水平1.64亿元、新型冠状病毒防控及相关支出1.21亿元、推进智慧健康保障工程等信息化建设776万元。助力教育事业发展。全年安排教育支出16.77亿元，落实教育义务段“双减”、优质均衡发展政策，投入“双减”及民办教育专项资金3950万元，投入教育设备设施专项资金3550万元，校园、食堂安全及环境提升保障经费2300万元，职业教育(含公共实训中心)专项资金1200万元，支持发展高水平现代化教育。

【支持乡村振兴】 投入资金4500万元，建设农村综合改革项目12个、农业产业化项目9个。全年安排财政资金1080万元，保障1.23万亩南岚湾现代农业示范园区建设。区本级财政全年安排美丽乡村专项资金1.04亿元。其中，安排农村垃圾分类专项资金1610万元，保障全区资源化利用率和无害化处理率保持100.0%，年度生活垃圾处理率88.7%；安排农村公厕运维补助1102万元，支持提高农村公厕规范化管理水平、改造农村公厕、创建星级公厕等。

宁波市镇海区庄市街道永旺村数字稻田

【深化财政改革】 健全现代预算制度。2023年8月23日，出台《财政拨款结转结余指标和单位资金管理暂行办法》，抓好预算执行管理，实行使用进度与预算安排挂钩机制，保证财政支出强度。2月17日，出台《预决算公开操作规程》，提升财政工作透明度。9月8日，出台《推进暂付性款项规范化管理的通知》，消化存量暂付款项4.12亿元。履行财会监督主责。健全财会监督体系，组织开展财经领域联动监督专项行动，聚焦财经领域问题整治，打击财务会计违法违规行为，严格财会监督纪律约束。防范化解政府债务风险。分解下达化债目标任务书，实行“一债一策”。牵头制定加强镇(街道)债务风险防控专项行动实施方案和重点任务清单，推进“乡债县管”。加强常态化风险监测，建立“双周对账调度、月度通报预警”工作机制，开展新增专项债资金使用情况核查，加强债券全生命周期管理。

【加强作风建设】 推进“学习财政”建设。开展党的二十大精神学习，推动学习贯彻习近平新时代中国特色社会主义思想主题教育走深走实，组织开展理论学习、党课学习、现场学习、网络学习等多种学习方式，提升党员干部政治理论水平。推进“清廉财政”建设。打造以“以廉润心 廉正财清”为主题的清廉财政文化品牌，营造清正清明的廉洁风气，涵养廉洁自律的文化底蕴。推进“服务财政”建设。深化“财苑红·服务优”品牌建设，聚焦企业和基层实际需求，开展“财政服务月”活动，通过“联镇街入村社、走企业访群众”，解决实际困难。

(宁波市镇海区财政局供稿 姚 玥执笔)

北仑区

【概况】 2023年，宁波市北仑区(宁波经济技术开发区)实现地区生产总值2729.18亿元，按可比价格计算，较上年增长5.0%。其中：第一产业增加值9.11亿元，增长5.8%；第二产业增加值1232.58亿元，增长5.8%；第三产业增加值1487.48亿元，增长4.3%。三次产业结构比为0.3∶45.2∶54.5，第二、第三产业分别拉动地区生产总值增长2.6和2.4个百分点。固定资产投资增长7.0%。社会消费品零售总额465.67亿元，增长12.6%。外贸进出口总额4501.62亿元，与上年基本持平。按常住人口计算，人均生产总值307860元，增长2.4%。城镇居民人均可支配收入82322元，增长4.9%；农村居民人均可支配收入50622元，增长6.8%。全区财政总收入813.41亿元，下降10.2%；一般公共预算收入413.48亿元，下降2.5%。一般公共预算支出377.06亿元，增长1.4%。全年财政收支平衡。

【组织财政收入】 构建收入组织协同机制，细化收入分析重点内容，牵头开展税源企业招商攻坚行动，出台鼓励中介机构招商引资激励办法，39家税收支柱企业（集团）完成各项税费收入72.51亿元，下降18.4%，占财政总收入的8.9%。优化收入结构，全区一般公共预算收入占地区生产总值的15.2%，占财政总收入的50.8%；税收收入356.89亿元，下降7.6%，占一般公共预算收入的86.3%。加强非税收入征管，全年非税收入60.10亿元，增长44.3%，其中纳入一般公共预算管理的非税收入56.59亿元，增长49.9%。

【推进共同富裕】 支持共同富裕基本单元建设试点，推进幼有善育、学有优教等民生"七优享"工程。开展产业工人共富样板创建，工业集聚区全部实施"社区化"服务发展模式，全区成立工业社区20个，助力产业工人安居、提能、增收，该项目纳入全省财政系统共同富裕"小切口"改革研究谋划项目清单。出台北仑区"全民健身"设施运营维护资金"钱随人走"补助办法，以公办运动场馆人流量为依据，综合考虑场地面积、免费开放时长等因素，通过财政补助资金试点改革，引导优质资源向高利用率健身场所倾斜。

【助力经济发展】 落实国家、省、市经济支持政策，会同有关部门出台三个"一号工程"行动方案，财政配套细化政策。落实减税降费政策，兑现惠企资金71.00亿元，为市场主体减税降费172.50亿元，助推区域创新深化、改革攻坚、开放提升。全年科学技术支出43.47亿元，增长20.1%，支持甬江科创区北仑片区建设，推进数实融合、产业集聚和产业平台转型提升。投入自贸试验片区建设资金58.30亿元，增长14.0%，支持跨境贸易高水平试点，首创大宗商品国际贸易数字化服务平台TradeGo数字提单系统。实施港航服务业"百日攻坚"行动，支持宁波舟山港国家物流枢纽建设，推进全域国土空间综合整治试点。发挥政府采购政策功能，助力中小微企业发展，中小企业成交项目数占政府采购总项目数的92.7%，成交金额占政府采购总金额的89.7%。投入资金1.80亿元，支持市场主体上规、上市、上云、上榜，市场主体规模跃升全市第二位，规上工业增加值连续6年居全省第一名。释放消费活力，发放消费券6000万元，直接带动社会消费16.80亿元。安排专项资金6000万元支持"腾笼换鸟"攻坚行动深化实施，发放返岗交通补贴、留工补贴7841万元，惠及企业1548家、87187人。用好用足"两直"资金，接收中央直达资金17.38亿元，支出进度99.8%。

【保障民生支出】 全年民生支出199.28亿元，增长8.2%，占一般公共预算支出的52.9%。教育支出24.82亿元，推进镇海中学甬江校区、人亚学校、临港经济示范区配套学校建设，通过全国义务教育优质均衡发展区实地评估。文化旅游体育支出6.34亿元，服务保障2023年女排奥运资格赛、港口生活节、观涌·海上音乐会举办，支持旅游产业发展和文化惠民，新建城市书房、乡村博物馆、村级全民健身广场等群众文体活动场所（场馆）73个，新建"15分钟品质文化生活圈"49个。卫生健康支出14.00亿元，支持医疗中心、人民医院应急医疗救治中心建设，基层医疗卫生机构标准化率100.0%，成功创建全国基层中医药工作示范区。社会保障和就业支出25.72亿元，出台婴幼儿照护补助政策和公交运营补贴方案，帮扶重点人群就业2万人次，实现长期护理保险参保全覆盖。住房保障支出6.70亿元，筹建保障性租赁住房6428套，超额完成年度任务，发放购房补贴1.20亿元、租房补贴1000万元。节能环保支出11.00亿元，完成钢铁行业清洁运输超低排放改造，通过省三星级"无废城市"验收，与生态环境部共建全国首个环保设施向公众开放标杆区。农林水支出5.31亿元，增长21.0%，土地出让金用于农业农村2.70亿元，启动"千万工程"再深化三年行动，出台绿色发展财政奖补机制，再夺省治水"大禹鼎"金鼎。新增政府专项债券资金32.00亿元，主要用于电网改造提升等民生实事工程23个项目。

【创新财政管理】 尝试"区领导+预算单位+财政部门"预算编制联审模式，构建新一轮区与街道财政管理体制，配套出台街道财政管理激励评价办法，修订区级转移支付办法。开展开发园区二次整合片区预算指标划转，清理清查专户账户和存量资金，合并账套，实现非税收入、社保资金全区统管。出台行政事业性国有资产管理暂行办法，完成片区64家预算单位19.25亿元资产划转入账，实现资产管理职能全域覆盖。推进政府投资项目全过程管理，财政出资政府投资项目纳入部门预算和"智慧财政"系统管理。厉行节约过"紧日子"，全年"三公"经费支出3245万元，下降2.5%。加强财会监督，会同审计开展财会监督联合检查，启动税源管理系统升级改造。扩容国库集中支付代理银行6家，完善"三公"经费动态监控规则12条，健全财政金融风险处置工作机制。

【加强队伍建设】 开展学习贯彻习近平新时代中国特色社会主义思想主题教育，走进街道企业开展调研服务，筹划"我为财政献一计"活动，强化以学铸魂聚力。接受区委第二巡察组常规巡察和组织部选人用人专项检查、宣传部意识形态工作责任制落实专项检查。开展中层干部结构优化和人员轮岗交流。以局党组名义制定高质量推进全区清廉财政建设实施方案，开展倡廉议、读廉书活动。

〔宁波市北仑区（宁波经济技术开发区）财政局供稿　范拥军执笔〕

鄞州区

【概况】 2023年,宁波市鄞州区[1]实现地区生产总值2803.35亿元,按可比价格计算,同比增长4.5%。第一产业增加值31.22亿元,增长4.5%;第二产业增加值790.17亿元,增长4.9%,其中工业增加值647.03亿元,增长6.3%;第三产业增加值1981.96亿元,增长4.4%。三次产业结构比为1.1∶28.2∶70.7。全区完成财政总收入509.52亿元,增长8.9%。其中一般公共预算收入305.50亿元,增长9.3%。一般公共预算支出263.04亿元,下降2.5%。全年财政收支平衡。

【组织财政收入】 结合经济运行和减税降费等因素,科学制定收入目标,加强与宁波市财政局、区税务局的沟通协调,把握好组织收入主动权,预测分析一般公共预算收入,梳理各部门和镇街道资产处置等非税收入,保障收入平稳运行。全区一般公共预算收入占地区生产总值的10.9%、占财政总收入的60.0%;税收收入263.58亿元,增长5.4%,占一般公共预算收入的86.3%。鄞州区本级完成非税收入40.15亿元,其中纳入一般公共预算管理的非税收入35.64亿元。

【支持经济发展】 坚持以财辅政,围绕三个"一号工程"、"十项重大工程",迭代升级"8+4"经济政策体系,统筹财政政策工具,强化与货币、产业、科技、社会等政策协同,全年拨付"8+4"财政资金109.11亿元。落实减负降本稳企纾困33条举措,加快产业扶持政策资金支出速度,全年兑现资金17.44亿元。破解小微企业融资难、融资贵问题,设立总规模5000万元的市场主体贴息专项资金,为2086户中小企业提供60.47亿元融资担保服务。提振消费信心,全年发放消费券资金7900万元,涵盖餐饮、商超、汽车、文旅体等领域,带动消费25.80亿元。支持中小微企业参与政府采购,全年预留中小企业政府采购项目884个,中小企业政府采购合同预付款比例提高约3.6个百分点。

【提升民生福祉】 2023年,鄞州区民生支出166.12亿元,占一般公共预算支出的78.7%。完善农业农村投入优先保障机制,全年农林水支出10.70亿元,同比增长0.96%,持续保障"千村示范,万村整治"工程,支持开展农村人居环境卫生提升、美丽乡村创建、农村污水入户、耕地地力保护、美丽河湖创建等工作。全年卫生健康支出18.96亿元,支持实施医疗卫生高端团队重大攻坚项目,推动中医药事业发展。全年教育支出38.60亿元,加快优质教育资源布局,强化全市各学段教育事业发展以及学生生活保障。全年社会保障和就业支出31.71亿元,优化就业创业政策支持体系,帮扶重点人群就业;支持城乡居民最低生活保障、养老服务提升等。围绕城市提升,全年争取专项债32.00亿元,支持市政建设、保障性安居、交通设施等28个项目建设;创新多渠道融资方式,支持区块谋划、组团开发、全域国土空间治理等重点建设。

【深化财政改革】 推动新一轮财政管理体制改革,理顺区与镇(街道)财力分配关系,推动区域协调发展。围绕共同富裕改革,探索构建"钱随人走"制度体系,实施百万家庭奔富三年行动计划,入选浙江省2023年第一批"百万家庭奔富行动"培育县创建名单。推进财政数字化改革,实现区部门、镇(街道)"智慧财政"系统应用全覆盖,推动资金全流程数字化管理;推广电子票据改革,全年新增完成改革的社会团体19家;推广政采云系统,全年平台交易额18.99亿元。加强预算管理改革,将政府投资项目纳入国库集中支付,对重大活动、政府购买服务、办公用房修缮、信息化项目运维、空间规划等项目开展联合评审;实现"四本预算"所有支出及部门整体支出预算绩效管理全覆盖。

【筑牢风险底线】 按照"量力而行、量入为出"原则,加强对政府投资项目评估论证,落实项目资金来源。牵头推进"乡债县管",按照因地制宜、"一镇一策"思路,形成上收方案,取消镇街举债权限,全面规范镇街债务管理。加大资产盘活力度,结合往来款清理,加强国有公司资产重组、股权受让、资产处置。开展全区财会监督专项行动,拟定"1+X"方案体系,成立工作专班,建立与纪委、审计联动机制,自查覆盖全区所有区级部门和一级财政镇街。

【加强队伍建设】 落实"第一议题"学习制度,深入学习习近平新时代中国特色社会主义思想和习近平总书记考察浙江重要讲话精神,开展学习贯彻习近平新时代中国特色社会主义思想主题教育,组织"循迹溯源悟初心强党性"主题党日等活动。推进党支部标准化、规范化建设,加强组织设置、党员队伍、制度保障,统筹落实支部评星定级、党建项目突破等工作。加强清廉财政建设,开展廉政警示教育活动,组织观看廉政视频,增强学习实效。

(宁波市鄞州区财政局供稿　王之璇执笔)

奉化区

【概况】 2023年,奉化区实现地区生产总值960.40亿元,按可比价格计算,较上年增长4.0%。第一产业增加值36.83亿元,增长4.6%;第二产业增加值577.53亿元,增长5.4%;第三产业增加值346.04亿元,增长1.9%。三次产业结构比为3.84∶60.13∶36.03。按常住人口计算,人均生产总值163473元。全年固定资

1 受园区体制和整合节奏等因素影响,【概况】和【组织财政收入】采用鄞州全区(含东钱湖、高新区)口径,其他段落均为鄞州区口径,即不含东钱湖、高新区。

产投资额增长2.5%，社会消费品零售总额187.61亿元。全区城镇居民人均可支配收入70625元，增长4.6%；农村居民人均可支配收入43651元，增长6.4%。全区财政总收入132.44亿元，增长23.6%。一般公共预算收入86.89亿元，增长25.4%。一般公共预算支出108.87亿元，增长1.4%。全年财政收支平衡。

【组织财政收入】 分析经济形势，关注财政收入进度，定期召开财税收入联席会议，依法依规组织收入、深挖税收来源，加强对财政收入的预期管理、动态监控和结构梳理。2023年，全区一般公共预算收入占地区生产总值的9.1%，占财政总收入的65.6%；税收收入60.27亿元，增长10.6%，占一般公共预算收入的69.4%。全年非税收入26.62亿元，增长80.1%。

【服务经济发展】 优化营商环境，落实中央组合式税费支持政策，2023年新增减税降费及退税缓税缓费14.74亿元。调整、优化涉企政策兑付资料申报和审批流程，加快惠企政策资金兑付和招商引资项目财政结算速度，一季度兑付进度55.7%，二季度95.0%，全年兑付政策性资金6.86亿元。推广"财政+金融"扶持模式，安排中小微企业贷款贴息6113万元，撬动银行发放贷款33.27亿元，惠及企业2103户。多途径、多渠道向上争取专项债券额度，全年争取专项债券20.60亿元、转贷债券12.81亿元，撬动有效投资361.62亿元。全年科学技术支出6.89亿元，增长20.3%，用于支持招商引资、科技政策兑现和"小而美"企业培育等。

【支持社会事业发展】 2023年，全区民生支出83.59亿元，增长4.2%，占一般公共预算支出的76.8%，持续推进基本公共服务标准化、同城化。全年社会保障和就业支出17.69亿元，主要用于各类群体社保、城乡居民最低生活保障、社会养老服务、困难群众补助、残疾人补贴、就业扶持等。全年教育支出17.37亿元，增长6.7%，支持教师队伍建设、薄弱学校改造提升、帮困助学、教育综合发展和现代职业教育提升等。全年卫生健康支出9.76亿元，增长30.7%，主要用于保障医院运营补助、基本药物补助、推进公共卫生服务均等化、保障医护人员补贴、落实计生奖扶政策和完善医疗保险制度等。全年农林水支出12.92亿元，增长6.3%，保障农产品有效供给、农村人居环境提升、农业产业发展、促进农民收入增长等。全年城乡社区支出7.58亿元，助推城区市政工程维建、公路提升改善、道路、隧道、路灯、花木养护和环卫保洁等城乡建设。

【推进财政改革】 推进共同富裕改革。发挥科技农业龙头企业带动作用，利用村集体闲置场地，探索"集装箱+智能软硬件"可移动式智能种植工厂，启动食用菌"共富舱"试点项目，并通过"统一生产+保底分红""订单+生产+保底收购"等运营模式。破解农村增收困局。奉化区成功申报省财政厅第一批百万家庭奔富专项行动培育县创建区，"共富舱"村企民共富模式列入全省地方成熟模式倡导清单。推进预算项目支出标准改革。以物业费、监控链路费标准化建设为"小切口"，结合地方成本差异和财政承受能力，设定预算项目支出标准，应用于2024年预算编制，助力打造节约型政府。推进企业财务信息化转型。通过举办规上企业财务数智化转型培训班、会计人员大讲堂、组织高端会计人才外出交流考察活动等方式，加快会计数智化转型，其中宁波麦博韦尔移动电话有限公司阿米巴经营项目作为宁波民营企业高质量发展项目，纳入财政部管理会计典型案例库。

【强化财会监督】 开展全过程预算绩效管理，全年安排绩效项目19个，根据评价结果调整政策3项，调减、核减财政资金1833万元。开展财会监督专项行动和财经领域联动监督专项行动，整改财经领域难题，收回盘活执行进度慢、资金使用绩效不高的项目资金8.22亿元。核查清理全区单位历年结余资金、单位退付资金、结存期限在5年以上的保证金、押金、基建专户余额等，收缴单位财政资金0.31亿元、基建结余资金0.62亿元。开展国有闲置资产盘活工作，全年办理房屋、汽车、办公家具等资产调拨28批次，盘活资产原值4.99亿元。建立健全评审管理长效机制，全年完成评审项目351个，净核减额17.19亿元，净核减率4.1%。加强债务风险防控，债务风险等级维持在黄色水平。

【加强队伍建设】 围绕学习贯彻习近平新时代中国特色社会主义思想主题教育，开展线上线下学习研讨，加强基层走访调研。深化模范机关创建，制定党员"双线"考评管理办法（试行），以积分量化模式推动党员管理规范化。开展"一支部一品牌"创建活动，探索新形势下"党建+财政"融合推进的新方法。聚焦作风建设，制定作风整治工作方案，树立"抓人促事、以事促干"用人导向。

（宁波市奉化区财政局供稿　邬丹瑜执笔）

余姚市

【概况】 2023年，余姚市实现地区生产总值1571.06亿元，按可比价格计算，较上年增长5.5%。其中，第一产业增加值52.63亿元，增长4.5%；第二产业增加值906.57亿元，增长4.9%；第三产业增加值611.86亿元，增长6.3%。三次产业结构比为3.4∶57.7∶38.9。按常住人口计算，人均生产总值124244元。全市财政总收入231.76亿元，增长12.6%，其中一般公共预算收入132.86亿元，增长10.0%；全市一般公共预算支出155.49亿元，增长4.4%。全年财政收支平衡。

【组织财政收入】 强化收入分析。加强与税务等征收单位合作，强化对宏观经济形势和财税政策变化研究分析，合理把握组织收入进度，深挖增收潜力。2023年，全市一般公共预算收入占地区生产总值的8.5%，占财政总收入的57.3%；税收收入114.60亿元，增长21.5%，占一般公共预算收入的86.3%。*加强非税征管*。规范清理非税收入项目，确保非税收入及时足额入库，上线非税收入电子化缴库，完成非税收入电子化缴库业务19笔，缴款金额6274万元。全市全年完成非税收入110.06亿元，其中纳入一般公共预算管理的非税收入18.27亿元。

【支持经济发展】 围绕“8+4”经济政策体系，统筹财政政策工具，建立支持8个重点领域政策财政保障体系，构建财政支持清单，全年安排“8+4”经济政策资金36.37亿元，兑现率100.0%。实施融资贴息政策，安排财政资金2759万元，为13510家次小微企业提供融资贴息。加大政府采购支持中小企业力度，全年面向中小企业政府采购金额6.09亿元。支持科技事业发展，全年科学技术支出10.09亿元，主要用于技术研究与开发、支持科技重大项目等，助力数字经济发展。向上争取债券额度，全年新增专项债券43.30亿元，保障重大项目建设。

【保障民生事业】 2023年，全市民生支出123.60亿元，增长5.7%，占一般公共预算支出的79.5%。*支持教育事业发展*。全年教育支出28.49亿元，主要用于城乡义务教育、中小学校改扩建、完善学前教育体系等，全年新（改、扩）建学校7所。*支持医疗卫生事业发展*。全年卫生健康支出16.93亿元，主要用于儿童医疗政策性补助项目、医共体运行项目、公立医院综合改革项目、村卫生室“三优三提”改造建设等项目，保障“健康余姚”建设。*完善社会保障体系*。全年社会保障和就业支出28.73亿元，主要用于城乡居民基本养老保险补助、残疾人事业、最低生活保障等项目，落实人才引进、大学生就业补贴、租房补贴、购房补贴等政策。*支持生态文明建设*。安排资金5964万元，支持小型水库系统治理、山塘治理、美丽河湖片区建设等，“甬有碧水”考核蝉联宁波各区县市第一名。安排资金5230万元，支持四明山区域生态发展建设，四明山区域EOD（生态环境导向的开发）项目列入浙江省首批EOD模式试点项目库。安排资金7143万元，支持生态公益林建设。

【支持乡村振兴】 安排资金2850万元，用于高标准农田建设。安排资金2500万元，用于农业政策性保险项目，提高农业风险保障水平。安排资金2850万元，支持现代农业各项产业发展，余姚市入选省现代化粮食收购服务体系试点、国家农业现代化示范区创建名单，获评省级综合性农业“机器换人”高质量发展先行县、宁波首个全国休闲农业重点县。安排资金1986万元建设村级集体经济扶持项目，安排资金517万元建设低收入农户增收扶持项目，保障全市集体经济年经营性收入提升。

【推进财政数字化改革】 深化财政电子票据管理改革，至2023年年底，市级行政事业单位、乡镇（街道）上线电子票据412家、社会组织上线216家。推进数字人民币试点工作，66家一级预算单位开立对公钱包67个，员工开立个人钱包2725个。深化“智慧财政”建设，所有乡镇街道上线运行“智慧财政”系统，全面推行国库集中支付电子化。搭建财政资金监管数字化平台，实现对财政及全市行政事业单位公款的全方位监管，完成第一批5家单位的测试接入，涉及银行4家、银行账户34个。

【强化财政监管】 *加强财会监督*。组织开展财会监督和预算执行监督专项行动、政府购买服务实施情况专项整治、政府非税收入和财政票据专项检查、财经纪律重点问题专项整治、财经领域联动监督专项行动。*加强预算绩效管理*。试点开展事前绩效评价，全年实施部门整体支出绩效自评78个，重点绩效评价项目7个。*加强国有资产管理*。出台相关制度，加强国有（无权证）不动产权属登记、行政事业单位废弃资产回收处置等管理。*加强政府采购监管*。规范定点采购，启用政府采购框架协议方式，其中培训、网络接入、一般会议及印刷服务启用开放式框架协议，会计、审计、资产评估服务启用封闭式框架协议。*加强乡镇财政规范化管理*。推进乡镇债务风险防控专项行动，实施乡债县管。强化债务日常监管和风险预警，通过筹措财政性资金、盘活存量资产资源等举措推进债务化解。通过专项债券项目穿透式检测系统对专项债券实施全周期、全过程动态监管。

【加强队伍建设】 开展学习贯彻习近平新时代中国特色社会主义思想主题教育，开展“明德守法、完善自我”专项行动，组织开展青年干部承诺践诺、严守“政治关、道德关、品行关”大讨论、签订干部网络行为“九不准”责任书等活动。开展“联镇街入村社、走企业访群众”调研活动，开展“立足岗位作贡献”活动，设立党员示范岗12个。深化清廉财政建设，开展“读廉洁书籍，扬清风正气”读书系列、警示教育、廉政知识竞赛等活动，增强干部廉洁意识。

（余姚市财政局供稿　钱保蒙执笔）

慈溪市

【概况】 2023年，慈溪市（含前湾新区[1]）实现地区生产总值2639.45亿元，按可比价格计算，较上年增长6.0%。其中，第一产业增加值64.17亿元，增长5.4%；第二产业增加值1558.93亿元，增长5.7%；第三产业增加值1016.35亿元，增长6.6%。三次产业结构比为2.4∶59.1∶38.5。按常住人口计算，人均生产总值141261元，增长5.7%。全市实现财政总收入393.76亿元，增长8.2%，其中市级（不含前湾新区，下同）财政总收入221.36亿元，增长13.2%。全市实现一般公共预算收入221.71亿元，增长8.3%，其中市级实现一般公共预算收入129.82亿元，增长6.0%。

1 2023年，因区划调整，原宁波杭州湾新区和庵东镇并入前湾新区，崇寿镇由前湾新区托管。

全市一般公共预算支出254.35亿元,增长1.4%,其中市级一般公共预算支出166.59亿元,与上年基本持平。全市及市级财政收支平衡。

【组织财政收入】 培育壮大优质财源税源,深化由市财政局、市税务局牵头,各相关职能部门参与,17个镇(街道)落实的"2+X+17"精诚治税机制,发挥地方财税收入协调领导小组作用,密切跟踪、科学分析收入走势,挖掘增收潜力,提升征管质效,实现应收尽收、应退尽退、应减尽减。2023年,全市一般公共预算收入占地区生产总值的8.4%,占财政总收入的56.3%;税收收入197.87亿元,增长20.7%,占一般公共预算收入的89.2%。加强非税收入征管,完善非税收入征管制度,全市组织非税收入108.15亿元(含政府性基金),下降16.8%,其中纳入一般公共预算管理的非税收入23.84亿元,下降41.6%。

【支持经济发展】 优化政策保障体系,统筹优化产业扶持资金,在总盘子基本不变的前提下,聚焦"大三农、大智造、大商贸、大文旅"4大产业政策,运用绩效评价结果,推进政策资金预算优化20.0%,保障"8+4"高质量发展政策意见61条等重点任务。加快涉企资金兑付,按照"应兑尽兑、早兑快兑"原则,调整部分"一年一次"申报为"一年多次""随报随兑",采用"预兑+闭环",确保企业第一时间享受政策优惠,市级全年兑现惠企资金11.95亿元。创新政府投资项目投融资机制,发挥"大财政金融办"统筹协调作用,谋划提升项目融资能力。向上争取专项债券,市级全年新增专项债券18.70亿元,支持新城河区块综合改造、杭湾金融港、新潮塘安置房等重大项目建设。

【推进共同富裕】 持续完善富民机制,完善以人为核心的基本公共服务领域转移支付制度,加快"钱随人走"制度改革,出台学前教育专项资金使用管理办法,完善按生均标准的资金投入机制。开展"百名局长解百题"行动,推进共同富裕财政"小切口"改革探索,联合市税务局、市统计局等单位,开展共同富裕背景下以家庭为单位的个人所得税制度改革研究,全面摸底扩中家庭基本盘,初步建立覆盖户籍人口的家庭基础数据库,探索构建家庭画像数据评价模型,完成《共同富裕下的以家庭为单位的个人所得税改革》调研报告。推进市级公益仓建设,拓展公物仓功能,出台市级政府公益仓管理暂行办法,延长在仓资产使用寿命。截至2023年年底,公益仓入仓资产27批件,资产原值5.93万元,已全部出仓,慈溪市财政局入选省厅"浙里公益仓"试点。

【增进民生福祉】 2023年,市级民生支出139.32亿元,增长2.5%,占市级一般公共预算支出的83.6%,保障"七优享"工程和10方面35项民生实事。市级全年教育支出42.57亿元,增长8.7%,新增省现代化学校11所,为小学教室安装空调1030间,完善普惠型托育机构。市级全年卫生健康支出21.15亿元,增长21.6%,古塘街道社区卫生服务中心建成投用,农村医疗基本公共服务标准化专项试点通过国家验收。市级全年社会保障和就业支出25.42亿元,增长21.2%,"一老一小"服务稳步提升,城区社会福利院等3家老旧公办养老机构完成改造,新增3岁以下婴幼儿照护托位2429个。市级全年农林水支出11.45亿元,增长21.3%,推动新时代美丽乡村工程、农村综合改革奖补项目和共富乡村创新示范试点项目建设。

【深化财政改革】 深化预算绩效管理改革。完善全方位、全过程、全覆盖预算绩效管理体系建设,开展事前绩效评估,严格预算安排依据,突出重点项目绩效评价,推进绩效管理成果应用,全年编入绩效评价计划项目105个,涉及财政资金17.48亿元。加快财政数字化改革。推进"智慧财政"系统应用,加快市镇两级"纵向到底、横向到边",加强预算管理闭环,实现财政系统预算管理一体化和数据大集中。搭建国有资产综合管理信息平台,完成对全市资产整合归集。

【强化财政监督】 开展财会监督专项行动,聚焦减税降费、基层"三保"等重点,一体推进问题查处和制度建设。推进预算执行监督专项行动、预决算信息公开情况检查、预算单位银行存款保值增值专项清查等,规范财经行为。稳妥有序化解存量隐性债务,遏制新增隐性债务,全面实施"乡债县管",开展镇属企业向国企、私企、个人、村集体债务清偿工作,实行国企融资报备制度,规范融资举债行为。

【提升队伍建设】 开展学习贯彻习近平新时代中国特色社会主义思想主题教育,局党委班子、党支部和党员分别制定专题学习计划,形成一级抓一级、层层落实的责任体系,通过集体领学、研讨交流、个人自学和现场教学等方式,推进理论学习入脑入心、调查研究走深走实、推动发展提质提速、检视整改有力有效。强化纪律监督,弘扬清风正气,打造清廉财政品牌。健全完善严管厚爱机制,激励干部担当作为,规范晋升树立导向,推动干部阶梯式培育,重点推介年轻干部到市一线、金融机构等岗位挂职锻炼。

(慈溪市财政局供稿 徐维杰执笔)

宁海县

【概况】 2023年,宁海县实现地区生产总值1001.17亿元,按可比价格计算,较上年增长7.8%。其中:第一产业增加值55.68亿元,增长5.5%;第二产业增加值484.16亿元,增长6.6%;第三产业增加值461.33亿元,增长9.3%。三次产业结构比为5.5:48.4:46.1。全县固定资产投资增长8.6%。按常住人口计算,人均生产总值141100万元,增长7.6%。城镇居民人均可支配收入75559元、农村居民人均可支配收入44800元,分别增长4.1%和6.2%,城乡居民收入比为1.69:1。全县财政总收入109.40亿元,增长12.7%;一般公共预算收入68.34亿元,增长9.4%,一般公共预算支出104.20亿元,增长1.6%。全年财政收支平衡。

【平衡财政收支】 强化收入组织调度。成立全县地方财税收入协调领导小组,构建财政税务联席会议制度和联合服务企业机制,持续跟踪重点税源运行,对接非税收入执收部门,监测非税入库及缴库情况。谋划土地出让金入库,加快资产资源盘活处置力度,拓宽财政收入来源。2023年,全县一般公共预算收入占地区生产总值的6.8%,占财政总收入的62.4%。税收收入53.90亿元,占一般公共预算收入的78.9%。非税收入56.46亿元,其中纳入一般公共预算管理的非税收入14.40亿元,下降16.7%。落实过"紧日子"要求。出台贯彻落实中央八项规定实施细则的具体举措,实施过"紧日子"清单管理,制定公务支出公款消费正负面清单,全年一般性支出2.18亿元,下降10.3%,"三公"经费预算总额4188万元,下降5.0%。集中保障重点支出。改变"基数+增长"的传统做法,统筹财力保障重点支出,2023年全县科技、城乡社区事务支出、农林水支出分别增长20.1%、76.9%、16.0%。

【支持经济发展】 落实减税降费政策。执行国家延续和优化实施的税费支持政策,全年减免税费16.76亿元,为经营主体纾困解难。支持实体经济发展。出台支持企业攀高发展若干政策,整合优化财政支持产业发展政策,推进新一轮产业政策制定,支持宁海特色产业体系、多层次强企梯队、规上企业、小微企业等做大做强。全年兑现惠企资金5.92亿元,其中兑现县级资金2.21亿元,执行进度100.0%。安排财政资金5.85亿元,支持推进新型工业化,打造特色工业体系和"光伏+储能"1个千亿级产业、"文体+办公""模具+新能源汽配"2个五百亿级产业。支持科技创新。健全财政科技经费稳定增长机制,安排科技支出3.75亿元,支持宁波中乌材料科学研究中心、浙江万里学院宁海海洋生物种业研究院、宁波生物产业园等创新平台建设,支持打造南岙科创孵化园等创新空间。安排人才支出2.37亿元,实施"智汇宁海"人才工程,支持科研院所、高科技人才团队建设,招引顶尖人才和创新团队。

【保障民生事业】 2023年,全县民生支出82.21亿元,增长5.7%,占一般公共预算支出的78.9%。保障教育事业发展。全年教育支出18.48亿元,推动学前教育普及普惠,推进基础教育优质发展,缩小教育资源城乡、校际配置差距,促进均衡发展。支持社会保障事业发展。全年社会保障和就业支出15.12亿元,城乡居民基本养老保险基础养老金标准提高至月人均350元;落实促进就业资金、企业用工服务、劳动力培训等方面财政保障资金2039万元。支持医疗卫生事业发展。全年卫生健康支出11.47亿元,支持基层医疗卫生机构补偿机制改革,城乡居民医保成人档财政补助标准提高至每人每年2090元,基本公共卫生服务经费人均财政补助标准提高至102元;建立普惠托育服务经费保障机制,安排3岁以下婴幼儿照护服务专项资金588万元。

【深化财政改革】 推进财政体制改革。出台优化乡镇(街道)、开发区和部门权责办法,按照财力与事权相匹配原则,调整新一轮乡镇街道、园区财政体制,加大"三保"力度,财力向乡镇街道倾斜,建立激励奖惩机制,推动开源节流、增收创收。推动预算绩效管理改革。出台工作流程、结果应用办法、部门协同联动等制度,实现闭环管理。全年绩效评价重点项目24个、纳入预算绩效目标管理项目43个,涉及预算资金4.55亿元。以点带面推进乡镇街道预算绩效管理改革。推动资产管理改革。出台公物共享管理办法,规范新增行政事业性资产配置审批流程。开展跨部门、跨级次资产共享共用。盘活闲置资产,通过调拨、改建、借用、出租、出售等方式,盘活房产20处,其中出售房产收入缴库1.98亿元。

【加强财政监管】 加强财会监督。出台财会监督"1+3"方案体系,成立财会监督专项行动工作领导小组和分领域工作专班,建立内部监督、外部监督、行业监督一体的财会监督机制,以专项监督检查、日常监管、内部监督检查为抓手,通过"线上+线下""专项检查+绩效评价""检查+调研"方式推进检查。规范政府债务管理。落实政府债务风险防范化解与考核挂钩机制,强化政府债务限额管理,开展乡镇(街道)债务风险防控专项行动,健全风险预警机制,推进存量债务化解。加强政府性投资项目管理。出台财政投资评审中介机构考评管理办法,实施"一项目一考核",通过考核扣分等措施,实现社会中介机构择优选取、优胜劣汰,提高评审质效及政府性投资项目结算办结率。

【加强队伍建设】 开展学习贯彻习近平新时代中国特色社会主义思想主题教育。建立研学、导学、促学、共学、送学"五学"机制,用好"四下基层"制度,开展"微提升、促提效""我为财政做贡献"活动,实现非税电子化缴库等业务提升事项19项。构建清廉财政体系。出台清廉财政建设实施方案,推进清廉财政"五大体系"建设,加强"清风财韵"廉洁文化建设。落实廉政谈话"三交底"问题整改,常态开展廉政教育和警示教育,加强内控建设,推动财政领域行权流程数字化。提升干部能力。出台建设"五强"领导班子实施意见,开展"提质增效 财富宁海"专项行动,建立党委会、中心组学习"夜学夜议"制度。开设"生财有道"财政学堂,建立年轻干部导师制度和中层干部月度交流汇报制度,提高干部业务能力和谋划创新能力。

(宁海县财政局供稿　周曼青执笔)

象山县

【概况】 2023年,象山县实现地区生产总值770.15亿元,按可比价格计算，较上年增长5.8%。其中，第一产业增加值100.11亿元，增长4.4%；第二产业增加值293.02亿元，增长6.9%；第三产业增加值377.02亿元，增长5.2%。三次产业结构比为13:38:49。全县社会消费品零售总额259.79亿元，增长6.1%。货物进出口总额236.86亿元，增长2.2%，其中：进口33.41亿元，增长22.8%；出口203.45亿元，下降0.6%。按常住人口计算，人均生产总值133590元，增长5.5%。全体居民人均可支配收入62177元，增长5.1%，其中：城镇居民人均可支配收入72676元，农村居民人均可支配收入44115元，分别增长4.6%和6.1%。全县财政总收入109.43亿元，增长9.4%，占地区生产总值的14.2%。一般公共预算收入64.68亿元，增长6.4%。一般公共预算支出114.69亿元，增长12.8%。全年财政收支平衡。

【夯实财源基础】 坚持向内挖潜和向上争取并重，强化重点税源监管，规范非税收入征缴，推动收入量质"双提升"。2023年，全县一般公共预算收入占财政总收入的59.1%，占地区生产总值的8.4%；其中，税收收入51.82亿元，增长19.5%，占一般公共预算收入的80.1%。全年组织非税收入64.52亿元，下降1.8%，其中纳入一般公共预算管理的非税收入12.86亿元，下降26.3%。主动对接、策划、储备项目，全年争取上级补助资金53.35亿元，新增地方政府债券项目17个、债券额度6.00亿元。

【保障杭州亚运会、亚残运会】 统筹可用财力，将亚运运行项目纳入财政优先保障范围，支持高质量承办亚运帆船和沙滩排球比赛。争取上级亚运补助资金，拨付亚帆中心场馆、沙排中心场馆竞赛组织、人力资源、临时设施等运营经费，场馆外安保、宣传、应急、环境监测等经费，亚运分村运营经费等。拨付城市全域美丽及风貌提升改造经费，支持大目湾松兰山区域风貌提升、交通道路改造提升、场馆建设及配套道路改造等。选派4名干部参与护航亚运活动，提供日常管理协助、信息沟通、场馆陪同、语言翻译等服务。

【增强发展动能】 落实"8+4"经济政策体系，制定财政政策支持清单，加快资金兑付进度，全年兑现县级产业扶持资金3.22亿元。推进纾困助企融资财政贴息工作，下达财政贴息1138万元，惠及企业668家，撬动新增贷款9.78亿元。围绕"青年与海"人才工作品牌，助力"半岛菁英"海外高层次人才引进等项目落地，保障人才经费2.51亿元，同比增长15.1%。加大政府采购支持中小企业力度，打造全流程数字化招投标服务管理平台，提升政府采购效率。2023年全县中小企业中标项目金额8.81亿元，占比95.5%。

【推动共同富裕】 加快打造财政共富标志成果，入选省财政厅第一批百万家庭奔富行动示范县。探索闲置农房激活共富模式，至2023年年底，累计发放农房抵押贷款5.31亿元。吸引农村居民"众筹"、社会资本投资参与农村闲置资源盘活利用，破解资金投入不足问题。安排扶贫资金2456万元，用于对口支援和东西部扶贫协作。

【保障民生实事】 2023年，全县民生支出87.83亿元，增长11.2%，占一般公共预算支出的76.6%。全年完成社会保障和就业支出18.75亿元，支持"乐业象山"行动，建设校企合作基地9所、劳务协作站13个，城镇新增就业1万人、新引进大学生2万人、新增创业实体1万家。实施"半岛工匠"培育行动，举办技能竞赛33场，完成职业技能培训3万人，新增高技能人才5882人。全年完成教育支出16.97亿元，支持象山县第二中学教学综合楼改建、中小学校舍提升改造、象山港高级技工学校迁建等工程建设9个，落实职业教育、象山中学教育质量争先进位专项资金，助力中职质量提升、技师学院创建和教师激励、教育装备提档升级等。安排卫生健康支出9.25亿元，成功创建全省首批标准化安宁疗护病区，14项省市县民生实事项目均提前或超额完成。

【深化财政改革】 探索绿色资源价值转化机制。推进"海上两山合作社"改革，挖掘海洋碳汇资源，完成蓝碳拍卖交易，涉及交易量2340吨、金额25万元。开拓融资保险等金融业务，推动蓝碳浒苔保险、海洋碳汇预期收益权质押贷款等项目落地。深化预算绩效改革。将10个预算项目纳入绩效运行重点监控范围，涉及资金2.78亿元，督促77家预算部门开展项目支出绩效自评，涉及项目981个、资金61.65亿元，对8个重点项目实施支出绩效评价，涉及资金17.00亿元。加强乡镇资金管理。将"智慧财政"系统延伸至各镇乡（街道），实行国库集中支付管理，严格预算编制、用款计划等资金审核，规范乡镇支出。

【防范化解风险】 加强债务管理，全面实施"乡债县管"，压实化债单位主体责任，挖掘可利用资源资产，多渠道筹措可偿债资金，完成年度化债任务，防范债务风险。严格政府投资项目立项审批，整治项目超概算、超工期、超标准等问题，严控债务增量。开展代理记账机构、政府采购、电子票据、国企工程建设等方面监督检查，严肃财经纪律。推进财会监督、财经领域联动监督等专项行动，督促整改检查发现的问题。加强基建财务管理，全年完成工程结算审查125个，核减投资2.39亿元，核减率10.3%。落实委派会计（财务总监）管理，督促财务工作规范开展，全年纠正违规资金3.95亿元。

【加强队伍建设】 开展学习贯彻习近平新时代中国特色社会主义思想主题教育，学习贯彻党的二十大精神，开展"大走访大调研大服务大解题"和"联镇街入村社、走企业访群众"活动。加强清廉财政建设，贯彻领导干部及中层干部个人重大事项报告、干部因私出国（境）和婚丧事宜操办"双报告一公示"等制度。强化日常监督检查，开展干部职工工作纪律、作风效能等抽查12次，开展廉政谈话82人次。

（象山县财政局供稿　江　瑜执笔）

温州市财政工作

温州市

【概况】 2023年,温州市实现地区生产总值8730.63亿元,按可比价格计算,较上年增长6.9%。第一、二、三产业增加值分别为179.61亿元、3606.68亿元、4944.34亿元,分别增长4.9%、7.2%和6.8%。三次产业结构比为2.1∶41.3∶56.6。按常住人口计算,人均生产总值89821元。全市居民人均可支配收入67380元,名义增长6.9%。城镇居民人均可支配收入77973元,农村居民人均可支配收入41622元,分别增长6.3%、8.2%,城乡居民收入倍差缩小至1.87。全年固定资产投资增长7.4%。社会消费品零售总额4257.10亿元,增长7.9%。全年货物进出口总额2821.90亿元,其中进口总额482.50亿元,增长7.8%;出口2399.40亿元,下降4.1%。全市财政总收入1025.93亿元,增长11.7%,其中一般公共预算收入622.68亿元,增长8.5%;市本级财政总收入225.29亿元,增长10.4%,其中一般公共预算收入138.90亿元,增长10.3%。全市一般公共预算支出1175.94亿元,增长3.4%;市本级一般公共预算支出168.23亿元,增长3.9%。全市及市本级财政收支平衡。

【组织财政收入】 科学组织收入。健全财税联席会议机制,加大依法征税、科学理财创新力度。创新"结构生财"路径,研究出台财源培育工作绩效激励办法,构建市、县、镇街三级联动的财源培育激励机制,推动各县(市、区)夯实财源基础。优化收入结构。2023年,全市一般公共预算收入占地区生产总值的7.1%、占财政总收入的60.7%;税收收入502.27亿元,增长11.9%,占一般公共预算收入的80.7%。加强非税征管。全市非税收入1438.59亿元,增长11.9%,其中纳入一般公共预算管理的非税收入120.41亿元。争取政府债券。全市地方政府债券额度636.00亿元,其中新增专项债券404.50亿元。

【支持经济发展】 落实"8+4"经济政策体系。争取省级"8+4"财政资金95.97亿元,支出79.44亿元,支付进度82.8%;安排市县"8+4"资金290.48亿元,支出283.56亿元,支付进度97.6%。完成新一轮市级产业政策修订工作,覆盖5大产业、35个类别、371条政策,全市兑现奖补资金79.84亿元,惠及企业39100户(次)。构建新一轮500亿元产业基金体系,打造千亿产业基金集群,投资企业163家,撬动社会资本249.33亿元。支持数字经济创新提质"一号发展工程"。落实省科技创新体系建设工程,迭代财政科技投入稳定增长机制,全市科技支出43.84亿元,增长15.3%。出台高校知识价值激励政策,推动高校科研成果增长18.7%、社会服务收入增长139.5%。支持营商环境优化提升"一号改革工程"。打造政策匹配、资质测算、免申即享、跨年管理等涉企政策兑付机制,全年匹配政策22万次,服务企业和个人12000户(次)。全市普惠型小微企业贷款余额6111.48亿元,增长21.2%,平均贷款利率降至4.5%。支持中小企业参与政府采购,全市政府采购规模337.79亿元,其中完成政府采购授予中小企业合同金额311.60亿元,占总金额的92.2%。支持"地瓜经济"提能升级"一号开放工程"。创新资金分配动态调整机制,安排补助资金1.10亿元支持温州港海河联运、水水中转、海铁联运等业务,助力温州入选国家级现代流通战略支点城市。集成财政政策整合资金3.00亿元,支持温州内外贸综合实力再提升。

【推进共同富裕】 全市农林水支出96.44亿元,创成省级和美乡村示范县2个、省级特色精品村和未来乡村104个。推动"组团片区型"共富村试点,迭代应用财政资金"折股量化"经验,引导多个村集体抱团连片式发展。农村居民人均可支配收入提高至41622元,村集体经济总收入、经营性收入分别增长13.0%、15.2%。以交通互联互通推动城乡融合发展,投入资金16.44亿元支持山区5县公路网和"四好农村路"建设,投入资金2.55亿元推进苍泰高速、青文高速建设,金丽温高速东延线建成通车。

【保障民生事业】 2023年,全市民生支出932.11亿元,增长5.1%,占一般公共预算支出的79.3%。支持教育事业发展。全市教育支出276.75亿元,增长7.6%。统筹资金35.55亿元支持温州大学、温州理工学院等高校发展;投入资金52.70亿元支持优化基础教育设施布局,新改扩建中小学、幼儿园203个。完善市属公办职业学校生均拨款机制,获批职业教育差异化生均拨款改革全域成本核算全省试点。提升医疗卫生水平。全市卫生健康支出139.19亿元,增长2.2%。投入资金7.45亿元支持医疗设施建设,全市三甲医院增至10家,建成二乙水平乡镇卫生院(社区医院)10家、基层智慧健康站505家,全市国家卫生乡镇提前两年覆盖。保障养老托育服务。出台一次性生育补贴发放办法,发放补贴资金1200万元;落实资金2600万元扩大普惠托育服务资源,新增婴幼儿托位2900个;投入资金4.97亿元支持养老服务体系革新,统筹资金36.04亿元支持城乡居民基本养老保险提标。提升社会保障水平。全市社会保障和就业支出160.70亿元。健全分层分类社会救助制度体系,提高社会救助保障标准,全市发放补助资金12.58亿元,惠及困难群众14万人。投入资金2.56亿元支持就业创业,发放3.78亿元创业担保贷款,全年城镇新增就业9.6万人。提升城市品质。出台新一轮城市建设和管养体制配套文件,市本级筹集61.67亿元推进都市区一体化,建成"精建精美"项目100个,杭温高铁全线完成铺轨、市域铁路S2线建成通车、S3线开工建设。

【深化财政改革】 推进零基预算管理改革。出台全面深化市本级零基预算管理改革的实施意见,迭代党政机关过"紧日子"负面清单,全市压减非刚性、非重点项目支出6.51亿元。深化预算绩效管理改革。构建绩效全周期跟踪评价机制,创新政府投资项目绩效管理机制,打造以政府投资项目全过程预算绩效管理办法为核心,以政府投资项目前期生成决策机制、概算和工期管理办法等为配套机制的"1+N"政府投资项目综合管理体系,市本级审核项目39个,核减投资金额8500万元。创新资产管理模式。加强行政事业性国有资产盘活工作,重新利用亚运、疫情防控物资800余件,价值约130万元;接收市场监管部门可处置罚没物资19批7类近3000件(台);通过公益仓捐赠电脑等尚有使用价值资产176台(件)。以公物仓为基础、罚没仓为补充、公益仓为提升的"三仓融合"共享共用机制获评全省行政事业性国有资产盘活优秀实践案例。

【强化财政监管】 保障财政平稳运行。强化财政运行动态监测和收支预判,全市"三保"预算编制事前审核100.0%覆盖。强化财会监督。开展"财会监督年"专项行动,推进地方财经纪律重点问题、涉企补贴补助资金、中介机构执业质量等专项整治检查,发现并整改问题321个。防范化解债务风险。持续深化"一债一策、一地一案"化债行动,建立"一案一表"分月化债手册,全市化债核查通过率100.0%。加强社保基金管理。筹集社保风险准备金25.69亿元,防范化解支付风险。

【加强队伍建设】 深化清廉财政建设。试点"三不腐"能力指数应用,建立作风建设、财经纪律、风险排查等数字化立体档案,归集干部248名、廉政736个风险点,实现干部政治素质精准画像,获评全省清廉建设成绩突出单位。建设财政变革型组织。推进综合考绩改革工作,构建由1个平时考核系统,6大评分板块,17项正向加分激励和20项反向减分约束评分标准组成的"1+6+N"指标体系,通过数字化系统对日常记实、指标录入、干部评价满意度等环节进行全流程重塑,获评全省财政系统变革型组织创建优秀试点单位和最佳实践案例,被省委组织部确定为全省公务员绩效试点单位。推进"五好服务"常态化。出台把大局服务好、把企业服务好、把群众服务好、把基层服务好、把部门服务好"五好服务"常态化调查研究制度化实施方案,全年开展服务2074次,解决问题2215个。

(温州市财政局供稿　裘谷若执笔)

鹿城区

【概况】 2023年,温州市鹿城区地区生产总值1401.08亿元,按不变价格计算,较上年增长5.3%。其中:第一产业增加值2.24亿元,增长1.5%;第二产业增加值344.94亿元,增长5.2%;第三产业增加值1053.90亿元,增长5.3%。三次产业比为0.2:24.6:75.2。按常住人口计算,人均生产总值116708元。城镇居民人均可支配收入86782元,农村居民人均可支配收入49796元,分别增长6.3%和7.8%。固定资产投资增长13.1%。社会消费品零售总额882.04亿元,增长8.0%。外贸进出口总额446.19亿元,下降22.4%,其中出口426.21亿元,下降23.4%;进口19.98亿元,增长9.1%。全区财政总收入56.58亿元,下降1.3%,其中一般公共预算收入35.91亿元,增长0.4%。一般公共预算支出88.70亿元,增长4.3%。全年财政收支平衡。

【组织财政收入】 强化收入分析。健全财税联席会议机制,多部门协同联动组织收入。2023年,全区一般公共预算收入占地区生产总值的2.6%、占财政总收入的63.5%;其中税收收入25.50亿元,下降2.9%,占一般公共预算收入的71.0%。加强非税征管。新增非税收入缴款数字人民币和微信支付方式,推进非税收入电子化缴库业务,加强执收单位重点收入项目跟踪,全年征收非税收入182.49亿元,下降18.8%,其中纳入一般公共预算管理的非税收入10.41亿元,增长9.6%。向上争取资金。把握上级政策导向和资金投向,健全项目储备工作机制,全年获批地方政府债务限额95.44亿元,新增政府债券额度90.14亿元,其中专项债券89.14亿元、一般债券1.00亿元。争取各类上级转移支付资金22.21亿元。

【保障三个"一号工程"】 支持数字经济创新提质"一号发展工程",全区科技支出3.58亿元。重点打造温州金融科技文化中心、中科先进技术温州研究院、温州未来城市研究院等高能级科创平台10个,启动建设钙钛矿概念验证中心,招引科创产业化项目4个,支持数字经济、生命健康、新能源及人工智能研究院建设。成立首支科创子基金泽鹿基金,完成首笔投资1000万元,落户大浙微医项目。支持营商环境优化提升"一号改革工程",采用"免申即享"方式,全年兑现市区两级奖补资金4.38亿元,惠及企业3363户次。发挥政府采购支持中小企业作用,全区政府采购规模74.78亿元,中小企业合同金额占政府采购总金额的95.1%。落实"8+4"经济政策体系,安排"8+4"政策资金34.45亿元,重点保障扩大有效投资、"415X"先进制造业集群培育、现代服务业高质量发展等。强化财政要素清单保障,全年政府投资项目支出85.19亿元,支持安置性商品房采购、重点片区开发、城市基础设施建设等。

【保障民生支出】 2023年,全区民生支出70.95亿元,增长6.5%,占一般公共预算支出的80.0%。支持教育事业发展。全年教育支出26.95亿元,增长13.2%。建成投用温州市实验中学集新校区及附属小学、温州市实验小学锦绣校区等中小学7所,新增学位9020个。支持社会保障事业发展。全年社会保障支出7.78亿元。依托利民资金直达智控系统,到人到户财政补助5.37亿元,惠及群众逾82万人次。加大重点人群帮扶,最低生活保障标准从每人每月1035元提高至1110元,特困人员基本生活标准由每人每月2307元提升至2461元。支持卫生健康事业发展。全年卫生健康支出9.37亿元,城乡基本公共卫生服务标准提高至每人每年80元。持续推进区人民医院二期和藤桥、仰义、山福、七都中心新建工程。新建托育机构15家、托位440个,创成市级老年友善医疗机构2家。*支持文化体育事业发展*。全年文化旅游体育支出2.09亿元。完成亚运场馆周边体育场地项目建设提升项目8处;开展鹿城区第十届运动会等体育赛事活动385场。举办线上线下群体文化活动2171场次,受益群众逾317万人次。

【深化财政改革】 *争取改革试点*。聚焦预算重点任务"揭榜挂帅"、高质量推进共富"小切口"改革等重点领域,成功获批省级试点项目6个、市级试点项目1个。*推进财政数字化改革*。实现智慧财政办事平台迭代升级、业务电子化、工程审价备案无纸化,持续推进预算管理一体化工作。开展电子凭证会计数据标准试点工作,选取企业2家、代理记账机构1家进行试点。开展浙江省电子凭证会计数据标准试点工作。*深化国有企业改革*。实现区属国企资产总额1400.82亿元,AA以上主体信用评级国企5家。创新央地合作模式,为国企混改提供实践经验。打造鹿城国资国企数智监管平台,加强国资数字化管理。制定区属国有企业综合考核实施办法,完善国企监管制度。

【强化财政监管】 *加强绩效管理*。全年开展绩效复核评价项目60个,涉及资金1.19亿元;开展重点绩效评价5个,涉及资金2.46亿元。*加强财会监督*。开展"财会监督年"行动,加强以查促管。开展财政专户资金公款竞争性存放2期,利息收益约2200万元。全年消化清理财政暂付款10.76亿元。*防范债务风险*。加强债务全生命周期管理,守牢风险底线,提前完成年度化债任务。

【加强队伍建设】 *开展学习贯彻习近平新时代中国特色社会主义思想主题教育*。通过党委班子带头学、各党支部跟进学、全员发动广泛学、丰富载体灵活学、融入实践转化学,提高干部职工政治素质。全年举办主题教育专题研讨会20次,参加研讨167人次。*加强党建统领*。成立第一届区财政局(国资办)机关党委、机关纪委,首次将5个区属国企集团党组织纳入财政国资系统进行归口管理,形成责任明晰的机关党建工作体系。*加强清廉财政建设*。出台2023年度党风廉政、机关党建工作要点,结合财政内控制度,将监督触角延伸到关键小事上。区财政局获全区清廉机关创新案例、全区"模范机关"创建首批先进单位、"清廉建设引领型机关"等荣誉。*优化干部队伍*。优化干部队伍梯次结构,加强年轻干部业务培养、一线锻炼,提拔优秀青年干部,中层干部中35岁以下占比16.1%。

(温州市鹿城区财政局供稿　陈娉娉执笔)

龙湾区

【概况】 2023年,温州市龙湾区(含温州湾新区)实现地区生产总值922.43亿元,按可比价格计算,较上年增长5.6%。其中:第一产业增加值3.10亿元,增长8.8%;第二产业增加值525.84亿元,增长5.6%;第三产业增加值393.49亿元,增长5.6%。三次产业结构比为0.3:57.0:42.7。按常住人口计算,人均生产总值124100元,增长4.6%。社会消费品零售总额448.85亿元,增长3.5%;限额以上固定资产投资增长2.4%。城镇常住居民人均可支配收入78250元,增长7.3%。全年财政总收入93.76亿元,增长8.7%;一般公共预算收入54.08亿元,增长10.0%,其中税收收入43.94亿元,增长5.6%。一般公共预算支出75.12亿元,剔除新增债券因素后增长0.6%。全年财政收支平衡。

【组织财政收入】 *优化收入结构*。制定财力攻坚实施方案、防风险促发展64条举措,做好收入动态监控,强化收入征管。2023年,全区一般公共预算收入占地区生产总值的5.9%,占财政总收入的57.7%;税收收入占一般公共预算收入的81.3%。*加强非税收入管理*。全区完成非税收入156.72亿元,其中纳入一般公共预算管理的非税收入10.14亿元,增长4.4%。*向上争取资金*。全年向上争取资金119.65亿元,其中争取转移支付资金16.05亿元;新增政府债券资金103.60亿元(专项债券94.50亿元、一般债券9.10亿元)。

【保障三个"一号工程"】 *支持数字经济创新提质"一号发展工程"*。全年科技支出8.74亿元。拨付资金2.36亿元,重点支持国科温州研究院、光子集成(温州)创新研究院、香港理工大学温州技术创新研究院等平台及研究院建设。投入资金6403万元支持"人才强区"战略,助力构建浙南人才创业创新高地和最优人才发展生态。支持全年新增省科技领军企业1家、科技小巨人企业5家、高新技术企业124家、省科技型中小企业290家。探索政府产业基金"先投后股"方式支持科技成果转化改革试点,创新"政府+企业+保险机构"三方主体共担科研风险的保险模式。*支持营商环境优化提升"一号改革工程"*。全年兑现惠企奖补资金20.43亿元,发放消费券9961万元,为市场主体减负逾20.00亿元。通过政府采购中小企业预留份额、价格评审优惠、降低投标成本等措施支持中小企业参与政府采购发展,全年政府采购规模12.07亿元,中小企业采购金额占总金额的96.6%。开展电子凭证会计数据标准化改革,助力提升会计信息质量。优化会计代理记账审批流程,实现申报+审批最快1小时内完成。*支持"地瓜经济"提能升级"一号开放工程"*。发挥政府产业基金作用,直投瑞浦兰钧项目2.00亿元、麦田能源1.00亿元、星曜半导体2.16亿元,其中温州首个母基金直投项目瑞浦兰钧在港交所主板挂牌上市。探索"财政+基金+产业"融合模式,全年基金投资逾10.00亿元,带动社会投资10.79亿元。

【推进共同富裕】 在夹庄村和河口村2个经济薄弱村打造培训班、文化展厅等永联耕读幸福里项目,探索村集体经济抱团发展。项目总投资399万元,财政给予相对薄弱村90.0%补助,两村村集体年收入增加30余万元。全年立项"一事一议"、小型公益项目14个,争取省、市级财政奖补资金786万元,区级财政配套资金1022万元。安排资金5256万元支持钟秀瑶溪等未来乡村建设,补齐乡村基础设施短板,打造"文旅体"融合的现代乡村产业体系。

【保障民生事业】 全区民生支出53.28亿元,占一般公共预算支出的70.9%,助力实施公共服务"七优享"工程。支持教育事业发展。落实教育支出16.81亿元,支持减轻义务教育阶段学生作业负担、减轻校外培训负担等政策落地,建成投用中小学校、幼儿园6所,南部片区7所中小学校纳入优质教育集团化办学序列,国科温州附属高级中学等国科系学校揭牌5所。支持医疗卫生事业发展。落实卫生健康支出10.21亿元。支持提升医学创新和临床诊疗能力,完善城乡居民同质同标免费健康体检,落实"改善就医感受·提升患者体验"25条举措,稳步提高基本医保待遇水平。健全社会保障体系。全年社会保障和就业支出4.64亿元。落实资金2600万元巩固低保对象基本生活保障,惠及1950人次。落实资金2276万元保障困境儿童和残疾人等特殊群体生活补助,惠及5248人次。落实资金3511万元提高部分优抚对象等人员的抚恤金和生活水平。安排稳岗补助2841万元用于企业留岗补助、返岗交通补贴、"老带新"奖励等。支持文旅体事业发展。全年文化旅游和体育支出1.38亿元。统筹专项债资金9000万元支持寺前街历史文化街区改造提升。提升城市品质。拨付资金19.13亿元支持沿江快速路、海塘安澜项目等重大项目建设,助推环山北路、围垦路等建成投用。拨付资金20.41亿元保障城中村改造、美丽城镇建设等项目,提升城乡居民生活品质。

【深化财政改革】 制定区街财政体制改革文件,创新实行基层财政"红绿灯"制,理顺区街事权与支出责任,调动街道发展经济及增收节支积极性。建立健全基金绩效评价体制机制,开展区政府引导基金绩效评价。成立国企党委,建立国企党建工作管理体制,整理区属国企党务指导手册,理顺国企党建组织架构。

【强化财政监管】 加强财会监督,开展涉企补贴补助资金、中小学食堂伙食费专项检查,维护财经秩序。规范政府投资建设项目竣工结算审核,送审金额38.17亿元,审定金额36.27亿元,核减金额1.90亿元,核减率5.0%。动态监控各单位国库集中支付业务13.94万笔,共计监控支付资金224.49亿元。防范"三保"风险,构建"滚动预测+调控管理+应急预案"库款管理模式,强化库款风险预警,确保财政运行平稳。出台国企融资授信提用比选管理办法,建立授信评分体系,规范融资授信。

【加强队伍建设】 深化清廉财政建设,迭代"清廉财政三不腐能力指数"应用体系,细化清廉单元建设颗粒度。树立选人用人正确导向,促进干部选任规范化。持续擦亮"财暖龙湾+先锋服务"党建品牌,梳理财政上门服务清单12类,成立服务队13支,推进"为民解忧"办实事项目8个。2023年,区财政局获评浙江省中小微企业培育工作成绩突出集体、温州市重大项目建设突出贡献集体、温州市域治理现代化工作突出贡献集体等荣誉。

(温州市龙湾区财政局供稿　项丽丽执笔)

瓯海区

【概况】 2023年,温州市瓯海区实现生产总值873.49亿元,按可比价格计算,较上年增长7.5%。第一、二、三产业增加值分别为7.27亿元、340.13亿元、526.09亿元,分别增长4.5%、6.5%、8.3%。三次产业结构比为0.8∶38.9∶60.2。按常住人口计算,人均生产总值88009元,增长6.2%。城镇居民人均可支配收入80687元,农村居民人均可支配收入50231元,分别增长6.0%、7.7%。社会消费品零售总额407.38亿元,增长9.1%。外贸进出口总额389.84亿元,增长0.3%,其中进口总额116.06亿元,增长31.6%;出口总额273.78亿元,下降8.9%。全年实现财政总收入69.15亿元,增长3.1%,其中一般公共预算收入42.85亿元,同口径(剔除增值税留抵退税因素影响)增长6.1%;一般公共预算支出70.59亿元,下降0.5%。全年财政收支平衡。

【组织财政收入】 加大税源培育。推行"日常化操作、常态化上缴、双随机监管"新模式,全年一般公共预算收入占地区生产总值的4.9%,占财政总收入的62.0%,其中税收收入30.29亿元,占一般公共预算收入的70.7%。加强非税征管。强化非税执收项目管理,上线非税收入微信缴费渠道,实现罚缴资金通办。全年征收非税收入12.56亿元,其中纳入一般公共预算管理的非税收入4.83亿元。向上争取资金。实行向上争取资金考核管理办法,全年争取转移支付资金16.23亿元,增长6.3%,其中直达资金2.85亿元;争取地方政府债券额度61.39亿元,其中专项债券48.29亿元、再融资债券12.10亿元、一般债券1.00亿元。

【保障三个"一号工程"】 支持数字经济创新提质"一号发展工程",全年科技支出2.48亿元,其中投入财政资金6827万元,持续培育温州大学碳中和研究院、浙江大学温州研究院等6大校地合作研究院,安排平台小镇运行经费1.04亿元。支持温州国家自主创新示范区瓯海片区基础配套工程(一期)建设。支持营商环境优化提升"一号改革工程",迭代产业政策2.0版,兑现产业政策资金8.74亿元,惠及企业11159户次;优化消费环境,支付消费补贴6117万元;免除政府采购履约保证金183万元,惠及企业118家。支持"地瓜经济"提能升级"一号开放工程",支持开展促消费活动82场,加大企业报团参加中国进出口商品交易会等展会扶持力度,全年支付消费补贴和参展补贴8017万元,惠及企业逾280家。落实"8+4"经济政策体系,安排"8+4"政策资金32.61亿元。保障排涝工程、瓯海科创小微园等重点项目建设。统筹债券资金,支持建设浙南预制菜产业园基础设施工程等重点项目22个。

【推进共同富裕】 财金助力扩中家庭。构建家庭型财税政策体系,实施财政贴息政策,定制共富系列贷款产品4款,补贴后贷款利率降至3.9%,全年授信2746户、授信4.12亿元,用信1299户、金额2.46亿元。财金助力扩中家庭共富项目入选省级试点。支持农村发展、农户增收。安排财政资金2000万元,支持推进"民宿康养+旅居生活+农田观光"于一体的一站式康养度假综合体康乐项目,入选省级首批百村万户增收促富试点。开展政府采购脱贫地区农副产品工作,全年完成扶贫采购140万元。安排"一事一议"财政奖补专项资金3027万元,保障农村基础设施项目建设25个。

【保障民生支出】 2023年,全区民生支出52.77亿元,占一般公共预算支出的74.8%。支持教育事业发展。全年教育支出18.87亿元,增长17.4%。支持完善教育设施设备,新改造交互式教学一体机100套,新配置手摇式升降课桌椅3000套。全年投入妇女儿童专项资金1050万元,支持儿童友好城市建设,建成儿童友好试点单元46个。安排财政资金10.23亿元,支持新改扩建工程30个,新增中小学幼儿园学位6510个。义务教育阶段进城务工人员随迁子女在公办学校就读比例86.2%,同比上升3.3%。支持社会保障事业发展。全年社会保障和就业支出5.49亿元,下降1.1%。困难群众最低生活保障标准提高至每人每月1110元,城乡居民基本养老保险基础养老金提高至每人每月330元,惠及居民4万人。支持利民补助"一键达"系统建设,全年上线临时安置费发放、义务兵家庭优待金、重度残疾人护理补贴等利民补助业务131项,兑付金额6.31亿元,惠及社会弱势群体42万人次。支持卫生事业发展。全年卫生健康支出8.73亿元,下降1.3%。城乡基本公共卫生服务标准提升至每人每年80元。安排资金2290万元,推进普惠型托育基本公共服务先行试点、医养结合等项目建设,瓯海区获评全国首批医养结合示范区。安排资金2651万元,完成村卫生室建设、托位建设等卫生健康民生实事17项。支持文化事业发展。全年文化旅游体育与传媒支出1.82亿元,增长45.6%。投入资金1971万元承办亚运龙舟赛事、全国水上飞石邀请赛,新增体育场地面积23万平方米、"环浙步道"30公里,举办中国语言文学大赛等4个"国字号"文化盛会,城市书房实现镇街全覆盖。

【深化财政改革】 优化财政管理体系。出台项目支出预算管理办法、加强区级预算单位公务卡使用管理、国库集中支付动态监控管理办法等文件,提高资金使用规范性和有效性。深化财政数字化改革。争取财政票据业务动态监控报表省级试点,实现涵盖电子票据领用、赋码、核销等全生命周期32项指标在线监控;全年开具电子票据473万份,金额385.32亿元;加大"浙里报账"试点推广,实现场景全覆盖,196家单位报销12146笔,金额1.45亿元。推进绩效管理改革。将14个镇街(开发区)纳入预算绩效管理考核,实现预算绩效管理全覆盖;在事前绩效评价中引入多领域专家评审,选取温瞿公路整治改造提升二期工程等项目试点,论证立项必要性、投入经济性等,资金核减率5.9%;打造区级财政资金项目绩效管理系统,嵌入绩效复评、财会监督检查结果,核减当年预算指标2.15亿元、2024年项目预算资金11.49亿元。加速国企改革发展。指导浙江瓯海铁路投资集团有限公司完成AA信用评级工作,发行温州市瓯海新城建设集团有限公司定向债务融资工具(PPN)13.50亿元、温州市瓯海经济开发区建设投资集团有限公司非公开公司债券25.00亿元;推动浙江瓯海铁路投资集团有限公司与虎哥(温州瓯海)环境有限公司合资经营垃圾分类等股权投资项目9个。

【强化财政监管】 推进"财会监督年"行动。打造6大类26项大监督检查实施方案,开展涉企补贴补助资金、绩效低下工程、"一事一议"项目资金等专项检查17个,发现并整改问题42个。加强政府投资项目全生命周期管理。更新财效智控平台,建立政府投资项目进度与资金拨付进度匹配机制,实现估概预算控制、合同支付等6个事项风险主动预警,全年登记政府投资项目143个。加强往来款项清理。建立"包干负责、定期清理、问题会商、成效反馈"机制,全年清理国库及财政专户暂付款17项,涉及资金29.99亿元。加强政府采购监管。推行采购意向、质疑答复、评审过程、履约验收结果"四公开"。全年受理政府采购投诉件18件,其中行政处罚3件,罚款16326元,处罚结果与信用记录挂钩,供应商列入不良行为记录名单。

【加强队伍建设】 深化党建联动。强化省、区两级党组织常态化联络机制,与乡镇(街道)和企业开展"红色引领、助力共富、牵手帮共富"党建联建活动,开展学习贯彻习近平新时代中国特色社会主义思想主题教育理论宣讲等活动30场,落实为民服务项目4项、为企服务项目2项,破解发展难题1项。建设清廉财政。压实"一岗双责",签订党风廉政建设责任书28份;全面排查风险隐患,作出廉洁承诺62份。组织一对一谈心谈话307人次,对3批次30人次连续在岗5年以上人员进行轮岗交流,降低廉政风险。开展内部党风廉政"清风行动"11次,净化政治生态。提升干部能力。择优选派1名班子领导、2名业务骨干参与亚运专班,11名业务骨干参与区委巡察组工作。2023年,区财政局获评温州市重大项目招引和重大产业建设先进集体、文化温州建设成绩突出集体。

(温州市瓯海区财政局供稿　包洁琼执笔)

洞头区

【概况】 2023年，温州市洞头区实现地区生产总值124.16亿元，按可比价格计算，较上年增长6.7%。其中：第一产业增加值8.17亿元，增长7.3%；第二产业增加值38.85亿元，增长3.3%；第三产业增加值77.13亿元，增长8.7%。三次产业结构比为6.6∶31.3∶62.1。按户籍人口计算，人均生产总值96209元，增长7.5%。社会消费品零售总额33.99亿元，增长8.1%。城镇居民人均可支配收入63785元，增长5.8%；农村居民人均可支配收入41881元，增长7.1%。全区财政总收入17.61亿元，增长10.5%，其中一般公共预算收入11.21亿元，增长5.6%；税收收入6.08亿元，收支增长23.0%。一般公共预算支出36.98亿元，增长10.7%。全年财政收支平衡。

【组织财政收入】 加强税源培植。加强与税务、金融等部门协同联动，拓宽结构生财渠道。2023年，全区一般公共预算收入占地区生产总值的9.0%、占财政总收入的63.6%；税收收入占一般公共预算收入的54.2%。强化非税征管。全年组织非税收入27.50亿元，其中纳入一般公共预算收入管理的非税收入5.13亿元。争取上级资金。关注上级政策，建立联动机制，全年争取上级补助15.80亿元，其中省级绿色转化财政专项激励资金1.00亿元。全年新增地方政府债券额度9.62亿元。

【保障三个"一号工程"】 支持数字经济创新提质"一号发展工程"。全年科技支出1.29亿元，增长15.6%。其中，安排科技优惠政策资金1773万元，兑现科技政策13项，涉及资金1636万元惠及企业124家次。支持营商环境优化"一号改革工程"。新增涉企政策118项，兑现惠企奖补资金2.09亿元；完成政府采购8.77亿元，其中中小企业采购金额8.66亿元。支持"地瓜经济"提能升级"一号开放工程"。探索制定开放型经济财政扶持政策，兑现开放型经济政策资金550万元，惠及企业42家，《洞头区撬动口岸资质滋养"地瓜经济"枝繁叶茂》案例入选市级"一号开放工程"首批最佳实践案例名单。落实"8+4"经济政策体系。全年安排"8+4"政策资金2.61亿元。用好"直达"机制，全年分配直达资金3.12亿元，使用完成率100%。

【推进共同富裕】 推进"海上共富"。加强海岛交通建设，保障甬莞高速支线、环岛西路等项目建设38.90亿元，支持海岛共富。推进乡村共富。强化涉农和民生财政性补助资金管理，发挥"一键达平台""乡镇公共财政服务平台"作用，发放惠民惠农补贴资金1.29亿元，惠及17万人次。东屏街道寮顶村、后寮村、惠民村、东岙顶村、东岙村和洞头村6个连片村入选省"一事一议"财政奖补支持共富乡村试点，获奖补资金2000万元。实施海岛"千万工程"，全域打造和美乡村，建设"一米菜园""共享田园"，培育星级示范共富工坊24家，打造"共享厨房""渔家厨娘"等共富项目。

【保障民生事业】 2023年，全区民生支出28.26亿元，占一般公共预算支出的76.4%。提升海岛教育。全区教育支出4.86亿元，支持创成全国学前教育普及普惠区。投入资金865万元，支持洞头区职教中心迁建二期工程建设；投入资金518万元，支持教共体建设，推进"温馨教室"和"明眸皓齿"民生实事项目，实现全区中小学幼儿园教室空调全覆盖。提升医疗服务水平。全区卫生健康支出4.16亿元。其中农村部分计划生育家庭参加城镇职工基本养老保险补助2395万元，基本公共卫生服务投入1209万元。支持智慧健康站建设及离岛医疗服务。完善社会保障。全区社会保障和就业支出3.79亿元，增长19.5%。聚焦特殊群体发放生活救助资金3024万元，救助11万人次，做到"应保尽保"。投入财政资金897万元，助力构建"居家社区机构相协调、医养康养相结合"的养老服务体系，实现镇街养老服务中心全覆盖，老年助餐服务村社覆盖率逾94.0%。

【深化财政改革】 深化绩效改革管理。构建全方位、全过程、全覆盖的预算绩效管理体系，首次对债券项目、国企EPCO（工程、采购、建设、运营）项目等开展绩效评价，全年评价项目46个，涉及财政性资金8.58亿元。推进财政数字化改革。开发直达资金数据自动比对系统，推动直达资金高效监管。采用线上缴纳非税收入新模式，完成总会计核算、资金申拨、政府采购等7个预算管理一体化系统功能模块集中部署和迁移。推进国企改革。实体化运作温州市洞头国有资源开发建设有限公司，完成股权调整、注资等工作。做大做强国企综合实力，全区国企实现营业收入4.61亿元，增长35.0%。

【强化财政监管】 强化财政支出管理。落实党政机关习惯过"紧日子"要求，压减"三公"经费等一般性支出。加强国库集中支付动态监控，纠正违规资金。加强工程造价把关。完善项目审核机制，出台政府投资建设项目预结算审核中介机构考核办法、中介机构二次遴选办法。加强工程项目审核管理，清理历史遗留项目86个，审核政府投资项目230个，总规模20.42亿元，核减资金7000万元。加强国资国企管理。建立区属国企到期债务风险预警与处置工作机制、国有企业负债情况报告制度。开展企业降本减负行动，综合融资成本从5.1%降低至4.7%。强化财务监管扩面增效，全年开展审计和专项检查9轮次。

【加强队伍建设】 开展学习贯彻习近平新时代中国特色社会主义思想主题教育。坚持以学促干，开展理论学习27次、专题研讨6次、循迹溯源1次，576人次参加。打造清廉财政。开展正风肃纪督查，发布督查通报12期。加大节假日、八小时外监管，谈心谈话48人次、"政治家访"86人次。推进"青廉工程"建设，提升年轻干部廉洁自律能力。提升服务能力。深化"财政先锋·

一办到底”服务机制,设立党员示范岗12个、责任区3个,开展承诺践诺、建言献策等活动,志愿服务150人次。谋划为民办实事项目,办结“幸福要事”5件。实施“破百难、助共富”行动,帮助解决小北岙残疾人之家项目建设资金需求。2023年,区财政局连续第16年获评省级文明单位,连续第11年获评区绩效考核优秀单位。

(温州市洞头区财政局供稿　戴佩佩执笔)

乐清市

【概况】 2023年,乐清市实现地区生产总值1663.53亿元,按可比价格计算,较上年增长8.4%。其中:第一产业增加值23.09亿元,增长5.6%;第二产业增加值740.06亿元,增长8.5%;第三产业增加值900.38亿元,增长8.4%。三次产业结构比为1.4:44.5:54.1。按常住人口计算,人均地区生产总值113050元,增长7.8%。社会消费品零售总额648.25亿元,增长8.7%。实现货物进出口总额299.58亿元,增长7.8%,其中出口总额294.81亿元,增长8.4%。城镇常住居民人均可支配收入81501元,增长5.8%,农村居民人均可支配收入48480元,增长7.9%。全市财政总收入166.14亿元,增长19.2%;一般公共预算收入97.05亿元,增长16.3%;税收收入83.05亿元,增长16.9%。全市一般公共预算支出128.62亿元,下降1.9%。全市财政收支平衡。

【组织财政收入】 强化税收征管。加强重点行业、重点税源的管理。2023年,全市一般公共预算收入占地区生产总值的5.8%、占财政总收入的58.4%;税收收入占一般公共预算收入的85.6%。优化非税管理。成立专班,开展清单化管理,全年完成非税收入141.87亿元,增长6.8%,其中纳入一般公共预算管理的非税收入14.00亿元,增长12.6%;政府性基金收入127.86亿元,增长6.2%。争取上级资金。全年争取上级转移支付资金23.70亿元、地方政府债券额度62.47亿元。

【支持经济发展】 支持数字经济创新提质“一号发展工程”。全年安排科技支出3.21亿元,支持“315”科技创新体系建设。探索“基地+基金+产业”创投新模式,落地芯象、核心智存等项目,有序推进盛盈股权投资基金、浚泉瓯乐创业投资基金、温州浙民投东泰科技创业投资基金3支科创基金,基金规模10.00亿元。会同经信部门完成国家电气产业集群建设验收,入选浙江省特色产业集群核心区;开展技改项目验收227家,下达资金1.83亿元;完成节能技改验收12家,下达绿色低碳专项资金1571万元;下达专精特新及高新技术企业补助资金6268万元,惠及企业403家。支持营商环境优化提升“一号改革工程”。用好惠企政策直通车,简化审批流程,缩短兑现时限,全年线上、线下兑现惠企资金8.44亿元。支持“地瓜经济”提能升级“一号开放工程”。下达内外贸发展资金2565万元;兑现总部经济政策资金3774万元。落实“8+4”经济政策体系。强化财政要素清单保障,安排“8+4”政策资金48.08亿元。兑现制造业产业集群建设资金2.45亿元。完成交通投资102.50亿元,增长30.5%,统筹专项债券、国企融资和金融工具支持滨海大道等重大交通项目建设。

【推进共同富裕】 加大财金协同支农力度,全年办理“政银担”业务44笔,担保金额2740万元。其中,“财农担”业务办理700万元,惠及农户4户。拨付财政资金1225万元,支持建设“一事一议”财政奖补项目20个,开展“一事一议”财政奖补项目与新时代美丽乡村创建整合项目3个。安排7115万元用于“石斛之乡·康养胜境”和乐成“灵山箫台”共同富裕示范带建设,下达2.61亿元支持高标准推进和美乡村建设。

【保障民生事业】 2023年,全市民生支出101.04亿元,占一般公共预算支出的78.6%。助力教育事业发展。全年教育支出38.52亿元,增长7.7%。寄宿生公用经费由每人每年100元提高至300元,提高学前和高中特殊学生公用经费标准,其中幼儿园每人每年最高22500元,高中每人每年最高37500元。健全社会保障体系。全年社会保障和就业支出18.27亿元。全年发放低保及特困对象补助1.14亿元、高龄津贴3878万元等,惠及5万人。医疗保险财政补助、养老保险基础养老金分别提高至每人每年1060元、每人每月330元。助力医疗卫生事业发展。全年卫生健康支出16.40亿元。其中基本公共卫生资金支出1.39亿元,年人均补助标准提高至102元。支持0~3岁婴幼儿照护机构建设,扩大新生儿听力和先天性心脏病筛查补助范围,补助标准从每人153元提高至328元。拨付专项资金50万元,支持完成31家乡镇(街道)卫生院(社区卫生服务中心)“互联网+健康养老”医养结合一体化服务平台建设,实现老年人健康评价和健康管理5万名。

【深化财政改革】 推进财政数字化改革。牵头推进政府投资智控平台建设,实现政府投资项目一表统管和政府投资项目全过程管理。全面推广“浙里基财智控”应用,规范乡镇财政支出管理。推动财政金融协同支农和惠农政策一键查系统试点。深化部门预算管理改革。优化财政支出结构,从严编制部门预算,强化资金使用计划性、科学性和严肃性,通过压减一般性项目和“三公”经费等措施,盘活财政资金2.94亿元。推进国有企业改革。健全现代企业制度,提高内控管理水平,提升国企承接重点项目能力,推进新文旅集团组建和国运集团优化调整。

【强化财政监管】 加强公款存放管理。修订市本级财政资金竞争性存放管理暂行办法,构建公款存放指标新体系,开展“共同富裕”“重大项目”专场公款存放工作。推进预算执行监督。将中央和省级转移支付重点监督项目,市委、市政府重点关注项目列入清单,通过平台监控和线下核查强化监管。提高绩效运行监控实效。全年绩效监控部门76个、项目703个,金额46.69亿元。出台预算绩效管理成果应用办法，通过财政支出项目重点绩效评价压减低效、无效资金。强化专项整治工作。开展减税降费政策落实、基层“三保”等9项问题专项整治。

【加强队伍建设】 加强理论学习。制定年度理论学习计划和重点，发挥理论中心组和班子领导引领作用。党组理论学习中心组召开学习会12次，交流研讨4次。推进清廉财政建设。开展干部干预企业经营专项整治、违规吃喝问题专项整治、领导干部违规参与民间借贷整治“回头看”等工作，开展集体廉政谈话2次。推进万人双评议活动，发挥社会监督作用。提升服务群众能力。组织法律知识考试和普法宣传活动，做好群众来访、来信、网络留言和政务热线办理答复工作。

（乐清市财政局供稿　倪晨尹执笔）

瑞安市

【概况】 2023年，瑞安市实现地区生产总值1285.13亿元，按可比价格计算，较上年增长6.4%。第一、二、三产业增加值分别为29.55亿元、564.28亿元、691.30亿元，分别增长3.4%、6.7%、6.2%。三次产业结构比为2.3∶43.9∶53.8。按常住人口计算，人均生产总值83913元，增长6.1%。社会固定资产投资总额478.08亿元，增长8.0%。社会消费品零售总额622.18亿元，增长6.7%。外贸进出口总额410.10亿元，下降4.6%。城镇常住居民人均可支配收入82476元，农村常住居民人均可支配收入45644元，分别增长6.8%和8.0%。全市财政总收入126.56亿元，增长23.2%，其中一般公共预算收入75.82亿元，增长14.9%；税收收入64.81亿元，增长27.5%。全市一般公共预算支出141.65亿元，增长2.5%。全年财政收支平衡。首次入围全国县级财政管理绩效综合评价前200名，列第147位。

【组织财政收入】 强化税收征管。深化财税联动与多部门协同，完善财政经济形势分析研判机制，加强重点行业、重点企业、重大项目涉税监管服务，引导规范申报，堵塞征管漏洞。2023年，全市一般公共预算收入占地区生产总值的5.9%、占财政总收入的59.9%；税收收入占一般公共预算收入的85.5%。规范非税管理。深化土地出让定期协商机制，提升经营性土地供地率和成交率；及时清理“应缴未缴”款项，扩大非税缴费渠道，加强非税收入执收监督。全市非税收入217.94亿元，增长40.5%，其中纳入一般公共预算管理的非税收入11.00亿元，下降27.6%。向上争取资金。清单式分解落实各部门资金要素争取目标任务，跟踪督办、按月通报，全年争取上级转移支付资金25.12亿元；紧盯债券最新政策，做好项目谋划储备与部门指导工作，争取新增债券资金36.34亿元。

【保障三个“一号工程”】 支持数字经济创新提质“一号发展工程”。全年科技支出5.43亿元，增长15.9%，重点支持人才引育、高新技术及产业发展等。优化政府产业基金运作，新增科创类基金2支，签约落地项目3个，瑞安云江基金港新招引入驻基金20支。支持营商环境优化提升“一号改革工程”。落实减税降费政策，全年办理增值税留抵退税22.87亿元。优化产业政策快速兑现机制，推行产业政策跨年兑现方式，扩大“免申即享”兑现范围，全年兑现惠企政策资金10.15亿元；开展“1+9”产业政策体系整体绩效评价，评价结果作为政策清理重要依据。发挥政府采购政策支持中小微企业作用，中小微企业采购合同金额56.03亿元，占政府采购总金额的93.5%。发挥政府性融资担保机构政策功能，瑞安市融资担保有限公司为中小微企业低费率担保13.55亿元，其中在保余额4.15亿元。支持“地瓜经济”提能升级“一号开放工程”。全年招商支出1.48亿元，引入总部经济企业20家，推进政府产业基金运作，深化“基金+招商”模式，新增科创类基金2支，签约落地项目3个，瑞安云江基金港新招引入驻基金20支。

【保障民生事业】 2023年，全市民生支出110.85亿元，占一般公共预算支出的78.3%。促进教育优质均衡发展。全年教育支出37.16亿元。支持完善教育设施设备，开工建设学校（幼儿园）项目9个，建成投用学校（幼儿园）项目11个，新改造交互式教学一体机600套，新配置手摇式升降课桌椅8000套。支持推进新居民子女入学便利化改革，全市新居民子女就读公办学校占比97.3%。投入资金1.92亿元支持新型公办园和普惠园运行，新增公办幼儿园学位数1080个，助力通过全国学前教育普及普惠市、省级评估。深化“健康瑞安”建设。全年卫生健康支出16.06亿元。投入资金3.27亿元支持完善医疗卫生基础设施，推进建设卫生基建项目16个，建成投用卫生基建项目4个，新改扩建规范化村卫生室（社区卫生服务站）12个。完成适龄人群上消化道癌筛查32299名、老年人群前列腺癌筛查6000名。健全社会保障体系。全年社会保障和就业支出24.08亿元。落实城乡居民低保资金9118万元，提升困难群众兜底保障水平。投入资金1.70亿元支持残疾人事业发展，建成无障碍社区7个，完成重要公共服务场所无障碍改造12处，提升建设残疾人之家5家，免费实施白内障患者复明手术1452例。投入资金1.39亿元支持养老服务高质量发展，提升改造居家养老照料服务中心13家，新建、改造社区（村）老年食堂50家，新增认知照护床位160个。全年新增城镇就业1.38万人。支持文体事业发展。全年文化体育支出2.30亿元。推动“15分钟品质文化生活圈”增至190个，新增省重点培育文旅市集3个，新建球场24个、百姓健身房5个、登山健身步道6条、“环浙步道”61.2公里。

【深化财政改革】 开展财政承受能力评估试点。揭榜挂帅承接省财政厅市县财政承受能力评估机制试点，开发“财力承受画像”模块，完成财政可承受能力模型风险指标设置，实现财政可承受能力动态监测、数字智控。深化预算绩效管理改革。提升绩效目标编制质量，实现部门整体绩效目标编制全覆盖，实质性审核1000万元以上预算项目绩效目标164个，涉及资金84.51亿元。推进财政数字化改革。在预算管理一体化系统基础上，升级本地财政数据分析平台，实现财政经济数据“一库集成”，财政承受能力“一屏展示”，财政收支风险“一站监控”。搭建瑞安市政府投资智控平台，实现政府投资项目全生命周期预算管理。深化财政“放管服”改革。全面实行国库集中支付授权支付，基本实现预算单位“零次跑”。拓展公共支付平台支付渠道，实现数字人民币、微信、支付宝、银联等渠道全覆盖。开展“智管协同”财政财务管理方式改革，减轻单位报表负担。

【加强财政监管】 稳定财政收支运行。建立常态化财政收支管理模式，制定国库库款保障应急预案，设立四色库款应急状态，库款保障水平保持合理区间。优先保障“三保”支出，全年落实“三保”资金62.14亿元。开展“财会监督年”活动。全年实施财会监督检查31项、检查行政事业单位和企业124家，健全信息沟通、协作协查、线索移送、成果共享等横向联动机制，深化财审联动、纪财联动。加强基层财政监管。约谈6个镇街，首次对镇街不规范采购行为作出行政处罚，扩面乡镇财政资金市级国库集中支付试点，上线“浙里基财智控”应用。防范政府债务风险。常态化开展专项债券核查，评估专项债券项目融资与收益平衡情况，规范债券项目收入归集，落实项目还本付息资金来源。

【加强队伍建设】 开展学习贯彻习近平新时代中国特色社会主义思想主题教育。制定主题教育工作方案，提出7大点16项具体举措，局党委理论学习中心组开展集中学习12次，班子成员主题发言13次，撰写学习体会17篇，班子成员领办民生实事6件。开展自身问题查摆、批评与自我批评，领导班子查摆问题14个，收集批评意见72条。加强机关党建工作。打造财政（国资）专业党群服务中心，推出“财红云江”党建品牌和“安财固正”廉政品牌，举办廉政主题诗歌朗诵会。开展干部职工谈心谈话332人次，正风肃纪检查4次，履职监督16次。各支部开展主题党日活动68次，集中学习活动73次。优化机构职能设置。深化变革型财政组织建设，将职能关联度较大的科室进行合署办公，通过划转职能进一步明确科室职责，选优配强承接重大任务或重要职能科室的人员力量。

（瑞安市财政局供稿　黄其庆执笔）

永嘉县

【概况】 2023年，永嘉县实现地区生产总值564.45亿元，按可比价格计算，较上年增长7.3%。其中：第一产业增加值18.67亿元，增长5.4%；第二产业增加值256.96亿元，增长8.4%；第三产业增加值288.82亿元，增长6.4%。三次产业结构比为3.3∶45.5∶51.2。按常住人口计算，人均生产总值64325元，增长6.6%。城镇居民人均可支配收入64337元，增长6.9%；农村居民人均可支配收入34228元，增长9.2%。社会消费品零售总额281.75亿元，增长8.4%。全县财政总收入66.48亿元，增长22.7%，其中一般公共预算收入40.87亿元，增长14.3%；税收收入34.61亿元，增长12.1%。一般公共预算支出101.04亿元，增长1.8%。全县财政收支平衡。

【组织财政收入】 提升收入质量。研判经济形势，深入挖掘聚财潜能。2023年，全县一般公共预算收入占地区生产总值的7.2%，占财政总收入的61.5%。其中，税收收入占一般公共预算收入的84.7%。全年非税收入83.22亿元，增长30.2%，其中纳入一般公共预算管理的非税收入6.27亿元，增长28.6%；政府性基金收入76.95亿元。向上争取资金。全年争取上级转移支付资金38.71亿元，落地两直资金13.19亿元；争取新增专项债券额度27.85亿元，一般债券额度3.00亿元；争取新一轮绿色转化财政专项激励资金3.00亿元。资源高效盘活。完成线性工程矿产品处置拍卖价格初审14个，催缴矿产品处置款上缴财政专户1.87亿元。

【助力经济发展】 支持数字经济创新提质“一号发展工程”，全年科技支出4.03亿元，增长15.9%。支持引进之江实验室科技成果转化应用中心等科创平台，加快人工智能与先进制造研究院成果转化，支持新增高新技术企业40家、省科技型中小企业100家、省科技小巨人1家。支持营商环境优化提升“一号改革工程”，用好“惠企直通车”，实现奖补早兑快兑、快发快达，全年兑现企业奖补资金4.96亿元。创新商会合作模式，推出政策宣讲会、“周三惠企服务日”，“一对一”辅导等惠企服务，惠及企业逾500家。提升政府采购服务水平，实现全程无纸化投标（响应），中小企业中标（成交）项目金额占政府采购总金额的98.2%。落实“8+4”经济政策体系。安排县级“8+4”政策资金9.62亿元，争取省级“8+4”政策资金11.67亿元，保障重点项目建设。

【推进共同富裕】 支持走宽特色产业富农路。制定1项农业农村新动能综合政策，永嘉麦饼、茶产业等9项专项扶持政策组成的“1+9”政策体系，提升“三位一体”政策服务功能，投入专项资金270万元支持“三位一体”改革示范县建设。提升重点群体增收能力。2023年为104家企业发放春节留岗补助、一次性扩岗补助、一次性留工培训补助32万元；推进失业保险稳岗返还229家企业107万元；发放技能提升补贴130万元；发放就业补贴868万元，实习生活补贴、住宿补贴等31万元。构建“共富型”医疗保障体系。困难群众资助参保率、医疗救助政策落实率和高额医疗费用化解率100.0%。“温州益康保”总参保人数44万人，参保率54.7%，2023年财政补助247万元。

【保障民生事业】 2023年，全县民生支出79.53亿元，增长

4.2%，占一般公共预算支出的78.8%。保障“健康需求”。全县卫生健康支出9.48亿元。城乡医疗财政补助标准提高至每人每年1070元。为道路交通事故受害人拨付救助基金634万元。提升社保水平。全县社会保障和就业支出18.00亿元，增长37.5%。城乡居民基础养老金提高至每人每年3960元；最低生活保障水平提高至每人每月1110元；困难残疾人生活补贴提高至每人每月333元。打造“学在永嘉”。全县教育支出25.54亿元，增长7.8%，支持新改扩建中小学、幼儿园20所，新增学位4580个，公办园在园幼儿覆盖面提升11个百分点。推进文化强县。全县文化体育和旅游支出1.89亿元。推进全县文化产业发展实施方案编制，获专项激励3000万元；争取专项补助1878万元，支持县文化馆、博物馆改造提升。支持新增“15分钟品质文化生活圈”42个，体育场地16万平方米。

【深化财政改革】 推进预算管理制度改革。以零基预算与综合预算相结合的方式编制年度预算，构建预算支出标准体系，全县压减非刚性、非重点项目支出289项，压减资金9.30亿元。推进财政数字化改革。升级预算管理一体化系统，迭代预算指标核算管理体系，实时记录预算指标的增减、来源和状态，全年产生预算指标核算凭证71万余条、明细记录142万余条。实现跨年度退款业务全流程线上操作，实现资产云和预算管理一体化系统多跨协同，资产管理业务全面融入一体化系统。

【加强财政监管】 强化绩效管理。完成绩效自评项目复核112个、重点项目评价11个、部门整体绩效评价4个、下级政府绩效评价2个，构建部门、乡镇街道整体支出评价体系。加强政府投资项目资金管理。全年办理结算项目768个，送审金额8.75亿元，净核减1.02亿元，核减率11.7%。加强财会监督。开展“财会监督年”活动，组织开展专项检查16项，整改收回固定资产处置资金、预算单位沉淀资金、国有资产出租收入等。优化资产管理。创新实现虚拟公物仓线上审批与管理，盘活自动化设备、家具等资产63件，账面原值25万元。上线国资国企线上智慧监管平台，全流程掌握国有企业资产底数。

【防范财政风险】 防范资金运行风险。完善“三保”预算安排事前审核、执行约束和监督监控机制，做好库款调度和监测。推进公款竞争性存放，全年完成县级财政专户资金竞争性存放38.00亿元。防范化解债务风险。优化政府债务系统与全口径债务监测平台月报制度，实现政府债务动态管理，超额完成年度化债任务。防范社保基金风险。完成社保基金省级统筹责任分担额上解及市级统筹工作，建立风险防范处置预警机制，摸清参保底数，落实筹资责任。

【打造财政铁军】 加强党的建设。打造“财惠永嘉”党建品牌，开展“立足岗位作贡献”活动，设立党员示范岗23个、党员责任区5个，组建党员突击队5支，开展党员志愿服务13次。建设清廉财政。制定党风廉政建设工作要点、机关党建及全面从严治党工作考核细则等文件5个，开展正风肃纪专项检查6次，排查岗位廉政风险60个，开展纪律检查6次，完成问题整改8个。执行廉政谈话制度，开展谈话120人次。打造变革型财政组织。举办行政事业单位会计人员等培训，提升干部能力素质。优化干部队伍结构，注重提拔优秀年轻干部，中层正职、副职平均年龄分别降低2.02岁、4.39岁。提升履职能力，办结“七张问题清单”牵头整改问题4个、协调整改问题4个，全年未发生行政诉讼和行政复议案件。

（永嘉县财政局供稿　金　煜执笔）

文成县

【概况】 2023年，文成县实现地区生产总值136.81亿元，按不变价格计算，较上年增长6.4%。其中，第一产业增加值10.69亿元，增长4.5%；第二产业增加值33.73亿元，增长5.4%；第三产业增加值92.39亿元，增长7.0%。三次产业结构比为7.8∶24.7∶67.5。按常住人口计算，人均生产总值47013元，增长5.6%。全年完成固定资产投资78.72亿元，增长10.0%；全县社会消费品零售总额62.10亿元，增长19.8%；全县外贸进出口总额9.92亿元，增长7.3%；其中，进口总额3.91亿元，增长55.3%，出口总额6.01亿元，下降10.6%。全县居民人均可支配收入37921元，增长5.4%。其中，城镇居民人均可支配收入52216元，增长3.8%；农村居民人均可支配收入26190元，增长7.3%，城乡居民收入倍差缩小至2以内。全县完成财政总收入17.16亿元，增长3.2%。其中，一般公共预算收入11.47亿元，增长6.5%，税收收入7.36亿元，增长0.5%；一般公共预算支出53.98亿元，增长6.7%。全县财政收支平衡。

【组织财政收入】 加大挖潜增收。强化多部门联动协作，总部经济企业入库税收8.02亿元，拓宽河道疏浚、土地出让等资产盘活增收渠道。2023年，全县一般公共预算收入占地区生产总值的8.3%、占财政总收入的66.8%；其中，税收收入占一般公共预算收入的64.2%。加强非税征管。深化政府非税收入收缴电子化改革，全年通过统一公共支付平台发生收缴业务21万笔，执收金额5.51亿元。全年完成非税收入12.54亿元，下降31.9%，其中纳入一般公共预算管理的非税收入4.11亿元，增长19.3%；政府性基金收入8.33亿元（另有基金调入收入10.61亿元）。向上争取资金。全年向上争取资金20.03亿元，其中直达资金6.37亿元，转移支付资金13.66亿元；新增政府债券额度21.72亿元，其中专项债券额度16.72亿元，一般债券额度5.00亿元。

【保障三个“一号工程”】 支持数字经济创新提质“一号发展工程”，全年下达资金2700万元，重点支持企业创新发展、提档升级、节能改造、智能制造、企业上云、两化融合示范试点。支持营商环境优化提升"一号改革工程",实现惠企政策直达快享,全年兑现惠企资金1.62亿元。推进政府采购服务增值化改革,中小微企业采购合同金额5.46亿元。安排"文享生活"消费券投放活动资金800万元,促进汽车消费优化升级,推动工贸企业联动直销活动,带动消费7333万元。支持"地瓜经济"提能升级"一号开放工程",支持总部经济招引,全年引入总部经济企业33家,全县总部经济企业合计288家。落实"8+4"经济政策体系,科学设置政策责任分解清单,全年获"8+4"省级转移支付资金8大类资金8.00亿元,县本级统筹2.10亿元,重点保障交通路网体系和基础配套设施升级、诗路文化带和大花园建设等重点工作。

【推进共同富裕】 统筹安排涉农资金3.98亿元,支持农业发展、乡村振兴、推进脱贫攻坚成果与乡村振兴有效衔接、水利建设和发展、高标准农田建设、土地整治等工作。获省财政区域协调财政专项激励资金1.20亿元,其中安排2106万元支持"共富文成—产村融合"示范片区项目,子项目"云江共富鱼"通过鲜鱼产业创业平台,直接带动农民就业约200人,年人均增收约5000元。开展村级公益事业建设"一事一议"财政奖补,完成44个"一事一议"财政奖补项目前期勘察及预算编制工作,项目总投资3725万元,财政补助2828万元。

【保障民生事业】 2023年,全县民生支出41.33亿元,占一般公共预算支出的76.6%。支持卫生健康事业发展。卫生健康支出3.97亿元,县人民医院顺利搬迁投用,新增应急救护培训基地7个。支持教育事业发展。教育支出9.61亿元,增长10.8%,创成省级现代化学校4所,投用职业高级中学、实验三中,竣工验收启智实验学校,设立华侨实验中学,创成国家学前教育普及普惠县。支持社保事业发展。社会保障支出10.09亿元,及时发放养老金、失业保险金等社保待遇资金,足额拨付困难群众救助、残疾人两项补贴、优抚专项等资金,保障特困群体基本生活。支持文化惠民事业发展。文化旅游和传媒支出1.46亿元,增长1.4%,开展"文化进万家"活动,新建基层体育场地设施17个、"环浙步道"30公里,"明潮晚市"特色市集入选全省首批重点培育文旅市集,"叶式太极拳非遗百家坊"入选全国"非遗在社区"典型案例。提升城市品质。整合资金2800万元,支持文成南互通及连接线工程基本建成,G322西坑至景宁交界段全线贯通。

【深化财政改革】 推进财政资金保障"跟人走",2023年5月19日,县财政局出台《"钱随人走"制度改革总体方案》,在卫生、教育领域先行试点"钱随人走"制度。推动财政体制改革,出台规范县乡(镇)财政管理体制文件,理顺县乡财力分配关系。推进财政数字化改革,加快预算管理一体化系统建设,整合预算管理全流程,升级完善预算模块功能。推动乡镇财政管理改革,深化"浙里基财智控"应用运行,实现乡镇全覆盖,持续推动"乡镇公共财政服务平台+一卡通"建设,实现"浙里办"App随时同步查询。

【强化财政监管】 加强财会监督。开展"财会监督年"活动,推行"财政+巡察"联动模式。联动县委巡察办对部门财务情况及资金重点内容进行巡察、监督检查,发现14类29个问题,全部完成整改。加强预算绩效管理。在全县组织开展绩效自评,绩效自评上报项目706个,涉及金额28.76亿元,实现资金全覆盖;对50个专项资金项目实施复核评价,涉及财政资金10.11亿元,评价结果优良以上占比96.9%。加强国库集中支付管理。扩大国库集中支付资金范围,全年国库集中支付资金66.62亿元。

【优化队伍建设】 开展学习贯彻习近平新时代中国特色社会主义思想主题教育。实施班子领导带头学,支部党员深入学,青年干部专题学,全年开展局党委会议、党委理论学习中心组集中学习40次,赴黄坦镇等地开展"循迹溯源学思想促践行"活动。深化清廉财政建设。落实党风廉建工作,将清廉财政纳入对科室、干部考核,抓实"三不腐"能力体系建设,净化政治生态。加快变革重塑。优化干部队伍结构,储备高层次复合型人才,规范干部选任工作,畅通晋升通道,坚持"德才兼备、以德为先"选人标准,选拔使用优秀年轻干部。

(文成县财政局供稿　周一琦执笔)

平阳县

【概况】 2023年,平阳县实现地区生产总值711.81亿元,按可比价格计算,增长7.9%。其中,第一、二、三产业增加值分别为23.84亿元、335.74亿元、352.24亿元,分别增长5.6%、7.1%、8.9%。三次产业结构比为3.3∶47.2∶49.5。按常住人口计算,人均生产总值81959元,增长9.8%。固定资产投资327.69亿元,增长12.5%。社会消费品零售总额301.64亿元,增长8.2%。外贸进出口总额153.17亿元,增长1.4%。城镇常住居民人均可支配收入65787元,增长7.1%;农村常住居民人均可支配收入35097元,增长8.9%。全县财政总收入66.75亿元,增长12.6%。一般公共预算收入40.03亿元,增长9.0%,其中税收收入32.03亿元,增长12.9%。一般公共预算支出97.71亿元,增长7.8%。全年财政收支平衡。

【加强收支平衡】 强化收入组织。建立收入信息交互机制,加强财税、金融、自然资源等部门沟通研判,关注重点收入变化、及时会商研究对策,确保量质齐升。2023年,全县一般公共预算收入占地区生产总值的5.6%、占财政总收入的60.0%,税收收入占一般公共预算收入的80.0%。加大国有资源资产和存量资产等盘活力度,开展零星采矿权、停车位经营权、土地出让等资产盘活行动。全年实现政府非税收入75.75亿元,增加7.9%,其中纳入一般公共预算管理的非税收入8.00亿元,下降4.3%。向上争取资金。出台部门向上争取项目资金激励办法,全年争取各类转移支付42.12亿元,争取并发行政府债券21.75亿元,其中专项债券18.75亿元，一般债券3.00亿元。强化支出管理。树立党政机关习惯过“紧日子”思想，压减一般性支出1675万元，“三公”经费只减不增，把牢预算编制关口，压缩展会等宣传经费。健全收支研判机制和库款调度机制，滚动评估运行风险，兜牢“三保”底线。

【服务经济发展】 支持数字经济创新提质“一号发展工程”，全县财政科技支出2.04亿元，增长15.1%，超过财政支出平均增幅7.3个百分点。支持建成上海大学理学院平阳技术转移中心等技术转移机构3个。设立规模20.00亿元产业发展引导基金，助力产业转型升级。支持营商环境优化提升“一号改革工程”，依托惠企直通车平台，优化兑现流程，实现惠企政策直达快享，全年兑现惠企资金6.33亿元。推进政府采购服务增值化改革，通过预留采购包等形式提高中小企业合同份额，全县政府采购金额规模23.53亿元，其中中小企业金额占比95.2%；提高价格评审优惠幅度，小微企业报价给予10.0%~20.0%价格扣除，履约保证金由10.0%降至1.0%。支持“地瓜经济”提能升级“一号开放工程”，落实“8+4”经济政策体系，安排县级“8+4”政策资金8.06亿元，重点用于扩大有效投资等领域。统筹各类资金逾90.00亿元保障重点项目建设，做好项目谋划、开工建设、运营管理全周期财政服务。支持企业赴境外投资，实施超常规激励内外资招引行动，加大基金招商力度，推动优质平商回归。

【推进共同富裕】 拓宽增收致富途径。投入资金2932万元支持村集体经济发展，实施21个“折股量化”（农村集体经济组织经营性和资源性资产按照一定标准量化为股份，分配给组织成员，享有集体资产收益）及“飞地抱团”项目，通过完善“村集体+农户+企业”紧密型利益联结模式，盘活农村土地、厂房等资源，持续做大畜牧养殖、农产品加工等行业。打造共富试点示范村。争取省级“一事一议”财政奖补支持打造共富乡村试点资金2000万元、市级“未来乡村”共建共享平台试点资金709万元，做强联城村吴兰鹤居小镇、珍岙村农副产品及来料加工集聚点、青街乡畲乡茶韵共富园、岭根村“云水谣”民宿等共富项目，带动乡村产业发展和农户增收。

【增进民生福祉】 2023年，全县民生支出79.04亿元，占一般公共预算支出的80.9%。支持“学在平阳”品牌建设。安排教育支出21.40亿元推进教育综合改革。投入资金8500万元支持学前教育发展，全县公办幼儿园在园幼儿覆盖面提升至59.4%；统筹资金6766万元促进民办义务教育规范化发展。推动医疗能力提升。安排卫生健康支出11.14亿元。投入资金3.81亿元支持妇幼保健院及公共卫生大楼、基层医疗机构标准化建设等医疗基础设施提升工程。投入资金1.44亿元，支持提升县域高质量医疗服务能力，满足多样化、个性化医疗健康需求。健全社会保障体系。安排社会保障和就业支出16.30亿元。保障各项基本养老保险待遇按时足额发放，企业职工养老保险月人均待遇提高至2950元，城乡居保基础养老金标准每人每月提高至330元，城乡居民养老保险月人均待遇418元。支持乡村振兴。安排农林水支出13.16亿元，增长43.9%。通过整合现代农业产业（种业）园等21个项目，争取2023年省绿色转化财政专项激励资金1.00亿元，打通生态治理和乡村振兴转化渠道。

【深化财政改革】 健全预算绩效全生命周期管理。通过事前绩效评估、事中运行监控，核减、调整预算9.65亿元；通过事后绩效评价结果综合运用，精简、合并、取消2024年预算项目48个，节约资金2.66亿元。重塑项目投融资决策机制。设立平阳县投融资项目评审中心，加强政府重大投资项目投融资管理，拟订全县政府投资项目融资初步方案，指导政府和国有企业项目投融资业务，开展政府投资项目财政造价审核工作。

【加强财政监管】 开展“财会监督年”活动。组织开展财经纪律重点问题专项检查、涉企补贴资金专项检查、会计信息质量检查、乡镇综合检查等工作，构建多跨协同大监督格局。开展资产管理专项复查工作，30个预算单位发现并整改问题22个，收缴国有资产处置收入5万元。加强部门绩效监督合力。协同平阳县人大对5个县政府组成部门及其主要负责人进行年度综合履职评议，督促相关单位加强绩效管理，提高资金使用效益。加强政府投资项目审核。严控超标准建设，全年审核投资估算、结算备案666个，节约政府投资金额8.84亿元。

【加强队伍建设】 贯彻落实习近平总书记考察浙江重要讲话精神，开展学习贯彻习近平新时代中国特色社会主义思想主题教育，全年开展理论中心组学习16次，“书记讲党课”7次，党小组学习62次，主题党日活动38次。加强清廉财政建设，落实岗位廉政风险排查制度，常态化排查风险、措施、责任“三张清单”。加强干部梯队培养和素质提升，组织财政干部靶向帮扶青街乡东坑村、九岱村、下村，助力畲香茶园、特色村寨建设。全年考察谈话56人次，激励干部担当作为。

（平阳县财政局供稿　林慧庆执笔）

泰顺县

【概况】 2023年，泰顺县实现地区生产总值157.59亿元，按可比价格计算，较上年增长7.8%。其中：第一产业增加值11.05亿元，增长4.5%；第二产业增加值60.10亿元，增长12.6%；第三产业增加值86.44亿元，增长5.4%。三次产业结构比为7.0∶38.1∶54.9。全年实现社会消费品零售总额71.87亿元，增长8.6%。按户籍人口计算，人均生产总值42986元，增长8.5%。城镇常住居民人均可支配收入52696元，增长7.2%；农村常住居民人均可支配收入26603元，增长9.1%。全县财政总收入27.35亿元，增长5.5%。一般公共预算收入16.02亿元，增长6.1%，其中税收收入

12.68亿元,增长8.4%。一般公共预算支出61.57亿元,增长3.1%。全县财政收支平衡。

【组织财政收入】 强化收入分析。研判财政经济形势,加强收入情况分析。强化财税部门协调配合,完善税收征管责任机制,聚焦重点税源、重点企业、重大项目跟踪服务、挖潜增收,保障收入均衡入库和稳定增长。2023年,全县一般公共预算收入占地区生产总值的10.2%,占财政总收入的58.6%;其中,税收收入占一般公共预算收入的79.2%。组织非税收入。执行政府非税收入管理制度,加强行政事业性收费和政府性基金等政府非税收入项目管理,全年组织政府非税收入18.89亿元,增长28.9%,其中纳入一般公共预算管理的非税收入3.34亿元,下降2.1%。

【支持经济发展】 支持数字经济创新提质"一号发展工程"。投入科技支出5554万元,优化创新创业环境,支持泰顺籍人才回归计划,完善人才政策,激发引才育才内生动力。聚焦泰顺特色产业,出台电商、文旅、酒水、蓝莓、油茶等专项产业扶持政策,修订产业政策奖补资金管理办法,兑现各类扶工兴贸奖励资金4.35亿元。支持营商环境优化提升"一号改革工程"。持续优化"政采云"平台功能,运用不见面开评标、远程异地评审系统,实现采购项目实现全流程电子化。完善直达资金管理机制,制定直达资金分配方案,加强使用情况跟踪监控,全年拨付直达资金7.27亿元,支付进度100.0%。落实"8+4"经济政策体系。安排"8+4"政策资金7.27亿元,支持水利建设、交通运输等。统筹债券资金13.33亿元,支持235国道泰顺段改建、城乡基础设施建设等急需项目,支持新城南部产业园配套建设、茶产业现代化提升和污水收集处理等重大项目实施。

【推进共同富裕】 全年农林水支出7.00亿元,推进"一事一议"财政奖补项目、扶持村集体经济发展项目建设,促进农民增收致富,其中低收入农户家庭人均收入增长15%。至2023年年底,278个村村级集体经济实现总收入35万元以上且经营性收入15万元以上。入围新一轮区域协调财政专项激励政策的县(市、区)第一档,获区域协调财政专项激励资金1.50亿元,支持村级集体经济发展"三百行动"和数字赋农"搬富通"两大计划,推动"共富搬迁"在泰顺迭代升级。

【保障民生事业】 2023年,全县民生支出49.65亿元,占一般公共预算支出的80.6%。支持医疗惠民事业。卫生健康支出6.16亿元,深化县域医共体建设,推进公立医院综合改革;支持县妇幼保健院投用,县中医院晋级二级甲,泰顺县创成省级健康县。支持教育事业发展。教育支出8.11亿元,完成北辰学校等项目建设6个,支持县内首家民办转公办幼儿园开园,新增学位3790个,新建学校食堂4个,实现县城中小学在校午餐全覆盖。提高社会保障水平。社会保障和就业支出9.21亿元,城乡居民最低生活保障标准提高至每人每月1110元,城乡居民基础养老金县级补助标准提高至每人每月330元,城乡居民医疗保障财政补助标准提高至每人每月1080元。支持老年友好社区建设,新改建居民养老服务照料中心8家、老年食堂16家,支持泗溪镇西地村创成全国示范性老年友好社区。支持文旅事业发展。文化旅游体育与传媒支出1.70亿元,支持全域旅游发展,助力"泰有艺市"入选全省首批重点培育文旅市集,农文旅融合助推乡村振兴入选世界旅游联盟案例,支持创成中国康养旅游名县、全省文旅融合高质量发展十佳县。

【推进财政改革】 深化零基预算管理改革。强化预算支出标准化建设,建立公用经费支出标准和规范列支指引,压实预算单位主体责任,规范资金支付行为。推进预算绩效管理。实现预算项目评价和乡镇、部门整体评价全覆盖,其中绩效评价预算项目104个,涉及财政资金9.50亿元。推动财政数字化改革。完成全县19个乡镇"浙里基财智控"平台上线,统筹做好与其他平台衔接,提升乡镇财政监管数字化水平。深化国企国资改革。推进县旅游发展公司、县石产业发展公司提级及实体化运作,指导拟定公司优化方案,优化国有资本布局;助力公用事业一体化改革,指导县水务集团做好资产审核、划转工作;完善法人治理结构,优化薪酬考核激励机制。

【强化财政监督】 推进财会监督。开展"财会监督年"行动,出台专项行动实施方案,加强人大、司法、审计等专业监督联动,运用焦点关注、专项督导、全面统筹"点线面"监督方式,构建部门各司其职、各类监督贯通协同的监督体系。防范资金运行风险。强化库款运行监测,化解暂付款存量,合理控制库款规模,提高库款保障水平;制定泰顺县财政资金竞争性存放实施方案。强化重点领域监管。加强政府投资项目监管,全年审核政府投资项目207个,净核减金额1.22亿元,核减率8.0%;政府采购预算3.71亿元,实际采购3.40亿元,节约资金3100万元,资金节约率8.4%。防范债务风险。落实偿债资金来源,按时足额还本付息,避免出现偿付风险。提升地方可用财力,保持债务风险等级,债务风险安全可控。

【加强队伍建设】 开展学习贯彻习近平新时代中国特色社会主义思想主题教育。学习习近平总书记考察浙江重要讲话精神,举办"循迹溯源学思想促践行""一把手上党课"活动,开展追寻红色记忆教育活动。推进清廉财政建设。建设财政党建展厅,打造"清廉书画长廊"党建阵地,县财政局获评2023年县级"五星"清廉单元示范点,连续3年获评县"清廉机关""模范机关"双示范单位荣誉称号。加强财政文化建设。举办"财青思享汇"活动,开展财政干部业务培训,推进网络课堂学习。组织义务植树、乒乓球比赛等活动。

(泰顺县财政局供稿 苏景润执笔)

苍南县

【概况】 2023年，苍南县实现地区生产总值471.92亿元，按不变价格计算，较上年增长8.0%。其中：第一产业增加值31.92亿元，增长5.1%；第二产业增加值185.09亿元，增长11.4%；第三产业增加值254.91亿元，增长6.4%。三次产业结构比为6.8∶39.2∶54.0。按常住人口计算，人均生产总值55651元，增长7.8%。社会消费品零售总额288.91亿元，增长7.8%。进出口总额39.12亿元，增长15.4%。城镇居民人均可支配收入61292元，农村居民人均可支配收入33064元，分别增长6.7%、9.0%。全县财政总收入53.20亿元，增长12.9%，其中一般公共预算收入32.79亿元，增长8.3%；税收收入24.05亿元，增长8.8%。全县一般公共预算支出100.80亿元，增长12.9%。全年财政收支平衡。

【组织财政收入】 统筹开源节流。坚持县乡联动、财税协同、部门协作，强化收支运行分析、监测和研判，盘活国有资产、存量资金。2023年，全县一般公共预算收入占地区生产总值的6.9%，占财政总收入的61.6%；税收收入占一般公共预算收入的73.3%。落实党政机关习惯过"紧日子"，全县压减非刚性、非重点支出1.80亿元。加强非税收入管理。全县非税收入67.88亿元，增长28.0%，其中纳入一般公共预算管理的非税收入8.74亿元，增长7.2%。向上争取资金。对接上级财政政策，谋划推进建设项目和改革试点，全年争取上级转移支付资金41.70亿元。

【支持经济发展】 支持数字经济创新提质"一号发展工程"，全年科技支出1.41亿元。支持科创平台提能造峰、关键核心技术攻坚突破等科技创新"六大行动"，规上工业研发费用投入增长20.2%。支持营商环境优化提升"一号改革工程"，延续和优化实施稳经济一揽子措施及减税降费政策，全年办理增值税留抵退减收2.66亿元。提升涉企奖补资金审批效率，全年兑现各类惠企财政奖补资金1.11亿元，惠及企业752家；发挥融资担保作用，新增政银担业务7.94亿元，惠及183户中小微企业，平均担保费率降至0.6%。投入财政资金3818万元用于发放消费券，支持零售、住宿、餐饮、汽车等经营实体。发挥政府采购支持中小企业作用，中小企业政府采购合同金额占总金额的99.4%，合作银行"政采贷"授信金额1.07亿元，放款金额2842万元。支持"地瓜经济"提能升级"一号开放工程"，支持苍商回归、总部回归、招引贸易回归企业35家。落实"8+4"经济政策体系，拨付省级和本级资金"8+4"政策资金21.24亿元，助力稳主体、扩投资、促消费。

【推进共同富裕】 入选2023年全省第一批百万家庭奔富行动培育县创建名单；入围制造业高质量发展结对促共富省级试点，获财政奖补1000万元。持续推进完善家庭型财税政策支持扩中家庭增收致富，制定苍南县财金助力扩中家庭项目试点推进方案，推进扩中目标家庭合同授信3101户，用信余额3.18亿元。出台苍南县"一事一议"财政奖补助推共同富裕项目资金管理办法，争取省级财政资金8360万元，推进灵溪宕顶村、霞关库下村等5个村项目建设。出台帮扶特殊群体推进共同富裕若干意见，安排财政资金43万元，带动建成乡镇级助联体7家，实现产业帮扶1388人次；促进就业439人次，平均月收入1910元。

【提升民生福祉】 2023年，全县民生支出82.06亿元，增长16.4%，占一般公共预算支出的81.4%。支持教育事业发展。安排教育支出21.31亿元，占一般公共预算支出的21.1%，支持苍南县第三职业学校创建，新增学前公办学位7400个，入选全国家校（园）共育数字化项目示范区，推进基础教育普及普惠、职业教育达标增效发展。加强卫生健康保障。安排卫生健康支出10.19亿元。投入资金3.49亿元支持建成投用马站镇卫生院等公共卫生项目13个。支持提高城乡居民基本医疗保障财政补助标准，居民医保补助标准提高至每人每年1590元，其中财政补助1070元。健全社会保障体系。安排社会保障和就业支出19.35亿元。基础养老金标准提高至每人每月315元，全年提标增支8476万元，增长15.0%；最低生活保障标准提高至每人每月1110元，提标增支1972万元，增长11.0%；特困人员供养标准提高至每人每月1442元，提标增支350万元，增长10.0%；失业金待遇领取人数增加3265人，增支680万元，增长12.0%。

【深化财政改革】 推进预算绩效管理改革。起草全面实施县本级零基预算管理改革等方案，将零基预算改革与2024年部门预算编制充分结合，重塑"能增能减""有保有压"动态分配机制。强化国资管理改革。优化重组6大县属国企，新增混合所有制企业12家，制定国资国企改革发展具体措施5方面19条、监管制度25项，按业务板块形成县国有企业股权谱系，入选全省破解"地方国资国企高质量发展面临瓶颈问题"揭榜挂帅单位。

【强化财政监管】 提升资金使用效益。实施财政资金直达机制，全年支出直达资金10.99亿元。完成财政资金竞争性存放线上招标工作，中标资金11.70亿元，实现增值收益3929万元。受理完成政府性投资建设项目66个，核减造价金额2.50亿元，核减率9.3%。完成政府采购金额9.62亿元，节省资金5600万元，节约率5.5%。加强财会监督。开展"财会监督年"活动，出台加强财会监督工作实施方案，贯通监督融合体系。全年开展专项监督检查12个，检查单位95家；开展绩效复核、重点绩效评价、整体绩效评价项目77个，覆盖69个部门（乡镇）和4家国有企业，涉及资金21.70亿元。强化国资国企监管。完成企业国有资产统计报表编制，落实国有企业用工编制总数与员工年度工资基数总额"双管控"机制，完善绩效考评指标体系。强化国有企业采购监管，全县国有企业开展采购207宗、涉及金额2.56

亿元。

【加强队伍建设】 加强机关党建。开展学习贯彻习近平新时代中国特色社会主义思想主题教育,开展专题培训学习9次、指导基层联系点4个,解决发展民生问题10件。推进清廉财政建设,压实“一岗双责”,签订科室党风廉政建设责任书18份。加强干部队伍建设。修订县财政局科室考绩办法和全员绩效考核实施办法,举办财政干部综合能力提升等培训,组织干部通过行政执法证考试,开展“师徒结对”活动,推出岗位业务指引汇编、财政题库期刊。提升履职能力。承办人大建议、政协提案76件,面商率、解决率、回访率均100.0%。推进财政档案数字化建设,获评2023年度省级规范化数字档案室。撰写专报等材料323篇,获党委政务、主流媒体和省市财政期刊等录用122篇,为党委、政府提供决策参考。

(苍南县财政局供稿 游福友执笔)

龙港市

【概况】 2023年,龙港市实现地区生产总值409.49亿元,按可比价格计算,较上年增长8.7%。其中:第一产业增加值9.69亿元,增长4.2%;第二产业增加值173.07亿元,增长7.4%;第三产业增加值226.73亿元,增长10.0%。三次产业结构比为2.4∶42.3∶55.3。按常住人口计算,全市人均地区生产总值87034元,增长8.2%。城镇居民人均可支配收入68801元,增长7.0%;农村居民人均可支配收入38425元,增长8.6%。全年固定资产投资增长30.6%。全年社会消费品零售总额167.34亿元,增长8.4%。全年货物进出口总额86.81亿元,增长13.2%。其中进口5.56亿元,增长97.3%;出口81.25亿元,增长10.0%。全市财政总收入31.50亿元,与上年基本持平。一般公共预算收入20.47亿元,下降10.7%,其中税收收入14.60亿元,增长3.9%。一般公共预算支出39.23亿元,增长3.2%。全年财政收支平衡。

【组织财政收入】 强化收入管理。加强财源收入建设、强化税收征管机制、统筹财政资源,夯实财政收入增收提质基础。2023年,全市一般公共预算收入占地区生产总值的5.0%,占财政总收入的65.0%;其中,税收收入占一般公共预算收入的71.3%。加强非税收入管理。全市完成非税收入62.22亿元,增长63.3%,其中纳入一般公共预算管理的非税收入5.87亿元。向上争取资金。密切关注政策动向,紧盯资金争取空间,全年争取上级转移支付资金16.17亿元;聚焦专项债、特别国债重点支持领域,结合本地实际需求与发展规划,获批地方政府债券额度16.12亿元,其中,一般债券额度1.00亿元,专项债券额度15.12亿元;争取特别国债2.68亿元。

【助力经济发展】 支持数字经济创新提质“一号发展工程”,加大科技创新投入力度,全年科技支出5998万元,增长15.0%,助力科技企业“双倍增”“双迈进”行动,全市新增国家专精特新“小巨人”企业1家、省创新型中小型企业89家,高新技术企业35家、省科技型企业187家。支持营商环境优化提升“一号改革工程”,出台龙港市产业政策奖补资金兑现管理办法,兑现政策奖补资金3.72亿元,为企业降本减负9.34亿元。加快直达资金使用,全年直达资金6.30亿元,分配率和支出进度均为100.0%。提高政府采购面向中小企业预算预留比例,全年政府采购授予中小企业合同金额3.02亿元,占比95.3%。持续加强国有企业市场化融资能力,完成国有企业融资授信258.00亿元,到位资金138.00亿元。支持“地瓜经济”提能升级“一号开放工程”。安排资金195万元支持龙港数字贸易平台建设。安排资金2344万元支持打造温州海关龙港办公区,安排资金350万元支持招商引资工作,安排资金2800万用于重大招引项目开工奖励。落实“8+4”经济政策财政资金,全年支付资金7.61亿元,保障全市重大工程建设。统筹项目资金23.00亿元,保障芦浦互通项目、世纪大道改造工程等交通重大工程建设;投入资金1.50亿元支持肥艚渔港经济区基础设施建设。

【推进共同富裕】 支持家庭奔富。牵头制定《龙港市百万家庭奔富三年行动计划(2023—2025年)》,助推低收入家庭迈入中等收入行列。支持公积金共富。继续做好省家庭住房保障政策(公积金共富政策)试点工作,深化龙港市集体经济组织成员建缴住房公积金试点工作实施方案,提升财政配缴额度,扩大财政配缴对象的范围,新增建缴社员5882人,正常缴存人数4656人,享受财政补助配缴233人,配缴金额13万元。支持乡村同富。统筹财政资金1.91亿元,支持乡村振兴精准扶贫示范、城乡一体化乡村振兴共同富裕示范、新时代美丽乡村创建等项目建设。支持就业促富。落实就业补助经费1983万元,支持开展专场招聘会、就业辅导会、业务推进会,推进低收入群体就业帮扶。

【保障民生事业】 2023年,全市民生支出31.92亿元,占一般公共预算支出的81.4%。助推教育事业稳步发展。全年教育支出10.62亿元,增长6.2%。安排资金10.00亿元支持新建学校8所、改扩建中小学校13所等。投入教育装备经费2705万元,提升办学水平。投入义务教育营养改善计划资金338万元,改善学生就餐条件。推进医疗水平提档升级。全年卫生健康支出4.03亿元,与上年基本持平。统筹资金6.00亿元支持龙港市人民医院工程项目、卫生基层医养项目、康养中心等医疗基础设施建设。投入资金321万元支持建设智慧健康站,实现医疗服务和健康管理智慧化。投入资金750万元支持龙港市人民医院ICU病房建设,提高危重患者救护成功率。健全社会保障体系。社会保障和就业支出7.32亿元,增长17.1%。发放重度残疾人护理补贴及困难残疾人生活补贴2005万元,保障残疾人基本生活。面向高校毕业生等青年群体开展创业指导、创业沙龙等活动。提升城乡居民生活品质。城乡社区支出2.42亿元,增长7.2%。投入资金3000万元建设城乡社区公共设施，投入资金1714万元开展城乡社区环境卫生工作。推动农业发展与生态保护共融。全年农林水支出3.05亿元，重点用于渔业生产发展、水利建设与发展、江南垟平原骨干排涝工程等项目。

【深化财政改革】 加快财政数字化改革。加大"浙里报账"试点推广，全年85家单位报销18813笔，金额1.21亿元。推动财政票据电子化应用，构建新型财政电子票据管理体系，全年开具财政电子票据292万份，金额81.86亿元。推进财政绩效改革。以提升绩效评价质量为抓手，健全各环节工作机制，全年完成绩效自评项目722个，重点绩效评价项目14个，涉及重点项目资金3.65亿元。推进政府购买服务改革。打造政府购买服务闭环监督应用，全年各预算单位购买服务项目188项，实际支付资金1.42亿元。深化国有企业改革。调整国企经济布局，发挥国企投融资能力，提升国企市场化、专业化管理运营水平。

【强化财政监督】 加强项目审核。加强建设工程预结算审核，全年完成龙港市滨海康养中心等项目审查83个，送审资金37.37亿元，审减资金2.46亿元，平均审减率6.6%。加强财会监督。开展"财会监督年"活动，推进涉企补贴补助资金等专项检查，"掌上执法"检查覆盖率100.0%。防范财政风险。上线债务管理信息系统，开展债务自查及整改5次，全过程监控政府债务"借、用、还"。健全库款调度制度，科学评估运行风险，全面防控"三保"风险。

【加强队伍建设】 加强清廉财政建设。出台推进清廉财政建设的实施方案，充分运用"四种形态"，开展廉政谈话逾120人次，排查岗位风险点31个，制定防控措施。开展"财廉说"主题活动，营造崇廉、尚廉、倡廉、守廉的廉政教育氛围。组织开展监察法学习，组织观看正风肃纪警示片，定期开展警示教育。获评2023年度龙港市全面从严治党主体责任考核优秀单位。强化学习氛围。组织干部职工利用学习强国、龙港在线、亲清政商云学堂等资源，加强理论学习。成立青年学习小组，设立青年学习日，每季度评选青年学习标兵。

（龙港市财政局供稿　陈晓慧执笔）

湖州市财政工作

湖州市

【概况】 2023年，湖州市实现地区生产总值4015.09亿元，按可比价格计算，较上年增长5.8%。其中：第一产业增加值158.88亿元，增长5.0%；第二产业增加值1978.68亿元，增长4.5%；第三产业增加值1877.53亿元，增长7.1%。三次产业结构比为4.0∶49.3∶46.7。按户籍人口计算，全市人均生产总值117195元。农林牧渔业总产值278.73亿元，增长5.1%。全市规上工业增长4.6%，服务业增长7.1%，固定资产投资增长10.4%，社会消费品零售总额增长7.1%。全年货物进出口总额1618.79亿元，下降0.6%。全市居民人均可支配收入63972元，增长5.6%；城镇居民人均可支配收入74400元，增长4.7%；农村居民人均可支配收入47455元，增长7.6%。城乡居民收入倍差1.57，较上年缩小0.04。全市财政总收入696.60亿元，增长3.3%。全市一般公共预算收入410.50亿元，增长6.0%。全市一般公共预算支出606.97亿元，增长0.8%。市级[1]财政总收入283.31亿元，增长1.6%。市级一般公共预算收入173.15亿元，增长6.2%。市级一般公共预算支出285.74亿元，下降1.1%。

【组织财政收入】 抓稳组织收入。健全市县纵向联动、财税横向贯通的收入组织长效机制，合理把握组织收入力度、进度和节奏。2023年，全市一般公共预算收入占地区生产总值的10.2%、占财政总收入的58.9%；其中，税收收入346.49亿元，增长0.9%，占一般公共预算收入的84.4%。挖潜非税收入。加强分行业分领域分析，挖掘非税收入增长潜力，实现非税收入电子化缴库全覆盖。全市完成非税收入634.52亿元，增长2.9%，其中纳入一般公共预算管理的非税收入64.01亿元，增长46.0%。

【服务经济发展】 出台财政强力推进三个“一号工程”实施方案，建立上下联动、高效协同的工作机制。支持数字经济创新提质“一号发展工程”。全市科技创新领域投入财政资金31.01亿元，增长18.1%，实现国家创新型县市域全覆盖。围绕建设现代产业体系，投入工业专项11.33亿元，争取省“4+1”专项首批基金，省新一代信息技术创新产业基金落户湖州。支持营商环境优化提升“一号改革工程”。推进财政政务服务增值化改革，建立“财助营商”品牌，打造一套机制、一组流程、一张清单、一个平台的“四个一”改革闭环，实现财政惠企资金直达快享，全年兑付资金34.02亿元，惠及企业1.6万家次，入选全省营商环境优化提升第一批“最佳实践案例”。落实企业减负政策，全年减轻企业负担213.00亿元。加大政府采购支持中小企业力度，全年中小企业政府采购金额74.04亿元，占政府采购总额的93.0%。指导全市政府性担保机构服务小微企业，实现在保余额64.83亿元，增长25.7%。支持“地瓜经济”提能升级“一号开放工程”。集成财政政策，争取中央、省资金1.04亿元，支持RCEP国家、“一带一路”国家项目合作，《构建完善物流基础设施资金保障体系》《强化项目招引财政政策集成，构建“1+8+7+N”招商引资（智）新体系》入选全省财政系统“一号开放工程”第一批试点。落实“8+4”经济政策体系。全市统筹落实资金234.61亿元，顶格执行“加快推动经济高质量发展56条”财政政策。加大重点项目投资，投入资金13.81亿元，支持实施综合交通专项行动。全市新发行政府债券242.86亿元，拉动投资1265.80亿元，支持如通苏湖城际铁路、湖州职业技术学院新校区等项目建设。

【助力共同富裕】 深化“钱随人走”转移支付制度体系，在基本公共卫生和义务教育领域实现制度变革，推进转移支付资金分配与基本公共服务对象精准挂钩。助力乡村共富，2023年全市土地出让收入用于农业农村比例8.7%，统筹落实乡村振兴专项资金12.47亿元，支持创建组团式和美乡村、打造市级“未来农场”、引进重大乡村产业项目等。争取“一事一议”财政奖补5514万元，支持打造安吉大美古城、南浔鱼米之乡共富示范带等共富乡村试点项目5个。

【助力民生事业】 2023年，全市民生支出447.48亿元，占一般公共预算支出的73.7%。支持稳岗位扩就业。统筹资金落实稳岗政策和提升重点群体职业技能、就业能力，带动新增城镇就业6.9万人。就业、人才发展专项资金安排逾10.00亿元，用于大学生、就业困难人员就业创业和高校毕业生、高层次人才、技能人才安家、租房和购房补助。支持教育事业发展。全市教育支出110.00亿元，增长4.8%。其中，统筹资金23.86亿元支持新建和

湖州市太湖实验室公共创新服务中心

1 市级包含市直及吴兴区、南浔区、南太湖新区。

改扩建幼儿园18所、义务教育学校15所,新增学位2.3万个。支持医疗卫生事业发展。全市卫生健康支出57.96亿元。争取中央财政支持公立医院改革与高质量发展示范项目补助资金5.00亿元。支持深化医药卫生体制改革,助力全市公立医院综合改革获国务院督查激励。支持推进市公共卫生临床中心、市第一医院扩容改造等项目建设。支持健全社会保障体系。全市社会保障和就业支出79.55亿元。安排帮扶救助资金11.50亿元,强化困难群众基本民生保障。城乡居民最低生活保障及特困人员基本生活保障标准稳步提高,增幅分别为6.8%、6.0%。支持文旅体事业发展。全市文化旅游和体育支出10.28亿元。安排10.28亿元重点支持城市品牌打造、公共文化优质共享、文化产业发展以及历史文化名城建设。投入资金1.89亿元支持亚运会筹备。

【深化财政改革】 迭代财政政策体系。完善新一轮集中财力办大事财政政策体系,构建大事、政策、标准、机制、责任5张清单,资金重点投向大事要事22类。完善绿色低碳发展财政政策,助力湖州成功入选首批国家碳达峰试点城市和减污降碳协同创新试点城市。出台湖州市"大三农"政策体系重塑工作方案,梳理政策214项,形成财政支农"8+1"政策体系,推动全市"大三农"政策资金扶持方向和支出结构一体化管理。推进财政数字化改革。推广"浙里缴费""浙里办票"应用,2023年全市2148家用票单位全部开通"浙里缴费""浙里办票"应用,覆盖率100.0%,全年开票5063万份,开票金额673.80亿元。推进预算管理一体化系统应用改革,将预算编制、执行、监管、绩效等各项制度内嵌至一体化系统,形成制度合力,2023年实现预算单位100.0%覆盖。

【加强财政监管】 加强绩效管理。深化绩效"监督+管理"机制,联合市纪委制定纪检监察运用财政绩效管理结果机制,首次将绩效管理结果运用拓展到纪检监察领域。加强财会监督。推进纪委、巡察和财政"三方联动"监督,出台深化纪检监察监督巡察监督与财会监督贯通协调实施办法,创新财会监督与各类监督贯通协同机制。防范财政风险。防范"三保"风险,优先保障"三保"支出217.29亿元。完善库款运行监测机制,保持市级库款保障率处于合理区间。防范地方政府债务风险,实行"一债一策",杜绝新增政府隐性债务。加强资产管理。出台市级政府公物仓管理暂行办法,推动实现公物仓管理市域全覆盖。

【打造财政铁军】 加强党建引领。学习贯彻习近平总书记考察浙江重要讲话精神,开展学习贯彻习近平新时代中国特色社会主义思想主题教育,实施"红色根脉强基工程",创新"一支部一阵地、一支部一品牌""红彩党建工作室"等工作载体。坚持党建带群建,推动工青妇群团组织建设,市财政局获评全国巾帼建功先进集体。强化实干争先。深化实干争先主题实践,撬动22个处室(单位)围绕"三项承诺"开展"三比三拼"内部晾晒激励,市财政局获评湖州市级部门实干争先"奔跑者",获加快打造"六个新湖州"高水平建设生态文明典范城市先进集体等集体荣誉5项。圆满承办第十届浙江省财政系统运动会。深化清廉建设。一体推进"三不腐"能力指数评价体系建设,连续两年获评省财政厅清廉财政建设成绩突出单位。加快年轻干部培养。创新青蓝工程、导师帮带制等培养机制,建立年轻干部成长档案,实行年轻干部积分制动态管理,推动年轻干部"选育管用"全链条培育。

(湖州市财政局供稿　毕　真执笔)

吴兴区

【概况】 2023年,湖州市吴兴区实现地区生产总值924.93亿元,按可比价格计算,较上年增长5.3%。其中:第一产业增加值25.18亿元,增长4.7%;第二产业增加值420.52亿元,增长4.6%;第三产业增加值479.23亿元,增长5.8%。三次产业结构比为2.7:45.5:51.8。按常住人口计算,全区人均生产总值126529元,增长4.7%。全区财政总收入105.96亿元,增长5.7%,一般公共预算收入66.56亿元,增长6.5%,其中税收收入57.35亿元,增长2.3%;一般公共预算支出70.20亿元,增长1.6%。全年财政收支平衡。

【组织财政收入】 加强收入组织。深化以区政府为中心,财政与税务相联动,乡镇和各主管部门协同配合组织收入的"1+2+×"财税协同共治机制,做好税源调研工作,落地减税降费政策,确保税收收入应收尽收。2023年,全区一般公共预算收入占地区生产总值的7.2%、占财政总收入的62.8%;其中,税收收入占一般公共预算收入的86.2%。规范非税收入。全年实现非税收入14.67亿元,减少42.3%,其中纳入一般公共预算管理的非税收入7.39亿元,增长14.0%。加强库款保障。持续完善库款动态监测管理机制,做好分析研判,确保财政库款平稳运行。

【服务经济发展】 围绕三个"一号工程"、"十项重大工程"、"8+4"经济政策体系,发挥财政职能作用。支持数字经济"创新提质"一号发展工程,加大科技创新支持,安排专项资金2.79亿元,增长15.3%,用于创新主体培育、研发机构建设等。支持营商环境优化提升"一号改革工程",推广运用政策"一键兑"平台,全年兑付惠企资金2.88亿元。全年减税降费13.51亿元。发挥政府采购支持中小企业作用,全年完成政府采购10.04亿元,其中,中小微企业采购金额占总金额的96.6%,增长4.6%。支持"地瓜经济"提能升级"一号开放工程",统筹财政资金支持童装、美妆贸易流通及智能物流装备产业发展。落实"8+4"经济政策体系,兑现"8+4"政策资金27.14亿元,全年资金执行率97.0%。

【推进共同富裕】 财金助力扩中家庭。以家庭为切入点探索"财政+金融"双引擎模式,开展扩中提低行动大走访活动,实现

湖州市吴兴区西塞科学谷

共富信贷产品全面投放，入选省财政厅财金助力扩中家庭项目试点。全年走访扩中家庭1万户，签约“共富”贷款908户，发放贷款851笔，授信金额2.42亿元，贷款余额2.08亿元。壮大村集体经济。市、区两级财政投入资金2000万元，建立集体经济欠发达村帮扶基金。依托湖州吴兴强村富民发展集团有限公司，在集体经济抱团发展、农村资产资源运营管理、现代乡村产业发展、培大育强特色农产品品牌等方面发挥作用。争取中央财政衔接推进乡村振兴资金1652万元，支持埭溪镇、八里店镇、织里镇部分集体经济欠发达村发展。优化农业信贷担保。实施基层政策性农业信贷担保服务，撬动金融资本投向农业农村，发放贷款254笔，惠及农业主体逾260户，带动3000余名农民就业创业。区财政局获评浙江省农业信贷担保政银担合作成效明显单位。

【提升民生福祉】 2023年，全区民生支出54.10亿元，占一般公共预算支出的77.1%。支持教育事业发展。全年教育支出14.45亿元。投入0.79亿元支持新城中学、诸葛小学等学校建设。提升社会保障水平。全年社会保障和就业支出13.26亿元。投入资金1.18亿元用于最低生活保障、残疾人两项补贴、医疗救助和优抚对象补助等。支持医疗事业发展。全年卫生健康支出7.79亿元，用于医疗卫生人才引进、医院二甲创建等。提升生态环境水平。全年节能环保支出1.43亿元，重点支持西山漾水生态修复、“无废城市”建设和工地扬尘治理。投入资金3707万元用于城乡生活垃圾分类。支持乡村振兴。全年农林水支出4.89亿元。落实财政资金1.15亿元，加大农村特色产业培养，安排特色畜牧产业集聚区建设、水产养殖环境综合治理、耕地保护和基础提升等。开展“一事一议”项目、美丽乡村建设、水利工程建设等工作，安排财政资金0.74亿元提升农村人居环境。

【深化财政改革】 推进乡镇财政管理改革。推进“浙里基财智控”应用。全区1083个项目类资金纳入平台管理，涉及项目预算总额37.9亿元，监管支付审批流程2086条，实现乡镇项目类资金监管率90.0%以上。组织开展专项检查，实地检查乡镇财政账户128个，消除风险隐患。探索资金支付管理机制。每月初测算收入水平，排定资金使用进度，确保库款保障率在合理区间，利用预算管理一体化系统设置动态监控预警规则，实时监控大额资金支出，确保库款总体安全。

【加强财会监督】 实施“财会监督年”活动，推动财会监督与巡察、审计等各类监督贯通协调。全年抽取22家单位开展财经纪律重点问题专项整治，对3家单位进行会计信息质量检查，对4家单位开展涉企补贴补助资金专项检查，对443个政府采购项目实行全覆盖专项检查。拓宽财会监督与区级部门联动监督范围，联合区市场监管局、区税务局开展“有照无证”代理记账机构专项整治，实地检查辖区内企业24家，跟踪整改情况。

【加强队伍建设】 持续打造“五彩聚心”党建品牌，成立“财政青年说”宣讲团，讲好财政故事。围绕学习教育、制度建设、风险防控、监督执纪、清廉文化5个重点推进清廉财政建设，落实“一岗双责”制度，完善谈心谈话长效机制，开展党纪教育一刻钟、主题党日、专题党课等活动。加强年轻干部培养，实施提升干部政治能力、推进共同富裕能力、数字化改革能力和推进现代化建设新能力“四大提升工程”，开展干部“上挂下派”，举办年轻干部座谈会、南太湖财政讲堂等活动。修订岗位绩效目标考核办法，完善考核方式，调动干部积极性。

（湖州市吴兴区财政局供稿　杨　晨执笔）

南浔区

【概况】 2023年，湖州市南浔区实现地区生产总值585.02亿元，较上年增长6.0%。其中：第一产业增加值30.86亿元，增长5.4%；第二产业增加值330.85亿元，增长4.7%；第三产业增加值223.31亿元，增长8.2%。三次产业结构比为5.3∶56.5∶38.2。按常住人口计算，人均地区生产总值106757元，增长5.6%。全区财政总收入完成71.15亿元，增长3.7%。一般公共预算收入42.13亿元，增长6.5%；其中税收收入37.11亿元，增长5.7%。全区一般公共预算支出67.50亿元，下降2.1%。全年财政收支平衡。

【财政收支管理】 深化收入管理。加强财税协同，完善收入动态测算，合理把握序时节奏，推动收入平稳运行。2023年，全区一般公共预算收入占地区生产总值的7.2%、占财政总收入的59.2%，其中税收收入占一般公共预算收入的88.1%；全年实现非税收入57.30亿元，下降7.2%，其中纳入一般公共预算管理的非税收入5.02亿元，增长13.3%。严格支出管控。严格落实过“紧日子”要求，完善节约型财政保障机制。全年区级部门实际压减项目支出4.69亿元，压减比例11.4%，集中用于“三保”、共同富裕和重大项目建设。争取上级资金。争取专项债券、国债资金、产业基金等政策资源，支持重大项目建设、产业集群培育、中小企业发展。全年争取政府债券额度22.72亿元。

【经济稳进提质】 出台财政助推三个“一号工程”实施方案，形成落实“8+4”政策的36条财政具体措施。支持数字经济创新提质“一号发展工程”。全年科技投入2.39亿元，增长14.9%；统筹人才经费2.47亿元，推进人才4.0政策，支持“南太湖精英计划”等重点人才项目。落实创业担保贷款1.25亿元、贴息347万元、受益314人。支持营商环境优化提升“一号改革工程”。落实小微企业“六税两费”减免等减税降费政策，全年减税降费14.33亿元；发挥政府采购作用，通过取消投标保证金等方式减轻企业负担1.26亿元，发放“政采贷”2821万元。支持“地瓜经济”提能升级“一号开放工程”。安排开放型经济发展专项资金1385万元、服务业发展专项资金1360万元，优化内外贸发展环境；发挥政府产业基金招大引强效应，出台区政府产业基金管理办法；统筹安排交通发展资金3.81亿元，加快打造长三角综合交通枢纽，推动建成沪苏湖高铁等。落实“8+4”经济政策体系。全年投入资金27.01亿元，保障有效投资、先进制造业集群培育等8大重点领域。

【推进共同富裕】 探索“家庭型共富”实践，2023年7月25日出台《南浔区百万家庭奔富三年行动计划（2023—2025年）》，围绕六大改革路径实施改革举措23项，助推“扩中提低”。围绕减负促富，多层次构建兜底保障体系，支持优化养老服务体系，南浔区优化低收入群众社会保障推动共同富裕项目入选国家社会管理和公共服务综合标准化试点。

【改善民生事业】 2023年，全区民生支出52.40亿元，占一般公共预算支出的77.6%。打响南浔教育品牌。全年教育支出14.33亿元，增长0.8%。新增幼儿园18所、学前学位4890个。安排资金6620万元，支持基础教育人才引育工程。投入资金4988万元，支持学校维修51所、中小学教育装备改造27所。助力健康南浔建设。全年卫生健康支出6.77亿元，助力提升公共卫生服务水平，保障名医队伍建设，支持区中医院新院区投入使用。健全社会保障体系。全年社会保障和就业支出12.20亿元。投入资金6979万元完善以公租房、保障性租赁住房、老旧小区改造和共有产权住房为主体的住房保障体系。整合财政资金1000万元，助推“困难人·爱心工程”“新南浔人·安心工程”“老年人·舒心工程”，对符合条件的困难群众参加城乡居民基本医疗保险个人缴费部分给予全额补助，全年资助参保1.53万人，资助金额911万元。提升文旅体服务水平。全年文化旅游和体育支出0.92亿元。安排资金2546万元支持建设文化驿站、城市书房、“15分钟品质文化生活圈”、乡村博物馆等建设。支持乡村振兴。全年农林水支出8.10亿元。安排村级公益事业“一事一议”财政奖补项目28个，总投资2994万元，其中省财政奖补资金985万元，地方财政资金985万元，村级自筹1024万元，惠及3万人。全年完成投资1.20亿元，其中省财政奖补资金4142万元，支持善琏镇农村综合改革集成试点和菱湖镇共富乡村试点项目建设。

【深化财政改革】 推进绩效改革。以全过程绩效管理为链条，深化预算绩效管理体系建设。全年完成大督查体系及四张清单等自评项目619个，涉及资金19.04亿元；完成青春护航专项资金等75个单位自评项目抽评工作，涉及资金2.25亿元；完成心理健康护航促进工程等绩效监控项目783个，涉及资金39.03亿元。推进数字化改革。深化财政电子票据应用，全年开具各类电子票据821万张，金额66.98亿元。推进政府采购数字化，全年“政采云”平台完成采购交易10194个，采购金额10.16亿元。拓展统一公共支付平台应用，推进非税收入线上线下一体化收缴，全年完成电子缴费业务36万笔，金额6.08亿元。强化“浙里报账”试点应用，实现财务报账“发起—审批—支付—归档”全流程闭环管理，全年通过应用报销12096笔，金额14.91亿元。

【完善财政监管】 加强财会监督。开展“财会监督年”活动，实施服务业发展专项资金绩效监督等6个重点监督项目，涉及资金2.45亿元，发现问题33个。对4个部门开展会计信息质量检查，通过整改收缴财政资金233万元。加强项目审核。全年完成国有投资概算审核项目72个，送审金额55.21亿元，审定金额49.55亿元，净核减金额5.66亿元，净核减率10.2%。全年完成政府投资估算审核项目11个，净核减金额1.08亿元，净核减率5.6%；完成产业类项目投资估算审核46个，净核减金额16.99亿元，净核减率4.4%。加强乡镇财政管理。全区9个镇街运用“浙里基财智控”应用，打通四级财政数据链条，全年执行项目3052个，完成资金支付申请6011笔，审批支付资金28.64亿元。持续发挥“乡镇公共财政服务平台+一卡通”作用，全年发放资金4.82亿元，发放63万户次，惠及14万人。

【人才队伍建设】 加强学习提升。以主题党日活动、周一夜学等学习载体，开展中央和省市各级决策部署、政策机制、法律法规等学习。加强业务能力培训和复合型人才培养，全年组织各类学习37次，选派5名干部外派挂职锻炼。建设清廉财政。出台区财政局工作人员“八小时以外”行为监督管理暂行办法，实现科室（单位）兼职监督员全覆盖，签订个人承诺书69份。修订干部考核实施办法，将岗位廉政风险植入干部“平时考核”重点指标。开展干部警示教育，组织党风廉政专题教育6次，谈心谈话100余人次，筑牢拒腐防变思想防线。推动实干争先。完善科室比拼考核机制，科室对标先进晾晒承诺，通过比服务拼满意度、比担当拼贡献度、比能力拼加速度“三比三拼”形成“分管领导直接抓、科室负责人具体抓”工作合力。

（湖州市南浔区财政局供稿　许高峰执笔）

德清县

【概况】 2023年,德清县实现地区生产总值680.66亿元,按可比价格计算,较上年增长5.3%。其中:第一产业增加值27.36亿元,增长4.4%;第二产业增加值386.51亿元,增长4.1%;第三产业增加值266.79亿元,增长7.0%。三次产业结构比为4.0:56.8:39.2。按户籍人口计算,人均生产总值153708元。外贸进出口总额323.28亿元,增长3.2%。城镇居民人均可支配收入75292元,增长5.0%;农村居民人均可支配收入48795元,增长7.4%。全县完成财政总收入142.40亿元,增长7.5%,其中一般公共预算收入85.02亿元,增长6.5%。全县一般公共预算支出107.53亿元,增长5.9%。全年财政收支平衡。

【组织财政收入】 全力组织收入。加强与税务部门统筹协同,完善收入滚动测算机制,推动全年收入平稳运行。2023年,全县一般公共预算收入占地区生产总值的12.5%,占财政总收入的59.7%。其中,税收收入66.22亿元,增长2.1%,占一般公共预算收入的77.9%。强化非税收入管理。全县完成政府非税收入103.22亿元,下降15.9%。其中,纳入一般公共预算管理的非税收入18.80亿元,增长25.6%,占一般公共预算收入的22.1%。向上争取资金。全年争取资金67.21亿元,其中专项债券额度46.61亿元。

【保障三个"一号工程"】 支持数字经济创新提质"一号发展工程"。全年安排科技支出6.52亿元,增长26.1%,建设地信智慧城、车联智造万亩千亿产业平台等四大核心科创载体,推动企业创新主体培育突破,打造优质创新人才矩阵,成功入选国家创新型县建设名单,再夺科技创新鼎。出台新一轮制造业高质量发展补助政策,全年兑现制造业高质量发展专项资金3.21亿元。支持营商环境优化提升"一号改革工程"。推行"财助营商"一键兑惠企平台,全县20家部门实现惠企资金一键兑付直达快享,兑现惠企资金5.79亿元,惠及企业4383家(次)。取消政府采购投标保证金、降低履约保证金比例、推行预付款制度,降低企业参与政府采购交易成本。建立县级国有企业绿色采购平台分中心,实现国有企业货物与服务全流程电子化采购,全年节省采购资金5889万元。支持"地瓜经济"提能升级"一号开放工程"。安排商贸业政策扶持资金7481万元、金融创新发展专项资金2920万元、服务业发展专项资金1241万元,促进外贸及外资领域高质量发展;统筹安排交通发展专项资金21.70亿元,保障杭德市域铁路、浙北高等级航道等重点项目互联互通;争创省级县城商业体系建设示范县,获中央服务业奖励资金1000万元。

【推动共同富裕】 支持产业共富。开展"七彩行动"助力共富帮扶行动,支持搭建青虾、茭白、黑鱼等"七彩"产业平台,发挥"龙头企业(专业大户)+农村家庭"合伙创业模式,在建基地、定方案、链资金、授技术、帮销售5个环节实施帮扶,吸引40余家龙头企业、专业大户、近1000户家庭在家门口合伙创业,带动直接增收逾1500万元,该模式入选全省百万家庭奔富行动地方成熟模式推广清单。入围2023—2025年制造业高质量发展结对促共富示范县,获省财政3年3亿元财政专项激励。支持财金协同助富。入选浙江省财政厅第一批百万家庭奔富行动示范县创建名单、首批财金助力扩中家庭项目试点县。以财政贴息方式向扩中家庭提供低息金融贷款,发放扩中家庭贷款2.05亿元,受益家庭895户。支持国企带富。聚焦乡村资源分散、运营低效、增收乏力等难题,发挥县属国企优势,创新"乡村托管运营""村企抱团投资""资源集中交易"3种模式,带动乡村资源企业化经营。县属4大国企与近100个村、13个镇级强村公司开展合作,实施强村项目40余个,2023年全县村均集体经营性收入187万元,"国企带村"共富入选湖州市第三批共同富裕最佳实践名单。建设共富乡村联合体。入选2023年度省级"一事一议"财政奖补支持打造共富村试点,莫干山镇仙潭村先行示范,组团式推进南路村、四合村共融发展,项目总投资6896万元,实现村集体经济收入增长10.0%,农民人均纯收入年均增长10.0%。

【保障民生福祉】 2023年,全县民生支出73.65亿元,占一般公共预算支出的68.5%。保障教育均衡发展。全年教育支出16.17亿元,增长5.9%,推动职业教育差异化生均拨款制度改革,优化县内教育资源布局。加大医疗卫生投入。全年卫生健康支出8.79亿元,提高基本公共卫生服务经费保障标准至年人均102元,深化县域医共体改革和健康德清建设。提高社会保障水平。全年社会保障和就业支出13.70亿元,构建覆盖城乡的老年助餐服务网络,建设老年食堂26家,助餐服务点位140个,老年人享受助餐服务72万人次。加大社会救助力度,保障困难群众基本生活,稳步提升社会保障待遇。助力文化事业发展。全年文化旅游体育与传媒支出2.57亿元,培育洋家乐、新市古镇等德清文旅专属IP,圆满承办杭州第十九届亚洲运动会湖州赛区赛事。支持乡村振兴战略。全年农林水支出8.96亿元,重点保障稳产保供、基础设施、农业"双强"、乡村建设等领域。重塑"大三农"政策体系,统筹整合各级涉农资金17.62亿元,增长11.4%。

【深化财政改革】 推进县与镇(街道)财政体制改革。优化新一轮基层财政体制,大幅增加基本支出保障,加大镇街超收分成比例。合理确定县与镇(街道)财政事权,制定财政事权清单,梳理出城乡社区事务、基础设施建设、环境保护与治理等领域事权94条。重塑扶持政策体系。梳理整合制造业高质量发展等七大领域81项财政扶持政策,明确财政政策重点扶持方向。加强政策绩效全过程管理,强化结果运用,提高资金使用绩效。推行"公务餐"改革。建立公务用餐"一卡通"系统,在县域范围内开展公务活动一律在本地机关食堂、镇(街道)食堂等指定用餐点自行刷卡用餐，节约公务接待支出。深化国资国企改革。推进国企外部资产注入和内部整合重组，重新组建湖州莫干山国有资本控股集团有限公司并获评AAA主体信用等级，德清县文旅集团获评AA+主体信用等级。加强资本运作，湖州莫干山国有资本控股集团有限公司取得方正电机控股权，为全县第一家上市国企。

【加强财政监管】 优化预算绩效管理。组织项目绩效抽评218个，对92个项目开展财政重点监控，提高资金使用效益。实现政府投资项目全过程闭环管理，通过事前绩效评估审减项目金额9249万元。细化预算项目评审。全年完成政府及国有企业投资项目评审232项，审核项目总投资115.02亿元，净核减金额8.66亿元，净核减率7.5%。强化财政风险防控。优先保障"三保"支出，加强库款运行分析监测。建立财政资金存放管理机制，实现全流程电子化操作，全年完成竞争性存放资金总量46.50亿元。开展全县债务督查，做好防范化解新增隐性债务风险工作。

【锻造铁军队伍】 开展学习贯彻习近平新时代中国特色社会主义思想主题教育。构建全员学习体系，安排集体、党委专题、支部集体学习33次，青年干部大讨论2次，德清信访足迹馆现场教学1次。开展清廉财政建设。层层签订党风廉政建设责任书，加大廉政谈话提醒力度，做好经常性提醒监督。配合巡察、监察工作，每月填报"三不腐"相关信息，每季度报送清廉财政建设开展情况。强化干部队伍培养。开展新一轮中层干部聘任，选派12名干部挂职锻炼，推进网络课堂学习，组织财政大讲堂、财政青年说等活动，提升干部能力素质。

（德清县财政局供稿　颜　波执笔）

长兴县

【概况】 2023年，长兴县实现地区生产总值893.98亿元，按可比价格计算，较上年增长6.5%。其中：第一产业增加值40.73亿元，增长5.2%；第二产业增加值436.75亿元，增长5.8%；第三产业增加值416.50亿元，增长7.5%。三次产业结构比为4.5∶48.9∶46.6。按常住人口计算，人均生产总值131275元。规上工业增加值382.27亿元，增长8.5%。社会消费品零售总额增长8.2%。进出口总额327.16亿元，增长1.1%。全县城镇居民人均可支配收入78537元，增长4.7%；农村居民人均可支配收入48528元，增长7.6%，城乡收入倍差缩小至1.62。全县财政总收入157.94亿元，增长2.9%；其中，一般公共预算收入87.22亿元，增长6.5%。一般公共预算支出119.98亿元，增长2.4%。全年财政收支平衡。

【组织财政收入】 完善收入组织协同机制，科学预测分析财政收支形势，深入挖掘增收潜力。2023年，全县一般公共预算收入占地区生产总值的9.8%、占财政总收入的55.2%；其中，税收收入75.19亿元，增长0.2%，占一般公共预算收入的86.2%。全年实现非税收入74.75亿元，下降31.4%，其中纳入一般公共预算管理的非税收入12.03亿元。

【助推经济发展】 支持数字经济创新提质"一号发展工程"。全年科学科技经费5.93亿元，重点支持新能源、新材料、生命健康等领域技术创新，高、精、尖人才招引及安居工程和省级企业研究院、省级高新技术企业研发中心等科技创新平台的载能提升。支持营商环境优化提升"一号改革工程"。深化涉企服务"一类事"改革，贯通全市财政惠企资金一键兑付直达快享机制，全年兑付惠企资金5.69亿元。深化电子凭证会计数据标准应用试点增值化服务。提升政府采购服务水平，实施"留份额+预支付+快支付"制度，政府采购数智监管项目入选省财政厅"政府采购一类事"改革试点项目。支持"地瓜经济"提能升级"一号开放工程"。推进基金招商，2023年产业基金总规模72.41亿元，完成实缴45.18亿元，投资项目87个，其中落地或投资于长兴本地项目30个。落实"8+4"经济政策体系。全年兑现"8+4"政策资金31.24亿元，重点支持新能源汽车及关键零部件标志性产业，新能源、智能装备、电子信息和生物医药四大新兴产业的"1+4"主导产业发展，资金执行率97.4%。

【助力共同富裕】 推动家庭奔富，2023年7月31日出台《长兴县家庭奔富三年行动计划（2023—2025年）》，围绕四条改革路径实施26项改革举措，助推"扩中提低"。推动产业促富，落实省结对促共富示范创建财政专项激励政策，全年投入省级资金9000万元，县级500万元，推动构建"产业促共富"新模式。9月28日出台《长兴县农村集体经营性建设用地土地增值收益调节金征收使用管理暂行办法》，规范集体经营性建设用地土地增值收益管理，促进城乡区域协调发展。帮助困难群体"提低"，开展失能失智困难群体"一减一增双提升行动"*，全年实现失能失智对象集中及辅助性就业500余人，人均月增收逾2000元。

【保障民生事业】 2023年，全县民生支出905.82亿元，占一般公共预算支出的75.5%。支持教育事业发展。全年教育支出21.11亿元，支持义务教育普及普惠县创建，龙山新区新建学校、画溪新能源小学等教育基础设施建设，发展现代职业教育，做好学前教育三年行动计划财政保障，加大县、乡两级幼儿园建设财政投入。支持医疗卫生事业发展。全年卫生健康支出9.44亿元，支持完善公共医疗卫生体系，深化公立医院改革，支持疾病预防控制体系和突发公共卫生事件救助体系建设。支持社会保障事业发展。全年社会保障和就业支出12.47亿元，支持提升养老服务体系，为16万老年人购买意外伤害保险，为2.45万高龄老人发放高龄补贴；为职业培训、创业扶持、就业援助等再就业提供财政支持；落实优抚安置政策等。支持乡村振兴。梳理全县"大三农"资金政策扶持方向和支出结构,全年统筹整合各级财政资金及社会资本13.91亿元,重点支持稳产保供、绿色安全、基础设施、农业"双强"、乡村建设、乡村治理、农民共富、财金协同8个重点领域。

【深化财政改革】 推进过"紧日子"改革。推进零基预算改革,健全零基预算"目标、指标、审核、评价"全过程管理体系,严控一般性支出。推动公物仓在县级层面全面应用,2023年公物仓入库物资1271件,涉及资金850万元。提速数字化改革。深化预算管理一体化系统应用,整合国有资产管理、政府采购、预决算公开等模块,加强财政管理整体智治。打造政府采购"数智云台"智能管家,提供"事前、事中、事后"全过程增值化采购服务。推进财政电子票据扩大应用范围。提升国企改革。梳理国有企业业务板块,优化整合方案,实现国企AA以上信用评级19家,其中AA+评级6家。上线"智慧国资"系统,完善国有企业人员管理。

【加强财政管理】 优化预算管理。出台部门预算调剂管理办法,实现盘子总控、政策优化、资金提效。制定2023—2027年集中财力办大事迭代升级体系,保障重点项目114个,平均每年统筹保障资金26.00亿元。完善国库管理。加强库款运行分析监控监测,合理把握支出节奏,全年未发生库款保障风险事件。提升绩效管理。探索绩效管理与财会监督深度融合模式,绩效自评覆盖所有预算单位。以信息化项目"数字问效"专项行动为依托,联合开发"长兴县数字化项目全生命周期管理"应用场景,全年绩效评价项目91个,节省运维资金352万元。加强债务管理。科学分配债务限额,合理设计债券发行结构,稳步推动政府债务化解,全年政府法定债务率持续保持在安全区间。

【加强组织建设】 深化党建引领。开展学习贯彻习近平新时代中国特色社会主义思想主题教育,依托"三会一课"、主题党日活动、支部集中学、个人自主学等形式,抓实抓细学习教育。设立党员先锋岗、党员责任区,开展"立足岗位作贡献"、党员示范岗创建等活动。建设清廉财政。持续开展"扬清风、话清廉,守初心、担使命"系列廉政文化活动,传播清廉财政文化理念,获评湖州市第一批清廉机关示范化建设单位。加强干部培养。组建青年业务骨干人才库,入库43人,开展专家专题讲座、专题讨论和调研评比,以积分制管理进行考核评优,全年开展培训11次,逾400人次参加。

(长兴县财政局供稿　沈　颖　陆宇红执笔)

注:

***"一减一增双提升行动":** 即按照减轻失能失智困难对象家庭负担,增加就业能力的要求,鼓励引导失能失智困难对象进机构托养,实现原家庭照护人员及符合条件的失能失智困难对象本人走出家庭实现就业,最终实现失能失智困难对象生活品质、就业收入双提升。

安吉县

【概况】 2023年,安吉县实现地区生产总值615.12亿元,按可比价格计算,较上年增长5.1%。其中:第一产业增加值32.24亿元,增长5.4%;第二产业增加值270.25亿元,增长1.0%;第三产业增加值312.62亿元,增长8.9%。三次产业结构比为5.3∶43.9∶50.8。按户籍人口计算,人均生产总值129397元。城乡居民人均可支配收入分别为71704元和45469元,分别增长4.8%、8.1%。全县财政总收入112.95亿元,增长3.0%。其中一般公共预算收入65.11亿元,增长4.2%。一般公共预算支出93.72亿元,下降0.5%。全年财政收支平衡。

【财政收支管理】 深化财税部门协作,确保收入组织平稳有序。2023年,全县一般公共预算收入占地区生产总值的10.6%、占财政总收入的57.6%;其中,税收收入59.20亿元,增长3.7%,占一般公共预算收入的90.9%。全年实现非税收入134.09亿元,增长41.2%,其中纳入一般公共预算管理的非税收入5.91亿元,增长9.2%。全年完成政府性基金收入128.18亿元,增长43.2%,其中国有土地使用权出让收入117.97亿元,增长37.6%。落实过"紧日子"要求,严格财政支出管理,全年压减"三公"经费及一般性支出10.0%,节约财政资金3.42亿元。

【保障三个"一号工程"】 支持数字经济创新提质"一号发展工程"。2023年全年科技支出6.76亿元,增长15.1%,支持市级青年人才社区、百人楼、青创空间等建设,引进大学生及各类人才3万名;新增省级企业研究院4家、企业研发中心16家;新增国家级专精特新"小巨人"企业3家、省级专精特新中小企业35家,新入库国家级高新技术企业54家、省级科技型中小企业228家。支持营商环境优化提升"一号改革工程"。升级惠企政策"一键兑"平台,出台财政惠企资金一键兑付管理细则,所有涉企资金实现线上兑付。全年通过"一键兑"发布项目314个,企业申报2728笔,兑付涉企补助资金4.69亿元。支持"地瓜经济"提能升级"一号开放工程"。发挥基金招商作用,23个政府产业基金规模107.00亿元,创新"基金+直投+落地"新模式,招引落户新经济产业项目38个,推动梅斯健康、盛大科技、中宝新材、环球墨菲4家数字经济总部项目当年签约、落地、上市。落实"8+4"经济政策体系。承接省"8+4"经济政策体系,协同出台加快推动经济高质量发展、绿色家居"一企一策"等政策,兑现稳进提质政策资金39.40亿元。加大财政要素清单保障,全年争取专项债券额度18.58亿元,支持国家安吉竹产业示范园区、安吉县省级高新技术产业园区配套设施等政府投资项目建设18个。

【推进共同富裕】 支持推进共富重大行动计划。安吉县入围全省财政系统"百万家庭奔富行动"培育县,集聚资源要素牵头推进百万家庭奔富三年计划行动。拨付财政资金支持“十百千万”共富工程，新改建共富乡宿508套，建成共富产业园20个、竹材分解点103处、五彩共富路2053公里、共富公寓1.4万套，安吉县连续两年获评全省高质量发展建设共同富裕优秀示范区。“大美古城”共富村列入“一事一议”共富乡村试点。建立乡镇基本公共服务“钱随人走”制度。在乡镇基本财力制度基础上，对流入人口情况做“加”法、流出人口做“减”法，乡镇常住人口超过户籍人口部分按人均300元标准增加基本财力补助，5万人以上部分减半补助；少于户籍人口部分按人均300元标准核减基本财力补助。推进村集体经营性建设用地入市。2023年全县完成农村集体经营性建设用地入市46宗、面积385亩，形成涵盖商业、餐饮旅馆、工业、旅馆用地（服务型公寓）等符合农村实际发展需求的入市项目，成交金额2.07亿元。探索慈善事业助力共同富裕。持续打造“浙里捐赠”平台，一键实现公益项目的慈善捐赠、电子票据开具及政策查询，2023年全县通过平台参与捐赠的机关事业单位逾210家、企业逾1000家、人数15万人次，善款善物价值8964万元。支持“浙里公益”仓打通县内资产管理系统与慈善总会的信息壁垒，将行政事业单位可挖掘、可盘活的闲置资产纳入“浙里公益”仓，对接捐赠与受赠需求。

【提升民生福祉】 2023年，全县民生支出74.16亿元，占一般公共预算支出的79.1%。支持教育事业发展。全年教育支出17.63亿元。支持建成投用安吉县实验小学等新建学校6所，竣工安吉高级中学等改扩建项目9个，新增学位7300个，义务教育集团化办学入选全省试点。支持卫生健康事业发展。全年卫生健康支出7.76亿元。支持卫生服务提质扩面，县中医院晋级三乙医院，持续推进人民医院综合楼、妇保院迁建工程。新改建居家养老服务（照料）中心50家，新增婴幼儿托位数1064个，加快构建“一老一小”关爱服务体系。支持社会保障事业发展。安排社会保障和就业支出10.69亿元，统筹做好临困救助、全民参保、助老护幼等工作，综合救助为低收入群众户均减支1万元、增收2万元，困难人员资助参保率、医疗救助率实现100.0%。支持文化事业发展。全年文化旅游体育与传媒支出1.84亿元，支持新增省级乡村博物馆4个、小微体育公园10个、品质文化生活圈35个，中小学校体育场所实现市民开放共享，永安寺塔、南门老街等文化工程投用。支持安吉古城遗址探索政府主导、专家指导、社会运营模式，引入绿城集团15.00亿元投资，推进文物资源活化利用。支持乡村振兴。全年农林水支出9.39亿元，增长2.8%。安排资金3.40亿元重点支持农业高质量发展、人居环境整治提升、壮大村集体经济。安排县级资金690万元支持创新农业产业链融资模式，助力农业总产值增长5.6%，安吉白茶、安吉冬笋、安吉竹林鸡入选省“土特产”百强名单。

【深化财政改革】 推进乡镇财政管理改革。制定新一轮乡镇（街道）财政管理体制，对全县两区、15个乡镇街道实行分类管理，健全基本财力补助和共同事权财权分担机制，一类乡镇“乡财乡管”，二类乡镇“县保基本”，三类乡镇“乡财县管”，增强薄弱乡镇“保基本”能力。全年拨付乡镇体制补助资金14.00亿元，较上年增加2.60亿元。推进数字财政改革。深化“浙里报账”“浙里捐赠”“浙里基财智控”“财政金融协同支农”“收支运行智管”等应用。打造财政国资智慧监管平台，对全县资源、资产、资本、资金实施动态跟踪监管，实现“一张网”“清单式”管理。推进国有企业改革。推进国有企业市场化改革，优化国有资本布局，全年新增AA+信用评级国企1家，实现县属国企AA+全覆盖。

【防范化解风险】 稳步推进政府债务化解，对化债工作进行“回头看”，守牢不新增隐性债务底线，2023年政府债务率降至安全区间。防范社保基金风险，健全社会保险筹资机制，完善社保风险准备金管理与监督机制。防范国企运行风险，创新国企债务“四色”管理机制，用事后考核监管取代事前审批，督促国企优化融资结构、降低融资成本。

【加强队伍建设】 加强机关党的建设。依托红色根脉强基系统，督促各支部规范开展“三会一课”、主题党日、党费收缴等。制定开展学习贯彻习近平新时代中国特色社会主义思想主题教育实施方案和学习计划，全年开展党委理论中心组学习14次，各党支部组织主题党日活动12次，集体学习30余次。深化清廉财政建设。组织开展全局年度廉政风险排查，发现廉政风险点20个，制定防控措施41条。开展案件剖析、观看廉政视频等警示教育活动。优化队伍建设。提升干部能力素养，全年组织集中性培训2期，培训120人次。实施“青蓝工程”导师帮带计划，系统构建关心关爱政策体系，加快年轻干部培养。建立公平公正考核激励机制，提高干部职工积极性。

（安吉县财政局供稿　马婕妤执笔）

嘉兴市财政工作

嘉兴市

【概况】 2023年，嘉兴市实现地区生产总值7062.45亿元，按可比价格计算，较上年增长6.3%，其中：第一产业增加值141.16亿元，增长3.8%；第二产业增加值3776.84亿元，增长6.2%；第三产业增加值3144.45亿元，增长6.4%。三次产业结构比为2.0∶53.5∶44.5。按常住人口计算，人均生产总值126476元。社会消费品零售总额2513.46亿元，增长7.3%；外贸进出口总额4409.94亿元，增长0.3%。全市固定资产投资比上年增长7.4%。城镇居民人均可支配收入75909元，增长5.3%；农村居民人均可支配收入49643元，增长7.3%。全市财政总收入1102.59亿元，增长7.0%；一般公共预算收入632.02亿元，增长6.0%，其中税收收入556.83亿元，增长6.4%。全市一般公共预算支出826.99亿元，下降0.1%。市本级[1]财政总收入48.42亿元，增长2.5%，其中一般公共预算收入28.30亿元，增长7.5%。市本级一般公共预算支出124.44亿元，增长8.3%。全市及市本级财政收支平衡。

【组织财政收入】 强化收入分析，健全与税务、金融监管等部门协调联动，提高收入预测准确性。加强非税收入科学化、精细化管理，提升非税收入执收效率和水平。2023年，全市一般公共预算收入占地区生产总值的8.9%，占财政总收入的57.3%，税收收入占一般公共预算收入的88.1%。全市非税收入671.21亿元，下降29.8%，其中纳入一般公共预算管理的非税收入75.19亿元，增长3.1%。全市争取专项债券额度359.08亿元，增长23.2%。

【服务经济发展】 支持产业发展。承接国家稳经济政策和省“8+4”经济政策体系，落实8方面60条承接措施财政保障，全年兑付政策资金497.21亿元，助力产业转型升级。支持创新驱动。全年科技支出54.69亿元，增长18.4%。发挥产业基金引导作用，承接落地规模100.00亿元的省级高端装备产业基金和科创母基金，推动行业龙头企业建设全球研发中心，2023年市政府产业基金新增基金9支，基金规模97.34亿元；新增投资实体经济项目14个，总投资5.82亿元。优化营商环境。全年落实增值税留抵退税103.72亿元。顶格执行政府采购扶持政策，政府采购预留给中小企业份额逾40.0%，对中小企业合同预付款比例原则上不低于40.0%，全市授予中小企业合同金额141.37亿元。出台再贷款财政贴息政策，企业最高可享受50.0%贷款利息减免，实际融资成本最低不到3.0%。

【支持长三角一体化发展】 完善长三角一体化跨区域财税分享体制机制，细化财税共同账管理，推进科创资源民生服务共享，浙江大学医学院附属第二医院嘉兴医院获批建设国家区域医疗中心。支持共建虹桥国际开放枢纽，健全驻沪双招双引机制，保障2023上海·嘉兴城市推介大会举办，深化金山—平湖产城融合发展区、张江长三角科技城、上海漕河泾海宁分区等合作平台建设。支持完善综合交通体系，加快鱼腥脑、浙北高等级、杭申线等航道提升改造，落实资金20.73亿元保障嘉兴机场、杭海城际铁路西延工程等项目开工，落实资金27.82亿元继续推进苏台高速二期、市区快速路道路网等工程建设，落实资金39.15亿元推进枫南线、通苏嘉甬、沪嘉城际等铁路项目建设。

【推进共同富裕】 土地出让收入用于农业农村支出比例8.2%，全市统筹“大三农”资金76.07亿元推进乡村振兴，支持全年创成特色精品村35个，新建和美乡村示范片区乡7个，24个省级未来乡村建设完成评价。持续推进“强村富民”计划，“飞地抱团”、强村公司扩面提质，全域列入国家共同富裕实践观察地，全市所有行政村年经常性收入逾160万元、经营性收入逾60万元，农村居民人均可支配收入同比增长7.3%，绝对值连续20年保持全省首位。城乡收入比缩小至1.53∶1，保持全省最低。

【保障民生事业】 2023年，全市民生支出644.20亿元，占一般公共预算支出的77.9%。健全社会保障体系。全年社会保障和就业支出56.38亿元。完善困难对象群众认定机制，提升城乡居民养老保险保障水平，最低生活保障标准提高至1135元/（人·月），落实基本医疗保险、大病保险、医疗救助，建立困难家庭和个人大病医疗费用负担封顶机制。实施“金蓝领”职业技能提升行动，开展数字经济、先进制造、现代服务业、乡村振兴等重点领域培训22万人次，新增技能人才9万人、高技能人才4万人。支持教育事业发展。全市教育支出163.59亿元，增长3.1%。保障双溪、庆丰等高中建设，解决高中段学位供需矛盾，保障嘉职院学生公寓建设，支持嘉兴学院更名为嘉兴大学。助力健康嘉兴建设。全年卫生健康支出46.88亿元。推进公立医院和基层医疗卫生机构高质量协同发展，县域三级综合医院实现全覆盖，出台市本级公立医院综合预算管理办法，推进医保支付方式精细化改革，实施长期护理保险市级统筹，筹集风险金2.79亿元。

【深化财政改革】 完善市区财政体制，全面下放市级收入，做大区级收入，下调土地出让收入计提比例，增强区级财力保障，调动区级发展经济、培育财源积极性。优化财政支出标准体系，调整物业费、会议费、培训费等支出标准，新增出台电子设备配置标准、普通高级中学项目建设、重大宣传活动预算等支出标准。用好行政事业资产，开展清产核资工作，深化公物仓体系建设，推进跨部门、跨地区、跨级次资产调剂和资源整合，发挥存量资产效益。

1 2023年，嘉兴市调整完善市对区财政管理体制，下放市级收入。市本级口径不包含南湖、秀洲两区。

【强化财政监管】 强化财会监督。组建局领导领衔包干、老中青结合的财会监督队伍，聚焦预算管理、风险防控、财务会计3条主线开展专项检查，实现76个市级部门预算绩效监督检查全覆盖，撤销闲置或违规开设银行账户61个、基建账户16个，盘活结余结转等资金34.37亿元，发出风险提示函、警示整改函等文书53份。推动智慧监管。搭建部门预算“智慧监管”平台，制定6大类96条风险预警规则，一屏展示预算、执行、账户、资产等部门家底，提升资金管理水平。加强内控建设。健全公款存放管理、专项资金及直达资金管理、政府采购监管、政府投资项目评审、预算绩效管理等关键环节制度建设，强化权力约束、流程管控。防范财政风险。强化地方政府债务管理，稳妥化解存量债务。加强社保基金运行监测，兜住“三保”底线，防范基层财政运行风险。

【加强队伍建设】 加强变革型组织建设。优化培训方式，将单个项目管理变为周期性系统管理，系统设计培训班3大类15个，将培训内容从财政业务扩展至国际国内外形势分析，提升干部专业能力。《加快组织机制变革 织密财会监督“保障网”》获全省财政系统变革型财政组织创建最佳实践案例。加强清廉财政建设。举办“清风嘉 财廉韵”清廉财政主题节目展演活动，清廉建设相关做法在市委常委会“清廉嘉兴”现场推进合作经验交流发言。2023年获评市直机关廉洁文化建设示范点。

（嘉兴市财政局供稿　赵雨馨执笔）

南湖区

【概况】 2023年，嘉兴市南湖区实现地区生产总值781.77亿元，按可比价格计算，较上年增长1.8%。第一产业增加值14.71亿元，增长2.1%；第二产业增加值338.53亿元，下降3.2%；第三产业增加值428.53亿元，增长6.0%。三次产业结构比为1.9:43.3:54.8。按户籍人口计算，人均生产总值166243元，增长1.7%。全区城镇居民人均可支配收入69150元，增长4.7%；农村居民人均可支配收入48617元，增长6.8%。全区财政总收入134.37亿元，增长1.4%。一般公共预算收入71.81亿元，下降0.7%；一般公共预算支出63.64亿元，增长17.4%[1]。当年财政收支平衡。

【组织财政收入】 抓好税源建设。加强财政与部门、镇街联动，做好收入监测分析，增强组织收入预见性和收入把控主动性。关注重点税源企业和招商引税情况，全区税收收入前100家企业入库税款38.13亿元。优化收入结构。2023年，全区财政总收入占地区生产总值的17.2%；一般公共预算收入占地区生产总值的9.2%，占财政总收入的53.4%，其中税收收入64.40亿元，占一般公共预算收入的89.7%，下降0.1%。加强非税收入征管。全年完成非税收入37.83亿元，其中纳入一般公共预算管理的非税收入7.40亿元。

【支持经济发展】 强化政策资金引导。协助相关部门迭代出台支持服务业、制造业、科技等高质量发展政策5项，全年兑现各类产业扶持政策资金2.99亿元。协助区政府出台贯彻浙江省和嘉兴市推动经济高质量发展若干政策承接落实方案，围绕扩大有效投资、科技创新政策等8大重点领域，全年统筹资金32.84亿元。储备优质债券项目，全年争取新增债券额度29.84亿元，保障实施枫南市域铁路、通苏嘉甬高速铁路、老(旧)住宅区改造提升等项目24个。全年安排消费券补助资金6700万元，推动旅游、新能源汽车、绿色智能家电等消费提振回升。优化营商环境。落实组合式税费支持政策，全年为企业减税降费及退税缓费23.00亿元。全年面向中小企业政府采购金额4.11亿元，占采购总额的90.7%，其中面向小微企业政府采购金额2.71亿元，占采购总额的59.8%。对于未预留份额专门面向中小企业的政府采购货物或服务项目，给予小微企业20.0%价格扣除评审优惠。实施人才强区战略。拨付各项人才政策资金2.33亿元，落实人才购房补贴、领军人才项目资金、企业人才生活补助等，发挥清华长三角研究院、清华柔电国家重点实验室、南湖实验室、南湖研究院等平台引领作用。加快产业基金运作。设立产业基金14只，基金规模60.00亿元。深化与省市基金合作，出资5.00亿元参与组建浙嘉产装高端装备基金，出资2.50亿元参与组建浙江省科技创新母基金，推动两大基金落户南湖区。

【支持共同富裕】 优化财政支农政策，土地出让收入用于农业农村支出比例7.0%，全区43个行政村均实现经常性收入逾160万元、经营性收入逾80万元。推进村级公益事业“一事一议”财政奖补，6个项目拨付奖补资金940万元。会同遂昌县争取到省制造业高质量发展结对促共富示范创建，3年获财政专项激励资金计3.00亿元。全区盘活闲置农房448宗，农户增加财产性收入1022万元。设立全区低收入农户帮扶增收专项资金，通过创业扶持、就业扶助等方式帮扶低收入农户增收1486万元，全区低收入农户人均可支配收入增长10.7%。

【保障民生事业】 2023年，全区民生支出50.66亿元，增长20.5%，占一般公共预算支出的79.6%。投入财政资金4.61亿元，保障办好校园设施提质、基层医疗提升、老年人安居守护、残疾人关爱帮扶等10件民生实事。提升教育质量。全年教育支出10.18亿元，提高义务教育阶段生均公用经费标准，安排资金3200万元保障随迁子女在义务教育公办学校入学，安排资金4560万元用于学校暑期校舍维修、设备购置。提升医疗水平。全年卫生健康支出3.88亿元，下降7.6%，基本公共卫生服务财政补助标准提高至每人每年80元，助力提升医疗救治能力和医疗服务水平。加强社会保障。全年社会保障和就业支出5.68亿

1 2023年，嘉兴市调整完善市对区财政管理体制，下放市级收入，区级收入增长。全文采用新财政体制数据。

元,增长16.7%。安排城乡居民基本医疗保险补助和城乡居民社会养老保险补助资金1.50亿元。按每人每月60元标准,为南湖区户籍80周岁至99周岁老年人发放高龄津贴,全年发放津贴1468万元。落实城市居民最低生活保障金、残疾人两项补贴、特困人员救助供养费、临时救助经费、孤儿及困境儿童基本生活费等补贴资金5960万元。支持安居宜居。争取中央和省级保障性补助资金5329万元,用于公共租赁住房补贴、老(旧)住宅区改造提升及保障性租赁住房建设,其中建设保障性租赁住房3614套(间)。

【深化财政改革】 完善财政管理体制。出台《关于进一步完善街道财政收支挂钩激励暂行办法》《南湖区税源经济奖励扶持办法》,调动基层发展经济、培植税源积极性。创新过"紧日子"举措。承接浙江省"公务餐"县域改革试点,制定"公务餐"收费标准,规范用餐结算工作,建立动态督促检查机制。推动区政府出台区本级预算调整(追加)暂行办法,对预算追加的原则、范围、经费来源、追加程序和审批权限等进行界定和优化。全年压减一般性支出13.6%、"三公"经费支出8.2%,非必要、非刚性、非重点项目原则上不得新增安排支出,按照《浙江省政府投资项目管理办法》强化新建项目源头管理。推进财政数字化改革。深化预算管理一体化系统建设,全场景全覆盖上线"浙里报账"系统,推进"浙里基财"系统上线运营,乡镇财政覆盖率100.0%。推进国企国资改革。围绕大数据、融媒体等新兴产业,成立浙江南湖数据发展集团有限公司、嘉兴南湖融媒科技公司。组建嘉兴南湖国有控股集团有限公司,获评全市首家双AAA信用等级企业。

【完善财政监督】 强化财会监督。开展"财会监督年"活动,组织实施重大政策项目绩效监督、强化国资国企监管等六大专项行动,开展财经秩序专项整治、涉企补贴补助资金专项检查、代理记账机构执业质量抽查、女职工生育津贴规范发放等监督检查8次,作出行政处理决定书3份,收回财政性资金127万元。强化预算执行监管。开展预算执行监督专项行动,修订预警规则,监督重点项目和直达资金预算执行情况,处理系统预警83笔。服务人大、政协监督。承办人大代表建议36件、政协委员提案44件。接受区人大常委会对财政开展工作评议,制定整改方案和整改措施,推动依法行政。

【加强队伍建设】 坚持政治统领。落实"第一议题"制度,开展党委中心组学习。开展学习贯彻习近平新时代中国特色社会主义思想主题教育,坚持理论学习、调查研究、推动发展、检视整改一体推进,抓好青年干部"明德守法、完善自我"专项行动,实施"感恩奋进、四敢争先"六大专项行动。助力清廉建设。推进清廉财政、清廉国企建设,签订廉政责任书,建立廉政档案一人一档,开展廉政党课等警示教育。接受十届区委第三轮巡察,落实主体责任,开展巡察整改专题民主生活会,建立健全制度10项。

(嘉兴市南湖区财政局供稿　谢云蕾执笔)

秀洲区

【概况】 2023年,嘉兴市秀洲区实现地区生产总值675.89亿元,按可比价格计算,较上年增长10.0%。其中:第一产业增加值19.46亿元,增长5.4%;第二产业增加值358.13亿元,增长11.0%;第三产业增加值298.30亿元,增长9.2%。三次产业结构比为2.9:53.0:44.1。按常住人口计算,人均生产总值116937元,增长9.0%。全区财政总收入73.24亿元,增长21.2%;一般公共预算收入42.32亿元,增长19.6%,其中税收收入37.01亿元,增长23.9%[1]。全区一般公共预算支出50.22亿元,增长6.8%。全年财政收支平衡。

【组织财政收入】 提高收入质量。通过财政形势分析会、部门主体调研、重点企业服务等,深化护税协税机制,强化重点税源涵养,深挖增收潜力,推动财政收入有序增长。2023年,全区一般公共预算收入占地区生产总值的6.3%,占财政总收入的57.8%;其中,税收收入占一般公共预算收入的87.5%。加强非税收入管理。加强与重点非税收入执收部门对接,做好月度非税收入分析和预测,上线非税收入公共支付平台微信支付渠道。全年全区实现非税收入55.67亿元,下降15.6%,其中纳入一般公共预算管理的非税收入5.31亿元,下降3.6%。

【服务经济发展】 落实"8+4"经济政策体系。组建"8+4"经济政策财政工作专班,推动区政府出台贯彻省市推动经济高质量发展若干政策承接落实方案,围绕8大领域细化62条政策措施,全年兑付资金26.12亿元,其中通过企业服务线上平台兑现惠企资金6.37亿元。保障重大项目建设。建立多元化资金筹措机制,统筹地方财政资金、专项债券、上级补助、存量资金资产等,保障重大项目建设,支持运河湾新城、临空经济示范区、嘉兴国家高新区做大做强。全年新增一般债券资金9000万元,获批发行专项债项目23个、发行额度41.51亿元。落实减税降费。全年实现留抵退税及非税收入减免11.02亿元,减轻企业负担。加大政府采购支持中小企业力度,中小微企业项目数占比94.1%,成交项目金额占比91.9%。支持科技创新。全年财政科技支出3.77亿元,增长18.2%。落实新型研发机构建设及补助资金3.53亿元,支持北京理工大学长三角研究院等高能级创新平台发展。加大规上工业企业研发经费补助力度,兑现科技项目及专利专项资金1957万元,惠及企业299家。加强基金运作。发挥政府产业基金资本优势,接洽跟踪项目33个,涉及项目金额58.80亿元。依托秀湖母基金,支持基金招商,招引喜马拉雅创新业务总部等项目。

1 2023年,嘉兴市调整完善市对区财政管理体制,下放市级收入,区级收入增长。全文采用新财政体制数据。

【推进共同富裕】 助力乡村振兴。全年农林水支出6.07亿元，增长0.7%。提高土地出让收入用于农业农村比例，提取土地出让金3.18亿元支持乡村振兴。投入资金2.20亿元支持土地综合整治与高标准农田建设，建成高标准农田2.45万亩，入选省高质量发展建设共同富裕示范区试点。开展"一事一议"财政奖补项目9个，涉及总投资5583万元，补助财政资金1784万元。探索"钱随人走"改革。以义务教育阶段校舍维修改造项目为抓手，从加大教育投入、调优资金分配模式、健全监督考核机制3方面探索建立"钱随人走"转移支付体系，推动转移支付资金分配与学生精准挂钩，提升校舍维修改造资金分配的精准度。

【保障民生事业】 2023年，全区民生支出37.95亿元，增长4.4%，占一般公共预算支出的75.6%。支持教育事业发展。全年教育支出9.92亿元，增长1.1%。投入资金1.28亿元促进义务教育优质均衡发展。支持学前教育普及普惠区创建，完善学前教育经费投入保障机制，投入6536万元推动学前教育扩优提质。提升医疗卫生服务水平。全年卫生健康支出5.22亿元，增长29.1%。统筹资金2.36亿元支持秀洲区人民医院（二期）、秀洲区妇幼保健院迁建工程等项目建设。投入医疗设备购置经费2500万元、合作经费500万元，推动区人民医院医疗综合服务能力提升。健全社会保障体系。全年社会保障和就业支出4.32亿元，增长22.6%。规范困难群众救助补助领域资金使用管理，困难群众救助资金支出3537万元。落实社保补贴、一次性吸纳就业补贴、创业担保贷款等稳就业政策，兑现人才专项资金4515万元、职业技能专项资金2275万元，发放就业补贴1443万元。加强公共文化服务保障。全年文化旅游体育与传媒支出5254万元，增长12.4%。投入资金3000万元，支持秀洲图书馆、非遗馆、农民画艺术馆、文化馆和群团艺术馆运营管理，助力打造公共文化服务高地。加大送戏下乡、传统戏曲进村（社区）支持力度，演出补助标准从3000元/场提高至6000元/场。

【深化财政改革】 完善财政体制机制，构建新一轮集中财力办大事政策体系；出台运河湾新城核心区建设封闭运作实施方案，多方筹措新城建设资金；落实两街道服务业管理财政奖补机制，给予两街道服务业发展补助资金8900万元。坚持党政机关过"紧日子"，制定预算安排负面清单，严控一般性支出，常态化清理部门结转结余资金，盘活存量资金1.10亿元。深化预算绩效管理，修订事前绩效评估管理办法，对养老服务管理、跨境电商等项目实施财政重点绩效评价，下达绩效管理意见书4份。推进数字财政建设，"浙里报账"平台实现全区全覆盖，在"浙里捐赠"平台上线"慈善献爱心"项目，全年捐赠金额122万元。深化国资国企改革，构建以1个AAA级资本运营平台、5大区属国资集团和N个专业化子公司为架构的"1+5+N"国企运行体系，浙江嘉兴高新控股集团有限公司获评AAA信用评级，实体化运作嘉兴运河湾城投集团有限公司、嘉兴市秀洲区交通投资发展集团有限公司、嘉兴市秀洲区科创人才集团有限公司。

【防范化解风险】 加强财会监督。专班化落实"财会监督年"工作，对财政收入、涉企补助、"三公"经费等财经纪律重点领域开展检查，结合经济责任审计等专项督查，做好分析研判和问题整改，规范财政管理行为。强化债务监管。推动区国资委出台国有企业债务风险监测预警管理暂行办法，落实分类管控，资产负债率总体保持稳定。规范国有企业投资、项目管理备案、融资、担保等行为，防止新增隐性债务。强化基层财政监管。兜牢基层"三保"底线，加强基层财政运行情况分析和监督检查，实施业务科室联系乡镇财政工作机制，以业务培训会、座谈走访等方式规范基层财政管理。

【加强队伍建设】 开展学习贯彻习近平新时代中国特色社会主义思想主题教育，落实"第一议题"制度持续强化理论武装。加强清廉财政建设，落实全省清廉财政"三不腐"能力指数评价体系建设，建立指标分工责任清单。签订党风廉政建设责任书，开展廉政风险防控排查，梳理廉政风险点57项。开展党员干部违规吃喝、违规出国境等专项自查自纠，签订承诺书180份。加强干部培养锻炼，通过轮岗交流，业务培训提升干部综合能力素质，选派青年干部参加全市财政系统锻造青年岗位能手知识竞赛，并获团队一等奖。2023年，秀洲区财政局获评嘉兴市财政系统绩效管理考评优秀单位；局党总支获评嘉兴市"建设清廉机关 创建模范机关"先进基层党组织。

（嘉兴市秀洲区财政局供稿 章娟宏执笔）

嘉善县

【概况】 2023年，嘉善县实现地区生产总值908.11亿元，按可变价格计算，较上年增长7.0%。第一产业增加值23.69亿元，增长3.4%；第二产业增加值516.48亿元，增长6.7%；第三产业增加值367.95亿元，增长7.7%。三次产业结构比为2.6∶56.9∶40.5。按常住人口计算，人均生产总值136970元，增长6.6%。全县财政总收入146.67亿元，增长6.2%。一般公共预算收入84.75亿元，增长5.3%，其中税收收入77.75亿元，增长3.6%。全县一般公共预算支出100.08亿元，下降9.0%。全年财政收支平衡。

【组织财政收入】 强化收入分析。加强税收、国有土地出让收入等主要收入来源前瞻研究，开展房地产业财政收入及大型重点企业税收等调研，强化全年经济形势和财政收支形势预判。全年财政总收入占全县生产总值的16.2%，一般公共预算收入占全县生产总值的9.3%，占财政总收入的57.8%，税收收入占一般公共预算收入的91.8%。规范非税收入管理。推进财政电子医疗票据跨省共享全省试点，推动跨省报销无纸化进程，优化非税收入收缴电子化管理。全年实现非税收入114.57亿元，增长18.2%，其中，纳入一般公共预算管理的非税收入6.99亿元，增长29.4%。

【支持经济发展】 落实惠企助企政策。成立推进三个"一号工程"和"十项重大工程"专班，细化28项具体行动、50个举措目标。保障金融助企、财税扶持、稳岗稳产、服务业纾困及减负降本等系列涉企财政专项政策落地，全年兑付各项涉企扶持资金5.03亿元。推动经济高质量发展若干政策，细化"8+4"财政保障领域，推进补助政策资金直达快享，全年支出53.72亿元。支持科技创新。支持年度十大科技重点项目，全年科技支出8.87亿元，增长18.4%。落实"祥符英才"专项资金优先保障财政政策，全年支出9171万元。支持促进消费。安排促进消费专项资金3690万元，支持发放政府消费券及文旅、汽车等各类定向消费券。强化财金协同。完善财政专户资金存放管理实施办法，单设金融支持服务水平等指标，将金融对国资投资重大项目开发建设支持度纳入考核。全年实现公款竞争性存放74.00亿元，撬动金融支持经济发展和重大项目建设。

【支持示范区建设】 统筹财力保障项目建设。县级统筹安排专项资金预算8.08亿元，支持建设跨区域重大项目2个、先行启动区重点项目6个。加快示范区基础设施建设，统筹财政资金19.47亿元支持嘉兴至枫南市域铁路、嘉兴至西塘市域铁路等"三高四铁"等重大项目建设。统筹安排资金27.13亿元，解决"三高四铁"、浙江大学医学院附属第二医院嘉兴医院、蓉溪净水厂等重大项目土地指标。探索示范区制度体制创新。探索建立示范区"投入共担、利益共享"跨区域财税分享机制，由两区一县(上海青浦区、苏州吴江区、嘉善县)政府建立"共同账"，专账记录各地区财税收益投入情况，鼓励共享发展成果，至2023年年底完成两年嘉善分账记录。推进长三角业务跨省共享。探索长三角财政电子医疗票据跨省共享改革试点，打通两区一县医疗机构18家，推出"一站联办"事项15个，年均惠及1.5万人次。示范区政府采购一体化列入全省财政系统"一号开放工程"任务清单，联合上海市青浦区财政局、苏州市吴江区财政局完成示范区政府采购远程异地评审工作10场。

【探索共同富裕】 拨付财政资金1.40亿元，支持推进国家级农村综合性改革试点试验项目11个，启动率100.0%。依托国家级农村综合改革试点试验项目，探索"小微飞创"联农带农模式，通过持股飞田，全面托管等举措，搭建现代企业小微产业园，园内经作类亩均产值逾3万元，粮油类亩均产值2600元，分别增长80.0%和30.0%以上，该模式获全省交流并列入百万家庭奔富行动地方成熟推广清单；探索"共富小屋"数字治理模式，通过搭建实体化运作的乡村数智共富集成平台，探索数字服务、数字经济和数字治理。

【保障民生支出】 全县民生支出74.22亿元，占一般公共预算支出的74.2%。促进教育高质量发展。全年教育支出19.89亿元，同比增长3.8%。执行"以县为主"的管理模式和经费保障机制，向上争取专项债券资金5.00亿元用于学校建设。完善公共卫生体系。全年卫生健康支出7.46亿元，推进基本公共卫生服务优质共享。筹资3.39亿元落实城乡居民基本医疗保险财政补助，惠及参保居民19万人。推动社会保障事业发展。全年社会保障和就业支出8.08亿元，同比增长9.7%。落实资金1.49亿元，完善社会救助长效机制，构建"弱有众扶"多元帮扶格局。安排资金4164万元，完善公共就业服务体系促进机制，抓好重点群体就业创业。创新养老共富模式，为全县80周岁及以上户籍老人发放高龄津贴1304万元。助力乡村振兴。全年农林水支出9.77亿元，增长4.0%。土地出让收入用于农业农村支出6.27亿元。推进涉农政策资金一个口子、一本大账，基本构建"大三农"新体系，落实"大三农"资金17.34亿元。

【深化财政改革】 推进数字财政建设。推进预算绩效管理数字化应用，线上完成预算支出绩效自评项目1050个、资金91.95亿元，并将重点上会乡镇纳入绩效评价范围。持续建设乡镇财政公共服务平台，发放财政补助性项目74个，涉及资金2.96亿元，惠及10万人。推进国企市场化改革。通过财政奖励等推动国企主体评级提升，推进国企资产整合注入，提高企业市场化融资能力，3家公司获AA+信用评级，7家镇(街道)国企获AA信用评级，发行债券15期，募集资金108.00亿元，累计组建产业基金及直投项目22个，总规模350.00亿元。

【强化财政监管】 坚持党政机关过"紧日子"。制定县级部门财政拨款结转结余资金管理办法，盘活存量资金2961万元。2023年8月31日，出台《关于进一步落实"过紧日子"要求严格财政支出管理的通知》，全年压减一般性支出2.68亿元。加强和规范政府购买服务管理，开展专项检查和整改，项目数缩减至42项，下降32.3%。加大监督检查。开展"财会监督年"活动，完成6大类专项行动、23项检查任务，部署财经纪律专项整治，组织减税降费政策落实等专项整治9项。开展资金支付管理、乡镇财政资金监管等专项检查30项，推动审计和巡察整改，审计整改问题33个，巡察问题34个，整改率100.0%。健全风险管控。实现"三保"预算编制审核全覆盖，全年预算安排"三保"资金24.74亿元。健全社保基金风险管控，实施基金预算绩效管理，统筹资金10.33亿元补助基金。强化政府债务管理，实现隐性债务清零目标。

【加强队伍建设】 开展学习贯彻习近平新时代中国特色社会主义思想主题教育，推动机关党建与业务工作深度融合。迭代清廉财政建设3.0版，细化23项任务，出台局工作人员"八小时外"行为监督管理暂行规定、"八个严禁"纪律清单。运行财政系统"三不腐"能力指数评价指标系统应用，指标得分名列全市第一。开展清廉财政微单元建设试点，天凝镇财政所获全省清廉财政建设成绩突出单位。组织全县200余名行政事业单位财会人员综合能力提升专题培训。

(嘉善县财政局供稿　尤晓啸执笔)

平湖市

【概况】 2023年，平湖市实现地区生产总值1008.66亿元，按可比价格计算，较上年增长6.0%。第一产业增加值16.22亿元，增长4.3%；第二产业增加值595.06亿元，增长6.5%，其中工业增加值556.18亿元，增长6.4%；第三产业增加值397.39亿元，增长5.2%。三次产业结构比为1.6∶59.0∶39.4。按常住人口计算，人均生产总值146183元，增长5.3%。全市财政总收入151.38亿元，增长13.5%；一般公共预算收入88.98亿元，增长10.2%，其中税收收入78.98亿元，增长7.9%。全市一般公共预算支出114.22亿元，下降5.0%。全市财政收支平衡。

【组织财政收入】 优化收入结构。深化财税部门协作，加强重点税源监控，加强宏观经济形势分析。2023年，全市一般公共预算收入占地区生产总值的8.8%，占财政总收入的58.8%，税收收入占一般公共预算收入的88.8%。强化非税征管。加强票据日常管理，推进财政票据电子化改革。推广统一公共支付平台，全市使用公共支付平台收缴非税业务单位56家，全年实现电子缴款38.51万笔，收缴资金7.33亿元。全年全市组织非税收入72.10亿元，下降29.1%，其中纳入一般公共预算管理的非税收入10.00亿元，增长33.2%。

【支持经济发展】 全年落实减税降费34.57亿元。构建新一轮集中财力办大事财政政策体系，全年统筹资金40.11亿元，落实三个“一号工程”、“十项重大工程”和“8+4”经济政策体系等重大决策部署，其中拨付“8+4”经济政策资金27.85亿元。推动出台支持制造业头部企业做大做强等各类扶持政策21个，根据财力安排政府投资项目71个、资金12.97亿元。争取上级转移支付资金28.71亿元，新增地方政府债券额度41.40亿元，保障重大项目落实。全年安排科技人才发展资金2.20亿元，科技支出增长18.2%，支持科技创新发展。创新“基金+产业”融合发展模式助力招商，设立规模40.00亿元产投母基金和规模3.50亿元科创基金，配合承接省“415X”产业集群专项基金，认缴省高端装备制造基金2.00亿元、省科创基金1.00亿元。

【推动共同富裕】 支持强村富民建设。落实“1+8+N”*共富体实施方案、“强村富民20条”等政策，推进34个“1+8+N”共富体项目建设，争取省级“一事一议”财政奖补资金2000万元，支持打造共富乡村。开展改革试点工作。开展“大三农”政策重塑、生育养育财税支持等省级共富“小切口”改革试点。深化财政金融协同支农数字化改革，农业信贷规模全年新增1.54亿元，超额完成试点改革目标，被列为全省首批3个省农担直属分支机构试点之一。支持打造共富品牌。支持打造“平有善育”“颐养金平湖”“学历+技能”双提升等共富品牌，牵头制定平湖市百万家庭奔富三年行动计划(2023—2025)，推动出台幼儿园托幼一体补助等民生政策15个。

【保障民生支出】 全年民生支出94.73亿元，占一般公共预算支出的82.9%，保障公共服务“七优享”工程。健全多层次社会保障体系。全年社会保障和就业支出10.98亿元，稳步推进职工养老保险国家统筹，加强基本养老服务体系建设，投入财政资金1.01亿元实施困难群众分类分档精准救助。全年落实就业和技能提升补助资金6469万元，完善就业创业政策体系。优化医疗卫生体系。全年卫生健康支出10.75亿元，优化医疗卫生支持体系，落实一线医务人员临时性工作补助政策，提高基本公共卫生服务财政补助标准至每人每年102元。推进教育事业发展。全年教育支出21.97亿元，增长6.3%，全市义务教育学校生均公用经费标准提高至小学每生1300元、初中每生1500元。创新设立普惠性人力资本提升综合服务中心。支持文旅事业发展。全年文化旅游体育与传媒支出1.78亿元，完善公共文化服务体系，支持成功创建全省公共文化服务现代化先行县。加强非遗保护传承，入选浙江省“非遗助力共同富裕”试点。

【推进财政改革】 推进财政数字化改革。入围浙江省财政厅“揭榜挂帅”任务，参与财政部支出预算标准体系建设。推进“浙里报账”无纸化改革，实现全市预算单位全覆盖，业务场景扩大至11个。推进财政增值化改革。通过水资源费在线征缴改革试点办理提速90%以上，新增非税收入微信缴费渠道。加强政府采购无感监测指标管理。推进过“紧日子”落地。全年压减非刚性、非急需支出3.29亿元，出台厉行节约措施11条，通过实有账户清理等举措盘活沉淀资金1.35亿元。加大资产出租力度、完善资产处置手段、优化资产分类划转，全年盘活收入4.00亿元，通过线上“公物仓”调剂资产529件，价值1617万元，入围全省“浙里公益仓”试点地区。推进债务风险化解。制定防范化解地方债务风险三年行动方案实施细则，建立国企债务风险监测预警等机制，加强国企债务风险防控。

【加强财会监督】 开展“财会监督年”活动。成立专班领导小组，制定活动实施方案，确定年度任务清单28项。全年完成减税降费政策落实问题等专项整治8项、涉企政策绩效监督等专项检查15项，纠正(清理)违规资金6.74亿元，修订、出台制度9项。落实上级专项检查。深化“财审联动”机制，加强与审计等部门协作，全年联合开展市属国企货币资金等专项检查项目4项，纠正违规资金4776万元。强化政府投资项目监管。全年结算审核项目64个，审定金额19.05亿元，净核减2.30亿元，核减率10.8%。

【筑牢队伍根基】 开展学习贯彻习近平新时代中国特色社会主义思想主题教育，构建“局党委+中心组+党支部+青年理论组+党员个人”共学体系，开展专题学习9次；制定党委主题教育任务清单，指导基层党组织制定计划清单354条。细化清廉财政建设责任清单，开展“三不腐”能力指数评价，建立清廉国企建设评价指标体系，指导市属国企形成“一企一策”评价标准。发挥“金平湖财政学堂”载体作用，开展“生才有道”青年干部沙龙交流研学。推进“导学帮带共同体”建设，深化青年干部成长导师制，累计结对师徒18对。全年推荐各类专家库人员4人次，推荐优秀青年干部5人次。继续实施“创新破难”工作机制，全年完成重点工作任务20项。2023年，平湖市财政局被市委、市政府评为“地瓜经济”提能升级“一号开放工程”和城乡秀美工程先进集体。

（平湖市财政局供稿　刘　欣执笔）

注：

*“1+8+N”：“1”指的是1个新型强村公司共富体，“8”指的是“飞地抱团”、农房盘活、众筹经营、乡村劳务、产业联结、土地股份、景区村庄、文明善治8个要素抱团共富体，“N”指的是N个“抱团富”应用场景。

海盐县

【概况】 2023年，海盐县实现地区生产总值668.31亿元，按可比价格计算，较上年增长6.0%。第一产业增加值20.10亿元，增长4.8%；第二产业增加值384.88亿元，增长5.3%；第三产业增加值263.33亿元，增长7.0%。三次产业结构比3.0∶57.6∶39.4。按户籍人口计算，人均生产总值174164元，增长5.9%。社会消费品零售总额202.74亿元，增长10.6%；城镇居民人均可支配收入78591元，增长5.8%；农村居民人均可支配收入50647元，增长7.4%。全县财政总收入114.37亿元，增长7.0%，一般公共预算收入65.54亿元，增长5.1%；其中税收收入55.08亿元，增长9.8%；全县一般公共预算支出78.16亿元，下降10.7%。全县财政收支平衡。

【组织财政收入】 确保财政收支平衡。应对减收增支压力，强化分析研判，注重开源节流，统筹用好存量，财政收支平稳运行。2023年，财政总收入占地区生产总值的17.1%；一般公共预算收入占地区生产总值的9.8%，占财政总收入的57.3%；税收收入占一般公共预算收入的84.0%，收入结构保持较优。规范非税征管。推进非税收入收缴电子化改革，实施水资源费在线征缴改革，推动管理工作科学高效。全县组织非税收入60.07亿元，下降27.5%。其中纳入一般公共预算管理的非税收入10.46亿元。

【助力经济稳进提质】 减轻企业负担。落实结构性减税降费政策，推动政策直达快享，落实各类政策性减免税收38.94亿元、出口退（免）税23.47亿元、增值税留抵退税7.40亿元，落地中央直达资金9.46亿元。落实政府采购政策，支持中小企业发展。扶持产业发展。推动省“8+4”经济政策体系直达快享，年内兑现支持资金40.42亿元。推动战略性新兴产业壮大和传统产业提质升级，保障工业、科技、人才和服务业专项资金4.20亿元。支持科技创新。全年科学技术支出5.23亿元，增长18.1%。启动南北湖科创湖区建设，推进科创孵化体系和创业创新平台建设，加快成果转化。争取资金支持。加强政策研究和项目梳理，全年争取地方政府一般债券1.00亿元，专项债券59.97亿元，保障重点项目建设。强化财金协同。出资组建县级科创基金，参与省市高端装备及科创母基金，全年产业基金新增出资4.20亿元，推动政府性融资担保扩面增量，与浙江省融资担保公司合作，强化科技创新领域支持，2023年年底，全县政府性融资担保余额32.45亿元。

【推动共同富裕】 海盐县纳入浙江省财政厅“小切口”共同富裕改革试点范围，落地高等教育生源地国家助学贷款政策试点，全年发放贷款437万元，惠及家庭359户。保障“一老一小”，落实高龄津贴发放、婴幼儿托育政策，配合出台婴幼儿照护服务机构奖补标准及普惠性托育服务机构认定办法，全县托幼机构新增普惠型托位360个。支持深化强村富民乡村集成改革、新时代“千万工程”等，新增省级未来乡村5个、和美乡村特色精品村5个，所有村集体经济年经常性收入逾180万元，经营性收入逾85万元。

【提升民生福祉】 2023年，全县民生支出61.31亿元，占一般公共预算支出的78.4%。保障教育优质均衡发展。全年教育支出18.17亿元，增长3.6%，建成投用三毛小学东校区等学校3所，海盐县入选省级全城集团化改革办学试点县，通过全国学前教育普及普惠县创建省级评估。提升卫生医疗水平。全年卫生健康支出6.65亿元，下降28.0%。优化公立医疗机构财政补助政策，整合县域医疗服务资源，推动医药卫生体制改革，县人民医院新院建设工程主体完工。健全社会保障体系。全年社会保障和就业支出6.42亿元，下降5.1%。继续实施稳就业政策，健全公共就业服务平台，支持人才创业创新，安排促进就业资金4903万元。落实最低生活保障金、特困人员救助、残疾人补贴等资金6444万元。支持建设安置保障工作，安排优抚对象抚恤补助、义务兵家庭优待金等资金4859万元。支持文体事业发展。全年文化旅游体育与传媒支出1.41亿元，下降9.2%。推动公共文化优质共享，实施文体惠民工程，县文化艺术中心开放投用，建成社区多功能运动场、百姓健身房14个。强化文化保护传承，绮园路历史文化街区获评省级历史文化街区。

【支持城乡发展】 支持交通建设。安排交通建设资金42.13亿元，加快构建现代综合交通体系，推进交通重点工程建设。支持城市功能完善。匹配城市发展和群众需求，推进城区精细化管理，安排海盐县康体活动中心建设、保障房品质提升等资金21.27亿元。支持生态环境治理。安排生态建设资金1.67亿元，推进生态文明建设和绿色低碳发展，打好蓝天、碧水、净土、清废保卫战。支持乡村全面振兴。建立涉农资金统筹整合长效机制，全年兑现农业扶持资金2.12亿元，安排农业基础设施建设资金2.52亿元，推动农业现代化建设，建设宜居宜业和美乡村。

【深化财政改革】 深化体制机制改革。争取省财政厅“深化‘钱随人走’制度改革”“提升政府购买服务项目绩效管理和评价应用”“农村集体经营性用地土地增值收益调节金征收使用管理机制”等“揭榜挂帅”项目3个。出台新一轮镇（街道）财政管理体制，健全镇街财政资金常态化督导督查机制。印发基层财政管理绩效考评办法，设置考评指标12个，提升基层财政管理水平。深化预算管理改革。深化零基预算改革，规范项目支出标准体系。明确公务支出开支标准、零基预算安排项目清算，严把预算关口。落实党政机关过“紧日子”要求，健全厉行节约长效机制，一般性支出下降17.3%。推进财政运行综合绩效评价改革。健全镇（街道）财政运行绩效评价体系，将镇（街道）政府履职情况细化成56项可量化指标，构建1～4级评价指标体系，反映各镇（街道）财政运行状况。深化财政数字化改革。推进预算管理一体化执行模块推广应用、“浙里报账”系统升级、“浙里基财智控”应用建设等数字化改革工作。深化财政电子票据改革，在全县实施农村集体经济组织统一收据电子化改革，提升村集体经济资产管理透明度。

【强化财政监管】 提升财会监督效能。开展“财会监督年”活动，构建财会、审计、纪检等多部门协同监督机制。开展地方财经纪律专项整治及历年结余结转资金、工业发展资金、涉企补助资金等专项监督检查。加强政府投资项目管理。规范政府投资项目建设控制标准，全年完成竣工财务决算批复113项，完成工程概算及结算审核90.86亿元，核减金额7.77亿元。加强国资国企管理。启动政府公物仓管理平台建设，促进资产跨部门调剂应用。清理整合各县属集团公司，推进国企人力资源改革，加快国企市场化转型。

【防范财政风险】 防范化解债务风险。加强风险源头管控，定期跟踪并核查隐性债务变动情况，实现隐性债务清零。严控国企债务，遏制新增隐性债务。防范社保基金风险。健全社保风险准备金管理和监督机制，做好社保资金筹措规划，安排社保基金财政补助5.50亿元，确保社保待遇按时足额发放。防范资金存放风险。开展公款竞争性存放网上招标，全年完成公款竞争性存放10.34亿元。

【加强队伍建设】 开展学习贯彻习近平新时代中国特色社会主义思想主题教育，落实“第一议题”制度，通过专题民主生活会、集中学习、交流研讨等，巩固学习成果。推进清廉财政建设，制定财政系统全面从严治党目标任务和责任措施，贯彻执行民主集中制，执行局党委会议议事规则和集体决策制度。推进清廉财政单元建设，构建清廉财政“不敢腐、不能腐、不想腐”能力指数评价指标，深化岗位廉政风险排查。加大干部考察选拔力度，选拔13位干部到中层岗位，优化干部队伍结构。

（海盐县财政局供稿　陆梦婷执笔）

海宁市

【概况】 2023年，全市实现地区生产总值1318.16亿元，按可比价格计算，较上年增长8.0%。其中：第一产业增加值20.75亿元，增长3.8%；第二产业增加值755.06亿元，增长8.9%，工业增加值678.23亿元，增长10.0%；第三产业增加值542.36亿元，增长7.0%。三次产业结构比为1.6∶57.3∶41.1。按常住人口计算，人均生产总值119345元，增长7.7%。全市财政总收入174.37亿元，增长7.9%，其中一般公共预算收入100.13亿元，增长5.3%。全市一般公共预算支出121.36亿元，下降0.8%。全年财政收支平衡。

【加强财政收入管理】 加强收入组织。加强与税务、发改等部门沟通，做好收入定期预测与执行分析。2023年，财政总收入占全市生产总值的13.2%，一般公共预算收入占全市生产总值的7.6%，占财政总收入的57.4%；其中，税收收入91.48亿元，占一般公共预算收入的91.4%。全市清理收缴非刚性非急需项目资金2.85亿元，清理盘活存量资金7.55亿元，统筹用于保民生、促发展。全年争取债券额度59.77亿元，其中专项债券36.27亿元、一般债券1.00亿元、再融资债券22.50亿元。规范非税收入管理。动态调整发布2023版政府非税收入项目目录，全年组织非税收入74.54亿元，其中纳入一般公共预算管理的非税收入8.65亿元。拓宽统一公共支付平台渠道，开展教育收费、交警罚款、基础设施配套费等场景缴费业务，全年完成业务3108笔，缴费195万元。全面使用非税收入资金征缴、划解、退付、上解、缴库、返还等电子凭证库业务事项，全年完成业务281笔，金额2.82亿元。落实土地出让收入各项税费成本项目计提，筹集社保风险准备金、杭海城铁资金、腾笼换鸟专项经费等，全年计提各项费用14.72亿元。

【服务经济发展】 聚焦三个“一号工程”，推进“8+4”经济政策落地，统筹资金88.42亿元，支持经济稳进提质。落实减税降费政策，加强与执收部门对接，关注减负执行情况，全年减免缓行政事业性收费（基金）3.69亿元，其中惠企减负3.55亿元。顶格执行政府采购扶持政策，全市政府采购授予中小企业合同金额20.05亿元，占合同总额的92.7%。围绕“新兴海工程”和现代服务业新体系建设等重点，优化重塑制造业、服务业、建筑业三大产业政策，全年拨付涉企奖补资金12.12亿元。加大科技创新财政投入，拨付资金8.06亿元，增长18.2%，重点支持科技创新平台建设、科技创新主体发展等。落实好人才政策，兑现人才引育资金2.30亿元，持续推进人才强市建设。整合组建规模超百亿元的新兴海工程母基金,全市产业基金全年投资项目16个,投资金额24.57亿元,带动社会资本293.03亿元,被投企业已上市3家。

【助力共同富裕】 聚焦共富“小切口”,推进农村家庭共富改革、百村万户增收促富等省级试点。全年盘活闲置农房1297宗,增加农户财产性收入2302万元,增加村集体收益11万元。支持“10万农民变股民”培育计划,对完成入资、分红的16个农业标准厂房项目进行验收,并补助资金424万元。全市新组建土地专业合作社10家,入股农户1571户、6016人。聚焦“一老一小”,落实老年人高龄补贴提标扩面,提高托育生均公用经费标准,加快普惠托育服务阵地建设。发挥国资国企带富作用,至2023年年底,打造“国企+村集体”飞地抱团重点项目8个,145个村社参与,每年为村集体增收1.19亿元,相关经验在全省共同富裕工作例会上作交流。

【保障民生事业】 2023年,全市民生支出92.75亿元,占一般公共预算支出的76.4%,助力公共服务“七优享”工程。支持提升教育质量。全年教育支出29.33亿元,提高学生资助实施标准,建立“智慧帮扶”学生资助扩面政策体系,助力创建国家义务教育优质均衡发展县。支持提升医疗水平。全年卫生健康支出9.19亿元,提高公共卫生服务补助标准至每人每年102元。保障3家市级医院与省级医院托管合作,兑现公立医院专项资金9087万元;完善新生儿疾病筛查、两癌筛查,出生缺陷预防等补助政策,保障开展老年痴呆筛查等健康领域政府实事项目8个。支持健全社保体系。全年社会保障和就业支出20.17亿元。完善分层分类救助政策体系,拨付困难群体救助补助资金0.97亿元,惠及12万人次。支持企业稳岗扩岗,下达资金5645万元确保各项就业政策落地。加大住房保障力度,安排改造资金1.70亿元,改造保障性租赁住房8784套(间)。支持提升公共文化服务。全年公共文化相关支出2.30亿元,重点支持复兴潮城文化,推进新一轮公共文化设施建设,创成国家体育产业示范基地、省首批公共文化服务现代化先行县。支持提升城市品质。统筹资金1.50亿元用于公共设施维护、未来社区、农村危房改造等建设项目,黄湾—袁花“果香花溪”等2个区域列入省城乡风貌样板区,风和丽苑等2个社区创成省级未来社区。

【深化财政改革】 加快财政机制改革。调整完善市镇财政管理体制,镇街财政体制收入增长12.4%,开展“三保”支出专项编审,保障基层财政平稳运行。深化跨境电商提能升级省级试点,建立财政分级扶持体系,获评全省财政系统2023年度“一号开放工程”最佳案例。推进财政数字化改革。上线全省收支运行智管应用2.0版,全市扩面“浙里报账”应用,在所有镇街上线运行“浙里基财智控”应用。做好代理记账电子凭证会计数据标准应用省级试点工作。推动“浙里垫付”改革,获批非机动车交通事故开展抢救费用垫付业务试点,全年受理申请10笔,垫付资金36万元。加强国企国资改革。加强国有资产管理,规范资产评估,完成首笔公益仓试点单位物资捐赠。深化投融资体制改革,4家重点国企实现实体化运营。全市国有资产总额逾3600.00亿元,国有资本权益1200.00亿元。

【防范化解风险】 加强财会监督。开展“财会监督年”行动,深化与人大、巡察、审计、税务等部门协同合作,构建财会大监督体系,在全省财政系统会计管理工作会议上作经验交流。建立财会监督与绩效评价“一查二评”融合监管机制,组织实施重点绩效评价项目3个,涉及财政资金5.30亿元。财会监督与绩效评价融合监管新模式入选省财政厅2023年度财会监督能力提升重点试点项目。健全基层数字化内控建设机制,以数字内控新变革做细基层财政监管“颗粒度”获评全省财政系统变革型财政组织创建优秀实践案例。防范化解债务风险。落实化债资金来源,实现隐性债务清零。实施专项债券资金“借、用、管、还”全周期全链条闭环管理,重点强化项目收益及资金支出监管。加强政府项目投资审核,49个项目核减金额4.16亿元,综合净核减率8.4%。健全国企债务风险监测预警机制,防范国企重大债务风险。

【加强队伍建设】 开展学习贯彻习近平新时代中国特色社会主义思想主题教育,聚焦中心工作,打造“亲清财苑”等5张金名片,以“一支部一品牌”推进7大党建领跑项目,建强基层战斗堡垒。推动“清廉财政提亮行动”等6大重点工作,开展廉政主题月系列教育活动,擦亮“财韵廉心”廉洁文化品牌。开展干部担当争锋竞赛、岗位技能比武大赛,升级“青春领航”师徒结对,锤炼干部综合素能。2023年,海宁市财政局获评全省清廉财政建设成效突出单位、嘉兴市财政系统管理绩效考评优秀单位、嘉兴市“双建争先”示范集体,局机关党委获评海宁市委机关工委“先进基层党组织”,构建财政国资系统“大党建”工作新格局项目获评海宁市机关直属党组织书记示范领办项目。

(海宁市财政局供稿　叶之艺执笔)

桐乡市

【概况】 2023年,桐乡市实现地区生产总值1252.35亿元,按可比价格计算,较上年增长5.3%。其中:第一产业增加值25.79亿元,增长3.4%;第二产业增加值605.02亿元,增长5.4%;第三产业增加值621.54亿元,增长5.3%。三次产业结构比为2.1:48.3:49.6。按户籍人口计算,人均生产总值174797元。全市财政总收入179.08亿元,下降0.4%;一般公共预算收入107.02亿元,增长1.1%,其中税收收入90.34亿元,下降1.2%。一般公共预算支出142.97亿元,增长7.3%。全年财政收支平衡。

【组织财政收入】 加强收入分析管理。加大部门间协同联动,增强与上级财政沟通,掌握税源增减变化情况,把握收入的力度和节奏;加强库款管理,预测国库余额,掌握重点支出需求,确保库款在合理区间内运行。2023年，全市一般公共预算收入占地区生产总值的8.5%，占财政总收入的59.8%，税收收入占一般公共预算收入的84.4%。规范非税收入征管。以土地出让收入为重点做好分析预测，提高非税收入预算编制执行的规范性和准确性。深入推进非税数字化改革，开展财政票据电子化管理升级、上线非税收入电子化缴库业务、完成“浙里捐赠”平台“慈善一日捐”试点等工作。全市组织非税收入127.18亿元，下降15.4%；其中纳入一般公共预算收入管理的非税收入16.68亿元，增长15.8%。

【服务经济发展】 保障三个“一号工程”。成立推进三个“一号工程”专班领导小组，以基金招商、数字经济及地瓜经济财政扶持政策体系为抓手，制定三张任务清单。落实省市级“8+4”政策体系，兑现政策资金111.34亿元，其中涉企奖补资金12.68亿元，惠及企业3655家。落实减税降费政策。全年完成增值税留抵退税72.17亿元。开展执收单位收费目录清单公示及涉企违规收费专项整治工作，落实水资源费、水土保持补偿费等降费任务，减免行政事业性收费2297万元。支持重大项目建设。争取交通、教育、社保等上级补助资金38.98亿元。储备谋划政府债券项目，新增债券额度47.18亿元，保障重大项目建设。苏台高速项目获银团授信117.00亿元。发挥政府基金作用。2023年11月6日，印发《桐乡市产业基金管理办法》，明确润桐控股母基金，科创、招商、战略合作、上市4大基金板块，N支子基金组成的“1+4+N”产业基金架构。出资7.74亿元参与浙财腾云、省科创母基金等5支基金组建。2023年全市产业基金投资项目51个，金额16.94亿元，带动社会资本股权投资53.14亿元。

【提升民生福祉】 全年民生支出119.41亿元，增长6.9%，占一般公共预算支出的83.5%。加大教育投入。全年教育支出31.06亿元，推进学前教育优质普惠，支持义务教育阶段学校标准化建设，调整学校生均公用经费，落实2所初中民办学校转公办学校资金1.70亿元，落实普惠制幼儿园改革专项资金6600万元。提质社会保障。全年社会保障和就业支出9.45亿元。落实专项资金2583万元推动高质量养老服务体系建设；落实资金4924万元加大最低生活保障、特困人员基本生活和困境儿童生活补助力度；落实残疾人事业专项资金2571万元保障残疾人康复、支持无障碍改造。推进医疗惠民。全年卫生健康支出11.70亿元。落实基本公共卫生服务项目经费1.07亿元，完善基本公共卫生服务财政补助标准增长机制；落实医共体建设专项资金3778万元，支持优势医疗资源下沉，提高基层医疗服务能力。助推乡村振兴。深化涉农资金整合，落实“三农”支出71.44亿元，主要用于粮食稳产保供，农业“双强”行动等。创新归集高标准农田建设项目和“百千万”永久基本农田集中连片整治项目，整合下达资金8698万元，节省资金5600万元。抓好共富“小切口”，推进实施“扩中”“提低”，低收入农户持股增收改革案例入选全省财政系统市县优秀共富实践案例，2023年全市低收入农户人均可支配收入27973元，增长10.6%。

【深化财政改革】 完善财政体制机制。2023年2月28日，印发《关于进一步调整完善镇街区财政管理体制的意见》，重构镇街区财政管理体制。加大资金向基层、重点区域倾斜力度，上调乡镇支出基数总额。做好对各镇街区转移支付工作，分配下达转移支付指标147条，涉及资金1900万元。坚持过“紧日子”。编制集中财力办大事财政政策体系（2023—2027）方案，全年压减非必要、非刚性支出5336万元。开展部门结余结转资金清理，盘活存量资金6981万元。完善资金直达机制，分解落实直达资金13.24亿元。强化预算绩效管理。实施部门整体绩效评价工作，完善评价指标体系，下达自评项目360个，涉及预算单位和部门154个，实现绩效自评全覆盖。选取5个民生项目开展重点绩效评价，涉及资金2.45亿元。推进绩效结果应用，以涉企政策全口径绩效评价为依据，调整完善新一轮涉企政策。深化数字成果应用。落地全省代理记账电子凭证会计数据标准应用地区试点，9家代理机构的18个代理单位参与试点，实现电子凭证接收、入账、归档自动化。“浙里报账”实现11个场景上线全覆盖，报销单量逾5万单，报销金额29.77亿元。上线“浙里基财智控”应用，提升基层财政治理能力。

【强化财政监管】 深化预算执行监控。2023年4月24日，印发《桐乡市预算执行监督专项行动实施方案》，通过预算管理一体化、“收支运行智管”应用等系统，动态监控预算执行收支情况。实施公款竞争性存放网上招标，全年公开招标4次，存放金额81.43亿元。规范政府采购监管。加强政府采购文件在线监控，全年监控检查采购项目文件485个，发放监督建议书10个，远程视频监控项目5个。开展政府购买服务专项整治工作，重点检查市民政局等购买主体20家，规范政府购买服务管理。防范化解财政风险。开展农机购置补贴及涉企补贴专项检查，涉及资金3.42亿元、企业2806户、农户547户。开展“三公”经费使用检查，健全纪检监察监督与财会监督贯通协同机制。健全国企债务风险监测预警机制，推动债务化解。

【加强队伍建设】 强化党建引领。深化党建季度评比分析机制，开展局内支部评比4次、牵头片组单位互学互查3次。推进机关党建示范点建设，财政党建客厅接待参观397人次。建设清廉财政。制定党风廉政建设和反腐败工作组织领导与责任分工，排摸党风廉政建设风险点33个。加强廉政教育，召开专题警示教育大会，组织干部旁听现场庭审。组织支部清廉品牌活动，举办财政、国企系统青年干部辩论赛，打造财政清廉品牌。开展志愿帮扶。调动党员干部服务群众积极性，组织文明创建、护航亚运等志愿活动132次。开展暖心结对组团帮扶工作，开展“点亮微心愿”活动9次，慰问困难人群185人。

（桐乡市财政局供稿　倪诗瑜执笔）

绍兴市财政工作

绍兴市

【概况】 2023年，绍兴市实现地区生产总值7791.14亿元，按不变价格计算，较上年增长7.8%。其中：第一产业增加值239.29亿元，增长3.9%；第二产业增加值3729.06亿元，增长7.6%；第三产业增加值3822.79亿元，增长8.2%。三次产业结构比为3.1∶47.9∶49.0。按常住人口计算，人均生产总值144992元，增长7.2%。全市居民人均可支配收入69707元，增长6.0%，其中：城镇居民人均可支配收入80392元，增长5.5%；农村居民人均可支配收入48825元，增长6.8%。全市实现财政总收入926.60亿元，增长12.8%。全市一般公共预算收入578.75亿元，增长7.2%；其中税收收入449.70亿元，增长9.4%。全市一般公共预算支出778.64亿元，下降3.3%。市本级财政总收入91.97亿元，增长5.6%；市本级一般公共预算收入54.30亿元，增长6.6%；其中税收收入41.98亿元，增长6.7%。市本级一般公共预算支出101.36亿元，下降23.4%。全市及市本级财政收支平衡。

【组织财政收入】 *深化财税"精诚共治"机制。*统筹协调财政、税务部门与涉税各方力量集约使用，落实涉税信息互联共享，挖潜增收。2023年，全市一般公共预算收入占地区生产总值的7.4%，占财政总收入的62.5%；税收占一般公共预算收入的77.7%。全市税占比70.0%以下区县"清零"。*优化非税收入征管模式。*构建数据流、资金流、业务流相统一的政府非税收入全链式管理新模式。通过推广电子一般缴款书、执行收入电子缴库、优化公共支付平台等数字化手段，提升非税收缴业务的规范性、高效性、安全性。2023年，全市入库非税收入574.10亿元，其中纳入一般公共预算管理的非税收入129.04亿元。*向上争取政策资金。*全市争取政府债券额度213.92亿元，其中专项债券额度199.92亿元，一般债券额度14.00亿元。

【保障杭州亚运会、亚残运会】 *强化亚运资金保障。*建立亚运预算保障体系，支持棒（垒）球体育文化中心、奥体中心体育馆、柯桥羊山攀岩中心等亚运会场馆建设，安排专项资金保障场馆运行、赛事举办、安全保卫等，对亚运项目的绩效情况实施全周期跟踪问效。*加强廉洁办会监督检查。*成立专项检查组，锚定物资采购、项目建设等重要领域及关键节点，开展场馆设施运维保障、场馆惠民情况等监督检查24次，梳理监督要点清单12项。*承接后勤保障服务。*承接并完成亚运会住宿点各项后勤服务保障任务，杭州湾会计学苑被确定为杭州亚运会绍兴地区唯一运动员住宿点，服务运动员597人次，服务时长逾500小时。市财政局被中共浙江省委办公厅、浙江省人民政府办公厅评为杭州亚运会、亚残运会浙江省先进集体。

【助推经济发展】 支持数字经济创新提质"一号发展工程"，全市科技投入48.63亿元，增长16.2%。安排创新政策资金7.18亿元。支持人才引进，安排16.45亿元支持高层次人才和高校毕业生安家落户、创业发展等。支持营商环境优化提升"一号改革工程"，全年落实新增减税降费及退税缓费政策资金159.80亿元，办理新增政策留抵退税61.34亿元。打通"越快兑3.0"和财政支付系统，加快惠企资金兑现。落实"8 + 4"经济政策体系，构建"8 + 1"财政要素保障清单，统筹安排资金279.38亿元保障政策落地，全年超额兑现"8 + 4"政策资金331.38亿元，惠及企业逾10万家次。参与省"415X"先进制造业专项基金群建设，实现新一代信息技术产业基金、现代消费与健康产业基金2支规模各50.00亿元专项集群基金落地，组建首期规模5.00亿元的市中小企业投资基金，专项支持中小企业"专精特新"发展。

【推进共同富裕】 研究增收型、共享型、减负型、补偿型财政政策内涵和实施路径，制定绍兴市百万家庭奔富三年行动计划（2023—2025年）。安排资金8000万元，开展以家庭为单位的"迎亚运，奔共富"消费券发放活动，提出以"户籍+婚姻"关系为基础界定家庭概念，撬动消费逾1.50亿元，惠及家庭67万户。统筹专项资金2.40亿元，推进和美乡村建设创建省级未来乡村35个、省级和美乡村示范乡镇9个、特色精品村31个、达标村321个。

【增进民生福祉】 2023年，全市民生支出592.58亿元，占一般公共预算支出的76.1%，较上年提升5.3个百分点。*健全社会保障体系。*全年社会保障和就业支出124.05亿元。安排资金2.53亿元保障困难人员社保补贴、高校毕业生青年就业创业政策落实；实施阶段性下调失业保险费率，实现政策减免6.30亿元，惠及企业13.3万家；全市最低生活保障标准提高至1134元/（人·月），提升9万余名低保对象基本生活保障。*促进教育高质量发展。*全年教育支出158.41亿元，开展中小学（幼儿园）新建、续建、改扩建项目62个，完成投资24.13亿元，新增中小学（幼儿园）学位1.9万个。落实国家助学金、学杂费减免、营养餐等资助政策，资助各级各类中小学生4218万元，惠及5万人次。*保障健康绍兴行动实施。*全年卫生健康支出87.29亿元。支持建成投用省人民医院绍兴医院、市妇幼保健院新院等。提升参保城乡居民健康体检标准至150元/人次，其中财政补助不低于126元/人次，全年落实补助资金逾1.70亿元。安排城乡居民医保财政补助资金24.49亿元，逐步提高补助标准。*持续关爱"一老一小"。*财政支出2.97万元，探索"居家+社区机构+智慧养老"家门口幸福养老模式，加快建设中高端养老机构，每万名老年人拥有持证养老护理员数逾23人。推动育儿友好型社会建设，制定"放心托 安心育"普惠服务提升项目实施方案，每千人拥有3岁以下婴幼儿托位数4.29个。

【深化财政改革】 深化全口径预算改革。创新构建“强统筹、破基数、保重点、提绩效”的零基预算模式，全面应用于2024年部门预算编制工作。构建过“紧日子”评价体系，确定9项评价内容和21条市级机关过“紧日子”评价指标，分类分档压减一般性支出5.84亿元，压减日常公用经费1000万元。动态掌握存量资金使用和结存情况，做到应清尽清、应缴尽缴。推进财政增值化改革。以政府采购支持绿色建材全国试点为契机，首创性完成37家绿色建材框架协议供应商签约。“政府采购+”助企服务事项入选省级增值化改革“一类事”指导目录。推进“指尖上的形式主义”整改，对信息化项目通过统一规划、整合存量、制定标准等举措，压减资金1.70亿元。深化存量资产盘活。入选盘活存量资产扩大有效投资省级试点，38个项目纳入全省重点盘活项目库，资金总规模491.16亿元，其中实质性盘活项目21个，涉及资金243.42亿元。原水水利公募REITs（不动产投资信托基金）项目通过国家发展改革委多轮评审。

【加强财政监管】 落实“财会监督年”行动。成立财会监督工作推进专班，出台实施方案，明确7大任务39项具体行动，联合审计、纪检监察、机关事务等单位开展专项检查，做好地方财经纪律重点问题专项整治工作。加强债务风险管控。用活用好化债政策，积极化解存量债务。政府债务、国有企业债务等统管方案，健全国有企业债务成本控制机制。开展政府购买服务专项整治。建立24项委托业务费负面清单，严控预算规模，2024年政府购买服务预算较上年下降13.5%。

【加强队伍建设】 开展学习贯彻习近平新时代中国特色社会主义思想主题教育。深化“大走访大调研大服务大解题”，班子领衔开展7大社会发展和民生焦点专题调研，提升破难解题实效。开展“政治检视、党性体检”，梳理形成问题清单2个、具体举措6个，推动检视整改。推进清廉财政建设。以机关纪检工作规范化建设为抓手，一体推动监督、执纪、教育、管理“四个规范化”，获评全省清廉建设成绩突出单位、全省清廉财政建设成绩突出单位。加强干部梯队建设。建立年轻干部实绩档案和中层后备库，选送16名优秀年轻干部到财政部、省委巡视组、省财政厅、乡镇街道等锻炼。加强干部选拔任用，全局35周岁左右及以下中层干部占比提高至33.3%。

（绍兴市财政局供稿　吕佳青执笔）

越城区

【概况】 2023年，绍兴市越城区（滨海新区）实现地区生产总值1330.15亿元，按可比价格计算，较上年增长7.4%。其中：第一产业增加值17.20亿元，增长3.8%；第二产业增加值568.09亿元，增长7.9%；第三产业增加值744.86亿元，增长7.1%。三次产业结构比为1.29∶42.71∶56.00。按常住人口计算，人均生产总值118078元，增长6.8%。社会消费品零售总额792.97亿元，增长6.0%。外贸进出口总额1107.31亿元，增长32.1%。全区城镇常住居民人均可支配收入74596元，农村常住居民人均可支配收入48866元，分别增长5.8%和7.3%。全区实现财政总收入145.66亿元，增长6.3%；其中：一般公共预算收入90.22亿元，增长4.5%，税收收入77.61亿元，增长8.0%。一般公共预算支出108.21亿元，增长8.9%。

【组织财政收入】 确保收支平衡。跟踪分析财政收支运行形势，强化财税协同共治，优化税源管理，细化过程性考核，建立应急保障预案。2023年，全区一般公共预算收入占地区生产总值的6.8%，占财政总收入的61.9%；其中，税收收入占一般公共预算收入的86.0%。强化非税收入管理。深化非税收入电子化改革。全年实现非税收入57.96亿元，下降29.3%，其中纳入一般公共预算管理的非税收入12.61亿元。向上争取发展资金。全年新增债券额度27.40亿元，其中新增专项债券额度25.40亿元，一般债券额度2.00亿元。

【服务经济发展】 围绕助企纾困促发展，落实惠企政策，持续落实减税降费政策，新增减税降费14.22亿元，完成留抵退税23.07亿元。加快省“8+4”及市促进经济高质量发展政策体系落地，全年兑现各类惠企政策资金11.38亿元。灵活使用“政采贷”“履约保函”等政府采购金融服务产品，拓宽企业融资渠道，全年办理“政采贷”授信902笔，资金规模7260万元，放款895笔，总金额3998万元。持续加大政府采购支持中小企业力度，全年政府采购授予中小企业合同金额11.95亿元，占区政府采购规模的92.9%。协助发布房产新政二十五条，延续房产交易契税等财政补贴政策，6127套商品房享受契税财政补贴4672万元，保障房地产市场健康稳定发展。统筹运作产业基金，以区产业基金、集成电路母基金、“415X”先进制造业专项基金群引进培育集成电路、高端制造等新兴产业。

【提升民生福祉】 全年民生支出76.91亿元，增长11.3%，占一般公共预算支出的71.1%。支持社会保障事业发展。全年社会保障和就业支出17.14亿元，增长8.6%。发放困难群众、残疾人、优抚对象、孤儿及困境儿童等帮扶救助资金8820万元，落实城乡居民养老保险提标、基本公共卫生服务补助、义务兵优待金和退役士兵生活补助等民生政策。支持文体事业发展。全年文化旅游体育与传媒支出1.19亿元。强化亚运资金保障，建立赛会筹办资金保障机制，支持做好亚运火炬传递、赛事安保、氛围营造等，对亚运项目采购等实施全国跟踪指导。支持教育事业发展。全年教育支出22.31亿元，增长6.4%。保障教育网点优化，安排专项资金3.49亿元，推进23所学校新改扩建，新增学位2760个。支持医疗卫生事业发展。全年医疗卫生支出14.59亿元。支持医疗网点建设,安排专项资金1.59亿元,保障浙江省人民医院越城院区等项目推进。*支持乡村振兴*。全年农林水支出4.50亿元。土地出让收入用于农业农村比例8.1%。统筹安排区级“大三农”政策资金2.36亿元,重点突出粮食、耕地、农业科技等核心,兑现支农政策资金7269万元,发放各类粮食补贴5780万元。安排资金7800万元强化耕地和基本农田建设保护。

【深化财政改革】 *探索“非税代理银行动态监控”省级试点*。加强政府非税收入代理银行非税业务管理,设置专户库存数、单位缴款单应缴未缴、电子凭证库划缴情况、收款银行结报清算4个监控模型,开展多维度预警和监控,促进非税业务提质增效。*制定预算支出标准体系*。厘清支出负面清单,规范业务领域开支范围,明确支出标准154项,将支出标准作为预算安排的依据,提高预算精细化水平。*创新资产盘活方式*。推进存量资产盘活,通过资产合理组合等方式打包整合,形成REITs(不动产投资信托基金)等盘活项目储备库,推动国有企业所属资产证券化。

【加强财政监督】 *组织财会监督*。聚焦减税降费政策落实、基层“三保”、地方政府债务、财政暂付款管理、惠民惠农财政补贴资金“一卡通”等9类问题开展监督检查。*加强财政动态监控*。加强国库集中支付动态监控,把严把紧预算支出关口,强化资金动态跟踪问效,全年监控资金107.52亿元,发现并纠正违规支付资金239万元。成功认领“非税代理银行动态监控”省级试点。*加强债务监管*。防范化解地方政府债务风险,加强债务率风险管控,做好债务增量和可用财力测算,控制政府债务增量规模。

【深化国企改革】 推进国企“1+4+X”发展体系,突出国投集团引领带动,做强高投、城发、文旅、公用4大国企,推动鉴水、黄酒、名城等公司竞相发展,提高核心竞争力。实施企业重组整合,引导区属国有企业优化调整业务板块,国企总资产突破千亿元,新增AA+信用评级企业1家、AA信用评级企业2家。支持企业向市场化、实体化、新兴产业、绿色低碳方向转型发展。深入推进资产确权办证,确权办证无证房屋297处、面积28万平方米,确保后续资产并购融资。

【加强队伍建设】 *开展学习贯彻习近平新时代中国特色社会主义思想主题教育*。班子成员带头一线宣讲党课7次,全年发放学习资料445册,组织党员干部集中学习12次、党日活动12次、周一夜学50余次。全局党员专题学习率、发言率均100.0%。*做强党建品牌*。提质升级“清风财政·红色管家”特色党建品牌,获评全区2023年度“星级机关党建品牌”。区财政局获评“越城区清廉机关创建十佳示范点”。开展“契约化”共建,发动党员“亮身份、履契约”,在职党员社区报到率100.0%。开展党员“一岗两区三支队”建设,发挥党员先锋示范引领作用。*优化干部结构*。开展中层干部聘任调整工作,35周岁以下中层干部占比41.7%。

(绍兴市越城区财政局供稿　王　赛执笔)

柯桥区

【概况】 2023年,绍兴市柯桥区实现地区生产总值2030.29亿元,按可比价格计算,较上年增长8.3%。第一产业增加值41.76亿元,增长3.9%;第二产业增加值1017.98亿元,增长8.5%,其中工业增加值878.25亿元,增长8.4%;第三产业增加值970.54亿元,增长8.4%。三次产业结构比为2.1∶50.1∶47.8。按户籍人口计算,人均生产总值288516元,增长6.2%。社会消费品零售总额448.98亿元,增长11.9%。自营出口1476.39亿元,增长10.2%。城镇常住居民人均可支配收入87647元,增长6.0%;农村常住居民人均可支配收入55299元,增长7.2%。全区完成财政总收入222.29亿元,增长18.5%;一般公共预算收入142.23亿元,增长7.3%,其中税收收入110.22亿元,增长7.4%。全区一般公共预算支出139.15亿元,增长1.4%。全年财政收支平衡。

【组织财政收入】 *加强分析研判*。优化收入目标形成、专班共治和考核通报3项机制,从制造业、印染业等重点行业和项目入手,加强税源调研和数据分析,提升非税收入统筹管理水平,把握组织收入的力度、进度和节奏。2023年,全区一般公共预算收入占地区生产总值的7.0%,占财政总收入的64.0%;税收收入占一般公共预算收入的77.5%。全区实现非税收入131.79亿元,其中纳入一般公共预算管理的非税收入32.01亿元,增长6.7%。*抓实税源引育*。制定新一轮区对镇街财政管理体制,在保障日常运转、加大基本公共服务均衡基础上,完善超收分成、专项奖励等机制,调动镇街生财、聚财、理财积极性。设立收入组织高质量、预算管理优化、国企资金保障优化、涉企激励资金管理、村社奖补资金管理5大矩阵式工作专班,形成攻坚合力。修订产业基金管理办法3.0,新设基金4支、招商母基金2支,争取到总量50.00亿元的省现代消费与健康基金组建任务,发挥产业基金项目招引作用。*争取债券资金*。按照“储备一批、发行一批、建设一批”滚动接续机制,做好项目储备,加快债券发行、拨付以及支出进度,形成实物工作量和投资拉动力。全年争取政府专项债券额度37.39亿元、特别国债1.46亿元。

【支持三个“一号工程”】 *支持数字经济创新提质“一号发展工程”*。投入资金2.63亿元,推进“315”科技创新体系建设,保障高能级科创平台建设、科技型企业培育以及重大产业科技攻关等。全区新增国家高新技术企业91家、省科技型中小企业318家、科技小巨人企业2家。投入资金2.15亿元,支持高层次人才和高校毕业生安家落户、创业发展,打造“人才生态最优区”。*支持营商环境优化提升“一号改革工程”*。承接中央及省市一揽子政策,落实全区“1+9”产业扶持政策,创新预兑、直兑、快兑模式,全年兑现“8+4”经济政策区级资金47.30亿元,兑现提速逾30.0%。推进税费减免政策落地,全年新增减税降费及退税缓税缓费37.77亿元，获省落实留抵退税政策激励资金1.47亿元。支持地瓜经济提能升级"一号开放工程"。投入资金3.68亿元，实施制造强区"4131"行动，壮大"地瓜经济"根系。投入资金2.79亿元，实施"丝路柯桥·布满全球"行动，鼓励引导企业"走出去"，推动外贸扩容提质。

【推进共同富裕】 推进改革试点。启动家庭财金助力扩中试点改革，全年发放"共富"贷3.54亿元，惠及家庭1473户。深化财政激励企业对低收入人员就业帮扶改革，组织职业技能培训4万人次。建设共富乡村。深化新时代"千万工程"，投入资金3.47亿元支持"三农"高质量发展、"五星3A"、美丽乡村及水利工程建设等项目，全年新增省级未来乡村8个、和美乡村特色精品村6个，建成共富工坊157家。实施兰亭乡村共富体建设，推进建设竹产品精深加工产业园、水蜜桃文化节及基地配套设施等共富项目7个。关爱"一老一小"。投入资金6060万元，加大"一老一小"服务供给力度，支持新建乐龄机构88家，新增托育机构10家、普惠托位630个。以第三批共富省级试点为契机，安排资金1.00亿元，新组建康养集团，整合区内养老资产资源与养老资源有效嫁接、盘活区镇两级公办养老机构设施资产，布局养老人才培养、医康养结合、养老机构合作、养老阵地建设等领域，推动国有企业。

【保障民生支出】 全年民生支出110.72亿元，占一般公共预算支出的79.6%。健全社会保障体系。全年社会保障和就业支出19.45亿元，增长23.8%。投入资金3.04亿元，提高城乡居民基本医疗保险财政补助标准至1165元/(人·年)。投入资金6509万元，支持高校毕业生、退役军人、残疾人等重点群体就业创业，全区城镇新增首次在柯就业人数7万人。提升卫生医疗水平。全年卫生健康支出13.53亿元，下降12.7%，推动卫生医疗事业发展，提高基本公共卫生服务补助标准到80元/(人·年)，获全省公立医院综合改革评估和健康浙江考核优秀。推动教体事业发展。全年教育支出32.19亿元，增长2.8%，深化"教共体""双减"等教育改革，建成全国义务教育优质均衡发展区和学前教育普及普惠区。投入资金支持协办杭州亚运会，保障棒垒球、攀岩等各项赛事举办，实现"办好一个会、提升一座城"。

【深化财政改革】 推动预算改革。健全零基预算"目标、指标、审核、评价"全过程管理机制，细化完善区级预算支出标准体系，推进财政收支均衡度评估机制省级试点改革。全年完成绩效自评项目1497个和抽评项目89个，选取共建创新平台、幸福养老提档工程等10个项目开展重点绩效评价。突出数字赋能。推广使用"收支运行智管"应用，建立全链条实时预警监测体系，提升收入管理和支出执行效能。实施省级电子凭证会计数据标准试点改革，推动无纸化报销、入账、归档全流程处理。启用"线上公物仓"，调剂入库资产798件、领用168件。盘活存量资产。按"全口径、全覆盖"标准盘清国资家底，建立"清底、确权、盘活、考核"全周期管理机制，按项目量身定制盘活方案，运用特许经营权授予、确权评估、资产证券化以及公募REITs（不动产投资信托基金）、CMBS（商业房地产抵押贷款支持证券）等方式，激活闲置、低效资产。全年盘活存量资产132.97亿元。

【守牢风险底线】 统筹调度资金。紧盯库款运行，变"按月测"为"实时测"，确保库款保障水平维持在0.3～0.8安全区间。坚持有保有压，优先保障拨付"三保"资金46.70亿元。健全资金收回使用和定期清理机制，盘活存量资金21.79亿元，压减低效项目资金2.79亿元，统筹用于重点急需领域。强化财会监督。组织实施"财会监督年"活动，部署监督体系健全、市场秩序维护等6大专项行动，开展预算执行、地方财经纪律重点问题、涉企补贴补助资金、国企资产租赁等专项检查，建立问题清单、逐一销号，构建"发现、反馈、处理、整改"全周期财会监督机制。防范债务风险。制定"一企一策"债务化解方案，统筹调度资金完成年度化解目标任务。开展国有企业降本减息专项行动，建立分季度动态调整的融资业务综合成本窗口指导意见，置换高利率融资贷款，全年国有企业节约融资成本2.11亿元。

【激发国企活力】 健全运行机制。优化整体产业布局，新组建浙江金柯桥文化旅游集团有限公司。"一企一策"推进区属国企和开发区所属国企改革，修订人力资源、领导人薪酬、融资担保及借款等管理制度13项。试点运行数智国资监管平台，动态采集数据、开通银企直联、实时分析预警，实现党建、财务、投资、人才等全链条数字化管理。提升信用评级。制定主体信用等级提升"一企一策"方案，通过股权结构调整、优质资产注入、存量资产盘活等举措，推动绍兴市柯桥区国有资产控股集团有限公司获评主体信用最高AAA评级，新评AA+级国企2家，全区形成拥有1家AAA、6家AA+和9家AA的高信用主体矩阵。

【加强队伍建设】 开展学习贯彻习近平新时代中国特色社会主义思想主题教育。部署开展主题教育，一体推进理论学习、调查研究、推动发展、检视整改、建章立制等各环节，组织专题学习8次，完成调研课题10个，出台制度办法3项，梳理汇总共性问题10个。建设"勤廉财政"。落实"勤廉柯桥"主题行动，谋划"勤廉财政"创建项目19个。全体干部对照26项廉洁作风问题清单绘制"勤廉自画像"，查补勤廉缺口、改进勤廉作风。全区创建"清廉国企"标杆2家。注重梯队建设。健全"选、育、管、用"全链条培养体系，因材施用、因岗选人，新提拔任用干部10名，轮岗交流干部54名。加大年轻干部培养力度，实施"自奋蹄·启新航"成长计划，开展新录用干部试岗活动，选派9名干部参加亚运专班、世界布商大会、巡察等大事要事。

（绍兴市柯桥区财政局供稿　王森剑　过　筱执笔）

上虞区

【概况】 2023年,绍兴市上虞区实现地区生产总值1317.72亿元,按可比价格计算,较上年增长7.6%。其中:第一产业增加值54.52亿元,增长4.0%;第二产业增加值678.89亿元,增长7.7%,其中工业增加值571.20亿元,增长7.1%;第三产业增加值584.30亿元,增长7.9%。三次产业结构比为4.14:51.52:44.34。按常住人口计算,人均生产总值164612元,增长7.1%。全年实现财政总收入161.47亿元,增长14.6%。一般公共预算收入97.67亿元,增长7.3%。一般公共预算支出137.50亿元,增长0.2%。全年财政收支平衡。

【组织财政收入】 成立区财税领导小组会议,发挥区级工作专班合力,锚定收入目标,实行清单化管理。摸清税源底数,培育扶持优质税源,出台加强财源建设优化乡镇财政体制运行政策。2023年,全区一般公共预算收入占地区生产总值的7.4%,占财政总收入的60.5%;税收收入77.24亿元,增长6.4%,占一般公共预算收入的79.1%。全年征收非税收入(含税务征收)91.99亿元,下降51.4%,其中纳入一般公共预算管理的非税收入20.43亿元,增长11.1%。加大存量资产盘活,重点挖掘人防设施、停车位、污水管网等政府性经营资源。

【助力经济稳进提质】 *落实减负惠企政策*。落实各项减税降费政策,全年完成增值税留抵退税9.17亿元。承接省"8+4"经济政策体系,配合完成新一轮政策体系修订。优化政策资金兑现流程,全年兑现惠企政策资金20.90亿元,提前3个月完成年度目标。参与政企服务直通车、"益企来"等专题服务活动,发挥政府采购政策功能,2023年全区入驻"政采云"平台企业新增405家,累计入驻3857家;政府采购中小企业项目金额占比97.1%,电子标占比100.0%。*支持科技创新*。全年安排科技支出9.64亿元,增长15.2%。投入资金3.40亿元用于科技创新、大学研究院、科创大走廊建设和发展,助力新增省科技"小巨人"企业2家、省级以上研发机构16家,蝉联全省"科技创新鼎"。*带动扩大有效投资*。全年争取转移支付、体制结算补助资金28.75亿元,争取政府债券额度52.22亿元,其中专项债券额度50.22亿元,重点支持交通、市政和产业园区基础设施、社会事业、农林水及"一江两岸三城多片区"等区块建设项目,带动扩大有效投资,稳住经济大盘。*发挥产业基金引领作用*。聚焦新能源、新材料等新兴产业,指导绍兴市上虞区财新创业投资合伙企业(有限合伙)、中金曜盛(绍兴上虞)股权投资合伙企业(有限合伙)等开展基金项目筛选尽调及投资决策,完成惟精新材、摩路新材等项目投资5个,完成投资金额4766万元。

【推动共同富裕】 实施区内山海协作,投入资金6.60亿元开展飞地抱团共富引领项目10个,打造共富工坊161个,实现全区行政村年经营性收入80万元以上。投入资金2.10亿元启动农村饮水共富提质三年行动,完成37座单村供水站改造提升,惠及虞南山区群众逾1万人。丰惠镇祝家庄等6个村抱团入选省财政厅"一事一议"财政奖补支持打造共富村试点项目。

【保障民生事业】 全年民生支出111.03亿元,占一般公共预算支出的80.8%。*完善社会保障体系*。投入资金21.17亿元,优化就业扶持及困难群众、残疾人、优抚对象、孤儿、困境儿童帮扶政策,新增城镇就业1.5万人,帮扶重点群体1.3万人。提高民生保障待遇,企业职工养老保险待遇从每人每月2869元提高至2934元,困难群体最低生活保障金提高至每人每月1134元,城乡医疗保险参保缴费补助提高至每人每年1230元。支持新建"晚晴食堂"10家,"乐龄中心"4家,保障高龄津贴2136万元、养老服务补贴1949万元。支持优化生育政策实施,助力普惠性托育机构建设。*提升医疗卫生水平*。全年卫生健康支出13.55亿元。投入资金2.03亿元,加强基层医疗机构建设,支持医共体高品质发展,村级医疗卫生覆盖率98.2%。保障邵逸夫医院绍兴园区、城南医用综合中心二期项目推进。投入资金431万元,支持"救在身边"体系建设,基本建成15分钟医疗急救圈。*发展教育人才事业*。投入资金26.44亿元,巩固完善教育经费保障机制,推动教育优质均衡发展,全年新建改建中小学、幼儿园12所,新增优质学位2970个,引进"三名"(名校长、名班主任、名师)教师228名。投入资金4.69亿元,保障人才引进、高校毕业生等人才政策落实。*支持城市有机更新*。全年投入资金32.01亿元支持城区焕新计划,标准翻番改造老旧小区37万平方米,房屋征收80万平方米,新改建口袋公园10个,新增停车位3100个。

【深化财政改革】 *加强全口径预算管理改革*。加强资金、资产、资源、资本"四资"统筹,全年压减非刚性、非必要支出3.85亿元。*加强预算绩效管理改革*。完成省财政厅"揭榜挂帅"试点工作,推动整体绩效预算改革,完成乡镇街道政府财政运行综合绩效评价,选取杭州湾上虞经济技术开发区管理委员会完成整体绩效评价。入选全省变革型财政组织创建优秀实践案例。把好预算绩效评估关口,全年开展事前绩效评估项目188个,核减资金17.30亿元,核减率9.3%。*深化国企改革*。制定2023年度国有企业重大实体化项目攻坚提速年活动实施意见,确定28个国资国企重大实体化项目重点推进,健全项目筛选、推进、通报考核机制。壮大企业经营板块,提高特定领域国企市场参与度和竞争力。

【防范财政风险】 *加强债务风险管控*。落实"三债统管"要求,坚决遏制新增隐性债务,推进存量隐性债务化解,完成全年化债任务。*加强运行风险管控*。关注财政收支运行,守住"三保"底线,2023年全区"三保"支出46.29亿元,占一般公共预算支出的32.7%。加强库款运行监测,严控新增暂付款项规模,提高国库支付能力。加强财会监督。开展“财会监督年”活动，对58个区级部门单位及22个乡镇街道开展财经纪律重点问题专项检查。

【加强队伍建设】 开展学习贯彻习近平新时代中国特色社会主义思想主题教育。制定主题教育实施方案，组织全体干部参加主题讲座、直播授课。组建青年学习小组，面向团员干部举办理论研讨会。组织国企党建工作，开展“红领项目”活动，推进清廉国企建设。提升干部素质。定期开设财政讲堂，运用“云课堂”模式推广线上学习。关注青年干部教育培养，启动“青蓝工程”帮带项目，召开青年干部座谈会，举办青年沙龙活动，组织青年干部参加全区理论宣传大赛、党纪法规知识竞赛活动。以跨部门交流、推荐上挂锻炼等方式锤炼干部能力素质。委派19名干部担任党建指导员、驻企服务员、驻村书记。

（绍兴市上虞区财政局供稿　许坚颖执笔）

诸暨市

【概况】 2023年，诸暨市实现地区生产总值1755.29亿元，按可比价格计算，较上年增长7.6%。第一产业增加值55.91亿元，增长3.9%；第二产业增加值826.01亿元，增长6.5%；第三产业增加值873.37亿元，增长8.8%。三次产业结构比为3.2∶47.0∶49.8。按常住人口计算，人均生产总值163501元，增长8.0%。全市实现进出口总额799.32亿元，增长15.0%。其中出口总额699.81亿元，增长13.4%；进口总额99.51亿元，增长27.8%。全体居民人均可支配收入71435元，增长5.3%，城镇、农村常住居民人均可支配收入分别为84382元和52684元，分别增长4.9%和6.0%。城乡居民收入倍差1.60，比上年缩小0.02。全市实现财政总收入148.91亿元，增长13.1%，其中一般公共预算收入97.20亿元，增长7.7%。一般公共预算支出126.20亿元，增长2.3%。全年财政收支平衡。

【强化收支管理】 加强分析研判。加强与税务部门协作，运行月度分析、部门会商、考核通报三大工作机制，强化每月收入动态趋势分析和重点增（减）收因素分析。2023年，全市一般公共预算收入占财政总收入的65.3%，占地区生产总值的5.5%；税收收入70.86亿元，增长15.4%，占一般公共预算收入的72.9%。组织非税收入。全年实现非税收入91.65亿元，其中纳入一般公共预算管理的非税收入26.34亿元，下降8.9%。关注各类资产资源出售情况，摸排涉矿工程项目矿产资源处置及矿山开采产生的砂石料处置收入2.23亿元。争取上级资金。全年收到中央直达资金10.14亿元，落实常态化财政资金直达机制，分配进度100.0%。全年争取政府债券额度13.91亿元，其中：一般债券2.00亿元，专项债券11.91亿元，重点支持交通、农林水利、社会事业等项目12个。落实过“紧日子”政策。可压尽压、应压尽压非刚性非重点项目支出，全年压减非刚性、非必要支出26.62亿元。

【服务经济发展】 支持科技人才创新。全年科技支出1.72亿元，增长15.1%，支持企业研发后补助、国家高新技术企业奖励、科技创新券等政策兑现。全年兑现人才专项资金2.50亿元，增长21.4%。帮助市场主体纾困。全年提供应急转贷资金44.41亿元，服务企业115家。实现涉企政策直达快享，全年兑现政策资金17.00亿元。减免行政事业性收费和政府基金4896万元（不含税务征收）。落实免收投标保证金、取消工本费、下调履约保证金比例等政府采购支持中小企业举措，全年政府采购金额16.38亿元，项目采购11.95亿元，其中小企业中标（成交）项目数占比97.5%，金额占比97.4%。加快产业基金运作。全市转型升级产业基金已参股设立12个子基金和3个直投项目，累计认缴出资11.78亿元。2023年子基金新增投资项目1个，投资金额5000万元。

【推动共同富裕】 全年土地出让收入用于农业农村比例14.5%。推动特色农业产业发展，全年拨付珍珠产业发展示范建设项目资金8674万元、同山烧集成创新示范建设项目财政资金5796万元。6村联合总投资1500万元，建设五泄镇省级农村综合改革集成建设项目，打造五泄社区文体中心，发展“赛事经济”。推进马剑镇“一事一议”财政奖补支持打造共富村项目建设，与省级农业平台“网上农博”合作组建共富联盟，销售农产品，拓宽农民增收渠道。建立政策性农业融资担保体系，成为省农业融资担保有限公司合作办事处，争取省级补助资金200万元。

【增进民生福祉】 2023年，全市民生支出95.97亿元，增长1.7%，占一般公共预算支出的76.0%。支持教育事业发展。全年教育支出30.70亿元，增长0.4%。加大教育基础设施建设投入，保障城东初中、东望小学等新建工程项目资金1.41亿元。支持教育资源补短扩容，新增小学建设学位8820个、幼儿园学位2430个。落实“双减”课后服务经费保障机制，保障课后服务专项补助1.25亿元。支持社会保障事业发展。全年社会保障和就业支出25.78亿元，下降3.5%。提高社会救助保障水平，最低生活保障对象保障标准提高到年人均13608元，特困人员基本生活标准提高到年人均22080元。保障困难群众基本生活需求，全年发放各类困难群众救助补助资金1.14亿元。助力提升爱心食堂建设运行质效，全年支出爱心食堂建设运营补助1552万元。支持医疗卫生事业发展。全年卫生健康支出12.86亿元，增长5.0%。提高基本公共卫生服务补助标准至每人每年85元。持续推进村卫生室规范化建设，全年投入资金313万元，新建改扩建村卫生室14家。支持文体事业发展。全年文化事业支出2.18亿元，增长5.2%。推进文化惠民工程，全年拨付公共文化服务体系建设经费761万元，用于农村电影、周末剧场、送书下乡、文化走亲等项目。保障省级民生实事工程资金，新建“15分钟品质文化生活圈”93个、城市书房9家、文化驿站1家和图书流通站3个,山下湖镇新长乐村“15分钟品质文化生活圈”入选2023浙江文化和旅游十佳案例,新长乐村公共文化空间获评浙江省最美公共文化空间。

【深化财政改革】 优化乡镇财政体制。出台关于调整市对镇乡(街道)财政体制的意见,采用“县保基本”模式,兜牢乡镇财政“三保”底线,全年保障镇乡(街道)民生支出8.22亿元。加快乡镇财政队伍规范化建设。加快财政数字化改革。推进财政电子票据改革,银联、支付宝、微信三大支付渠道全部开通,全年开通财政电子票据单位449家,开具电子票据1851万笔,增长16.1%,涉及金额213.08亿元,增长46.2%。实现“浙里基财智控”应用全覆盖,实现乡镇财政预算管理数字化、风险管控智能化。深化预算绩效管理改革。实现部门预算项目绩效自评全覆盖,完成绩效自评项目1824个,涉及资金53.44亿元;完成农村生活污水治理设施大修等财政重点绩效评价项目10个,涉及资金2.37亿元。深化资产盘活改革。通过盘活闲置国有房产,为9处“浣江书房”提供均地2500平方米。《利用闲置资产助力打造“浣江书房”》获评省财政厅行政事业单位国有资产盘活优秀实践案例。

【强化财政监管】 组织开展“财会监督年”活动,完成农机购置补贴、政府购买服务、涉企补贴补助资金等多项重点领域专项检查。加强政府采购评审监管,实现政府采购代理机构开评标组织、专家评审纪律、评审秩序、项目实际评审等全方位监管,下发书面整改通知68份,纠正违法违规行为82个。加强财政投资项目审核,全年完成政府性投资及村级工程项目预算审核101个,送审金额78.36亿元,调整金额2.10亿元,调整率2.7%,结算审核420个,送审金额36.33亿元,核减金额4.01亿元,核减率11.0%。开展代理记账行业违法违规专项整治行动,清理取得营业执照未取得许可证书的企业35家以及以承诺告知方式取得执业资格的代理记账机构9家。稳妥有序化解存量债务,确保风险控制在合理区间。

【加强队伍建设】 加强政治建设。开展学习贯彻习近平新时代中国特色社会主义思想主题教育。持续深化党建品牌建设,“财政管家”党建品牌获诸暨市“十佳”党建品牌。《聚焦变革重塑,实践“党建+红色调解”让新时代“枫桥经验”更出彩》入选全省财政系统变革型财政组织创建最佳实践案例。建设清廉财政。2023年5月,出台《关于深化推进清廉财政建设的实施方案》,深入开展清廉财政建设攻坚行动,成为诸暨市首批亲清企业服务单位。优化干部队伍。统筹干部资源,做好中层干部选拔任用和干部抽调选派工作。坚持需求导向,强化干部教育培训,结合“周一夜学”活动,开展“财政业务大讲堂”活动10次,开展新时代“枫桥经验”专题宣讲,提高干部专业能力。

(诸暨市财政局供稿 骆泠霏执笔)

嵊州市

【概况】 2023年,嵊州市实现地区生产总值750.36亿元,按可比价格计算,较上年增长7.6%。其中:第一产业增加值44.88亿元,增长4.0%;第二产业增加值337.06亿元,增长7.1%;第三产业增加值368.42亿元,增长8.5%。三次产业结构比为6.0:44.9:49.1。按户籍人口计算,人均生产总值106173元,增长6.3%。城镇居民人均可支配收入76954元,增长5.6%;农村居民人均可支配收入43408元,增长7.2%。全市完成财政总收入77.90亿元,增长12.3%。一般公共预算收入50.81亿元,增长7.5%,其中,税收收入36.41亿元,增长10.5%。全市一般公共预算支出92.52亿元,下降11.2%。全年财政收支平衡。

【平衡财政收支】 强化开源节流。围绕财政收入目标,深化财政、税务联席分析,增进与部门、乡镇(街道)联动,加强收入跟踪监控与动态管理,提高组织收入预见性,把握组织收入主动权。2023年,收入结构持续优化,全市一般公共预算收入占地区生产总值的6.8%,占财政总收入的65.2%;税收收入占一般公共预算收入的71.6%。全年清理收回存量资金6.72亿元,盘活国企存量资产21.28亿元。落实过“紧日子”政策,按10.0%、5.0%分档压减日常公用经费,按10.0%分项压减“三公”经费。加强非税收入管理。作为全省首批数字人民币非税收入收缴应用试点地区,全市57家执收单位开展数字人民币非税收入收缴业务。新增微信非税收入收缴公共支付场景,全市49家执收单位开展微信收缴业务。协同相关部门加强土地资金征收管理,推进收缴电子化管理。全年完成非税收入80.99亿元,下降27.6%,其中纳入一般公共预算管理的非税收入14.40亿元,增长0.5%。

【促进经济稳进提质】 会同嵊州市经信局等部门整合修订先进制造业强市建设、外贸保稳提质、嵊州小吃产业三年行动方案等专项政策,重点保障三个“一号工程”、科技创新、人才引进、乡村振兴等重点领域。拨付人才政策资金1.06亿元,支持实施人才强市首位战略,加快建设区域性人才中心和创新高地。强化财税部门联动机制,落实中央各项减税降费政策,全年为各行业减免税费11.13亿元。优化嵊州市2023年“1+9”惠企政策体系资金盘,保障各类政策资金落实到位。依托“越快兑”平台简化政策兑现流程,全年兑付“1+9”惠企政策资金5.99亿元。全年争取中央直达资金10.03亿元,分配进度100.0%,支出进度99.96%,保障直达资金精准惠企利民。

【推进共同富裕】 安排财政资金3000万元助力小吃产业发展,打造从行业标准制定到原材料供应到终端服务“一条龙”服务体系,形成嵊州小吃创富增收模式,列入省百万家庭奔富行动地方成熟模式倡导清单。支持上线“浙里办—嵊州专区—电子食安身份证”模块，提升食用农产品附加值，拓宽本地食品外销渠道。投入财政资金1000万元，支持围绕茶叶、香榧、桃形李等特色农业产业，建设“嵊情家味”区域公用品牌，提高农民生产经营收益。

【支持民生改善】 全年民生支出68.32亿元，增长4.5%，占一般公共预算支出的73.8%。提升医疗卫生水平。全年卫生健康支出10.14亿元，其中安排1.96亿元保障基层医疗卫生机构建设提升基层医疗卫生能力。促进教育优质发展。全年安排教育支出17.27亿元，用于义务教育阶段生均公用经费、教科书补助、经济困难生生活补助、营养餐补助、音美教室及体育场地改造等。健全社会保障体系。全年社会保障和就业支出16.03亿元，城乡居民基本医疗保险财政补助标准提高至每人每年1165元，城乡居民最低生活保障标准提高至每人每月1134元。安排养老服务扶持资金4902万元，用于失能老人照护、高龄津贴、养老床位建设、适老化改造、居家和社区养老服务改革。安排资金1164万元，支持企业稳岗留工“护岗”。推进文体提质增效。全年安排文化体育与传媒支出1.71亿元，推动越剧事业传承与创新，保障绍兴市第十届运动会在嵊州顺利举行。持续推进乡村振兴。全年农林水支出7.25亿元，其中拨付资金6013万元支持省级粮食产业融合发展集成创新示范项目建设；安排资金5734万元，推进“3A示范村”培育、历史文化村落保护等美丽乡村建设。

【推进财政数字化改革】 “浙里报账”应用提级扩面，财务报销拓展至所有经济事项、覆盖各级预算单位，全年通过平台报销24468笔，报销金额32.75亿元。“浙里基财智控”应用提质创新，实现平台应用全市乡镇（街道）全覆盖。全年“浙里基财智控”应用通过支付申请数13406个，支付金额93.65亿元。完成“浙里捐赠”数字人民币场景应用试点。政府采购推进全流程电子化招投标，节约资源和交易成本，全年完成全流程电子化招标政府采购项目465个。建立远程异地评标配套工作机制，开展多系统、多类型项目远程异地评标，共享专家资源，实现“不见面”评标。全市行政事业单位公款竞争性存放网上招标。

【强化财政监管】 加强财会监督。组织开展财经纪律重点问题专项整治、“三违”问题集中整治、农机购置补贴检查、代理记账机构“双随机一公开”跨部门联合专项检查等行动，维护财经秩序。开展绩效评价。完善分行业、分领域、多层次预算绩效指标体系，组织开展64个部门及下属单位绩效自评、各部门及乡镇（街道）整体绩效自评；开展绩效抽评项目100个，涉及财政资金5800万元；开展下级政府、部门整体、部门项目以及PPP项目重点绩效评价，涉及财政资金3.34亿元。加强项目监管。联合市纪委监委开展政府投资项目竣工财务决算专项清理工作，完善制度建设，建立会商机制，梳理历年政府（国企）投资项目202个，完成竣工财务决算自行清理项目177个，攻坚克难项目1个。

【防范化解风险】 健全库款调度机制，优先保障“三保”支出。根据政策调整做好工伤保险、失业保险省级统筹，完成企业职工养老保险上解省级统筹责任分担11.72亿元，防范社保基金风险。稳妥有序化债，按月拨付化债资金并及时还款。建立健全政府、市管国有企业投资项目资金来源及收益测算定期协调会商制度，参与国企、政府投资项目建设资金来源和融资平衡方案集中会审，防止新增政府隐性债务。

【优化队伍建设】 开展学习贯彻习近平新时代中国特色社会主义思想主题教育。深入学习习近平总书记考察浙江重要讲话精神，开展“大走访大调研大服务大解题”活动，破解影响发展的重点、难点、堵点问题。打造党建品牌。推动党建与业务深度融合，推动“红色财政”“先锋财政”“阳光财政”“智慧财政”“深耕财政”“清风财韵”廉洁文化品牌串珠成链，形成品牌集群。打造清廉政风、清廉党建、清廉履职、清廉服务、清廉监督、清廉文化六大清廉财政体系，创建清廉财政建设标杆单位。提升干部素质。坚持周一学习制度，优化提升培训模式，牵头组织绍兴市财政系统干部综合能力提升专题培训。坚持公开、平等、择优选人用人，优化干部队伍结构。

（嵊州市财政局供稿　陈　津执笔）

新昌县

【概况】 2023年，新昌县实现地区生产总值606.67亿元，按可比价格计算，较上年增长8.0%。其中：第一产业增加值25.01亿元，增长3.8%；第二产业增加值301.30亿元，增长7.2%；第三产业增加值280.36亿元，增长9.4%。三次产业结构比为4.1∶49.7∶46.2。按常住人口计算，人均生产总值147969元。全县财政总收入78.39亿元，增长15.3%。一般公共预算收入46.30亿元，增长11.2%，其中税收收入35.38亿元，增长16.1%。全县一般公共预算支出73.70亿元，增长3.7%。全年财政收支平衡。

【加强收支管理】 加强收入组织。分析研判收入趋势，把控组织收入力度和节奏，通过规范收入管理、完善砂石资源利用管理等举措挖掘收入。2023年，全县财政总收入占地区生产总值的12.9%；一般公共预算收入占地区生产总值的7.6%、占财政总收入59.1%；税收收入占一般公共预算收入的76.4%。加强非税征收管理。完善非税收入政策体系，规范政府非税收入征收行为，全县非税收入（含政府性基金）65.80亿元，其中纳入一般公共预算管理的非税收入10.92亿元。加强政府过“紧日子”。建立《新昌县党政机关过紧日子正负面清单》，遏制机构编制、公务支出、资产管理、专项管理等资源浪费现象。规范委托业务费管理，实施委托业务事前审批制度，核减委托业务费3591万元，核减率28.0%。建立委托业务统一支出标准，实现课题研究费节约率11.5%，部门年度法律顾问费节约率50.9%，乡镇（街道）安保经费节约率43.3%。

【服务经济发展】 落实政策资金。推动“8+4”经济政策直达快享,涉及省级资金4.51亿元,执行数3.94亿元。推动中央直达资金落地,建立财政资金直达机制,全年收到直达资金5.88亿元,完成支付5.84亿元,分配率100.0%,支付率99.4%。优化营商环境。落实企业普惠性税收优惠、软件企业即征即退等政策,实现增值税留抵退税4.49亿元,软件企业即征即退政策退税0.53亿元。加快惠企政策资金兑付,兑现资金9.06亿元,惠企6100户次。统筹资金1.02亿元,用于创新智能制造、出口信用保险政策保障和人才补贴,助力企业抢单拓市、境外投资和跨国并购。促进创新驱动。全年科学技术支出8.15亿元,增长15.5%,研发经费支出占地区生产总值比重连续9年保持在4.0%以上,全年新增科技领军企业1家、高新技术企业51家、科技型中小企业126家,推动中国知识产权培训中心全国首个县级实践基地落户。投入专项资金1.00亿元,支持天姥实验室研发平台建设。投入资金1.00亿元支持关键应用技术开发、科技成果转化、高新企业孵化、人才引育。落实中小企业数字化改造资金655万元。支持培育产业工人队伍,投入高技能人才培训补贴525万元、职业教育资金5.86亿元。

【推动共同富裕】 全年农林水支出6.47亿元。聚焦农业“双强”行动,构建农业产业化资金奖补新体系,抓好省级乡村振兴产业发展示范县项目,完成试点项目43个,总投资2.15亿元,其中省级奖补资金8000万元,革新茶青收购、加工称重、干茶入库、干茶回库数字化流程,育苗周期缩短30.0%,推动新昌特色茶产业提档升级。推进东茗乡横板桥村、会墅岭村、官元庙村、南山村、圳塍村省“一事一议”财政奖补支持打造共富村试点项目创建,完成项目建设9个,总投资4950万元,激活村庄造血功能。统筹共富资金1.71亿元,建立项目化、竞争性乡村振兴资金分配机制。

【保障民生事业】 全年民生支出58.06亿元,占一般公共预算支出的78.8%。强化社会保障体系建设。全年社会保障支出11.14亿元,增长54.2%。投入“一老一小”资金2818万元,助力养老服务体系建设,推动全省首批普惠托育试点建设,新增托位320个。投入资金70万元,新增“乡理乡亲”服务集市102个。投入助残资金1.36亿元,救助困难群众、残疾人员、孤儿,建设残疾人集中托养机构、残疾人就业创业孵化基地。强化卫生健康保障。全年卫生健康支出7.85亿元。支持健康促进县建设。统筹医疗卫生资金1.30亿元,提高基本公共卫生标准、保障城乡居民“三免三惠”、改造基层卫生机构。推进教育事业发展。全年教育支出13.54亿元,增长2.3%。学前教育支出1.27亿元,占教育支出的9.4%,用于扩容公办幼儿园、资助家庭经济困难儿童、奖励补助在职自聘老师、补助普惠性民办幼儿园生均公用经费,助力创成国家学前教育普及普惠县。

【深化财政改革】 推动体制机制改革。构建乡镇(街道)正向激励机制,设立乡镇(街道)财政激励资金3000万元,用于“创新竞比”激励支持。出台“钱随人走”财政资金绩效改革方案,推动资金评价指标“可量化、可对比”。推动财政数字化改革。推动“浙里报账”系统建设,创新开发上线夜餐费管理模块,对财务报销进行事前监控,实现应用场景全覆盖,涉及金额19.93亿元。推动“浙里基财智控”应用系统上线,完成配置用户1234个,建立执行项目5438个,执行项目资金总额11.51亿元,通过应用支付6685笔,支出金额7.97亿元。实施浙江三花智能控制股份有限公司和浙江三花商贸有限公司电子凭证会计数据标准试点。

【强化财政监管】 加强财会监督。开展“财会监督年”活动,探索出台《财会监督作业指导书地方标准》,上线政府(国有企业)投资项目统一支付监管平台,纳入项目合同326个,发起支付申请流程350笔,涉及资金3.26亿元,产生和处置预警信息495条,均及时整改。加强项目监管。开展政府投资预算审核项目96个、变更项目8个、结算审核项目185个,净核减3.66亿元。提前跟进政府投资项目送审额亿元以上项目10个,送审额24.52亿元,核减率3.2%,平均每个项目压缩审核时间逾30.0%。加强绩效监管。完善绩效评价机制,开展绩效“双监控”,优化涉企政策绩效评价。构建专项债“单位自评+财政审核+重点评价”的全面绩效评价体系,提高债券资金使用绩效。

【全面从严治党】 推动党建引领。落实“第一议题”制度,开展党委理论学习中心组、干部职工学习48次,开展读书分享会、“新财有我—青年说”等活动。新昌县财政局连续4年获全省财政管理绩效考评“优秀”单位、全市财政管理绩效考评优秀单位、连续12年获新昌县目标责任制绩效考核A类部门。深化清廉财政建设。巩固市清廉单元建设示范单位成果,出台新昌县财政局全面从严治党工作要点和责任清单,推进“建设清廉机关、创建模范机关”,完成财政“方圆红”展厅布展,依托方圆读书俱乐部,组织开展读廉书活动、年轻干部廉政座谈会、“廉洁·端午”主题活动,自制廉政宣传片《走甄完廉路 品方圆廉韵》。提升基层服务。开展“三跑三降解三难”助力企业稳经提质活动,走访企业30家,解答问题20条。参与文明城市创建活动,参与文明劝导45次,开展创建活动28次,参加人数250人次,志愿服务时长逾1.6万小时。

(新昌县财政局供稿　梁丹丹执笔)

金华市财政工作

金华市

【概况】 2023年，金华市实现地区生产总值6011.27亿元，按可比价格计算，较上年增长6.8%。其中：第一产业增加值156.41亿元，增长3.6%；第二产业增加值2367.41亿元，增长5.1%；第三产业增加值3487.45亿元，增长8.0%。三次产业结构比为2.6∶39.4∶58.0。按户籍人口计算，人均生产总值84133元。全社会固定资产投资增长18.5%。全社会消费品零售总额3141.76亿元，增长6.0%。外贸进出口总额7697.52亿元，增长12.6%。全市城镇常住居民人均可支配收入73639元，增长5.8%；农村常住居民人均可支配收入38136元，增长7.0%。全市财政总收入867.81亿元，增长11.3%。全市一般公共预算收入525.80亿元，增长7.5%，其中税收收入452.48亿元，增长10.3%。全市一般公共预算支出848.48亿元，增长2.2%。市区财政总收入193.04亿元，增长14.4%。市区一般公共预算收入110.96亿元，增长8.7%，其中税收收入92.12亿元，增长12.1%。市区一般公共预算支出236.12亿元，增长5.0%。全年财政收支平衡。

【组织财政收入】 加强收入调控。完善财政税务收入协调机制和月度收入滚动预测机制，加强收入分析研判与全市统筹协调。2023年，全市一般公共预算收入占地方生产总值的8.7%，占财政总收入的60.6%；税收收入占一般公共预算收入的86.1%。加强非税收入管理。完善城市基础设施配套费管理，加强土地出让收入分析，开展非税收入专项检查，强化征管。全市实现非税收入944.30亿元，其中纳入一般公共预算管理的非税收入74.23亿元。

【助力经济发展】 助力企业发展。2023年，全市兑现涉企奖补资金102.11亿元，争取省级“8+4”经济政策资金65.10亿元。全市新增地方政府债券额度325.79亿元，重点支持基础设施等建设。全市为市场主体降本减负226.30亿元，其中减免税收142.93亿元，减免政府性基金27.61亿元。争取到国家陆路启运港退税试点，全年完成退税1498万元，惠及企业244家。加大政府采购对中小微企业支持力度，全市中小企业中标额65.66亿元。落实科技首位战略。全市投入资金31.71亿元支持浙中科创走廊建设，打造高能级科创平台，支持浙大金华研究院、浙江光电子研究院、浙江中医药大学金华研究院等建设；投入资金1.63亿元支持院士专家站及科技馆站建设，深化科技学术交流与合作。加强产业基金引领。参与浙江省“4+1”专项基金组建，省市合作组建浙江(金华)专精特新母基金和浙江省科创母基金(二期)2只专精特新基金，总规模50.00亿元。

【推进共同富裕】 争取共同富裕试点。联合医保部门申报的“家庭型医疗保障政策试点”入选浙江省省委共同富裕第三批试点，并成功争取省财政厅省市县联动“担保增信助力扩中家庭增收致富”试点。推进百万家庭奔富行动示范县培育县创建。义乌市、东阳市成功入选全省第一批示范县创建名单，兰溪市、武义县入选培育县创建名单。推动乡村产业发展，全市投入资金44.47亿元，推进现代农业产业高质量发展，持续深化“千万工程”，打造和美乡村、美丽宜居示范村，巩固脱贫攻坚成果衔接乡村振兴，推进农村综合改革。在新一轮市区财政体制中设立3000万元共同富裕专项政策，扶持箬阳、莘畈、沙畈和塔石4个欠发达乡镇加快发展。

【保障民生事业】 全市民生支出658.96亿元，增长5.6%，占一般公共预算支出的77.7%。市区民生支出178.71亿元，占一般公共预算支出的75.7%。助力社保体系建设。全市社会保障和就业支出114.28亿元。加大对基本养老保险等社会保险基金财政补助力度，支持社会福利、残疾人、红十字等事业发展和职业技能提升培训，助力打造就业创业服务示范城。提升卫生健康水平。全市卫生健康支出98.83亿元。支持金华市中心医院新院区、金华市第五医院迁建、医联体医共体建设、公共卫生应急保障中心等重大项目及基层医疗卫生机构建设，促进中医药传承创新发展。推动教育事业发展。全市教育支出165.24亿元。实施学前教育扩优提质工程，完善义务教育经费保障机制，支持金华四中教育集团高铁新城校区、深泽小学改扩建等项目建设，

金华市零工市场举办失业人员等群体再就业公益性服务日活动

设立创新人才培养基地专项经费,支持金华职业技术学院升本和金华理工学院建设。支持文体事业发展。全市文化旅游体育与传媒支出23.32亿元。打造"15分钟品质文化生活圈",办好中国(金华)李渔戏剧汇等文化活动,投入资金1.59亿元加大文物和文化遗产保护力度。

【支持城乡建设】 支持交通枢纽建设。全市投入资金273.64亿元支持金义中央大道建设、铁路枢纽扩容改造、义乌高架站房建设、S312永康至武义公路改建、市区一环路快速化改造等交通项目建设。促进城乡环境改善。全市投入资金26.38亿元保障金华市第二生活垃圾焚烧发电厂、秋滨污水处理厂运行,支持十八里生活垃圾填埋场生态修复。支持水利工程建设。全市投入资金15.04亿元支持水利工程建设与发展,保障义乌市双江水利枢纽、浙江省好溪水利枢纽流岸水库、山塘水库除险加固等水利工程建设,提高防汛抗旱能力。

【深化财政改革】 优化市区财政体制。理清市区财力状况,划分市区129项共同财政事权和支出责任,协助出台《新一轮市区财政体制实施方案(2023—2026年)》。推进预算管理改革。实施钱随人走、钱随效走、钱随事走的"三随三走"分配机制创新行动,优化财政资金分配机制。建立重点指标月度分析机制,构建过"紧日子"评价评估体系。完善政府投资项目管理,建立由市财政局经建处等7个处室和项目归口业务处室组成的项目"7+×"联审机制与重大项目"一项目一清单"管理机制。推进"钱随效走"改革。对金华市图书馆、金华市文化馆、金华市博物馆公共文化场馆试点实施"钱随效走"财政资金分配机制,通过制定80项绩效评价指标,建立绩效工资和人才激励机制。推动财政数字智治。迭代财政智慧监管系统,升级财会领域风险识别预警机制,新开发系统功能38项,解决应用问题111个。升级"金阳光"惠企惠农平台,全市归集政策数据1381条,兑付金额52.04亿元。开展"资产云"3.0试点,在全省首创户外资产"云上监管"数字化平台。

【强化财政监管】 防范财政运行风险。强化"三保"动态监测预警,制定"三保"风险管控和应急预案。实行存量隐性债务"周监测、月汇总、季报告、年核查"动态监测机制,探索建立项目收益收缴制度,防范政府债务风险。建立社保基金四色风险预警机制,开展"社保基金运行健康度"指标监测分析与全市社保基金领域专项整治行动。加强财会监督。将财会监督纳入市委财经委员会审议范围,建立全市财会监督例会机制,联合金华市审计局、金华市纪委派驻纪检监察组构建协同共治监督机制。开展财会监督增值式服务,编印公务支出正负面清单和公务开支综合管理业务手册。开展减税降费、政府购买服务等重点领域专项整治行动。

【加强队伍建设】 开展学习贯彻习近平新时代中国特色社会主义思想主题教育。成立主题教育领导小组,明确重点任务清单,加强理论学习,组织专家开展专题辅导2场,开展循迹溯源,强化调查研究,对照问题清单开展检视整改,建立拟出台制度清单。组织局内"八八战略在指引·我们的新时代"微型党课比赛等活动。打造廉政品牌。建立3类43项清廉财政建设主要任务清单,打造"爱廉说"特色廉洁文化品牌。提升干部素养。创建"第一议题领学、小组专题深学、沉浸式现场教学、实践式课题研学、理论提炼式精学"五学联动学习体系。创建"专题学""专班学""周会学""'财俊'学"学习小组,打造"财子塾"学习品牌。构建"工作室+小分队"双服务模式,开展"扛旗我先行"处室请战和个人"晒拼争先锋"活动,全年完成课题调研41项。

(金华市财政局供稿 曾东平执笔)

婺城区

【概况】 2023年,金华市婺城区实现地区生产总值379.05亿元,较上年增长6.0%。其中:第一产业增加值12.29亿元,增长1.7%;第二产业增加值85.23亿元,增长5.2%;第三产业增加值281.53亿元,增长6.4%。三次产业结构比为3.2∶22.5∶74.3。按户籍人口计算,全区人均生产总值98133元,增长6.1%。城镇居民人均可支配收入68012人,增长4.8%;农村居民人均可支配收入32040元,增长6.6%。全区财政总收入62.25亿元,增长6.5%。一般公共预算收入29.32亿元,增长5.4%,其中,区级一般公共预算收入16.25亿元,增长8.1%。全区一般公共预算支出42.20亿元,下降5.5%,其中区级一般公共预算支出24.22亿元,下降6.4%。全年财政收支平衡。

【组织财政收入】 强化收入研判。深化税收协同机制,分析税源变化趋势,依法组织非税收入征收,全力推进国有土地和矿山出让进度,筹措财政收入。优化收入结构。2023年,全区一般公共预算收入占地区生产总值的7.7%,占财政总收入的47.1%。全区税收收入24.63亿元,占一般公共预算收入的84.0%;区级税收收入12.32亿元,占区级一般公共预算收入的75.8%。加强非税征管。完善线上财政专户电子化拨款,实现非税收入电子化缴库业务全覆盖,全年缴库金额1.01亿元。深化财政电子票据改革,规范医疗电子票据,拓展财政票据应用场景。全区实现非税收入34.63亿元,下降3.0%,其中纳入一般公共预算管理的非税收入3.94亿元,增长21.3%。

【支持经济发展】 落实减税降费政策,全年完成增值税留抵退税2.02亿元,资源税、教育费附加等"六税两费"减免3.35亿元。落实"8+4"经济政策资金,全年兑现资金7.07亿元,涉企奖补资金3.40亿元。优化升级产业结构,统筹"腾笼换鸟"资金7398万元支持企业整治提升、淘汰落后产能等。支持科技研发,全年科学技术支出7723万元,增长15.4%,重点支持技术创新研发,培育壮大企业创新主体，保障基层科普活动开展，支持院士专家站及科技馆站建设，深化科技学术交流与合作。激发市场主体活力，发放各类消费券2204万元，增强居民消费潜力。向上争取资金要素，协同相关部门组织项目谋划申报，全年争取上级转移支付资金16.90亿元；新增专项债券额度10.45亿元、一般债券额度2.00亿元，增发国债项目6个，争取资金4.31亿元，保障重大政策落地和项目实施。

【推进三个“一号工程”】 支持数字经济创新提质“一号发展工程”。设立数字化转型专项资金，全年兑现传统企业数字化改造补助资金8658万元，鼓励工业企业智能化转型。支持营商环境优化提升“一号改革工程”。升级惠企政策服务平台，全年在金阳光惠农惠企平台上发布惠企政策45项，兑现企业1739家、资金2.53亿元。完善婺城区产业基金管理办法。设立1.50亿元企业应急周转金，纾解中小企业临时资金周转困难。全年中小微企业政府采购金额3.49亿元，占政府采购合同额的92.7%。支持地瓜经济提能升级“一号开放工程”。财政补助企业海外展会费用及往返机票比例提升至100.0%，助力企业开拓海外市场。

【保障民生支出】 全年民生支出33.75亿元，增长0.7%，占一般公共预算支出的80.0%。保障教育投入。全年教育支出10.15亿元，增长18.5%。助力创建学前教育普及普惠区，学前教育支出1.04亿元，增长116.9%。助推义务教育优质均衡发展，拨付金华四中教育集团高铁新城校区新建、青春小学改扩建等工程建设资金1.04亿元，拨付农村学校维修改造资金3371万元。保障卫生健康投入。全年卫生健康支出4.32亿元，下降15.9%。安排基层医疗机构补偿机制和基本公共卫生投入资金1.19亿元，增长12.8%。新增医院床位建设补助、基层医疗卫生机构改扩建、中医院建设等项目资金4512万元。支持基本医疗保险基金财政补助，助推城乡居民免费健康体检、惠享家庭医生贴心服务等“三免三惠”健康行动，保障基本公共卫生服务供给。保障社会福利投入。全年社会保障支出6.99亿元，增长10.7%，补助社会保险基金，提升困难群众救助补助标准，城乡居民最低生活保障标准从每人每月1050元提高至1100元，特困人员基本生活费标准从每人每月1578元提高至1660元，福利机构养育孤儿和社会散居孤儿基本生活费标准分别提高至每人每月2324元、1860元。保障退役士兵安置及军队离退休人员安置。支持文体事业发展。全年文化旅游体育与传媒支出8580万元，增长4.5%。支持建成“15分钟品质文化生活圈”33个、城市书房4家、文化驿站1家、乡村博物馆2家，建成省级基层体育场地设施11个，完成省级全域旅游示范区创建。支持图书馆和文化馆免费开放、文物和非物质文化遗产保护，保障文化礼堂、文化站建设运行，完成送戏下乡218场、各类线下文化活动3525场。保障乡村振兴投入。落实强农惠农政策，统筹整合涉农资金5.47亿元，支持推动“千万工程”再深化、再提升，支持科技强农机械强农行动。

【深化财政改革】 打造财政智治格局。上线“慈善一日捐”项目，实现“一键捐赠”“一秒开票”“一址查询”。上线“浙里基财智控”应用，强化对乡镇财务监管。上线收支智管系统，强化收支运行预警，全年预警41条，全部得到及时处置。推广“浙里报账”应用，全年报账总量3万笔，总金额6.26亿元。预算管理一体化系统畅通绩效闭环管理，打通包括项目库管理、预算编制、预算绩效等整个财政管理链条。加强预算绩效管理。全年绩效运行重点监控项目15个，涉及金额1.47亿元，开展重点评价项目11个，涉及金额1.35亿元，开展财政重点整体评价单位4家，涉及金额2.29亿元。深化国资国企改革。推动区属国有企业市场化转型，加强国有资产整合力度，金华市婺城区城市发展控股集团有限公司完成AA+评级。完善区属国有企业机构设置和定岗定员方案，强化企业内部监管。

【强化财政监管】 加强财会监督。以病死猪无害化处理经费、农机购置补贴经费为“小切口”，开展财会监督检查。加大政府投资项目监管。加大投资评审力度，推进预算项目审价，全年预算审核完成项目186个，送审预算造价58.12亿元，审核后预算造价55.89亿元，净核减2.23亿元。创新项目资金溢价追回机制，对政府投资项目展开督查式调研、全过程把关，全年完成政府投资工程结算审核项目93个，送审金额29.38亿元，审定金额26.64亿元，净核减2.74亿元。防范“三保”风险。建立定期报告监控机制，通过分析库款水平、“三保”预算执行数等加强对“三保”政策落实情况的监督。落实过“紧日子”要求。硬化预算刚性约束，全年压减一般性支出858万元，“三公”经费执行数下降3.6%。开展部门及专户可统筹结余资金清理，全年收回结余资金9804万元。防范化解地方债务风险。筹措财政资金，落实债务化解工作，完成2023年度化债任务；结合目标任务调整明确后续化债计划。

【强化队伍建设】 开展学习贯彻习近平新时代中国特色社会主义思想主题教育。学习习近平总书记考察浙江重要讲话精神和考察调研金华重要指示精神，组织党员干部赴八婺巨变展示馆、施光南爱国主义教育基地、宝华结对村等地参观学习。深化清廉财政建设。打造“婺财廉韵”党建品牌，2023年度清廉财政“三不腐”建设指标考核成绩列全省第10位、全市第2位。推进“清廉国企”建设，获评市级标准型国企4家、区级成绩突出型国企2家。强化青年人才培养。打造“婺财优学”党建学习品牌，组建青年理论学习小组，开展主题宣讲10次，1名青年宣讲员获评婺城区“八八战略在身边”走亲宣讲领麦人、获金华市党史“凝心铸魂、实干争先”微宣讲比赛三等奖。采取“共性+个性”“硬性+弹性”相结合的指标模式，优化干部考核制度。婺城区财政局连续12年获评区级岗位目标责任制考核先进单位，在2023年度全省及全市财政绩效管理考核中获双优等次。

（金华市婺城区财政局供稿　周红蕾执笔）

金东区

【概况】 2023年，金华市金东区实现地区生产总值320.88亿元，较上年增长7.0%。其中：第一产业增加值13.87亿元，增长4.6%；第二产业增加值139.50亿元，增长7.2%；第三产业增加值167.51亿元，增长7.0%。三次产业结构比为4.3∶43.5∶52.2。按户籍人口计算，全区人均生产总值91537元，增长6.4%。全区居民人均可支配收入49613元，增长6.1%。其中：城镇常住居民人均可支配收入60247元，增长5.5%；农村常住居民人均可支配收入36125元，增长6.8%。全区财政总收入44.81亿元，增长15.8%。一般公共预算收入27.20亿元，增长10.3%。一般公共预算支出54.38亿元，增长3.6%。全年财政收支平衡。

【组织财政收入】 加强税源管理。协调税务部门强化重点行业、重点企业的税收征管监控，加大对低小散户的征管力度。全区一般公共预算收入占地区生产总值的8.5%，占财政总收入的60.7%；其中，税收收入24.26亿元，增长11.6%，占一般公共预算收入的89.2%。抓好非税收入征管。推进非税征管电子化缴库改革，2023年通过统一公共支付平台收缴率100.0%，全区实现非税收入42.07亿元，其中纳入一般公共预算管理的非税收入2.94亿元，增长0.5%。争取资金要素。全年新增政府债券额度47.39亿元，其中一般债券额度7.00亿元，专项债券额度40.39亿元，增长88.8%。

【保障三个“一号工程”】 支持数字经济创新提质“一号发展工程”。2023年，全区科学技术支出1.68亿元，增长15.9%。重点支持增强企业前置培育、企业数字化发展，建设长三角G60科创走廊，鼓励企业研发。打造产、城、人深度融合平台，拨付金漪湖科创智造平台重大基础设施项目建设专项债资金19.05亿元。支持营商环境优化提升“一号改革工程”。全年新增减税降费和退税缓税缓费总量18.88亿元。设立5.00亿元应急周转金资金池，全年为6家企业办理应急周转金23笔，金额9865万元。推进惠企政策免申无感兑现，全年通过金阳光平台发布惠企政策645条，拨付惠企政策奖补资金3.83亿元，惠及企业793家次。坚持月监测、季研判晾晒资金拨付情况，拨付各级“8+4”经济政策资金15.20亿元。支持地瓜经济提能升级“一号改革工程”。扶持金义综合保税区高质量发展，拨付金义综保区园区建设、国际航运和物流补助、新型国际贸易和先进制造业补助等各类财政资金32.37亿元。

【推进共同富裕】 支持乡村振兴。投入“一事一议”财政奖补助推美丽乡村建设项目各级补助资金900万元，保障赤松镇北山口村，塘雅镇横山村、清江村、竹园村，曹宅镇千人安村5个现代化示范乡村建设项目基本完工。财金协同支农。全省基层政策性农业信贷担保服务创新工作试点落地金东区，全年为14户农业主体提供“政银担”贷款担保金额2310万元。

【增进民生福祉】 2023年，全区民生支出33.61亿元，占一般公共预算支出的61.8%。打造“学在金东”教育品牌。全区教育支出8.36亿元，主要支持金义双尖幼儿园新建、东孝街道中心幼儿园新建、仙桥小学新建等项目，支持学前教育优质普惠发展、义务教育优质均衡发展、成人教育事业稳固发展。全国义务教育优质均衡发展区创建通过省级评估。建设“健康金东”医疗高地。全区卫生健康支出4.56亿元，支持金义新区中心医院、中医院、妇幼保健院、乡镇卫生院等11家医疗机构建设，新改扩建规范化村卫生室12家。打造“幸福养老”优质服务。全区社会保障和就业支出6.11亿元，支持养老机构建设，加大财政对养老保险等社保基金补助力度。新改扩建居家养老服务中心12家，老年人就餐财政补贴从每人每餐2元提高至4元。安排资金2338万元，保障全域养老服务工作，2023年全区老年人新增申领“爱心卡”8万张。建设“人文金东”文化阵地。全区文化旅游体育与传媒支出1.10亿元，支持新时代文明实践所（站）、文明示范带、农村文化礼堂建设，44个“15分钟品质文化生活圈”、3家城市书房、1家文化驿站、1家乡村博物馆均通过省级验收。提升城市品质。安排资金7.58亿元，支持海棠东路武义江大桥改造、迎亚运省运公路提升工程等基础设施建设及海绵城市发展。

【深化财政改革】 规范预算项目库管理。建立单位先“自查”、主管部门再“核查”、财政最后“督查”的项目库“三查”制度，出台预算项目清理工作通知，明确项目库清理范围，实行常态化管理模式，全年清理过期、在途或者基础信息不完善项目876个，其中人员类项目611个、专项类项目265个。优化政府投资项目成本管控。全年完成政府投资项目审核76个，送审金额30.47亿元，净核减金额3.67亿元，核减率12.1%。深化国资国企改革。创新“基金+股权+项目”招商方式，引领基金发挥杠杆作用，推动项目落地5个，基金配资5.95亿元。开展区属国企竞争类改革，制定《区属国有企业竞争类企业改革实施意见》《区属国有企业竞争类企业管理办法》。

【完善监管体系】 强化全过程绩效管理。落实政府过“紧日子”要求，2023年压减一般性支出1.02亿元。全年完成项目预算审核70个，核减资金3.60亿元，核减率13.2%。对15家预算单位的20个项目开展区本级重点项目绩效评价，涉及资金5.40亿元，发现问题124个，提出建议意见110条，结果应用于2024年预算编制。搭建协同监督机制。强化财会监督与审计监督、人大监督贯通协调机制。制定办法指导第三方机构参与财政监督、预算绩效管理服务工作，规范财会监督结果应用，完善监管长效机制。健全国资国企监管体系。推动国资国企数智化管理改革，首期实现党建、财务、资产、债务、大额资金5个功能板块云上监管目标。制定《重大资产处置监督管理办法》等5个监管制度，规范区属国有企业经营行为。

【加强队伍建设】 抓党建强思想。开展学习贯彻习近平新时代中国特色社会主义思想主题教育，赴李祖村、金义自贸中心、“八八战略”实施20周年大型主题展览、金华廉政教育基地等地考察学习。抓清廉树新风。常态化召开党性教育、警示教育专题学习会，以案明纪，形成震慑。全局干部签署清廉承诺书，宣誓学纪、明纪、守纪，树立正确权力观、价值观、利益观。抓学习提素质。通过理论学习与业务发展相结合、“领导讲堂”与“干部论坛”相结合、“学习强国”线上学与“集体研讨”线下学相结合等方式促进交流互鉴，强化领导“传帮带”、干部“研思学”作用，全年开展“领导讲堂”3期、“干部论坛”4期。

（金华市金东区财政局供稿　周姝彦执笔）

兰溪市

【概况】 2023年，兰溪市实现生产总值496.75亿元，按可比价格计算，较上年增长6.1%。其中：第一产业增加值26.07亿元，增长3.9%；第二产业增加值242.18亿元，增长3.6%；第三产业增加值228.50亿元，增长9.2%。三次产业结构比为5.2∶48.8∶46.0。按户籍人口计算，人均生产总值77155元，增长6.8%。全市财政总收入62.24亿元，增长16.1%。一般公共预算收入36.91亿元，增长7.0%，其中税收收入31.25亿元，增长24.8%。一般公共预算支出74.99亿元，下降6.6%。全年财政收支平衡。

【组织财政收入】 强化收入协调。组建稳收节支工作小组，制定5项原则、10项机制、37项任务指标工作清单，逐项分解责任，建立工作调度机制，定期召开联席会议分析研判，健全每周库款研判机制，强化库款收支节点管理，确保收支平衡。2023年，全区一般公共预算收入占地区生产总值的7.4%，占财政总收入的59.3%；其中税收收入占一般公共预算收入的84.7%。完善非税收入管理。加强非税收入征管信息系统维护管理，完善非税收入资金电子凭证库，实现非税收入退款全流程线上办理。全市实现非税收入62.39亿元，下降20.5%，其中纳入一般公共预算管理的非税收入5.66亿元，下降40.1%。向上争取资金。全年争取各类政策资金45.59亿元，下降16.7%，其中新增地方政府专项债券额度7.20亿元，支持市民文化中心（文化馆）改扩建等政府投资项目7个。

【支持经济发展】 支持实体经济发展。落实省“8+4”经济政策体系，安排本级“8+4”政策财政资金13.88亿元，支持实体企业高质量发展。安排培育主导产业集群本级资金1.12亿元，支持制造业特色产业集群建设。安排国际陆港和综合交通枢纽建设本级资金5.72亿元，支持物流业高质量发展。拨付汽车、家电、住宿餐饮等消费补贴资金880万元。配合出台《关于推动企业高质量发展 打造“新时代典型工业城市”的若干政策》，优化奖补政策结构。优化企业营商环境。落实减税降费43.66亿元，其中减免增值税小规模纳税人增值税6.76亿元，实施新能源消费税优惠政策3.19亿元，加计抵减先进制造业企业增值税1.14亿元。推进惠企政策体系迭代升级，梳理全市各类奖补政策，清理政策文件93个，涉及条款574条。加大政府采购支持中小企业力度，出台兰溪市政府采购货物和服务预算单位内控操作细则，全年政府采购中小企业项目174个，涉及金额3.41亿元，增长57.1%。加快直达资金分配支出进度，健全资金执行率定期通报制度，分配和使用中央直达资金11.88亿元。发挥科技创新引领作用。拨付科技资金7331万元，增长16.1%，支持企业技术研发中心培育提升、发明成果向专利转化、“百博入企”科技人才引进等。

【助力共同富裕】 迭代升级惠农政策。参与制定《2023年兰溪地标富农增收工程行动方案》，安排“地标富农”集成改革试点工作经费400万元，2023年3月17日联合出台《财金协同支持兰溪市杨梅等“一县一业”特色优势产业发展指导意见》，支持杨梅、枇杷等特色优质农产品标准化生产、产业化经营、品牌化营销。推进基层政策性农业信贷担保试点工作，破解农业融资难、融资贵等问题。助力扩中家庭增收致富。谋划推进百万家庭奔富改革工作，助推“扩中提低”。投入财政补助1215万元，建成现代化区域农事服务中心3家。开展重点群体增收能力提升工作，发放4批次低收入农户公益性岗位补助资金107万元，惠及658人次。推动农村集体经营性建设用地入市纳入省级试点，促成首批两宗面积12亩地块成交，入市总额397万元。

【支持民生改善】 2023年，全市民生支出60.00亿元，下降2.4%，占一般公共预算支出的80.0%。提升医疗卫生水平。全年安排卫生健康支出8.66亿元，支持医疗机构建设、公共卫生防治等。安排基层医疗卫生机构经费6888万元，支持改善基层医疗硬件设施水平。安排中医药发展经费9124万元，支持中医药科研、中医药人才培养等方面，支持全国基层中医药工作示范县创建。保障教育事业发展。全年安排教育支出13.19亿元，支持学生资助补助、校舍扩容改造等。安排教育基建经费6000万元，推进72所中小学和幼儿园校舍维修及配套设施改造，新增采购中小学课桌椅1916套。健全社保体系。全年社会保障和就业支出19.04亿元，城乡居民养老保险基础养老金从每人每月290元提高至330元，城乡居民医疗保险财政补助标准从每人每月1000元提高至1100元，城乡居民最低生活保障标准从每人每月1050元提高至1100元。拨付就业补助1508万元，新增就业7098人。统筹文旅融合发展。全年安排文化和旅游资金5012万元，用于诗路文化带建设、全域旅游发展扶持奖励等。投入文物保护经费1452万元，加强文物建筑保护利用，支持“人人都是文保员”古村落保护诸葛模式入选省级宣传思想文化工作创新项目名单。助力生态环境改善。安排节能环保支出4447万元，落实森林生态效益补偿机制,推动生态环境质量持续改善。争取浙江省财政厅绿色转化财政专项激励3年共3.00亿元,推动实施“诗画梅溪”农旅融合共富示范带等重点项目17个。

【深化财政改革】 坚持过“紧日子”。深化零基预算理念,建立由1个零基预算工作领导小组、10个工作专班组成的“1+10+X”集成化工作模式。出台《兰溪市财政资金管理办法》,完善公务用车、办公用房和临时机构管理办法,推进数字化项目管理和规划类经费集成化管理。严格把控支出,2023年压减一般性支出5.09亿元,压减比例51.4%。深化绩效改革。实施源头绩效管理,落实预算金额100万元以上新增项目事前绩效评估80个,削减、暂缓安排项目54个,涉及财政资金3.61亿元。加强涉企政策资金绩效监督,开展助企“开门红”政策和纺织行业智能制造奖补项目、“一企一策”补助项目专项绩效评价。开展专项债券重大项目和民生领域项目绩效评价,选取城市停车场建设工程等10个项目开展评价,涉及财政资金10.26亿元。深化财政数字化改革。推进预算管理一体化系统建设,“资产云”系统和部门决算模块上线运行。推进“浙里基财智控”应用建设,全年平台支付申请数1914笔,支付总额3.38亿元。推广运用政府采购不见面开评标系统,实现全流程电子化评标率100.0%。加快财政电子票据改革,实现财政电子票据改革单位覆盖率100.0%,全年开票487万笔,金额161.60亿元。

【防范财政风险】 化解政府性债务风险。运用“七张问题清单”,排摸全市隐性债务风险点,实施工程项目事前债务评估,杜绝新增隐性债务。防范社保资金运行风险。定期开展社保基金运行分析和风险预测,强化社保费征缴扩面,保障基金平稳运行。全年地方负担企业职工基本养老保险省级统筹资金8.57亿元。防范基层财政风险。依托“乡镇公共财政服务平台+一卡通”有序发放涉农惠民补贴资金。利用“浙里基财智控”应用,实现基层财政智控管理全覆盖。组织乡镇财政业务培训,开展乡镇财政资金安全检查,规范基层财政会计核算工作。推进公款竞争性存放。实施财政资金及行政事业单位公款竞争性存放招投标,全年招标资金47.76亿元。

【加强队伍建设】 抓实党的政治建设。开展学习贯彻习近平新时代中国特色社会主义思想主题教育,学习习近平总书记考察浙江重要讲话精神和考察调研金华重要指示批示精神,组织党员干部前往案卢村开展“初心之旅”主题党日活动。深化清廉财政建设。落实中央八项规定及有关要求,推出“清兰润财”清廉财政建设品牌,制定内部管理制度汇编。深化变革型组织建设。派遣年轻干部赴财政部、兰溪市委改革办等地挂职锻炼,组织开展“1时1课”学习测试,改革创新成果《准确识变 担当应变 以打造变革型财政组织争当收支平衡先行者》在省财政厅主流媒体上刊发。

(兰溪市财政局供稿 查日岚执笔)

东阳市

【概况】 2023年,东阳市实现地区生产总值805.85亿元,按可比价格计算,较上年增长6.9%。其中:第一产业增加值21.85亿元,增长3.7%;第二产业增加值360.14亿元,增长4.6%;第三产业增加值423.86亿元,增长8.8%。三次产业结构比为2.7∶44.7∶52.6。按户籍人口计算,人均生产总值94797元,增长7.0%。全社会消费品零售总额365.88亿元,增长8.8%。全市城镇常住居民人均可支配收入71207元,增长6.6%;农村常住居民人均可支配收入42944元,增长6.9%。全市财政总收入146.43亿元,增长6.7%,其中一般公共预算收入87.34亿元,增长7.0%;一般公共预算支出112.85亿元,下降2.2%。全年财政收支平衡。

【组织财政收入】 加强收入预测分析。建立季度收入研判分析机制,分季度专题研判财政经济形势,加强收入结构分析、规模预测,强化与税务部门协同联动,把握收入节奏。2023年,全市一般公共预算收入占地区生产总值的10.8%,占财政总收入的59.6%。税收收入73.78亿元,增长7.8%,占一般公共预算收入的84.5%。强化非税收入征管。完善非税资金电子凭证库管理,规范医疗收费电子票据,推进非税收入电子化缴库,全年完成非税收入117.55亿元,其中纳入一般公共预算管理的非税收入13.56亿元。加大要素保障。全年争取新增政府债券额度44.03亿元,其中,一般债券额度3.00亿元,专项债券额度41.03亿元。

【支持经济发展】 落实减税降费政策,全年新增减税降费及退税缓税缓费22.95亿元,激发市场主体活力。构建“8+4”政策体系,安排本级“8+4”政策财政资金33.08亿元,配合出台《关于推动经济高质量发展的若干政策》等系列政策。支持科技创新,安排工业企业技术改造奖励资金2.35亿元,技术创新奖励资金988万元,支持企业开展科技创新活动。探索资金直达兑付机制,迭代升级“惠企利民政策兑现平台”,完善“智能化”政策精准推送功能,上线政策85条,奖补项目918个,其中337个项目实现“免申即享”,全年兑现各类政策资金18.42亿元。安排出口信保补助资金2878万元,全额补助小微企业投保出口信用保险保费,全年政府采购共授予中小企业金额10.14亿元,中小企业占比92.7%。

【推进共同富裕】 实施百万家庭奔富行动。协助有关部门出台《东阳市百万家庭奔富行动示范市创建方案》,谋划实施深化职业技能提升行动、体制变革促共富等改革举措13条。举办“担保增信助力扩中家庭增收致富”现场会,联合浙江省农业融资担保有限公司推出扩中家庭增收致富政策性担保专属产品。入选浙江省财政厅2023年度第一批百万家庭奔富行动示范县创建名单，“担保增信助共富模式”入选浙江省财政厅百万家庭奔富行动地方成熟模式推广清单。深入实施“千万工程”。安排十佳村创建补助资金1.10亿元，安排共享田园、两江两镇、未来乡村项目建设资金5800万元，支持乡村振兴发展。安排“一事一议”财政奖补资金4329万元，加强财政“一事一议”项目库建设，累计入库项目64个。

【保障民生事业】 全年民生支出86.02亿元，增长0.1%，占一般公共预算支出的76.2%。支持社会保障事业发展。全年社会保障和就业支出17.78亿元，下降1.5%。安排低保金、特困供养金等救助资金1.02亿元，健全社会救助体系。最低生活保障标准提高至每人每年13200元，机构孤儿和社会散居孤儿养育标准分别提高至每人每月2845元、2276元。促进教育事业发展。全年教育支出24.17亿元，增长1.9%。保障教育基建资金，支持实施学生宿舍维修改造提升项目6所，完成江北上卢初级中学、南溪小学等新建扩建学校项目建设15个。配合出台东阳市学前教育高质量普及普惠发展集成改革方案，创成全国学前教育普及普惠市。支持医疗卫生事业发展。全年卫生健康支出10.59亿元，下降5.4%。安排医疗机构建设资金6.80亿元，支持东阳市公共卫生中心、市中医院迁建、市人民医院医学生物研究科技大楼等项目建设。投入资金5324万元保障白云街道、南马镇、画水镇卫生院建设，完成村卫生室、社区服务站新(改、扩)建26所。助力文体事业发展。全年文化体育支出4.08亿元，增长19.4%。支持建成“15分钟品质文化生活圈”55个，乡村博物馆3家、城市书房5家、文化驿站1家。安排资金650万元保障基层文化体育场地设施建设及服务提升，新建改建城市社区体育场地建设项目35个。落实省级文化产业发展专项资金450万元，引导社会资本投入非遗领域，支持建设林栖三十六院非遗生态圈。

【深化财政改革】 完善镇乡财政体制。2023年7月8日，协助市政府出台《关于进一步完善镇乡财政体制的意见》，实施新一轮镇乡财政管理体制，重新划定镇乡收支基数，增加县级支出责任。推进预算改革。落实过“紧日子”思想，严控一般性支出，全年压减预算资金1.83亿元。创新建立“事前控制、事中监管、事后评价”闭环管理机制，建设预算支出标准库，制定支出标准逾120项，构建虚实结合公物仓，盘活闲置资产，引入第三方机构开展绩效评价，将考评结果与下年度部门公用经费安排挂钩。推进财政数字化改革。推进预算管理一体化系统建设，健全预算编制、预算指标、预算执行等全流程监控机制。推进政府投资智控平台建设，实现政府投资项目审批审价的全流程贯通。推进“浙里基财智控”应用推广应用，全市18个镇乡街道完成系统上线，全年通过系统支付财政资金34.59亿元。

【强化财政监督】 加强财会监督。开展“财会监督年”活动，开展地方财经纪律专项整治行动自查、会计信息质量检查、全市资金内控管理风险防范专项检查等。开展财会监督机制创新升级行动，开发上线“东阳市村社资金监管平台”，入选全省财会监督能力提升重点试点项目名单。加强绩效管理。建立事前、事中、事后全过程绩效监管机制，对4个政府投资项目、1个政策开展事前绩效评价，对5个乡镇(街道)、5个部门开展整体支出绩效评价，对15个专项项目开展重点绩效评价。加强政府投资项目管理。全年完成政府投资项目审核893个，送审金额453.57亿元，核减金额37.72亿元，核减率8.3%。

【加强队伍建设】 开展学习贯彻习近平新时代中国特色社会主义思想主题教育。召开主题教育动员部署会，研究制定主题教育工作方案和分领域指导清单，制定领导干部、各支部党员学习计划，开展专题党课10次，集中学习40次，参加学习1324人次。开展“问需问计问效于民”活动，帮助群众解决突出问题5个，征求群众意见8条。推进清廉财政建设。实施“23557”*清廉建设工作法，推进清廉财政单元建设，设置清廉财政单元评价指标68个。全年打造标准型清廉财政单元16个，其中示范型6个。制定“七色廉环清风2023”系列活动方案，发挥廉政文化品牌效应。

（东阳市财政局供稿　经立安执笔）

注：

*“23557”：“2”即以新时代党建高地和清廉建设高地为统领，“3”即全面实施“三不腐”能力指数，“5”即守住拒腐防变“五道关”，“5”即加快构建“五财并举”现代财政治理体系，“7”即打造“七色廉环”廉政文化品牌。

义乌市

【概况】 2023年，义乌市实现地区生产总值2055.62亿元，按可比价格计算，较上年增长8.0%。其中：第一产业增加值26.22亿元，增长4.7%；第二产业增加值628.42亿元，增长5.7%；第三产业增加值1400.98亿元，增长9.1%。三次产业结构比为1.3∶30.6∶68.1。按户籍人口计算，人均生产总值228105元，增长5.5%。城镇常住居民人均可支配收入93108元，增长7.1%；农村常住居民人均可支配收入50828元，增长8.0%。全年实现消费品零售总额1108.19亿元，增长4.8%；实现进出口总额5660.50亿元，增长18.2%。全市财政总收入234.94亿元，增长11.0%，其中一般公共预算收入144.28亿元，增长8.6%。一般公共预算支出163.44亿元，增长2.3%。全年财政收支平衡。

【组织财政收入】 优化财政收入结构。联合税务部门做好重点招商引资企业税收管理与服务，培育更多优质税源。2023年，全市一般公共预算收入占地区生产总值的7.0%，占财政总收入的61.4%。其中税收收入137.58亿元，占一般公共预算收入的

95.4%。强化非税收入征管。全年征收非税收入280.43亿元，增长4.0%，其中纳入一般公共预算管理的非税收入6.70亿元，增长13.0%。用足用好专项债券。健全专项债资金"借、用、管、还"全生命周期管理，全年新增专项债券额度60.39亿元。

【支持经济发展】 强化要素保障。谋划财政支持资金政策清单，全年"8+4"领域财政投入82.54亿元。推进产业发展提质提效，安排资金4.05亿元，支持制造业高质量发展、实体经济发展、技术改造、工业稳增长等。服务重点区块城市有机更新，全年安排财政资金57.13亿元，保障G235等重大交通项目建设，推进高铁新城区块项目。打造开放样板。2023年9月获批成为全国第二家陆路启运港退税政策试点地区，构建"数据直达、政策直通、服务直享"退税模式，完成办理退税款87万元，平均帮助企业缩短退税周期15天。构建高水平走出去和高质量引进来财政保障政策体系，优化义新欧班列财政扶持政策。全年安排资金10.03亿元，支持开放型经济、义新欧班列、航空物流、商贸业高质量发展等。提振市场活力。重塑"一网通服"惠企财政资金兑付系统，全年上线政策文件128个，拆解颗粒化政策365条，发布申报通知174个，成功兑付企业3289家、资金18.91亿元。挖掘消费潜力，全年发放各类消费券2.27亿元，助力生活消费复苏。

【深化共同富裕】 推进家庭型共富改革。入选浙江省财政厅第一批百万家庭奔富行动示范县创建名单，2023年12月20日出台《百万家庭奔富"3+1"三年行动计划》，以强村富民、就业优先、创业扶持、普惠均等为切入口，实施深化农村宅基地改革、拓展农村家庭产业共富计划试点等具体举措17项，探索中低收入家庭增收减负新路径，推进扩中家庭财产性收入、工资性收入、经营性收入增长。深化"千万工程"。安排扶持村集体经济发展资金2000万元，支持乡村产业融合发展。安排财政资金1.32亿元，推进"一事一议"村级公益事业、助推美丽乡村、打造共富乡村试点等项目建设。开展"政银村"合作，为全市270个村提供"乡村·振兴贷"20.35亿元。推进扩中提低。坚持就业优先导向，安排资金2.27亿元推动就业创业指导培训、职业技能提升以及人才引进。安排资金1.19亿元，扩面残疾人基本辅助器具享受范围，调高困难群众救助及孤儿供养标准。

【保障民生支出】 全年民生支出126.05亿元，占一般公共预算支出的77.1%。支持教育事业发展。全年教育支出39.42亿元。开展民办义务教育学校转型发展工作，随迁子女公办入学率逾90.0%。安排创建补助1385万元，助推全国学前教育普及普惠县创建。支持社会保障事业发展。全年社会保障和就业支出15.32亿元，率先实施劳动者工资保障险，安排城乡居民基本养老保险补助1.43亿元，安排优化养老服务体系建设资金0.66亿元。支持医疗卫生事业发展。全年卫生健康支出17.21亿元，安排城乡居民基本医保财政补助3.63亿元，安排公共卫生经费1.94亿元，推动医养结合建设，修订完善基层医疗机构补偿机制。支持文旅事业发展。安排文化旅游体育和传媒支出2.88亿元，配合出台义乌市文化精品和文化人才扶持奖励办法，提振文旅市场消费活力，核销文旅消费券2470万元。

【深化财政改革】 升级集中财力办大事体系。开展财政扶持政策清理工作，形成全市财政扶持政策动态管理清单，完成新一轮集中财力办大事财政扶持政策体系搭建。提升镇街财政智控水平。推进镇街"浙里基财智控"应用建设，规范资金审批程序，打造数据多源、纵横贯通、高效协同、监管闭环、服务便捷的基层财政管理安全风险智控应用场景。探索政府投资项目评审新机制。聚焦精准高效稽核，创新"全过程财务监理制度"，全年审核项目975个，核减造价12.88亿元。打造政府采购电子档案管理试点。入选浙江省财政厅"政府采购数字化共建共享改革试点项目"清单并在全省财政系统推广。开展代理记账电子凭证应用改革。入选浙江省财政厅第一批代理记账电子凭证应用改革试点，安排10家代理记账机构、15家委托单位开展各项应用试点工作，实现凭证全流程电子化管理。推广"浙里报账"应用。全面推开"浙里报账"业务场景，2023年度报销78512笔，金额91.84亿元。

【加强财政监管】 贯彻过"紧日子"要求。严控"三公"经费和一般性支出规模，2023年"三公"经费较上年度减少7万元。规范公务支出公款消费，完善公务支出标准制度体系，编印公务支出公款消费正负面清单，列出正面清单7类84条、负面清单7类62条。加强财会监督。强化与人大、纪检、审计配合协同，针对涉企政策执行、公务经费使用、财政财务管理、会计信息质量4个重点开展监督检查，发现各类问题60个，追缴财政资金42万元，压减工程投资额1914万元。深化绩效评价。全年组织70个单位开展绩效自评项目2797个，开展抽查复评项目40个，并对法院、农业农村局等5个部门及上溪镇、经开区等4个镇街开展整体评价，抽取11个政策(项目)开展重点评价。

【加强队伍建设】 开展学习贯彻习近平新时代中国特色社会主义思想主题教育。成立主题教育领导小组，制定主题教育实施方案和任务清单，举办纪法辅导、家风分享、专题讨论、对标检视、廉政警示教育和承诺践诺"六个一"活动，形成理论学习、调查研究、推动发展、检视整改、建章立制、融合贯通、一体推进局面。擦亮清廉财政品牌。依托"三不腐"能力指数评价体系，强化源头反腐约束力。开展常态化廉政教育，打造"善财正和"财政文化廉政长廊，市财政局获评浙江省财政系统清廉财政建设成效突出单位。加强机关效能建设。开展"义财先锋"比拼，建立局重点工作、局领导交办工作责任清单。建立"书记领办、分管领衔、专班负责"机制。出台平时考核实施办法，常态化开展平时考核。开展青年干部"明德守法，完善自我"行动，组织青年干部座谈会。

(义乌市财政局供稿　童学舜执笔)

永康市

【概况】 2023年，永康市实现地区生产总值755.98亿元，按可比价格计算，较上年增长6.1%。其中：第一产业增加值9.58亿元，增长3.6%；第二产业增加值400.16亿元，增长4.7%；第三产业增加值346.24亿元，增长7.6%。三次产业结构比为1.3∶52.9∶45.8。按常住人口计算，人均生产总值77616元，增速5.9%。城镇居民人均可支配收入72049元，增长6.0%；农村居民人均可支配收入41362元，增长7.7%。全市财政总收入114.08亿元，增长14.1%。一般公共预算收入71.53亿元，增长7.0%。一般公共预算支出92.93亿元，增长1.3%。全年财政收支平衡。

【组织财政收入】 统筹协调稳收入。聚焦年度收入目标，建立"月会商、旬报告、日跟踪"收入管理机制，预判收支风险，强化收支管理。2023年，全市一般公共预算收入占地区生产总值的9.5%，占财政总收入的62.7%；税收收入60.63亿元，增长12.7%，占一般公共预算收入的84.8%。强化非税收入管理。深化财政电子票据改革，对接省统一公共支付平台，实现"一网通办"，全市实现非税收入127.63亿元，其中纳入一般公共预算管理的非税收入10.90亿元，下降16.6%。争取债券资金。全年新增地方政府专项债券额度62.03亿元，增长176.3%，支持建设中国五金物流港、国家林草装备科创园等重点项目25个，助力五金产业高质量发展。盘活沉淀资金资产。通过合理调控间歇性闲置资金、开展公款竞争性存放、收缴结余结转资金等，增加收益6.63亿元。

【保障三个"一号工程"】 支持数字经济创新提质"一号发展工程"。全年科学技术支出3.99亿元，增长15.3%。重点支持智能化技术改造、轻量级数字化试点改造，打造一批"智能工厂""数字化车间"样板。支持引进海外人才、高层次人才，拨付"智汇丽州"计划、高层次人才引进计划等重点人才工程项目资金3446万元。支持营商环境优化提升"一号改革工程"。全年完成增值税留抵退税4.09亿元，"六税两费"政策减免3.36亿元。迭代惠企政策体系，梳理21个部门45项334条惠企政策，形成"一张清单"，全年兑付惠企政策资金9.02亿元。全年政府采购项目430个、金额6.65亿元，其中中小企业中标项目数占比96.5%，中标金额占比96.9%。支持"地瓜经济"提能升级"一号开放工程"。支持完善海铁联运生态，全年拨付集装箱补助1413万元，按每只集装箱减免300元标准，补助四十英尺集装箱18600只，降低企业物流成本。

【保障民生福祉】 全年民生支出73.39亿元，占一般公共预算支出的79.0%。助推教育事业发展。全年教育支出20.92亿元，增长7.5%，支持中小学扩改建、学前教育扩容提质、加强教育资源供给、强化随迁子女入学保障，义务段随迁子女公办就读率80.4%。促进卫生健康事业。全年卫生健康支出11.27亿元，基本公共卫生服务人均补助标准提高至每人每年102元。创新"医共体+肿瘤筛查"工作模式，安排资金210万元支持消化道肿瘤筛查，为群众减轻医疗负担1.49亿元。健全社会保障制度。全年安排社会保障和就业支出11.98亿元，增长16.9%，重点保障各类保险提档升级、困难人员救助、就业创业政策支出等。投入资金7.80亿元用于城乡居民养老保险提档补缴和城乡居民医疗保险补助，全市基础养老金提高至月人均310元，惠及8万人。优化公共文化服务。全年文化旅游体育与传媒支出3.75亿元，增长43.1%。支持建设城市书房17个、"15分钟品质文化生活圈"55个，以及非公企业图书流通站、乡村博物馆等文化场馆。

【促进城乡发展】 支持城乡基础设施建设。投入政府投资项目资金15.00亿元，支持交通基础设施等项目建设227个；新增南苑区块旧城区改建专项债资金21.70亿元，推进城市有机更新；投入溪心区块停车场及附属配套工程建设资金3.50亿元。改善农村安居环境。投入美丽乡村建设和农村基础设施长效管理等资金1.16亿元，支持建设省级美丽乡村示范镇2个、"十有"示范村54个、"十无"达标村8个，省级、金华市级未来乡村5个，省级历史文化(传统)村落8个，星级公厕34个；投入"一事一议"财政奖补资金5505万元，实施"一事一议"项目43个。助力农业高质量发展。投入现代农业发展专项资金1630万元、粮食生产发展专项资金3364万元，提高农民种粮积极性；发放耕地地力保护补贴1193万元，惠及12万农户。

【深化财政改革】 推进财政数字化改革。推广"浙里基财智控"应用，完成用户配置1900个，执行项目2332个，全年支付19.49亿元。全年实现非税收入电子化缴库21笔，金额1.93亿元。推进"浙里报账"系统运用，全年支付78619笔，金额53.32亿元。推进财政管理标准化建设。创设"零基预算，标准管理"财政管理模式，形成内控标准47套，制定预算标准6类，约束财政"小微权力"。推进政府采购改革。全面推行政府采购不见面开标，完成电子招投标418项，涉及预算金额7.12亿元，建设完成"远程异地评标舱"，开展异地评标35次。

【加强财政管理】 强化财会监督。制定《永康市财会监督结果应用管理暂行办法》《规范第三方机构参与财政监督及预算管理工作管理暂行办法》，全年开展重点监督、重点绩效评价项目18个，包含专项债券、政府购买服务等重点领域，涉及财政资金7.60亿元。加强政府投资项目审核。全年完成政府投资项目审核381个，审核金额251.11亿元，增长43.8%，核减金额10.10亿元，核减率4.0%。防范财政运行风险。规范公款存放管理，构建全市行政事业单位全覆盖公款管理制度，实现网上招投标全覆盖，全年督促各行政事业单位开展公款存放10次，涉及资金21.59亿元。防范"三保"风险，全年完成"三保"支出44.95亿元。

【加强队伍建设】 开展学习贯彻习近平新时代中国特色社会主义思想主题教育。全面部署开展主题教育,突出问题导向、坚持严实作风,全年组织"党委书记上党课""党支部书记讲专题党课"等专题活动34次。推进变革型财政组织建设。"全链条+多维度"打造一专多能型财政干部队伍,全年开设"财政微课堂"22期、项目审核内部培训11轮次。搭建"青蓝工程"成长平台,做实"传帮带""老带青",全年新结对师徒9对。推进清廉财政建设。挖掘财政文化廉洁元素,打造"一个中心、四条长廊、六大阵地"清风财韵文化宣传矩阵。践行节约型机关,获国家机关事务管理局、财政部等四部委颁发的"节约型机关"称号。

(永康市财政局供稿　林思璐执笔)

浦江县

【概况】 2023年,浦江县实现地区生产总值291.46亿元,按可比价格计算,较上年增长6.8%。其中:第一产业增加值10.91亿元,增长3.6%;第二产业增加值126.24亿元,增长6.1%;第三产业增加值154.31亿元,增长7.6%。三次产业结构比3.7:43.3:53.0。按户籍人口计算,人均生产总值73314元,增长7.1%。城镇常住居民人均可支配收入61527元,增长6.6%;农村常住居民人均可支配收入31843元,增长8.1%。全县实现财政总收入39.04亿元,增长11.4%。一般公共预算收入25.38亿元,增长4.1%;其中,税收收入19.81亿元,增长6.8%。全县一般公共预算支出57.66亿元,增长6.5%。全年财政收支平衡。

【组织财政收入】 强化收入管理。依托财税联席会议机制,加强收入监测分析,抓好收入组织的节奏和力度。2023年,全县一般公共预算占地区生产总值的8.7%,占财政总收入的65.0%;税收收入占一般公共预算收入的78.0%。规范非税收入征管。规范行政事业性收费管理,公开收费目录,督促执收单位依法依规征收。全年征收非税收入82.85亿元,其中纳入一般公共预算管理的非税收入5.57亿元。盘活资产资源。争取到盘活存量资产扩大有效投资区域、水权确权和交易省级试点2项,盘活非义务教育阶段学校资产、县域内部分水域可疏浚砂石资源经营权、和平水库等10座小型水库用水权等资产资源,全年资产资源盘活处置收入52.62亿元。

【服务经济发展】 推进三个"一号工程"。围绕三个"一号工程"、"8+4"经济政策体系、"十项重大工程",谋划财政支持资金政策清单,安排县本级"8+4"政策财政资金17.98亿元。聚焦科技成果转化,全年完成科技支出9523万元,增长15.3%,支持推动科创主体培育、引领科创产业转型提档升级、科技人才招引等。兑现工业扶持奖励及"一企一策"奖励资金2.28亿元,支持企业智能化转型升级、先进设备更新、数字化制造等。优化企业营商环境。落实减税降费政策,全年完成增值税留抵退税2.81亿元,"六税两费"政策减免1.25亿元。推进政策性融资担保扩面增效,2023年在保户数668户,增长10.9%,在保余额5.44亿元,增长47.0%。加大支持中小企业力度,推广"预付款保函""履约保函""政采贷"等创新金融产品服务,全年政府采购领域完成保函46笔,保额1147万元;发放政采贷297笔,放款金额3055万元。用好政府债券资金。全年新增地方政府专项债券额度8.70亿元,增长112.2%,支持智慧便民停车场Ⅱ期、江南片区医疗中心、冷链物流等重点项目建设7个。

【推进共同富裕】 推进美丽乡村建设。安排乡村振兴资金7.84亿元,支持高标准农田建设、壶源江流域生态修复工程、通济桥水库灌区续建配套与节水改造等。实施"一事一议"财政奖补。安排2023年3批"一事一议"项目47个,包括村庄道路修缮、村容村貌改造、发展村级集体经济等,项目总投资2705万元,财政奖补2386万元。实施惠农转贷政策。全年转贷3095次,转贷金额逾7.40亿元,惠及农户3095户,缓解农业经营主体现金流短缺难题。深化公共服务平台建设。全年通过统一公共支付平台实现缴费61万人次,缴费金额86.42亿元。推进"乡镇公共财政服务平台+一卡通"应用,全县纳入乡镇公共财政服务平台支付项目131个、资金2.48亿元,惠及52万人次。

【保障民生发展】 全年民生支出45.81亿元,增长7.5%,占一般公共预算支出的79.4%。发展优质均衡教育。全年教育支出11.11亿元,增长8.4%,支持保障教师工资和福利,支持文华幼儿园、壶江初中改扩建和培智学校迁建等工程,困难学生资助等。浦江县第三中学等5所学校创建为浙江省现代化学校。支持健康浦江建设。全年卫生健康支出7.58亿元,支持村卫生室规范化建设、乡镇卫生院基本设备配置、村卫生室补助经费等。城乡基本公共卫生专项补助标准按常住人口人数从每人97元提高至102元。完善社会保障体系。全年社会保障和就业支出

国家级非物质文化遗产之民俗项目——"浦江迎会"表演

10.07亿元，增长18.8%，支持社保扩面提标、“一老一小”照护服务，落实残疾人救助帮扶、创业就业等民生政策。助力公共文化建设。全年文化旅游体育与传媒支出1.30亿元，举办浙江山水旅游节、“敦煌杯”中国弹拨乐演奏比赛、“中华颂”曲艺大展等活动，建成“15分钟品质文化生活圈”28个，发放文旅消费券650万元。挖掘上山文化资源，完成中国世界文化遗产预备名单联合申报并赴埃及特展。提升城市品质。投入资金7.26亿元，保障城区公共照明、东溪花园等老旧小区改造、塔山丽都等小区加装电梯、公路等级提升等重大项目。

【深化财政改革】 推进乡镇财政体制改革。实施新一轮乡镇财政体制改革，完善乡镇转移支付、新增总部经济考核、超收分成等政策5项。推进财政数字化改革。预算管理一体化系统上线财政收支智管模块，全年处理预警信息65条。全县242家行政事业单位使用“浙里报账”系统，全年报销27107笔，报销金额5.71亿元。推广政府采购不见面开评标。依托政府采购不见面开评标系统，实现全流程电子化评标率100.0%。全年完成政府采购招标项目239个，涉及金额3.36亿元。

【加强财政监管】 坚持过“紧日子”。强化预算刚性约束，压减非必要、非刚性支出，收回各类资金3.32亿元。从严把关政府投资工程，规范评审行为、实施过程及结论等方面，拓展评审范围，全年审核政府投资项目工程结算634宗，核减金额9500万元，核减率5.7%。加强财政监督。开展工业扶持政策、人才专项经费、个人创业担保政策等重点项目绩效评价，涉及资金2.10亿元，收回不合规发放补助资金逾26万元，提出企业扶持、创业贴息、人才工作等政策专项资金兑付流程整改建议5条。防范财政风险。推进公款竞争性存放，完成公款竞争性存放网上招投标14期，存放资金22.21亿元。通过筹措财政资金、处置存量资产、依法核销等方式，完成年度化债任务。浦江县财政管理工作在全国县级财政管理绩效综合评价结果中排名居前，获财政部通报表扬。

【强化队伍建设】 开展学习贯彻习近平新时代中国特色社会主义思想主题教育。通过党组带头示范学、专题辅导系统学、座谈交流研讨学、创设载体深入学等方式，组织开展理论中心组学习17次。把问题整改贯穿主题教育始终，开展查摆检视。结合财政工作实际，填写主题教育问题清单，梳理并整改典型性问题4个。举办主题教育知识竞赛；组织党员干部赴义乌李祖村、上山文化遗址、治水馆、蔡元培故居等地参观学习。推进清廉财政建设。健全县财政局清廉财政责任清单，强化日常考核力度。组建青年干部学习小组开展专题学习、观看廉政警示教育短片，开展“清廉讲坛”活动3次。常态化开展节日提醒、检查督促14次。开展“明德守法、完善自我”专项行动。探索“有感情有质量有内容有温度”的“四有”谈心谈话制度，全年谈心谈话59次。

（浦江县财政局供稿　黄　婕执笔）

武义县

【概况】 2023年，武义县实现地区生产总值340.16亿元，较上年增长5.6%。其中：第一产业增加值16.43亿元，下降3.1%；第二产业增加值156.40亿元，下降0.8%；第三产业增加值167.33亿元，增长8.6%。三次产业结构比为4.8∶46.0∶49.2。按常住人口计算，人均生产总值72500元。城镇常住居民人均可支配收入54003元，增长5.2%；农村常住居民人均可支配收入26990元，增长7.2%。全县财政总收入54.54亿元，增长7.9%，其中一般公共预算收入34.66亿元，增长4.7%。一般公共预算支出60.88亿元，下降0.1%。全年财政收支平衡。

【组织财政收入】 强化税源培育。落实财税联动机制，强化与税务部门信息互通，强化重点税源监测，提高收入质量。2023年，全县一般公共预算收入占财政总收入的63.6%、占地区生产总值的10.2%；税收收入26.52亿元，增长6.9%，占一般公共预算收入的76.5%。加强非税管理。规范非税收入管理，监督单位做好非税收入执收上缴工作，确保应收尽收、应减尽减。全年非税收入44.53亿元，其中纳入一般公共预算管理的非税收入8.14亿元，下降1.9%。全年出让土地50宗，出让面积101.15万平方米，出让金额24.78亿元，下降29.3%。

【推进三个“一号工程”】 助力数字经济创新提质“一号发展工程”。全年安排数字经济奖补3000万元，支持制造业数字化改造、标杆企业打造和中小企业轻量级数字化改造等工作，“武义县‘数智牵引’助力传统产业转型”入选浙江省财政系统“一号发展工程”最佳案例。落实“科技强市”政策，全年科技支出3.73亿元，增长15.4%，支持产业链协同创新项目实施、特色产业园建设和升级及行业级、企业级工业互联网平台建设。推动科技教育人才一体化，探索公职教育生均成本核算机制，入选浙江省职业教育差异化生均拨款制度试点县。助力营商环境优化提升“一号改革工程”。以财政政务服务增值化改革为牵引，推进涉企补助“免申即享”，支持建设“工业企业数智管理服务”应用“政策智达”场景，入选全国“亩均论英雄”十大年度改革标杆案例。全年为企业减税降费7.59亿元，兑现涉企财政奖补资金5.62亿元，惠及企业6295家次，其中“免申即享”政策资金2.57亿元，“免申即享”率53.8%。助力“地瓜经济”提能升级“一号开放工程”。融入长三角一体化发展，支持完成山海协作产业合作项目23个；助力建设海外投资贸易服务联络点，全年完成美国、欧洲、亚洲、非洲等重点贸易地区和新兴市场首批5个网点铺设并开展服务。落实“8+4”经济政策。设置责任分解清单，形成政策支出合力，全年执行本级“8+4”政策资金14.63亿元，执行率100.0%。

【推进共同富裕】 实施百万家庭奔富行动。2023年8月10日,出台《"武义县百万家庭奔富三年行动计划"工作方案》,实施增收、减负、共享、补偿等工程措施,提升低收入家庭收入水平,扩大中等收入群体规模。乡村振兴多元投入。落实土地出让收入优先用于农业农村政策,安排资金5.89亿元用于农业农村,占土地出让收入的16.8%。10月16日,出台《武义县财政支持"大三农"政策体系变革重塑工作方案》,整合涉农政策资金12.52亿元。探索融资担保业务新模式。出台涉农领域"见担即贷、见贷即担"政策,全年为147笔农业经营主体融资增信、担保放款2.92亿元,增长88.8%;其中,"见担即贷+见贷即担"模式业务开展14笔,放款3730万元。推进农村集体经营性建设用地入市。配合出台《武义县深化农村集体经营性建设用地入市试点工作方案》等政策文件,全年成交农村经营性建设用地2宗,成交价格380万元,为村集体新增收入266万元,惠及农民4656人。

【保障民生事业】 全年民生支出48.86亿元,增长4.0%,占一般公共预算支出的80.3%。推进城市更新。全年政府投资项目资金26.26亿元,支持武义县职业技术学校迁建、武义县中医院迁建工程、武义县学前教育补短板工程等项目建设147个。支持社会保障事业发展。全年社会保障和就业支出8.83亿元,增长11.0%。低保对象补助标准提高至每人每月1100元,发放困难群众救助补助4752万元。安排就业补助资金1528万元,支持高校毕业生就业、发展新就业形态和企业稳岗。支持教育事业发展。全年教育支出10.62亿元,增长4.5%。落实义务教育经费保障,兑现学生资助补助4266万元,惠及6287人次。支持学前教育普及普惠县创建工作,安排学前教育资金1.15亿元,占教育经费总支出的10.8%。支持医疗卫生事业发展。全年医疗卫生支出4.81亿元,支持城乡职工基本医疗保险、基本公共卫生服务、重大疾病防控、公立医院综合改革、优质医疗资源下沉等工作。支持文化和体育事业发展。全年文化和体育事业支出1.65亿元,增长1.1%,支持送戏下乡和文化活动室建设、非物质文化遗产保护及文化馆、图书馆、博物馆等文化设施免费开放等项目。

【加强财政管理】 坚持过"紧日子"。强化预算刚性约束,2023年压减一般性支出3323万元,安排"三公"经费预算2694万元,下降10.4%。组织财会监督。开展"财会监督年"活动,开展非税收入和财政票据、公款存放、政府投资项目等重点领域专项监督检查28项,涉及对象5766家次、财政资金15.19亿元,发现并整改问题232个。防范债务风险。提请县委办公室、县政府办公室出台进一步规范政府债务管理的实施意见,规范举债程序和资金用途,列明每年还款计划,建立定期报告制度、风险预警和应急机制、日常监督考核问责机制。防范社保风险。强化社保风险准备金筹措,足额计提土地出让金2.58亿元,滚存结余12.63亿元。

【强化组织建设】 强化理论学习。开展学习贯彻习近平新时代中国特色社会主义思想主题教育,全年党委理论学习中心组学习14次、各类学习活动75次。深抓清廉建设。完善关于纵深推进清廉财政建设的工作方案,梳理6方面27项具体工作,提出创新举措53条。规范11个重点环节、75项财政管理事项的内控管理和操作流程;强化小微权力管控,动态摸排廉政潜在风险点252个,制定防控措施175条。强化队伍建设。组建党员突击队3支,开展承诺践诺、建言献策等49人次,完成财政重点课题调研15个,全年开展交通劝导、文明城市创建等志愿服务736人次。2023年县机关会计核算中心获评全国五一巾帼标兵岗。

(武义县财政局供稿 徐陈挺执笔)

磐安县

【概况】 2023年,磐安县实现地区生产总值139.75亿元,按可比价格计算,较上年增长5.5%。分产业看,第一产业增加值14.12亿元,增长4.4%;第二产业增加值54.25亿元,增长5.8%;第三产业增加值71.38亿元,增长5.4%。三次产业结构为10.1∶38.8∶51.1。按常住人口计算,人均生产总值78293元,增长5.5%。全县常住居民人均可支配收入38447元,增长5.3%。城镇常住居民人均可支配收入51266元,增长4.2%;农村常住居民人均可支配收入25864元,增长6.4%。全年实现社会消费品零售总额46.02亿元,增长13.2%。全县财政总收入23.51亿元,增长4.0%。其中,一般公共预算收入14.74亿元,增长7.0%。一般公共预算支出49.60亿元,增长14.3%。全年财政收支平衡。

【组织财政收入】 加强组织收入。建立财税银协同联动机制,常态化开展经济形势和财政收支分析研判,提高收入质量。2023年,全县一般公共预算收入占地区生产总值的10.5%、占财政总收入的62.7%;其中税收收入10.80亿元,占一般公共预算收入的73.3%。完善非税收入征管。执行非税收入管理制度,深化统一公共支付平台应用,全年实现政府非税收入23.80亿元,下降4.7%,其中纳入一般公共预算管理的非税收入3.95亿元,增长16.2%。

【助推经济发展】 围绕三个"一号工程"、"8+4"经济政策体系、"十项重大工程",谋划财政支持资金政策清单。坚持科技创新首位保障,全年完成科技支出6523万元,增长15.1%,支持全县科技企业技术研发、科技成果转化、希望之光人才驿站项目建设。构建惠企政策资金高效直达兑付机制,加大政策性担保力度,全年"8+4"经济政策领域县级财政投入13.49亿元,兑现政策资金1.97亿元,完成政策性担保3.93亿元。支持实体经济和中小微企业成长发展,全年为企业降本减负3.01亿元,政府采购面向中小企业采购额3.19亿元,占比90.6%。争取债券额度,全年新增地方政府债券额度12.45亿元,支持杭温高铁磐安客运综合枢纽等政府投资项目建设20个。

【推进共同富裕】 实施扩中提低改革。入选省财政厅财金助力扩中家庭项目试点，通过财政贴息政策撬动金融资源向"扩中"家庭倾斜。入选金华市共富办家庭型医疗保障政策首批试点，聚焦困难家庭和"扩中"家庭医疗保障需求，探索构建多层次家庭型医疗保障制度体系。促进农民增收致富。实施"打造茶油产业全链条 深化农旅融合促众富"项目，入选省财政厅百村万户增收促富试点，争取省级财政专项补助资金2000万元，安排县级补助资金580万元。创新"连片流转村集体林地+农户土地入股+公司统一经营管理"模式，以产业发展带动村集体增收。落实共富乡村试点项目。通过"省级专项+地方配套+社会资本+村级自筹"模式筹措资金3455万元，支持建立抱团兴农共富联合体，保障村集体收益，推动"一事一议"财政奖补支持打造共富乡村试点项目落地。

【提升民生福祉】 全年民生支出31.20亿元，增长4.9%，占一般公共预算支出的62.9%。完善社会保障体系。全年社会保障和就业支出5.51亿元，增长1.2%。最低生活保障标准提高至每人每月1100元，基础养老金标准提高至每人每月310元。完善社会救助和社会福利体系，发放困难残疾人生活补贴和重度残疾人护理补贴1722万元、养老服务补贴2255万元。推进医疗卫生事业发展。全年卫生健康支出4.75亿元，增长27.1%，重点支持磐安县中医院迁建、婴幼儿托育服务机构建设等项目。城乡居民基本医疗保险财政补助标准提高至每人每年1000元。加大教育扶持力度。落实教育经费支出"两个只增不减"，全年教育支出6.18亿元，增长1.7%，生均教育经费支出3万元，增长1.1%。保障校舍维修改造、学前教育普及普惠县创建等重点项目实施。支持文体事业发展。全年文化旅游体育与传媒支出1.68亿元，增长1.5%。保障旅游、影视文化政策资金兑现、文旅消费券资金发放，促进文旅深度融合。

【深化财政改革】 迭代升级集中财力办大事政策体系。2023年5月30日，出台《磐安县集中财力办大事政策体系方案(2023—2027)》，科学测算可用财力，统筹保障高质量发展、数字变革、生态文明等8大高地任务。深化预决算公开工作。上线预决算公开统一监管系统，搭建以2大核心业务、5个应用模块、N家预算单位为主要内容的"2+5+N"建设架构，形成预决算公开"填报—公开—监管"全过程管理闭环。2022年度部门决算公开首次通过该系统完成，提速25.0%。推进财政数字化改革。持续推进预算管理一体化系统建设，做好资产管理、政府采购等模块上线运行。全覆盖上线"浙里报账"应用，完成报销单数23685笔，报销金额4.39亿元。完成非税资金划拨业务实施电子凭证库应用工作，全年办理非税收入电子化入库15万元。加快国企实体化改革。制定区块国有企业实体化改革总方案，驻点区块国有企业清产核资，完成5大区块18家国有企业(资产总额25.78亿元)与县属国有企业整合重组，实现区块国有企业统一监管。

【加强财政监管】 强化财会监督。开展"财会监督年"活动，深化"纪巡审财"联动，完善"财会监督+"协同模式，提升监督效能。全年对涉企资金补助到位情况、基层"三保"落实情况等重点项目开展专项监督检查5次。落实过"紧日子"政策。硬化预算刚性约束，2023年压减一般性支出3305万元，"三公"经费执行数下降2.2%。开展部门及专户可统筹结余资金清理，全年收回结余资金7904万元。出台政府投资项目预(结)算委托审核分配实施细则，优化项目预结算审核管理，全年审核项目642个，送审金额26.97亿元，审定金额25.44亿元，核减金额1.53亿元。防范化解财政风险。筹措资金落实债务化解工作，完成当年化债任务。规范公款竞争性存放管理，探索债券质押模式，实施网上招标，全年组织公开招标3期，涉及资金11.88亿元。

【优化队伍建设】 开展学习贯彻习近平新时代中国特色社会主义思想主题教育。通过理论中心组集体学习、专题研讨、个人自学等方式，坚持读原著、学原文、悟原理，学深悟透新思想、新理论。全年组织党组集体学习6次，集中研讨3次。深化"四大双千""三服务"活动，完成"三服务"事项185个。加强党风廉政建设。完成支部调整换届，配齐配强各支委会委员，完善党建阵地标准化建设。组织全体党员开展"追寻红色足迹"党建活动，参观学习磐安县"八八战略"实践专题展，锤炼党性修养。培养人才梯队。推行干部轮岗交流、中层干部竞争上岗，30周岁以下中层年轻干部占比从24.0%提高至33.3%。创新学习载体，组织开展"财政大讲堂"12期、"明德守法，完善自我"青年干部学习会5期。

(磐安县财政局供稿　郑安娜执笔)

衢州市财政工作

衢州市

【概况】 2023年，衢州市实现地区生产总值2125.20亿元，按不变价格计算，较上年增长6.8%。其中：第一产业增加值91.20亿元，增长5.1%；第二产业增加值908.74亿元，增长6.8%；第三产业增加值1125.26亿元，增长7.0%。三次产业结构比为4.3∶42.8∶52.9。全年社会固定资产投资增长11.4%，社会消费品零售总额970.77亿元，增长10.6%。外贸进出口总额715.81亿元，增长16.7%。按常住人口计算，全市人均生产总值92662元，增长6.6%。城镇居民人均可支配收入60592元，农村居民人均可支配收入33993元，分别增长5.4%和8.0%。全市财政总收入321.26亿元，增长15.6%，其中一般公共预算收入204.21亿元，增长18.0%，税收收入154.62亿元，增长10.5%；一般公共预算支出606.48亿元，增长6.8%。市本级(含两区)一般公共预算收入94.93亿元，增长8.6%，其中税收收入82.46亿元，增长16.7%；一般公共预算支出297.09亿元，增长12.4%。全市及市本级财政收支平衡。

【组织财政收入】 统筹组织收入。坚持财税银横向联通、省市县纵向联动，做好存量预测和增量监测工作。全市一般公共预算收入占地区生产总值的9.6%，占财政总收入的63.6%；税收收入占一般公共预算收入的75.7%。规范非税征管。深化部门信息互联共享，做好非税收入预测，规范非税收入征缴。全市实现非税收入361.41亿元，下降12.5%，其中纳入一般公共预算管理的非税收入49.59亿元，增长49.6%。向上争取资金。全市新增政府债券额度169.97亿元，其中专项债券额度134.97亿元。争取国债资金35.87亿元，保障市本级南片区排水防涝等24个重点项目建设。入选海绵城市、油茶产业两项财政部试点，获中央财政资金支持13.00亿元。

【服务经济发展】 支持重大经济政策落地。聚焦浙江省三个“一号工程”、“十项重大工程”、“8+4”经济政策体系等重点工作，全市兑付惠企政策资金83.43亿元，优化落实市级大科创、大商贸、大三农、大文旅专项政策资金16.47亿元。落实减税降费政策。落实中央和省级各项税费优惠政策，全市办理增值税留抵退税33.30亿元，阶段性降低失业保险费率减负2.89亿元。落实履约和投标保证金减免政策，全市为企业减负11.76亿元。支持科技创新发展。建立科研投入稳增长机制，全市科技支出24.71亿元，增长21.9%。支持构建“一产业一研究院”“一县一研究院”技术创新体系，全市落实运行经费5.73亿元，推动浙江大学工程师学院衢州分院、浙江大学衢州研究院等创新平台落地11个。市级统筹安排资金3.43亿元，支持设立“南孔精英”计划，保障人才引育留用。发挥产业基金效能。完善市政府产业基金管理办法，助力组建浙江省推动山区26县产业高质量发展(衢州)投资基金30.00亿元，争取省“4+1”绿石新材料基金50.00亿元落地衢州，以基金撬动产业链、创新链、人才链、资本链、服务链融合。

【推进共同富裕】 全市安排资金30.05亿元，支持共富综合体，湖羊园、鲟鱼园等未来农业园区，“双柚、油茶、茶业”等产业和平台建设助力农民增收。全市落实资金18.00亿元，推动区域协调发展，打造省级共富乡村试点。探索推广党建联建共富综合体带动、村办企业抱团经营、山海协作“消薄”飞地、村企结对帮扶、“龙头企业+”联结等强村方法，全市成立片区化村办企业75家，带动村民就业、村集体增收。

【增进民生福祉】 全市民生支出425.74亿元，增长7.6%，占一般公共预算支出的70.2%。完善社会保障体系。全市社会保障和就业支出78.36亿元，增长9.4%。落实创业就业扶持政策，全市发放创业就业补贴3.02亿元。城乡居民基本养老保险基础养老金最低标准、最低生活保障标准分别提高至每人每月275元、每人每月1100元。全市投入“助老三服务”资金8854万元，发放老年津贴、养老服务补贴6385万元。落实市级资金3350万元，建成全省首家公建公营综合托育服务中心。推动卫生事业发展。全市卫生健康支出57.73亿元，全市筹集城乡居民基本医疗保险补助资金16.68亿元。提高城乡居民基本医疗保险财政补助标准至每人每年1100元。市级投入资金1434万元，按照每张中医处方15元、中医病区或病床每住院床日30元实施专项补助。保障教育优质发展。全市教育支出76.23亿元，增长12.3%。提高市属公办学校中小学生均公用经费分别至每人每年1100元、1300元。落实资金6500万元，促进衢州学院等院校提能升级。建立市区教育成本分担机制，推进职业教育差异化生均拨款改革。

【深化财政改革】 推进预算绩效管理。建立绩效结果与预算安排硬性挂钩机制，“大三农”领域收回项目资金380万元。完善项目竞争立项机制，“大三农”专项竞争性分配资金比例提高至80.0%。优化项目评审机制。迭代升级项目流程内控管理系统，实现评审全流程闭环监管，市级完成政府投资项目评审613个，审减资金8.93亿元。深化数字财政应用。推进政府采购数据应用全省试点工作，实现采购数据“一屏统管”。丰富“浙里捐赠”应用场景，实现捐赠资金流全过程透明。搭建“大三农”资金智控应用平台，实现资金全流程监管。推行“公务餐”一件事改革，改革案例入选新时代衢州人文精神十佳践行案例。强化资产统筹管理。开展市级不动产清查专项行动，实现零星、闲置、低效利用房产集中管理、统一处置，盘活资金7.29亿元。

【强化财政监管】 开展财会监督。开展“财会监督年”活动，聚焦涉企资金补助等重点领域开展专项检查，推动财会监督、纪检监察监督、审计监督贯通协同。完善财政监督检查建议制度，针对有普遍性、存在较大财政管理风险的问题，制作《典型问题风险提示》，发挥预警防控作用。该制度被省财政厅列为全省试点推广项目。防控“三保”风险。建立预算执行动态监控机制，按月监测分析“三保”压力、收支平衡等指标，确保“三保”支出平稳有序。防控债务风险。统筹推进政府债务等专项清理整治，依托穿透式监测系统等平台，对全市域债务风险进行监测、评估和预警。

【加强队伍建设】 开展学习贯彻习近平新时代中国特色社会主义思想主题教育。开展理论学习、“大走访大调研大服务大解题”、对照检视整改等活动，为民办实事126件，将调研成果运用到预算编制、政策优化、制度完善等工作中。加强清廉财政建设。构建全市清廉财政建设“三不腐”能力指数评价体系，做好警示教育、廉政风险排查、专项监督检查等工作。加强闭环式管控，制定和完善政策及制度25项，完成市委巡察反馈意见整改落实。市财政局获评全市清廉建设成绩突出单位及全省清廉财政建设成绩突出单位。“廉礼同行、衢财有道”廉洁文化品牌获全市“有礼先锋”优秀党建品牌。提升干部能力素质。深化“师长”“学长”“轮值班长”培养帮带机制，开展“六治六提”作风建设行动和青年干部“明德守法、完善自我”专项行动，组织重点工作“比晾晒”等成长活动，选派干部挂职锻炼11人。

（衢州市财政局供稿　罗夏琴执笔）

柯城区

【概况】 2023年，衢州市柯城区实现地区生产总值670.68亿元，按不变价格计算，较上年增长4.8%。其中：第一产业增加值8.49亿元，下降0.1%；第二产业增加值278.45亿元，增长2.1%，其中工业增加值242.71亿元，增长1.9%；第三产业增加值383.74亿元，增长6.9%。三次产业结构比为1.3∶41.5∶57.2。按常住人口计算，人均生产总值123286元，增长3.3%。城镇居民人均可支配收入64626元，增长4.5%；农村居民人均可支配收入36410元，增长8.6%。全区财政总收入23.58亿元，增长1.9%，其中一般公共预算收入14.27亿元，增长0.1%；税收收入10.41亿元，下降2.5%。全区一般公共预算支出68.80亿元，增长2.5%。全区财政收支平衡。

【强化收支管理】 抓好收入组织，强化财税等部门联动，制定全年收支平衡方案，健全月、季、半年分析监测机制，加强税收征管，做好非税征缴入库。2023年，全区一般公共预算收入占地区生产总值的2.1%、占财政总收入的60.5%，税收收入占一般公共预算收入的73.0%。全区实现非税收入34.01亿元，下降14.9%，其中纳入一般公共预算管理的非税收入3.86亿元，增长7.9%。新增地方政府债券额度19.67亿元，其中专项债券额度14.67亿元。争取绿色转化、制造业高质量发展结对促共富示范创建财政专项激励政策，获省级资金补助6.00亿元。践行过“紧日子”思想，压减一般性支出2.50亿元。健全结转结余资金收回使用机制，清理收回资金5.85亿元。

【服务经济发展】 统筹资金29.02亿元推动“8+4”经济政策精准落地，迭代优化“大三农”“大文旅”“大科创”“大商贸”“大城管”5大专项政策资金8.65亿元，保障三个“一号工程”实施。安排寺桥水库、数字农业技术与装备研发基地等重大项目建设资金34.44亿元。坚持首位战略，全区财政科技支出1.87亿元，增长17.6%。做好惠企政策兑现，通过“政企通”平台兑现资金5.45亿元，受惠市场主体9018个。延续和优化实施部分阶段性税费优惠政策，增值税留抵退税4162万元。

【保障民生事业】 全年民生支出50.07亿元，增长10.3%，占一般公共预算支出的72.8%。教育支出9.96亿元，增长6.0%。推进学前教育普及普惠县创建，安排柯城区义务教育阶段生均公用经费937万元，增长14.1%。卫生健康支出8.19亿元，增长22.4%。安排专项经费5430万元，提升基本公共卫生服务项目财政补助标准，做好城乡居民免费健康体检和城乡妇女“两癌”筛查。社会保障和就业支出7.67亿元，增长5.5%。每年安排专项资金500万元，健全特殊困难群体救助救济政策保障机制。出台柯城区《普惠性托育服务机构资金补助实施办法（试行）》，会同有关部门联合印发《关于优化生育政策促进人口长期均衡发展十条措施》，推进普惠托育基本公共服务试点，打造“幼有善育”“育儿友好型”社会。迭代升级养老服务补贴制度，推行“爱心卡”养老服务模式。落实创业担保基金纳入市创业担保政策实施范围，促进创业带动就业。做好困难群众托底保障，投入救助补助资金1.20亿元。

【深化财政改革】 优化区与乡镇（街道）财政体制，创新设立超基数分成办法，调动属地增收积极性。加快预算管理一体化建设，提高预算编制科学性、精准性。推进“钱随人走”制度体系改革，优化完善教育卫生领域资金分配。推进预算绩效改革，规范事前绩效评估，健全绩效结果与预算安排“硬性挂钩”机制。推进“浙里报账”应用，全区143家预算单位实现全覆盖，报销总额59.79亿元。推行公务卡结算业务，按照公务卡强制结算目录办理结算，严格控制现金使用。实施公物仓制度改革，开展国有资产摸底清查，推进国有资产管理。开展行政事业性国有资产盘活改革，盘活并注入行政事业性资产2.10亿元。做大做强国资国企，为有关企业安排注册资本金1.81亿元。

【强化财政监管】 加强绩效管理和监督检查，采取部门（单位）自行监控和财政重点监控相结合绩效监控方式，将结果作为年度预算编制、政策制定和完善项目管理依据。优化政府投资项目评审流程，严把项目预算审核关，评审政府投资项目834个，涉及金额114.60亿元，综合核减率10.2%，节约资金11.70亿元。实施"信用+承诺"准入制，细化负面清单，提升政府采购监管水平。严肃财经纪律，开展减税降费政策落实等省市区联动专项检查7项、政府过"紧日子"和政府采购等区级监督检查8项，清退问题资金3万元，责令单位整改7家。

【防范化解风险】 全区优先安排"三保"预算23.69亿元，综合财力覆盖倍数达3倍。健全"三保"预算执行动态监控机制，强化分析研判，预警运行风险。强化债务风险管控，开展全区存量专项债项目收益摸底工作，确保法定政府债务不出现风险。严格把关政府投资项目立项，从源头防范债务风险。强化社保基金监督管理，加强资金审核、执行和运行分析，建立动态监测预警机制，全区社保基金收入5.94亿元，支出4.80亿元，当年收支结余1.14亿元。

【加强队伍建设】 开展学习贯彻习近平新时代中国特色社会主义思想主题教育，落实"第一议题"制度，局党组召开主题教育推进会3次，制定实施方案、工作计划、学习清单等，全年开展理论学习中心组集体学习8次、专题研讨3次、党课教育2次、循迹溯源1次。局领导班子制定整改问题清单，梳理问题10个，制定整改措施26条，实现全部销号。推进清廉财政建设，与驻财政纪检监察组建立定期会商、联合检查等机制，排查岗位廉洁风险点20个，个人廉政风险点15个，提出防控措施30条，区财政局获评全市清廉建设突出单位。开展各种形式廉政教育7次，警示教育谈话45人次，推进党风廉政教育落实常态化。开展全局年轻干部对标检视行动，自查问题40个，制定整改措施50条。组织青年党员干部"明德守法、完善自我"行动，建立重点工作"揭榜挂帅"制度，投入城北片区征收、护航亚运火炬传递、文明城市创建等重点工作。区财政局获2023年度市对区财政管理绩效考核优秀。

（衢州市柯城区财政局供稿　颜开来执笔）

衢江区

【概况】 2023年，衢州市衢江区实现地区生产总值327.72亿元，按不变价格计算，较上年增长12.7%。其中：第一产业增加值20.55亿元，增长3.1%；第二产业增加值156.23亿元，增长22.6%；第三产业增加值150.94亿元，增长5.8%。三次产业结构比为6.3∶47.7∶46.0。按常住人口计算，全区人均生产总值87507元，增长12.7%；城镇居民人均可支配收入51292元，增长7.0%；农村居民人均可支配收入30301元，增长8.8%。全区财政总收入26.39亿元，增长24.3%，其中一般公共预算收入16.17亿元，增长9.6%；税收收入13.06亿元，增长15.3%。全区一般公共预算支出77.37亿元，增长15.4%。全区财政收支平衡。

【组织财政收入】 加强税收收入管理。推动区乡一体涵养税源，推进乡镇招商引资项目，全年乡镇税收收入增长25.9%。加大部门财税信息共享，做好税源企业服务。2023年，全区一般公共预算收入占地区生产总值的4.9%、占财政总收入的61.3%，税收收入占一般公共预算收入的80.8%。强化非税收入管理。盘活闲置国有资产，深化财政电子票据改革，全年实现政府非税收入57.69亿元，增长1.2%，其中纳入一般公共预算管理的非税收入3.12亿元。向上争取资金。全区新增政府性债券额度26.60亿元，其中一般债券额度5.00亿元，专项债券额度21.60亿元。全年争取区域协调财政专项激励政策资金1.41亿元。

【支持经济发展】 围绕三个"一号工程"、"十项重大工程"、"8+4"经济政策体系，全年安排区级配套资金16.74亿元。运用财政、融资、债券等手段，安排资金51.69亿元保障交通、城建、水利、教育等领域重大项目提速增效。支持科技创新发展，全年兑现"大科创"专项资金1.70亿元，惠及企业265家。落实减税降费政策，全年减免税费3.64亿元，其中留抵退税金额1.16亿元。帮助民营和小微企业破解融资难题，出台深化金融服务专项政策，盘活风险池资金300万元。落实政府采购支持中小企业政策，全年政府采购中小企业成交金额5.27亿元，占政府采购总金额的97.8%。支持市场主体纾困发展，开展"三服务"联企帮扶走访活动，走访企业53次，发放宣传册200份，解决资金等发展要素问题13个。

【推进共同富裕】 优先保障农业农村发展投入，安排耕地地力保护、农业农村现代化先行资金稳产保供、美丽乡村建设等富农惠农政策24类，涉农资金补助4.31亿元。实施"一事一议"财政奖补项目42个，区级资金补助2000万元，重点支持"三农"发展，推动特色农产品产业化、规模化，衢江区高家镇(柑橘)入围第十二批全国"一村一品"示范村镇。争取制造业高质量发展结对促共富示范创建试点省级资金3000万元。推进省级基层政策性农业信贷担保服务创新试点，至2023年年底，区财政设立风险池并注入财政专项资金800万元，分摊农担业务风险，累计担保贷款3.57亿元，节约农业主体融资成本950万元。

【保障民生事业】 全年民生支出52.29亿元，增长15.3%，占一般公共预算支出的67.6%。加强社会保障力度。全区社会保障和就业支出9.96亿元，增长3.9%。强化困难群众基本生活保障，落实低保、特困、临时救助及困难人员物价补贴政策，全年安排困难群众救助补助资金1.70亿元。统筹就业专项补助资金3147万元，落实就业创业扶持政策，支持未就业毕业生和失业青年参加见习，帮扶就业困难人员、高校毕业生等1028人次，实现新增城镇就业5002人。推动卫生领域发展。全区卫生健康支出7.24亿元，增长8.0%。基本公共卫生服务经费人均财政补助标准提高至102元/年。安排公立医院综合改革专项补助资金1750万元，支持医院基本建设和设备购置、重点学科发展和人才培养等。安排卫生健康系统人才新政专项补助500万元。促进教育优质发展。全区教育支出10.61亿元，增长8.3%。支持发展学前教育，安排幼儿园民办转公办专项资金7967万元，完成民办幼儿园收购4所、转租6所，开展低小散民办园整治，优化办学结构和教学质量。

【推进财政数字化改革】 以预算管理一体化系统为基础，加强“预算、执行、核算、决算”一体化应用管理，推动预算编制科学化、执行精确化、监督强效化。推进“浙里报账”试点建设，完成151家预算单位上线，全年受理报销单37521笔，报销金额40.69亿元。推进“浙里捐赠”运用平台建设，全年上线慈善组织2个，开展项目捐赠活动8个，实现捐赠98万元。

【强化财政监管】 加强政府性债务管理。做好全口径债务管理风险预警，合理把握举债空间，确保风险总体安全可控，将政府债务风险等级控制在绿色区间。全年审查申报一般债券项目14个，专项债券项目19个，紧盯项目建设和资金使用进度，落实债券“借、用、管、还”全生命周期管控。加强政府投资项目管理。全年受理政府投资项目414个，送审金额86.02亿元，审定金额77.73亿元，节约财政资金8.29亿元，核减率9.6%。开展信息化建设项目专项评审，组织专家论证项目12个，送审金额3067万元，审定金额2364万元，节约财政资金703万元，核减率22.9%。强化财政资金监管。严格审核支出资金事项合理性和必要性，定期分析财政运行状况，加强月度收支管理，合理安排支出计划。强化财政政策执行监督，全年安排重点监督检查项目6个，配合上级财政、审计、纪检监察部门开展专项检查项目10个。

【加强队伍建设】 开展党员学习教育。开展学习贯彻习近平新时代中国特色社会主义思想主题教育，组织党组理论中心组集中学习21次，机关下属党支部党员集体学习10次，专题研讨5次，循迹溯源现场学习2次。聚焦农业产业发展、新型城镇化等领域，全局党员领办调研课题12个，破解难点堵点问题9个，其中《国企投建管运一体化项目财政补贴机制研究》获全市财政系统调研课题二等奖。加强党风廉政建设。聚焦党务加业务，排查班子及科室廉政风险点20个，落实整改防范措施41条，区政府投资项目评审中心获评衢州市清廉建设成绩突出单位。加强青年干部监督教育，局班子成员深入青年干部家中开展政治家访52次，引导青年干部律己修身、廉洁齐家。加大干部培养力度。把好选人用人关，全年提拔副科级领导干部3人、中层干部3人，引进高层次人才1人，上派财政部挂职1人，财政厅挂职2人，参加区重点工作专班5人。

（衢州市衢江区财政局供稿　张泽胤执笔）

龙游县

【概况】 2023年，龙游县实现地区生产总值318.94亿元，按不变价格计算，较上年增长7.3%。其中：第一产业增加值12.73亿元，增长7.5%；第二产业增加值135.67亿元，增长4.9%；第三产业增加值170.54亿元，增长9.3%。三次产业结构比为4.0∶42.5∶53.5。按常住人口计算，人均生产总值86905元，增长6.6%。城镇常住居民人均可支配收入63490元，增长6.2%；农村常住居民人均可支配收入34646元，增长8.1%。全县财政总收入48.60亿元，增长14.4%，其中一般公共预算收入30.01亿元，增长8.7%；一般公共预算支出74.83亿元，增长8.2%。全年财政收支平衡。

【组织财政收入】 强化收入统筹。坚持做大财政收入蛋糕，加强与县税务局、资源规划局、人民银行等部门沟通联系，强化分析研判，做好新增留抵退税政策对税收收入影响、耕地占补平衡政策调整对土地指标款交易影响分析，保证收入质量，把握组织收入力度和节奏。2023年，全县一般公共预算收入占地区生产总值的9.4%、占财政总收入的61.8%，其中税收收入24.75亿元，增长16.5%，占一般公共预算收入的82.5%。加强非税管理。推进非税收入电子化收缴和财政票据电子化改革，提高非税征管效率。掌握土地出让信息动态，跟踪、督促土地出让资金及时征缴入库。全年实现非税收入（含政府性基金）45.08亿元，增长6.0%，其中纳入一般公共预算管理的非税收入5.26亿元，下降17.2%。

【服务经济发展】 保障经济政策落地。落实“8+4”经济政策体系，全年兑现涉企政策资金8.32亿元，推动全县88项惠企政策落地见效。落实减税降费政策，全年留抵退税金额2.79亿元，增值税小规模纳税人免征增值税1.62亿元，资源税、教育费附加等“六税两费”减免1.05亿元。加大政府采购对中小企业支持力度，提高小微企业货物、服务采购项目价格扣除优惠、采购合同预付款，全年政府采购项目成交额7.16亿元，其中中小微企业中标6.16亿元，占比86.0%。推动科技创新驱动。全年科学技术支出2.64亿元，增长15.5%。创新设立政银担风险池基金，通过政府、银行、融资担保公司多方合作风险分担机制，财政实际出资3000万元，最大信贷规模9.00亿元。保障重大项目建设。全年新增地方政府债券额度21.13亿元，增长16.4%，其中一般债券5.00亿元，专项债券16.13亿元，保障龙游中学改扩建、中国特种纸产业基地基础设施等重大项目建设。

【保障民生事业】 全年民生支出54.99亿元，占一般公共预算支出的73.5%。加强社会保障管理。全年社会保障和就业支出12.53亿元，增长18.5%。城乡居民基本养老保险基础养老金标准提高至每人每月275元。健全社会救助体系，低保标准提高至每人每月1100元，特困人员标准提高至每人每月1441元，低保标准提高至每人每月1840元。支持教育质量提升。确保一般公共预算教育支出、按在校学生人数平均的一般公共预算教育支出“两个只增不减”，全年教育支出11.82亿元，增长23.9%。落实公办幼儿园教育成本分担机制，支持全县学前教育普惠优质发展，对有入学需求的乡镇，实现一乡镇一公办园全覆盖目标。支持“县中崛起”行动计划实施，全年投入资金1.64亿元，推进龙游中学改扩建项目，改善高中阶段基础办学条件。提升医疗卫生服务。全年卫生健康支出7.57亿元，增长18.0%，重点支持公立医院高质量发展、城乡居民基本医疗保险补助、基本公共卫生服务等政策落地。

龙游县小南海镇团石村美丽蝶变

【推进共同富裕】 加大农业农村投入力度，落实土地出让收入用于农业农村比例不低于5.0%要求，统筹资金用于农业“双强”、“千万工程”、和美乡村建设等项目，全年发放各类惠农补贴1.52亿元。投入资金3.27亿元，保障四好农村路、城乡公交一体化等农村交通重大基础设施建设。支持土地综合整治，安排土地整治资金6.06亿元，促进“小县大城 共同富裕”农民集聚转化政策实施。争取区域协调财政专项激励资金1.20亿元，安排专项资金支持黄茶、柑橘、中草药等特色优势农业产业发展。全年投入资金7240万元，实施村级公益事业“一事一议”项目87个、共富村项目1个，涉及全县55个村，带动社会资本投入1.07亿元。

【深化财政改革】 推动财政体制改革。修订完善经济开发区财政体制，优化收入基数，调整分成比例，设立奖惩机制，调动开发区生财、理财主动性和积极性。推进预算管理一体化。在预算管理一体化系统中实现资金从预算安排源头到使用末端全过程流向明确、来源清晰、账目可查的整体闭环管理模式，覆盖全县184家预算单位，覆盖率100.0%。推进预算绩效管理改革。强化绩效目标实质性审核，对绩效目标实现程度和预算执行进度实行“双监控”，促进财政支出精准化、规范化。

【强化财政监管】 创新财会监督方式，形成财政部门主责监督、有关部门依责监督、各单位内部监督的财会监督体系，联合纪检监察部门推进“资金拨付”大数据监督应用场景建设，场景应用覆盖基层财政补贴、政府采购、中央直达资金、账户管理等6个方面。开展财务领域廉政风险大排查、预算执行专项监督行动等专项行动，形成预算编制、执行、监督有机统一的管理闭环，完善预算执行监督常态化机制。全年完成政府投资项目预算、概算、结算审核175.04亿元，核减金额12.06亿元，核减率6.89%。

【防范化解风险】 防范社保风险。加强社保基金监管力度，配合有关部门做好社保基金专项整治行动检查，推进社会保障体系建设，全年筹集社保风险准备金1.68亿元。严防债务风险。依托财政部全口径债务监测平台，动态监测债务风险情况，遏制新增隐性债务。做好债券项目的财政承受能力和债务风险评估，强化项目源头管理。

【加强队伍建设】 加强理论学习。开展学习贯彻习近平新时代中国特色社会主义思想主题教育，以党委理论中心组、“财政讲谈”暨干部座谈交流会等形式为载体，搭建干部职工学习成长平台，全年组织专题研讨12次，开展“财政讲谈”28期、“循迹溯源”学习2次，覆盖全体年轻干部。推进清廉财政建设。开展抓早抓小谈话146人次，干部家访60人次，梳理排查全局19个科室廉政风险251条，制定防范措施254条。开展“清廉家风党风”主题8090理论宣讲活动，受众达1500人次。推动服务基层。组织党员干部开展“追寻红色足迹”“我为群众办实事”等主题党日活动，成立党员干部志愿服务队，开展送服务进企业、低收入农户结对帮促、关心关怀离退休老同志等志愿服务活动。

（龙游县财政局供稿　刘佳瑜执笔）

江山市

【概况】 2023年，江山市实现地区生产总值405.77亿元，按不变价格计算，较上年增长6.8%。其中：第一产业增加值25.05亿元，增长5.9%；第二产业增加值175.13亿元，增长7.0%；第三产业增加值205.59亿元，增长6.7%。三次产业结构比6.2∶43.2∶50.6。按常住人口计算，人均生产总值81644元。城镇居民人均可支配收入62980元，增长5.1%；农村居民人均可支配收入36786元，增长7.4%。全市财政总收入53.84亿元，增长19.5%，其中一般公共预算收入36.78亿元，增长27.0%；税收收入22.33亿元，下降6.8%。一般公共预算支出90.37亿元，增长2.7%。全市财政收支平衡。

【组织财政收入】 强化收入预测分析。加强与税务部门沟通协商，培育科技产业新税源，合理把握收入进度和结构。2023年，全市一般公共预算收入占地区生产总值的9.1%、占财政总收入的68.3%，税收收入占一般公共预算收入的60.6%。加强非税收入征管。深化非税收入电子化改革，推进非税和票据管理一体化平台应用，实现财政电子票据用票单位、种类全覆盖。发挥非税收入源头监控作用，全年实现非税收入44.44亿元，下降0.5%，其中，纳入一般公共预算管理的非税收入14.45亿元，增长188.4%。

【支持经济稳进提质】 加快惠企政策兑现。强化三个"一号工程"、"十项重大工程"、"8+4"经济政策体系财政保障，设立工业强市政策专窗，实现政策兑现"一站兑付"，全年审核兑现涉企奖补资金3.93亿元。落实中央、省组合式减税降费政策，减免各类税费6.80亿元。保障重点项目建设。全年争取新增政府债券额度30.55亿元，增长97.4%，保障路网及雨污管网建设、公路道路、老旧小区改造和医疗机构建设等重点领域项目。完善金融服务体系。扩大搭桥资金受惠面，全年办理搭桥资金136笔，帮助企业转贷13.12亿元，节省企业成本361万元。做好"两稳一促"工作。全年兑现资金7672万元用于稳外贸、稳外资，支持跨境电子商务、外贸人才培养等。兑付财政资金1592万元，用于消费券发放和汽车促消费。

【促进共同富裕】 推进扩中家庭项目试点。申报"财金助力扩中家庭"项目首批试点，引导金融机构用好"共富"贷款支持扩中家庭。全年发放扩中家庭贷款4.35亿元，减少扩中家庭贷款利息支出1447万元。支持拓展共富产业。投入资金1.52亿元，推进蛋鸡、湖羊、菌菇产业共富乡村试点等项目落地，带动61个村集体年均增收逾30万元。开展"供富大篷车"项目对外招标，向上争取资金100万元统筹支持建立购销一体运营体系，提供农产品进城、日用消费品下乡、农资农技入户服务，2023年助农增收601万元。支持乡村建设。全年农林水支出13.84亿元，增长3.7%，支持农业产业、农田水利建设、美丽乡村建设等事业发展。建设"一事一议"农村公益事业项目39个，落实资金3120万元。

【保障改善民生】 2023年，全市民生支出67.07亿元，增长0.6%，占一般公共预算支出的74.2%。优化社会保障服务。全年社会保障和就业支出17.08亿元，增长5.5%。拨付低保、特困社会救助资金2.16亿元，推进大救助体系建设；筹措社保风险金2.57亿元，提升社保基金风险防范能力；投入5256万元推进敬老院改造提升9家、"共享食堂"建设11个及居家养老改造等。支持"健康江山"建设。全年卫生健康支出7.68亿元，下降3.4%。推进县域医共体建设，支持市人民医院与邵逸夫医院"山海提升"工程、市中医院与省中医院"百科帮扶"项目等。巩固"学在江山"品牌。全年教育支出14.98亿元，增长1.3%。安排建设类财政性资金1.63亿元，新改扩建学校15所；投入资金9983万元支持学前教育普惠优质发展，新增公办学位1.2万个，成功通过"全国义务教育优质均衡发展县"国家级评估。支持文体事业发展。全年文化旅游体育与传媒支出1.35亿元，减少0.4%，支持举办全国新年登高健身大会、亚运会举重赛前适应性训练、全国健美操冠军赛等赛事。

【推进财政改革】 创新过"紧日子"举措，开发上线"加班一件事"应用，电子审批干部加班申请、实时打卡签退、夜餐费自动计算、调休自主申请、"浙里报账"发放夜餐费，自动比对出差、培训等报销事项，规范公务支出。推进"公务餐"一件事改革实施，全市190个部门单位、138个单位食堂纳入业务统筹。推进"财政大脑收支智管"场景应用、"浙里缴费"改革，开通非税征缴微信支付渠道，通过统一公共支付平台发生收缴业务56万笔，执收金额22.03亿元。完善乡镇公务卡推行工作，全面运行"浙里基财智控"应用，全年支付13468笔、支付金额17.01亿元。

【强化财政监管】 开展"财会监督年"活动，全年开展绩效抽查、重点评价项目69个，涉及财政资金5.04亿元。全市632个项目实现绩效自评全覆盖，涉及财政资金40.14亿元。全年完成政府投资项目评审484个、涉及金额76.38亿元，审定核减8.32亿元，核减率10.9%。加强政府采购监管，执行30万元以上服务类采购审核上市长办公室会议制度，全年审核项目资金1.76亿元。迭代升级公款竞争性存放网上招标系统，组织公款竞争性招标16次，完成竞争性存放50.19亿元。扩大国库集中支付和授权支付范围，全年经国库集中支付资金104.63亿元。强化国有资产管理，"聚焦民生所需，推动停车场错时开放共享"小切口案例获评全省行政事业性国有资产盘活优秀实践案例，城区范围内行政事业单位开放共享停车位972个。

【加强队伍建设】 开展学习贯彻习近平新时代中国特色社会主义思想主题教育。落实主题教育工作部署要求，拟定主题教育实施方案，通过"线上+线下"模式督促干部自学，组织干部参与擂台比拼、项目谋划，开展集中学习9次、党课20次、主题党日活动60次，线上推送学习资料17次。推进清廉财政建设。制定年度党风廉政建设工作计划，明确组织领导与责任分工。实施"正风肃纪"监督检查，开展岗位廉政风险防控排查等活动。加强基层服务。开展"组团联村"服务团成员到挂联村送服务活动。做好"三服务管家"平台工作，完成服务基层、服务群众、服务企业工作动态更新；配合做好"邻里通"平台，强化与社区对接联系。

（江山市财政局供稿　戴　韩执笔）

常山县

【概况】 2023年，常山县实现地区生产总值213.94亿元，按不变价格计算,较上年增长7.1%。其中:第一产业增加值9.37亿元,增长6.8%;第二产业增加值94.23亿元,增长7.2%;第三产业增加值110.34亿元,增长7.0%;三次产业结构比为4.4:44.0:51.6。按常住人口计算,全县人均生产总值80731元,增长5.9%;城镇居民人均可支配收入52269元,增长5.7%;农村居民人均可支配收入31266元,增长7.8%。全县财政总收入29.91亿元,增长12.6%,其中一般公共预算收入19.93亿元,增长20.0%;一般公共预算支出68.47亿元,增长0.8%。全年财政收支平衡。

【强化收支管理】 挖潜增收。健全收入协调长效管理机制,完善税收保障措施,保证收入质量,合理把握组织收入的力度和节奏。2023年,全县一般公共预算收入占地区生产总值的9.3%、占财政总收入的66.6%;其中税收收入13.48亿元,下降2.6%,占一般公共预算收入的67.7%。加强非税征管。依法依规组织非税收入,全年实现政府非税收入38.66亿元,下降5.4%,其中纳入一般公共预算管理的非税收入6.44亿元,增长133.3%。严格支出管理。深化铁心过"紧日子"的节约型县域财政保障机制,压减全县各部门非刚性、非重点项目支出1863万元。健全结转结余资金清理收回机制,盘活财政存量资金4.34亿元。

【服务经济发展】 优化营商环境。推动惠企政策落地,"早兑快兑"涉企资金4.95亿元。通过预留份额、价格评审优惠、降低投标成本等措施,支持中小企业参与政府采购,节约企业成本2460万元。支持科技创新。全年科技支出增长21.2%,推进油茶、精密基础件两大产业创新服务综合体建设,支持浙江大学—常山县油茶产业联合研究中心、上海大学常山研究院等科创中心成立。安排人才资源开发专项资金2546万元,保障"智汇常山"等人才政策落地。释放市场潜力。发放新春文旅消费券、"三衢暖心 U享常山"消费券等资金1425万元,拉动文旅行业复苏,扩大农产品消费市场。安排资金2243万元做大"鲜辣常山"特色美食招牌,打响"一切为了U"城市品牌,推介常山阿姨行业招牌,扩大服务消费。

【推动共同富裕】 探索家庭共富。谋划建立共同富裕财政保障机制,研究构建以家庭为单位的共富型财税体系。支持产业促富。支持建成省级"柚都石镇·共富先行"新时代美丽乡村共同富裕示范带,修订完善油茶产业高质量发展若干政策,带动农户增收。"两柚一茶"产业发展助增收模式列入全省百万家庭奔富三年行动计划成熟模式推广清单。支持专业共富。支持打造常山阿姨"产教融合型培训基地",全年常山阿姨专项培训40期,培训2000余人次。财金协同助富。优化政银担协作模式,创新推出农业融资担保无抵押"共富贷",新增农业扩面融资2.69亿元。

【提升民生福祉】 2023年,全县财政民生支出46.90亿元,占一般公共预算支出的68.4%。支持医疗事业发展。安排卫生健康支出6.67亿元,构建全民全程健康服务体系,支持优化生育政策"常20条"稳妥落地,支持实施肺结核免费筛查、免费治疗"双免"政策。支持教育事业发展。安排教育支出7.92亿元,一乡镇一公办幼儿园实现全覆盖,义务教育阶段民办学校转公办全面完成,常山技工学校建成投用。支持社会保障事业发展。安排社会保障和就业支出10.39亿元,实现县乡村三级助联体全覆盖,城乡居民基本养老保险基础养老金最低标准提至每人每月275元,最低生活保障标准提至每人每月1100元,"无障碍"设施覆盖城乡。保障民生实事落地。紧盯群众最关心、最直接的"关键小事",安排3.79亿元重点支持市容环卫设施提升工程、乡村卫生室标准化工程、农村水利提升工程等十大民生实事。

【深化财政改革】 推进医疗电子票据改革,实现基层横版医疗电子票据全覆盖。参与全省深化电子凭证会计数据标准试点,探索实现企业无纸化报销、入账、归档全流程处理。乡镇(街道)全面上线"浙里基财智控"应用。开展"建立市县财政承受能力评估机制"重点工作任务,配合建立市县财政承受能力评估模型。推进政府购买服务改革,建立以成本规制为核心的公交运行模式,政府购买公交服务机制做法被全省推广。

【规范财政管理】 夯实绩效管理基础。完善预算绩效管理体系,推进预算绩效全链条管理。对县普惠性幼儿园扩容工程等3个专项债项目、"绿美常山"全域现代林业提升等41个项目开展绩效抽评,涉及资金9.96亿元。规范财政资金管理。强化政府投资项目资金监管,审核政府投资项目302个,涉及资金61.02亿元,核减资金7.72亿元。推动完善公款竞争性存放,完成财政专户资金竞争性存放17.90亿元。指导行政事业单位开展公款竞争性存放招标金额5.29亿元。

【强化风险防控】 深化财会监督。通过财政会计信息质量检查、乡镇(街道)代管资金专户专项检查、政府投资项目工程款税金结算检查、代理记账行业专项检查、公务接待费用使用情况专项检查等推动财会监督与纪财联动、财审联动、财巡联动等贯通。防范支付风险。优先安排"三保"预算、库款拨付,依托预算管理一体化系统,完善"三保"执行动态监控和风险预警机制,全县"三保"保障率100.0%。强化库款风险预警,加强对土地出让、土地指标调剂收入和重大、刚性支出测算,强化库款统筹调度。防范债务风险。落实专项债券支出进度通报预警处置机制,"零问题"通过财政部浙江监管局专项债券资金核查。动态测算全口径地方政府债务率,实时把握债务风险状况。

【加强队伍建设】 开展学习贯彻习近平新时代中国特色社会主义思想主题教育。重走习近平总书记在常山足迹,组织党员干部前往常山南方水泥示范基地、青石镇"万名农民素质工程"培训点参观学习。围绕县委关注、群众关切、财政相关的问题找准调研切口,通过实地走访、组织座谈、问卷调查等方式精准问需,推动调研出实效。重塑惠企政策体系等方面调研获县领导批示。加强清廉财政建设。组织观看警示教育片、参观市法纪教育基地、"早上好"干部研学教育基地，举办廉政微党课，开展廉洁家访，出台"八小时外"管理办法。县财政局获评全省清廉建设成绩突出单位、全省清廉财政建设成绩突出单位、全市清廉建设成绩突出单位等，"金算子"党建文化展厅获评全县首批廉洁文化教育基地。机关二支部、支付中心支部获评全县"五星级党支部"。

（常山县财政局供稿　刘巧双执笔）

开化县

【概况】 2023年，开化县实现地区生产总值188.22亿元，按不变价格计算，较上年增长3.7%。第一、二、三产业增加值分别为15.01亿元、69.27亿元、103.94亿元，较上年分别增长5.3%、下降0.6%、增长6.2%。三次产业结构比为8.0∶36.8∶55.2。按常住人口计算，人均生产总值76670元，增长7.1%。城镇常住居民人均可支配收入48251元，增长5.2%；农村常住居民人均可支配收入26496元，增长7.1%。全县财政总收入30.50亿元，增长57.3%，其中一般公共预算收入22.56亿元，增长80.3%。全县一般公共预算支出75.72亿元，下降3.4%。全年财政收支平衡。

【强化收支管理】 构建收入滚动测算机制，研判全年收入形势，合理调控组织收入的力度和节奏。实施财政增收行动，加大国有存量资产资源盘活力度。2023年，全县一般公共预算收入占地区生产总值的12.0%、占财政总收入的74.0%，其中税收收入11.59亿元，增长13.2%，占一般公共预算收入的51.4%。规范非税收入征缴，全县实现非税收入37.50亿元，增长8.4%，其中纳入一般公共预算管理的非税收入10.96亿元，增长383.7%。全年向上争取省区域协调专项激励资金、省山水林田湖草海专项资金等上级转移支付资金44.87亿元，新增政府债券额度13.82亿元。统筹盘活存量资金2.89亿元。压实党政机关过"紧日子"要求，出台厉行节约坚持过"紧日子"十五条意见，压减非必要、非重点支出3.16亿元。

【服务经济发展】 围绕三个"一号工程"，建立"8+4"经济政策财政要素保障清单，落实各级保障资金26.65亿元。修订工业、商贸、服务业、建筑业等奖补扶持政策15项，兑现政策资金2.86亿元。综合运用预留采购份额、价格评审优惠等措施支持中小企业参与政府采购，全年面向中小微企业采购金额3.83亿元。深化"政银担"合作，争取"浙里担·钱江源贷"政策性融资担保产品落地开化，担保费率低至0.5%。提供应急周转资金15.66亿元，帮扶企业138家。投入中央预算内投资、专项债券、特别国债等资金21.31亿元，支持开化水库、205国道开化齐溪大坝至石川段等重点政府投资项目建设。指导国有企业对接多层次资本市场，优化融资结构，拓宽融资渠道，国有企业全年新增融资授信157.79亿元、提取贷款83.33亿元。

【推进共同富裕】 支持区域共富。开化县入选全省首批百万家庭奔富行动培育县。统筹整合涉农资金6.58亿元，组建文旅融合发展共富基金，开化县与常山县、江西玉山县、婺源县、德兴市和安徽休宁县3省6县（市）围绕科创、文旅、农业、生态、公共服务5大领域深度合作的"365共富协作区"建设。支持就业促富。构建"人人有事做，家家有收入"山区高质量就业创业格局，全年发放就业补助金、稳岗补贴等就业创业补贴2860万元，创业担保贷款2113万元。统筹资金支持建立零工市场3家，助力灵活就业人员人均增收860元/月。与金融机构合作推出低利率创业贷款等金融产品，帮助解决青年创业初期资金周转难题，2023年发放贷款523笔，贷款额度8798万元。支持乡村共富。采用以苗代补和项目补助的方式，构建"特色水果+花草植物群落"进乡村庭院的经济发展模式，带动农户年均增收1000元、村集体年均增收10万元。推进农村集体经营性建设用地成功入市，成交地块2宗，成交金额100万元。

【保障民生支出】 全县财政民生支出58.77亿元，增长9.8%，占一般公共预算支出的77.6%。投入教育支出8.68亿元，保障钱学森学校（筹）、高铁新城实验幼儿园等民生项目建设。完善学前教育专项资金管理办法，调整公办幼儿园保教费收费标准，支持撤并县域内"低小散"幼儿园21所。投入卫生健康支出5.28亿元，整合组建新县妇幼保健院，完成村卫生室新建、改建、扩建9家，推进基本公共卫生服务优质共享。投入社会保障和就业支出11.46亿元，最低生活保障标准提高至每人每月1100元。安排资金1600万元，支持残疾人基本公共服务建设，实现全县乡镇"残疾人之家"覆盖率100.0%。

【深化财政改革】 推进财政数字化改革，全域贯通统一公共支付平台，深化财政电子票据改革、非税收入收缴电子化改革、"浙里报账"电子档案改革，实现缴费、取票、报账"0次跑"；上线运行"浙里基财智控""收支运行智管"等应用，覆盖率100.0%。推进政府采购改革，制度性约束采购限额标准以下的政府采购行为，规范政府采购评审专家队伍和代理机构管理，推进政府采购"无感检测"营商指数指标提升至标杆指标。推进预算绩效管理改革，建立财政资金绩效管理联席会议机制，全年开展重大政策、重点项目事前评估和绩效评价11次，涉及资金10.93亿元；制定《开化县机关部门开源节支评价办法》，将评价结果与下年度预算安排挂钩。开化县财政绩效管理工作连续两年入围全国县级财政管理绩效综合评价前200名，获省政府真抓实干成效明显的地方督查激励和省财政管理绩效考评优秀。

【强化财政监督】 跟踪监测库款流量，科学组织库款调度，防范发生库款支付风险。开展常态化社保基金运行分析，各项社保基金平稳有序运行。强化地方政府债务监管,确保风险等级保持在合理区间。制定专项债券资金使用进度月报和定期通报制度。加强政府投资项目审核,全年评审项目458个,评审总金额27.01亿元,核减资金2.60亿元。创新打造财政资金竞争性存放网上招标平台,实现财政资金竞争性存放各环节留痕可溯。强化重点领域重点项目资金监管,处理预警信息118条。实施财会监督年活动,开展预决算公开检查、"三公"经费专项督查、会计信息质量检查等监督检查工作。开展地方财经秩序专项整治行动,对9方面问题开展自查自纠和专项整改。

【加强队伍建设】 开展学习贯彻习近平新时代中国特色社会主义思想主题教育。主题教育经验做法在全县作书面交流。深化运用"四下基层"工作制度,开展"大走访大调研大服务大解题"活动,形成调研论文45篇。开展工、青、妇活动14次,开展"青年财俊"8090+理论宣讲29次,举办"践行殷殷嘱托 凝聚奋进力量"主题宣讲比赛。加强清廉财政建设。迭代"初心向党·源来有财"机关党建品牌体系,推进党建文化阵地建设,组织开展党建联建活动3次。开展"八大专项行动"及"党性党纪教育一刻钟"活动,巩固清廉财政建设成果。开化县财政局机关党委获评全县第二批清廉建设成绩突出单位。提升干部素质。推行"工分+排名"实绩考评,入选全省财政系统变革型财政组织创建十佳实践案例。完成干部"双向选岗"工作,1名干部获评全市担当作为好干部。开化县财政局获县委、县政府记集体三等功2次,获评"浙江省文明单位"。

(开化县财政局供稿 余嘉依执笔)

舟山市财政工作

舟山市

【概况】 2023年，舟山市实现生产总值2100.76亿元，按可比价格计算，较上年增长8.2%。其中：第一产业增加值183.75亿元，增长4.0%；第二产业增加值1004.34亿元，增长10.6%；第三产业增加值912.67亿元，增长6.5%。三次产业结构比8.7∶47.9∶43.4。按常住人口计算，人均生产总值179322元。全社会固定资产投资增长8.1%，社会消费品零售总额增长7.4%，外贸进出口总额3578.57亿元，增长5.8%。城镇居民人均可支配收入76435元，增长6.2%；农村居民人均可支配收入49379元，增长7.5%。全市实现财政总收入529.91亿元，增长30.0%；一般公共预算收入193.51亿元，增长23.9%，其中税收收入139.01亿元，增长29.6%；一般公共预算支出376.51亿元，增长6.3%。市本级财政总收入368.22亿元，增长37.1%；一般公共预算收入95.03亿元，增长35.0%，其中税收收入72.16亿元，增长65.6%；一般公共预算支出155.91亿元，增长12.2%。全市及市本级财政收支平衡。

【组织财政收入】 统筹收入组织。健全省市县纵向联动和“财政+部门”横向协同机制，强化动态监测、分析研判、挖潜增收。2023年，全市一般公共预算收入占地区生产总值的9.2%、占财政总收入的36.5%，税收收入占一般公共预算收入的71.8%；一般公共预算收入增幅位居全省首位。强化非税征管。健全非税收入征管机制，实现非税收入电子化缴库全覆盖。2023年，全市非税收入148.14亿元，其中纳入一般公共预算管理的非税收入54.50亿元；土地出让收入85.79亿元。向上争取资金。全年新增地方政府债券额度41.62亿元，增长5.9%，其中六横大桥（二期）项目专项债券10.00亿元由省政府代发。争取到“8+4”经济政策体系省级财力补助资金34.46亿元、渔业发展补助资金21.32亿元、海洋湾区资金11.11亿元等。

【助推三个“一号工程”】 保障数字经济创新提质“一号发展工程”。健全财政科技投入稳定增长机制，市本级投入资金6.45亿元，增长16.4%，推动开展科研成果赋权改革，助力浙江省海洋开发研究院列入省级赋权改革试点。安排人才发展专项资金2.20亿元、高等教育保障与科研相关经费3.43亿元等，助推科技教育人才一体发展。保障营商环境优化提升“一号改革工程”。全市减税降费40.16亿元，市本级发放工商联转贷资金17.89亿元、专项信用贷款23.50亿元，助力企业纾困解难。优化政府采购营商环境，中小企业中标（成交）项目金额占比等5项无感监测指标排名居全省前三；探索财政政务服务增值化改革，优化医疗报销政务服务，完成医疗收费电子票据改造；提高审核工作质效，政府投资项目审核时间比省级规定缩短66.7%。保障“地瓜经济”提能升级“一号开放工程”。创新资金奖补贴方式，重塑财政支持江海联运中心、“一条鱼”全产业链等政策体系，成功争取宁波舟山港作为离境港实施启运港退税政策，保障自贸试验区开放提升。落实甬舟铁路及甬舟高速复线一期PPP项目资本金3.15亿元。落实“8+4”经济政策体系。安排“8+4”经济政策市县财力123.85亿元，资金执行率103.6%。争取规模80.00亿元绿色石化与新材料产业基金落地，重点支持炼油化工、精细化工、高端新材料等产业链主企业和项目招引。安排市本级政府投资预算10.00亿元，增长17.6%；128个市属重点国有企业投资项目投资额84.69亿元，投资进度98.9%。

【推进共同富裕】 强化偏远海岛财力保障。围绕打造30个小而美、小而精、小而特、小而活、小而富、生态优美、各具特色、令人向往的美丽海岛，安排“小岛你好”海岛共富行动财政专项资金1.55亿元，完善以人为核心的偏远海岛财政转移支付体系。推进市域公共服务一体化改革。配合省财政厅完成“舟山基本公共服务一体化”调研，争取到舟山全市公共服务领域转移支付管理职能，推动要素全盘调度、精准供给。支持乡村振兴战略。全市农林水支出59.48亿元，构建财政支持“大三农”政策体系，安排市级乡村振兴专项资金2.54亿元，保障“千万工程”行动。

【保障社会民生】 2023年，全市民生支出269.62亿元，占一般公共预算支出的71.6%。支持教育事业发展。全市教育支出42.99亿元，实施职业教育差异化生均拨款制度改革，探索市属职业院校生均拨款与教育成本相匹配的动态调整机制。支持医疗卫生事业。全市卫生健康支出26.21亿元，深化公立医院综合改革和基层医疗卫生机构补偿机制改革，支持普惠托育服务发展，提升医疗服务保障能力。支持社保和就业发展。全市社会保障和就业支出45.44亿元，建立与居民人均消费支出相挂钩的低保标准调整机制，城乡居民低保标准提高至每人每月1110元，城乡居民养老保险基础养老金标准提高至每人每月330元。支持文旅体育事业。全市文化旅游体育与传媒支出7.72亿元，优化基本公共文化服务体制，探索公共文化场馆服务效能与财政补助挂钩机制，丰富普惠型公共文化服务供给。

【深化财政改革】 构建新一轮集中财力办大事财政政策体系。统筹集中财力办大事专项资金4.00亿元，保障重大决策执行和重点领域投入。深化预算管理改革。实施零基预算，坚持党政机关过“紧日子”，2023年市本级非刚性非重点项目支出压减12.7%，“三公”经费压减2.9%；强化预算绩效全过程管理，推动绩效管理与预算编制、执行、监督一体融合，检查发现问题50项，出台及完善管理办法7项，试点实施专项债绩效评价。推进财政数字化改革。深化“财政大脑”建设，迭代升级预算管理一体化、国资国企在线监管平台等系统,贯通“浙里报账”“浙里缴费”等应用场景,提前实现镇街“浙里基财智控”应用全覆盖。深化国资国企改革。完成国企改革三年行动,深化劳动、人事、分配3项制度改革,健全国有企业负责人薪酬制度和工资决定机制,完善法人治理,推动市属国企董事会建设率100.0%。

【防范财政风险】 提升财会监督质效。开展“财会监督年”活动,选取民生、教育、科技等重点领域,实施地方财经纪律重点问题专项检查整治、会计信息质量检查等,完成问题整改87个。深化“互联网+监管”,双随机检查占比、掌上执法率、应用规则率、跨部门联合双随机监管率均为100.0%。防范地方债务风险。严控地方政府债务风险,推动全市法定债务率保持绿色风险等级,有序化解存量隐性债务。防范社保基金风险。健全社保基金风险防控长效机制,强化常态化资金投入和多渠道社保风险准备金筹措,按计划上缴企业职工基本养老基金省级统筹责任分担资金20.90亿元。防范基层财政风险。启动乡镇财政规范化管理三年行动,重构乡镇财政管理体系;健全“三保”动态监测和风险预警机制,全年未发生“三保”支出风险。

【加强队伍建设】 开展学习贯彻习近平新时代中国特色社会主义思想主题教育。建立健全党委理论中心组引领学、支部集中深入学、党员自觉学、教育基地实践学、网络平台自主学“五学”体系,开展集中学习77次;践行“四下基层”优良作风,开展“大走访大调研大服务大解题”活动,形成调研成果15项,全链贯通“发现问题—解决问题—促进发展”的有效路径。深化清廉财政建设。严肃财经纪律,实施政治生态、资金管理、财政监督、源头治腐、清廉文化“五大行动”,培育“清风财韵·海上廉舟”廉洁文化品牌,推进“清廉财审”建设,获评全省清廉财政建设成绩突出单位。提升干事创业氛围。迭代升级“处长论坛”,创新开展“青春赛马”活动,持续深化“青蓝工程”等,激发干部职工干事创业热情。打造“网站+公众号+期刊”宣传矩阵,做精《舟山财税与会计》及健步行活动文化品牌,健全财政国资“大宣传”格局。

(舟山市财政局供稿　章嘉舟执笔)

定海区

【概况】 2023年,舟山市定海区实现地区生产总值698.73亿元,按可比价格计算,较上年增长5.2%。其中:第一产业增加值16.87亿元,增长8.9%;第二产业增加值227.82亿元,增长6.4%,第三产业增加值454.04亿元,增长4.4%。三次产业结构比为2.4:32.6:65.0。按常住人口计算,人均地区生产总值137545元,增长4.6%。全区财政总收入61.68亿元,增长22.9%;一般公共预算收入30.77亿元,增长23.9%;税收收入23.96亿元,增长22.8%。全区一般公共预算支出51.79亿元,增长1.0%。全年财政收支平衡。

【组织财政收入】 强化收入预测分析。深化财税联动,构建多部门地方财税收入协调机制,提前研判各类政策对财政收入影响,按月通报镇街(园区)地方税收执行情况,压实属地责任。2023年,全区一般公共预算收入占地区生产总值的4.4%,占财政总收入的49.9%,税收收入占一般公共预算收入的77.9%。优化税源服务管理。及时掌握税源动态,对全区9个重点税收项目和22个基础设施项目实行清单式管理,开展“大走访大调研大服务大解题”活动52次,破解新引进项目税收落地慢等问题。规范非税执收管理。出台进一步加强政府非税收入管理的通知,督促单位规范征收,强化执收、收支、票据等管理要求,全年完成非税收入7.36亿元,其中纳入一般公共预算管理的非税收入6.81亿元。争取上级资金支持。研判省市资金投向,加大转移支付和政府债券争取力度,全年争取中央渔业发展补助、省水利建设与发展专项等上级资金42.75亿元、债券额度4.40亿元。

【服务经济发展】 落实“8+4”经济政策体系。支持实施三个“一号工程”,建立“8+4”经济政策工作落实机制,成立工作专班,全年支出“8+4”经济政策资金8.73亿元,助力经济稳进提质。强化助企纾困。落实各项税费优惠政策,全区减税降费7.83亿元。发挥区级转贷资金作用,为151家企业融资担保6.15亿元,为528家企业应急转贷30.41亿元,缓解企业资金压力。加大中小企业支持力度,全年完成中小企业政府采购合同金额3.29亿元。扶持重点产业发展。开展重点行业扶持政策研究,参与制定工业企业梯度培育、工业经济高质量发展等扶持政策。加快交通运输、建筑、科创等产业政策兑现,全年兑现各级财政资金1.74亿元。加强政府产业基金运作,完成新材料、航海技术、医疗领域投资3000万元。实施创新驱动战略。全年投入科技经费1.78亿元,增长15.2%。安排人才发展专项资金1022万元,推进人才飞地建设,引育高层次人才28人。

【支持海岛乡村共富】 全年农林水支出11.74亿元,增长29.4%,支持海塘安澜工程、农村综合改革、远洋渔业发展等项目建设。立项“一事一议”项目24个,获省级补助资金1025万元。启动“暖岙”生态旅游文化共富工程,投入资金8522万元推进东海百里文廊沿线农村环境整治、道路改造,入围全省第一批百万家庭奔富行动培育县。推动“小岛你好”海岛共富行动,支持大鹏岛沥港大鹏渡轮提升、东岠岛综合服务中心等项目建设。

【保障民生事业】 2023年,全区民生支出40.62亿元,占一般公共预算支出的78.4%。健全社保体系。全年社会保障和就业支出6.09亿元,增长5.3%,提高低保低边、孤儿及困境儿童生活费等支出标准,保障弱势群体利益。落实高龄津贴提标扩面政策,下达高龄津贴及长寿保证金1183万元,惠及14283名老年人。健全普惠托育发展政策保障机制,出台区婴幼儿照护服务资金补助管理办法,投入资金198万元用于托育机构建设和运营补助，实现每千人托育数3.5个。支持教育提质。全年教育支出7.09亿元，增长4.6%，推动小规模学校整合，完成区海润学校撤并工作，支持定海区第二中学及第五中学改扩建等项目建成启用，保障学前教育普及普惠县创建。支持医疗发展。全年卫生健康支出4.35亿元，支持完善区域医疗卫生服务共同体和分级诊疗制度建设，支持区中心医院安宁疗护病区、“一老一小”明眸皓齿工程、东岠岛健康e站建设等重点项目。支持文旅体发展。全年文化旅游体育与传媒支出8985万元，增长43.1%，推动非物质文化遗产保护、文化设施免费开放、全民健身事业发展等，东海云廊、东海百里文廊全线贯通。

【深化财政改革】 优化财政管理体制。落实新一轮区与镇街（园区）财政体制中教育费附加“钱随人走”分配模式，对8个镇（街道）地方教育附加收入按30.0%计提。强化预算绩效管理改革。将绩效管理融入预算编制、执行、监督全过程，围绕重点支出、财政政策、部门整体预算等领域开展绩效评价，全年评价资金38.84亿元。加快财政数字化改革。推进预算管理一体化改革，将其他资金纳入一体化管理，上线“银行账户管理”模块，实现会计核算系统从“A++”到“核算云”转换。选取定海区财政局、区审计局为试点单位，启动“浙里报账”会计电子档案试点工作。深化“浙里基财智控”“浙里捐赠”等平台应用建设使用。深化国资国企改革。完善国资监管制度体系，优化区属重点国企采购管理、综合考核、党建项目责任制考核办法等制度。迭代升级“智慧国资”2.0监管平台，内嵌“财资宝”应用，实现国企经营状况智能分析和大额资金智慧监管。

【强化财政监管】 强化财政管理。坚持党政机关过更“紧日子”，全年压减非刚性、非重点支出2035万元。做好65家学会协会、106家工会退出支付中心集中核算和52家党费专户迁移工作。优化编审服务。出台《定海区政府投资项目委托编审业务操作办法》《定海区政府投资项目编审服务考核实施办法》，保障机场路安置项目等重点项目建设，全年审定项目740个，净核减资金6.37亿元。加强财会监督。出台《定海区“财会监督年”活动实施方案》《关于加强纪检监察监督与财会国资监督贯通协调的实施办法》，聚焦决策部署、突出问题、资金绩效等，构建财政国资大监督格局。开展专项监督。落实地方财经纪律重点问题专项整治，11个问题整改到位，涉改资金1.20亿元。落实预算执行监督专项行动，完成滞留资金整改2笔。选取耕地地力保护补贴、国企房产管理等领域开展“小切口”专项监督，提高财政资金、国有资产监管效率。

【防控财政风险】 兜牢“三保”运行底线。强化预警和应急支持，完善地方财政运行定期监测机制，动态评估库款运行，全年未发生“三保”风险。防范政府债务风险。落实隐债化解方案，严格规范地方债务举借、使用、偿还等行为，杜绝新增隐性债务。抓实保密安全防线。制定财政工作秘密事项清单，抓好干部职工保密教育和重点岗位、重点场所的涉密管理。调整财政信息系统安全等级，确保网络信息安全。

【加强队伍建设】 强化政治引领。将政治建设放在首位，通过青年读书会、党日活动、老党员送学等方式，推动学习贯彻习近平新时代中国特色社会主义思想主题教育走深走实。创建“有你定好·锋红财兴”党建品牌，提升党建工作实效。强化正风肃纪。统筹推进清廉财政、清廉国企双单元建设，“锋红财兴·海韵清风”清廉细胞纳入省级清廉建设示范点培育。建立作风建设联合督察机制，抓好4方面24个问题整改，做好巡察整改“后半篇文章”。强化干部培养。推动年轻干部培养“揭榜挂帅”项目，实施师徒结对“薪火计划”，建立双导师培养机制，以业务宣讲、领办重点工作加速干部成长。发挥全省最美会计人、暖企专员等示范作用，激励干部担当作为。强化财会人才队伍建设。搭建财会人才交流平台，组建覆盖5大行业572人的财会人才库，开展支农政策、“浙里报账”等业务培训，培育高素质财会人才队伍。

（舟山市定海区财政局供稿　王哲烨执笔）

普陀区

【概况】 2023年，舟山市普陀区实现地区生产总值456.51亿元，按可比价格计算，较上年增长6.3%。其中：第一产业增加值88.77亿元，增长4.7%；第二产业增加值93.81亿元，增长5.2%；第三产业增加值273.93亿元，增长7.3%。三次产业结构比为19.4∶20.6∶60.0。按常住人口计算，全区人均生产总值118267元，增长6.2%。全区财政总收入51.24亿元，增长6.2%；一般公共预算收入32.60亿元，增长1.1%；税收收入24.92亿元，增长0.2%。全区一般公共预算支出66.77亿元，下降1.3%。全年财政收支平衡。

【合力组织收入】 强化税源管控。加强重点税源监控和挖潜，关注重大项目推进情况，7个税收重点项目实现地方税收9290万元。2023年，全区一般公共预算收入占地区生产总值的7.1%，占财政总收入的63.6%；税收收入占一般公共预算收入的76.4%。规范非税征管。出台进一步完善政府非税收入管理的通知，明确非税收入范围和执收管理等要求。盘活、处置国有资源资产，及时入库处置收入。全年实现非税收入8.27亿元，增长1.1%，其中纳入一般公共预算管理的非税收入7.68亿元，增长4.5%。向上争取资金。全年新增地方政府债券额度4.20亿元，其中一般债券2.50亿元、专项债券1.70亿元；向上争取绿色转化财政专项激励资金和海洋生态保护修复资金。

【助力经济发展】 保障中心工作。贯彻落实三个“一号工程”、“十项重大工程”、“8+4”经济政策体系等促发展举措，实行专班运作，支出“8+4”政策资金36.32亿元，其中中央、省、市上级补助资金18.66亿元。下达工业、服务业、航运业、旅游业等产业扶持资金1.47亿元。投入科技资金1.94亿元，推进“揭榜挂帅”行动，支持“137”科技创新体系建设。优化营商环境。减免基础设施配套费、防空地下室易地建设费1698万元，减收阶段性失业保险费2427万元，增值税留抵退税6.27亿元（区级部分3.14亿元）。拓宽金融普惠通道，推出“航运担保贷”“拥军担保贷”等专项担保业务，政银担联合设立信贷规模4.00亿元的“科创风险池”。破除政府采购壁垒，中小企业合同金额占比98.9%，合同公告平均时长减至22天，履约保证金占合同金额的0.3%，预付款比例占合同金额的40.1%，达到省级无感监测指标数据考核标准。加强产业基金引导。修订产业引导基金管理办法，变更基金管理架构、主管部门职责、出资比例、投资模式等内容。联合浙江浙财资本管理有限公司、舟山转型升级基金有限公司等，成立总规模10.00亿元的浙财腾云（舟山）创业投资基金，投向区内科技及先进制造领域。

【推进共同富裕】 全区农林水支出16.55亿元，增长8.9%，推动建设庙子湖码头提升、蚂蚁岛村史陈列室等“小岛你好”海岛共富行动项目72个，支持桃花岛乌石子民宿集聚村打造等“红动蓝湾·和美海岛”共同富裕示范带建设项目10个，建成省级乡村振兴示范镇1个、省级乡村振兴示范村5个。支持公共服务优质共享，投入资金344万元，扩面升级“共富方舟·健康守护”行动，覆盖海岛16个、街道3个，服务5961人次。补齐海岛民生短板，安排资金400万元，推动白沙岛供水一体化项目，解决住人岛屿供水问题。

【提升民生福祉】 2023年，全区民生支出54.33亿元，占一般公共预算支出的81.4%。支持普有优教。全年教育支出9.24亿元，增长12.0%，修订学生资助政策，提标义务教育离岛补助，免除学前教育特殊儿童伙食费；修订民办教育扶持资金管理办法，提高普惠性民办幼儿园生均办学经费补助，每名幼儿每年办学经费（含生均公用经费）补助提标至4200元，幼儿园非编教师收入水平提高至在编教师的75.0%；新增区级优秀教师和中小学老教师奖励。保障沈家门第一小学扩建、城北新建幼儿园等项目建设。支持普有健康。全年卫生健康支出5.34亿元，支持完善医疗服务体系，推进普陀医院改扩建等项目，支持海岛院前急救点、重症病床建设；支持初中适龄女性HPV疫苗免费接种工作，惠及2867人。支持普陀医院改扩建等项目建设。支持普有康养。全年社会保障和就业支出7.55亿元，增长15.1%，孤儿和困境儿童基本生活保障提标至每人每月2239元，特困人员救助供养提标至每人每月1599元，低保提标至每人每月1110元，新建“幸福食堂”9家，水上公共交通优惠扩面至60周岁以上老年人。促进文旅融合。全年文化旅游体育与传媒支出1.46亿元，增长3.5%，支持举办第八届沈家门渔港国际民间民俗大会；落实“星辰大海”计划，推动“十里渔港段”非遗博物馆项目和莲花洋公园休闲带项目建设。支持舟山市（普陀区）美术馆改建等项目。

【深化财政改革】 优化体制机制。实施新一轮区对镇（街道）财政管理体制改革，通过扩大基数保障、适当下沉财力、调整分成比例等体制设计和专项政策，提高镇（街道）财力和创收增收积极性。加强绩效管理改革。部门整体绩效管理覆盖57家单位，预算单位公用经费改革试点增至16家单位。建立项目库绿黄红分类保障机制，从严控制一般性项目，对执行慢、存在问题、绩效不佳的项目延缓或不予安排。实施国企改革。优化国有经济布局结构，重组成立舟山市普陀交通旅游集团有限公司。完善区属重点国企综合考评体系，将考核结果与绩效奖励相挂钩。出台国有企业资金竞争性存放评分指标与评标规则，首次对1.35亿元国企资金实施竞争性存放。

【加强财政监管】 坚持过“紧日子”。全年压减非重点、非刚性项目支出2600万元。盘活长期沉淀、部门专项、上级补助结余等资金3.95亿元。修订出台规范行政事业单位财务开支标准的通知，完善福利费、保育费、演出、参赛等支出管理。出台基层党组织党建活动经费管理规定，明确党建活动中餐饮等经费支出标准。加快支出进度。实行专项转移支付资金支出通报机制，压实部门预算支出主体责任，直达资金支出进度较上年提升8.9%，政府专项债券资金支出进度100.0%。加强财会监督。开展“财会监督年”专项整治行动，对涉企补贴补助资金、区级渔业发展资金、帆张网渔船减船转产资金等实施专项监督检查，涉及资金3.62亿元。开展预算执行监督三年行动，处理预警事项278项。出台《普陀区财政性资金债权管理制度》，规范资金出借行为，清理全区对外长期借款5.53亿元。加强造价审核。开展结（决）算“动态清零”工作，推进结算审核超过3个月未办结项目清理；履行造价审核职责，全年审核项目478个，净核减5.35亿元，净核减率8.2%。强化资产管理。清查出权证不齐国有房屋（土地）1323处，移交资规部门完成补办283处。推广“线上公物仓”，盘活行政事业单位闲置资产358件，节约行政运行成本90万元。管控债务风险。盘活存量财政资金，偿还到期政府债务，确保债务率处于绿色等级以内。

【加强队伍建设】 开展学习贯彻习近平新时代中国特色社会主义思想主题教育。建立主题教育学习重点清单，形成局党委及支部书记专题党课计划表，实施党委理论学习中心组引领学、专题培训系统学、支部“吾财缤纷”深入学、“蓝海财智”交流学、“红色研学”现场学“五学联动”。强化清廉建设。推进清廉财政建设“四大行动”、清廉国企“五廉提质”、清廉科室“四大工程”，创建“财政清廉细胞培育手册”，查找权力（岗位）事项41项、廉政风险点154个，制定防范措施190条。对关键岗位和新入职、提拔人员提醒谈话58人次，完成牵头整改问题17个。加强基层服务。开展“大走访大调研大服务大解题”活动41次，为23家企业、21家基层部门解决问题39个。围绕急难险重工作轮岗交流干部13人。

（舟山市普陀区财政局供稿　傅诗琪执笔）

岱山县

【概况】 2023年，岱山县实现地区生产总值804.73亿元，按可比价计算，较上年增长12.6%。其中：第一产业增加值35.80亿元，增长0.1%；第二产业增加值649.40亿元，增长13.1%；第三产业增加值119.53亿元，增长14.1%。三次产业结构比为4.4∶80.7∶14.9。按常住人口计算，全县人均生产总值378696元，增长11.8%。全县财政总收入32.26亿元，增长14.5%；一般公共预算收入22.71亿元，增长13.5%；税收收入12.48亿元，下降9.6%。全县一般公共预算支出56.78亿元，下降3.9%。全年财政收支平衡。

【组织财政收入】 完善“财政+”部门协作机制，出台进一步完善重点税源动态监控工作机制，会同各乡镇、税务、资规等部门，健全财税部门联席会议制度，落实政府主导、部门协调、财税攻坚的征管机制。构建一体式治理、清单式推进、穿透式监管的税收“链式”征管模式，完善重点税源项目动态监控机制，挖掘税收增长点，促进全县财税收入可持续增长。2023年，一般公共预算收入占地区生产总值的2.8%，占财政总收入的70.4%。全县实现非税收入30.11亿元，增长15.0%，其中纳入一般公共预算管理的非税收入10.24亿元，增长65.2%。政府固定资产投资项目整体税收贡献率增长22.6%。

【保障三个“一号工程”】 支持数字经济创新提质“一号发展工程”。统筹资金1.05亿元，用于人才、科技、信息化发展等三大项目。拨付专项资金1000万元，支持高水平建设“415×”先进制造业集群；拨付市级工业资金1216万元，支持专精特新企业发展、清洁生产项目建设等；拨付制造业技术改造资金3045万元，支持“机器换人”、技改示范、制造业创新中心等工业项目，惠及企业40家。支持营商环境优化提升“一号改革工程”。开展财政兑付机制优化行动，紧盯直达资金管理薄弱环节，落实中央直达资金4.07亿元；用好用活“即享即兑”惠企政策，拨付惠企资金950万元；在全县政府采购领域完成平台配置和电子合同CA证书申领工作，打通全过程电子化“最后一公里”，发挥“政采云”作用，完成3.02亿元中小企业采购额度，促进全县中小企业平稳健康发展。支持“地瓜经济”提能升级“一号开放工程”。承接省“一号开放工程”创新试点项目，制定岱山县打造开放提升领域财政特色保障机制实施方案，出台开放提升领域财政资金统筹整合使用意见，形成2023—2027年集中财力办大事财政政策体系；向上争取并落实海洋湾区资金9000万元，支持东海郊野公园二期、衢山岛双龙湾风情渔港一期、双合文化旅游建设等重大文旅项目，助力打造岱山海岛公园“省级大花园耀眼明珠”对外开放新名片。落实“8+4”经济政策体系。安排扩大有效投资政策、现代服务业高质量发展政策、强港建设和交通强县建设政策等8大领域扶持资金27.12亿元。推进海上“千船引领、万船整治”工程，安排1300万元打造引领船50艘，完成1340艘渔船精密智控设备安装工作，统筹安排减船转产资金9523万元，签约减船31艘。统筹安排资金19.50亿元，支持“星辰大海”美丽渔港示范段、秀山东部金滩长廊海岸带等4条海岸带重点建设项目42个。

【探索共同富裕】 落实“小岛你好”海岛共富三年行动，投入资金9126万元助力小长涂岛、秀山岛、江南山岛打造最美海岛“金名片”。拨付惠民共富资金3000万元，推进衢山镇基础设施建设。入围第一批百万家庭奔富行动示范县创建名单，2023年12月29日出台《岱山县百万家庭奔富三年行动实施方案（2023—2025年）》，“小切口”“专班化”推进农村家庭增收等5大工程。入围全省财金助力扩中家庭项目试点，推出共富安居贷、共富助医贷、共富转产贷等“共富”系列产品，全年走访扩中家庭13042户，走访覆盖率100.0%，授信2831户，授信金额4.91亿元。出台岱山县“一事一议”财政奖补项目竞争性立项实施办法，全年投入财政资金2615万元，完成樟木山村港内清淤工程、桂花村居家养老服务中心建设工程等共富乡村试点项目34个。

【提升民生福祉】 2023年，全县民生支出44.41亿元，占一般公共预算支出的78.2%。教育支出6.70亿元，增长15.9%，加快双峰新城校区项目建设进度，支持创成国家学前教育普及普惠县，巩固全国义务教育优质先行创建县成果。卫生健康支出3.93亿元，支持基层卫生健康服务提升工程、长三角优质医疗资源共享项目等，保障县第一人民医院迁建项目主体建设。社会保障与就业支出7.23亿元，增长2.4%，新增二孩及以上婴幼儿入托、托育机构运营和建设补助，推动构建居家亲情护理、上门项目护

2023年岱山海岬半程马拉松赛

理、机构全程护理“三位一体”的长护险护理服务模式；城乡居民基础养老保险基础养老金标准提高至每人每月330元。农林水支出14.93亿元，增长15.3%，支持磨心水库及河库联网工程、秀山长涂片海塘安澜工程、城防海塘安澜工程3大水利工程建设。文化旅游体育与传媒支出1.11亿元，支持全域旅游建设、文化惠民工程、举办体育赛事等，助力文化遗产保护利用、旅游基础设施建设，推进全县文旅深度融合、产业稳进提质。

【深化财政改革】 深化预算绩效管理改革。实施问效关口前移，推行《绩效管理意见书》通报制度，完善“共性+个性”指标库，提升县级部门整体绩效。打造数字型乡镇财政。推进“浙里基财智控”应用建设工作，实现乡镇资金监管体系全覆盖，全年执行项目901个、预算金额5.13亿元、申请支付4.05亿元。推进国企国资改革。优化国有经济布局，出台岱山县农业发展集团有限公司筹建方案，整合岱山县绿洲菜篮子经营有限公司等县属国有企业5家；加快推进资源类资产注入，壮大国有企业资产规模，截至2023年年底，全县重点国有企业资产总额458.92亿元，增长7.7%。完善国资监管体系，建设岱山县国资国企数字化监管平台2.0版，实现国资监管模式动态化与智能化。

【加强财政监管】 深化财政监督管理。出台加强纪检监察监督与财会国资监督贯通协调实施办法，建立会商沟通、线索移送、协同监督、成果共享4项机制。采取“纪财联动”方式，开展“小岛你好”海岛共富行动项目全流程监督，涉及项目47个、资金2.68亿元。提高资金使用绩效。实现预算单位绩效自评工作全覆盖，涉及项目1243个、财政资金26.62亿元。审核新增重大政府投资项目事前绩效评估报告9个、财政支出项目绩效目标698个，涉及财政资金28.47亿元。开展“菜篮子”、信息化发展、旅游发展3个专项资金绩效监督工作，涉及财政资金6995万元。开展工业发展专项资金政策、教育发展专项资金政策等财政重点项目绩效评价9个，涉及资金6.73亿元。防范财政风险。制定“一债一策”化解方案，统筹财政资金有序推进化债工作。落实养老保险省级统筹责任分担机制，确保社保基金平稳运行。“三保”运行总体安全。

【打造变革型组织】 开展学习贯彻习近平新时代中国特色社会主义思想主题教育。紧扣“学思想、强党性、重实践、建新功”总要求，第一时间制定党委主题教育工作计划。全县财政国资系统开展学习研讨171次、沉浸式互动式现场教学20次，引导229名党员感悟领袖思想伟力。深入基层和企业一线调研解难题，全年走访31次、解决问题40个。铸牢红色根脉。实施“红色根脉强基工程”，打造“支部规范化建设提升工程”2.0版，完善“党建+志愿服务”活动机制。开展“一机关一品牌，一支部一特色”活动，加强党建带团建工作，推动党建和业务双融双促。营造实干氛围。运用先进评选表彰、财菁宣讲团、文艺活动等宣传激励载体，开设财政业务大讲堂，开展国企“标杆书记”赛马争先比拼活动，举办“廉心铸魂辩风采 财情满怀论担当”青年干部辩论赛等活动。

（岱山县财政局供稿　李浩鑫执笔）

嵊泗县

【概况】 2023年，嵊泗县实现地区生产总值142.02亿元，按可比价格计算，较上年增长6.2%。其中：第一产业增加值42.23亿元，增长4.3%；第二产业增加值33.60亿元，增长8.3%；第三产业增加值66.19亿元，增长6.6%。三次产业结构比为29.7∶23.7∶46.6。按常住人口计算，全县人均生产总值216821元，增长7.9%。全县财政总收入16.52亿元，增长33.3%。一般公共预算收入12.41亿元，增长43.1%，其中税收收入5.50亿元，增长0.4%。全县一般公共预算支出45.26亿元，增长21.2%。全年财政收支平衡。

【组织财政收入】 拓展税源。挖潜增收，推动重点项目税收充分落地，其中洋山港区、马迹山港区分别实现地方税收1.13亿元、0.42亿元。2023年，全县一般公共预算收入占地区生产总值的8.7%、占财政总收入的75.1%，税收收入占一般公共预算收入的44.3%。加强非税征管。推动海域使用金等大额非税收入及时足额缴库，全年全县实现非税收入17.49亿元，增长32.7%，其中纳入一般公共预算管理的非税收入6.91亿元，增长116.3%。向上争取资金。争取到海洋（湾区）经济发展资金1.13亿元、2023—2025年绿色转化财政专项激励资金1.00亿元、农业农村现代化先行资金6354万元、省级蓝色海湾项目资金4000万元等。

【保障三个“一号工程”】 支持数字经济创新提质“一号发展工程”。科技支出6701万元，立项实施半壳贻贝自动化剥壳机、膨腹海马室内人工培育技术研究及产业化等科技攻关“揭榜挂帅”项目7个。投入资金2345万元建设数字海岛，迭代升级“舟山大脑”嵊泗节点工程、智慧养殖等数字化应用。支持营商环境优化提升“一号改革工程”。落实政府采购支持中小企业政策，推进涉企领域政府采购一类事服务改革，全县政府采购中小企业中标合同金额占比96.5%。发挥政府性融资担保作用，加大小微企业和“三农”主体纾困力度，将小微企业主增列为融资担保对象，担保业务费率降至0.25%/年，担保放大倍数至2倍，新增担保2.03亿元，减免担保费271万元。支持“地瓜经济”提升能级“一号开放工程”。投入资金2000万元推进港航基础设施和集疏运体系建设，投入资金4700万元用于国道建设，投入资金200万元用于现代航运服务业高质量发展扶持，加快形成货物运输新格局。落实“8+4”经济政策体系。承接下达省级“8+4”政策资金3.73亿元，投入县级预算资金6.00亿元，重点支持交通运输发展、农业农村现代化、水利工程建设等。滚动建立产业资金项目储备库，投入产业发展专项资金5.43亿元，支持物流园区、民宿聚落、渔港经济、海钓基地、贻贝养殖等产业发展项目和重点产业链打造、重大项目招引。新增政府债券1.40亿元，保障大陆(小洋山)引水工程、金鸡山海岸带修复工程等项目建设。

【支持海岛共富】 支持“小岛你好”海岛共富行动，投入资金1.37亿元，实施金鸡山岛人居环境提升打造工程、嵊山海钓活动基地建设等海岛共富行动项目63个，提升海岛生态保护与产业发展，完成首批4个示范岛市级验收。支持实施“扩中”“提低”行动，推进财金助力扩中家庭项目试点建设，出台财金助力扩中家庭项目贷款贴息补助实施办法，建立扩中家庭信用档案，全年惠及扩中家庭335户，贷款余额6076万元。财政支持共富工坊建设，黄龙乡南港村“一碱粽情”共富工坊吸纳村民就业15人，促进强村兴产、富民增收。

【增进民生福祉】 2023年，全县民生支出35.98亿元，增长36.3%，占一般公共预算支出的79.5%。*支持医疗卫生事业。*全县卫生健康支出2.74亿元，支持县人民医院透析中心改造、基层医疗卫生服务能力提升工程、院前急救体系建设、“健康智慧方舟”打造等。*支持教育事业发展。*全县教育支出3.30亿元，增长1.1%，重点保障“县中崛起”工程、国家学前教育普及普惠县创建、“智慧课堂”建设、校舍新建改造等，助力海岛教育提质均衡发展。*支持社保和就业发展。*全县社会保障和就业支出4.53亿元，增长14.9%，完善低收入群体补助政策，兜牢基础保障底线，城乡最低生活保障金增至每人每年13320元。实施幸福养老系列工程，安排资金145万元建成投用幸福食堂2家，高龄津贴提标扩面实现80周岁以上老年人全覆盖。*支持文旅体事业发展。*全县文化旅游体育与传媒支出1.38亿元，增长41.0%，实现文化驿站、文化礼堂、城市书房、多功能运动场等设施普惠共享，建成黄家台考古遗址公园。*支持乡村振兴战略。*全县农林水支出12.33亿元，增长45.2%，安排县级乡村振兴专项资金3.50亿元，重点支持全域美丽乡村等项目建设。投入1.70亿元打造蓝色海湾、治理修复生态环境。

【深化财政改革】 健全集中财力办大事财政政策体系动态调整机制，建立完善预算支出标准体系。深入推进“预算管理一体化”“浙里基财智控”“浙里捐赠”等数字化应用，加强“财政大脑”数据支撑赋能。规范有偿转让国有资产工作，盘活存量资产，将长期闲置、低效的不动产进行分类处理，完成国有不动产确权17处。整合优化县属国有企业，组建嵊泗县盛丰海洋产业投资有限公司，构建以浙江洋山港建设开发有限公司1个母公司和5个一级子公司组成的“1+5+N”国企架构体系。出台县属国企监督管理工作规则、融资管理办法、编制用工管理指导意见等制度办法8项，强化关键环节和重点事项管控，规范国有企业投资、资产、经营、用工等管理。

【防范财政风险】 防范政府债务风险，强化债务管控，提升风险识别防控水平。防范社保基金风险，加强社保基金运行分析，做大社保风险准备金“蓄水池”。防范“三保”风险，依托“三保”动态监测和风险预警系统实时监控，全县“三保”运行情况良好。深入推进财会监督专项行动、预算执行监督专项行动，开展中小学教育装备、人才专项经费、旅游发展专项资金重点项目支出绩效评价3个，开展嵊泗再生资源分拣中心建设工程重大项目事前绩效评价，实施嵊泗县融媒体中心等3个部门整体绩效评价和嵊山镇人民政府财政综合运行绩效评价，涉及财政预算资金3.72亿元。实施政府投资项目结算审核，全年完成政府投资项目审价95个，核减2409万元。提升公款竞争性存放质效，组织公款竞争性存放2期，招标公款11.22亿元。结合巡察、“七张问题清单”工作开展，发现问题21个，整改完成20个。

【全面从严治党】 开展学习贯彻习近平新时代中国特色社会主义思想主题教育，坚持落实“第一议题”制度，开展理论学习中心组学习12次，组织集中学习11场次。围绕习近平总书记考察浙江重要讲话精神开展专题学习讨论，观看党的二十大“思政微课堂”，组织“追寻红色记忆”“循迹溯源学思想促践行”等党建活动7次，开展“大走访大调研大服务大解题”28次。加强党风廉政建设，层层签订党风廉政责任书，确保责任传导到位。紧盯专项资金管理、政府采购等重点环节，从严排查岗位廉政风险点8个、制定防控措施15条。组织清廉国企现场推进会，加强清廉国企建设督导检查。强化干部队伍建设，深化“青蓝帮带”项目工程和岗位交流锻炼，开展“财说课堂”11期。推出“一月一主题”活动策划，为提升青年干部综合能力搭建平台。

(嵊泗县财政局供稿　施伟伦　朱宸漫执笔)

台州市财政工作

台州市

【概况】 2023年,台州市实现地区生产总值6240.68亿元,按可比价格计算,较上年增长4.5%。其中:第一产业增加值334.03亿元,增长3.8%;第二产业增加值2628.43亿元,增长1.3%;第三产业增加值3278.22亿元,增长7.2%。三次产业结构比为5.4:42.1:52.5。按常住人口计算,人均生产总值93214元,增长4.1%。全市固定资产投资下降7.4%。社会消费品零售总额2766.23亿元,增长7.0%。外贸进出口总额2744.48亿元,下降1.0%。全市城镇常住居民人均可支配收入73879元,增长4.4%;农村常住居民人均可支配收入40153元,增长6.5%。全市财政总收入831.94亿元,增长14.5%;一般公共预算收入494.28亿元,增长12.1%,其中税收收入409.34亿元,增长15.1%;一般公共预算支出836.61亿元,增长0.2%。市本级财政总收入81.93亿元,增长25.3%;一般公共预算收入42.93亿元,增长43.2%,其中税收收入31.79亿元,增长20.7%;一般公共预算支出120.23亿元,增长6.6%。全市及市本级财政收支平衡。

【组织财政收入】 强化收入预测分析。紧盯全年预算收入目标,加强与税务等部门的衔接协作,压实各地收入组织主体责任,及时跟踪各项财税政策对收入的影响,研判全市经济和财税收支形势。2023年,全市一般公共预算收入占地区生产总值的7.9%,占财政总收入的59.4%,税收收入占一般公共预算收入的82.8%。强化非税收入征管。全市实现非税收入722.99亿元,下降11.3%,其中纳入一般公共预算管理的非税收入84.97亿元。向上争取资金。全市争取一般公共预算转移支付255.82亿元,新增政府债券额度217.33亿元,其中专项债券额度198.53亿元,一般债券额度18.80亿元。

【保障三个“一号工程”】 支持数字经济创新提质“一号发展工程”。助力建设国家创新型城市,全市科技支出31.32亿元,增长16.6%,推进“315”科技创新体系,“顶天立地”抓战略科技力量。“铺天盖地”抓科技创新浓度“两个天地”专项行动,以台州湾科创走廊为“箭”、台州临港产业带为“弓”的“一弓一箭”科创体系建设。支持构建与产业融合相协调的现代服务业发展新格局,全市投入现代服务业发展引导资金9230万元,推动现代物流、人力资源服务等生产性服务业高质量发展。全市投入人才专项资金9.25亿元,加强高层次人才、高校毕业生、高技能人才招引培育力度,高质量推进新时代人才强市建设。支持营商环境优化提升“一号改革工程”。持续降低经营主体税负负担,全市办理出口退税192.70亿元、留抵退税58.40亿元,落实税费优惠政策134.40亿元。提高“两直”资金拨付效率,全市直达资金分配进度100.0%、支出进度99.3%。对接“政策树”惠企平台,实现“企业找政策”向“政策找企业”转变。全市依托“政企通”平台开展项目申报1311个,惠及企业2万户次,兑现金额56.19亿元。加大政府采购对中小企业扶持力度,全市政府采购项目授予中小企业合同金额占总金额的94.6%。支持“地瓜经济”提能升级“一号开放工程”。全市投入商务发展专项资金4.69亿元,支持“海外台州”建设;配合出台《关于加快开放型经济发展的若干意见》,助力二手车出口等外贸新业态发展。全市筹集资金15.61亿元,支持提升双循环物流能力,并兑现集装箱水路运输奖补2580万元、航线补助8000万元,研究形成吸引台州综保区短驳运输补助等财政扶持建议,推动台州国家骨干冷链物流基地列入国家级名单。联合争取台州港列入国家启运港退税政策试点,助力“台州货、台州出”,全市享受试点企业118家,可退税金额4229万元。落实“8+4”经济政策体系。全市落实“8+4”经济政策地方财力保障资金233.43亿元,地方财力安排资金和省级转移支付资金拨付进度分别为100.0%、89.6%。加大财政政策对普惠金融支持力度,台州市入选中央财政支持普惠金融发展示范区,获中央资金补助2000万元。

【推动共同富裕】 围绕走深走实推动民营经济创富、做强现代产业造富等“九富”路径,以“家庭”共同富裕为基本切入点,在全市开展百万家庭奔富三年行动。开展财金协同助力扩中家庭改革,落地家庭型财金改革项目,通过财政贴息撬动扩中家庭增收致富。至2023年年底,累计发放贷款6112户,总计金额9.79亿元。该案例入选全省高质量发展建设共同富裕示范区第三批试点。开展财金协同支农助力乡村增收创富试点改革,针对农民融资难、融资贵、融资烦等问题,以“整市推进”方式创新“政银担”合作机制。至2023年年底,全市累计撬动金融资本15.86亿元,惠及农业经营主体3200余户,户均减少利息支出近6000元。该案例入选全省高质量发展建设共同富裕示范区最佳实践案例(第三批)。全市域上线“慈善一日捐”,通过“浙里捐赠”平台上线慈善项目36个,捐款金额664万元,分别增长200.0%、368.3%。

【保障民生支出】 全市民生支出638.79亿元,占一般公共预算支出的76.4%。支持教育事业发展。全市教育支出191.94亿元,增长9.9%,促进教育公平和教育提质,构建台州市区义务教育领域“钱随人走”转移支付机制,台州学院新增3个ESI(基本科学指标数据库)全球排名前1.0%学科,台州职业技术学院首获国家职业教育成果一等奖。支持医疗卫生事业发展。全市卫生健康支出88.12亿元,增长3.5%,助力“健康台州”新三年行动,持续推动全生命周期健康服务优质共享,全市提前4年实现县域三级综合医院全覆盖,成功入选国家紧密型城市医疗集团试点城市。支持社会保障事业发展。全市社会保障和就业支出

99.10亿元，下降2.9%，全市城乡居民最低生活保障标准提高至每人每年13320元，困难群众医疗费用综合保障率提升至89.1%。居家和社区基本养老服务列入全国试点，获得中央资金补助3013万元。加大普惠托育机构建设和智慧托育服务扶持力度，全市建有托育机构的乡镇覆盖率90.0%。支持文化旅游事业发展。全市文化旅游体育与传媒支出16.84亿元，支持打造“15分钟品质文化生活圈”，建设浙东唐诗之路、浙江·台州1号公路，启动“世界美食之都”申创，通过国家公共文化服务体系示范区复核，央视跨年晚会第三次落户台州。

【推进财政改革】 优化市与新区财政体制，2023年6月16日市委、市政府出台《关于完善市与台州湾新区财政管理体制的意见》，改革财力分配机制。出台财政涉法涉诉事务管理办法，明晰和规范财政涉法涉诉事务管理权责和管理流程，推动财政法治建设体系化、规范化、平台化。深化数字赋能，实现非税收入电子化缴库全市全覆盖，在“浙里捐赠”数字平台上线“一站认定”场景，提升服务效率。全面上线“浙里基财智控”应用，加强村级集体公益事业“一事一议”项目和资金动态监管，推动乡镇财政管理现代化。

【深化财政监管】 强化财会监督，联合出台《台州市纪检监察监督巡查监督与财会监督贯通协调实施办法(试行)》《关于进一步加强财会监督与审计监督贯通协调的实施意见(试行)》，并以“小切口”为牵引，把地方政府战略合作引进项目作为绩效监督切入点，提升财政资金使用效益。树牢绩效导向，审核政府投资项目，对确需新增项目按照“经济适用”标准测算资金需求，核减“锦上添花”类支出。建立经费事项财政追加机制，财政支出管理从后端走到前端。强化风险防控，防范“三保”、社保、政府债务风险，妥善做好PPP项目清查和存量项目处置。创新库款调度机制，通过严密监测、科学测算、严控暂付款规模等手段，发挥库款压舱石作用。

【加强队伍建设】 开展学习贯彻习近平新时代中国特色社会主义思想主题教育，组织“循迹溯源学思想促践行”活动。坚持以“固本强基全领域、资金监管全链条、市县乡财全贯通、队伍建设全周期、清廉文化全覆盖”为内核的“五全”工程为引领，抓实“三不腐”能力体系建设，加强廉政警示教育，相关工作获台州市纪委市监委主要领导批示。优化财政干部培养模式，加快能力素质变革重塑，《台州财政以系统联建为抓手，打造全能综合型青年干部队伍》获全省变革型财政组织创建最佳实践案例。规范干部选拔任用流程，掌握干部履职和八小时以外表现情况，科学评价干部表现。

（台州市财政局供稿　杜依霖执笔）

椒江区

【概况】 2023年，台州市椒江区实现地区生产总值790.34亿元，增长3.6%。其中：第一产业增加值17.62亿元，增长4.1%；第二产业增加值285.84亿元，增长1.7%；第三产业增加值486.88亿元，增长4.7%。三次产业结构比为2.2∶36.2∶61.6。全区固定资产投资增长10.5%。社会消费品零售总额324.01亿元，增长4.7%。外贸进出口总额50.42亿元，增长8.8%。全区城镇常住居民人均可支配收入81569元，增长4.8%；农村常住居民人均可支配收入41511元，增长6.2%。全区财政总收入86.58亿元，增长8.8%；一般公共预算收入52.31亿元，增长4.5%，其中税收收入47.34亿元，增长5.9%；一般公共预算支出64.60亿元，下降4.1%。全年财政收支平衡。

【组织财政收入】 优化收入结构，加强收入监测分析，财税联动定期会商，把准组织收入节奏。2023年，全区一般公共预算收入占地区生产总值的6.6%，占财政总收入的60.4%，税收收入占一般公共预算收入的90.5%。强化非税收入征管，规范行政事业性收费管理，公开收费目录，督促执收单位依法依规征收。全年实现非税收入83.31亿元，下降12.0%，其中纳入一般公共预算管理的非税收入4.98亿元，下降7.1%。强化土地出让金收入管理，修订完善椒江区国有土地使用权出让收支管理办法，经营性用地出让金连续两年逾百亿元。向上争取资金，全年获批政府债券额度25.19亿元，其中新增一般债券额度1.00亿元，新增专项债券额度24.19亿元。

【支持经济发展】 集中财力保障三个“一号工程”、“十项重大工程”、“8+4”经济政策体系落地。配合出台《椒江区推动经济高质量发展实施意见》，落实省市“8+4”经济政策体系，省级转移支付超额完成省定目标，区本级财力拨付执行率100.0%。优化涉企政策兑付流程，涉企政策兑付100.0%纳入“政企通”平台，实现申报、审核、资金兑现等全链式操作和实时动态监管；支持一键申领财政补助资金，兑现各级惠企政策资金5.30亿元。加大政府采购支持中小微企业力度，全区政府采购项目签订金额中小微企业占比86.1%，中小微型企业中标金额比例95.8%。全年科技支出2.72亿元，增长15.5%，重点用于创新平台、研发机构奖励、创新主体培育、研发费用、科技成果转化等保障，连续6年获评全国科技创新百强区。兑现区级人才专项资金9520万元，保障“引人留人”三年行动计划、高校毕业生安家补贴、房票补助等项目。

【推进共同富裕】 加强涉农资金整合，聚焦乡村产业、村居环境、农民增收等领域，建立政府扶持、镇村自筹、社会资本等多元投入机制，争取省级奖补资金2000万元，整合地方配套资金(地方财政资金1600万元,村镇自筹322万元,社会资金1050万元),推动下陈街道开展“一事一议”财政奖补支持打造共富乡村试点,按照“片区带全域,组团促互补”思路,通过成立联合项目公司、建设先锋驿站、乡贤带富等举措,推进基层党建、地方产业、美丽村镇、乡村治理建设,形成资源互换互补、共建共享共治共同富裕示范板块。2023年支持打造共富工坊27家,累计82家,带动周边农民就业2183人,其中低收入农户119人,共富工坊成效在浙江卫视专题播出。试点通过“浙里捐赠”平台,开展“慈善一日捐”活动,全年公开募捐项目4900次,捐款96万元。

【保障民生支出】 2023年,全区民生支出47.86亿元,占一般公共预算支出的74.1%。全年教育支出14.43亿元,增长8.3%,助力新增学位6740个,通过国家学前教育普及普惠区省级评估。全年卫生健康支出7.01亿元,下降13.0%,支持基层医疗卫生服务水平提升,“健康浙江”建设连续第5年优秀。关注“一老一小”,创成省普惠托育试点区,公办养老机构改革入选省级试点,创新推出养老服务消费券。全年社保和就业支出9.58亿元,增长0.5%,基本医保、基本养老保险参保率分别为99.9%、97.0%,新增城镇就业10313人。全年文化旅游体育与传媒支出1.86亿元,增长0.3%,承办省级以上体育赛事8场次,保障杭州亚运会火炬传递活动开展,台州乱弹亮相央视新年戏曲晚会。

【深化财政改革】 深化绩效管理改革。完善预算绩效全过程管理,实现绩效目标源头管控。全年部门预算编制预算绩效目标覆盖率100.0%,涉及项目1774个,财政资金16.63亿元。开展部门预算项目资金执行进度及预算绩效运行重点监控,涉及项目1701个,财政资金16.09亿元。2023年10月20日,出台《椒江区政府投资项目预算绩效管理实施细则》,提升政府投资项目资金使用效益。开展乡镇财政综合运行绩效自评,在省财政厅重点评价中获优秀。推进财政数字化改革。推进预算资金追加减平台模块开发建设,加速预算管理工作线上全流程。推进预算管理一体化系统建设,完善收支智管动态监控预警。乡镇财政各项业务全部纳入“浙里基财智控”应用。推动国企国资改革。强化国有资产管理,新组建区国有资产投资有限公司,国有资产总额突破1100.00亿元,国企净利润6.55亿元。健全国资国企管理制度,完善区属国企考核体系,推进区属国企劳动用工和薪酬制度改革。探索国资盘活新模式,建立机关企事业单位资源共享名录,根据需求开放共享资产服务设施157处,其中停车类资源32处、会议类资源96处、运动场地类资源9处、文化场馆类资源20处。“发挥闲置资产效益建设社区服务阵地”获评全省行政事业性国有资产盘活优秀实践案例。

【加强财政监管】 加强支出管理。坚持党政机关过“紧日子”,动态监控收紧支出,压减非急需非刚性支出2.40亿元;压缩闲置沉淀资金规模,清理盘活存量资金2.80亿元。加强财会监督。开展“财会监督年”活动,组织全区行政事业单位财务管理检查,开展预算执行监督专项行动。严格落实预算追加制度,规范资金追加审批流程。建立全区纪检监察监督与财会监督、审计监督、统计监督贯通协同工作机制。防范化解财政风险。构建“三保”常态化监管机制,统筹重要节点库款调度,防范化解支付风险。严格执行政府投资项目立项前财政承受能力和债务风险评估机制,深化“一债一策”,稳妥推进债务化解。

【加强队伍建设】 开展学习贯彻习近平新时代中国特色社会主义思想主题教育,通过“一把手”讲党课、赴云健社区实地“循迹溯源学思想”、干部讲堂等方式,提高干部思想政治觉悟。加强党风廉政建设,深耕椒江财政“财小二”(用心服务、精打细算、朴实勤快的“财政”店小二形象)与“五廉扬清风”清廉品牌(制度保廉、活动兴廉、阵地宣廉、特色倡廉、监督促廉)。强化干部“八小时以外”监督管理,开展经常性警示教育。党建微电影《大项目》获评全国第二届财政短视频大赛二等奖、第五届“玉琮杯”浙江赛区优秀奖,“清廉工地”无价材料采购监管盲区问题整改销号结果获全市推广。活跃群团组织,举办“书香椒江悦心财行”读书会、老干部运动会、书法课堂等活动,增强队伍凝聚力。

(台州市椒江区财政局供稿　章佳琦执笔)

黄岩区

【概况】 2023年,台州市黄岩区实现地区生产总值637.70亿元,按可比价格计算,较上年增长5.3%。其中:第一产业增加值23.83亿元,增长4.1%;第二产业增加值283.83亿元,增长2.1%;第三产业增加值330.04亿元,增长8.4%;三次产业结构比为3.7:44.5:51.8。按常住人口计算,人均生产总值89627元,增长5.4%。全区固定资产投资增速下降3.4%。社会消费品零售总额279.05亿元,增长6.8%。外贸进出口总额261.29亿元,下降4.8%。居民人均可支配收入61827元,增长4.8%,其中城镇常住居民人均可支配收入73548元,增长4.0%,农村常住居民人均可支配收入41229元,增长6.3%。全区财政总收入83.11亿元,增长28.7%;一般公共预算收入50.03亿元,增长22.1%,其中税收收入43.64亿元,增长31.3%;一般公共预算支出70.63亿元,增长3.7%。全区财政收支平衡。

【组织财政收入】 提升收入质量。完善综合治税长效管理机制,加强收入征管力度,持续培育优质可持续财源。2023年,全区一般公共预算收入占地区生产总值的7.8%,占财政总收入的60.2%,税收收入占一般公共预算收入的87.2%。组织非税收入。全区完成非税收入69.78亿元,下降38.4%,其中纳入一般公共预算管理的非税收入6.39亿元,下降17.1%。争取上级支持。全年争取上级各类资金35.23亿元,其中,转移支付资金13.34亿元、政府债券额度21.89亿元。

【支持经济发展】 支持数字经济创新提质"一号发展工程"，全年科技支出3.95亿元，增长15.3%。支持科技型企业"双倍增"、关键核心技术攻坚行动和高能级创新平台建设，推动实施"工业4.0"示范区。支持营商环境优化提升"一号改革工程"，落实稳进提质财政惠企政策资金3.30亿元。加大政府采购对中小企业支持力度，全年政府采购金额6.22亿元，其中授予中小企业合同金额4.97亿元，占比79.9%。落实"8+4"经济政策体系，围绕先进制造业集群培育、现代服务业高质量发展等8个重点领域，统筹安排资金27.14亿元，全年省级转移资金总拨付率92.0%。发放消费券3450万元，拉动整体消费13.06亿元。

台州市黄岩区官河集市惠民表演

【推进共同富裕】 推进百万家庭奔富行动示范县创建。2023年9月21日出台《黄岩区关于创建百万家庭奔富行动示范县工作方案(2023—2025年)》，升级"扩中"家庭数据仓，出台财政激励政策，定期评估"扩中"政策增收成效。探索家庭资产负债表建设，完成家庭资产负债驾驶舱出版原型和效果设计，采集数据4524户，持续追踪3628户。全年助推"扩中"家庭2500余户迈入中等收入行列，黄岩区入选省财政厅2023年第一批百万家庭奔富行动示范县创建名单。推进财金助力扩中家庭试点。建立"扩中"家庭识别标准、打造"e家富"共富场景应用、创新共富金融产品体系、建立试点工作协调推进机制，全年走访"扩中"家庭4万户，发放共富贷款13.79亿元，为在贷"扩中"家庭减少利息支出约1700万元。该优秀案例入选浙江省高质量发展建设共同富裕示范区第三批试点名单，获省领导批示肯定，在全省财政系统推广。支持旅游促富。投入资金3000万元支持建设共富风貌游线，"'台'好玩"古乡之旅共富游线入选省首批共富风貌游线，全年新增游客200万人，新增消费逾1000万元。

【增进民生福祉】 全年民生支出57.57亿元，增长4.2%，占一般公共预算支出的81.5%。支持教育事业发展。全年教育支出15.89亿元，增长8.0%。助推学前教育普惠健康发展体制机制健全，实行"企建公管"模式，落实学前教育财政经费保障机制和成本分担机制。建成启智学校、院桥小学第二校区等学校6所，创成省级现代化学校7所，新增学位3060个。支持医疗卫生事业发展。全年卫生健康支出10.80亿元，增长3.5%。推进区医疗卫生中心整体迁建工程、区北城医院改造提升等项目建设。其中，投入资金746万元，支持推进永宁幸福中心项目建设。完善计划生育奖特扶政策，全年兑现计划生育奖特扶资金2955万元，奖特扶对象16857人。完善社会保障体系。全年社会保障和就业支出9.32亿元，增长2.7%。全区城乡居民基础养老金标准提高至每人每月310元。城镇新增就业1万人。投入资金1144万元，新增筹集保障性租赁住房2107套。支持文旅发展。全年文化旅游体育与传媒支出1.72亿元，支持推进南北文化轴重要工程，桥上街、司厅巷入选省级历史化街区，沙埠窑入选2023中国重要考古发现，黄岩区列入全省文化产业赋能乡村振兴试点，长潭湖—富山半山村上榜全国乡村旅游精品线路。支持乡村振兴。全年农林水支出5.83亿元，增长17.8%。落实"一事一议"财政奖补项目24个，改善农村人居环境和村容村貌，受益群众4万人。投入资金1.24亿元推进省级乡村振兴东魁杨梅集成创新示范项目建设。

【财政数字化改革】 推进财政电子票据改革，全年财政票据使用单位326家，涵盖非税收缴、医疗、捐赠、社会团体及往来等财政票据种类。2023年6月20日，省票费智管平台开通仪式在黄岩举办，全区全年通过票费智管平台缴费13万次，缴费总额8030万元。推进非税资金划拨业务实施电子凭证库应用工作，在中国工商银行、中国农业银行等开通电子凭证库业务，全年通过电子凭证库完成非税收入资金退付、上解、返还、缴库等业务151笔，金额1.80亿元。

【加强财政监管】 明确预算支出标准制定主体和分类依据，结合省统一搭建的预算支出标准数据库框架，推进预算支出标准在预算管理工作中的应用。开展人才经费项目财政重点绩效评价，促进合理配置财政资源。健全乡镇财政全过程预算绩效管理机制，推进乡镇预算绩效管理工作。强化库款保障管理，加强库款预测研判，建立大额支出月报制度，制定库款调度预案，实时监测库款余额，防范支付风险。修订《黄岩区财政性资金公款竞争性存放管理办法》《黄岩区行政事业单位公款竞争性存放管理办法》，完善财政资金竞争性存放综合评分法指标体系，全年组织竞争性存放招投标4期，存放金额21.45亿元，其中财政资金10.68亿元，行政事业单位公款10.77亿元。防范化解债务风险，超额完成化债目标。开展"财会监督年"行动，统筹开展共同富裕项目检查、重大项目前期经费监督评价、财经纪律重点问题专项政治检查、涉企补贴检查、预决算公开检查及涉企政策资金绩效监督6项工作，督促落实整改，并增设财政涉企政策项目事后绩效评价,提升财政资金使用绩效。

【强化队伍建设】 强化机关党建。制定年度理论学习计划,落实"第一议题"制度,构建领导带头学、党员深入学、全局共同学、青年创新学"四学联动"制度。全年开展主题党日活动12次、讲授党课14次,组织开展青年座谈会、宣讲等活动7期,交流发言100人次。推进清廉财政建设。设立"翠屏守望者"党建书吧,全年开展廉政宣教53次、作风效能检查15次、廉政约谈5人。以财政内控为主题的清廉微电影《锁》获财政部短视频大赛二等奖。深化服务行动。以支部为单位组建服务队,走访企业68户,帮助解决问题33个。落实党员结对村社区报到,开展结对社区夜间大巡逻活动98人次。

(台州市黄岩区财政局供稿 杨 卫 陶方蕾执笔)

路桥区

【概况】 2023年,台州市路桥区实现地区生产总值783.31亿元,按可比价格计算,较上年增长6.0%。其中:第一产业增加值15.88亿元,增长3.5%;第二产业增加值289.81亿元,增长1.6%;第三产业增加值477.62亿元,增长8.8%。三次产业结构比为2.0:37.0:61.0。按户籍人口计算,人均生产总值170207元,增长6.2%。全区固定资产投资下降28.7%。社会消费品零售总额423.09亿元,增长3.7%。外贸进出口总额572.10亿元,增长4.9%。全区城镇常住居民人均可支配收入89028元,增长4.4%;农村常住居民人均可支配收45542元,增长6.1%。全区财政总收入92.88亿元,增长9.1%;一般公共预算收入53.14亿元,增长5.4%,其中税收收入45.26亿元,增长8.0%;一般公共预算支出56.25亿元,增长4.7%。全年财政收支平衡。

【组织财政收入】 研究涵养新财源税源方式方法,对区内骨干企业进行跟踪分析,促进涉税信息共享共用,形成协税护税合力。2023年,全区一般公共预算收入占地区生产总值的6.8%,占财政总收入的57.2%,税收收入占一般公共预算收入的85.2%。全年实现非税收入75.47亿元,增长23.4%,其中纳入一般公共预算管理的非税收入7.89亿元,下降7.5%。坚持紧盯政策导向,谋划高质量项目,全年争取新增地方政府债券额度31.19亿元,支持医共体迁建工程、机场冷链物流等重点项目建设。

【服务经济发展】 支持数字经济创新提质"一号发展工程"。全年科技支出1.61亿元,增长17.1%,支持新增国家高新技术企业43家、省级科技型中小企业151家;配合出台人才政策"新十条",全年兑现人才政策资金1.52亿元;深化落实产业链链长制,推进数字经济培育增量。支持营商环境优化提升"一号改革工程"。实施票据电子化,实现企业兑现奖补资金"一次不用跑",全年审定兑现惠企政策资金5.98亿元,惠及中小企业1779家次。加快资金拨付和兑现,全年兑付"两直"资金2.43亿元,支付进度98.5%。加大政府采购对中小企业支持力度,全年中小微企业采购合同金额占政府采购总金额的93.2%。支持"地瓜经济"提能升级"一号开放工程"。配合商务部门出台二手车出口扶持政策,全年市、区财政奖补563万元,鼓励二手车出口6177台。落实"8+4"经济政策体系。全年拨付"8+4"省级转移资金1.74亿元,落实区级配套资金17.95亿元。

【推进共同富裕】 2023年10月25日,联合发改等十部门出台《路桥区百万家庭奔富行动实施方案》,从财金助力、乡村创富、乡村振兴、普惠托育等方面,探索促富型财税体制和家庭型财税政策体系改革新路。找准共同富裕"小切口",争取到家庭型财税政策、"浙里捐赠"、生育养育财税支持政策、"一事一议"财政奖补支持打造共富乡村等4项省级改革试点。其中,家庭型财税政策实现扩中家庭户数减少6.9%;"浙里捐赠"上架"路桥区救在身边""情暖路桥温暖万家"两个热点捐赠项目;11月9日出台《路桥区普惠托育基本公共服务财政奖补实施细则》,提供保障资金565万元;"九曲林田,智汇双湖"共富宜居乡村师范片区入围"一事一议"财政奖补支持打造共富乡村试点,获省补资金2000万元。

【提升民生福祉】 2023年,全区民生支出40.76亿元,增长2.9%,占一般公共预算支出的72.5%。支持医疗卫生事业发展。全年卫生健康支出3.69亿元,增长14.9%。投入资金5812万元支持基层医疗卫生单位、区中医院(二期)等项目建设,助推未来康养城、老年食堂等养老服务体系革新,持续打响"老有康养"优享品牌;探索建立普惠托育服务保障机制,全年全区新增托育机构54家、总托位数255个、社区"康宝"托育驿站25家。城乡居民基本医疗保险补助标准提高至每人每年1045元,全区户籍人口基本医疗保险参保率99.7%,困难群众医疗费用综合保障率91.2%。支持教育事业发展。全年教育支出12.65亿元,增长1.2%。优化学校建设布局,支持路桥四中扩建、路南小学迁建整体搬迁等项目,补齐校舍、运动场等领域短板,提升教育基础配套水平和学位供给能力。支持社会保障事业发展。全年社会保障和就业支出4.76亿元,增长6.2%。落实稳岗就业、创业扶持等措施,发放高校毕业生就业补贴597万元、创业担保贷款1605万元,助力城镇新增就业8494人,失业人员再就业1470人。兜牢社会救助底线,发放低保户、特困户等资金3777万元,惠及2699户。支持文化旅游事业发展。全年文化旅游体育与传媒支出1.26亿元,下降6.7%。保障飞龙湖、黄礁白沙等项目建设,支持"十里长街历史文化街区"IP打造,全年新增"15分钟品质文化生活圈"29个、省级乡村博物馆5个、省级基层体育场地10个,擦亮路桥"南官艺享"文化金名片,支持文明城市创建。

【深化财政改革】 推动财政数字化改革,全面应用预算管理一体化规范2.0版，加强财政资金全生命周期管理和动态监控。全面覆盖“浙里报账”应用，以“无纸化报销”为切入口规范资金使用。上线“浙里基财智控应用”，提升基层财政治理能力和监管水平。盘活经营闲置资产，通过房产出租、转让等方式实现处置收入749万元。完成行政事业单位房地产权证补办229宗。制定落实商品住宅出让用地涉及的无偿返还住宅转让、陵园开发经营权转让等资产盘活方案。

【防范财政风险】 *加强财会监督*。开展“财会监督年”活动，全年开展财政检查12次，下达财政检查建议书24个、整改通知书9个、处理决定1个，完成案件移送1起。*防范化解债务风险*。优化“一债一策”，推进低效用地整治三年行动。加强全口径融资监测管理，全面推进国企债务降息置换工作。*构建国企监管体系*。制定区属国企融资成本比选机制，督促完善融资内控管理制度，开展区属国企资金竞争性存放、存量债务置换、工程结算及采购招投标等合规性督查检查工作。

【加强队伍建设】 *开展学习贯彻习近平新时代中国特色社会主义思想主题教育*。制定学习方案，采取局党委理论学习中心组引领学、支部集中深入学、读书观摩交流学、红色基地现场学“四学联动”等方式，推动主题教育走深走实。*推进清廉财政建设*。出台区清廉财政建设“双五”专项行动方案，开展政治引领、制度建设、财会监督、作风优化、品牌培育5大行动，打造培根铸魂、提质增效、风险防控、亲清建廉、清风财韵5大工程。*加强干部队伍建设*。深化财政干部队伍作风整顿专项行动，提振干部精气神。重视年轻干部培养，选派5名干部到驻外单位及巡察组历练。

（台州市路桥区财政局供稿　程陈婷执笔）

临海市

【概况】 2023年，临海市实现地区生产总值891.88亿元，按可比价格计算，较上年增长2.6%。其中：第一产业增加值58.85亿元，增长4.4%；第二产业增加值378.57亿元，下降3.6%；第三产业增加值454.46亿元，增长7.9%。三次产业结构比为6.6∶42.4∶51.0。按常住人口计算，人均生产总值80421元，增长2.9%。全市固定资产投资下降6.5%。社会消费品零售总额291.39亿元，增长7.9%。外贸进出口总额338.36亿元，下降11.9%。全市城镇常住居民人均可支配收入68229元，增长3.7%；农村常住居民人均可支配收入39839元，增长6.9%。全市财政总收入115.53亿元，增长10.5%；一般公共预算收入68.05亿元，增长9.6%，其中税收收入58.17亿元，增长11.8%；一般公共预算支出114.35亿元，下降6.7%。全年财政收支平衡。

【组织财政收入】 加强收入分析预测，深化预算管理一体化系统建设，实时监测财政资金动态流向，合理把握组织收入力度和节奏。2023年，全市一般公共预算收入占地区生产总值的7.6%，占财政总收入的58.9%，税收收入占一般公共预算收入的85.5%。强化非税征收管理，推进统一支付电子缴款、非税收入收缴全程跟踪，全市实现非税收入86.49亿元，增长3.2%，其中纳入一般公共预算管理的非税收入9.88亿元，下降2.0%。争取上级资金支持，全年争取专项债券额度42.76亿元、直达资金12.54亿元，支持重点项目建设28个。

【优化经济环境】 围绕三个“一号工程”、“民营经济32条”、“8+4”经济政策体系，全年拨付各级财政资金57.97亿元，地方财力安排资金和省级转移支付资金拨付进度分别为100.0%、90.0%，为市场经营主体减负17.40亿元。全年减税降费34.31亿元。全年科学技术支出4.61亿元，增长15.2%，新增国家高新技术企业67家、省科技型中小企业219家。发挥政府采购支持中小企业政策功能，全年授予中小企业合同金额14.39亿元，成交项目金额占比92.2%。谋划项目资金保障方案，指导国有企业对接资本市场，市属企业全年直融产品成功发行21.00亿元。

【助推共富建设】 同衢州市衢江区结对协同，入选浙江省2023年制造业高质量发展结对促共富示范创建名单，获省财政专项激励资金2.70亿元。谋划临海百万家庭奔富行动方案，入选省财政厅2023年第一批百万家庭奔富行动示范县创建名单。落实专项资金300万元成立“财技共富学院”，教学点覆盖涌泉、杜桥、沿江等镇街，打通无技能堵点，惠及扩中学员1200人，并在全省财政工作会议上作经验交流。落实专项资金108万元培育东塍彩灯、杜桥眼镜、永丰小水果零工市场3个，服务企业1100批次，为扩中家庭提供就业岗位8000个，促成用工关系4000对，“零工市场”就业致富模式入选百万家庭奔富行动地方成熟模式推广清单。全年投入财政资金4595万元，撬动村级资金3936万元，启动“一事一议”建设项目69个，助推村级集体经济发展壮大。

【提升民生福祉】 2023年，全市民生支出90.93亿元，占一般公共预算支出的79.5%。教育支出27.56亿元，增长4.9%，临海小学协成校区、哲商现代实验小学西校区等建成开学，新增各级学位5860个。社会保障和就业支出13.20亿元，增长13.7%，全市城乡居民基本养老保险基础养老金标准由每人每月280元提高至310元；全年就业补助资金支出3267万元，用于公益性岗位补贴、就业见习补贴、求职创业补贴、就业创业服务补助等支出。卫生健康支出8.53亿元，增长5.3%，支持临海市第一人民医院与浙江大学医学院附属第二医院合作共建“浙大二院临海分院”；基本公共卫生服务人均财政补助标准提高至102元/年。文化旅游体育与传媒支出1.71亿元，增长0.7%，举办朱自清文学奖颁奖典礼、柴古唐斯括苍越野赛、乡村篮球赛等活动，助力紫阳街创成国家级夜间文旅消费集聚区，府城宋韵、“浪个灵湖”

入选省首批重点培育文旅市集。

【深化财政改革】 坚持过“紧日子”。规范全市编外人员经费开支标准，重新分类分档公务用车运行维护费，提倡购买新能源汽车，降低行政运行成本，全年压减“三公”经费等一般性支出1365万元。推动数字化改革。助力中小企业实现电子凭证标准化、规范化处理，临海2家公司入选全省电子凭证会计数据标准深化试点独立接收端单位。依托“政采云+互联网”实施竞争性资金存放电子化管理，全年组织竞争性招投标40期，竞争性存放资金404.74亿元，实现资金增值5.58亿元。加强收支运行智管平台建设，强化对重点领域重点项目资金监管，处理预警信息339条。深化国资国企改革。实施第二轮国资国企改革行动，做强做优做大国有资本和国有企业，全市新增“AA+”国有企业1家，“AA+”城投类企业6家。

【严肃财经纪律】 加强财会监督。2023年9月11日，联合出台《临海市纪检监察监督与财会监督贯通协调实施办法(试行)》，开展资金安全“回头看”检查，提出6方面问题19条，督促做好整改。强化乡镇资金监管。在全市19个镇(街道)上线“浙里基财智控”应用，并深化与预算一体化系统融合，5.66亿元资金纳入“双系统”监管，预算资金占比82.4%。防范化解财政风险。对专项债券项目实施建档管理，全流程紧盯债券资金使用，定期“晾晒”债券资金支出进度。加强社保基金预决算管理，持续做好社保基金月报、季报工作。

【加强队伍建设】 深化“廉韵财正”品牌建设，获全省财政系统变革型财政组织创建优秀试点单位。开展廉“镇”网行动，打造基层财政风险防控示范标杆，在台州市全面从严治党暨清廉财政推进会上作典型发言。通过书记上廉政党课、清廉财政宣传月活动等形式，“吴山清风”廉政文化教育专线等“走出去”活动，强化财政干部廉政思想。搭建干部学习交流平台，开展“财说·大课堂”“财说·大讲坛”等系列活动，促进干部全面发展。开展“足迹·财临万家”活动，组织党员干部下基层、走企业、解难题、促发展，全年走访企业246家，开展志愿服务168人次。

(临海市财政局供稿　杜洋涛执笔)

温岭市

【概况】 2023年，温岭市实现地区生产总值1351.32亿元，按可比价格计算，较上年增长4.1%。其中：第一产业增加值96.02亿元，增长3.0%；第二产业增加值563.52亿元，下降1.0%；第三产业增加值691.78亿元，增长6.9%。三次产业结构比为7.1∶41.7∶51.2。按户籍人口计算，人均生产总值111789元，增长4.5%。全市固定资产投资下降24.0%。社会消费品零售总额793.92亿元，增长8.7%。外贸进出口总额402.06亿元，增长3.2%。全市城镇常住居民人均可支配收入76539元，增长3.5%；农村常住居民人均可支配收入44593元，增长6.5%。全市财政总收入144.75亿元，增长9.1%；一般公共预算收入85.77亿元，增长5.5%，其中税收收入74.49亿元，增长13.3%；一般公共预算支出122.85亿元，增长3.5%。全年财政收支平衡。

【组织财政收入】 加强收入预测分析。深化财税协作及部门联动，强化收入形势研判和涉税信息共享，做好收入日监测、周通报、月分析。2023年，全市一般公共预算收入占地区生产总值的6.3%、占财政总收入的59.3%，税收收入占一般公共预算收入的86.8%。规范非税收入管理。全年实现非税收入85.77亿元，下降21.6%，其中纳入一般公共预算管理的非税收入11.28亿元，下降27.7%。向上争取资金。全年争取上级转移支付资金35.53亿元，新增一般债券额度1.00亿元、专项债券额度30.65亿元、再融资债券额度32.90亿元。

【促进经济发展】 制定三个“一号工程”财政方案，落实政策措施70项。建立财政金融保障清单，统筹“8+4”经济政策各类资金39.41亿元。全年投入资金28.98亿元，支持台州1号公路温岭段等重点项目建设。全年落实“两直”资金9.79亿元。支持数字经济创新提质“一号发展工程”，全年科技支出4.55亿元，增长30.0%，重点加大研发投入、创新主体培育、高能级创新平台建设支持力度。成功争取制造业高质量发展结对促共富示范创建专项激励资金9000万元，支持制造业创新发展。支持营商环境优化提升“一号改革工程”，执行阶段性降低失业保险费率政策，减轻企业缴费负担6300万元；将本地涉企奖补云平台迁移至台州市“政企通”，实现奖补政策全市域、全流程通办；成功实施台州首例政府采购跨地区远程评标。设立产业基金投资子资金11个，构建涵盖天使、孵化、创投等全维度基金矩阵，完成匹克中国、曲线智能等直接投资项目8个。支持“地瓜经济”提能升级“一号开放工程”。支持举办第三届全国工业母机高质量发展论坛；支持举办浙江泵与电机展览会等专业展会9场次，现场成交额11.00亿元。

【助力共同富裕】 探索完善生育养育财税支持政策及普惠性养老政策体系，助推育儿友好型社会、“浙里康养”建设，发放0～3周岁婴幼儿托育消费券600万元。推进“浙里捐赠”平台“慈善一日捐”试点改革。全年入驻“浙里捐赠”平台募捐项目6个，线上捐款11392笔、金额98万元。温岭市被浙江省财政厅、浙江省民政厅评2023年慈善事业高质量发展地区，获慈善事业引导激励奖金100万元。实施“一事一议”财政奖补，方山共富农创体项目入选省财政厅“一事一议”财政奖补支持打造共富乡村试点，获省级财政奖补资金2000万元。

【保障民生支出】 2023年，全市民生支出84.73亿元，增长2.4%，剔除债券等不可比支出因素后，占一般公共预算支出的

77.0%。支持社会保障事业发展。全年社会保障和就业支出11.65亿元，下降20.9%。退休人员基本养老金实现19连涨，城乡居民基础养老金标准提高至每人每月310元，城乡居民最低生活保障标准提高至每人每月1110元。拨付低保对象补助资金1.10亿元、困难残疾人生活补贴和重度残疾人护理补贴6507万元。支持医疗卫生事业发展。全年卫生健康支出10.78亿元，下降7.9%。重点支持温岭市第五人民医院迁建工程、中科院医学所智能医学诊疗研发(台州)中心项目落地等。支持教育事业发展。全年教育支出33.80亿元，增长24.7%。重点推进36个教育基本建设项目，新建和改扩建幼儿园、义务教育学校9所，新增学位3510个。温岭市职业技术学校和温岭市职业中等专业学校获省"双高"职业学校中期评估优秀等次，成立台州科技职业学院温岭学院，首次开展大专层次人才在地化培养。支持文旅体事业发展。全年文化旅游体育与传媒支出3.57亿元，重点保障公共文体场所免费开放、文旅宣传推广、文艺精品打造、文体赛事活动等，支持举办温岭2023黄金海岸跑山赛等活动。支持温岭市获评2023中国文化百强市、2023年全国县域旅游综合实力百强县。

【深化财政改革】 争取改革试点。争取财政政策全生命周期跟踪机制、预算支出标准体系建设、政府过"紧日子"评估评价体系建设等省财政厅试点11项。县财政运行"健康体检"指标体系建设试点在全省预算工作会议上作经验介绍。"温岭市财政局打造'浙里报账'改革样板，实现数智管财新模式"获评全省变革型财政组织创建优秀实践案例。深化国资国企改革。出台市属企业主业核定和投资项目负面清单，核定5大集团公司主业12项、培育业务9项。加快资产集聚，向国有企业划拨行政事业单位资产1.55亿元，完成6家企业产权界定批复。建立以利润为导向的工资总额预算管理机制，探索企业超额利润分享办法，全面推广竞争类子企业经理层任期制和契约化管理。

【强化财政监管】 坚持过"紧日子"。严控一般性支出，全年压减低效无效资金1.94亿元，清理部门往来款等结余资金0.98亿元。加大预结算审核力度，完成预算审核项目209个，核减资金3977万元，核减率0.7%；完成结算审核项目372个，核减资金1.31亿元，核减率8.1%。加强财会监督。推进"财会监督年"活动，开展行政事业单位财务监督检查，下发问题整改提示函29张。会同温岭市纪委对16个镇(街道)财政资金安全情况开展专项检查，127个问题纳入市级"七张问题清单"，倒逼问题整改到位。防范财政风险。实施涵盖部门、镇(街道)、国企的全口径债务报告制度，组织6轮国企债务情况统计和风险自查。推动镇(街道)全面上线应用"浙里基财智控"系统，提升基层数字化治理能力。将国有土地出让收入计提社保风险准备金比例从10.0%提高至15.0%，提升风险应对能力。深化公款竞争性存放，实施4期财政性资金存放招投标，实现21.06亿元资金保值增值。

【加强队伍建设】 开展学习贯彻习近平新时代中国特色社会主义思想主题教育。创新学习模式，开展理论学习中心组学习5次、专题党课15次、"循迹溯源"考察学习4次、专家专题辅导报告1次，开展"纪法伴成长·清风致青春"青年干部思想道德和纪法教育系列活动。开展"大走访大调研大服务大解题"活动，实施重点调研课题7个，上报专报14篇。擦亮党建品牌。温岭市"一事一议"财政奖补项目获台州市机关党务干部"擂台大比武能力大提升"活动最优项目十佳案例。机关党委党建服务品牌获温岭市十佳党建品牌。推动清廉财政建设。常态化开展廉政教育活动，召开新提拔中层干部任前谈话暨集体廉政谈话会。创建"清岭财韵"廉洁文化品牌，开发"曙光廉管家"IP形象。建立十大重点清廉财政项目库，将清廉融入财政治理全过程。其中，财政哨兵卫士"廉"盟入选清廉台州建设重点攻坚项目，获清廉台州建设重点项目三等奖。

(温岭市财政局供稿　金娴希执笔)

玉环市

【概况】 2023年，玉环市实现地区生产总值745.98亿元，按可比价格计算，较上年增长4.3%。其中：第一产业增加值45.42亿元，增长2.9%；第二产业增加值387.01亿元，增长2.0%；第三产业增加值313.55亿元，增长7.5%。三次产业结构比为6.1∶51.9∶42.0。按常住人口计算，人均生产总值115209元，增长4.7%。全市固定资产投资下降6.2%。社会消费品零售总额246.83亿元，增长4.3%。进出口总额423.36亿元，下降8.0%。城镇常住居民人均可支配收入88361元，增长3.9%；农村常住居民人均可支配收入47535元，增长6.2%。全市财政总收入94.88亿元，增长16.4%；一般公共预算收入55.70亿元，增长10.6%，其中税收收入48.19亿元，增长15.7%；一般公共预算支出78.46亿元，下降0.7%。全市财政收支平衡。

【组织财政收入】 强化收入分析预测。迭代"亩均智控"应用系统，提高税收征管效率，加速国有资产盘活工作，加强收入预测分析。2023年，全市一般公共预算收入占地区生产总值的7.5%，占财政总收入的58.7%，其中税收收入占一般公共预算收入的86.5%。强化非税征收管理。完善非税收入政策体系，发挥"统一公共支付平台"作用，规范政府征收行为，建立执收单位、代理银行、财政部门信息共享核对机制，实现收入收缴全程跟踪。全市实现非税收入41.62亿元，其中纳入一般公共预算管理的非税收入7.51亿元，下降14.0%。争取上级资金支持。全年争取新增债券额度14.19亿元(其中专项债券额度12.19亿元，一般债券额度2.00亿元)、再融资债券额度11.80亿元、中央"两直"资金5.91亿元、省级调度款14.80亿元。

【服务经济发展】 落实“8+4”经济政策体系,省级转移支付资金拨付5.23亿元,拨付地方“8+4”政策资金22.24亿元。全年兑现各类财政奖补资金8.49亿元。支持数字经济创新提质“一号发展工程”,全年安排科学技术支出5.12亿元,增长15.2%,支持建设“315科技创新体系”,培育标志性产业链和海洋资源新兴产业,推进构建现代化产业体系。支持营商环境优化提升“一号改革工程”,提高政府采购项目预留中小企业份额,全市中小企业中标项目金额占总金额的98.6%。深化政府采购金融服务,2023年线下“政采贷”放贷205笔4966万元。

【推进共同富裕】 制定玉环市制造业高质量发展结对促共富省级专项激励资金使用管理办法,全年拨付专项激励资金9000万元。制定玉环市本级“大三农”政策体系清单,全年安排强村富民项目资金4577万元,重点支持村级房产税退税政策、消除集体经济薄弱村抱团联购等项目。争取到2023年度“一事一议”财政奖补支持打造共富乡村试点奖补资金2000万元,推进大麦屿联丰、峰阳、鲜叠、曾家、龙湾乡村旅游基础设施和大麦屿南部片区旅游项目建设,推进五村入股抱团共富。

【保障改善民生】 2023年,全市民生支出58.28亿元,占一般公共预算支出的74.3%。安排农林水支出7.75亿元,增长10.9%,支持文旦全产业链入选省农业全产业链“百链千亿”行动名单,支持实施海上“千船引领、万船整治”和海洋渔船减船转产工作,支持共建国家级海捕虾加工中心。安排教育支出16.03亿元,增长6.4%,支持台州职业技术学院玉环校区揭牌成立,投用中职校新校区、沙门中学迁建等教育项目10个,新增学位逾8000个,创成省现代化学校6所。安排社会保障和就业支出9.70亿元,增长6.5%,支持全市城镇新增就业3万人,实现失业人员再就业1600余人;优化生育支持政策体系和普惠托育服务体系,新增托位180个,实现托育机构乡级全覆盖;提质升级居家养老服务照料中心,新增养老机构1家、居家养老服务设施5家,完成困难老年人家庭适老化改造155户。安排卫生健康支出6.92亿元,下降7.8%,助力推动全员全民全程健康服务改革,加快实施市人民医院改扩建项目,投用大麦屿中心卫生院新楼,升级“健康地图”应用。安排文化旅游体育支出1.78亿元,支持开展“文旦旅游节”“闯海节”等活动,推动图书馆新馆、奥体中心体育馆、玉环湖景观长桥全面投用,加快市博物馆、奥体中心游泳馆、海山生态旅游岛等项目建设。

【深化财政改革】 *深化财政数字化改革*。升级“浙里捐赠”“政企通”“浙里基财智控”应用等平台,提升整体智治水平。*推动基层财政治理改革*。形成业务科室联系乡镇财政管理工作机制,结合“玉财智管家”、“浙里基财智控”应用、“一机制双平台”,打造乡镇财政智联贯通“廉合体”,提升基层财政治理能力和监管水平。该项目纳入台州市级清廉建设问题库、重点攻坚项目库及重点课题。*推进国资国企混改*。支持市属国企与民营企业进行混改合作,推动国有经济和民营经济共同发展,鼓励混改企业开拓有色金属销售、建材供应链贸易等业务。

【强化财政监督】 *抓实财政财会监管*。开展“财会监督年”活动,开展资金安全检查“回头看”,严格审核把关乡镇、部门、国企的会计机构、财务基础、银行账户、对外借款等项目。建设开发“玉财智管家”监控平台,设置管理驾驶舱、数字化监管、风险预警、数字报送4个功能模块,将全市国有企业、行政事业单位、专项债券项目纳入平台管理,接入行政事业单位218家,账户438个,产生预警2339条;国企逾90家,账户367个,产生预警4794条,该平台入选2023年度全省财会监督能力提升重点试点项目。*强化债务风险防控*。统筹地方债务风险防范化解,将债券风险管理纳入市对乡镇(街道)考核,出台政府专项债券资金管理办法,规范债券项目资金管理。*加强国企国资监管*。以“七张问题清单”为牵引,出台市属国有企业职工工资方案,落实国有企业工资总额预算管理制度,规范乡镇企业工资发放,收回超发工资278万元。

【加强队伍建设】 *深化支部联学共建*。开展党委理论学习中心组编组联学、结对联学、成员联学、网络联学“四联四学”行动,开展机关、国企、村社联学联建、结对帮学,借力“联学”平台现场解决村级财政问题。*推进清廉财政建设*。成立清廉建设工作专班,出台2023年清廉财政建设实施方案等制度,打造清廉财政建设品牌“红财廉心”,开发党建、清廉系列文创,获评浙江省清廉财政建设成绩突出单位。*提升干部业务素质*。会同市纪委市监委、市审计局举办全市财务管理“三项监督”贯通融合专题业务培训班;组织全局财政干部职工、乡镇街道财政办人员逾200人次参加干部综合素质提升培训班,提升财务管理能力。

(玉环市财政局供稿 陈雅淑执笔)

天台县

【概况】 2023年,天台县实现地区生产总值368.88亿元,按可比价格计算,较上年增长5.5%。其中:第一产业增加值16.48亿元,增长4.8%;第二产业增加值140.72亿元,增长2.1%;第三产业增加值211.68亿元,增长7.9%。三次产业结构比为4.5:38.1:57.4。按常住人口计算,人均生产总值78568元,增长5.7%。全县固定资产投资下降8.7%。社会消费品零售总额158.24亿元,增长9.7%。进出口总额78.58亿元,下降3.4%。城镇常住居民人均可支配收入60127元,增长6.3%;农村常住居民人均可支配收入32450元,增长6.4%。全县财政总收入41.98亿元,增长7.4%;一般公共预算收入25.90亿元,增长4.5%,其中税收收入22.31亿元,增长9.0%;一般公共预算支出73.83亿元,下降4.6%。全年财政收支平衡。

【组织财政收入】 凝聚财税部门合力，在落实减税降费政策基础上培育优质税源，挖掘税收增长点，把握收入主动权。2023年，全县一般公共预算收入占地方生产总值的7.0%，占财政总收入的61.7%，税收收入占一般公共预算收入的86.1%。加强非税收入管理，全年实现政府非税收入36.79亿元，增长0.1%。其中纳入一般公共预算管理的非税收入3.59亿元，增长72.6%。加大土地出让金管理，及时跟踪地块出让进度，全年新出让地块合同价款19.90亿元，入库17.56亿元。摸排全县闲置资产，全年盘活资产资源15.00亿元；争取上级奖补资金30.00亿元，政府债券额度21.65亿元，其中一般债券3.00亿元、专项债券13.25亿元、再融资政府债券5.40亿元。获省对县财政绩效管理综合评价奖励1000万元。

【支持经济发展】 围绕三个“一号工程”、“十项重大工程”、“8+4”经济政策体系，拨付“8+4”省级资金7.97亿元，深化“政企通”应用，加速惠企政策兑现进度，兑现各类奖补资金1.95亿元。支持数字经济创新提质“一号发展工程”，全年科学技术支出1.37亿元，增长15.2%，鼓励企业加大研发投入，扶持“飞地研发基地”建设；支持人才培育，兑现高校毕业生聚集政策、人才创业项目快速启动资金、企业引才薪酬补助等人才政策4590万元。支持营商环境优化提升“一号改革工程”，落实政府采购中小微企业预留政策，全年预留3.68亿元，并加强政府采购公平竞争性审查，清除隐性行业壁垒；举办惠民企党建联建系列活动，服务企业160家，解决问题30个，办结率100.0%；协助修订“天台县推进企业上市挂牌新政15条”等惠企政策并汇编成册向企业发放。

【推进共同富裕】 投入财政资金400万元，实施“一事一议”财政奖补打造共富村试点，支持平桥镇花市片区共富联合体、三合镇宝华片区谷田稻香等项目建设11个。其中，共富工坊标准厂房完成建设并公开招租，年租金收入71万元。聚焦财金助力扩中家庭项目试点，成立工作专班，出台工作方案，安排财政资金支持金融机构向扩中家庭发放共富系列贷款产品的年利率不超过3.8%，并专项推出共富普惠贷、共富安居贷、共富助医贷、共富助学贷、共富经营贷5款“共富系列”贷款产品。2023年实地走访扩中家庭16085户，授信扩中家庭1582户、授信余额2.72亿元，用信1461户、贷款余额2.29亿元。

【保障民生支出】 2023年，全县民生支出58.89亿元，占一般公共预算支出的79.8%。全年教育支出18.28亿元，增长2.3%，支持城乡义务教育优质均衡发展，提升基础教育生态、教育满意度，教共体模式在全国推广。全年卫生健康支出6.16亿元，增长23.9%。安排基层医疗卫生机构补偿资金1.08亿元，保障基层卫生院运行。安排资金1.23亿元用于基本药物、公共卫生、公立医院能力建设等支出。落实资金1737万元，持续做好城乡居民免费健康体检和城乡妇女“两癌”筛查、实施重点人群流感疫苗免费接种、结核病防治及重大传染病防控。提高基本公共卫生服务财政补助标准至每人每年102元，提高城乡居民基本医保标准至每人每年1660元。全年社会保障和就业支出11.09亿元，下降18.1%。城乡居保基础养老金提高至每人每月310元，最低生活保障标准提高至每人每月1110元。企业职工基本养老保险工作全省考核优秀，获奖励资金1682万元。优化失业保险补助政策，落实再就业补助1148万元、职业技能提升行动454万元。出台生育支持政策，提升普惠托育基本公共服务，兑现普惠托育机构建设、日常运营等补助资金87万元。全年文化旅游体育与传媒支出1.11亿元，支持和合文化全球论坛、诗路文化带、历史传统村落保护等建设。全年农林水支出9.41亿元，增长1.9%。争取省以上水利发展资金1.32亿元，其中里石门水库灌区节水改造试点项目补助资金7951万元。争取省以上衔接推进乡村振兴资金3607万元，支持实施乡村振兴战略。支持“一事一议”财政奖补项目建设，安排项目37个、总投资4931万元。

【深化财政改革】 深化预算管理改革。2023年12月22日出台《天台县财政预算追加管理办法》，明确预算追加原则、内容、程序等，加强财政资金管理。探索“大专项+任务清单”预算管理模式，推进宣传经费、项目前期经费等专项经费打包管理，全年节约财政性宣传经费800万元，项目前期工作经费控制在1000万元以内。推进财政数字化改革。推进长三角财政电子票据一体化试点项目，实现多场景医保零星报销（浙里医保）和政府特定人群（总工会医疗互助）的线上报销，并开启事后智能分析模式。推进“浙里报账”应用，完成“浙里报账”报销单22788笔、金额3253万元。推广“浙里基财智控”应用，在全县15个乡镇、街道上线，执行项目1583个，赋能乡镇财政智管。推进国资国企改革。组建国有企业2家，盘活绿色智慧停车、里石门水库水资源、广告位经营权等闲置资产14.56亿元，举办资产拍卖会6期，实现资金回笼6639万元。

【加强财政监管】 开展资金绩效评价，抽取重点评审项目247个，涉及财政资金2.39亿元；开展乡镇（街道）财政运行综合绩效评价工作，评价6个乡镇、街道财政资金3.78亿元；开展财政政策资金绩效评价工作，包含工业、科技、商贸、旅游、教育5大重点领域、项目类型9个、政策文件19个，涉及预算资金3.96亿元。开展公款竞争性网上招投标工作，全年完成36家行政事业单位和财政专户资金竞争性存放。防范财政风险，兜牢“三保”底线，加大社保基金征缴力度，完善社保资金管理制度，完成年度化解任务。

【加强队伍建设】 开展学习贯彻习近平新时代中国特色社会主义思想主题教育。形成领导小组牵头抓总、办公室统筹联动、督导整改组监督落实、各支部积极参与的工作格局，聚焦年度工作重点和特色探索实践，以思想作风转变保障各项工作高标准开展、高质量落实。全年开展理论中心组集中学习13次，党员大会集中学习4次，主题党日活动12次，机关学习会15次。加强机关党建建设。探索形成"三三"*制机关党建工作法,推进党建与中心工作、重点任务、日常工作有机统筹。落实"三级书记"领办项目、党组书记领办"定调子"项目,以党建推动业务深化。县财政局获台州市机关党建线上红云系统考核优秀,党建案例《"321"闭环管理优化机关思政工作质效》在市级专题会议上交流,入选台州市机关思政工作案例集。推进清廉财政建设。加强廉政风险排查防控和源头治理,完善干部廉政档案74份,排查各类岗位廉政风险点1000个。开展廉政提醒谈话教育,开展谈心谈话58人次,提醒约谈85人次。

(天台县财政局供稿　张玲珍执笔)

注:

***"三三":**指的是"头雁领学"机制、"思政研判"机制、"导师赋能"机制等"三项机制","共富指导员""共富参谋员""共富服务员"等"共富三员"体系,理论实践先锋队、项目攻坚先锋队、志愿服务先锋队等"三个先锋"。

仙居县

【概况】　2023年,仙居县实现地区生产总值321.02亿元,按可比价格计算,较上年增长7.5%。其中:第一产业增加值18.19亿元,增长3.9%;第二产业增加值134.16亿元,增长7.4%;第三产业增加值168.67亿元,增长8.0%。三次产业结构比为5.7∶41.8∶52.5。按常住人口计算,人均生产总值74397元。全年固定资产投资总额增长20.3%。社会消费品零售总额128.02亿元,增长9.4%。外贸进出口总额66.41亿元,下降8.2%。全县城镇常住居民人均可支配收入55496元,增长6.8%;农村常住居民人均可支配收入31046元,增长7.0%。全县财政总收入37.75亿元,增长22.8%;一般公共预算收入23.70亿元,增长27.1%,其中税收收入17.97亿元,增长24.4%;一般公共预算支出65.59亿元,增长8.6%。全县财政收支平衡。

【组织财政收入】　加强与税务、国土等部门协作,挖掘增收潜力,培植优质税源,做好组织收入工作,完成收入目标。2023年,全县一般公共预算收入占地区生产总值的7.4%,占财政总收入的62.8%,税收收入占一般公共预算收入的75.8%。规范非税收入管理,全县实现非税收入39.12亿元,下降46.6%,其中纳入一般公共预算管理的非税收入5.73亿元,增长36.3%。全年新增地方政府债券额度22.52亿元,其中一般债券3.00亿元,专项债券19.52亿元。

【支持经济发展】　强力推进三个"一号工程",2023年2月9日出台《贯彻落实"三个一号工程"的实施意见》,形成57项政策举措。支持数字经济创新提质"一号发展工程",全年科技支出6948万元,增长16.4%,支持产业数字化转型,提升县域科技创新水平,助推仙居县荣获省"科技创新鼎"。安排人才发展专项资金5600万元,助推建设"院士之家",实施科技特派团试点,支持柔性引才等系列举措。支持营商环境优化提升"一号改革工程",助力惠企政策直达快享,全年兑现惠企资金2.40亿元。加大政府采购支持力度,要求采购人面向中小企业预留份额,全年政府采购金额7.15亿元,中小企业合同金额占政府采购总金额的98.3%。支持"地瓜经济"提能升级"一号开放工程",围绕区域资源禀赋和重大招商产业链制定"一链一策"招商政策,在财政政策、产业基金等要素保障上进行扶持,全年支持新招引亿元以上项目25个,总投资190.64亿元。修订外经贸、内贸、电商奖补政策,完善内贸批发行业补助标准,激发贸易活力。全年"8+4"省转移支付资金拨付10.96亿元;兑现"8+4"地方财政资金24.77亿元。中央直达资金分配率达100%,支出进度99.95%。

【助推共同富裕】　支持村级公益事业建设项目60个,总投资4473万元,其中财政投入2993万元,受益人数4万人。投入农村人居环境整治资金逾8000万元,完成村庄整治提升100个村以上。连续3年入选浙江省"一事一议"财政奖补支持打造共富乡村试点,统筹调配资金2.90亿元,分三批建设共富示范点16个,鼓励各试点村根据村情,通过打造共同富裕帮共体、共富试点联合体、成立旅游管理公司等举措,带动低收入农民等村民增收。第一批共富村试点白塔镇上叶村,成为全国运用"千万工程"经验现场推进会观摩点。投入散户、规模户种粮、社会化服务等补贴资金1228万元,获评全国粮食绿色高产高效行动县。投入农产品区域品牌"神仙大农"品牌创建资金1500万元,在省市县乡四级开设门店,涵盖优质农副产品9类275款,通过向农户收购农产品带动增收。2023年实现销售额2754万元。有效优化农业产销结构,提高农产品附加值和影响力。

【改善民生事业】　2023年,全县民生支出46.87亿元,增长12.0%,占一般公共预算支出的71.4%。卫生健康支出6.19亿元,增长10.9%,继续推进福应街道社区服务中心、下各中心卫生院以及第五人民医院迁建工程;安排资金1.00亿元推进基层医疗卫生机构补偿机制改革;支持医共体服务能力提升和公共卫生应急能力提升。教育支出12.96亿元,增长3.0%。安排资金1505万元支持创建全国义务教育优质均衡发展县;安排资金2200万元支持华东师范大学附属仙居学校合作办学资源平台建设。社会保障和就业支出12.11亿元,增长32.3%,稳步提高困难群众保障标准,加大城乡养老、城乡医疗、机关养老等社保基金保障力度。支持重点人群就业创业,推动技能人才培训等工作。农林水支出7.75亿元,增长24.4%,保障农业农村、林业、草原、水利、农村综合改革、普惠金融发展及区域协调财政专项激励政策等方面资金支出。文化体育与传媒支出8437万元,下降12.8%,支持神仙居旅游度假区配套基础设施建设,神仙居景区全年接待游客183万人次,实现旅游收入3.72亿元,列入国家级旅游度假区创建培育名单。

【深化财政改革】 迭代财政管理制度，出台《一事一议财政奖补县级专项资金管理办法》《仙居县专项债管理指南（试行）》《仙居县公物仓管理暂行规定》等，夯实财政管理基础。推动财政数字化改革，政府采购领域推进"不见面监管"、"异地开评标"功能上线，20家社会代理机构接入在线监控系统；推动全县首家民办非营利性医疗机构上线医疗电子票据，非税收入电子化缴库业务上线，统一公共支付平台开通微信支付缴费渠道。

【加强财政监管】 加强财会监督，出台《仙居县纪检监察监督与财会监督贯通协调实施办法（试行）》《关于进一步加强财会监督与审计监督贯通协调的实施意见（试行）》，完善跨部门监督协调机制；开展财会监督专项行动，完成历年乡镇街道往来款集中清理，全年清理项目4115个，上缴国库资金1.01亿元。在全县范围组织分领域开展地方财经纪律重点问题专项整治、涉企补贴补助资金专项检查等。加强绩效管理，对城西环卫综合体、G351连接线工程、下各至官路公路工程、仙居县北岙水库工程诸永高速埠头互通5个重大项目开展事前绩效评估工作，实现事前绩效评估全覆盖。开展代理记账行业违法违规行为专项整治，抽取检查代理记账机构4家，促进行业健康有序发展。

【干部队伍建设】 开展学习贯彻习近平新时代中国特色社会主义思想主题教育，制定年度学习计划、主题教育工作方案，通过局党委书记讲专题党课，支部赴东景工贸、高迁古村实地学习，利用财政讲堂、学习强国、浙里学习等载体抓好干部理论学习。聚焦中心工作和长期未解难题，开展调查研究31次。探索党建联建新模式，与省厅、市局、县人民医院等开展党建联建，开展项目实地学习、青年联动承诺践诺、党务专项互查等，县财政局第四党支部获评省"三强六好"示范党支部。聚焦干部培养，开展青年廉洁理财课堂、违纪案例分析研讨、宪法理论课堂等，强化党员干部规矩和纪律意识；组织开展优化营商环境主题辩论表演赛、同植廉洁树、清明祭英烈等活动，激发队伍活力。

（仙居县财政局供稿　朱梦娇执笔）

三门县

【概况】 2023年，三门县实现地区生产总值350.65亿元，按可比价格计算，较上年增长5.2%。其中：第一产业增加值41.92亿元，增长5.3%；第二产业增加值165.29亿元，增长5.1%；第三产业增加值143.44亿元，增长5.2%。三次产业结构比为12.0∶47.1∶40.9。按常住人口计算，人均生产总值91554元，增长4.1%。全县固定资产投资总额增长28.9%。社会消费品零售总额121.67亿元，增长11.6%。外贸进出口总额95.93亿元，下降1.6%。全县城镇常住居民人均可支配收入60205元，增长5.5%；农村常住居民人均可支配收入34890元，增长6.6%。全县财政总收入52.54亿元，增长21.2%；一般公共预算收入36.75亿元，增长14.6%，其中税收收入20.18亿元，增长32.2%；一般公共预算支出69.82亿元，下降6.8%。全县财政收支平衡。

【组织财政收入】 加强收入统筹。深化财税协作与部门联动，完善"专员监测，周督月报"机制，及时掌握收入数据变化信息，做好分析研判，确保财政收入稳步增长。2023年，全县一般公共预算收入占地区生产总值的10.5%，占财政总收入的69.9%，税收收入占一般公共预算收入的54.9%。强化非税收入征管。实现非税电子凭证库工作全覆盖，全年通过电子业务534笔，涉及金额15.45亿元。全年实现非税收入41.32亿元，增长7.5%，其中纳入一般公共预算收入管理的非税收入16.57亿元。向上争取资金。全年争取上级竞争性资金7.48亿元，新增地方政府债券额度12.59亿元。

【支持经济发展】 支持数字经济创新提质"一号发展工程"，全年安排科技支出8037万元，增长19.1%，推进三门湾科创走廊建设，加快创新孵化，培育创新主体。安排人才资金2600万元，加快实施人才强县、创新强县战略，加强本土优秀中青年人才培养。支持营商环境优化提升"一号改革工程"，全年办理增值税留抵退税1.27亿元，惠及企业1329家。发布县级惠企政策18条，上线政策项目98个，完成项目审批1009项，审定各类补贴补助类资金1.27亿元，惠及市场主体603家，资金兑现率100.0%。提高中小企业政府采购预留份额比例，降低中小企业参与采购门槛，全年提升预留份额比率15.1%。授予中小企业合同金额3.66亿元，占全县总合同金额的95.0%；中小微企业总合同数325个，成交项目占比94.7%。支持"地瓜经济"提能升级"一号开放工程"，成功协办全国农业信贷担保落实"地瓜经济"支持跨区域协作发展现场会。推进重点项目建设，全年安排资金22.67亿元，落地政府投资项目88个，通过债券资金拉动项目总投资117.23亿元。

【助力共同富裕】 探索财政支农促富。首批入围浙江省2023年百村万户增收促富试点县，投入专项奖补资金2000万元，撬动亭旁镇油橄榄产业基地建设项目建设，盘活闲置山地2000亩，试点村年均集体经营性收入增加15万元以上。强化政银担合作，全年注入政银担风险池资金400万元，在保涉农贷款余额2.39亿元。强化财企协作促富。投入资金400万元与国企共同建设县级农村物流共配中心，构建农村物流"统仓共配"和"快递进村"长效机制，助力农特产品进得来、出得去，增加农民收入，并带动农村就业。创新数智应用促富。投入资金460万元，保障"鲜甜e塘"数字化应用上线，智能化管理养殖塘21万余亩，并提供"找塘、育产、出品、卖价"等交易功能，助力养殖塘亩均产量产值分别提升6.0%、9.0%。

【改善民生福祉】 2023年，全县民生支出47.04亿元，占一般公共预算支出的67.4%。支持教育事业发展。全年教育支出

11.75亿元，增长4.4%，新增学位6420个，升级教共体“1+N”办学模式，获批浙江省义务教育阶段全域教共体(集团化)办学试点，助力通过国家义务教育优质均衡发展县省级评估。提高医疗服务水平。全年卫生健康支出5.87亿元，增长36.7%，重点保障三门医院妇女儿童住院大楼、医技综合楼等项目建设，助力创成浙江省健康县。提高社会保障水平。全年社会保障和就业支出10.31亿元，上解企业职工养老保险基金省级责任分担额3.91亿元，保障机关事业养老、城乡基本养老、城乡基本医疗等基金平稳运行，加强重点群体就业帮扶，实行零就业家庭动态清零。推动文旅体事业发展。全年文化旅游体育支出8499万元，支持打造全民健身广场和“15分钟品质文化生活圈”，推进花桥、善见村、启明博物馆等AAA级景区创建，助力三门县入选省乡村旅游“五创”行动试点。助力乡村振兴。全年农林水支出9.86亿元，增长5.8%，统筹用于美丽乡村建设、粮食生产等，落实“一事一议”财政奖补项目29个，改善农村人居环境和村容村貌。

【深化财政改革】 推进预算绩效管理改革，全年编制绩效目标项目数1048个，涉及资金37.86亿元，实现绩效目标全覆盖。深化财政数字化改革，加快预算管理一体化系统建设，完善预算模块功能；保障“浙里报账”应用上线，应用覆盖全县单位148家，处理报销业务近5万笔，报销金额13.78亿元。推进乡镇财政管理改革，加强乡镇财政机构队伍建设，提升基层财政人员专业素质；上线运行“浙里基财智控”应用，实现乡镇全覆盖，助力内控信息化建设；发挥监督合力，加强与巡查、审计部门对接，实现乡镇财政监管工作常态化。

【强化财政监管】 加强财会监督，出台建立财会监督与审计监督协同联动机制文件，从监督计划共商、监督资源共用、监督成果共享、问题整改共促等四方面开展监管。规范公款竞争性存放，迭代升级网上招标系统，全年完成财政资金竞争性存放16.30亿元。规范政府投资项目管理，更新政府投资项目工程预结算管理办法，全年预算结算审定金额24.27亿元，核减金额1.19亿元。防范化解财政风险，实现全县“三保”预算编制事前审核全覆盖，坚决遏制新增隐性债务，强化社会保险风险准备金管理，推进企业职工基本养老保险省级统筹，为省级统筹分担责任额3.97亿元。

【加强队伍建设】 开展学习贯彻习近平新时代中国特色社会主义思想主题教育。开展“下沉一线、服务破难”活动，推动主题教育成果转化，重点围绕家庭奔富、清廉建设、干部培养、风险防范等发展难题，落实项目责任。强化清廉财政建设。开展项目提速、亩均提标、民生提质、改革争先、服务争优、平安争鼎“三提三争”立功竞赛活动，深化“清湾财韵”清廉品牌建设，用足用好清廉书吧、清廉长廊、财企联盟等平台矩阵，健全干部职工“八小时以外”行为长效机制。建设变革型财政组织。优化综合考绩和干部平时考核办法，完善激励干事创业的比拼、晾晒、督考机制。

（三门县财政局供稿　丁晨悦执笔）

丽水市财政工作

丽水市

【概况】 2023年，丽水市实现地区生产总值1964.4亿元，按可比价格计算，较上年增长7.5%。其中：第一产业增加值115.0亿元，第二产业增加值740.1亿元，第三产业增加值1109.3亿元，分别增长4.8%、6.7%、8.4%，三次产业结构比为5.8∶37.7∶56.5。按常住人口计算，人均生产总值77908元。社会消费品零售总额871.6亿元，增长8.3%。全市进出口总额377.2亿元，增长16.2%，其中，出口313.0亿元，增长8.2%。全市城镇常住居民人均可支配收入为58583元，增长5.0%；农村常住居民人均可支配收入为30811元，增长8.2%。全市财政总收入312.71亿元，增长11.6%；一般公共预算收入186.06亿元，增长8.9%，其中税收收入138.68亿元，增长13.6%。全市一般公共预算支出653.65亿元，增长7.7%。市本级财政总收入77.50亿元，增长11.2%，一般公共预算收入47.48亿元，增长7.2%，其中税收收入36.22亿元，增长13.4%。一般公共预算支出98.46亿元，增长4.5%。当年全市和市本级财政收支平衡。

【组织财政收入】 科学组织收入。落实财税固本强基行动，涵盖巩固提升重点税源、全力招引新增税源、积极培育总部经济税源等11类重点任务，全年盘活资产收入34.40亿元。2023年，全市一般公共预算收入占地区生产总值的9.5%，占财政总收入的59.5%；税收收入占一般公共预算收入的74.5%。丽水市财政管理工作获省政府办公厅真抓实干成效明显地方督查激励。强化非税征管。全市实现非税收入460.01亿元（含国有土地使用权出让收入186.57亿元），其中纳入一般公共预算管理的非税收入47.37亿元。争取上级资金。争取中央革命老区转移支付资金2.26亿元、山区26县高质量发展实绩考核奖励资金3.70亿元、政府债券额度189.64亿元，以及省财政区域协调财政专项激励资金8.40亿元、绿色转化财政专项激励资金3.00亿元。

【支持经济发展】 出台保障“一号发展工程”“一号改革工程”“一号开放工程”的三个“十大行动”，细化举措60项，提振市场信心、推动经济运行整体好转。推进“8+4”经济政策体系政策资金落地，全市获“8+4”政策省级下达资金95.62亿元，市县本级配套安排资金125.59亿元。支持数字经济创新提质“一号发展工程”，出台《丽水市本级科技创新券实施管理办法》《丽水市企业研发经费投入后补助实施办法》等政策，全年科技支出19.49亿元，增长21.5%。支持营商环境优化提升“一号改革工程”，优化涉企资金兑付流程，全市企业类扶持资金兑付47.95亿元，增长15.6%。支持“地瓜经济”提能升级“一号开放工程”，深化财金协同，实施“双招双引”战略先导工程，成功招引总投资13.00亿元的德迩半导体项目落地。落实全市政策性融资担保一体化改革，青田、云和加入一体化，实现市域全覆盖。丽水市连续两年入选中央财政支持普惠金融发展示范区。“政策性融资担保+出口信保+汇率避险”全链条金融服务方案入选省财政厅“一号开放工程”试点。

【保障民生重点】 2023年，全市民生支出515.49亿元，占一般公共预算支出的78.9%。支持教育事业发展。全市教育支出97.38亿元，增长5.5%，支持创新公办幼儿园办园体制，探索市区幼儿园委托优质品牌学前教育机构管理，建立生均公用经费和生均教学业务费等动态调整增长机制。支持医疗卫生事业发展。全市卫生健康支出66.71亿元。推进中央公立医院高质量发展示范项目建设，出台市区第二孩、第三孩育儿补贴办法，给予第二孩、第三孩每月500元育儿补贴至3周岁满止。支持社会保障事业发展。全市社会保障和就业支出78.32亿元，增长8.2%。最低生活保障标准提高至每人每月1100元，城乡居民基础养老金标准提高至每人每月275元，城乡居民基本医疗保险财政补助标准提高至每人每年1150元。推出创业担保贷款品牌“丽创贷”，将高校毕业生等重点人群的全额贴息期限延长至毕业10年内、贷款限额提高至80万元。支持文化体育事业发展。全市文化旅游体育与传媒支出16.12亿元，增长6.5%。以财政资金培育“村晚”为切入口，带动社会资本投入文化领域；用好用足体彩公益金，做好亚运会火炬传递、2023丽水超级马拉松赛等大型赛事经费保障。

【深化财政改革】 推进财政数字改革。推进预算管理一体化系统，集成行政事业性国有资产管理、债券管理等模块，将单位资金纳入预管理，贯通“丽即兑”系统和预算执行模块，推广使用“收支运行智管”应用。建成丽水市“市县一体化”政府采购远程异地开评审系统，组织政府采购项目远程异地评审172个，预算金额6.60亿元，获“中国政府采购奖——数字政府耕耘奖”。在25家单位开展电子会计档案系统试点，全市“浙里报账”报销单数53万笔，报销金额78.29亿元。推进共同富裕改革。出台《全市财政系统高质量落实百万家庭奔富三年行动（2023—2025年）的方案》，推进扩中家庭增收、减负、共享、补偿等路径探索实施。以全省财政系统高质量发展建设共同富裕示范区“小切口”改革试点为契机，系统打造《丽水市全力打造山区一体育儿社会》典型案例，降低家庭生育养育成本。

【加强财政监管】 深化财会监督。开展“财会监督年”活动，制定6大方面30项举措，修订财务管理等制度24个，废止19个。探索与人大预算绩效监督相结合，联合开展重点绩效评价，构建多主体协同的预算绩效监督新模式。开展2023年财政内控建设和执行情况专项检查工作，完善相关管理制度和业务流程。

加强风险防控。防范“三保”风险，落实党政机关过“紧日子”，严控“三公”经费、会议(培训)费。系统摸排地方债务风险，完成年度化债任务。强化社保基金风险管控，持续做大风险“资金池”。

【加强队伍建设】 开展学习贯彻习近平新时代中国特色社会主义思想主题教育，组织“财政讲坛”“青年交流研讨”“党课宣讲”等活动，推动在以学铸魂、以学增智、以学正风、以学促干方面取得实效。深化清廉财政建设，实施清廉财政“三不腐”能力指数评价体系，全省清廉财政“三不腐”能力指数评价体系现场推进会在丽水召开，丽水市财政局获评2023年度全省清廉建设成绩突出单位、全省清廉财政建设成绩突出单位。加强干部培养，出台“奋斗实干、担当争先”效能建设活动实施方案，打造忠诚干净担当的高素质、专业化财政干部队伍。

(丽水市财政局供稿　应　佳执笔)

“山海协作”科创飞地项目——莲都大厦

莲都区

【概况】 2023年，丽水市莲都区实现地区生产总值518.46亿元，按可比价计算，较上年增长7.6%。其中：第一产业增加值22.14亿元，增长4.9%；第二产业增加值170.36亿元，增长6.1%；第三产业增加值325.96亿元，增长8.6%。三次产业结构为4.3∶32.8∶62.9。固定资产投资增长12.3%，社会消费品零售总额254.31亿元，增长11.0%。城镇常住居民人均可支配收入61853元，增长5.0%，农村常住居民人均可支配收入39164元，增长7.0%，城乡收入倍差为1.58。全区实现财政总收入106.18亿元，增长11.5%，其中一般公共预算收入64.29亿元，增长7.3%；一般公共预算支出164.25亿元，增长5.8%。全年财政收支平衡。

【组织财政收入】 紧抓政策机遇，争取资金要素政策倾斜，深挖财源潜力，构建财政收支可持续运行体系。2023年，全区一般公共预算收入占地区生产总值的12.4%，占财政总收入的60.5%，其中，税收收入48.73亿元[1]，增长11.1%。加强非税收入征管，全年实现非税收入165.09亿元[2]，增长33.3%。区本级实现土地出让收入12.90亿元，盘活河湖库清淤疏浚砂石资源开采、供水、排水项目特许经营权等资产16.49亿元。区属国企实现营业收入7.76亿元。全年新增地方政府债券额度26.15亿元，增长104.3%，争取上级补助资金15.40亿元。

【保障三个“一号工程”】 围绕三个“一号工程”，实施扩大有效投资“千项万亿”工程，全年拨付政府投资32.13亿元，区本级完成固定资产投资78.60亿元，完成重点项目投资101.10亿元。支持数字经济创新提质“一号发展工程”，全年人才科技支出6.87亿元，增长17.7%，保障“315”科技创新体系建设；区本级高新技术产业投资增长213.0%，R&D(全社会研究和试验发展)经费投入强度2.9%。支持营商环境优化提升“一号改革工程”，推行“丽即兑—政策找企业”系统，兑现涉企资金2.94亿元。落实减税降费政策，全年为市场主体减免各类税费25.91亿元，增长85.1%，惠及市场主体逾6万家。强化政银企对接，至2023年年底，涉企贷款余额973.81亿元，增长21.5%。发挥政府采购政策功能，面向中小微企业采购4.60亿元，政采贷授信3096万元。发放消费券4300万元，拉动消费12.90亿元，惠及商家逾1万家次。支持“地瓜经济”提能升级“一号开放工程”，加强农业农村、商务部门资金保障，携手蚂蚁商联推动“莲都山超”提能升级，域外门店逾2万家；支持实现全年进出口总额117.20亿元，增长61.5%。

【推进共同富裕】 牵头发改、税务、建设、农业农村等13家单位联合制定《莲都区百万家庭奔富行动示范县创建方案》，实施5大重点任务、6个重点群体激励计划，涉及目标举措34项。汇集出台居家养老服务资金补助政策的通知》《莲都区大搬快聚产业帮扶工作实施方案》《莲都区推动就业创业高质量发展的实施细则》《关于明确托育补助有关事项的通知》等共同富裕相关政策17条，打造“莲系”奔富财政政策体系，入选浙江省2023年第一批百万家庭奔富行动培育县。2023年，全区乡镇强村公司利润增长125.2%，低收入农户人均可支配收入增长13.5%。

【增进民生福祉】 2023年，全区民生支出126.37亿元，占一般

1 调整为全区口径，2022年为区本级口径。
2 调整为全区口径，2022年为区本级口径。

公共预算支出的76.9%。全年社会保障和就业支出16.75亿元，实施社会救助12万人次，“浙丽保”参保率91.2%；实施高龄补贴、长期护理保险，推进市区育儿补贴政策试点，稳步提高城乡低保、特困人员等保障标准。全年教育支出26.54亿元，支持教育提质行动，新投入使用中小学2所、幼儿园3所，新增学位3240个。全年卫生健康支出23.29亿元，支持打造健康莲都，健康浙江考核连续四年获优秀等次。投入17.58亿元促进城乡社区建设，创成省大花园示范县。投入3.91亿元推动文旅融合发展，国旅创建取得阶段性成果，创成省级生态文明建设示范区。实施农业“双强”行动，安排农林水类项目资金11.23亿元，储备区本级“一事一议”财政奖补资金项目66个，实施高标准农田建设9400亩。

【深化财政改革】 创新开展经济政策绩效评估。对12项兑付资金在100万元以上的政策进行绩效评价，加快预算绩效管理改革。制定出台《莲都区2023年开源节流工作实施方案》，明确对执行进度不佳的项目进行预算压减。推进财政整体智治。上线预算管理一体化清算模块，完成财政集中支付清算90.61亿元。上线收支运行智管系统、电子凭证库应用，推广“浙里捐赠”，开通“浙里办票”非税用票单位60家。“浙里报账”实现场景和单位全覆盖，全年报销31.20亿元。推动政府采购远程异地开评标管理、项目线上履约验收、档案电子化管理。推动区属国企与莲都农商银行签订资金监管系统(财资宝)协议，开辟政银企合作新路径。加快国企改革。实施新一轮国企改革，区国有资本运营有限公司获“AA+”主体信用评级，区属国企资产总额突破439.00亿元。组建区金融控股有限公司，组建半导体、美丽健康、新能源、琢璞、莲赢等基金6支，总规模90.00亿元。发挥基金投资带动作用，以基金2.20亿元撬动社会投资29.60亿元，落地产业项目5个。指导区属国有企业建立总审计师制度、内部风险防控和竣工决算机制。

【加强财政监管】 过好“紧日子”。全年压减非刚性项目支出8.40亿元，压减率15.8%，“三公”经费下降6.0%。强化项目评审，完成概算审核70个，节约财政资金3.87亿元。推进结转结余资金清理整合，清理财政专户往来款1422万元。完善公物仓机制，完成全区行政事业单位国有资产清查盘点。抓实财会监督。开展“财会监督年”活动，组织创建经费专项检查、预算部门绩效自评抽查，推开新政策绩效评估评价、财经纪律重点问题整治，推进政府购买服务实施情况、预算执行、行政事业性资产清查等专项行动。完成代理记账机构年审42家，新增12家。加强风险防范。加强地方政府债务管理，足额偿还到期债务本息。规范开展财政专户资金竞争性存放4.60亿元。规范行政事业单位授权支付，监控系统预警拦截6559笔。

【推进财政变革重塑】 抓牢思想政治建设。开展学习贯彻习近平新时代中国特色社会主义思想主题教育，完成党的二十大精神轮训、行政效能提升、集中警示教育等活动，举办财贸系统微党课比赛，更新“财政四维课堂”学习矩阵，开展各类专题活动12次、夜学30余次，举办业务培训5场、讲座4场。开展“大走访大调研大服务大解题”17次。加强勤廉作风建设。深化清廉财政、清廉国企建设，实施“全企一体、双融共促”工程、清廉财政“三不腐”能力指数评价，打造清廉国企示范项目3个。推进组织变革。深化“红色财政”党建品牌内涵，全面调整机关党员隶属关系，完成党组织换届选举。实施高素质、年轻化选人用人“菁财计划”，更新干部绩效考核管理办法、平时考核办法、公务员职级晋升实施方案、事业单位岗位设置方案等。下沉联城街道、东升社区、府前社区开展全国文明城市创建、国卫巩固、安全生产隐患大排查大整治。2023年，莲都区财政局获丽水市创建国家级生态文明建设示范区工作集体嘉奖。

（丽水市莲都区财政局供稿　陈鹤升执笔）

龙泉市

【概况】 2023年，龙泉市实现地区生产总值183.53亿元，按可比价格计算，较上年增长8.1%。其中：第一产业增加值17.79亿元，增长5.0%；第二产业增加值62.55亿元，增长7.5%；第三产业增加值103.19亿元，增长9.2%。三次产业结构比为9.7∶34.1∶56.2。按常住人口计算，人均生产总值73266元，增长1.1%。全市财政总收入18.60亿元，增长10.4%；一般公共预算收入12.52亿元，增长8.5%，税收收入9.38亿元，增长8.2%；一般公共预算支出64.10亿元，增长10.5%。全年财政收支平衡。

【组织财政收入】 挖掘增收途径，健全财政收支专题研究协同机制及每月财政运行分析机制，出台龙泉市财税固本强基行动实施意见，提出在财政资金竞争性存放等11个方面，倾斜支持税收增量大、招商引资贡献突出的商业银行等38项增收举措。2023年，全市一般公共预算收入占地区生产总值的6.8%，占财政总收入的67.3%，税收收入占一般公共预算收入的74.9%。持续推进非税收入电子化缴库，实现电子凭证库在非税资金业务全覆盖。全年完成地方政府非税收入37.68亿元，下降12.0%，其中纳入一般公共预算管理的非税收入3.15亿元，增长9.5%。

【支持经济发展】 支持数字经济创新提质“一号发展工程”。助力实施科技企业“双倍增”行动，兑现人才科技专项资金9828万元，全市新增国家高新技术企业18家、省科技型中小企业80家、省级企业研究院(研发中心)6家。发挥产业基金引领带动作用，与上海厚同瑞吉股权投资管理合伙企业(有限合伙)组建龙泉市第一支汽车科技产业投资基金，基金规模3.00亿元，助推龙泉市与吉利汽车集团有限公司签约新能源汽车换电项目。以财政绩效管理为切口，迭代“龙财通”应用，集成政策“查询、申报、兑现、评估”一站式服务，应用入选全省2023年数字经济创新提质"一号发展工程"数字化改革数字经济系统建设类优秀案例。支持营商环境优化提升"一号改革工程"。落地减税降费、夯实经济稳进提质等组合式助企纾困政策,落实留抵退税政策7400万元。全年通过"龙财通"应用受理企业申报项目2111个,核定奖补资金2.36亿元,惠及企业1612家次。加大政府采购政策对中小企业扶持力度,授予中小企业合同金额4.30亿元,占政府采购合同总金额的97.6%。加强政策性融资担保扶持,小微企业政府性融资担保机构担保费率降至0.25%,发放融资担保政策补贴785万元,支持小微企业和"三农"政府性融资在保项目387个,担保余额3.37亿元。支持"地瓜经济"开放提升"一号开放工程"。实施"汽车热管理系统百亿产业培育计划",兑现汽车空调零部件产业各类扶持资金4523万元;发挥政府产业基金引领作用,与市国资控股有限公司等单位共同出资1.34亿元,收购热管理系统产品国内市场知名企业浙江科博乐公司,补链新能源汽车总成制造。落实"8+4"经济政策体系。统筹安排资金17.00亿元,支持扩大有效投资、"415X"先进制造业集群培育等8个重点领域。整合财力16.92亿元保障政府性投资项目,重点保障322国道龙泉安仁段改建工程等交通项目,安仁溪水生态修复工程等环保工程,青瓷宝剑苑(剑池路)文旅商业街区提升改造等市政工程建设。

【推进共同富裕】 安排农林水支出9.74亿元,重点支持宜居宜业农村环境提升项目、和美乡村共富示范带建设、巩固提升村级集体经济等农村事业发展。统筹资金1.07亿元,重点保障"点竹成金"竹木产业创新提质、山地特色产业示范带建设等农业特色项目实施,推动农业产业转型升级。统筹安排财政衔接乡村振兴资金7623万元,落实产业帮扶、就业帮扶等政策,助力开展低收入农户"菜单式"帮扶特色项目,对茶叶、食用菌、家禽养殖等产业按照每单位0.6~2000元的标准予以补助,以就业务工工资收入的10.0%给予资金扶持,补助惠及低收入农户2792户。在"龙财通"应用上新增建设低收入农户"共同富裕"实时监管平台,明确专员定期更新低收入农户清单、政策扶持清单、精神帮扶清单,集成"共富清单库",匹配描绘"户主画像",架设"共同富裕数智驾驶舱",内置政策扶持分析、低收入农户状态分析、精神帮扶统计、补助风险预警四大区块,提供决策分析、辅助核查、查询统计等服务,提升政策资金落实的精准度。

【保障民生重点】 2023年,全市民生支出50.44亿元,占一般公共预算支出的78.7%。支持教育事业发展,全年教育支出8.18亿元,保障学前教育普及普惠、县中崛起、教共体等教育工程建设。支持社会保障事业发展,全年社会保障和就业支出7.96亿元,保障民生待遇提标提档、社会救助、优抚安置等。支持医疗卫生事业发展,卫生健康支出6.49亿元,保障中医院迁建工程、公共卫生应急体系建设,强化生育、医疗卫生综合改革等政策落实。支持城乡环境改善,全年节能环保支出1.36亿元,保障大气、水体、土壤污染防治等,全市环境空气质量综合指数为2.07。支持文体事业发展,全年文化旅游体育与传媒支出1.69亿元,保障"城市书房 百姓健身房",第六届青瓷大会,"江南之巅·天空越野赛",中国美术学院龙泉研究院、景德镇陶瓷大学龙泉研究院建设等文旅事业。

【深化财政改革】 推进党政机关过"紧日子",创新实施制度化要求、精细化管理、标准化配置、创新化改革、专业化审核、数字化监管"六化"攻坚行动,压减一般性支出2.16亿元。完善财政专项资金分配机制,对"一事一议"财政奖补项目等16类项目实行竞争性分配,涉及资金1.32亿元。优化龙泉财政管理绩效做法,重塑预算编制标准,要求各预算单位系统梳理资金需求,将每项内容细化到底级支出,逐一提出测算依据、测算标准、绩效目标等,并设立"科室初审+预算局复审+局领导联审+市领导终审"审核机制,入围省财政厅2023年度预算重点任务"揭榜挂帅"名单。健全重大政策、重点支出、重大项目事前绩效评价机制,出台做好龙泉市政府投资项目事前绩效评估工作文件,开展绩效自评项目1258个,绩效抽评项目139个,财政重点绩效监控项目41个,重点绩效评价项目9个,涉及资金27.33亿元。

【强化财政监管】 开展"财会监督年"活动及财经纪律专项整治工作,组织涉企补助资金等专项检查工作逾10项,抽查项目逾130个。出台龙泉市农村集体经济发展财会监督机制,首次将强村公司纳入财会监督检查范围。营造阳光政府采购环境,出台加强政府采购代理机构监督管理文件,建立政府采购代理机构的评价机制和结果运用机制。规范财政资金使用管理,制定《龙泉市财政暂付款管理暂行办法》等制度文件15项。深化政策直达快享机制,出台《龙泉市直达资金管理实施细则》,全年中央直达资金支出6.82亿元,支出进度99.96%。

【加强队伍建设】 推进清廉财政建设,出台全面实施"三不腐"能力指数纵深推进清廉财政建设文件,开展青年干部"明德守法、完善自我"等专项行动,强化廉洁自律氛围。开展业务能力大提升活动,组织龙泉市财政金融业务能力大比武,举办财政讲堂15次。创新实施龙泉财政青马班(财政青年突击队)工程、"青蓝工程"成长帮带制。组织青年突击小队深入一线调研,围绕生态价值转化路径助力共富建设等主题,形成调研成果6篇。调整中层干部结构,35周岁以下股级干部占比从19.2%提高至40.9%。

(龙泉市财政局供稿　金鑫洋执笔)

青田县

【概况】 2023年,青田县实现地区生产总值300.19亿元,按可比价格计算,较上年增长7.0%。其中:第一产业增加值11.38亿元,增长5.5%;第二产业增加值114.45亿元,增长3.8%;第三产业增加值174.36亿元，增长9.3%。三次产业结构比为3.8∶38.1∶58.1。按常住人口计算，人均生产总值58109元，增长6.4%。全县财政总收入36.50亿元，增长10.6%；一般公共预算收入24.39亿元，增长10.1%；税收收入15.76亿元，增长11.5%；一般公共预算支出78.18亿元，增长2.2%。全年财政收支平衡。

【组织财政收入】 提高组织收入质量，建立财税信息交换和共享制度，联动培育优质税源，保障地方财源增长。2023年，全县一般公共预算收入占地区生产总值的8.1%，占财政总收入的66.8%，税收收入占一般公共预算收入的64.6%。运用数字化手段强化非税收入征管，上线非税收入电子化缴库业务，新增微信缴费渠道，全年入库各项政府非税收入52.00亿元，增长69.7%，其中纳入一般公共预算管理的非税收入8.63亿元，增长7.5%。向上争取资金，全年新增债券额度21.18亿元，其中专项债券额度16.18亿元。

【助力三个“一号工程”】 支持数字经济创新提质“一号工程”。统筹科技人才资金4.15亿元，推动全县新增国家高新技术企业21家，获评全省中小企业数字化改造财政专项激励试点县。承接高等教育生源地国家助学贷款扩面政策省级试点，首次将助学贷款对象扩面至中等收入以下家庭学生，至2023年年底贷款余额1878万元，惠及1167户家庭学生。支持营商环境优化提升“一号改革工程”。全年减税降费9.1亿元，兑付涉企资金3.88亿元，惠及企业单位1129户次；出资1500万元成立风险缓释基金，支持青田县国有资产控股集团有限公司发行4.00亿元小微企业增信集合债券；向企业发放山区26县授信金额500万元“政保共担贷”。制定县产业政策一本通，构建由一套政策体系，工业、建筑业、服务业、农业、科技、品牌创建六方面政策，若干其他政策组成的“1+6+X”产业政策基本框架体系，改革案例入选2023年全省财政系统首批财政政策全生命周期跟踪机制试点。出台政府性投资项目造价审核工作管理办法，建立“服管融合”项目审核增值服务体系，审核业务提速30.0%，入选全省财政系统“一号改革工程”优秀案例。支持“地瓜经济”提能升级“一号开放工程”。协同出台青田咖啡文化小镇培育建设方案，助力咖啡、哈蒙（西班牙火腿）、红酒商贸流通。安排资金6250万元，支持承办华侨进口商品博览会等国际经贸展会，1600名参展商和5500名采购商参展，哈蒙、咖啡消费分别增长67.0%、122.5%，“擦亮地瓜经济提能升级‘侨’名片”案例入选全省财政系统“一号开放工程”最佳案例。落实“8+4”经济政策。协助出台“8+4”经济政策体系责任清单，涵盖8大领域51项举措，统筹各级资金20.03亿元。加强政府债券拉动投资作用，推进城镇污水零直排建设及供水保障工程、稻鱼共生种质资源保护与发展等项目建设。

【推动共同富裕】 全年安排农林水支出10.74亿元，支持“一事一议”财政奖补支持打造共富乡村试点创建类项目落地，助力农业农村高质量发展。打造“强村公司+乡镇村集体+低收入农户”众筹联建新模式，整合财政扶工助农资金，支持强村公司、乡镇村集体、低收入农户等多方主体共同入股祯埠镇小河坑文创园共富项目，2023年11个村集体领取分红收益203万元，惠及低收入农户602户，每户年分红500元，该模式入选全省财政系统百万家庭奔富行动地方成熟模式推广清单。入围省区域协调财政专项激励政策第一档，获省财政4.50亿元资金补助，用于建设稻鱼种质资源保护和发展等项目10个，加快稻鱼、杨梅、油茶三大产业提质增效，助力农户增收。

【提升民生福祉】 2023年，全县民生支出65.63亿元，增长2.4%，占一般公共预算支出的84.0%。全年教育支出14.09亿元，推动湖边学校二期投入使用，完成华侨小学、东景湾幼儿园等项目建设7个，新增学位4500个。全年社会保障和就业支出11.36亿元，推动城乡最低生活保障标准提高至每人每月1100元。统筹资金6327万元支持建成县第二养老中心、乡镇康养联合体27家；支持实施留青就业共富班车机制，帮扶重点群体就业3000人，新增就业4800人。全年卫生健康支出8.77亿元，支持“互联网+”家庭医生签约12万人次，上线运行医疗服务智慧监管系统，全市推广“养老管家”模式，健康浙江考核实现“五连优”，成功创成省健康县。

【深化财政改革】 推进数字财政建设。上线“浙里基财智控”应用“一键直达”模块，完成首笔“一键直达”业务审批。应用“政采云”平台远程异地评审，共享政府采购数字化成果，实施、参与政府采购项目远程异地评审80场次。加强事前绩效管理改革。对全县拟新出台且须预算资金安排的重大政策项目开展事前绩效评估，完成温溪镇汛桥公共停车场新建工程、温溪一中、未来乡村共同富裕新型基础设施（一期）三个项目事前绩效评估工作。深化国企国资改革。推动国资国企融资主体、投资主体、市场化经营主体改革，国企资产规模突破500.00亿元，营业收入规模15.00亿元，青田县农业旅游发展投资有限公司信用等级提升至AA级别；打造数智国资一体化平台，梳理国资监管、国企经营需求清单17条，加强90余家国有企业监管。

【强化财政监管】 落实过“紧日子”要求，压减一般性支出及非急需、非刚性支出，全年“三公”经费压减5.0%，项目支出预算压减4.5%。开展“财会监督年”财经和国资国企监管领域共性问题自查自纠专项行动，221家单位实现自查全覆盖，汇总问题264个。举办全县行政事业单位财会监督和财务综合素质培训班，部门乡镇（街道）财会工作责任领导和经办人员参会350人次。出台预算执行监督专项行动实施方案，依托预算管理一体化系统，监管重点项目资金，问题查处整改率100.0%。严防政府债务风险，落实专项债券工作联席会议制度，规范债券“借、用、管、还”管理。

【加强队伍建设】 开展学习贯彻习近平新时代中国特色社会主

义思想主题教育，梳理财政工作领域短板，形成11个问题、29项整改措施和2个专项整治方案清单合集。加强学习成果转化，申报课题20篇次，获全省财政系统调研课题三等奖1篇。推进变革型组织建设，整合业务关联度高的科室合署办公，构建财政国资大科室体系，入选全省财政系统变革型财政组织创建最佳实践案例。推进“清廉财政”建设，开展“清财如风 书香廉韵”读书会、“青廉思想荟”纪律教育系列活动，擦亮“新财政·心服务”清廉财政品牌。2023年，青田县财政局获财政部2022年度县级财政管理绩效综合评价全国第三名，获评浙江省财政系统管理绩效考评优秀单位、丽水市实施乡村振兴促进共同富裕先进集体、青田县“侨头堡·青田红”强基示范党组织。

（青田县财政局供稿　李　烨执笔）

云和县

【概况】 2023年，云和县实现地区生产总值103.70亿元，按可比价格计算，较上年增长7.6%。其中：第一产业增加值5.68亿元，增长4.7%；第二产业增加值49.66亿元，增长6.9%；第三产业增加值48.36亿元，增长8.5%。三次产业结构比为5.5∶47.9∶46.6。按常住人口计算，人均生产总值81977元。全县财政总收入15.75亿元，增长14.0%；一般公共预算收入9.48亿元，增长7.8%，其中：税收收入7.83亿元，增长18.6%；一般公共预算支出42.02亿元，增长10.7%。全年财政收支平衡。

【组织财政收入】 培育涵养优质税源，确保税收增长可持续。加快各执收部门暂扣款转收入。做好土地出让工作，促进房地产业稳健发展。关注上级政策，谋划一批可盘活经营性资产。2023年，全县一般公共预算收入占地区生产总值的9.1%，占财政总收入的60.2%，税收收入占一般公共预算收入的82.6%。全县政府性基金收入19.14亿元，各类社保基金收入3.38亿元，国有资本经营预算收入73万元。全年实现非税收入20.80亿元，其中纳入一般公共预算管理的非税收入1.65亿元。全年争取政府债券额度11.30亿元，增长40.9%；争取绿色转化财政专项激励资金、先进制造业奖补资金、瓯江干流防洪和幸福河湖、梯田稻+、中央专项彩票公益金项目奖补专项资金4.50亿元。

【服务经济发展】 落实“8+4”经济政策体系，统筹安排资金10.15亿元推动钢铁制造、木玩等产业发展，支撑“十项重大工程”建设。支持数字经济创新提质“一号发展工程”，开展财政助推数字经济高质量发展行动。安排1292万元加快推进企业数字化改造，推动云和木玩工业互联网平台建设，支持木玩工业互联网平台创建省级工业互联网平台。支持营商环境优化提升“一号改革工程”，开展财政兑付机制优化行动，优化惠企政策兑付流程，全年通过“丽即兑”平台兑付涉企奖补资金2.44亿元。云和县融资担保有限公司实施融资增信支持，全年为99户小微企业和“三农”领域提供担保1.33亿元；推出数字产业保、人才科创保、先进制造保、外贸保、汇率避险保、浙商保6大专项产品，服务企业46家，提供担保服务金额0.99亿元。云和县富云国有资产投资集团有限公司新增融资授信61.00亿元，支持云景生态产业园、小徐未来社区、木玩展示体验馆等重点项目建设。

【推动共同富裕】 围绕增收、减负、共享、补偿四条路径开展财政促富改革，对照《百万家庭奔富三年行动计划（2023—2025年）》26条改革举措，2023年11月9日出台《云和县百万家庭奔富建设实施方案》，构建共富机制，助力扩中家庭增收，争取到全省百万家庭奔富培育县试点。打造“云和师傅”品牌方案，整合涉农资金，确保每年投入“云和师傅”培育体系专项资金不少于50万元，搭建集“成人技工学校+产业教学示范基地+民间研究所+科技示范基地”的“政产学研”合作型技能培训联供体，助推农业现代化。获省财政“一事一议”财政奖补支持打造共富乡村试点补助资金2000万元，助力巧云、双源、大垟、三垟、龙门五村共建，打造共富乡村样板。

【提升民生福祉】 2023年，全县民生支出31.46亿元，增长6.1%，重点支持公共服务“七优享”工程。全年社会保障和就业支出4.24亿元，提升困难群众补助、残疾人事业发展、退役军人优抚和推进职工养老保险相关统筹等，落实社保、岗位、创业、见习等补贴政策，并安排补助资金112万元支持就业创业领域发展。全年教育支出5.56亿元，支持全国学前教育普及普惠县创建、“县中崛起”计划，统筹安排中小学“星级班主任”、引进“名优教师、名优校长”等专项经费。全年卫生健康支出3.16亿元，保障公立医院高质量可持续发展、促进疾病预防，加大医疗保险保障等。全年投入文化经费1.23亿元，建成“15分钟品质文化圈”15个、乡村博物馆2个、城市书房1个及文化驿站1个。

【深化财政改革】 *推动财政数字化改革。*完成预算管理一体化系统全面上线切换工作，完成部分业务系统在一体化系统里的升级维护工作，完成与市级“丽即兑”平台系统对接。运用“财政大脑”、财政收支运行智管等改革成果，提升预算管理水平。*推动资产管理改革。*开展国有房产（土地）集中排摸整治攻坚行动，全年完成不动产登记销号33处，发证31本，涉及土地面积5万平方米、房产面积5万平方米，完成被侵占及无偿使用点位整改37处。

【加强财政监管】 制定“财会监督年”活动实施方案，重点对减税降费、基层“三保”、行政事业单位国有资产处置等9个方面开展整治，同步开展会计信息质量、违规吃喝问题等专项检查，及时落实整改。落实党政机关过“紧日子”要求，严把财政项目审核过程，全年完成概算、预算、结算、决算项目审核216个，送审金额27.23亿元，审定金额25.75亿元，净核减率5.4%。健全“三保”预算执行动态监控机制，确保“三保”预算执行规范到位。加强基金收支和预算管理，加大基金征缴和政府性资金统筹，持续做大风险储备“蓄水池”。加强政府债务管理，将债务率控制在绿色安全区间。

【加强干部队伍建设】 开展学习贯彻习近平新时代中国特色社会主义思想主题教育，提升政治素养。推进财政变革型组织建设，实施大科室制改革，调整科室负责人及人员配备，优化队伍结构。加强清廉财政建设，参与“廉心”工作室轮值活动，开展监督执纪“初心联查”、廉洁教育“知心联谈”，一体推进“三不腐”。强化干部培养，落实业务“导师制”，坚持一线岗位年轻化，在县委巡察、招商引资等重大任务中锻炼干部能力。

（云和县财政局供稿　周清杰执笔）

庆元县

【概况】 2023年，庆元县实现地区生产总值101.04亿元，按可比价格计算，较上年增长7.3%。其中：第一产业增加值8.35亿元，增长5.2%；第二产业增加值34.38亿元，增长7.0%；第三产业增加值58.31亿元，增长7.9%。三次产业结构比为8.3∶34.0∶57.7。按常住人口计算，全县人均生产总值71405元，增长8.1%。全县财政总收入11.21亿元，增长31.0%；一般公共预算收入6.51亿元，增长10.1%，其中税收收入5.12亿元，增长43.9%。全县一般公共预算支出47.33亿元，增长11.9%。全年财政收支平衡。

【组织财政收入】 发挥增收节支工作专班协调作用，分析预判收入形势，加强重点税源和重点税种监控，开展新建、在建重大投资项目纳税摸排工作。2023年，全县一般公共预算收入占地区生产总值的6.4%，占财政总收入的58.1%，税收收入占一般公共预算收入的78.6%。加强非税收入动态监控，确保非税收入及时足额入库。全年完成非税收入26.17亿元，增长69.5%，其中纳入一般公共预算管理的非税收入1.39亿元，下降40.9%。全年争取新增政府债券额度5.60亿元，其中一般债券额度3.00亿元，专项债券额度2.60亿元。

【助力经济发展】 支持数字经济创新提质“一号发展工程”。全年科学技术支出9837万元，增长38.3%。安排科技中小型企业创新资金500万元、企业研发经费补助专项资金390万元、科技计划项目经费300万元、科技创新券200万元等，引导企业加大研发投入，实施关键技术研发攻关。安排人才工作专项资金2150万元，加强高层次创业创新人才队伍建设。支持营商环境优化提升“一号改革工程”。全年落实降本减负政策资金4.42亿元，其中增值税留抵退税3033万元，惠及企业10家，突出小微企业税费优惠。出台庆元县产业政策奖补资金兑现管理办法，解决资金管理分散、申报渠道多、兑现环节多、时限长等问题，全年拨付涉企财政补助资金2.29亿元。支持“地瓜经济”提能升级“一号开放工程”。参与制定关于促进工业和商贸服务业稳增长的政策意见，鼓励企业拓市场、抢订单。兑现财政资金535万元，用于鼓励企业扩大出口规模、企业参加境内外展会补助、企业出口信用保险补助及预警点建设奖励等。

【推进共同富裕】 牵头制定庆元县百万家庭奔富三年行动计划，围绕增收、减负、共享、补偿四条路径，深化“扩中提低”改革，入选2023年度第一批百万家庭奔富行动示范县创建名单。推动江根乡与明康汇进行蔬菜订单合作，建立特色农产品产销共同体，形成产供销全链条闭环的富民增收路径，合作面积达200亩，带动农户增收70户，每亩为村集体和农户带来近5000元收益，该模式纳入全省财政系统百万家庭奔富行动地方成熟模式倡导清单。统筹财政资金70万元，助力创建村级慈善爱心基金，2023年全县新建村级慈善爱心基金13个，募集慈善爱心基金334万元，发挥公益慈善“第三次分配”作用。

【加强民生保障】 2023年，全县民生支出32.94亿元，增长10.4%，占一般公共预算支出的69.6%。支持教育发展。教育支出6.69亿元，保障义务教育经费，落实免学杂费、免教科书费，补助寄宿生生活费“两免一补”政策，助力深化“县中崛起”计划，提升高中教学质量，助力创建义务教育优质均衡发展县、国家学前教育普及普惠县。支持社会保障事业。社会保障和就业支出4.72亿元，动态上调社会保险财政补助标准，城乡居民基本医疗保险财政补助标准从每人每年1080元提高至1090元，城乡居民基本养老保险基础养老金最低标准从每人每月255元提高至275元。安排就业补助资金698万元，加大公共就业服务能力建设。支持卫生健康事业。卫生健康支出3.39亿元，推进基本公共卫生服务标准化，基本公共卫生服务人均补助标准由每年97元提高至102元，拨付中央公立医院改革与高质量发展示范项目补助资金1377万元，加强公立医疗机构能力建设和高质量学科建设发展。支持文旅事业。文化旅游体育与传媒支出1.03亿元，推进庆元文化、旅游业发展，保障举办廊桥越野赛、公开水域游泳赛等精品赛事。支持乡村振兴。农林水支出8.11亿元。推进财政支持“大三农”政策体系变革重塑，统筹涉农资金2.56亿元，支持甜桔柚产业增富、农业双强、省级革命老区试点等项目建设，构建以“菌果茶”为主导的现代特色农业发展格局。

【深化财政改革】 深化财政数字化转型。加强预算管理一体化系统建设，运用“收支运行智管”应用，加强“三保”和“三公”经费等重点支出领域执行监管；推进“浙里办票+浙里报账”应用，提高报销事项审批工作效率；启用“浙里基财智控”应用，提升乡镇财政治理能力和监管水平。深化预算绩效管理改革。组织预算项目绩效自评1095个、重点绩效自评121个，部门整体支出绩效自评80个；开展预算项目中期监控，调减项目139个，涉及金额7900万元。深化国企改革。做好三年国企改革收尾工作，完成浙江庆元和兴生态林业发展有限公司、庆元县兴农融资担保有限公司出资人变更，通过庆元县交通投资发展有限公司等7家企业改革方案，将149宗评估价值2.60亿元国有房地产资产以实物资本形式注入县国投集团公司，盘活温州市石龙贸易有限公司资产，左溪等四条河道清淤权、停车位经营权。

【加强财政监管】 完善直达资金管理机制，落实直达资金进度通报机制，关注预警提示信息，确保资金高效落地。严格政府投资项目评审，全年完成项目审核结果登记、复核861个，送审价25.87亿元，审定价24.57亿元，净核减率5.0%。围绕“财会监督年”活动，联合县纪委监委、审计等5部门对46家行政事业单位、6个乡镇（街道）、13家国有企业开展内控专项检查，发现并整改问题88个。

【推进队伍建设】 开展学习贯彻习近平新时代中国特色社会主义思想主题教育，一体推进理论学习、实干争先、检视整改。推动清廉财政建设，每月纪律检查不少于2次，围绕节假日等重要节点开展明察暗访等检查活动，开展廉政风险点查找和防控工作，开展违规借贷违规从事营利性活动专项治理。融合入职学廉、成长督廉、退休讲廉，构建干部职业生涯“全周期育廉”机制。打造“三色合廉·清正理财”特色清廉品牌，通过“家庭助廉”“红歌颂廉”“读书促廉”“运动宣廉”等建设清廉文化阵地。2023年，县财政局“三不腐”能力指数得分95.58分。

（庆元县财政局供稿　杨晓雄执笔）

缙云县

【概况】 2023年，缙云县实现地区生产总值319.73亿元，按可比价格计算，较上年增长8.0%。其中：第一产业增加值13.05亿元，增长4.6%；第二产业增加值147.83亿元，增长7.7%；第三产业增加值158.86亿元，增长8.7%。三次产业结构为4.1∶46.2∶49.7。按常住人口计算，人均生产总值78655元。全体居民人均可支配收入45134元，增长6.7%，城镇居民人均可支配收入57563元，增长5.8%；农村居民人均可支配收入31162元，增长8.5%。全县财政总收入37.70亿元，增长18.6%。一般公共预算收入23.52亿元，增长10.1%，其中税收收入16.53亿元，增长16.9%。全县一般公共预算支出80.09亿元，增长7.9%。全年财政收支平衡。

【组织财政收入】 发挥财政职能，做好生财文章，推进“双招双引”、协助做好企业梯度培育，着力培育税源。2023年，全县一般公共预算收入占地区生产总值的7.4%，占财政总收入的62.4%；税收收入占一般公共预算收入的70.3%。加强非税收入征管，主动对接重点执收部门，联合中国人民银行和6家非税代理银行，实现全部代理银行非税收入缴库电子化，开通非税收入公共支付平台微信支付渠道。全年收缴各项政府非税收入51.59亿元，增长17.0%，其中纳入一般公共预算管理的非税收入6.99亿元。谋划项目前期申报，关注项目政策出台及变化，全年争取各类竞争性项目资金6.20亿元，争取政府债券额度24.20亿元，其中一般债券额度5.00亿元，专项债券额度19.20亿元。加强国有资产盘活，结合老城有机更新改造、工程矿产资源处置、政府特许经营权等，盘活县城老城区闲置房产收入5.29亿元，河湖库塘疏浚砂石资源开采经营权转让收入10.05亿元。

【支持经济发展】 支持数字经济创新提质“一号发展工程”，瞄准数字经济、制造业、中小企业等重点领域，协助出台新的生态工业政策，侧重数字经济核心产业提高奖励标准。以政府产业基金为抓手，出资800万元促进全县首个产业基金项目落地，投入资金4000万元协同市本级及各县（市、区）联合出资组建新一代信息技术产业基金。支持营商环境优化提升“一号改革工程”，开展财政兑付机制优化行动，正式上线“丽即兑—政策找企业”系统，出台惠企政策“免申即享”工作实施方案（试行），争取“丽即兑”系统与财政预算管理一体化执行系统的数据接口对接，全年兑现涉企资金4.12亿元。支持“地瓜经济”提能升级“一号开放工程”，贯彻落实《关于推进生态工业跨越式高质量绿色发展的若干意见》，推进“万企出国门”活动，实施出口信保保费补助等政策，兑现奖励资金789万元；支持产业链保链稳链行动，兑现浙江省装备制造业重点领域省内首台（套）产品奖励资金150万元，首台（套）产品保险补偿资金38万元。

【推进共同富裕】 加快构建家庭型财税政策体系，落实家庭财金助力扩中试点项目，2023年5月18日出台《缙云县家庭财金助力扩中项目贷款贴息补助实施办法（试行）》，通过财政贴息政策引导金融机构推出“共富”系列贷款产品，县财政局和县农商银行共同贴息3.7%，建立家庭型共富财金体系。支持乡村振兴，投入资金2.00亿元推动乡村智慧化发展、农业绿色发展和城乡融合发展。下达2023年区域协调财政专项激励政策资金1.50亿元。主要用于“五彩农业”高质量发展项目、特色林业高质量发展项目、畜牧业高质量发展项目、现代数字农业产业园孵化项目、农特优产品流通集散冷链创新示范项目、农产品配送中心建设等。

【提升民生福祉】 2023年，全县民生支出64.14亿元，占一般公共预算支出的80.1%，重点支持建设省、市、县级民生实事项目120个。全年教育支出14.86亿元。安排资金2.99亿元用于缙云第二职业高中、县东渡幼儿园、县丽缙园小学，全县学校基础设施提升及维修工程等教育提升项目；投入资金9.08亿元支持学前教育和义务教育发展，落实教师待遇保障资金4843万元，提高合同制教师待遇。全年卫生健康支出7.45亿元，完成东方镇、方溪乡、三溪乡卫生院和舒洪镇中心卫生院项目等4个基层医疗机构建设项目投用。全年社会保障和就业支出11.36亿元。

缙云县人民医院新建设全貌

安排就业补助1044万元，安排社会福利资金4512万元，安排残疾人生活和护理补贴3272万元。投入资金1.01亿元用于农村最低生活保障支出，改善困难人群生活水平。

【推进财政改革】 坚持过“紧日子”。出台《关于厉行节约坚持过紧日子的通知》《关于进一步落实党政机关过紧日子要求的通知》，从强化预算约束力、优化财政资源配置、加强绩效管理、加强资产配置使用管理4方面明确落实举措，形成18类86细项负面清单，健全负面清单监督检查机制。实行多批次、多领域资金压减工作，实际压减资金2.60亿元。净核减政府性投资资金9145万元，净核减率8.1%。推进预算绩效管理改革。完成全县绩效评价工作，涉及项目1020个、金额197.20亿元，实现绩效自评全覆盖。实现部门整体绩效评价全覆盖，涉及县属单位61个，对5个单位84个预算项目开展绩效抽评，对县民政局部门整体支出、教育发展专项、博士后科研站专项资助奖励等进行重点评价，涉及资金2.12亿元。推动财政数字化改革。县公立医院、乡镇卫生院全部使用医疗收费电子票据，整合医疗收费电子票据和医保费用结算单，将医保费用结算单纳入医疗收费电子票据中。推进水资源费在线征缴改革工作，打通水资源管理系统与统一支付平台，实现水量一键申报、缴费足不出户、票据在线获取、信息共享互通。“政采云”平台完成交易5.30亿元。

【防范财政风险】 开展“财会监督年”活动。聚焦“小切口”开展财会监督专项检查。建立巡财联动合作机制，联合出台建立县委巡察机构与县财政局工作协调机制文件，明确规定前期信息沟通、加强工作协作、成果综合运用，实现巡察监督与财会监督合作常态化。加强乡镇财政监管。上线“浙里基财智控”应用，明确关键控制节点和风险评估要求，规范财政财务收支行为。加强乡镇公共财政服务平台管理，组织各部门梳理到人到户涉农补助和民生补贴财政资金政策清单，全年纳入平台发放项目118个，发放金额4.42亿元，受益72万人次。开展预算执行监督专项行动。以预算管理一体化系统为支撑，迭代升级“收支运行智管”应用，加强专项行动重点监督的18类项目清单预算执行监督与日常财务管理，促进中央直达资金和重点项目专项资金规范使用。

【加强队伍建设】 抓好作风建设，做好廉政风险防控，切实履行组织领导、教育管理、督导检查、责任追究等职责。持续强化党规党纪教育，通过党风廉政专题会议、“夜学”、组织生活会、廉政培训等形式开展廉政教育。扎实开展理论知识宣讲，确保学习贯彻新时代中国特色社会主义思想主题教育走深走实，组织青年进行“我学二十大·建功新征程”暨“‘八八战略’在身边 ‘丽水之干’谱新篇”主题宣讲活动。聚焦选贤任能，强化梯队建设，形成老、中、青梯次结构，打造高素质、专业化的财政干部队伍。

（缙云县财政局供稿 麻珂蕾执笔）

遂昌县

【概况】 2023年，遂昌县实现地区生产总值181.07亿元，按可比价格计算，较上年增长7.0%。其中：第一产业增加值14.46亿元，增长4.4%；第二产业增加值74.33亿元，增长5.8%；第三产业增加值92.28亿元，增长8.3%。三次产业结构比为7.9∶41.1∶51.0。按常住人口计算，人均生产总值93576元，增长7.5%。全县财政总收入24.71亿元，增长6.0%；一般公共预算收入16.58亿元，增长8.5%，其中税收收入10.63亿元，增长12.2%；一般公共预算支出63.45亿元，增长5.7%。全年财政收支平衡。

【组织财政收入】 聚焦重点产业税收、总部经济招引、开发区产业发展，强化税源管理，完善财税协管机制，关注重点税源企业、留抵退税政策等情况，确保组织收入有序平稳。2023年，全县一般公共预算收入占地区生产总值的9.2%，占财政总收入的67.1%，税收收入占一般公共预算收入的64.1%。强化非税收入征管，落实非税收入电子缴库，全年组织非税收入36.13亿元，其中纳入一般公共预算管理的非税收入5.95亿元。拓展资产变现通道，盘活水资源、砂石资源及其他资源资产18.51亿元。

【保障三个“一号工程”】 聚焦数字经济创新提质“一号发展工程”，全年科技支出1.34亿元，增长46.9%，重点保障人才专项工程、科技特派员补助、政府信息化投资项目等。统筹资金2000万元助力打造“天工之城·数字绿谷”，引进数字经济类企业70家，推动科技创新成果高效转化。聚焦营商环境优化提升“一号改革工程”，开展财政兑付机制优化行动，实现惠企政策“直达快享”，协调帮助企业解决诉求逾60个，全年兑现产业政策资金3.74亿元。加大国企融资授信，2023年国企融资余额181.46亿元，新增融资授信97.60亿元，新增放款90.45亿元，项目投资

44.33亿元。聚焦"地瓜经济"提能升级"一号开放工程"，整合设立规模5.00亿元的双招双引基金，支持优质资本、优质项目、高端技术和人才聚集。落实"8+4"经济政策体系，安排本级财政政策资金10.91亿元，实际支出11.50亿元。筹措资金30.22亿元，保障528国道、温岭至常山公路遂昌湖山至黄沙腰段公路工程等重点项目推进。

【推进共同富裕】 建立"三农"财政投入稳定增长机制，投入资金14.13亿元支持实施乡村振兴战略。实施省级农村综合改革集成建设、区域协调财政激励政策、农村单村供水站改造提升试点、乡村振兴综合试点等项目。安排资金6.52亿元实施和美乡村建设、竹产业加工共富园区、农村饮用水达标提标等工程。安排农业产业类扶持资金2.06亿元，助力农业产业高质量发展。安排财政衔接推进乡村振兴补助资金1.28亿元，扶持壮大村集体经济。持续健全惠民惠农财政补贴资金"一卡通"发放管理机制，发放项目111个，发放资金4.13亿元，惠及9万人次。

【支持民生事业】 2023年，全县民生支出52.39亿元，占一般公共预算支出的82.6%。社会保障和就业支出7.51亿元，完善多层次社会保障体系，筹集社会保障风险准备金1.14亿元，到位率137.5%。卫生健康支出5.49亿元，保障城乡居民基本医疗及困难群众医疗救助支出，推进医疗资源"双下沉、两提升"，完善基层医疗机构配套设施建设。教育支出7.14亿元，支持教育质量提升行动计划，提高学前教育学校生均公用经费基准定额标准，助力通过全国学前教育普及普惠县初评和全国义务教育优质均衡发展县复评。

【深化财政改革】 推进预算绩效管理改革。推进绩效自评全覆盖，完成单位绩效自评81家，单位绩效运行监控82家。完成试点单位整体支出绩效指标设置6家。获财政部2022年度县级财政管理绩效综合评价全国第80名。深化财政数字化改革。推进预算管理一体化建设，启用动态监控功能，完成预警规则设置，加大对直达资金、"三保"资金、乡村振兴衔接资金的规范管理。强化"财政大脑"作用，推广"浙里基财智控"应用、收支运行智管、政府采购智管、资产智管、"浙里垫付2.0""浙里报账""浙里办票"等场景，上线运行政府采购数字化共建共享改革试点代理机构监督评价模块，提高监管效率。推进国企国资改革。加快市场化转型，整合涉水、交通和涉农版块业务，成立县水务投资有限公司、县交通投资发展有限公司和县乡村振兴投资有限公司，推动商业综合体"青邻里"投入运营，砂石沥青生产基地建设基本完成。完善监管体系，出台《遂昌县国有企业深化人事制度改革工作方案》《遂昌县县属国有企业劳动用工管理办法》。至2023年年底，5家国企资产总额514.45亿元，实现营业收入73.36亿元，4家国企信用评级AA级。

【强化财政监管】 开展"财会监督年"活动，对地方财经纪律重点问题进行专项整治，开展全县财政综合业务和单位内部控制暨财会监督"小切口"专项检查。分月度通报预算指标执行进度，对预算执行率低的单位预警提示，核减预算单位指标1387万元，统筹整合上级补助资金2.03亿元。加强政府投资项目审价，规范中介机构执业行为，完成项目预算审核、复查115个，项目备案318个，节约财政资金4.57亿元。推进政府采购数字化管理，"政采云"平台预算金额3.35亿元，成交总额3.16亿元，政府采购节资率5.7%。防范化解地方债务风险，落实债券到期偿还责任，遏制新增隐性债务。按规定执行社保基金"收支两条线、专款专用"管理，完善定期互查和数据比对制度，统筹各类政府性资金，做大社保储备资金"蓄水池"。强化"三保"预算审核、执行监控、应急处置工作，全年保障"三保"支出15.67亿元。

遂昌县腾龙小学建成投用

【加强队伍建设】 开展学习贯彻习近平新时代中国特色社会主义思想主题教育，坚持"业务+意识形态""业务+党建"双向推进，组织赴王村口镇开展"循迹溯源学思想促践行"活动，开展严守"政治关、道德观、品行关"大讨论、"'80、90、00'青年说"活动，举办财政管理能力提升培训班。推进清廉财政建设，细化纵深推进清廉财政建设实施方案，通过观看警示教育片、上专题党课等形式，推动廉洁、效能机关建设。成立青年志愿者服务队"青财无限队"，开展"夯实基层、服务基层、关爱基层"专项行动，组织交通文明劝导、义务植树、"我为城市洗把脸"活动助力第十九届杭州亚运会等志愿活动。

（遂昌县财政局供稿　戴心怡执笔）

松阳县

【概况】 2023年，松阳县实现地区生产总值153.99亿元，按可比价格计算，较上年增长8.2%。第一产业、第二产业、第三产业增加值分别为14.44亿元、62.69亿元、76.86亿元，分别增长4.4%、11.2%、6.7%，三次产业结构为9.4∶40.7∶49.9。按常住人口计算，人均生产总值75485元，增长8.23%。固定资产投资82.04亿元，增长24.1%。全社会消费品零售总额68.59亿元，增长8.3%。外贸进出口总额11.92亿元，其中出口总额11.29亿元。城镇居民人均可支配收入53155元，增长6.5%；农村居民人均可支配收入27527元，增长8.7%。全县财政总收入17.08亿元，增长11.6%，其中一般公共预算收入10.88亿元，增长8.5%。一般公共预算支出62.65亿元，增长15.0%，全县财政收支平衡。

【抓好组织收入】 坚持"大财政"理念，强化部门沟通配合，抓牢税收、土地等重点收入主动权。2023年，全县一般公共预算收入占地区生产总值的7.1%，占财政总收入的63.7%。税收收入8.02亿元，增长9.9%，占一般公共预算收入的73.7%。全年实现非税收入40.98亿元，其中纳入一般公共预算管理的非税收入2.86亿元，增长4.7%，政府性基金收入37.82亿元，国有资本经营预算收入1202万元。出台加强资金统筹盘活存量资金有关文件，清理回收资金6106万元，重新安排使用存量资金7859万元，县级财政管理绩效评价位列全国第87名。

【保障三个"一号工程"】 支持数字经济创新提质"一号发展工程"，科技投入1.09亿元，增长27.4%，安排财政专项资金1683万元，支持国家特种金属结构材料质量检验检测中心松阳实验室、中医药研究院、省级数字公路应用技术工程研究中心等科创项目落地。推出"政保共担贷"，与省担保公司、农商银行合作设立政银担风险池基金，面向县域科技型企业提供规模4.00亿元融资服务。支持营商环境优化提升"一号改革工程"，全年落实减税降费6.98亿元。加大政府采购支持中小企业力度，适当提高对小微企业的价格评审优惠幅度和面向中小企业预留份额，免收采购投标保证金，基本免收履约保证金。支持"地瓜经济"提能升级"一号开放工程"，2023年2月20日出台《松阳县招商引资扶持政策兑现管理办法》，受理时间缩短40.0%以上，全年兑现资金3.69亿元。加速"8+4"经济政策体系落实，全年统筹"8+4"财政资金22.88亿元，重点保障基础设施、乡村振兴、教育、医疗等领域建设，支持不锈钢、茶叶、综合交通等产业发展。

【推进共同富裕】 2023年10月15日，出台《松阳县百万家庭奔富三年行动计划》，重点围绕茶产业和文旅产业两大支柱产业，建设浙南早茶优势特色产业集群项目，开展万户农家旅游致富行动。投入财政资金2200万元，持续推进财政部农综改试点试验项目和省财政厅"水墨小港"农村综合改革集成建设项目，带动大东坝镇相关试点村经营性收入增长逾20.0%，农民人均收入增长逾10.0%。投入财政资金2000万元，推动桐榔村、靖居包村、横坑村、靄溪村、沿坑岭头村5个共富试点村项目进度逾90.0%，基础设施、人居环境、乡村治理等明显改善。

【改善民生福祉】 2023年，全县民生支出51.56亿元，占一般公共预算支出的82.3%。社会保障和就业支出8.02亿元，城乡居民基本医疗保险、浙丽保、基本养老保险基本实现全覆盖，救助困难群众14万人次，发放救助金8058万元。教育支出7.93亿元，投入资金4000万元启动国家学前教育普及普惠县创建，安排资金356万元支持空调进义务教育学校食堂199台，统筹资金1.83亿元推进南城实验小学、育英小学、职业中专产教融合中心项目建设。卫生健康支出4.97亿元，推进浙江省中医药综合改革先行县和中医药产业链建设，实施"一宫、一馆、一广场、一小巷、一街区"五个一中医药文化窗口建设，探索"一老一小""一远一近""一急一慢"医疗暖心服务模式。文化支出1.27亿元，用于城市书房、文化驿站、百姓健身房等惠民文体场馆建设，改造提升高腔传承中心、黄家大院展陈馆、张玉娘诗文馆等重点文化场馆。

【深化财政改革】 构建预算绩效管理闭环系统。初步形成全方位、全过程、全覆盖的预算绩效管理格局，全年各预算单位编制绩效目标1589个，编报率、审核率100.0%。持续开展重大项目绩效目标实质性审核，审核项目4个，核减预算资金1718万元。推进政府投资项目全过程管理。出台政府投资项目管理实施细则，完善政府投资项目工程变更管理办法，建立政府投资全过程管理制度体系，全年审核政府投资项目91个，节约资金逾6000万元。推进国企国资改革。完成国有企业第二轮改革，划转注入国有资产资源84.48亿元，国有企业总资产逾360.00亿元，并组建"资金池"，对存量资金整合归集、集中管理。完成集团公司AA信用等级评定2家，松阳县国有资本投资运营集团有限公司获国家发展改革委2.00亿美元境外债发行批文。健全国企监管体系，增设财务总监制度和外派监事制度。

【加强财政监管】 创新财会监督—案源线索联动检查新模式，联合县纪委、审计等部门组建检查组，对重点乡镇(街道)、部门、国企、学校开展违规津补贴和财政监督专项检查。规范政府投资项目造价咨询服务，开展政府投资中介服务采购，签订2023—2024年度松阳县政府投资项目造价咨询服务框架协议，通过通报、考核、合同约定提升服务质量。建立健全债务动态监控机制，严格实施政府债务规模限额管控，合理控制政府债务规模和增长速度，确保不出现系统风险。

【加强队伍建设】 以党组理论中心组、干部夜学、青年宣讲、支部"三会一课"等形式加强干部政治理论学习，全年组织学习逾

50场。构建干部“选聘、培养、任用”三项机制，实施“青蓝工程”“师徒结对”“大科室”“岗位练兵”等计划，鼓励干部“揭榜挂帅”，实行专班式、项目式、组团式集中攻坚重点任务推进，在组织收入、财政管理、招商引资等中锻炼、发现和培养高素质财政人才。做大“金绿红”党建品牌，全年组织党员干部参与社区联建共建、“我为群众办实事”集市摆摊志愿等党员志愿活动15余次，党员干部参与逾500人次。“金绿红”党建品牌获松阳县“三比三争”部门机关党建擂台赛二等奖。

（松阳县财政局供稿　潘　雄执笔）

景宁畲族自治县

【概况】 2023年，景宁畲族自治县（以下简称景宁县）实现地区生产总值102.82亿元，按不变价计算，较上年增长6.0%。其中：第一产业增加值7.75亿元，增长4.6%；第二产业增加值23.83亿元，增长8.2%；第三产业增加值71.25亿元，增长5.4%。三次产业结构为7.5∶23.2∶69.3。按常住人口计算，人均生产总值93052元，增长6.0%。全社会固定资产投资增长2.8%。社会消费品零售总额38.8亿元，增长6.0%。外贸进出口总额25.55亿元，增长31.0%，其中：外贸出口8.94亿元，增长24.7%，进口16.6亿元，增长34.7%。全体居民人均可支配收入38992元，增长5.7%，其中，城镇常住人均可支配收入为49767元，增长4.1%；农村常住人均可支配收入为28100元，增长7.5%。全县财政总收入44.96亿元，增长6.1%；其中，一般公共预算收入17.88亿元，增长12.5%。一般公共预算支出51.58亿元，增长6.5%。全县财政收支平衡。

【组织财政收入】 制定落实固本强基工作机制，加强与税务、自然资源和规划等征管部门协调联动，强化主体税种、非税收入和土地性收入等主要收入源的征管入库，挖掘资产性收入等其他收入源增收潜力。2023年，全县一般公共预算收入占地区生产总值的17.4%，占财政总收入的39.8%。其中，税收收入16.69亿元，增长15.9%，占一般公共预算收入的93.3%，比上年提高2.7个百分点。全年实现非税收入10.60亿元，增长145.4%，其中纳入一般公共预算管理的非税收入1.19亿元，下降20.4%。

【服务经济发展】 实施三个“十大行动”，落实三个“一号工程”。支持科技教育人才一体化发展，实施“科技强县”行动，科学技术投入1.02亿元，增长34.3%；实施“小县优教”行动，教育投入6.40亿元，增长33.0%，其中支持景宁二中新建工程1.30亿元；实施“人才强县”行动，投入人才工作专项资金2500万元，增长78.6%。开展财政兑付机制优化行动，加强惠企政策落地，兑付县级涉企财政政策资金9.18亿元。落实“8+4”经济政策体系，聚焦扩大有效投资、科技创新等8大领域，安排县级财政资金12.00亿元，争取中央、省政策资金7.03亿元，系统构建“8+4”财政政策体系，支撑“十项重大工程”建设。争取新增专项债券额度1.90亿元，支持全县政府投资项目建设。

【推动共同富裕】 开展“财金助力扩中家庭”项目试点。作为全省15个试点市县之一，在大数据精准锁定低保边缘户到家庭年可支配收入10万元之间扩中家庭的基础上，为扩中家庭提供“共富丰景贷”“共富安居贷”“共富助医贷”“共富助学贷”“共富经营贷”等支持，2023年新增扩中家庭贷款授信627户1.22亿元，发放贷款591户9640万元。开展公共服务优质共享财政保障机制改革行动。推进义务教育领域“钱随人走”资金分配制度改革，全县12所乡镇学校中，8所调整学校教育经费成本从每年9.9万元降至2.1万元。推进乡村振兴助共富。建立“乡村振兴”财政支撑机制，保持财政支持政策总体稳定、资金稳中有增，全年农林水事务支出6.97亿元，增长1.0%。落实财政补助资金2221万元，支持“一事一议”项目建设43个，覆盖全县21个乡镇（街道）。通过竞争性分配争取到2023年度“一事一议”财政奖补支持打造共富乡村试点项目，总投资3300万元，其中省级奖补资金2000万元，县级配套资金790万元，村级自筹社会资金510万元。

【保障民生事业】 2023年，全县民生支出36.92亿元，同口径增长8.7%，占一般公共预算支出的71.6%。支持普惠托育试点县建设，出台《婴幼儿养育照护资金管理办法（试行）》《关于开展困难家庭婴幼儿保育费相关资助规定的通知》等政策，多渠道筹措融合资金5000万元（其中县财政投入专项资金300万元），支持普惠托育试点、儿童早期发展服务等。支持养老服务“爱心卡”试点县建设，建立县乡两级“爱心卡”慈善专户，注入财政资金200万元，引导企业、乡贤、集体等筹集爱心资金230万元，将60周岁以上老年常住人口纳入“爱心卡”服务对象，服务群体从5640人增至2.5万人。支持就业创业，落实贷款贴息资金15万元、就业补助资金555万元、见习补贴25万元，发放稳岗补贴、一次性扩岗补助等补贴238万元，惠及企业125家次、6600人次。做好困难群众兜底保障，全年安排城乡最低生活保障对象补助资金4695万元、特困供养702万元、孤困儿童生活保障250万元、临时救助金595万元、残疾人两项补贴1390万元。促进人口生育，联合制定《景宁县二孩、三孩育儿补贴办法》等配套措施6个，落实补助资金逾800万元。推进县域医疗卫生事业现代化，投入财政资金2000万元，支持医疗卫生机构、医疗卫生信息化、急诊急救系统建设以及基层医疗机构片区管理改革、公立医院改革等。

【深化财政改革】 架构2023—2027年集中财力办大事财政政策体系，谋划重点项目投资150.00亿元。深化零基预算管理体制改革，制定零基预算编审指引，完善全过程零基预算“目标、指标、审核、评价”管理体系。深化财政数字化改革，加快预算管理一体化改革，加大“财政大脑”数据支撑赋能，迭代优化各业务应用场景，完善收支运行智管应用。推进“浙里基财智控”应用全县推广上线。

【加强财政监管】 坚持党政机关过“紧日子”，迭代《关于进一步厉行节约坚持过紧日子的实施方案》《党政机关过紧日子负面清单》，明确6项24条负面事项。加强预算绩效管理，继续开展乡镇部门整体支出绩效评价试点，委托第三方对县公安局和九龙乡、大漈乡开展综合绩效评价，涉及财政资金1.82亿元，发现并整改问题19个。重塑预算审核工作，以政府购买服务形式引进驻场服务二级造价工程师4名，推进项目结算“应审尽审”，全年完成项目结算207个，节约财政资金2624万元。加强行政事业单位内控建设，完成全县所有乡镇街道内控指引建设，组织一级行政事业单位开展内控自我评价86家，督促整改落实，完善各项制度。

【防范化解风险】 防范“三保”风险，按国家标准安排“三保”预算9.83亿元，按地方标准安排“三保”支出预算14.31亿元。防范债务风险，稳步化解存量债务，债务总体安全可控。防范社保风险，足额计提社保风险准备金，及时上划企业养老保险专项责任分担额度，连续2年获企业养老保险工作考核优秀。

【加强队伍建设】 落实全面从严治党主体责任，结合财政工作实际，构建“三不腐”能力指数评价体系，纵深推进清廉财政建设。坚持党管干部，完善干部选拔任用机制，营造风清气正用人环境。实施“朝阳工程”“青蓝工程”，培育锻炼年轻干部，推动轮岗交流，开展职级晋升。

（景宁畲族自治县财政局供稿　吴向东执笔）

市县（市、区）图片集锦

Zhejiang caizheng nianjian

杭州市2023 年持续强化财政科技投入，坚持首位战略首位保障，确保“十四五”期间全市财政科技支出年均增长 15% 以上、市本级每年新增财力的 15% 以上用于科技投入，支持重大关键核心技术、“卡脖子”技术攻关和基础前沿性研究项目。加快高能级创新平台矩阵建设，支持重大科创平台、公共服务创新、双创孵化、重大研究平台（重点实验室）建设，以超常规力度助力科技强省强市。

1 杭州极弱磁场国家重大科技基础设施研究院
2 天目山实验室
3 西湖实验室科研设备
4 良渚实验室
5 西湖大学

1

2

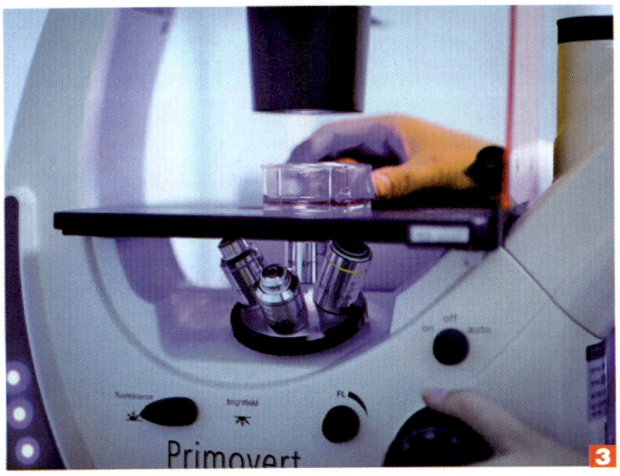

3

4

5

2023 年，杭州市上城区持续构建宋韵文化核心圈，投入财政资金 2.08 亿元，支持遗址展馆、风貌街巷等宋韵地标工程建设，支持第三届宋韵文化节、“梦溪杯”宋韵文化创新大赛等活动举办，助力打造“宋韵文化新高地”。

1 文旅市集·杭州奇妙夜“进宫夜游”活动
2 吴山庙会新春年俗活动
3 “梦溪杯”宋韵文化创新大赛成果展
4 “宋韵今辉”文创体系展示中心
5 “宋韵最杭州”传统风貌样板区

1

2

3

4

5

杭州高新技术开发区（滨江）作为亚运会、亚残运会主会场，2023年投入专项经费18.82亿元，保障赛事场馆改造提升，钱塘江南岸、江南大道等重点区域绿化亮化全面提升，组织志愿者保障火炬传递、亚运会开幕式、闭幕式和赛事服务咨询，助力亚运会、亚残运会成功举办。

1 医疗保障队
2 小莲花赛事志愿者
3 亚运灯光秀
4 奥体中心赛事志愿者
5 奥体中心周围区域绿化提升

1

2

3

4

5

2023 年，杭州市萧山区财政聚焦老旧小区改造民生实事，全年安排资金 5.23 亿元，实现 14 个老旧社区片区改造，一体推进现代社区建设、未来社区创建、老旧小区改造、加装电梯等工作，助力打造有归属感、舒适感、未来感的美好家园。

1 湘湖家园“未来社区”改造
2 获评“最美加梯项目”的广德小区
3 获评全市老旧小区改造典型案例的南门江住宅区
4 成片区加装电梯后的湘湖社区

2023年，杭州市临平区财政持续加大产业扶持力度，全年安排财政资金23.80亿元，支持产业政策兑现、优势企业培育、企业研发补助、人才引进培育等，助力临平经济高质量发展。

1 算力小镇
2 临平科技中心
3 省级“未来工厂”春风动力工厂车间
4 西澳电梯“无人车间”
5 省风力发电技术重点实验室

1

2

3

4

5

2023 年，杭州市钱塘区统筹各类财政资金 5.38 亿元支持乡村振兴战略，高标准推进“强村富民双十条”行动，“农租房”项目入选年度百万家庭奔富行动培育县创建名单、省委共同富裕第三批最佳案例。

1 美丽乡村江东村
2 美丽乡村钱塘区“共富农房”样板间
3 春光村里好风光
4 第六届中国农民丰收节杭州市主场活动

1

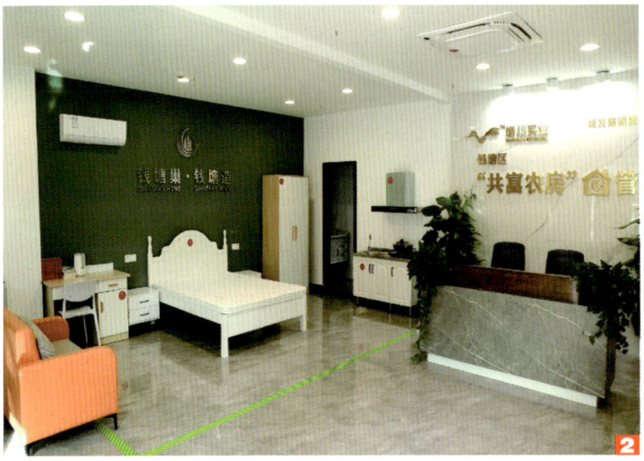

2

3

4

杭州市富阳区积极探索共同富裕区域实践路径，以和美乡村建设盘活山水资源，落实富民计划。2023 年入选浙江省第一批百万家庭奔富行动培育县，连续四年荣获“中国最具幸福感城区”。

1 北支江富民通道
2 “富春山居”农产品品牌馆
3 永昌镇土地综合整治
4 文村首届山乡旅游文化节
5 和美江滨公园

2023年，杭州市临安区入围省财政一事一议财政奖补支持打造共富乡村试点，围绕天目雷笋特色富民产业，谋划打造“一心＋三园”竹笋联合体项目，推进雷笋全产业链价值共创与富民提升。

1 畈龙村竹乡客厅
2 太湖源镇竹笋交易市场
3 村民在交易市场出售鲜笋
4 太湖源现代农业园

1

2

3

4

2023年，桐庐县财政教育支出21.80亿元，支持教育基础设施提升改造、师资团队培养、教育资源优化配置、体教融合特色办学等，在关键领域实现重点突破，推进学前教育普惠发展、义务教育均衡发展。

1 春蕾幼儿园民族服装秀迎国庆
2 运动会上欢喜雀跃的拉拉队
3 正德书院开学第一课
4 桐庐县全民终身学习活动周启动仪式
5 桐庐县职业技术学校现代化实验室
6 桐庐县徐凝小学新校区

1

2

3

4

5

6

2023年，淳安县投入财政资金1.43亿元，支持打造“运动之城、啤酒之城、鱼子酱之城、艺术之城、爱情之城”，以“五个之城”旅游新品牌建设助力共同富裕。

1 啤酒之城——啤酒花园展车
2 鱼子酱之城——鲟鱼养殖基地
3 艺术之城——艺术企业签约仪式
4 爱情之城——七夕活动
5 运动之城——环千岛湖公路自行车赛

1

2

3

4

5

宁波市 2023年完善支持共同富裕财政政策体系，着力发展乡村产业、壮大集体经济、促进农民增收、提升宜居环境，打造具有区域特色的共富乡村联合体，促进强产业、优生态、惠民生、促共富目标实现。

1 宁波种业公园
2 国家现代农业产业园油菜花海
3 永旺村数字稻田
4 余姚市美丽乡村
5 黄避岙紫菜渔场

2023 年，宁波市江北区财政加大民生投入，全年民生支出 67.46 亿元，城乡面貌持续改善，城市功能更加健全，促进公共服务优质共享、群众获得感幸福感进一步提升。

1 宁波文创港
2 江北崛起姚江城
3 江北前洋 e 商小镇
4 江北老外滩风光
5 江北时尚音乐港

2023年，宁波市镇海区安排教育经费16.77亿元，支持义务教育“双减”政策落实，提升校园环境、食堂安全，扶持民办教育发展，助力镇海区高水平现代化教育发展。

1 改造升级后的学生食堂
2 工业机器人实训室
3 镇海区职业教育公共实训中心

2023年，宁波市北仑区财政加大投入，支持大宗商品资源配置枢纽、国际供应链创新中心、国际航运和物流枢纽提升建设，助力“综保区＋自贸区＋国际强港”区位优势迭代壮大。

4 穿山码头夜间装卸作业
5 北仑大宗商品资源配置枢纽
6 北仑港码头作业

2023年，宁波市奉化区财政完善支农政策，推动涉农项目及资金整合提升，全年农林水支出12.92亿元，支持改善农居环境、壮大村级集体经济、促进农民奔富，助力打造宜居宜业和美乡村。

1 奉化萧王庙林家村
2 乡村老年公寓
3 和美乡村蒋家池头
4 和美孝膳食堂
5 和美缪家村
6 奉化滕头村

2023年，余姚市财力进一步向“三农”倾斜，乡村振兴持续提档，创建省级美丽宜居示范村2个、未来乡村7个、共同富裕示范带1条，建设“共富工坊”46家，横坎头村入选全国学习运用“千万工程”经验现场推进会考察点，邵家丘村获评全国乡村治理示范村。

1 陆上五马共富工坊直播间
2 全国文明村邵家丘村

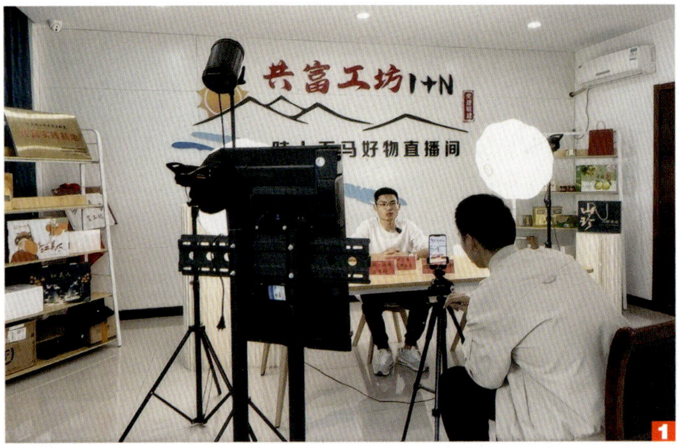

2023年，象山县多元化筹措资金，保障亚运场馆建设，象山亚帆中心、宁波半边山沙滩排球中心提前竣工验收，助力象山成功承办亚运会帆船和沙滩排球赛事。

3 半边山沙滩排球中心
4 象山亚帆中心

2023 年，慈溪市安排政府投资项目预算 26.36 亿元，重点保障大交通建设，支持全市路网、河网综合整治、改造提升工程，助力打造“新时代富春山居图城市样板区”。

1 焕然一新的慈城风貌
2 慈溪森林公园生态水环境
3 慈溪新城夜景
4 慈溪中横线高架互通

2023 年，宁海县深化涉农资金整合改革，健全乡村振兴投入机制，全年整合涉农资金 5.2 亿元，支持美丽乡村建设，全面提升农村人居环境品质。

1 海头村乡村记忆馆
2 森林温泉大道沿线
3 白溪水库生态美
4 茶院乡农居美景
5 大佳何镇艺术创富学院
6 强蛟镇“漫步蓝湾”风景线

温州市 2023年民生支出932.11亿元，增长5.1%，占一般公共预算支出的79.3%，重点保障“一老一小”“教育高地”“健康温州”等一批群众关切的民生实事，助力温州连续五年获评“中国最具幸福感城市”。

1 河头村老年食堂
2 建成投用的新校舍
3 居家养老服务照料中心植入智慧健康站
4 投入试运行的福利养老院
5 婴幼儿照护服务现场
6 温州市首家“医育结合”托育园

2023 年，温州市鹿城区投入财政资金 2.11 亿元，支持历史文化街区改造提升，推动文旅融合提质增效，绘就“诗和远方”新画卷。

1 五马街口
2 松台广场
3 九山书会 · 大宋戏仓
4 东山书院
5 纱帽河步行街

2023 年，温州市瓯海区文化旅游体育与传媒支出 1.82 亿元，支持举办亚运龙舟赛事，挖掘文旅资源，提升公共文化设施，以高质量公共文化服务推动群众精神富足，助力打造可阅读、可慢行、可感知的品质文化城市。

1 重现旧时塘河风貌的梧田老街
2 第十届温州国际时尚文化产业博览会瓯海展区
3 瓯海奥体中心“一场两馆”
4 青灯市集全国生活美学大会
5 亚运会女子龙舟 200 米直道竞速决赛现场
6 温州龙舟文化博物馆
7 “文润清廉 翰墨飘香”书画展活动

1

2

3

4

5

6

7

2023 年，温州市洞头区投入财政资金 10.51 亿元，办好群众关心的城乡建设、养老服务、交通出行、便民服务、生态环保等普惠性、基础性、兜底性“关键小事”，助力高品质之城建设，持续提升群众获得感、幸福感、安全感。

1 洞头韭菜岙沙滩生态修复样板
2 洞头城市岛屿暨零工市场投用
3 陆域引调水工程洞头大门至鹿西岛正式通水
4 中心街跨年开街活动
5 温州市福利养老院
6 状元南片河道水系治理工程

2023 年，温州市龙湾区安排财政资金 5256 万元，支持钟秀瑶溪、灵秀五溪、清秀郑宅等未来乡村建设，持续优化农村人居环境和改善农村公共基础设施，助力打响未来乡村“金名片”。

1 乡村振兴示范带
2 绿水青山瑶溪村
3 五溪村红色研学基地

2023 年，乐清市聚力培育乡村新产业新业态，打造百亿级铁皮石斛产业集群，立项千斛雪、温心酒业、共富大棚等 6 大项目，财政补助 3300 万元，带动社会资本投入近 1.29 亿元，助力推动农村一二三产业融合发展。“石斛产业带动增收模式”被省财政厅列入 2023 年浙江省百万家庭奔富行动地方成熟模式推广项目。

4 石斛森林瀑布
5 铁皮石斛附生种植技术
6 石斛智慧育苗

2023年，瑞安市投入财政资金5.27亿元，支持文化、体育、旅游事业发展，满足人民群众日益增长的精神文化需求，助力打造“青春都市·幸福瑞安”。

1 2023首届瓯窑沐火节
2 瑞安市第九届竞技龙舟大赛
3 瑞安新版越剧《琵琶记》演出
4 瑞安市文旅消费券发放仪式
5 瑞安市高楼镇寨寮青空草坪

2023 年，永嘉县文化和旅游支出 1.89 亿元，支持打造楠溪江文旅产业深度融合发展新高地。永嘉县连续五年入选中国县域旅游综合竞争力百强县市名单。

1 林坑晒秋
2 村民自制的彩色素面
3 “苍坡秋收”点茶

2023 年，平阳县财政民生支出 79.04 亿元，保障公共服务“七优享”工程，助力打造公共服务普及普惠、环境宜居宜业、社会和谐和睦的幸福城市。

4 社会养老福利服务中心项目
5 水头镇卫生院
6 塔头粮库项目

2023 年，苍南县水利建设投资 8.60 亿元，争取上级资金 13.00 亿元，支持工程建设、灾害防御、民生水利、河湖治理等，推进县域水利事业高质量发展。

1 生态水利工程芭蕉坑山塘
2 民生水利工程灵溪泵站
3 百里平水公园
4 苍南县桥墩水库
5 八亩后供水站

2023 年，泰顺县财政加大文旅、教育、“三农”等民生领域投入，支持新城环文祥湖区块文旅项目建设，助力打造“浙南明珠、最美山城”建设，持续擦亮“走走泰顺、一切都顺”旅游品牌。

1 体育休闲小镇——百丈镇
2 卢梨村美丽田园
3 文祥湖公园
4 徐岙底古村

2023 年，龙港市财政聚焦民生，加大养老服务投入，助推“广覆盖、全方位、多层面”的养老服务体系建设。

5 九龙河社区养老驿站
6 龙港市医养康教研示范园
7 社区老年人太极拳课

湖州市财政聚焦湖剧文化保护传承，2023年市财政安排专项经费500万元，支持推动湖剧振兴。助力《国之守锷》获评浙江省第十五届精神文明建设“五个一工程”奖，《姐妹观灯》亮相央视元宵晚会。

1 湖剧《姐妹观灯》
2 央视空中剧院上演《戏韵湖州鹊桥会》
3 湖剧《国之守锷》

2023年，湖州市吴兴区农林水支出4.89亿元，比上年增长13.9%，支持推进乡村振兴战略实施，助力建设生态宜居、聚商宜业、魅力宜游、统筹发展美丽乡村。

4 “矿山村”红里山村的美丽蝶变
5 杨溇村美食庄园
6 美丽乡村妙山村

2023 年，湖州市南浔区财政累计投入资金 1.7 亿元，推进荻港省级“未来乡村”建设，发展古村落文化和桑基鱼塘特色旅游业，改造升级全域景区，荻港村旧貌焕新颜。

1 荻港桑基鱼塘系统
2 白墙瓦黛水墨人家
3 荻港游客中心

2023 年，德清县财政科技支出 6.52 亿元，增长 26.1%，推进省部共建莫干山地信实验室，支持车联智造万亩千亿产业平台建设，推动创新主体培育突破。助力德清县成为全国首个以县域为主体创建的国家级车联网先导区，入选国家创新型县建设名单，再夺科技创新鼎。

4 车联智造万亩千亿产业平台
5 地信智慧城
6 环浙工大创新经济圈

2023 年，长兴县财政局开展代理记账电子凭证会计数据标准应用试点，推动会计数据从信息化向数字化、智能化转型，助力智能减量、减程、减税，降本增效，打造政务服务增值化改革新场景。

1 召开代理记账电子凭证会计数据标准应用试点启动及培训会
2 财政局上门指导业务
3 财务数据手机端可实现快速查询

2023 年，安吉县古城国家考古遗址公园“政府主导 + 专家指导 + 社会运营”模式获评全省财政系统“一号发展工程”最佳案例。政府主导累计争取上级资金近 5000 万元，用于环境整治和保护展示工程，县财政每年新增 250 万元专项资金，用于保障文物保护及遗址博物馆运行，在明确产权和监管主体归属政府的前提下，撬动社会资本累计投入逾 4.8 亿元。

4 古城遗址全景图
5 安吉古城国家考古遗址公园
6 古城遗址博物馆陈列展厅

嘉兴市2023年文化旅游体育与传媒支出16.92亿元，支持谋划长三角江南水乡古镇高质量发展“区域集群”，打响“中国古镇看嘉兴”品牌，支持承办世界运河古城古镇创新发展大会，推进文旅深度融合发展。

1 江南水乡古镇乌镇
2 嘉善巧克力特色小镇
3 平湖樱花小镇
4 江南水乡古镇西塘
5 隐世田园北庄浜

1

2

3

4

5

2023年，嘉兴市南湖区财政统筹财力促进文旅事业高质量发展，支持南湖戏剧艺术节举办、大运河数字诗路e站南湖体验中心建设，助力承办世界运河古镇创新发展大会，打响“文艺赋美·乐享南湖”特色品牌。

1 大型原创儿童戏剧《红船·星河》
2 大运河数字诗路e站南湖体验中心
3 第二十届南湖合唱节
4 南湖戏剧艺术节现场
5 2023世界运河古镇合作机制会议

1

2

3

4

5

2023 年，嘉兴市秀洲区财政持续加大卫生健康领域投入力度，多渠道统筹资金保障区人民医院、妇幼保健院迁建等项目建设，支持基层医疗机构硬件设施提档升级，村卫生室（社区卫生服务站）服务能力达到国家和省智慧化卫生室（服务站）标准。

1 秀洲区妇幼保健院迁建工程
2 秀洲区人民医院新增核磁共振设备
3 改造后的秀园社区卫生服务站
4 王店人民医院与嘉兴市第一医院托管签约仪式
5 市区医联体托管签约仪式
6 新建的秀洲区人民医院（二期）

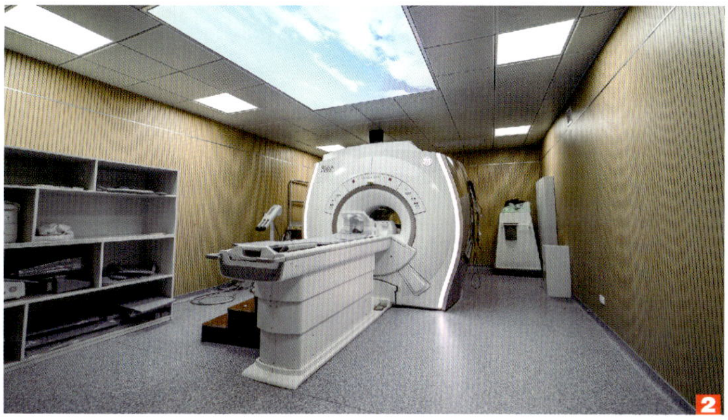

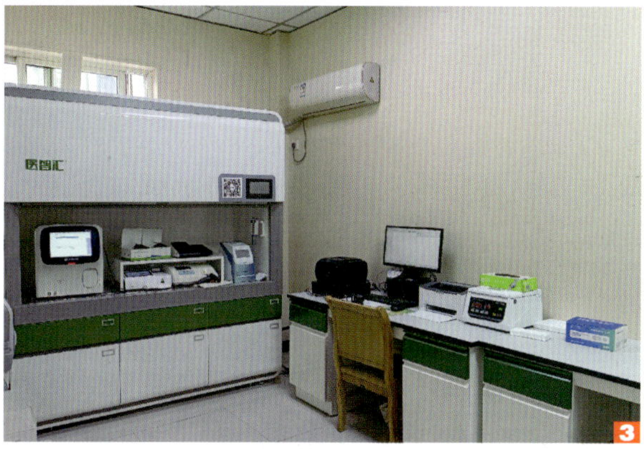

2023年，平湖市深化财政金融协同支农数字化改革，建立省市（县）农业信贷担保风险资金池，发挥财政资金“四两拨千斤”作用，扩大农业农村有效投资，助力乡村振兴和农业农村高质量发展，促进共同富裕。

1 国家乡村旅游重点村——徐家埭村
2 秸秆捆扎作业现场
3 平湖数字乡村大数据平台
4 乡村棒球产业
5 智能小车虫害巡棚
6 平湖农业经济洽谈会

1

2

3

4

5

6

2023年，海宁市财政坚持集中财力办大事，支持重大战略实施，统筹城乡发展，助力打造共富品质“潮”城。

1 志摩故里·硖石景区之南关厢
2 矿坑改造的神仙湖生态公园
3 “果香花溪”城乡风貌样板区之黄湾
4 “果香花溪”之共富邻里
5 海宁重点粮食产区上塘河灌区

1

2

3

4

5

2023 年，桐乡市财政累计投入资金 19.85 亿元，支持建设开发区智能视觉物联园区、梧桐智创园区和乌镇超算中心等项目，推动数字产业优质项目落地孵化成长，实现数字产业化、产业数字化“双轮驱动”，助力打造数字经济“蓝海”。

1 “乌镇之光”超算中心
2 工业机器人
3 数控机床

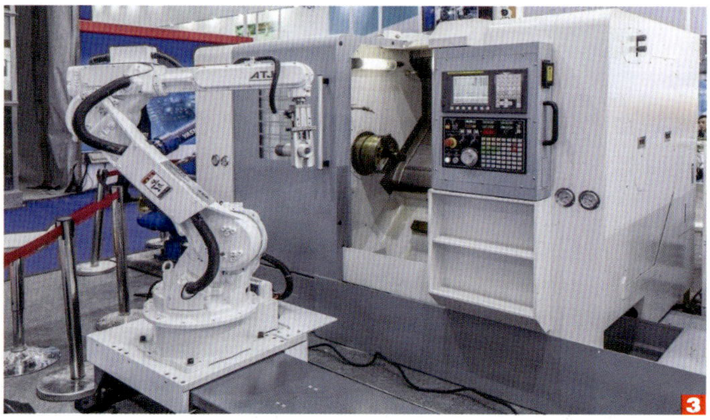

2023 年，嘉善县以国家级农村综合性改革试点试验项目为切入点，探索打造“小微飞创”联农带农模式，通过“持股飞田”“全面托管”等举措，实现闲散土地集中利用和园区化改造，促进农业产业规模化集聚、保姆式管理和品牌化提升。

4 西塘地甸小微产业园项目
5 天凝镇一事一议财政奖补共富乡村试点项目
6 姚庄镇现代农业小微产业园

海盐县持续加大学前教育投入，科学布点基础设施，支持学前教师编制管理制度改革，优化劳动合同制教职工薪酬管理，提升学前教育办学条件、规范水平和保教质量。2023年通过全国学前教育普及普惠县创建省级督导评估。

1 幼儿户外运动课
2 提升幼儿动手能力
3 新建的陌桑幼儿园
4 幼儿园阅读角
5 户外自然探索课
6 幼儿园教室一角

1

2

3

4

5

6

绍兴市财政 2023 年构建新一轮“集中财力办大事”政策体系，安排财政资金 90.9 亿元，重点支持省“千项万亿”工程和重大基础设施建设，撬动年度项目投资超 350 亿元。

1 绍兴文理学院改扩建工程
2 浙东运河博物馆项目落地投用
3 绍兴市妇幼保健院新院建成启用

1

2

3

4

5

2023，绍兴市越城区持续加大卫生健康领域投入力度，提高医疗服务水平，优化医疗保障体系，支持全区卫生健康事业高质量发展，让人民群众更有“医”靠。

4 东湖卫生服务中心建成投用
5 建设中的公共卫生服务中心
6 绍兴市中医院越城分院

6

2023 年，绍兴市柯桥区发挥一事一议财政奖补政策优势，推进兰亭乡村共富联合体省级试点改革，全年投资6000余万元，推进竹桃产业振兴、集体经济壮大、农民家庭增收等三大类七个项目，探索农业高质高效、乡村宜居宜业、农民富裕富足的共富实践路径。

1 新陈村山水旖旎风光
2 共富风貌驿
3 谢家坞村美丽田园
4 特色农业绿茶粉桃交相辉映

1

2

3

4

2023 年，绍兴市上虞区向上争取专项债券资金 50.22 亿元，助力邵逸夫医院绍兴院区、上虞小球馆、海塘安澜工程等重大项目建设，保障人民群众的生活需求。

1 港区段新建海堤
2 上虞小球馆
3 邵逸夫医院绍兴院区

2023 年，诸暨市财政投入 2600 万元，推进五泄镇农村综合改革集成建设，建成的五泄文体中心成为华东地区最大的中老年综合型气排球场馆，自开馆以来，累计承办各级各类赛事 51 场，吸引观众 10 万余人次，为村集体经济增收 100 余万元。

4 五泄文体中心气排球比赛现场
5 五泄文体中心篮球比赛现场
6 建成的五泄文体中心

2023 年，嵊州市文化体育与传媒支出 1.57 亿元，重点用于越剧艺校专业办学、人才培养、校舍维修、嵊州越剧博物馆开馆等，支持中国传统非物质文化遗产越剧事业的传承与创新发展，持续打响嵊州越剧品牌。

1 女子越剧百年百物展馆
2 越剧博物馆开馆
3 越剧艺校
4 第六届全国越剧戏迷大会在嵊州举办

1

2

3

4

2023 年，新昌县财政加大文化资金投入力度，推进文旅事业和产业发展，全域旅游亮点纷呈，浙东唐诗文化发展大会、十九峰机车音乐节等激活高质量发展“强引擎”，助推产业增效、百姓增收和乡村振兴。

1 十九峰机车音乐节
2 天姥山天鸡台
3 浙东唐诗之路发展大会
4 下岩贝村美景

金华市2023年争取到“家庭型医疗保障政策试点”“担保增信助力扩中家庭增收致富”等省级共富试点，推动乡村产业发展，带动就业创业，多维度促进家庭增收致富。

1 招聘服务促就业
2 医保驻院服务站
3 政府采购脱贫地区农副产品推进会
4 “担保增信助力扩中家庭增收致富行动”启动仪式

1

2

3

4

2023年，金华市婺城区统筹财政资金4.52亿元，支持推动管网治理和"五水共治"新革命，立体打造"污水零直排区"，Ⅲ类以上地表优质水占比100%，六年五夺"大禹鼎"，为婺城擦亮治水"金名片"再添特色。

1 全省"五水共治"工作推进会在婺城召开
2 治理后的婺江畔
3 清澈的白沙溪

2023年，金华市金东区财政局争取专项债券资金19.05亿元，支持金漪湖科创智造平台重大基础设施项目建设，助力打造产、城、人深度融合的现代化产业园区。

4 建设中的金漪湖科创智造园区
5 智创智造产业基地封顶仪式

2023 年，兰溪市财政安排资金 3.74 亿元，保障金建高铁、351 国道新建段等重点项目推进，助力交通基础设施建设日渐完善。

1 杨梅风情线入选省级绿化精品道路
2 建设中的金建高铁兰江特大桥
3 建设中的兰黄公路三期
4 梅溪道路提升工程
5 姚家枢纽竣工验收

2023 年，东阳市财政加大教育投入，支持实施教育基础提升行动，推进教育类政府投资项目 36 个，优化教学资源，助力擦亮东阳“教育之乡”金名片。

1 东阳市第二实验小学兴平校区
2 画水镇中心幼儿园
3 横店镇第四初级中学
4 新建的歌山中心幼儿园

2023 年，义乌市统筹财力支持开放型经济、进口贸易、跨境电商、义新欧班列、航空物流等，成功获批陆路启运港退税政策试点，成为浙江首个、全国第二个陆路启运港退税试点地区。

1 外国客商在商贸城考察采购
2 义乌国际商贸城二区全景
3 义乌国际陆港纳入陆路启运港退税试点
4 陆港内物流车队
5 中欧班列 10 周年纪念号

2023 年，永康市财政聚焦五金特色产业，加大资金投入，支持永康五金技师学院、中国五金物流港建设，激发企业创新创造活力，保障省技能大赛等大型活动举办，助力五金产业高质量发展。

1 第二届浙江技能大赛在永康举行
2 工业机械手车间
3 永康五金技师学院

2023 年，浦江县财政拨付资金 3.96 亿元，用于支持全县公共文化服务体系建设、非遗保护传承、文化产业发展以及各类博物馆纪念馆免费开放等，形成“东街有艺”“东山有戏”和新光“乡村音乐”等特色文化活动品牌，开展文旅活动 1700 余场。

4 浦江书画亮相中国美术馆
5 春节舞龙表演
6 上山文物赴埃及展出

2023 年，武义县安排财政资金 7968 万元，用于完善农村公路路网结构，加强农村公路养护管理，提升道路运输综合服务水平，建成公路服务站 15 个，设立农村物流服务网点 314 个，更新农村客车 139 辆，新增新能源公交车 104 辆，助力武义荣获“四好农村路”全国示范县称号。

1 金武快速路
2 柳四线新颜
3 农村物流服务网点

2023 年，磐安县财政整合各类资金 4.5 亿元，推进杭温高铁站场开发、“四好农村路”建设、城乡客运公交一体化、农村客货邮融合发展，推动磐安县创成全国城乡交通运输一体化示范县。

4 建设中的杭温高铁站场
5 盘峰乡“四好农村路”
6 磐安县横窈线公路
7 农村物流共配中心

衢州市2023年争取地方政府债券、中央及省级财政专项资金，支持东港片区等重点项目建设，提升城市生态系统功能，促进油茶全产业链发展，支持衢州先导稀材等重大项目招引和富民工程建设。

1 新建的公共卫生服务中心
2 海绵城市建设——鹿鸣半岛项目
3 引调水工程前塘沿村复垦面貌
4 华友钴业衢州厂区项目
5 智慧新城生态分布式再生水厂项目

2023 年，衢州市柯城区安排“大三农”专项资金 1.19 亿元，深化强村富民乡村集成改革，推进未来乡村建设，拓宽村集体和农民增收渠道，助力建设宜居宜业和美乡村的“柯城样本”。

1 未来乡村妙源村
2 余东画村
3 高腔艺术村严村
4 乡村美丽庭院
5 古窑文化村碗窑村

2023 年，衢州市衢江区安排一事一议财政奖补资金 2900 万元，重点支持泉井边村、前百村、下棠村等共富乡村试点项目，助力建设一批可推广、可复制、具有衢江辨识度的共富乡村样本。

1 “甜蜜蔗礼”共富产业基地
2 前百村稻渔综合种养示范区
3 泉井边村酿酒合作社
4 下棠村稻虾共生基地

江山市坚持财政支出三分之二以上用于民生，2023 年投入 74.46 亿元，聚焦民生实事小切口，支持共享食堂建设、公共文化服务、医疗机构改造、学校能力提升等，持续提升市民幸福感、满意度。

5 江山二中改造工程
6 江山市人民医院迁建工程
7 社区共享食堂

2023年，龙游县财政争取专项债券资金16.13亿元，投入社会事业、农林水利、民生服务等建设项目25个，撬动总投资81.35亿元，加快推进基本公共服务均等化。

1 团石村丰收图
2 两江走廊美丽乡村
3 县妇幼保健院新大楼

2023年，开化县投入财政资金15.56亿元，推进开化水库、205国道开化段改建、钱学森学校等重点项目建设，为开化打造中国式现代化山区县样板打好基础设施建设基石。

4 池淮溪流域综合治理项目
5 开化水库坝体施工
6 文化客厅

2023 年，常山县财政加大交通基础设施建设投入力度，助力打造山区县共富式交通发展新模式。

1 五里枢纽
2 晚霞中的大桥
3 芳村未来乡村一景
4 城乡公交一体化运营启动仪式
5 光伏共富路
6 95 联盟大道与新站特大桥交汇

舟山市 2023年聚焦现代海洋产业体系，统筹整合产业扶持政策资金，争取到规模80亿元的绿色石化与新材料产业基金落地，重点支持炼油化工、高端新材料等产业发展，为海洋经济高质量发展注入强劲动能。

1 大浦口码头夜间作业
2 中石化港口浦油库风貌
3 老塘山粮油码头
4 舟山国家远洋渔业基地

2023 年，舟山市定海区财政加强政策资金投入，支持东海云廊、东海百里文廊“两廊”建设，推进“两廊经济”发展，以农文旅体深度融合带动海岛群众奔富增收。

1 净零碳公园
2 东海云廊——青少年轮滑赛
3 东海百里文廊共富集市
4 东海云廊——马拉松赛

2023年，舟山市普陀区加大海洋生态保护工作资金统筹力度，争取到省绿色转化财政专项激励资金1亿元、国家海洋生态保护修复资金3亿元，推动海湾治理、废弃物清理、增殖放流、海洋牧场建设、休闲旅游发展等工作，助力海洋生态可持续发展。

1 环境综合整治后的沈家门港实现全域“零直排”
2 举办全国海钓精英赛
3 六横悬山海洋牧场
4 增殖放流优质苗种活动

岱山县 2023 年文化旅游体育与传媒支出 1.11 亿元，支持全域旅游建设、新业态培育、文化惠民工程、体育赛事举办、公共文化基础设施建设等，推进全县文旅深度融合、产业稳进提质，激活高质量发展“引擎”，助力打造新时代海洋文化高地。

1 舟山群岛·中国海洋文化节在岱山举办
2 美丽海湾双龙湾
3 中国风筝板巡回赛岱山站赛事

2023 年，嵊泗县发挥财政资金撬动作用，保障嵊泗小洋山光伏电站、再生资源分拣中心建设工程、海岛公园绿化等项目建设，构建具有海洋特色的绿色低碳能源体系。

4 大洋山岛上的“渔光互补”项目
5 洋山岛海域的海上风电网
6 工人在风电区作业
7 东绿华风电场

台州市2023年探索财政金融协同支农数字化改革，创新政银担合作机制，建立5100万元资金风险池，“政银担”业务累计撬动金融资本12亿元、其他社会资本3.90亿元投入农业农村发展，惠及农业经营主体2600余名。

1 台州瓜农在云南德宏州种植西瓜
2 农业信贷担保落实“地瓜经济”支持跨区域协作发展现场会
3 财政金融协同支农数字化系统
4 省农业融资担保公司向黄岩瓜农授信
5 台州农产品亮相2023浙江农业博览会
6 台州市财政局在“最美农担人”展示活动中作典型发言

1

2

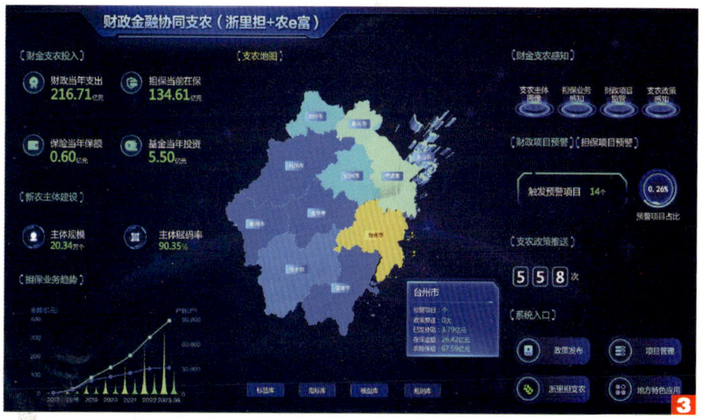

3

4

5

6

2023年，台州市椒江区文化旅游体育与传媒支出1.86亿元，推动文化强区建设，支持承办省级以上体育赛事8场次，台州乱弹亮相央视新年戏曲晚会，助力椒江区成功创建国家公共文化服务体系示范区。

1 亚运会火炬在台州椒江传递
2 展现台州城市精神之舞剧《风起大陈》

2023年，台州市黄岩区财政安排文化事业经费1.72亿元，支持挖掘本地文化资源，升级打造官河古道等文化坐标，丰富文化活动形式，优化公共文化服务供给，助力精神共富。

3 “万家灯火”计划露天电影放映
4 全国宋韵服装时尚设计大赛

2023年，台州市路桥区加大财政保障力度，推进南官新天地文旅项目、飞龙山庄、路桥十里长街历史文化街区重点地段保护整治工程等一批文旅体项目建设，助力路桥文旅事业发展。

1 戴大夫故居陈列馆
2 十里长街历史文化街区
3 黄礁岛美景

2023年，临海市文化旅游体育与传媒支出1.71亿元，支持宋韵十味等多个临海特色文创IP研发，助力紫阳街创成国家级夜间文旅消费集聚区，府城宋韵、“浪个灵湖”入选省首批重点培育文旅市集。

4 府城戚家军表演
5 江南长城梅园
6 东湖山水画卷

2023 年，温岭市教育支出 33.80 亿元，同比增长 24.7%，支持城乡基础教育提优、职业教育提质、人才引进培育，促进教育事业均衡发展，以高质量教育赋能共同富裕。

1 台州科技职业学院温岭学院开学暨揭牌仪式
2 幼儿园玩乐区
3 温岭市第四中学百丈校区
4 温峤镇实验幼儿园体育活动
5 箬横镇中心小学足球兴趣活动

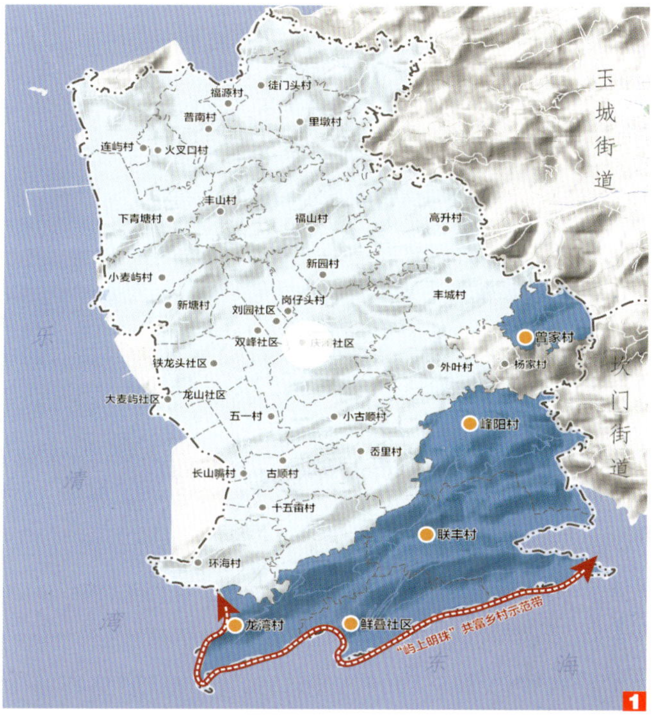

2023 年，玉环市强化财力保障，支持“高质量发展建设共同富裕示范区奋进年行动”实施。聚力打造新时代山海协作升级版，探索“产业促共富”新模式，与仙居县组建联合申报体，获得 3 年 3 亿元财政专项激励资金；大麦屿街道共富乡村试点项目建设方案获省级一事一议财政奖补资金 2000 万元，构建乡村共富联合体示范单元。

1 “屿上明珠”共富乡村示范带
2 仙居玉环飞地抱团项目
3 渔民致富之路
4 繁忙的大麦屿港口

2023年，天台县财政安排“千万工程”建设资金1.46亿元，支持美丽乡村片区化组团发展、历史文化（传统）村落保护等项目，迭代升级美丽乡村，激发乡村发展活力。

1 乡村公园
2 乡道骑行
3 龙溪乡大样村新貌
4 美丽乡村岩下村
5 绿水青山田芯自然村

2023年，仙居县财政运用专项激励，推动特色农业产业高质高效发展，和美乡村建设蝶变跃迁，居民生活品质持续优化，支持组团式打造共富乡村，开辟具有仙居特色的共同富裕之路。

1 山海协作产业园
2 溪港乡杨梅产业示范项目智能大棚
3 共富试点村上叶乡野市集
4 仙居县中药材产业发展战略合作仪式
5 环境综合整治后的美丽乡村

1

2

3

4

5

2023 年，三门县发挥财政资金“四两拨千斤”作用，立足山海资源，推动“农文旅”产业深度融合，助力打造“山区海岛共富”的三门样本。

1 三门富民产业——青蟹养殖塘
2 三门湾区经济新动能大湖塘新区
3 省强村富民乡村集成改革典型——岩下潘村
4 中国冲锋衣服装名城授牌仪式
5 滨海旅游特色小镇——蛇蟠岛

丽水市财政局2023年率先试点探索“三不腐”能力指数评价体系，承办全省财政系统“三不腐”能力指数评价体系现场推进会并作经验交流，清廉财政“三不腐”能力指数评价位居全省第一，荣获全省清廉财政建设成绩突出单位。

1 全省清廉财政“三不腐”能力指数评价体系现场推进会在丽水召开
2 “三不腐”指标评价体系
3 清廉财政数字化应用系统

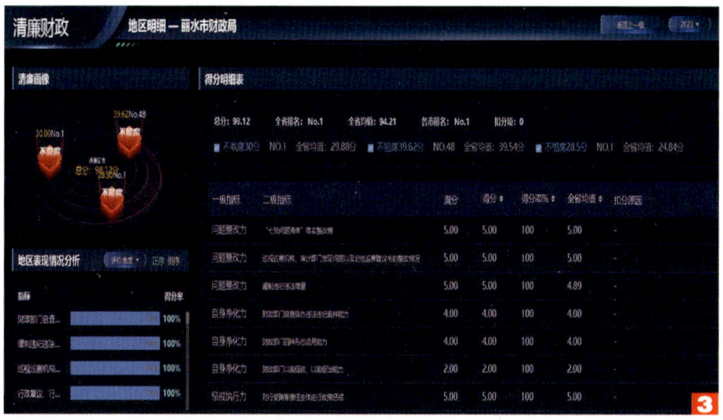

2023年，丽水市莲都区财政加大投入，持续推进美丽乡村建设，助推莲都区晋升为全国休闲农业与乡村旅游示范县、省级全域旅游示范区。全区新时代美丽乡村创建覆盖率97.7%，2个村入选中国美丽休闲乡村。

4 茶产业致富村——北埠村
5 国家级美丽宜居示范村——港口村
6 省级浙派民居建设典型村——利山村

2023年，龙泉市文化旅游体育与传媒支出1.69亿元，推进龙泉市宝剑小镇、大窑龙泉窑国家考古遗址公园等重点文旅项目开发建设，夯实文化发展“硬支撑”，为打造“文润龙泉 臻致品质”品牌提供坚实财政保障。

1 城市书房
2 第六届世界青瓷大会
3 国潮主题留槎墟市活动
4 龙泉宝剑厂宝剑展演

2023年，青田财政聚焦“一号开放工程”，统筹财政资金600万元，支持高水平承办世界华人经济论坛、侨博会等国际性经贸展会，推动哈蒙、咖啡、葡萄酒县域三大商贸支柱产业发展，擦亮地瓜经济提能升级“侨”名片。

5 侨博会葡萄酒拍卖会
6 青田哈蒙产业发展中心揭牌仪式
7 青田华侨进口商品博览会

2023年，遂昌县教育支出7.14亿元，助力“学在遂昌”品牌战略实施，支持教育质量提升行动计划，提升改造校舍，落实教育资源扩量工程，教育现代化水平实现程度居全市第一、全省第20。

1 腾龙幼儿园提升改造工程
2 新建的腾龙小学
3 遂昌育才高中入选“北京大学博雅人才共育基地”
4 职教园区迁建工程

1

2

3

4

2023年，松阳县财政聚焦共同富裕建设，制定《松阳县百万家庭奔富三年行动计划》，构建茶产业培育壮大集成政策，健全茶叶全产业链体系，做好富民增收、乡村振兴“大文章”。

5 大木山茶园
6 绿茗峰茶文旅综合体
7 松阳茶香小镇——茶园竹亭
8 浙南茶叶市场

5

6

7

8

2023 年，庆元县加大基础设施建设投入，集中财力保障道路交通、义务教育、医疗卫生、体育设施等一批重大项目实施，助力建设革命老区共同富裕先行示范县。

1 县人民医院迁建工程
2 县体育馆建成投用
3 县实验小学云鹤校区建成投用
4 万年隧道工程

2023 年，景宁县财政农林水事务支出 6.97 亿元，助力全面推进乡村振兴。创成雁溪省级和美乡村示范乡镇，完成省级美丽宜居示范村保护提升 6 个，建成金坵、王湾未来乡村和吴布省级民族乡村振兴试点。

5 农村便民服务中心
6 农村文化礼堂
7 吴布畲民春耕备耕

财政统计资料

zhejiang caizheng nianjian

1978—2023年浙江省财政收支表

年份	财政总收入（亿元）	一般公共预算收入（亿元）			一般公共预算支出（亿元）	增长率（%）			全省GDP值（亿元）	总收入占GDP比重（%）
			其中税收收入（亿元）	占比%		总收入	一般公共预算收入	一般公共预算支出		
1978	27.45				17.43				124	21.8
1979	25.87				17.74	−5.8		1.8	158	16.4
1980	31.13				17.34	20.3		−2.3	180	17.3
1981	34.34				17.12	10.3		−1.3	205	16.8
1982	36.64				18.88	6.7		10.3	234	15.7
1983	41.79				21.94	14.1		16.2	257	16.3
1984	46.67				28.80	11.7		31.3	323	14.5
1985	58.25				37.40	24.8		29.9	429	13.6
1986	68.61				50.96	17.8		36.3	502	13.7
1987	76.36				51.24	11.3		0.5	607	12.7
1988	85.55				63.14	12.0		23.2	770	11.1
1989	98.21				74.77	14.8		18.4	849	11.6
1990	101.59				80.23	3.4		7.3	905	11.1
1991	108.94				88.43	7.2		10.2	1089	10.2
1992	118.36				95.31	8.6		7.8	1376	8.7
1993	166.64				125.04	40.8		31.2	1926	8.7
1994	209.39	94.63			153.03	25.7		22.4	2689	7.9
1995	248.50	116.82			180.29	18.7	23.4	17.8	3558	7.0
1996	291.75	139.63			213.71	17.4	19.5	18.5	4189	7.0
1997	340.52	157.33			240.16	16.7	12.7	12.4	4686	7.3
1998	401.80	198.10			286.81	18.0	25.9	19.4	5053	8.1
1999	477.40	245.47			344.04	18.8	23.9	20.0	5444	8.8
2000	658.42	342.77			431.30	37.4	39.6	25.4	6141	10.7
2001	856.00	500.69			597.30	30.5	46.1	38.5	6898	12.4
2002	1166.58	566.85			749.90	36.3	13.2	25.5	8004	14.6
2003	1468.89	706.56			896.77	25.9	24.6	19.6	9705	15.1
2004	1805.16	901.05			1062.94	22.9	27.5	18.5	11649	15.5
2005	2115.36	1066.60			1265.53	17.2	18.4	19.1	13418	15.7
2006	2567.66	1298.20	1184.24	91.60	1471.86	21.4	21.7	16.3	15718	16.3
2007	3239.89	1649.50	1535.35	93.00	1806.79	26.2	27.1	22.8	18754	17.3
2008	3730.06	1933.39	1792.09	92.70	2208.58	15.1	17.2	22.2	21463	17.4
2009	4122.04	2142.51	1983.81	92.60	2653.35	10.5	10.8	20.1	22990	17.9
2010	4895.41	2608.47	2464.96	94.50	3207.88	18.8	21.7	20.9	27722	17.7
2011	5925.00	3150.80	2952.01	93.70	3842.59	21.0	20.8	19.8	32000	18.5
2012	6408.49	3441.23	3227.77	93.80	4161.88	8.2	9.2	8.3	34606	18.5
2013	6908.41	3796.92	3545.66	93.40	4730.47	7.8	10.3	13.7	37568	18.0
2014	7522.55	4122.02	3853.96	93.50	5159.57	8.9	8.6	9.1	40154	18.7
2015	8549.47	4809.94	4168.22	86.70	6645.98	8.8	7.8	21.1	42886	19.9
2016	9225.07	5301.98	4540.08	85.60	6974.25	7.7	9.8	10.0	46485	19.8
2017	10301.16	5804.38	4940.74	85.10	7530.31	10.6	10.3	8.6	51768	19.9
2018	11705.95	6598.21	5586.63	84.70	8629.53	13.6	11.1	13.1	56197	20.8
2019	12268.24	7048.58	5898.75	83.70	10053.03	4.8	6.8	16.5	62352	19.7
2020	12421.49	7248.24	6261.75	86.39	10082.01	1.2	2.8	2.6	64613	19.2
2021	14517.03	8262.64	7171.97	86.80	11014.59	16.9	14.0	9.2	73516	19.7
2022	14421.72	8039.85	6620.33	82.34	12017.78	4.1	5.5	7.1	77715	18.6
2023	15276.27	8600.51	7124.55	82.84	12353.09	5.9	7.0	5.0	82553	18.5

注：2022年财政收支增长率从自然口径数据调整为同口径数据。

2021—2023年浙江省一般公共预算收支决算表

单位:万元

收入				支出			
预算科目	2021年	2022年	2023年	预算科目	2021年	2022年	2023年
一、税收收入	71719727	66203274	71245482	一、一般公共服务支出	11053107	11620144	11698575
增值税	26879806	22513579	30115254	二、外交支出	0	0	0
企业所得税	14440341	15177552	13117911	三、国防支出	109221	127295	135195
个人所得税	5321071	5921648	5825499	四、公共安全支出	7295060	7497472	7630811
资源税	140104	141321	134197	五、教育支出	20395156	21972580	23651713
城市维护建设税	4137402	4161203	4050177	六、科学技术支出	5785958	6808874	7874831
房产税	2498212	3223632	3485446	七、文化旅游体育与传媒支出	2493533	2692839	2914427
印花税	1217753	1272821	1919006	八、社会保障和就业支出	12861309	14005459	14977033
城镇土地使用税	995239	1304584	1304362	九、卫生健康支出	9080433	12360766	11480240
土地增值税	6987763	5089895	4044186	十、节能环保支出	2035597	2231550	1879768
车船税	650657	678948	689241	十一、城乡社区支出	11598908	10993018	10940583
耕地占用税	729312	619692	415991	十二、农林水支出	7952656	8311998	9106479
契税	7672755	6052989	6091288	十三、交通运输支出	5142976	5893686	5471911
烟叶税	73	105	197	十四、资源勘探工业信息等支出	3916836	4036308	3955545
环境保护税	31858	31578	40191	十五、商业服务业等支出	2320950	2873159	3007780
其他税收收入	17381	13727	12536	十六、金融支出	269138	336821	272657
二、非税收入	10906629	14195269	14759617	十七、援助其他地区支出	313444	327835	341453
专项收入	4815762	5614953	5462178	十八、自然资源海洋气象等支出	1313989	1400825	1619368
行政事业性收费收入	1668642	1645972	1771860	十九、住房保障支出	2680931	2910632	2815428
罚没收入	1561735	2087827	1667505	二十、粮油物资储备支出	297762	306356	336776
国有资本经营收入	-864943	-607801	-358642	二十一、灾害防治及应急管理支出	694786	788146	740502
国有资源(资产)有偿使用收入	3252388	4956534	5575141	二十二、债务付息支出	2380979	2505864	2571582
其他收入	473045	497784	641575	二十三、债务发行费用支出	11729	9333	10378
				二十四、其他支出	141420	166882	97842
本年收入合计	82626356	80398543	86005099	本年支出合计	110145878	120177842	123530877

2019—2023年浙江省11市及市本级一般公共预算收入及排序表

单位：万元

地区	2019年		2020年		2021年		2022年		2023年	
	一般公共预算收入	排序	一般公共预算收入	排序	一般公共预算收入	排序	一般公共预算收入	排序	一般公共预算收入	排序
杭州市	19659731	1	20933893	1	23865936	1	24506119	1	26168107	1
杭州市本级	3769353	2	4025690	1	3415134	2	3910423	2	3685740	1
宁波市	14685072	2	15108432	2	17231388	2	16802309	2	17858565	2
宁波市本级	3931521	1	3884621	2	4494162	1	4700806	1	3017545	2
温州市	5789706	3	6019813	3	6575549	4	5738500	4	6226842	4
温州市本级	5789706	3	1595849	3	1750552	3	1529981	3	1753144	3
嘉兴市	5656945	4	5988000	4	6748000	3	5964742	3	6320216	3
嘉兴市本级	1204332	4	1216508	4	1391982	4	1121600	4	1212604	4
湖州市	3160702	8	3365565	8	4135188	8	3872962	8	4104988	8
湖州市本级	475484	8	504965	8	752053	7	610519	7	644545	8
绍兴市	5283698	5	5435174	5	6038029	5	5400896	5	5787476	5
绍兴市本级	589534	7	600429	7	662079	8	509380	9	543040	9
金华市	4113010	7	4232520	6	4923237	6	4891632	6	5257962	6
金华市本级	950131	5	957716	5	772784	6	693457	6	802016	6
衢州市	1371245	11	1409050	11	1639311	11	1731004	9	2042082	9
衢州市本级	455600	9	461334	9	630211	9	584062	8	644935	7
舟山市	1548600	9	1591996	9	1807000	9	1561472	11	1935136	10
舟山市本级	670017	6	702757	6	842529	5	704046	5	950272	5
台州市	4384983	6	4012385	7	4554334	7	4407498	7	4942788	7
台州市本级	389700	10	428911	10	460326	10	325258	11	434563	11
丽水市	1398293	10	1438556	10	1639653	10	1708624	10	1860556	11
丽水市本级	373338	11	384707	11	441687	11	442933	10	474765	10

2019—2023年浙江省县(市、区)一般公共预算收入及排序表

单位:万元

地区		2019年		2020年		2021年		2022年		2023年	
		一般公共预算收入	排序	一般公共预算收入	排序	一般公共预算收入	排序	一般公共预算收入	排序	一般公共预算收入	排序
杭州市	富阳区	800008	22	901379	18	1050187	18	917363	19	1005385	18
	桐庐县	337654	53	342245	54	383973	54	414851	48	450347	48
	临安区	611600	34	685550	30	903943	25	839885	23	875951	26
	建德市	311008	57	342266	53	384966	53	520165	41	475927	46
	淳安县	210871	64	227682	62	259442	63	239175	67	269917	64
	上城区	851296	20	794640	25	2013817	6	2105573	7	2449376	5
	下城区	965861	15	812344	24						
	江干区	1036818	11	1076575	11						
	拱墅区	911928	16	867308	20	1795357	7	1842865	8	1991753	8
	西湖区	1506362	6	1619799	6	1756701	8	2334888	4	2337817	7
	滨江区	1755863	5	1827504	5	2028851	5	2146539	6	2421441	6
	萧山区	2676630	2	3000273	2	3430286	2	3183090	2	3320021	3
	余杭区	3914479	1	4410638	1	3756877	1	3529291	1	4166800	1
	临平区					1513279	9	1355731	9	1446818	9
	钱塘区					1173123	15	1166280	15	1270814	15
宁波市	慈溪市	1129316	8	1185836	8	1350928	11	1241420	12	1298208	13
	余姚市	1072259	10	1141976	10	1297227	12	1207431	13	1328629	12
	奉化区	600046	35	645065	34	741827	33	692970	32	868916	29
	象山县	462599	42	518061	39	578878	40	608166	40	646800	40
	宁海县	660175	30	679138	31	686638	35	624665	37	683361	35
	鄞州区	2123958	3	2161967	3	2319227	4	2214211	5	2588157	4
	镇海区	842299	21	845042	21	899442	26	744025	31	909060	23
	北仑区	1956401	4	2045540	4	2549816	3	2578630	3	4134777	2

续表(一)　　单位:万元

地区		2019年		2020年		2021年		2022年		2023年	
		一般公共预算收入	排序	一般公共预算收入	排序	一般公共预算收入	排序	一般公共预算收入	排序	一般公共预算收入	排序
	江北区	781709	26	842906	22	1016290	19	1019419	17	1088624	16
	海曙区	1124789	9	1158280	9	1296953	13	1170566	14	1294488	14
温州市	平阳县	380260	50	364900	50	420003	49	367406	51	400304	52
	苍南县	424574	47	263490	61	301837	59	302661	59	327907	59
	瑞安市	796399	24	819053	23	842459	27	660057	34	758175	33
	永嘉县	395265	49	407969	46	413403	51	357557	53	408747	51
	乐清市	996893	13	943849	14	970089	22	834679	24	970502	22
	文成县	96302	82	102164	80	117502	83	107693	85	114704	86
	泰顺县	101018	78	138031	75	158786	75	151032	78	160181	80
	洞头区	97043	81	100163	82	102794	86	106174	86	112081	87
	鹿城区	343935	52	352878	51	414425	50	357677	52	359113	56
	瓯海区	420053	48	430976	45	500107	43	446080	46	428510	49
	龙湾区	321631	56	329996	55	383258	55	288374	61	228770	70
	龙港市			170495	73	200334	70	229129	68	204704	73
嘉兴市	海宁市	970200	14	1009270	13	1143973	16	950769	18	1001296	19
	桐乡市	796500	23	939806	15	1093050	17	1058401	16	1070164	17
	平湖市	884488	19	900088	19	965800	23	807227	28	889787	25
	嘉善县	677939	29	717883	29	828340	30	804787	29	847456	32
	海盐县	522800	39	581837	38	639047	38	623726	38	655397	38
	南湖区	327968	55	347298	52	395286	52	351192	54	357962	57
	秀洲区	272718	60	275310	59	290522	62	247040	65	285550	63
湖州市	长兴县	658269	32	675539	32	827500	31	818826	25	872188	28
	德清县	656609	33	670820	33	832467	29	798420	30	850216	31
	安吉县	535632	38	597599	36	658286	37	624837	36	651123	39
	吴兴区	455456	44	512045	40	634425	39	624873	35	665600	37
	南浔区	379252	51	404597	47	430457	47	395487	50	421316	50

续表(二)　　单位:万元

地区		2019年		2020年		2021年		2022年		2023年	
		一般公共预算收入	排序	一般公共预算收入	排序	一般公共预算收入	排序	一般公共预算收入	排序	一般公共预算收入	排序
绍兴市	柯桥区	1314074	7	1372348	7	1471416	10	1325910	11	1422283	11
	上虞区	895152	18	936898	16	1001046	21	910102	20	976724	20
	嵊州市	457590	43	458205	42	520270	42	472840	45	508121	44
	新昌县	436635	45	437210	44	449491	45	416516	47	463027	47
	诸暨市	898144	17	903182	17	1002043	20	902845	21	972033	21
	越城区	692569	28	726902	26	931684	24	863303	22	902248	24
金华市	兰溪市	282838	59	296095	58	346666	56	344951	55	369098	53
	永康市	599255	36	606739	35	710379	34	668606	33	715255	34
	武义县	270277	61	274484	60	295554	61	331033	56	346600	58
	东阳市	699007	27	726456	27	833823	28	816147	26	873399	27
	磐安县	106402	77	110690	79	129598	80	137766	82	147416	81
	义乌市	1012240	12	1060054	12	1274908	14	1328995	10	1442803	10
	浦江县	192860	67	200286	65	240880	65	243761	66	253753	66
	金东区					192334	74	176486	73	145076	82
	婺城区					126311	82	150430	79	162546	78
衢州市	龙游县	189283	68	196327	67	230000	66	275986	62	300134	62
	常山县	117850	75	121905	77	150007	76	166087	74	199265	74
	江山市	205409	66	213083	63	256328	64	289696	60	367779	54
	开化县	99475	79	102030	81	110700	84	125073	83	225569	72
	柯城区	128394	74	133159	76	128709	81	142500	81	142666	83
	衢江区	175234	71	181212	70	133356	78	147600	80	161734	79
舟山市	岱山县	176002	70	181290	69	203051	69	200134	71	227124	71
	嵊泗县	78000	84	83094	85	88092	88	86706	89	124076	85
	定海区	330793	54	320252	56	338233	57	248312	63	307680	61
	普陀区	293788	58	304603	57	335095	58	322274	57	325984	60

续表(三)

单位:万元

地区		2019年		2020年		2021年		2022年		2023年	
		一般公共预算收入	排序	一般公共预算收入	排序	一般公共预算收入	排序	一般公共预算收入	排序	一般公共预算收入	排序
台州市	临海市	659900	31	594890	37	660200	36	621134	39	680471	36
	温岭市	782700	25	721157	28	803800	32	813380	27	857728	30
	玉环市	539248	37	478468	41	526318	41	503800	43	557013	41
	三门县	181700	69	161600	74	301384	60	320589	58	367497	55
	仙居县	210900	63	198237	66	218062	68	186522	72	236980	68
	天台县	223312	62	203992	64	227432	67	247958	64	259026	65
	椒江区	496123	40	443280	43	491100	44	475126	44	517809	43
	黄岩区	430800	46	397974	48	439647	46	409578	49	500285	45
	路桥区	470600	41	383876	49	426065	48	504153	42	531416	42
丽水市	缙云县	166468	73	172529	72	200012	72	213525	70	235156	69
	景宁县	69756	85	89586	84	136855	77	158950	75	178843	75
	莲都区	172940	72	179583	71	194990	73	156027	76	168120	76
	龙泉市	97922	80	91747	83	104677	85	115430	84	125243	84
	青田县	210229	65	190290	68	200240	71	221595	69	243939	67
	庆元县	54810	87	52531	88	53593	90	59136	90	65109	90
	松阳县	78910	83	81895	86	89279	87	100288	87	108824	88
	遂昌县	109590	76	114325	78	130420	79	152783	77	165780	77
	云和县	64330	86	81363	87	87900	89	87957	88	94777	89

2023年度浙江省一般公共预算收支决算分级表

单位:万元

预算科目	决算数合计	省级	地级	其中:地级直属乡镇	县级	乡级
一、税收收入	71245482	1623349	11259464	55624	38371240	19991429
增值税	30115254	779763	4305167	34090	14435719	10594605
企业所得税	13117911	719580	1735424	6659	7715442	2947465
个人所得税	5825499	62874	752619	1924	4002410	1007596
资源税	134197	0	2987	0	44371	86839
城市维护建设税	4050177	30200	972548	4045	1960661	1086768
房产税	3485446	14332	492867	3353	1722499	1255748
印花税	1919006	8268	294763	1292	1035927	580048
城镇土地使用税	1304362	1549	188319	2840	478593	635901
土地增值税	4044186	0	378132	450	2681831	984223
车船税	689241	1	119037	0	490796	79407
耕地占用税	415991	0	46451	0	248236	121304
契税	6091288	0	1964436	971	3527003	599849
烟叶税	197	0	0	0	197	0
环境保护税	40191	6767	4759	0	17508	11157
其他税收收入	12536	15	1955	0	10047	519
二、非税收入	14759617	1877032	2903705	6290	9590700	388180
专项收入	5462178	678929	1243167	6290	3174797	365285
行政事业性收费收入	1771860	432997	254042	0	1078833	5988
罚没收入	1667505	26863	448222	0	1190727	1693
国有资本经营收入	-358642	58335	-251398	0	-165579	0
国有资源(资产)有偿使用收入	5575141	543533	899242	0	4117159	15207
其他收入	641575	136375	310430	0	194763	7
本年收入合计	86005099	3500381	14163169	61914	47961940	20379609
一、一般公共服务支出	11698575	599759	2368453	14509	6386231	2344132
二、外交支出	0	0	0	0	0	0
三、国防支出	135195	11403	24772	13	92168	6852
四、公共安全支出	7630811	890606	1738051	3380	4818851	183303
五、教育支出	23651713	2047144	3665122	22132	16886415	1053032
六、科学技术支出	7874831	623877	1760806	2	5167304	322844
七、文化旅游体育与传媒支出	2914427	366460	742443	1790	1604002	201522
八、社会保障和就业支出	14977033	704327	2321235	13150	11250583	700888
九、卫生健康支出	11480240	616095	2691890	6589	7861195	311060
十、节能环保支出	1879768	32886	368515	765	1273826	204541
十一、城乡社区支出	10940583	16591	2925942	11236	6457832	1540218
十二、农林水支出	9106479	348175	675006	21729	5500178	2583120
十三、交通运输支出	5471911	549421	1500968	415	3252920	168602
十四、资源勘探工业信息等支出	3955545	103977	950632	0	2755404	145532
十五、商业服务业等支出	3007780	39621	368819	0	2512143	87197
十六、金融支出	272657	49883	44638	0	169777	8359
十七、援助其他地区支出	341453	94153	74923	0	171542	835
十八、自然资源海洋气象等支出	1619368	100918	303635	1547	1009881	204934
十九、住房保障支出	2815428	245608	560471	6598	1782791	226558
二十、粮油物资储备支出	336776	106600	113262	0	114706	2208
二十一、灾害防治及应急管理支出	740502	54935	169001	264	475715	40851
二十二、其他支出	97842	6439	33710	41	54692	3001
二十三、债务付息支出	2571582	105097	459346	0	1984618	22521
二十四、债务发行费用支出	10378	912	2892	0	6572	2
本年支出合计	123530877	7714887	23864532	104160	81589346	10362112

2023年度浙江省政府性基金收支决算分级表

单位:万元

收入项目	决算数合计	省级	地级	其中:地级直属乡镇	县级	乡级
国有土地使用权出让相关收入	64867747	45410	23574342	0	39185755	2062240
国有土地收益基金相关收入	2018148	0	951883	0	1057910	8355
农业土地开发资金相关收入	74459	12370	24493	0	37159	437
城市基础设施配套费相关收入	1095527	0	257671	0	796125	41731
污水处理费相关收入	812169	0	265415	0	544100	2654
车辆通行费相关收入	686841	215716	432765	0	38360	0
彩票公益金收入	606913	257534	227337	0	119203	2839
其他各项政府性基金相关收入	13469489	87419	1183027	0	11913793	285250
本年收入合计	83631293	618449	26916933	0	53692405	2403506
国有土地使用权出让相关支出	56308385	2464	13005568	38874	39085521	4214832
国有土地收益基金相关支出	636501	0	189051	0	401084	46366
农业土地开发资金相关支出	10808	0	0	0	7880	2928
城市基础设施配套费相关支出	615710	0	112967	0	403797	98946
污水处理费相关支出	1278430	0	263536	0	993235	21659
车辆通行费相关支出	1640770	531016	999706	0	110048	0
彩票公益金安排的支出	395293	17801	110935	445	221199	45358
抗疫特别国债安排的支出	0	0	0	0	0	0
其他各项政府性基金相关支出	35449338	492410	5881984	402	26461724	2613220
本年支出合计	96335235	1043691	20563747	39721	67684488	7043309

2023年度浙江省国有资本经营收支决算总表

单位:万元

预算科目	决算数	预算科目	决算数
利润收入	1603672	解决历史遗留问题及改革成本支出	31802
股利、股息收入	148782	国有企业资本金注入	458475
产权转让收入	59058	国有企业政策性补贴	181888
清算收入	4941	其他国有资本经营预算支出	187517
其他国有资本经营预算收入	133185		
本年收入合计	1949638	本年支出合计	859682
上级补助收入	2139	上解上级支出	0
上年结余收入	185134		
省补助计划单列市收入	0	计划单列市上解省支出	0
		调出资金	1150569
		年终结余	126660
收入总计	2136911	支出总计	2136911

2023年浙江省社会保险基金收支表

单位:万元

险种	本年收入	全国统筹调剂资金收入	本年支出	全国统筹调剂资金支出	本年收支结余	滚存结余
一、企业职工基本养老保险	31770453	0	36701157	1327300	-4930704	12002590
二、城乡居民基本养老保险	4118558	0	3188920	0	929638	5063778
三、机关事业单位基本养老保险	7302890	0	7390743	0	-87853	1811456
四、职工基本医疗保险	17474296	0	14339601	0	3134695	33844069
五、城乡居民基本医疗保险	5074832	0	5160713	0	-85881	2822197
六、工伤保险	1047529	0	1154361	0	-106832	595552
七、失业保险	1306665	0	995028	0	311637	1656361
合计	68095223	0	68930523	1327300	-835300	57796003

注:本年收入和本年支出中均不含省内上下级调剂收支。

2019—2023年浙江省政府非税收入表

单位:亿元

项目	2019年	2020年	2021年	2022年	2023年
行政事业性收费	408.94	414.90	510.17	532.41	534.27
政府性基金	486.74	426.09	497.57	538.59	581.32
国有资源有偿使用收入	8916.81	11017.08	11315.76	9397.93	7227.41
国有资产有偿使用收入	114.30	94.04	84.06	235.51	601.77
按规定上缴财政的国有资本经营收入	42.48	14.06	37.70	151.99	176.28
行政(刑事)处罚的罚没收入	1402.28	159.44	158.21	208.16	166.76
彩票公益金	45.63	37.80	42.16	41.98	60.69
以政府名义接受捐赠的收入	0.74	0.77	0.69	0.81	0.27
应当纳入政府非税收入管理的其他资金	600.74	454.86	408.26	762.51	861.25
合计	12018.66	12619.05	13054.58	11874.79	10210.02

备注:1.本表所列政府非税收入项目分类标准依照《浙江省政府非税收入管理条例》相关规定,不同于预算科目分类标准;

2.按规定上缴财政的国有资本经营收入含国有企业计划亏损补贴。

3.行政事业性收费中含纳入财政专户管理的教育收费。

2023年浙江省市县级一般公共预算收支情况表

单位:万元

项目＼地区	杭州市	市本级	富阳区	桐庐县	临安区	建德市	淳安县	上城区
一、收入合计	26168107	3685740	1005385	450347	875951	475927	269917	2449376
(一)税收收入小计	23481349	3009962	813010	383047	781318	356015	220350	2318654
增值税	9194156	1274889	355283	188928	297331	156022	86348	772269
企业所得税	4968483	323685	139108	79397	130095	89246	51417	643321
个人所得税	2434447	99519	54266	20304	29081	15841	20984	265629
资源税	19418	0	4246	2510	2027	7445	526	0
城市维护建设税	1339289	294598	38724	17998	34421	17207	7935	107769
房产税	973362	49996	38771	18270	23715	14975	6619	153729
城镇土地使用税	152475	2940	16056	8564	13118	9938	3675	9223
土地增值税	1640802	30072	11261	11629	136504	2560	20155	267928
耕地占用税	59673	8753	7866	2541	3710	5804	709	0
契税	1966933	888187	116907	21118	93867	16316	13804	0
其他各项税收收入	732311	37323	30522	11788	17449	20661	8178	98786
(二)非税收入小计	2686758	675778	192375	67300	94633	119912	49567	130722
专项收入	1410990	370056	98053	24900	33523	24469	10858	91579
行政事业性收费收入	286245	55234	47958	2763	8718	12903	6250	17780
罚没收入	282139	51542	33707	17631	8184	13478	8331	17966
国有资本经营收入	-124380	-100000	-3000	0	-6200	-4700	0	0
国有资源(资产)有偿使用收入	679847	184494	15657	19554	50349	70206	23172	3397
其他收入	151917	114452	0	2452	59	3556	956	0
二、支出合计	26362270	4811284	1376229	727976	1056767	874210	894069	1553228
一般公共服务支出	2096556	391235	137740	61467	90640	82322	101025	149531
外交支出	0	0	0	0	0	0	0	0
国防支出	22711	2633	48	502	568	617	802	525
公共安全支出	1537063	418666	69886	40238	53995	40041	35513	112701
教育支出	5601784	952738	252059	218022	201040	134480	147352	437509
科学技术支出	2429074	395556	86789	51607	58521	41737	17148	136294
文化旅游体育与传媒支出	679750	274615	32515	17831	22569	14316	14275	20825
社会保障和就业支出	3142782	709219	211111	84861	200073	98876	136110	194455
卫生健康支出	2177487	496187	152521	86478	71482	90731	88799	119161
节能环保支出	393721	32342	13832	3423	22413	13386	33301	17369
城乡社区支出	2967955	344359	85288	19176	80053	72474	35795	237761
农林水支出	1201439	118345	92857	63116	108218	134081	123500	7548
交通运输支出	546756	105408	43094	35477	42868	74688	55467	86
资源勘探工业信息等支出	1412001	294377	81881	4940	19433	4062	25701	10470
商业服务业等支出	676772	3458	9026	6646	13674	5096	17173	60487
金融支出	28403	4582	3115	395	468	132	177	4094
援助其他地区支出	91003	19666	3007	1055	2544	1206	0	9785
自然资源海洋气象等支出	188705	42842	11980	5227	7782	13036	7150	4069
住房保障支出	521961	55332	43755	12572	29152	22793	22044	9006
粮油物资储备支出	59240	47812	1443	34	2000	34	1490	234
灾害防治及应急管理支出	123870	30123	12493	2727	9987	3069	3620	4935
其他支出	12593	1500	1364	0	0	4303	0	1421
债务付息支出	448990	70129	30244	12161	19174	22628	27529	14920
债务发行费用支出	1654	160	181	21	113	102	98	42

续表(一)　　　　单位:万元

项目 \ 地区	拱墅区	西湖区	滨江区	萧山区	余杭区	临平区	钱塘区	宁波市
一、收入合计	1991753	2337817	2421441	3320021	4166800	1446818	1270814	17858565
(一)税收收入小计	1876141	2165721	2290707	2804776	3987717	1315941	1157990	14646535
增值税	729661	803303	852775	1232723	1205909	627088	611627	6479186
企业所得税	383914	447879	460991	560332	1220179	219655	219264	2523564
个人所得税	182286	451719	436812	168463	534565	76602	78376	1313760
资源税	0	411	0	2211	42	0	0	24188
城市维护建设税	103138	98351	157428	136598	159145	69953	96024	948370
房产税	121840	93977	101148	122867	90441	57137	79877	609770
城镇土地使用税	11202	8660	5478	27848	9789	12545	13439	278362
土地增值税	200425	208669	214499	37167	444375	40851	14707	827286
耕地占用税	0	0	0	9849	10772	9669	0	48258
契税	0	0	0	401634	246974	168126	0	985744
其他各项税收收入	143675	52752	61576	105084	65526	34315	44676	608047
(二)非税收入小计	115612	172096	130734	515245	179083	130877	112824	3212030
专项收入	84943	82958	124177	179552	144029	67009	74884	1174335
行政事业性收费收入	6524	25905	388	56021	13616	14714	17471	252739
罚没收入	23269	35776	5012	28811	5000	16573	16859	206847
国有资本经营收入	0	0	0	-6880	-3600	0	0	-59026
国有资源(资产)有偿使用收入	876	26935	1157	229630	18229	32581	3610	1487611
其他收入	0	522	0	28111	1809	0	0	149524
二、支出合计	1322296	1692910	1818822	3281572	3513830	2001734	1437343	22350944
一般公共服务支出	120667	91703	60612	288474	207136	173061	140943	1782147
外交支出	0	0	0	0	0	0	0	0
国防支出	475	3434	1991	4870	2157	2263	1826	25006
公共安全支出	133263	103743	58112	178420	117014	92209	83262	1107713
教育支出	357034	574342	333941	689017	556645	436784	310821	3177652
科学技术支出	93272	214257	463262	233452	335220	94198	207761	1821641
文化旅游体育与传媒支出	30689	27329	43382	69212	66921	37083	8188	431424
社会保障和就业支出	187205	183838	221030	257456	353234	186326	118988	2532136
卫生健康支出	117086	94110	86101	229279	291104	186070	68378	1788165
节能环保支出	15165	7483	15122	51107	67853	47855	53070	236062
城乡社区支出	192577	243028	337432	394296	399853	412060	113803	3295729
农林水支出	2535	38689	11063	127869	276221	43593	53804	1205884
交通运输支出	116	10	14	52552	75509	44560	16907	1136857
资源勘探工业信息等支出	3666	61837	65571	291774	289961	109156	149172	830187
商业服务业等支出	40031	3272	23374	130825	296468	51208	16034	1435545
金融支出	3137	1133	1934	7482	869	526	359	100186
援助其他地区支出	4005	7514	11201	8458	13056	6475	3031	60201
自然资源海洋气象等支出	4853	7984	4262	32469	21243	12904	12904	195794
住房保障支出	6337	5557	55160	150726	71761	19432	18334	537788
粮油物资储备支出	493	0	43	116	5138	374	29	82105
灾害防治及应急管理支出	2238	12263	4102	11667	11830	7231	7585	112441
其他支出	0	0	0	1863	2103	39	0	26397
债务付息支出	7400	11310	21077	69939	52342	38148	51989	428253
债务发行费用支出	52	74	36	249	192	179	155	1631

续表(二) 单位:万元

项目 \ 地区	市本级	慈溪市	余姚市	奉化区	象山县	宁海县	鄞州区	镇海区
一、收入合计	3017545	1298208	1328629	868916	646800	683361	2588157	909060
(一)税收收入小计	2036852	1149076	1145955	602691	518185	539344	2231801	756368
增值税	883992	598574	666446	305013	265616	252827	839346	366173
企业所得税	439940	139357	114125	68159	60235	73405	357396	113189
个人所得税	103415	56472	70693	24150	54701	40562	151045	41355
资源税	0	2369	3258	7028	2378	2370	2887	965
城市维护建设税	271657	58092	68049	35835	22714	27034	113254	42055
房产税	102688	59411	54825	26377	24394	28602	112177	33987
城镇土地使用税	58979	38441	44508	14677	18202	10169	22449	15603
土地增值税	1660	69284	12526	24863	11159	42248	272758	34219
耕地占用税	1527	11228	5945	1955	3048	6006	7716	3461
契税	91926	81673	68325	79259	33659	34008	266115	65870
其他各项税收收入	81068	34175	37255	15375	22079	22113	86658	39491
(二)非税收入小计	980693	149132	182674	266225	128615	144017	356356	152692
专项收入	372364	85332	88016	39029	39368	45525	115407	45866
行政事业性收费收入	48855	27629	28889	9055	16915	17002	34613	16804
罚没收入	53153	17788	15931	3765	28095	11682	35068	10611
国有资本经营收入	-22000	-14329	-27514	0	-3000	0	0	0
国有资源(资产)有偿使用收入	407990	23861	73400	213608	47237	69036	169879	75162
其他收入	120331	8851	3952	768	0	772	1389	4249
二、支出合计	6427158	1665906	1554894	1088664	1146893	1041508	2110201	1150966
一般公共服务支出	388042	144202	142063	144912	120817	75601	211020	95751
外交支出	0	0	0	0	0	0	0	0
国防支出	3668	1507	1642	216	2330	2431	1967	1096
公共安全支出	349288	121550	83934	56947	51028	70844	109476	58939
教育支出	721500	425679	284918	173732	169671	184757	385952	167656
科学技术支出	693154	108362	100889	68921	69095	37455	110086	62008
文化旅游体育与传媒支出	133008	33293	25838	25117	46177	20255	40471	15072
社会保障和就业支出	446635	254245	287328	176887	187547	151197	317118	150256
卫生健康支出	529701	211461	169318	97585	92476	114743	189556	73869
节能环保支出	39969	8562	20612	4836	5171	5560	16206	9771
城乡社区支出	1462856	75956	76545	75751	90527	115930	325266	296969
农林水支出	186806	114542	159427	129230	145168	92756	106997	61511
交通运输支出	697712	20699	43504	36924	54188	48002	20575	15284
资源勘探工业信息等支出	130643	29258	42545	13776	13394	24291	74462	45795
商业服务业等支出	138832	10116	25509	11090	5015	8808	41552	15580
金融支出	9535	2676	5114	7853	1615	2352	24980	7185
援助其他地区支出	24962	4621	4234	1718	1893	2116	6667	2453
自然资源海洋气象等支出	69903	11515	9989	7461	31082	6931	13338	8892
住房保障支出	153536	39599	32071	26867	21458	28565	60092	31761
粮油物资储备支出	48821	7558	28	3574	1355	4919	4964	522
灾害防治及应急管理支出	40334	9637	8809	4959	4166	5243	9656	6214
其他支出	15963	6039	75	636	424	400	31	2674
债务付息支出	140721	24824	30494	19667	32290	38348	39760	21704
债务发行费用支出	1569	5	8	5	6	4	9	4

续表(三) 单位:万元

项目 \ 地区	北仑区	江北区	海曙区	温州市	市本级	平阳县	苍南县	瑞安市
一、收入合计	4134777	1088624	1294488	6226842	1753144	400304	327907	758175
(一)税收收入小计	3568894	925326	1172043	5022704	1499705	320265	240489	648137
增值税	1464044	375926	461229	2357272	484632	187070	132329	338018
企业所得税	819466	175233	163059	685035	200018	33800	36673	73267
个人所得税	584647	90082	96638	268779	90220	19580	9175	39197
资源税	866	0	2067	5698	430	685	209	603
城市维护建设税	200512	48311	60857	302044	93884	17015	13268	41179
房产税	73184	38674	55451	259957	90366	17217	8090	32518
城镇土地使用税	32399	10880	12055	74741	17846	6748	4825	10615
土地增值税	144676	38364	175529	188335	97649	−4919	−703	−731
耕地占用税	2229	1603	3540	25827	5790	1366	1057	2335
契税	68342	100530	96037	632088	367738	28501	25047	80880
其他各项税收收入	178529	45723	45581	222928	51132	13202	10519	30256
(二)非税收入小计	565883	163298	122445	1204138	253439	80039	87418	110038
专项收入	200805	74760	67863	307190	83539	20829	19362	37980
行政事业性收费收入	17516	12305	23156	146428	27942	7826	13822	11810
罚没收入	19692	5956	5106	277849	95665	12176	22835	38019
国有资本经营收入	0	7817	0	−62885	−51000	0	−1200	−5300
国有资源(资产)有偿使用收入	320630	62406	24402	467887	71445	38083	28562	23515
其他收入	7240	54	1918	67669	25848	1125	4037	4014
二、支出合计	3770628	1003057	1391069	11759428	1917900	977148	1007972	1416507
一般公共服务支出	177043	91358	191338	1307297	190695	111773	93525	143638
外交支出	0	0	0	0	0	0	0	0
国防支出	8995	766	388	12110	2744	991	998	1680
公共安全支出	82040	37587	86080	814296	181038	44624	48145	93418
教育支出	248230	153870	261687	2767484	370665	213951	213059	371572
科学技术支出	434662	61580	75429	438380	143127	20389	14111	54407
文化旅游体育与传媒支出	63425	11812	16956	240873	54231	16394	16274	23030
社会保障和就业支出	257158	118746	185019	1607043	165118	162955	193468	240830
卫生健康支出	139983	65697	103776	1391899	330120	111439	101901	160629
节能环保支出	110027	9169	6179	120474	20682	16344	4988	11014
城乡社区支出	537164	108172	130593	652478	131109	34879	18148	55789
农林水支出	53132	78172	78143	964372	54141	131585	189636	97180
交通运输支出	149117	6908	43944	376345	48649	39749	61158	29422
资源勘探工业信息等支出	348791	64622	42610	130179	25307	3901	1898	29753
商业服务业等支出	986162	127342	65539	79248	31578	1701	1160	16811
金融支出	18356	12669	7851	18463	8215	1123	1074	3635
援助其他地区支出	6575	1973	2989	17980	7045	0	0	3099
自然资源海洋气象等支出	20142	6293	10248	175380	36441	14905	11161	14295
住房保障支出	67023	29781	47035	323837	78862	25862	20893	32642
粮油物资储备支出	1075	1700	7589	14977	2621	207	262	877
灾害防治及应急管理支出	11422	4267	7734	82947	15560	5660	4751	10507
其他支出	97	0	58	5383	184	510	409	0
债务付息支出	49998	10569	19878	217384	19697	18180	10910	22219
债务发行费用支出	11	4	6	599	71	26	43	60

续表(四)　　单位:万元

项目＼地区	永嘉县	乐清市	文成县	泰顺县	洞头区	鹿城区	瓯海区	龙湾区
一、收入合计	408747	970502	114704	160181	112081	359113	428510	228770
(一)税收收入小计	346076	830465	73617	126826	60771	254998	302874	172466
增值税	167548	448124	40384	61756	36417	111387	177870	96924
企业所得税	45985	121286	6835	29830	5011	46208	40488	27248
个人所得税	12797	40247	4038	4105	1925	15525	15940	11059
资源税	614	444	7	933	1403	0	0	316
城市维护建设税	15814	51027	3742	6017	4622	12984	20315	11777
房产税	13745	36927	1943	1558	1578	13282	22478	12553
城镇土地使用税	4669	12357	1301	867	2084	2956	3169	2586
土地增值税	27203	32503	1787	4449	859	34101	9235	-8201
耕地占用税	2490	3525	327	5251	890	822	1169	250
契税	40953	49171	10511	8256	0	0	0	0
其他各项税收收入	14258	34854	2742	3804	5982	17733	12210	17954
(二)非税收入小计	62671	140037	41087	33355	51310	104115	125636	56304
专项收入	20828	52535	6595	13757	4855	11634	16992	10017
行政事业性收费收入	7794	18165	5864	5951	2740	22713	11043	5776
罚没收入	12942	31653	3084	5436	14309	15342	10036	7183
国有资本经营收入	-1350	-3500	0	-35	0	0	-500	0
国有资源(资产)有偿使用收入	20072	41073	23912	6950	28863	50830	88012	11239
其他收入	2385	111	1632	1296	543	3596	53	22089
二、支出合计	1010454	1286153	539833	615723	369799	887021	705911	632681
一般公共服务支出	135510	114241	68512	73847	42315	121816	92782	88829
外交支出	0	0	0	0	0	0	0	0
国防支出	420	638	273	358	1099	849	809	527
公共安全支出	56326	99757	26891	21543	18494	81953	64141	52465
教育支出	255427	385203	96099	81100	48554	269498	188699	167441
科学技术支出	40278	32100	8450	5554	12909	35795	24839	40423
文化旅游体育与传媒支出	18915	15567	14596	16978	8601	20932	18180	13827
社会保障和就业支出	179957	182743	100856	92145	37878	77760	54917	45221
卫生健康支出	94794	163997	39672	61584	41540	93701	87284	64942
节能环保支出	3739	6448	10215	10255	8569	6950	8146	9462
城乡社区支出	67981	44866	18788	80323	34495	58740	53119	30064
农林水支出	75001	111128	81627	70028	32311	22106	46964	22164
交通运输支出	19248	14735	22978	48742	37569	7749	7555	24630
资源勘探工业信息等支出	6158	23034	1135	1014	11007	8077	6087	12590
商业服务业等支出	1914	3224	1355	1425	1734	12437	3659	1688
金融支出	20	1589	99	102	95	1357	117	220
援助其他地区支出	0	3348	0	0	0	1881	1437	1170
自然资源海洋气象等支出	18398	36752	9222	10221	10091	1935	2097	2065
住房保障支出	2870	8380	16159	17352	7222	42037	31512	30733
粮油物资储备支出	128	5220	3001	841	1105	0	706	0
灾害防治及应急管理支出	8757	5201	3722	3845	2541	6351	5305	6083
其他支出	272	3276	128	0	0	0	0	553
债务付息支出	24280	24631	16012	18423	11644	15085	7516	17510
债务发行费用支出	61	75	43	43	26	12	40	74

续表(五) 单位:万元

项目 \ 地区	龙港市	湖州市	市本级	长兴县	德清县	安吉县	吴兴区	南浔区
一、收入合计	204704	4104988	644545	872188	850216	651123	665600	421316
(一)税收收入小计	146015	3464900	514141	751934	662202	591980	573536	371107
增值税	74813	1493475	155369	340472	323486	258750	229972	185426
企业所得税	18386	531412	77673	135144	106795	77053	85888	48859
个人所得税	4971	245939	40934	42530	58044	68727	21573	14131
资源税	54	21619	535	7781	2800	1996	8507	0
城市维护建设税	10400	159367	29829	34605	29428	24047	23231	18227
房产税	7702	199939	32389	37565	41376	29338	38989	20282
城镇土地使用税	4718	117534	22473	30914	20404	16768	13596	13379
土地增值税	-4897	142664	63002	13347	-3642	23808	45658	491
耕地占用税	555	68271	6579	13398	6669	3842	17686	20097
契税	21031	359429	71470	60089	54394	72536	67292	33648
其他各项税收收入	8282	125251	13888	36089	22448	15115	21144	16567
(二)非税收入小计	58689	640088	130404	120254	188014	59143	92064	50209
专项收入	8267	207321	27457	44754	57017	33797	26025	18271
行政事业性收费收入	4982	64161	14904	2896	16336	7351	8772	13902
罚没收入	9169	96408	38821	17016	9907	9981	8896	11787
国有资本经营收入	0	-24710	-23610	0	0	-1100	0	0
国有资源(资产)有偿使用收入	35331	277709	59127	55569	101033	9114	48371	4495
其他收入	940	19199	13705	19	3721	0	0	1754
二、支出合计	392326	6069736	1480412	1199763	1075334	937225	702017	674985
一般公共服务支出	29814	674360	143500	135597	155562	76156	65984	97561
外交支出	0	0	0	0	0	0	0	0
国防支出	724	6708	1635	2141	1136	127	307	1362
公共安全支出	25501	364807	95156	70892	68448	60384	40865	29062
教育支出	106216	1099983	263062	211144	161747	176256	144510	143264
科学技术支出	5998	310081	66113	59390	65224	67600	27856	23898
文化旅游体育与传媒支出	3348	102847	23374	17137	25747	18400	8991	9198
社会保障和就业支出	73195	795499	172303	124684	137048	106857	132630	121977
卫生健康支出	40296	579609	174037	94446	87859	77630	77928	67709
节能环保支出	3662	135901	15642	15649	8714	77096	14323	4477
城乡社区支出	24177	407362	92170	110937	61809	81633	39107	21706
农林水支出	30501	533437	53184	166978	89554	93855	48873	80993
交通运输支出	14161	271196	96863	56196	63820	20659	13405	20253
资源勘探工业信息等支出	218	234214	93586	28705	74998	8918	26678	1329
商业服务业等支出	562	104809	66647	11669	6033	3139	11791	5530
金融支出	817	14253	5282	369	3155	514	2952	1981
援助其他地区支出	0	9059	4506	1846	2577	0	0	130
自然资源海洋气象等支出	7797	89391	11935	21341	20894	14106	14129	6986
住房保障支出	9313	103458	52898	15138	5548	4372	7409	18093
粮油物资储备支出	9	3333	123	708	2456	46	0	0
灾害防治及应急管理支出	4664	41864	11200	8514	6504	6325	5071	4250
其他支出	51	595	443	0	0	0	0	152
债务付息支出	11277	186525	36565	46163	26434	43140	19158	15065
债务发行费用支出	25	445	188	119	67	12	50	9

续表(六)　　　　单位:万元

项目＼地区	嘉兴市	市本级	海宁市	桐乡市	平湖市	嘉善县	海盐县	南湖区
一、收入合计	6320216	1212604	1001296	1070164	889787	847456	655397	357962
(一)税收收入小计	5568268	1105415	914846	903394	789775	777545	550812	290830
增值税	2413403	340181	377718	391504	376533	405641	278334	137046
企业所得税	999128	213703	165541	168134	142494	94124	115966	52436
个人所得税	443265	219196	75943	46216	36928	40871	23770	173
资源税	1845	28	0	0	0	4	1813	0
城市维护建设税	311497	67067	48366	47484	46300	38873	31063	17052
房产税	379687	66156	76652	61095	51781	44128	36521	21136
城镇土地使用税	135264	9503	19466	17250	29358	18917	12524	16720
土地增值税	195583	9522	37807	42162	18871	41909	3772	27089
耕地占用税	38783	2059	5253	8812	6427	2493	4926	2669
契税	433998	137990	72838	80912	49136	67011	26111	0
其他各项税收收入	215815	40010	35262	39825	31947	23574	16012	16509
(二)非税收入小计	751948	107189	86450	166770	100012	69911	104585	67132
专项收入	299579	48344	45158	43552	41603	40661	33480	25383
行政事业性收费收入	123611	17752	7548	53022	17208	11831	5541	1358
罚没收入	158368	25021	236	45252	8097	21754	10875	38634
国有资本经营收入	−74508	−19500	−15462	−7000	−15000	−8960	−8586	0
国有资源(资产)有偿使用收入	221802	23906	46034	29274	44999	4625	60746	1757
其他收入	23096	11666	2936	2670	3105	0	2529	0
二、支出合计	8269900	1563398	1213597	1429663	1142195	1000821	781601	636393
一般公共服务支出	707225	145639	118723	97134	81279	99073	76123	39332
外交支出	0	0	0	0	0	0	0	0
国防支出	9355	2112	1831	825	1010	100	891	2076
公共安全支出	513138	92246	70557	93481	61628	81831	46835	32198
教育支出	1635936	230785	293256	310614	219662	198858	181727	101787
科学技术支出	547018	78054	80600	72823	90382	88743	52325	46376
文化旅游体育与传媒支出	169247	46873	22990	27723	17764	25710	14092	8841
社会保障和就业支出	799684	148709	201706	94523	109767	80795	64188	56812
卫生健康支出	678037	129363	91902	117046	107528	74630	66529	38802
节能环保支出	249448	22668	14494	153596	19658	17856	10772	2845
城乡社区支出	1144805	349684	51051	216076	129102	89524	100361	178515
农林水支出	569420	36593	83486	100569	84361	97673	72602	33434
交通运输支出	404975	108295	16304	57635	102332	40122	45800	7551
资源勘探工业信息等支出	209206	41300	44530	19418	12099	34041	10582	32829
商业服务业等支出	112800	10464	22510	12012	33601	10253	2308	7095
金融支出	10901	4296	50	50	34	0	59	5592
援助其他地区支出	14672	3271	2600	2498	3083	0	1119	1228
自然资源海洋气象等支出	98558	29601	19323	9174	10097	11708	9285	2354
住房保障支出	135222	34156	29897	7602	22722	6242	3648	22236
粮油物资储备支出	3471	2935	21	116	283	83	33	0
灾害防治及应急管理支出	40935	9571	6699	2895	4772	6856	2943	4305
其他支出	17107	0	4502	0	998	11188	39	380
债务付息支出	198096	36673	36441	33736	29933	25435	19296	11764
债务发行费用支出	644	110	124	117	100	100	44	41

续表(七)　　单位:万元

项目＼地区	秀洲区	绍兴市	市本级	柯桥区	上虞区	嵊州市	新昌县	诸暨市
一、收入合计	285550	5787476	543040	1422283	976724	508121	463027	972033
(一)税收收入小计	235651	4497047	419792	1102217	772363	364065	353847	708623
增值税	106446	1795487	79094	482555	341010	153541	135127	279424
企业所得税	46730	722396	92867	159089	148859	45079	75122	82632
个人所得税	168	304709	22649	49854	46148	32981	48559	72617
资源税	0	6155	0	37	388	3192	1174	1239
城市维护建设税	15292	234074	25367	53475	41345	20525	16801	36055
房产税	22218	365739	32133	104120	58239	25861	18940	50625
城镇土地使用税	11526	168018	10696	46128	17814	23801	9093	31813
土地增值税	14451	369819	33009	90922	58604	17777	8262	38950
耕地占用税	6144	27689	2362	6755	12742	2490	3292	-6649
契税	0	321747	95499	67052	14716	25278	24461	89268
其他各项税收收入	12676	181214	26116	42230	32498	13540	13016	32649
(二)非税收入小计	49899	1290429	123248	320066	204361	144056	109180	263410
专项收入	21398	380311	31136	89673	86150	42863	22698	53533
行政事业性收费收入	9351	206861	23240	55447	30212	14083	9189	30792
罚没收入	8499	159054	41116	27450	30921	14712	9042	26025
国有资本经营收入	0	-17488	-7498	0	0	0	0	0
国有资源(资产)有偿使用收入	10461	539643	26475	143407	54017	72826	68251	147703
其他收入	190	22048	8779	4089	3061	-428	0	5357
二、支出合计	502232	7786417	1013638	1391541	1375022	925164	737026	1261958
一般公共服务支出	49922	825305	143434	119291	131367	95351	87641	126254
外交支出	0	0	0	0	0	0	0	0
国防支出	510	10608	2830	1170	1636	1198	1345	1331
公共安全支出	34362	495876	119345	80597	71131	46745	40494	74186
教育支出	99247	1584050	160498	321862	264411	172734	135361	307044
科学技术支出	37715	486267	42023	110331	96408	86290	81502	17156
文化旅游体育与传媒支出	5254	164138	48742	30919	21622	17050	12124	21756
社会保障和就业支出	43184	1240472	133461	194504	211695	160275	111362	257785
卫生健康支出	52237	872856	153545	135338	135458	101376	72661	128604
节能环保支出	7559	93754	12522	36532	12226	7207	12484	7962
城乡社区支出	30492	457201	65390	97584	147070	18989	18822	57259
农林水支出	60702	531194	22144	88546	150297	72523	64747	87963
交通运输支出	26936	221982	15922	26015	32075	52888	31387	41045
资源勘探工业信息等支出	14407	139589	2733	32193	14453	17614	3010	24303
商业服务业等支出	14557	119248	7586	30252	16910	9305	8055	4161
金融支出	820	9305	0	0	6952	1213	758	312
援助其他地区支出	873	23026	7037	4671	4760	1150	1659	3269
自然资源海洋气象等支出	7016	109930	15210	9304	18345	14741	17203	20000
住房保障支出	8719	165606	32803	22389	6508	18439	13302	30468
粮油物资储备支出	0	16070	110	3646	6098	2144	1593	2414
灾害防治及应急管理支出	2894	61356	9092	13871	9653	5433	4788	6682
其他支出	0	2246	2097	0	0	0	0	149
债务付息支出	4818	155561	16954	32354	15878	22389	16693	41671
债务发行费用支出	8	777	160	172	69	110	35	184

续表(八)　　单位:万元

项目＼地区	越城区	金华市	市本级	兰溪市	永康市	武义县	东阳市	磐安县
一、收入合计	902248	5257962	802016	369098	715255	346600	873399	147416
(一)税收收入小计	776140	4524812	676712	312529	606294	265159	737804	107962
增值税	324736	1895339	254036	137992	274560	130736	367380	60969
企业所得税	118748	676592	107199	52198	75908	31174	106489	13337
个人所得税	31901	228038	39295	17859	23917	14044	41886	4432
资源税	125	8589	489	2370	58	1639	1009	66
城市维护建设税	40506	231473	39388	17223	35354	14565	38353	6137
房产税	75821	260951	35489	13062	40815	15580	27013	3444
城镇土地使用税	28673	128334	16852	12400	18160	10496	11774	2225
土地增值税	122295	256752	13799	15398	45568	9255	51072	5001
耕地占用税	6697	70664	6797	2407	2325	1988	2991	2636
契税	5473	584002	126296	28938	68081	26523	59350	6523
其他各项税收收入	21165	184078	37072	12682	21548	9159	30487	3192
(二)非税收入小计	126108	733150	125304	56569	108961	81441	135595	39454
专项收入	54258	265930	53050	19587	33742	22772	46290	7553
行政事业性收费收入	43898	82175	29228	2827	8620	2608	9162	569
罚没收入	9788	131340	47014	10422	20488	15780	8080	3305
国有资本经营收入	-9990	-33790	-23000	-2440	0	0	-2000	0
国有资源(资产)有偿使用收入	26964	259893	15075	25900	44287	37173	73833	15526
其他收入	1190	27602	3937	273	1824	3108	230	12501
二、支出合计	1082068	8484768	1395405	749946	929344	608842	1128523	495978
一般公共服务支出	121967	819523	157039	55213	80301	55862	94381	78593
外交支出	0	0	0	0	0	0	0	0
国防支出	1098	5572	2417	781	10	154	424	16
公共安全支出	63378	559227	123288	33406	63047	30772	62740	21060
教育支出	222140	1652384	211232	131879	209164	106188	241696	61825
科学技术支出	52557	333436	55060	7331	39931	37269	43241	6523
文化旅游体育与传媒支出	11925	233167	49579	10630	37546	16483	40788	16786
社会保障和就业支出	171390	1142838	126734	190421	119775	88282	177755	55056
卫生健康支出	145874	988305	250695	86581	112755	48087	105974	47491
节能环保支出	4821	164618	96634	4447	9941	14446	8435	2191
城乡社区支出	52087	470341	62789	26095	59141	57733	35383	38261
农林水支出	44974	644027	45201	70640	61716	78173	88062	53000
交通运输支出	22650	417057	32380	28851	19671	19334	42664	52304
资源勘探工业信息等支出	45283	230279	45799	49557	12202	3287	57376	10790
商业服务业等支出	42979	161262	20318	3608	26336	2018	24463	2154
金融支出	70	17282	5307	0	2492	1177	6955	100
援助其他地区支出	480	12622	3568	0	1928	0	1790	0
自然资源海洋气象等支出	15127	145146	14583	14438	13743	12270	16710	20763
住房保障支出	41697	224074	48189	24569	20725	11325	33711	9799
粮油物资储备支出	65	12948	4478	680	3500	1423	1313	1318
灾害防治及应急管理支出	11837	55521	12711	3145	6964	6060	7088	3694
其他支出	0	1899	41	913	320	0	0	284
债务付息支出	9622	192185	27189	6743	27851	18452	37405	13936
债务发行费用支出	47	1055	174	18	285	47	169	34

续表(九)　　单位:万元

项目＼地区	义乌市	浦江县	金东区	婺城区	衢州市	市本级	龙游县	常山县
一、收入合计	1442803	253753	145076	162546	2042082	644935	300134	199265
(一)税收收入小计	1375839	198050	121311	123152	1546206	589906	247546	134840
增值税	467145	91700	60693	50128	676981	212177	126813	65293
企业所得税	226955	22603	19477	21252	198927	74608	30671	18785
个人所得税	63946	7280	5996	9383	92887	51087	8461	4221
资源税	1145	1813	0	0	7979	13	1496	2443
城市维护建设税	53791	7640	7480	11542	73099	31929	9755	5786
房产税	93289	14140	12261	5858	58693	20429	11509	6219
城镇土地使用税	42908	5434	3842	4243	48289	17714	9734	3612
土地增值税	82747	11986	6414	15512	146951	82961	14590	9524
耕地占用税	46377	1981	895	2267	17006	4611	2805	2509
契税	242546	25745	0	0	164667	66847	24171	11302
其他各项税收收入	54990	7728	4253	2967	60727	27530	7541	5146
(二)非税收入小计	66964	55703	23765	39394	495876	55029	52588	64425
专项收入	52692	10621	6967	12656	95464	21887	15663	9623
行政事业性收费收入	3524	5611	9402	10624	48619	16843	5153	7438
罚没收入	920	9851	5230	10250	30465	8498	4654	3020
国有资本经营收入	-5350	-1000	0	0	-4073	-3990	0	0
国有资源(资产)有偿使用收入	13313	28165	2166	4455	315148	6391	25882	43678
其他收入	1865	2455	0	1409	10253	5400	1236	666
二、支出合计	1634354	576590	543758	422028	6064818	1509286	748298	684665
一般公共服务支出	140205	55831	51483	50615	657173	154452	72417	73456
外交支出	0	0	0	0	0	0	0	0
国防支出	782	356	313	319	10173	2143	2454	700
公共安全支出	137201	31163	31583	24967	254385	74620	30764	29089
教育支出	394213	111117	83606	101464	762259	151038	118157	79176
科学技术支出	104268	15275	16815	7723	247098	111097	26388	19698
文化旅游体育与传媒支出	28833	12992	10950	8580	119756	36567	22608	16827
社会保障和就业支出	153236	100717	60952	69910	783647	92730	125318	103878
卫生健康支出	172139	75794	45582	43207	577318	150936	75738	66724
节能环保支出	13063	5334	3469	6658	127345	76394	9407	19238
城乡社区支出	134987	32175	15065	8712	422791	194961	24096	44975
农林水支出	97477	57138	51749	40871	789472	36786	111621	69862
交通运输支出	69479	14068	115449	22857	346080	64207	21302	73020
资源勘探工业信息等支出	34171	7245	9273	579	282874	210663	16362	15575
商业服务业等支出	70079	3022	6786	2478	168056	71466	40559	7223
金融支出	1101	100	0	50	6465	1330	195	4612
援助其他地区支出	4553	783	0	0	652	110	0	0
自然资源海洋气象等支出	24617	15995	5017	7010	156936	14026	18591	16396
住房保障支出	25076	16378	16298	18004	173298	31770	5819	19123
粮油物资储备支出	166	15	55	0	10775	1692	2938	3207
灾害防治及应急管理支出	4108	4409	6046	1296	40205	13412	3988	3818
其他支出	320	0	21	0	1000	0	0	0
债务付息支出	24270	16494	13162	6683	126579	18774	19532	18025
债务发行费用支出	10	189	84	45	481	112	44	43

续表(十)　　单位:万元

项目 \ 地区	江山市	开化县	柯城区	衢江区	舟山市	市本级	岱山县	嵊泗县
一、收入合计	367779	225569	142666	161734	1935136	950272	227124	124076
(一)税收收入小计	223258	115949	104129	130578	1390124	721580	124763	54954
增值税	117894	47416	42134	65254	623846	369135	43721	24569
企业所得税	23055	16686	17624	17498	199432	84222	25160	6287
个人所得税	11965	4614	5504	7035	78912	37936	9302	4763
资源税	998	393	180	2456	16592	352	4789	223
城市维护建设税	12171	3757	5061	4640	103643	65549	5417	1873
房产税	8333	4888	3179	4136	63022	22313	9165	1993
城镇土地使用税	9383	2866	2095	2885	67703	15177	12816	4216
土地增值税	9422	16355	7694	6405	47505	22707	4912	1195
耕地占用税	2226	2098	1448	1309	12552	2384	567	627
契税	19478	12989	16806	13074	81045	34993	3653	7078
其他各项税收收入	8333	3887	2404	5886	95872	66812	5261	2130
(二)非税收入小计	144521	109620	38537	31156	545012	228692	102361	69122
专项收入	19958	5594	12707	10032	216405	169768	7914	2874
行政事业性收费收入	6463	320	8186	4216	19996	4432	2600	3136
罚没收入	3189	196	6455	4453	9494	264	1816	976
国有资本经营收入	-83	0	0	0	0	0	0	0
国有资源(资产)有偿使用收入	112045	103510	11189	12453	296366	54228	89242	61766
其他收入	2949	0	0	2	2751	0	789	370
二、支出合计	903711	757233	687971	773654	3765089	1559141	567753	452568
一般公共服务支出	79364	73767	90171	113546	625005	411185	66339	44951
外交支出	0	0	0	0	0	0	0	0
国防支出	1149	1225	1522	980	4819	2563	652	330
公共安全支出	38825	28248	26346	26493	197278	83276	28929	18887
教育支出	121387	86801	99603	106097	429876	166587	67033	33005
科学技术支出	41130	18408	18743	11634	126758	64518	18272	6701
文化旅游体育与传媒支出	13513	13651	7244	9346	77214	28686	11086	13816
社会保障和就业支出	170756	114626	76725	99614	454400	200462	72277	45270
卫生健康支出	76768	52780	81931	72441	262111	98467	39295	27377
节能环保支出	5411	8626	4402	3867	44682	7044	6240	10090
城乡社区支出	28587	22325	61386	46461	272900	105245	36783	43651
农林水支出	138435	216491	93083	123194	594824	39325	149267	123311
交通运输支出	69045	49728	13913	54865	254750	162495	25278	36994
资源勘探工业信息等支出	11922	1644	24736	1972	101871	65376	4834	14695
商业服务业等支出	8276	6525	8138	25869	18778	6033	751	2509
金融支出	150	178	0	0	1390	650	700	0
援助其他地区支出	0	0	290	252	2541	1474	0	0
自然资源海洋气象等支出	33369	8544	28853	37157	43809	19664	5590	6400
住房保障支出	35769	25747	31279	23791	108689	41032	10758	9990
粮油物资储备支出	2161	640	0	137	7360	3118	1500	726
灾害防治及应急管理支出	5352	4353	5237	4045	22085	7342	3459	2666
其他支出	0	0	1000	0	7353	5742	560	297
债务付息支出	22245	22873	13309	11821	106305	38707	18104	10894
债务发行费用支出	97	53	60	72	291	150	46	8

续表(十一)　　单位:万元

项目＼地区	定海区	普陀区	台州市	市本级	临海市	温岭市	玉环市	三门县
一、收入合计	307680	325984	4942788	434563	680471	857728	557013	367497
(一)税收收入小计	239627	249200	4093365	323230	581718	744955	481935	201809
增值税	96543	89878	1759339	101609	228383	330359	251480	92961
企业所得税	34741	49022	691207	64820	125018	103810	69977	34412
个人所得税	11697	15214	248434	25284	33812	51807	23425	8854
资源税	6709	4519	7653	0	390	963	523	444
城市维护建设税	19233	11571	247101	33792	35762	40183	35262	12322
房产税	13620	15931	259681	30475	39879	49867	28584	14604
城镇土地使用税	20883	14611	105408	7084	23988	21874	11862	4757
土地增值税	3260	15431	183541	5226	11617	42677	14873	7447
耕地占用税	6227	2747	30483	665	6379	4828	2832	3482
契税	18187	17134	396695	29973	54984	70695	27587	15425
其他各项税收收入	8527	13142	163823	24302	21506	27892	15530	7101
(二)非税收入小计	68053	76784	849423	111333	98753	112773	75078	165688
专项收入	22318	13531	285569	30447	44004	46447	38250	19552
行政事业性收费收入	4566	5262	70943	3535	13649	5280	3373	6683
罚没收入	2055	4383	189444	62859	21924	27369	10479	11436
国有资本经营收入	0	0	−15435	−800	0	−6000	−4000	−220
国有资源(资产)有偿使用收入	39113	52017	299660	15292	14949	33917	25150	127564
其他收入	1	1591	19242	0	4227	5760	1826	673
二、支出合计	517914	667713	8366080	1202331	1143538	1228471	784590	698211
一般公共服务支出	46233	56297	941199	151842	106444	121594	100051	84987
外交支出	0	0	0	0	0	0	0	0
国防支出	595	679	9433	1948	974	541	1309	1278
公共安全支出	34113	32073	565310	121073	67654	88566	57280	30889
教育支出	70896	92355	1919376	280144	275636	338043	160274	117453
科学技术支出	17817	19450	316323	62109	46058	45482	51214	8037
文化旅游体育与传媒支出	8985	14641	168353	21262	17113	35715	17754	8499
社会保障和就业支出	60883	75508	991037	66946	132059	116512	96954	103126
卫生健康支出	43528	53444	881215	210222	85334	107816	69226	58670
节能环保支出	5315	15993	161977	14995	76063	9574	10227	4898
城乡社区支出	26449	60772	292038	17808	55448	27655	23722	30153
农林水支出	117437	165484	859900	45396	129959	169201	77514	98600
交通运输支出	14846	15137	421300	88617	45763	54813	40203	82902
资源勘探工业信息等支出	4463	12503	135612	9091	18410	26582	15035	9210
商业服务业等支出	3559	5926	68308	9314	3698	11893	4609	4303
金融支出	40	0	8764	2157	30	712	317	51
援助其他地区支出	350	717	15544	3284	1872	3088	2382	5
自然资源海洋气象等支出	9028	3127	142757	21536	21958	13788	11285	18154
住房保障支出	27505	19404	155325	28596	19255	8270	19700	10087
粮油物资储备支出	0	2016	9972	1052	1046	440	134	218
灾害防治及应急管理支出	4908	3710	51676	12595	5729	6015	3624	2908
其他支出	626	128	2715	0	718	297	0	430
债务付息支出	20320	18280	246594	32207	32084	41567	21692	23302
债务发行费用支出	18	69	1352	137	233	307	84	51

续表(十二)　　单位:万元

项目 \ 地区	仙居县	天台县	椒江区	黄岩区	路桥区	丽水市	市本级	缙云县
一、收入合计	236980	259026	517809	500285	531416	1860556	474765	235156
(一)税收收入小计	179659	223057	468058	436389	452555	1386823	362169	165260
增值税	83915	79776	205365	212709	172782	647007	150053	91463
企业所得税	21607	37333	65385	56177	112668	202155	56689	23479
个人所得税	15921	11310	26095	22261	29665	103455	23084	7530
资源税	1302	1304	92	579	2056	14461	1140	900
城市维护建设税	9059	9404	24081	26584	20652	70020	19488	8065
房产税	8182	11299	23438	23292	30061	40313	10433	5357
城镇土地使用税	2870	2702	7720	9294	13257	26685	9055	3139
土地增值税	7847	30458	22287	25113	15996	44948	18525	4056
耕地占用税	3982	1377	401	2261	4276	16785	4924	1969
契税	17647	30550	78373	42767	28694	164940	53517	13508
其他各项税收收入	7327	7544	14821	15352	22448	56054	15261	5794
(二)非税收入小计	57321	35969	49751	63896	78861	473733	112596	69896
专项收入	18592	15159	22231	26745	24142	140155	35119	14315
行政事业性收费收入	9334	5045	8502	3797	11745	37085	12077	2607
罚没收入	9280	7165	16523	7362	15047	99234	24269	14688
国有资本经营收入	−115	−1600	−2000	0	−700	−682	0	−550
国有资源(资产)有偿使用收入	20230	8500	3609	23642	26807	186042	34819	38636
其他收入	0	1700	886	2350	1820	11899	6312	200
二、支出合计	655925	738252	645968	706297	562497	6536540	984579	800898
一般公共服务支出	71787	75691	76414	68461	83928	663026	91390	72269
外交支出	0	0	0	0	0	0	0	0
国防支出	363	786	959	890	385	7297	79	1137
公共安全支出	32065	38186	50631	36136	42830	331112	80055	34782
教育支出	129637	182824	144288	158928	132149	973785	156873	148572
科学技术支出	6948	13715	27240	39460	16060	194878	49995	21744
文化旅游体育与传媒支出	8437	11128	18628	17176	12641	161198	25506	19897
社会保障和就业支出	121078	110896	95840	93236	54390	783168	58918	113687
卫生健康支出	61891	61609	70134	108034	48279	667143	168617	74507
节能环保支出	5663	13878	2762	14594	9323	118900	29623	10632
城乡社区支出	14652	47637	23633	21068	30262	540392	99571	51311
农林水支出	77558	94104	38687	72299	56582	864335	37085	122346
交通运输支出	55916	18915	7578	14572	12021	525192	80420	45605
资源勘探工业信息等支出	21539	11492	8255	5598	10400	145556	31757	20386
商业服务业等支出	1883	2987	7369	7605	14647	23333	3123	3972
金融支出	20	351	986	327	3813	7362	3284	40
援助其他地区支出	0	50	1795	1580	1488	0	0	0
自然资源海洋气象等支出	9457	17032	12203	9614	7730	172044	27894	22242
住房保障支出	10729	10479	28379	14800	5030	120562	3297	13894
粮油物资储备支出	163	3745	1867	958	349	9925	500	1341
灾害防治及应急管理支出	2428	4050	6053	4451	3823	52667	7061	4351
其他支出	400	0	0	0	870	14115	7740	1066
债务付息支出	23178	18622	22155	16440	15347	160013	21730	17075
债务发行费用支出	133	75	112	70	150	537	61	42

续表(十三) 单位:万元

项目 \ 地区	景宁县	莲都区	龙泉市	青田县	庆元县	松阳县	遂昌县	云和县
一、收入合计	178843	168120	125243	243939	65109	108824	165780	94777
(一)税收收入小计	166922	125172	93770	157617	51188	80160	106302	78263
增值税	75918	48061	37535	81694	25866	39025	46046	51346
企业所得税	27634	26052	11803	19216	6764	11035	13899	5584
个人所得税	32533	6539	3694	7051	7293	4142	9578	2011
资源税	138	571	1022	6222	255	1012	3004	197
城市维护建设税	8907	7608	4498	7700	2312	3293	3580	4569
房产税	1552	3792	3805	5726	1421	2734	3186	2307
城镇土地使用税	769	2327	2389	1889	588	1751	2395	2383
土地增值税	1826	1658	7151	5150	-1616	3152	5920	-874
耕地占用税	1597	602	826	985	235	2347	3008	292
契税	7818	22221	17749	16173	6545	7809	11248	8352
其他各项税收收入	8230	5741	3298	5811	1525	3860	4438	2096
(二)非税收入小计	11921	42948	31473	86322	13921	28664	59478	16514
专项收入	10155	12270	13030	16654	6502	10224	14016	7870
行政事业性收费收入	1073	4064	470	6765	1197	4091	3235	1506
罚没收入	0	14771	3327	6442	7950	5825	19701	2261
国有资本经营收入	0	0	0	0	0	0	-132	0
国有资源(资产)有偿使用收入	654	11843	14446	54821	-2410	7162	21281	4790
其他收入	39	0	200	1640	682	1362	1377	87
二、支出合计	515809	657961	641006	781753	473299	626532	634516	420187
一般公共服务支出	62707	67300	68267	62861	67841	65667	58071	46653
外交支出	0	0	0	0	0	0	0	0
国防支出	539	858	1097	813	292	1071	791	620
公共安全支出	25383	35519	25185	35576	26904	23366	25038	19304
教育支出	63950	108556	81818	140854	66886	79293	71390	55593
科学技术支出	10246	18740	16103	35231	9837	10926	13415	8641
文化旅游体育与传媒支出	14761	13568	16930	22712	10275	12725	12556	12268
社会保障和就业支出	63922	108615	79567	113639	47164	80189	75065	42402
卫生健康支出	37176	64258	64871	87671	33925	49654	54896	31568
节能环保支出	3543	2736	13581	6396	12262	11856	19597	8674
城乡社区支出	44813	76217	29568	60930	33717	59782	36303	48180
农林水支出	69654	75269	97393	107415	81099	115826	99442	58806
交通运输支出	37326	18416	74664	44908	38666	62805	99454	22928
资源勘探工业信息等支出	37191	12846	12439	2157	1218	3156	6706	17700
商业服务业等支出	1625	621	4190	1960	779	2342	3498	1223
金融支出	70	0	1173	2694	0	0	101	0
援助其他地区支出	0	0	0	0	0	0	0	0
自然资源海洋气象等支出	9571	14103	20596	10942	14474	20612	19535	12075
住房保障支出	11562	19979	3581	22620	7364	8351	17792	12122
粮油物资储备支出	1001	1214	1537	1000	968	1217	980	167
灾害防治及应急管理支出	3631	5147	5012	6667	4252	3567	4464	8515
其他支出	289	781	2020	2	1409	0	775	33
债务付息支出	16787	13145	21344	14649	13942	14078	14600	12663
债务发行费用支出	62	73	70	56	25	49	47	52

2023年浙江省各市县财政总收入

单位：万元

地区名称	财政总收入	地区名称	财政总收入	地区名称	财政总收入
杭州小计	**49165279**	桐乡市	1790835	龙游县	486001
杭州市	47115329	嘉善县	1466748	常山县	299090
桐庐县	788888	海盐县	1143672	开化县	304984
建德市	792173	**湖州小计**	**6965980**	**舟山小计**	**5299131**
淳安县	468889	湖州市	2833138	舟山市	4315872
宁波小计	**33840615**	德清县	1423976	岱山县	322550
宁波市	26252071	安吉县	1129467	嵊泗县	165225
慈溪市	2213639	长兴县	1579399	**台州小计**	**8319361**
余姚市	2317630	**绍兴小计**	**9266045**	台州市	3445014
宁海县	1094021	绍兴市	6213936	温岭市	1447539
象山县	1094338	诸暨市	1489143	临海市	1155311
温州小计	**10259257**	嵊州市	778998	玉环市	948814
温州市	4707905	新昌县	783968	三门县	525429
乐清市	1661351	**金华小计**	**8678135**	天台县	419798
瑞安市	1265582	金华市	1930381	仙居县	377456
永嘉县	664796	兰溪市	622403	**丽水小计**	**3127115**
平阳县	667499	东阳市	1464294	丽水市	1061786
苍南县	531979	义乌市	2349434	龙泉市	186043
文成县	171607	永康市	1140750	青田县	365049
泰顺县	273545	浦江县	390356	云和县	157524
龙港市	314993	武义县	545427	庆元县	112094
嘉兴小计	**11025873**	磐安县	235090	缙云县	377031
嘉兴市	3367145	**衢州小计**	**3212547**	遂昌县	247143
海宁市	1743652	衢州市	1584083	松阳县	170803
平湖市	1513821	江山市	538389	景宁县	449642

2023年浙江省乡镇（含比照乡镇财政体制管理的街道）一般公共预算收入排序表

单位：万元

排序	所属地区	县（市、区）	乡镇（街道）	一般公共预算收入	排序	所属地区	县（市、区）	乡镇（街道）	一般公共预算收入
1	绍兴市	柯桥区	马鞍街道	292088.00	32	宁波市	海曙区	古林镇	98270.00
2	温州市	乐清市	柳市镇	237483.00	33	温州市	苍南县	灵溪镇	96811.00
3	湖州市	安吉县	递铺街道	224558.00	34	温州市	瑞安市	塘下镇	94510.00
4	金华市	东阳市	横店镇	215160.00	35	嘉兴市	南湖区	大桥镇	91159.00
5	嘉兴市	平湖市	钟埭街道	214658.00	36	嘉兴市	海盐县	武原街道	91112.00
6	宁波市	江北区	慈城镇	197602.00	37	湖州市	长兴县	画溪街道	89716.00
7	湖州市	吴兴区	八里店镇	193863.00	38	宁波市	鄞州区	五乡镇	88965.00
8	嘉兴市	桐乡市	高桥街道	179027.00	39	台州市	临海市	大洋街道	85748.00
9	嘉兴市	嘉善县	嘉善经济开发区管理委员会	173281.00	40	湖州市	吴兴区	织里镇	85513.00
10	温州市	永嘉县	永嘉瓯北城市新区管理委员会	169432.00	41	绍兴市	嵊州市	浦口街道	85350.00
11	台州市	玉环市	玉城街道	167277.00	42	金华市	义乌市	苏溪镇	85238.00
12	杭州市	西湖区	三墩镇	151616.00	43	金华市	义乌市	江东街道	84818.00
13	绍兴市	上虞区	曹娥街道	147288.00	44	金华市	永康市	东城街道	84267.00
14	金华市	义乌市	稠江街道	133329.00	45	温州市	平阳县	鳌江镇	84172.00
15	湖州市	长兴县	太湖街道	132127.00	46	嘉兴市	海宁市	海宁经济开发区（海昌街道）	82695.00
16	金华市	义乌市	稠城街道	130943.00	47	宁波市	宁海县	西店镇	81971.00
17	嘉兴市	平湖市	乍浦镇	130911.00	48	湖州市	安吉县	昌硕街道	80214.00
18	杭州市	萧山区	瓜沥镇	124937.00	49	金华市	武义县	白洋街道	79390.00
19	宁波市	海曙区	高桥镇	120762.00	50	台州市	温岭市	大溪镇	78082.00
20	绍兴市	上虞区	百官街道	114485.00	51	绍兴市	诸暨市	暨阳街道	76560.00
21	宁波市	慈溪市	观海卫镇	111831.00	52	金华市	义乌市	福田街道	75028.00
22	嘉兴市	海宁市	长安镇	108805.00	53	宁波市	海曙区	集士港镇	75024.00
23	宁波市	慈溪市	周巷镇	105532.00	54	宁波市	慈溪市	横河镇	74309.00
24	嘉兴市	平湖市	独山港镇	104310.00	55	台州市	临海市	杜桥镇	74211.00
25	温州市	乐清市	北白象镇	104090.00	56	宁波市	鄞州区	邱隘镇	73784.00
26	宁波市	鄞州区	姜山镇	103219.00	57	金华市	义乌市	佛堂镇	73664.00
27	嘉兴市	嘉善县	姚庄镇	102756.00	58	绍兴市	柯桥区	安昌街道	73490.00
28	金华市	义乌市	北苑街道	101849.00	59	嘉兴市	桐乡市	梧桐街道	73321.00
29	嘉兴市	海盐县	西塘桥街道	101532.00	60	湖州市	德清县	雷甸镇	73299.00
30	湖州市	南浔区	南浔镇	100062.00	61	台州市	温岭市	泽国镇	71687.00
31	嘉兴市	海宁市	黄湾镇	99853.00	62	绍兴市	诸暨市	陶朱街道	70861.00

续表(一)　　单位:万元

排序	所属地区	县(市、区)	乡镇(街道)	一般公共预算收入	排序	所属地区	县(市、区)	乡镇(街道)	一般公共预算收入
63	绍兴市	诸暨市	店口镇	70095.00	94	台州市	玉环市	坎门街道	53140.00
64	台州市	天台县	始丰街道	69705.00	95	丽水市	缙云县	五云街道	53071.00
65	宁波市	慈溪市	龙山镇	67866.00	96	湖州市	安吉县	灵峰街道(安吉灵峰旅游度假区管理委员会)	52999.00
66	宁波市	鄞州区	东钱湖镇	67671.00	97	嘉兴市	嘉善县	西塘镇	52670.00
67	温州市	平阳县	昆阳镇	67658.00	98	嘉兴市	海宁市	马桥街道	52113.00
68	舟山市	普陀区	沈家门街道	66350.00	99	杭州市	临平区	乔司街道	51786.00
69	金华市	义乌市	廿三里街道	65948.00	100	湖州市	南浔区	双林镇	50556.00
70	台州市	临海市	古城街道	65716.00	101	台州市	路桥区	金清镇	50487.00
71	宁波市	余姚市	泗门镇	65588.00	102	绍兴市	柯桥区	杨汛桥街道	50452.00
72	嘉兴市	平湖市	当湖街道	65397.00	103	金华市	永康市	西城街道	50447.00
73	杭州市	余杭区	瓶窑镇	65090.00	104	杭州市	建德市	新安江街道	48831.00
74	绍兴市	柯桥区	齐贤街道	63646.00	105	绍兴市	诸暨市	大唐街道	47812.00
75	湖州市	长兴县	李家巷镇	62805.00	106	宁波市	前湾新区	庵东镇	47745.00
76	绍兴市	柯桥区	钱清街道	62525.00	107	金华市	武义县	壶山街道	47724.00
77	台州市	玉环市	大麦屿街道	61887.00	108	嘉兴市	嘉善县	陶庄镇	46924.00
78	台州市	天台县	赤城街道	60915.00	109	嘉兴市	嘉善县	魏塘街道	46734.00
79	舟山市	普陀区	东港街道	60711.00	110	杭州市	临平区	塘栖镇	46462.00
80	杭州市	富阳区	富春街道	59924.00	111	宁波市	慈溪市	逍林镇	46411.00
81	温州市	乐清市	虹桥镇	59705.00	112	丽水市	青田县	温溪镇	46123.00
82	温州市	永嘉县	三江街道	59082.00	113	宁波市	余姚市	马渚镇	46035.00
83	杭州市	萧山区	义桥镇	58864.00	114	绍兴市	嵊州市	三江街道	45926.00
84	宁波市	鄞州区	云龙镇	58377.00	115	台州市	路桥区	蓬街镇	45802.00
85	宁波市	奉化区	溪口镇	58036.00	116	宁波市	慈溪市	长河镇	44923.00
86	嘉兴市	嘉善县	罗星街道	57396.00	117	台州市	临海市	上盘镇	44380.00
87	杭州市	临平区	崇贤街道	57352.00	118	湖州市	南浔区	练市镇	44238.00
88	湖州市	吴兴区	埭溪镇	55448.00	119	杭州市	萧山区	临浦镇	44120.00
89	舟山市	普陀区	六横镇	54560.00	120	金华市	武义县	熟溪街道	44061.00
90	湖州市	长兴县	和平镇	54518.00	121	台州市	仙居县	南峰街道	42864.00
91	温州市	泰顺县	罗阳镇	54193.00	122	温州市	乐清市	城东街道	42353.00
92	湖州市	长兴县	煤山镇	54045.00	123	绍兴市	诸暨市	浣东街道	42215.00
93	嘉兴市	桐乡市	洲泉镇	53177.00	124	湖州市	德清县	钟管镇	41819.00

续表(二)　　单位:万元

排序	所属地区	县(市、区)	乡镇(街道)	一般公共预算收入	排序	所属地区	县(市、区)	乡镇(街道)	一般公共预算收入
125	嘉兴市	桐乡市	崇福镇	41452.00	156	杭州市	萧山区	河上镇	34239.00
126	温州市	平阳县	万全镇	40792.00	157	嘉兴市	平湖市	曹桥街道	34152.00
127	绍兴市	柯桥区	福全街道	40541.00	158	绍兴市	嵊州市	剡湖街道	34060.00
128	嘉兴市	海宁市	许村镇	40487.00	159	丽水市	缙云县	壶镇镇	33906.00
129	台州市	仙居县	福应街道	40404.00	160	嘉兴市	海盐县	百步镇	33865.00
130	台州市	玉环市	沙门镇	40238.00	161	嘉兴市	嘉善县	大云镇	33414.00
131	杭州市	萧山区	所前镇	40186.00	162	台州市	玉环市	清港镇	33340.00
132	台州市	玉环市	楚门镇	40112.00	163	温州市	瓯海区	娄桥街道	33158.00
133	金华市	兰溪市	灵洞乡	40014.00	164	杭州市	富阳区	银湖街道	33146.00
134	金华市	兰溪市	兰江街道	39720.00	165	台州市	天台县	福溪街道	32928.00
135	杭州市	萧山区	衙前镇	39260.00	166	台州市	温岭市	箬横镇	32705.00
136	宁波市	象山县	西周镇	39150.00	167	湖州市	南浔区	旧馆街道	32594.00
137	台州市	温岭市	松门镇	38791.00	168	嘉兴市	桐乡市	乌镇镇	32294.00
138	温州市	乐清市	城南街道	37770.00	169	舟山市	岱山县	衢山镇	32253.00
139	温州市	乐清市	乐成街道	37372.00	170	湖州市	吴兴区	湖东街道	32242.00
140	湖州市	德清县	乾元镇	36584.00	171	湖州市	吴兴区	妙西镇	31658.00
141	湖州市	安吉县	天子湖镇	36564.00	172	金华市	东阳市	南马镇	31166.00
142	绍兴市	上虞区	小越街道	36452.00	173	嘉兴市	海宁市	斜桥镇	30947.00
143	杭州市	富阳区	新登镇	36417.00	174	宁波市	海曙区	洞桥镇	30903.00
144	丽水市	青田县	鹤城街道	36340.00	175	金华市	永康市	古山镇	30851.00
145	宁波市	鄞州区	东吴镇	36269.00	176	宁波市	慈溪市	掌起镇	30806.00
146	金华市	义乌市	城西街道	36123.00	177	温州市	瓯海区	梧田街道	30745.00
147	嘉兴市	桐乡市	濮院镇	36073.00	178	台州市	天台县	平桥镇	30312.00
148	嘉兴市	平湖市	新埭镇	35851.00	179	金华市	义乌市	义亭镇	30289.00
149	湖州市	德清县	新市镇	35823.00	180	杭州市	萧山区	浦阳镇	30118.00
150	嘉兴市	海盐县	望海街道	35699.00	181	台州市	温岭市	温峤镇	29912.00
151	杭州市	萧山区	党湾镇	35647.00	182	宁波市	余姚市	丈亭镇	29615.00
152	杭州市	西湖区	双浦镇	35551.00	183	台州市	临海市	江南街道	29590.00
153	宁波市	镇海区	澥浦镇	35193.00	184	绍兴市	上虞区	道墟街道	29095.00
154	台州市	临海市	汛桥镇	34985.00	185	舟山市	定海区	岑港街道	28873.00
155	台州市	仙居县	安洲街道	34851.00	186	宁波市	镇海区	九龙湖镇	28815.00

续表(三)

单位:万元

排序	所属地区	县(市、区)	乡镇(街道)	一般公共预算收入	排序	所属地区	县(市、区)	乡镇(街道)	一般公共预算收入
187	嘉兴市	南湖区	余新镇	28748.00	218	绍兴市	上虞区	崧厦街道	25250.00
188	金华市	义乌市	后宅街道	28685.00	219	金华市	兰溪市	上华街道	25095.00
189	台州市	玉环市	芦浦镇	28652.00	220	宁波市	慈溪市	新浦镇	25056.00
190	金华市	永康市	江南街道	28600.00	221	湖州市	长兴县	泗安镇	24966.00
191	衢州市	柯城区	航埠镇	28432.00	222	湖州市	南浔区	菱湖镇	24946.00
192	湖州市	长兴县	龙山街道	28424.00	223	湖州市	吴兴区	东林镇	24841.00
193	宁波市	鄞州区	横溪镇	28108.00	224	宁波市	余姚市	小曹娥镇	24832.00
194	嘉兴市	桐乡市	凤鸣街道	28017.00	225	绍兴市	柯桥区	平水镇	24760.00
195	嘉兴市	海盐县	秦山街道	27879.00	226	金华市	东阳市	歌山镇	24424.00
196	嘉兴市	嘉善县	天凝镇	27737.00	227	温州市	平阳县	萧江镇	24400.00
197	台州市	路桥区	横街镇	27509.00	228	金华市	义乌市	上溪镇	24328.00
198	宁波市	余姚市	陆埠镇	27471.00	229	杭州市	富阳区	东洲街道	24149.00
199	嘉兴市	海宁市	袁花镇	27267.00	230	嘉兴市	秀洲区	王江泾镇	23881.00
200	湖州市	安吉县	梅溪镇	27154.00	231	金华市	永康市	芝英镇	23730.00
201	金华市	武义县	桐琴镇	27105.00	232	宁波市	余姚市	黄家埠镇	23452.00
202	衢州市	开化县	华埠镇	26855.00	233	湖州市	长兴县	小浦镇	23395.00
203	绍兴市	诸暨市	暨南街道	26767.00	234	杭州市	建德市	下涯镇	23070.00
204	嘉兴市	平湖市	新仓镇	26745.00	235	台州市	黄岩区	院桥镇	22659.00
205	嘉兴市	海宁市	盐官镇	26685.00	236	温州市	永嘉县	南城街道	22657.00
206	宁波市	象山县	石浦镇	26504.00	237	嘉兴市	海宁市	丁桥镇	22601.00
207	台州市	温岭市	新河镇	26376.00	238	衢州市	江山市	双塔街道	22325.00
208	宁波市	海曙区	横街镇	26305.00	239	湖州市	长兴县	夹浦镇	22158.00
209	温州市	平阳县	水头镇	26173.00	240	嘉兴市	秀洲区	王店镇	21710.00
210	舟山市	定海区	金塘镇	26099.00	241	丽水市	缙云县	新碧街道	21666.00
211	宁波市	余姚市	临山镇	26050.00	242	杭州市	萧山区	进化镇	21646.00
212	湖州市	吴兴区	环渚街道	25991.00	243	温州市	洞头区	北岙街道	21370.00
213	嘉兴市	嘉善县	干窑镇	25777.00	244	宁波市	余姚市	河姆渡镇	21296.00
214	湖州市	南浔区	和孚镇	25771.00	245	台州市	三门县	海游街道	21293.00
215	衢州市	江山市	贺村镇	25554.00	246	金华市	永康市	象珠镇	21228.00
216	湖州市	德清县	武康街道	25310.00	247	温州市	永嘉县	桥下镇	21206.00
217	湖州市	德清县	新安镇	25297.00	248	温州市	平阳县	海西镇	20961.00

续表（四）　　单位：万元

排序	所属地区	县（市、区）	乡镇（街道）	一般公共预算收入	排序	所属地区	县（市、区）	乡镇（街道）	一般公共预算收入
249	嘉兴市	桐乡市	石门镇	20889.00	280	杭州市	临安区	板桥镇	17916.00
250	杭州市	余杭区	径山镇	20657.00	281	丽水市	龙泉市	剑池街道	17911.00
251	湖州市	德清县	洛舍镇	20624.00	282	金华市	义乌市	大陈镇	17848.00
252	丽水市	莲都区	岩泉街道	20535.00	283	温州市	永嘉县	桥头镇	17776.00
253	宁波市	余姚市	牟山镇	20481.00	284	宁波市	慈溪市	匡堰镇	17767.00
254	嘉兴市	海盐县	通元镇	20465.00	285	嘉兴市	海宁市	海洲街道	17684.00
255	湖州市	德清县	禹越镇	20402.00	286	台州市	临海市	沿江镇	17682.00
256	宁波市	慈溪市	胜山镇	20377.00	287	嘉兴市	海盐县	澉浦镇	17662.00
257	嘉兴市	南湖区	新丰镇	20329.00	288	舟山市	岱山县	秀山乡	17648.00
258	温州市	泰顺县	司前畲族镇	20064.00	289	台州市	玉环市	干江镇	17596.00
259	宁波市	宁海县	长街镇	19891.00	290	绍兴市	上虞区	梁湖街道	17549.00
260	宁波市	余姚市	三七市镇	19830.00	291	绍兴市	嵊州市	三界镇	17484.00
261	金华市	东阳市	巍山镇	19651.00	292	宁波市	宁海县	黄坛镇	17474.00
262	温州市	平阳县	南麂镇	19511.00	293	台州市	临海市	大田街道	17337.00
263	温州市	瓯海区	郭溪街道	19492.00	294	金华市	磐安县	新渥街道	17271.00
264	金华市	武义县	泉溪镇	19384.00	295	湖州市	长兴县	洪桥镇	16971.00
265	绍兴市	柯桥区	兰亭街道	19358.00	296	嘉兴市	桐乡市	屠甸镇	16962.00
266	温州市	瓯海区	南白象街道	19318.00	297	杭州市	富阳区	鹿山街道	16853.00
267	绍兴市	上虞区	东关街道	19224.00	298	绍兴市	诸暨市	次坞镇	16753.00
268	湖州市	安吉县	孝丰镇	19058.00	299	嘉兴市	海宁市	周王庙镇	16721.00
269	嘉兴市	秀洲区	油车港镇	19054.00	300	舟山市	定海区	白泉镇	16689.00
270	温州市	瓯海区	仙岩街道	19003.00	301	金华市	磐安县	安文街道	16658.00
271	宁波市	慈溪市	附海镇	18990.00	302	绍兴市	上虞区	丰惠镇	16610.00
272	杭州市	萧山区	戴村镇	18539.00	303	绍兴市	上虞区	章镇镇	16545.00
273	衢州市	常山县	辉埠镇	18526.00	304	绍兴市	上虞区	汤浦镇	16487.00
274	嘉兴市	南湖区	凤桥镇	18490.00	305	湖州市	长兴县	林城镇	16451.00
275	温州市	乐清市	翁垟街道	18472.00	306	湖州市	长兴县	雉城街道	16443.00
276	温州市	瓯海区	新桥街道	18454.00	307	衢州市	江山市	虎山街道	16292.00
277	绍兴市	嵊州市	甘霖镇	18422.00	308	杭州市	临平区	运河街道	16181.00
278	杭州市	建德市	梅城镇	18371.00	309	嘉兴市	南湖区	七星街道	16174.00
279	台州市	温岭市	石塘镇	18184.00	310	宁波市	海曙区	鄞江镇	16079.00

续表（五）　　单位：万元

排序	所属地区	县（市、区）	乡镇（街道）	一般公共预算收入	排序	所属地区	县（市、区）	乡镇（街道）	一般公共预算收入
311	丽水市	莲都区	白云街道	16066.00	342	温州市	永嘉县	乌牛街道	13768.00
312	丽水市	云和县	白龙山街道	15971.00	343	丽水市	莲都区	万象街道	13576.00
313	宁波市	慈溪市	桥头镇	15731.00	344	杭州市	桐庐县	富春江镇	13410.00
314	绍兴市	诸暨市	牌头镇	15530.00	345	温州市	瓯海区	瞿溪街道	13397.00
315	温州市	瓯海区	潘桥街道	15466.00	346	舟山市	岱山县	高亭镇	13378.00
316	台州市	玉环市	龙溪镇	15270.00	347	温州市	苍南县	矾山镇	13358.00
317	金华市	永康市	龙山镇	15195.00	348	丽水市	青田县	油竹街道	13340.00
318	温州市	鹿城区	藤桥镇	15185.00	349	台州市	温岭市	城南镇	13147.00
319	金华市	永康市	花街镇	15145.00	350	湖州市	长兴县	虹星桥镇	13128.00
320	舟山市	普陀区	展茅街道	15095.00	351	绍兴市	诸暨市	璜山镇	13119.00
321	嘉兴市	海盐县	于城镇	14989.00	352	嘉兴市	平湖市	林埭镇	13118.00
322	丽水市	青田县	瓯南街道	14932.00	353	湖州市	德清县	下渚湖街道	13034.00
323	温州市	苍南县	南宋镇	14929.00	354	杭州市	桐庐县	横村镇	12985.00
324	舟山市	定海区	环南街道	14860.00	355	台州市	临海市	邵家渡街道	12937.00
325	嘉兴市	桐乡市	河山镇	14711.00	356	绍兴市	嵊州市	黄泽镇	12800.00
326	金华市	浦江县	黄宅镇	14692.00	357	温州市	乐清市	淡溪镇	12725.00
327	湖州市	南浔区	善琏镇	14651.00	358	嘉兴市	平湖市	广陈镇	12706.00
328	杭州市	临安区	高虹镇	14543.00	359	舟山市	定海区	小沙街道	12675.00
329	台州市	临海市	东塍镇	14542.00	360	绍兴市	柯桥区	漓渚镇	12584.00
330	台州市	路桥区	新桥镇	14421.00	361	杭州市	临安区	太湖源镇	12550.00
331	舟山市	岱山县	岱西镇	14358.00	362	宁波市	鄞州区	咸祥镇	12520.00
332	宁波市	鄞州区	塘溪镇	14288.00	363	台州市	三门县	健跳镇	12485.00
333	金华市	磐安县	尖山镇	14274.00	364	绍兴市	嵊州市	鹿山街道	12301.00
334	嘉兴市	海盐县	沈荡镇	14201.00	365	舟山市	岱山县	长涂镇	12023.00
335	宁波市	前湾新区	崇寿镇	14169.00	366	绍兴市	诸暨市	山下湖镇	11947.00
336	金华市	永康市	石柱镇	14123.00	367	杭州市	淳安县	千岛湖镇	11848.00
337	丽水市	莲都区	碧湖镇	14059.00	368	湖州市	吴兴区	道场乡	11829.00
338	舟山市	岱山县	东沙镇	14056.00	369	湖州市	安吉县	天荒坪镇	11822.00
339	台州市	温岭市	滨海镇	14026.00	370	杭州市	建德市	洋溪街道	11753.00
340	杭州市	富阳区	场口镇	13894.00	371	宁波市	奉化区	裘村镇	11603.00
341	绍兴市	诸暨市	枫桥镇	13807.00	372	嘉兴市	桐乡市	大麻镇	11590.00

续表(六)　　　　单位:万元

排序	所属地区	县(市、区)	乡镇(街道)	一般公共预算收入	排序	所属地区	县(市、区)	乡镇(街道)	一般公共预算收入
373	丽水市	松阳县	西屏街道	11590.00	404	宁波市	宁海县	深甽镇	9867.00
374	衢州市	柯城区	府山街道	11538.00	405	宁波市	余姚市	大隐镇	9808.00
375	温州市	洞头区	东屏街道	11497.00	406	台州市	临海市	涌泉镇	9783.00
376	衢州市	龙游县	湖镇镇	11467.00	407	金华市	义乌市	赤岸镇	9739.00
377	杭州市	建德市	乾潭镇	11437.00	408	杭州市	建德市	寿昌镇	9722.00
378	杭州市	桐庐县	分水镇	11409.00	409	金华市	东阳市	千祥镇	9683.00
379	绍兴市	诸暨市	安华镇	11358.00	410	舟山市	定海区	盐仓街道	9677.00
380	宁波市	鄞州区	瞻岐镇	11349.00	411	台州市	仙居县	白塔镇	9582.00
381	温州市	乐清市	石帆街道	11323.00	412	杭州市	余杭区	百丈镇	9572.00
382	金华市	东阳市	湖溪镇	11302.00	413	温州市	乐清市	南岳镇	9567.00
383	杭州市	萧山区	益农镇	11226.00	414	绍兴市	上虞区	盖北镇	9456.00
384	衢州市	衢江区	廿里镇	11226.00	415	杭州市	富阳区	胥口镇	9415.00
385	杭州市	临安区	於潜镇	11189.00	416	温州市	永嘉县	东城街道	9290.00
386	宁波市	象山县	贤庠镇	11149.00	417	绍兴市	上虞区	上浦镇	9281.00
387	杭州市	桐庐县	桐君街道	10994.00	418	丽水市	莲都区	紫金街道	9209.00
388	丽水市	庆元县	松源街道	10959.00	419	舟山市	嵊泗县	菜园镇	9183.00
389	嘉兴市	秀洲区	洪合镇	10936.00	420	湖州市	南浔区	石淙镇	9091.00
390	宁波市	余姚市	梁弄镇	10824.00	421	绍兴市	上虞区	谢塘镇	8996.00
391	温州市	苍南县	钱库镇	10821.00	422	金华市	兰溪市	游埠镇	8874.00
392	丽水市	遂昌县	妙高街道	10786.00	423	杭州市	建德市	大同镇	8664.00
393	金华市	东阳市	画水镇	10782.00	424	绍兴市	柯桥区	夏履镇	8641.00
394	丽水市	云和县	凤凰山街道	10777.00	425	湖州市	德清县	舞阳街道	8595.00
395	温州市	泰顺县	雅阳镇	10754.00	426	金华市	浦江县	仙华街道	8509.00
396	金华市	兰溪市	云山街道	10731.00	427	杭州市	富阳区	新桐乡	8478.00
397	绍兴市	诸暨市	姚江镇	10603.00	428	温州市	平阳县	腾蛟镇	8362.00
398	温州市	苍南县	金乡镇	10497.00	429	温州市	平阳县	闹村乡	8349.00
399	宁波市	宁海县	一市镇	10459.00	430	绍兴市	嵊州市	崇仁镇	8327.00
400	杭州市	桐庐县	江南镇	10244.00	431	台州市	天台县	白鹤镇	8303.00
401	温州市	瑞安市	陶山镇	10189.00	432	台州市	三门县	浦坝港镇	8253.00
402	宁波市	宁海县	强蛟镇	9990.00	433	杭州市	建德市	李家镇	8053.00
403	宁波市	宁海县	力洋镇	9886.00	434	杭州市	富阳区	大源镇	8019.00

续表(七)　　　　单位:万元

排序	所属地区	县(市、区)	乡镇(街道)	一般公共预算收入	排序	所属地区	县(市、区)	乡镇(街道)	一般公共预算收入
435	金华市	兰溪市	永昌街道	8002.00	466	绍兴市	嵊州市	仙岩镇	6970.00
436	绍兴市	柯桥区	稽东镇	7960.00	467	温州市	永嘉县	黄田街道	6897.00
437	宁波市	奉化区	松岙镇	7871.00	468	宁波市	象山县	东陈乡	6885.00
438	杭州市	萧山区	楼塔镇	7773.00	469	杭州市	建德市	更楼街道	6874.00
439	湖州市	长兴县	水口乡	7753.00	470	金华市	永康市	唐先镇	6740.00
440	温州市	乐清市	天成街道	7748.00	471	舟山市	定海区	昌国街道	6659.00
441	温州市	泰顺县	泗溪镇	7745.00	472	杭州市	余杭区	黄湖镇	6626.00
442	湖州市	南浔区	千金镇	7660.00	473	金华市	永康市	方岩镇	6542.00
443	台州市	仙居县	下各镇	7583.00	474	绍兴市	上虞区	驿亭镇	6514.00
444	台州市	三门县	珠岙镇	7578.00	475	金华市	东阳市	马宅镇	6488.00
445	绍兴市	嵊州市	长乐镇	7568.00	476	温州市	乐清市	芙蓉镇	6347.00
446	温州市	瑞安市	马屿镇	7555.00	477	金华市	武义县	茭道镇	6324.00
447	杭州市	富阳区	渌渚镇	7523.00	478	宁波市	宁海县	胡陈乡	6320.00
448	台州市	临海市	尤溪镇	7509.00	479	丽水市	庆元县	屏都街道	6251.00
449	嘉兴市	秀洲区	新塍镇	7460.00	480	宁波市	宁海县	大佳何镇	6242.00
450	衢州市	龙游县	龙洲街道	7417.00	481	嘉兴市	海宁市	硖石街道	6227.00
451	宁波市	宁海县	越溪乡	7360.00	482	杭州市	临安区	龙岗镇	6218.00
452	温州市	乐清市	清江镇	7350.00	483	台州市	天台县	坦头镇	6190.00
453	绍兴市	诸暨市	应店街镇	7343.00	484	宁波市	宁海县	前童镇	6183.00
454	宁波市	宁海县	茶院乡	7302.00	485	杭州市	临安区	昌化镇	6179.00
455	舟山市	普陀区	虾峙镇	7245.00	486	杭州市	富阳区	灵桥镇	6162.00
456	宁波市	象山县	鹤浦镇	7203.00	487	温州市	永嘉县	北城街道	6151.00
457	湖州市	长兴县	吕山乡	7144.00	488	温州市	乐清市	磐石镇	6127.00
458	衢州市	开化县	芹阳办事处	7132.00	489	舟山市	嵊泗县	洋山镇	6049.00
459	温州市	永嘉县	沙头镇	7064.00	490	衢州市	柯城区	花园街道	6040.00
460	宁波市	象山县	大徐镇	7061.00	491	台州市	黄岩区	北洋镇	6032.00
461	台州市	黄岩区	沙埠镇	7053.00	492	金华市	武义县	履坦镇	5955.00
462	宁波市	宁海县	桑洲镇	7039.00	493	金华市	浦江县	白马镇	5941.00
463	舟山市	定海区	马岙街道	7003.00	494	温州市	苍南县	宜山镇	5914.00
464	杭州市	桐庐县	城南街道	6992.00	495	舟山市	定海区	城东街道	5881.00
465	宁波市	宁海县	岔路镇	6979.00	496	金华市	兰溪市	横溪镇	5819.00

续表(八)　　单位:万元

排序	所属地区	县(市、区)	乡镇(街道)	一般公共预算收入	排序	所属地区	县(市、区)	乡镇(街道)	一般公共预算收入
497	丽水市	遂昌县	云峰街道	5813.00	528	台州市	天台县	三合镇	4796.00
498	温州市	苍南县	桥墩镇	5775.00	529	温州市	瓯海区	丽岙街道	4794.00
499	金华市	浦江县	浦阳街道	5683.00	530	湖州市	德清县	莫干山镇	4779.00
500	丽水市	青田县	东源镇	5673.00	531	宁波市	象山县	黄避岙乡	4723.00
501	丽水市	松阳县	水南街道	5656.00	532	绍兴市	诸暨市	五泄镇	4705.00
502	衢州市	常山县	金川街道	5595.00	533	金华市	兰溪市	马涧镇	4635.00
503	舟山市	定海区	双桥街道	5589.00	534	绍兴市	越城区	富盛镇	4631.00
504	台州市	黄岩区	头陀镇	5577.00	535	温州市	平阳县	南雁镇	4620.00
505	金华市	东阳市	佐村镇	5574.00	536	温州市	洞头区	大门镇	4610.00
506	温州市	平阳县	顺溪镇	5573.00	537	衢州市	柯城区	石梁镇	4598.00
507	金华市	永康市	西溪镇	5537.00	538	温州市	泰顺县	彭溪镇	4578.00
508	杭州市	余杭区	鸬鸟镇	5509.00	539	丽水市	云和县	浮云街道	4555.00
509	丽水市	龙泉市	龙渊街道	5473.00	540	丽水市	云和县	元和街道	4480.00
510	丽水市	青田县	高湖镇	5463.00	541	金华市	兰溪市	诸葛镇	4470.00
511	金华市	兰溪市	梅江镇	5386.00	542	金华市	兰溪市	柏社乡	4461.00
512	宁波市	象山县	涂茨镇	5204.00	543	杭州市	富阳区	永昌镇	4418.00
513	衢州市	龙游县	东华街道	5194.00	544	丽水市	青田县	黄垟乡	4417.00
514	杭州市	建德市	大洋镇	5165.00	545	金华市	浦江县	郑宅镇	4405.00
515	衢州市	江山市	四都镇	5142.00	546	杭州市	建德市	杨村桥镇	4399.00
516	湖州市	安吉县	孝源街道	5135.00	547	宁波市	海曙区	章水镇	4376.00
517	台州市	临海市	永丰镇	5102.00	548	杭州市	富阳区	春江街道	4293.00
518	金华市	磐安县	尚湖镇	5099.00	549	衢州市	柯城区	万田乡	4262.00
519	绍兴市	柯桥区	王坛镇	5067.00	550	丽水市	缙云县	东方镇	4232.00
520	金华市	永康市	前仓镇	5039.00	551	金华市	兰溪市	香溪镇	4183.00
521	金华市	武义县	王宅镇	5028.00	552	金华市	东阳市	虎鹿镇	4182.00
522	绍兴市	上虞区	永和镇	5002.00	553	金华市	浦江县	浦南街道	4142.00
523	衢州市	龙游县	小南海镇	4994.00	554	杭州市	富阳区	万市镇	4119.00
524	衢州市	江山市	峡口镇	4972.00	555	台州市	临海市	白水洋镇	4113.00
525	湖州市	安吉县	溪龙乡	4945.00	556	温州市	瓯海区	泽雅镇	4099.00
526	丽水市	青田县	船寮镇	4858.00	557	丽水市	龙泉市	石达石街道	4089.00
527	衢州市	衢江区	上方镇	4842.00	558	舟山市	嵊泗县	枸杞乡	4088.00

续表(九)　　单位:万元

排序	所属地区	县(市、区)	乡镇(街道)	一般公共预算收入	排序	所属地区	县(市、区)	乡镇(街道)	一般公共预算收入
559	宁波市	象山县	墙头镇	4076.00	590	温州市	瑞安市	桐浦镇	3268.00
560	丽水市	缙云县	东渡镇	4039.00	591	台州市	温岭市	石桥头镇	3264.00
561	金华市	兰溪市	赤溪街道	3961.00	592	舟山市	岱山县	岱东镇	3233.00
562	丽水市	缙云县	七里乡	3933.00	593	杭州市	富阳区	洞桥镇	3224.00
563	温州市	乐清市	南塘镇	3919.00	594	湖州市	安吉县	杭垓镇	3221.00
564	杭州市	建德市	航头镇	3878.00	595	金华市	兰溪市	黄店镇	3192.00
565	衢州市	江山市	清湖街道	3820.00	596	杭州市	临安区	太阳镇	3168.00
566	衢州市	衢江区	樟潭街道	3814.00	597	舟山市	嵊泗县	嵊山镇	3167.00
567	杭州市	临安区	天目山镇	3757.00	598	杭州市	富阳区	常安镇	3129.00
568	湖州市	安吉县	上墅乡	3750.00	599	温州市	鹿城区	山福镇	3106.00
569	丽水市	缙云县	新建镇	3713.00	600	杭州市	富阳区	环山乡	3094.00
570	杭州市	建德市	钦堂乡	3681.00	601	衢州市	江山市	凤林镇	3087.00
571	温州市	洞头区	元觉街道	3656.00	602	温州市	平阳县	麻步镇	3086.00
572	温州市	平阳县	凤卧镇	3638.00	603	绍兴市	嵊州市	石璜镇	3081.00
573	杭州市	淳安县	文昌镇(淳安县千岛湖高铁新区管理委员会)	3637.00	604	杭州市	建德市	大慈岩镇	3055.00
574	金华市	磐安县	方前镇	3635.00	605	衢州市	衢江区	浮石街道	3013.00
575	绍兴市	诸暨市	浬浦镇	3631.00	606	温州市	洞头区	霓屿街道	3000.00
576	杭州市	富阳区	春建乡	3549.00	607	衢州市	柯城区	荷花街道	2987.00
577	丽水市	松阳县	叶村乡	3507.00	608	杭州市	桐庐县	瑶琳镇	2943.00
578	金华市	东阳市	东阳江镇	3471.00	609	衢州市	柯城区	九华乡	2935.00
579	宁波市	海曙区	龙观镇	3453.00	610	宁波市	象山县	茅洋乡	2919.00
580	舟山市	普陀区	桃花镇	3453.00	611	丽水市	龙泉市	安仁镇	2918.00
581	丽水市	青田县	巨浦乡	3443.00	612	衢州市	柯城区	新新街道	2903.00
582	丽水市	缙云县	舒洪镇	3412.00	613	台州市	仙居县	官路镇	2889.00
583	金华市	浦江县	郑家坞镇	3360.00	614	温州市	瑞安市	湖岭镇	2846.00
584	丽水市	庆元县	濛洲街道	3352.00	615	舟山市	嵊泗县	黄龙乡	2843.00
585	温州市	乐清市	蒲岐镇	3350.00	616	台州市	三门县	海润街道	2808.00
586	宁波市	象山县	新桥镇	3309.00	617	丽水市	庆元县	竹口镇	2793.00
587	舟山市	嵊泗县	五龙乡	3307.00	618	温州市	泰顺县	西旸镇	2767.00
588	绍兴市	诸暨市	岭北镇	3283.00	619	温州市	泰顺县	三魁镇	2750.00
589	丽水市	青田县	腊口镇	3282.00	620	丽水市	青田县	三溪口街道	2746.00

续表(十)

单位:万元

排序	所属地区	县(市、区)	乡镇(街道)	一般公共预算收入	排序	所属地区	县(市、区)	乡镇(街道)	一般公共预算收入
621	台州市	椒江区	大陈镇	2731.00	652	衢州市	柯城区	石室乡	2102.00
622	台州市	天台县	洪畴镇	2665.00	653	台州市	仙居县	横溪镇	2091.00
623	台州市	温岭市	坞根镇	2639.00	654	衢州市	衢江区	大洲镇	2087.00
624	温州市	瓯海区	茶山街道	2635.00	655	湖州市	安吉县	报福镇	2079.00
625	杭州市	临安区	潜川镇	2619.00	656	杭州市	建德市	三都镇	2048.00
626	温州市	乐清市	白石街道	2614.00	657	温州市	乐清市	雁荡镇	2044.00
627	丽水市	松阳县	赤寿乡	2603.00	658	衢州市	常山县	招贤镇	2031.00
628	杭州市	临安区	清凉峰镇	2568.00	659	湖州市	德清县	阜溪街道	2020.00
629	台州市	三门县	亭旁镇	2562.00	660	丽水市	遂昌县	柘岱口乡	1976.00
630	绍兴市	上虞区	岭南乡	2543.00	661	衢州市	衢江区	高家镇	1958.00
631	丽水市	龙泉市	八都镇	2538.00	662	衢州市	江山市	大陈乡	1879.00
632	温州市	瓯海区	三垟街道	2537.00	663	宁波市	余姚市	鹿亭乡	1861.00
633	温州市	乐清市	大荆镇	2526.00	664	台州市	临海市	桃渚镇	1859.00
634	温州市	永嘉县	岩头镇	2518.00	665	台州市	临海市	括苍镇	1851.00
635	温州市	泰顺县	仕阳镇	2500.00	666	绍兴市	上虞区	下管镇	1809.00
636	舟山市	嵊泗县	花鸟乡	2490.00	667	温州市	苍南县	马站镇	1792.00
637	宁波市	象山县	定塘镇	2469.00	668	台州市	仙居县	大战乡	1790.00
638	衢州市	江山市	上余镇	2426.00	669	衢州市	江山市	石门镇	1781.00
639	温州市	泰顺县	筱村镇	2390.00	670	衢州市	龙游县	溪口镇	1779.00
640	宁波市	象山县	晓塘乡	2376.00	671	杭州市	桐庐县	凤川街道	1752.00
641	温州市	泰顺县	凤垟乡	2347.00	672	衢州市	常山县	紫港街道	1725.00
642	宁波市	余姚市	大岚镇	2322.00	673	宁波市	奉化区	大堰镇	1724.00
643	温州市	苍南县	望里镇	2319.00	674	绍兴市	诸暨市	同山镇	1719.00
644	台州市	黄岩区	宁溪镇	2319.00	675	绍兴市	嵊州市	金庭镇	1711.00
645	温州市	洞头区	鹿西乡	2310.00	676	杭州市	淳安县	姜家镇	1705.00
646	金华市	兰溪市	女埠街道	2277.00	677	衢州市	常山县	天马街道	1703.00
647	衢州市	常山县	球川镇	2273.00	678	杭州市	淳安县	汾口镇	1680.00
648	杭州市	富阳区	上官乡	2261.00	679	丽水市	松阳县	望松街道	1655.00
649	衢州市	江山市	新塘边镇	2212.00	680	杭州市	临安区	河桥镇	1646.00
650	衢州市	柯城区	衢化街道	2186.00	681	绍兴市	诸暨市	陈宅镇	1639.00
651	杭州市	桐庐县	旧县街道	2124.00	682	温州市	泰顺县	百丈镇	1638.00

续表(十一)　　单位:万元

排序	所属地区	县(市、区)	乡镇(街道)	一般公共预算收入	排序	所属地区	县(市、区)	乡镇(街道)	一般公共预算收入
683	丽水市	庆元县	黄田镇	1603.00	714	金华市	磐安县	盘峰乡	1365.00
684	丽水市	遂昌县	湖山乡	1602.00	715	金华市	兰溪市	水亭畲族乡	1353.00
685	温州市	瑞安市	高楼镇	1563.00	716	杭州市	淳安县	威坪镇	1304.00
686	温州市	苍南县	沿浦镇	1561.00	717	宁波市	象山县	高塘岛乡	1303.00
687	绍兴市	诸暨市	赵家镇	1556.00	718	衢州市	柯城区	信安街道	1301.00
688	台州市	临海市	小芝镇	1545.00	719	金华市	磐安县	仁川镇	1293.00
689	金华市	磐安县	冷水镇	1532.00	720	杭州市	淳安县	大墅镇	1265.00
690	湖州市	安吉县	山川乡	1526.00	721	衢州市	开化县	池淮镇	1264.00
691	台州市	临海市	汇溪镇	1515.00	722	杭州市	淳安县	里商乡	1247.00
692	丽水市	龙泉市	西街街道	1514.00	723	衢州市	柯城区	双港街道	1238.00
693	温州市	泰顺县	包垟乡	1503.00	724	衢州市	龙游县	横山镇	1219.00
694	衢州市	常山县	芳村镇	1499.00	725	杭州市	富阳区	龙门镇	1209.00
695	衢州市	衢江区	莲花镇	1493.00	726	温州市	泰顺县	龟湖镇	1208.00
696	衢州市	龙游县	詹家镇	1486.00	727	丽水市	青田县	海口镇	1207.00
697	温州市	平阳县	青街畲族乡	1479.00	728	台州市	仙居县	湫山乡	1203.00
698	绍兴市	诸暨市	东白湖镇	1478.00	729	丽水市	云和县	紧水滩镇	1198.00
699	金华市	东阳市	三单乡	1476.00	730	金华市	磐安县	大盘镇	1192.00
700	宁波市	余姚市	四明山镇	1465.00	731	绍兴市	诸暨市	东和乡	1159.00
701	台州市	仙居县	田市镇	1462.00	732	衢州市	衢江区	湖南镇	1123.00
702	杭州市	富阳区	渔山乡	1456.00	733	温州市	平阳县	山门镇	1122.00
703	湖州市	安吉县	鄣吴镇	1441.00	734	绍兴市	嵊州市	谷来镇	1120.00
704	宁波市	象山县	泗洲头镇	1436.00	735	杭州市	桐庐县	钟山乡	1104.00
705	绍兴市	上虞区	长塘镇	1430.00	736	湖州市	安吉县	章村镇	1092.00
706	台州市	玉环市	鸡山乡	1429.00	737	衢州市	衢江区	全旺镇	1077.00
707	杭州市	淳安县	临岐镇	1423.00	738	杭州市	富阳区	里山镇	1051.00
708	衢州市	常山县	青石镇	1408.00	739	温州市	苍南县	藻溪镇	1045.00
709	温州市	瓯海区	景山街道	1401.00	740	湖州市	德清县	康乾街道	1040.00
710	衢州市	衢江区	峡川镇	1396.00	741	金华市	浦江县	岩头镇	1014.00
711	金华市	磐安县	玉山镇	1392.00	742	金华市	武义县	柳城畲族镇	1009.00
712	衢州市	开化县	马金镇	1392.00	743	温州市	泰顺县	南浦溪镇	1004.00
713	绍兴市	诸暨市	马剑镇	1380.00	744	杭州市	富阳区	湖源乡	998.00

续表(十二)　　单位:万元

排序	所属地区	县(市、区)	乡镇(街道)	一般公共预算收入	排序	所属地区	县(市、区)	乡镇(街道)	一般公共预算收入
745	台州市	临海市	河头镇	980.00	776	绍兴市	新昌县	沃洲镇	744.00
746	丽水市	青田县	山口镇	979.00	777	绍兴市	新昌县	儒岙镇	742.00
747	丽水市	遂昌县	北界镇	959.00	778	温州市	瑞安市	平阳坑镇	736.00
748	台州市	仙居县	朱溪镇	951.00	779	台州市	仙居县	埠头镇	732.00
749	温州市	苍南县	霞关镇	950.00	780	衢州市	龙游县	石佛乡	730.00
750	衢州市	衢江区	后溪镇	950.00	781	丽水市	莲都区	丽新畲族乡	729.00
751	丽水市	龙泉市	查田镇	938.00	782	台州市	天台县	街头镇	727.00
752	衢州市	江山市	坛石镇	925.00	783	丽水市	遂昌县	新路湾镇	727.00
753	丽水市	松阳县	大东坝镇	903.00	784	衢州市	衢江区	杜泽镇	725.00
754	绍兴市	新昌县	城南乡	899.00	785	温州市	瑞安市	曹村镇	724.00
755	绍兴市	新昌县	沙溪镇	882.00	786	台州市	三门县	沙柳街道	709.00
756	衢州市	衢江区	横路办事处	881.00	787	杭州市	富阳区	常绿镇	690.00
757	温州市	泰顺县	柳峰乡	875.00	788	丽水市	松阳县	象溪镇	687.00
758	绍兴市	上虞区	丁宅乡	873.00	789	舟山市	定海区	干览镇	686.00
759	杭州市	淳安县	枫树岭镇	870.00	790	丽水市	云和县	石塘镇	671.00
760	温州市	瑞安市	林川镇	862.00	791	丽水市	遂昌县	三仁畲族乡	663.00
761	杭州市	桐庐县	莪山畲族乡	849.00	792	丽水市	青田县	祯埠镇	650.00
762	温州市	乐清市	湖雾镇	834.00	793	温州市	苍南县	赤溪镇	645.00
763	绍兴市	新昌县	镜岭镇	834.00	794	衢州市	衢江区	太真乡	635.00
764	衢州市	江山市	碗窑乡	828.00	795	杭州市	淳安县	左口乡	632.00
765	温州市	泰顺县	竹里畲族乡	818.00	796	丽水市	莲都区	联城街道	631.00
766	衢州市	柯城区	沟溪乡	813.00	797	衢州市	龙游县	模环乡	626.00
767	杭州市	临安区	岛石镇	792.00	798	衢州市	龙游县	塔石镇	623.00
768	衢州市	江山市	长台镇	781.00	799	丽水市	遂昌县	石练镇	609.00
769	杭州市	淳安县	浪川乡	774.00	800	杭州市	桐庐县	百江镇	585.00
770	台州市	黄岩区	茅畲乡	774.00	801	温州市	永嘉县	金溪镇	583.00
771	绍兴市	新昌县	回山镇	773.00	802	衢州市	江山市	大桥镇	583.00
772	衢州市	常山县	新昌乡	756.00	803	绍兴市	新昌县	东茗乡	581.00
773	丽水市	松阳县	古市镇	755.00	804	金华市	武义县	俞源乡	562.00
774	杭州市	建德市	莲花镇	754.00	805	杭州市	淳安县	金峰乡	555.00
775	衢州市	衢江区	黄坛口乡	752.00	806	衢州市	衢江区	云溪乡	551.00

续表(十三)　　单位:万元

排序	所属地区	县(市、区)	乡镇(街道)	一般公共预算收入	排序	所属地区	县(市、区)	乡镇(街道)	一般公共预算收入
807	丽水市	莲都区	太平乡	535.00	838	温州市	泰顺县	东溪乡	389.00
808	杭州市	淳安县	王阜乡	534.00	839	温州市	永嘉县	岩坦镇	388.00
809	衢州市	开化县	桐村镇	523.00	840	丽水市	景宁畲族自治县	红星街道	388.00
810	丽水市	龙泉市	小梅镇	520.00	841	衢州市	衢江区	灰坪乡	385.00
811	杭州市	淳安县	鸠坑乡	519.00	842	杭州市	淳安县	富文乡	382.00
812	杭州市	桐庐县	合村乡	516.00	843	绍兴市	新昌县	小将镇	361.00
813	杭州市	淳安县	梓桐镇	505.00	844	杭州市	淳安县	石林镇	359.00
814	衢州市	柯城区	华墅乡	486.00	845	温州市	永嘉县	鹤盛镇	354.00
815	衢州市	衢江区	周家乡	482.00	846	杭州市	淳安县	屏门乡	353.00
816	台州市	黄岩区	上垟乡	467.00	847	丽水市	遂昌县	高坪乡	353.00
817	丽水市	莲都区	老竹畲族镇	467.00	848	台州市	天台县	石梁镇	347.00
818	杭州市	淳安县	瑶山乡	465.00	849	温州市	永嘉县	碧莲镇	336.00
819	衢州市	开化县	杨林镇	459.00	850	衢州市	柯城区	姜家山乡	327.00
820	温州市	永嘉县	巽宅镇	457.00	851	衢州市	开化县	长虹乡	327.00
821	温州市	泰顺县	大安乡	454.00	852	衢州市	衢江区	岭洋乡	323.00
822	丽水市	龙泉市	屏南镇	452.00	853	杭州市	淳安县	安阳乡	318.00
823	丽水市	龙泉市	道太乡	450.00	854	温州市	乐清市	岭底乡	305.00
824	温州市	苍南县	凤阳畲族乡	446.00	855	丽水市	遂昌县	黄沙腰镇	303.00
825	丽水市	莲都区	大港头镇	436.00	856	丽水市	松阳县	新兴镇	299.00
826	丽水市	遂昌县	大柘镇	432.00	857	衢州市	衢江区	举村乡	292.00
827	丽水市	龙泉市	上垟镇	426.00	858	金华市	浦江县	中余乡	290.00
828	金华市	磐安县	双溪乡	422.00	859	丽水市	龙泉市	锦溪镇	290.00
829	温州市	永嘉县	枫林镇	420.00	860	丽水市	云和县	崇头镇	289.00
830	衢州市	常山县	白石镇	413.00	861	丽水市	遂昌县	濂竹乡	288.00
831	丽水市	青田县	北山镇	411.00	862	绍兴市	上虞区	陈溪乡	286.00
832	丽水市	缙云县	方溪乡	407.00	863	衢州市	柯城区	七里乡	286.00
833	丽水市	景宁畲族自治县	鹤溪街道	405.00	864	金华市	永康市	舟山镇	281.00
834	衢州市	开化县	村头镇	400.00	865	丽水市	青田县	万山乡	280.00
835	台州市	仙居县	步路乡	398.00	866	杭州市	淳安县	中洲镇	278.00
836	杭州市	桐庐县	新合乡	396.00	867	衢州市	衢江区	东港街道	277.00
837	丽水市	莲都区	仙渡乡	392.00	868	金华市	武义县	桃溪镇	275.00

续表(十四)　　单位:万元

排序	所属地区	县(市、区)	乡镇(街道)	一般公共预算收入	排序	所属地区	县(市、区)	乡镇(街道)	一般公共预算收入
869	台州市	仙居县	双庙乡	266.00	900	台州市	三门县	花桥镇	181.00
870	温州市	永嘉县	大若岩镇	264.00	901	丽水市	缙云县	大洋镇	176.00
871	金华市	武义县	大田乡	262.00	902	台州市	仙居县	上张乡	174.00
872	金华市	武义县	新宅镇	261.00	903	丽水市	景宁畲族自治县	英川镇	174.00
873	丽水市	松阳县	裕溪乡	258.00	904	衢州市	常山县	大桥头乡	173.00
874	丽水市	景宁畲族自治县	东坑镇	257.00	905	衢州市	开化县	苏庄镇	172.00
875	丽水市	庆元县	隆宫乡	254.00	906	丽水市	莲都区	雅溪镇	167.00
876	杭州市	淳安县	界首乡	250.00	907	丽水市	松阳县	四都乡	165.00
877	温州市	苍南县	大渔镇	250.00	908	丽水市	遂昌县	应村乡	160.00
878	温州市	泰顺县	雪溪乡	250.00	909	金华市	磐安县	双峰乡	159.00
879	丽水市	遂昌县	西畈乡	249.00	910	台州市	天台县	泳溪乡	159.00
880	温州市	平阳县	怀溪镇	248.00	911	杭州市	临安区	湍口镇	158.00
881	衢州市	衢江区	双桥乡	248.00	912	丽水市	缙云县	石笕乡	153.00
882	金华市	浦江县	檀溪镇	245.00	913	丽水市	庆元县	淤上乡	152.00
883	丽水市	龙泉市	兰巨乡	243.00	914	温州市	苍南县	莒溪镇	146.00
884	衢州市	开化县	音坑乡	241.00	915	丽水市	缙云县	溶江乡	141.00
885	舟山市	普陀区	东极镇	241.00	916	金华市	武义县	白姆乡	140.00
886	金华市	磐安县	窈川乡	240.00	917	衢州市	常山县	同弓乡	135.00
887	杭州市	淳安县	宋村乡	236.00	918	金华市	浦江县	杭坪镇	134.00
888	台州市	仙居县	皤滩乡	233.00	919	台州市	黄岩区	平田乡	134.00
889	台州市	黄岩区	屿头乡	231.00	920	丽水市	松阳县	樟溪乡	134.00
890	丽水市	青田县	章村乡	228.00	921	温州市	苍南县	岱岭畲族乡	130.00
891	衢州市	龙游县	庙下乡	221.00	922	丽水市	松阳县	斋坛乡	126.00
892	绍兴市	嵊州市	下王镇	215.00	923	丽水市	松阳县	板桥畲族乡	124.00
893	金华市	磐安县	九和乡	215.00	924	绍兴市	嵊州市	贵门乡	120.00
894	丽水市	庆元县	安南乡	215.00	925	丽水市	青田县	舒桥乡	117.00
895	衢州市	龙游县	沐尘畲族乡	210.00	926	温州市	乐清市	智仁乡	112.00
896	丽水市	景宁畲族自治县	沙湾镇	202.00	927	衢州市	开化县	中村乡	107.00
897	台州市	三门县	蛇蟠乡	198.00	928	衢州市	柯城区	白云街道	106.00
898	台州市	黄岩区	上郑乡	192.00	929	衢州市	开化县	齐溪镇	104.00
899	丽水市	遂昌县	龙洋乡	184.00	930	台州市	黄岩区	富山乡	101.00

续表(十五)　　单位:万元

排序	所属地区	县(市、区)	乡镇(街道)	一般公共预算收入	排序	所属地区	县(市、区)	乡镇(街道)	一般公共预算收入
931	丽水市	松阳县	玉岩镇	100.00	962	丽水市	景宁畲族自治县	澄照乡	59.00
932	台州市	仙居县	溪港乡	95.00	963	丽水市	青田县	吴坑乡	57.00
933	丽水市	青田县	方山乡	94.00	964	丽水市	龙泉市	龙南乡	55.00
934	丽水市	莲都区	黄村乡	89.00	965	丽水市	青田县	仁宫乡	54.00
935	台州市	天台县	南屏乡	86.00	966	衢州市	龙游县	大街乡	50.00
936	丽水市	龙泉市	住龙镇	86.00	967	丽水市	青田县	仁庄镇	50.00
937	温州市	瑞安市	芳庄乡	84.00	968	温州市	永嘉县	云岭乡	49.00
938	金华市	浦江县	大畈乡	84.00	969	衢州市	开化县	林山乡	45.00
939	丽水市	遂昌县	金竹镇	81.00	970	衢州市	开化县	大溪边乡	45.00
940	衢州市	常山县	何家乡	79.00	971	丽水市	遂昌县	王村口镇	44.00
941	丽水市	青田县	季宅乡	79.00	972	丽水市	缙云县	胡源乡	43.00
942	温州市	永嘉县	茗岙乡	78.00	973	丽水市	松阳县	竹源乡	41.00
943	台州市	天台县	龙溪乡	78.00	974	衢州市	江山市	张村乡	40.00
944	丽水市	青田县	高市乡	78.00	975	丽水市	缙云县	双溪口乡	40.00
945	丽水市	松阳县	安民乡	77.00	976	丽水市	景宁畲族自治县	景南乡	40.00
946	金华市	浦江县	虞宅乡	74.00	977	丽水市	云和县	雾溪畲族乡	39.00
947	丽水市	缙云县	大源镇	74.00	978	丽水市	景宁畲族自治县	雁溪乡	38.00
948	丽水市	景宁畲族自治县	梧桐乡	74.00	979	丽水市	景宁畲族自治县	九龙乡	38.00
949	衢州市	江山市	塘源口乡	71.00	980	台州市	三门县	横渡镇	36.00
950	丽水市	缙云县	前路乡	71.00	981	丽水市	青田县	万阜乡	33.00
951	金华市	浦江县	前吴乡	70.00	982	丽水市	遂昌县	垵口乡	31.00
952	丽水市	莲都区	峰源乡	70.00	983	丽水市	景宁畲族自治县	大均乡	30.00
953	温州市	乐清市	龙西乡	68.00	984	丽水市	景宁畲族自治县	毛垟乡	30.00
954	衢州市	开化县	何田乡	67.00	985	丽水市	景宁畲族自治县	秋炉乡	30.00
955	台州市	仙居县	广度乡	67.00	986	金华市	武义县	坦洪乡	29.00
956	丽水市	青田县	阜山乡	67.00	987	台州市	天台县	雷峰乡	29.00
957	温州市	乐清市	仙溪镇	66.00	988	台州市	仙居县	安岭乡	29.00
958	温州市	永嘉县	溪下乡	61.00	989	温州市	瑞安市	北麂乡	28.00
959	衢州市	常山县	东案乡	61.00	990	衢州市	龙游县	社阳乡	28.00
960	丽水市	龙泉市	竹垟畲族乡	61.00	991	丽水市	青田县	海溪乡	27.00
961	丽水市	遂昌县	蔡源乡	60.00	992	丽水市	松阳县	枫坪乡	27.00

续表(十六)　　单位:万元

排序	所属地区	县(市、区)	乡镇(街道)	一般公共预算收入	排序	所属地区	县(市、区)	乡镇(街道)	一般公共预算收入
993	丽水市	龙泉市	城北乡	27.00	1024	温州市	文成县	二源镇	0.00
994	衢州市	龙游县	罗家乡	26.00	1025	温州市	文成县	巨屿镇	0.00
995	丽水市	青田县	贵岙乡	26.00	1026	温州市	文成县	大峃镇	0.00
996	丽水市	景宁畲族自治县	标溪乡	25.00	1027	温州市	文成县	珊溪镇	0.00
997	温州市	永嘉县	界坑乡	24.00	1028	温州市	文成县	玉壶镇	0.00
998	丽水市	缙云县	仙都街道	24.00	1029	温州市	文成县	南田镇	0.00
999	衢州市	江山市	保安乡	22.00	1030	温州市	文成县	黄坦镇	0.00
1000	丽水市	遂昌县	焦滩乡	22.00	1031	温州市	文成县	西坑畲族镇	0.00
1001	丽水市	青田县	小舟山乡	21.00	1032	温州市	文成县	峃口镇	0.00
1002	衢州市	江山市	廿八都镇	20.00	1033	温州市	文成县	周壤镇	0.00
1003	丽水市	松阳县	三都乡	20.00	1034	温州市	文成县	铜铃山镇	0.00
1004	丽水市	景宁畲族自治县	渤海镇	20.00	1035	温州市	文成县	桂山乡	0.00
1005	丽水市	景宁畲族自治县	梅岐乡	20.00	1036	温州市	文成县	双桂乡	0.00
1006	丽水市	景宁畲族自治县	郑坑乡	20.00	1037	温州市	文成县	平和乡	0.00
1007	丽水市	景宁畲族自治县	大漈乡	20.00	1038	温州市	文成县	公阳乡	0.00
1008	丽水市	景宁畲族自治县	鸬鹚乡	20.00	1039	温州市	文成县	周山畲族乡	0.00
1009	丽水市	景宁畲族自治县	大地乡	20.00	1040	金华市	婺城区	新狮街道	0.00
1010	丽水市	景宁畲族自治县	家地乡	20.00	1041	金华市	婺城区	罗店镇	0.00
1011	衢州市	柯城区	黄家街道	18.00	1042	金华市	婺城区	雅畈镇	0.00
1012	丽水市	龙泉市	宝溪乡	18.00	1043	金华市	婺城区	安地镇	0.00
1013	台州市	天台县	三州乡	17.00	1044	金华市	婺城区	白龙桥镇	0.00
1014	丽水市	缙云县	三溪乡	17.00	1045	金华市	婺城区	琅琊镇	0.00
1015	丽水市	青田县	祯旺乡	16.00	1046	金华市	婺城区	蒋堂镇	0.00
1016	金华市	武义县	西联乡	14.00	1047	金华市	婺城区	乾西乡	0.00
1017	金华市	武义县	三港乡	7.00	1048	金华市	婺城区	竹马乡	0.00
1018	金华市	武义县	大溪口乡	7.00	1049	金华市	婺城区	长山乡	0.00
1019	金华市	浦江县	花桥乡	7.00	1050	金华市	婺城区	箬阳乡	0.00
1020	丽水市	青田县	章旦乡	7.00	1051	金华市	婺城区	沙畈乡	0.00
1021	丽水市	龙泉市	岩樟乡	6.00	1052	金华市	婺城区	塔石乡	0.00
1022	丽水市	青田县	汤垟乡	3.00	1053	金华市	婺城区	莘畈乡	0.00
1023	温州市	文成县	百丈漈镇	0.00	1054	金华市	金东区	多湖街道	0.00

续表(十七)

单位:万元

排序	所属地区	县(市、区)	乡镇(街道)	一般公共预算收入	排序	所属地区	县(市、区)	乡镇(街道)	一般公共预算收入
1055	金华市	金东区	东孝街道	0.00	1068	金华市	婺城区	苏孟乡	0.00
1056	金华市	金东区	孝顺镇	0.00	1069	丽水市	庆元县	荷地镇	0.00
1057	金华市	金东区	傅村镇	0.00	1070	丽水市	庆元县	左溪镇	0.00
1058	金华市	金东区	曹宅镇	0.00	1071	丽水市	庆元县	贤良镇	0.00
1059	金华市	金东区	澧浦镇	0.00	1072	丽水市	庆元县	百山祖镇	0.00
1060	金华市	金东区	岭下镇	0.00	1073	丽水市	庆元县	岭头乡	0.00
1061	金华市	金东区	江东镇	0.00	1074	丽水市	庆元县	五大堡乡	0.00
1062	金华市	金东区	塘雅镇	0.00	1075	丽水市	庆元县	张村乡	0.00
1063	金华市	金东区	赤松镇	0.00	1076	丽水市	庆元县	举水乡	0.00
1064	金华市	金东区	源东乡	0.00	1077	丽水市	庆元县	江根乡	0.00
1065	金华市	婺城区	汤溪镇	0.00	1078	丽水市	庆元县	龙溪乡	0.00
1066	金华市	婺城区	罗埠镇	0.00	1079	丽水市	庆元县	官塘乡	0.00
1067	金华市	婺城区	洋埠镇	0.00					

2023年浙江省一般公共服务支出

单位:万元

科　目	决算数	科　目	决算数
人大事务	271804	港澳台事务	21515
政协事务	203470	档案事务	93648
政府办公厅(室)及相关机构事务	4878843	民主党派及工商联事务	68996
发展与改革事务	613878	群众团体事务	224845
统计信息事务	180906	党委办公厅(室)及相关机构事务	385140
财政事务	459907	组织事务	438381
税收事务	582297	宣传事务	231584
审计事务	128516	统战事务	132366
海关事务	60017	对外联络事务	2118
纪检监察事务	480015	其他共产党事务支出	217033
商贸事务	507229	网信事务	34220
知识产权事务	15790	市场监督管理事务	1108670
民族事务	15368	其他一般公共服务支出	342019
一般公共服务支出合计		11698575	

2023年浙江省教育支出

单位:万元

科　目	决算数	科　目	决算数
教育管理事务	396519	留学教育	0
普通教育	18906259	特殊教育	141566
职业教育	2149709	进修及培训	267753
成人教育	91177	教育费附加安排的支出	729007
广播电视教育	54650	其他教育支出	915073
教育支出合计		23651713	

2023年浙江省科学技术支出

单位:万元

科　目	决算数	科　目	决算数
科学技术管理事务	181793	社会科学	35366
基础研究	664081	科学技术普及	84412
应用研究	120225	科技交流与合作	82758
技术研究与开发	3026859	科技重大项目	256840
科技条件与服务	499510	其他科学技术支出	2922987
科学技术支出合计		7874831	

2023年浙江省社会保障和就业支出

单位:万元

科　目	决算数	科　目	决算数
人力资源和社会保障管理事务	1392516	最低生活保障	617816
民政管理事务	490365	临时救助	48125
行政事业单位养老支出	4818941	特困人员救助供养	77207
企业改革补助	6534	补充道路交通事故社会救助基金	2794
就业补助	489653	其他生活救助	49626
抚恤	511558	财政对基本养老保险基金的补助	2549022
退役安置	284769	财政对其他社会保险基金的补助	249051
社会福利	561968	退役军人管理事务	128237
残疾人事业	630322	财政代缴社会保险费支出	3437
红十字事业	32007	其他社会保障和就业支出	2033085
社会保障和就业支出合计		14977033	

2023年浙江省卫生健康支出

单位:万元

科　目	决算数	科　目	决算数
卫生健康管理事务	374258	财政对基本医疗保险基金的补助	2904809
公立医院	1612448	医疗救助	251579
基层医疗卫生机构	922625	优抚对象医疗	21510
公共卫生	2832823	医疗保障管理事务	168345
中医药	46622	老龄卫生健康事务	18685
计划生育事务	341692	其他卫生健康支出	783163
行政事业单位医疗	1201681		
卫生健康支出合计		11480240	

2023年浙江省文化旅游体育与传媒支出

单位:万元

科　目	决算数	科　目	决算数
文化和旅游	1307754	新闻出版电影	28959
文物	249156	广播电视	238069
体育	528188	其他文化旅游体育与传媒支出	562301
文化旅游体育与传媒支出合计		2914427	

2023年浙江省节能环保支出

单位:万元

科　目	决算数	科　目	决算数
环境保护管理事务	288097	已垦草原退耕还草	0
环境监测与监察	36572	能源节约利用	474887
污染防治	289665	污染减排	145137
自然生态保护	143172	可再生能源	6408
天然林保护	6256	循环经济	4338
退耕还林还草	30	能源管理事务	8791
风沙荒漠治理	0	其他节能环保支出	476415
退牧还草	0		
节能环保支出合计		1879768	

2023年浙江省城乡社区支出

单位：万元

科　目	决算数	科　目	决算数
城乡社区管理事务	2965716	城乡社区环境卫生	1142257
城乡社区规划与管理	207262	建设市场管理与监督	72985
城乡社区公共设施	2414239	其他城乡社区支出	4138124
城乡社区支出合计		10940583	

2023年浙江省农林水支出

单位：万元

科　目	决算数	科　目	决算数
农业农村	3900282	农村综合改革	1018105
林业和草原	563370	普惠金融发展支出	212818
水利	2659913	目标价格补贴	0
巩固脱贫衔接乡村振兴	229226	其他农林水支出	522765
农林水支出合计		9106479	

2023年浙江省交通运输支出

单位：万元

科　目	决算数	科　目	决算数
公路水路运输	3562129	邮政业支出	18764
铁路运输	187799	车辆购置税支出	488351
民用航空运输	148493	其他交通运输支出	1066375
交通运输支出合计		5471911	

2023年浙江省资源勘探工业信息等支出

单位:万元

科　目	决算数	科　目	决算数
资源勘探开发	50960	国有资产监管	32203
制造业	364399	支持中小企业发展和管理支出	1093015
建筑业	49218	其他资源勘探工业信息等支出	1279153
工业和信息产业监管	1086597		
资源勘探信息等支出合计		3955545	

2023年浙江省商业服务业等支出

单位:万元

科　目	决算数	科　目	决算数
商业流通事务	747936	其他商业服务业等支出	1939273
涉外发展服务支出	320571		
商业服务业等支出合计		3007780	

2023年浙江省金融支出

单位:万元

科　目	决算数	科　目	决算数
金融部门行政支出	16013	金融调控支出	0
金融部门监管支出	8421	其他金融支出	121363
金融发展支出	126860		
金融支出合计		272657	

2023年浙江省自然资源海洋气象等支出

单位:万元

科　目	决算数	科　目	决算数
自然资源事务	1187516	其他自然资源海洋气象等支出	334633
气象事务	97219		
自然资源海洋气象等支出合计		1619368	

2023年浙江省住房保障支出

单位:万元

科　目	决算数	科　目	决算数
保障性安居工程支出	638494	城乡社区住宅	90153
住房改革支出	2086781		
住房保障支出合计		2815428	

2023年浙江省粮油物资储备支出

单位:万元

科　目	决算数	科　目	决算数
粮油物资事务	220485	粮油储备	98407
能源储备	1864	重要商品储备	16020
粮油物资储备支出合计		336776	

2023年浙江省灾害防治及应急管理支出

单位:万元

科　目	决算数	科　目	决算数
应急管理事务	301653	自然灾害防治	14058
消防救援事务	382569	自然灾害救灾及恢复重建支出	12107
矿山安全	72	其他灾害防治及应急管理支出	27248
地震事务	2795		
灾害防治及应急管理支出合计		740502	

2023年度浙江省乡镇财政收支决算表

单位:万元

项　目	决算数	项　目	决算数
一、一般公共预算收支决算		上级补助收入	4918922
收入总计	27957187	待偿债再融资专项债券上年结余	0
一般公共预算收入	20441523	上年结余收入	424464
上级补助收入	6748886	调入资金	4258
待偿债再融资一般债券上年结余	0	债务(转贷)收入	0
上年结余收入	282635	支出总计	7751150
调入资金	245561	政府性基金预算支出	7083030
债务(转贷)收入	0	上解上级支出	89183
动用预算稳定调节基金	238582	调出资金	201955
区域间转移性收入	0	债务还本支出	0
支出总计	27957187	待偿债再融资专项债券结余	0
一般公共预算支出	10466272	年终结余	376982
上解上级支出	16793883	三、国有资本经营预算收支决算	
调出资金	0	收入总计	15374
债务还本支出	0	国有资本经营预算收入	15000
补充预算周转金	0	上级补助收入	372
安排预算稳定调节基金	447924	上年结余收入	2
区域间转移性支出	0	支出总计	15374
待偿债再融资一般债券结余	0	国有资本经营预算支出	373
年终结余	249108	上解上级支出	0
二、政府性基金预算收支决算		调出资金	15000
收入总计	7751150	年终结余	1
政府性基金预算收入	2403506		

2023年全国各省、市、自治区财政收支占全国财政收支/税收收入占一般公共预算收入比重及排序

地　区	一般公共预算收入（亿元）	约占地方一般公共预算收入的比重（%）	占比排序	税收收入（亿元）	约占一般公共预算收入的比重（%）	占比排序	一般公共预算支出（亿元）	约占地方一般公共预算支出的比重（%）	占比排序
北京市	6181	5.3	6	5357	86.7	1	7971	3.4	12
天津市	2028	1.7	22	1579	77.9	6	3280	1.4	27
河北省	4287	3.7	9	2578	60.1	30	9606	4.1	8
山西省	3479	3.0	13	2557	73.5	11	6346	2.7	18
内蒙古自治区	3084	2.6	16	2331	75.6	7	6836	2.9	15
辽宁省	2755	2.4	18	1871	67.9	16	6575	2.8	17
吉林省	1075	0.9	26	700	65.1	23	4407	1.9	26
黑龙江省	1396	1.2	25	860	61.6	27	5776	2.4	23
上海市	8313	7.1	4	7109	85.5	2	9639	4.1	7
江苏省	9930	8.5	2	7977	80.3	4	15242	6.4	2
浙江省	**8601**	**7.3**	**3**	**7125**	**82.8**	**3**	**12353**	**5.2**	**5**
安徽省	3939	3.4	10	2593	65.8	20	8644	3.7	11
福建省	3592	3.1	12	2342	65.2	22	5859	2.5	22
江西省	3060	2.6	17	2022	66.1	18	7493	3.2	13
山东省	7465	6.4	5	5230	70.1	14	12582	5.3	4
河南省	4518	3.9	8	2855	63.2	25	11053	4.7	6
湖北省	3693	3.2	11	2673	72.4	12	9299	3.9	10
湖南省	3361	2.9	15	2209	65.7	21	9581	4.1	9
广东省	13851	11.8	1	10245	74.0	10	18527	7.8	1
广西壮族自治区	1784	1.5	24	1082	60.7	28	6101	2.6	20
海南省	901	0.8	28	667	74.1	9	2249	1.0	29
重庆市	2441	2.1	19	1476	60.5	29	5305	2.2	24
四川省	5529	4.7	7	3701	66.9	17	12733	5.4	3
贵州省	2078	1.8	21	1222	58.8	31	6204	2.6	19
云南省	2149	1.8	20	1388	64.6	24	6730	2.8	16
西藏自治区	237	0.2	31	157	66.1	18	2809	1.2	28
陕西省	3438	2.9	14	2694	78.4	5	7175	3.0	14
甘肃省	1004	0.9	27	699	69.6	15	4522	1.9	25
青海省	381	0.3	30	283	74.2	8	2189	0.9	30
宁夏回族自治区	502	0.4	29	353	70.3	13	1751	0.7	31
新疆维吾尔自治区	1945	1.7	23	1216	62.5	26	6033	2.6	21
地方合计	117229			85302			236403		

注：全国财政总决算数据。因四舍五入因素，合计数与分项加总数或存有尾差。

财政文选

zhejiang caizheng nianjian

厅领导谈财政

坚持“五财并举” 加快构建浙江特色现代财政治理体系

浙江省财政厅党组书记、厅长 尹学群

2023年浙江省委高规格召开“新春第一会”，全面部署推进创新深化、改革攻坚、开放提升和三个“一号工程”，为做好新时代财政工作锚定了跑道。近期，浙江省委对浙江省财政部门提出“科学生财、创新聚财、精明理财、高效用财、勤廉管财”的要求，这是省委深入贯彻党的二十大精神和习近平总书记关于财政工作重要论述，立足中国式现代化大场景和浙江省“两个先行”奋斗目标，对做好新时代浙江财政工作提出的最新要求、系统部署、战略指引。全省各级财政部门要坚决贯彻中央和省委决策部署，坚持“五财并举”，加快构建浙江特色现代财政治理体系，为强力推进创新深化、改革攻坚、开放提升和三个“一号工程”提供坚强财政保障。

一、深刻认识坚持“五财并举”，加快构建浙江特色现代财政治理体系的重要性紧迫性

坚持“五财并举”，构建浙江特色现代财政治理体系，是更好发挥财政引导支撑保障作用的有效路径，全省各级财政部门要切实增强紧迫感责任感使命感，切实将思想和行动统一到中央和省委的决策部署上来。

这是深学笃行习近平总书记关于财政工作重要论述的具体行动。习近平总书记高度重视财政工作，在浙江工作期间就对财政工作作出了一系列重要论述，提出了一系列明确要求，是“八八战略”在财政领域的深化细化具体化。今年是“八八战略”实施20周年，财政部门要进一步学深悟透习近平总书记关于财政工作的重要论述，深入实施“八八战略”，坚持“五财并举”，加快构建浙江特色现代财政治理体系，以实际行动彰显坚定捍卫“两个确立”、坚决做到“两个维护”的政治担当。

这是强力推进省委创新深化改革攻坚开放提升战略的重要抓手。进入新征程，浙江省委打出“创新深化、改革攻坚、开放提升”组合拳，深入实施三个“一号工程”，必将为浙江高质量发展注入强大动力。坚持“五财并举”，构建浙江特色现代财政治理体系是推进创新深化改革攻坚开放提升的重大抓手，是实施三个“一号工程”的财政制度保障，要迅速找准财政的“位”和“责”，充分发挥“五财”联动作用，既要从政策、资金上服务好、保障好，更要从体制机制上引导好、支撑好，当好推进创新深化改革攻坚开放提升的先行者、模范生。

这是加快推进财政治理体系和治理能力现代化的内在要求。中国式现代化必然要求财政治理现代化。“五财并举”环环相扣、内核相通、机制相连，蕴含着财政治理现代化的方向和要求，其中，科学生财是基础、创新聚财是手段、精明理财是关键、高效用财是目的、勤廉管财是保障。要紧紧围绕中国式现代化的目标和路径，运用好系统观念系统方法，统筹协调好“五财”之间的关系，防止单打一、顾此失彼，努力实现多目标动态平衡，形成“五轮驱动”叠加放大效应，有效赋能财政治理体系和治理能力现代化。

二、在中国式现代化的宏大场景中坚持“五财并举”，加快构建浙江特色现代财政治理体系

坚持科学生财，深入实施高质量发展集成保障工程，做发展的“促进派”。一是以“一号发展工程”为牵引，深入实施创新深化十大行动，争当发展的“强引擎”。实行超常规的财政投入政策，2023—2027年全省财政科技投入年均增长15%以上；完善数字经济高质量发展财政支持政策体系；健全省支持重大科创平台和新型高校建设工作联席会议制度；开展科技教育人才强省建设一体推进行动。二是以“一号改革工程”为牵引，深入实施改革攻坚十大行动，争当改革的“突击手”。完善财政资金管理清单，营造公开公平公正的财税环境；迭代财税惠企政策体系，优化财政兑付机制；实施政府采购公平竞争“三个一”改革；加强地方财经领域涉企违规收费整治。三是以“一号开放工程”为牵引，深入实施开放提升十大行动，争当开放的“助推器”。研究出台外资招引财政政策，完善招大引强财政激励政策；研究省内企业“立足全国、投资省外”的财政支持政策；优化义新欧班列财政补助政策，实施新一轮新开国际航线培育政策。

坚持创新聚财，深入实施财政收入量质齐升工程，做增收的“聚宝盆”。坚持放水养鱼、涵养税源，放大财政部门创造财富、创造收入功能，算好长远账、整体账，努力实现财政收入质的有效提升和量的合理增长。一是做大做优财政蛋糕。健全财政税务协同机制，构建省市县纵向联动、财税银横向贯通的收入组织长效机制，努力实现全省一般公共预算收入增幅与经济增长基本同步，收入质量保持东部领先，占全国的比重稳中有升，上划中央收入稳中有进。二是依法依规组织收入。坚持依法征收、应收尽收，严肃收入组织工作纪律，严禁以各种形式提前征收税费、收取“过头税费”。充分运用大数据、云计算、人工智能等技术手段，提高收入征管的精准性、科学性、合理性。

坚持精明理财，深入实施财政管理提能升级工程，做精明的“大管家”。大力推进财政改革，着力破解制约财政高质量发展的体制机制障碍，加快建立现代财政制度。一是深化完善财政体制。积极构建有利于共同富裕的财政体制，优化转移支付地区分类分档体系，出台新一轮绿色发展财政奖补机制。创新构建“N”个家庭型财税政策体系，开展百万家庭奔富攻坚行动。完善公共服务优质共享财政保障机制。二是强化资金资源资产统筹。建立健全财政资源统筹机制，提升财政跨周期调节能力，增强重大决策部署财力保障。建立健全结转结余资金收回使用机制和资产盘活机制，加大各类存量资金盘活力度，加快推进资产盘活利用。三是加强预算绩效管理。构建更加科学的部门整体绩效指标体系，推进部门整体绩效预算改革。优化专项资金和项目绩效管理机制，建立健全重大项目绩效目标实质性审核机制。强化绩效评价和结果应用，健全绩效管理激励约束机制。四是着力防控财政风险。健全地方政府依法适度举债机制，完善政府债务风险评估指标体系。压实地方政府落实社保风险准备金制度责任，健全多渠道资金筹措机制。完善预算备案审查机制，扩大基层"三保"预算编制审核范围，健全"三保"预算执行动态监测机制。

坚持高效用财，深入实施财政支出提质增效工程，做精准的"铁算盘"。牢固树立绩效导向，坚持"有保有压"，大力优化支出结构，不断提高财政资源配置效率和财政资金使用效益。一是加强预算管理。聚焦三个"一号工程""十项重大工程""8+4"经济政策体系等浙江省委、省政府重大决策部署，建立健全集中财力办大事财政政策体系动态调整机制。建立健全支出标准体系，探索标准体系动态调整办法。深化零基预算改革，建立健全能增能减、有保有压的预算分配机制。二是坚决落实过紧日子要求。健全政府过紧日子长效机制，厉行节约办一切事业。建立过紧日子评价制度，实施政府过紧日子清单化管理，严控一般性支出，严控楼堂馆所建设，加强"三公"经费管理。三是切实加强财会监督。按照中央关于进一步加强财会监督工作的部署，建立健全全省一体、完备高效的财会监督制度体系。推动加快形成财政部门主责监督、有关部门依责监督、各单位内部监督、相关中介机构执业监督、行业协会自律监督的财会监督体系。

坚持勤廉管财，深入实施财政铁军强基固本工程，做勤廉的"模范生"。坚定"干事且干净、干净加干事、干事能成事"的勤廉追求，锻造一支想干事、能干事、干成事、不出事的财政勤廉铁军。一是深化清廉财政建设。全面落实浙江省委重点清廉单元建设任务。分类培育清廉财政示范点。打响"清风财韵"廉洁文化品牌。建立健全具有特色财味的"三不腐"能力指数评价体系。二是加强干部队伍建设。完善全面、立体、透视察人识人机制，多渠道多层次多维度考察干部。建立健全干部选拔培养机制，分类推进各领域专业人才库建设。深化变革重塑，强化生成性学习，提升干部履职能力。三是持续强化争先创优。牢固树立"没有领先就是落后、没有特色就是问题、没有用心就是懒政"的理念，建立健全特色工作申报、考核机制，以特色工作引领改革创新，确保财政各项工作继续走在前列。

（刊于《中国财政》2023年第9期）

坚持一张蓝图绘到底　不断绘就"千万工程"财政新画卷

浙江省财政厅党组书记、厅长　尹学群

"千万工程"是习近平总书记在浙江工作期间亲自谋划、亲自部署、亲自推动的一项重大战略决策。20年来，浙江省各级财政部门始终牢记习近平总书记殷殷嘱托，深入实施"八八战略"，一张蓝图绘到底、一任接着一任干，加大投入、迭代政策、完善机制，推动"千万工程"走深走实，助力擘画"美丽乡村+未来乡村+共富乡村"迭代升级的乡村新图景。

一、深刻领会"千万工程"蕴含的丰富内涵，切实增强财政推进"千万工程"的责任感紧迫感

（一）深刻认识"千万工程"是以"八八战略"为根本指引，探索中国式现代化发展的生动缩影。"八八战略"是习近平新时代中国特色社会主义思想在浙江萌发与实践的集中体现和重要标志，与中国式现代化在理论上高度契合、逻辑上一脉相承。"千万工程"作为"八八战略"的重要组成部分，以人居环境整治为切入口，多措并举改变农村"脏乱差"现象，多管齐下打通"绿水青山"向"金山银山"的转化路径，构建了人与自然和谐共生的乡村发展新格局，实现了乡村美丽与农民富足的统一。这一实践纲举目张，体现了浙江积极探索中国式现代化的思想自觉、政治自觉与行动自觉，是中国式现代化理论在"三农"领域的先行探索，是我们取之不尽、用之不竭的宝贵财富。

（二）深刻认识"千万工程"是以人民至上为价值取向，引导公共财政实现本质回归的鲜活教材。在推进"千万工程"中，习近平总书记始终把增进人民福祉、促进人的全面发展作为出发点和落脚点，致力于为广大农民谋幸福、为广阔乡村谋振兴，充分彰显了人民领袖非凡的战略视野、胸襟格局和博大情怀，为新时代财政工作提供了价值指引。财政取之于民、用之于民，只有以增进民生福祉为中心，从与人民群众切身利益关系最密切的领域入手，补齐农村建设这块突出短板，切实解决农村发展不平衡不充分问题，才能彰显新时代人民至上、以人为本的价值取向，让公共财政实至名归。

（三）深刻认识"千万工程"是以农村人居环境整治为战略支点，有力撬动乡村振兴的战略杠杆。从以农村人居环境整治为重点的"千村示范、万村整治"，到以美丽乡村建设为重点的"千村精品、万村美丽"，再到以乡村现代化为重点的"千村未来、万村共富"，"千万工程"内涵不断丰富，要求不断提升，影响力不断扩大。美丽乡村、农村公共服务均等化等概念均脱胎于"千万工程"，在浙江首次提出，并逐步走向全国。如今浙江在"千万工程"的推进过程中，依托小城镇综合环境整治、"五水共治"等，培育生态农业、绿色产业，创造新的增长点，推进了乡村生产方式和生活水平的深刻变革，有力撬动了乡村振兴大战略的实施。

（四）深刻认识"千万工程"是以生态富民强村为实践样板，扎实推动共同富裕的省域示范。共同富裕重点在农村，难点也在农村。20年来，浙江财政持续加大"千万工程"支持力度，下大力气改善农村人居环境，花大功夫补齐农村公共服务短板，着力推动农村产业发展，为有效打破城乡二元结构、缩小城乡差距、推动发展机会公平奠定坚实基础，以生态富民强村的美好图景为全国共同富裕提供省域范例，更好锻造"重要窗口"形象的鲜明标识。

二、坚持以"千万工程"为引领，集中财力、集成政策助推乡村振兴

20年来，浙江省各级财政部门坚持以"千万工程"为引领，从农民群众角度思考问题，从乡村发展实际出发制定政策，在加大财政投入力度的同时，先后出台六轮财政支持"千万工程"政策，完善全过程资金绩效管理机制，不断把"千万工程"蓝图绘就得更生动更精彩。

（一）坚持久久为功，持续强化投入保障。始终坚持农业农村优先发展，重点保障乡村建设支出，确保不因资金问题影响"千万工程"推进。一是将"千万工程"建设资金纳入集中财力办大事政策体系，努力实现财政资金投入与"千万工程"建设任务相匹配。2003年以来，浙江省财政支持"千万工程"投入稳定增长，从2003年的6亿元增长到2022年的264亿元，增长44倍，累计投入超过3000亿元。二是进一步拓宽"千万工程"资金来源，通过健全土地出让收入优先用于农业农村机制，引导土地出让收入更多用于农业农村。2022年全省土地出让收入用于农业农村624亿元。三是注重发挥财政资金的引导撬动作用，采用竞争性遴选、投资激励等方式，带动农民和集体自筹以及社会资本投入，逐步形成"财政支持、村民筹集、社会投资"的多元化投入格局。如金华市财政通过市县联动、部门协同，切实加强"千万工程"投入保障，20年来市县两级财政投入资金逾333亿元，从2003年的1.41亿元到2023年的22.37亿元，翻了4番。同时引导社会资本加大"千万工程"投入，2003年以来共吸引村集体投入、社会捐助、金融资本投入等资金超61亿元，有力促进了美丽乡村建设。

（二）坚持与时俱进，持续完善政策体系。始终从农村实际出发，根据不同发展阶段，逐步拓展深化财政支持政策，积极助推"千万工程"向纵深推进。一是在"千村示范、万村整治"初期示范引领阶段，围绕推动乡村更加整洁有序，对村庄整治项目实施以奖代补，重点解决农村环境"脏乱差"问题。省财政设立"千万工程"专项资金，重点对"村道硬化、垃圾处理、卫生改厕、污水治理"等四个方面的整治建设项目进行奖补。各级财政按照待整治村每个补助不少于22万元，已整治村每个补助不少于10万元标准落实财政补助资金，集中开展村庄环境综合整治。二是在"千村精品、万村美丽"深化提升阶段，围绕推动乡村更加美丽宜居，推进专项资金管理改革和因素法分配资金，支持全域打造美丽乡村。支持历史文化村落保护利用，对重点村按类别平均每村分别补助700万元、500万元。通过专项补助和考核奖补等方式，2019年以来，省财政累计安排90亿元支持推进全省"四好农村路"建设。将农村文化礼堂建设补助经费纳入集中财力办大事体系，并逐步建立农村文化礼堂建设与管理长效机制，全省500人以上行政村农村文化礼堂全覆盖。三是在"千村未来、万村共富"迭代升级阶段，围绕推动乡村更加和美共富，出台实施美丽乡村示范带建设和未来乡村财政奖励政策，推进乡村更加和美共富。对未来乡村创建成效较好的县（市、区）给予奖励，助力打造共同富裕现代化基本单元。推进农村综合改革，支持实施产业发展和乡村建设相融合的新时代乡村集成改革。

（三）坚持绩效导向，持续强化资金管理。始终坚持绩效优先，以乡村环境更加优美、农民生活更加美好为绩效目标，强化政策资金全过程管理，确保"千万工程"取得实效。一是在政策制订阶段，提前参与浙江省委省政府关于新时代"千万工程"决策部署，深度研究省级相关主管部门提出的政策措施，从财力可持续、收支能平衡、风险易防控、资金有绩效等方面共同谋划支持政策。二是在政策实施阶段，强化项目资金使用全过程监管，事前明确项目绩效目标，加强事中绩效监控和事后绩效评价，及时掌握项目实施情况，并对发现的问题及时进行整改。三是在政策完成阶段，总结政策实施经验及成效，推动完善下一步政策。建立绩效激励机制，将绩效评价结果作为政策完善和资金安排的重要依据。同时，持续推进"千万工程"相关资金统筹整合，加强部门之间沟通协调，充分发挥各方优势形成合力，避免政策资金重复低效投入。

三、坚持一张蓝图绘到底，在深化"千万工程"中展现财政新作为新担当

浙江省各级财政部门深入学习贯彻习近平总书记关于"三农"工作重要论述和对"千万工程"的重要批示精神，坚决落实中央和省委决策部署，对标全域建设宜居宜业和美乡村总体目标，进一步完善财政政策体系，加快绘就"千村引领、万村振兴、全域共富、城乡和美"的"千万工程"新画卷，为推动新时代"千万工程"再出发再深化再提升贡献财政力量。

（一）进一步完善财政投入保障机制。梳理界定农业农村领域事权关系，明确支出责任，探索将各级政府一般公共预算农业农村支出情况纳入乡村振兴战略实绩考核指标体系，确保农业农村优先保障的政策目标落实到位。充分发挥财政杠杆撬动作用，迭代优化农业农村重大投资激励政策，引导金融资本和社会资本更多投向乡村建设。健全完善财金协同长效机制，强化财政政策与担保、保险等金融工具有效衔接和密切协同，促进财政与金融资源互补、相互赋能，形成更加高效、更加协同的支农机制。

（二）进一步迭代优化财政支持政策。加强支农政策顶层设计，主动对接、主动融入乡村建设规划，因地制宜谋划支农政策、制定任务目标、明确资金使用方向。以财政支持"大三农"政策体系变革重塑为抓手，进一步统筹政策资源、资金资源、项目资源，一个口子抓好资金要素保障，体系化、协同化支持深化"千万工程"重点工作有序开展。探索引入"基数+激励"的资金安排机制，推动形成以规划为引领、以项目为基础、以绩效为导向的

财政支农新模式，最大限度调动基层工作积极性、创新性。

（三）进一步明确财政支持重点。聚焦产业振兴，立足乡村特色资源禀赋，在深化“千万工程”中重点支持大项目、大平台建设，连片成线打造乡村特色优势产业集群，探索构建形成现代乡村产业体系。聚焦宜居宜业，支持集中连片开展村庄微改造精提升，进一步提升乡村基础设施完备度、公共服务便利度、城乡发展融合度。聚焦强村富民，系统谋划推进农业农村改革集成，充分调动土地、资金、技术等农业生产要素，积极支持农民创业就业和农村改革赋能，进一步推进集体经济发展提质、农民收入增长提档、农村“扩中”“提低”提速。

（刊于《中国财政》2023年第14期）

以勤廉“模范生”姿态深化清廉财政建设　续写全面从严治党新作为新篇章

浙江省财政厅党组书记、厅长　尹学群

一、充分肯定取得的成绩，时刻保持加强全面从严治党，纵深推进清廉财政建设的清醒头脑

（一）政治底色不断擦亮。一是强化了政治统领。认真落实“第一议题”制度，用好“十大载体”、展现“十大作为”、发出“十大好声音”，推进学习宣传贯彻党的二十大和省第十五次党代会精神走深走实，贯彻落实中央和省委重大决策部署更加自觉、更加坚定、更加有效。省厅连续20年获评省政府绩效考评优秀单位；连续6年获国务院督查激励。二是扛起了政治担当。深入实施经济稳进提质“八大攻坚行动”。全省财政收入增幅（同口径）、质量“双领先”东部，为全国大局作出了浙江贡献。扎实开展共同富裕示范区建设奋进年行动，家庭型财税政策体系相关研究报告获时任省委主要领导批示肯定，“家庭型共富财税集成改革”获省委改革突破奖银奖。实战实效推进数字化改革，“浙里办票+浙里报账”“政府采购（政采云）”入选2022年浙江省数字化改革“最佳应用”，“财政大脑”入选“最强大脑”。三是做实了政治监督。加强对贯彻落实习近平总书记重要讲话重要指示批示精神，以及开展共同富裕示范区建设、稳进提质、除险保安等大事要事的跟进监督。认真落实“五张责任清单”，加大对“一把手”和领导班子的监督。省厅巡察工作相关经验做法得到省纪委常委、省委巡办主任的批示肯定。

（二）清廉财政建设成效显著。一是标志性成果明显。清廉财政建设被省委列入新一批重点清廉单元，标志着从单个行业治理向系统综合治理转变。省厅监督局、杭州市财政项目预算审核中心被评为“全省清廉建设基层成绩突出单位”。厅党组第一时间召开全省清廉财政建设推进会，部署新阶段重点工作。二是清廉文化打造品牌。创建并培育“清风财韵”廉洁文化品牌，重点做好“五个一批”建设，用好“浙江财政展示厅”“清风财韵廉洁文化走廊”等廉洁文化阵地，推动“不想腐”理念深入人心。三是系统联动典型引路。按照“一地创新、全省推广”要求和机制，与省纪委机关联合印发坚持党政机关过紧日子优秀案例。举办了全省财政系统清廉财政“十佳”优秀实践案例评选，常山县财政局试点的“一码两公”打造“两廉”政府案例被评为全省基层清廉建设十大创新经验创新奖。四是数字赋能加强监督。“厅组合力”推进财政公权力大数据监督应用建设，第一批“一企一策”“单一来源采购”“三公经费”“公款存放”4个应用场景已点亮，在省本级监督覆盖单位2万多家，发出预警信息2500多条、涉及资金21.3亿元。五是清廉指数探索前行。从理论研究、体系构建、场景应用入手，从“四个维度”构建了12个一级指标和32个二级指标。已完成对全省财政系统的模拟测试，形成第一份全省清廉财政能力指数和清廉账单，得到财政部领导充分肯定。

（三）组织效能更加彰显。一是加快打造变革型财政组织。认真落实变革型财政组织建设三年行动计划，按照重塑“六大体系”、实施“六大工程”目标要求，在38家单位开展创建试点，并在全国财政人才工作会议上作经验交流。二是深入实施“红色根脉强基工程”。抓好财政机关事业单位、乡镇财政、两新组织、财会队伍4类主体强基行动。在全省机关党组织系统联动开展“破百难、助共富”活动签约仪式上，省厅作为唯一一家经验介绍单位作大会发言；省市县乡四级财政机关党建“系统联动”经验做法在全省机关党组织推广。三是高质量推进党建带群建。支持工会、团委、妇委会深入开展“喜迎二十大、永远跟党走、奋进新征程”等活动，组建“共同富裕财政青年智库”“财政青年精准服务共富小分队”。全省财政系统团员青年在大陈岛“多跨联动”开展深入学习贯彻省第十五次党代会精神主题团日活动，被多家主流媒体关注报道。

（四）正风肃纪深入推进。一是持续深入纠治“四风”。紧盯“四风”新表现新变种，坚决查处违规吃喝，违规收受礼品礼金问题，推动建立作风建设常态化长效化机制。二是督导服务深入基层。针对稳进提质财政政策落实情况，组织开展实地督导调研，做到企业必到、重大工程必到、基层必到的“三必到”和企业意见必听、当地政府部门意见必听、“两代表一委员”意见必听的“三必听”，强化稳进提质财政政策精准滴灌、直达快享，相关做法得到王浩省长批示肯定。三是助力共富破难攻坚。深化“破百难、助共富”活动，充分运用“专题研学”“系统联动”等“七项机制”，从小切口、突破点入手，推动精准解决。省委直属机关工委部署的“破百难、助共富”活动100个难题中，涉及财政的19个难题均已解决。

二、对标对表新时代新征程财政使命任务，以勤廉并重的清廉财政建设为主要抓手，推进全面从严治党续写新的篇章

（一）聚焦“两个维护”，强化政治忠诚

一要紧扣“铸魂”，加强思想政治引领。第一时间跟进学习

贯彻习近平总书记重要讲话重要指示批示精神，通过有计划、有载体、有互动、有督导、有考评，推进"第一议题"制度落实常态化、规范化、实效化，坚决做到"总书记有号令、党中央有部署，浙江见行动，财政抓落实"。全面贯彻落实党的二十大精神，高标准高质量开展学习贯彻习近平新时代中国特色社会主义思想主题教育、"三个管好"和深入实施"八八战略"系列工作。深化新修订党章的学习，加强对党忠诚教育、理想信念教育、政治机关意识教育，更加深刻领悟"两个确立"的决定性意义，更加自觉增强"四个意识"、坚定"四个自信"、做到"两个维护"。

二要紧扣"三化"，做实做细政治监督。"三化"就是具体化、精准化、常态化。具体化，就是要聚焦"国之大者"，将习近平总书记重要讲话精神和重要指示批示精神、关于财政工作的重要论述和党的二十大精神，贯彻落实到财政部门的每项工作、每件事情，形成研究部署、狠抓落实、督促检查、及时报告、跟踪问效的工作闭环。精准化，就是要聚焦"省之大计"，对标对表省第十五次党代会、全省"新春第一会"目标任务和易书记走访我厅时提出的"五财并举"理念、"五做十五要"具体要求，以三个"十大行动"强力推进三个"一号工程"落地生根；聚焦"关键少数"，做实做细政治生态分析研判、政治巡察、廉情评估等工作，加强对"一把手"和领导班子的监督。常态化，就是要聚焦"加力提效"，加大对"8+4"财政政策落实、十大工程财政保障等实施全链条、有力有效的日常监督，不折不扣落到实处。

三要紧扣"净化"，营造良好政治生态。就近用好红色资源、主题党日教育基地，推动"三会一课"、领导干部双重组织生活等各项制度落到实处。提高民主生活会、组织生活会质量，健全会前审查、列席指导、及时叫停、责令重开、整改通报等机制，用好批评和自我批评武器。落实意识形态（网络意识形态）工作责任制，规范党员干部"八小时"之外政治言行，积极开展网上宣传舆论引导工作。

（二）聚焦清廉单元，强化财政表率

一要迭代升级，深化财政公权力大数据监督应用建设。增量开发"直达资金""政府债务管理""涉企奖补""清廉财政画像"等应用子场景，规划"涉农奖补"场景。各级财政部门也要积极探索，通过对审计、巡视巡察反馈问题和违反财经纪律案件的分析梳理，提炼预警规则和预警模型。

二要实践优化，推进清廉财政"三不腐"能力指数评价全面实施。在去年丽水试点的基础上，调整优化指标体系，通过"月自评、季亮晒、年考核"，对各地财政部门清廉能力进行总体评价，完善实时预警、五星评价等七大应用，实现各地"清廉画像"。各地要运用反馈的"清廉账单"不断提升清廉财政"三不腐"能力。要及时总结提炼清廉财政"三不腐"能力指数评价体系建设的经验，打造具有浙江财政辨识度的"清廉财政单元"品牌。

三要以文化人，持续打响"清风财韵"廉洁文化品牌。要深入贯彻新时代廉洁文化建设的意见，巩固和深化"清风财韵"廉洁文化品牌建设，按照"五个一批"的要求，精心打磨各地廉洁文化子品牌，带动"一地一特色"廉洁文化品牌串珠成链，形成品牌集群。

（三）聚焦重点难点，强化风险防控

一要加强监督制约，扎实开展"财会监督年"活动。认真贯彻落实中共中央办公厅、国务院办公厅《关于进一步加强财会监督工作的意见》，谋划好浙江省的实施方案。最近，财政部下发了《关于开展财会监督专项行动的通知》等，全省财政系统要扎实开展"财会监督年"活动，通过三个阶段、六大任务和26项举措不折不扣落实到位。要重点突出财经领域重大案件查处，推进健全完善"五个一体化"财会监督格局，推动完善一批制度机制、整治一批突出问题、打造一批数字化监管平台，全力打造具有浙江特色的财会监督新模式。要加强财会监督与各类监督贯通协调，构建财会监督与各类监督贯通协调，构建纪财联动、财审联动、上下联动等三个贯通协同机制。

二要夯实基层基础，打通清廉财政建设"最后一公里"。创新基层财政管理模式，将"浙里基财智控应用"打造成清廉财政建设标志性应用；以资金安全风险管控为重点，优化乡镇财政就地就近资金监管。深化行政事业单位财会管理改革，完善分类财会管理模式；夯实行政事业单位财会队伍；推进行政事业单位内部控制体系建设，2023年实现全省县区100%建设完成乡镇内控指引。强化行业党建思想引领，推动党的领导深度融入执业机构治理结构；发挥各级行业党组织和党员的清廉引领作用，引导行业与客户、服务对象保持良好"亲清"关系；持续开展四类违规行为专项整治，加大对注册会计师、资产评估行业违法违规行为的整治和惩戒。

三要注重防堵漏洞，着力防控重点领域风险隐患。强化财政资金安全管理，做到财政专户"底数清"，杜绝违规设立、私设多设财政专户问题；做到资金"流向清"，杜绝发生违规支付、挪用资金等问题；做到公款"存放清"，杜绝违规存放问题，实现保值增值。强化政府采购监管，督促采购单位建立健全内控制度，加强采购需求管理，不得扩大单一来源采购适用情形，不得仅以会议纪要代替采购流程。强化国资国企监管，梳理审计反映的问题，举一反三健全长效机制；依托"资产云"系统，推动数字化智能动态监管。

（四）聚焦纠治"四风"，强化作风建设

一要认真贯彻落实新修订的"中央八项规定"精神，真正化风成俗。修订完善省财政厅《贯彻落实中央八项规定实施细则的办法》。要严格执行重大事项请示报告制度，对党忠诚、对组织忠诚，坚决防止有令不行、有禁不止。要重点纠治形式主义、官僚主义、持续纠治享乐主义、奢靡之风；带头发扬斗争精神，坚决同一切形式主义、官僚主义行为作斗争；深入开展"指尖上的形式主义"专项整治。

二要深入开展全系统调查研究，切实提升效能。大兴调查研究，将"大走访大调研大服务大解题"活动贯穿全年，认真落实8项重点工作，与落实基层联系点制度、常态化督导服务制度结合起来，与开展工作思路调研、专项调研、督查督导、课题调研等结合起来，厅领导带头，各处室、单位积极参与，全力推动活动落深落细落实。

三要大力度推动党政机关过紧日子，助力厉行节约。建立省级部门细化量化的政府过紧日子指标评价和监管机制；市县财政部门要加快推进过紧日子评估评价制度建设，强化结果运用。依托预算一体化系统建设，实现对预算单位“人、财、物”的精密智控。打造收支运行智管“一张网”新模式，科学合理设置预警规则。从紧从严安排“三公”经费预算。

（五）聚焦合力合为，强化高效赋能

一要坚持问题导向，一体整改树好财政形象。聚焦党章和党内法规制度贯彻执行情况，以及全面从严治党和机关党建检查、巡视巡察、审计、作风建设民主评议等反馈的问题，实现“整改一个问题、完善一项制度、治理一片领域”。各级财政部门党委（党组）要落实主体责任，党委（党组）书记要履行第一责任人职责，其他班子成员要履行“一岗双责”，确保整改“全覆盖”“无盲区”“无死角”。

二要坚持从严从紧，持续锻造过硬“财政铁军”。坚持以严的基调管好干部，落实落细“五张责任清单”，执行好两项法规、能上能下等制度规定。严格落实领导干部廉洁从政从业“五个严禁”行为规范，加大对财政干部“八小时外”的行为约束，构建清而有为、亲而有度的良性政商关系。推动关口前移、深化源头治理，把严的要求贯穿党规制定、警示教育、执纪监督全过程，从源头遏制违纪违法案件。

三要坚持创新推广，打造更多清廉财政标志性成果。以“十佳”案例评选为载体，每年举办一次年度评选，重点培育一批标识明、融合紧、切口小、做法新、品牌响、机制活的清廉子单元。按照“一地创新，全省推广”的要求，对特色鲜明、成效显著、可复制应用的实践做法进行推广。要充分运用“一把手”亲自抓、“一张表”清单化、“一个环”闭环管的“三个一”工作机制，确保各项清廉财政建设举措在全省开花结果、落地见效。

（刊于《浙江财税与会计》2023年第4期）

实施百万家庭奔富三年行动计划 助推扩中家庭增收致富

——在百万家庭奔富三年行动计划政策解读视频会上的讲话

浙江省财政厅党组副书记、副厅长、一级巡视员
王广兵

百万家庭奔富行动是聚焦省委两条跑道、助力扩中提低的重大改革举措，是具有改革味、共富味的财政标志性成果，前期省财政厅联合省发展改革委等14部门印发了百万家庭奔富三年行动计划，谋划了4条政策路径、8大改革工程共26条政策举措，为实现更多家庭迈入中等收入群体行列提供了实现路径。全省市县财政积极响应、认真谋划，部分市县形成了有创新、接地气的改革落实方案。召开本次政策解读会，主要目的是统一全省改革认识，协调各地改革步伐，加快形成全省各市县改革活力竞相迸发、政策创新持续深化的良好改革氛围，为加快实现全省扩中提低目标贡献财政力量。

一、要深刻领悟百万家庭奔富行动的改革逻辑

（一）是贯彻落实省委共富改革的重大改革举措。省委共同富裕示范区建设《实施方案》中明确提出：率先基本形成以中等收入群体为主体的橄榄型社会结构，到2025年家庭年可支配收入10—50万元的群体比例达到80%。为此，省委部署了扩中提低行动，并作为重要标志性成果持续深化打造。省财政谋划的家庭型财税政策集成改革作为扩中提低的重要内容，被列入省委1+5+N重大改革项目，也纳入了省委常委会工作要点中。因此，百万家庭奔富行动作为家庭型财税政策集成改革的具体举措和改革实践，以助推更多低收入家庭迈入中等收入行列为目标，谋划了系列改革政策，是财政贯彻落实省委共富改革、助力助推共同富裕的关键举措，是财政“首先是政治机关、其次才是业务机关”政治性体现。

（二）是解决人民群众急难愁盼的重要改革路径。共同富裕归根结底是人民群众的富裕，改革路径是以人民群众急难愁盼的迫切需求为导向，对症施策、点穴推进。百万家庭奔富行动是在省财政厅主要领导对金华、衢州、建德等地入户调研，结合家庭精准画像工程，对扩中家庭经济结构和致富制约因素进行了系统梳理和总结提炼，同时，以家庭这样一个社会基本单元为切入口，推进财税政策体系的系统重塑，针对性为增收路径窄、家庭负担重、家庭保障不健全等问题提供了有效的政策路径。百万家庭奔富行动的系列改革是以群众实际需求和现实诉求为基础，针对性、操作性强，切实推进百万家庭奔富行动是“以人民为中心”思想的集中体现，也是调出实情、研出实策、办成实事的必然要求。

（三）是财政牵头谋划推动的重点改革创新。百万家庭奔富行动从谋划酝酿到正式印发，历时一年，是由财政牵头谋划，具有财政视角、财政特点和财政变革的机制模式创新。扩中提低、缩小群体收入差距涉及财税政策的再分配职能，是财政部门主动作为、主要引领、主导撬动的理论逻辑。省财政厅层面，在理论研究和实地调研同步推进的基础上，初步谋划了增收、共享、减负和补偿四方面的家庭型财税政策体系。2022年在全省开展的家庭型财税政策体系攻坚行动，以全省25个县市区为试点，形成了财金协同助力扩中家庭项目、国家生源地助学贷款、大病保险家庭共济等一批共富机制模式创新。2023年年初以来，对前期理论研究和试点实践进行了总结提炼，结合地方有益探索，由省财政牵头形成了百万家庭奔富行动方案，是财政构建初次分配、再分配、第三次分配相协调的基础性制度安排的创新实践，是财政助力共富的标志性成果。

二、要系统认识百万家庭奔富行动的鲜明特征

（一）财政主导，系统联动。百万家庭奔富行动是财政主导谋划的改革举措，改革的主要抓手是通过财政资金、体制机制等财政手段对各类资源要素进行引导、撬动，重点支持扩中家庭增收致富的痛点堵点难点问题，百万家庭奔富行动具有鲜明的财政特征，体现了财税部门的改革思考。促富增收，提高家庭可支配收入同时也是一项系统工程，光靠财政一家是远远不够的，需要发挥其他部门系统合力，形成政策集成、协同推进的改革机制。因此，百万家庭奔富行动集成了财政、发展改革、农业、人力社保等14部门的相关政策，系统联动、多跨协同，有效放大政策的耦合效应。

（二）精准聚焦，目标导向。聚焦省委中等收入群体的比例目标，百万家庭奔富行动聚焦的是扩中家庭，也就是低保低边以上、十万元以下的一部分群体，这部分群体一方面存在政策盲区，缺专项扶持政策，另一方面有基础、有希望、有动力迈入中等收入群体行列。因此，百万家庭奔富行动精准聚焦到这部分群体，以着力争取促进扩中家庭可支配收入增长为目标导向，精准施策，将扩中家庭纳入政策适用范围，针对性完善生育、教育、养老、社保等痛点政策，谋划打造专属产品，切实提高了政策的精准性和有效性。

（三）创新共享，政策集成。百万家庭奔富行动提出了8大工程共26条改革举措，其中很多是对体制机制、财税政策的变革重塑，具有很强的政策创新性，如钱随人走制度体系、家庭型医疗保障政策、家庭财务报表体系等政策是对传统政策的系统重塑和创新突破。同时，在改革推进中也涌现了一批具有创新性的地方经验，如临安的种粮补贴AI应用、苍南的折股量化、黄岩的财金协同助力扩中项目，在地方试点成熟的基础上，我们也及时进行了经验总结提炼，并在全省复制推广，做到“一地创新、全省共享”。同时，也有部分政策是对现有政策的系统集成，叠加创新改革，以政策组合拳的形式协同发力、重点推进，推动扩中家庭的致富增收。

三、要持续做好百万家庭奔富行动的改革推进

（一）落实两个主体责任，有效发挥系统性合力。一要发挥财政牵头抓总的主体责任。百万家庭奔富行动的各项改革工作涉及到的领域广、部门多，各级财政部门要充分发挥财政为主的统筹作用，结合主题教育的相关要求，针对百万家庭奔富行动明确的各项改革任务，开展政策调研，找准需求，精准切入。财政部门要坚定全省先行探路的改革目标，以基本家庭型财税政策体系为导向，谋深谋实各项改革。同时，协调好本级各部门的改革工作，建立有效顺畅的工作推进机制和改革协调机制，持续加强沟通协调，加强其他有关部门对相关改革的理解和认识，争取最大的改革支持。二要发挥设区市财政局在本地区改革推进中的主体责任，各设区市财政部门要加强对所属县市区改革指导，发挥牵头协调作用，及时掌握本地区各县（市、区）的改革进展情况，组织做好百万家庭奔富示范县的申报工作，定期向上报送各县（市、区）的改革经验和改革成效。

（二）锚定四条政策路径，加快形成标志性成果。百万家庭奔富行动提出的增收、减负、共享、补偿四条政策路径，是未来改革工作的重点，各地财政部门要加强对四条路径的充分认识，根据本次会议精神推动实施方案的再优化，在系统梳理现有政策、问题的基础上，认真谋划具有财政特色的机制性、制度性改革。要做好改革路径的再优化，改变财政贴钱财政买单的惯性思维，多谋划一些机制性、模式性的改革创新，以打造财政标志性成果为目的，加快形成一批具有共富味、财政味、改革味的小切口改革。省财政厅也将根据各地改革推进情况，开展百万家庭奔富优秀案例的总结提炼，并组织经验模式的复制推广，适时上报中央和省委，推动试点成果转化上升为制度成果。

（三）把握三大时间节点，稳步推进家庭型改革。各地要明确改革进程安排，坚持结果导向和目标导向，制订改革计划时间表，稳步推进百万家庭奔富行动。在改革推进中要注意把握三大时间节点：一是2023年7月底前。各地财政部门在通过调研摸清实情的基础上，分步推进改革试点，充分评估改革工作量和难易度，制定本地百万家庭奔富行动的落实方案，形成百万家庭奔富行动的顶层设计，梳理四条路径下有望打造为财政标志性成果的模式创新。二是2023年年底前。按照实施方案推进百万家庭奔富行动改革，加快推动模式创新取得阶段性突破，争取早出成果、早出成效，有效缩小地方扩中家庭规模。三是2025年底。四条政策路径下的模式创新基本成熟，形成一批可在全国复制推广的标志性成果，全力助推全省中等收入群体比例达到80%以上这一省委的战略目标的实现。

（2023年5月31日）

全力以赴推动财会监督落实落细 奋力扛起浙江财政使命担当

——在全省财会监督工作会议暨全省“财会监督年”活动动员部署会上的讲话

浙江省财政厅副厅长、一级巡视员　陈焕昌

以习近平同志为核心的党中央对新时代财会监督工作的系统谋划和重大决策，是健全完善财会监督体制机制的重大顶层设计，是做好新时代财会监督工作的纲领性文件和行动指南。全省财政系统要认真贯彻落实党中央关于加强财会监督工作的重大决策部署，深入学习、宣传贯彻《关于进一步加强财会监督工作的意见》精神，部署落实浙江省“财会监督年”活动，统筹谋划、守正创新、全力以赴推动中央《意见》落实落细，奋力扛起浙江财政使命担当。

一、财会监督是什么

财会监督是依法依规对国家机关、企事业单位、其他组织和

个人的财政财务会计活动实施的监督，明确了监督对象、监督内容和监督依据。党中央站在战略和全局的高度，对财会监督赋予了新的内涵。新时代财会监督不是传统意义上的财政监督、财务监督和会计监督的简单加总，而是三者的有机融合和凝练升华，是涵盖了财政、财务、会计监督在内的全覆盖的一种监督行为。这是党中央在系统总结新中国成立以来财会监督实践基础上，立足新时代新形势，对财会监督承担的职责使命作出的新部署。财会监督具体表现为两个广泛，一是监督对象广泛，包括党政机关、企事业单位、其他组织等单位，还涉及参与经济活动的个人。二是监督内容广泛，所有单位和个人的财政财务会计活动都属于财会监督的范围。

二、为什么要进行财会监督

（一）进一步加强财会监督，是贯彻落实习近平总书记关于财会监督重要论述精神，加强党对财会监督工作全面领导的具体行动。2020年1月13日，习近平总书记在十九届中央纪委四次全会上发表重要讲话，指出要完善党和国家监督体系，以党内监督为主导，推动人大监督、民主监督、行政监督、司法监督、审计监督、财会监督、统计监督、群众监督、舆论监督有机贯通、相互协调。2022年1月18日，在十九届中央纪委六次全会上，习近平总书记强调，审计监督、财会监督、统计监督都是党和国家监督体系的重要部分，检查的虽然是经济问题、经济责任，但反映的都是政治问题、政治责任。要提高政治站位，通过管好钱袋子账本子，推动规范用权，及时校准纠偏，严肃财经纪律。2022年4月19日，在中央全面深化改革委员会第二十五次会议上，习近平总书记再次强调，要严肃财经纪律，维护财经秩序，健全财会监督机制。习近平总书记关于财会监督的重要论述高屋建瓴、内涵丰富、思想深邃，是我们做好新时代财会监督工作的根本指引。我们要贯彻落实习近平总书记重要论述精神，准确把握新时代财会监督的职能定位，把党的全面领导贯穿到财会监督工作的全过程各方面。

（二）进一步加强财会监督，是完善党和国家监督体系，推进国家治理体系和治理能力现代化的内在要求。党的二十大对健全党统一领导、全面覆盖、权威高效的监督体系提出明确要求。监督是治理的内在要素，在管党治党治国理政中居于重要地位。提升监督体系整体效能，在推动健全党和国家监督体系，推进国家治理体系和治理能力现代化中发挥更加重要的保障作用。

（三）进一步加强财会监督，是深化全面从严治党，一体推进三不腐建设的重要举措。进一步加强财会监督，能够更好发挥财会监督覆盖面广的特点和优势，推动财会监督专业力量全方位配合党内监督开展反腐败工作，及早发现经济社会活动中苗头性腐败问题，协助查处政治问题、经济问题相互交织的重大腐败案件，保障权力合法合规运行，进一步推动全面从严治党向纵深发展，助力一体推进不敢腐、不能腐、不想腐建设。

（四）进一步加强财会监督，是严肃财经纪律，维护市场经济秩序的重要抓手。习近平总书记强调，各级党委特别是主要负责同志，要承担起政治责任，统筹抓好财政、税收、审计等工作，严肃财经纪律，把各方面资金管好用好，切实防范金融风险，严格执行党中央关于财经工作的方针政策和工作部署，把过紧日子的要求落到实处。进一步加强财会监督，严厉打击违反财经纪律的行为，能够推动各项财经法规和管理制度的得到严格执行，切实提高财经纪律严肃性、震慑力，维护和规范市场经济秩序，为促进经济高质量发展营造良好环境。

（五）进一步加强财会监督，是充分发挥财政职能作用，健全现代预算制度的重要内容。财政是国家治理的基础和重要支柱，党的二十大报告提出要健全现代预算制度，党中央治国理政、当家理财，财政做具体服务保障工作，进一步加强财会监督，加大对重大财税政策落实和预算管理监督力度，健全完善预算编制、执行、监督三者有机统一的闭环监管，有利于推动财政资源配置有效，财税政策落实到位，财政预算管理更加规范，更好发挥财政职能作用，确保现代财税体制改革和现代预算制度建设顺利推进。

三、财会监督做什么

（一）财会监督的定位和作用。财会监督是党和国家监督体系的重要组成部分，在党和国家监督体系中发挥基础性、支撑性作用。一是新的政治定位。财会监督是党和国家监督体系的重要组成部分。这一决定进一步明确了财会监督首先是政治监督，必须突出政治属性。二是新的职能定位。财会监督在党和国家监督体系中发挥基础性支撑性作用。财会监督既包括对贯彻落实党和国家重大决策部署情况实施监督，又包括对各类经济主体执行财经政策纪律情况实施监督，在监督内容、监督对象、监督手段、监督信息等方面，具有独特的基础性、专业性作用，为党内监督以及其他各类监督提供有力支持。

（二）目标任务。财会监督工作的目标可以具体表现为：规范财政财务管理，提高会计信息质量，维护财经秩序和市场秩序。为达到以上工作目标，当前的财会监督主要有3项任务。

一是进一步健全财会监督体系。要构建财政部门主责监督、有关部门依责监督、各单位内部监督、相关中介机构执业监督、行业协会自律监督的财会监督体系。

二是完善财会监督工作机制。坚持贯通协同，着力打通各监督主体之间，中央和地方之间，财会监督与其他各类监督之间的有机联系，推动构建纵横贯通的工作机制，实现同频共达、同频共振，同向发力。要积极统筹各类监督资源，推动财政部门与有关部门、各单位、行业协会、中介机构紧密配合，横向协同，充分调动各方面积极性，实现财会监督一张网展开。压实各级党委和政府责任，实行分级负责，上下联动的监督模式，实现联合发力，推动财会监督一盘棋发展。准确把握新时代财会监督职能地位，精准选取切入点，推动与其他各类监督有机贯通，相互协调，形成常态长效的监督合力。

三是加大重点领域监督力度。做好新时代财会监督工作，必须始终坚持问题导向，突出工作重点。一是把推动党中央重大决策部署贯彻落实作为首要任务。要牢牢把握财会监督的政治属性，做到党中央重大决策部署到哪里，财会监督就跟进到哪里，以精准有力的监督推动党中央决策部署贯彻落实到位。二是驰而不息严肃财经纪律。要严明纪律规矩，对财经纪律始终保持敬畏，坚决维护纪律严肃性，对于违反财经纪律的行为，敢抓敢管，严查严办，追责问责，使纪律真正成为带电的“高压线”。三是严厉打击财务会计违法违规行为，坚持强穿透、堵漏洞、用重典、正风气，从严从重，查处影响恶劣的财务舞弊会计造假案件，强化对相关责任人的追责问责。

（三）四大原则。一是坚持党的领导，发挥政治优势。坚持党对财会监督工作的全面领导，深化“财为政服务”的意识，做好参谋助手，遇到重大事项及时向党委、政府汇报。二是坚持依法监督，强化法治思维。坚持依法监督，做到法定职责必须为，法无授权不可为。三是坚持问题导向，分类精准施策。问题背后是时代的声音，也是财会监督工作的动因。财会监督工作做得好不好，归根到底体现在问题能不能查出来。同时要坚持分类精准施策，针对不同的监督对象，查出的问题类型不一样，财会监督方式和手段要有所不同。四是要坚持协调推动，加强沟通协调。财会监督工作要做好，必须学会资源整合。财政部门内部资源要向财会监督倾斜，同时要通过各方面机制构建来加强财会监督力量配置。

四、财会监督怎么做

（一）统筹推进财会监督信息化建设。深化“互联网+监督”，充分运用大数据和信息化手段，切实提升监管效能。要做好财会监督的数据积累、数据挖掘和数据利用，扎实推进信息化建设，依托预算管理一体化系统，将财会监督实质性嵌入项目财政预算管理，全流程提高监督效果，加强财会监督的数据信息互通问题，深化互联网加监管、加监控，综合利用大数据、云计算等现代化信息手段，整合监督系统数据。

（二）提升财会监督工作成效。优化监督模式与方式方法，推动日常监督与专项监督、现场监督与非现场监督、线上监督与线下监督、事前事中事后监督相结合。要做到这四方面的有机结合，实现监督和管理有机统一。同时，丰富监督形式，可采用检查核查、评估评价、监测监控和调查研究等多种方式开展财会监督，提升监督效能。

（三）抓重点齐发力。一是党中央、国务院，包括省委省政府的重大决策部署方面。二是严肃财经纪律方面，包括减税降费、党政机关过紧日子、基层“三保”、库款管理、资产管理等。三是中介机构的执业质量和报告质量监督。做好新时代财会监督工作，必须始终坚持问题导向，突出工作重点。要聚焦三大重点领域，找准财会监督“小切口”，省厅至少要每个季度开展一个小切口，各县（市、区）每年开展一个小切口，通过全面梳理形成经验。

五、财会监督谁来做

（一）财政部门主责监督。主责监督包含两方面的内容：一方面是财政部门要担负起牵头抓总的责任，体现在：一是推进机制构建。二是要抓好三项基础工作。包括信息化建设工作、法律法规制度建设工作、和财会监督队伍人才建设工作。三是要明确各监督主体的监督对象、监督范围、监督重点。另一方面是财政部门要发挥监督责任。包括保障党中央、国务院重大决策部署贯彻落实、严肃财经纪律以及会计信息质量和中介机构执业质量监督这三个重点。同时，还要对自身的财政管理做好监督工作，包括预算管理、绩效管理、债务管理、采购管理、资产管理、财务管理和库款管理等方面。

（二）有关部门依责监督。有关部门依责监督包含两个方面：一是对自身的监督，二是指导下属单位开展监督。有关部门要依法依规强化对主管、监管行业系统和单位财会监督工作的督促指导。加强对所属单位预算执行的监督，强化预算约束。按照职责分工加强对政府采购活动、资产评估行业的监督，提高政府采购资金使用效益，推动资产评估行业高质量发展。加强对归口财务管理单位财务活动的指导和监督，严格财务管理。按照会计法赋予的职权对有关单位的会计资料实施监督，规范会计行为。

（三）单位内部监督。主要包括主体责任和监督责任两个方面。主体责任落实方面：一要结合自身实际建立权责清晰、约束有力的内部财会监督机制和内部控制体系，明确内部监督的主体、范围、程序、权责等，落实单位内部财会监督主体责任，单位内部应明确承担财会监督职责的机构或人员，负责本单位经济业务、财会行为和会计资料的日常监督检查。二要加强制度的约束，要求财会人员不做假账，遵守财经纪律。单位的主要领导是财会监督的第一责任人，对本单位财会工作和财会资料的真实性、完整性负责。监督责任落实内容包括监督经济活动、财务管理和会计行为等三方面。

六、如何形成监督合力

（一）加强财会监督主体横向协同。各监督主体间既要按照法律法规权限，各司其职，更要建立健全协同机制，密切配合，推动形成分工明确、协调有序、监督有效的工作新格局。各级财政部门要发挥牵头作用，加强统筹谋划，督促指导沟通协调，商请税务、人民银行、国有资产监管、银行保险监管、证券监管等部门积极配合，密切协同。行业协会要配合好政府部门开展监督工作，推动行业自律监督和行业执法监督有机结合。

（二）加强中央和地方纵向联动。纵向联动包括三个方面，财政部门的纵向联动、国务院有关部门派出机构的纵向联动，以及各级政府相关部门的纵向联动。财政部门要在地方党委和政府领导下，按照上级财政部门部署，要求扎实组织开展好相关财会监督工作，确保全国上下一盘棋。要畅通财会监督信息渠道，建立财会监督重大事项报告机制，及时向本级政府和上级财政部门报告财会监督中发现的重大问题。上级财政部门要加强对下级财政部门监督工作的督促指导。

（三）加强财会监督与其他各类监督贯通协调。财会监督要与党和国家监督体系中的另外8个监督类型贯通协调。财会监督要紧紧立足职能定位，既不缺位又不越位，为健全党和国家监督体系贡献积极力量。要自觉服从服务于党内监督，探索深化贯通协调的有效路径，加强与巡视巡查机构协同，建立重点监督协同重大事项会商线索移交移送机制，加强与纪检监察机关的贯通协调，完善财会监督与纪检监督监察监督，在贯彻落实中央八项规定精神，纠治四风，整治群众身边腐败和不正之风等方面贯通协调机制，不断加强成果共享，强化与人大监督、民主监督的配合协同，完善与人大监督在提高预算管理规范性、有效性等方面贯通协调机制，加强与行政监督、司法监督、审计监督、统计监督的协同性和联动性，推动建立健全长效机制，贯通群众监督、舆论监督渠道，健全财会监督投诉举报受理机制，完善受理查处、跟踪整改等制度。同时，财会监督队伍也需要进一步加强。要不断建设财会队伍和监督队伍，同时要充分运用中介机构的力量。

（2023年3月1日）

凝心聚力　砥砺前行
奋勇书写财政国库管理工作精彩华章

——在全省预算执行业务培训班上的讲话

浙江省财政厅党组成员、副厅长　倪学军

一、勠力同心，全省财政国库管理工作成果丰硕

一年来，全省各级财政国库管理部门坚持科学生财、创新聚财、精明理财、高效用财、勤廉管财“五财并举”，强力推进“创新深化、改革攻坚、开放提升”，取得了优异成绩。库款管理连续7年（直达资金管理连续3年）在国务院落实重大政策真抓实干督查激励中获通报表扬；预算执行监督专项行动在财政部月度考核中多次斩获总分第一；自2019年财政部开展总决算、预算执行分析、部门决算三项工作通报以来，浙江省已经连续5年获通报表扬，2023年分列全国一、第二和第六。

（一）锚定创新聚财，落实积极的财政政策

全省一盘棋抓好收入管理。随着三个“一号工程”“十项重大工程”深入推进，“8+4”等各项稳经济政策落地生效，前三季度全省主要经济指标好于预期，叠加上年留抵退税基数较低，为财政收入增长提供了支撑。2023年以来，全省各级财政部门会同税务部门、人民银行坚决贯彻省委、省政府决策部署，高质量组织收入，推动全省财政收入运行总体平稳。省财政厅与省税务局密切配合、统筹协同，开展财税联动调研，实地到市县、企业、基层，深入了解各地经济运行、财政收支、实际税源等情况，完善收入滚动测算机制，强化分析研判，增强了形势分析的前瞻性和精准性。同时，持续迭代升级收入运行智管系统，针对财政收入评价不全面不系统问题，探索建立财政收入高质量发展评价体系，目前已经形成了初步的理论成果。

平稳有序做好地方债发行。地方政府债券作为积极财政政策的重要着力点和宏观调控的重要工具，在带动经济社会发展、扩大有效投资等方面起到了重要作用。浙江省科学合理把握债券发行节奏，专项债券坚持“早发快发”，全省2654亿元额度已于9月份全部发行，再融资债券坚持“能延则延”，统筹库款管理、资金调度，全年发行节奏相对均衡，既保障了项目建设资金需要，又避免发行过于碎片化，促进库款合理运行。2023年以来，各期债券发行利率均为全国最低，有效降低了市县政府融资成本。

多措并举强化库款管理。一是强化监测预警。依托预算管理一体化系统，开发完善“财政库款监测”应用和“工资预警监测”系统功能，按日动态监测市县库款保障倍数及“保工资”支付进度，实时发现并预警潜在库款支付、保工资运行风险，形成监测预警闭环管控。二是强化统筹调度。建立分类管理机制，在全省范围“压高调低”，要求月末库款保障水平超0.8倍的市县将超额部分上划，扩大全省统筹资源；对保障水平低于临界线的市县，及时调度进行应急支持。三是强化协调联动。结合项目实施进度、再融资债券到期和库款规模，合理把握债券发行节奏，熨平年度内库款波动。滚动精准测算库款现金流量，科学安排国库现金管理存放，合理缓发地方政府债券，增加库款管理“绿色”收益。

不遗余力做大可用财力“蛋糕”。一是注重财政政策与金融政策的协同配合，通过调整优化综合评分指标体系、公开招投标方式投放金融市场，以财政资金存放的“小切口”，精准引导银行支持中小企业、民营经济、共同富裕示范区建设。规模大、利率相对较低的财政资金流入商业银行带动浙江省存款余额较快增长，降低企业融资成本，为实体经济输血。二是积极向财政部争取支持，浙江省国库现金管理额度连创新高，位居全国前三。三是统筹财政支付安全和国库现金运作，精准测算，最大限度提高间歇资金收益，增加银行派生存款能力，支持全省金融机构服务实体经济。

（二）锚定高效用财，推进财政国库管理数字化改革

预算管理一体化执行模块建设更为坚实。成立全省攻坚专班，细化系统完善需求清单，分解落实任务，高效协同推进预算管理一体化执行模块建设。各地强化预算执行、优化单位核算，一体化系统运行较为平稳，数据质量显著提升。2023年1—9月，浙江省预算执行在全国预算管理一体化考核中并列第一。

“浙里报账”平台建设更加深入。目前应用场景增至12个并在各级财政投入使用，全省预算单位和用户分别超过1.7万和127万，2023年累计报销380余万笔，金额达1968亿元。开展电子会计档案系统建设，全省97个财政区划、237家预算单位纳入应用试点，实现电子凭证从接收、报销到入账、归档全流程标准化、无纸化，累计采集电子记账凭证3.8万余件，账簿3.5万余件，财务报告1416件。从“浙里报账”业务特点出发，开展业务管理和数据分析智治场景的谋划梳理，省财政厅与杭州市财政局联动，共创共建智管业务模块，目前已在杭州全市范围运行。

预算指标核算管理更趋完善。2023年财政部在全国全面启动预算指标核算管理改革，浙江省作为改革先行省，在前两年

试点基础上，进一步深化完善。结合新总会计制度实施等情况，完善触发、控制机制和报表功能，推进对账机制构建，全省预算指标核算管理更为顺畅，截至目前，全省共产生预算指标核算凭证超6500万张，明细记录超1.7亿条。

（三）锚定精明理财，强化财政国库反映报告功能

深化政府财务报告制度改革。全省所有部门完成政府部门财务报告编制，省本级、各市、县（市、区）通过合并财务报表，圆满完成2022年度各级政府综合财务报告及全省合并报告编制。受财政部委托，认真撰写《政府财务报告合并反映地方政府专项债券及其对应资产问题研究》，为相关制度的修订提供了参考。这两年，各地都在积极探索如何更好地编制财务报告，积累了很好的经验。

拓展财政总决算作用。各级财政高效完成2022年度财政总决算编审，特别是围绕重难点问题，进一步加强协调配合，对重点事项建立预审机制，强化业务前置审核，加快各环节节奏。2023年突出强化决算数据分析利用，省级结合近三年总决算数据，深入分析全省财政运行情况，揭示潜在风险隐患，助力财政中长期平衡决策。

提升部门决算工作质效。结合浙江实际，个性化研究制定审核公式、审核模板、核对表单，开展交叉审核和汇审，采取线上线下、机器、人工等多种方式提高审核效率。继续将部门决算公开纳入财政管理绩效考核和省政府督察激励，各地积极做好决算批复，加强对预算单位指导，进一步提升信息公开规范性，目前全省107个市、县（市、区）均已完成本级部门的决算批复和公开。编印部门决算数据统计资料，完成财政部调研课题《从部门决算看政府部门支出结构及优化方向》，为改进预算管理提供支撑。

（四）锚定勤廉管财，兜牢财政资金安全底线

高效推进预算执行监督专项行动。一是监控模块从无到有逐步完善。依托预算管理一体化“收支运行智管”全面建成“预算执行监控”应用场景，实现对重点监督项目的“全业务、全流程、全层级”贯通监督。二是共享共建共治工作机制逐步健全。在全省建立规则会商共建机制，构建风险预警“共治中心”，实现“一地问题，全省共治”的闭环管理。三是多跨协同监督格局逐步形成，成功打造“线索互通、财监衔接、协同作战”新模式，强化线下实地监管核查。浙江省多次作为地方代表作典型发言，部专项行动简报第二期通篇报道浙江做法，“共建共享共治”理念得到财政部高度认可。

全面实施财政总会计制度改革。省财政厅组织“业务+技术”力量集中攻坚，确保新制度核算系统功能在年初及时上线，并制作科目对照表模板、细化梳理衔接流程，实时指导市县做好全省新旧制度衔接。同时，针对总会计制度实施后核算业务量成倍增加的现实，提升财政总会计自动核算水平，推进财务会计收入费用、三本预算收支等频次多、数据量大的业务实现系统自动核算，全面提升新制度核算效率。针对制度新要求和重难点，积极推进全省股权投资核算，完善股权投资纳入总会计核算操作规程，加快推进全省扩面。目前，已有48个县（市、区）按新制度要求开展股权投资核算。

优化公款存放管理。一是持续迭代升级网上招标平台功能。完善功能菜单，开展省级单位公款存放网上招标“开标场次预约”，单位委托省政府采购中心代理招标时可在线自主选择合适的开标场次时间，开发一屏概览单日、单月、全年招标情况等统计功能。二是健全评价体系。参与优化“财政公权力大数据监督”应用系统，将监督嵌入公款存放管理全流程，实现全程留痕、实时预警、智慧研判、闭环处置，公款存放纳入全省财政系统“三不腐”能力指数体系。三是构建财政专户“账户+资金+存放”三位一体管理机制。切实规范全省财政专户全流程闭环管理，将账户相关信息纳入预算管理一体化系统。

健全预算执行动态监控机制。巩固直达资金监控成效，稳妥推进系统整合，强化监控数据质量管理，及时核实处理预警信息，更正监控系统中错误和不规范数据。积极落实财政部一体化直达资金考核工作，按月开展督导整改，确保浙江省成绩保持前列。强化日常监控纠偏作用，实时动态优化部门预算资金预警规则，加大支出规范性业务指导和过程纠偏力度，开展条线辅导培训，提高财政人员业务水平。

二、抖擞精神，为浙江“勇当先行者、谱写新篇章”作出财政国库新贡献

（一）抓稳进提质，切实扛起财政国库担当

高站位落实收入组织核心工作任务。省委、省政府高度重视2023年的收入组织工作，各地要提前谋划，统筹做好今明两年衔接，做到有预判、有预案。要加强财政收支数据发布和后续舆情监测研判，做好舆情引导和回应处置，推动社会预期持续改善。同时，要牢固树立质量意识，坚决防止乱收费、乱罚款、乱摊派，或者通过虚收、空转等方式虚增财政收入，努力提高收入质量。

高要求守牢财政安全底线。要强化底线思维和风险意识，密切关注本领域及其相关领域的风险苗头和非正常现象，及时预警。要坚持集中财力办大事，厉行节约、勤俭办一切事情，加强对支出政策的财政可承受能力评估，做好预算平衡动态监测，既尽力而为、又量力而行。要强化库款运行和“保工资”监测，提升风险识别的准确性和及时性，设区市应强化对所属区的督导，切实兜牢“三保”和资金安全底线。要加强库款管理与各项工作的统筹协调，合理加快支出进度，持续跟踪政府性基金入库情况，推进暂付款清理消化，加快新增债券资金使用进度。

（二）抓整体智治，大力提升财政国库数字化水平

全面建成“浙里报账”。根据系统建设规划，2024年是全面建成“浙里报账”的关键年，希望各地通力合作，加强应用场景的迭代建设，优化业务功能、提升系统性能；协同档案主管部门，做好电子会计档案单套制运行与评估，加强电子会计档案模块的推广应用；建设完善智治模块，做好应用上线的各项准备工作。强化业务协同，深化系统建设，不断用改革的思维破题、用创新的方法推动，确保“浙里报账”改革取得实效。

深化预算管理一体化执行模块建设。预算管理一体化系统通过“业务规范+技术控制”的方式，形成财政业务顺向衔接、逆向反馈的“闭环”，实现财政资金的全生命周期管理和动态监控。各级财政部门要充分收集预算单位反馈的问题，及时梳理，凝聚合力，推动系统从“能用”向“好用”“管用”迈进。要严格执行规范的国库集中支付制度，将财政资金支付至最终收款人。

完善预算指标核算管理。各地要从源头规范预算管理、执行各项业务，夯实基础，实时跟踪各环节运行，加强指标核算数据和预算管理一体化业务数据的核对，确保指标核算数据全面、实时、准确。要加强数据综合利用，充分发挥预算指标核算管理对推进现代财政管理的强大基石作用。

（三）抓关键环节，着力编好政府履职“年度账本”

确保决算和报告编审数据真实可靠。要在规范报表编制上下功夫，结合新《财政总会计制度》，如实、完整反映政府收支以及政府股权投资、地方政府债券等重要信息，为决算和报告编制打好数据基础。要督促预算单位严格执行政府会计准则制度，及时开展资产负债清查、完善基础资料，提高部门决算和财务报告编制质量。要在报表审核上下功夫，结合现代信息技术优化审核方式方法，对反复出现的、审计关注的问题重点审核，以“审”的严肃性提高“编”的真实准确性。

健全财政决算公开机制。财政决算信息量大、涉及面广，是政府信息公开的重要组成部分，社会关注度高，也面临着新的挑战。各地要在扎实开展“规定动作”的基础上，加强宣传引导和舆情应对，切实做好公开“后半篇文章”。决算公开的组织工作要统一、规范，统筹信息公开与安全，认真做好决算涉密事项的定密、解密及信息公开的保密审查工作。宣传引导和舆情应对要及时、主动，要结合往年公开情况，提前拟定舆情应对方案，积极妥善回应关切，正确引导舆论导向，为公开取得“正效应”护航。

发挥决算和财务报告数据价值。要加大数据挖掘力度，开展数据“深加工”“广应用”，提升统计分析研究水平。要汇编体系化的统计资料，积极推动与其他部门的数据信息共享共用，有效发挥数据价值。要加强专题研究，围绕领导和社会关注的财政运行、重点财政政策实施等热难点问题，深入开展调查研究，反映财政发展和改革取得的成效，分析存在的问题，提出有针对性的建议和工作思路。

（四）抓安全防范，有效加强财政国库监督

提档升级浙江特色的预算执行监控机制。今后，对部门预算资金和转移支付资金的全口径监控将成为常态，省财政厅将进一步优化规则、数据、流程等，完善财政资金支出风险处置全链路，实现从业务管理到决策支持的跃升。各地要建立线上线下融合监管机制，加强实地专项核查，发挥监控台账作用，积极撰写相关分析材料。要加强结果运用，可将预算执行监控纳入各类绩效考核，探索建立科学的考核评分指标体系，健全完善监控结果与预算安排挂钩机制，推动主管部门和预算单位规范资金支付和使用。

持续强化公款存放管理。要加快单位竞争性存放网上招标推广运用进度，探索市县财政资金定期存款质押机制，持续关注资金存放银行经营状况，确保财政资金安全。要严格落实公款存放事项纳入各单位“三重一大”集体决策机制，坚决堵住利益输送漏洞，压实资金存放单位主体责任，主动接受纪检监察、组织、财政、审计、人行、金融监管等部门的监督指导，加强对新情况新问题的研究、沟通，及时纠正违规存放行为，提高公款存放严肃性。

落实落细《财政总会计制度》。各地要进一步规范财政总会计业务，及时做好新制度实施后的数据检查，重点做好新制度年终资产负债表、收入费用表、现金流量表、预算结余与盈余调节表等新报表编制，确保数据完整准确，针对制度运行中发现的问题及时反馈。同时，要全面梳理股权投资情况，加强部门间沟通协调，以审计整改、清产核资等工作为契机，加快推进股权投资规范核算。

（五）抓强基固本，努力建设财政国库铁军

要培植提升政治能力。财政工作，有财有政，政在财先。各地要以政治建设为统领，将党的思想建设、组织建设、作风建设、纪律建设贯穿高素质专业化队伍建设的全过程，作为强化党建统领、提升干部能力素质的基础性工程抓紧抓实。要教育引导国库干部筑牢理想信念的堤坝，把对党忠诚体现在做好本职工作上，增强政治定力、纪律定力、道德定力、拒腐定力，保持昂扬奋进的精神状态，以实际行动做“两个确立”的忠诚拥护者、“两个维护”的示范引领者。

培养提高综合素质。要选用懂业务、学得进、坐得住的干部来从事财政国库管理工作，确保工作有传承、不断档、不掉线。要注重对年轻干部的培养，特别是专业性强的岗位，要实行“旧帮新”“老带青”制度，给年轻干部压好担、墩好苗，推动人才梯次培养。要聚焦财政国库管理核心任务，进一步加大培训和指导力度，促进干部专业能力与行政能力的均衡融合。

培育增强职业素养。必须树牢“三个首先、三个其次”的工作理念，以当家思维担当管家责任。要严细深实，打造勤学敬业、严谨细致的作风，分厘必较；要守正创新，坚决落实好省委、省政府和省财政厅党组的决策部署以及有关政策制度规定，寻求有效解决新矛盾新问题的思路和办法；要善作善成，沉得下身、吃得起苦，看准的事，一抓到底、做完干成。

（2023年11月20日）

改革创新　持续奋进
谱写浙江会计管理高质量发展新篇章

浙江省财政厅党组成员、总会计师　赵雅玲

一、提高站位，深刻认识新时期会计管理工作的新使命和新任务

（一）做好新时期会计管理工作是推动社会主义市场经济有效运行、建设现代化经济体系的重要基础。党的二十大报告指出，要深化要素市场化改革，构建高水平社会主义市场经济体制，加快构建新发展格局，着力推动高质量发展。今年下半年，中共中央、国务院相继出台《关于促进民营经济发展壮大的意见》《浙江省促进民营经济高质量发展若干措施》，要求促进民营经济做大做优做强、推动民营经济实现高质量发展。会计是财政、经济工作的重要基础。在微观层面，能够推动企事业单位夯实核算基础，提高管理水平，便利投资者、债权人高效作出投资、信贷决策，降低制度交易成本，优化社会资源配置；在宏观层面，有利于健全市场经济基础制度和规则体系，优化营商环境，建设高标准市场体系，充分发挥市场在资源配置中的决定性作用，有利于为财政管理等国家宏观调控提供第一手的真实数据，提升宏观调控的针对性、精准性。

（二）做好新时期会计管理工作是履行财会监督职能，推进国家治理体系和治理能力现代化的重要内容。党的二十大要求，到2035年基本实现国家治理体系和治理能力现代化。加强内部控制建设和优化行业治理是推进国家治理体系治理能力现代化的重要内容。内部控制覆盖面广，涉及各类经济业务中风险的事前防控、事中控制、事后监督和纠正，在提升内部治理水平、规范内部权力运行、提高会计信息质量中发挥着重要作用，是审计和其他各类监督检查的重要基础。会计师事务所、代理记账机构等中介机构是财会监督的重要社会治理力量，提升会计审计机构的自律性、公正性和专业化水平，有效发挥专业监督优势，有利于规范企事业单位会计核算、财务管理；有利于揭示会计舞弊，打击财务造假，维护经济秩序，净化市场环境；有利于严肃财经纪律，促进党风廉政建设，健全社会治理机制，为深入推进国家治理体系和治理能力现代化提供坚强保障。

（三）做好新时期会计管理工作是实现人才强国的重要内容。党的二十大强调，培养造就大批德才兼备的高素质人才，是国家和民族长远发展大计，要坚持各方面人才一起抓，建设规模宏大、结构合理、素质优良的人才队伍。会计人员是我国人才队伍的重要组成部分。一是会计工作领域广，服务企业、机关、事业单位等各类主体；二是会计工作职能链条长，贯穿会计核算、财务管理、风险评估、内部控制、绩效评价等各环节。三是会计工作专业要求高，需要具备会计、财务、税务、信息化等多方面知识和技能，运用职业判断并持续知识更新，保持较高业务能力素质。打造一支高素质的会计人才队伍，引导广大会计人员充分发挥职能作用和专业优势，提升会计服务业发展能级和竞争力，是强化现代化建设人才支撑的必然要求。

二、全面梳理，清醒认识当前会计管理工作中存在的问题和不足

（一）制度建设和执行仍有不足。一是制度建设跟不上数字经济等新经济新业态新模式发展，推广实施会计数据标准体系进程较慢。二是制度执行不够到位，有令不行、有章不行等问题在审计监督检查的报告中仍有反映。

（二）会计人才队伍建设有待完善。一是人员底数不清。2017年取消会计从业资格后，从事会计核算、财务管理等工作的人员都属于会计人员，特别是随着会计职能拓展，从业人员的范围更广泛，边界相对模糊。二是人才的培养培训体系不够健全。横向与协会之间、纵向省市县之间培养的整体性、协同性不够，存在交叉重复培养现象，资源利用效率不高。三是人才的遴选和使用机制有待提升。浙江是全国唯一建立了省会计领军人才工作委员会和市地工作组来推进人才作用发挥的省份，但是人才使用中区域不平衡、信息不对称等问题仍存在，会计服务经济社会发展的品牌建设和影响力还不够大。四是会计管理人才队伍配置薄弱。目前各级财政部门的会计管理队伍人员数量不足、结构年龄偏大等问题突出，专业素养和综合能力有待提升。

（三）会计在服务经济社会发展中的作用发挥不够。一是会计工作提升单位管理水平和效益方面发挥作用不够。目前会计工作大多停留在财务会计领域，对已发生的经济业务进行反映，但在绩效管理、风险防控、战略规划等领域发挥的作用还不足，未能对业务和管理形成支撑和驱动，亟需推动财务会计向管理会计延伸。二是行业服务经济社会发展方面发挥作用不够。行业服务能力与新经济新业态对行业执业质量和专业服务的新要求不匹配，浙江咨询业务在服务企业战略和管理等方面仍有较大发展空间。监管力量不足与行业的快速发展不匹配，对行业监管服务的手段相对传统。三是会计推进社会治理方面作用发挥不够。会计信息在服务财政管理、政策制定和社会治理方面赋能效果不够显著。

三、问题导向，主动作为推动管理工作取得新成效

（一）提升制度化水平，适应会计管理工作的新形势。一是进一步发挥内部控制在推进单位制度建设中的重要作用。各级财政部门要把内部控制作为财会监督的重要抓手，形成内部控制建设、评价、反馈、整改的闭环机制，强化评价结果反馈的刚性约束。2023年，省财政厅建立了会计处牵头、资产处和采监处协同的内控检查评价制度，进一步提升内控评价的作用和效果。二是做好制度的宣贯工作。各地要加强准则制度培训，但不能“一培了之”，还要走进企业、走进单位，了解准则制度的贯彻情况，做好指导实施。要组织协调市政基础设施入账工作，确保政府资产家底真实、准确反映。三是开展制度的前瞻性调研。如行政单位成本核算，文物资源、自然资源等会计核算等研究。

（二）提升专业化水平，落实经济社会发展的新要求。一是提升会计队伍专业化水平。要打造分层次多领域的会计人才队伍培育体系，推动会计人才向高素质专业化人才发展、向复合型国际化人才发展。二是提高会计管理人员专业化水平。要配齐配强队伍，优化队伍年龄结构；加强专业知识培训，探索建立会计管理人员跟学制度，提升管理队伍专业化水平。三是强化专业人才的整合和输出。各地要把会计学会打造成“地方会计智库”，围绕会计领域重大需求开展前瞻性、针对性、储备性政策研究，支撑科学决策；把学会打造成能力提升的平台，通过开展学术交流研讨等活动，传输理论和实务界的前沿思想；把学会打造成专业输出的平台，依托省会计领军人才工作委员会和领军人才市地工作组，不断向社会输出专业力量。四是提高行业的专业化能力。通过“大所牵小所”推动行业转型升级，提高行业服务浙江资本市场的整体核心竞争力；开设培养课程孵化咨询人才，全方位服务于企业，提升企业管理能力；联合教育部门在高校推出产教融合“订单班”模式，建立院校深度合作机制，为两师行业做好专业化人才储备。

（三）提升数字化水平，紧跟信息技术发展的新趋势。一是深化电子凭证会计数据标准改革。经过改革试点探索，浙江有效解决了电子凭证接收难、应用难、归档难等问题，在降低成本和资源消耗、提升综合治理效能、优化营商环境等方面取得了积极成效。下一步要继续深化，扩大试点范围，各地要宣传发动，强化指导，这项工作性质新、专业性强，各地不能“等靠要”，要从被动完成转变为主动推进。二是提升数字化监管能力。各地要加快推广“注会评估行业智慧监管应用”，切实发挥平台作用；逐步推进行业监管全覆盖，将代理记账行业的监管纳入其中；加强大数据的分析应用，让监测更加高效，提高会计管理工作规范化、精准化、智能化水平。

（四）提升协同化水平，构建多方共建共治的新格局。一是财政内部协同。各地会计管理机构要发挥牵头作用，与监督机构、注册会计师协会加强统筹协调、信息共享、协同联动，形成全流程闭环管理工作机制。二是跨部门协同。要充分激发和调动各方面积极性、主动性，提升协同共治的工作水平。行业监管需要人社、市场监管、民政等多部门的数据信息，要推进跨部门综合监管、联合监管，整合监管资源，实现数据共享。三是省市县协同。充分发挥地方积极性、创造性和属地优势，创新体制机制和管理方式。在高级会计师评审工作中，区县是本地区申报的第一道关，需严格把关；在上级财政部门组织下级财政部门开展监督检查工作制度的基础上，要充分发挥市县就近监管的优势，省市县三级协同，形成监管合力。

（2023年11月3日）

强化采购政策功能 优化提升营商环境 积极支持经济高质量发展

——在全省政府采购系统业务培训班上的讲话

浙江省财政厅党组成员、副厅长　张远东

一、2023年全省政府采购工作取得积极进展

2023年是全面贯彻党的二十大精神开局之年，也是“八八战略”实施二十周年，浙江省政府采购制度改革以习近平新时代中国特色社会主义思想为指导，深入实施“八八战略”，努力打造“重要窗口”，奋进“两个先行”新征程。围绕构建现代化政府采购制度，创新政府采购监管，深入推进信息化建设，拓展发挥政府采购政策功能，优化政府采购营商环境，积极建设全国统一大市场，全省政府采购工作在新的一年取得亮眼成绩，交出高分报表。

（一）加大力度支持中小企业和民营经济发展，助企惠企有新招

一是落实落细民营经济32条。出台支持民营经济发展32条政府采购政策，研究制定《加大政府采购对中小微企业支持力度的工作方案》《操作手册》和《落地模板》，支持杭州开展试点，助力民营经济高质量发展。二是补齐制度体系短板。会同省发展改革委等5部门制定《关于政府采购工程落实支持中小企业发展政策的通知》，明确政府采购工程预留份额及实施方式，突出采购各环节重点任务，探索建立贯通预算管理一体化系统、政采云和公共资源交易三大平台，以数据整合应用为重点，实时监测、动态晾晒、跨部门协同治理的一体化实施保障机制。三是积极谋划政府采购增值化改革。依托政府采购大数据集成“中小企业政采清单”，省财政厅和杭州财政联合制定《“中小企业政采清单”试点操作办法》，助力中小企业精准获取政采需求，构建政采供需面对面机制。2023年1—9月，全省授予中小企业政府采购合同金额1124亿元，占全省政府采购总规模的87%以上，领先全国平均水平约10个百分点，位居全国前列。

（二）全面实施绿色创新赋能发展，政策功能有新发挥

一是开展支持绿色建材促进建筑品质提升试点。会同省建设厅、经信厅指导推动杭、宁、湖、绍、台5个试点市开展绿色建材试点，研究完善绿色建筑和绿色建材需求标准，强化工程全流程管理，积极打造绿色建材供需产业链，促进绿色低碳发展。截至2023年9月底，湖州第一批10个试点项目已全部竣工。绍兴、湖州的试点经验受到财政部、住建部充分肯定。全国政府采购绿色建设试点会将在浙江省绍兴市召开。二是积极支持创新发展。研究制定《关于进一步规范政府采购进口产品管理的通

知》，按照财政部最新要求完善政府采购进口产品管理，夯实创新产品推广应用制度基础。落实对首台套产品的政府首购制度，依托政采云制造（精品）馆，促进首台套等创新产品的应用。截至目前，政采云制造（精品）馆累计入驻供应商1090家，累计交易金额7.26亿元，其中2023年交易额达到1.2亿元。三是支持乡村产业振兴。组织各地区、各部门预留份额采购脱贫地区农副产品，助力乡村产业振兴。2023年1—9月全省采购脱贫地区农副产品交易金额1.64亿元，完成全年预留份额的105%。

（三）推进长三角区域政府采购一体化进程，统一大市场建设有新突破

深化长三角区域政府采购一体化改革，积极建设统一大市场。一是牵头召开推进长三角政府采购一体化协同发展座谈会，建立健全一体化协调机制。坚持问题导向，稳步实施区域趋同的政府采购制度和举措。二是共同发布《长三角区域政府采购一体化五年行动计划》。协同上海、江苏和安徽制定《推进长三角政府采购一体化发展五年行动》，并于10月19日在长三角财政厅（局）长会议上正式签署发布，标志着沪浙政府采购一体化扩围，正式迈入长三角一体化发展新阶段。《五年行动计划》精心谋划一体化发展工作路线和行动方案，齐心聚力打造区域政府采购一体化发展示范样板。三是牵头推进长三角生态绿色一体化发展示范区政府采购管理改革试点。支持示范区积极推广运用政府采购远程异地评标，研究起草示范区政府采购评审专家共享管理办法，促进评审专家互认共享，探索积累可复制可推广的经验。

（四）切实保障政府采购市场公平竞争，营商环境有新提升

实施负面清单管理，为政府采购各方主体设立“红线”。印发《浙江省政府采购禁止行为清单指引（一）》，进一步规范政府采购各方当事人行为，维护良好的政采市场秩序。积极探索“五统一”集中裁决改革，切实保障供应商合法权益。省本级、杭州市本级、拱墅区、富阳区已纳入实施集中裁决范围。2023年1—9月受理政府采购投诉案件126件，对39件投诉案件统一作出行政裁决，实现“一把尺子量到底”，裁决专业性、公正性得到有力提升。加强营商环境无感检测，修订政府采购无感监测指标，定期开展指标分析。省财政厅总结提炼优化营商环境实践经验，报送《创新引领 数字赋能 打造最优省域政府采购营商环境》案例，入选省委改革办最佳实践案例。

二、2024年政府采购监管工作重点

（一）进一步落实落细政府采购支持中小企业政策，助力民营企业发展

一是在政府采购建设工程领域落实支持中小企业有关政策，这项工作需要多部门协调、多平台协同，落实难度大。全省各级财政部门要强化跨部门协同配合，跟踪评估政策执行情况，执行中碰到的问题要及时反馈。二是积极推进政府采购增值服务改革。政务服务增值化改革是浙江省的一张金名片，省委、省政府高度重视。精准集成面向中小企业的政府采购需求，聚力打造“中小企业政采清单”，这项工作在杭州试点基础上，明年要全省推广。省级财政将强化顶层设计和制度引领，加强对地方指导；地方财政要因地制宜积极推进，为市场主体提供共性和个性相得益彰的增值服务，积极促进中小企业和民营经济高质量发展。

（二）进一步发挥政府采购政策功能，推动经济高质量发展

深入开展支持绿色建材促进建筑品质提升试点工作。省财政厅将会同省建设厅、省经信厅加强统筹指导，积极谋划打造全省统一的绿色建材馆、统一的绿色建筑和绿色建材需求标准、统一的绿色建材目录等“三个一”体系，促进资源整合共享。2024年将进一步扩大试点地区，助力绿色低碳发展。进一步落实政府采购支持科技创新政策和促进乡村振兴的政策，加大对创新产品和脱贫地区农副产品的政府采购力度，各级财政要积极发挥政府采购的示范导向作用，完善政策落地机制和传导机制，确保社会经济目标的实现。

（三）进一步优化政府采购营商环境，促进公平竞争

一是实施集中裁决改革提质扩面。加快线上集中裁决模块建设。扩大集中裁决覆盖面，实现杭州市区全覆盖，并鼓励吸收有意向市县参与。组建行政裁决专家库，全面推进在线投诉处理。二是按照世界银行营商环境标准的规范化要求，提高政府采购业务的电子化和结构化水平，打通全流程电子化“最后一公里”。实现线上需求编制、电子合同签订、在线履约验收等功能，提升市场主体参与政府采购活动的便利度。三是建立政府采购数智监管。运用收支智管等数字化手段实现对项目执行、信息公开等环节的动态监管，探索政府采购营商环境评估指标，建立营商环境评价模型。

（四）进一步推进长三角政府采购一体化，建设政府采购统一大市场

稳步落实《推进长三角政府采购一体化发展五年行动计划》规定的各项工作任务，完善电子卖场管理、质疑处理、现场管理等相关制度。积极支持长三角生态绿色一体化发展示范区政府采购管理改革，探索管理系统互联互通、评审专家互认共享，推广运用远程异地评标，出台一体化相关管理制度。

（五）进一步夯实基础管理，规范政府采购市场秩序

一是完善框架协议采购机制。优化服务类项目框架协议采购，推动货物类项目框架协议采购扩面，将计算机、打印机、碎纸机、空调等通用设备分批纳入框架协议采购范畴。充分激发地方积极型，选择合适的项目实施全省联动采购，探索由各市认领项目组织全省框架协议采购，采购结果全省共享。二是推进远程异地多点评标工作。鼓励有条件的地区尽快启用远程异地开评标综合管理系统，开展日常性远程异地评标。同时，省财政厅将积极加强制度引领和技术支撑，牵头开展标准化建设，积极推进采购文件规范化、标准化工作。

（2023年10月26日）

坚持“五财并举” 加快健全现代预算制度 切实做好预算编制工作

——在2024年省级预算编制布置会上的讲话

浙江省财政厅一级巡视员 邢自霞

省财政厅和各级各部门深入贯彻落实中央和省委深化财税体制改革、健全现代预算制度的精神，按照“建立全面规范透明、标准科学、约束有力的预算制度，全面实施绩效管理”的改革目标，持续深化预算管理改革，加快建立现代地方财税体制。

一、省级预算编制改革工作扎实、成效明显

（一）构建新一轮集中财力办大事财政政策体系

2018年，我们将集中财力办大事的理念和原则创新转化为管理机制，集中资金资源资产，强化综合统筹，聚焦重大决策部署，把钱花到“刀刃”上，将财政政策落实到具体项目中，创新构建2018—2022年集中财力办大事财政政策体系。2022年，我们聚焦高质量发展建设共同富裕示范区、省第十五次党代会等党中央、国务院和省委、省政府重大决策部署，围绕实现“中国式现代化”的使命任务，以“八个高地”为目标，全面梳理、优化整合大事政策资金项目，构建新一轮省级集中财力办大事财政政策体系（2023—2027年），增强重大决策部署财力保障，形成大事、政策、资金和工作合力。

（二）构建具有浙江特色的零基预算管理模式

2020年开始，我们探索落实零基预算路径。经过三年多的试点，全省各级财政部门推动各地各部门积极转变理念，推进实施全面的零基预算改革。2022年，继续提升省级零基预算四个体系建设，创新建立省级项目预算样板库，全面推进省市县改革联动，切实推动打造具有浙江特色的零基预算管理模式改革。一是项目预算突出轻重缓急排序。根据新形势新要求，重新梳理大事、要事，坚持铁心过“紧日子”，财政在审核预算时对照排序优化财力分配，非刚性、非重点支出原则上不予新增资金安排。二是预算编审强化预警指标运用。完善零基预算指标体系，设置更能体现预算编审准确度、科学性的指标，对综合指标预警较多的项目预算或部门单位从严从紧安排预算，进一步提高预算编审质量。三是将零基预算评价融入部门整体绩效评价体系。从预算编制、过紧日子、自有资金收支、预算执行、绩效评价等五方面衡量评价部门单位零基预算情况，纳入部门整体绩效预算评价体系。

（三）健全节约型财政保障机制

2021年，我们提请省委、省政府印发《关于进一步厉行节约坚持过紧日子的通知》，实施过紧日子清单化管理，提出16条过紧日子具体举措。2022年，印发了公务支出公款消费正负面清单，严控“三公”经费和会议费、培训费。我们还会同省纪委机关联合印发《坚持党政机关过紧日子优秀案例》，遴选10个优秀案例供各地学习借鉴。2022年，全省非刚性、非重点项目支出预算压减8.3%。浙江省过紧日子清单化管理做法得到央视《朝闻天下》专题报道，各市县区先进做法也获《中国财政》系列宣传报道。

（四）完善预算支出标准体系

按照财政部工作安排，由浙江省牵头起草全国预算支出标准制定办法。浙江省支出标准体系建设工作走在全国前列，特征明显。一是统一体系，提升预算编制效率。2023年，省级所有公用经费和部门项目均按照具体业务内容属性进一步细化成71类219项开支范围（支出标准）。同时，制定8个项目样板库，作为同类项目预算编制的参考模板。二是统一规则，提升预算编制规范性。明确预算支出标准应当包括的内容，规范预算编制的名称、计量单位等要素。三是统一数据库，提升预算编制严谨性。开发支出标准数据库，建设应用场景，明确数据库核心要素内容，授权各级财政部门在标准数据库内容基础上，可根据实际情况进行完善。四是规范分类管理，充分发挥支出标准基础支撑作用。对人员类、运转类等不同支出类别，进行差异化分类管理。按照制定主体和依据，将支出标准分为法定标准、固定标准和暂定标准，前两项由财政部门统一发布，暂定标准可由项目单位暂按其他依据测算。五是实行分级管理，加快推进预算支出标准应用。省财政统一预算支出标准体系、统一搭建预算支出标准数据库框架，各级财政部门建设和维护好本级预算支出标准体系。

（五）深化“以人为核心”的转移支付制度改革

推进基本公共服务均等化，需要优化财政资金分配机制，提高转移支付精准度。为让流动人口享受和户籍人口一样的公共服务待遇，推动公共服务优质共享，浙江省积极探索“以人为核心”的转移支付机制，建立体系化、集成化的“1+X+N”“钱随人走”制度体系，由“1”项核心实施意见、“X”项配套制度、“N”个领域的“钱随人走”转移支付资金管理办法组成。持续推进农业转移人口市民化财力保障机制、基本公共服务财政保障标准管理制度等改革，为“钱随人走”改革提供制度支撑。同时，省市县三级联动，发挥试点地区的积极性，率先在教育卫生等领域开展试点，取得突破性进展。此项改革有力缩小了区域间的人均财政支出差距，获财政部主要领导高度肯定。

（六）扎实推进预算管理一体化建设

整合预算管理全流程，实施全省统一的业务规范和技术标准，建成并使用预算管理一体化系统，支撑全省各部门在线上开展预算编制业务，实现对政府预算和部门预算编制、执行、绩效和资金的全流程管理。系统覆盖全省97个财政区划，近2万家预算单位。

二、围绕"综合统筹、规范透明、约束有力、讲求绩效、持续安全"推进2024年预算改革

（一）编制2024年省级预算的总体要求

坚持以习近平新时代中国特色社会主义思想为指导，落实中央深化预算管理制度改革以及省政府《进一步深化预算管理制度改革的实施意见》有关工作要求，聚焦"综合统筹、规范透明、约束有力、讲求绩效、持续安全"的现代预算制度改革目标，坚持"科学生财、创新聚财、精明理财、高效用财、勤廉管财"，围绕三个"一号工程"、"十项重大工程"、"8+4"经济政策体系等重点任务，加强财政资源统筹，集中财力保障重大决策部署，切实守住财政可持续发展底线，坚持党政机关过紧日子，深化预算绩效管理，更好发挥财政在宏观调控、资源配置和财力保障等方面的基础作用，为以"两个先行"打造"重要窗口"，奋力谱写中国式现代化浙江篇章提供坚实保障。

（二）编制2024年省级预算的基本原则

一是强化资源统筹，集中财力办大事。统筹兼顾当前和长远，加大公共资源统筹力度，充分挖掘各类资源潜力，加强四本预算统筹，强化部门和单位收入统筹管理。集中财力保障三个"一号工程"、"十项重大工程"、"8+4"经济政策体系等省委、省政府重点工作任务。

二是强化底线意识，坚持政府过紧日子。强化零基预算理念，坚持党政机关过紧日子，勤俭办一切事业，严格控制一般性支出和"三公"经费等，严控会议、培训、庆典、论坛、活动等支出。除省委、省政府确定的、依据充分的项目外，原则上不新增安排其他支出。

三是强化规范透明，全面提升资金绩效。硬化预算约束，规范预算管理，提升财政资金分配透明度。健全预算全过程绩效管理运行机制，强化绩效评价结果与预算安排和政策调整的挂钩机制，建立政策能进能出机制，将有限资金花在"刀刃"上，做到花钱必问效，无效必问责。

（三）主要改革内容

1.健全预算统筹机制，增强重大决策部署财力保障

一是加强结转结余资金统筹。进一步盘活结转结余资金，严格控制一般公共预算年终结转资金规模，在人员类支出和其他运转经费支出不结转的基础上，预算单位当年未使用完的日常公用经费预算不再结转。清理历年专户暂存结余资金，调入一般公共预算统筹使用。二是推进非财政拨款收入统筹。建立健全预算单位非财政拨款收入与财政拨款预算安排的联动机制。2024年确需新增财政拨款项目支出预算的，原则上优先动用单位非财政拨款结转结余收入安排。三是强化国有资产统筹。完善新增资产与存量资产挂钩机制，严控新增资产配置。各部门及其所属单位应当统筹规划有效推进各类资产开放共享。

2.强化预算支出管理，提升支出规范性和透明度

一是深化零基预算管理改革。完善全过程零基预算"目标、指标、审核、评价"管理体系。二是全面深化预算管理一体化建设。深入推进预算管理一体化建设，编印全省财政预算指标核算管理业务指导手册，把相关工作要求和规范搭载到预算一体化系统，进一步提升运维服务质量。三是规范省级财政资金竞争性分配。建立省级竞争性分配财政资金清单管理机制，制订省级财政资金竞争性分配管理规程。四是持续推进全省预决算公开。推进民生项目、"三公"经费、债务信息、专项资金等重点领域信息公开。加大绩效信息公开力度，扩大部门项目支出绩效目标和绩效自评结果的公开范围，从2024年起，省级部门一级项目绩效目标全公开。五是推进"钱随人走"制度改革扩面。在进一步完善教育、卫生领域改革的基础上，探索推进就业、体育等分领域的"钱随人走"转移支付改革试点。

3.增强预算约束力度，推进支出标准化

一是健全党政机关过紧日子长效机制。建立省级部门过紧日子定期评估机制，出台《省级机关过紧日子评价办法》，从人、财、物等方面，综合评价预算单位落实厉行节约有关政策情况。二是完善预算支出标准体系建设。加快推进全省支出标准库建设，指导各级财政部门完善人员类、运转类和特定目标类等标准库内容，加快推进全省统一的支出标准库数据集中，强化支出标准在预算编制中的应用。优化日常公用支出分经济科目标准，调整完善印刷费、水电费、邮电费、租赁费、劳务费等支出标准，完善省级项目支出标准体系明细类别。三是强化委托业务费全流程管理。规范委托业务费项目立项管理，建立委托业务费负面清单制度。细化委托业务费项目预算编制，继续严格控制委托业务费预算。严格委托业务费项目执行管理，强化绩效评价结果应用。

4.深化预算绩效管理，提升资金效益和政策效能

一是提高全过程预算绩效管理各环节的质量。加强绩效目标实质性审核，增加重点审核部门和项目数量，强化结果应用。全面贯通绩效信息，实现经常性延续项目绩效信息跨年度查询和比对，将项目以往年度的绩效目标和绩效评价结果作为预算编制和安排的参考依据。二是深化部门整体绩效改革。夯实部门整体预算绩效管理，以部门整体绩效评价为突破口，推动建立以战略为导向、以预算为主线、以绩效为基础的部门整体预算绩效计划、监测和报告管理体系。三是完善全覆盖预算绩效管理体系。持续完善除一般公共预算外其他三本预算的绩效管理，以及政府投资基金、政府购买服务、政府债务等重点领域绩效管理，实现全过程跟踪问效。

5.优化数字化监测机制，增强风险防范能力

创新数字化管理新模式，细分应用场景，搭建预算管理工作台、部门管理工作台，实现预警问题精准反馈、快速处置、分级管理。打造部门整体画像、市县整体画像、政策整体画像，提升部门和市县预算管理质量和能力，发挥辅助决策效能。

（2023年6月28日）

市县领导议财政

高水平财政保障　助推“千万工程”高质量实施

湖州市委副书记、市长　洪湖鹏

“千万工程”实施20年来，湖州市坚定不移践行绿水青山就是金山银山理念，以高水平财政保障，强力助推“千万工程”高质量实施，走出了一条生态美、产业兴、百姓富的可持续发展道路，美丽乡村成为湖州一张响亮的“金名片”。2003年至2022年间，全市地区生产总值从460亿元增长到3850亿元，年均增速9.6%；城乡居民收入分别从12607元和5536元增长到71044元和44112元，年均增速10.0%和11.2%。作为中国美丽乡村发源地和全国生态文明先行示范区，湖州在全省率先实现省级美丽乡村示范县全覆盖。

一、深刻领悟“千万工程”的重大意义

2003年，时任浙江省委书记习近平同志亲自谋划、亲自部署、亲自推动“千万工程”，开启了全省美丽乡村建设的宏伟篇章。

（一）深化“千万工程”是落实殷殷嘱托的重大使命。湖州是绿水青山就是金山银山理念诞生地，是习近平总书记深情牵挂、寄予厚望的地方。时任浙江省委书记习近平同志2005年8月15日考察湖州安吉县，首次提出“绿水青山就是金山银山”科学论断。这是习近平生态文明思想的核心理念。2020年春天，习近平总书记再次亲临湖州考察。持续推动“千万工程”再深化再提升，就是湖州牢记领袖嘱托、时刻感恩奋进的担当之举。

（二）深化“千万工程”是乡村全面振兴的必然要求。“千万工程”不是就农村论农村、就美丽抓美丽，而是主动顺应农民群众的期盼诉求，有力有效改善农村生产生活条件，实现乡村由表及里、形神兼备的全面提升，为推动乡村全面振兴树立了全新标杆。持续推动“千万工程”再深化再提升，优化乡村人力、物力、财力配置，循序渐进建设宜居宜业和美乡村，不断实现农民群众对美好生活的向往，就是湖州扎实推进乡村全面振兴的务实之举。

（三）深化“千万工程”是推进共同富裕的有效路径。“千万工程”坚持统筹城乡发展，有效促进城市基础设施向农村延伸、城市公共服务向农村覆盖、城市现代文明向农村辐射，促进农村地区变革发展理念、转变发展方式，走出了一条迈向农业高质高效、乡村宜居宜业、农民富裕富足的新路子。20年来，湖州城乡差距不断缩小，城乡面貌实现从“脏乱差”到“强富美”的沧桑巨变。持续推动“千万工程”再深化再提升，把改善村容镇貌与发展生产、富裕农民结合起来，就是湖州奋进高质量发展建设共同富裕示范区的探路之举。

二、以最强财政保障助力“千万工程”最美蝶变

20年来，湖州各级财政始终坚持农业农村优先发展，聚焦“千万工程”，从农民群众角度思考问题，从乡村实际出发制定政策，持续加大财政投入力度，完善全过程资金绩效管理，助力美丽乡村建设蝶变升级。

（一）突出精准精细，持续优化政策体系。一是普惠推动。围绕推动乡村更加整洁有序，对村庄整治项目实施以奖代补，重点解决农村环境“脏乱差”问题。建立村庄环境长效管理机制，实行环境整治村和小康示范村30万元至100万元不等的普遍奖励，对每个行政村村庄环境保洁按30元/人·年进行补助。二是重点拉动。2008年湖州市在全国率先提出建设美丽乡村，2010年省委、省政府提出建设美丽乡村，全市财政围绕美丽乡村新内容，全面转型政策支持方向，重点对成功创建的美丽乡村，各级财政给予200万元至500万元不等的奖补，村庄环境保洁补助从30元/人·年提高到50元/人·年，有效推动健全建管并重的村庄环境长效管理机制。三是示范带动。以支持精品村创建为重点，注重乡村经营，大幅度提高财政补助，对成功创建的精品村，各级财政给予600万元至1000万元不等的奖补，部分区县达到2000万元；新增农村生活污水运维、农村生活垃圾分类运维补助政策，健全农村生活污水治理长效管护机制，助推农村环境提档升级。四是专项撬动。2020年迭代升级新时代美丽乡村建设，启动建设新时代美丽乡村样板片区、组团式未来乡村，设立“乡村振兴专项”，支持美丽乡村片区化、组团式发展，对成功创建的样板片区，各级财政给予1400万元至3000万元不等的奖补，助力打造全域标杆美丽乡村新格局。

（二）突出优农助农，持续加大保障力度。一是稳定投入增长。将“千万工程”建设资金纳入集中财力办大事政策体系，努力实现财政资金投入与“千万工程”建设任务相匹配。2003年以来，全市财政支持“千万工程”投入稳定增长，累计安排支农资金460亿元，年均增长9%左右。二是拓宽资金来源。通过要素法配置和竞争性项目立项相结合，提高财政资金配置的科学性，持续强化“千万工程”建设资金保障。健全土地出让收入优先用于农业农村机制，引导土地出让收入更多用于农业农村。三是争取上级支持。积极争取上级资金，带动农民、集体自筹以及社会资本投入，逐步形成“财政支持、村民筹集、社会投资”的多元化投入格局。湖州市获“促进乡村产业振兴、改善农村人居环境等乡村振兴重点工作成效明显的地方”国务院督查激励，在2022年获中央财政衔接推进乡村振兴补助资金5000万元。

（三）突出高质高效，持续加强资金管理。一是强化谋划介入。围绕新时代“千万工程”决策部署，深入研究政策措施，从财力可持续、收支能平衡、风险易防控、资金有绩效等方面科学谋划支持政策。二是强化政策落地。加强项目资金使用全过程监管，事前明确项目绩效目标，事中加强绩效监控，事后实施绩效评价，及时掌握项目实施情况，严肃整改发现的问题。三是强化绩效管理。及时总结政策实施经验及成效，建立绩效激励机制，将绩效评价结果作为政策完善和资金安排的重要依据。同时，持续推进"千万工程"相关资金统筹整合，加强部门沟通协调，化零为整，形成合力，避免政策资金重复低效投入。

三、坚决扛起"千万工程"的财政担当

按照省委决策部署，从2023年起，湖州市以持续深化"千万工程"、高水平建设生态文明典范城市为牵引，以生态美、人文美、生活美为基本要求，以推进环境和美、产业和融、人文和润、生活和顺、治理和谐为主要任务，持续迭代升级财政政策体系，为推动全域建设宜居宜业和美乡村贡献财政力量。

（一）构建完善集中财力办大事财政保障机制。聚焦"六个新湖州"建设，探索建立集中财力办大事财政政策体系，将乡村振兴纳入大事要事清单，确保一般公共预算优先保障农业农村各项政策目标落实。完善土地出让收入用于农业农村比例增长机制，稳步提高支出收益占比，重点支持农村基础设施建设、农业生产发展。发挥财政杠杆作用，建立财金协同机制，引导金融资本和社会资本更多投向农业产业、乡村建设领域。

（二）集成优化财政支持"千万工程"政策。以财政支持"大三农"政策体系变革重塑为突破口，加快行业间涉农资金统筹整合，通过顶层设计加强涉农政策与资金的统筹整合，对现有政策项目进行再梳理，压缩非刚性、绩效差的项目支出，对农村环境治理、产业振兴、强村富民、产村融合、乡风文明建设等"千万工程"重点工作任务进行政策集成，避免交叉重叠、重复投入。同时，引导更多财政资金向农民共富、村集体经济壮大倾斜。

（三）深化预算绩效管理。坚持"存量调结构"与"增量优方向"相结合，分领域形成扶持农业农村政策和项目清单。按照"专项个数不变、管理主体不变、资金规模不变"原则，对现有专项资金进行优化完善，梳理出一批精准有效、主体有感的乡村振兴扶持政策。全面实施零基预算改革，建立完善能增能减、有保有压的预算分配机制。进一步完善预算安排同项目要素完整性、预算执行情况、绩效评价结果、审计监督反馈问题、项目评审情况等挂钩的预算分配机制。

（《浙江财税与会计》2023年第10期）

"千万工程"源起地 "共富乡村"示范村

杭州市萧山区委副书记、区长　姜永柱

梅林村位于杭州市萧山区瓜沥镇东部。2002年，时任浙江省委书记习近平同志考察梅林村时提出："要建设一批标准化、规范化、全面发展的，在全省乃至全国都叫得响的小康示范村镇，为我省农村全面建设小康社会，进而实现农业农村现代化提供有益的借鉴和成功的经验"。2003年，全省"千村示范、万村整治"工程拉开序幕，梅林村也成为"千万工程"的重要源起地。

20年来，梅林村始终牢记习近平总书记的殷殷嘱托，锚定"数字乡村+共同富裕+低碳发展"牵引导向，一以贯之推进"千万工程"梅林实践，已先后获得浙江省未来乡村、省美丽乡村特色精品村、省3A级景区村等荣誉，入选浙江省乡村振兴十佳创新实践案例，正加快实现从美丽乡村—数字乡村—未来乡村—共富乡村的持续迭代。2022年，梅林村五次走上央视屏幕，其中大型电视专题片《领航》专题报道了梅林村，并赋予我们打造"全国乡村振兴窗口、人民群众心中的'诗与远方'"的新使命。

一、谋划高站位，推进乡村共建之路

突出党建统领。以党的建设为统领，萧山区以梅林村为核心，辐射带动周边车路湾村、八里桥村、张潭村、山北村4个行政村党组织及区域内"两新"党组织，成立大梅林共富联合体党委，构建村村联动组团共富党建体系，落实"专职人员、专项资金、专门机构"三项保障，建立"周例会、月联席、季轮值"三项制度，开展"组织建设联促、党员干部联育、大事要事联商、主题活动联办"四项行动，充分发挥农村基层党组织的领导作用。目前，共富联合体党组织形式已在萧山相关镇街复制推广，涵盖瓜沥镇10村和党湾镇2村的大梅林新时代美丽乡村共同富裕示范带，被列入全省第三批新时代美丽乡村共同富裕示范带。

突出指标提领。萧山区委、区政府始终秉持"千万工程"源起地的初心使命，以浙江省共同富裕指标体系为基础，以数字社会建设为依据，从经济富裕、服务优质、文化先进、生态宜居、社会和谐等五个维度进行分类别评价，按照"5+25+X"的架构（即五大维度、25个指标项、X个梅林特色指标项），构建全省首个村级共同富裕评价体系，通过数字化手段实现对梅林共富的全面态势监测与可视化分析，为"梅好未来、幸福林里"建设提供支撑，为全省乡村深化数字改革、创新基层治理、推进共同富裕探索梅林经验。

突出改革引领。以梅林村农村综合改革为试点，萧山区出台《萧山区新时代乡村集成改革试点实施方案》，成立以区政府主要领导为组长，区财政局、农业农村局、瓜沥镇等部门单位为成员的省级农村综合改革建设项目工作领导小组，围绕"美丽普惠、数字赋能、未来引领"建设路径，实施产业融合提标、人居环境提升、乡村治理提效、公共服务提档、村强民富提质、改革经验凸显六大试点任务，提速打造具有萧山特色的集美丽乡村、数字乡村、未来乡村、共富乡村为一体的区县共富样板。

二、建设高起点，推进乡村共美之路

打造特色村居。早在1999年，梅林村以上海外滩欧式老洋房风格为蓝本，统一规划、统一设计、统一建设、统一安置、统一管理，在全省率先建成了村级别墅式农民房小区，被前来调研的习近平同志评价为"村容整洁、规划有序"，成为全省乡村整治的参照物。此后，梅林村充分利用美丽乡村提升村、示范村创建工作契机，联合多方力量共同推进美丽建设，全力打造美丽农居、美丽河道、美丽公路、美丽池塘、美丽庭院等美丽单元，共同组成"美丽梅林"的恬美画卷。

完善基础配套。以低效用地盘整为抓手，利用闲置资源改造公共服务设施，打造综合性共享空间，累计建设美丽池塘4

个，建成慢行步道、景观村道、生态河岸总长16公里，改造1万平方米存量厂房为老年公寓、幸福食堂和乡村集市，建成美好生活中心、灯光球场、乡宴中心、共富展示馆、乡村“未来居”展厅、24小时乡村数字书房等实景场馆，形成了贯穿全村的美丽乡村“乐享地带”，村民在享受品质生活的同时，幸福感和获得感大大增强。

建设低碳乡村。创新实施低碳智能乡村建设模式，在新农村农户中率先试点光伏屋顶，建设乡村光充储一体化系统中心，为企业和村民定时推送“碳账单”。由国家电网投入建成浙江省首个村级电力（低碳）服务驿站，通过“双碳大脑+电力服务”，对光伏发电、企业供电、农户用电情况进行智能分析和预警管控。同时，升级未来工厂，村内企业浙江爱迪尔包装有限公司投资建成面积约1.4万平方米的光伏电站，年发电量约128.4万千瓦时，获评浙江省绿色低碳转型典型案例。

三、发展高质量，推进乡村共富之路

产业兴村富民。多模式壮大村集体经济，依托村企、民企基础，联合“1+4”区域周边各村，合股成立大梅林强村公司，通过引入市场主体合资或以作价入股等方式，建成农产风物体验集市、FICO概念馆农文旅研学基地，推进“千万工程乡创学院”“数字青年未来村”等轻资产乡创项目落地。后续将继续通过第三方运营团队引进轻餐饮、酒店、培训等新业态，预计每年增收100万元。同时，通过“非粮化”整治，集中流转土地1200余亩，以“散户集大户、大户种大田”方式，将闲散土地资源集聚为整体资源，实现农作物集中种植、统一经营、集体增收。

文化润村富民。坚持文化传承与有机创新相辅相成，依托24小时乡村书房、村级电影院、村级青少年宫等文化场所和排舞队等6个村民社团，积极开展乡邻节、主题晚会、游园会、周末电影会等文化活动。同时，深入挖掘梅林红色文化，通过存量盘活招引文旅项目，目前梅林村已有无人超市、乡里鲜市、青少年宫等业态，并通过第三方讲解团队开展参观、研学等活动。2021年10月以来，累计接待社会各界参观团队共计691批19126人次，旅游参观收入实现了“从无到有”。

生活美好富民。以梅林村美好生活中心为主要载体，打造集党群服务、学习教育、休闲娱乐、参观接待、交流互动、医疗健康等6大功能于一体的综合性共享空间，全力打造村民15分钟品质生活圈。特别是打造五星级村级智慧化健康站，配备“2（医）+2（护）+专科医生”服务团队，配置全科诊疗仪、自动体外除颤器（AED）和智慧自助诊室（含云药房）等设施设备，提供24小时自助诊疗服务，全力守护百姓身体健康。

四、治理高标准，推进乡村数治之路

搭建乡村大脑。以“城市大脑·萧山平台”为依托，打造集家头条、邻里帮、文e家等20余项功能为一体的“沥家园”数字化平台，以数字基建、数字服务、数字生活为大集成，落地实施健康、低碳、治理等50个数字应用场景，并通过小程序实现手机端与实体端的贯通互联，搭建镇、村、户三级架构的“沥家园”驾驶舱。同时，线上开辟“沥家园”智慧慈善通道，打造全省首个村级智慧慈善工作站，已累计募集善款39万元。按照“一户一注册”原则，梅林村“沥家园”用户已达1017人，实现户级数字服务全覆盖，被评为全省数字社会系统“最暖家园”。

推行数字治理。依托“沥家园”基层治理平台，通过《梅林未来乡村公约》让“沥家园”社会积分挂钩村规民约，涵盖垃圾分类、庭院整洁、志愿服务、健康打卡、邻里互助、行为规范等各个方面，通过线上“发任务”“发新闻”“发公告”多种形式，把党员干部、入党积极分子、热心群众以及乡贤力量发动起来组建“梅好管家”，参与基层社会治理。村民积分可兑换为相应礼品，其数字身份可作为银行授信、评优奖励的依据。村民累计获取“沥家园”社会积分1423万分，兑换积分869万分，兑换礼品价值14.5万元，以线上小积分撬动社会大治理。

深化集成改革。率先承接大综合一体化改革成果，建立“合沥治”“综警网+”等基层治理矩阵，整合了综合执法队员、城管队员、安全监管人员、网格员等四大员，形成了“镇—村—网格”管理体系。在“四治融合”作用下，近两年来有效警情下降了15%，矛盾纠纷减少了两成，离婚率降到瓜沥镇全镇最低，全村连续两年保持“零信访”记录。

五、投入高效能，推进乡村发展之路

强化多元投入。从2022年起，梅林村入选省财政厅省级农村综合改革集成建设项目，3年内建成粮食产业提效、数字乡村建设、低碳乡村示范、共富乡村建设、美丽乡村融合5大类25个子项目。项目计划投资16510万元，通过“多元投入”的方式统筹资金保障，即“财政投入一点，社会资本支持一点，党员群众参与一点，市场经营反哺一点”，其中财政补助12062万元，村级自筹948万元，社会资金3500万元。已完成计划投资1.2亿元，为梅林共富建设提供财力支持。

注重杠杆引导。在统筹整合财政补助政策的基础上，充分发挥财政资金杠杆撬动作用，利用信贷、税收等政策引导社会资本加大投入，有效释放投资价值“倍增”效应和营商环境“虹吸”效应。

突出资金绩效。强化资金使用监督管理，充分发挥巡察、审计、村社横向监管和省区镇财政纵向监管协同效能，建立健全农综改项目招投标制、公示制、监理制、报账制等资金使用全过程机制，确保资金规范使用。加大考核评价，把农综改工作列入区委、区政府对部门、镇与村的年度综合考核评价范畴，三年建设期间采取定期考核评比，通过邀请专家评审、民主测评、现场比武等形式，强化对项目推进与建设绩效的考核评价，推进项目资金跟踪问效，确保资金花出效益。

（《浙江财税与会计》2023年第6期）

同题共答 凝聚合力
高水平打造财会监督“升级版”

温州市鹿城区委副书记、区长 张崇波

2023年年初，党中央站在战略和全局的高度，在系统总结新中国成立以来财会监督实践经验基础上，立足新时代新形势，对财会监督赋予了新的内涵。鹿城区迅速响应，积极探索新时代财会监督工作的新思路、新方法、新机制，着力打通财会监督和其他监督的“话语体系”，加快形成全方位、多层次、立体化的“大监督”格局，以财会监督工作成效提升区域经济发展质效。

一、构建协同化监督体系，“多元参与”释放叠加效应

（一）财审联动，深化“经济体检”

立足财政部门的监管职责和审计机关的监督职责，聚焦“七张问题清单”重大审计问题，推动建立财政与审计互动共融的工作对接机制，形成“信息共享、结果共用、整改共促”的良好氛围，以“经济体检”筑牢监督“闭环”。同时，进一步发挥监督“利剑”标本兼治作用，将发现的共性问题作为反面例证，举一反三，推动解决一批区域性、系统性问题，充分发挥“治已病、防未病”作用。2023年，鹿城区重点关注资产管理、资金管理等规范性、完整性问题，采取“自查+抽查”模式，推行“财政+审计”双监控，实现全区200多家部门单位全覆盖。

（二）纪财联动，深化“日常体检”

加强财会监督与纪检监督的贯通协调，切实发挥财会监督的“探头”作用，对发现的重大问题线索及时移送纪检监察机关，从源头上提高发现问题和处置问题的能力，有效推动日常监督专业化、常态化。比如：联合开展全区拆迁购房款专项督查暨“房源超市”回头看工作，及时督促拆迁购房款应缴尽缴13.86亿元，实现盈余安置房源应入尽入“房源超市”7654套；联合开展国企房产出租情况专项检查，通过查阅台账、实地走访、资金追溯“三步走”，累计督查房产119处、发现问题10个，倒逼各国企摸清国有房产出租底数，严格执行惠企纾困政策。

（三）巡财联动，深化“政治体检”

积极谋划财政部门与巡察机关的协同路径，以党内监督为主导，探索建立重点监督协同、重大事项会商、线索移交移送机制。围绕巡察要求，发挥财政资源力量，实现“1+1>2”的监督叠加效应。2023年，累计向巡察机关提供线索41条。巡察组将财会监督发现的问题整改情况纳入巡察报告；财政部门将巡察反馈的涉及经济责任、资金项目等问题纳入财会监督重点，更好发挥财会监督覆盖面广的特点和优势，推动财会监督专业力量全方位配合党内监督开展反腐败工作，及早发现经济社会活动中苗头性腐败问题，协助查处政治问题、经济问题相互交织的重大腐败案件，保障权力合法合规运行。

二、明确具体化监督目标，“多向发力”保障发展效能

（一）以绩效为导向，实施全过程预算监督

全面提升全区预算绩效管理水平，通过量化考核指标和事前绩效评估、绩效目标评审等手段，强化预算责任和绩效责任“双约束”。牢固树立“花钱必问效、无效必问责”的绩效理念，将财会监督工作融入全过程绩效预算管理体系，不断巩固和扩大财会监督成果。

（二）以经济为导向，实施宽领域市场监督

迭代优化惠企利民资金直达智控在线平台，将“互联网+监管”全面嵌入财政资金使用的事前、事中、事后全过程，实现支付进度和兑现资金可查可看可追溯。持续加强政府采购监督管理工作，督导采购人落实好预留份额、优化采购等惠企政策，严格落实政府采购意向公开，便利供应商提前了解采购需求及相关信息。推行全流程电子化交易，为市场主体营造更加公平、更具活力的营商环境。

（三）以问题为导向，实施高标准专项监督

针对重点领域多发、高发、易发问题和突出矛盾，更好发挥财会监督的重要保障作用。聚焦贯彻落实减税降费、党政机关过紧日子、加强基层保基本民生保工资保运转工作、规范国库管理、加强资产管理、防范债务风险等重点任务，强化监督职责、提升监督实效，牢牢守住不发生系统性风险底线。

三、重塑现代化监督手段，“多点突破”提升监督效率

（一）制度赋势强化刚性约束

持续深化行政事业单位内控建设，开展乡镇内控指引建设试点工作，保障各项财经法规政策落地的“最后一公里”。建立事前参与、事中跟踪和事后评价的管理模式，健全财经领域法律法规和政策制度，加快补齐法治建设短板，依法依规开展监督，严格执法、严肃问责。坚持“强穿透、堵漏洞、用重典、正风气”，严肃查处财务舞弊、会计造假等案件，加大对违法违规行为的处理处罚力度，大幅提高违法违规成本，推动实施联合惩戒，发挥监督震慑作用。

（二）创新赋能助推国资监管

创新打造鹿城区国资国企数字化监管平台2.0版，一屏展现全区国有资产分布使用情况，实现国有资产、资金智能化统一监管。整合提升国有房产管理信息系统，推进实现区级行政事业性办公用房、公建配套房产、公共租赁住房资产管理等系统整合。2021年6月，启动“三仓融合”试点工作，创新推进以公物仓为基础、公益仓为提升、罚没仓为补充的资产共享共用机制，有效破解行政事业资产低效运转和闲置浪费难题。通过“三仓融合”发力，截至2023年6月底，累计节约财政支出475万元，完成捐赠资产价值30万元，罚没处置预计可变现70万元。

（三）队伍赋力实现专业治理

逐步提升与财会监督职能任务相匹配的人员力量，加强财会监督队伍和能力建设，推动财会监督工作有效开展。不断提升干部专业水平，聚焦财会重点内容多次开展业务培训，涵盖全区74家行政事业单位及14个街镇、229名财政系统干部。下一步，要充分发挥财政干部“主力军”作用，抽调业务骨干参加巡视巡察、纪委监委监督检查和审查调查，持续释放贯通协同效应。同时，坚持一切从政治上考量，时刻将政治纪律、政治规矩挺在前面，切实防范廉政风险、执法风险、泄密风险，为财会监督工作提供纪律保障。

（《浙江财税与会计》2023年第8期）

专题经验

深入实施财政“十大行动”全力打造财税营商环境最优省

浙江省财政厅办公室

营商环境是一个地方执政理念、治理水平、行政形象的综合体现，是一个地方经济软实力的重要标志，是地区、城市构筑核心竞争力的主赛道。世界银行发布的数据表明：良好的营商环境会使投资率增长0.3%，GDP增长率增加0.36%。现在各地的招商引资更加侧重于当地营商环境的比拼，而不是纯粹的政策优惠力度。

一、为什么要推进“一号改革工程”

（一）总书记有号令。在浙江工作期间，习近平同志针对新世纪浙江面临的新形势、出现的新情况和需要解决的新问题，把优化提升营商环境作为“八八战略”的重要内容，提出：进一步发挥浙江的体制机制优势，坚持“两个毫不动摇”，创造各种条件，放手让一切劳动、知识、技术、管理和资本的活力竞相迸发，让一切创造社会财富的源泉充分涌流；进一步发挥浙江的环境优势，切实加强法治建设、信用建设和机关效能建设，不断增强环境吸引力，提高要素集聚能力，努力为经济社会发展营造良好的软硬环境。党的十八大以来，总书记高度重视优化营商环境，作出了一系列重要论述：2018年11月5日，在首届中国国际进口博览会开幕式上指出“营商环境只有更好、没有最好”；2019年2月25日，在主持召开中央全面依法治国委员会第二次会议时指出“法治是最好的营商环境。要把平等保护贯彻到立法、执法、司法、守法等各个环节，依法平等保护各类市场主体产权和合法权益”；2020年7月21日，在企业家座谈会上指出“要推进简政放权，全面实施市场准入负面清单制度，支持企业更好参与市场合作和竞争”；2021年10月30日，在二十国集团领导人第十六次峰会第一阶段会议上指出“持续打造市场化、法治化、国际化营商环境，为中外企业提供公平公正的市场秩序”；2022年党的二十大报告提出“完善产权保护、市场准入、公平竞争、社会信用等市场经济基础制度，优化营商环境”；2023年在全国两会期间强调：“要优化民营经济发展环境，破除制约民营企业公平参与市场竞争的制度障碍，依法维护民营企业产权和企业家权益”。这一系列重要论述，为我们优化营商环境指明了方向、提供了遵循。

（二）中央有部署。2020年1月1日，《优化营商环境条例》施行，将实践证明行之有效、人民群众满意、市场主体支持的改革举措用法规制度固化下来，重点针对我国营商环境的突出短板和市场主体反映强烈的痛点难点堵点问题，对标国际，从完善体制机制的层面作出相应规定。随后，国务院又印发了《关于深化“证照分离”改革进一步激发市场主体发展活力的通知》《关于进一步优化营商环境更好服务市场主体的实施意见》，从涉企经营许可事项、强化市场主体服务着手，进一步加大改革力度、拓宽改革范围。2021年底，国务院又印发了《关于开展营商环境创新试点工作的意见》，部署在北京、上海、重庆、杭州、广州、深圳6个城市开展营商环境创新试点，明确创新试点工作10个方面101项改革举措，打造市场化、法治化、国际化的一流营商环境。2022年9月15日，国务院印发《关于进一步优化营商环境降低市场主体制度性交易成本的意见》，进一步破除隐性门槛、规范涉企收费、优化涉企服务、加强公正监管、规范行政权力。

（三）浙江见行动。新年伊始，省委以“新春第一会”的高规格，作出了强力推进创新深化改革攻坚开放提升和三个“一号工程”的战略部署。其中，营商环境优化提升“一号改革工程”是强力推进改革攻坚、加快打造高质效改革先行省的“牵一发动全身”的总抓手。1月31日，易炼红书记调研省财政厅，要求“在改革攻坚上出硬招，聚焦营商环境优化提升‘一号改革工程’，坚持市场有效政府有为，坚持有所为有所不为，进一步理清公共财政运行边界，创新财政支持方式，减少对市场主体的直接干预，全力营造公开公平公正的财税环境”。3月3日，省委办、省府办印发《浙江省营商环境优化提升“一号改革工程”实施方案》，提出全面优化提升政务、法治、市场、经济生态、人文五大环境的重点任务，其中与财政直接相关的有：一是深化电子凭证会计数据标准省域试点改革，推进“浙里办票”应用和数字化电子发票平台集成贯通；二是创新政府采购行政裁决机制；三是加大政府采购支持中小企业力度；四是全面清理妨碍统一市场和公平竞争的政策措施；五是加快建设全省统一数据交易服务应用。3月17日，省委办、省府办印发《关于强力推进改革攻坚加快打造高质效改革先行省的意见》，对营商环境优化提升作出进一步要求。4月17日，易炼红书记在全省营商环境优化提升“一号改革工程”大会上提出全面打造一流营商环境升级版的目标，并阐述了其核心内涵和实践要求，概括起来是，加快“六个升级”、增强“六个力”：一是加快从便捷服务到增值服务的全面升级，增强政府服务力；二是加快从具体事的解决到治理创新的全面升级，增强法治保障力；三是加快从要素开放到制度开放的全面升级，增强市场配置力；四是加快从能创业到开新局的全面升级，增强发展支撑力；五是加快从外在激励到内生驱动的全面升级，增强文化引领力；六是加快从创造财富到成就卓越的全面升级，增强价值塑造力。

（四）财政抓落实。“新春第一会”后，省财政厅以“全力打造财税营商环境最优省”为目标，坚持“五财”并举，迅速建立“一把手”抓“一号工程”的工作机制，出台实施意见，召开全系统动员会，大力实施财政改革攻坚“十大行动”，强力推进“一号改革工程”。改革攻坚“十大行动”中有五个行动与营商环境优化密切相关：一是开展财税惠企政策体系迭代行动。紧扣“8+4”经济政策体系，围绕政策实施对象和执行效果，强化财税政策评估，做到优化一批、退出一批、谋划一批，努力使政策更精准。二是开展财政兑付机制优化行动。按照“能快则快、能早则早”原则，分类推动各项财政惠企资金直达快享、及早发力，依托政策兑付平台和大数据共享，推动资金申报、兑现便利化。三是开展财政政策公平性审查改革行动。开展行政规范性文件清理和其他涉企政策专项清理，预防和纠治违规减损企业权利、增加企业义务以及妨碍市场统一和公平竞争等问题。四是开展财政支持企业方式创新行动。处理好政府与市场的关系，厘清公共财政运行边界，减少对市场主体的直接干预，找准财政杠杆的发力点，更好发挥财政资金“四两拨千斤”的作用。五是开展财会监督机制创新升级行动。推广行政行为码，重塑财政行政处罚裁量基准，推进行政许可、行政备案清单化管理。加强地方财经领域涉企违规收费整治，推动各项惠企减负政策落实到位。

二、“一号改革工程”做什么

财税政策纵向贯穿各类市场主体全生命周期，横向贯通营商环境改革的各领域各方面。近年来，浙江财政将优化财税营商环境作为财政重点工作，在工作理念上实现了“三个转变”：从对企业“放水养鱼”转变为全生命周期服务、从打造“财税政策洼地”转变为打造“公平竞争高地”、从阶段性政策帮扶转变为稳定性制度供给，按下优化营商环境“快进键”。

（一）聚焦“财税政策更高效”，重塑财税惠企政策体系。浙江财政坚持“全面顶格、早出快出、能出尽出、精准高效”，深入实施财税惠企政策迭代行动，以更解渴、更高效、更直达的政策肥沃营商环境土壤。一是改革政策导向。将减轻企业税负作为改善营商环境的重中之重，第一时间、全面顶格执行中央政策，创新实施浙江省政策，扩大政策惠及面和享受度，五年全省累计新增减税降费9130亿元，税收占GDP的比重从2018年的17.1%下降到2022年的15.3%，在全球主要经济体中处于较低水平，并率先实现了省定行政事业性收费涉企“零收费”。二是改革支持方式。围绕“8+4”经济政策体系，构建了“8+1”财政清单，集成政策131项、资金1006.8亿元，变分散化为组合式、集成化支持，提高政策的精准性、系统性。创新市场化支持方式，组建“4+1”产业基金，每支基金规模不少于100亿元，变“点对点”的行政分配为“好中择优”的市场化筛选、市场化运作，提升政策绩效。三是改革兑付机制。深入开展财政兑付机制优化行动，依托“财政大脑+收支智管”，建立财政政策画像，全过程监管资金兑付进度，自动发现、预警并处置问题，创新实施“免申即享”“一键兑付”“先行预兑”“直达快享”等机制，确保惠企政策精准直达企业，应享尽享、早享快享、不漏一户。

（二）聚焦“制度供给更公平”，创新优化财政体制机制。制度创新是最本质的创新，制度公平是最重要的营商环境。浙江始终坚持对所有市场主体一视同仁、平等对待，坚决打破不应出现的隐性壁垒，切实消除不应存在的模糊地带，着力打造更加稳定、持续优化的制度型营商环境。一是促进政策公平准入。在杭州、温州等五地开展财政政策全生命周期公平性审查改革试点，在全省开展涉企政策清理行动，着力破除地方保护和行政性垄断行为，全面清理违规减损企业权利、增加义务以及妨碍市场统一和公平竞争的政策。推广行政行为码，实现涉企财政行政行为自动赋码，重塑财政行政处罚裁量基准，实现监管执法更加规范透明。二是探索数据交易使用。在全国率先研制数据资产确认标准，破解数据产权确认难等问题；探索建立国有数据交易和购买社会数据机制，方便企业进行数据确权和交易；率先开展电子凭证标准改革试点，成为全国唯一全省域试点省份，方便企业全量免费获取、应用电子凭证，帮助企业降本增效。三是实施政府采购“三个一”改革。政府采购是营商环境评级的重要指标。浙江创新开展政府采购禁止行为清单式管理，设好“红绿灯”，明确政府采购规则、底线，完成清单指引七大类63款，实现公平竞争“一张网”；创新建立省市县联动集中裁决机制，做到流程、审查、判定“三统一”，着力解决同案不同判问题，实现行政裁决“一个标准”；打造立足浙江、辐射全国的政采云平台，已在全国19个省1513个行政区以及国家有关部委应用，累计交易金额2.35万亿元，年交易规模占全国的五分之一，市场覆盖率全国第一，实现交易市场“一体化”。同时，推进政府采购政策功能变革，持续加大政府采购对中小企业的支持力度，2022年政府采购授予中小企业合同金额达1600亿元，占比达85%。

（三）聚焦“财会监督更到位”，切实维护企业合法权益。强有力的财会监督是维护市场秩序、弘扬社会诚信、净化营商环境的重要手段。浙江认真落实中央关于进一步加强财会监督工作的意见，扎实开展财会监督年行动，严肃财经纪律，净化财税营商环境。一是抓好“两师”行业整治。深入开展注册会计师行业、资产评估师行业突出违法违规行为整治，以“零容忍”态度持续加大整治惩戒力度，坚决守护社会诚信根基，近两年共对23家会计师事务所、68名注册会计师，以及8家资产评估机构、13名资产评估师给予行业惩戒，注销挂名执业注册会计师1713人，起到了较好的警示震慑作用。二是开展重点政策监督检查。坚持“以查促管、以查促严”，聚焦企业关注、社会关切，找准小切口开展重点检查，加大追责问责力度，增强财会监督的严肃性和权威性。三是探索会计“一表通”建设。建立健全从源头解决问题的长效机制，针对企业财务舞弊、会计造假等行为，开展会计数据“数出一门、共享共治”改革，成为全国唯一试点，推动从“一事一表”向“一表共享”转变，努力使财务报表制定者“不敢假、不能假、不想假”。率先研究企业财务报表会计数据标准，制定发布《基于可扩展商业报告语言（XBRL）的企业财务报表会计数据规范》地方标准。

三、财政如何落实好“一号改革工程”

打造最具浙江特色、最显财政辨识度的改革攻坚标志性成果，是检验财政改革工作的“试金石”。改革攻坚专班将扛起非常之责、凝聚非常之力、保持非常之态，以超常规力度强力推进营商环境“一号改革工程”各项重点任务，着力破解深层次体制机制障碍，争取率先取得突破，形成一批成果。重点将在持续跟进落实改革攻坚10大行动的基础上，抓好以下三项工作：

一是抓落实:高质量完成省委确定的任务。对标《浙江省营商环境优化提升"一号改革工程"实施方案》,特别是直接涉及财政的5项改革任务,包括电子凭证会计数据标准省域试点改革、推进"浙里办票"应用和数字化电子发票平台集成贯通、政府采购行政裁决机制、加大政府采购支持中小企业力度、建设全省统一数据交易服务应用,进一步完善浙江实施方案,深化细化贯彻落实措施,确保高质量完成。

二是抓深化:丰富拓展财政十大行动的内容。全省"一号改革工程"大会布置了"六个升级、六个力"的任务,很多都可以找到财政切入点。比如,围绕"从便捷服务到增值服务,增强政府服务力",着力提升财税政策集成度、精准度、时效度,总结推广收支运行智管、"免申即享""一键兑付""先行预兑""直达快享"等做法,研究政府采购数字化应用后端数据集成,为企业提供增值服务等;围绕"从具体事的解决到治理全新的全面升级,增强法治保障力",大力推进财会监督,整饬财经秩序,净化财税法治环境;围绕"从要素开放到制度开放的全面升级,增强市场配置力",开展财政政策全生命周期公平性审查改革试点,查找招投标领域突出问题,提出解决建议;开展"两师"行业整治,弘扬社会诚信;围绕"从能创业到开新局的全面升级,增强发展支撑力",完善数据基础制度,构建数据要素流通和交易服务生态;围绕"从外在激励到内生驱动的全面升级,增强文化引领力",推广应用公权力大数据监督,构建"亲清关系"新范式;围绕"从创造财富到成就卓越的全面升级,增强价值塑造力",优化企业参与公益事业、慈善事业的财税政策和制度,引导企业积极助力共同富裕。

三是抓成果:打造一批有分量的标志性成果。坚持"边实践、边总结",及时把成果总结提炼好、归纳集成好、转化提升好,在"一号改革工程"中当先锋、打头阵、作示范。

以"一号发展工程"为牵引 当好推进创新深化"强引擎"

浙江省财政厅科教处

2023年是全面贯彻落实党的二十大精神开局之年,是"八八战略"实施20周年。"新春第一会"上,省委提出深入实施"八八战略"强力推进创新深化改革攻坚开放提升,发力三个"一号工程"。对标易炼红书记的任务要求,省财政厅创新深化专班迅速把思想和行动统一到省委的决策部署上来,坚持把创新深化摆在更加突出的位置,谋新招、出真招、亮实招,加力提升,系统推进创新深化工作。

一、推进数字经济创新提质"一号发展工程",激发创新新动能

一是构建"3+2"财政政策新体系。按照"一图一表一体系"的思路,构建数字经济创新提质"3+2"财政支持政策体系,进一步迭代完善浙江财政支持数字经济发展政策体系。聚焦数字经济重点领域、关键环节,以"目录引导、揭榜挂帅"的方式,统筹安排5.06亿元,支持产业链协同创新项目计划实施,推进工业互联网平台建设,支持一批行业级、区域级省重点工业互联网平台建设。聚焦产业链重点领域、关键环节补短板,探索"一集群一支持方案"差异化支持政策,实施先进制造业集群核心区协同区创建财政激励,统筹安排3.01亿元,助力支持21个"415X"特色优势产业创建核心协同区的8个攻坚任务包,助力提升数字经济特色产业集群区域竞争力。加快数字经济与先进制造业融合发展,统筹安排9.81亿元,按照"区域+项目清单""因素法+项目清单"的分配方式,支持一批纳入项目清单的生产制造方式高端化智能化绿色化转型示范项目实施。加快数字经济与现代农业融合发展,深化涉农资金统筹整合,完善财政支持政策机制,通过竞争性遴选,确定农业"双强"重点突破试点项目11个,农机研发制造推广应用一体化试点项目18个,计划总投资超过4亿元,不断激发数字赋能产业创新发展的内在动力。

二是激活数据资产新要素。明晰数据资产产权,推进数据资产管理制度建设,开展数据资产相关理论研究,制定数据资产确权、登记、评估、共享、交易、结算等系列标准,完成《数据资产确认工作指南》《数据资产登记导则》地方标准立项送审,启动数据资产确认省级标准化试点,探索数据资产确权和登记新方式,加强国有数据资产管理,推进数据资产评估、入账和入表工作。完善国有数据资产监管制度,根据"寓监管于服务、安全和发展并重"的原则,省部协同推进数据资产监管。通过开放共建方式搭建数据治理实验平台,牵头建设全省统一数据交易服务应用,积极推动行政事业单位和国有企业通过交易平台交易公共数据和购买社会数据,培育数据交易市场,激活数据创新动力和活力。开展国有数据资产监管政策制度研究,搭建数据治理实验平台,建设全省统一数据交易服务应用。

三是谋划组建"4+1"专项产业新基金。围绕"315"科技创新体系建设工程,完善科技创新基金体系。迭代省产业基金3.0版,联合"浙江制造"省级特色产业集群核心区、协同区所在地市和社会资本,共同组建"4+1"专项基金,对标"415X"4大万亿产业集群,按照"一集群一基金"方式,设立新一代信息技术产业基金、高端装备产业基金、现代消费与健康产业基金、绿色石化与新材料产业基金等4大产业集群基金,通过母子基金两级放大,形成规模2000亿元以上的浙江省先进制造业基金群。围绕"415X"先进制造业集群,聚焦重点行业领域、重点产业链、重大项目建设,强化项目投资招引和科技创新驱动,发挥政府产业基金杠杆效应、乘数效应,引导产业创新资源要素"多核心集聚、链条式反应、体系化联动",形成全省先进制造业集群"齐头并进、定位清晰、各具特色"的一体化发展格局,助力科技企业、制造业企业做大做强。

二、一体推进教育科技人才强省建设,突破创新新瓶颈

一是以"315科创体系"建设为抓手一体建设。坚持创新在浙江省现代化建设全局中的核心地位，深入实施首位战略首位保障，围绕“互联网+”、生命健康和新材料三大科创高地建设，聚焦十五大战略领域，落实省市县三级财政科技投入稳定增长机制，2023年全省安排财政科技投入预算747亿元，全力支持实施“315”科技创新体系建设。完善省实验室建设与评价办法，强化绩效导向和结果应用，促进十大省实验室高水平建设，培育打造国家战略科技力量。持续推进财政科研经费“负面清单+包干制”改革，进一步激发科研人员创新活力。报请省政府出台《浙江省人民政府办公厅关于支持重大科创平台和新型高校建设的实施意见》，构建需求评审、资金管理、绩效评价、审计监督的全流程支持机制，促进重大科创平台和新型高校高质量发展。

二是以“双一流196”工程建设为引领一体推进。参与制定出台《关于推进高水平大学建设的若干意见》和《关于加快普通高等学校高质量发展的若干意见》，以两个若干意见为引领，支持高等教育高质量发展。推进高水平大学建设，支持浙江大学加快建设世界一流大学，支持西湖大学等新型高校打造“小而精”高水平研究型大学，支持中国美术学院、宁波大学提升一流学科水平，支持省重点建设高校创建国内一流大学，推动更多省属高校跻身国内一流、世界一流。以“双一流196工程”为抓手，对有基础、有潜力、有需要的学科通过“一事一议”方式，集中资源、集成政策支持重点学科和基础学科建设，以高水平学科支撑高水平大学。加快普通高等学校高质量发展，完善高校预算拨款制度，健全高等教育经费稳定增长机制，加大基本支出和一流学科建设等重点专项保障力度。逐步提高生均基准定额标准。统筹开发和利用高校各类资源，提高国有资产的使用效益。用好财政补助、政府债券、资产盘活等政策，多渠道筹措资金，分步实施基础设施提升工程和办学条件扩容工程，切实解决高教园区面临的基础设施老化及存在的安全隐患问题。

三是以高素质人才队伍建设为保障一体引育。强化重大战略问题使命导向激励，突出对作出重大贡献人员和团队的激励导向，健全支持科技人员潜心研究的保障机制，探索设立支持青年教师开展科研活动的财政政策，鼓励省实验室、省级科研院所与高校联合培养人才，支持高校青年教师挑大梁、当主角，积极承担省自然科学基金等项目，打造尊重人才激励创新的良好生态。支持引育高水平人才，持续加大“鲲鹏行动”计划、省海外引才计划等重点人才工程投入力度，引导一批具有国际影响力的顶尖人才、领军人才向重大科创平台、重点实验室、重点建设高校集聚，充分发挥人才辐射带动效应。参与完成第八批“鲲鹏行动”审核论证工作，审议第九批10名“鲲鹏行动”计划建议人选“一人一策”支持方案。推进国家海外引才计划排摸推荐工作，共排摸今年申报国家海外引才计划人数6100多人，同比增长41%。

三、推动文化强省建设，激发创新新活力

一是创新财政支持方式，完善财政投入机制。统筹优化财政文化资金支持结构和方向，研究撬动社会资本投入文化领域的扶持政策，推进现代文化、文物、非物质文化遗产和旅游深度融合。对标文旅深度融合工程建设要求，支持符合条件的文化旅游领域公益性项目申请发行专项债券，促进文旅深度融合，截至6月底，专项债券支持文旅领域项目79个，共计45.1亿元。调研市县文化设施引入第三方建设运营的典型案例，总结推广财政支持社会资本投入文化建设做法，目前已完成东阳引导社会资本投入激活非遗助力乡村共富、安吉县首创文化遗产保护。

二是加强文化资源统筹，提升文化发展效能。建立国有文化单位利用现有资源进行文创开发激励机制，创新文化空间运行保障机制，推进公共文化场馆服务效能与财政拨款挂钩改革，探索运用市场机制运营城市和乡村的各类文化空间，提升公共文化资源服务效能。调研选取金华市作为公共文化场馆服务效能与财政拨款改革试点，促进博物馆积极开展文创产品开发，提升公共文化服务效能。支持之江文化中心引入市场运作，安排之江文化中心建设和运行管理经费12.3亿元，推进之江文化中心运营相关工作，着力将之江文化中心打造成为公共文化空间新样板。

三是推动管理机制创新，优化文化发展绩效。推进国有文艺院团绩效与财政拨款挂钩机制创新，健全文艺精品创作绩效激励机制，推动文艺攀峰。制定出台《浙江省舞台艺术繁荣发展资金管理办法》，加强对省文化和旅游厅就实施管理办法的指导，结合2024年部门预算编制工作，充分发挥资金引导作用，促进院团精品艺术创作，推动精品创作更加繁荣、人才队伍更加强劲、市场发展更加兴旺，不断满足人民群众日益增长的精神文化需求，提升文化软实力。

政策迭代　试点先行　保障“一号开放工程”高质量发展

浙江省财政厅经建处

2023年是浙江省深入实施“八八战略”二十周年。20年前，时任浙江省委书记习近平将“提升对内对外开放水平”纳入“八八战略”宏图，形象阐述“地瓜理论”，全面擘画富有浙江特色的“地瓜经济”。20年后，省委书记易炼红在“新春第一会”上重提“地瓜经济”，将“地瓜经济”与推进开放提升、打造高能级开放之省列为全省提能升级“一号开放工程”。省财政厅第一时间落实部署“一号开放工程”相关工作，组建厅强力推进“一号工程”专班，制定财政在开放提升领域的十大行动和30项举措，在构建推动“一号开放工程”高质量发展的财政支持政策集成体系、助力海外仓发展等领域重点发力，积极打造财政在开放提升领域的标准性成果。同时第一时间制定工作机制，指导各地做好“一号开放工程”工作，利用试点机制积极调动各地工作积极性，实现全省在保障开放提升工作领域统筹发展。

抢机遇　为外贸发展安装“财政引擎”

一是在税收政策领域持续发力，落实启运港退税政策促进外贸稳规模。2023年3月，经国务院同意，财政部、海关总署、税务总局正式批准宁波舟山港作为离境港实施启运港退税试点政策。宁波舟山港启运港退税政策的争取前后历时4年，省财政厅3次向财政部报送专题请示报告，持续跟进财政部审批进程，厅主要领导多次赴财政部当面汇报沟通，并邀请财政部有关领导来浙江实地调研了解情况。这一政策的落地，不仅有助于企业缩短退税周期，降低资金占用成本，更有助于宁波舟山港增强对周边货源的吸引力，打造区域性枢纽港口，有效增加离境港货物集聚及辐射服务全国的能力，助推“地瓜经济”提能升级“一号开放工程”深入实施。这一政策获得省委、省政府主要领导批示肯定，入选省委组织部三个“一号工程”典型案例。截至2023年7月31日，省内享受启运港退税政策试点企业达48家，报关单186票，退税金额达1081.6万元。

二是围绕省政府重点工作深度发力，优化展会支持政策助推外贸拓市场。协同省商务厅出台新一轮展会支持政策，深入围绕省政府“新市场、新平台、新业态、新产业、新方式”的要求谋划具体举措，协助全省外贸企业更好走出去拓市场。资金支持规模空前。2023年年初安排展会资金1.9亿元，支持展会101个，较2022年资金增长56%。突出展会支持重点。根据年初省政府要求，引导企业积极拓展东盟、中东、拉美、非洲等新兴市场。加强绩效考核管理。新一轮展会政策更加注重绩效导向，明确要求加强展会资金的使用管理，每年定期开展绩效检查和绩效评价，对违法违规操作的承办单位视情取消承办资格，对绩效评价结果不理想的展会予以调整。2023年1—8月全省累计进出口3.25万亿元，增长4.3%；其中出口2.40万亿元，增长3.8%，增幅远高于全国平均水平，出口占全国份额15.5%。

三是在外贸新业态领域重点发力，迭代海外仓政策培育外贸新动能。省财政厅从2014年开始持续支持八批省级海外仓建设，是全国较早开始支持海外仓的省份，2023年统筹中央和省级资金2700万元用于海外仓建设。今年省专班将“支持海外仓发展”作为“打造标志性成果”十条跑道之一，省财政厅根据业态发展趋势，及时调整政策，首次新增支持对上下游产业有带动作用的龙头商贸企业自建仓建设，同时加快在“一带一路”重要节点市场布局，切实助力中小微外贸企业利用海外仓开拓新兴市场，培育外贸发展新动能。截至2023年9月底，浙江企业在全球建设海外仓790个，总面积968万平方米，占全国海外仓总面积的三分之一，覆盖全球51个国家155个城市。

破难题　为外资招引注入“财政活水”

一是突出超常规，加大财政支持力度为外资招引增底气。为更好助力全省外资招引工作，提高政策精准度和资金绩效，省财政厅会同有关厅局根据2022年全省实际利用外资规模和招商引资工作特点，寻找政策切入口，协助省政府办公厅印发《更大力度吸引和利用外资工作若干措施》。明确“稳住存量、做大增量”的主要原则，以超常规力度招引外资，规定三年政策期内每年安排财政资金5.5亿元统筹用于兑现政策，单个先进制造业项目累计最高可获得2亿元补助资金；单个重大服务业项目累计最高可获得1亿元补助资金。同时在资金使用方面突出灵活性，年度之间可以调剂使用，切实发挥财政资金绩效。当前已针对新一轮外资招引政策配套出台了《更大力度吸引和利用外资工作若干措施奖补政策实施细则》，推动政策直达快享。

二是突出高质量，优化财政支持方向为外资招引调结构。在新一轮外资招引政策中突出重点，明确激励政策导向，助力产业结构升级。首先，强调先进制造业招引举措。针对符合“415X”先进制造业集群发展方向，且外资总投资和首年实际利用外资达到一定规模门槛的制造业项目予以奖励。其次，加大重大服务业招引力度。对当年度实际利用外资1亿美元以上的服务业项目（除房地产外）予以奖励，并规定对高技术服务业项目奖励比例可适当提高。最后，明确跨国公司或世界500强企业总部项目招引政策，填补了省级政策中总部经济招引举措的空白。

三是突出创新性，新增财政支持方式为外资招引添活力。新出台外资招引政策，创新性采用了“财政补助+基金招商”的方式，更好发挥财政在吸引及利用外资方面的撬动引领作用。在补助方面，按照项目实际利用外资金额给予一定比例奖补，并对重大项目落地时基础设施、配套设施等建设产生的融资费用，按照“一事一议”给予贴息支持；在基金招商方面，鼓励支持全省各级政府产业基金参与投资重大项目，在投资收益方面加大让利力度。2023年上半年，全省外资大项目拉动作用较为明显，利用外资增速远高于全国和周边主要省市，1—8月全省利用外资累计约170亿美元，同比增长15%左右；预测四季度全省利用外资约25亿美元，预计全年利用外资可达203亿美元。

聚合力　为省市、政企联动贡献“财政智慧”

一是念好“快”字决。为实现省市县三级协同联动助推“一号开放工程”，更好发挥各级财政政策及资金合力，省财政厅开放专班于2023年3月下旬印发了《财政强力推进“一号开放工程”工作机制》，构建了财政在开放提升领域的年度工作框架，确保各项工作责任化、清单化、具体化。首先是落实主体责任，实行下抓一级落实机制，省财政厅专班负责指导督促设区市专班工作推进，设区市专班负责指导督促县（市、区）工作落实；其次是开展工作调度，每月调度整体工作推进情况、特色亮点创新情况、各类问题整改情况等，实现省专班对各地开放提升工作的精准把控和帮扶；最后是明确重点工作，包括设立试点任务、工作联系点等举措，为全省财政“一号开放工程”的开展明确了方向。

二是念好“准”字决。省财政厅开放专班按照易书记对“一号开放工程”的指示要求，聚焦“产业链供应链体系提能升级、内外贸综合实力提能升级、重要开放平台提能升级、企业主体提能升级”四大方面，结合各地产业基础，明确了18个全省财政系统“一号开放工程”地市试点任务。如金华立足本地交通优势着力打造“国际陆港枢纽”，积极探索中欧班列高质量发展财政路径；舟山凭借当地海洋特色产业，强化财政职能发挥，致力于支持

"一条鱼"全产业链建设,实现"一地一特色",最终实现全域联动、多点开花的开放格局。同时,聚焦企业痛点难点,2023年上半年专班开展"三服务"活动13次,针对企业提出的贸易摩擦加剧、海外仓经营压力大、展会支持等问题,在充分调研的基础上,及时优化迭代相关政策举措,使政策供给与企业需求相匹配。

三是念好"效"字决。强调成果导向,在试点任务考核中突出标志性成果,突出"牵一发而动全身、制度性政策性协同性集成性较强、提升群众获得感幸福感、推动经济社会高质量发展"的目标要求。目前,各地已取得了一定的阶段性成果:杭州市在总部经济领域重点发力,出台专项政策和实施细则,从"内培""外引"两方面入手,既着力培育在杭民营企业总部,也注重吸引跨国公司和国内大企业来杭投资;绍兴市立足"绍芯"战略布局,积极发挥政府产业基金引领作用,全力支持以中芯绍兴等企业为代表的集成电路链主型企业招引及重大项目落地,累计投资额超70亿元;衢州市全面构建创新生态体系,破除政策壁垒,将分散在部门的13类商贸政策进行梳理重塑,整合形成衢州市"大商贸"政策体系;台州市财政联合农担公司出台一揽子财金举措,充分发挥财政金融引导撬动作用,抢抓农产品消费升级机遇,助力农业"地瓜经济"藤蔓外延,2023年6月全国政策性农业担保支持"地瓜经济"跨省发展首发站在台州落地揭牌。

"三实三聚焦"打造浙江特色预算执行监督体系

浙江省财政厅预算执行局

2023年,为进一步严肃财经纪律,提高财政资金使用绩效,强化预算执行对国家重大战略任务的基础保障,财政部决定开展预算执行监督专项行动,即以预算管理一体化系统全面运行为依托,加强大数据分析,通过监控系统(或模块)及时发现不合规支出,并对突出问题开展重点监督。省财政厅认真贯彻落实习近平总书记关于财政工作的重要指示批示精神和财会监督重要论述精神,按照财政部专项行动决策部署,充分发挥浙江数字化改革先行优势,紧扣"三个实"和"三个聚焦",全力推进预算执行监督专项行动走深走实、提质增效,努力打造具有浙江特色的预算执行监督体系,为中央政策与财政资金安全高效落地保驾护航。

一、紧扣"三个实",蹄疾步稳推进专项行动走深走实

(一)夯实组织保障。厅党组高度重视,将开展预算执行监督专项行动作为重要的政治任务谋划部署,第一时间组织开展专题学习,研究讨论工作思路和举措,第一时间将专项行动纳入2023年厅党组中心工作、财政特色工作等,第一时间成立由厅主要领导任组长的工作专班,第一时间出台实施方案,第一时间召开动员大会,统一思想、形成合力。

(二)抓实系统建设。以预算管理一体化"收支运行智管"应用为基础,迅速建成预算执行监督专项行动监控模块,实现对重点监督项目的"全业务、全流程、全层级"贯通监督,2023年全省上线用户达4297个。始终强化沟通对接,与软件开发方集中会商20余次,不断优化系统监控预警、风险提示、问题核实、违规处置、分析查询等功能,持续提升系统稳定性、适用性、便捷性、智能性。

(三)落实绩效考核。将专项行动监控结果纳入部门预算管理和地方财政管理绩效考核与激励等范围,对各地工作实绩开展动态晾晒比拼和绩效考评,营造比学赶超良好氛围。在发挥"指挥棒"作用的同时,倒逼地方积极主动关注项目资金使用情况,及时有效核实反馈,有力推动专项行动取得实效。

二、紧扣"三个聚焦",努力打造浙江特色预算执行监督体系

(一)聚焦协作赋能,构建"共商共建共治"新机制。坚持纵向贯通、横向协同,围绕专班共商、规则共建、风险共治,建立健全工作机制,提升预算执行监督工作效能。一是专班共商增实效。不定期召开专班会议,通报全省工作进展情况,研究讨论重点难点问题。专班成员单位共同梳理建立资金使用正负面清单,健全完善资金管理办法。二是规则共建提质效。瞄准监控目标和问题短板,省市县群策群力、专班共商共议,从制度、案例、大数据分析、基层实践中挖线索,共设置预警规则77条,并通过调整敏感字段或适用对象等方式动态优化,持续提高监控效率。三是风险共治促长效。全省财政部门上下联动,构建全省贯通、多跨协同的风险预警"共治中心";与财政部浙江监管局密切合作,打造"线索互通、财监衔接、协同作战"监督新模式,形成协同共治叠加效应;延伸线上处置流程至单位端,压实主管部门和单位主体责任。

(二)聚焦创新引领,解锁低代码应用集成新方法。创新采用低代码开发模式,应用组件集成采取积木搭建、拖拽组合形式,实现边开发边使用,快速迭代、持续更新。一是突出"数据全貌",实现"一屏感知"。建成共治驾驶舱,集成所有监督项目预算、支出等数据,分重点、多维度动态展示预算下达、支出进度、风险处置、违规整改等情况,依托"三色"热地图进行同步晾晒和预警。二是突出主体功能,打造"一库三台账"。预警规则库从"分配及时性""支出规范性""进度合理性"三个维度,以"统筹谋划、特色兼顾、动态更新"为原则,实现对风险业务的多重预警。三本台账分类归集违规类型,分级统计资金全貌,分项查阅项目信息,实现"分类分级、穿透钻取"。三是突出"查漏补缺",智能"一键锁定"。"重点跟踪"模块整合"碎片化"信息,实施"4+N"多要素组合人工预警,开展重点追踪,捕捉违规业务"漏网之鱼",反向推动规则更新迭代,实现"一地问题,全省共治"。

(三)聚焦纠偏整改,打造线上线下融合监督新格局。坚持线上监控和线下核查有机融合,强化问题纠偏整改,推进从根本上解决问题,努力将监控成效转化为财政治理能力和治理效力。一是开展实地调研,破解难点痛点。专班成员和市县业务骨干赴16个市县开展实地调研，通过调阅资料、查看凭证、走访座谈、延伸检查等方式，对重点监督项目资金使用情况进行督导检查，解剖麻雀、分析原因、排除隐患。二是加强核实反馈，督促整改落实。定期抽查复核各地线上监控情况，及时纠正认定偏差的问题。对专班发现和监管部门查处的违规事项，第一时间布置市县核实反馈、整改落实，确保"发现—核实—处置—销号"管理闭环有效落地。三是开展系统梳理，加强提炼归纳。分类梳理形成问题清单，整理各地意见建议，归纳总结共性特点，解剖典型案例，作为进一步优化预警规则、提高预警精准度的依据，为下一步完善预算执行监督工作机制提供参考。

三、综合施策、标本兼治，专项行动成效显著

自财政部开展专项考核以来，我省预算执行监督专项行动一直位列全国前三，考评"优秀"，厅领导三次在省部级会议上作典型交流发言，财政部专项行动第2期简报通篇报道浙江做法。

（一）日常监控精准有力。2023年共对127个转移支付资金实施监控，涵盖财政部确定的重点监督项目、所有中央直达资金和部分省级转移支付项目，累计预警疑点业务18384笔，核实确认违规1414笔，涉及金额25.47亿元，充分发挥线上监控抓早抓小、防微杜渐、及时纠偏作用。在此基础上，线下核查有的放矢、形成威慑，合计查处违规问题41个，涉及金额1.51亿元；全省全年通报典型案例16个，移交问题1个，通报批评单位4家，通报批评人数6人次。

（二）资金管理提质增效。随着专项行动的深入推进，各级财政和各部门单位进一步提升管理意识，强化预算执行刚性约束，财政资金的分配、下达、拨付、使用逐步得以规范，2023年系统监控的重点监督项目累计支出1142.56亿元，为实现转移支付资金规范、安全、高效直达市场主体和困难群众，推动积极的财政政策适度加力、提质增效提供了坚强保障。

（三）长效机制逐步健全。针对监控反映的问题和情况，以点带面推动改进管理、完善制度，自专项行动开展以来，先后出台、修订《浙江省收支运行智管应用管理办法》《浙江省预算执行监督专项行动问题纠偏整改规则（试行）》《浙江省财政厅 浙江省教育厅关于进一步加强城乡义务教育补助资金管理的通知》等13项制度，完善管理措施20个，撤销账户84个，从源头上预防和减少违规问题发生，确保资金安全规范高效使用。

"小票据"撬动"大变革"力促营商环境优化提升

浙江省财政厅综合处

票据虽小，但一头连着群众企业，一头连着政府治理，因此，票据改革也是优化营商环境的重要举措。2023年，浙江省财政厅深入贯彻落实营商环境优化提升"一号改革工程"大会精神，不断深化财政电子票据改革，率先在长三角区域实现票据互联互通，推进票据服务增值化改革，实现了票据载体从纸质化向数字化跃升、票据改革从省域先行向区域共享跃升、票据服务从便民式向增值式跃升，持续推进营商环境再优化再提升。

一、以"快"为先，率先在全国完成财政票据电子化改革

一是改革票据载体，变"纸质票"为"电子票"。针对纸质财政票据印制成本高、开具效率低、用票不方便等问题，浙江省率先在全国启动财政票据电子化改革，规范流程、统一规则、统一标准，覆盖所有用票单位和全部票据种类。截至目前，全省财政票据电子化率达99%，已开通电子票据单位4.9万家，累计开票数和金额均居全国第一。每年可节约全省财税票据印刷费超6亿元，大大降低企业纸质票据管理的人工、时间、交通、仓储等综合成本，助力企业降本增效。

二是改革服务模式，变"零散化"为"集成化"。针对票据电子化后接收零散、查验不便等新痛点，省财政厅联合省税务局打造了全国首个票据管理服务平台，提供"一站式"集成服务。一方面，归集企业或个人电子票据，并提供免费下载、查验、存储等集成服务，累计为企业群众提供查验服务7800万次；另一方面，以财政票据和税务发票为基础，延伸汇集了银行对账单等企业日常需要的各类电子凭证达40余种。

三是改革数据标准，变"人工跑"为"数据跑"。不同电子凭证之间因"票种隔离"，企业难以采用统一数据标准入账、归档，为解决这一问题，省财政厅联合税务、人行等部门，统一底层数据标准，为企业提供统一标准的各类电子凭证，经办人员无需再手动下载、录入、核对、打款、打印归档，真正实现电子凭证从接收到归档全流程电子化，浙江省成为全国财政电子凭证会计数据标准唯一全省域试点省份。全流程"数据跑"极大优化了财务流程，并推动财务人员由核算型向管理型转变，提升企业管理效能。如试点单位浙江电力公司凭证无纸化比例达90%，财务效率提升50%以上。

二、以"共"为纲，牵头长三角区域电子票据互联互通

一是共享模式共创，为全国票据共享先行探路。两次牵头召开长三角票据共享推进会，主导制定《推进长三角财政电子票据共享应用发展框架合作协议》和《长三角"一网通办"财政电子票据共享实施方案》，创新建立数据共享机制，率先在长三角区域实现票据互联互通，实现"一域探索，区域共享"，为全国财政电子票据共享提供"浙江样板"。浙江省牵头的《合作协议》在第五届长三角主要领导人会议上完成签约，为全国首个跨省电子票据共享实践落地案例。

二是基础数据共享，为群众异地办事提供便利。长三角区域是全国最具活力的区域，群众流动、跨省交易频繁，异地办事需求大。省财政厅破除信息壁垒，牵头制定共享数据规范，打通三省一市电子票仓通道，实现财政电子票据报销改革"跨省通办"。经测算，全省每年有约36万余人次、涉及金额近30亿元的跨省零星报销业务彻底告别"跑腿"，报销时间从原来的12个工作日缩短至1个工作日。

三是监管结果互认，为政府加强监管提供支撑。牵头建立票据监管结果互认机制，三省一市同步共享财政电子票据报销入账信息，如上海开具的票据到浙江省报销，可在省内办票平台一键查验，便捷获知票据真伪及票据状态，有效避免虚假报销和重复报销风险。依托数据化监测能力，动态分析预测潜在的风险和问题，切实发挥事前警示、事中督查、事后追踪作用，用数据流重塑监管流。在此过程中，三省一市通过现有平台的迭代，实现了互联共享，为全国提供了低成本、易复制的共享方案。

三、以“实”为要，放大数据价值拓展增值化服务场景

一是创新便民场景应用，实现政策主动推送。以医疗票据为切口，协同医保、卫健等部门打造“医保零星跨省报销”“跨省商保理赔”“用血直免”“残疾人医疗补助”等社会化应用场景，实现政策精准、主动推送，变“人找政策”为“政策识人”。如跨省商保理赔场景下，通过医疗票据直联的方式，保险公司异地核保成本从100元下降到了1元，理赔时间从原来的7-60个工作日缩短为1个工作日以内。2023年10月上线以来，已成功服务长三角用户近50万人次，涉及理赔金额约14亿元。“用血直免”场景，自动抓取医疗票据信息中“输血费”等字段，与无偿献血者库比对，识别符合用血减免政策的无偿献血者及其家人，自动测算、减免，无需本人提出减免申请，全程无感智享。试点地区温州市用血直免累计服务11243人次，直免金额达259.42万元。

二是挖掘票据数据价值，助力决策精准制定。利用海量财政票据数据，开展辅助分析研究，为科学决策提供服务。如分析医疗票据数据资源并结合个人收入等信息，可有效识别需帮扶对象，助力描绘共同富裕“扩中家庭”精准画像，为财政促富政策提供参考；再如分析医疗电子票据数据，通过构建因病致贫模型、行业疾病分析模型、生育支出模型等，与国家相关政策进行关联，围绕降低医疗成本、提高医疗服务效率等方向开展专项研究，为优化医疗政策决策提供参考。

三是聚焦具体业务需求，搭建个性集成平台。针对捐赠需求，以财政捐赠票据为“小切口”，协同相关部门建设“浙里捐赠”一体化数字平台，建设“一键捐赠、一秒开票、一指抵税、一站认定”等八大核心应用场景，并贯通纳税申报应用，提供从捐赠到抵税一站式服务。2023年，“浙里捐赠”应用全省活跃公益组织1356家，活跃慈善项目达4925个，累计接受捐赠金额103.64亿元，突破100亿元。其中，针对浙江省山区26县、海岛县及其他（突发）困难群体，围绕助老、助医、助学、助困、助残等方面发起的“一日捐赠”项目，参与人次达到44万人次，同比增幅达358%；募集款项4.33亿元，增长84%，极大地调动了人民群众参与慈善活动的积极性，在全社会达到了较好的宣传效果。平台从便利、利民、惠民视角出发，实现捐赠人年度捐赠自动计算可抵扣应纳税所得额。2023年服务69.81万人次，计算出的可抵金额达11.55亿元，极大地推动了捐赠红利的普及，助推经济高质量发展。

强化投入　优化政策
财政全力支持深化“千万工程”建设

浙江省财政厅农业处

2003年6月，时任浙江省委书记习近平立足浙江省情农情和发展阶段特征，作出了实施“千村示范、万村整治”的战略决策，浙江省“千万工程”由此拉开帷幕。20年来，财政部门牢记习近平同志的殷殷嘱托，坚持以“八八战略”为指引，践行财为政服务理念，全省财政累计投入超过3000亿元，全力支持“美丽乡村+未来乡村+共富乡村”建设迭代升级。

一、财政支持“千万工程”主要做法

2003年以来，财政部门紧紧围绕省委、省政府“千万工程”工作部署和目标任务，积极发挥职能作用，通过加大财政投入，优化财政支持政策，统筹整合政策资金，加强资金绩效管理，不断推动“千万工程”取得新成效。

（一）2003—2010年：“千村示范、万村整治”示范引领阶段

财政部门围绕推动乡村更加整洁有序，对村庄整治项目实施以奖代补，重点对“村道硬化、垃圾处理、卫生改厕、污水治理”等四个方面的整治建设项目进行奖补，解决农村环境脏乱差问题。2003年，省财政设立“千万工程”专项资金，对列入整治的村庄给予适当扶持。各级财政按照待整治村每个补助不少于22万元，已整治村每个补助不少于10万元标准落实财政补助资金，集中开展村庄环境综合整治。

（二）2011—2020年：“千村精品、万村美丽”深化提升阶段

财政部门围绕推动乡村更加美丽宜居，支持美丽乡村示范县、美丽乡村风景线、美丽乡村示范乡镇、美丽乡村特色精品村和美丽庭院“五美联创”，统筹推进农村污水、厕所、垃圾三大革命，创新支持历史文化村落保护利用和农村文化礼堂建设，全域打造美丽乡村。一是支持农村“三大革命”。2014年起，省财政对市县农村生活污水治理任务实行分类分档专项补助，截至2020年，省财政累计安排专项补助资金45.45亿元。支持农村生活垃圾减量化资源化利用试点，省财政按照平均每个村30万元的标准安排补助资金，高质量推进农村生活垃圾有效处理。2018年，根据中央农村人居环境整治三年行动部署，支持开展农村公厕提升改造。2019年起，统筹安排中央预算资金支持市县推进厕所治理。二是创新支持历史文化村落保护利用。2013年开始，省财政每年安排专项补助资金，对一、二类县市的历史文化村落保护利用重点村平均每村分别补助700万元、500万元，对一般村按照经济发展水平、年度工作绩效考评等因素给予奖补。三是持续支持农村文化礼堂建设。2013年起，将农村文化礼堂建设补助经费纳入集中财力办大事体系，重点支持财力薄弱地区农村文化礼堂建设，并逐步建立农村文化礼堂建设与

管理长效机制。

(三)2021年至今:“千村未来、万村共富”迭代升级阶段

财政部门围绕推动乡村更加和美共富,实施美丽乡村示范带培育、未来乡村建设、农村综合改革集成示范等财政奖补政策,打造全面展示深化“千万工程”的重要窗口。一是支持美丽乡村示范带培育。从2021年开始,每年支持建设一批美丽乡村示范带,省财政对每条示范带给予一定补助,支持打造一批主题鲜明、功能多样的风景线。二是支持未来乡村建设。2022年,省财政出台未来乡村建设奖补政策,对创建成效较好的县(市、区)给予奖励,其中优秀村平均300万元/村,良好村平均180万元/村。三是推进农村综合改革。支持试点地区围绕产业融合提标、人居环境提升、乡村治理提效、公共服务提档、村强民富提质、改革经验凸显6大试点目标任务,开展新时代乡村集成改革。

二、财政支持“千万工程”经验启示

20年来,财政部门始终坚持以习近平总书记“绿水青山就是金山银山”、城乡统筹发展等理念为引领,始终从农民群众角度思考问题,始终从乡村发展实际出发制定执行政策,在加大财政投入力度的同时,先后更新出台六轮财政支持“千万工程”政策,不断推动美丽乡村建设取得新成就。总结我省财政支持深化“千万工程”的实践,主要有以下经验:

一是坚持久久为功,持续加强投入保障。坚持农业农村优先发展,将乡村建设作为农业农村重点领域,有力保障“千万工程”深入推进。通过建立集中财力办大事政策体系,设立“千万工程”专项资金,确保财政资金投入与建设任务相匹配。通过健全土地出让收入优先用于农业农村机制,引导土地出让收入更多用于农业农村,拓宽“千万工程”资金来源。注重发挥财政资金的引导撬动作用,采用竞争性遴选、投资激励等方式,带动农民和集体自筹以及社会资本投入,逐步形成“财政支持、村民筹集、社会投资”的多元化投入格局。

二是坚持与时俱进,持续完善政策体系。始终从农村实际出发,根据不同发展阶段,逐步拓展深化财政支持政策,积极助推“千万工程”向纵深推进。在“千村示范、万村整治”初期示范引领阶段,对村庄整治项目实施以奖代补,重点解决农村环境“脏乱差”问题;在“千村精品、万村美丽”深化提升阶段,推进专项资金管理改革和因素法分配资金,支持全域打造美丽乡村;在“千村未来、万村共富”迭代升级阶段,出台实施美丽乡村示范带建设和未来乡村财政奖励政策,推进乡村更加和美共富。

三是坚持绩效导向,持续强化资金管理。在制订政策时,结合农村发展实际,深入调研,科学谋划具体政策内容,提出财政资金支持重点及管理要求。在政策实施过程中,强化项目资金使用全过程监管。建立绩效激励机制,将绩效评价结果作为政策完善和资金安排的重要依据。同时,持续推进“千万工程”相关资金统筹整合,加强部门之间沟通协调,充分发挥各方优势形成合力,避免政策资金重复低效投入。

三、财政支持“千万工程”下一步工作举措

下一步,财政部门将按照省委、省政府深化“千万工程”的决策部署,对标全域建设宜居宜业和美乡村总体目标,进一步完善政策体系,助力绘就“千村引领、万村振兴、全域共富、城乡和美”的“千万工程”新画卷。

一是以打造共同富裕基本单元为主线,推动迭代升级美丽乡村。持续支持提升乡村风貌,深化农村环境“三大革命”。在前期美丽乡村建设基础上,以支持未来乡村片区化、组团式发展为重点,进一步研究完善和美乡村支持政策。

二是以保障基层组织运转为重点,推动乡村治理效能有效提升。深入贯彻落实“抓党建促乡村振兴,推进以党建引领基层治理”的要求,持续做好基层党组织建设财政支持保障工作。会同省级有关部门研究推进新型农村集体经济发展的新一轮政策,促进发挥政策的集成效益,提高村级组织自我发展和自我保障能力。深入推进红色根脉强基工程,以基层党组织建设的示范引领助推乡村振兴。

三是以支持提升县城承载能力为重点,推动城乡融合发展。坚持系统观念和创新思维,持续深化“钱随人走”制度体系改革和农业转移人口市民化机制,多领域优化财政资源配置,推动完善市政设施体系,不断强化公共服务供给,增进县城人民福祉。

四是以深化拓展农村家庭产业共富计划为抓手,引领乡村迈向“富裕美”。健全完善政策性农业信贷担保体系,创新家庭财务报表融资担保模式,形成联动支持农村中低收入家庭合作机制。推动实施百村万户增收促富试点,支持改革赋能和乡村产业发展。发挥农村综合改革集成引领作用,探索一事一议财政奖补促进乡村共富的新路径。

创新构建“三不腐”能力指数评价体系　纵深推进清廉财政单元建设走在前列

浙江省财政厅直属机关党委

坚持不敢腐、不能腐、不想腐一体推进,是习近平新时代中国特色社会主义思想的重要内容,是反腐败斗争基本方针和新时代全面从严治党的重要方略。近年来,浙江省财政厅深入推进清廉财政单元建设,围绕清廉要义,依托数字平台,经过“理论—模型—实践”的闭环探索,创新打造和实施清廉财政“三不腐”能力指数评价体系,使全省清廉财政建设有了“体检表”和“坐标尺”,在清廉建设上形成了具有时代味、浙江味、财政味的新模式,为财政高质量发展提供了坚强保障。

一、基本情况

清廉财政“三不腐”能力指数评价体系基础分100分,扣分项10分。以“不敢腐”“不能腐”“不想腐”和“满意度”四个维度

构建体系模块，其中“不敢腐的震慑”维度30分，“不能腐的约束”维度40分，“不想腐的觉悟”维度30分，共包括12个一级指标、32个二级指标。目前，清廉财政“三不腐”能力指数评价体系已形成“一套实施办法、二条实践路径、三级部门联动、四种保障机制、N项评价成果”的运行模式。在全省财政系统运行以来，累计推送季度清廉账单3次、年度清廉账单2次，全省累计推送清廉账单455封，评出10家全省清廉财政五星级单位。“三不腐”能力指数评价体系被评为“全省清廉单元建设十大创新案例”“双建争先最佳案例”。相关做法得到省纪委省监委两任主要领导和财政部领导的充分肯定，其他省市、兄弟单位上门专题交流10余次，被新华社、浙江日报等主流媒体宣传报道20余次，并在全省清廉浙江建设现场推进会上作了交流发言。

二、主要做法及特点

浙江财政立足“守正与创新相统一、使命引领和问题导向相统一、整体评价和重点突破相统一、顶层设计与基层互动相统一、数字应用和实践探索相统一”的原则，以最新的机制、全新的使命、崭新的理念、时新的路径构建实施“三不腐”能力指数评价体系。

一是凸出“财政味”，实现清廉浙江落地生根。32个二级指标中，体现清廉浙江建设的共性指标有17个，如“七张问题清单”落实整改、公权力大数据监督平台贯通使用等情况，在“不敢腐”“不能腐”“不想腐”和“满意度”四个维度均有体现，占53%，彰显了“清廉财政单元”建设严格按照省委关于清廉浙江建设的总体部署，一贯到底，确保不走样的坚定决心和政治自觉。同时，紧密结合财政实际，围绕预算—执行—监督等核心业务，设置公开招标数额标准以上单一来源采购规范度、直达资金预警处理及时性、“三公”经费管控度等指标，突出财政个性化的评价占比47%，增强了清廉财政建设的业务属性。指标围绕热点难点社会关注度高的问题，及时调整，充分发挥在清廉浙江建设中的源头治理、服务保障、示范引领作用。

二是凸出“全方位”，实现三个全覆盖互促融合。对象全覆盖，评价体系借助数字化场景覆盖了全省财政系统102个财政部门，全省财政各级党组织和全体党员，特别是抓住“关键少数”，设置“重大事项报告落实情况”“新提任干部和新录用干部谈话”等指标，加重一把手和班子成员违纪违法“四种形态”扣分，强化了“管”的抓手和效能。领域全覆盖，评价体系整体框架覆盖了财政核心的公共资产、公共资金、公共资源、财政服务四大领域内容，实现了财政关键职能、权力、业务的全覆盖；同时还覆盖财政部门党的建设、队伍建设、财政业务、纪检监察工作等领域，如二级指标细化为党建指标11个、队伍建设指标6个、财政业务指标12个，纪检监察业务指标2个，充分体现了“管业务”与“管党建”并驾齐驱。过程全覆盖，评价体系构建谋划、部署、实施、督促、考核全闭环模式，通过“月自评、季推送、年晾晒”的工作机制，覆盖清廉财政建设每一个环节。同时，贯穿问题发现、预警、整改全过程，实现动态评、实时改。

三是凸出“数智化”，实现认同度引领力双提升。“三不腐”能力指数最大的特点就是客观。基于现有的财政数字化平台，83%的评价基础数据通过各大系统自动抓取、归集、交互，自动计算、自动排名，排除人为干扰因素，保证了评价结果的客观公平。除线上抓取外，增设了预算单位主观约束——满意度评价、投诉举报，并设置了“抽查线下核对”功能，建立了“抽查对象库”“抽查领队库”“抽查组员库”和配套规则，确保评价结论更加全面客观。

三、取得成效

清廉财政“三不腐”能力指数评价体系有效解决了监督对象多、范围广与监管力量有限的矛盾，破解了清廉建设体系性不强、评价标准偏主观、监督治理较滞后等难题，在不敢腐上持续加压，在不能腐上深化拓展，在不想腐上巩固提升。通过一年来的全面运行，全省财政系统“三不腐”能力指数平均分从2022年的86.53分提升到2023年的94.65分，直达资金处理率从2022年93.3%提升至100%，“不想腐”维度中“五张责任清单”的实施覆盖面从2022年的70%提高至100%。

一是责任共同体意识进一步增强。评价体系按照全省“一盘棋”推进，省财政厅“牵头抓”和市县“分头管”统筹联动，将各级财政部门清廉建设责任贯通起来，形成了“责任共同体”，做到“一套指标管系统，一套流程联系统，一个指数评系统”，进一步提升了财政干部落实一体推进“三不腐”的政治自觉、思想自觉、行动自觉。

二是党风廉政建设效能进一步提升。将清廉财政“三不腐”能力指数纳入全省财政工作绩效评价指标，作为市县评先评优的重要参考，并将清廉指数作为推荐“全省清廉建设成绩突出单位”的重要衡量依据。2023年运行以来，全省102家财政部门，1000多个处室，10000多名财政干部围绕如何抓、怎么抓好，齐心协力共同推进全省财政系统党风廉政建设，起到了良好效果。

三是纪财联动监督合力进一步发挥。通过充分发挥跨处室、跨层级、跨部门的“三跨联动”机制作用，评价体系实现了纪检监察、财会监督等协同贯通、信息交换、成果互享，将“移送查实数”列为加分指标，增强了市县财政部门做好纪财监督贯通的责任感和主动性。纪财贯通相关制度不断完善，协查协作工作合力不断增强。

四是勤廉比拼争先氛围进一步浓厚。评价体系通过“清廉账单+晾晒台”形式，展示本单位在全省、全市的得分排名，直观呈现各地清廉财政建设水平。将本地区32项指标具体得分与全省均值进行分析比对，标明失分点及扣分原因，推动各级财政部门及时开展有针对性地整改，营造了比学赶超、争先创优的勤廉氛围。

百万家庭奔富行动计划改革工作综述

浙江省财政厅共富专班

为深入贯彻落实习近平总书记关于共同富裕的重要论述，按照省委、省政府统一部署，省财政厅锚定缩小收入差距，以家庭为改革切入口，实施家庭型财税政策体系集成改革，联合省发改委等14个部门印发了《百万家庭奔富三年行动计划(2023—2025)》。本文梳理总结了一年来各地形成的有益经验和改革成效，分析改革过程中存在的问题和困难，并对下一步改革重点提出意见建议。

一、百万家庭奔富三年行动计划取得了实质性进展

至2023年末，全省共有扩中家庭593.09万户，共计1231.77万人，较2023年7月累计减少59.61万户、163.19万人；扩中家庭人数占全省家庭总人数的比重由27.7%下降至24.4%，扩中成效明显。

(一)从区域看，温州、衢州、湖州扩中成效相对突出。一是从绝对量看，温州、台州、杭州为下降量最多的地区。2023年末全省11个地市的扩中家庭人数均有减少，温州市、台州市、杭州市为绝对量下降最多的三个地区。其中，温州市作为省内人口大市，2023年末温州市扩中家庭规模最大，“扩中提低”任务相对较重，但实现扩中的人数也最多。至统计期，温州市扩中家庭累计减少10.27万户和36.01万人，降幅分别为13.7%和10.6%。从扩中家庭的判定因素看，有资产和有稳定就业为扩中家庭迈入中等收入群体的最主要因素。2023年末温州市扩中家庭中至少有一个就业人口的家庭户数为79.48万户(365.24万人)，较2023年7月增加6万人。2023年温州市以综合帮扶为抓手，构建了集成就创业发展、看护照料、健康管理等多维度系统化的政策体系，同时建设“综合帮扶在线”数字化应用，发布就业岗位1.97万个，撮合成功就业4842人次，实现就业人员月均增收1055元。

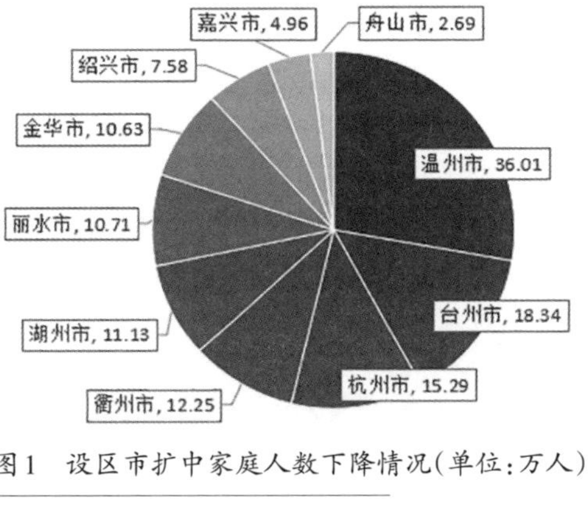

图1　设区市扩中家庭人数下降情况(单位：万人)

二是从降幅看，湖州市为扩中家庭人数降幅最大的地市。2023年末，湖州市扩中家庭累计减少4.17万户(11.13万人)，降幅达16.7%。湖州市以“共富班车”为载体，覆盖就业创业、医疗教育、精神文化等领域，累计覆盖扩中重点人群超6000万人次。同时聚焦就业增收，探索了强村共富产业贷、技术技能薪酬激励和产业工人工资增长机制等增收举措，有效助推扩中家庭实现增收奔富。

三是从扩中家庭占比变化情况看，衢州扩中家庭人数占比下降最大。2023年末，衢州扩中家庭人数比重由36.8%降低为32.1%，下降了4.8个百分点。衢州市为全省农村扩中家庭分布占比最高的地市，2023年衢州市立足农村扩中难题，深化拓展农村家庭产业共富，设置十项“定量目标+定性导向”试验内容，靶向聚力双柚、油茶、茶叶等特色农业产业，开展强村富民乡村集成改革实践，并统筹“大三农”专项资金4000万元在全市择优创建6个共富综合体项目，引导社会资本流向农村家庭共富产业集聚。截至2023年末，衢州市农村扩中家庭人数占比由94.2%下降至93.4%，农村家庭可支配收入同比增长8%，高于全省平均(7.3%)。

(二)从山区26县情况看，松阳县扩中最有成效。至统计期，山区26县扩中家庭平均减少0.58万户和1.72万人，扩中家庭人数占比平均下降4.3个百分点，要高于全省平均水平(−3.27%)。同时，松阳县、开化县、三门县、衢江区位列全省前十[1]；其中松阳为山区26县中扩中家庭人数占比下降最多的县市，2023年末松阳县扩中家庭较2023年7月累计减少1.73万户(4.14万人)，扩中家庭人数占比由47.2%下降至29.8%，累计下降17.4个百分点，为全省下降最多的县市。2023年松阳全体居民人均可支配收入为3.91万元，同比增长7.6%，位居丽水市第一。同时，松阳县居民收入增速处于加快态势，全年累计增速较前三季度累计加快0.7个百分点。具体来看，松阳县全体居民收入渠道不断拓展，一是工资性收入增长7.8%，对人均可支配收入增长的贡献率为48.4%。松阳利用乡村闲置资金，整合支农资金，推进区域协作促增收、绿色能源促增收和零就业家庭清零行动三项工程，累计帮扶19个乡镇(街道)共计3000余户农户增收。二是经营净收入增长7.4%，对人均可支配收入增长的贡献率为28.4%，其中农村居民经营性净收入增幅(9.4%)明显高于城镇(4.5%)。松阳县立足茶产业，撬动整合财政资金、金融资本和社会资本超3亿元，推动茶产业转型升级，支持打造茶叶电商供应链实体，助力富农增收。三是转移净收入增长7.5%，对人均可支配收入增长的贡献率为15.2%。全县持续出台助农强农相关扶持政策，且政策补助及优惠力度不断加大，养老金和最低生活保障维持正常增长机制，多项政策带动转移净收入稳健增长。

1 以扩中家庭人数占比的下降百分点排序。

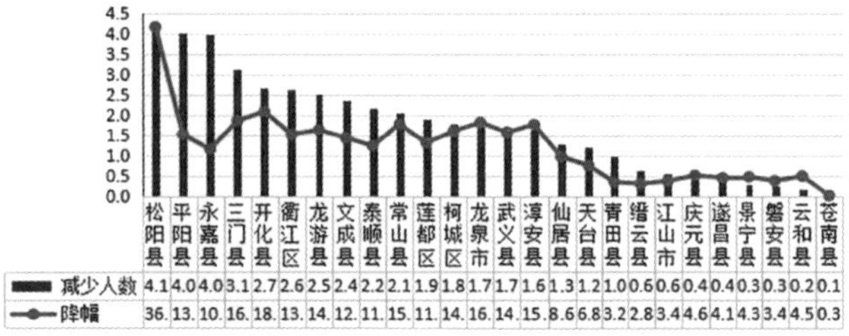

图2　山区26县扩中家庭减少人数及降幅(单位:万人、%)

(三)从家庭结构看,两口之家更容易迈入中等收入行列。从扩中家庭内部结构看,一口之家规模最大、占比最高,2023年末一口之家为227.15万户,占比达38.3%。一口之家在扩中家庭中的占比(38.3%)要远高于在全省家庭的占比(18.2%),一口之家相比于两口之家、三口之家抗风险能力较弱,更容易由于疾病等问题导致返贫;2023年末一口之家户数仅减少9.78万户,远小于两口之家(减少21.34万户)和三口之家(14.11万户),占比不降反升,提升2个百分点。两口之家相比于其他类型的家庭,在养育、养老等方面的负担相对较轻,通过就业支持政策实现劳动年龄成员有效就业,相对更容易实现年可支配收入突破10万元,从而迈入中等收入群体行列。2023年末全省扩中家庭中两口之家较2023年7月减少21.34万户,降幅达9.4%,为下降最多的家庭类型。

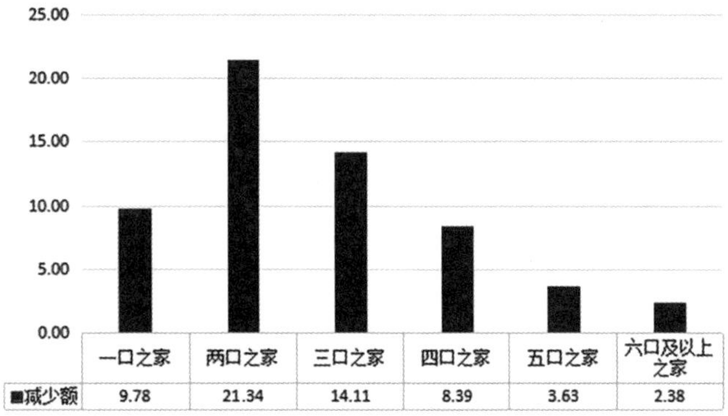

图3　不同扩中家庭结构情况(单位:万户)

(四)从制约扩中因素看,教育、住房仍是最大堵点。前期省财政厅依托家庭精准画像工程,对扩中家庭在生育养育、教育、医疗、住房、养老等基本公共服务方面的迫切需求进行了梳理和分析,形成了扩中家庭“七有愁”清单,2023年末全省扩中家庭中“七有愁”户数较2023年7月减少15.11万户,降幅为5.6%。但从具体情况看,扩中家庭在教育、住房方面的负担相对突出。2023年末全省扩中家庭中有4~16岁儿童的户数占扩中家庭户数的比重为17.2%,为最突出的家庭负担。城镇家庭人均住房面积30㎡以下的家庭户数占扩中家庭户数比重为14.0%,远高于其他负担的比重。

(五)从后续发展看,“养有愁”为扩中家庭的最大担心点。通过实施百万家庭奔富行动计划,“七有愁”中有6类负担实现了占比下降,但受宏观经济形势影响,“养有愁”的扩中家庭数量不降反升。2023年末,全省“养有愁”的扩中家庭(城镇家庭劳动年龄段都无职工养老保险)户数较2023年7月增加11万户和27.72万人,导致“养有愁”家庭户数增加了2.48个百分点。“养有愁”扩中家庭的增加很重要一部分原因是在当前经济下行压力加大、相关行业复苏缓慢,部分扩中家庭尤其是个体工商户、自由职业者等群体由于收入下降等原因,倾向于中断缴费,以减轻每月家庭负担,从而导致“养有愁”的家庭数量出现逆增长。职工养老保险是扩中家庭应对养老问题、减轻家庭养老责任的关键举措,无职工养老保险的家庭比重上升,也将对未来扩中家庭减负带来更多不确定性影响。

二、百万家庭奔富行动计划实施以来形成的有效经验

(一)创新改革管理模式,有效助推了改革同频共振。一是建立改革标杆示范机制。在全省开展百万家庭奔富行动示范县创建工程,以自主申报和专家评审相结合的方式,明确了全省示范县创建单位16个和培育县创建单位13个,通过标杆示范撬动全省改革奋进动力。二是探索了精准画像+数据协同的精准推进机制。百万家庭奔富行动计划以家庭精准画像为基础,聚焦低保低边以上、家庭年收入10万元以下的扩中家庭,归集公安、民政、医保等10个部门的17类数据,建立了覆盖全省的家庭信息数据库和扩中家庭数据库,为后续改革推进提供了政策模拟测算的数据支撑。三是建立了创新推广运用机制。在百万家庭奔富行动计划指导下,各地认真探索、积极创新,形成了一批具有复制推广价值的改革经验,为进一步推动成果经验转化运用,印发《百万家庭奔富三年行动计划成熟模式推广清单、倡导清单及案例汇编》等典型案例,做好“一地创新、全省推广”工作。

(二)创新改革集成模式,有效形成了推进有效载体。一是实施百村万户促富增收工程。在全省相关市县开展百村万户增收促富试点,以小农户增收为重点,支持改革赋能和乡村产业发展。各地也结合地方实际积极开展强村富民改革探索,如迭代升级财政资金“折股量化”的成功经验,以“先富带后富、强村带弱村”为导向,创新建立“1个项目+多个村集体+第三方运营”共富增收模式,引导多个村集体抱团连片式发展,形成“企业降低成本、村集体组团增收、村民资产增值”的多方共赢格局。如三门县通过“土地整治+连片流转+标准地改革”和闲置宅基地与闲置住宅资源盘活利用,促进地方经济的可持续发展。鼓励村级集体经济组织和农户以土地要素入股到项目中获得股权分红收入,到项目中就业,转型为“产业工人”,以此解决山区群众共同富裕途径难的问题。二是实施了“百万千亿”工程。实施“百万千亿”工程。充分发挥财政资金的引导和撬动作用,建立“财、金、担”政策协同,撬动千亿金融资源助力百万家庭奔富行动。开展财金协同助力扩中家庭项目,以扩中家庭数据为基础,差异化定制“共富系列”贷款产品,并运用财政贴息政策,对银行贷款利率高出3.8%的部分给予贴息和让利。另一方面,实施担保增信助力百万家庭。开发“浙里担·链富贷”等政策性担保产品,鼓励农业经营主体面向农村扩中家庭提供就业、销售、技术、培训等服务和支撑,发挥“1+X”的链富效应。三是实施试点引领工程。在改革推进中，坚持稳中有进、稳步推进，坚持试点探索先行，在改革试点中积累总结经验。如临海市创办财技共富学院，依托零工市场，建立"财技融合"双引擎扩中机制，凝聚财政、学校、企业三方合力，通过技术指导、用工对接、绩效提升等措施，打通"学习-实操-就业"奔富链，预计每年向社会输送实用性技能人才超过2000人。余杭区聚焦新就业形态从业人员权益保障，以外卖骑手交通事故财政扶持为切口，研究制定"骑手保"意外保险财政补助政策，为外卖骑手家庭系上一条安全带。截至2023年，余杭区已吸纳近3000名活跃骑手进入"骑手保"保障范围，2023年前三季度已有23.57万人次享受相关保障，预计全年将突破35万人次，有效防范化解骑手家庭因伤返贫致贫。金华市开展家庭型医疗保障制度改革试点，以符合要求的家庭为单位，并选取经济发展、人口构成等情况差异较大的东阳、磐安作为先行县市，探索大病保险起付线和封顶线共济保障机制，预计改革在全市推开后，可直接减少家庭医疗开支约1亿元，惠及家庭33.9万户。

三、百万家庭奔富行动计划下一步工作的思考

（一）坚持一张蓝图绘到底，持续推进百万家庭奔富行动。一年以来，百万家庭奔富行动计划取得了实质性进展，也形成了一批具有财政特色和共富味道的改革举措和经验。下一步，要坚持一张蓝图绘到底，紧紧围绕百万家庭奔富三年行动计划明确的政策路径和改革跑道，立足已经形成的好经验、好做法，力度不减、政策不松，稳扎稳打推进财政促富各项改革工作。

（二）把公共服务一体化作为缩小差距的主攻方向。在舟山、景宁等市县开展基本公共服务一体化改革试点。继续推进完善体系化、集成化的"钱随事走""钱随人走"机制改革，完善以事以人为核心的公共服务领域转移支付制度，通过更加精准的转移支付调节，实现市域公共服务一体化财政体制机制改革。整合片区内教育、医疗、养老、文化等民生公共服务优质资源，打造综合集成、优质共享的民生服务综合体。

（三）加强改革指导，推动全省共富改革同频共振。重点聚焦农村地区和偏远山区海岛地区扩中家庭在增收减负方面的难点和堵点，通过实地调研、经验交流会等形式和载体，分类指导和具体指导相结合，加强对山区海岛26县及扩中任务重、压力大相关市县的指导。统筹财政资金、金融资源、国有资产等各类资源的促富扩中作用，纵深推进百万家庭奔富行动；聚焦教育、住房、养老等群众最关注的领域，持续做好国家生源地助学贷款、家庭型医疗保障制度等改革试点的有序推进。

（四）持续做好市县扩中经验成果的总结推广。在全省财政系统开展"总结示范推广年"行动，成立改革经验成果总结工作小组，发挥省市县多级联动，吸纳各地市和扩中成果成效突出的相关县市财政部门，协同开展家庭型财税政策体系改革经验的总结提炼，对过去尤其是共同富裕示范区建设以来、实践证明有效的好做法、好经验，全面准确提炼其中机制性制度性的创新模式；同时，积极借助省部合作机制，积极推动浙江财政促富经验在其他地区的改革试点，争取更多经验成果上升为国家制度。

调研报告

"八八战略"指引下的财政探索与实践

浙江省财政厅

一、"八八战略"指引下的财政工作总体成效

"八八战略"实施以来,全省各级财政部门坚决贯彻"八八战略"各项决策部署,推进一系列变革性实践,取得一系列标志性成果,有力地服务了全省经济社会发展大局。

(一)坚持质量第一、效益优先,做大做实做优财政"蛋糕",财政综合实力显著提升。牢固树立"放水养鱼、休养生息"的生财理念,统筹协调经济和财政、生财和用财之间的关系,形成"发展培育税源、税源形成税收、税收夯实财力、财力促进发展"的良性循环,一般公共预算收入规模从2002年的全国第五位跃升至全国第三位。2022年全省一般公共预算收入8039.85亿元、一般公共预算支出12017.78亿元,分别为2002年的14.2倍、16.0倍。税收收入占一般公共预算收入的比重保持在80%以上,稳居全国前列。财政收支规模进一步壮大、结构进一步优化、质量进一步提升,为经济社会发展提供了坚实的物质基础和财力保障。

(二)坚持协同高效、综合集成,精准实施积极的财政政策,财政促进经济发展水平显著提升。正解处理好政府和市场、宏观和微观的关系,连续实施积极的财政政策,适时适度微调预调,注重增强政策效能和精准性,集成运用财税政策工具,保持合理支出强度,实现财政政策跨周期设计和逆周期调节相统一,特别是在积极应对疫情冲击、促进经济持续平稳健康发展中发挥了重要作用。聚焦省委、省政府决策部署,集中财力支持脱贫攻坚、产业转型升级、长三角一体化、"千万工程"、数字浙江、制造业"腾笼换鸟、凤凰涅槃"、创新强省人才强省等重大战略实施;持续推进各项减税降费,2016—2022年,累计新增减税降费10532亿元;用足用好新增地方政府专项债券,2015—2022年,累计新增专项债券9301.6亿元,支持重大项目3821个。积极财政政策的实施,稳定了市场预期,提振了市场信心,为全省经济高质量发展创造了条件。

(三)坚持利民为本、民生优先,健全民生保障长效机制,民生保障水平显著提升。建立健全与经济发展水平相匹配、可持续的民生保障机制,推动树立个人努力、各方合理承担责任的科学民生理念,全省财政支出用于民生的比例连续19年保持在三分之二以上,教育、医疗、社保、三农、文化、住房等民生支出持续增长,基本养老、基本医疗、城乡低保等保障水平逐年提高,城乡居民的获得感、幸福感和安全感大大增强,截至2022年年底,企业退休人员月人均养老金提高至3023元、城乡居民省定基础养老金水平提高至月人均190元、城乡居民基本医保财政补助标准提高至年人均630元、全省最低生活保障标准提高至1084元/人·月、基本公共卫生服务财政补助标准提高至97元/人·年,各项指标均居全国前列。扎实推动高质量发展建设共同富裕示范区,积极争取财政部出台《支持浙江探索创新打造财政推动共同富裕省域范例的实施方案》,研究构建初次分配、再分配、三次分配协调配套的基础性财税制度,积极探索家庭型财税政策体系,研究并实施增收、减负、共享、补偿四条路径,为全国共同富裕探路先行。

(四)坚持围绕中心、服务大局,持续深化财税体制改革,财政治理能力显著提升。以建立具有浙江特色的现代财政制度为目标,以财政数字化改革为牵引,大力推进重点领域、关键环节改革,以改革先行带动发展先行。认真贯彻新预算法及其实施条例,建立健全"省管县"财政体制,深化专项资金管理改革,建立健全绿色发展财政奖补机制,稳步推进零基预算改革,制定出台生态环境、教育、科技等9个领域的财政事权和支出责任划分改革方案,优化预算编审流程,推进预决算公开,支出标准体系建设走在全国前列。系统重构全面预算绩效管理体系,实施预算绩效管理三年行动计划,推进部门整体绩效预算改革,建立与部门整体绩效挂钩的预算管理模式,资金使用绩效全面提升。实战实效推进财政数字化改革,着力打造整体智治财政。坚决遏制地方政府隐性债务增量,妥善处置和化解存量,债务风险逐步缓释。加强"三保"、社保、乡镇财政等的风险防控,守牢财政安全底线。

二、"八八战略"指引下的财政工作分领域情况

(一)全面深化改革

浙江是改革的先行地。"八八战略"提出要进一步发挥浙江的体制机制优势,大力推动以公有制为主体的多种所有制经济共同发展,不断完善社会主义市场经济体制。同时还提出了许多具有前瞻性、科学性的改革思想观点和战略决策,擘画了新世纪浙江改革路线图,形成了一系列影响深远的改革理论和实践成果。在"八八战略"的指引下,财政部门坚持"财力下沉、做大'蛋糕'""放水养鱼、激发活力""双轮驱动、有抓有放"的理念,通过全面深化财税领域改革,培育体制机制新优势,为区域发展营造更优营商环境。

1.深化财政体制改革。2003年,浙江在实行分税制的基础上,对财政体制进行了调整完善,主要采取按行业税种以及按比例分享等办法,进一步划清省与市县政府收入来源,同时实施"两保两挂""两保一挂"财政政策。2008年,浙江省实施分类分档激励奖补机制,并以各市县经济发展、财力状况等因素为依据,将全省市县分为二类六档。2012年,浙江完善全省金融业和电力生产企业税收收入预算分配管理体制,并建立了区域统筹发展激励奖补政策。2015年,浙江优化完善转移支付地区分

类分档体系，并完善区域统筹发展激励奖补政策。自2018年起，浙江先后制定出台了生态环境、应急救援、教育、科技、交通运输、医疗卫生、自然资源、公共文化、基本公共服务等领域的财政事权和支出责任划分改革方案。历次财政体制改革调整，充分体现了财力下沉的原则，省级一般公共预算收入占比从2002年的12.5%下降到2022年的4.7%；省级一般公共预算支出占比从2002年的14.0%下降到2022年的6.0%。

2.率先探索中长期预算编制改革。2018年，聚焦聚力三大攻坚战、富民强省十大行动计划等党中央、国务院和省委、省政府重大决策部署，对未来几年可用财力进行测算，对现有政策进行全面梳理、整合、重构，构建2018—2022年集中财力办大事财政政策体系，探索中长期预算编制改革，共安排重大财政支出政策129项，其中整合政策55项（资金710亿元），涉及19个部门、22个市县，省级财政预算安排用于集中财力办大事的资金占省级支出比重达到60%以上。2019年，全省各市县均建成集中财力办大事财政政策体系，实现省市县三级全覆盖、大事要事全覆盖、本届政府施政周期全覆盖，形成纵贯全省的政策合力、资金合力和工作合力。2023年，聚焦“国之大者”“省之大计”，围绕三个“一号工程”和十项“重大工程”等省委、省政府决策部署，省财政全面梳理、优化整合大事政策资金项目，构建新一轮省级集中财力办大事财政政策体系（2023—2027年），增强重大决策部署财力保障，形成大事、政策、资金和工作合力。

3.深化专项资金管理改革。2009年，提请省政府印发了《清理整合和规范财政专项资金管理的意见》，以“存量调结构、增量调方向”的思路，推进专项资金清理、整合，并严格控制新增专项。2012年起，全面推进以“因素法”为核心的专项转移支付改革，按照“四张清单一张网”和“两个一般不”的要求，清理整合专项资金，进一步突出专项资金支持重点。2013年，对适合“项目法”分配的财政专项资金，在分配中引入竞争机制，探索实施竞争性分配改革。2014年，提请省政府印发了《关于进一步加强省级财政专项资金管理工作的通知》，加大清理整合力度，省级转移支付专项由原来的235个整合归并为54个（目前已进一步整合为46个），基本实现了“一个部门一个专项”的目标。同时，对专项资金实行清单制管理，在浙江政务服务网上对省级财政专项资金分配过程和结果进行全公开，接受社会公众监督。2023年，制定省级财政资金竞争性分配管理规程，明确竞争性分配财政资金范围，规范竞争性分配程序，实行全过程绩效管理，促进财政资金使用公开、透明、科学、高效。

4.加快推进预算支出标准体系建设。2016年，浙江按照建立健全“基本支出”与“项目支出”两个标准体系、划清“基本支出与项目支出”与“不同类别项目支出”两个边界的总体思路，加快推进预算支出标准体系建设，推动预算管理更加科学精准、规范透明。2018年，在全国率先形成人员类、公用经费类、项目支出类预算支出标准体系，省级共建成日常公用经费和项目支出预算标准79类223项，其中财政部门统一发布的法定标准和固定标准占69.1%，100%覆盖省级所有预算单位。2022年，省财政厅出台《浙江省预算支出标准体系建设指导意见》，按“统一内容、统一规则、统一数据库、分类管理、分级维护”的原则，指导全省各级财政部门加快推进预算支出标准体系建设。

5.全面实施预算绩效管理改革。浙江是全国最早启动预算绩效管理改革的省份之一。2003年，浙江开始探索财政支出绩效评价。2005年，省财政厅正式成立绩效处，聚力推进预算绩效改革。2010年，在全国率先构建全过程预算绩效管理机制。2014年，率先将预算绩效管理纳入省政府对直属部门工作绩效考核。2018年，在全国率先推动出台《中共浙江省委 浙江省人民政府关于全面落实预算绩效管理的实施意见》，实施全省预算绩效管理三年行动计划，加快推进“全方位、全过程、全覆盖”预算绩效管理体系建设。2020年，率先实现预算与绩效管理一体化。各项改革工作领跑全国。

6.推进零基预算改革。2020年，选择9个单位（专项）彻底试行以“零”为基点的预算编制方式。按照项目的轻重缓急以及绩效评估情况编制预算，做到能增能减、有保有压。2021年，省级推进实施全面的零基预算改革，建设形成“目标、指标、审核、评价”四个体系组成的全过程管理机制，将零基预算管理理念融入预算管理流程和系统，构建具有浙江特色的零基预算管理新模式。2022年，制定《零基预算编审指引》，明确指标体系、审核体系、评价体系编审指引，建立省级项目预算样板库，完善内部联审机制。

7.设立运作政府产业基金。浙江省政府产业基金起步早、力度大，目前省产业基金已经历了1.0、2.0、3.0三个版本。自2015年设立以来，到2022年，省产业基金总规模达到351亿元，撬动社会资本3934亿元，累计投资省内项目1356个，投资先进制造和三大科创高地领域占80%以上，在推动实体经济高质量发展等方面发挥了积极的建设性作用。一是1.0版注重基金杠杆撬动。自2015年设立省转型升级产业基金以来，到2018年，总规模达到170亿元，通过市场化子基金投资省内项目81.79亿元，放大倍数为3.54倍。二是2.0版更加注重政策引领。组建了数字经济、金融稳定、创新引领、凤凰行动、特色小镇、军民融合、文化产业7支主题基金，规模共计145亿元，重点聚焦省委、省政府重大战略、重点领域、重大项目的投资落地。三是3.0版更加注重基金绩效。分战略类、技术类、效益类三类项目推进投资，其中，战略类项目聚焦招大引强、固本强基、强链补链延链等重点领域项目，技术类项目聚焦高精尖、科技创新驱动、突破“卡脖子”技术相关领域项目，效益类项目则侧重关注效益和国有资本保值增值。2023年，迭代省产业基金3.0版，设立新一代信息技术、高端装备、现代消费与健康、绿色石化与新材料4支产业集群专项基金和1支“专精特新”母基金，每支基金总规模不低于100亿元，分期设立。

8.推进财政数字化改革。2012年，启动数字财政建设，编制发布《浙江数字财政总体规划》，乡镇公共财政服务平台、移动办公平台、预算执行动态监控等取得了明显成效。从2017年起，积极推进“最多跑一次”改革和财政数字化转型，全面建设政采云、统一公共支付平台、浙里办票、浙里捐赠、地方政府性债务风险预警和处置系统、资产云、核算云等财政数字化转型项目，其中政采云和统一公共支付平台入选省政府“8+13”数字化转型重大项目，地方政府性债务风险预警和处置系统入选省政府防范化解重大风险数字化转型项目，浙里办票入选浙江省数字化改革“最佳应用”和浙江省改革突破奖“银奖”，浙里捐赠入选浙江省数字社会“最佳应用”，浙里捐赠和地方政府性债务风险预警与处置系统入选省级“观星台”优秀应用，统一公共支付平台入选浙江省首批“重要窗口”绿箱标志性成果。2020年，启动预算管理一体化改革。2021年，启动财政数字化改革，编制发布《浙江财政数字化改革方案》，重点打造“一个门户、四个系统”。“一个门户”，即数字财政综合应用门户；“四个系统”，即集中财力办大事系统、预算管理一体化系统、核心业务事件反馈系统和服务社会应用系统，积极开发“浙里报账”等重大应用，为深化财政数字化改革搭建了“四梁八柱”。2022年，开发了“财政大脑”，获评全省“最强大脑”；开发了“收支运行智管”应用，重塑收支运行机制；开发了“专项债全周期智管”应用，重塑了专项债券“借、用、管、还”全生命周期闭环管理体系。

9.推进国资国企改革。一是全面加强行政事业性资产管理。完善行政事业性国有资产管理体制机制，落实国有资产报告制度，强化资产管理与预算管理相结合，破解国有资产历史遗留问题，提升资产管理服务财政预算、服务政府债务管理能力，为部门履职和事业发展提供重要的物质支撑。二是建立完善国企体制。根据省政府授权，履行省属金融企业、省属文化企业国有资本出资人职责，履行省级部门所属企业综合监管职责。推动经营性资产集中统一监管改革，建立国资委、财政、部门三种统一监管模式。三是推进国有企业改革。会同省国资委推进国有企业混合所有制改革、开展“三供一业”分离移交、完善国有企业公司治理结构等，解决国有企业改革遗留问题。四是率先在全国开展划转国有资本充实社保基金试点。截至2022年年底，全省共划转企业154家，划转国有资本及权益总额2269.70亿元（因2022年暂未统计，此处使用为2021年度审计报告公开数据），为全国划转国有资本充实社保基金提供“浙江经验”。

10.推进政府采购改革。2003年，《政府采购法》实施，明确了财政部门的法定监管职责。2004年，浙江在省级全面推行编制政府采购预算，做到“无预算不得采购”。2008年，上线运行“政府采购信息管理系统（外网一期）”，并全面推行协议定点网上采购系统，浙江省是全国最早开展政府采购网上交易采购的省份。2014年，省级试运行政府采购网上超市模式。2016年，依托浙江政务服务网，建设“政采云”平台，并在省级单位率先试点。2017年，“政采云”平台全面推广并上线运行。2020年，推动出台《浙江省深化政府采购制度改革工作方案》，着力营造最优政府采购营商环境。目前，“政采云”平台已推广到全国19个省1513个行政区划以及国家有关部委，累计交易金额2.35万亿元，年交易规模占全国的五分之一，市场覆盖率全国第一。

11.深化政府购买服务改革。浙江省自2014年实施政府购买服务改革以来，在全国率先建立由政府分管领导担任召集人的政府购买服务联席会议机制，制定“一个意见、两个目录、若干个办法”的总体制度框架体系，推动出台《关于政府向社会力量购买服务的实施意见》，牵头制订政府购买服务指导性目录并每年常态化更新公布，出台政府购买服务预算、采购等管理办法。2022年，全省政府购买服务金额数和项目数为290.98亿元、32527个，较2015年分别增长2.47倍、2.35倍。通过改革，全省政府职能转变加快推进，公共服务水平稳步提高，社会治理能力不断增强。

（二）对内对外开放

浙江是对外开放的前沿阵地。“八八战略”提出要进一步发挥浙江的区位优势，主动接轨上海、积极参与长江三角洲地区合作与交流，不断提高对内对外开放水平。在“八八战略”的指引下，财政部门坚持“立足浙江发展浙江、跳出浙江发展浙江”理念，统筹好“内源发展与对外开放”的关系，用好两个市场、两种资源，助力贯通省内省外大循环。

1.推进长三角一体化发展。一是建立政策清单。构建长三角一体化发展财政政策体系，建立政策清单，并实施动态管理。调整和优化财政支出结构，加大财政转移支付力度，支持全省域全方位推进长三角一体化发展。2019年至2022年，共投入省级资金2024亿元，争取国家资金投入684亿元。二是保障示范区发展建设。严格落实省委、省政府“举全省之力支持示范区建设”决策要求，2020—2022年，省财政安排227.64亿元支持长三角一体化示范区嘉善片区建设，其中一般公共预算统筹安排52.49亿元，政府债券安排175.15亿元额度。组建省长三角投资公司和示范区新发展公司。积极争取支持高层次对外开放的财税政策。三是推进互联互通和信息共享。推进沪浙政府采购一体化发展示范合作；推进长三角财政电子票据一体化改革。浙江省牵头拟定《推进长三角“一网通办”财政电子票据共享应用发展框架合作协议》和《长三角“一网通办”财政电子票据共享实施方案》，其中，《合作协议》已在第五届长三角一体化发展高层论坛上正式签约，是本次论坛上12项合作协议中唯一由浙江省牵头的协议；《实施方案》已由长三角相关省份联合发文。《合作协议》和《实施方案》通过制度明确了建设目标、统一了技术标准，有效推动了长三角区域财政电子票据实现互联互通；推进国有资产管理和共享共用平台建设。

2.推进东西部协作。一是加大资金筹措力度。及时研究制定对口支援和东西部扶贫协作资金筹措总体方案，并不断提高东西部扶贫标准，县均补助从2018年3000万元提高到2019年的4000万元、2020年的4840万元。2021年，国家部署新一轮对口支援和东西部协同工作，按照“一省对一省”原则，调整了各省结对情况，支持力度在2020年基础上保持不变。2016—2022年，全省实际投入对口支援和东西部帮扶财政资金达369亿元。二是完善资金管理制度。先后制定完善援疆、援藏、援青、东西部扶贫协作等资金管理办法，明确资金筹集、拨付、使用范围、财务管理、监督检查等事项，督促指导结对帮扶地区规范资金使用。浙江省高质量助力对口支援和东西部扶贫协作的7个省区19个地(市、州、区)100个县(市、区、行委、兵团)全部实现脱贫"摘帽",东西部协作工作走在全国前列。

3.推进"走出去""引进来"。一是加大对外贸、外资、外经等外经贸领域的支持力度。从2003年省财政年度安排用于外经贸领域专项资金规模不足1亿元,至2022年资金规模达到20亿元,同比增长20倍多。二是调整优化财政支持方向。重点支持出口信用保险、公共海外仓、国际性展会、应对贸易诉讼、跨境电商、引入世界500强高质量外资、境外经贸合作园建设等领域,助力企业开拓"一带一路"多元化市场。同时,组建规模20亿元省丝路产业投资基金,支持浙江省企业参与境外并购。三是聚焦重大平台建设。经过四年持续努力,成功争取宁波舟山港启运港退税政策落地。推动中国(浙江)自由贸易区建设,积极争取油气产业链相关财政税收支持政策。省级统筹安排2.5亿元支持义乌国际贸易综合改革试验区建设,推动市场采购试点等外贸新业态发展。全省统筹安排24亿元支持"义新欧"班列常态化运行,促进班列提质增效。

(三)人才强省、创新强省建设

创新是引领发展的第一动力,人才是引领高质量发展的战略资源。在"八八战略"的指引下,财政部门坚持首位战略首位保障,2020—2022年,全省财政科技支出年均增长20.1%,其中省本级年均增长46.1%,集中财力、集聚资源、集成政策,助力创新强省、人才强省建设,努力形成引领未来的新优势。

1.助力全球人才"蓄水池"建设。一是推进实施"鲲鹏行动"计划、省海外引才计划、省高层次人才特殊支持计划、领军型创新创业团队计划等重大人才工程,助力打造覆盖引进和培养、塔尖和塔基、个人和团队、创业和创新的高素质人才引进培育体系,"高精尖缺"人才加速集聚。二是完善人才经费支持机制。通过完善引才、育才、用才全方位支持机制,着力构建定位清晰、梯次分明、相互衔接的人才经费支持体系。三是出台省高层次人才绩效奖励政策,以绩效为导向,将激励措施与高层次人才产出、贡献挂钩,充分发挥财政资金对高层次人才的激励作用。

2.助推"315"科技创新体系建设。突出科技投入的重点,围绕浙江省"互联网+"、生命健康和新材料三大科创高地建设,聚焦十五大战略领域,培育打造国家战略科技力量。2023年,全省预计安排财政科技投入预算747亿元。一是支持杭州城西科创大走廊建设。省财政每年安排4.5亿元支持大走廊建设,研究制定"1+N"政策体系,促进各类创新资源汇聚叠加。二是支持西湖大学以新机制加快建设高水平研究型大学,建设生命健康科创高地。三是支持实验室体系建设。省财政每年给予良渚、西湖、湖畔等省实验室每家1亿元补助,省市区三级1:1:1联动给予支持。之江实验室、西湖实验室纳入国家实验室建设序列。四是加强创新载体建设。2018—2022年,省财政安排26.38亿元支持创建136个省级产业创新服务综合体,为块状经济和现代产业集群高质量发展提供全链条服务;2016—2022年,省财政安排7695万元,支持131家省级院士专家工作站建设,提升已建站工作绩效、开展院士行业战略咨询。

3.推进科研经费"放管服"改革。一是放宽科研经费预算自主权。制定《浙江省科技发展专项资金管理办法》等科研经费使用管理办法,将适合高校院所自主管理的预算权限"应放尽放"。二是扩大科技成果处置和收益自主权。出台省级事业单位科技成果处置权和收益权改革政策,制定《关于加强高校院所科技成果转化实施意见》,进一步健全高校院所科技成果转化体制机制。三是建立负面清单并试点"包干制"。印发《关于在浙江省杰出青年科学基金中试点项目经费使用"包干制"的通知》,明确试点依托单位在"包干制"试点工作中的主体责任。

(四)产业优化升级

浙江民营经济发达,但存在结构层次比较低、经营方式比较粗放等先天不足,在发展过程中碰到了"成长的烦恼"。"八八战略"提出要进一步发挥浙江的块状特色产业优势,加快先进制造业基地建设,走新型工业化道路。在"八八战略"的指引下,财政部门坚持"腾笼换鸟、凤凰涅槃"理念,通过财税政策引导,推进产业平台建设、新旧动能转换,支持浙江省产业结构优化升级。

1.助推全球先进制造业基地建设。一是完善"四换三名"工作考核奖励机制,对加快"腾笼换鸟"、促进有效投资工作考核优秀的市、县(市)给予奖励,引导市、县(市)加快"腾笼换鸟、凤凰涅槃"步伐。二是先后实施振兴实体经济(传统产业改造)、制造业高质量发展示范县(市、区)创建财政专项激励,打造制造业高质量发展典型样板。三是相继实施数字经济分领域财政专项激励政策,全力推动数字产业化、产业数字化,助力打造全球数字变革高地。四是围绕产业基础再造和产业链提升工程,重点聚焦十大产业链打造,相继推出产业链协同创新项目计划、生产制造方式转型示范项目计划,积极培育先进制造业,打造具有世界竞争力的现代产业集群。五是围绕制造强省建设,重点聚焦"415X"先进制造业集群建设行动,以推动产业升级为核心(包括产业链协同创新、先进制造转型升级、优质企业竞争力提升、集群服务体系构建四大方面),以科技创新和人才引育为两大支撑,重塑"4+2"先进制造业财政支持政策体系,全力支持全球先进制造业基地建设。

2.助力现代服务业发展。一是支持现代服务业发展。2015—2022年,省财政累计安排资金7.14亿元,支持生产性服务业集聚平台建设、服务业与其他产业融合发展、现代服务业集聚示范区建设和物流降本增效试点。2015—2022年,浙江省已打造100个省级现代服务业集聚示范区,成为国家6个降本增效综合改革试点省之一。二是支持全域旅游创建。"诗画浙江"品牌影响力持续扩大,世界旅游联盟总部永久落户浙江省。支持大运河国家文化公园、诗路黄金旅游带建设,有序推进"四条诗路"建设。支持十大海岛公园建设,启动海岛公园建设三年行动计划,打造浙江省海洋旅游"金名片"。

3.助推中小企业发展。一是按照"第一时间+顶格优惠+叠加享受"的原则,认真落实小微企业普惠性减税、增值税大规模减税、个人所得税改革、行政事业性收费清理和社保降费等各项减税降费政策，实现省定行政事业性涉企"零收费"，2016—2022年，累计新增减税降费10532.17亿元。二是支持中小企业"专精特新"发展。整合设立省级中小企业发展专项资金，重点支持小微企业园、中小企业公共服务体系、中小企业融资服务体系建设和中小微企业高质量发展培育等。实施"放水养鱼"行动计划财政专项激励政策，支持培育一批优质中小企业成为细分领域领军企业。三是优化中小企业营商环境。坚持贯彻落实"两个毫不动摇"的精神，2020年出台《关于贯彻落实民营企业发展促进条例的若干意见》，从优化政策供给、规范政策制定、构建公平竞争环境、强化服务保障等方面，提出10条贯彻意见。2022年，推动省域公平竞争政策先行先试改革。针对性提出竞争政策与产业政策相协调，要求将公平竞争审查作为制定和调整产业政策的必要程序。开展多轮地方财经领域涉企违规收费专项整治工作，规范涉企收费管理。开展公平竞争审查试点和涉企优惠政策目录清单制试点，建立公平竞争审查刚性约束机制。构建企业竞争合规标准，探索实施企业竞争合规激励机制。

（五）城乡一体化

城乡一体化是缩小城乡差距，实现共同富裕的必要途径。"八八战略"提出要进一步发挥浙江的城乡协调发展优势，加快推进城乡一体化。在"八八战略"的指引下，财政部门坚持"城乡共同繁荣、互促共进"理念，通过助力实施"千村示范、万村整治"工程等举措，推进城乡融合发展更加和谐。

1.推动新型城镇化建设。一是支持住房和城市基础设施建设。统筹省住房与城市建设专项资金，支持城镇污水和垃圾处理基础设施、省级海绵城市和地下综合管廊、美丽宜居示范村建设等。二是支持小城市培育试点。"十三五"期间兑付试点补助和考核奖励资金共47.88亿元，培育三批69个试点小城镇。三是支持特色小镇建设。自2015年政策实施起，截至2022年年底，累计兑现特色小镇省级奖励资金3.37亿元，推动全省创建65个、命名80个省级特色小镇。四是支持未来社区建设。出台了《关于进一步加强财政金融支持未来社区试点建设的意见》，注资5亿元支持省金控以市场化方式设立未来社区建设投资基金。五是支持小城镇环境综合整治。省财政采用资金补助和地方政府债券相结合的方式，安排资金33亿元，助力完成1191个小城镇环境综合整治任务。浙江省成为全国唯一对小城镇进行全面、彻底、全域环境整治的省份。六是支持美丽城镇建设。安排资金10亿元，实施"百镇样板，千镇美丽"工程，加快形成城乡融合、全域美丽新格局。

2.推进乡村振兴战略实施。一是支持粮食生产稳定发展。下达中央耕地地力保护补贴和农田建设补助资金，全面落实省级规模种粮补贴、订单良种奖励等政策措施，建立种粮补贴动态调节机制和产粮大县利益补偿机制，大力推进高标准农田建设和粮食生产功能区提升改造。截至2022年年底，全省年度粮食播种面积超过1530.7万亩、总产达到124.2亿斤，两大指标均创下七年新高。二是支持乡村产业提升发展。集聚省级以上产业类资金，重点支持发展休闲农业、生态农业、智慧农业等新产业新业态，促进农业农村三产融合深度发展。截至2022年年底，全省启动创建省级以上现代农业园区90个、特色农业强镇109个，单条10亿元以上农业全产业链达到80条。三是深化"千村示范、万村整治"工程。2014—2020年，省财政累计安排49.77亿元专项资金，支持以农村生活污水治理为突破口加快推进农村环境提升，全省已实现规划保留村庄生活污水有效治理全覆盖，率先全面完成"污水革命"。支持统筹推进农村厕所革命，巩固提升改厕成果，实现农村无害化卫生厕所全覆盖。自2014年起至2022年，省财政累计安排补助资金9.01亿元，支持农村垃圾革命，高标准、高质量推进农村生活垃圾分类、集中收集和有效处理。从2013年起，持续支持历史文化村落保护利用，每年对40个左右重点村和200个左右一般村开展保护利用。四是支持低收入农户增收。"十三五"期间，累计投入省以上财政专项扶贫资金56.5亿元，年均增长13.6%。截至2020年年底，全省高质量完成低收入农户高水平全面小康计划，全面消除"两不愁三保障"突出问题和家庭人均收入8000元以下情况。2021年以来，落实省以上衔接资金36.99亿元，支持巩固拓展脱贫攻坚成果，衔接推进乡村振兴。五是扶持壮大村集体经济。2017—2022年，累计安排扶持壮大村级集体经济发展省级补助资金7.7亿元，支持"26+3"加快发展县集体经济薄弱村发展。2022年年底，全省农村集体经济总收入同比增长7.5%，达到760亿元，集体经济总收入20万元且经营性收入10万元以上村基本全覆盖，经营性收入50万元以上行政村占比52%。六是支持水利事业发展。"十三五"期间，省财政累计安排补助资金161.2亿元，支持扩排、固堤、新建水库等重大水利项目实施，流域洪水调控和水资源供给能力持续增强。2021—2022年，省财政安排重大水利项目补助资金103.5亿元，大力支持海塘安澜工程建设；持续推进"百项千亿"重大工程建设，提升防台御潮、江河防洪和平原排涝能力，保障城乡居民生命财产安全和经济社会发展。七是支持农村饮用水达标提标行动。2018—2021年，省财政安排补助资金27亿元，支持各县（市、区）完成农村饮用水达标提标建设，全省新增1054万达标人口，农村达标人口覆盖率超过95%，农村供水工程供水保证率超过95%、水质达标率超过92%，在全国率先基本实现"城乡同质饮水"目标。2022年，省级安排农村饮用水工程维修养护资金1.5亿元，巩固达标提标行动成果，持续实现"城乡同质饮水"，助推共同富裕示范区建设。

3.推进城乡融合改革。一是推进农村综合改革。先后承担3个国家级田园综合体试点、5个农村综合性改革试点试验项目，组织开展一批省级田园综合体创建、省级农村综合改革集成项目建设。二是推进农业转移人口市民化。出台《关于支持农业转移人口市民化若干财政政策的实施意见》，建立财政转移支付与农业转移人口市民化挂钩机制。"十三五"期间，省财政共下达农业转移人口市民化奖励资金57.42亿元。三是加快农村基础设施提档升级。深化完善村级公益事业一事一议财政奖补机制，政策实施以来，各级财政累计投入奖补资金315.74亿元，带动村级自筹投入142.33亿元，社会捐助16.47亿元，共完成各类公益事业建设项目54982个，建成升级版美丽乡村680个。省财政研究出台“四好农村路”全过程支持政策，“十三五”期间累计投入省级资金80亿元。

（六）山海联动发展

浙江省东部处于沿海区域，西部处于内陆区域，区域间经济发展存在不充分不平衡现象。“八八战略”提出要进一步发挥浙江的山海资源优势，大力发展海洋经济，推动欠发达地区跨越式发展，努力使海洋经济和欠发达地区的发展成为浙江经济新的增长点。在“八八战略”的指引下，财政部门深入实施“山海协作”工程，创新体制机制、加大支持力度，有力地推动了区域统筹协调发展，全省发达及较发达县（市）与财政困难县（市）人均财政支出水平基本相当，人均财政支出前10位县（市）与后10位县（市）的倍差在3倍以内，浙江省成为全国区域发展最均衡的省份。

1.支持“四大建设”。争取中央海洋经济发展示范区建设资金，并安排省海洋（湾区）经济发展资金，支持海洋经济和大湾区建设。完善万亿综合交通重大项目财政保障机制，2016—2022年，争取中央交通运输类各项资金774.11亿元，支持交通基础设施等重大项目建设，构建省域、市域、城区“1小时”交通圈。

2.助力打造“山海协作”工程。五年来落实省山海协作产业园建设资金16.03亿元，重点支持9个省级山海协作产业园建设及提升工程，积极推进18个山海协作生态旅游文化产业园建设，打造山海协作升级版。整合原山海协作“飞地”建设和山海协作产业园建设资金，设立山海协作资金并出台《浙江省山海协作资金管理办法》，促进山海协作“产业飞地”和特色生态产业平台高质量建设和有序发展。

3.支持区域协调发展。2017—2019年，省财政每年安排18亿元实施“两山（一类）”建设财政专项激励政策，面向省内生态屏障地区及国家重点生态功能区，通过竞争性评审，确定12个县（市、区）作为激励对象，支持加快补齐农民增收和公共服务有效供给短板。在“两山（一类）”政策到期后，2020—2022年，省财政实施区域协调财政专项激励政策，继续面向原“两山（一类）”申报地区，经竞争性评审，择优确定12个入围县（市、区），省财政每年安排每县1.5亿元激励资金，推动相关地区拓宽“绿水青山就是金山银山”转化通道，培育农业农村发展新动能。2023—2025年，省财政出台新一轮区域协调财政专项激励政策，面向山区26县开展竞争性申报和分配，择优确定15个县（市、区）作为激励对象，每年安排21亿元，实施分档激励，支持相关地区进一步巩固拓展脱贫攻坚成果，推进农村一二三产融合发展，增强区域内生发展动能。同时，省财政创新推出制造业高质量发展结对促共富示范创建财政专项激励政策，2023—2025年，每年安排18亿元，择优支持18个工业大县与18个山区县“一对一”自由组建联合体，合力探索“产业结对促共富”新模式，打造山海协作升级版。2022—2023年，共安排4.27亿元中央专项彩票公益金，支持全省18个革命老区县社会公益事业发展，弥补革命老区县公益短板。

（七）生态示范创建

浙江是习近平生态文明思想的重要萌发地。“八八战略”提出要进一步发挥浙江的生态优势，创建生态省，打造“绿色浙江”。浙江始终坚持人与自然和谐共生，从绿色浙江到生态浙江、美丽浙江，再到高水平美丽浙江，生态文明建设层层递进，成为全国首个通过国家生态省建设试点验收的省份。在“八八战略”的指引下，财政部门始终坚持“绿水青山就是金山银山”理念，加强政策供给和资金保障，助力描绘新时代“富春山居图”。

1.创新绿色发展财政体制机制。2004年，率先建立生态公益林补偿机制；2005年，率先建立生态环保财力转移支付制度，对钱塘江源头地区实行专项补助试点政策；2008年，扩大到八大水系源头地区，成为全国第一个实施省内全流域生态补偿的省份；2011年，又进一步扩大到全省所有市县；2014年，建立重点生态功能区建设财政政策，建立与污染物排放总量、出境水水质、森林质量挂钩的财政奖惩机制；2015年，在全省全面推广实施与污染物排放总量挂钩的财政收费制度；2017年，建立绿色发展财政奖补机制，创建“绿色指数”，完善主要污染物排放财政收费制度、实施单位生产总值能耗财政奖惩制度、建立省内流域上下游横向生态保护补偿机制等；2020年，出台新一轮绿色发展财政奖补机制。全省每年安排绿色奖补资金100亿元以上，较好地体现了集中财力办大事，有效避免了政策碎片化、资金分散化等情况。目前已累计奖补766亿元，获财政部“贯彻落实中央重大决策部署、深化财政改革发展的生动案例”一等奖，并被评为全省共同富裕最佳实践案例。

2.助力打赢污染防治攻坚战。一是助力“蓝天、碧水、净土、清废”四大行动。2018—2022年，省财政共投入生态环境保护资金1266.8亿元，有力保障污染防治攻坚战、美丽浙江建设等各项重点任务，年均增幅6%。二是设立“两山（二类）”财政专项激励政策。2017—2019年，连续三年每年安排18亿元，支持18个县（市、区）推进生态环境协同保护和区域经济社会协调发展。2020年，启动绿色转化财政专项激励政策，连续三年每年安排21亿元，择优选择20个地区（除海岛县外）和3个海岛县探索“绿水青山就是金山银山”高质量转化通道。2023年，以“共富大美”为主题，以生态创造价值为主线，迭代优化绿色转化财政专项激励政策，连续三年每年继续安排18亿元，择优支持17个非海岛县和3个海岛县把绿水青山建得更美，把金山银山做得更大，力争打造一批独具特色的绿色转化与共同富裕相结合的典型样板。三是建立流域上下游横向补偿试点。在新安江流域探索全国首个跨省流域水环境生态补偿试点，形成了生态文明体制改革的“新安江模式”，被财政部等部门作为“新安江生态补偿经验”向全国推广。

3.积极争取国家试点。一是争取国家山水林田湖草沙试点资金。钱塘江源头区域山水林田湖草生态保护修复工程、丽水瓯江源头区域山水林田湖草沙一体化保护和修复工程成功入围，2019—2022年，共获得中央补助资金35.5亿元。二是争取中央“蓝色海湾”试点资金。2016—2022年，累计争取到19.73

亿元，支持温州、舟山、台州等沿海城市加强海洋生态保护修复，改善海洋生态环境质量。三是争取中央财政支持国土绿化试点示范项目。衢州市诗画浙江大花园核心区国土绿化试点示范项目成功入围，助力推进浙西区域森林生态可持续发展，积极推动森林碳汇增汇。

（八）文化强省建设

浙江历史悠久、底蕴深厚，自古以来便以文化之地著称。"八八战略"提出要进一步发挥浙江的人文优势，积极推进科教兴省、人才强省，加快建设文化大省。在"八八战略"的指引下，财政部门充分发挥浙江省"红色根脉"的独特优势，助力实施文化建设"八项工程"，积极推进文化高地建设。

1.完善财政文化投入机制。一是优化结构，健全机制。财政支出重点进一步向发展的关键领域和薄弱环节倾斜，进一步向基本公共文化服务领域倾斜，推动城乡公共文化服务一体化建设。初步理顺了公共文化领域省级以下财政事权与支出责任，规范了文化事业和产业资金支持范围，瞄准各自定位，形成推动文化强省建设合力。二是加强管理，提升绩效。推动公共文化服务领域管理体制机制改革创新，逐步建立政府、社会、市场共同参与的多元文化投入机制。探索新增财政补助与事业单位绩效挂钩政策，先行在公共文化场馆试点，建立财政补助与单位绩效挂钩的资金分配方式，激发文化事业单位提供更多更优公共文化服务的动力。

2.支持文化事业高质量发展。一是推动基本建成覆盖城乡的公共文化服务体系。"十三五"期间，共计投入35.59亿元专项资金，推进公共文化设施体系建设。全省已基本实现市有五馆、县有四馆、区有三馆，实现公共文化设施网络体系五级全覆盖。大力支持实施公共文化服务"十百千"工程，重点提升20个重点县、107个重点乡镇和1228个重点村的公共文化设施建设和服务水平，促进公共服务均等化发展。二是支持思想文化阵地建设。加强农村宣传文化阵地建设，"十三五"期间，省财政安排专项资金11亿元支持农村文化礼堂建设。支持融媒体建设，在全国率先提前一年实现县级融媒体中心全覆盖。三是推进重大文化标志性工程建设。筹措资金支持省之江文化中心、国家版本馆杭州分馆、省全民健身中心建设，高水平建成浙江小百花艺术中心、浙江省自然博物馆安吉馆区等大型文化设施。完成中国丝绸博物馆改扩建项目。

3.助力文化产业高质量发展。一是优化政策供给。财政补助资金不直接投入由市场定价运作的竞争性领域，主要支持文化产业发展平台、文化产业公共服务平台、国有文化企业重点改革任务和引导文化产业发展政策举措等方面。重点文化企业和文化产业项目则通过产业基金按市场化方式予以支持。二是提升发展环境。省级专项转移支付资金由"因素法"改为竞争性分配，遴选出有发展潜力的县予以重点扶持，引导全省各县（市、区）研究本地区文化产业发展路径，营造良好政策环境。设立省文化产业投资基金，支持数字文化产业、打造影视文化创新中心等领域，提升社会资本投资文化产业和参与文化企业创新发展的环境。全省文化产业增加值从2015年的2490亿元增加到2021年的5145亿元，占GDP比重从5.8%提高到6.95%。

（九）民生福祉提升

浙江一直秉持公共财政"取之于民、用之于民"的理念，将保障和改善民生作为一切工作的出发点和落脚点。在"八八战略"的指引下，财政部门认真贯彻以人民为中心的发展思想，坚持"尽力而为、量力而行"，建立为民办实事财政保障长效机制，全省财政支出用于民生的比例连续19年保持在三分之二以上。

1.保障学有所教。一是加大教育投入力度，确保财政一般公共预算教育支出做到"两个只增不减"。2022年，全省教育一般公共预算支出为2199.26亿元，比2021年增长7.8%，优先保障教师工资发放，落实义务教育教师工资收入保障政策。二是完善教育投入机制，助力基础教育优质均衡发展。2022年，推动建立学前教育成本分担机制，实施义务教育"钱随人走"转移支付改革，提高中小学生均公用经费省定标准，助力推动跨区域义务教育共同体建设，大力支持山区海岛"县中崛起"计划。三是财政投入倾斜，支持职业教育继续走在前列。支持15所国家级"双高计划"高职院校高水平发展，实施省级"双高计划"，保障中高职一体化推进，共同发展。四是加大学科投入力度，推动高等教育高质量发展。2022年，省级财政安排5.5亿元支持浙江大学、中国美术学院、宁波大学等"双一流"建设，安排20.4亿元支持浙江省高校学科、专业建设，持续提高省属高校生均拨款定额标准。五是坚持以人为本，助力家庭困难学生完成学业。按照"应助尽助"的原则，全面建立学前教育至高等教育覆盖全学段，奖、助、补、免、贷等多措并举的学生资助政策。

2.保障劳有所得。一是加大就业优先政策资金支持力度，统筹失业保险基金促进就业创业，2019—2022年，全省两项资金合计支出促进就业经费256.20亿元。二是深入开展"金蓝领"职业技能提升行动，2019—2022年，全省筹集91.03亿元职业技能提升行动专账资金，支持大规模开展职业技能培训，全面提升劳动者就业创业能力。三是多措并举稳岗扩岗，持续支持高校毕业生、退役军人、城镇就业困难人员等重点群体积极就业，落实失业保险基金稳岗补贴、社保费返还、以工代训等帮扶政策，助力企业稳定岗位。

3.保障病有所医。一是强化公共卫生服务保障。建立基本公共卫生投入长效机制，逐步提高人均经费标准，2022年达到年人均97元，较2002年增长547%。在全国率先开展城乡妇女免费"两癌"检查，实施重点人群流感疫苗免费接种和结直肠癌免费筛查。二是落实公立医院投入保障。推动建立"建设发展靠政府，运行补偿靠服务"的公立医院补偿新机制，落实各级政府对公立医院符合规划的基本建设和设备购置、重点学科发展、人才培养、符合国家规定的离休人员费用、政策性亏损和承担公共卫生任务等"六项投入"责任。三是提升县域医疗卫生服务能力。推进县域医共体建设，实施县域医疗卫生服务能力提升工程，开展基层医疗卫生机构补偿机制改革，补齐县域医疗卫生服务能力短板。四是推动"医学高峰"建设。2020—2024年省财政安排30亿元，支持国家区域医学中心和国家区域医疗中心建设；2020—2022年省财政安排6.95亿元，支持省中科院肿瘤基础所购置设备等。五是加强医疗保障能力。提高城乡居民基本医保财政补助标准，2022年提高至年人均630元；推进基本医保市级统筹，提高医保基金区域共济能力和使用效率。

4.保障老有所养。一是持续提高各类养老待遇。2022年年底，企业退休人员月人均养老金提高至3023元、城乡居民省定基础养老金水平提高至月人均190元、全省最低生活保障标准提高至1084元/人·月，各项指标均居全国前列。二是推进构建居家社区机构相协调、医养康养相结合的养老服务体系，建立养老服务补贴制度。"十三五"期间，省财政统筹一般公共预算和福彩公益金共37.2亿元，用于养老服务体系建设。2022年，下达省财政现代养老服务体系建设补助资金9.5亿元，重点支持养老服务补贴、社区居家养老等方面。

5.保障住有所居。一是推进城镇保障性安居工程建设。支持全省城镇棚户区改造、公租房保障，加快发展保障性租赁住房，完成中央住房租赁市场发展试点。二是支持老旧小区改造。2019—2022年，争取中央财政资金21.34亿元，安排省级资金6亿元，支持全省城镇老旧小区改造。浙江省被住房城乡建设部列为城镇老旧小区改造试点省。三是支持农村危房改造。2019年率先在全国建立农村困难家庭危房改造即时救助制度，2020年将省级补助标准从户均7500元提高到户均15000元。

6.保障弱有所扶。一是社会救助体系不断完善。建立最低生活保障标准与经济发展和物价变动情况相适应的动态调整机制，适度扩大低保范围，健全价格上涨动态补贴制度和特困人员救助供养制度，将支出型贫困家庭纳入社会救助范围。全省最低生活保障平均标准在2015年的农村每人每月570元、城镇每人每月653元提高到2020年的886元基础上，进一步提高到2022年的1084元。二是社会福利不断拓展。推进普惠型儿童福利体系建设，实施困境儿童分类保障制度，率先建立孤儿、困境儿童以及事实无人抚养儿童基本生活费保障制度，推进儿童之家建设。率先建立困难残疾人生活补贴和重度残疾人护理补贴制度，至2022年年底，省财政累计安排两项补贴资金72.64亿元。

（十）平安浙江建设

浙江是全国最早提出并全面部署"大平安"建设战略的省份。伴随世界多极化、经济全球化、文化多元化、社会信息化程度不断提高，社会不稳定不确定性因素处于多发状态，对深化平安浙江建设提出新挑战。在"八八战略"的指引下，财政部门坚持统筹发展和安全，切实增强风险意识和底线思维，建立完善风险闭环管控机制，助力平安浙江建设。

1.保障平安浙江建设。全面落实经费保障主体责任，积极筹措资金，保障扫黑除恶、禁毒反恐、监狱戒毒、重大活动举办等公共安全工作开展。"十三五"期间，全省（不含宁波）累计一般公共预算公共安全经费支出2463.41亿元，年均增长率8.67%。2022年，全省（不含宁波）一般公共预算公共安全经费支出达643.52亿元，主要用于平安建设、综合治理、维护稳定等政府维护社会公共安全方面的支出。

2.参与部门间联动机制改革。支持政法业务协同工程开展，推进政法部门办案业务开展和装备建设、政法数字化协同工程建设、政法信息资源"六个一体化"建设等工作开展。助力司法体制改革，加强刑事诉讼涉案财物集中管理，落实法院、检察院工资制度改革，建立司法雇员制度，推进省以下地方法院、检察院财物统一管理改革。

3.防范化解财政风险。把好政府隐性债务风险关，通过实施防范化解地方政府隐性债务风险专项行动、执行"三个不得立项"，迭代升级"鹰眼护航"系统，有效防范债务风险，债务风险总体可控。把好养老基金风险关，开展被征地农民规范参保"百日攻坚"，持续做好规范社保基金征收、完善省级统筹管理等工作，坚决兜住底线。对财政困难程度较高和财政保障能力相对较弱的县（市、区）实行"三保"预算编制审核，建立健全"定期报告+重点关注"的县级"三保"预算执行动态监控机制。完善市县财政困难程度评价指标体系，建立特别关注清单和重点关注清单，定期评价、动态监控，防范化解"三保"风险。强化乡镇财政资金监管，系统重构乡镇财政管理体系。

（十一）法治财政建设

法治浙江是习近平总书记为浙江长治久安而打造的特色载体，浙江省将其作为基础性工程来抓。在"八八战略"的指引下，财政部门坚持以习近平法治思想为指导，牢固树立"法治为基"理念，在法治轨道上推进财政治理体系和治理能力现代化。省财政厅连续九年荣获浙江省法治政府建设（依法行政）先进单位称号，被中宣部等三部门授予"2016—2020全国普法工作先进单位"。

1.加强党对法治工作的领导。2006年省财政厅成立了依法行政工作领导小组，市、县财政部门相继成立领导小组，作为党委（党组）法治建设领导机构，加强对财政法治建设的组织领导。党委（党组）书记任领导小组组长，切实履行法治政府建设第一责任人职责。全省各级财政部门党委（党组）把法治工作作为一项统领全局的中心工作来抓，每年至少两次研究部署财政法治工作，把党的领导贯穿财政法治建设全过程，统筹谋划、压茬推进，定期研究解决财政法治建设中的重大突出问题，为全面落实"法治浙江"建设各项任务提供了强有力的组织保障。

2.完善财政法规制度体系。一是坚持立法先行，在推动地方财税立法方面不断取得新成果。制订财税相关地方性法规和省政府规章11件，具有浙江特色的地方财税立法体系初步形成。例如，《浙江省政府非税收入管理条例》自2011年1月1日起施行，后经2014年和2020年两次修订。《条例》实施至今，浙江省政府非税收入逐年稳步增长，到2022年已突破1.18万亿元。二是加强行政规范性文件管理。先后出台规范性文件管理办法1.0、2.0、3.0版，率先推进规范性文件"统一登记、统一编号、统一发布"制度，坚持"立改废"并举，加强文件质量管控。很多做法被财政部立法采纳或在全国推广应用。

3.依法规范权力运行。一是积极规范行政执法。全省财政系统积极推进行政执法公示、执法全过程记录和重大执法决定法治审核"三项制度";积极加强内部控制和合法性审核工作;制定财政行政处罚裁量基准,规范自由裁量权行使。二是深入推进财政领域"大综合一体化"行政执法改革,率先实施行政备案规范改革、"互联网+监管"改革,行政裁决集中试点被列入浙江省合法性审查最佳实践。三是积极应对行政诉讼。通过定期召开案件讨论会,落实厅(局)长出庭应诉制度,建立案件总结通报机制,提高财政部门依法解决行政争议的能力和水平。省财政厅保持行政诉讼零败诉,财政系统败诉率在全省保持在最低水平。

4.开展特色普法宣传教育。一是加强队伍法治教育。推动财政干部学法用法工作进一步制度化、规范化,加强法律顾问和公职律师队伍建设,首创公职律师纵向调配机制,财政系统依法行政、依法理财水平进一步提升。二是开展形式多样的法治宣传活动。省财政厅先后获得全国财政"五五""六五""七五"法制宣传教育先进集体和浙江省委"法治浙江建设十周年先进集体"。

(十二)党的建设

党的领导是做好一切工作的根本保证。浙江将加强党的全面领导和全面加强党的建设,作为忠实践行"八八战略"的根本保障,建设守正创新的干部队伍,不断深化清廉浙江建设,巩固发展山清水秀的政治生态。在"八八战略"的指引下,财政部门坚持把政治建设摆在首位,切实履行全面从严治党主体责任,着力加强自身建设。

1.加强思想政治建设。一是及时组织传达学习习近平总书记重要讲话重要指示批示精神,以及中央和省委重要会议、重要部署、重要文件精神;深入学习领会习近平新时代中国特色社会主义思想、习近平总书记关于财政工作的重要论述精神。在学深悟透的基础上,总结提炼出"财政部门首先是政治机关,其次才是业务机关;首先是综合管理部门,其次才是具体操作部门;首先是参谋部,其次才是保障部"的工作理念。二是扎实组织开展党的群众路线教育实践活动和"三严三实"专题教育、"两学一做"学习教育、"不忘初心、牢记使命"主题教育、党史学习教育以及学习贯彻习近平新时代中国特色社会主义思想主题教育,牢固树立"以当家思维担当管家责任"的理念。三是认真做好巡视整改工作,严格落实跟踪督查机制,着力推动巡视反馈意见的整改落实;并积极做好巡察工作。四是扎实推进省市县乡四级财政机关党建"系统联动",建立健全"系统联动"工作机制,"系统联动"经验做法已在全省机关党组织推广。

2.加强干部队伍建设。一是坚持党管干部原则,贯彻落实新时代党的组织路线,加强厅党组对选人用人工作的领导和把关作用,牢固树立正确用人导向。二是建立"能上能下、容错免责、正向激励"三位一体的干部管理制度,构建"严管厚爱结合、激励约束并重"的干部管理体系,健全"干部为事业担当、组织为干部担当"的良性互动机制。三是围绕建设高素质专业化干部队伍的目标,自2009年起,在全省财政系统陆续建立预算编制、预算执行、财政监督等9个专业人才库,选拔了460余名成员,打造了一支业务水平高、创新能力强、眼界视野宽,适应财政改革发展的年轻干部队伍。我厅通过人才库建设培养财经专家人才的做法,为财政部开展全国财政系统"一库两池一室"人才队伍建设提供了经验。

3.推动党建与业务深度融合。深入学习贯彻习近平总书记在中央和国家机关党的建设工作会议上的重要讲话精神,充分发挥省财政厅近年来形成的"党建统领业务协同""'三重精神'传达学习贯彻""专题研学小组""上门服务至少一次""机关党建'系统联动'""支委会研究重点工作""(临时)支部建在专班上"等七项机制作用,切实解决党建与财政业务"两张皮"的问题。

4.持续推进作风建设。一是认真贯彻中央八项规定精神和省委"28条办法"等有关规定,深入开展"三服务"和"上门服务至少一次"等活动,主动上门送服务、送政策、送信息。二是出台"财政减负10条",持续深入纠治"四风",重点整治形式主义、官僚主义问题,切实减轻基层负担;关注"四风"隐形变异新表现,加大明察暗访力度,防患于未然。三是通过回乡走访、党员进社区等途径,开展"访民情、访企情、访政情"活动。

5.加强清廉财政建设。一是推动省委、省政府办公厅专门印发《关于推进全省清廉财政建设的实施意见》,着力构建"五大体系";坚持上下联动,与市县财政部门共同制定年度重点任务清单;发布"清风财韵"廉洁文化品牌,开展清廉财政"三不腐"能力指数评价,开发财政公权力大数据监督应用。清廉财政建设已纳入省委重点清廉单元建设。二是聚焦重点领域和关键环节廉政风险防控情况,梳理出财政系统党风廉政"9+2"个风险点,形成"三张清单",提出48项防控举措,并加强对"九大风险"防控的跟踪落实。三是聚焦政治生态研判与整改评估,建立政治生态会商研判机制,每季认真开展量化评估,每半年形成政治生态评估报告。四是常态化开展警示教育,开展"警示教育周""警示教育月"活动,以身边事教育身边人,强化党员干部的规矩意识、纪律意识。

"省管县"财政体制夯实共富财力基础　助力高质量发展

浙江省财政厅课题组

一、改革背景

自1994年"分税制"改革以来,浙江财政体制虽历经5轮调整,但调动市县发展积极性的初衷未变,财力下沉、高质量发展、重点帮扶的思路未变,走出了一条具有浙江特色的"省管县"财政体制之路。习近平总书记在浙江工作期间曾评价"浙江财政有一个好的机制,即既不鞭打快牛,起到了激励作用,推动了县域特别是强县的经济发展，同时又能兼顾不发达地区，起到了保障、帮扶作用”。2021年，中央赋予浙江省高质量发展建设共同富裕示范区的光荣使命。要答好这份考卷，山区海岛县高质量发展的步伐必须加快。为此，浙江财政坚定不移深入实施“八八战略”，充分发挥体制机制优势，加快推动财政体制改革，于2023年底由省政府印发实施《关于完善财政体制改革的通知》。新一轮省对市县财政体制坚持“省管县”财政管理模式，以“保基本、强激励、促均衡”为目标，抓住高质量发展这个“牛鼻子”，实施一系列财政激励政策，积极探索财政推动共同富裕先行和省域现代化先行的路径，为全国提供借鉴。

二、主要做法

（一）实施收入分税分享，在保持省级统筹能力的前提下尽可能下放收入，持续做大收入蛋糕

“小河有水大河满”，浙江财政坚持全省一盘棋，调动省与市县两个积极性。根据分税制要求，省与市县实行分税、分享的制度。从分税来看，在中央与地方收入划分的基础上，省级收入不断下放。目前，省级收入只保留电力供应企业和金融业部分税收，其余全部作为市县的预算收入，做到属地管理、规范统一。这一做法既充分发挥了基层征管优势和效率，又有利于调动市县发展积极性，不断做大蛋糕。2023年，省级财政收入仅占全省财政收入的4.1%，而市县收入占比高达95.9%。市县拥有更多可支配财力统筹用于本地特色产业发展，推动浙江县域经济蓬勃发展。从分享来看，对所有市县地方财政收入，省分成20%，市县分成80%，即各项税（费）种的分成比例均保持一致。这一制度安排确保了省级有一定的可用财力统筹调控全省的发展，同时不留政策洼地，维护统一大市场建设，打造一流营商环境。

（二）实施收入激励政策，在保持财政收入增长的前提下分类激励，持续优化收入结构

“发展才是硬道理”，浙江财政始终将发展作为缩小地区间差距的工作方向和政策导向。自1994年出台首个收入激励政策以来，激励发展一直是浙江财政体制的重要遵循。经过不断的迭代优化，已逐渐形成以税收增长为核心，财政困难地区和发达地区分类激励的完整体系，并在多年的实践中得到市县认可。市县财政税收收入增长越快，增收数额越大，所得的激励性转移支付就越多。这体现了收入的正向激励作用，引导市县将组织收入重点聚焦在税收上，优化产业布局，涵养税源，不断提高税收收入占财政收入的比重。考虑到财政困难地区发展基础相对薄弱，为了鼓励其加快发展，针对这些地区的收入激励政策除了设置更高的激励标准以外，还专门设置了补助基数，随收入相应增长，给予这些地区更大的激励力度。同时，在不同的时期，根据不同导向需求调整政策内容。如在2015年，为了鼓励生态保护任务重地区经济发展，将其收入激励目标调整为第三产业税收。经过多年发展，生态保护已深入人心，绿色产业逐渐壮大，2023年将原第三产业税收目标调整为整个税收目标。另外，为培育高质量发展动能，2015年起，出台实施鼓励高新技术产业发展的激励政策，引导各地加大高新技术产业发展支持力度。如杭州市，在高新技术产业发展激励政策引导下，加快将自身区位、产业、人才优势转化为高质量发展动能，全市高新技术企业从2015年的1979家增加到2023年的1.5万家，增长近8倍（其中，2023年全市新增高新技术企业数量3195家，居全国第6位）。

（三）实施高质量发展激励政策，在保持政策整体稳定的前提下聚焦共富，推动山区海岛县高质量发展

“自助者人恒助之”，浙江财政坚信“输血不如造血”，发展的不平衡要靠发展来解决，共同富裕示范区建设是挑战也是机遇，打通自身高质量发展道路是不二选择。为此，聚焦财政困难的山区海岛县，体系化实施山区海岛县高质量发展财政激励政策，通过设置相应的激励约束机制，将财政激励资金向“想干事、能干事”的地区倾斜，支持创造新的增长点。激励政策与山区海岛县经济社会发展重要指标紧密挂钩，从“发展快”的角度，根据其财政收入、居民收入增长情况，给予激励资金；从“发展好”的角度，根据其财政收入质量、城乡居民收入差距变化情况，给予激励约束。如山区海岛县城乡居民人均可支配收入增幅任一高于全省平均增幅的，每超出1个点，省财政分别按标准给予激励资金。通过财政政策激励作用，进一步凝聚山区海岛县发展动力，引导发展预期，加快发展步伐，凝聚高质量发展动能。

三、取得成效

勇当先行者，谱写新篇章，浙江在推动财力下沉、调动市县发展积极性、推动高质量发展方面进行了积极探索，并取得了一定成效。上述做法虽立足浙江实际，但政策背后的思路，以及部分具体举措，对其他省市在推动本地区高质量发展、实现共同富裕具有参考和借鉴意义。如为了调动市县发展积极性，推动财政收入可持续增长，浙江不断迭代实施的收入激励政策，能够契合不同阶段发展重点，引导地方加强税源建设，在当前财政收入不确定加大的形势下，可以更好稳定地方发展预期，为今后高质量发展打下基础。

（一）收入规模快速增长，省与市县共享发展成果

财力下沉给市县传导了积极、稳定的预期，有效增强了市县发展经济、组织收入的动力和活力，壮大了财政收入规模，省级收入也随着市县收入增长而水涨船高。全省地方财政收入从1994年的94.63亿元，增长到2023年的8600.51亿元，年均增长13.6%。地方财政收入规模全国排名由1994年的第10名，上升至2023年的第3名。县均收入由1994年的0.68亿元，增长至2023年的51.03亿元。财政收入增长既是经济发展的结果，也将进一步推动经济社会发展。2023年，全省百强县个数为16个，规模居全国前列，县域经济不断壮大，推动了全省的整体发展，实现了省与市县双赢的格局。县级自身发展配合省级调节后，地区间均衡度保持全国前列，为共同富裕建设打下了坚实基础。

（二）产业结构持续优化，收入质量稳居全国前列

不同时期的分类收入激励政策，在引导市县相关产业布

局和发展上起到了积极的推动作用，有效引导市县政府将优化产业结构、壮大优势产业规模作为重点工作，从而厚植税源，不断积累内生发展动力，逐渐形成产业发展、财政收入增加、产业扶持力度加大、产业规模进一步壮大、财政收入进一步增加的良性循环。高新技术产业发展的激励政策配合其他产业政策，催生了更多高新技术企业，为后续高质量发展提供了更多可能性。"十三五"以来，全省产业结构进一步优化，三次产业增加值比例从2015年的4.1∶47.4∶48.6调整为2023年的2.8∶41.1∶56.1。产业转型升级加快，2023年，以新产业、新业态、新模式为主要特征的"三新"经济增加值预计占全省生产总值的28.3%。全年地方财政税收收入7124亿元，占一般公共预算收入比重为82.8%，连续多年位居全国前列，高质量发展潜力十足。

（三）基层财力稳步提升，共富建设注入财政动能

省级财力下沉以及实施的激励政策，使基层财力规模保持稳定增长，让经济社会发展和基本公共服务提供更有保障。尤其是山区海岛县，获得了更多省级政策、资金倾斜。2015—2023年，省对山区海岛县转移支付资金由639.35亿元增加到1103.28亿元，年均增长8.9%。2023年，省转移支付资金占山区海岛县一般公共预算支出比重为42.8%，远高于全省平均，支持山区海岛县提供更好的公共服务水平。同时，山区海岛县高质量发展财政激励政策更加聚焦共同富裕建设，带动山区海岛县进一步缩小地区间差距。以庆元县为例，2023年获得省级山区海岛县高质量发展激励资金2.29亿元，仅该项政策激励资金占其当年一般公共预算收入35.2%，其获得的激励资金主要因产业税收增长较快，带动收入增长，且收入质量高。获得的激励资金作为财力可继续统筹用于支持产业发展，培育和壮大本地特色产业，为可持续发展和共同富裕建设夯实基石。

课题组组长：邢自霞

成员：康国梁　姜传鸽　沈琛杰　邹思聪　龚毕升

构建家庭型财税政策体系助力加快建成橄榄型社会

浙江省财政厅课题组

习近平总书记指出，"要着力扩大中等收入群体规模，要抓住重点、精准施策，推动更多低收入人群迈入中等收入行列"。浙江省第十五次党代会也明确提出要加快构建橄榄型社会，全面实施扩中提低行动。家庭作为最基本的社会单元，家庭的增收致富是扩大中等收入群体的有效路径，也是衡量群体收入的关键指标。浙江省财政以家庭为改革切入点，重塑现行财税政策体系和社会保障制度，进一步强化家庭福利共享和生活保障功能，探索增收、共享、减负、补偿四条制度路径，系统构建家庭型财税政策体系。

一、构建家庭型财税政策体系的必要性

家庭观念是我国传统文化的重要组成部分，家庭承载着家庭成员生养、教育、养老等基本生活保障，构建家庭型财税政策体系是优化家庭福利供给、强化家庭生活保障职能的关键举措，也是共同富裕以人为核心发展思想的集中体现。

1. 从发展定位看，家庭是扩中提低的基本行动单元。家庭成员间收入共济、支出共担的特征决定了个人在生育、教育、医疗、养老等环节会将家庭因素纳入决策考量，个人生活质量、富裕水平与家庭整体富裕程度息息相关。重塑扩中提低的财税政策体系也应充分考虑家庭因素，将施策对象由个体拓展到整个家庭，从家庭的角度重塑现行基本公共服务供给、税费减免的政策逻辑。

2. 从功能作用看，家庭保障是社会保障制度的重要延伸。为家庭成员提供基本生活保障是家庭的天然功能，家庭内部成员间的转移支付具有低成本、强稳固、高效率的特点，具有兜底保障的社会稳定器功能，是国家社会保障制度之外的重要补充。在共同富裕示范区建设中，需要构建家庭型财税政策体系，进一步发挥家庭保障功能，推动政府、社会、家庭等主体共建共享，织密社会保障网底，实现全体人民共享发展。

3. 从目标路径看，构建家庭型财税政策体系是实现共同富裕示范区建设预期目标的政策保障。我省《实施方案》中提出，"到2025年家庭年可支配收入10万~50万元的群体比例达到80%、20万~60万元的群体比例力争达到45%"，明确以家庭年可支配收入作为衡量扩中提低工作成效的目标指标，也就要求聚焦家庭可支配收入，构建家庭型财税政策体系，拓展家庭增收路径，强化财政政策的支撑保障。

二、现行以家庭为单位的财税政策体系

从浙江省现行财税政策体系看，对以家庭为单位的财税政策进行了初步探索，形成了家庭救助政策、家庭医疗保险政策和家庭个人税收政策。

（一）家庭救助政策

家庭救助政策以特困、低保、低边等困难家庭为主要救助对象。主要是基本生活救助，包括最低生活保障补助、特困人员和临时价格补贴，以及医疗、教育、住房、就业等专项救助。如医疗救助，对基本医保保障后的个人负担部分按比例救助；教育救助，给予保教费资助（学前教育）、生活补助和营养餐（义务教育）、免除学费和发放助学金（高中）、发放奖助学金和贷款贴息等；住房救助，如通过配租公共租赁住房、发放住房租赁补贴、农村危房改造等；就业救助，给予社保补贴、岗位补贴、培训补贴、公益性岗位安置、职业技能鉴定补贴等帮扶。现行的社会救助以维持家庭基本生活、保障生存为政策目标，救助对象范围较窄，救助标准合理确定机制不完善，救助方式较为单一，以发放货币补助和费用减免等物质救助为主。

（二）医疗保险

医疗保险主要分为职工基本医保和城乡居民基本医保，注

重对参保人员个人的医疗保障，家庭成员分别保障。在家庭方面，职工基本医保对个人账户实行家庭共济，但职工医保个人账户历年结余资金仅能对参加职工医保或城乡医保的近亲属家庭成员的医疗费用实行共济，范围较窄，对家庭医疗费用保障的整体性考虑不够。

（三）家庭个人税收政策

我国现行个人所得税政策中，以家庭课税为导向的政策，主要体现在专项附加扣除项目中，包括子女教育、3岁以下婴幼儿照护、大病医疗、住房贷款利息、租房租金和赡养老人支出等方面，未充分考虑家庭因素的现象较为普遍，如大病医疗支出专项附加扣除未考虑纳税人父母的医疗费用支出；住房方面，仅允许对首套住房贷款利息支出和租金支出进行抵扣，无法覆盖更多"二胎""三胎"家庭产生的住房改善需求；赡养老人方面，对配偶父母的赡养费用无法进行扣除，与我国家庭中同时赡养双方父母的实际不相符。

三、扩中家庭的基本情况分析

（一）扩中家庭的标准界定

结合国家标准和调研情况，提出扩中家庭的概念，即低边以上、年可支配收入10万元以下的家庭。从调研情况看，现行的财税政策体系主要聚焦在对低保和低保边缘户的兜底保障，而对低保边缘户以上、中等收入以下的扩中家庭还存在一定的政策空白，而这部分家庭有望通过政策"帮一帮""提一提"，迈入中等收入家庭行列。

（二）扩中家庭的基本特征

一是农村中扩中家庭占比更高，农村增收渠道窄、增收动力缺乏现象突出。从区域分布看，农村扩中家庭的占比相对更高。衢州市农村家庭2021年人均可支配收入仅为29266元，低收入家庭占比达51.1%，高于城镇（43%）8.1个百分点。建德市农村低收入家庭占比为40.2%，占比同样要高于城镇（32.4%）。从调研情况看，近半数的（49.83%）的中低收入农户认为自身技能不足，具有相对旺盛的技能提升需求。同时，有58.4%的被调研中低收入农户选择了缺乏增收渠道，超半数的人群就业信息相对闭塞，就业增收的渠道尚未打通。

二是扩中家庭呈现教育年限短、学历程度低的结构特征。从衢州的调研情况看，在农村地区的扩中家庭中，家庭成员均为高中及以下学历的占比为76.8%，远高于10万~15万元中等收入家庭中同等学历的比重（56.8%）。城镇扩中家庭受教育程度要好于农村，家庭成员均为高中及以下学历的为37.5%，但同样要高于10万~15万元收入家庭同等学历占比（24.1%）。

三是家庭就业不充分、劳动权益保障有待提高。根据绍兴的调查数据，符合扩中家庭标准的家庭中，存在一人及以上劳动力闲置情况最突出的是年可支配收入6万~8万元、8万~10万元档的家庭，分别达到49.7%和40.4%。从劳动权益保障情况看，重点人群中新入职高校毕业生和新就业形态从业人员中未参加基本养老和医疗保险的比例较高，分别为34.6%和24.9%。同时失业保险、工伤保险和生育保险的总体参保率分别为31.7%、30.2%和28.2%，也远低于超40%的职工养老和医保社会保险的参保率，说明部分群体较多采用以灵活就业方式参保，其劳动权益保障还有待提高。

四是收入来源相对单一，以工资性收入、转移性收入为主。扩中家庭主要依赖于工资性收入以及政府各类补助、救助收入，缺乏其他的经济收入来源，叠加就业稳定性差、受经济波动影响较大的特点，失业返贫的可能性较大。从建德市的样本数据看，2021年扩中家庭平均每户可支配收入为74310元，其中工资性收入（35931元）、转移性收入（27496元），合计占比近九成，分别为48.4%、和37.0%；而经营净收入、财产净收入尚未突破万元，仅为8122元和2761元，仅占比10.9%、3.7%。扩中家庭从事个体经济活动的相对较少，同时以房屋租金收入、利息、股息、红利、保险收益等财产生息带来的家庭增收几乎可以忽略不计。

五是生活开支主要用于维持基本生活保障，消费层次相对较低。从消费支出来看，扩中家庭主要的生活开支为吃住行等基本生活开支和医疗支出。建德市扩中家庭日常饮食支出和住房支出是最大的两类支出，食品烟酒支出占消费支出比重达36.8%；居住支出占比达28.0%。同时，医疗保健支出占比同样较大，达11.5%；而教育文化娱乐支出等更高层次的消费支出仅占比3.6%，扩中家庭尚无更多余力用于个人能力提升和休闲娱乐。

四、构建家庭型财税政策体系的方法路径

（一）总体思路

构建家庭型财税政策体系的总体思路是在精准识别扩中家庭群体规模、个性特征的基础上，通盘考虑家庭内部共享共济的特点，聚焦养老、育儿、医疗、教育等扩中家庭主要负担，系统重塑就业帮扶政策体系、社会保障制度和个人所得税制度，打通家庭的扩中路径。

（二）实施百万家庭精准画像工程

1.积极打通省市部门数据，探索建立综合人员家庭信息库。以公安户籍人口数据为基础，关联民政婚姻登记数据、卫健新生儿数据、低保低边特困等数据，形成相对完整的家庭成员结构数据集。进一步融合民政、人社、卫健、医保、残联、教育等部门数据实现对家庭及成员的多维打标，梳理总结家庭特征。

2.搭建扩中家庭信息库，精准识别重点人群。一是科学合理界定扩中家庭范围。通过建立公积金结算模型、医保结算模型、社保结算模型、保障补贴收入模型等测算家庭收入，再进一步进行房产、金融、车船、土地等多项专项核算和筛减，建立扩中家庭筛选模型，合理界定重点群体和扩中家庭范围。二是建立完善综合人员家庭信息库，研究拓宽可利用数据及资源，打通银行、房产、车辆及第三方消费类数据拓展家庭信息收入数据来源。三是探索建立动态监测分析机制，重点实时监测和分析家庭收支的动态变化与趋势，以防家庭因病因困返低，有效推进扩中提低。

（三）实施积极就业创业政策，打造增收型家庭政策体系

1.完善就业帮扶政策。一是探索实施与企业稳岗扩岗相挂

钩的财政补贴、贷款支持等政策，鼓励企业稳定用工。探索将社保费缴纳规模纳入“亩均效益”评价指标体系，发挥企业解决就业的主体责任。二是完善就业重点群体帮扶政策。将符合条件的“扩中家庭”零就业人员纳入公益性岗位安置范围，加大开发公益性岗位，增加绿色生态类、社区服务类、道路维护类等岗位就近安置相对能力较弱的劳动力，确保零就业家庭至少有1人实现稳定就业。实施高校毕业生就业创业促进计划，落实社保补贴、就业补贴、职业培训补贴等支持政策，鼓励引导高校毕业生多渠道就业。三是扩大参保覆盖面。探索完善适应新就业形态的参保缴费政策，探索建立新就业从业人员职业伤害保障办法，通过工伤保险扩面和商业保险的补充形式，提高其抵御职业风险能力。

2.建立健全创业政策体系。一是完善创业政策，鼓励各地建立以创业带动就业为主要支持方向的创业引导基金，优化创业担保贷款和财政贴息政策，适度提升创业担保贷款额度，推广创业导师制度。二是完善职业培训补贴政策，健全面向全体劳动者的终身职业技能培训制度，支持“扩中家庭”中符合条件的失业成员参加就业技能培训，并给予就业技能培训补贴。加大对农户等重点对象培训课程的针对性和开发力度。创新培训支持机制，推广职业培训券制度。三是创新农村集体经济发展新模式。探索将农村经营性项目财政补助资金折股量化到农户家庭，强化低收入农户创业的启动资金保障。

（四）完善家庭联保制度机制，打造共享型家庭社会保障制度

1.完善个人账户家庭共济制度。扩大个人账户家庭共济使用范围，个人账户结余资金可用于家庭成员参加城乡居民基本医保缴费、由个人承担的门诊医疗费用和住院医疗费用、购买商业健康保险等支出。

2.探索联动挂钩的基本医保“家庭联保”制度。探索“一人投保全家共享”的家庭联保制度，稳步推进家庭成员分步分批纳入职工医疗保险，在原城乡居民基本医保缴费的基础上，逐步、适度提高个人缴费标准和医疗保险待遇水平，探索建立以符合要求的家庭为单位的大病保险起付线和封顶线共济保障机制，对自负医疗费用设定封顶额并对超过封顶额的困难家庭和扩中家庭实行专项救助。

（五）优化完善基本公共服务供给体系，打造减负型家庭政策体系

1.减轻生育养育负担。完善生育保险政策，扩大制度保障范围，将灵活就业人员等纳入生育保险范围，按规定落实生育医疗费用报销和生育津贴待遇。探索建立良性互动的生育养育成本共担机制，出台0~3岁婴幼儿照护政策，鼓励各地根据当地实际，对三周岁以下的婴幼儿家庭给予育儿津贴、托育费用补助等，减轻婴幼儿家庭托育费用负担。制定出台女性产假期间社会保险补贴政策，对用人单位为女性产假期间缴纳的社会保险费给予适当补助。

2.减轻教育负担。积极开展城乡义务教育共同体建设，优化基础教育资源配置，推进城乡义务教育优质均衡发展。扩大高等教育生源地国家助学贷款资助范围、推动学前教育保育费资助政策扩面，充分保障扩中家庭就学权益。

3.减轻就医负担。支持建立健全医疗机构间医学检查检验结果互认共享机制。实施城乡居民“三免三惠”健康行动，优化城乡居民健康体检项目，开展重点人群重大疾病筛查。推进“浙里医保”商业补充医疗保险，探索研究基本医保外高额医疗费用的补偿机制。健全优质高效整合型医疗卫生服务体系，深入推进县域医共体、城市医联体建设，推动城市大医院与县级医院建立合作帮扶和远程医疗制度。

4.减轻居民住房负担。完善保障性住房的支持政策，鼓励通过商品房配建、购买等形式加大公租房房源筹集力度，引导企业等社会力量投资建设小户型、低租金的保障性租赁住房，因地制宜合理调整公租房租赁补贴标准，实行实物保障和货币补贴并举，对城镇户籍低保、低收入住房困难家庭依申请应保尽保，鼓励有条件的市县将保障范围从城镇户籍困难家庭逐步扩大到城镇常住人口困难家庭。探索扩大住房公积金制度覆盖面，开展灵活就业人群等群体缴存住房公积金改革试点。以家庭为单位，加大居民住房保障契税优惠力度，提高人均面积免征额度。

5.降低养老负担。探索建立基本养老服务目录清单制度和居家社区养老服务中心运行保障长效机制，深化推进长期护理保险制度试点，普遍建立失能失智老人长期照护综合保障制度，减少“扩中家庭”养老服务支出。深入推进医养结合发展，完善医养结合支持政策、医保支付政策。

（六）完善兜底保障缩小差距的制度体系，打造补偿型家庭政策制度

1.构建更加积极的家庭型社会救助制度。探索建立低保标准合理确定和动态调整机制。扩大专项救助政策的覆盖面，将专项救助对象从绝对贫困家庭为主扩大到低收入家庭。拓展家庭救助内容。从解决家庭物质基本需要增加到精神方面的需求，制订社会帮扶服务目录清单，实行“物质+服务”的救助方式，鼓励社会力量参与，为低收入家庭成员提供心理慰藉、探访照护、社会融入、生活指导等服务。

2.重塑有利于调节收入差距的个人所得税制度。一是探索以家庭为单位征收个人所得税。以家庭成员合并申报，并对家庭状况进行划分，将纳税主体分为“单亲家庭”“夫妇二人家庭”“夫妇—子女家庭”“多代人复合家庭”等类别，根据家庭模式的不同，分别规定费用扣除，使得相同家庭模式扣除标准统一，不同家庭模式扣除标准体现差别化。二是健全完善税前扣除政策。将综合部分的费用扣除改为基本扣除与特别扣除相结合，将自住房贷款利息费用扣除、特定教育费用扣除、特定医疗费用扣除、子女附加费用扣除、残疾人费用扣除等纳入特别扣除额。此外，建议统筹考虑家庭实际支出负担，完善个人所得税的专项附加扣除项目体系，适时调整专项附加扣除项目范围和标准，增加婴幼儿养护费用、残疾家属养护费用、商业养老和补充医疗保

险支出、多子女激励等专项附加扣除项目。三是探索负所得税制，实施阶段性负所得税率，对未达到个税起征点且具有劳动能力的家庭，实行负所得税率逐步退坡递减，直至为零。通过"以奖代补"，鼓励其通过增加劳动供给来增加家庭收入，推动提低目标有效实现。

课题组组长：王广兵

成员：陈优芳　陈炎飞（执笔）

加快推进舟山公共服务一体化调研报告

浙江省财政厅课题组

为贯彻落实浙江省委、省政府关于加快推进舟山公共服务一体化，缩小"三大差距"上展现更大作为、作出更大贡献指示精神，省财政厅联合舟山市人民政府，组成8个调研小组，以实地走访、座谈交流等形式在舟山开展蹲点调研，在此基础上形成调研报告。

一、舟山公共服务一体化评价

《浙江省公共服务"七优享"工程实施方案（2023—2027年）》在国家《"十四五"公共服务规划》框架下，聚焦浙江省群众急难愁盼问题，构建了以基本公共服务为主体，涵盖部分普惠非基本公共服务的全生命周期公共服务供给体系。本次调研以此为基础，结合相关文件，围绕舟山市域范围内公共服务"政策一体化、标准一体化、设施一体化"目标，重点梳理25项服务项目（其中，22项为基本公共服务项目，3项为普惠性非基本公共服务项目，分别为普惠托育、医疗服务、保障性租赁住房），通过各服务项目的政策、标准和设施情况，来综合评价公共服务一体化水平。总体来看，基本公共服务方面，舟山一体化程度较高，基本实现人群全覆盖、服务达到省定标准，区域、城乡、群体间的基本公共服务供给差异不明显。但普惠性非基本公共服务方面，国家层面没有明确的服务政策、标准、设施方面的规定，舟山在区域、城乡、群体间公共服务差异较为明显，尤其是在教育、医疗卫生和养老服务领域，还存在着优质服务供给不足、与群众需求不匹配、普及普惠力度不够等问题。

从公共服务5个重点领域来看，社保、住房和教育一体化程度相对较高。其中社保方面已建立覆盖全民、统筹城乡的制度体系，基本实现全市政策、标准、待遇统一。住房方面，住房保障政策、标准、设施全市统一，基本实现应保尽保。教育方面，除免除学杂费政策对海岛学校有倾斜政策外，义务教育政策、标准、设施也已基本实现全市统一，其中全市四县（区）义务教育学校校际差异系数均已符合国家义务教育优质均衡县评估指标要求，海岛农村学校与城区学校硬件条件基本相当，但存在教育资源配置与人口趋势不匹配问题。医疗方面，全市政策和标准基本统一，也按要求配备了相应的设施设备，但总体上优质医疗资源不足，在县与县（区）、岛与岛之间因设施设备以及卫生技术人员数量、质量等方面差距，造成服务质量和数量供给不均衡。养老方面，在政策体系标准方面总体上基本实现一体化，但养老服务供给总体不足，且区域间、特别是岛与岛之间在养老服务质量、养老服务供给频次与水平等方面还存在差距。

二、存在的问题和原因分析

（一）公共服务供给结构与人口结构、趋势变化不相适应

舟山共89个岛屿有人居住，其中90%的人口集中在本岛和大岛，而其余10%分布在65个未通桥小岛，近年来随着"小岛迁、大岛建"，小岛人口进一步流失，常住人口与户籍人口数差距扩大。与此同时，舟山公共服务布局和资源配置主要按照行政区划设置，未完全跟常住人口或服务对象挂钩，导致公共服务供给结构与舟山重度老龄化的人口结构、人口更加集聚本岛和大岛的趋势变化不相适应。尤其在养老、医疗、托育、教育等领域资源错配现象较为明显。

一是养老服务供给不足、托育供给有余。舟山养老服务供给总体不足，与舟山重度老龄化的人口结构不匹配。截至2022年底，全市老年人口30.53万人，占户籍人口总数的32.06%（高居全省第一）。偏远海岛重度老龄化现象突出，老龄化程度在80%以上的海岛20个。从养老服务供给来看，全市仅有公办养老机构40家，床位数2908张，尤其偏远海岛乡镇的养老服务基本只能依靠个人、政府有限的兜底性保障和少量的外部支援。此外，专业护理员资源稀缺，尤其是管理人才不足等客观实际，导致养老服务机构提供的服务停留在"基本有"阶段，离群众的"全部好"需求存在不小差距。

与此相反，托育服务供给已达饱和，托位使用效益不高，与舟山出生率低的人口结构不匹配。2022年舟山出生率仅3.8‰（居全省末位），远低于全省平均水平（6.28‰）。目前，全市已建成托位数4553个，每千人拥有3岁以下婴幼儿托位数3.9个（超过省定3.8个的目标），总托位数/0~3岁婴幼儿数达到0.37（标准0.18），总体托位数量已达饱和。处于海岛的乡镇婴幼儿数更少，有些乡镇基本无托育需求，若为追求乡镇托育机构建设全覆盖而新建幼托机构，将导致资源浪费。

二是公共服务供给本岛不足、小岛有余。公共服务供给本岛保障不足与小岛资源闲置现象并存。尤其是义务教育领域，舟山市中小学（幼儿园）学龄人口从农村向城区流动、从县（区）向新城流动趋势凸显，海岛特别是离岛学校学生降幅大。一方面本岛学生集聚，学位供给持续紧张，小学和初中师生比显著低于全市平均；另一方面，17所离岛的义务教育学校中，已有10所在校生数量降至100人以下，但设施设备和教师均按照规划要求配置，多项生均指标远高于全市平均，部分资源闲置。

（二）公共服务供给质量难以满足群众对高质量服务需求

舟山基础公共服务资源已基本实现全覆盖，但受城市能级不高、经济体量较小、财力相对薄弱、人口少而散、离岛多等因素影响，且受周边城市虹吸效应，"岛内人才往外跑，岛外人才不愿

来"困境未能有效破解,全市在设施建设、运营管理、人员队伍等公共服务软硬件配置方面相对不足,公共服务供给质量与省内其他地区存在差距,难以满足群众对高质量服务需求。

一是舟山医疗水平与群众优质医疗需求存在明显差距。受制于舟山海岛特殊地理环境,专业人才吸引力不够,且本岛公立医疗机构未有效统筹整合等原因,全市县级以上医院服务能力偏弱,在临床专科能力建设、医疗技术和质量管控等方面长期处于"追跑"且"差距越来越大"的状态。在重点领域、关键岗位缺少行业拔尖、省内知名的高层次人才和专业人才。

二是舟山师资队伍质量难以有效支撑教育高质量发展要求。近三年未能引进省特级教师,初中和普通高中教师的研究生比例分别为6.3%和9.79%,均低于省教师队伍建设"十四五"规划的要求(10%、22%)。尤其是偏远海岛、渔农村地区优秀教师流失严重,目前17所离岛义务教育学校虽在硬件保障上基本满足办学需求,但办学品质普遍不高,甚至还存在专任教师配备不齐、教师年龄结构失衡、教科研活动质量低等问题。

(三)公共服务供给渠道单一难以满足群众多层次需求

舟山公共服务主要依赖政府提供,缺少企业、社会组织等多元主体的参与,难以适应群众多层次服务需要,尤以养老服务领域更为突显。舟山老龄化程度高达32.06%,养老服务供给以政府为主、社会力量参与度不高,尤其缺乏优质社会组织、头部企业的参与。养老服务以中低端为主,本岛中心城区综合性、规模化、中高端养老机构仅3家,床位数合计922床,仅占全市床位的11%,优质养老机构床位"一床难求",无法满足群众多层次、多样化的需求。

(四)公共服务设施共享性差影响服务水平提高

舟山岛屿数量众多且分散,海岛内部、海岛间以及与周围其他城市的交通互通水平相对较低,公共服务的流通成本较高、共享性差,影响公共服务能力水平提高。

一是公共服务共享性差导致基层服务水平偏低。海岛人口较为分散,岛际交通不便,许多小岛一天甚至一周只有一至两趟船班。普陀区登步岛常住人口1500余人,岛上卫生院医护人员23人,每千人卫技人员数15.3人,远高于全省平均水平(9.3人)。由此带来部分岛屿卫生机构就诊人次相对偏少、创收能力弱,也抬高了财政投入成本。2022年舟山人均医疗卫生财政支出2260.02元(高居全省第三)。海岛乡镇卫生机构的投入边际效益低,与医疗服务水平不高陷入恶性循环。

二是优质公共服务难以辐射到偏远海岛。优质资源大多布局在本岛和大岛,偏远海岛地域广、人口少、分布散和进出岛难的现状使优质公共服务资源较难覆盖众多偏远海岛乡镇。此外,因服务成本高、台风天气等客观因素,通过送戏下乡等方式为偏远海岛乡镇提供文化服务,经常出现频次少,甚至"无人服务"的现象,难以及时有效满足居民的基本文化服务需求。

(五)现行管理体制影响公共服务一体化配置

公共服务布局、资源配置根据上级部门规划要求,按照行政区划对市、县、乡、村分别设有分层级的公共服务机构设施、设备的建设和配置要求,并将其纳入相关考核。但舟山特有的海岛地域、人口结构与此配置要求体系不相适应。一方面镇村级偏远小岛须配备相应的公共服务设施,加剧了公共服务布局下沉与舟山90%人口集聚在本岛和大岛的现实之间的矛盾,部分设施重复建设,分散了推进一体化的力量。另一方面,在目前人员编制上,虽然赋予设区市一定的事业编制调整权限,但随着本岛的人口集聚效应进一步显现,难以进行跨部门跨领域、自下而上的事业编制调整,难以实现统一规划和统筹布局,限制了公共服务资源集约高效利用,造成编制使用效益不高。

三、推进舟山公共服务一体化的思路

(一)总体思路

在浙江省高质量发展建设共同富裕示范区的大场景下,舟山市推动公共服务一体化重点是"七优享",将目标定位于"普及普惠先行区、共建共享标杆区、优质均衡示范区"。

在实施路径上,可通过实施《舟山市公共服务一体化助力共同富裕三年行动计划》,聚焦重点领域,紧盯关键指标,破解结构错配、共享难、质量不高等问题,全面提升市(县)域承载能力,缩小三大差距,促进共同富裕。

(二)推进原则

一是坚持改革突破。创新探索符合海岛特色的公共服务一体化管理体制、政策体系、财政体制、供给模式,打造一批可复制、可推广的标志性成果。

二是坚持市域一体。加强市级顶层设计和总体布局,立足岛屿人口集聚情况、承载能力、区位条件、产业基础等,科学合理布局各类型岛屿公共服务。加大资源集中高效利用,增强市级对跨区域重大公共服务机构设施布局的统筹力度。

三是坚持群众需求导向。瞄准偏远海岛群众急难愁盼的教育、医疗、养老服务领域,补齐短板、提高质效,尽力而为,量力而行,全面提升群众的获得感、安全感、幸福感、满意度。

四是坚持多元供给。找准政府定位,厘清权责边界,善用市场化思维,强化基本公共服务兜底保障职责。加大引导力度,构建政府、企业、社会协同发力、共建共享的公共服务供给新格局。

四、工作建议与政策保障

(一)构建市域一体化公共服务发展格局

增强市级对全市公共服务规划、资金保障、土地利用、人力资源配备等要素的统筹力度,提升市域一体化能级。

1.优化顶层设计。以舟山为试点,省政府(或省两办)名义出台支持舟山实施市域公共服务一体化文件,为舟山改革试点提供政策指引。

2.强化公共服务资源市级统一调度。以满足群众的需求为目标,结合人口发展趋势,打破行政区划界限,市级层面统筹规划公共服务设施布局,制定市、县(区)在公共服务领域的事权和支出责任、科学设定服务内容、服务半径和服务人口,加大跨区域公共服务机构布局统筹力度，推动公共服务资源在市域范围内合理流动和配置。同时，根据调整后的事权与支出责任，优化市以下财政体制，增强公共服务领域财政资金市级统筹调控能力。

（二）改革建立有利于一体化的体制机制

1.改革考核办法。打破现行以行政区划为对象的考核体系，结合舟山体量小、人口少特点，改革对舟山公共服务领域的考核办法。一是变“省考核县”为“省考核市”，建议以舟山市为整体，以整体规划和计划任务为重点进行考核，强化市域公共服务一体化的整体绩效考核，不再以县乡为单位、以县乡村全覆盖作为目标进行考核。放权于市级，由市级因地制宜统一分解落实区域内公共服务指标任务。二是优化部分考核体系。适当优化部分总量考核指标与人均考核指标的计算或排位方式，适当增强舟山与其他设区市的可比性。

2.加大编制统筹调剂力度。支持舟山开展更大力度事业编制的跨层级跨区域跨领域调配，统筹利用全市空余事业编制资源，投放到全市公共服务重点急需领域，充分发挥市县两级编制资源的最大效益。

（三）按岛屿功能定位布局公共服务资源

加快推动人口集聚，系统构建有利于人口集聚的政策体系。同时打破行政区划界限，立足各岛屿人口集聚情况、承载能力、区位条件、产业基础等，明确各岛屿定位，一体化布局公共服务资源，形成1+4+N公共服务供给格局。

1.做优本岛一体化高水平优质公共服务供给。根据人口向本岛集聚趋势，大幅度提升本岛公共服务优质共享。适当超前谋划布局公共服务和基础设施建设，尤其是推进新城公共服务设施建设和有机更新，确保本岛公共资源配置满足人口流入地的需求。不断做优优质公共服务，强化高水平供给能力，提高供给首位度，满足群众多层次需求。

2.提升大岛（泗礁山岛、岱山岛、六横岛、衢山岛等）公共服务综合承载能力，形成“公共服务副中心”。充分发挥2个县城和2个人口较为集聚海岛中心城镇等4个大岛在统筹城乡的关键作用，合理布局较为全面的公共服务，构建以大岛公共服务机构为龙头的片区公共服务共同体，将其打造成承接本岛、辐射小岛的“市域公共服务副中心”。

3.调整小岛公共服务结构。提供适应人口需求的个性化服务，针对千人以下小岛（51个）普遍重度老龄化现状，推进小岛公共服务供给增减并举、资源整合，强化以医疗、养老服务需求为重点，补齐公共服务短板。突出比较优势，有计划、有步骤地建设一批特色突出的“功能岛”，积极打造集旅游、康养、医护于一体的“养老小岛”，吸引周边海岛老年人转移。

4.全市统一提供政府兜底的公共服务。统筹推动特殊儿童、特困人员基本生活等社会救助政策、标准市域一体化。统一布局建设社会救助服务联合体，探索特困老人、困境儿童等以本岛和大岛为中心的片区统筹集中供养。推动嵌入式、小微型救助站点建设，提升偏远海岛渔农村基础救助能力。

（四）深化公共服务提档升级

1.做优优质公共服务。一是以减少医疗资源外流为目标，发动省属医院支持帮扶本岛市级龙头医院提高医疗服务能力，培养优秀学科带头人，补强急救、全科、儿科等紧缺学科人才梯队。以中医药“百科帮扶”工程为载体，加大对舟山市中医院特色专科帮扶力度，推动舟山市中医院创建三甲。二是适当超前谋划本岛教育服务基础设施建设，增加公办学校学位供给，加大义务教育阶段海岛随迁子女教育支持力度，确保本岛教育资源配置满足生源流入地的教育需求。通过请进来、走出去等形式，全面提升舟山教育师资水平。三是引入实力雄厚、具有较强竞争力和影响力的大型国企以兼并收购、参股、合作、承包等形式布局舟山养老服务产业，扩容中端养老机构床位，满足居民多层次养老需求。四是推动完善社区文化、体育、养老、医疗、旅游等公共服务场所的无障碍服务功能，保障残疾人、老年人等群体更好融入社会生活。

2.促进集成共享。一是强化优质公共资源共享性。推动大岛与本岛龙头医院合作，建立三甲医院分院，增强人才与资源共享。积极推进海岛学校、体育场馆等文体设施开放，推进片区内文体资源共享，减少闲置浪费。通过公建民营、引进民营机构以及开设本岛养老机构分院等形式，发展机构养老服务，将片区内小岛失能、失智、特困老人集中到大岛，探索片区统筹集中供养。探索保障性住房跨区域共建共享，完善离岛渔农民住房保障。二是强化集成式服务供给。支持舟山实施七优享集成改革示范项目，整合片区内教育、医疗、养老、文化等民生公共服务优质资源，打造综合集成、优质共享的民生服务综合体。积极推进托幼一体，有效利用幼儿园环境、设施设备、师资等，提升婴幼儿托育服务水平。

3.加强市场化供给。统筹有效市场和有为政府，充分发挥慈善、行业协会、商会等社会组织作用，鼓励市场化供给。一是以公建民营、购买服务等方式引导社会力量为公共服务供给“赋能”，加大政府购买服务力度，支持民办教育质量提升。二是利用海岛资源禀赋，引导中高端养老机构在舟山布局养老、康养小镇等多元化产业。三是发挥慈善作用，积极引入慈善信托，将慈善与金融有机融合，在公共服务领域发挥三次分配助力共富的作用，为公共服务“补位”。

4.强化数字化应用与远程式服务。加速推进海岛数字基础设施建设，提供在线问诊、同步课堂等优质公共服务；加大与偏远海岛特点、群众需求相适应的小微型、流动性、集成化的公共服务供给，双管齐下实现服务“远程化”。充分发挥生成式人工智能等新兴技术作用，利用AI预检分诊等手段，实现基层公共服务机构服务“智能化”。

课题组组长：王广兵
成员：吴益民　黄　青　王秀芸（执笔）　黄　阳（执笔）

“地瓜经济”提能 升级“一号开放工程”财政政策研究

——以舟山市为例

舟山市财政局课题组

2004年，习近平总书记在浙江工作期间提出了著名的“地瓜理论”，生动形象地描述了如何用开放的思维“跳出浙江发展浙江”。舟山的开放，在系列国家战略陆续落地后，已经取得了精彩蝶变。站在新的起点，如何立足海洋特色，打造高水平海洋开放高地，成为舟山面临的重要课题。

一、舟山市开放发展现状及分析

（一）总体情况

舟山市外贸发展动能强劲，三年实现“三级跳”。2022年，货物贸易进出口总额达3381.8亿元，同比增长43.6%，其中出口额1155.5亿元，增长49.0%，进口额2226.3亿元，增长40.9%。2020—2022年，进出口总额年均增速达42.4%，实现了外贸从1000亿到3000亿级次“一年跨越一个千亿”的巨大突破。同时，舟山对全省进出口的占比也逐年增加，2022年进出口总额和出口总额在全省占比分别由2021年末的5.7%和2.6%提高至7.2%和3.4%。进出口、进口对全省增长贡献率分别为18.9%、53.3%，均居全省首位。此外，自贸试验区“无中生油”，实现“聚气发展”，形成了极具辨识度的油气全产业链开放发展体系，跃居全球第五大加油港。港口建设也持续加力，成为国内国际双循环战略枢纽，货物吞吐量连续14年位居全球第一。

（二）特点分析

一是贸易格局独一无二，外向型经济特征明显。舟山是全省唯一贸易逆差市，原油、铁矿砂、天然气等大宗商品进口快速增长，贸易逆差从2018年的368.7亿元扩大至2022年的1071亿元，逆差趋势仍在扩大。同时，出口额占GDP比重逐年增高，2022年舟山出口依存度已达59.2%，明显高于全省和全国平均水平。

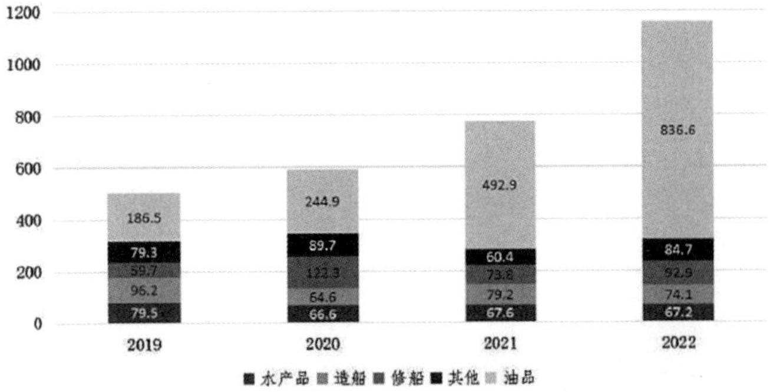

图1　2019—2022年舟山货物贸易出口组成分析　　单位：亿元

二是大宗油品增长迅猛，海洋特色集中突出。自贸试验区主产业油品出口增长“主引擎”作用十分明显，从2019年的186.5亿元增长至2022年的836.6亿元，年均增幅达64.9%，占舟山市出口额比重从37.2%增长至72.4%。除油品外，舟山出口货物主要集中在水产品、造船、修船等海洋相关行业，占比达90%以上。

三是市场变化趋势延续，“一带一路”战略深化。近年来，受中欧班列、油气产业等因素影响，对欧盟、东盟及共建“一带一路”国家进出口增长迅速。2022年，对沙特、阿联酋、伊拉克、科威特进出口分别增长67.5%、47.0%、7.2倍和1.6倍，合计拉动整体进出口增长32.6个百分点，对俄罗斯进出口增长1.8倍，对共建“一带一路”国家进出口2148.5亿元，增长55.5%，占舟山市外贸进出口总值的63.5%。

四是石化龙头效应显著，产业链发展量质齐升。舟山石化产业链整体发展迅猛，规上石化工业产值从2018年不到100亿元（占舟山市13%）增长至2022年的2445.2亿元（占舟山市的71.6%）。基地内现已集聚60余家行业优质企业，总投资超过百亿元的上海卓然、四川润和等重点项目相继投产，并成功吸引沙特阿美36亿美元股权收购入资荣盛石化。同时，与中国科学院宁波材料所合作共建岱山新材料研究院，首批入驻7个中试项目。引进清华大学共建绿色石化技术创新中心，4个项目列入国家重点研究计划，切实推动产业链走向前端。

五是企业质量总体向好，小单短单化趋势明显。2022年，舟山市规上工业企业数量464家，新增30家，增长6.9%。成功培育创新型中小企业35家，国家级专精特新“小巨人”企业2家，省级、市级专精特新中小企业14家和33家，舟山市专精特新企业培育登上新台阶。但受国际市场订单减少和综合成本压力影响，外贸短单、小单成为大多数企业的主要选择。

二、促进“一号开放工程”相关财政举措和成效

（一）开放平台上，支持自贸试验区提能升级

通过财政体制设计，赋予自贸区核心区更大财政自主权，舟山高新区连续8年实现税收收入年增长30%以上，1.1万余家油气产业企业集聚发展。同时，支持供油锚地软硬件建设，实施保税油专项补助政策，保税油供应业务快速增长，2023年1—9月舟山市实现加注量529万吨，同比增长20.6%，带动外贸、储运、加工、海事服务等上下游全产业链发展。

（二）开放基础上，推动“两稳一促”健康发展

2023年，舟山市财政加大商贸领域政策集成力度，出台“地瓜经济”提能升级相关政策，从提升外贸核心竞争力、开拓国际市场等方面给予支持。同时，将市级商务促进专项额度从上年度的800万元提升至3750万元，增幅368.8%。

（三）开放网络上，推进跨区域重大交通项目建设

稳步推动甬舟铁路及高速复线等重大项目落地实施，完成投资额显著。面对地方财力困难，突显财政担当，研究比选六横公路大桥二期工程多种筹资方案，并在全省首创实施专项债额度省、市共担机制，确保项目顺利开工。

（四）开放特色上，支持海洋经济高质量融合发展

通过财政政策集成，形成覆盖特色船队建设、引航服务、锚

地建设等全方位保障体系。支持江海联运船队建设、直达航线开拓，促进船舶制造、修造业及海事服务业增长。同时，健全财政支持"一条鱼"全产业链建设机制，打造三产融合发展样板。整合梳理市级财政支农（渔）政策，完善并落实远洋渔业高质量发展政策，支持远洋渔业现代化母港和水产品精深加工全流程自动化改造提升。

（五）开放布局上，支持服务业加快补齐短板

坚持实施就业优先和人才强国战略，通过省、市、功能区三级联动，采用"政府引导、国企运营、市场化运作"模式，打造舟山市人力资源服务产业园，加快优质人力资源集聚，为产业发展提供人才和软实力支撑。

（六）开放政策上，推动有利于自贸试验区发展的财税政策落地

联动省财政厅，制订契合浙江特点的保税船燃出口退税、启运港退税等财税政策实施方案建议，协同向中央部门进行争取。2023年3月，宁波舟山港实施启运港退税政策成功落地。

三、存在问题和财政支持政策局限性

（一）开放平台有待进一步升级

一是自贸区投资贸易自由化便利化待突破。对标新加坡等国际油气产业发达国家的通行规则，我国支持政策还缺乏竞争力。二是开放平台作用发挥不充分。几大开发区、功能区经济主引擎作用减弱，项目储备不充分，部分区块5亿元以上重大项目储备为零，影响新开工项目数量和产业发展。

（二）开放基础有待进一步夯实

一是产业基础薄弱，传统领域乏力。舟山制造业底子薄，外向型程度高，全市仅有石化、船舶与海洋工程装备制造、水产品精深加工三个产值超过百亿级的产业。剔除油品拉动因素，传统产业发展后劲乏力。二是贸易结构单一，抗风险能力较弱。出口产品集中在油品、渔业、船舶修造等领域，其他品类占比不足10%，产品结构单一。且油品、船运等均有周期性特点，存在受国际市场波动影响大、抗风险能力弱的隐忧。一旦发生经济危机或贸易壁垒，对外贸冲击将十分明显。三是经济发展预期呈下降趋势。2018年，舟山市本外币存款增速远低于同期贷款增速，显示市场对经济发展的强劲预期；2019—2021年，受疫情影响，本外币存款增速显著上升；2022年，存款激增，存款增速首次超过贷款增速。2023年上半年，舟山市住户存款增速达21.7%，新增住户存款占全部新增存款比重高达68.5%。同时，CPI涨幅基本呈现逐年收窄趋势，2023年6月环比下降0.5%。市场已经出现居民预防性储蓄意愿增强、企业扩产投资意愿走弱的趋势。2023年上半年，舟山市新注册企业、个体工商户3971家和7574户，分别同比下降1.5%和2.4%，舟山市制造业投资下降18.5%、民间投资下降15.2%，预期下降和信心不足越发明显。

（三）开放网络有待进一步畅通

一是综合交通能级不高，陆路交通短板明显。舟山是目前浙江"市市通高铁"最后一块空白，尚未融入省域"1小时"左右交通圈，陆路交通成为开放发展的主要掣肘。二是港口功能仍偏传统，链接国内国际双循环功能还不够强。港区普货船运力总体过剩，服务化、智能化、数字化等发展水平偏低，一体化服务能力较弱，核心竞争力有待增强。区域开放融入不够深，港产城联动和向内陆腹地拓展不够，集聚和配置重要资源能力还比较弱。

（四）开放布局有待进一步完善

一是服务业结构和质量不理想，服务贸易占比偏低。舟山服务业仍以传统服务业为主，知识密集型占比较低。规上服务业和规上高技术服务业盈利能力总体不强，且高附加值服务能力欠缺。服务贸易规模和发展水平有待提高。二是外资招引利用陷入困境。2019—2022年，舟山实际利用外资均在5亿美元左右，没有重大进展，制造业利用外资占比较低。相比其他设区市，外资招引奖励梯度层次较少、奖励门槛相对更高，奖励金额相对较低，政策竞争力有待提升。

（五）开放主体有待进一步提升

一是市场主体数量少，优质项目缺乏。舟山以中小企业为主，缺乏核心龙头企业和"大好高"项目。二是企业技术含量和附加值较低，核心竞争力不强。企业普遍处在价值链低端，创新能力不足，缺乏终端型产品。如剔除浙石化影响，舟山市规上工业亩均税收仅为全省平均水平的三分之一。

（六）扶持政策协同性有待进一步优化

一是部分部门过于聚焦条线上任务和上级导向，未充分结合当地实际，且政策调整过于频繁，不利于政策一以贯之。二是部分政府补贴存在"撒胡椒面"现象，重点不突出，效果不明显。三是不同政策存在交叉重叠，受益对象为同个企业，造成资源浪费，不利于营造公平的营商环境。四是个别条款设置门槛过高，企业无法触及。例如，上一轮航运业政策中的5条政策条目在执行期内无一家企业能够享受，不利于发挥政策的正向引导作用。

四、进一步促进高水平开放的财政对策

（一）聚焦开放平台提能升级，争创大宗商品贸易自由港

一是实施"一岛一功能"工程，推进大宗商品储运基地国家战略任务落地，推动向自贸港跃升。发挥舟山离岛众多、航运发达等优势，统筹布局，建设油品储运、石化新材料产业、粮食储运加工等世界一流或全国领先的岛群，提升产业核心竞争力。加快推进交易中心建设，争取国家更大授权，赋予舟山先行先试与自贸港相适应的国际通行规则。二是强化"平台"思维和"场景"思维，扩大制度型开放。将舟山片区建设成为全球贸易投资商共建、共享、共赢的大平台，开展深层次改革试验。探索制度型开放路径，扩大规则、规制、管理、标准等制度型开放水平。三是推动"一园一产业集群"，发挥重要园区、经开区等发展主引擎作用。通过新一轮财政体制改革，激活经济发展主战场作用，加快引进制造业重大项目，支持办好世界油商大会、国际海岛旅游大会等重大开放平台活动，提升国际国内影响力。

（二）聚焦开放基础稳固提升，打造海洋经济未来蓝色增长极

一是立足海洋特色，培育特色优势产业链。构建现代海洋

产业体系和先进制造集群，攻坚海工装备和高端船舶、万亿级石化新材料、新能源装备等重点产业。推动财政政策资金向临港产业高端化、蓝碳经济产业化、传统产业品牌化倾斜。研究和布局未来产业，重点探索推进水下机器人、海底能源运输运维等海洋创新特色高端制造领域产业布局。二是坚持油气石化产业做大做强链式发展。借鉴新加坡经验，推动油气核心产业链上下游延链补链强链。加大对油气跨国龙头企业招引，提升产业链能级，做好财政政策及相关配套支持，为争创大宗贸易港提供强大支撑。三是探索“舟山制造+舟山消费”联动。推动生产制造与消费流通双向紧密联合，扩大联动场景。逆向梳理契合发展布局的消费产品清单和产业链条，针对性的实施财政综合扶持，推动相关产业产销结合快速发展。

（三）聚焦开放网络内外畅通，打造现代物流体系

一是加快补齐短板，推进跨区域交通建设。围绕“接沪、联甬、融入长三角”目标，打造世界级连岛交通体系。优化旅游交通体验，加强项目前期储备，争取专项债券支持，引导社会资本进入基础设施投资领域。二是融入长三角一体化，深化区域合作。借鉴鹿特丹经验完善港口综合信息服务系统，推进“互联网+航道”建设，支持数字化融合和场景化应用，实现基础设施互联互通，推动优势制造业分工协作。深化江海联运中心建设，形成“海进江”内陆运输和货物中转通达网络，促进港口与腹地经济一体化发展。三是加快推进世界一流强港建设。发挥好财政筹资保障能力，建设亿吨级大宗散货泊位群，助力港口基础设施、生产运营系统、运输装备体系网络化、智能化。推进港航新基建，加快公共数据资源的开发利用，推进港航数字治理能力现代化。提供“一站式”现代综合配套服务，降低运营和运输成本，让通达的现代物流体系成为自由贸易港的发展基础。

（四）聚焦开放布局优化完善，推动形成国内国际双循环发展格局

一是优化服务业开放布局。加快现代服务业发展，支持跨境电商、外贸新业态，优化外贸结构。探索建立国际航运服务标准体系，领跑航运数字化新赛道。财政政策倾斜支持海洋相关生产性服务业和高技术服务业，重视并加大奖补力度，擦亮“舟山服务”招牌。二是提高外资利用水平。落实外商投资准入前国民待遇加负面清单管理制度，鼓励外资更多投向高端制造、新能源、新材料等关键领域，引导实现集群化发展。支持混合经营和服务领域对外开放，鼓励外资和社会资本建设高水平、高标准、专业化服务机构，与政府形成差异化，满足不同需求。三是聚焦“一带一路”战略，积极走出去。以主动开放姿态破除孤立，优化产业结构，提高质量。支持开辟境外合作基地，推动传统产业向共建“一带一路”国家投资，利用当地优势建立工业园区和生产基地，推动形成战略布局。

（五）聚焦开放主体招引提升，提高企业核心竞争力

一是聚焦产业链招商，扩大瓜群基数。坚持招大引强与招新引高相结合，绘制重点产业“一图两库”，即产业缺链图、缺链环节目标企业库和招商项目库。综合运用和探索多种方式，瞄准外部龙头企业、隐形冠军、独角兽企业，实现精准招商，促进产业链供应链稳定。总部招引要找准定位，吸引企业或跨国公司设立区域总部、研发设计中心等。二是优化营商环境，探索“成长礼包”政策。探索建立“成长券”综合奖补体系，针对企业不同发展阶段不同需求建立多层次、集成式的“成长礼包”，重点解决企业综合成本高、贸易风险大等难点痛点。三是提升科创数融水平，提高企业竞争力。整合提升科技政策，健全以企业为主体的科技创新体系，引导企业加大研发投入，提高产品附加值。推动财政政策在产业链、创新链融合上发力，支持企业进行数字化改造、信息化建设和智能化生产，提升市场竞争力。支持企业与境外优秀企业构建利益共同体，实现向高水平“走出去”转化。

（六）创新多维度投入机制，迭代更新财政政策工具箱

一是加大向上争取力度，寻求政策上的突破。落实好自贸试验区提升战略，对接国际最高标准探索制度型开放，为全面深化改革、扩大开放探索新路径。二是构建多方参与的研发机制。整合政府、科研院所、企业、社会资本四方资源，建立“需求-研发-转化-产业化”正向循环机制，形成多元化支持体系。激励高能级科研平台有效产出，探索定制化研发机制，鼓励社会资本参与，共享发展成果。三是依托离岛资源和大宗商品优势，吸引国际贸易机构落户。依托大宗商品储运基地建设，争取引进国际战略投资者和跨国机构，提升舟制、舟贸在全球经贸网络中的影响力、控制力。做大做强原油、粮油、铁矿石、高端海产品等大宗商品的离岸仓储服务、离岸贸易等业务，形成独特的离岸交易特色岛。

（七）探索建立“1+4+N”涉企资金绩效评价体系，提升财政政策协同性

一是创新建立“1+4+N”评价体系。针对重点产业和涉企财政政策，构建“1”张产业扶持政策图谱，并从产业状况排摸、全口径投入要素梳理、扶持政策梳理、扶持对象梳理等“4”个维度出发，对“N”个涉企专项资金进行同步绩效评价。二是科学制定评价标准。探究财政专项资金投入对产业发展的贡献度，避免政策成效无限放大。按照属性分类，归集整合资金性投入、资源性投入、政府引导性投入、营收环境等不同类型投入要素，厘清其结构关系，重点关注财政专项资金投入与产业发展规划的匹配性，以形成资金投向合理性、扶持必要性的整体判断。三是创新多维度绩效分析方法。遵循定性定量相结合，实施行业扶持必要性分析、政策间交互作用等多维分析，以实现政策投产效益的科学量化研判。在前述分析的基础上，系统性提出、归集、整合涉企财政政策在产业扶持方面的优化建议。四是注重评价结果运用。强化专项政策绩效监管，科学运用绩效评价结果，为政策调整、资金配置优化、财政政策整合等提供决策支持，推动形成优势互补、重点明晰、特点显著的系列产业政策，助力扶持一批优质企业，强化产业链，加快构建高水平开放格局，奋力打造高能级海洋开放高地。

课题组组长：周军刚

成员：李丹丹　张晨辉（执笔）　林　晟　张宇乐　仇嘉敏

全成本预算绩效管理改革的实践与思考

杭州市财政局课题组

2018年，中共中央、国务院印发《关于全面推进预算绩效管理的实施意见》，计划用3~5年时间基本建成全方位、全过程、全覆盖的预算绩效管理体系。其中，全成本预算绩效管理改革作为前沿课题，在当前财政“紧平衡”背景下更具理论与实践意义。为推动全成本预算绩效管理的破题和推广，杭州市财政局进行了大量调查研究，开展了多项试点。本文通过对试点项目的总结思考，精准定位全成本预算绩效管理改革薄弱环节，并提出改进思路，为全面推进全成本预算绩效管理提供参考。

一、全成本预算绩效管理内涵

（一）基础定义

全成本预算绩效管理，是指各级政府、各部门和各单位将成本理念贯穿预算管理全流程，运用成本效益分析等方法，按照绩效目标、投入成本、产出质量与效益匹配对应的原则，科学测算各方投入成本，在成本定额标准、财政支出标准和公共服务标准相统一的基础上安排预算，并设置成本、质量和效益等方面的绩效目标，实现“预算安排核成本、资金使用重规范、综合评价讲绩效”的预算管理模式。

（二）重要特点

全成本预算绩效管理突出了成本要素在绩效管理中的重要地位，筛选“成本-效益”最优方案，实现财政资金投入“物有所值”。需注意的是，“成本-效益”最优并非是成本越低越好，而是既定效益下成本最低。

二、杭州全成本预算绩效管理试点的实践和启示

2023年，杭州市财政局选取桥隧设施养护、市属高校财政保障、市属公立卫生医疗机构投入、展陈（博物）馆运维等政策和项目开展试点，探索“核成本、降成本、控成本、评成本、增效益”的全过程成本管理。本文以杭州市级“大型桥隧设施养护”试点项目为例。

（一）项目基本情况

市管大型桥隧等设施是指市城管局市政设施管理中心接收管养的大型城市桥梁和高架快速路、过街人行地道设施、人行天桥等设施。养护定额标准制定于2012年，当前养护标的、要求、方式等已发生很大变化，养护经费逐年增长，预算安排不够精准合理。

（二）绩效目标设定

为保证桥梁隧道设施安全正常运行，施工单位需要开展日常和专项养护，确定各类养护作业频次及需求，形成细化的绩效目标，例如：桥梁巡视检查，要求日常巡查不少于每天2次，常规定期检测每年1次，沉降观测不少于每年1次。

（三）成本结构分析

桥隧设施养护的成本包括养护人工费、机械费、材料费等直接费用；安全文明施工费、二次搬运费、行车行人干扰增加费等项目费用；施工管理费、利润、规费、税金等间接费用。除单价外，影响总成本的因素还包括不同型号机械设备出场费差别、机器与人工配比、维修率等。

杭州市财政局与有关主管部门、施工单位多次研讨并实地踏勘施工现场，通过专业机构了解养护项目的具体组成和市场价格，优化调整成本要素投入。一是修正子目内容。增补部分子目，如高架桥梁隔音屏维修和防撞墙涂料养护；删除部分实际较少发生的子目；细化部分子目，如隧道衬砌子目细化为大理石、搪瓷钢板、水泥纤维板3个明细子目。二是修正成本单价。选择合理的机械型号和保养材料，使成本明显下降。三是修正维修率。统计分析养护台账等记录，结合养护技术规范，分类分档确定实际维修率。四是修正养护基数。改变原存量基数加每年新增量的统计模式，对已纳入养护管理的市管桥隧设施工程量分类分项进行统计，摸清底数，精确计算成本。

（四）全成本核算

会同有关主管部门，在确保既定项目绩效的前提下，采用作业成本法，分别核定单项成本，合理确定总成本。

以高架桥梁的桥面及平侧石养护为例：根据作业对象不同分为沥青砼桥面、普通人行道板等6个养护子目，逐一明确具体内容和绩效目标。根据子目性质特点，按养护需投入的实际资源量和对应单价，分别核定子目全成本单价。养护子目分为与使用年限挂钩的养护（如沥青路面、人行道维修等）和不挂钩的养护（如日常巡视、保洁等）两类。与使用年限挂钩的养护，根据实际情况分为四档，分别确定平均养护维修率。每个子目的全成本单价乘以根据每档对应的养护维修率，得到该子目年均养护单价定额即年均作业单价。该子目年度维护成本为：$C_i=\sum_{i-1}^{4}P_i\times R_K\times Q_K$，其中$C_i$为第i项子目成本，$P_i$为第i项子目全成本单价，$R_K$为该子目不同年限维修率，$Q_K$为该子目不同年限设施数量。不与年限挂钩的子目养护成本为：$C_i=P\times Q_i$。

全市市管大型城市桥梁和高架快速路、城市隧道、过街人行地道设施、人行天桥、下穿道及雨水泵站五类设施养护共细分为150个子目，各子目全成本加总即可得到项目年度全成本。计算公式为：$C=\sum_{i-1}^{150}C_i$。

按照新统计的养护设施量和本次确定的成本标准、维修率计算，市级桥隧养护费用比按照2012年标准测算的金额下降约8.66%。通过全成本预算绩效管理，在提升桥隧养护质量的前提下，借助精细化成本分析，达到了项目降本、资金提效的目标。

（五）试点工作启示

通过对试点工作的总结，综合考虑成本效益分析和预算绩效管理工作要求，调研组初步归纳了全成本预算绩效管理“六步

工作法”。

1. 定标准。确定项目所涉及公共服务范围、内容，结合国家、省市、行业标准要求，综合考虑社会实际需求和地方财政承受能力，明确项目实施的公共服务目标和标准。

2. 核成本。梳理各项投入成本要素，开展成本核算和分摊，剔除不合理成本，制定成本定额标准和财政支出标准，并建立动态调整机制，作为安排预算的依据。

3. 亮目标。从投入成本、产出质量、效益效果三个维度，细化项目全成本预算绩效目标和指标体系，作为实施成本控制、开展绩效评价的重要依据。

4. 控执行。预算执行中，根据绩效目标中明确的成本指标组织实施，并采取成本控制措施，强化成本约束和实时管控，对偏离成本绩效目标的行为及时预警纠偏，促进成本支出与绩效目标相匹配。

5. 评绩效。将成本支出和控制情况纳入绩效评价范围，全面分析评价成本控制、产出完成和效益实现情况，查找成本管理问题，提出节约成本、提高绩效的意见和建议。

6. 促改进。推动评价结果与预算安排、完善政策挂钩，与业务主管部门和承担提供公共服务职能的国有企业综合绩效考核挂钩，形成全成本绩效管理闭环，实现降本增效。

三、全成本预算绩效管理改革工作面临的问题和困难

杭州市全成本预算绩效管理试点工作取得了一定成效，但在实际推进过程中还面临诸多问题和困难：

（一）管理理念有待深化

部分预算单位绩效理念和成本管理意识比较薄弱，理解比较片面，往往认为全成本预算绩效管理就是“降成本、控成本”，忽略了成本预算绩效分析主要目标是“增效益”，担心影响其长期既有利益，对全成本预算绩效管理的接受度和认同感不高，在开展价格调查、成本剖析、绩效评估等工作时缺乏主动性，可能降低最终核定的支出标准的科学性合理性。

（二）绩效指标有待健全

开展全成本预算绩效管理，需细化量化成本、质量和效益三类绩效目标指标，并形成明确对应关系。但实际工作中存在难以获取或衡量上述指标等问题：一是质量指标不明确。许多公共服务项目无统一标准或者可参照标杆，只能设置供需双方均可接受的标准。二是成本指标缺少统一标准。大量项目成本边界较模糊，无适用于不同地域、类型、性质项目的统一成本标准，导致成本指标核定难度大。三是效益指标不够量化。部分项目指标值设置不够清晰明确，偏向于设置“良好”“优秀”等主观性指标，难以客观考核效益，绩效评价促进管理的约束作用不强。

（三）基础数据有待积累

一方面，部分预算单位对成本和产出效益不够重视，且各区域、行业间存在信息壁垒，历史业务成本数据和产出数据难以获取。另一方面，财政补助公共服务项目数量繁多、性质各异，获取数据的工作量大、实施成本高，叠加商业利益等原因，从项目单位获取的成本数据不能确保真实完整准确，限制全成本预算绩效管理改革推进。

（四）应用范围有待推广

从制度层面看，全成本预算绩效管理还处于探索阶段，全国范围内未形成系统的成本预算绩效管理制度和成本效益分析应用体系，缺乏可借鉴经验。从技术层面看，全成本预算绩效管理中成本要素分解、数据梳理、测算分析等过程相对复杂，财政部门、主管部门、项目单位和第三方团队的专业知识和人才队伍均较为薄弱。从应用层面看，在成本的众多构成要素中，只要部分关键要素（如价格波动、政策调整、权重结构等）发生变化，就可能对成本产生影响，导致支出标准不适用于实际情况，应用性和可持续性有待进一步提高。

四、推进全成本预算绩效管理改革的建议

（一）聚焦主体责任，提升管理意识

一要加强宣传引导。财政部门要加大对全成本预算绩效管理的宣传培训，通过网站、微信公众号、预算布置和培训等渠道，联合人大、审计等部门普及全成本绩效管理工作主要内容和流程做法，引导各预算单位牢固树立成本意识，消除认识误区，提高成本绩效分析水平，形成工作合力。

二要厘清工作职责。财政部门要发挥牵头抓总作用，统筹推进杭州市全成本预算绩效管理，做好政策制定、绩效考核、结果运用等工作。主管部门要落实主体责任，通过设置成本管理委员会等方式，加强本部门成本核算与控制管理。基层预算单位要建立“财务牵头、业务协同”的成本核算工作机制，压实成本管理责任。

三要强化绩效考核。提高绩效结果应用刚性，将全成本预算绩效管理工作与预算安排挂钩，对机制建设到位、降本增效明显的单位，在安排项目和资金时适当倾斜；对思想不够重视、成本控制不力的单位，从紧安排预算。将全成本预算绩效管理工作成效纳入政府综合考评内容，发挥综合考评指挥棒作用，引导预算单位主动控成本提绩效。

（二）聚焦制度规范，健全指标体系

一要完善制度设计。扩大试点范围，总结工作经验，聚焦方案拟定、工作组织、方法应用、数据采集、指标分析、成果应用等环节，推动全成本预算绩效管理流程化、制度化、标准化。

二要优化指标体系。针对纯公益性项目、准公益性项目和高度市场化项目等不同性质项目，分类制定支出标准、成本标准和质量效益指标，逐步建立分类别、分行业、分领域的全成本支出定额标准体系和绩效指标体系，实现财政定额标准、支出标准和公共服务标准统一。

（三）聚焦夯实基础，加强数据管理

一要加强数据收集积累。一方面，督促预算单位将成本管控贯穿于日常管理，确保成本数据真实完整，并关注日常支出数据的收集、整理和分析，积累历史数据，提高纵向可比性。另一方面，通过建立行业数据库，主动收集分析同行业数据信息，加强对标管理，提高横向可比性。

二要加强数据协同共享。以公共数据平台建设为契机，打破财政部门和预算单位之间的数据壁垒，建立健全动态调整的公共服务成本绩效信息管理库，形成“数据控成本、数据排预算、数据评绩效”的管理闭环。财政部门要注重编制、执行、评价、应用等全流程的绩效管理，为全成本预算管理提供支撑。

三要动态调整优化。充分考虑影响成本的关键因素，事先研究建立与关键因素联动的成本调整机制，通过数字建模，确保出现价格较大波动、政策重大调整时可及时重新核定成本标准，节约人力成本和时间成本。

（四）聚焦能力提升，推进纵深应用

一要加强人才队伍建设。加大全成本预算绩效管理人才培养力度，提高业务管理水平。发挥相关领域专家智库和第三方机构辅助作用，省市县联动建立分领域分行业的专家智库。加强对第三方机构业务培训和监管，促进行业整体业务水平提升。

二要稳步拓展业务范围。优先选择历史数据、市场数据和行业标准数据容易获取，支出内容相对单一并可量化的项目开展工作，积累经验方法，并逐步向其他财政管理领域拓展，最终实现全成本预算绩效管理全覆盖。

三要吸收基层创新经验。财政部门要加强统筹协调，推动工作向基层延伸，鼓励各区（县、市）结合自身需要，选择重点项目和政策开展试点，推动全成本预算绩效管理工作思想统一、步调一致、形成合力。

课题组组长：张海艳

成员：邵琦俊（执笔）　冯建（执笔）　陈隽芝

生态产品价值实现机制财政保障的实践与思考

丽水市财政局课题组

生态产品价值（GEP）实现是践行“绿水青山就是金山银山”理念的关键路径，旨在通过生态保护补偿、市场经营开发等手段，建立生态环境保护者受益、使用者付费、破坏者赔偿的利益导向机制。自2019年成为全国首个生态产品价值实现机制（简称生价实现机制）试点市以来，丽水市积极探索并取得显著成果，其经验被中办、国办《关于建立健全生价实现机制的意见》充分吸收。本文基于试点建设，分析丽水财政在推动“绿水青山”转化为“金山银山”实现路径上发挥的作用和存在的问题，探究财政助力生态产品价值实现机制建设的有效途径。

一、在生态产品价值实现中的探索与实践

（一）加大环保投入，筑牢生态屏障

多部门协同，建立顶格生态标准，实行严格生态管控。出台生态环境损害赔偿资金管理办法，规范相关资金使用和分配，完善责任追究制度；加快老旧货车淘汰更新，优化空气质量；参与《丽水市2023年深入打好蓝天保卫战实施计划》，加强重点废气源头和移动源排气污染治理。2020—2022年，丽水市投入生态环境保护与治理资金69.83亿元，着力提升林、水、气等生态指标，推动生态价值提升。2022年，丽水市生态环境状况指数连续19年位居全省首位，生态环境公众满意度跃居全省第一。

（二）积极向上争取，助推绿色发展

绿色发展财政奖补机制是浙江省深入践行习近平生态文明思想的一项重要制度创新。自2020年起，丽水市试行与生态产品质量和价值相挂钩的财政奖补机制。2020—2022年，丽水市共获省绿色发展财政奖补资金101.55亿元，其中生态产品价值实现奖补资金1.4亿元，统筹用于生态保护及绿色产业发展领域。同时，成功争取到中央财政专项奖补资金20亿元用于瓯江源头区域山水林田湖草沙一体化保护和修复工程。

（三）首创核算标准，构建制度体系

2020年6月，率先发布全国首个生态产品价值核算地方标准，形成统一、可操作的价值量化标准体系。将GEP和GDP共同作为核心发展指标纳入“十四五”规划和年度计划；探索开展项目级GEP核算研究与应用，在全国率先将GEP核算成果应用于生态环境损害赔偿司法判例；建立GDP和GEP双考核机制，制定GEP综合考评办法，将5大类91项指标纳入综合考核。制定市级生价实现机制试点财政奖补机制方案，与GEP总量、GEP增长等指标相挂钩，积极发挥财政政策激励作用，引导各县（市、区）凝聚绿色发展的思想共识与实践动力。

（四）凝聚市域力量，实现生态补偿

集合莲都、青田、龙泉、云和、缙云、遂昌、松阳、景宁8个县（市、区），开展瓯江流域上下游横向生态保护补偿试点。制定实施方案，按照“谁受益，谁补偿”的原则，根据水质、水量、水效等指标的综合评价确定补偿方向和资金，以补促治推进流域生态环境综合整治。实行饮用水水源地保护财政补偿机制，确保水源地保护责任落实。2020—2022年，市本级安排水源地保护及生态补偿资金3073万元，主要用于市供排水公司、玉溪水资源公司、莲都区、云和县、缙云县等饮用水水源地保护生态补偿。

（五）拓宽路径探索，引入市场机制

2022年，创新搭建丽水生态产品交易中心，全年实现生态产品交易4.9亿元，推动生态资源变资本、变资产；探索自然资源资产产权制度改革，率先开展水流和国有林地确权登记试点；建立较为完善的排污权交易制度框架，统一市域内的排污权交易政策，至2022年年底，累计完成排污权有偿使用和交易笔数4037笔，交易金额2.12亿元。同时，依托生态优势，积极打造“山”字系列区域公共品牌，提升生态产品附加值，累计投入5100万元扶持“丽水山耕”品牌建设和推广，有效对接山区生产与跨域消费市场；探索文化服务类生态产品价值实现转化，2020—2022年，市本级安排文旅融合专项资金1.02亿元，积极推进全域旅游示范区品牌建设。

二、财政保障的制约因素

（一）生态环境保护价值补偿有待加强

丽水生态指标大都处于高位，尤其是生态保护红线区占丽

水市国土面积的31.80%，不可避免涉及限制开发和禁止开发问题，在一定程度上增加发展机会成本，可能影响发展机遇。同时，绿色产业发展效益形成周期较长，前期投入大，短期内难以形成规模效应。

（二）市级资金支持统筹空间有待提升

在“省管县”财政体制下，市级财政资金统筹能力有限，难以有效促进县域经济均衡发展。近几年，国际环境复杂严峻，国内经济恢复基础仍不稳固，区域统筹资金保障压力增大，生态产品价值实现机制内生动力不足。

（三）纵向生态产品价值实现政策体系有待完善

相关系统性政策支撑不够扎实，大多有关生态产品价值实现的政策内容都零星地分布于以乡村振兴、共同富裕等为主题的政策文件，没有形成统一的政策体系。各地的生态产品价值评估标准也并不统一，核算结果无法进行横向比较和跨区域认证。现行的绿色发展财政奖补机制尚待优化，未全面覆盖各类生态产品价值指标。

（四）资金保障渠道有待进一步拓展

目前，生态保护补偿资金来源单一，社会资本投入不够。金融支持生态产品价值实现的配套机制尚不健全、服务市场不够活跃，金融政策领域尚未形成具有稳定可预期回报率的长效机制。生态补偿领域的市场体系建设还处于起步阶段，存在价格体系不完善、交易方式单一、配套制度不健全等问题。同时，环境权益交易区域性差异和规则的不一致，影响企业或个人参与的积极性。

三、下一步建议举措

（一）强化生态产品价值实现政策的顶层设计

1.提升政策的级别和效力。通过法制化进程提升政策效力，整合现有的生态产品价值实现相关政策文件内容，制定专项战略规划或实施方案，明确主体责任，建立有效的程序机制，提高政策实操性。构建规范生态产品价值实现的司法体系，在生态保护补偿的主体、客体、补偿范围、补偿对象、补偿标准、核算方法等重要问题上有所突破，增强相关规定的原则性和可操作性。

2.上下联动深化资金保障。强化政府主导型资金筹集，增加财政转移支付，建议将对生态保护的财政转移支付列入中央和各级政府一般性财政转移支付范围，并保持稳定增长。加大省绿色发展财政奖补力度，提高对先行试点县（市、区）奖补资金占比，激发探索主动性。同时，建议省级基于生态产品价值核算的绿色财政奖补制度细化方案纳入中央补助资金范畴，积极争取中央转移支付资金，加大试点地区支持力度。

3.完善财政奖补机制。将生态产品价值纳入绿色发展奖补机制，采用“存量分档+增量考核”分类分档相结合方式奖补，提高奖补资金效益及公平性。结合各地的生态贡献及生态产品价值的转化能力，实行分类分档奖补，激励提升生态产品质量和价值。提高财政奖补中调节服务价值量权重，解决搭便车问题。

（二）深化多元化资金保障机制探索

1.形成财政金融协同合力。加强财政与金融部门协作，支持政策性银行、开发性银行加大对生价实现项目和绿色产业的金融支持，做好资金统筹，并针对绿色金融贷款等，制定地方政府贴息政策，鼓励金融机构信贷有效供给向生态产品价值实现相关的绿色产业项目倾斜。完善绿色金融产品体系，构建合法有效的银行贷款信用结构。创新绿色金融产品，满足多元化融资需求。探索发展绿色债券、绿色基金等模式，支持绿色产业项目，带动社会资本投资。

2.保险兜底降低资金风险。完善环境污染强制责任保险制度，引导支持资源开发利用者购买生态保护责任保险，降低生态损害赔偿风险。探索新型绿色保险品种，拓展生态补偿和赔偿领域，形成合适的市场定价机制，提高风险保障能力。

3.探索公益型资金筹集模式。积极争取国际的生态保护事业专项资金、财政援助、赠款，以及吸引海外组织和国际团体建立流域生态环境基金，拓展资金来源渠道。

（三）优化政府主导各界参与的市场化路径

1.做好生态价值实现支撑。完善人才科技集聚平台，加强与国内外顶尖科研院所合作，深化生态产品价值实现机制理论研究和实践指导。构建具有中国特色的生态产品认证体系，推动国际互认，出台统一标准、认证细则和生态产品目录清单，打通产品到标准，标准到认证，认证到推广应用的生态产品价值实现支撑。

2.探索全民参与机制。把握政策发展机遇，深度融合“双碳”目标，加快探索碳排放权、排污权、用能权等环境权益交易，加强配套政策制定，培育市场主体，推动环境权益交易市场的全国统一。结合乡村振兴战略、共同富裕等战略，构建人与自然的“利益共同体”。因地制宜做好生态产品经营开发利用，发展绿色有机农业，打造特色品牌，吸引社会资本投资。依托“生态建设+区域综合开发”和“生态建设+产业特许经营”模式，推进旅游与康养休闲融合发展，盘活废弃矿山、工业遗址、古旧村落等存量资源，实现生态保护与民众增收共赢。

课题组组长：孙海敏

成员：翁傅华　黄丽蓉　潘俊敏　刘玟冰　胡超逸（执笔）　叶　曦（执笔）

共富背景下普惠性托育服务财政支持政策改革探索

杭州市高新技术开发区（滨江）财政局课题组

在现代女性广泛参与劳动的背景下，机构托育成为很多育儿家庭尤其是双职工家庭的刚性需求。滨江区作为高新产业、高新人才集聚地，常住人口已达到53万，预计“十四五”末将超过65万，其中三分之二以上为40岁以下人口，呈现平均年龄较低、育龄期人口比例高、出生人口数多等特点。共同富裕背景下，滨江区普惠托育基本公共服务已列入省试点项目，为满足广大家庭的婴幼儿照护服务需求，滨江区全力打造普惠型托育服务体系，积极探索普惠托育服务供给的有效形式，推动建立“政府引导、部门协作、多方参与、家庭尽责”的工作推进机制和成本共担机制。

一、滨江区普惠托育发展现状

（一）托育事业逐步发展

近几年，滨江区依托省市民生实事项目，将托育项目列入政府“十大民生实事”，通过各种举措推进托育行业发展。

1.托育机构数量及托位快速增加

2020年滨江区成立杭州市首家婴幼儿照护服务指导中心，2021年成为杭州市首个100%建成街道普惠性托育机构的城区。同时托育机构数量和托位供给数都不断增加，截至2023年6月，备案机构数量已达42家，提供托位数量约1700个。

目前已经备案的42家托育机构，从区域分布来看，西兴街道14家，长河街道15家，浦沿街道13家，以构建15分钟托育圈为目标，实现了滨江区三街道均衡发展；从备案性质来看，提供普惠托育的机构达37家，占比超过85%；从办托性质来看，民办公助与公建民营有30家，占比超过70%，保证了政府对托育行业有力参与，确保价格满足家庭需求，真正做到托育服务普惠共享。

2.幼儿园托育事业快速发展

为满足家庭对托育服务的需求，同时结合幼儿园实际使用情况，滨江区积极推进幼儿园办托，推动幼儿园“幼托一体化”事业发展。至2023年6月，全区已有41家幼儿园开设托班服务，提供托位约1500个，目前实际收托人数约1200人。幼儿园办托的发展，极大缓解了托育机构托位不足的情况，为广大家庭婴幼儿，尤其是处于即将进入幼儿园的2~3岁衔接段儿童提供了价格普惠、质量可靠的托育服务。

3.托育理念不断深入人心

在机构建设上，滨江区推进儿童友好型医院建设，推动托育综合服务中心建设，在社区卫生服务中心创建医、防、护三位一体儿童健康管理中心，为婴幼儿提供常见疾病和多发疾病诊治、疾病预防和健康管理等养育照护服务支持。在技能培训上，由滨江区卫健部门牵头组织开展各种培训讲座，每年邀请高校、医院等各界专家教授开展育儿课堂不少于200场次，顺利举办了首届家庭养育照护技能大赛。在人才培育上，作为杭州市首个与杭州科技职业技术学院合作开展区域托育复合型专业人才培养的城区，滨江区2023年已陆续开展“点石计划”“淬炼计划”等人才培训计划，助力托育队伍茁壮成长。全方位多层次的宣传与实践，让托育照护理念逐渐深入人心，入托率从2020年的6.6%提升至2022年的17.54%。

（二）政策支持保障体系逐步完善

滨江区财政局联合卫健、教育、发改等部门先后出台相关政策支持清单，2022年成功入选浙江省普惠托育基本公共服务首批试点地区以来，连续出台了《滨江区支持婴幼儿照护服务机构健康发展暂行办法》《关于滨江区普惠性托育机构保育费指导价格的通知》和《关于印发滨江区普惠托育基本公共服务试点工作实施方案的通知》，立足普惠平衡、服务共享，加强政策支持，全力推进普惠托育服务发展。

（三）财政支持力度及范围不断扩大

滨江区对托育行业尤其是普惠托育事业加大财政投入，财政预算安排资金从2021年的275.76万元增加至2023年的2421.2万元。此外，自从2022年底入选省级普惠托育基本公共服务试点以来，滨江区对普惠性托育机构保育费指导价格成本进行重新测算，制定出台新的普惠价格标准，在既有政策的基础之上，结合实际扩大补助范围，涵盖了一次性建设、收托、运营、房租和奖励性补助，同时将托育机构责任保险支出、从业人员培训经费、专业技能指导和培训服务经费纳入财政预算。支持做优托育服务体系，探索建立“政府引导、部门协作、多方参与、家庭尽责”的成本共担机制。

（四）财政支持下的普惠托育发展效果显著

2022年底，滨江区普惠托育机构只有8家，占备案托育机构总数比重约为22%，随着各项普惠托育支持政策的出台，更全面的财政支持吸引许多托育机构加入普惠行列。至2023年7月，滨江区普惠托育机构数量达37家，占已备案托育机构总量比重超过80%，普惠托位供给数量占比接近65%。可见政策支持与财政补贴对普惠托育引导作用明显，形成了双赢的局面，市场供给不断增加的同时有效降低家庭入托成本负担，带动家庭入托率不断提升。在财政资金支持下，普惠价格有望继续降低，未来可能传导至家庭层面，对家庭生育意愿产生正向效应。

二、滨江区普惠托育发展的问题分析

结合杭州市2022年对婴幼儿家庭养育成本和托育机构运行成本调研结果，以及对滨江区托育机构走访调研，目前滨江区托育事业发展主要面临以下几方面问题：

（一）托位供给总量与家庭需求量不匹配

目前各类已备案托育机构55家提供托位数约2276个，每千人托位数4.2个，距浙江省“十四五”托育服务发展规划目标每千人拥有婴幼儿照护设施托位数4.5个、杭州市共同富裕建设重点任务目标每千人拥有托位数4.6个仍有不小差距。即使算上尚未完成备案的幼儿园托位和托育机构托位，供给总托位数也只有3500个左右。而根据调研，滨江区目前0~3岁婴幼儿约有9000人，有入托需求的家庭占比约为65%，如果全部转化为实际入托，需求托位将超过6000个，托育市场能够提供的托位数量与育儿家庭中的托育需求之间还存在较大差距。

（二）托位供给不足与存量托位相对过剩矛盾突出

整体来看，滨江区托育机构托位使用率较低。根据走访调研，托育机构的运营存在明显淡季旺季，上半年为旺季，使用率可以达到70%左右，但下半年尤其是9月随着部分2~3岁婴幼儿进入幼儿园，逐渐进入淡季，托位使用率降低至40%及以下。一方面是供给量无法满足家庭需求，另一方面却是机构实际入托情况并未出现供不应求现象，说明很多家庭的入托需求并未得到实际转化，家长出于各种原因并没有将婴幼儿送入托育机构，这使得托位生源不足成为当前机构面临的主要困难之一。托位总量不足和存量相对过剩并存，表明现有托育服务未能有效匹配家庭实际需求。

（三）入托成本偏高，普惠托育发展尚不完善

调研显示，滨江区超过三分之二的家庭有托育需求，但目前实际入托率仅为17.54%。从走访结果看，入托成本偏高是家长主要顾虑之一。当前托育服务市场价格普遍在每月5000元左右，但大部分家庭愿意承受的成本为每月3000元以下，二者差距较大。2022年滨江区居民人均可支配收入为78793元，月可支配收入为6566元，就一个年轻三口之家而言，每月5000元几乎占据了一个双职工家庭近40%的可支配收入，价格因素成为阻碍有托育需求的家庭把孩子送托的主要原因之一。

（四）专业人才不足，托育服务质量良莠不齐

除价格因素外，家长对托育机构服务质量的不信任也是阻碍入托的重要因素。由于托育行业处于发展初期，部分机构从业人员素质难以保障，导致托育服务质量良莠不齐。在走访过程中，也有不少家庭认为托育机构仅提供看护服务，与自家老人照料并无太大区别。此外，托育机构安全管理制度还有待完善，需要对婴幼儿在园期间人身安全、膳食营养、卫生防控、情感变化等方面提高关注，打消家长对安全性的顾虑。

三、优化普惠托育服务的政策建议

（一）完善政策保障体系，支持规范有序发展

滨江区聚焦痛点难点，陆续出台各类规范性文件支持鼓励托育行业发展，尤其是对普惠托育的引导培育，已经取得了显著成效。未来滨江区将根据托育行业实际情况，动态调整已出台的支持政策，并继续出台新的政策文件支持托育事业发展，如推进社区办托，利用社区场地提供价格可接受的普惠托育；鼓励支持单位开展面向内部职工的普惠托育园，继续扶持推广如海康威视等单位办托；同时大力引导社会力量参与，通过公建民营、民办公助等形式，参与普惠托育机构运营。

（二）加大财政支持力度，发挥财政引导作用

尽管家长普遍反映托育机构收费偏高，超出家庭可承受能力，但从实际经营情况来看，很大一部分托育机构并未实现盈利甚至保本运营都存在困难，机构的正常运营依赖于财政对托育机构的补贴。结合财力可持续性，财政投入应适当向婴幼儿托育倾斜，降低托育机构运营成本，引导更多机构参与托育事业，并提供普惠托育，增加市场普惠托位的供给，切实降低家庭负担，形成财政可持续、市场有信心、群众得实惠的共赢局面。

（三）把握资金投入精准度，提升财政资金效益

一是在投入方向上，托育机构运营主要成本是场地房屋租金和人力，占比约为70%~90%，因此支持重点应为降低房租与从业人员支出成本。二是在投入时间上，托育机构经营存在淡旺季，上半年托位使用率较高，成本支出较大，下半年9月之后支出相对较小，而目前滨江区对托育机构的补贴时间在下半年9月之后，经过审核、公示等一系列流程，机构实际收到补贴的时间可能更晚。如在上半年分批进行补助，后续再进行资金清算，会更加及时有效。三是发挥补助示范作用，除综合奖补外，根据普惠性托育机构的收托情况、服务质量、家长满意度等，对获得省级市级和区级的示范性机构分别给与额外财政补助，鼓励托育行业内部竞争，提供更加优质的托育服务。

（四）财政补助由供给端逐步过渡到需求端

目前财政资金主要在供给端对提供服务的托育机构进行综合奖补，在行业发展初期，这有利于大幅增加市场供给量，形成行业规模。但是当托育市场达到一定规模，仅在供给端进行补助的弊端逐渐显现，激烈的竞争导致"劣币驱逐良币"，有实际需求的低收入家庭或贫困家庭可能还是无法享受到托育这一公共服务，这与共同富裕背景下普惠托育的内涵是相背离的。为了解决这一问题，从新加坡、日本、韩国以及部分OECD国家的发展经验来看，财政补贴从补供给到补需求，或者采用二者相结合的双轨制补贴，能有效规避托育服务质量低劣问题，同时可以保障家庭的自由选择权，满足家庭多样化的需求，进而提高入托率。结合区域发展实际，可探索财政补贴补供给与补需求相结合的方式，把财政资金适当补贴到家庭端，引导家庭主动参与和选择各类托育服务；同时对低收入贫困家庭、单亲家庭、残障儿童等弱势群体适当倾斜，把财政补贴真正用到有需求的人身上，推动公共服务共建共享，增强群众获得感。

（五）加强宣传引导，强化人才队伍培养

一是要加大宣传力度，如开展知识讲座，发放体验券或托育服务券，邀请家长和孩子进行体验，消除顾虑；二是联合各部门按照职责分工密切合作，定期开展卫生健康、消防、食品等方面的监督检查，对于不符合标准的机构，责令停业整改，停止财政补贴与税收优惠政策；三是加强对从业人员的培训，通过组建专家团队、培训师团队，征召并培训正式教师及志愿者队伍（含家长群体）等多种渠道，扩充托育人员队伍来源，保障托育服务质量，同时改革育婴师培训及认证制度，完善提升婴幼儿照护从业人员综合服务能力建设方案，满足产业发展、市场运行、家庭育儿需求。

课题组组长：张　军

成员：倪秀青　韩金标（执笔）

附录

zhejiang caizheng nianjian

机构人员

浙江省财政厅厅领导名单

（2023年12月31日）

省政协党组成员、副主席候选人，党组书记、厅长	尹学群*
党组副书记、副厅长、一级巡视员	王广兵
副厅长、一级巡视员	陈焕昌
党组成员、副厅长	倪学军
党组成员，省金融控股有限公司党委书记、董事长	杨强民
党组成员、总会计师	赵雅玲
党组成员、派驻纪检监察组组长	尹小平*
党组成员、副厅长	张远东*
派驻纪检监察组一级巡视员	徐首红*
一级巡视员	邢自霞*
一级巡视员	侯余兴*

浙江省财政厅机构设置及领导名单

（2023年12月31日）

一、厅机关

办公室

主任：徐小俊*

二级巡视员：叶光胜*

副主任、二级调研员：高　翔

副主任：黄建勇

副主任：周丽珠*

二级调研员：林圣才

人事处

处长：杨慧芳

副处长：姜伟荣

副处长：查仕明

副处长：吴佳丽*

二级调研员：费　萍

直属机关党委

专职副书记：赵春伟*

二级巡视员：金洪根*

直属机关纪委专职副书记：朱知攀*

政策法规处

处长：张旭东

副处长：李　斐

一级调研员：朱炳仁

二级调研员：董强波

总预算局

局长：康国梁*

副局长：姜传鸽*

地方政府债务管理办公室

主任：王林尧*

二级巡视员：周爱明*

副主任：项　真

副主任：罗　荆

税政处

处长：马　勇

副处长、三级调研员：费国炎

预算执行局

局长：戴晔沸*

副局长：朱小燕

副局长：沈　维*

一级调研员：童黛铭*

二级调研员：蒋小聪

二级调研员：陈　珍

综合处

处长：肖艳菱

副处长：莫建斌

副处长：马科奇*

副处长：程文德*

二级调研员：吴凤珍*

会计处

处长：陈志远

副处长：朱卫品

一级调研员：汤　淮

一级调研员：李雪萍

二级调研员：郑肖亮

行政政法处

处长、二级巡视员：陈百平*

副处长、二级调研员:陈　达
副处长、三级调研员:赵巧丽
副处长:步恩绵
副处长:陈　蕾*
二级调研员:王柳霞

科教处

处长:虞劲松
副处长、二级调研员:甘建辛
副处长:周参雍
副处长:徐佳梦(援藏工作)*
二级调研员:王　静

文化处(文化企业国有资产监督管理办公室)

处长、一级调研员:赵利明*
副处长:童　盈
副处长:李慧辉
副处长:杨　帆*
二级调研员:金　涛

资产管理处

处长:管海燕
副处长:潘朝晖
副处长:饶亚君
一级调研员:陈丽君
二级调研员:吴新芳

农业处

处长:叶茂乐
二级巡视员:何新星
副处长:王　姣
副处长:何法顺

基层财政管理处

处长、一级调研员:徐来兴*
副处长:鲁　明
副处长:朱志伟*

自然资源和生态环境处

处长:何喜平*
副处长、二级调研员:马建胜
副处长:沈燕萍(永嘉挂职)

金融处

处长:詹　飙*
副处长、二级调研员:邬达贵*
副处长:蔡伟玮

社会保障处

处长:吴益民*
副处长:李　杰
副处长:朱家立
一级调研员:李　鸣
二级调研员:全龙江

经济建设处

处长:刘　虹*
副处长:王朝辉
副处长:杨　博
副处长:何小康
副处长:吕　晶*
二级调研员:汤帘秀

财政监督局

局长、一级调研员:刘　臻
副局长:章觉初*
二级调研员:周学伟
二级调研员:孙建苗
二级调研员:汤建新

绩效管理处

处长:陈　琰*
副处长:陆　阳
副处长:陈　超*

政府采购监管处

处长:范　愿*
副处长:陈健东*
副处长:倪文良
二级调研员:徐剑锋
二级调研员:梁妙其
二级调研员:邵　健*

二、事业单位

省级财政国库支付中心

主任:包尧兴
副主任:金国兴
副主任:周慧坚*
副主任:舒惜虞*
一级调研员:宋万生
二级调研员:何玮富*

省财政项目预算审核中心

主任:王　琛*
副主任:魏成勇
二级调研员:沈应庚
二级调研员:吴春桃
二级调研员:俞富桥

省财政票据管理中心(省非税收入中心)

主任:杨一斐*

副主任:何赛赛*

二级调研员:叶时宝*

二级调研员:吴小明

省级部门预算编制中心(省地方政府债务管理中心)

主任:顾健耀*

副主任:任　芳

副主任:郭丽丽*

省财税政策研究室

主任:孙柳媚*

副主任:高晓兵*

副主任:盛滢婷*

副主任:周晓斌(援青工作)*

省数字财政管理中心

副主任(主持工作):林长乐*

副主任:王伟皓*

管理五级职员:寿建钢

管理六级职员:陈相良

省国有金融资本运营评价中心

主任:陈优芳*

副主任:徐国栋*

管理六级职员:林金松*

省社保基金和交通事故救助基金管理中心

主任:黄　青*

正处长级专员:许智敏

副主任:陈　瑞

副主任:王秀芸*

副主任:陆昉宇*

省会计事务服务中心

副主任(主持工作):楼丽娜*

正处长级专员:张光敏*

副主任:童联新

副主任:夏烨能

副主任:李书玲

省财政干部教育和后勤中心

主任:陈亚谊

副主任:钱雯雯*

管理六级职员:沈幼华*

省农业融资担保有限公司

董事长:夏慧民*

总经理:赵　虹

董事、副总经理:王新江(援疆工作)*

浙江省各市、县(市、区)财政局领导名单

(2023年12月31日)

杭州市财政局

党组书记、局长:陈震山*

一级巡视员:谢建华*

党组副书记、副局长,杭州第十九届亚洲运动会、第四届亚洲残疾人运动会组委会财务部副部长(兼):龚　巍*

党组成员、派驻纪检监察组组长:谢　宁*

党组成员、副局长:张海艳

党组成员、副局长:周　前

党组成员、总会计师:卢　昕*

杭州市融资担保集团有限公司董事会董事、董事长、总经理:王　强

副局长级:陈　刚*

二级巡视员:许　杭*

二级巡视员:汪生祥*

二级巡视员:李六文*

二级巡视员:卓安军

一级调研员:郭顺华

上城区财政局

党委书记、局长:石荣祥

党委委员、派驻纪检监察组组长:陈春晓

党委委员、副局长:陈普照

党委委员、副局长:吴国荣

党委委员:黄雪薇*

拱墅区财政局

党委书记、局长:唐晓华

党委委员、副局长:娄　瑾

党委委员、副局长:许　斌

党委委员、副局长:李亚鹏

党委委员、副局长:童湘军

党委委员、派驻纪检监察组组长:蒯　骏*

西湖区财政局

党委书记、局长:罗　元

党委委员、副局长:赵水林

党委委员、副局长:王　瑛

党委委员、副局长:刘　苗

四级调研员:兰兆军

高新区(滨江)财政局

党委书记、局长:邵　臻

党委副书记、副局长:张　军

党委委员、副局长:李　颖

党委委员、副局长:徐　峥

党委委员、副局长:柴立挺*

党委委员、三级调研员:王慎红

派驻纪检监察组组长:沈惠娟*

萧山区财政局

党委书记、局长:杨月万

党委副书记:汤　琦*

党委委员、副局长:陆　巍

党委委员、派驻纪检监察组组长:丁国权

党委委员、副局长:沈国伟

党委委员、总会计师:范永明

党委委员、副局长:毛生刚*

党委委员、总经济师:朱佳佳*

余杭区财政局

党委书记、局长:姜根军

党委委员、副局长(正处级):朱　方

党委副书记、副局长:支小红*

党委委员、副局长:于　俊

党委委员,区国有资产监督管理办公室专职副主任:卢晓琴

党委委员、副局长:孙　杰*

临平区财政局

党委书记、局长:卢君飞

党委委员、副局长:莫雅明

党委委员、副局长:计汉强

党委委员、副局长:朱益成

党委委员:张　茵

党委委员:沈晓琴*

一级调研员:施成华

二级调研员:钱建伟

二级调研员:楼志燕

钱塘区财政局

党委书记、局长:袁　月

党委委员、副局长:汤　波

党委委员、副局长:胡科强

党委委员、副局长:吴　丹

一级调研员:刘晓平

四级调研员:孙小平

党委委员:朱　红

富阳区财政局

党委书记、局长:李向明

党委委员、派驻纪检监察组组长:王元新

党委委员、副局长:方红华

党委委员、副局长:彭国锋*

党委委员、副局长:潘小琴*

党委委员:王峥嵘

党委委员、办公室主任:何应峰*

临安区财政局

党委书记、局长:黄生云

党委副书记、副局长:戚峥嵘

党委副书记:胡　钧*

副局长:周青萍*

党委委员、副局长:陈一鸣

党委委员、派驻纪检监察组组长:胡晓军*

党委委员、总会计师:苏晓艳*

党委委员:童学群*

一级调研员:张发平

二级调研员:周　佳*

二级调研员:叶忠华*

四级调研员:陈　瑛*

桐庐县财政局

党委书记、局长:濮樟平

党委副书记、总会计师:吴俊华*

党委委员、副局长:何庆娟

党委委员、副局长:俞　斌

党委委员、副局长:陈小马

党委委员,县国有资产管理服务中心主任:徐俊娥*

党委委员:童海鹏

淳安县财政局

党委书记、局长:毛善智*

党委副书记、正局级组织员、副局长:万海卫

党委委员、派驻纪检监察组组长:王富设

党委委员、副局长:余德贵

党委委员、总会计师:吴苏琴

党委委员、副局长:徐建芳

建德市财政局

党组书记、局长:陈　刚

党组成员、派驻纪检监察组组长:华爱民

党组成员、副局长:陈　善

党组成员、副局长:李　鹏

党组成员、副局长:宋　智

总会计师:陈迎春*

宁波市财政局

党组书记、副局长:单继诚

局长、一级巡视员:姚蓓军

党组副书记、副局长:王　晓

党组成员、副局长:应日捷

党组成员、派驻纪检监察组组长:王兴兵

党组成员、总会计师:叶颢威

党组成员、副局长:陈建永

党组成员、组织人事处处长:罗　滨*

二级巡视员:华　平

二级巡视员:高国平

一级调研员:包建华

海曙区财政局

党组书记、局长:朱裕高

党组成员、副局长:童　霞

党组成员、副局长:邱顺年

党组成员、总会计师:范　颖

党组成员、副局长:王　海

江北区财政局

党组书记,区国有企业党工委书记:张利君*

局长:邹旭明

党组成员、副局长:林　剑

党组成员、总经济师,区国有企业党工委委员:陈燕平*

党组成员,区国有企业党工委委员,区国有资产管理服务中心主任:田雪梅*

党组成员、区国有企业党工委委员、纪工委书记,四级调研员:尹小炜*

镇海区财政局

党组书记、局长:孙　灵

党组副书记、副局长:陈　晓

党组成员、总会计师:汤宇瑾

党组成员、副局长:朱　峰

党组成员、副局长、预算局局长:蒋　瑜*

党组成员、办公室主任:张　慧*

二级调研员:王镇亮

三级调研员:陈　红

北仑区财政局

党组书记、局长:叶奇丹

党组成员、副局长:何旭培

党组成员、副局长:应容与*

党组成员、副局长:袁　波

党组成员、总会计师:王海珍

鄞州区财政局

党组书记、局长、一级调研员:李青萍

党组副书记、副局长:程　洪*

党组成员、二级调研员:陈　黎

党组成员、副局长、三级调研员:严文飞

党组成员、副局长:赵海波

党组成员、副局长:毛盈飞*

党组成员、副局长:张　威*

总会计师:周义宏*

奉化区财政局

党委书记、局长:江洪平

党委副书记、副局长:陈玲萍

党委委员、派驻纪检监察组组长:俞亚芬*

党委委员、副局长:杨盛波

党委委员、副局长:张成方

党委委员、总会计师:董贤杰

党委委员:陈礼军

余姚市财政局

局长:梁红霞*

党委副书记、副局长:鲁永飞

党委委员、副局长:韩士其

党委委员、总会计师:吴久林

党委委员、副局长:赵建军

慈溪市财政局

党委书记、局长:胡利嗥

党委副书记、副局长:潘钊先

党委委员、副局长:黄军岳

党委委员、副局长:陈军燎

党委委员、总会计师:胡杰聪

党委委员:张崇明*

宁海县财政局

党委书记、局长:叶亦金*

党委副书记、副局长:周必正

党委委员、副局长:王勇剑

党委委员、副局长:戴　晟

总会计师:周　晶

象山县财政局

党组书记、局长:黄国敏*

党组副书记、副局长:胡　斌*

党组成员、副局长:陈忠祥

党组成员、副局长:郑世敏

党组成员、总会计师:陈　莹

党组成员、副局长:陈　波*

副局长:张威明*

党组成员:楼恩明*

温州市财政局

党组书记、二级巡视员:陈宣安

党组副书记、局长:贾黎春*

党组副书记、副局长、机关党委书记、三级调研员:沈显克

党组成员、派驻纪检监察组组长、三级调研员:兰晓轩

党组成员、副局长、三级调研员:叶晓东

党组成员、副局长、三级调研员:张方任*

党组成员、副局长、三级调研员:李　麟

党组成员、副局长:连莱菁

党组成员、总预算局(税政处)局长(处长)、四级调研员:韩加斌

鹿城区财政局

党委书记、局长,区国有资产监督管理办公室主任:陈翔俊

党委副书记、副局长:戚于挺*

党委委员、派驻纪检监察组组长、一级主任科员、一级监察官:叶玉峰

党委委员、副局长:白劲松

党委委员、副局长:徐　丹

党委委员、督查专员:刘建雄

党委委员、总会计师:严正海

党委委员、经营考核科科长:胡连云

党委委员、区国有资产运行指导中心主任:章扬帆

龙湾区财政局

党组书记、局长,区国有资产监督管理办公室主任(兼):吴尊林

副局长:鲁传义

党组成员、副局长:施寒毅

党组成员、总会计师:朱爱忠

党组成员、副局长:陈银晔

副局长:吴桦槐 *

党组成员、预算编制局局长:李晓青

党组成员、温州湾新区招商服务中心副科长级督查专员:曹卯卯*

党组成员、副局长:夏立芳*

党组成员、财政信息中心主任:冯小燕

瓯海区财政局

党组书记、局长,区国有资产监督管理办公室主任(兼):许建宇

党组副书记、副局长:杨海慧

党组成员、副局长:吴建峰*

党组成员、副局长:阮众贺

党组成员、副局长:金秀礼

党组成员、预算执行局局长:黄玉坚

洞头区财政局

党组书记、局长,区国有资产监督管理办公室主任:黄建敏

党组副书记、副局长:许晓斐

党组成员、副局长,区国有资产监督管理办公室副主任(兼):朱海斌*

副局长:陈声进*

党组成员、总会计师:林菲菲

党组成员:周必利*

乐清市财政局

党组书记、局长,市国有资产监督管理办公室主任:黄向永*

党组副书记、副局长:杨宏辉

党组成员、副局长:郑清华

党组成员、副局长,市国有资产监督管理办公室副主任:包建信*

党组成员、副局长:李　华*

党组成员、总会计师:陈永光*

瑞安市财政局

党委书记、局长,市国有资产监督管理办公室主任(兼):谢钦巨

党委副书记、副局长:林孝昭

党委委员、派驻纪检监察组组长:郑圣学

党委委员、副局长:陈大青

党委委员、副局长,市国有资产监督管理办公室副主任(兼):潘孝义

党委委员、总会计师:曾　谦

党委委员,市政府投资项目财政融资评审中心主任:阮晓国

党委委员、预算局(税政科)局长(科长):洪　炜

党委委员、国企党建工作科科长:刘　彪*

永嘉县财政局

党委书记、局长:陈海州

党委委员、副局长:潘来毅

党委委员、副局长:叶强忠

副局长:林文胜

党委委员、派驻纪检监察组组长:柯海璞

党委委员、副局长:李雪峰

党委委员、总会计师、机关党委书记:马永亮

党委委员、预算科科长:周黎光

党委委员、办公室负责人、预算编制中心主任:金翎仲

副局长:林　钱(挂职)

永嘉县嘉宁控股集团有限公司董事长兼总经理、债管办负

责人:蒋湖北*

文成县财政局

党委书记、局长:林永波*

党委副书记、副局长:胡学铐

党委委员、副局长:刘　坚*

党委委员、副局长:胡国鑫

党委委员、派驻纪检监察组组长:邢万方

党委委员、副局长:徐　迅(挂职)

党委委员、办公室主任:苏建钦

平阳县财政局

党组书记、局长,县国有资产监督管理办公室主任:周胜苏

党组成员、副局长:温从忠

党组成员、副局长,县国有资产监督管理办公室副主任:温振睦

党组成员、副局长:许映月

总会计师:王　坚

党组成员:金剑波

党组成员:王作出

党组成员:包春蕾*

泰顺县财政局

党委书记、局长:周仕姜

党委副书记、副局长:毛旭升

党委委员、副局长:夏文伟

党委委员、副局长:翁迪软

党委委员、副局长(挂职):李　磊

党委委员、总会计师:曾瑞武

党委委员、县财政支付中心主任,县国有控股集团有限公司总经理:吴明双*

苍南县财政局

党组书记、局长:陈国子

党组成员、副局长:王雪琴

党组成员、副局长:陈荣早

党组成员、副局长:杨从国

党组成员、总会计师:杨梅芳

龙港市财政局

党委书记、局长:周正声*

党委副书记、副局长:王　骏*

党委委员、副局长:林贤更*

党委委员、副局长:陈先勤*

党委委员、总会计师:金明拯*

湖州市财政局

党组书记、局长:杨中校

党组副书记、副局长:林　明

党组成员、副局长:王振权*

党组成员、副局长:徐　慧

党组成员、副局长:吴丽梅*

党组成员、总会计师:黄建华*

党组成员、副局长:孙　迎

党组成员、组宣人事处处长:赵明明

党组成员、绩效处处长:朱舒文*

吴兴区财政局

党委书记、局长:杨卫华

党委成员、副局长:叶　青

党委成员、副局长:俞勤仕

党委成员、副局长:光　晨

党委成员、总会计师:叶楚江

党委成员、副局长:顾　燕

南浔区财政局

党委书记、局长:闻爱祥

党委副书记、副局长:王杰华

党委委员、副局长:詹家峰

党委委员、总会计师:李卫英

党委委员、副局长:顾　靓

德清县财政局

党委书记、局长,县国有资产监督管理办公室主任:沈　忠

党委委员、副局长,县国有资产监督管理办公室副主任:钱伟国

党委委员、副局长:嵇月红

党委委员、副局长:俞明耀

党委委员、副局长:夏　婷

党委委员、总会计师:冯　杨

党委委员、办公室主任:孙则政*

长兴县财政局

党委书记、局长,县国有资产监督管理办公室主任:朱为兵

党委委员、正科级组织员,县属国企联合监事会主席:邵建峰

党委副书记、副局长:刘志新

党委委员、副局长:张春喜

党委委员、副局长:吴建勇

党委委员、副局长:沈　利*

党委委员、总会计师:沈　菲*

安吉县财政局

党委书记、局长,县国有资产监督管理办公室主任:李　明

党委副书记、副局长:童升明

党委委员、副局长:潘丽敏

党委委员、副局长:张　勇

党委委员、副局长：刘　清

总会计师：柳世雯

嘉兴市财政局

党委书记、局长：王申峰

党委副书记、副局长：蔡土贵

党委委员，嘉兴长三角创新投资集团有限公司党委书记、董事长、总经理：周　峰

党委委员、总会计师：钱　骏

党委委员、副局长：俞　强*

党委委员、副局长：刘士义*(挂职)

党委委员、派驻纪检监察组组长：冯丁希*

党委委员、市财政项目预算审核中心主任：傅　强*

党委委员、二级调研员：沈建忠

南湖区财政局

党委书记、局长：夏　峰

党委委员、副局长：张　涛

党委委员、副局长：汪　军

党委委员、区金融发展服务中心副主任：沈钟苹

区金融发展服务中心副主任：沈佩华

党委委员、总会计师：朱华楠*

秀洲区财政局

党委书记、局长：成海明

党委委员、副局长：陈宏义

党委委员、副局长：戚娟芬

党委委员、总会计师：沈　聪

党委委员：沈　萍*

嘉善县财政局

党委书记、局长，县国有资产监督管理办公室主任(兼)：陈卫强

党委委员、副局长：邬伟强

党委委员、副局长：姚　亮

党委委员、副局长：蒋丽萍

党委委员、副局长：吴欣苗*(挂职)

党委委员、总会计师：周志刚

党委委员、党委办公室主任、人事教育科科长：孟雪荣

党委委员，县国有资产监督管理办公室副主任(兼)：陆东利

平湖市财政局

党委书记、局长，市国有资产监管管理办公室主任：吴兰兰

党委副书记、副局长(正科级)，市国有资产监管管理办公室副主任：丁根林*

党委委员、副局长：钱道明

党委委员、副局长：沈　斌*

党委委员、总会计师：宋丽梅

党委委员、办公室主任(政策法规科科长)：李　莉

海盐县财政局

党组书记、局长，县国有资产监督管理办公室主任：曹继旻*

党组成员、副局长：王建林

党组成员、副局长，县国有资产监督管理办公室副主任：富钧毅

党组成员、副局长：朱晓展

党组成员、副局长：沈霞琴*

总会计师：范永飞

海宁市财政局

党委书记、局长，市国有资产监督管理办公室主任：孙国新*

党委副书记：曹智慧

党委委员、派驻纪检监察组组长：朱建忠

党委委员、副局长，市国有资产监督管理办公室副主任：孙　伟

党委委员、副局长：高　迪

党委委员、总会计师：翟晓杰*

党委委员，市资产经营公司副总经理：朱曹阳*

党委委员、办公室(政策法规科)主任：柴云康*

桐乡市财政局

党委书记、局长：金朱平

党委委员，市国资国企改革发展服务中心主任：费　佳

党委副书记：夏胜平

党委委员、副局长：朱振宇

副局长：陈伟达

党委委员、副局长：茅路平

党委委员、总会计师：张　岚

市国资国企改革发展服务中心副主任：沈冬晓

市国资国企改革发展服务中心副主任：倪为荣

绍兴市财政局

党委书记、局长：金水法

党委委员，市金融控股有限公司党委书记、董事长、总经理：孙永国

党委委员、派驻纪检监察组组长：骆玉兴*

党委委员、副局长：王霞辉

党委委员、副局长：韩春芳

党委委员、副局长：章　瀚

党委委员、副局长：丁　玲

党委委员、总会计师：张　磊*

越城区财政局

党组书记、局长，区国有资产监督管理办公室主任：赵雄伟

党组成员、副局长:林先明

党组成员、副局长、王　萍*

党组成员、总会计师:王华华*

党组成员:陈洁如

党组成员:冯国芬*

柯桥区财政局

党工委书记、局长:谭　科

党工委委员、副局长:倪永亮

党工委委员、副局长:邹国林*

党工委委员、总会计师:童　君

党工委委员、区财政项目预算审核中心主任:来建祥

上虞区财政局

党委书记、局长:杜永刚

总会计师:徐　俊

党委委员、副局长:周敏波

党委委员、副局长:任　斌*

副局长:朱　敏*

党委委员、财政监督局局长:丁光兴*

党委委员、办公室主任:姜志军

诸暨市财政局

党组书记、局长:章　辉

党组成员、副局长:杨列伟

党组成员、副局长:斯　晔

党组成员、总会计师:斯　巍

党组成员、副局长:朱向前

党组成员、党建室主任:骆洪涛

嵊州市财政局

党委书记、局长:王春江

党委委员、副局长:郑杭燕*

党委委员、副局长:王正浩

党委委员、副局长:王小燕

党委委员、总会计师:柳　栋

党委委员、人事科科长:陈　伟

新昌县财政局

党委书记、局长,县委国资工委书记(兼)、县国有资产监督管理办公室主任(兼):王豪东

党委委员、副局长:徐良明

党委委员、总会计师:王燕妃

党委委员、副局长,县委国资工委副书记(兼):黄晓东*

党委委员、机关党委副书记(专职):梁晓富

党委委员、预算局局长:潘晓平

金华市财政局

党组书记、局长:卢小珍

党组副书记、副局长:胡金东

党组成员、副局长:陈志坚

党组成员(副局长级)、机关党委书记:雷康盛

党组成员、副局长:张高强

党组成员、总会计师:孙　倩

党组成员:张飞燕

婺城区财政局

党组书记、局长,区国有资产监督管理办公室主任:邵建平

党组成员、副局长:俞叶青

党组成员、副局长:张德建

总会计师:张向群

党组成员、副局长:杨淑芬*

党组成员,区国有资产运营服务中心主任:陈　鹏

金东区财政局

党组书记、局长,区国有资产监督管理办公室主任:吴谊林

党组副书记、副局长,区国有资产运营发展中心主任:孙岳彪

副局长、总会计师:叶晓咏

党组成员、副局长:洪　俊*

党组成员,区国有资产运营发展中心副主任:方跃飞*

兰溪市财政局

党组书记、局长:张　靓

党组副书记、副局长,市国有资产监督管理办公室主任:张海湘

党组副书记、副局长:陈　浩

党组成员、总会计师:张新跃

党组成员、副局长:陈晓芳*

党组成员、副局长、预算执行局局长:章　茹*

党组成员、财政监督局局长:包永平

党组成员、预算局局长:董　潇*

东阳市财政局

党组书记、局长:赵　锋

党组成员:韦向东

副局长:徐爱民

党组成员、副局长:金旭东

党组成员、副局长:李永刚

总会计师:陈洪升

党组成员、预算执行局局长:葛宏亮

义乌市财政局

党委书记、局长:俞华忠

党委委员、副局长:吴小雁

党委委员、副局长:傅晓平

副局长:吴志强*
党委委员、总会计师:金巧梅*
党委委员、办公室主任:傅扬华
党委委员:张婉君*
永康市财政局
党委书记、局长:杜奕铭
党委副书记、副局长:胡俊杰*
党委委员、副局长:李亚敏*
党委委员、总会计师:冯　强*
党委委员、财政监督局局长:任　学*
党委委员、办公室主任:叶康英*
浦江县财政局
党委书记、局长:周占伟*
党委委员、副局长:于培东
党委委员、副局长:芮赢省
副局长:程晓月
总会计师:沈　倩
党委委员、预算局局长:金燚涛*
武义县财政局
党委书记、局长:徐宏亮
党委委员、副局长:陈潇杭*
党委委员、副局长:陶国伟
党委委员、总会计师、预算局局长:潘荷花*
党委委员、综合科科长:章　晔
党委委员、企业科科长:周红攀*
磐安县财政局
党组书记、局长:陈珍高
党组副书记、副局长:林永平
党组成员、副局长:黄　强
党组成员、副局长:陈　山
党组成员、总会计师:陈爱方
党组成员、预算局局长:施尚海*

衢州市财政局
党委书记、局长:刘明鹤
副局长:林　霄*
党委委员、副局长:徐国富
党委委员:方忠明*
党委委员、派驻纪检监察组组长:曾骁环
党委委员、总会计师:程立新
党委委员、副局长:何刚亮*
党委委员:许　见
党委委员:孙　科*
柯城区财政局
党组书记、局长:吴　川
党组成员、派驻纪检监察组组长:杨　洁
党组副书记:王　林
党组成员、副局长:姜杨青
党组成员、总会计师:张　星
副局长:胡潇然*(挂职)
副局长:祝思蕙*(挂职)
党组成员:王晓峰*
党组成员:陈俭龙*
衢江区财政局
党组书记、局长:刘建绪*
党组副书记、副局长:颜小忠*
党组成员、副局长:吴凌霞
党组成员、副局长:夏庆丰*
党组成员、派驻纪检监察组组长:李旭武
党组成员,区财政国库支付中心主任:汪静洲
总会计师:王艺涵*
龙游县财政局
党委书记、局长:王　晟
党委委员、派驻纪检监察组组长:陈小军*
党委副书记、副局长:倪　斌*
党委委员、总会计师:郑　婷
副局长:兰吴涛
副局长:郑振宇(挂职)
党委委员、副局长:余哲*
党委委员:邱　宽*
党委委员:陈　婷
江山市财政局
党委书记、局长,市国有资产监督管理办公室主任(兼):周建荣
党委委员、副局长:董志成
党委委员:陈　红
党委委员、总会计师:周新胜*
党委委员,市国有资产管理服务中心党委书记、主任:严献明
党委委员:徐　平*
常山县财政局
党委书记、局长:汪启红
党委副书记,县金融服务中心党组书记、主任:郑秀平
党委委员,县国有资产管理服务中心党委书记、主任:刘晓刚
党委委员、派驻纪检监察组组长:王伟荣
党委委员、副局长:吴　艳
党委委员、副局长:徐鸣华

党委委员、副局长:余　浩
党委委员、总会计师:胡　兰
开化县财政局
党委书记、局长:廖继军
党委副书记、副局长:汪福海
党委委员,县国有资产管理服务中心主任:方焰飞*
党委委员、副局长:余晓华
党委委员:钟丽霞
党委委员、派驻纪检监察组组长:汪华艳
党委委员、总会计师:郑国平

舟山市财政局
党委书记、局长:周军刚
党委副书记:徐剑锋
党委委员、副局长:王海平
党委委员、派驻纪检监察组组长:邓兆俊
党委委员、副局长:王醒飞
党委委员、副局长:韩志波
总会计师:王　英
定海区财政局
党委书记、局长:杨英俊
党委副书记:蒋　华
党委委员、副局长:李汉定
党委委员、副局长:贺海波*
党委委员、副局长:高　刚*
党委委员、总会计师:刘　刚
普陀区财政局
党委书记、局长:陈宇宙*
党委委员、派驻纪检监察组组长:张永迪
党委副书记:陈嗣韦
党委委员、副局长:徐安祥
党委委员、副局长:于　翔
党委委员、总会计师:刘力瑜
岱山县财政局
党委书记、局长:柴忠堂
党组副书记:吴常波
党委委员、副局长:郑　辰
党委委员、副局长:袁欣芝
总会计师:马兆儿
党委委员、副局长:王旭丹
嵊泗县财政局
党委书记、局长:罗奇辉
党委专职副书记:陈海燕
党委委员、副局长:陈　波
党委委员、总会计师:刘学研
党委委员、派驻纪检监察组组长:庄志海*
党委委员、副局长:唐波军
党委委员、副局长:谢　波

台州市财政局
党组书记、局长:陈玲萍
党组成员、副局长:张贤鸣*
党组成员、派驻纪检监察组组长:张兴平
党组成员、副局长:郭华明
党组成员、副局长:汪晶晶
党组成员、总会计师:许　乐*
椒江区财政局
党委委员、副局长:倪　文*
党委委员、副局长:王海兵
区国有资产事务中心副主任:徐　伟
党委委员:金海莉*
黄岩区财政局
党委书记、局长:林文宏
党委委员、副局长:解卫敏*
党委委员、总会计师:苏先能*
党委委员:尚　敏
党委委员:裴文洋*
路桥区财政局
党委书记、局长,区国有资产监督管理办公室主任(兼):陈益民*
党委副书记,区国有资产工作中心主任:应正华*
党委委员、副局长:牟晓燕
党委委员、副局长:王文彬
党委委员、副局长:谢勇奇*
党委委员、总会计师:陈仙根
区国有资产工作中心副主任:赵军瑛*
区国有资产工作中心副主任:蒋　弦
党委委员:李　勇
临海市财政局
党委书记、局长,市国有资产监督管理办公室主任(兼):徐　军
党委委员、副局长:徐　震
党委委员、副局长,市国有资产监督管理办公室副主任(兼):蒋修勤
党委委员、总会计师:刘子剑
党委委员、副局长:洪荣好

温岭市财政局

党委书记、局长：江陶舜

党委副书记：王爽剑

副局长：王　萍

党委委员、副局长：潘建华

党委委员、副局长：黄友君

党委委员、总会计师：徐一平

玉环市财政局

党委书记、局长：詹江鹏

党委副书记、副局长：曾子文

党委委员、副局长：姜仁武

党委委员、总会计师：袁必生

党委委员、副局长：杨仁达

党委委员：马彩定

党委委员：吴敏华

天台县财政局

党组书记、局长：周正伟

党组副书记、副局长：金祖余

党组成员、副局长：丁伟生

党组成员、副局长：叶士南

党组成员、副局长：庞尉杨*

党组成员、副局长，县国资党工委副书记：项荣荣

总会计师：蔡志强*

县国有资产事务中心主任：丁军华

仙居县财政局

党委书记、局长，县国有资产监督管理办公室主任：李建群*

党委成员、副局长：吴丽萍

党委成员、副局长：张　健

党委成员、副局长：曹丽丽

党委委员、派驻纪检监察组组长：李文燕*

党委成员、总会计师：张　俊*

党委委员、县国资工作中心副主任：朱　盛*

县国资工作中心副主任：杨中伟*

党委委员：张　季*

三门县财政局

党组书记、局长，县国有资产发展中心党工委书记、主任(兼)：王立新

副局长：罗良满

党组成员、副局长：奚圣伟

党组成员、总会计师：赖子烨

县国有资产中心党工委委员、副主任：郑威严

县国有资产中心党工委委员、副主任：王潇鲲

党组成员：王亚波*

丽水市财政局

党组书记：周瑞琛*

局长：潘建青*

党组副书记、副局长：朱剑成*

党组成员、副局长：阎家骥

党组成员、派驻纪检监察组组长：季飞云

党组成员：吴秋标*

党组成员、副局长：孙海敏

党组成员、总会计师：丁硕科

党组成员、副局长：李　蕾(挂职)

莲都区财政局

党组书记、局长：林伟群*

党组成员、副局长：林　伟

党组成员、派驻纪检监察组组长：邹青芬*

党组成员、总会计师：吕焕祺

党组成员、副局长：熊鑫俊

党组成员：蓝　青*

龙泉市财政局

党组书记、局长，市国有资产监督管理办公室党委书记、主任(兼)：林晓军

党组成员、派驻纪检监察组组长：刘晓伟*

党组成员、副局长：张云英

党组成员、副局长：朱光泉

党组成员、副局长：毛剑斌*

党组成员、总会计师：徐　丽

党组成员、综合科科长：叶春定

青田县财政局

党组书记、局长，县国有资产监督管理办公室党委书记、主任(兼)：邹春宾

党组成员、副局长：卢利锋

党组成员、副局长，县国有资产监督管理办公室党委副书记：叶选廉*

党组成员、总会计师：陈少君

副局长：厉超光*

党组成员、副局长：季伟东(挂职)

党组成员、副局长：陈诗好(挂职)

党组成员、预算局局长：徐　进*

云和县财政局

党组书记、局长：叶府平

党组副书记、副局长：黄育金

党组成员、副局长：吴林娟

党组成员、派驻纪检监察组组长：练和云

总会计师：蓝波成

党组专职副书记：王丽华

党组成员、副局长：杨亨钦

党组成员：叶晓华

庆元县财政局

党组书记、局长，县国有资产监督管理办公室委员会委员、书记：周利民*

党组成员、副局长，县国有资产监督管理办公室委员会委员、副书记：吴继顺

党组成员、派驻纪检监察组组长：郑韶平*

党组成员、副局长：吴松可

副局长：姚四荣

党组成员、总会计师：吴慧菲

缙云县财政局

党组书记、局长：应　臻*

党组副书记、副局长：谢劲松

党组成员、副局长：俞根文

党组成员、总会计师：陈晓忠

党组成员、派驻纪检监察组组长：郑炜阳

副局长：上官爱飞

遂昌县财政局

局长，县国有资产监督管理办公室主任：王朝辉

党组书记、副局长，县国有资产监督管理办公室党委书记：程昌文

党组成员、副局长，县国有资产监督管理办公室党委委员：方文初

党组成员、副局长：王金品

党组成员、副局长：乐　乐

党组成员、派驻纪检监察组组长：占芳钧*

总会计师：李　梅*

党组成员：毛智强

松阳县财政局

党组书记：江剑武*

局长：叶经伟*

党组成员、派驻纪检监察组组长：唐淑芳

党组成员、副局长：吴振宏

党组成员、总会计师：周志金

党组成员、副局长：王少石（挂职）

党组成员：应伟宏

景宁畲族自治县财政局

党组书记、局长：周　东

党组成员：周　枫

党组成员、副局长：吴凌峰

党组成员、副局长：郑文南

党组成员、总会计师：梅忠敏

党组成员、副局长：杨国伟

党组成员：何前超*（挂职）

（注：有*标示者为当年职务有新变动）

2023年浙江省财政系统职工统计综合表

单位：人

项目			省(区、市)厅局	市(地、州)局	县(市、区)局	乡(镇)所	合计	占比(%)
分层级情况	人数		951	2941	6768	1417	12077	/
	比率(%)		7.87	24.35	56.04	11.73	100.00	/
变化情况	上年		986	2990	6950	1483	12409	/
	本年		951	2941	6768	1417	12077	/
	增加或减少总数		-35	-49	-182	-66	-332	/
		绝对增加数	62	218	457	175	912	/
		绝对减少数	97	267	639	241	1244	/
人员类别	机关单位	合计	566	1399	3016	323	5304	/
		其中：公务员	561	1367	2937	323	5188	/
	参照管理单位	合计	180	700	1403	2	2285	/
		其中：参照公务员管理	179	697	1400	2	2278	/
	事业单位	合计	205	842	2310	1072	4429	/
		其中：管理岗位人员	87	325	540	199	1151	/
		专业技术人员	116	498	1678	853	3145	/
		工勤人员	2	19	42	0	63	/
	企业	合计	0	0	39	20	59	/
		其中：管理人员	0	0	4	1	5	/
		专业技术人员	0	0	25	19	44	/
性别	男		/				5712	47.30
	女		/				6365	52.70
民族	汉		/				12006	99.41
	其它		/				71	0.59
政治面貌	中共党员		/				7931	65.67
	共青团员		/				643	5.32
	民主党派		/				321	2.66
	其他		/				3182	6.35

续表

单位：人

项目		省(区、市)厅局	市(地、州)局	县(市、区)局	乡(镇)所	合计	占比(%)
学位	博士	/				14	0.12
	硕士	/				1876	15.53
	学士	/				5001	41.41
学历	研究生	/				1680	13.91
	大学本科	/				9675	80.11
	大学专科	/				637	5.27
	中专及以下	/				85	0.70
专业技术职务	高级	/				283	9.14
	中级	/				1276	41.20
	初级	/				1538	9.66
年龄	25岁及以下	/				502	4.16
	26–30岁	/				1625	13.46
	31–35岁	/				1893	15.67
	36–40岁	/				1594	13.20
	41–45岁	/				1509	12.49
	46–50岁	/				1924	15.93
	51–55岁	/				1857	15.38
	56–59岁	/				1173	9.71
	60岁及以上	/				0	0.00
任现职年限	不满2年	/				3700	30.64
	2–3年	/				1355	11.22
	3–4年	/				1319	10.92
	4–5年	/				1284	10.63
	5–6年	/				627	5.19
	6–7年	/				583	4.83
	7–8年	/				555	4.60
	8–12年	/				1606	13.30
	12–15年	/				486	4.02
	15年及以上	/				386	3.20

法规选编

浙江省人民政府办公厅关于失业保险省级统筹的实施意见

浙政办发〔2023〕36号 2023年5月24日

为贯彻落实党中央、国务院关于推动失业保险省级统筹的决策部署，完善失业保险制度，提高失业保险基金（以下简称基金）统筹层次，更好地保障参保主体合法权益，根据《中华人民共和国社会保险法》《失业保险条例》《浙江省失业保险条例》《人力资源社会保障部 财政部 国家税务总局关于加快推进失业保险省级统筹有关工作的通知》（人社部发〔2022〕20号）等规定，经省政府同意，现就失业保险省级统筹提出如下实施意见。

一、总体要求

以习近平新时代中国特色社会主义思想为指导，全面贯彻党的二十大和省第十五次党代会精神，坚持统一规范、统调结合、分级管理、部门协同的原则，推进失业保险省级统筹。全面实施以政策统一为核心、基金统收统支为基础的失业保险省级统筹制度，实现基金预算管理、经办服务管理和信息系统等全省统一规范，均衡基金负担，推动全省失业保险健康可持续发展，更好发挥失业保险"扩中提低"作用。

二、主要任务

（一）统一失业保险政策。

1.统一全省失业保险参保对象。按照有关法律法规和政策规定确定参保单位和人员范围，用人单位和职工、雇工（以下简称职工）个人依法参加失业保险，共同缴纳失业保险费。深入推进全民参保计划，努力实现应保尽保。

2.统一全省失业保险费率和缴费基数核定办法。失业保险费率和职工个人缴费基数上限、下限标准按相关法律法规和政策规定执行。参保单位缴费基数按照本单位职工个人缴费基数之和确定；职工个人缴费基数按照其本人上年度月平均工资确定。

3.统一全省失业保险待遇政策。按照有关法律法规和政策规定的失业保险待遇项目和标准，支付相关待遇。失业保险金标准以各地最低工资标准为基数，按全省统一比例计发，随最低工资标准同步调整。

4.统一全省失业保险预防失业促进就业政策。按照国家和省有关规定执行失业保险稳岗位提技能各项政策，开展扩大基金支出范围试点（以下简称试点）。继续按规定将基金用于支持参加（含参加过）失业保险且符合就业补助资金申领条件的单位和人员，统一试点的支出项目（具体包括就业困难人员灵活就业社保补贴、单位招用就业困难人员社保补贴、公益性岗位社保补贴、小微企业新招用高校毕业生社保补贴、公益性岗位补贴、高校毕业生到中小微企业就业岗位补贴、就业技能培训补贴、岗位技能培训补贴、创业培训补贴、职业技能鉴定补贴），逐步规范支出适用条件和标准。各地不得自行增加支出项目，已自行增加的支出项目应停止在基金中列支。各市县（指原统筹地区，下同）试点支出使用额度不超过当地上年末基金累计结余的15%，且不超过当年失业保险费收入的15%。省人力社保厅会同省财政厅根据全省基金运行情况，可适时调整使用额度的比例限制。

（二）统一基金收支管理。

1.统一基金收入管理。全省基金的各项收入全额归集至省级社会保障基金财政专户（以下简称省级财政专户）。各级税务部门按月征收失业保险费并缴入省级国库，省财政厅负责定期划拨至省级财政专户，其中宁波市按月征收的失业保险费于当月20日前上解至省级财政专户；转移收入、利息收入等其他项目收入，由市县财政部门定期上解至省级财政专户。

2.统一基金支出管理。各级失业保险经办机构按照实际核定失业保险待遇等支出（含失业保险退费），会同本级财政部门提出支出用款计划，按季度逐级申报至省失业保险经办机构。省失业保险经办机构初审并汇总全省支出用款计划，送省财政厅审核。省财政厅审核后拨付至省失业保险经办机构支出户，省失业保险经办机构及时转拨市县失业保险经办机构支出户。健全财政部门、税务部门、失业保险经办机构定期对账机制。

3.统一基金结余管理。各市县基金累计结余由省统一调拨管理，各地不得擅自动用。2023年底，参考各市县近年基金支出水平，预留1个月的支出额在各级基金支出户中作为周转金。扣除周转金后的基金结余中，活期存款全部上解至省级财政专户，用于启动实施省级统收统支工作，定期存款到期后及时划入省级财政专户。省级结余不足支付时，按同等比例从各市县未上缴结余中调取资金备付。各市县应做好基金中暂付款、暂收款、债券投资、借入款项等清理，2023年12月31日前未完成清理的，由各市县负责继续收回或支付。根据统一安排，对实行省级统筹前各市县基金累计结余进行核定。2023年继续执行省级调剂金上缴制度，宁波市按现行办法执行。自2024年1月1日起，停止实施失业保险省级调剂制度，原省级失业保险调剂金不再保留，直接纳入省级统筹基金。

（三）统一基金预算管理。

1.统一基金预算编制。根据《中华人民共和国预算法》《中华人民共和国社会保险法》和《国务院关于试行社会保险基金预算的意见》（国发〔2010〕2号）等有关规定，按照基金省级统收统支的要求完善基金预算管理。从2024预算年度起，由省人力社保厅及省失业保险经办机构统一编制、省财政厅审核并汇总编制基金全省预算，其中基金收入预算由省失业保险经办机构会同省税务局共同编制。预算草案报省政府审定并经省人大批准后执行。

2. 规范预算编制程序。综合考虑经济社会发展水平、就业失业状况、失业保险政策调整等因素，科学确定预算指标。省财政厅、省人力社保厅、省税务局每年按照基金预算，结合各地工作实际，按规定程序报批后，下达各地基金征缴等计划。

3. 加强对预算执行情况的监督检查。严格规范收支项目、标准和范围，督促地方各级政府落实责任，确保应缴尽缴、支出合规。各市县突发大额支出或预计支出户余额不足支出时，可提出紧急请款申请。

（四）统一经办服务管理。进一步理顺失业保险经办服务管理体制，健全失业保险经办服务管理工作体系。加强各级失业保险经办机构队伍能力建设，合理配备与业务规模相适应的人员力量。规范统一全省经办服务管理，开展核心业务细化梳理，推进业务流程再造。加强标准化建设，在参保登记、权益记录、转移接续、待遇领取等方面实现标准统一、流程规范、线上办理、全省通办，建立以信息和信用为基础的新型经办服务管理模式。统一转移接续办法，参保人员省内跨区域流动不再转移失业保险关系。省失业保险经办机构加强对市县失业保险经办机构的业务指导，提升公共服务水平。

（五）统一信息系统建设。建设省集中失业保险业务经办和基金财务管理信息系统，打通业务经办和基金财务管理数据通道，实现失业保险业务财务一体化管理和全程数字化监管。加强财政、人力社保、税务、人民银行等部门间数据横向互通，加强失业保险与养老保险、就业、培训等业务协同和信息共享。建立数据规范化管理和使用机制，增强各环节风险防控能力。强化社会保障卡在失业保险领域应用，实现失业保险待遇通过社会保障卡发放。整体提升失业保险业务运行、基金监督和管理决策信息化水平。

（六）加强基金监督管理。加强基金风险预测和调控，有效均衡基金负担，确保全省基金规模合理、运行安全平稳可持续。建立省级统筹运行情况实时监控机制，建立健全政策、经办、信息、监督四位一体的基金管理风险防控体系，强化人防、技防协同，提升基金管理水平。各市县落实基金管理主体责任，省财政厅、省人力社保厅加强对各市县基金管理情况的监督检查，严防基金“跑冒滴漏”现象，严肃查处基金违规违法行为，确保基金安全。

（七）建立健全责任分担机制。按照基金统一收支、责任分级负责、缺口合理分担的原则，综合考虑各地基金收支情况、经济发展水平、就业失业状况、财政投入能力等因素，建立事权与财权相匹配、激励与约束相结合的省和市县责任分担机制。各市县未完成省下达的收入计划和违规少收多支等管理缺失而产生的当年基金收入减少额和支出增加额，由当地财政全额承担。预算年度内完成收入计划，基金收入与符合基金支出范围的支出形成的缺口，通过省级统筹基金历年滚存结余弥补。当全省基金支付能力不足6个月时，按规定调整失业保险费率或启动省与市县缺口分担机制。各市县基金管理性责任由省财政厅、省人力社保厅和省税务局核定。

三、工作要求

各地、各有关部门要充分认识实施失业保险省级统筹的重要意义，明确任务分工，强化协同配合，合力推动各项任务落实落地。县以上各级政府是失业保险扩面征缴工作和确保失业保险待遇按时足额发放的责任主体，要主动适应省级统筹管理需要，加强失业保险工作能力建设，提升基金管理水平。省人力社保厅要会同省财政厅、省税务局加强对各地的业务指导，建立跟踪问效和激励约束机制，确保失业保险省级统筹制度平稳运行。

本实施意见自2024年1月1日起施行。已印发的文件规定与本实施意见不一致的，以本实施意见为准；今后法律法规和国家文件另有规定的，从其规定。

浙江省人民政府办公厅
关于工伤保险省级统筹的实施意见

浙政办发〔2023〕62号　2023年11月27日

为完善工伤保险制度，增强工伤保险基金（以下简称基金）持续保障能力和抗风险能力，根据《中华人民共和国社会保险法》《工伤保险条例》《浙江省工伤保险条例》和《人力资源社会保障部 财政部 国家税务总局关于进一步推进完善工伤保险省级统筹制度的通知》（人社部发〔2022〕86号）等精神，经省政府同意，现就工伤保险省级统筹提出如下实施意见。

一、总体目标

以习近平新时代中国特色社会主义思想为指导，深入贯彻落实党的二十大精神和习近平总书记关于社会保障工作的重要指示批示精神，以全省统一工伤保险政策为核心，以基金省级统收统支为基础，以基金监管为约束，以基金收支预算管理为手段，以信息系统和经办管理为依托，建立公平、规范、高效的工伤保险省级统筹管理体系，全省参保范围、费率政策、缴费基数和待遇标准统一，确保基金长期平稳运行。

二、主要内容

（一）统一政策标准。

1. 统一参保范围和对象。各类用人单位应当依法参加工伤保险，为本单位全部职工缴纳工伤保险费。用人单位可按照有关规定要求，为特定人员单险种参加工伤保险。符合条件的上述各类参保人员，其工伤保险自社会保险经办机构收到参保人员名册或参保人员增减表次日起生效。各类工程建设项目应当按照有关规定要求，按项目方式参加工伤保险，并严格落实“先参保、后开工”制度和动态实名制管理。

2.统一费率政策和缴费标准。坚持以支定收、收支平衡的原则，完善基准费率和费率浮动调控机制。从2024年1月1日起，全省一类至八类行业基准费率按国家标准分别为0.2%、0.4%、0.7%、0.9%、1.1%、1.3%、1.6%、1.9%。省级统筹前，各地执行的基准费率高于以上标准的，仍执行原费率；省级统筹前，各地执行的基准费率低于以上标准的，统一按以上标准执行。工程建设项目基准费率暂不作统一要求，待2024年省级统筹实施一段时间后，视情适时进行调整。全省统一调整前，各地应合理确定本地区工程建设项目基准费率，确保基金收支平衡。基金收支缺口较大地区可申请上调当地基准费率。当全省基金支付能力低于9至12个月支付水平时，可采取适时调整基准费率等措施。费率管理办法由省人力社保厅会同省财政厅、省税务局另行制定。用人单位应据实申报参保对象月缴费工资，月缴费工资按参保对象上一年度月平均工资确定。新参加工作、重新就业和新建用人单位的参保对象，当年月缴费工资按用人单位确定的月工资收入计算。缴费工资上、下限标准，按照《工伤保险条例》等法规及国家和省相关政策规定执行。

3.统一工伤认定和劳动能力鉴定标准。全省统一工伤认定和劳动能力鉴定标准及相关管理办法，统一裁量尺度。加大指导和监督力度，探索工伤认定实时在线监督和劳动能力智能辅助鉴定，建立疑难案例会商联动机制。推动工伤认定调查和劳动能力鉴定异地委托合作。鼓励各地引入第三方机构，协助开展工伤认定调查、经办服务等辅助性工作。

4.统一工伤保险待遇支付标准。按照国家和省规定的项目及标准按时足额支付工伤保险待遇。工伤职工住院治疗或康复期间的伙食补助费、转外治疗或康复所需交通食宿费等待遇支付标准严格按照《浙江省工伤保险条例》相关规定执行。全省统一辅助器具配置范围和标准，相关范围和标准由省人力社保厅另行制定。工伤保险待遇中涉及以统筹地区上年度职工月平均工资为计发基数的，统一按上年度全省非私营和私营单位就业人员加权平均工资标准执行。针对工程建设项目工资收入分配特点，对相关工伤保险待遇中难以按本人工资作为计发基数的，适当参照全省上年度职工平均工资作为计发基数。

（二）统一基金管理制度。

1.统一基金收支管理。全省基金的各项收入全额归集至省级社会保障基金财政专户（以下简称省级财政专户）。各级税务部门按月征收工伤保险费并缴入省级国库，省财政厅负责定期划拨至省级财政专户，其中宁波市按月征收的基金于当月20日前上解至省级财政专户；利息收入等其他项目收入，由市县财政部门定期上解至省级财政专户。市县社会保险经办机构根据工伤保险待遇等支出情况，会同本级财政部门提出工伤保险基金支出用款计划，按月逐级申报至省社会保险经办机构。省社会保险经办机构初审并汇总全省支出用款计划，报省财政厅审核。省财政厅审核后拨付至省社会保险经办机构支出户，省社会保险经办机构及时转拨至市县社会保险经办机构支出户，各级社会保险经办机构按规定支出。市县突发大额支出或预计支出户余额不足支出时，可提出紧急请款申请。

2.统一基金累计结余管理。市县基金累计结余由省统一调拨管理，各地不得擅自动用。2023年底，市县基金支出户可按照不超过上一年月平均支出5%的额度预留周转金（不足100万元的可按100万元预留）。扣除周转金后的基金累计结余中，活期存款全额上解至省级财政专户，定期存款到期后及时划入省级财政专户。省级结余不足支付时，按同等比例从市县未上缴结余中调取资金备付。市县应做好基金中暂付款、暂收款、借入款项等清理，2023年12月31日前未完成清理的，由市县负责继续收回或支付。根据统一安排，对实行省级统筹前市县基金累计结余进行核定。自2024年1月1日起，停止实施基金省级调剂制度，省级调剂金不再保留，结余资金全额并入全省基金。

3.统一基金预算管理。坚持以支定收、略有结余的原则，编制基金收支预算。从2024预算年度起，由省人力社保厅及省社会保险经办机构统一编制，省财政厅审核并汇总编制基金全省预算，其中基金收入预算由省社会保险经办机构会同省税务局共同编制。预算草案报省政府并经省人大批准后执行。规范预算编制方法，综合考虑经济社会发展水平、工伤保险政策调整、基金支出项目及标准、历年基金预算执行情况、参保扩面和基金征缴、基金结余等因素，合理确定收支预算。省财政厅、省人力社保厅、省税务局和宁波市税务局每年按照基金预算，结合各地工作实际，下达参保扩面和基金征缴计划。加强基金收支监督管理，压实市县政府主体责任，严格规范收支项目、标准和范围，严禁违规调整支出项目或扩大支出范围，确保基金应缴尽缴、支出合规。落实全面实施预算绩效管理要求，对预算编制、执行、调整、决算、监督等实施全程绩效管理，强化绩效评价结果运用。健全工伤预防费预算管理，各级社会保险经办机构按照上年度预算执行情况，根据工伤预防工作需要，将工伤预防费列入下一年度基金支出预算。工伤预防费使用管理办法由省人力社保厅会同省财政厅、省卫生健康委、省应急管理厅等单位另行制定。

（三）统一经办管理服务和信息系统。

1.统一经办管理服务。进一步理顺工伤保险经办管理服务体制，加快实现工伤认定、劳动能力鉴定、工伤保险业务经办流程一体化。省社会保险经办机构要制定全省统一的工伤保险业务经办规程和服务机构协议文本，实现全省服务事项、标准、流程统一规范。加强经办机构队伍建设，合理调配专业人员力量。加强公共服务能力建设，搭建线上、线下多元化服务平台，大力推进网上办、掌上办，提升经办服务质量和便民化水平。

2.统一信息系统。完善适应省级统筹的省级集中信息系统，支持线上全流程业务经办和公共服务事项全省联网通办，及时反馈、回流各地收支数据，实现业务经办和基金财务监管数字化。加强工伤医疗管理，加快实现工伤医疗费联网结算和智能监控，积极推进“工伤一件事”全流程改革和智能化办理，加强社会保障卡在工伤保险领域的应用。强化部门间信息共享，积极推进工伤保险数据分析应用，全面提升工伤保险精细化管理水平。

（四）强化风险防控。

1. 建立健全风险防控体系。加强政策、经办、信息、监督四位一体的基金风险防控体系建设，强化从工伤认定、劳动能力鉴定、待遇申领核发等环节向工伤医疗、工伤康复、辅助器具配置协议机构及工伤预防服务机构等领域延伸的全链条防控。加强基金安全监管，特别要针对工程建设项目应保未保、动态实名制落实不到位等突出问题，加大核查整治力度，实现有效精准监管。防范职务犯罪和欺诈骗保，化解基金安全风险。严格落实社保基金要情报告制度，以"零容忍"态度打击违法违规行为。

2. 加强内控管理。健全内控管理制度，坚持岗位不相容的原则，确保岗位权责分明、相互制约，高风险业务初审、复核、审核人员不得相互兼任，禁止一人通办，杜绝一人多岗。完善信息系统防控功能，严格系统权限控制，加强政策性规则、逻辑性规则校验，实现业务经办全流程管控。加大数据稽核力度，加强跨部门、跨险种数据筛查比对，强化基金风险预警。

（五）强化责任落实。

1. 建立责任分担机制。省政府承担全省基金管理和待遇发放主体责任，市县政府履行参保扩面、基金征缴、费率浮动调整、待遇按时足额发放以及工伤预防康复、工伤认定、劳动能力鉴定管理、经办管理服务、基金监管、资金落实等方面的工作责任，切实保证开展工伤认定调查和劳动能力鉴定等工作必要的经费支出。坚持责任分级负责、缺口合理分担的原则，综合考虑各地基金收支情况、工伤发生情况等因素，建立事权与支出责任相匹配、激励与约束相结合的责任分担机制。责任分担办法由省人力社保厅会同省财政厅、省税务局另行制定。

2. 建立绩效考核机制。按照"基金上统、管理下沉"要求，建立统一的工作绩效考核机制和激励约束机制，重点对参保扩面、基金收支、待遇发放、工伤认定、劳动能力鉴定、工伤预防、经办服务、基金监管等情况进行考核评价。坚持效果导向，强化结果应用，将考核评价结果与责任分担挂钩。绩效考核办法由省人力社保厅会同省财政厅、省税务局另行制定。

三、工作要求

各地要充分认识实施工伤保险省级统筹的重要意义，提高政治站位，加强组织领导，推进各项政策措施落实落地。省财政厅、省人力社保厅、省建设厅、省交通运输厅、省水利厅、省应急管理厅、省税务局等有关单位要结合工作职责，密切协作配合，指导推进工伤保险省级统筹工作。要增强工作预见性，认真研判实施过程中可能出现的风险，采取有效防范措施。工作中遇到的重大问题，要及时报告省政府。

本实施意见自2024年1月1日起施行，《浙江省人民政府办公厅关于开展工伤保险基金省级调剂工作的通知》（浙政办发〔2018〕124号）同时废止。我省已印发的文件规定与本实施意见不一致的，以本实施意见为准；今后法律法规和国家政策另有规定的，从其规定。

浙江省政府投资项目预算绩效管理办法

浙财建〔2023〕1号　2023年1月6日

一、总则

（一）为全面实施预算绩效管理，建立健全科学、规范、合理的政府投资项目预算绩效管理体系，优化财政资源配置，提高财政资金使用效益，根据《中共浙江省委 浙江省人民政府关于全面落实预算绩效管理的实施意见》《财政部关于印发〈项目支出绩效评价管理办法〉的通知》（财预〔2020〕10号）和《浙江省政府投资预算管理办法》（浙江省人民政府令第363号）等有关规定，制定本办法。

（二）政府投资项目预算绩效管理是指在预算编制、预算执行、预算监督全过程中，对政府投资项目资金进行事前绩效评估、绩效目标管理、绩效运行监控、绩效评价及结果应用等全过程绩效管理工作。

（三）政府投资项目预算绩效管理的对象是全省各级财政资金安排支出的政府投资项目。

（四）政府投资项目预算绩效管理应当遵循以下基本原则：

1. 全面系统。以绩效为核心，将绩效理念和方法融入政府投资项目预算编制、执行、监督全过程，构建事前、事中、事后绩效管理闭环系统，实现预算和绩效管理一体化。

2. 科学规范。建立健全科学规范的政府投资项目预算绩效管理制度，完善政府投资项目预算全过程绩效管理流程，提高财政资金使用绩效。

3. 强化责任。明确各部门各单位政府投资项目预算绩效管理职责，强化资金使用部门和项目建设单位的绩效管理主体责任。

4. 公开透明。推进政府投资项目预算绩效管理及绩效信息公开透明，自觉接受社会各界监督。

（五）政府投资项目预算绩效管理的职责分工：

1. 财政部门负责制定政府投资项目预算绩效管理制度，组织政府投资项目绩效指标和标准体系建设。对重大政府投资项目组织实施重点预算绩效管理。指导本级各部门和下级财政部门开展政府投资项目预算绩效管理工作。

2. 主管部门、项目建设单位是政府投资项目预算绩效管理的责任主体。主管部门负责制定本部门或者本行业项目绩效管理实施办法，建立本部门、本行业的项目绩效指标和标准体系，具体组织实施本部门或者本行业项目全过程绩效管理工作。项目建设单位具体负责本单位政府投资项目全过程绩效管理。

二、政府投资项目事前绩效评估

（六）项目主管部门、项目建设单位可结合项目建议书或可行性研究,对新增重大政府投资项目开展事前绩效评估,重点论证立项必要性、投入经济性、绩效目标合理性、实施方案可行性和筹资合规性等。

重大政府投资项目标准和范围由各地根据实际情况确定。可将对经济社会发展、社会公众利益有重大影响或者总投资较大、实施周期较长的政府投资项目纳入事前绩效评估范围。

(七)对新增重大政府投资项目事前绩效评估,项目主管部门、建设单位应主动对接同级财政部门。财政部门可在项目建议书或可行性研究编制阶段,提前介入项目前期研究论证,协同部门实施事前绩效评估,明确项目绩效目标,优化项目投资方案,削减不必要支出内容。

(八)项目主管部门、项目建设单位可自行组织实施新增重大政府投资项目事前绩效评估,也可委托第三方机构实施。事前绩效评估报告报送同级财政部门。未提供事前绩效评估报告的,原则上不予安排财政预算资金。

(九)对项目主管部门报送的新增重大政府投资项目事前绩效评估报告,财政部门应加强审核,并将事前绩效评估结果作为财政安排项目预算的重要依据。对确有必要的项目,财政部门可组织第三方机构独立开展事前绩效评估。

(十)事前绩效评估审核发现有以下情况的,不予安排财政预算资金:立项必要性不充分的项目;实施方案不可行的项目;资金未落实、资金来源不明确或者未通过债务风险评估的项目;财政可承受能力评估认定不具备实施条件、存在财政风险隐患的项目;事前绩效评估结果较差的项目。

三、政府投资项目绩效目标管理

(十一)政府投资项目绩效目标是项目计划在一定期限内达到的产出和效果,包括总体绩效目标和年度绩效目标。绩效目标是建设财政项目库、编制项目预算、实施绩效监控、开展绩效评价等的重要基础和依据。

(十二)政府投资项目未按要求设定绩效目标的,不得纳入财政项目库,不得申请项目财政资金预算。

(十三)项目主管部门应当对项目建设单位申报的政府投资项目绩效目标进行审核,符合相关要求的方可进入预算编审流程;不符合相关要求的,项目主管部门和项目建设单位应当按照规定予以修改完善。

(十四)政府投资项目实施过程中,确因项目建设情况发生重大变化,需要调整项目财政资金预算的,项目主管部门可随预算调整申请一并调整报送项目绩效目标。

四、政府投资项目绩效运行监控

(十五)政府投资项目绩效运行监控是指在政府投资项目建设过程中,对项目实施进度、预算执行进度和绩效目标实现程度等开展跟踪监控的管理活动。

(十六)政府投资项目绩效运行监控重点关注内容包括:项目进度是否按计划实施,年度预算执行进度有无滞后,项目绩效目标是否发生偏离、是否与项目实施进度相匹配、是否能按预期实现,有无存在超预算拨款和违规支付等问题。

(十七)项目主管部门、项目建设单位可充分依托预算管理一体化、内部控制等系统,定期对本部门、本单位的政府投资项目绩效运行情况进行跟踪分析,并将相关情况及时报送财政部门。

(十八)财政部门在项目主管部门监控基础上,可选取重大政府投资项目实施重点绩效监控。

(十九)项目主管部门和财政部门应当加强绩效运行监控结果应用,发现问题要及时处理。问题严重的,应当及时收回或暂缓拨付财政资金。

五、政府投资项目绩效评价

(二十)政府投资项目绩效评价内容主要包括项目立项、组织实施、产出完成、财务管理和项目效益等,具体可根据项目实际情况有选择地设置。

(二十一)政府投资项目绩效评价一般以项目实施期和试运行期为评价期间,也可将项目实施完毕后一定时限的运行期或使用期纳入评价期间。

(二十二)项目建设单位每年应对照政府投资项目年度绩效目标开展绩效自评。跨年度实施的政府投资项目,项目主管部门每年组织实施项目绩效评价。项目建成后,项目主管部门应对项目的总体情况开展绩效评价。结合各行业项目特点,行业主管部门可对本行业的项目开展绩效评价。主管部门可参照《浙江省政府投资项目绩效评价指标体系(参考)》(详见附件)制定本部门或本行业项目的绩效评价指标或标准体系,并按要求向财政部门报送绩效评价报告。

(二十三)根据需要,财政部门可对社会关注度高、总投资较大的政府投资项目开展重点绩效评价。财政部门可与投资综合管理部门共同选择有代表性的已建成项目联合开展重点绩效评价和后评价工作。

(二十四)财政部门、主管部门可委托第三方机构实施政府投资项目绩效评价。同时,对第三方机构组织参与政府投资项目绩效评价的工作进行规范,并指导其开展工作。

六、政府投资项目绩效评价结果应用

(二十五)政府投资项目绩效评价结果应当采取评分与评级相结合的形式,具体分值和等级可根据不同评价内容设定。

(二十六)财政部门应当将政府投资项目绩效评价结果反馈给相关主管部门或投资综合管理部门,并将其作为调整预算安排、加强预算管理和安排以后年度相关政府投资项目预算的重要依据。主管部门和项目建设单位应切实加强评价结果的整理、分析,将结果作为本部门、本单位完善政策和改进管理的重要依据,对预算执行率偏低、评价结果较差的项目,要单独说明原因,提出整改措施。

(二十七)财政部门、主管部门可将绩效评价结果报送同级人民政府和人民代表大会常务委员会,并依法予以公开。

(二十八)对政府投资项目绩效评价结果为优、良的,财政部门应当给予表扬或继续支持。对政府投资项目绩效评价发现问题、达不到绩效目标或评价结果较差的，财政部门应责令其限期整改。对不进行整改或整改不到位的，根据情况相应调减预算或整改到位后再予安排。

七、附则

（二十九）各级财政部门、主管部门可结合实际，制定具体的政府投资项目预算绩效管理办法和实施细则。

（三十）本办法自2023年2月12日起施行。《浙江省政府投资项目绩效评价管理暂行办法》（浙财建〔2013〕155号）同时废止。

浙江省科技发展专项资金管理办法

浙财科教〔2023〕1号　2023年1月10日

为进一步规范和加强我省科技专项资金的分配、使用管理，提高财政资金使用绩效，推进高水平科技自立自强，助力“两个先行”，根据《中华人民共和国预算法》《中共浙江省委关于建设高素质强大人才队伍打造高水平创新型省份的决定》《浙江省人民政府办公厅关于改革完善省财政科研经费管理的实施意见》（浙政办发〔2022〕22号）等规定，制定本办法。

一、总则

（一）浙江省科技发展专项（以下简称“专项资金”）是指由省级财政预算安排，聚焦三大科创高地及15大战略领域，通过省级科技计划（专项、基金）用于支持我省开展基础公益研究、实施关键核心技术攻关、促进科技成果转化、支持创新平台建设、培养科技人才、优化科研环境条件等方面的专项资金。

专项资金实行滚动预算，具体支持范围原则上以五年为一周期，到期后或中期进行综合评价，视绩效评价和监督检查情况进行优化。专项资金按照“集中财力、突出重点，明晰权责、放管结合，遵循规律、注重绩效”的原则管理和使用。

（二）建立以支持基础研究、应用研究为重点的投入稳定增长机制，鼓励有条件的市、县（市、区）（以下简称“市县”）加大研发投入，推动形成研发投入多元投入机制，支持开展基础研究、应用基础研究和关键核心技术攻关。

（三）省财政厅负责专项资金的预算管理和资金下达，会同省科技厅和省级有关部门组织开展专项资金监督检查。省科技厅负责专项项目管理，提出专项资金分配建议方案，细化编制年度专项资金预算。省科技厅会同省财政厅开展专项资金全过程预算绩效管理。省财政厅、省科技厅按照部门职责分工推进专项资金管理全过程信息公开。

各市县财政、科技部门负责配合省财政厅、省科技厅做好专项资金监督管理、绩效管理有关工作。

专项项目承担单位是专项资金管理使用的责任主体，负责专项项目资金的日常管理和监督工作，并负责落实全过程预算绩效管理具体工作。专项项目负责人是专项项目资金使用的直接责任人，对资金使用的合规性、合理性、真实性和相关性负责。

二、支持对象、范围、方式和标准

（一）专项资金的支持对象是在浙江省境内（不含宁波，下同）注册，具有独立法人资格的企业、科研院所、高等院校及其他具备科技研发或科技服务能力的单位，以及市县政府。省科学技术奖励、领军型创新团队等项目的支持对象，由省科技厅商省财政厅确定。

（二）专项资金聚焦三大科创高地和15大战略领域，结合国家和我省科技创新规划以及省委、省政府年度科技重点工作确定支持范围。

1. 基础公益研究。突出原始创新能力提升，推进原创性、引领性基础研究和“应用牵引、突破瓶颈”解决重大科学问题的应用基础研究任务，资助实施自然科学基金项目。

2. 重点研发。强化战略导向和成果导向，推进解决“卡脖子”问题和抢占技术制高点的关键核心技术攻关，加快取得重大攻关成果，包括重大科技专项、农业新品种选育两类资助项目。

3. 技术创新引导。加强企业主导的产学研深度融合，提高科技成果转化和产业化水平，营造良好创新氛围，包括省科学技术奖励、农业科技突出贡献者与先进工作者奖励、中国创新挑战赛（浙江）奖等，产学研合作与成果转化（含中科院合作项目配套、工程院战略咨询项目、技术市场服务体系建设、科技特派员创新创业等）以及科技创新政策研究（软科学研究计划）等三类资助项目。

4. 创新平台和人才。强化战略科技力量，培育科技人才，加强科技基础能力建设，包括创新平台计划［含省级重点实验室（工程中心）、公共创新平台与载体等］、人才计划（领军型创新团队、高层次人才特殊支持计划、海外工程师、外国专家工作站等）两类资助项目。

（三）专项资金主要采取前补助（无偿资助）、后补助（无偿资助、绩效奖补、风险补偿）等支持方式，根据科研活动及资助项目属性确定具体支持方式，除联动支持、稳定支持项目外，具体建设（研究）内容已获中央和省财政资金支持的，不再重复支持。采用前补助支持方式的专项项目资金，以公开竞争（择优遴选，下同）和择优（定向）委托相结合的方式分配。采用后补助支持方式的专项项目资金，一般按照因素法或项目法公开竞争方式分配。具体支持方式在编制专项项目实施方案和专项项目申报通知时予以明确。

（四）专项资金资助标准。

1. 基础公益研究项目。自然科学基金项目省财政补助额度一般不超过100万元，其中：重大项目不超过100万元，“杰青”项目不超过80万元，重点项目不超过30万元，探索项目不超过10万元，学术交流项目不超过10万元。

2. 重点研发项目。重大科技专项项目省财政补助额度一般不超过1000万元，项目绩效突出的，给予滚动支持。农业新品种选育项目省财政年补助额度一般不超过1000万元，以5年为一个周期给予稳定支持，前一个周期项目绩效突出的，省财政年补助额度可提高到不超过2000万元。

省财政补助资金采用一次性补助、分期补助相结合的方式。除自然科学基金项目外，项目财政补助资金总额在200万元及以上一般采取分期补助的方式，首期拨款一般不低于50%。对“赛马”项目，首期给予30%左右经费支持。项目财政补助经费总额在200万元以下的可采取一次性补助方式。实施周期2年内的项目可视情予以一次性拨付。

3.技术创新引导、创新平台和人才项目。认定为省重点实验室的给予200万元一次性奖励。新建省级临床医学研究中心给予不高于200万元的一次性建设资助。对通过验收的省级农业科技园区、重点农业企业研究院给予每家不高于200万元的一次性资助。企业设立(并购)海外研发机构，符合条件的，按其海外研发投入的5%给予最高不超过500万元的一次性奖励。外资企业在浙设立研发中心，符合条件的，按其近三年累计研发投入的5%给予最高不超过500万元的一次性奖励。软科学研究一般项目的财政补助经费不超过5万元，重点项目不超过10万元，重大项目不超过30万元。

对绩效评价优秀的国际科技合作基地、海外创新孵化中心、国际联合实验室，给予每家100万元一次性奖励。省重点实验室绩效评价每三年一次，对绩效评价排名前1/5的，每家给予一次性绩效奖励90万元。对绩效评价优秀的省级农业科技园区、重点农业企业研究院给予每家不高于80万元的一次性奖励。

领军型创新团队首个资助周期内省财政资助额度不低于500万元(分期拨款)。对省高层次人才特殊支持计划入选者给予特殊支持，其中：杰出人才每人100万元，科技创新领军人才、科技创业领军人才每人80万元。扩大“海外工程师”计划，省财政按每人10万元标准资助所聘企业，5年内累计资助不超过2次，省属企业引进由企业自负；外国专家工作站，按40万元和60万元两档进行资助。

在人才计划项目中落实“让经费为人的创造性活动服务”理念，健全完善让科研人员把主要精力放在科研上的保障机制。省高层次人才特殊支持计划项目经费一般采用分期拨款方式；省领军型创新团队参照重点研发计划管理，省财政补助资金一般采用分期拨款方式。

本办法未明确的具体补助标准，按照省委、省政府科技创新政策，省政府与共建(合作)单位签订的协议，省财政厅有关文件执行，如需动态调整，由省科技厅商省财政厅确定。

三、专项项目和预算、资金管理

(一)省科技厅会同省级有关部门根据专项实施的目标要求，按照各类项目管理办法规定的相应程序组织实施。部分实行公开竞争方式分配给予定额及按比例限额方式支持的专项项目，可适当调整或简化组织实施程序，具体由省科技厅商省财政厅确定。

(二)省科技厅会同省级有关部门根据专项资金设立目标，按照《中华人民共和国预算法》及其实施条例、国家和省有关部门预算管理要求，及时将专项资金预算需求、绩效目标及细化项目报省财政厅审核。

其中承担(奖补，下同)单位为省属预算单位和省部属非预算单位的，专项项目资金预算编入省科技厅部门年度预算后转拨；市县承担单位专项项目资金纳入省科技厅部门专项转移支付清单管理。

(三)省财政厅按照《中华人民共和国预算法》及部门预算管理、集中财力办大事财政政策体系、专项资金设立目标等要求，对申报不规范、绩效目标不明确、立项理由不充分的专项项目预算，退回重新编报，对重新编报后仍不符合上述要求的单位，核减其专项项目预算。

(四)经省人民代表大会批准后，省财政厅按照《中华人民共和国预算法》规定批复部门预算、下达专项转移支付预算。

省财政厅、省科技厅可在部门预算批复前预拨科研经费。省科技厅等专项项目管理部门在项目合同(任务)书签订后三十日内将经费拨付至项目承担单位。市县财政部门收到专项转移支付资金预算后，三十日内会同同级科技部门，将经费拨付到项目承担单位。

专项项目承担单位应当根据合同(任务)书约定，及时将经费拨付至项目参与单位。项目参与单位不得再向外转拨资金。

(五)专项项目承担单位应当将专项资金纳入单位财务统一管理，对专项资金和其他来源资金分别核算，确保专款专用，并认真落实国家和省有关政策规定。

(六)采用后补助支持方式的专项项目资金，除公开竞争研发类、科学技术奖等对特定对象奖励的项目资金可主要用于项目组绩效支出，获奖团队(个人)、获奖企业奖励外，其他专项项目资金不得用于发放人员奖励、福利，由承担单位自主用于相关的科技创新活动支出。

(七)采用前补助支持方式的专项项目资金开支范围包括直接费用和间接费用两部分。

直接费用是指在项目实施过程中发生的与之直接相关的费用。主要包括：

1.设备费，是指在项目实施过程中购置或试制专用仪器设备，对现有仪器设备进行升级改造，以及租赁外单位仪器设备而发生的费用。严格控制设备尤其是大型科学仪器设备购置，鼓励开放共享、自主研制、租赁专用仪器设备和对现有仪器设备进行升级改造，避免重复购置。

2.业务费，是指在项目实施过程中消耗的各种材料、辅助材料等低值易耗品的采购、运输、装卸、整理等费用，发生的测试化验加工、燃料动力，出版、文献、信息传播、知识产权事务，会议、差旅、国际合作交流等费用，以及其他相关支出。

3.劳务费，是指在项目实施过程中支付给参与项目的研究生、博士后、访问学者和项目聘用的研究人员、科研辅助人员等的劳务性费用，以及支付给临时聘请的咨询专家的费用等。

间接费用是指承担单位在组织实施项目过程中发生的无法

在直接费用中列支的相关费用。主要包括：承担单位为项目研究提供的房屋占用，日常水、电、气、暖等消耗，有关管理费用的补助支出，以及激励科研人员的绩效支出等。

间接费用按照直接费用扣除设备购置费后的一定比例核定，由项目承担单位统筹安排使用。具体比例如下：

1.500万元及以下部分为30%；

2.超过500万元至1000万元的部分为25%；

3.超过1000万元以上的部分为20%。

对数学等纯理论基础研究项目，间接费用比例进一步提高到不超过60%。

专项项目承担单位应当建立健全间接费用的内部管理办法，公开透明、合规合理使用间接费用，处理好分摊间接成本和对科研人员激励的关系。绩效支出安排应当与科研人员在项目工作中的实际贡献挂钩。

省财政科研经费管理政策口径、新旧政策衔接按照国家和我省有关规定执行。

（八）技术创新引导（除软科学项目外）、创新平台和人才类项目，不得提取和使用间接费用，具体支出按科技计划合同确定的内容，合法合规使用。

（九）扩大科研单位科研项目资金管理使用自主权。在"杰青"项目经费包干制试点基础上，进一步在人才类和基础研究类科研项目中推行经费包干制，同时鼓励在"揭榜挂帅""赛马""链主"企业联合出资挂榜制等前补助方式支持的重点研发项目中探索开展经费包干制试点。

四、绩效管理和监督检查

（一）省科技厅应会同省财政厅建立健全专项资金全过程预算绩效管理制度，完善绩效目标管理，在专项资金实施中期或周期终了时，组织实施专项资金绩效评价，评价结果作为完善专项资金政策及预算资金分配的重要依据。根据专项项目管理和实施情况，市县科技部门应会同同级财政部门配合做好专项项目绩效监控和绩效评价等工作。

（二）省科技厅、省财政厅要强化"质量、贡献、绩效"导向，健全科研绩效管理机制。加强分类绩效评价，对自由探索型、任务导向型等不同类型科研项目，完善差异化的绩效评价指标体系；强化中期检查评估、绩效评价结果运用，将绩效评价结果作为科研项目调整、后续支持的重要依据；对科研项目绩效突出的，给予滚动支持。科研项目承担单位要切实做好全过程预算绩效管理，引导科研资源向优秀人才和团队倾斜，提高科研经费使用效益。

构建稳定支持和竞争性支持相协调的投入机制，探索对省委、省政府战略部署需重点支持的优势高校院所、新型研发机构等实行科研经费稳定支持。省自然科学基金对优秀青年科研人员开展的独创独有研究给予长期稳定支持。

（三）各地相关部门、专项项目承担单位、专项项目负责人应当按要求做好资金使用管理工作，并配合省科技厅、省财政厅等做好监督管理等事宜。专项项目资金使用不得存在以下行为：

1.编报虚假预算；

2.未对专项项目资金进行单独核算；

3.列支与本项目任务无关的支出；

4.未按规定执行和调剂预算、违反规定转拨专项项目资金；

5.虚假承诺其他来源资金；

6.通过虚假合同、虚假票据、虚构事项、虚报人员等弄虚作假，转移、套取、报销专项项目资金；

7.截留、挤占、挪用专项项目资金；

8.设置账外账、随意调账变动支出、随意修改记账凭证、提供虚假财务会计资料等；

9.使用项目资金列支应当由个人负担的有关费用和支付各种罚款、捐款、赞助、投资，偿还债务等；

10.其他违反国家财经纪律的行为。

（四）专项项目综合绩效评价不通过的，经审计认定使用不合规和结余的财政补助经费，按原拨付渠道收回。

（五）专项项目承担单位应当建立健全内控制度，在单位内部主动公开项目立项、主要研究人员、项目预算、预算调剂、资金使用（重点是间接费用、外拨资金、结余资金使用）、大型仪器设备购置以及项目研究成果等情况，接受内部监督。同时依法主动接受上级财政、审计、纪检监察、科技等部门的审计与监督。

（六）资金使用单位和个人在专项项目资金使用过程中存在各类违法违规行为的，各级科技、财政、相关部门及其工作人员在专项项目资金分配、使用、管理等相关工作中存在违法违纪行为的，按照国家和省有关规定追究相应责任或依法移送有关机关处理。

五、附则

本办法自2023年2月18日起施行。此前发布的相关资金和项目管理办法中规定与本办法不一致的，以本办法规定为准。《浙江省科技发展专项资金管理办法》（浙财科教〔2019〕7号）同时废止。

浙江省省产业基金绩效评价管理办法

浙财金〔2023〕38号　2023年7月10日

为进一步优化财政资源配置，提高财政资金使用绩效，确保浙江省省产业基金（以下简称省产业基金）政策目标实现，根据《中华人民共和国预算法》《中共中央 国务院关于全面实施预算绩效管理的意见》《财政部关于加强政府投资基金管理 提高财政出资效益的通知》（财预〔2020〕7号）、《财政部关于印发〈项目支出绩效评价管理办法〉的通知》（财预〔2020〕10号）、《浙江省产业基金管理办法》（浙财建〔2021〕75号）等有关规定，制定本办法。

一、总则

省产业基金绩效评价是指根据省产业基金的政策目标和管理要求,运用科学、合理的评价指标和评价方法,对基金投资运作的政策效应、管理效能、经济和社会效益进行客观、公正的评价。

(一)适用范围。

省产业基金的绩效评价适用本办法。浙江省基础设施投资(含PPP)基金、浙江省天使梦想基金、其他新设立的省级政府投资基金及市县各级政府投资基金绩效评价可参照本办法执行。因特定的政策目标需要,省产业基金发起设立或参与出资的投资基金,可依据有关法律法规和本办法的规定制定专门的绩效评价办法。

(二)职责分工。

省财政厅负责组织实施省产业基金绩效评价。省产业基金各投资决策部门(包括省级项目主管部门,以及经分管省领导批准的参照部门,简称投决部门,下同)负责开展本部门投资决策领域的绩效自评。浙江省金融控股有限公司(以下简称省金融控股公司)作为投决部门,负责开展本部门投资决策领域的绩效自评;作为省产业基金的具体管理部门(以下简称基金管理部门),负责开展基金管理情况的绩效自评,并对省产业基金绩效评价提供技术支持。

(三)基本原则。

1.科学规范。绩效评价应当严格执行规定的程序,按照科学规范的要求,采用定量与定性分析相结合的方法;

2.公正公开。绩效评价应当遵循真实、客观、公正、透明的要求,按规定公开绩效评价结果并接受监督;

3.分类实施。绩效评价应当根据省产业基金投资项目的不同类型、不同行业特点分部门组织实施;

4.激励约束。绩效评价结果与基金规模、预算安排、基金管理费等挂钩,体现奖优罚劣和激励相容导向,充分发挥绩效评价对于统筹推进省产业基金投资运作的积极作用。

二、评价对象、内容与依据

(一)评价对象。

省产业基金绩效评价的对象是省产业基金的运作管理情况,具体包括投决部门、基金管理部门两类部门的运作管理情况(部门整体评价),以及省产业基金整体运作管理情况。直投项目、定向基金、非定向基金相关情况统一作为项目一并纳入部门整体评价。

(二)评价内容。

省产业基金绩效评价的主要内容包括:

1.基金投资目标设定情况;

2.基金投资相关机制建设情况;

3.基金投资决策情况;

4.基金投资运行管理情况;

5.基金投资绩效情况;

6.其他相关内容。

(三)评价主要依据。

1.国家及省相关法律、法规和规章制度;

2.省产业基金管理办法、委托(受托)管理协议、资金托管协议等明确的政策目标、投资导向及规范性要求;

3.股权投资基金行业历史数据、行业标准、市场通用的评价指标;

4.经审计的省产业基金年度会计报告及相关资料、基金运营机构提供的基金运行情况报告等;

5.投资项目的章程或协议、经审计的年度会计报告及相关资料、定向基金和非定向基金运营机构提供的基金运行情况报告等;

6.财政部门和省级项目主管部门要求的其他资料。

三、评价指标体系

(一)指标体系设置原则。

省产业基金绩效评价建立专门评价指标体系,实行综合评分制,评价指标设置遵循以下要求:

1.指向明确。绩效评价指标要符合国民经济和社会发展规划要求,并与省产业基金的特定政策目标、用途、投资领域、规范性要求等紧密相关。

2.细化量化。绩效评价指标应当体现投资全过程、各环节的绩效情况,运用数量、质量、时效、成本以及经济效益、社会效益等指标进行细化,以定量表述为主。

3.相应匹配。绩效评价指标应当通过调查研究和科学论证,符合基金运作规律和客观实际,并与相关绩效主体的绩效责任相匹配。

(二)模块化评价指标。

省产业基金绩效评价指标体系采用模块化设计,包括决策、过程、绩效三类指标模块,每个模块50分(具体指标框架见附件)。决策模块针对投决部门,过程模块针对基金管理部门,绩效模块为投决部门、基金管理部门共用。投决部门评价指标为决策+绩效,总分合计100分;基金管理部门的评价指标为过程+绩效,总分合计100分;省金融控股公司整体、省产业基金整体工作的评价指标均为决策+过程+绩效,总分合计150分。总分不为100分的,绩效评价最终得分折算为100分制。

1.决策指标:主要评价省产业基金投资的政策目标和投资方案是否科学,以及决策效率、决策合规等内容,界定投决部门在项目立项、投资决策、投后管理及退出决策中应承担的绩效责任。

2.过程指标:主要评价省产业基金管理制度和投资管理、风控合规、资金管理等内容,界定基金管理部门在省产业基金年度计划管理、尽职调查、入股谈判、协议签署、投后管理等过程中应承担的绩效责任。

3.绩效指标:主要评价省产业基金政策目标实现、基金保值增值、带动其他资本等内容,为投决部门及基金管理部门共同绩效责任。

（三）评价结果。

评价结果根据绩效评价指标体系综合得分划分为“优”“良”“中”“差”四档：最终得分90（含）-100为优；80（含）-90为良；60（含）-80为中；60以下为差。

四、评价组织管理

（一）评价类型。

省产业基金绩效评价根据工作需要组织实施，分为年度评价及不定期评价。

（二）年度评价。

年度评价由省财政厅统一组织，并实行分类分部门分模块评价，主要工作程序包括：

1.省财政厅根据绩效评价工作要求，在年度结束后布置开展省产业基金绩效评价工作，明确当年绩效评价范围、指标框架、工作要求等。

2.省财政厅依据本办法规定的评价指标体系框架，制定统一的省产业基金绩效评价方案（包括投决部门绩效自评、效益类项目绩效自评、基金管理部门绩效自评、省金融控股公司整体绩效自评、省产业基金整体绩效评价）。其中涉及投决部门的个性化决策、绩效指标由投决部门与省金融控股公司协商一致后，报省财政厅审定。涉及效益类项目的个性化决策、绩效指标由省金融控股公司制定，报省财政厅审定。

3.投决部门、省金融控股公司按照评价方案开展自评并形成基金绩效自评报告报送省财政厅，省财政厅按一定的比例对自评结果进行抽查。

4.省财政厅委托省金融控股公司根据自评及抽查情况汇总形成省产业基金年度整体绩效评价报告，审定后报送省政府，并按规定公开。

5.年度评价可根据实际需要委托第三方机构评价，评价涉及的技术指标及相关数据情况由省金融控股公司协助提供。

（三）不定期评价。

不定期评价是指省财政厅根据省产业基金投资运作情况，按需要开展重点评价及在省产业基金存续期满，作出清算决定后6个月内开展基金综合评价。不定期评价可根据实际需要委托第三方机构评价。

五、评价结果

（一）结果应用。

绩效评价结果作为省产业基金政策完善、预算安排、费用支付、基金投资、退出让利及基金存续的重要依据。投资于效益类项目的省产业基金根据效益类项目绩效指标评价结果，按照省产业基金管理办法确定的比例支付委托管理费用。省级项目主管部门的绩效评价结果纳入省政府目标责任制考核体系；省金融控股公司绩效评价结果纳入省财政厅对其年度业绩考核体系。

（二）责任追究。

在绩效评价工作或省产业基金投资运作管理中存在违法违纪行为的，依照《中华人民共和国预算法》《中华人民共和国公务员法》《中华人民共和国监察法》《财政违法行为处罚处分条例》等国家有关规定追究相应责任；涉嫌犯罪的，依法移送有权/有关机关处理。

（三）尽职免责。

绩效评价结果不影响省产业基金实施投资运作管理尽职免责机制。按照《省产业基金投资运作管理尽职免责工作指引（试行）》经认定予以减免责任的，可在绩效评价中减轻或不作负面评价。

六、解释与施行

本办法由省财政厅负责解释，自2023年9月1日起施行。

关于健全完善财政金融协同支农长效机制的实施意见

浙财农〔2023〕48号　2023年7月26日

为贯彻落实党的二十大和中央一号文件精神，全面推进乡村振兴和加快农业强国建设，更好发挥财政金融协同支农机制作用，推动形成财政优先保障、金融重点倾斜、社会积极参与的乡村振兴多元投入格局，制定本实施意见。

一、总体要求

（一）指导思想。以习近平新时代中国特色社会主义思想为指导，全面贯彻落实党的二十大精神和省委、省政府高水平推进乡村全面振兴的决策部署，坚持农业农村优先发展，聚焦聚力农业农村落实省委三个“一号工程”重点领域，以深入推进财政支持“大三农”政策体系变革重塑为抓手，进一步推动乡村振兴政策多跨协同、资金多元投入，加快健全完善财政金融协同支农长效机制，有效激活农业主体活力，扩大农业农村有效投资，为推动中国式农业农村现代化和农民农村共同富裕“两个先行”贡献更大力量。

（二）主要目标。到2027年，财政金融协同支农新格局基本形成，财政政策落实与金融工具应用高效协同。政策性农业信贷担保体系更加完善，省农业融资担保有限公司（以下简称省农担公司）年度担保余额达到200亿元以上，省市县协同、政银担合作支农模式实现农业大县基本覆盖；农业保险保障体系更加完善，稻谷、小麦等主粮作物农业保险覆盖率达到70%以上，生猪养殖保险覆盖率达到90%以上；农业农村投融资体系更加完善，农业农村重大投资激励项目落地不少于200个，政府产业基金加大力度投资乡村振兴。

二、完善政策性农业信贷担保服务体系

（三）提升农业信贷担保服务能力。支持省农担公司采取与市县地方担保机构合作建立办事处（含代办点，下同）、依托当地农业投资平台或农民合作经济组织联合会等为农服务机构设立办事处、直接派驻专职人员建设直属分支机构等多种方式，因地制宜建设基层政策性农业信贷担保服务机构，提升农业信贷担保基层服务能力。各级财政部门要牵头协调，积极推动建立与省农担公司的合作关系，强化对当地政策性农业信贷担保工作的支持、指导、督促和考核；各级农业农村部门要发挥行业部门优势，支持省农担公司开展主体、产业等数据采集，推动系统共建共享，因地制宜创新担保产品和担保模式，合力推动农业农村高质量发展。

（四）优化完善政策性担保业务体系。省农担公司要聚焦农业“双强”、乡村建设、农民共富三大跑道，持续调整优化现有业务体系，创新推广基于数字化的农村家庭财务报表融资担保模式，开发符合农业产业经营主体生产特点和农村信用特征的担保产品，不断做大面向新型农业经营主体的业务规模；并在主体自愿的前提下，支持省农担公司开发以财政支农项目为支持标的、以预期财政补助资金为还款主要保障的“财农贷”等产品，单一主体融资担保额度最高不超过1000万元。在可持续经营的前提下，支持省农担公司创新担保产品，持续推进降费让利，对政策性农担业务贷款主体的担保费率不超过0.8%，其中：对低收入农户，以及从事粮食生产、加工、仓储等环节主体的担保费率不超过0.5%；被认定为扩中家庭的，给予优惠费率支持。各地可结合实际和当地特色产业扶持政策，通过补贴、贴息等方式予以协同支持，切实降低综合融资成本。

（五）建立担保风险补偿奖补机制。全面推广省市县协同、政银担合作的基层农业信贷担保服务模式，对首次通过合作设立政策性农业信贷担保风险池，建立起由当地政府、省农担公司和合作银行三方共担风险分散机制的地方，省财政按风险池资金规模的50%给予奖补，最高不超过200万元。鼓励各地根据政策性担保业务发展情况，建立健全风险池资金持续补充机制，与省农担公司合作开展的政银担业务对应风险池资金规模的放大倍数应控制在合理范围内。省级将综合考虑各地政策性农业信贷担保机构建设、业务开展规模、支持促进乡村振兴等情况，对年度政策性农业信贷担保工作绩效明显的地方予以奖励，奖励资金主要用于补充担保风险池。

三、推动政策性农业保险高质量发展

（六）支持粮食等重要农产品保险扩面提质。持续扩大水稻种植保险覆盖面，全省域推行政策性水稻完全成本保险，积极开展种植收入保险试点。鼓励实施小农户“整村参保、清单到户”模式，鼓励有条件的地方对小农户特别是低收入农户降低个人保费缴纳水平。探索开展政策性生猪价格指数保险，有序发展渔业保险，优化开展畜禽养殖保险和林木综合保险等，稳步扩大蔬菜大棚和水产养殖保险覆盖面，不断提升重要农产品保险保障水平。

（七）完善补贴险种清单管理机制。鼓励各地开发符合区域特色、主导产业优势明显、农户投保意愿强烈的地方特色农业保险产品，因地制宜推进气象指数保险、新型农业经营主体综合险等保险产品试点，不断丰富农业保险产品体系。进一步完善省级补贴险种和地方特色险种清单动态管理机制，对符合条件且实施效果好的创新险种，积极支持其按规定上升为省财政补贴险种，对不符合实际需求、农户投保率低的保险产品，定期予以清理退出；对经济效益较高的农产品，采用保险保费阶梯式补贴方式，优先保障粮油作物和重要农产品保险。

四、优化提升农业农村投融资环境

（八）持续扩大农业农村有效投资。聚焦高标准农田建设、数字农业工厂（示范基地）、农产品精深加工、预制菜、农产品冷链物流，现代种业发展、农业科技与农业机械、乡村建设等乡村振兴重点领域，深化农业农村投资“一件事+明白纸”集成改革，完善农业农村招商项目库，支持各地通过本土培育、招商引资、柔性引才等方式，落地实施一批具有引领性、示范性和共享性的农业农村重大投资项目，着力打造体现农业农村现代化先行的标志性成果。同时，围绕扩中提低，将项目实施带动产业发展、解决农户就业、促进强村富民等情况作为项目入库的重要内容。对纳入省级农业农村重大投资激励项目库的项目，由省财政安排资金予以支持，其中：特别重大项目省级激励资金最高不超过5000万元，鼓励类项目省级激励资金最高不超过2000万元；对在境内主板、创业板、中小板等上市的农业企业，经审核后对其所在地区，由省财政按每家300万元的标准给予激励。省级激励资金主要由地方结合实际，从省审定的激励项目库中自主优选项目予以支持。

（九）推进政府产业基金投资乡村振兴。加快健全完善省产业基金乡村振兴政策性项目运作机制，常态化开展项目推荐、审核立项、尽职调查、投资决策等工作，重点支持乡村振兴战略涉及的重大产业项目、农业农村建设项目、农业科技创新和成果转化项目。政府产业基金投资项目应具有一定的收入来源或能形成一定的具有经济价值、权属明确的资产资源。同时，构建省市县联动协作机制，对符合省级投资方向的地方农业特色产业，通过多种投资方式，发挥财政出资合力，更好撬动各方资本投资乡村振兴。

五、深化财政金融协同支农数字化改革

（十）夯实财政金融协同支农数字化基础。以突出实战实效、好用管用为导向，融合贯通“浙里担+农e富”“惠农直通车”“乡村大脑”等省级系统平台和“龙财通”“浙农补”“金田共享”等地方特色应用场景，实现系统共建共享、数据互联互通。推进制定规范统一的数据和服务标准，建立健全数据归集、动态更新的有效机制，推进全省财政金融协同支农信息数据库建设，加快汇聚政策补贴、项目补助、农业保险、产业经营等涉及农业新型经营主体的各方数据，及时完善涉农主体生产经营、资源要素、信用要素等相关信息，为数字赋能财金协同支农提供必要的基础支撑。

（十一）提升财政金融协同支农数字化服务能力。聚焦支农政策落地、涉企资金拨付、补贴资金兑现等重点、难点和堵点，以新型农业经营主体需求为导向，迭代优化涉农政策发布、推送、查询和资金到账通知等功能模块，进一步完善贷款申请、保险购买、损失理赔等网上办事引导功能，实现“一搜就找到、一看就明白、一点就能办”，着力推动“网上掌上可办”向“好办易办”转变、“主体找政策”向“政策找主体”转变，有效提升服务能力和效率，充分释放惠农政策效应。

（十二）探索农村信用数字化评价应用机制。通过多跨对接多方数据，鼓励发挥农业保险增信功能，支持省农担公司以“农业经验+大数据算法”，开发设计农村信用数字化评价模型，并将评价结果应用于农业项目监管、担保业务准入、风险识别预警等场景，提高农业经营主体信用意识，改善农村金融信用环境。同时，以省农担公司制定的家庭财务报表标准为基础，为农村家庭建立信用档案，以家庭信用担保代替抵押风控，进一步降低政策性担保门槛，建立贴近基层、覆盖全面的“愿担、敢担、能担”的担保服务机制。

六、强化工作机制保障

（十三）加强组织领导。省财政厅会同省农业农村厅等部门建立财政金融协同支农厅际联席会议制度，统筹协调推进各项重点工作落实。各地要高度重视，将财政金融协同支农长效机制建设纳入财政支农重点工作体系，加快建立健全工作机制，明确工作职责，狠抓工作落实，特别是要支持省农担公司基层服务机构建设，协调落实场地、人员等要素保障，有效推动政策性农业信贷担保体系人员下沉、服务深化；协同配合做好当地财政支农政策梳理，定期开展乡村振兴相关数据信息采集和更新；建立政策性担保风险联合防控机制，协助开展项目保前、保后管理和不良贷款清收等工作。

（十四）强化督促指导。各地要积极开展“大走访大调研大服务大解题”“三跑三降”等活动，督促指导财政金融协同支农工作落细落实，协调解决存在的困难和问题，更好促进财政政策与金融工具有效衔接。省级将财政金融协同支农工作开展情况纳入乡村振兴实绩考核等指标体系，考核评价结果与担保风险补偿奖补资金安排相挂钩。

（十五）推进多跨协同。推进担保、银行、保险、基金等联动，探索开展“担保+保险”“保险+贷款”等融合发展业务模式，多途径缓解农户融资难、融资贵、融资慢等问题。推进政策性农业信贷担保体系与政府性融资担保体系有机衔接，支持地方担保机构采用联合担保、反担保等方式，与省农担公司开展政银担业务，进一步简化相关手续，提高服务效率。

（十六）营造良好环境。各地要注重加强收集和总结提炼财政金融协同支农的好经验、好做法，积极争取各方理解和支持配合，并通过报刊、电视、网络等多种渠道，积极开展典型宣传。省级将适时开展财政金融协同支农最佳实践案例征集，进一步营造有利于推动形成财政金融协同支农长效机制的良好氛围。

本文件自2023年8月31日起施行。省财政厅、省农业农村厅印发的其他文件相关规定与本文件有冲突的，按本文件规定执行。

浙江省普通高等学校学科建设专项资金管理办法

浙财科教〔2023〕36号　2023年8月24日

为规范和加强我省普通高等学校学科建设专项资金管理，提升财政资金使用绩效，推动我省高水平大学建设和普通高等学校高质量发展，根据《中华人民共和国预算法》和省委、省政府《关于推进高水平大学建设的意见》《关于加快普通高等学校高质量发展的若干意见》（以下简称两个意见）等规定，结合我省实际，制定本办法。

一、总则

（一）专项资金概念。

浙江省普通高等学校学科建设专项资金（以下简称专项资金），是省财政统筹安排用于支持省内普通本科高校开展与学科建设相关的人才引育、科学研究、国际交流、社会服务等活动，提升普通高等学校学科建设水平的专项资金。

（二）遵循原则。

专项资金管理遵循“聚焦重点、分类支持，动态调整、注重绩效，奖补结合、分级负担，放管结合、规范管理”的原则。

1.聚焦重点、分类支持。重点支持建设高水平大学培育学科即登峰学科（以下简称登峰学科）、优势特色学科、一流学科（A类）、基础学科等，省财政根据不同层次和类型分类给予支持。对登峰学科、优势特色学科，由省委组织部、省教育厅综合考虑学科建设基础、目标、差距和可行性等因素，实行“一学科一策”差异化支持。

2.奖补结合、分级负担。专项资金采取奖补结合的支持方式。对国家“双一流”建设学科、最新一轮学科评估B及以上学科、提前完成或显著超额完成建设任务的建设学科和在人才引育、科学研究、国际交流、社会服务等方面取得突破性成绩的实行奖励补助。对登峰学科、优势特色学科、一流学科（A类）以及基础学科实行建设补助。省市共建高校、市属高校分别按照省市共建比例、“两类六档”省对市县转移支付系数分担和补助，已有“一校一策”支持举措的高校，按照就高不重复的原则提供支持。

3.注重绩效、动态调整。省委组织部、省教育厅应在项目实施期内，对登峰学科、优势特色学科、一流学科（A类）、基础学科建设开展定期评估，对照建设任务书评估实施情况，提出动态调整建议。效果不佳的调整出支持范围；成效显著的登峰学科、基础学科可滚动进入下一周期，成效显著的优势特色学科、一流学科（A类）可作为下一轮遴选支持的主要依据。

4.放管结合、规范管理。按照深化“放管服”改革的要求，进一步简政放权，扩大高校经费使用自主权。按照“谁使用、谁负责”的原则，明确管理责任，完善管理制度，规范管理行为，健全监管机制,依法依规、合理有效使用经费。

二、职责分工

省财政厅、省委组织部、省教育厅、地方政府和建设高校按职责分工协同管理。

(一)省财政厅负责专项资金的预算管理,审核省委组织部、省教育厅的资金分配建议方案,办理预算下达和资金拨付,对预算执行和绩效运行开展监控,组织开展重点绩效评价。

(二)省委组织部、省教育厅负责登峰学科、基础学科等项目的组织管理。负责登峰学科和基础学科的项目申报、审核论证,提出支持对象名单、建设目标、资金补助方案。负责指导省属高校编制登峰学科和基础学科专项资金滚动规划和年度预算,审核市属高校登峰学科和基础学科专项资金滚动规划和年度预算。加强专项资金项目和过程管理,对资金信息公开、支出进度、绩效、安全和规范等进行监管。负责组织建设学科的绩效评价,提出动态调整建议。对提前完成或显著超额完成建设目标的建设学科和其他高校在人才引育、科学研究、社会服务等方面取得突破性成绩的,按规定程序提出奖励建议。

(三)省教育厅负责优势特色学科、一流学科(A类)的组织管理。负责优势特色学科、一流学科(A类)的项目申报、审核论证,提出支持对象名单、建设目标、资金补助方案。负责指导省属高校编制优势特色学科、一流学科(A类)专项资金滚动规划和年度预算,审核市属高校优势特色学科、一流学科(A类)专项资金滚动规划和年度预算。负责提出国家"双一流"建设学科、最新一轮学科评估B及以上学科奖励补助建议方案。负责组织建设学科的绩效评价,提出动态调整建议。

(四)地方政府负责推进市属高校完成学科建设目标。负责将省级下达的资金纳入预算管理,负责市属高校学科建设资金的保障和资金拨付工作。

(五)建设高校是专项资金使用管理的责任主体,负责根据绩效目标科学合理编制资金滚动规划、年度预算,组织项目实施,健全内部管理机制,按规定开展绩效评价工作。

三、补助内容和标准

(一)奖励补助。

1.国家"双一流"建设学科。根据上年度中央财政"双一流"补助,按照1:1予以奖补。

2.最新一轮学科评估B及以上学科。根据最新一轮学科评估结果分档确定补助额度,A+、A、A-、B+、B学科,每年分别按2000万元、1500万元、1000万元、500万元、200万元予以奖补,与国家"双一流"建设学科奖补按照就高不重复原则执行。

3.登峰学科建设高校提前完成或显著超额完成建设目标任务的,给予最高1亿元奖励;其他高校在人才引育、科学研究、社会服务等方面取得突破性成绩的,给予最高1亿元奖励。

(二)建设补助。

1.登峰学科。省财政按每年每学科1亿元的标准实行总额控制,根据省委组织部、省教育厅确定的支持学科名单和具体额度安排建设补助。

2.优势特色学科。省财政按每年每学科4500万元的标准实行总额控制,根据省教育厅确定的支持学科名单和具体额度安排建设补助。

3.一流学科(A类)。根据教育厅确定的建设学科名单,按每年每学科750万元的标准安排建设补助。

4.基础学科。根据省委组织部、省教育厅确定的建设学科名单,按每年每学科1000万元的标准安排建设补助。

(三)其他补助。

经省委、省政府批准的其他建设学科,按"一事一议"确定的额度予以补助。

四、预算编制

(一)每年8月底前,省委组织部、省教育厅组织建设高校根据批准的学科建设方案(分年度)和财政预算编制规定,编制预算报省委组织部、省教育厅审核。

(二)每年9月20日前,省委组织部、省教育厅将审核结果告知建设高校并报省财政厅。建设高校根据审核意见修改预算并按部门预算的要求报同级财政部门。

(三)省财政厅对年度绩效目标、资金分配方案进行审核后,省属高校编入部门预算,市属高校的补助资金通过转移支付下达。整体绩效目标和分校分项目绩效目标随同资金文件一并下达。

(四)各市财政部门应当在收到资金文件后,将省财政资金和市财政相应安排的资金下达建设高校,并及时将资金分配落实情况报送省级相关部门。

(五)建设高校不得擅自调整预算。确需调整的,应报省委组织部、省教育厅审核后报省财政厅批准调整。

五、使用范围

专项资金不得用于基本建设、对外投资、偿还债务、利息、罚款、捐赠、赞助等支出,不得提取工作经费或管理经费,不得用于按照国家规定不得开支的其他支出。

(一)奖励补助由学校统筹使用。

(二)建设补助由学校根据批准的学科建设预算,用于以下支出:

1.用于建设学科相关的高层次人才培养、引进和建设优秀创新团队等的人员支出。其使用管理应当严格执行我省关于事业单位绩效工资制度的有关规定,人员经费支出应当聚焦学科建设,不得用于在全校范围内普遍提高人员薪酬待遇,不得用于省内高校抢挖人才的费用。

2.用于建设学科相关的各项商品和服务支出,不得用于或提取工会经费和福利费。

3.用于建设学科相关的办公设备购置、专用设备购置、信息网络及软件购置更新等资本性支出。

各项支出,国家有明确规定标准的,按照规定执行;没有规定的,由建设高校结合实际情况,按照勤俭节约、实事求是的原则，集体研究制定相关开支标准。

六、预算执行

（一）各建设高校应按规定及时组织项目实施，强化业务与财务协同，项目管理、资产管理、财务管理等部门紧密配合，落实落细各项工作。

（二）专项资金按照国库集中支付有关规定执行。涉及采购的，严格按照政府采购相关规定执行。专项资金形成的资产应按照国有资产管理的有关规定加强管理。

七、绩效管理和监督检查

（一）绩效管理。

1.各建设高校按照“谁用款、谁负责”的原则落实全过程预算绩效管理具体工作，切实加强专项资金绩效目标管理，做好资金绩效监控及评价，发现问题及时纠正，提高资金使用效益。

2.省委组织部、省教育厅应建立全过程预算绩效管理机制，指导建设高校开展绩效管理，按照《浙江省高水平大学建设绩效评价办法（试行）》等有关文件要求，定期组织开展各类绩效评价。

3.建设期满，省委组织部、省教育厅应会同省财政厅对专项资金实施总体情况组织开展绩效评价。

（二）监督检查。

专项资金使用管理接受审计、纪检监察、组织、财政、教育等部门的监督检查，发现截留、挤占、挪用或骗取补偿资金等违法违纪行为的，依照有关法律法规的规定追究相应责任。省委组织部，各级财政、教育部门、建设高校及其工作人员在专项资金使用管理工作中，存在违反规定审批、分配、拨付、使用和管理资金，以及其他滥用职权、玩忽职守、徇私舞弊等违法违纪行为的，按照《中华人民共和国预算法》《中华人民共和国公务员法》《中华人民共和国监察法》《财政违法行为处罚处分条例》等国家有关规定追究相应责任；涉嫌犯罪的，依法移送有权机关处理。

八、附则

（一）各建设高校可以依据本办法制定内部管理制度。

（二）本办法自2023年10月1日起实施，本轮专项资金实施期限至2027年12月31日。

浙江省生态环境保护专项资金管理办法

浙财资环〔2023〕55号　2023年11月17日

第一章　总则

第一条　为加强和规范省生态环境保护专项资金（以下简称专项资金）管理，提高财政资金使用效益，促进污染防治和减排，改善环境质量，根据《中华人民共和国预算法》《中华人民共和国环境保护法》《中共浙江省委　浙江省人民政府关于全面落实预算绩效管理的实施意见》《浙江省人民政府办公厅关于进一步加强省级财政专项资金管理工作的通知》（浙政办函〔2014〕66号）等规定和《“811”生态文明先行示范行动计划》，制定本办法。

第二条　专项资金是指由省级财政预算安排，用于支持全省污染防治和生态保护修复等的专项转移支付资金。

第三条　专项资金实施期限原则上为3年。到期后，省生态环境厅会同省财政厅对专项资金3年实施总体情况开展绩效评价，根据评价结果，适时调整专项资金实施期限和分配政策。

第四条　专项资金按照“突出重点、示范引领、讲求绩效、公开透明”的原则进行分配、使用和管理。资金分配和使用情况向社会公开，接受有关部门和社会监督。

第五条　专项资金由财政部门和生态环境部门共同管理。省财政厅牵头制定专项资金管理办法，负责专项资金预算安排，审核资金分配建议方案，视情开展重点绩效评价，指导市县预算管理等。省生态环境厅根据年度生态环境保护重点任务，负责研究提出资金分配建议方案和绩效目标，组织开展资金使用情况监督检查，组织做好全过程预算绩效管理，并指导市县做好相关工作。

市、县（市、区）（以下简称市县）生态环境、财政部门根据专项资金支持领域，具体负责项目储备、任务申报、资金分配、项目管理、资金监管、监督检查、全过程绩效管理等工作。

第二章　支持重点和分配方式

第六条　专项资金重点支持以下生态环境领域任务：

（一）减污降碳协同增效。主要包括源头防控，多污染物和温室气体减排协同控制、生态保护修复和扩容增汇等工作。

（二）自然生态保护。主要包括生态保护红线和自然保护地生态保护和监管、生态示范创建、生物多样性保护、生态环境损害赔偿、环境健康管控等工作。

（三）污染防治。主要包括水生态保护修复、饮用水水源保护区建设、入河排污口整治、蓝藻水华治理、工业园区“污水零直排区”建设、主要污染物重点工程减排项目；重点海域综合治理攻坚、“美丽海湾”保护建设；固定、移动源大气治理，工业园区和集群废气治理，大气污染物源解析等工作；“无废城市”建设、新污染物治理、土壤污染源头防控、重点建设用地土壤污染治理、农业面源污染治理、地下水污染防治、农村环境整治等工作。

（四）监管能力建设。主要包括部省环境监测重点工作、核与辐射安全监管、省级环境质量自动监测系统建设与运行维护、重点污染源在线监控系统运维、省级生态专项调查评估和观测、遥感动态监管、环境安全监管、环境领域标准监管等工作。

（五）其他。省委、省政府交办的其他事项。

重点支持领域可根据年度生态环境重点工作任务进行调整。对不再符合法律、法规等有关规定，政策到期或调整，相关目标已经实现或实施成效差、绩效低的支持领域，应当及时取消或调整使用方向。

第七条 专项资金采取因素法分配，各市县补助资金通过因素加权计算确定，可统筹用于本办法规定的支持领域。具体分配因素和权重如下：

（一）工作任务（90%）。根据省生态环境厅审核认定的各地年度工作任务量确定。其中："811"生态文明先行示范工程，由省生态环境厅会同省财政厅择优确定工作任务。

（二）财力状况（5%）。根据省财政转移支付分类分档及系数有关规定确定。

（三）绩效因素（5%）。根据上年度绩效评价结果，对绩效评价结果达到优良且专项资金在一定规模以上的市县予以补助。对积极争取中央生态环境保护专项资金且资金使用绩效明显的市县予以适当补助。

省财政厅和省生态环境厅根据专项资金管理需要和生态环境发展规划，适时优化调整分配因素和权重。

第八条 省生态环境厅会同省财政厅根据省委、省政府决策部署和生态环境保护发展规划，坚持集中财力办大事的原则，确定年度支持重点工作任务，并组织申报。市县生态环境部门会同财政部门根据当地实际，及时上报重点支持工作任务，并对上报材料的真实性、准确性、合规性负责。

第三章 资金分配、下达和使用管理

第九条 省生态环境厅结合部门预算编报和审核情况，将资金分配建议方案和绩效目标报省财政厅。

省财政厅对资金分配建议方案和绩效目标进行审核后，会同省生态环境厅按不低于当年专项资金规模的70%，在规定的时间内提前下达下一年度专项资金，并在省人大批准本级预算后60日内正式下达资金。绩效目标随同资金文件一并分解下达。

第十条 市县生态环境、财政部门应当根据本办法建立健全管理机制，按照"谁用款、谁负责"的原则，切实加强专项资金使用管理，提高资金使用效益。专项资金结余结转按照中央和省有关规定安排使用，对结余结转资金规模较大的地方，控制安排新增资金。

第十一条 专项资金不得用于人员经费、日常公用经费等基本支出和楼堂馆所建设等支出。专项资金拨付按照财政国库管理制度有关规定执行。资金使用中属于政府采购管理范围的，按照政府采购有关规定执行。

第四章 绩效管理和监督检查

第十二条 省生态环境厅应建立"预算编制有目标、预算执行有监控、预算完成有评价、评价结果有反馈、反馈结果有应用"的全过程预算绩效管理机制，完善绩效目标管理和绩效指标体系，每年组织开展专项资金绩效自评，加强绩效结果应用，将绩效结果与下年度资金分配相挂钩。省财政厅会同省生态环境厅视情开展绩效抽评，评价结果作为完善专项资金政策及预算资金分配的重要依据。

市县生态环境、财政部门要根据项目管理和实施情况组织实施绩效目标申报、绩效监控和绩效评价等全过程绩效管理工作，对发现的问题及时做好整改落实，确保绩效目标如期完成，切实提高财政资金使用效益。

第十三条 专项资金使用管理接受审计、纪检监察、财政等部门的监督检查，一旦发现截留、挤占、挪用或骗取专项资金等违法违纪行为，依照有关法律法规的规定追究相应责任。各级财政、生态环境部门、单位及其工作人员在专项资金使用管理工作中，存在违反规定审批、分配、拨付、使用和管理资金，以及其他滥用职权、玩忽职守、徇私舞弊等违法违纪行为的，按照《中华人民共和国预算法》《中华人民共和国公务员法》《中华人民共和国监察法》《财政违法行为处罚处分条例》等国家有关规定追究相应责任；涉嫌犯罪的，依法移送有权机关处理。

第五章 附则

第十四条 本办法由省财政厅会同省生态环境厅负责解释。市县财政、生态环境部门可根据本地区实际情况，制定实施细则。

第十五条 本办法自发布之日执行。原《浙江省生态环境保护专项资金管理办法》（浙财建〔2020〕4号）同时废止。

浙江省推进长三角一体化发展资金管理办法

浙财建〔2023〕128号 2023年11月17日

一、为全面落实长三角一体化发展国家战略，更好地引导全省域、全方位融入长三角，规范和加强省推进长三角一体化发展资金管理，切实提高资金使用绩效，根据财政政策法规，制定本办法。

二、省推进长三角一体化发展资金（以下简称"资金"）是指省财政支持和推进长三角一体化发展的资金，作为一般性转移支付，纳入省与市县财政年终结算。

三、资金按照"公开、公平、公正"和"统筹兼顾、分类分档、讲求绩效"的原则分配。

四、资金由财政部门、发展改革部门或长三角一体化工作主管部门（以下简称长三角主管部门）按照职责分工共同管理。省发展改革委做好资金分配前期基础性工作，提出资金绩效目标，开展绩效评价。省财政厅负责资金预算管理，指导开展绩效评价，会同省发展改革委制定资金分配方案和下达资金。各市县财政部门、发展改革部门或长三角主管部门根据职责分工具体负责资金的使用安排、绩效管理、信息公开、监督检查等工作。

五、资金主要用于支持我省推动长三角一体化发展的重点区域（平台）和最佳实践所在的市县。资金由市县统筹用于推进长三角一体化发展重点项目，在项目的储备、实施过程中予以支持。资金重点支持在建、续建项目，优先保障省长三角一体化发展重大项目库的项目。

六、重点区域（平台）是指列入《长江三角洲区域一体化发展规划纲要》《长三角一体化发展规划"十四五"实施方案》《浙江省推进长江三角洲区域一体化发展行动方案》等文件和浙江省推进长三角一体化发展年度工作要点的区域（平台），主要包括长三角生态绿色一体化发展示范区、省际协同发展区域、省内一体化合作先行区、跨省产业合作园区等。

七、最佳实践是指列入省推进长三角一体化发展最佳实践名单的案例，重点支持平台类、项目类。重点区域（平台）与最佳实践不得重复支持。

八、资金分配采取因素法方式，分类分档给予支持。具体分配方法如下：

（一）长三角一体化发展重点区域（平台）。主要考虑各市县所承担重点区域的层级、规划面积、年度投资情况、财力情况、项目储备实施情况等因素。

（二）长三角一体化发展最佳实践。根据省推进长三角一体化发展最佳实践认定结果，主要考虑实践类型、项目总投资和年度投资情况、财力情况、项目储备实施情况等因素。

资金分配权重根据长三角一体化发展年度工作重点确定。

九、资金分配方案经省财政厅、省发展改革委联合审核后下达市县。

十、各市县财政部门、发展改革部门或长三角主管部门，应在收到省下达资金文件的2个月内，明确资金分配使用方案并下达相应资金。

十一、各地因重大政策调整、不可抗力等不可预见因素影响资金使用，确需调整资金分配方案的，由各市县财政部门、发展改革部门或长三角主管部门在每年9月30日前予以动态调整。

十二、资金应在当年度使用完毕，逾期未使用完毕的由省财政厅、省发展改革委予以收回或在分配下年度资金时予以调整。

十三、资金不得用于弥补财政补助单位人员经费、运转经费等预算支出缺口以及兴建楼堂馆所等与长三角一体化发展无关的支出。

十四、各市县发展改革部门或长三角主管部门会同财政部门按规定对资金实行绩效评价，于每年12月底前向省发展改革委、省财政厅报送年度绩效评价报告。省发展改革委将适时开展绩效抽评。资金实施三年届满后，省发展改革委会同省财政厅对三年情况组织开展绩效评价，评价结果作为资金后续安排及政策调整的重要依据。

十五、绩效评价指标包括：

（一）资金管理。主要评价资金分配、拨付、使用、监督等情况。

（二）综合效益。主要评价重点区域（平台）规划建设、重大项目建设推进、最佳实践选树推广、社会经济效益等情况。

十六、资金使用管理接受审计、纪检监察、财政等部门的监督检查，一旦发现截留、挤占、挪用或骗取资金等违法违纪行为，依照有关法律法规规定追究相应责任。

十七、各级财政、发展改革等部门及其工作人员在资金审核、下达工作中，存在违规分配或使用资金，以及其他滥用职权、玩忽职守、徇私舞弊等违法违纪行为的，资金使用单位和个人存在虚报冒领、骗取套取、挤占挪用资金等违法违纪行为的，按照有关法律法规追究相应法律责任；涉嫌犯罪的，移送有权机关处理。

十八、各市县财政、发展改革部门或长三角主管部门可根据本办法，结合各地实际情况，制定资金管理实施细则。

十九、本办法自印发之日起施行。《浙江省推进长三角一体化发展奖补资金管理办法》（浙财建〔2020〕10号）同时废止。

关于政府采购工程落实支持中小企业发展政策的通知

浙财采监〔2023〕4号　2023年11月17日

为贯彻落实《中共中央 国务院关于促进民营经济发展壮大的意见》，进一步发挥政府采购的政策功能，支持中小企业参与政府采购工程，促进中小企业健康发展，根据《中华人民共和国政府采购法》及其实施条例、《中华人民共和国招标投标法》及其实施条例、《政府采购促进中小企业发展管理办法》（财库〔2020〕46号）、《浙江省促进中小微企业发展条例》《浙江省招标投标条例》《浙江省促进民营经济高质量发展若干措施》等有关要求，结合我省实际，现就政府采购工程落实专门面向中小企业预留份额政策有关事项通知如下，请遵照执行。

一、总体要求

各部门、各单位要提高政治站位，聚焦聚力营商环境优化提升"一号改革工程"，助力民营经济高质量发展，严格落实政府采购促进中小企业发展的相关规定，将政府采购工程专门面向中小企业预留份额政策落地落实。

二、具体内容

（一）政府采购工程范围。

国家机关、事业单位和团体组织使用财政性资金采购工程以及与工程建设有关的货物、服务。

（二）政策享受对象。

享受政府采购政策支持的中小企业是指中华人民共和国境内依法设立，依据国务院批准的中小企业划分标准确定的中型企业、小型企业和微型企业，但与大企业的负责人为同一人，或者与大企业存在直接控股、管理关系的除外。在政府采购工程施工项目中，工程由中小企业承建，即工程施工单位为中小企业；在政府采购工程的货物采购项目中，货物由中小企业制造，即货物由中小企业生产且使用该中小企业商号或者注册商标；在政府采购工程的服务采购项目中，服务由中小企业承接，即提供服务的人员为中小企业依照《中华人民共和国劳动合同法》订立劳动合同的从业人员。

（三）预留份额实施方式。

采购单位（招标人）可根据项目具体情况依法依规采用以下一种或多种方式实施。

1.整体面向形式，即整个工程采购项目专门面向中小企业采购；

2.设置采购包（标段）形式，即根据政府采购工程项目特点，设置采购包（标段）专门面向中小企业采购；

3.联合体形式，即要求供应商以联合体形式参加采购活动，且联合体中中小企业承担的合同份额达到一定比例；

4.合同分包形式，即要求获得采购合同的大型企业将采购项目中的一定比例（非主体、非关键性工作）分包给一家或者多家中小企业。

（四）预留份额比例。

采购限额标准以上，400万元以下的政府采购工程，适宜由中小企业提供的，采购单位应当专门面向中小企业采购。

超过400万元的政府采购工程中适宜由中小企业提供的，预留该部分项目预算总额的40%以上专门面向中小企业采购。

三、重点任务

（一）强化政府采购项目预算编制。在编制年度预算时，各采购单位的政府采购项目预算应同步编制专门面向中小企业采购的预留份额。对符合《政府采购促进中小企业发展管理办法》（财库〔2020〕46号）第六条规定，可不专门面向中小企业预留采购份额的情形，采购单位应同步说明不适宜面向中小企业采购的具体原因。主管预算单位应当加强对本部门和所属单位的指导和管理，强化预算编制环节内控管理，统筹落实本部门专门面向中小企业采购预留份额工作。

（二）明确采购（招标）文件编制要求。政府采购工程属于依法必须进行招标的项目范围的，应当进行招标。招标文件应包括以下内容：一是明确是否属于政府采购工程，并在招标项目名称和招标公告等公示公告中注明“（政府采购工程）”。二是明确是否专门面向中小企业采购，并在招标项目名称和招标公告等公示公告中注明“（面向中小企业）”，不专门面向中小企业（即投标人类型不受限制）采购的，在招标公告中说明原因及适用条款。三是明确预留份额及其实施方式，并在招标公告中说明。如，以联合体形式预留或分包形式预留的，明确联合协议或者分包意向协议中中小企业合同金额应当达到的比例。四是明确面向中小企业招标的，要求投标人提交《中小企业声明函》，并在招标公告中注明。各级工程招投标行政监督部门在调整完善工程建设项目招标文件示范文本时应将上述要求以编制说明方式纳入，做好衔接，方便采购单位（招标人）执行。政府采购工程采用其他方式采购的，采购文件编制按照财政部门要求执行。

（三）完善政府采购需求管理。采购单位应当建立健全采购需求管理制度和采购需求审查工作机制，按照《财政部关于印发〈政府采购需求管理办法〉的通知》（财库〔2021〕22号）有关规定，通过咨询、论证、问卷调查等方式开展需求调查，并将是否落实支持中小企业发展政策作为重点审查内容。对不适宜由中小企业提供或者预留份额比例不足40%的政府采购工程项目，采购单位应提交相关证明材料或说明，报主管预算单位批准。

（四）推进政府采购工程项目信息公开。采购单位应按照《浙江省财政厅转发财政部关于开展政府采购意向公开工作的通知》（浙财采监〔2020〕5号）规定，在浙江政府采购网公开政府采购项目采购意向。采购意向公开内容包括：采购项目名称、采购需求概况、预算金额、预计采购时间、面向中小企业采购预留份额意向、采购单位联系方式等。采购单位应当在部门预算批复后60日内，且原则上不得晚于采购活动开始前30日，按规定及时公开本单位年度预算安排采购项目的采购意向。采购意向仅作为供应商（投标人）了解各单位初步采购安排的参考，采购项目以采购单位（招标人）最终发布的采购（招标）公告和采购（招标）文件为准。政府采购工程招投标项目应在公示中标候选人时同步公开中标候选人的《中小企业声明函》，采用其他采购方式的项目应随成交结果公开成交供应商的《中小企业声明函》。主管预算单位应在每年6月30日前在浙江政府采购网公开上年度预留份额项目执行情况（依法不得公开项目除外）。对于未达到规定的预留份额比例的情况，应在公告中作出说明。

四、保障机制

（一）强化数据融合应用。政府采购云平台应将政府采购工程项目的预算信息和意向公开信息及时交换给公共资源交易平台，便利相关工程招投标行政监督部门进行监管。各公共资源交易平台应将招标公告、招标文件、中标结果、合同等信息及时回流至政府采购云平台，浙江政府采购网应优化信息检索功能，设置面向中小企业采购专区，便利市场主体参与竞争。

（二）推动多跨协同共治。各地各部门要严格执行政府采购支持中小企业发展政策要求，财政、发展改革、经信、建设、交通、水利、园文等相关部门共同参与，重点推动政府采购预留份额政策在建设、交通、水利等工程领域的落地落实。采购单位预留中小企业份额政策执行情况，纳入有关行政监督部门监督招投标活动的重要内容。各地经信部门要配合财政部门、发展改革部门和工程招投标行政监督部门开展政府采购工程的监督检查、投诉处理及行政处罚，按照《政府采购促进中小企业发展管理办法》（财库〔2020〕46号）第十六条要求做好中小企业认定工作。

（三）实时监测动态晾晒。适时将政府采购工程招投标支持中小企业政策落实情况纳入招标投标统计报表和营商环境无感监测指标体系，按月通报晾晒各市县落实情况。建立健全政府采购云平台和公共资源交易平台的动态监测预警功能，实时监测部门单位落实中小企业合同份额情况，对未按规定预留份额的部门单位进行自动预警提示。

本通知自印发之日起执行。

2023年财政规章及相关政策文件目录(选编)

序号	文件名称	发文单位	文号	印发日期
1	关于加强医疗保障基金使用常态化监管的实施意见	国务院办公厅	国办发〔2023〕17号	2023.5.26
2	关于印发《知识产权领域中央与地方财政事权和支出责任划分改革方案》的通知	国务院办公厅	国办发〔2023〕48号	2023.12.26
3	关于延缓实施有关个人所得税优惠政策的公告	财政部 国家税务总局	公告2023年第2号	2023.1.16
4	关于印发《服务业发展资金管理办法》的通知	财政部	财建〔2023〕9号	2023.2.6
5	关于印发《矿业权出让收益征收办法》的通知	财政部 自然资源部 国家税务总局	财综〔2023〕10号	2023.3.24
6	关于小微企业和个体工商户所得税优惠政策的公告	财政部 国家税务总局	公告2023年第6号	2023.3.26
7	关于进一步完善研发费用税前加计扣除政策的公告	财政部 国家税务总局	公告2023年第7号	2023.3.26
8	关于印发《耕地建设与利用资金管理办法》的通知	财政部 农业农村部	财农〔2023〕12号	2023.4.7
9	关于印发农业相关转移支付资金管理办法的通知	财政部 农业农村部	财农〔2023〕11号	2023.4.7
10	关于印发《农业防灾减灾和水利救灾资金管理办法》的通知	财政部 农业农村部 水利部	财农〔2023〕13号	2023.4.7
11	关于联合开展电子凭证会计数据标准深化试点工作的通知	财政部 国家税务总局等九部门	财会〔2023〕7号	2023.4.24
12	关于印发《中央财政农村危房改造补助资金管理办法》的通知	财政部 住房城乡建设部	财社〔2023〕64号	2023.6.29
13	关于印发《无线电管理经费资金管理办法》的通知	财政部 工业和信息化部	财建〔2023〕224号	2023.7.21
14	关于印发《政府债券登记托管结算管理办法》的通知	财政部	财库〔2023〕18号	2023.7.26
15	关于进一步支持小微企业和个体工商户发展有关税费政策的公告	财政部 国家税务总局	公告2023年第12号	2023.8.2
16	关于进一步支持重点群体创业就业有关税收政策的公告	财政部 国家税务总局等四部门	公告2023年第15号	2023.8.2
17	关于进一步扶持自主就业退役士兵创业就业有关税收政策的公告	财政部 国家税务总局 退役军人事务所	公告2023年第14号	2023.8.2
18	关于支持小微企业融资有关税收政策的公告	财政部 国家税务总局	公告2023年第13号	2023.8.2
19	关于印发《国际金融组织和外国政府贷款项目全生命周期管理暂行办法》的通知	财政部	财国合〔2023〕22号	2023.8.11

续表(一)

序号	文件名称	发文单位	文号	印发日期
20	关于加强财税支持政策落实促进中小企业高质量发展的通知	财政部	财预〔2023〕76号	2023.8.20
21	关于印发《科技馆免费开放补助资金管理办法》的通知	财政部 中国科协	财教〔2023〕162号	2023.8.30
22	关于印发《中央财政困难群众救助补助资金管理办法》的通知	财政部 民政部	财社〔2023〕88号	2023.8.31
23	关于印发《普惠金融发展专项资金管理办法》的通知	财政部	财金〔2023〕75号	2023.9.4
24	关于印发《农村集体经济组织会计制度》的通知	财政部	财会〔2023〕14号	2023.9.5
25	关于增加陆路启运港退税试点的通知	财政部 海关总署 国家税务总局	财税〔2023〕50号	2023.9.20
26	关于印发《农村综合改革转移支付资金管理办法》的通知	财政部	财农〔2023〕81号	2023.10.21
27	关于印发《预算评审管理暂行办法》的通知	财政部	财预〔2023〕95号	2023.10.28
28	关于印发《中央财政县级基本财力保障机制奖补资金管理办法》的通知	财政部	财预〔2023〕114号	2023.11.10
29	关于印发《就业补助资金管理办法》的通知	财政部 人力资源社会保障部	财社〔2023〕181号	2023.12.20
30	关于印发《中央引导地方科技发展资金管理办法》的通知	财政部 科技部	财教〔2023〕276号	2023.12.28
31	关于印发《国家文物保护资金管理办法》的通知	财政部 国家文物局	财教〔2023〕279号	2023.12.30
32	关于实施普通高校基础设施提质工程的意见	浙江省人民政府	浙政发〔2023〕34号	2023.12.4
33	关于完善财政体制的通知	浙江省人民政府	浙政发〔2023〕39号	2023.12.23
34	关于支持重大科创平台和新型高校建设的实施意见	浙江省人民政府办公厅	浙政办发〔2023〕20号	2023.3.18
35	关于失业保险省级统筹的实施意见	浙江省人民政府办公厅	浙政办发〔2023〕36号	2023.5.24
36	关于工伤保险省级统筹的实施意见	浙江省人民政府办公厅	浙政办发〔2023〕62号	2023.11.27
37	关于印发浙江省政府投资项目预算绩效管理办法的通知	浙江省财政厅	浙财建〔2023〕1号	2023.1.6
38	关于全面实施财政支持“大三农”政策体系变革重塑的通知	浙江省财政厅	浙财农〔2023〕1号	2023.1.7
39	关于印发浙江省中央引导地方科技发展资金管理办法的通知	浙江省财政厅 浙江省科学技术厅	浙财科教〔2023〕2号	2023.1.10
40	关于印发浙江省科技发展专项资金管理办法的通知	浙江省财政厅 浙江省科学技术厅	浙财科教〔2023〕1号	2023.1.10
41	关于进一步盘活行政事业性国有资产的通知	浙江省财政厅	浙财资产〔2023〕12号	2023.1.29
42	关于印发浙江省舞台艺术繁荣发展资金管理办法的通知	浙江省财政厅 浙江省文化和旅游厅	浙财文〔2023〕1号	2023.2.10
43	关于印发“4+1”专项基金组建方案的通知	浙江省财政厅	浙财金〔2023〕9号	2023.2.14

续表(二)

序号	文件名称	发文单位	文号	印发日期
44	关于印发浙江省农村客运和城市交通发展中央财政补贴资金管理办法的通知	浙江省财政厅 浙江省交通运输厅	浙财建〔2023〕7号	2023.3.3
45	关于印发全省财政系统高质量发展建设共同富裕示范区深化年行动方案的通知	浙江省财政厅	浙财办〔2023〕7号	2023.3.13
46	关于印发浙江省住房与城市建设专项资金管理办法的通知	浙江省财政厅 浙江省住房和城乡建设厅	浙财建〔2023〕17号	2023.3.16
47	关于全省构建新一轮集中财力办大事财政政策体系的指导意见	浙江省财政厅	浙财预〔2023〕7号	2023.3.23
48	关于印发浙江省用于社会福利事业彩票公益金使用管理办法的通知	浙江省财政厅 浙江省民政厅	浙财社〔2023〕40号	2023.3.31
49	关于印发职业教育差异化生均拨款制度改革工作方案的通知	浙江省财政厅 浙江省教育厅 浙江省人力资源和社会保障厅	浙财科教〔2023〕10号	2023.3.31
50	关于印发浙江省交通碳达峰省级补助资金管理办法的通知	浙江省财政厅 浙江省交通运输厅	浙财建〔2023〕30号	2023.4.3
51	关于印发2023年财政数字化改革建设方案的通知	浙江省财政厅	浙财办〔2023〕9号	2023.4.15
52	关于印发《百万家庭奔富三年行动计划(2023—2025年)》的通知	浙江省财政厅等十四部门	浙财办〔2023〕8号	2023.4.21
53	关于印发浙江省历史文化名城名镇名村保护专项资金管理办法的通知	浙江省财政厅 浙江省住房和城乡建设厅 浙江省文物局	浙财建〔2023〕36号	2023.4.23
54	关于印发浙江省公共气象服务专项资金管理办法的通知	浙江省财政厅 浙江省气象局	浙财农〔2023〕21号	2023.4.26
55	关于印发浙江省中央林业草原生态保护恢复资金管理实施办法和浙江省中央林业草原改革发展资金管理实施办法的通知	浙江省财政厅 浙江省林业局	浙财资环〔2023〕24号	2023.5.6
56	关于印发长三角“一网通办”财政电子票据共享实施方案的通知	浙江省财政厅等四部门	浙财综〔2023〕12号	2023.6.1
57	关于印发浙江省重点档案保护与开发专项资金管理办法的通知	浙江省财政厅 浙江省档案馆	浙财科教〔2023〕30号	2023.6.30
58	关于印发浙江省旅游发展专项资金管理办法的通知	浙江省财政厅 浙江省文化和旅游厅	浙财文〔2023〕15号	2023.7.5
59	关于印发浙江省省产业基金绩效评价管理办法的通知	浙江省财政厅	浙财金〔2023〕38号	2023.7.10
60	印发《关于加强新时代注册会计师行业人才工作的实施方案》的通知	浙江省财政厅	浙财会〔2023〕38号	2023.7.12
61	关于健全完善财政金融协同支农长效机制的实施意见	浙江省财政厅 浙江省农业农村厅	浙财农〔2023〕48号	2023.7.26
62	关于印发浙江省粮食安全专项资金管理办法的通知	浙江省财政厅 浙江省粮食和物资储备局	浙财资环〔2023〕37号	2023.8.7
63	关于印发省级财政专项资金竞争性分配管理规程的通知	浙江省财政厅	浙财预〔2023〕19号	2023.8.23
64	关于印发浙江省普通高等学校学科建设专项资金管理办法的通知	浙江省财政厅 中共浙江省委组织部 浙江省教育厅	浙财科教〔2023〕36号	2023.8.24

续表(三)

序号	文件名称	发文单位	文号	印发日期
65	关于进一步实施自主就业退役士兵创业就业有关税收优惠政策的通知	浙江省财政厅 国家税务总局浙江省税务局 浙江省退役军人事务厅	浙财税政〔2023〕6号	2023.9.4
66	关于印发浙江省自然资源专项资金管理办法的通知	浙江省财政厅 浙江省自然资源厅	浙财资环〔2023〕42号	2023.9.6
67	关于进一步实施重点群体创业就业有关税收优惠政策的通知	浙江省财政厅 国家税务总局浙江省税务局 浙江省人力资源和社会保障厅	浙财税政〔2023〕5号	2023.9.8
68	关于深化一事一议财政奖补支持打造共富乡村试点工作的通知	浙江省财政厅	浙财基〔2023〕18号	2023.9.12
69	关于印发省级林业专项资金管理办法的通知	浙江省财政厅 浙江省林业局	浙财资环〔2023〕49号	2023.10.13
70	关于印发浙江省基本公共文化服务体系建设补助资金管理办法的通知	浙江省财政厅 浙江省文化和旅游厅	浙财文〔2023〕20号	2023.10.24
71	关于印发财政政务服务增值化改革实施方案的通知	浙江省财政厅	浙财办〔2023〕22号	2023.10.30
72	关于印发中央专项彩票公益金支持浙江革命老区县社会公益事业发展项目资金分配办法的通知	浙江省财政厅	浙财综〔2023〕24号	2023.11.3
73	关于印发浙江省生态环境保护专项资金管理办法的通知	浙江省财政厅 浙江省生态环境厅	浙财资环〔2023〕55号	2023.11.17
74	关于印发浙江省推进长三角一体化发展资金管理办法的通知	浙江省财政厅 浙江省发展和改革委员会	浙财建〔2023〕128号	2023.11.17
75	关于政府采购工程落实支持中小企业发展政策的通知	浙江省财政厅 浙江省发展和改革委员会等六部门	浙财采监〔2023〕4号	2023.11.17
76	关于印发浙江省安全生产及应急管理专项资金管理办法的通知	浙江省财政厅 浙江省应急管理局	浙财资环〔2023〕62号	2023.11.23
77	关于改革省属高职院校、技师学院生均拨款制度的通知	浙江省财政厅	浙财科教〔2023〕39号	2023.11.29
78	关于印发浙江省省级造地改田资金管理办法的通知	浙江省财政厅 浙江省自然资源厅	浙财资环〔2023〕68号	2023.11.29
79	关于进一步加强我省国际金融组织和外国政府贷款项目全生命周期管理的通知	浙江省财政厅 浙江省发展和改革委员会	浙财金〔2023〕55号	2023.12.7
80	关于印发浙江省科学普及和学术智力专项扶持资金管理办法的通知	浙江省财政厅 浙江省科学技术协会	浙财科教〔2023〕52号	2023.12.12
81	关于印发浙江省消防救援资金管理办法的通知	浙江省财政厅 浙江省消防救援总队	浙财资环〔2023〕80号	2023.12.12
82	关于印发浙江省城乡医疗救助基金管理办法的通知	浙江省财政厅 浙江省医疗保障局	浙财社〔2023〕155号	2023.12.26
83	关于印发浙江省公路资产管理实施办法的通知	浙江省财政厅 浙江省交通运输厅	浙财资产〔2023〕93号	2023.12.29
84	关于完善绿色发展财政奖补机制的通知	浙江省财政厅	浙财预〔2023〕33号	2023.12.29

媒体报道

积极的财政政策加力提效 助力民营企业“轻装上阵”

民营企业和中小微企业互为主体、高度重叠。浙江省历来重视民营企业的发展。据统计，浙江省民营企业税收贡献超七成、销售收入占比超八成、企业数量占比超九成，是浙江经济发展的特色、优势和活力所在。浙江省财政厅坚持以习近平新时代中国特色社会主义思想为指导，紧紧围绕贯彻落实好习近平总书记关于民营企业发展和财政工作重要指示批示精神，结合主题教育以及省委省政府“大走访大调研大服务大解题”要求，开展精准降费减负专题调研活动。

一、调研情况

（一）调查对象及样本。本次调研实地走访温州、台州、义乌、海宁四个地区，座谈和走访企业11家，发放和回收企业调研问卷2058份。从行业来看，调研对象以制造业为主，占比为52.38%；从企业规模来看，以微型企业居多，占比49.17%，小型、微型企业合计占比80.9%；从企业所有制类型来看，民营企业占比最高，达87.71%。总体来说，上述企业样本具有一定的代表性，与浙江企业主体结构基本契合。

（二）调研结果分析。调查结果显示，近年来浙江省实施的降费减负政策，整体成效显著。虽然外部不确定性和公共风险上升，在一定程度上冲减了减负政策效果，但企业总体反馈良好。

一是减负政策持续加力，企业税费负担减轻。近年来企业普遍、直观感受到税费负担有效减轻。问卷调查显示，68.51%的企业认为当前的总体税费负担不重。

二是政府性收费选择占比少，收费负担相对较轻。根据问卷调查显示，在税费成本支出中，样本企业选择负担较重的前三选项，分别是社保收费、税收支出、水电煤气公共设施收费，占71.62%、53.5%和20.99%；而选择政府性收费的仅占5.15%，反映近年来政府性收费对企业的负担较轻，这与近年来浙江省力度巨大的政府性收费清理改革密不可分。

三是减负成效持续显现，政策红利不断释放。在现有政府性收费减免政策中，有60.35%的企业表示，教育费附加和地方教育附加减免政策对企业最利好。分别有55.30%和22.98%的企业反映残疾人就业保障金和城市基础设施配套费减免政策在很大程度上能减轻企业负担。教育费附加和地方教育附加、残疾人就业保障金、城市基础设施配套费这三项收费减免项目位列企业获得感前三，这也是近年来浙江省减免力度最大的三项收费。

四是减免方式多样化，精准性减负呼声渐涨。问卷调查显示，企业对行政管理类收费取消或减免的呼声最高，达55.98%；另外，分别有58.16%、40.43%和26.87%的企业支持进一步减免残疾人就业保障金、城市基础设施配套费和污水处理费三项政府性收费。

针对减费降负方式，有77.21%的企业认为直接减免的方式对企业生产经营最为利好，延缓缴纳的方式最不受企业欢迎。另外，只有18.12%的企业选择“直接取消”的减免方式。在访谈中，不少企业负责人表示，未选择“直接取消”选项是认为缴纳税费是企业应尽的义务。在困难时期，国家适度减免政策给企业带来了喘息机会；等到企业好转并稳定后，希望能继续为社会经济建设出一份力，充分体现了民营企业家的担当作为。

二、积极的财政政策持续发力、成效明显

一是政策出台之多居全国前列，有效稳住市场主体预期。党的十八大以来，浙江省自主出台和落实中央的降费政策文件多达70个，具体政府性收费减免措施多达477条，涉及行政管理类、资源补偿类、检验检疫类、电力附加类、环境保护类、住房交易类、准税收类、医药审批类、交通物流类等十大方面，共计360小项。其中，取消政府性收费133条，出台免征、停征、减免、降低标准等政策208条，针对特定行业和市场主体（如疫情期间特殊政策）举措120条，根据政府和市场职能转变转为经营服务性收费政策16条。出台政策之多、力度之大、覆盖面之广、普惠性之强，居全国前列，有效提振了市场主体信心，激发了企业的活力，发挥了稳预期的效应。

二是减负力度持续加码，有效稳定宏观经济大盘。大规模的降费政策为企业发展引来源头活水，有效缓解了企业现金流量压力，为后续的持续健康发展打下坚实基础。2013年以来，浙江省累计降费减负金额达2344亿元，减费规模从2013年的9亿元扩大至2022年的535亿元，增长了58倍。降费减负力度的持续加大，帮助企业缓解压力、渡过难关，有效稳定了宏观经济大盘。近年来，浙江省GDP增速一直处在东部五省前列。2013—2022年，浙江GDP年均增速达7.5%，在内外部环境复杂严峻的形势下，仍展现出较强的增长韧性，有效应对了经济下行压力。

三是小口径宏观费负趋势下降，有效释放民营经济活力。小口径宏观费负指剔除土地出让金和彩票收入的政府性收费占GDP的比重。民营经济是浙江发展的金名片，是浙江经济的最大特色和优势。浙江始终坚持靶向发力，聚焦民营经济发展所需，降费政策全面覆盖民营企业，有效降低企业宏观费负率，优化营商环境。据统计，“浙江省小口径宏观费负从2013年的1.46%下降至2022年的1.29%，虽有小幅振荡，但总体呈下降趋势。

调研对象普遍表示，积极的财政政策，助力成千上万的民营企业“轻装前行”。2013年以来，浙江省民营经济体量显著增长，民营企业、个体工商户数量分别增长2.76倍、1.23倍；年营收五亿元以上民企数量居全国第一，上榜中国民营企业500强的数量连续24年居全国首位。民营经济结构进一步优化，民营经济增加值第三产业占比从2012年的38.2%提升到2020年的48%，成为民营经济主导产业。2022年，浙江省民营经济贡献了67%的生产总值、71.7%的税收、82.6%的出口、87.5%的就业和92.5%的企业数量。2023年1—3月，规上工业民营企业同比增长5.5%，占规上工业增加值70.4%。民营经济已成为浙江经济发展主力军，发展活力持续迸发。

三、进一步优化完善的着力点和路径

（一）锚定关键领域，在费制体系上精准发力。科学定位，坚持将落实好积极的财政政策加力提效、优化降费减负政策作为构建新发展格局、推动高质量发展的重要抓手，继续保持存量政策实质性减负规模。积极完善政府性基金和行政事业性收费政策体系，在强化费制科学性上下功夫。

当前降费减负包括暂停征收、部分减免、降低标准、延缓缴纳等多种方式。一方面，根据企业呼声，在政府性收费领域更加重视直接减免、扩大减免范围等方式的实施运用。另一方面，注重回应企业诉求，广泛征询缴费人意见，对延缓缴纳等企业感受度不高、甚至有所抵触的减负方式，赋予市场主体自主选择权，避免“一刀切”、强制性政策削弱企业获得感，确保“真减负、减真负”。

（三）突出绩效评估，在长效管理上精准发力。不断健全事前、事中、事后监管降低风险系数，开展全过程降费减负绩效评估，精准衡量减负政策效果。对各类降费减负政策，在事前进行可行性论证分析，在事后开展动态绩效评估。评估过程体现人民立场，倾听和反映市场主体诉求。对企业反响较好的减负政策继续延续，对违背制定初衷、不符合经济社会发展实际的政策进行清理，持续优化政策体系。同时，加强政策协调性，细化、量化国家出台的措施，推动各项减负政策落地、落细、落实，实现长效管理。

（四）坚持政企共赢，在产业发展上精准发力。提高站位，立足长远，严格贯彻落实国家和省降费减负政策，把过紧日子理念贯穿于财政预算管理始终。结合省域经济发展重点，前瞻性谋划政策，不断提升和优化产业结构，积极培育地方财源，夯实经济社会的发展基础。重视降费减负政策与其他助企纾困政策的有效衔接，强化财政税费、金融信贷、保供稳价等各类政策协同联动、形成合力，共同促进降低企业成本，实现政策最大效应，推动经济持续回升向好。

（《中国财政》2023年第16期）

加快绘就“千万工程”财政新画卷

“千村示范、万村整治”工程是习近平总书记2003年在浙江工作时亲自谋划、亲自部署、亲自推动的一项重大决策。20年来，浙江省各级财政部门深入实施“八八战略”，持续加大投入、迭代政策、完善机制，支持推进“千万工程”建设。2003—2022年，全省各级财政累计投入超3000亿元，浙江乡村的环境面貌、基础设施、产业升级和公共服务等方面均发生深刻变化。

一、统筹推进农村“三大革命”

持续推进农村垃圾革命。2003年，省财政设立“千村示范万村整治”专项资金，支持开展示范村规划编制和村庄环境整治。20年来，全省各级财政累计安排70.4亿元，支持逐步建立户分类、村收集、就近资源化分类处理的城乡生活垃圾收运处理体系。全省垃圾分类行政村覆盖面达100%，农村生活垃圾资源化利用率达100%、无害化处理率达100%。

不断深化农村厕所革命。从2003年起，按照每年2000个村、50万户左右的进度推进农村改厕；2020年，启动农村公厕服务大提升行动。20年来，全省各级财政累计安排13.4亿元支持深入推进农村厕所革命，累计建设省级星级公厕6000座，农村无害化卫生户厕覆盖率超过99%，规范化农村公厕实现行政村全覆盖。

全力支持农村污水革命。指导支持各地统筹农村环境综合整治、村级公益事业建设一事一议财政奖补等专项资金形成合力，共同推进农村生活污水治理。截至2018年底，全省规划保留村生活污水治理覆盖率达到100%。2022年，实现日处理能力20吨以上农村生活污水处理设施标准化运维全覆盖，乡村劣V类小微水体基本消除。

二、加快推进农村基础设施提档升级

实施农村饮用水达标提标行动。2003—2017年，累计投资170亿元，基本解决了1900多万农村居民的饮水困难问题。自2022年开始，省级每年安排农村饮用水工程维修养护资金1.5亿元，支持市县管护好新建的各类水厂水站，巩固达标提标行动成果。

开展小城镇环境综合整治。2017—2019年，安排省级资金14.7亿元，地方政府一般债券18.02亿元，对全省小城镇环境综合整治给予支持，基本消除小城镇脏乱差现象。

支持“四好农村路”建设。2019—2023年，累计争取中央资金40亿元，省级财政累计投入90亿元，加快推进全省“四好农村路”建设。

三、大力支持提升农村基本公共服务

农村医疗方面。从2014年起，推动实现城乡统一的城乡居民基本医疗保险制度，逐年提高城乡居民基本医疗保险财政补助标准，2022年提高至年人均630元。加大基本公共卫生服务供给，逐年提高基本公共卫生服务财政补助标准，2022年提高至年人均97元。

农村养老方面。2020—2022年，省级财政安排城乡居民基本养老保险补助资金94.82亿元，保障城乡居民养老待遇按时足额发放。支持发展农村养老服务，推进农村留守老人关爱服务体系建设，促进农村居家养老服务照料中心、老年食堂、敬老院、残疾人之家的建设运营和提升发展。

农村文化建设方面。2013年以来，省财政已累计安排34.3亿元，支持实施11批共475个重点村，2309个一般村保护利用项目。近5年来，全省各级财政累计投入资金34亿元，支持全省建成农村文化礼堂2万多家，丰富了农村精神文化生活。

“千万工程”建设没有终点。浙江财政部门将对标全域建设宜居宜业和美乡村总体目标，进一步完善财政投入保障机制、迭代优化财政支持政策、明确财政支持重点，加快绘就“千村引领、万村振兴、全域共富、城乡和美”的“千万工程”新画卷，为推动新时代“千万工程”再出发再深化再提升贡献财政力量。

（《中国财政》2023年第21期）

探索促富型现代财税体制助推共同富裕示范区建设

高质量发展建设共同富裕示范区是习近平总书记、党中央赋予浙江的光荣使命。示范区建设启动以来，浙江省财政厅认真学习贯彻习近平总书记关于共同富裕的重要论述，以走在前列的政治担当，坚决落实中央和浙江省委各项决策部署，锚定目标、厘清跑道，边研究、边探索，边试点、边实践，加快打造具有浙江辨识度的标志性成果，努力为全国逐步实现共同富裕探路。

一、聚焦《实施方案》，高标准落实省部协同研究机制和工作机制

财政部对浙江省共同富裕示范区建设高度重视，给予大力关心、支持和指导。2021年出台高规格的《支持浙江省探索创新打造财政推动共同富裕省域范例的实施方案》（简称《实施方案》），赋予浙江省5方面18类支持举措和多项改革试点。2022年又支持建立了两个层面的省部协同机制：一是由财政部领导和浙江省常务副省长挂帅、财政部综合司具体牵头的省部协同研究机制，共同研究有利于共同富裕的基础性制度安排；二是由财政部预算司牵头的部省联动工作机制，制定了《部省联动工作方案》，共同抓好《实施方案》明确的各项任务落实。2022年，部领导带队来浙江调研指导，为财政推动共同富裕示范区建设指明了方向、注入了强大动力。

浙江省财政厅将贯彻落实《实施方案》和两大协同机制作为重中之重，成立实体化专班，集全厅、全系统之力全力推进共同富裕重大改革。一方面，对照《实施方案》特别是改革授权事项，逐条逐项研究提出深化细化的具体措施、实践安排，形成33个子任务，以清单式、项目化推进实施。目前22个项目已提前完成目标，包括“钱随人走”、完善慈善褒奖制度等。比如，制定“钱随人走”制度改革总体方案，率先构建系统化、集成化的“钱随人走”“1+X+N”政策体系，并在教育、卫生、文化等领域开展试点。另一方面，利用省部协同研究机制，开展“百名局长研百题”活动，上下联动研究财政推动共同富裕的理论和实践问题，已完成共富型现代财税体制总课题和财政部确定的9个子课题研究，为完善顶层设计提供参考，得到财政部领导肯定。

二、聚焦“三大差距”，积极研究财政体制机制改革新路径

将促进共同富裕作为深化财税体制改革的重要目标，在共同富裕的大场景下系统谋划推动财政改革，积极探寻有利于高质量发展促进共同富裕的现代财税体制实现路径。一是坚持“高质量”。完整、准确、全面贯彻新发展理念，充分发挥财政杠杆引导撬动作用，在高质量发展基础上做大做好蛋糕。比如积极探索绿色预算，将绿色发展理念深化应用到预算管理全过程，研究绿色发展绩效指标体系，迭代升级绿色发展财政奖补机制，拓宽绿色发展通道。二是坚持“强统筹”。以共同富裕示范区建设重点任务为框架，研究构建新一轮集中财力办大事财政政策体系，加强财政资源统筹和省级财政调控调节能力，夯实推进共同富裕的财力基础。三是坚持“重激励”。以山区海岛县为重点激励对象，进一步优化激励约束机制，将激励资金与山区海岛县收入增长、经济社会发展重要指标的完成情况、区域统筹协调发展等紧密挂钩，补齐区域发展短板。四是坚持“促均衡”。优化财政转移支付制度，健全“可上可下”、动态调整的转移支付分类分档机制，充分发挥转移支付系数在调节和均衡财力方面的重要作用。五是坚持“保基本”。健全基本财力保障机制，加大对财政困难地区的支持力度，更好地保障基层政府实施公共管理、提供基本公共服务的基本财力需要。另外，在推进改革过程中，坚持数字化改革理念，以“小切口”打造共同富裕大场景。比如，为鼓励公益捐赠事业发展，打造了“浙里捐赠”品牌，着力建设“一键捐赠”“一秒开票”“一指抵税”等场景，推动慈善捐赠全透明监管，已累计实现3441万人次捐赠，捐赠金额达102亿元，获浙江省数字社会系统最佳应用。

三、聚焦“家庭共富”，积极探索家庭型财税政策体系

家庭是共同富裕的基本单元，“一个吃饱”不代表“全家不饿”，家庭型的财税政策体系能更客观、全面、真实地反映家庭贫富情况，从而更公平地缩小贫富差距。为此，浙江省财政厅将家庭型财税政策体系作为重大攻关课题，在实施家庭精准画像工程的基础上，对共富家庭的标准、政策需求进行深入研究，形成“1+4+4+N”的家庭型财税政策体系架构，并提出了增收型、共享型、减负型、补偿型4条改革路径，谋划了“百万家庭增收计划”，形成了38项改革政策清单，计划在家庭型转移支付体系、家庭型医疗保险制度、家庭型教育、财金协同助力扩中四个方面先行突破。比如，组织实施“财金助力扩中家庭”项目，利用大数据分析扩中家庭信贷需求和利率水平，模拟测算财政贴息政策和银行让利政策，预计到2025年底撬动新增信贷投入600亿元，降低扩中家庭融资成本20亿元以上。

（《中国财政》2023年第3期）

重塑财政资金管理机制

——浙江预算指标全流程“顺向可控、逆向可溯”改革实践综述

作为全国两个先行试点省份之一，浙江省于2021年7月率先启动改革，全面构建预算指标核算管理体系。经过两年多的实践，浙江省实现对预算单位自有资金统一进行预算指标核算、控制、报告、对账等的规范管理，重塑现有财政资金管理机制。

预算指标核算管理是指政府财政部门采用会计复式记账法，对预算指标管理业务或事项进行核算，通过对预算指标管理全周期过程的记录，实时反映预算指标的增减、来源和状态，实现预算指标全流程“顺向可控、逆向可溯”。这是财政资金管理在理念、管理、技术上的一项全新变革，是提升预算管理全面性、规范性和透明度的有效途径，对我国推进现代财政制度建设具有重要意义。

探路先行　高效推进

2021年，浙江省财政厅成立由厅主要领导牵头的工作专班，高站位部署，科学制定“分步推进、稳妥实施”总体方案。采用“全省大集中”模式，全省统一进行预算指标核算管理系统建设，并选取省本级、温州市、永嘉县先行试点。2022年改革在全省范围推开，2023年改革持续深化完善。

——构建预算指标核算管理记录体系，全流程记录预算指标变化过程。预算指标核算管理的基石是全过程记录，为此，浙江省制定业务运行列表，全面梳理、清单式细化分解预算指标管理全流程业务场景131项，明确各环节指标核算触发条件、分录，确保系统自动对全部财政资金的预算编制、批复、下达、支付、年终结转等每项业务全流程进行预算指标核算，动态反映预算指标增减变化、来源及状态等业务全貌。截至8月，浙江省今年共产生预算指标核算凭证3257万余条、明细记录6528万余条。

——构建预算指标核算管理控制体系，全层次强化预算管理控制约束。预算指标核算管理的核心是控制，浙江省根据“预算控制指标、指标控制支付”预算管理要求，以预算指标核算额度控制表为基础，设置统一的预算指标核算科目额度和业务要素控制规则，并将其嵌入系统底层，实现对全业务的严密控制。同时，结合业务管理实际，增加功能科目、经济科目要素关联、政府采购业务关联、特殊性质资金“以收定支”、最低库底资金、大额流出限额等多方面个性化业务控制规则，有效实现预算指标管理全立体、多层次的底层控制。目前，已形成10大项15细项控制机制。

——构建预算指标核算管理报告体系，全覆盖反映预算管理综合情况。预算指标核算管理的最终目标是综合应用。实施改革后，浙江省基于预算指标核算对预算管理全过程业务自动记录的数据，按照统一格式编制预算指标核算平衡表、预算指标核算总表、预算收支变动及执行情况表等报表，构建全覆盖的预算指标管理报告机制，覆盖预算编制、指标下达、支付、收入全过程数据，实现了对预算管理全过程的综合、动态反映，从源头上改变了财政资金的综合反映机制。

——构建预算指标核算管理对账体系，全自动稽核指标并核对数据准确性。预算指标核算管理的基本要求是数据完整、准确，为此，浙江省通过对预算指标核算数据与预算管理业务环节源头数据进行梳理和两方精准匹配，在系统中设置稽核规则，可对预算指标核算数据与预算管理一体化系统中收支预算、支出指标、支付申请、总会计收支等业务数据进行自动核对，目前已实现本级财政预算指标核算自动对账、上下级财政预算指标核算自动对账，为预算指标核算管理的有效性夯实数据基础。

为推动改革顺利进行，浙江省积极构建高效协同的保障机制。在技术保障方面，统一标准统筹运维，统一确定核算科目、要素及层级等。同时，统筹全省技术力量构建多维度技术支撑。在制度保障方面，总结编印工作指南，系统阐述预算指标核算管理框架、内容、体系，密切结合本地财政管理系统和业务运行实际，明确各项业务运行和指标核算规范要求。在服务保障方面，强化培训全面督导。多次组织各地财政人员集中培训，并通过即时通讯、远程协助等多种方式，高效进行业务讲解、答疑、指导。

改革有力　成效初显

经过两年多的改革实践，浙江省依托预算指标核算管理体系，从根本上对现有财政资金管理机制进行了变革重塑，财政资金管理过程反映更透明、更全面，预算约束更强化、更高效，财政资金数据更精准、更动态，单位资金管理更统一、更规范，财政资金整体管理更集成、更智能。

——“全面闭环”，实现财政资金全周期过程反映。通过统一、固化的复式记账核算规则，浙江省将财政资金管理的预算批复、分解、下达、调整、调剂、执行和结转结余等全流程自动记录，纵向上全面、真实、动态反映财政资金全过程，及时掌握财政资金预算指标增减、来源及状态，横向上将“三本预算”资金、财政专户管理资金、单位自有资金全部纳入管理，所有财政资金管理信息全过程透明，真正实现对全部财政资金管理过程的全生命周期反映。

——“硬化约束”，强化财政资金全系统网状管控。浙江省将“预算控制指标、指标控制支付”要求嵌入预算管理一体化系统底层，预算、指标、支付业务数据无缝衔接，遵循“此增彼减”原则，逻辑严密、环环相扣，点对点硬化预算对指标、指标对支付的约束，将财政资金管理管控的“事后监控”提升为“事前阻断”，杜绝无预算支出情况，真正做到全面闭环管理。同时，构建基于预算指标核算的底层规则控制，从源头强化资金支出科目、项目、资金流量、收支匹配等方面的多层次约束，将单一的“线状管控”提升为复合的“网状管控”，及时遏止“三公”经费超支、随意改变经济用途、改变项目类型、无来源支出等不规范行为。

——“精准衔接”，健全财政资金数据全动态实时平衡。通

过全业务全流程的实时复式记账，浙江省对同一业务事项自动在同一时点触发上下级财政、政府与部门单位同时记账，实现数据同步传输，精准衔接上下年度、上下级财政、政府与部门单位、预算编制与执行等财政资金横纵向关联业务，建立不同层级、不同主体和不同年度之间的动态平衡，避免了传统管理模式中年度间、上下级财政、政府与部门单位间信息滞后、衔接不畅、数据不一致等问题，提升了财政管理工作效率和质量。

——“变革重塑”，规范单位资金全统筹透明管理。通过对预算单位自有资金统一进行预算指标核算、控制、报告、对账等规范管理，财政部门切实掌握单位资金收入情况，全流程、实时动态跟踪单位自有资金预算编制、指标下达、支付、收支等方面情况，强化科目、项目、以收定支等约束，改变了原来单位资金游离于预算管理之外、资金使用不规范、效率低下等状况，实现单位资金全统筹、全透明、强约束管理。

——“动态集成”，提升财政资金全集成智慧管理。通过对财政全过程数据的动态贯通和综合集成，实现财政资金管理更为动态化、可视化、预警化。例如，基于预算指标核算管理自动记录机制，财政部门在横向上可以实时跟踪资金每一个环节，在纵向上可以对基层财政资金的预算管理、使用情况直插到底，全面实时掌握下级财政预算管理情况，有利于及时发现预算执行过程中出现的苗头性问题；通过预算指标执行进度、预算资金变动情况表等综合性报表的实时生成，预算资金实现动态平衡，为提前预警、分析研判财政收支运行风险提供了更为有力的支撑。

浙江省财政厅相关负责人表示，预算指标核算管理改革作为一项全新的、系统性变革，改革涉及面广，覆盖预算管理的各环节，对系统、数据等方面要求非常高，仍需进一步完善。下一步，浙江省将在加强财政管理业务、提升人员业务能力、完善功能拓展应用等方面多管齐下，进一步深化推进预算指标核算管理改革，更好地为全国探路。

（《中国财经报》2023年11月11日）

浙江创新打造绿色发展财政奖补机制

近年来，浙江财政率先打造集成化、体系化绿色发展财政奖补机制，形成“环境质量变好就有奖励、多奖励”的政策导向，真正把绿水青山变成“金山银山”，打通从“绿”到“富”的转化通道。2017—2022年，省财政合计兑现奖补资金766亿元。

根据林、水、气、湿地等各领域不同特点，浙江财政系统重塑政策，建立了旨在缩小地区差距的林水气等政策、缩小城乡差距的“两山”转化等政策，以及缩小收入差距的生态公益林补偿等共计11项政策，基本实现生态保护领域财政政策的全覆盖，初步形成与经济社会发展状况相适应的综合性生态保护补偿制度，政策层次更加分明、功能更加完善、导向更加鲜明。

针对不同地区，浙江财政分类实施差别化的生态环境质量财政奖惩制度，构建与主体功能区布局相适应的财政政策体系。例如，对非重点生态功能区实行生态环保财力转移支付制度；对重点生态功能区实行与出境水水质、森林质量以及空气质量挂钩的财政奖惩制度；对特别生态功能区实行奖惩标准更高的奖惩制度，进一步强化政策效果，体现科学分类、精准施策的政策导向。同时，在实施单位生产总值能耗财政奖惩制度时，根据各地能耗水平，对处于全省均值以上和以下的市县实行不同的奖惩办法。

绿色发展财政奖补机制涉及的11项政策，共采用了交接断面水质类别、森林覆盖率、PM2.5等30多项指标。指标数据真实、稳定、客观，彰显了政策兑现的公正性、公平性。例如，生态环保财力转移支付分配与“绿色指数”挂钩，该指数由出境断面水质类别占比、森林覆盖率、PM2.5浓度等3项客观指标加权形成。“绿色指数”越高，得到的补助资金越多。

绿色发展财政奖补机制涉及的大部分政策均实行有奖有罚、激励与约束相结合的机制，其最大特点是对奖励和扣罚均实行标准化精细化管理。以出境水水质财政奖惩制度为例，纳入实施范围的市县，水质按Ⅰ类、Ⅱ类占比，每年每1个百分点分别给予180万元、90万元奖励；按Ⅳ类、Ⅴ类占比，分别扣罚90万元、180万元。同时，Ⅰ类水占比提高1个百分点奖励500万元，下降1个百分点扣罚500万元，达到正向激励和反向倒逼相结合的效果。空气质量财政奖惩标准进一步细分，市县PM2.5浓度高于当年全省平均水平的，每降低1个百分点奖励75万元，每提高1个百分点扣罚125万元；PM2.5浓度低于全省平均水平的，每降低1个百分点奖励100万元，每提高1个百分点扣罚100万元。对于单位生产总值能耗、森林质量的奖惩，也都根据实际设定相应规则。

在绿色发展财政奖补机制推动下，浙江百姓共享的绿色生态福利持续增加。

环境更美了。浙江全省生态环境质量持续明显提升，生态环境综合指数连续多年位居全国前列，2020年成为全国首个生态省。2022年，全省296个地表水省控断面Ⅰ—Ⅲ类水质比例为97.6%；设区市PM2.5平均浓度下降至24微克/立方米；全省生态环境公众满意度为86.02，实现连续11年上升。

百姓更富了。2020—2022年，绿色转化财政专项激励政策连续3年每年安排21亿元，支持23个激励县区501个重点项目，撬动总投资885亿元，新增就业人口87.76万人，居民人均可支配收入增幅达22.76%；生态公益林补偿全省累计发放200亿元，惠及林农255万户。

发展更均衡了。绿色发展财政奖补资金主要投向山区26个县，这26个县以22.4%的人口占比获得64.6%的奖补资金，大大提高了山区县的财力水平和经济社会发展水平，2022年，全省发达及较发达县（市）和财政困难县之间人均财政支出比值达到0.99∶1，均衡度位居全国前列。

（《中国财经报》2023年10月19日）

浙江数智赋能乡镇财政管理现代化

近日，浙江省财政厅打造的数字化改革创新成果——“浙里基财智控应用”正式启动全省上线。这是浙江省“系统重构乡镇财政管理体系”工作取得重大进展的一个显著标志，对于防范“小官大贪”风险、全面推进乡镇财政管理现代化，具有十分重要的意义。

乡镇财政作为我国“五级财政”体系的最末端，直接面向和服务于广大人民群众，建设水平和管理质量直接影响到财政职能作用的发挥和人民群众的切身利益。

记者在采访中了解到，由于资金总量大、来源渠道多，基层财政监管力量不足，财政数字化水平又相对较低，给基层财会管理、资金监管等带来困扰。因此，数智赋能乡镇财政管理现代化既是顺应时代发展的战略部署，也是基层治理的现实需要。

据了解，“浙里基财智控应用”通过打造“数据多源、纵横贯通、高效协同、监管闭环、服务便民”的全省统一基层财政安全风险智控应用，实现“人防+技防”的有机结合，将对破解乡镇财政管理难题、系统重构乡镇财政管理体系、推动乡镇财政管理现代化起到重要的支撑作用。

目前，“浙里基财智控应用”已完成“一站监管”和“一码通管”两大核心场景的应用，将有助于解决乡镇财政管理存在的系列问题。“一站监管”可根据“谁支付、监管谁”的原则，多维度、多对象展示全口径资金、资产、资源概览，乡镇基本情况，资金上下级通达情况，乡镇风险分类及风险分布等，一站式、动态化监管各项资金来源、使用主体、使用情况等信息，建立乡镇财政健康指数体系。“一码通管”可根据系统对管理单位、项目自动生成唯一可识别的二维码，对基层财政项目全生命周期信息进行任务监管与反馈、风险监测与整改，完成基础监管信息采集，实现项目全流程闭环管理，从“财政单一管理”模式向“多跨协同管理”模式转变。

另外，两大核心应用场景“一屏智报”和“一键直达”正在有序开发中。“一屏智报”将建立起基层财政数据库，通过采集和分析基层财政基础数据，形成财政运行数据分析报告，综合反映乡镇一般公共预算收支、土地出让收支、主要行业税收、民生支出等情况，充分发挥财政理财管家作用，为领导提供决策依据。“一键直达”将实现到人到户的涉农补助和民生补贴财政资金一键直达发放，受补助对象和同村人员一键查询自己及同村人员享受的财政补助依据、受理进度等信息，提升群众的参与度和获得感，自觉接受社会、群众监督。

据悉，除了有效强化监管，“浙里基财智控应用”还成为便民惠民的有力新抓手。“浙里基财智控应用”将通过迭代升级“乡镇公共财政服务平台”应用，持续提升惠民惠农财政补贴资金管理的规范性，实现项目监管更全面、资金发放更精准、数据更新更及时，并按规定做好财政补贴政策清单的动态调整，及时向社会公布，提高政策透明度，扩大社会知晓度。

业内专家认为，“浙里基财智控应用”启动全省上线，意味着浙江的乡镇财政数字化管理迈上新台阶。

浙江省财政厅有关负责人介绍，下一步将继续推进平台运行推广，努力把“浙里基财智控应用”建设成为防范化解基层财政管理风险、建设清廉财政的有力武器，让数智充分赋能乡镇财政管理现代化，为全国创造和提供基层财政管理的标志性“浙江经验”和“浙江智慧”。

其中，将重点通过对“乡镇公共财政服务平台+一卡通”进行迭代升级，使其与“浙里基财智控应用”有机融合。通过加强基层资金监管，纵向打通省市县乡镇四级财政间数据孤岛，实现各级财政部门监管联动，跨层级协同管理。

同时，充分运用“浙里基财智控”应用的风险管控功能，利用系统大数据分析能力，及时应对由系统根据历史数据、运行基线、管控要素等多纬度综合研判发出的预警，快速处置和防范风险，实现资金使用“纵向到底、横向到边”的全方位、矩阵式全生命周期管理，让监管贯穿预算编制、指标分配、资金审批、拨付使用等全流程。此外，通过借助“浙里基财智控应用”，建立起与乡镇履行职能相适应的财政保障体制，使乡镇财政真正发挥“生财、聚财、理财”的职能作用。

（《中国财经报》2023年2月16日）